Jürgen Bitter

Deutschlands Fußball- Nationalspieler

Das Lexikon

Mit freundlicher Unterstützung des Deutschen Fußball-Bundes

Sportverlag Berlin

© 1997 by SVB Sportverlag Berlin GmbH

Die Verwertung der Texte und Bilder, auch auszugsweise,
ist ohne Zustimmung des Verlags urheberrechtswidrig und strafbar.
Dies gilt auch für Vervielfältigungen, Übersetzungen,
Microverfilmungen und Verarbeitung mit elektronischen Systemen.

Lektorat: Michael Horn
Redaktionelle Mitarbeit: Andreas Baingo
Umschlaggestaltung: Volkmar Schwengle, Berlin
Umschlagfotos: Archiv Neue Osnabrücker Zeitung
Fotos: Archiv des Deutschen Fußball-Bundes, Archiv Neue Osnabrücker Zeitung,
Deutsche Presse-Agentur, Horstmüller, Pressebild-Agentur Schirner,
Privatarchiv Pendorf, Sven Simon, WEREK
Satz und Repro: LVD GmbH, Berlin
Druck und Bindung: Clausen & Bosse, Leck
Redaktionsschluß: 15. August 1997

Printed in Germany
ISBN 3-328-00749-0

Gedruckt auf alterungsbeständigem Papier
mit chlorfrei gebleichtem Zellstoff

Die Deutsche Bibliothek – CIP-Einheitsaufnahme

Bitter, Jürgen:
Deutschlands Fußball-Nationalspieler : das Lexikon / Jürgen Bitter. -
Berlin : Sportverl., 1997
    ISBN 3-328-00749-0

Inhalt

Vorwort

Unsere Nationalelf! Seit Jahren und Jahrzehnten gebrauchen wir, die wir am Fußball hängen, die durch den Fußball immer wieder neu fasziniert werden, wie selbstverständlich diesen Ausdruck. Spieler kamen und gingen, sie holten Titel und füllten Schlagzeilen, sie sind unvergessen und leben weiter im Gedächtnis. Der Begriff aber ist geblieben: unsere Nationalelf. Zweifellos ein Gütesiegel, weil die Mannschaft im DFB-Trikot Titel und Pokale, aber auch weltweite Sympathie und Anerkennung gewonnen hat.

In einem Lexikon an überragende Spieler zu erinnern, die die Geschichte unserer Nationalelf geprägt haben, halte ich für eine großartige Idee. Selbst habe ich das erste Länderspiel 1952 in Augsburg erlebt bei einem 5:1-Sieg gegen die Schweiz. Acht Spieler, die zwei Jahre später Weltmeister werden sollten, waren damals schon dabei, an der Spitze Fritz Walter, der später einer meiner zuverlässigsten Freunde wurde, bis heute für die Sepp-Herberger-Stiftung des DFB im Einsatz ist.

Gerne erinnere ich mich an drei Weltmeisterschaften, bei denen ich als Delegationschef des DFB fungierte: 1986 in Mexiko, 1990 in Italien und 1994 in den USA. Gute Nerven, außergewöhnlich gute Nerven sogar braucht man, um in einem hektischen Umfeld den vielfältigen Aufgaben gerecht zu werden. Letztlich aber haben immer die positiven Dinge überwogen. Höhepunkt war natürlich der WM-Triumph im Olympiastadion von Rom mit dem damaligen Teamchef Franz Beckenbauer.

Doch wenn ich an Mexiko denke, fallen mir spontan die herzliche Gastfreundschaft und unser Kinderheim in Queretaro ein, das der DFB nunmehr schon im elften Jahr unterstützt. Mit 1994 verbunden ist natürlich das unverhoffte Ausscheiden im WM-Viertelfinale von New York, aber auch unser konsequentes Vertrauen für Berti Vogts – das mit dem Gewinn der Europameisterschaft 1996 belohnt wurde. Überhaupt England 1996: Was war das für eine schier unglaubliche Stimmung im Wembley-Stadion, wie schier unglaublich fiel das »Golden Goal« von Oliver Bierhoff ...

Es ist herrlich, in solchen Erinnerungen schwelgen zu können. Ich bin mir sicher, vielen Fußball-Freunden geht es genauso, wenn sie das vorliegende Buch lesen mit den Porträts der vielen außergewöhnlichen Persönlichkeiten, die der deutsche Fußball hervorgebracht hat. Die umfassende Statistik ist ebenso eine Fundgrube, und auch halte ich es für absolut angemessen, daß der Autor Jürgen Bitter eigene Kapitel den seinerzeit selbständigen Verbänden des Saarlandes und der DDR widmet. Auch dies war und bleibt ein Stück deutscher Fußball-Wirklichkeit.

Egidius Braun
Präsident des Deutschen Fußball-Bundes

Nationalspieler
A–Z

A

ABRAMCZIK, RÜDIGER

Geboren am 18. Februar 1956
19 Länderspiele (1977 und 1979), zwei Tore
FC Schalke 04

Der »Flankengott« aus dem Kohlenpott

Rüdiger Abramczik war ein Kind des Kohlenpotts. Wo er aufwuchs, wuchsen auch die Halden des »schwarzen Goldes«. Sein Vater war Schlosser, und als Schuljunge trug er in seiner Heimatstadt Gelsenkirchen das Trikot von Erle 08. Zehn Jahre war er alt, als er den Weg aller talentierten Fußballer dieser Region ging – und der führte zum großen FC Schalke 04. Berni Klodt hatte ihn bei den »Erlern« entdeckt, und Friedel Rausch trainierte Mitte der 60er Jahre die B-Jugend der Königsblauen. Rüdiger Abramczik machte schon bald im goldenen Fußballwesten auf sich aufmerksam. Er bestach durch seine Schnelligkeit und Wendigkeit und fand bald auch das Interesse des DFB, der ihn zunächst zu Sichtungslehrgängen einlud und ihn später zu insgesamt 23 Jugendländerspielen berief. Der 11. August 1973 war für »Abbi« ein ganz wichtiger Tag, denn da gab er als damals jüngster Bundesligaspieler sein Debüt in der höchsten deutschen Klasse. Vier Jahre später war er schon »richtiger« Nationalspieler. Am 27. April 1977 absolvierte er das erste seiner insgesamt 19 Länderspiele. Nordirland war im Müngersdorfer Stadion in Köln der Gegner und wurde mit 5 : 0 besiegt. Rüdiger Abramczik bekam gute Kritiken und weitere Einladungen durch Helmut Schön. Doch der Schalker, der mit Klaus Fischer eine Zeitlang das gefährlichste Stürmerduo der Bundesliga bildete, war nie so etwas wie ein Dauerbrenner. Weltklasseleistungen und die rabenschwarzen Tage wechselten sich bei ihm ständig ab. 1978 war er Teilnehmer an der Weltmeisterschaft in Argentinien, die für die Deutschen mit dem ernüchternden 2 : 3 von Cordoba gegen den Erzrivalen Österreich endete. 1979 trug er zum letzten Mal das Trikot der Nationalmannschaft beim 3 : 1-Sieg gegen Malta in La Valetta. Der »Flankengott« von einst schied nicht

in Harmonie von der Nationalelf – er hatte sich mit DFB-Präsident Hermann Neuberger angelegt. Ein Jahr später wechselte er nach 202 Spielen für Schalke 04 zu Borussia Dortmund, 1983 dann zum 1. FC Nürnberg – mit dem »Club« stieg er allerdings aus der Bundesliga ab. Am Ende gab es in Nürnberg noch viel Ärger – gemeinsam mit Reinhold Hintermaier und Werner Heck wurde Abramczik suspendiert. Seine nächste Station war Istanbul, dann ging es nach Oberhausen und schließlich zurück zu Schalke 04, wo sich sein Kreis als Profi am 14. November 1987 im Spiel gegen den 1. FC Köln schloß. Im Jahr 1989 sah man ihn noch einige Zeit im Trikot von Wormatia Worms, dann beim FC Gütersloh. Insgesamt kam Abramczik auf 316 Spiele in der höchsten Klasse, in denen er 77 Treffer erzielte. Sein Erfolg im Fußball machte ihn wirtschaftlich unabhängig – in seiner Heimatstadt Gelsenkirchen kaufte er nach und nach über 30 Häuser und Wohnungen. Er unterhielt eine Färberei und ein Sportgeschäft. Doch der Fußball ließ ihn auch nach seiner aktiven Laufbahn nicht los – 1992 folgte er seinem Freund Peter Neururer zum Bundesligaaufsteiger 1. FC Saarbrücken, wo er zunächst als Co- und dann als Cheftrainer wirkte. Nach dieser Zeit widmete er sich einer Maklertätigkeit für eine Kinogesellschaft und arbeitete für ein Sportreiseunternehmen.

ADAM, KARL

Geboren am 4. Februar 1924
Drei Länderspiele (1951 und 1952)
TuS Neuendorf

Der Mittelläufer, der zum Torwart wurde

Zweigeteilt war sie – die sogenannte »Französische Zonenliga Südwest« in den ersten Jahren nach dem 2. Weltkrieg. Doch hier stand der Fußball schon sehr bald wieder in seiner schönsten Blüte. Der 1. FC Kaiserslautern, Wormatia Worms, SSV Reutlingen, VfL Konstanz, Eintracht Singen, TuS Neuendorf und FC Freiburg – das waren die Trümpfe des

Südwestens. Karl Adam stand zunächst zwischen den Pfosten des TuS Neuendorf, doch dann erlag er den Lockungen des 1. FC Kaiserslautern. Sein Weg zum Nationaltorwart war bemerkenswert, denn eigentlich war er Mittelläufer. Er ging aus dem SC 07 Moselweiß in seiner Heimatstadt Koblenz hervor und hatte dann als 16jähriger erstmals das Trikot des TuS Neuendorf getragen. Als er 1944 als Gastspieler beim Dresdner SC aufkreuzte, war er eine Zeitlang Mannschaftsgefährte von Helmut Schön. Das alles wohlgemerkt als Mittelläufer. Daran änderte sich auch nach dem 2. Weltkrieg beim TuS Neuendorf zunächst nichts, bis eines schönen Tages im Jahre 1947 Stammtorwart Josef Unkelbach wegen seines Wechseldienstes bei der Bundesbahn ausfiel und Karl Adam den Torwartpullover überstreifte. Von da an stand er nur noch zwischen den Pfosten. Auf dem Betzenberg wuchs 1949 eine große Mannschaft heran – mit den Gebrüdern Fritz und Ottmar Walter, mit Kohlmeyer, Liebrich, Eckel und Gawliczek. Wen wundert's, daß der schwergewichtige Karl Adam dem Reiz dieses Wechsels nicht widerstehen konnte? Er löste in der Pfalz Torwart Hölz ab, doch in der Endrunde des Jahres 1951 stand er zunächst im Schatten des jungen Schaack, der im Laufe der Saison aus Mainz gekommen war. Worauf Karl Adam verärgert seine Sachen packte und nach Koblenz zurückkehrte. Doch Schaack war in der Endrunde eigentlich gar nicht spielberechtigt. Die Lauterer hatten jenen Passus übersehen, der besagte, daß ein in den Endrundenspielen eingesetzter Fußballer wenigstens zwei Spiele in der laufenden Meisterschaft bestritten haben mußte. Aber mehr als ein Spiel hatte Schaack nun mal nicht absolviert. Also entschieden sich die Pfälzer für den »Gang nach Canossa«. Trainer Richard Schneider reiste zu seinem »fahnenflüchtigen« Extorwart in den Koblenzer Stadtteil Neuendorf und überredete ihn zur Rückkehr. Worauf Karl Adam die Chance beim Schopfe packte und es all seinen Kritikern noch einmal zeigte. Sein Weg in der Endrunde wurde zwar zunächst von Skepsis begleitet, denn im Laufe der Saison hatte er sich durch manchen Schnitzer nicht nur Freunde beim 1. FC Kaiserslautern erworben. Und im übrigen stand seine endgültige Rückkehr nach Neuendorf schon fest, als er mit seiner Mannschaft am 30. Juni 1951 ins deutsche Endspiel gegen Preußen Münster einzog. Beim 2:1-Sieg gegen die Westfalen in Berlin verzweifelten Gerritzen und Lammers dann aber an der bewundernswerten Ruhe des Lauterer Torwarts, der mit Lob nur so überschüttet wurde. Sepp Herberger hatte sich einige Spiele des 1. FC Kaiserslau-

tern angesehen und war ebenfalls angetan von den Leistungen des stämmigen Rheinländers. Schon im September des gleichen Jahres reiste Karl Adam mit zum Länderspiel nach Wien, wo allerdings Toni Turek im Tor stand. Am 21. November 1951 war es dann für ihn soweit: Karl Adam hütete in Istanbul das deutsche Tor und trug zum 2:0-Sieg der Nationalelf gegen die Türkei bei, die noch im gleichen Jahr in Berlin mit 2:1 gewonnen hatte. Auch seine nächsten beiden Länderspiele gewann Adam »zu Null«. Dem 3:0-Sieg in Luxemburg folgte ein 3:0 gegen Irland in Köln. Dennoch kam er in der Folgezeit über die Rolle des Reservetorwarts nicht mehr hinaus, zumal er nicht nur in Turek einen ernsthaften Rivalen hatte, sondern sich auch noch der Dortmunder Kwiatkowski, der Pirmasenser Kubsch und der Essener Herkenrath immer stärker aufdrängten. 1956 erreichte Karl Adam, Postbeamter von Beruf, nach einem zweijährigen Gastspiel beim FC Bayern München (1953–1955) mit seinen Neuendorfer Freunden noch einmal als Südwest-Vizemeister die deutsche Endrunde. Nicht zuletzt dank der 28 Treffer von Torschützenkönig Schmutzler. Doch als die Generalprobe beim VfB Stuttgart in eine 0:8-Schlappe mündete und der mittlerweile 32jährige Karl Adam nach Ansicht seiner Kritiker nur noch im Zeitlupentempo zu Boden ging, entschloß sich Neuendorfs Trainer Helmut Bolz, den jungen Torwart Hopfenmüller in die Qualifikationsmühle gegen Hannover 96 zu schicken. Doch die Niedersachsen triumphierten nach einem 3:3 schließlich mit 3:2 und zogen in die Gruppenspiele ein. Knieprobleme beendeten Karl Adams Karriere. Sein Sohn Werner hatte das Talent des Vaters geerbt und stand in den späten 60er Jahren selbst im Tor des TuS Neuendorf.

ADAMKIEWICZ, EDMUND

Geboren am 21. April 1920,
gestorben am 4. April 1991
Zwei Länderspiele (1942), ein Tor
Hamburger SV

Ein stürmender Verteidiger

Er hätte das fußballerische Rüstzeug zu einer ganz großen Karriere gehabt, doch dann kam ihm der 2. Weltkrieg in die Quere, und so langte es für den Hamburger nur zu zwei Länderspieleinsätzen. Edmund Adamkiewicz war einer der frühen Wandervögel des deutschen Fußballs. In einer Zeit, in der es eigentlich üblich war, seinem Stammverein möglichst lange die Treue zu halten, schaute er sich schon mal nach anderen Ufern um. Mit zwölf Jahren spielte der blonde Edmund Adamkiewicz für den FC Viktoria Wilhelmsburg, wo auch seine Brüder Johann, Albert und Walter aktiv waren. Als 19jähriger kam er über Eintracht Frankfurt zum Hamburger SV, dessen Mannschaft 1939 ein neues Gesicht erhalten hatte. Mehrere Spieler standen als Wehrmachtsangehörige nicht ständig zur Verfügung. Hans Brenning war beim HSV zwischen den Pfosten. Otto Rohwedder kam vom Eimsbütteler TV, von der Victoria Herbert Holdt – und es meldete sich auch Hansi Noack, der jüngere Bruder von Rudi, beim deutschen Exmeister an. Der Gau Nordmark war an der Schwelle zum 2. Weltkrieg aufgeteilt worden – die Vereine an der Elbe spielten praktisch eine Hamburger Stadtmeisterschaft aus. Der stämmige Edmund Adamkiewicz erkämpfte sich durch seine Schußgewalt sehr bald einen Stammplatz als rechter Halbstürmer und wurde kurz nach seinem ersten Spiel (4 : 1 in Altona) in der Hamburger Städtemannschaft als Sturmführer gegen Berlin nominiert. Doch der Krieg grub sich immer tiefer ins Bewußtsein der Menschen. In starkem Maße veränderten die Bombennächte das Gesicht der Freien und Hansestadt Hamburg. Am Ende war die Stadt, in der Edmund Adamkiewicz aufgewachsen war und in der er zum Fußball gefunden hatte, eine Wüste aus Trümmern und Elend. Aus der Mannschaft des HSV kehrten unter anderem Werner Höffmann, Eugen Kahl, Walter Staats, Herbert Feltz, Walter Raun und der Wiener Torwart Alexander Martinek von der Front nicht zurück. Rudi Noack geriet in russische Kriegsgefangenschaft, die er nicht überlebte. Im Oktober 1942 hatte Sepp Herberger den Hamburger Stürmer Adamkiewicz erstmals in sein Länderspielaufgebot berufen, das in Ludwigsburg gegen die Stuttgarter Kickers probte und 7 : 0 gewann. Dabei schoß der HSVer ein Tor. Er war in den letzten beiden Länderspielen des 2. Weltkriegs gegen Kroatien (in Stuttgart) und gegen die Slowakei (in Preßburg) dabei. Beim 5 : 1 gegen Kroatien allerdings nicht als Rechtsaußen, sondern als Pendant von Paul Janes als Verteidiger. In seinem zweiten und letzten Länderspiel, am 22. November 1942 gegen die Slowakei, war er dann wieder Stürmer – und bedankte sich mit einem Tor nach Vorarbeit von Fritz Walter. Nach Kriegsende gehörte Adamkiewicz zu jenen Spielern, mit denen Sepp Herberger beim Neuaufbau seiner Nationalmannschaft rechnete, doch die Zeit war dem Hamburger mit den Wirren des Krieges davongelaufen. »Adam« wechselte statt dessen zur Frankfurter Eintracht, um dann aber zum Hamburger SV zurückzukehren, wo er Tore am Fließband schoß und Nordtitel am laufenden Band sammelte. 1951 streifte er das Trikot des VfB Mühlburg über. Über den Karlsruher SC gelangte er schließlich zum Harburger Turnerbund, wo er seine Karriere beschloß. Er arbeitete als Lokomotivführer.

ALBERTZ, JÖRG

Geboren am 29. Januar 1971
Zwei Länderspiele (1996)
Hamburger SV

»Wo ist Dein Waffenschein …?«

»Wo ist Dein Waffenschein …?« Andreas Köpke, Deutschlands Nationaltorwart, rieb sich die Fäuste und schaute hinüber zu einem blonden Modellathleten, der ihm im Training aus großer Distanz die Bälle mit erstaunlicher Wucht entgegenhämmerte. »Ali« riefen seine Kameraden den jungen Mann, und der grinste Köpke ziemlich frech an und konterte: »Das war nur meine Visitenkarte …« Jörg Albertz vom Hamburger SV eilte Mitte der 90er Jahre der Ruf voraus, einer der Scharfschützen der Bundesliga zu sein. 1993 kam der »Ballermann«, der eine Vorliebe für schnelle Autos hatte und wohl auch deshalb eine Kraftfahrzeug-Mechanikerausbildung in seiner Heimatstadt Mönchengladbach absolvierte, vom Zweitligaabsteiger Fortuna Düsseldorf an die Elbe. Und da beim HSV selten ein Neuling aufkreuzte, der in einem solchen Maße vor Selbstbewußtsein strotzte wie Jörg Albertz, hatte der schnell seinen Namen weg: »Ali«! Als er bei den Hanseaten einen Vertrag unterschrieb, hatte er die erste Enttäuschung seines jungen Fußballerlebens bereits hinter sich, denn ursprünglich wollte er nach seiner Zeit beim PSV Mönchengladbach im Trikot von Borussia Mönchengladbach seine Profikarriere starten. Schließlich wohnte er in Sichtweite des Stadions am Bökelberg, und er hatte auch in der Jugend der Borussia ganz gute Erfolge aufzuweisen. Immerhin langte es für den Mittelfeldspieler mit der starken linken »Klebe« zu drei Einsätzen in der U-18-Nationalmannschaft. Aber die Gladbacher hatten für den jungen Mann dennoch keine Verwendung, und so gelangte Jörg Albertz über Düsseldorf zum HSV. 650 000 Mark zahlten die Hamburger der Fortuna und sollten schnell merken, daß dies eine außerordentlich gute Investition war. Allerdings zeigte die Leistungskurve des Fußballers mit dem rotblonden Schopf Schwankungen, und erst unter Felix Magath platzte bei Albertz so richtig der Knoten, nachdem der Trainer seinem Mittelfeldspieler die Kapitänsbinde zuerkannt hatte. Und plötzlich wurde dieser Spieler auch für die HSV-Konkurrenz in der Bundesliga interessant. Borussia Dortmund wollte ihn haben, auch der VfB Stuttgart klopfte an. Doch Jörg Albertz, der sich als gläubiger Christ bekannte und vor jedem Spiel betete, entschied sich zunächst einmal fürs Bleiben und wurde 1996 von Bundestrainer Berti Vogts zu zwei Länderspielen gegen Portugal und Dänemark nominiert. Allerdings kam er über Kurzeinsätze nicht hinaus. Und den Sprung ins EM-Aufgebot schaffte Jörg Albertz im gleichen Jahr ebenfalls nicht. Statt dessen unterschrieb er 1996 einen Vertrag beim schottischen Traditionsverein Glasgow Rangers.

ALBRECHT, ERICH

Geboren am 31. März 1889
Ein Länderspiel (1909)
SC Wacker Leipzig

Seekrank gegen den Lehrmeister

Die Gaststätte »Mariengarten« war die Geburtsstätte des Deutschen Fußball-Bundes. Hier trafen sich am 28. Januar des Jahres 1900 die Repräsentanten von 86 Fußballvereinen, die zunächst einmal ihre Kaisertreue bekundeten. »Seine Majestät – er lebe hoch …«, sagte der Vorsitzende des Verbandes Leipziger Ballspielvereine, E. J. Kirmse. Obwohl die Berliner heftig opponierten, setzte sich an diesem Tag die Mehrheit der Versammlung durch, gründete den DFB und wählte Ferdinand Hueppe, einen Hygiene-Professor aus Prag, zum 1. Vorsitzenden. Erich Albrecht war der Sohn des Besitzers des Leipziger Debrahofs. Schon früh begeisterte er sich für den Fußball beim SC Wacker von 1895, und bereits als Jugendlicher fiel seine Begabung auf. Als Siebzehnjähriger spielte er in der 1. Mannschaft, was in dieser Frühzeit des deutschen Fußballs allerdings nicht ungewöhnlich war. Der Rechtsaußen war dann in einem historischen deutschen Länderspiel dabei: Am 18. März 1909 in Oxford gegen England. Allerdings traf die deutsche Mannschaft nicht auf die Profis aus dem Mutterland des Fußballs, sondern auf die Amateure. Dennoch gingen die Gäste aus Deutschland, die mit sieben Debütanten antraten, vor 6000 Zuschauern mit 0 : 9 unter. Der robuste Leipziger – nicht einmal 20 Jahre alt – war hoffnungslos überfordert. Die meisten Spieler hatten in diesen 90 Minuten nicht nur mit dem Gegner, sondern auch mit ihrem Unwohlsein zu kämpfen. Sie hatten sich in Vlissingen getroffen, und während einer stürmischen Überfahrt auf der Nordsee waren fast alle seekrank geworden. Für Erich Albrecht, der später Pelzhändler wurde, blieb diese Einladung in die Nationalmannschaft eine Eintagsfliege. Bis zum Ausbruch des 1. Weltkriegs war er eine Stütze des SC Wacker Leipzig, in den 20er Jahren wurde er dann in seinem Verein Mitglied des Verwaltungsrats.

ALBRECHT, ERNST

Geboren am 12. November 1907,
gestorben am 26. März 1976
17 Länderspiele (1928 bis 1934), vier Tore
Fortuna Düsseldorf

Im Hexenkessel von Turin

Der Rheinländer Ernst Albrecht war eine herausragende Spielerpersönlichkeit des deutschen Fußballs in den späten 20er und frühen 30er Jahren. Die Karriere des Düsseldorfers, der in der Nähe des Hermannplatzes im Stadtteil Flingern aufwuchs, begann im Jahre 1917 mit einigen mißratenen Versuchen als Torwart in der Schülermannschaft des Turnvereins von 1895, einem Vorläufer der Fortuna. Doch dann erkannte man die Schnelligkeit des jungen Fußballers – und so war sein Weg zum forschen Rechtsaußen geebnet. Es war der Wiener Trainer Heinz Körner, der den 17jährigen Ernst Albrecht aus der A-Jugend direkt in die erste Mannschaft beförderte. Nachbar Turu war der erste Gegner des Talents im Trikot der 1. Mannschaft. Es folgten Berufungen in die Düsseldorfer Stadtauswahl und ins Repräsentationsteam des Westens. Schließlich wurde Albrecht der erste Nationalspieler in der Geschichte der Fortuna, und er war stets dann in Hochform, wenn der Deutsche Fußball-Bund ihn in die Nationalmannschaft berief. Als Rechtsaußen bevorzugte er die direkten Wege, und er verstand es, mit hohem Tempo den Ball zu führen und präzise Flanken zu schlagen. Er war Mitglied des Olympiaaufgebots des Jahres 1928. Ein bemerkenswertes Spiel absolvierte Ernst Albrecht am 28. April 1929 im Hexenkessel von Turin, als 30 000 Italiener ihre hochfavorisierte Mannschaft zum Sieg schreien wollten. Doch die Deutschen gewannen 2 : 1. Zehn Minuten vor dem Abpfiff des englischen Schiedsrichters Gray flankte Ernst Albrecht den Ball zu dem Fürther Georg Frank, der den vielumjubelten Siegtreffer erzielte. Der Schlosser beendete seine internationale Fußballerkarriere am 11. März 1934 beim deutschen 9:1-Sieg in Luxemburg (Tor zum 3:0), denn zu seiner Enttäuschung kam er bei der Weltmeisterschaft in Italien über die Rolle des Reservisten nicht hinaus. Zu diesem Zeitpunkt hatte er einen anderen Rückschlag schon verdaut. Als seine Fortuna 1933 Deutscher Meister wurde, lag der Rechtsaußen nach einer Meniskusoperation im Wiener Rainer-Spital. Ernst Albrecht, der sich in den 30er Jahren als Kunst- und Bauschlosser selbständig machte, war dreimal Kapitän der deutschen Nationalmannschaft. Nach dem 2. Weltkrieg arbeitete er noch zwei Jahre als Trainer bei Viktoria 02 Düsseldorf und bei der SG Holzheim, ehe er sich mit 45 Jahren vom aktiven Sport zurückzog und sich seiner Lotto- und Toto-Annahmestelle sowie seines Reisebüros in der Düsseldorfer Innenstadt widmete. Nebenbei hielt er sich fit im Düsseldorfer »Montagklub«. Das Idol des Düsseldorfer Fußballs erlag im Frühjahr 1976 einem Blutsturz.

ALLGÖWER, KARL

Geboren am 5. Januar 1957
Zehn Länderspiele (1980 bis 1986)
VfB Stuttgart

Kein angepaßter Star

Karl Allgöwers Markenzeichen war seine enorme Schußkraft. »Knallgöwer« – diesen Namen hatten ihm die Medien schon früh verpaßt. Dem Schwaben war die liebevolle Verdrehung seines Namens recht. Sein Länderspieldebüt feierte Karl Allgöwer am 19. November 1980 in Hannover gegen Frankreich (4:1). 1986 war er bei der Weltmeisterschaft in Mexiko dabei. Über ein Jahrzehnt war er einer der Leistungsträger des VfB Stuttgart und eine der dominierenden Spielerpersönlichkeiten des deutschen Fußballs. Zu Beginn seiner Laufbahn war Karl Allgöwer ein torgefährlicher Stürmer, später lag sein Wirkungskreis im Mittelfeld, und schließlich war er als Libero Dirigent der VfB-Abwehr. Er verstand sich nie als »angepaßter« Star, sondern als Querdenker. Andere bezeichneten ihn als einen »Rebellen«. Er selbst sah das anders: »Ich bin ein Mensch mit Rückgrat, aber ich schwimme nicht gegen den Strom. Hin und wieder schwimme ich nur mal etwas anders.« Stellung bezog Karl Allgöwer allerdings zum Umweltschutz. Er war außerdem einer der prominenten Unterzeichner von Aufrufen gegen die Apartheid in Südafrika und gegen die Stationierung von Raketen. Als man die »Initiative Sportler für den Frieden« ins Leben rief, war er ein

engagierter Förderer dieser Bewegung. Und er war Mitbegründer der Spielergewerkschaft »Vereinigung der Vertragsspieler« ... Daß es bei seiner linksorientierten politischen Haltung zu Konflikten mit seinem Vereinspräsidenten, dem konservativen Kultusminister von Baden-Württemberg, Gerhard Mayer-Vorfelder, kommen mußte, lag auf der Hand. Karl Allgöwer sorgte auch für Schlagzeilen, als er Jupp Derwall den Verzicht auf ein Verbleiben in der Nationalmannschaft mit der Begründung mitteilte, er vermisse beim Bundestrainer Autorität und Führungsqualitäten. »Das hat doch alles keinen Sinn«, sagte er. »Es zählt nicht mehr die Leistung, sondern nur noch, wer sich in der Cliquenwirtschaft auskennt und die besseren Karten bei der Presse hat.« Karl Allgöwer war in Altenstadt, einem stillen Dorf unweit der Schwäbischen Alb, aufgewachsen. Beim SV Altenstadt spielte er Fußball, um dann über den SC Geislingen 1977 zu den Stuttgarter Kickers zu wechseln. In drei Spielzeiten brachte er es auf stattliche 60 Tore. 750 000 Mark war er 1980 dem Lokalrivalen VfB an Ablösesumme wert – Trainer Jürgen Sundermann war glücklich über seinen neuen »Kanonier«. Schon nach wenigen Bundesligaeinsätzen empfahl sich Karl Allgöwer für die Berufung in die B-Nationalmannschaft. Die Niederlande waren der Gegner – und der Schwabe imponierte als Torschütze. Im November 1980 folgte dann sein erster Einsatz in der A-Nationalmannschaft beim 4:1 gegen Frankreich in Hannover, wo er auf dem rechten Flügel auftrumpfte. Nach nur sechs Länderspielen gab Karl Allgöwer vor der Weltmeisterschaft 1982 seinen Rücktritt bekannt. Drei Jahre lang hielt der von vielen als »Trotzkopf« bezeichnete Profi seine Abstinenz durch, dann wurde er rückfällig, als Franz Beckenbauer ihn rief. Im Oktober 1985 feierte er sein Comeback vor eigenem Publikum im Stuttgarter Neckarstadion (0:1-Niederlage gegen Portugal). Ein Jahr später gehörte er zum Kader des Deutschen Fußball-Bundes bei der Weltmeisterschaft in Mexiko, wo er allerdings stets zuschauen mußte, als sich die Nationalelf ins Finale kämpfte. Nach der Weltmeisterschaft sagte er ein zweites Mal »adieu«. Diesmal aus persönlichen Gründen. Seinen größten Erfolg im Trikot des VfB Stuttgart feierte der gelernte Kaufmann 1984, als er mit den Schwaben Deutscher Meister wurde. 1989 scheiterte er mit dem VfB im UEFA-Cup-Finale gegen den Maradona-Klub SSC Neapel. 1993 beendete er seine Karriere nach 338 Bundesligaspielen, in denen er 129 Tore erzielte. Er arbeitete daraufhin einige Zeit als Verkaufs- und Marketingleiter einer Textilfirma in Böhmenkirchen.

ALLOFS, KLAUS

Geboren am 5. Dezember 1956
56 Länderspiele (1978 bis 1988), 17 Tore
Fortuna Düsseldorf, 1. FC Köln, Olympique Marseille

»Der Junge ist zu schmächtig«

Franz Allofs hatte eine Vision. Seine Söhne Klaus (der Ältere) und Thomas (der Jüngere) sollten ihr Geld mal als Fußballprofi verdienen und nicht in der Glashütte, wo er seit etlichen Jahren arbeitete. Franz Allofs selbst war im fußballerischen Mittelmaß steckengeblieben, was seiner Begeisterung für diesen Sport keinen Abbruch tat. Mutter Maria war hingegen eine recht gute Handballspielerin. Und die Söhne bolzten zunächst auf den Wiesen am Rheinufer, ehe Klaus als achtjähriger Steppke beim TuS Düsseldorf Gerresheim angemeldet wurde. Als er fünfzehn war, wechselte er zur »großen« Fortuna. Als Stürmer machte er bald auf sich aufmerksam – der Weg in die Jugendnationalmannschaft war vorprogrammiert. 1975 war Klaus Allofs Teilnehmer am UEFA-Turnier in der Schweiz, das ersehnte Nahziel aller Talente im Fußball. Wenig später unterschrieb er seinen ersten Profivertrag, doch bei seinem Trainer Sepp Piontek, der später den dänischen Fußball zur Weltspitze führen sollte, hatte er

nicht die besten Karten. »Der Junge ist zu schmächtig – der muß erst mal was auf den Rippen haben«, sagte Piontek. Sein Nachfolger Dietrich Weise sah den unberechenbaren Techniker etwas anders: »An einem guten Tag hält ihn keiner auf der Welt, an einem schwachen jeder Amateurfußballer.« Hinter

diesen Worten verbarg sich Anerkennung, aber auch das Wissen um die Launenhaftigkeit des jungen Klaus Allofs. Denn der war noch zu unbeständig, um schon den Durchbruch zu schaffen. Aber schon im Oktober 1978 hatte er die nächste Schwelle auf seinem Weg als Fußballer passiert: Beim deutschen 4:3-Sieg in Prag gegen die damalige ČSSR kam er zu einem ersten Kurzeinsatz. In der gleichen Saison erreichte er mit der Fortuna das Europacupfinale der Pokalsieger, das der FC Barcelona etwas glücklich in der Verlängerung mit 4:3 für sich entscheiden konnte. Klaus Allofs schnupperte die Luft des internationalen Fußballs und war in der Bundesliga schon ein Star. 1980 wurde er mit der deutschen Nationalelf Europameister in Rom. Sein größtes Spiel absolvierte Klaus Allofs bei diesem Turnier im Glutofen von Neapel, wo Holland mit 3:2 geschlagen wurde. Klaus Allofs schoß alle drei Tore, der Wegbereiter war Bernd Schuster. 2,25 Millionen Mark – für eine Rekordablöse wechselte Allofs 1981 zum 1. FC Köln, wo er eine lange Anlaufzeit benötigte, um sich an die neue Umgebung zu gewöhnen. Bei der Weltmeisterschaft in Mexiko 1986 fand er zur alten Leistungsstärke zurück – er schoß wichtige Tore auf dem Weg ins Finale und war Stammspieler der Nationalelf. 1987 erlag Klaus Allofs den Lockungen von Olympique Marseille, hatte aber zunächst das Pech, durch eine Meniskusoperation in seinem Leistungsvermögen weit zurückgeworfen zu werden. Das 56. Länderspiel blieb deshalb auch sein letztes. Am 31. März 1988 verabschiedete er sich mit einem Freistoßtor gegen Schweden beim Vierländerturnier in Berlin von der Nationalelf. Im zweiten Jahr mit Marseille war er einer der Superstars von Olympique, das das begehrte französische Double schaffte. Doch der Meister setzte ihm danach den Engländer Chris Waddle vor die Nase, worauf Allofs zu einem anderen französischen Spitzenklub, zu Girondins Bordeaux, wechselte. Er schoß 14 Tore in einer Saison und wurde mit seiner Mannschaft Vizemeister, doch Präsident Claude Bez ließ ihn dennoch fallen. Also kehrte Klaus Allofs 1990 zu Werder Bremen und damit in die Bundesliga zurück. Für ihn schloß sich an der Weser der Kreis seiner schillernden Karriere, denn bei Werder traf er wieder auf Otto Rehhagel, seinem einstigen Trainer bei Fortuna Düsseldorf. 1992 holte Allofs, inzwischen 35 Jahre alt, mit Werder den Europacup der Pokalsieger. Beim 2:0 im Finale von Lissabon gegen AS Monaco schoß er das erste Tor selbst und bereitete das zweite mit einem Steilpaß auf Wynton Rufer vor. 1993 beendete er nach fast 18 Profijahren, in denen er in der Bundesliga in 424

Spielen 177 Tore erzielte, seine Karriere so, wie es sich für einen Topstar gehört – als Deutscher Meister. Ein Jahr später war er Mitbegründer einer Marketingagentur.

ALLOFS, THOMAS

Geboren am 17. November 1959
Zwei Länderspiele (1985 bis 1988)
1. FC Kaiserslautern, 1. FC Köln

»Manchmal hasse ich diesen Namen«

Der jüngere der Allofs-Brüder stand stets im Schatten von Klaus. »Manchmal hasse ich diesen Namen«, soll Thomas mal gesagt haben. Dabei war er ein anerkannter Vollblutstürmer und wurde 1989 gar mit 17 Treffern Torschützenkönig der Bundesliga. Wie sein Bruder Klaus machte er seine ersten Schritte als Fußballer beim TuS Gerresheim und wechselte dann ein Jahr nach Klaus im Jahre 1973 zur Fortuna. Er folgte einige Zeit den Spuren seines Bruders, und wie dieser schaffte er 1978 die Teilnahme am UEFA-Turnier. In der Mannschaft der Fortuna erwarb sich Thomas sehr schnell einen Stammplatz – wenigstens das hatte er dem Klaus voraus. Vier Jahre lang stürmte er für die Düsseldorfer in der Bundesliga – drei Jahre an der Seite von Klaus. In 113 Spielen schoß er 34 Tore und wurde zweimal DFB-Pokalsieger. 1979 gehörte Thomas Allofs zu den unglücklichen Verlierern des Europacupfinales gegen den FC Barcelona (3 : 4 nach Verlängerung). Für eine Million Mark Ablöse heuerte er im Jahre 1982 beim 1. FC Kaiserslautern auf dem Betzenberg an. Und auch dort genoß er große Sympathien. Der nur 174 Zentimeter große Stürmer schoß fast in jedem zweiten Spiel »sein« Tor: Genau 61 in 126 Begegnungen der Bundesliga. In dieser Zeit absolvierte Thomas Allofs das erste seiner zwei Länderspiele. Am 16. Oktober 1985 wurde er beim 0 : 1 gegen Portugal im Stuttgarter Neckarstadion für Pierre Littbarski eingewechselt. Nach vierjährigem Gastspiel in der Pfalz zog es ihn wieder ins Rheinland zurück. Beim 1. FC Köln spielte er ab 1986 noch eine Saison lang mit Klaus in einer Mannschaft. Ein Foul von Manfred Kaltz vom Hamburger SV bedeutete dann fast das Ende der Karriere des gerade 27 Jahre alt gewordenen Torjägers. Er erlitt einen Riß des vorderen Kreuzbandes, des Innenbandes und der Kapsel im rechten Knie. Mehr als ein Jahr lang arbeitete er mit großer Energie an seinem Comeback, ehe er nach zwei weiteren Operationen wieder ohne Probleme dem Ball nachjagen

konnte. Der Lohn war eine zweite Länderspielberufung im September 1988 – in seiner Heimatstadt Düsseldorf war er beim 1 : 0-Sieg gegen die Sowjetunion dabei. Nach dieser Saison 1988/89 wechselte Thomas Allofs zu Racing Straßburg – die Elsässer waren soeben aus der ersten französischen Liga abgestiegen. Thomas Allofs war stets ein Profi, der sich die kritische Distanz zu seinem Job bewahrte. Profifußballer zu sein, das war für ihn nie ein Traumberuf. Der gelernte Elektroanlagen-Installateur bedauerte es, daß der Leistungsdruck in diesem Geschäft zuweilen Spielfreude und Kameradschaft lähmte.

ALTVATER, HEINRICH

Geboren am 27. August 1902,
gestorben am 25. Februar 1994
Ein Länderspiel (1922)
Wacker München

Ein »einsamer« Linksaußen

Der Linksaußen von Wacker München, der in der Metropole an der Isar den Beruf eines Städtischen Angestellten ausübte, kam am 26. März 1922 im Riederwaldstadion von Frankfurt/Main zu seinem einzigen Länderspiel. Vor 40 000 Zuschauern taten sich die Deutschen gegen die Schweiz sehr schwer und erreichten nur ein 2 : 2. Heinrich Altvater war einer von fünf Neulingen in der Nationalmannschaft, die wegen der Spanienreise des 1. FC Nürnberg auf einige Stammspieler verzichten mußte. In dieser Zeit mehrten sich die Kritiken an der Praxis des Deutschen Fußball-Bundes, der noch immer nicht zu jenen Auswahlkriterien gefunden hatte, wie sie in der europäischen Nachbarschaft zum Teil schon vor dem 1. Weltkrieg gepflegt wurden. Regionale Gesichtspunkte spielten eine Rolle – zuweilen bestimmte die Lobby, wer im Nationalteam aufgestellt wurde. Der Spielausschuß des DFB, der in Ermangelung eines Trainers das Sagen hatte, geriet immer mehr ins Zwielicht. Im Spiel gegen die Schweiz war der blutjunge Heinrich Altvater auf dem linken Flügel chancenlos, denn die deutschen Angriffe rollten zumeist über rechts. Mehr Freude hatte der junge Mann in diesen Jahren in München. Dort spielte ein Star des Weltfußballs: »Spezi« Schaffer. Und mit dem virtuosen deutschstämmigen Spieler aus Siebenbürgen erreichte Wacker München die Süddeutsche Meisterschaft. Nie zuvor hatte ein Münchner Verein dies geschafft. Altvater war im Viertelfinale allerdings nicht dabei, als die »Blauen« am 21. Mai 1922 in Karlsruhe wie ein Wirbelsturm über Arminia Bielefeld hinwegfegten. Hans Semmler schoß drei Tore beim 5 : 0 gegen den Westdeutschen Meister. Doch im Halbfinale bescherte der Hamburger SV den Münchnern in Frankfurt am Main ein herbes Erwachen. Beim 0 : 4 war auch Heinrich Altvater dabei, der bis Ende der 30er Jahre für Wacker aktiv war. Jahre später wurde er zum Ehrenmitglied seines Vereins ernannt.

APPEL, HANS

Geboren am 8. Juni 1911
Fünf Länderspiele (1933 bis 1938)
Berliner SV 92

Allroundspieler von der Spree

Hans Appel war ein Allroundspieler bester Güte. Er wurde in der Nationalmannschaft als Läufer und Verteidiger eingesetzt, und seine Freunde schätzten dessen kämpferische Natur und Zähigkeit. Er stammte aus dem Berliner Stadtteil Wilmersdorf und gelangte über Hertha BSC zum Berliner SV 92. Sein Debüt in der deutschen Auswahl feierte Hans Appel am 3. Dezember 1933 vor heimischer Kulisse im Poststadion. 35 000 Zuschauer waren enttäuscht vom Spiel der Gastgeber, die gegen Außenseiter Polen einen schweren Stand hatten. Als kaum noch jemand einen Pfifferling auf die deutsche Mannschaft setzte, verunglückte dem polnischen Torwart Albanski ein Abschlag. Hans Appel fing den Ball ab, reagierte am schnellsten von allen und über Lachner und Rasselnberg rollte das Leder ins Tor der bedauernswerten Polen. Den erhofften Stammplatz bekam der junge Mann vom Berliner SV 92 allerdings nicht. Erst 13 Monate später erhielt Hans Appel, Fernfahrer von Beruf, seine nächste Chance beim 4 : 0-Sieg gegen die Schweiz in Stuttgart. Seine Hoffnungen, sich für die Olympischen Spiele in seiner Heimatstadt oder im Jahre 1938 für die Weltmeisterschaft in Paris zu qualifizieren, erfüllten sich für den Berliner nicht. Immerhin endete sein letztes Länderspiel im September 1938 in Bukarest mit einem stolzen 4 : 1-Sieg gegen Rumänien. Mit seinem Berliner SV gelangte er in den 30er Jahren mehrfach in die deutsche Endrunde, wo jeweils die Schalker ein übermächtiges und nicht zu überwindendes Bollwerk darstellten. In den 50er Jahren trainierte »Hänschen« Appel über einen längeren Zeitraum den VfR Neumünster, den er in die Oberliga Nord führte, ehe er schließlich im Jahre 1958 von Heinz Lucas abgelöst wurde.

ARLT, WILLI

Geboren am 27. Oktober 1919,
gestorben am 27. Juli 1947
Elf Länderspiele (1939 bis 1942), zwei Tore
SV Riesa

Linke Schüsse mit Gefühl

Willi Arlt stammt aus dem kleinen Ort Bobersen. In Riesa, der sächsischen Kreisstadt an der Elbe, bekam er 1937 erstmals Kontakt mit dem großen Fußball, nachdem er zwischenzeitlich beim SV Röderau gespielt hatte. Ins Rampenlicht trat Willi Arlt dann beim Deutschen Turn- und Sportfest des Jahres 1938 in Breslau, wo er mit der Auswahl Sachsens allerdings gegen Niedersachsen mit 0 : 2 unterlag. Der Stürmer vom SV Riesa scheiterte an diesem Tag immer wieder an Torwart Heinz Flotho vom VfL Osnabrück. Der Linksaußen feierte ein halbes Jahr später dann ein glanzvolles Debüt beim 4 : 1-Sieg in Brüssel gegen Belgien. Mit seinen gefühlvollen Flanken war er der Wegbereiter des überraschend hohen Erfolgs. Mit dem Dresdner Helmut Schön bildete Arlt einen ausgezeichneten Flügel. Willi Arlt war so etwas wie ein klassischer Linksaußen, was allerdings auch bedeutete, daß er ausschließlich mit seinem linken Fuß über ein starkes Schußvermögen verfügte. Seine Spezialität waren Schüsse aus großer Distanz, er war gefürchtet wegen seiner Wendigkeit und seines eleganten Spiels. Mit Rüdiger, Gehre, Weizenbauer und Andrich verstand er sich beim Riesaer SV glänzend. Der 23fache Repräsentativspieler für Sachsen verabschiedete sich am 19. Juli 1942 mit dem 3 : 0-Sieg gegen Bulgarien in Sofia. Während des 2. Weltkriegs spielte er in der Elf des SV Thorn, dem allerdings die gewonnenen Punkte in der Meisterschaft aberkannt wurden, weil der Gastspieler nicht spielberechtigt war. Willi Arlt wurde nicht einmal 28 Jahre alt – er starb im Sommer 1947, kurz bevor er aus russischer Kriegsgefangenschaft entlassen werden sollte.

ASCHERL, WILLY

Geboren am 7. Januar 1902,
gestorben am 8. August 1929
Ein Länderspiel (1924)
Spvg. Fürth

»Stille Messe« in Amsterdam

Mitte der 20er Jahre war Franken der Nabel des deutschen Fußballs. Alles drehte sich um die Nachbarn und Erzfeinde 1. FC Nürnberg und Spvg. Fürth. Diese Rivalität warf allerdings auch einen langen Schatten auf die Nationalmannschaft. Beide Vereine waren nur dann zur Abstellung von Spielern für das Länderspiel am 21. April 1924 gegen Holland in Amsterdam zu überreden, wenn die Nürnberger und Fürther in getrennten Wagen mit der Eisenbahn ins Land der Tulpen reisen konnten. Fünf Nürnberger und sechs Fürther wechselten auf der Hin- und Rückreise und auch während des Spiels in Amsterdam kein Wort. Ein Beteiligter dieser denkwürdigen Begegnung, die die Deutschen vor 30 000 Zuschauern mit 1 : 0 durch ein Tor des Fürthers Auer gewannen, war Willy Ascherl. Der waschechte Fürther stand auf Linksaußen und gab die Flanke zum Siegtreffer. Er war neben Karl Auer der kleinste Spieler der Mannschaft und wirkte neben dem athletischen Torwart »Tetsch« Lohrmann fast wie ein Zwerg. Das Jahr 1926 brachte die größten Erfolge in der Fußballkarriere des Willy Ascherl. Er wurde mit den Fürthern Deutscher Meister. Im Frankfurter Finale wurde Hertha BSC mit 4 : 1 besiegt − Ascherl stand in einer großen Mannschaft, die die Handschrift ihres englischen Lehrmeisters William Townley trug, der bis zum 1. Oktober 1927 bei der Spvg. Fürth wirkte. Willy Ascherl war einer von acht Fürther Fußballern, die zu den olympischen Ausscheidungsspielen berufen wurden, doch zum olympischen Turnier nach Amsterdam fuhren dann nur Leinberger und Knöpfle. Der Kaufmann spielte später für den SC Meißen 08. Er wurde nur 27 Jahre alt.

AU, ALFRED

Geboren am 14. Dezember 1898,
gestorben am 27. Oktober 1986
Ein Länderspiel (1921)
VfR Mannheim

An der Seite von Sepp Herberger

So nach und nach begann der Fußball in Deutschland um die Jahrhundertwende seine Wurzeln zu schlagen. Und es waren vor allem Schüler, die sich für das Spiel begeisterten, das auf den Kontinent herübergeschwappt war. Mannheim präsentierte sich in dieser Zeit als Stadt im Aufbruch. Die Industrialisierung hatte ihre Zeichen gesetzt, und getreu ihrem alten Schlachtruf »Mannem vorne« waren die jungen Leute in dieser Stadt auch Wegbereiter des Fußballs in der gesamten rheinischen Region. Schon im Mai 1889 konstituierte sich in Mannheim

ein Zentralausschuß für Volks- und Jugendspiele, der sich nicht scheute, den Fußball zu fördern, obwohl viele in dieser Variante der Leibesertüchtigung etwas »undeutsches« entdeckten. Professor Specht von der Realschule war der große Pionier des Mannheimer Fußballs. Unter dem Namen »Mannheimer Fußballgesellschaft von 1896« entstand der erste Fußballklub der Stadt, der einen geregelten Vereinsbetrieb hatte. Als im Jahre 1907 in Mannheim das deutsche Endspiel zwischen dem Freiburger FC und Viktoria 89 Berlin stattfand, da befand sich unter den Besuchern auch ein Neunjähriger, der mit großen Augen dem Geschehen auf dem Platz »An den Brauereien« zuschaute: Alfred Au. Zehn Jahre später trug er das Trikot des VfR Mannheim, und der junge Außenläufer profitierte von der Arbeit des ungarischen Trainers György, der zweimal in der Woche aus Karlsruhe kam und den VfR entscheidend nach vorn brachte. Ab 1920 war dann Otto Nerz, der spätere Reichstrainer, als Sportlehrer bei den Mannheimern tätig. Alfred Au, dem die »Illustrierte Sportzeitung Fußball« im Jahre 1925 eine »hochstehende geistige und körperliche Leistungsfähigkeit von seltener Beständigkeit« bescheinigte, war ein Weggefährte von Sepp Herberger. Er war beim VfR Mannheim häufig Retter in höchster Not. Am 18. September 1921 kam der Außenläufer in Helsinki zu seinem einzigen Länderspiel. Vor 6000 Zuschauern erreichte die deutsche Nationalmannschaft, die sich nach dem 1. Weltkrieg noch nicht wieder konsolidiert hatte, nur ein 3 : 3 gegen die in Europa bestenfalls zweitklassigen Finnen. Sepp Herberger erzielte in diesem, seinem ersten Länderspiel, gleich zwei Tore. Eine weitere Chance im Nationaltrikot erhielt Alfred Au, der später als Architekt arbeitete, nicht.

AUER, KARL

Geboren am 12. August 1898,
gestorben am 21. Februar 1945
Drei Länderspiele (1924−1926), zwei Tore
Spvg. Fürth

Zwei »Auer« in zwei Endspielen

Drei Länderspiele absolvierte der kraftvolle Fürther − nie ging er dabei als Verlierer aus einem Stadion. Sein Debüt im Nationaltrikot feierte der Rechtsaußen am 13. Januar 1924 quasi vor der Haustür, in Nürnberg. Österreich wurde mit 4 : 3 geschlagen − Auer eröffnete den Torreigen in der 24. Minute. Hugo Meisl, der Baumeister des späteren österreichischen Wunderteams, durfte nur in der Endphase dieses

Spiels auf ein Remis hoffen. Zwischenzeitlich waren die Deutschen schon auf 4:1 enteilt. Umjubelter Held des ersten deutschen Sieges über Holland war Karl Auer dann am 21. April 1924 in Amsterdam. Der kleine Mann am rechten Flügel köpfte das Tor des Tages in der 26. Minute. Karl Auer war einer der strahlenden Helden der Spvg. Fürth, die die »Viktoria«, die Trophäe des deutschen Fußballmeisters, an den Ronhof holten. 1926 triumphierten die Fürther im Frankfurter Finale über Hanne Sobecks Hertha BSC. Drei Jahre später erlitten die Berliner ihre vierte Endspielniederlage hintereinander; erneut gegen die Spvg. Fürth. Und wieder verzweifelten die bedauernswerten Herthaner an einem Mann namens Auer. Doch diesmal war es Heinrich, der jüngere Bruder von Karl, der bei den Fürthern auf Rechtsaußen stürmte und »sein« Tor im Finale schoß. Neben Willy Ascherl war Karl Auer der kleinste Spieler seiner Mannschaft, die von dem englischen Trainer William Townley geformt wurde. Der Kaufmann von der Pegnitz, der seine Karriere beim Würzburger FV beschloß, starb als Soldat in Rußland.

AUGENTHALER, KLAUS

Geboren am 26. September 1957
27 Länderspiele (1983 bis 1990)
FC Bayern München

»Auges« Spezialität: Weitschüsse

»Auge« – jeder, der sich in Deutschland für Fußball interessierte, wußte in den 80er Jahren, daß sich hinter diesem Kosewort Klaus Augenthaler verbarg. Im niederbayerischen Fürstenzell wurde er geboren, über den FC Vilshofen führte sein Weg 1975 zum FC Bayern, wo man mit der Position des Liberos stets das Spiel des Franz Beckenbauer verband. Klaus Augenthaler war ein gänzlich anderer Fußballertyp. Ein harter Bursche, der nie bereit war, auf dem Spielfeld Kompromisse einzugehen. Bis 1976 absolvierte er elf Jugendländerspiele. In der Saison 1977/78 kam Klaus Augenthaler erstmals in der höchsten deutschen Spielklasse zum Einsatz. Zwei Jahre später platzte dann der Knoten – er avancierte zu einem der besten Abwehrspieler der Bundesliga. Die B-Auswahl der Nationalmannschaft war für »Auge« das Sprungbrett auf die internationale Bühne, sieht man einmal davon ab, daß ihm der rauhe Wind des Fußballs auch in vielen Europacupspielen um die Nase wehte. Paul Breitner war einer seiner vehementen Fürsprecher bei Bundestrainer

Jupp Derwall, doch erst in seinem achten Profijahr erhielt »Auge« die erste Berufung für ein Länderspiel. Gegen Österreich war er am 5. Oktober 1983 in Gelsenkirchen im defensiven Mittelfeld dabei. Derwall berief ihn noch dreimal, nominierte den Münchner aber nicht für die Europameisterschaft 1984 in Frankreich. Statt dessen war er WM-Teilnehmer 1986 in Mexiko – vier Jahre später wurde er mit der deutschen Nationalmannschaft Weltmei-

ster in Italien. Dabei drohte seine Karriere schon in der Saison 1986/87 einen Knick zu bekommen, als er nach einer Bandscheibenoperation monatelang ausfiel. Nach dem Fortgang von Lothar Matthäus übernahm Augenthaler die Führungsrolle beim FC Bayern, bestach durch seine Ruhe und durch kämpferischen Einsatz. Im Fußball-Europacup war der gelernte Bürokaufmann so etwas wie ein Dauerbrenner der Bayern, und seine 82 Europacupspiele waren DFB-Rekord. Die Spezialität des »Vorzeige-Bayern«: Torschüsse aus großer Distanz. Als Klaus Augenthaler 1992 abtrat, lagen 404 Bundesligaspiele hinter ihm, in denen er 52 Tore erzielte. Klaus Augenthaler erwarb Mitte 1992 das Diplom als lizensierter Fußballlehrer mit der Note 1,7 und übernahm anschließend den Posten des Assistenztrainers beim FC Bayern an der Seite von Erich Ribbeck. Ein Jahr später flatterte ihm das erste Angebot als Cheftrainer auf den Tisch – doch er lehnte die Offerte des 1. FC Kaiserslautern ab. Im September 1993 erhielt Klaus Augenthaler für seine Verdienste um das Ansehen des Fußballs im In- und Ausland das Verdienstkreuz am Bande des Verdienstordens der Bundesrepublik Deutschland. Sein Engagement bei »seinen« Bayern endete – für seinen Geschmack etwas zu abrupt – nach der Saison 1996/97. Danach trat »Auge« seine erste Stelle als Cheftrainer an – beim österreichischen Erstligisten Grazer AK erwischte er einen Blitzstart.

AUMANN, RAIMOND

Geboren am 12. Oktober 1963
Vier Länderspiele (1989 bis 1990)
FC Bayern München

Leiden und Hoffen

Ein Torwartriese stand Raimond Aumann jahrelang beim FC Bayern München im Wege: Der Belgier Jean-Marie Pfaff. Doch im Schatten des Weltklassetorwarts blühte das Talent auf. Und an Selbstvertrauen mangelte es dem jungen Mann nie. Im zarten Alter von sechs Jahren erklärte er seinen Freunden in der Fuggerstadt Augsburg, er wolle irgendwann einmal Sepp Maier im Tor des FC Bayern ablösen. Bei den Stadtwerken Augsburg stand er als Siebenjähriger zwischen den Pfosten, 1976 wechselte er zum FC Augsburg, wo er Deutscher Vizemeister der B-Jugend wurde. Er erhielt Einladungen für die Schülernationalmannschaft und für die B-Jugendauswahl Deutschlands. Als er dann 1980 beim FC Bayern München aufkreuzte, hatte er nicht nur Pfaff vor sich, sondern auch noch Walter Junghans und Manfred Müller. Der junge Schwabe stand also nur im vierten Glied. Dafür wurde er Torwart der deutschen Jugendnationalmannschaft – bestritt 15 Länderspiele. Vier Jahre lang hoffte er vergeblich darauf, Jean-Marie Pfaff verdrängen zu können, doch eine erste Chance der Bewährung bot sich für ihn erst, als sich der Belgier mit dem Gardemaß verletzte. Als Pfaff wieder hergestellt war, saß Raimond Aumann erneut auf der Bank. Dann stellte sich 1985/86 eine schwere Verletzung bei dem Dauerreservisten ein (Kreuz- und Innenbandabriß sowie ein Meniskusschaden). Kaum jemand gab daraufhin an der Isar noch einen Pfifferling auf die Fortsetzung der Karriere dieses sprunggewaltigen Torwarts. Es folgte ein Zeit des Leidens und des Hoffens und schließlich ein Neubeginn. Und nun wurde das Klima zwischen Pfaff und Aumann plötzlich frostig. Der Belgier fühlte sich gereizt, die beiden Rivalen steigerten sich in eine permanente Fehde, die ihren Höhepunkt in einem Faustschlag Pfaffs ins Gesicht seines Konkurrenten fand. Schließlich schoben die Bayern den temperamentvollen Pfaff ab und machten Aumann zur Nummer eins. Obwohl dieser mit seinen 182 Zentimetern nicht gerade über eine Idealgröße als Torwart verfügte, imponierte »Balou« mit Reaktionsschnelligkeit und sachlichem Spiel. Im September 1989 feierte er seinen Einstand in der Nationalmannschaft in Dublin gegen Irland. Doch wieder war er die eigentliche Nummer zwei im Team – diesmal hinter Bodo Illgner. Eines seiner größten Spiele absolvierte Raimond Aumann im Herbst 1989 im Hexenkessel von San Siro. In der UEFA-Cup-Begegnung war er ein Garant des sensationellen Münchner 3:1-Sieges bei Inter Mailand. Er war Mitglied des Kaders des Weltmeisters von 1990, aber in den frühen 90er Jahren holte ihn das Verletzungspech erneut ein. Toni Schumacher, der neben Sepp Maier stets sein sportliches Vorbild war, sprang für Aumann eine Zeitlang bei den Bayern ein, als dieser sich zu einer Operation in die USA begeben mußte. 1993 gab es dann erste Konflikte mit dem FC Bayern, der sich offensichtlich um Nationaltorwart Andreas Köpke bemühte. Ein Jahr später holten die Bayern dann Oliver Kahn vom Karlsruher SC. Dieser Konkurrenz wollte sich Raimond Aumann nicht stellen – er wechselte in die Türkei zu Besiktas Istanbul, doch auch am Bosporus blieb er von Verletzungen nicht verschont.

B

BABBEL, MARCUS

Geboren am 8. September 1972
24 Länderspiele (seit 1995), ein Tor
Bayern München

An der Elbe »geparkt«

Gilching und Argelsried! Man muß schon genau hinsehen, um auf der Landkarte diese beiden bayerischen Flecken aufzuspüren. Zwischen den Flüßchen Amper und Wurm sind sie gelegen, und wer von Münchner Vororten spricht, der liegt nicht so falsch, obwohl hier von Flair und Hektik der Weltstadt kaum etwas zu spüren ist. Marcus Babbel hat beim TSV Gilching-Argelsried die ersten Kontakte mit dem Fußball bekommen. Fünf Jahre war der Filius eines Maurers damals. Und schon bald träumte er davon, das rote Trikot des FC Bayern tragen zu dürfen. Als Marcus Babbel nach der Hauptschule eine Ausbildung zum Industriemechaniker begann, war er längst zu den Bayern gewechselt. Norbert Eder, der Nationalspieler, war das große Vorbild des kleinen Marcus, der als 17jähriger zum ersten Mal Deutscher Meister wurde – mit der B-Jugend des FC Bayern. Das war im Jahre 1989 – und spätestens jetzt hatte sich sein Talent in der Metropole herumgesprochen. Es folgten die ersten Einladungen in die Jugendauswahl des DFB und 1991 die erste Unterschrift unter einen Vertrag als Amateur im Bundesligakader. Marcus Babbel galt als Senkrechtstarter, denn die Art, wie er in seinem Bundesligadebüt gegen Werder Bremen den erfahrenen Klaus Allofs »zudeckte«, erstaunte alle. Doch im Starensemble des FC Bayern war es für den jungen Mann schwer, auch nur in die Nähe eines Stammplatzes in der Abwehr zu gelangen. Statt dessen wurde er 1992 beim Hamburger SV »geparkt«. Im Nachhinein stellte sich heraus, daß dies für den ruhigen Mann aus Bayern das beste war, was ihm passieren konnte. An der Elbe begegnete er unter anderem Trainer Egon Coordes, den er seit seiner Jugendzeit beim FC Bayern her kannte. Beim HSV bekam Babbel den erhofften Stammplatz und galt fortan als einer der abgeklärtesten Manndecker der höchsten deutschen Spielklasse. Ihm gefiel es in der Hansestadt derart gut, daß er zunächst wenig erbaut war, als der FC Bayern 1994 auf den Vertrag mit dem HSV pochte und Babbel zurückforderte. Die Münchner hatten die Entwicklung ihres Talents mit Genugtuung beobachtet, waren angetan von der Vielseitigkeit des jungen Mannes, der sich von nun an auch beim deutschen Rekordmeister mehr und mehr behauptete. Als ihm dann an einem Herbsttag des Jahres 1994 Berti Vogts eine Einladung zum A-Kader schickte, schwirrte Marcus Babbel der Kopf. Manches ging dem ruhigen Zeitgenossen eine Spur zu schnell. Doch der Bundestrainer war vom Leistungsvermögen des U-21-Nationalspielers überzeugt und verhalf ihm zum Länderspieldebüt im Februar 1995. Marcus Babbel war beim 0 : 0 in Jerez de la Frontera gegen Spanien dabei. Bei der Europameisterschaft des folgenden Jahres in England profitierte der Münchner vom Pech Jürgen Kohlers, der sich schon im Eröffnungsspiel gegen Tschechien verletzte. Babbel rückte in die Stammformation und war drei Wochen später beim Finaltriumph gegen die gleiche tschechische Mannschaft im Wembley-Stadion erneut dabei.

BACHE, FRITZ

Geboren am 29. März 1898
Zwei Länderspiele (1923 bis 1924)
Wacker 04 Berlin

»Neipe« und die Paragraphen

Ein linker Verteidiger von der Spree tauchte am 4. November 1923 beim Länderspiel in Hamburg gegen Norwegen in der deutschen Nationalelf auf: Fritz Bache. Der schwarzhaarige Brauereiarbeiter war neben den Gebrüdern Reinhard und Arno Strehlke, die später in Frankfurt spielten, der Leistungsträger in der Mannschaft von Wacker 04 Berlin. »Neipe« nannten die Berliner diesen Spieler – und das hatte einen kuriosen Grund. Fritz Bache plagte sich mit einem Sprachfehler herum – ihm kam kein »K« über die Lippen. Statt »Kneipe« sagte er »Neipe« – und hatte fortan seinen Spitznamen weg. Nach dem 1. Weltkrieg hatte Fritz Bache den Weg in die 1. Mannschaft von Wacker gefunden. Binte hütete das Tor, und davor räumte das Verteidigerpaar Lemke und Bache in den Verbandsspielen kräftig auf. Doch dann standen plötzlich dunkle Wolken über Wacker, denn die Auswahlspieler, zu denen auch Fritz Bache gehörte, erzählten nach ihrer Heimkehr, daß hier und da Fußballer Geld für ihren Sport bekämen. Einige Spieler wurden von der Konkurrenz umworben – ihnen wurden Versprechungen gemacht. Fritz Bache, der 1920 für eine kurze Zeit das Trikot von Hertha 92 getragen hatte, fiel darauf herein. Er beteiligte sich an einem zu diesem Zeitpunkt sinnlosen Unternehmen als Mitglied einer Berliner Fußballprofitruppe. Die bestritt zwei Spiele gegen ungarische Profis und war dann wirtschaftlich am Ende. Anfang 1921 kreuzte Fritz Bache in Begleitung von H. Lemke, A. Schudoma und A. Strehlke wieder beim SC Wacker auf, nachdem der DFB eine allgemeine Amnestie für alle Verstöße gegen den damaligen Paragraphen 66 ausgesprochen hatte. Auch die Berliner verziehen ihrem Verteidiger schnell. In den frühen 20er Jahren hielt Wacker 04 in der Berliner Fußballmeisterschaft, die in zwei Staffeln ausgetragen wurde, recht wacker mit, wenn auch die Musik woanders spielte. Zum Beispiel beim FC Vorwärts und bei Norden-Nordwest. Dennoch gelangte Fritz Bache 1923 in die Nationalmannschaft. 1 : 0 gewannen die Deutschen dank eines von den Hamburgern gefeierten Tores ihres unnachahmlichen »Tull« Harder. Eine zweite Berufung gab es für Fritz Bache am 31. August 1924 in Berlin gegen Schweden. Er erwischte allerdings einen rabenschwarzen Tag. Ohne die Nürnberger und Fürther, die dem DFB einmal mehr die kalte Schulter gezeigt hatten, unterlag man den Skandinaviern vor 25 000 Zuschauern sang- und klanglos mit 1 : 4. Fritz Bache trug in Berlin später das Trikot von Alemannia 90.

BÄSE, JOACHIM

Geboren am 2. September 1939
Ein Länderspiel (1968)
Eintracht Braunschweig

Das »Wunder« von Braunschweig

»Nein, nein – das war kein Wunder! Das war das Ergebnis eines kontinuierlichen Aufbaus und einer konstruktiven Zusammenarbeit zwischen Präsidium, Mannschaft und Trainer ...« Helmut Johannsen war 1967 zweifellos der »Trainer des Jahres«. Er hatte etwas geschafft, was die noch taufrische Bundesliga kopfstehen ließ. Nicht die etablierten Vereine plazierten sich am Ende ganz oben, sondern die Braunschweiger Eintracht. Und nun fiel es diesem Trainer, der die kühle Sachlichkeit geradezu personifizierte, schwer, das Wort vom »Wunder« zu vertreiben. Helmut Johannsen war anders als die meisten seiner Kollegen, die sich zuweilen über die Ansichten des Herberger-Schülers wunderten. Auf dem Weg zur Deutschen Meisterschaft beließ es der Coach bei vier Trainingseinheiten an Nachmittagen. Vormittags saßen viele seiner Fußballer an irgend einem Schreibtisch oder in den Hörsälen der Uni. Der Sport war nur ein Teil ihres Lebens – wenn auch der wichtigste. Am 3. Juni 1967 war Braunschweig die Fußballhauptstadt Deutschlands, das Stadion an der Hamburger Straße die Stätte eines Volksfestes. 37 000 Zuschauer feierten das abschließende 4 : 1 der Eintracht gegen den 1. FC Nürnberg, dessen Trainer Max Merkel noch gesagt hatte: »Wir kommen nicht als Weihnachtsmänner zur Bescherung ...« Doch am Ende hielt Joachim Bäse die Schale des Meisters in der Hand, und Dr. Kurt Hopert, der Ehrenpräsident des Vereins, der gemeinsam mit Franz Kremer einer der energischsten Verfechter der Idee einer Bundesliga war, hatte Tränen in den Augen. »Achim« Bäse war der Kapitän der Mannschaft, ein Libero bester Klasse. 1959 war er vom FC Wenden, einem Braunschweiger Vorort, zur Eintracht gekommen, um einen Vertrag für die Oberliga Nord zu unterschreiben. Eigentlich sollte er die elterliche Gaststätte, das »Restaurant am Kanal« in Wenden, übernehmen, doch nach seiner Überzeugung vertrug sich der Beruf des Gastronomen nicht mit dem eines Leistungssportlers. Also suchte er sich nach einer Ausbildung zum Koch einen anderen Job und fand ihn 1963 bei der Stadt Braunschweig. Dort war er zunächst im Personalamt tätig, doch als vom vielen Sitzen der Rücken zwickte, wurde er ins Ordnungsamt versetzt – zur Lebensmittelüberwachung. Das war mit »Spaziergängen« verbunden – und wohl so ganz im Sinne des jungen Fußballers. Mit den Triumphen des Jahres 1967 veränderte sich nicht die Welt des Joachim Bäse – er blieb Halbprofi. Und er hatte Spaß am Fußball in dieser ungewöhnlichen Mannschaft, die sich montags zu ein paar Bierchen traf und die sich nach den Spielen im Bus gern von dem inzwischen gealterten Torwart Hannes Jäcker zu flotten Liedern animieren ließ. Der Traum vom Sprung in die

Nationalelf erfüllte sich für Joachim Bäse im Jahr nach der Meisterschaft in Cardiff gegen Wales. Doch die Position des freien Mannes beanspruchte im Team der routinierte Willi Schulz. Und dann war da auch noch der blutjunge Franz Beckenbauer ...

BALOGH, FRITZ

Geboren am 16. Dezember 1920,
gestorben am 14. Januar 1951.
Ein Länderspiel (1950)
VfL Neckarau

Das kurze Glück des Fritz Balogh

Nur wenigen Fußballern wird die Ehre zuteil, daß eine Straße nach ihnen benannt wird. In Neckarau, einem Vorort im Süden Mannheims, gibt es den »Baloghweg« – die Erinnerung an einen begnadeten Spieler und an dessen tragisches Ende. Fritz Balogh ist der einzige Nationalspieler, der aus dem VfL Neckarau hervorgegangen ist und der somit in einer Region aufwuchs, die geprägt war von einer pulsierenden Industrie. Das Jahr 1927 steht in goldenen Lettern im Geschichtsbuch des VfL Neckarau. Die Mannschaft trat aus dem Schatten des VfR Mannheim und des FC Phönix Ludwigshafen, die bis dahin das Geschehen des Rheinbezirks beherrscht hatten. Neckarau wurde Staffelsieger. Als in der Endrunde der Meister die Spvg. Fürth hierherkam, sollen die Sperren der Polizei von den Fans überrannt worden sein. Vierzehn Jahre später, im Frühsommer 1941, standen die Neckarauer sogar in der Deutschen Endrunde, kassierten dort dann aber deftige Niederlagen gegen Rapid Wien. Als der Krieg vorbei war, kreuzte in Neckarau ein schmächtiger junger Mann mit einer verschlissenen Soldatenuniform auf: Fritz Balogh. Es war September 1945 – und die Neckarauer bastelten auf ihrer Anlage an der Altriper Fähre am Aufbau einer neuen Fußballmannschaft. Fritz Balogh kam aus englischer Kriegsgefangenschaft, und die Fangemeinde des VfL hatte es Gottfried Sälzler zu verdanken, daß der aus Preßburg stammende 24jährige Fußballer an den Rhein wechselte. Sälzler kannte Balogh aus seiner Zeit, als sie gemeinsam in den Kriegstagen in Berlin bei Hertha BSC spielten. Der Halbstürmer wurde in Neckarau mit offenen Armen aufgenommen, fühlte sich sehr bald heimisch und heiratete schon im Jahr darauf. Er betrieb eine Toto-Annahmestelle und baute sich ein Haus. Der »Balogh-Fritz« war rasch eine Institution des aufstrebenden Fußballs in dieser Region – mit seinem eleganten Spiel irritierte er seine

Gegner und begeisterte er seine Freunde. In der Saison 1946/47 gab es erhebliche Aufregung unter den Sympathisanten des VfL, als in einem nervenaufreibenden Abstiegskampf der Karlsruher Alfred Fritschi dem Publikumsliebling aus Neckarau einen klassischen K.o.-Schlag versetzte. Nach dem Platzverweis war der Übeltäter nicht zu bewegen, das Feld zu verlassen, worauf Schiedsrichter Fink aus Frankfurt das Spiel nach einer Stunde für beendet erklärte. Als der VfL im Jahre 1948 die Oberliga Süd verlassen mußte, buhlten der FSV Frankfurt und der VfB Mühlburg um Balogh, doch der blieb am Rhein. 1950 war seine Mannschaft wieder Oberligist, und der Fußballer aus der Slowakei hatte die Chance, sich erneut in den Blickpunkt zu spielen. Er nutzte sie im November des gleichen Jahres, als Sepp Herberger sich im Auswahlspiel Südwest – Süd (2:2) in Ludwigshafen nach Kandidaten für seine neue Nationalmannschaft umsah. Fritz Balogh fiel ihm auf und war fast auf den Tag genau ein Jahr später beim historischen ersten Nachkriegsländerspiel gegen die Schweiz in Stuttgart (1:0) dabei. Acht Wochen später standen Sepp Herberger und Fritz Walter am Grab des hochbegabten Fußballers. Fritz Balogh war am Abend des 14. Januar 1951 aus dem Fernschnellzug nach Mannheim gestürzt. Eine nicht verriegelte Tür wurde ihm offenbar nach dem Gang zur Toilette in einer scharfen Kurve zum Verhängnis. Ein Lokführer entdeckte später die Leiche Baloghs zwölf Kilometer vor Ulm bei Nersingen neben den Gleisen. Seine Mannschaftskameraden – der VfL Neckarau kam vom Spiel beim FC Bayern München – bemerkten Baloghs Fehlen erst in Heidelberg. Bei der Trauerfeier, der größten, die Neckarau je erlebt hatte, sagte Pfarrer Kühn: »Er war ein Liebling des Volkes ...« Im gleichen Jahr wurde bekannt, daß Inter Mailand Fritz Balogh verpflichten wollte. Er sollte neben Gunnar Nordahl und Nisse Liedholm stürmen. Doch der ungarische Trainer Lajos Czeisler, der Balogh in Neckarau besucht hatte, blitzte bei ihm ab. »Er hat mir gesagt, er werde seinen Verein nicht im Stich lassen und in Deutschland bleiben – das hat mir sehr imponiert«, sagte Czeisler.

BANTLE, ERNST

Geboren am 16. Februar 1901,
gestorben am 13. April 1978
Ein Länderspiel (1924)
FC Freiburg

Ernst Bantles erfüllter Traum

Gegen Ungarn zu spielen – das war schon in den 20er Jahren der Traum eines jeden Fußballers. Die Magyaren waren Gegner der deutschen Nationalmannschaft am 21. September 1924, und in diesem 50. deutschen Länderspiel war Dr. Ernst Bantle vom FC Freiburg dabei. Neben Tull Harder und Hans Sutor konnte sich der Halbstürmer aus dem Breisgau in Budapest allerdings kaum in Szene setzen. Die deutsche Mannschaft unterlag mit 1:4. Dies blieb die einzige Nominierung für Dr. Bantle, der in seinem Beruf als Direktor des Arbeitsamtes in Freiburg ungleich größeren Erfolg hatte. Freiburg, die idyllische Stadt am Fuße des Schwarzwalds, war schon in der Pionierzeit des deutschen Fußballs eine Hochburg. Früher noch als der Karlsruher FV schmückten sich die Breisgauer mit dem Titel eines Deutschen Meisters. Das war im Jahre 1909, und der Endspielgegner in Mannheim war die Viktoria aus Berlin. Einige Jahre später fand auch Ernst Bantle zum Fußball. Kein Geringerer als Dr. Josef Glaser, sein Professor an der Oberrealschule in Freiburg, weckte bei ihm das Interesse an diesem Sport. Dr. Glaser war einer der Freiburger Fußballhelden des Endspiels von 1909, und zu ihm blickten die sportbegeisterten Freiburger Schüler auf. Alltags war er ihr Lehrer – am Wochenende dann ihr Mannschaftskamerad. So erging es auch Ernst Bantle. Probleme bekam der erst, als er in Freiburg studierte. Vor dem ersten Examen empfahl ihm Dr. Glaser, die Universität zu wechseln. »Dein Professor ist ein Antifußballer – der läßt Dich glatt durchfallen«, sagte ihm sein väterlicher Freund. Worauf Ernst Bantle nach Gießen übersiedelte und es dort zum Diplomvolkswirt brachte. Über Freudenstadt, Villingen und Offenburg, wo er bereits Direktor des Arbeitsamtes war, führte ihn schließlich sein Weg im Jahre 1948 zurück in seine Heimatstadt Freiburg. Zuweilen spielte Ernst Bantle noch mit den Alten Herren seines Vereins, und er übernahm auch Funktionen im Vorstand des Freiburger Fußball-Clubs von 1897. Er war und blieb einer der größten Fußballer in der Geschichte dieses traditionsreichen Vereins aus dem Breisgau, auch wenn seine Länderspielkarriere nur von sehr kurzer Dauer war.

BARUFKA, KARL

Geboren am 15. Mai 1921
Drei Länderspiele (1950–1951)
VfB Stuttgart

Ein Leben zwischen zwei Lieben

»Irgendwie schlägt mein Herz immer noch für Schalke, auch wenn ich längst ein glühender Anhänger des VfB Stuttgart bin ...« Karl Barufka – das ist die Geschichte eines Fußballerlebens zwischen zwei Lieben. Die eine galt den »Knappen« aus Gelsenkirchen, die andere den Schwaben, mit denen er im Zenit seines Leistungsvermögens zweimal Meister wurde. Doch einer, der einen Steinwurf von der alten Glückaufkampfbahn in Gelsenkirchen aufwuchs und Spielkameraden wie Herbert Burdenski hatte, der wird wohl nie die Wurzeln seines Lebensweges leugnen wollen. »Kalle« war einer der Publikumslieblinge der frühen 50er Jahre am Neckar. Er schwäbelte mit westfälischem Akzent und war im übrigen ein ausgezeichneter Techniker. Natürlich schnürte er seine ersten Fußballstiefel in Schalke – mit sechs Jahren schon. Und als seine Vorbilder Tibulski, Szepan, Kalwitzki und Kuzorra am 24. Juni 1934 in Berlin die Viktoria in den Kohlenpott holten, da hockte »Kalle« im Kreise seiner Freunde vor dem Volksempfänger und fieberte mit leuchtenden Augen dem Schlußpfiff von Schiedsrichter Birlem entgegen. Die Schalker Glanzzeit kam zu früh für ihn, statt dessen kam der Krieg, und Karl Barufka tauschte das Schalker Trikot zunächst einmal mit der Uniform des Soldaten. Ihn, die »Landratte« – wie er sich immer bezeichnete –, verschlug es zur Marine nach Wilhelmshaven. Doch die Schiffe sah er nur im Hafen, dafür sah er eine Menge guter Fußballer bei Wilhelmshaven 05. Den großen Paul Janes zum Beispiel. Der junge Linksaußen aus Schalke fühlte sich in dieser Mannschaft wohl. Als der Krieg vorbei war, erinnerte er sich an die Gastspiele der Marinefußballer am Neckar. In Esslingen hatten sie gespielt, in Stuttgart und Bad Cannstatt. Für eine Saison schloß sich Karl Barufka dem VfB Stuttgart an, versuchte sich dann beim FC Pforzheim, betrieb nebenbei eine Likörstube in der Nähe des Hotels Concordia in Bad Cannstatt und ließ sich schließlich sehr bereitwillig von den Stuttgartern zu einer Rückkehr überreden. Fritz Teufel ging und »Schorsch« Wurzer kam für lange dreizehn Jahre. Dieser Trainer prägte den weiteren Weg von Karl Barufka. Es war ein starker Jahrgang, den der VfB Stuttgart in den frühen 50er Jahren präsentierte. Im Tor stand Otto Schmid, den alle Welt als »Gummi Schmid« kannte. Dann war da Erich Retter, ein »Zögling« von Trainer Wurzer und die Zuverlässigkeit in Person, der energische Steimle, der unberechenbare Läpple, der einarmige und doch so geniale Robert Schlienz, der routinierte Otterbach, die torhungrigen Stürmer Blessing, Baitinger und Bühler. Es war die Mixtur aus Routine und jugendlicher Unbekümmertheit, die die Stuttgarter in dieser Zeit starkmachte. Auf den Cannstatter Wasen hatten die Fans des schwäbischen Fußballs ihre helle Freude an dieser Mannschaft, die sich im deutschen Endspiel 1950 gegen die Offenbacher Kickers mit 2 : 1 behauptete und zwei Jahre später mit einer stark veränderten Formation im Finale den 1. FC Saarbrücken mit 3 : 2 bezwang. Karl Barufka war zu diesem Zeitpunkt schon Nationalspieler. Sepp Herberger hatte sich seines Kursisten aus Kriegstagen erinnert und ließ sich von den Leistungen des Westfalen in den populären Regionalspielen überzeugen. Der Bundestrainer nominierte Barufka für das erste Nachkriegsländerspiel gegen die Schweiz in Stuttgart und noch zweimal im Jahre 1951. 183 Oberligaspiele bestritt Karl Barufka für seinen VfB und schoß dabei 32 Tore als Läufer und Linksaußen. 1954 stoppte eine Meniskusoperation seine Karriere, doch der Schalker blieb seiner Wahlheimat treu und baute sich in Böblingen eine neue Existenz auf. 22 Jahre lang war er im Kaufhaus Hertie in der Sportabteilung tätig.

BASLER, MARIO

Geboren am 18. Dezember 1968
23 Länderspiele (seit 1994), ein Tor
Werder Bremen, Bayern München

Aus der Verbannung zum »Überflieger«

Die sogenannten Experten waren sich in ihrer Beurteilung einig: Ein Klassefußballer! Doch so mancher Beobachter wollte bei Mario Basler auch noch etwas anderes entdeckt haben: Ein gespaltenes Ego! Sein Weg als Profi ähnelte einem verschlungenen Urwaldpfad – und es flogen zuweilen auch schon mal verbale Pfeile, von denen manche meinten, sie seien ziemlich vergiftet. In Neustadt an der Weinstraße wurde Mario Basler geboren. Er blieb in seiner gewohnten Umgebung, bis er vierzehn Jahre alt war, um dann zum 1. FC Kaiserslautern zu wechseln. Ernst Diehl war hier der Trainer der Jugend, der sein Talent bald erkannte. Aber schon in dieser Zeit gab es die ersten Unstimmigkeiten – die

Pfälzer sahen es nicht gern, daß Mario seine Ausbildung als Maler und Lackierer aufgab. Und zum erstenmal in seinem jungen Leben hielt man ihm vor, ihm mangele es an der Disziplin eines angehenden Profis. So bestritt er nur ein einziges Spiel in der Bundesliga – der 1. FC Kaiserslautern ignorierte sein Talent. Schließlich waren die Lauterer sogar ganz froh, als sie Basler an den Zweitligisten Rot-Weiß Essen abgeben konnten. Diese Demütigung steckte fortan wie ein Stachel im Fleisch des Fußballers – er war zutiefst gekränkt und sprach von »verlorenen Jahren«. Und als er viel später plötzlich zum »Überflieger« der Bundesliga wurde, da dachte Mario Basler zunächst wieder an den 1. FC Kaiserslautern. Er überzog seinen alten Verein in der Meisterschaftssaison 1993/94 mit Häme und drückte dem FC Bayern kräftig die Daumen. Basler erinnerte sich an die stürmischen Wochen des Jahres 1989 so: »Bevor ich nach Essen wechselte, forderten die Lauterer eine Ablöse von 450 000 Mark. Vizepräsident Reiner Geye wollte meine Karriere kaputtmachen, denn ich durfte nicht einmal bei den Lauterern mittrainieren ...« Bei Rot-Weiß Essen schlug er glänzend ein – schoß in der 2. Bundesliga 20 Tore in einer Saison. 1991 folgte dann ein zweijähriges Intermezzo bei Hertha BSC, wo er sich zum Spielmacher mauserte und immer wieder von Werder Bremen beobachtet wurde. Otto Rehhagel war beim Berliner Hallenturnier im Januar 1993 auf Basler aufmerksam geworden. Die Hanseaten angelten sich ihren »Goldfisch« für eine Ablösesumme von 2,2 Millionen Mark zur Saison 1993/94, und sie waren begeistert von der Vielseitigkeit ihres Neulings. Der fühlte sich fast auf allen Positionen wohl, wurde mit Werder Deutscher Meister und verblüffte durch seine Unbekümmertheit in den Spielen des Europacups. Für Berti Vogts war es keine Frage – Basler bekam sein Ticket zur WM in den USA. Aber er bekam keinen Stammplatz in der Nationalelf und wurde nur gegen Bolivien eingesetzt. Ein bequemer Reservist war der Pfälzer allerdings nicht. Vor dem Viertelfinalspiel gegen Bulgarien reiste Mario Basler aus Chicago ab, um seiner hochschwangeren Frau beizustehen. In der darauffolgenden Saison entschied er etliche Spiele im »Alleingang« und wurde auch für die Nationalmannschaft zu einer festen Größe. Doch er war und blieb ein unbequemer Zeitgenosse, der 1995 seinen bevorstehenden Wechsel nach Italien ankündigte, obwohl sich keine Interessenten fanden. Statt dessen unterschrieb er im Jahr darauf beim FC Bayern München. Bei der Europameisterschaft des gleichen Jahres hatte er Pech – wegen

einer Knöchelabsplitterung mußte er das Trainingscamp der Nationalelf bei Manchester vorzeitig verlassen.

BAUER, HANS

Geboren am 28. Juli 1927
Fünf Länderspiele (1951 bis 1958)
FC Bayern München

»Sonnyboy« von der Theresienwiese

Er galt als »Sonnyboy« – als einer, der das Leben
leicht und locker nahm. »Er glänzte des öfteren
durch seine elegante Spielweise, hatte im Gegen-
zug dann aber auch zahlreiche schlechte Tage« – so
ist es zu lesen in Matthias Kropps Portrait des FC
Bayern München. Hans Bauer amüsierte sich als
Rentner über eine solche Charakterisierung seines
fußballerischen Weges: »Wir waren jung, uns stand
die Welt offen – wir hatten den Krieg überstanden.« An der Münchner Theresienwiese, im Herzen der großen Stadt, war Hans zu Hause, als er
noch ein »Hänschen« war. 1937 wurde bei ihm das
Interesse für den Fußball geweckt – und zwar beim
MTV von 1879. Sieben Jahre lang spielte er für diesen Verein, ehe er in den letzten Kriegstagen noch
»einrücken« mußte. Er geriet schon bald in Kriegsgefangenschaft und lebte in einem Lager in Frankreich. Um die 27 000 Menschen waren in Epinal,
auf halber Strecke zwischen Nancy und Mulhouse,
auf engem Raum zusammengepfercht. Die Gefahr
von Seuchen war groß – Hans Bauer wurde vom
Typhus heimgesucht und kam in ein Lazarett. Als
er entlassen wurde, war in München manches
nicht mehr so, wie er es von früher her kannte. Er
schloß sich 1945 dem FC Wacker an, stieg mit der
Mannschaft zwei Jahre später in die Oberliga auf –
aber auch gleich wieder ab. Im Sommer 1947 war
Kurt Landauer wieder nach München zurückgekehrt. Wegen seiner jüdischen Abstammung hatte
er 1933 das Amt des 1. Vorsitzenden beim FC Bayern München abgeben müssen. Später emigrierte
er dann in die Schweiz. Nach seiner Rückkehr
wurde er erneut an die Spitze des Vereins berufen.
Und dieser Kurt Landauer verpflichtete Hans Bauer
– es war eine seiner ersten Maßnahmen als wieder-
gewählter Vorsitzender des FC Bayern München.
Hans Bauer war reaktionsschnell, aufmerksam und
in der Mannschaft die ideale Besetzung für den Posten des linken Verteidigers. Bei der Deutschen
Shell arbeitete er als Kaufmännischer Angestellter.
Zwar standen die Bayern im Jahre 1951 im Schatten

der »Sechziger«, doch Hans Bauer spielte sich ins
Notizbuch des Sepp Herberger und debütierte in
der Nationalmannschaft im Dezember 1951 beim
4:1-Sieg gegen Luxemburg in Essen. Es war der
Tag der Neulinge, denn auch Bauers Mannschaftskamerad, Torwart Bögelein, sowie der Oberhausener Juskowiak, der Essener Wewers, Stollenwerk
aus Düren und Bremens eleganter Techniker Willi
Schröder bestritten ihr erstes Spiel. Doch nur einer
schaffte Anfang Juni 1954 den Sprung in den WM-
Kader für das Turnier in der Schweiz: Hans Bauer.
In der Sportschule Grünwald übermittelte ihm Herberger die frohe Botschaft. »Richtiger« Weltmeister
wurde der Münchner dann zwar nicht, doch immerhin war er in den Spielen gegen Ungarn (3:8)
und Türkei (7:2) dabei. Sein letztes Länderspiel bestritt er vier Jahre später gegen Frankreich. Mit den
Bayern wurde Hans Bauer 1957 in Augsburg DFB-
Pokalsieger – zwei Jahre danach machte er Schluß.
Fortan spielte er am liebsten in Sammy Drechsels
»FC Schmiere«.

BAUMANN, GUNTER

Geboren am 19. Januar 1921
Zwei Länderspiele (1950 bis 1951)
1. FC Nürnberg

Der Tag des deutschen Comebacks

Es war ein Tag, der in die deutsche Fußballgeschichte einging. Am 22. November 1950 reichte
der Schweizer Fußball den Deutschen die Hand und
trat – zum Unwillen vieler europäischer Nachbarn
– gegen die Nationalelf der jungen Bundesrepublik
an. Es herrschte eine qualvolle Enge im Stuttgarter
Neckarstadion, denn 115 000 Menschen wollten
dieses erste Länderspiel nach dem 2. Weltkrieg sehen. In einem Brief an den Stuttgarter »Sportbe-
richt« schilderte später ein Leser aus Tübingen seine
Erfahrungen bei diesem Ereignis: »Als die Schweizer Nationalhymne gespielt wurde, war es in meiner Nähe vielen Männern nicht möglich, ihre Hüte
abzunehmen, da sie infolge der fürchterlichen Enge
die Hand nicht an den Hut brachten. Andere, die
zufällig die Hand oben hatten, halfen aus der Verlegenheit, indem sie dem Vordermann den Hut
abnahmen und auf seine Schulter legten.« Und ein
anderer Beobachter, der Stuttgarter Alwin Klozbücher,
schrieb: »Die Schweizer Hymne habe ich liegend
anhören müssen. Ein Schuh blieb mir im Dreck
stecken. Als ich ihn zurückerobert hatte, habe ich
ihn nicht mehr angezogen, weil ich Angst hatte,

daß mich eine neue Brandungswelle von oben beim Anziehen erdrücken würde.« Der Schweizer Nationalhymne folgte nicht die deutsche, sondern eine Minute des Gedenkens an die Opfer des Nationalsozialismus. Einer von denen, die diese ergreifende historische Stunde des deutschen Fußballs hautnah erlebten, war Gunter Baumann. Er hatte in seinen jungen Jahren in seiner Geburtsstadt Leipzig beim VfB gespielt, war nach dem »Notabitur« als Offizier in Afrika in englische Kriegsgefangenschaft geraten. Und im Gefangenenlager spielte er in einer Auswahl, die eigentlich nur Engländern vorbehalten war. »Ich habe wenig geredet – so fiel mein sächsisch-englisches Sprachgewirr nicht auf«, erinnerte sich Baumann später. Als der Fußballer aus Leipzig, der dann im Westen hängenblieb, zum Nationalspieler wurde, trug er bereits das Trikot des 1. FC Nürnberg. Er setzte hier die Tradition der großen Abwehrregisseure fort. Baumann galt als umsichtig und klug, war 1949 von den Stuttgarter Kickers gekommen und hatte schon während seiner Zeit am Neckar in Regionalspielen auf sich aufmerksam gemacht. Zum Beispiel im März 1949 in Hannover, als 40 000 Menschen den Sieg des Nordens gegen den Süden bejubelten. Toni Turek stand damals noch als Ulmer im Tor der süddeutschen Auswahl. Und diesem Toni Turek begegnete Gunter Baumann erneut, als an diesem denkwürdigen Tag in Stuttgart Deutschlands Nationalmannschaft die Schweiz mit 1 : 0 schlug. Ein weiteres Länderspiel bestritt Baumann im Jahr darauf beim Rückspiel in Zürich, das die Deutschen mit 3 : 2 gewannen. Baumann, mittlerweile 30 Jahre alt, wurde als einer der besten Spieler im Team des Siegers gefeiert. 1954 wäre er wahrscheinlich mit zum Weltmeisterschafts-Turnier in die Schweiz gefahren, doch dann fiel er wegen einer Verletzung aus. Andere meinten, Sepp Herberger hätte sich für Werner Liebrich entschieden, weil Gunter Baumann den Lieblingsschüler des Bundestrainers, Fritz Walter, irgendwann einmal mit einer kritischen Bemerkung bedacht hatte. »Wir waren Rivalen für die gleiche Position – da kann es schon mal sein, daß ich etwas gesagt habe, was dem alten Sepp nicht gefiel«, räumte Baumann später ein. »Aber mit dem Fritz habe ich mich immer gut verstanden.« Für den 1. FC Nürnberg absolvierte Baumann bis zum Jahr 1956 genau 274 Spiele. Später begann er eine erfolgreiche Trainerkarriere – unter anderem betreute er Hannover 96, Schweinfurt 05, 1. FC Nürnberg, Bayern Hof, Tasmania Berlin, VfB Stuttgart, Spvg. Ludwigsburg, VfR Mannheim, Spvg. Weiden, Alemannia Aachen und 1860 München.

BAUMGARTEN, FRITZ

Geboren am 21. Dezember 1886
Ein Länderspiel (1908)
Germania Berlin

Der erste Nationaltorwart

Schon in seinen ganz jungen Jahren hatte sich der spätere Arzt dem Fußball verschrieben. Wenn seine Studienzeit ihm die Zeit ließ, hütete Fritz Baumgarten das Tor von Tennis Borussia Berlin, wo Peco Bauwens einer seiner Wegbegleiter war. Die meisten seiner jungen Mannschaftsgefährten waren Schüler des Gymnasiums »Zum grauen Kloster«, das als berühmte humanistische Anstalt galt und an der Turnvater Jahn einst gelehrt hatte. Es gab dort auch Turnunterricht – zweimal wöchentlich eine Stunde. Fritz Baumgarten erinnerte sich später: »Nach unendlich langweiligem Antreten der Größe nach marschierten wir unter Absingen zahlreicher Lieder in einer kleinen und staubigen Turnhalle so lange umher, daß danach für Übungen an Geräten kaum Zeit blieb.« Doch die Jungen sehnten sich sowieso eher nach dem Spiel mit dem Fußball, hatten sich als Stätte ihres wüsten Durcheinanders zunächst den Spielplatz hinter dem Gymnasium ausgesucht. Aber als der Ball irgendwann einmal in einer Fensterscheibe landete, mußten sich die Berliner Schüler nach einem anderen Platz umschauen. Ein Maurermeister war der Retter – er besaß einen dürftig umzäunten Bauplatz. »Wat, mit die Eierflaume wollt ihr Fußball spielen«, fragte er und gab seinen Segen. Eingezäunte Spielplätze waren im Berlin der Zeit nach der Jahrhundertwende eine Rarität – die Klubs spielten zumeist auf Exerzierplätzen, vor allem auf dem ausgedehnten Tempelhofer Paradefeld. Hierher begaben sich die Berliner an Sonntagen zum Picknick, während sich der Nachwuchs mit Spielen wie »Topfschlagen« oder »Blindekuh« vergnügte. Leo und Jaques Karp, zwei der Gefährten der Jugendzeit des Fritz Baumgarten, spielten bei TeBe, auch Erich und Walter Lutzenberger. Fritz Baumgartens nächster Verein war dann die Berliner Germania, die von sich behauptete, der erste Fußballmeister in Deutschland zu sein. Was nur bedingt richtig ist, denn am 4. November 1890 gründete Georg Leux, der sich den Germanen angeschlossen hatte, den Bund Deutscher Fußballspieler. Ihm gehörten die Vereine Borussia, Concordia, Askania, Hellas, Vorwärts und Germania an. Und die Germanen holten sich im Jahre der Gründung des »Bundes«, einem Vorläufer des DFB, die erste Meisterschaft. Die Berliner Germania re-

präsentiert zweifellos den deutschen Fußballadel –
und entsprechend klingt auch das Vereinslied: »Wie
der Aar mit kühnen Schwingen, auf zu Wolken-
höhen zieht. Steig' empor, mit mächt'gem Klingen,
stolz und frei Germanenlied …« In die Zeit, da Fritz
Baumgarten an der Spree Fußball spielte, fielen
zwei wichtige Erfolge seiner Germania. Die gewann im Jahre 1905 mit 3:2 gegen den englischen
Amateurklub »Cicil Service London« und erhielt
aus der Hand des fußballverrückten deutschen Kronprinzen Friedrich Karl von Preußen einen wertvollen Pokal. Im Jahr darauf gab es noch einen Pokal.
Den stiftete der Großherzog von Oldenburg. Die
Germanen gewannen 12:1 gegen Bremen und 7:2
gegen Oldenburg. Die Berliner trainierten auf dem
Tempelhofer Feld, und der Verein beheimatete vor
der Jahrhundertwende auch erfolgreiche Leichtathleten. Unter anderem Ernst Schultze und Emil Wernicke. Diese beiden stellten im »Dreibeinlaufen«
über 100 Yards im Jahre 1897 sogar einen Weltrekord in 11,2 Sekunden auf. Fritz Baumgarten war
21 Jahre alt, als dem jungen Mann eine außerordentliche Ehre widerfuhr. Er war der erste deutsche Fußball-Nationaltorwart und im allerersten offiziellen Länderspiel am 5. April 1908 in Basel gegen
die Schweiz dabei. Er war Oberprimaner und stand
dicht vor dem Abitur. Im Gewitterregen mußte
Fritz Baumgarten fünfmal hinter sich greifen. 3:5
verloren die Deutschen. Später sagte der Berliner:
»Ich hätte mir gewünscht, daß mein Mathema-
tikprofessor meine Leistungen in diesem Länderspiel ebenso freundlich und nachsichtig beurteilt
hätte, wie die Berliner Sportreporter.« In der »amtlichen Kritik« hieß es: »Der Torwart genügte.« Un-
genügend war allerdings die mannschaftliche Geschlossenheit. Noch einmal der »amtliche Kritiker«:
»Keiner vertraute dem anderen …« Im übrigen erhielten die ersten Nationalspieler neben der Bahnfahrkarte zwanzig Mark Spesen. Das sollte ausrei-
chen, um für drei Tage Unterkunft und Verpflegung
zu bezahlen. Fritz Baumgarten hatte das Glück, daß
sich ein in Basel lebender Fußballer des Berliner SC
um ihn kümmerte, so daß er die 20 Mark wieder
mit nach Berlin brachte. Der junge Torwart war
nach seiner Rückkehr außerdem sehr froh, daß sein
unerlaubtes Fehlen in der Schule nicht bemerkt
worden war und daß niemand unter seinen Leh-
rern den Sportteil einer Berliner Zeitung gelesen
hatte. Als zwei Wochen später das zweite deutsche
Länderspiel angesetzt wurde, war Fritz Baumgarten ausgerechnet in seiner Heimatstadt Berlin nicht
dabei. Ein anderer »Spree-Athener«, Paul Eichelmann von Union 92, stand im Tor der Deutschen.

Nach seiner Schulzeit weilte der Berliner eine Zeitlang in Breslau und spielte dort beim SC Schlesien.
Später wechselte er zu Britania 92.

BAUMGÄRTNER, WILLY

Geboren am 23. 12. 1890,
gestorben am 16. November 1953
Vier Länderspiele (1908 bis 1909)
SV 04 Düsseldorf

Als Pionier nach Sao Paulo

Nach regionalen Gesichtspunkten und weniger
nach Leistungsmerkmalen wurde die erste offizielle
deutsche Fußballnationalmannschaft zusammenge-
stellt. Am 5. April 1908 unterlag sie der Schweiz in
Basel mit 3:5. Willy Baumgärtner war als Linksaußen dabei – mit 17 Jahren und vier Monaten war
er der jüngste deutsche Nationalspieler aller Zeiten.
Auch in den folgenden frühen Begegnungen der
deutschen Nationalmannschaft fand Willy Baumgärtner Berücksichtigung. Daß alle Spiele mit teils
deftigen Niederlagen endeten, konnte auch der
Mann auf dem linken Flügel nicht verhindern. Als
er mit seiner Mannschaft im März 1909 in Oxford
gegen die englischen Amateure mit 0:9 verlor, reiste Baumgärtner aus London an, wo er sich vorübergehend aufgehalten hatte. Alle übrigen Spieler
trafen sich in Vlissingen. Der Linksaußen hatte das
Glück, daß ihm so eine stürmische Überfahrt erspart geblieben war, denn seine Mannschaftskameraden litten noch während des Spiels unter den Folgen der Seekrankheit. In den frühen 30er Jahren
wanderte Willy Baumgärtner nach Südamerika aus,
wo sich seine Spur zunächst im Jahre 1932 verlor.
Er galt lange Zeit als verschollen. Später wurde bekannt, daß er in Brasilien eine neue Heimat gefunden hatte und daß der Fußball weiter seine ganze
Leidenschaft war. Der BSC Sao Paulo führt Willy
Baumgärtner als einen seiner Mitbegründer.

BÄUMLER, ERICH

Geboren am 6. Januar 1930
Ein Länderspiel (1956), ein Tor
Eintracht Frankfurt

Der Bundespokal als Sprungbrett

Max Reger, der bekannte Komponist, schuf seine
weltberühmten Orgelwerke in Weiden in der Oberpfalz. In der Stadt mit ihren malerischen Gassen

und den zierlichen Spitzgiebelhäusern verbrachte auch Erich Bäumler seine jungen Jahre. Bei der Spvg. Weiden fand er zum Fußball, hier spielte er in der Bayernliga und begründete seinen Ruhm, ein technisch beschlagener und vielseitiger Spieler zu sein. Der Bundespokal, der Vorgänger des Länderpokalwettbewerbs, war die Basis seiner Karriere. Dreimal holte Erich Bäumler mit den Bayern in den 50er Jahren diesen Pokal und machte nachhaltig auf sich aufmerksam. Der Karlsruher SC klopfte bei ihm an, doch seine Unterschrift unter den Vertrag leistete der Allroundspieler bei Eintracht Frankfurt. »Der paßte auf Anhieb in diese gewachsene Mannschaft«, lobte damals ein Rundfunkreporter den Neuling, der auch deshalb an den Main wechselte, weil es die Eintracht verstand, dem Fahrdienstleiter der Bundesbahn eine Anstellung in der Verwaltung in Frankfurt zu vermitteln. Wie vielseitig Erich Bäumler in seinen besten Jahren war, zeigte sich bei seinen internationalen Berufungen. Am 31. Mai 1956 stürmte er in der deutschen B-Elf beim 5:2-Sieg in Barcelona gegen Spanien auf der linken Seite. 14 Tage später wurde er in der A-Nationalmannschaft beim 3:1-Sieg in Oslo gegen Norwegen als Rechtsaußen nominiert. Und in beiden Spielen schoß der Oberpfälzer »sein« Tor. Als ihn Sepp Herberger zur Skandinavienreise einlud, wird sich der Bundestrainer wohl auch an das Jahr 1952 erinnert haben, als er nach dem letzten DFB-Lehrgang in München diesen Erich Bäumler aus dem Aufgebot für das olympische Fußballturnier in Helsinki streichen mußte. Bis 1960 blieb Bäumler bei der Frankfurter Eintracht, doch die ganz großen Spiele sah er nur von der Bank am Spielfeldrand. 1959 zum Beispiel, als die Hessen mit ihrem Finalsieg gegen Kickers Offenbach in Berlin Deutscher Meister wurden. Oder ein Jahr später, als erst Real Madrid im Endspiel des Europacups den Traum vom Griff nach der Krone in Glasgow zerstörte. Erich Bäumler hatte vorher wegen einer Lymphdrüsenvereiterung längere Zeit pausiert und so seinen Platz im Team verloren. Für zwei Jahre trug er danach das Trikot von Mainz 05 in der Oberliga Südwest und ließ sich dann von Opel Rüsselsheim zu einem Engagement als Spielertrainer überreden. Eine Entscheidung, die keine Seite bereute. Die Rüsselsheimer waren auf ihrem Weg von der Bezirksliga in die Regionalliga Süd kaum aufzuhalten, und Erich Bäumler bekam auf Vermittlung des Bürgermeisters einen neuen Job bei der Stadt. Er brachte es schließlich zum Leiter des Liegenschaftsamtes. Nebenbei trainierte er noch Mainz 05 und die SG Egelsbach. Dem Fußball blieb er durch die Traditionself der Frankfurter Eintracht und durch seine Beisitzertätigkeit im Bundesgericht des Bundes Deutscher Fußballehrer verbunden.

BAUWENS, PECO

Geboren am 24. Dezember 1886,
gestorben am 17. November 1963
Ein Länderspiel (1910)
SC 99 Köln

Peco – eine deutsche Fußball-Legende

Der Mann, der am Heiligabend des Jahres 1896 das Licht der Welt erblickte, wurde eine Legende des deutschen Fußballs. Weniger als Nationalspieler, sondern mehr als Schiedsrichter und hoher Repräsentant des Deutschen Fußball-Bundes. Peco Bauwens entstammte einer alten Kölner Familie, die dem Bauhandwerk verbunden war. Der Rheinländer war in seinen jungen Jahren Mittelstürmer, hatte während seiner Berliner Studienzeit Station bei Tennis Borussia gemacht und schoß dann seine Tore beim Kölner Sportclub von 1899, in den er im Jahre 1904 eingetreten war. Am 16. Mai 1910 führte Dr. Peco Bauwens in Duisburg den deutschen Sturm gegen Belgien. Eine Ehre, die für ihn ziemlich überraschend kam und wohl in erster Linie darauf zurückzuführen war, daß die Ansetzung dieses Länderspiels an der Wedau etwas unglücklich terminiert wurde. 24 Stunden vorher fand das deutsche Endspiel zwischen dem Karlsruher FV und Holstein Kiel statt. So fehlten einige der besten deutschen Fußballer – und die Nationalmannschaft verlor mit Dr. Peco Bauwens gegen Belgien mit 0:3. Die Planung dieses Spiels war derart katastrophal, daß unmittelbar vor dem Anpfiff nur sieben Fußballer zur Stelle waren. Daraufhin schaute man sich im Publikum um und überredete die Duisburger Schilling, Berghausen, Breynk und Budzinski, das bereitgelegte Trikot der Nationalmannschaft überzustreifen. Wesentlich geradliniger und von keinerlei Merkwürdigkeiten belastet war die Schiedsrichter- und Funktionskarriere von Dr. Peco Bauwens, der 1922 sein erstes Länderspiel (Österreich – Ungarn) leitete. In fünf deutschen Endspielen war der Kölner der Unparteiische – er pfiff 82 Länderspiele auf fünf Kontinenten. 1936 war er Schiedsrichter des Finales des olympischen Fußballturniers in Berlin zwischen Italien und Österreich. Eine besondere Ehre war für ihn die Berufung zur Leitung eines Länderspiels im Mutterland des Fußballs (Wales – Irland). Schon 1926 wurde Dr. Peco Bauwens Mitglied des International Football Association Board – eine Kommission des Weltverbandes, die sich mit Regeländerungen befaßte. Im Jahr darauf übernahm er den Vorsitz seines SC 99 Köln. 1932 rückte er ins Präsidium des Internationalen Fußball-Verbandes (FIFA) auf. 1949 wurde der Nationalspieler, der es in seinem Beruf längst zum Direktor gebracht hatte, Präsident des Deutschen Fußball-Bundes. Ein Amt, das er bis 1962 innehatte, ehe er es an Dr. Hermann Gösmann übergab. Dr. Peco Bauwens galt als Grandseigneur des deutschen Sports und als einer der wichtigsten Schrittmacher des Fußballs. Das Nationale Olympische Komitee von Deutschland ernannte ihn zum Ehrenmitglied. Dr. Peco Bauwens starb im November 1963 in seiner Heimatstadt Köln.

BECK, ALFRED

Geboren am 12. April 1925,
gestorben im September 1994
Ein Länderspiel (1954), ein Tor
FC St. Pauli

Ein Tischler namens »Coppi«

»Coppi« – das war ein guter Name in der Nachkriegsära des FC St. Pauli. »Coppi« – das war Alfred Beck! Einer der großen Linksaußen in der Geschichte des traditionsreichen Vereins aus dem Herzen der Hansestadt. Der im thüringischen Immelborn geborene Spieler, dessen fußballerische Heimat zunächst das Stadion Aumühle des SV Weida war, landete nach Ende des 2. Weltkriegs und der Gefangenschaft in England mit einigen seiner Kriegskameraden in deren Heimatstadt Bremen. Und da er sich hier als Tischler niederlassen wollte, trat er dem Bremer SV bei. Geschmack am Fußball hatte er eigentlich erst in einem Gefangenenlager in England bekommen. Als junger Bursche machte er dann im blau-weißen Trikot des Bremer SV in der jungen Oberliga Nord Furore. Er erkämpfte sich mit seinem BSV 1947 einen Platz in der höchsten deutschen Spielklasse. Der BSV war der Arbeiterverein und stand an der Weser ganz klar im Schatten des noblen SV Werder. Doch die Bremer hauten in der Oberliga kräftig auf die Pauke. Karl-Heinz Preuße, den sie »Wilhelm« nannten, war der schußstarke Partner von Alfred Beck, der in dieser Zeit schon den Namen »Coppi« bekommen hatte. Bereits in seinem zweiten Spiel für den BSV stürmte er das Millerntor, die Heimat des FC St. Pauli. »Er spielte mit dem Schlußdreieck St. Paulis«, wunderte sich damals der Chronist des »Niedersachsen-Sport«.

Und das »Hamburger Sportprogramm« empfahl den Gegnern des Bremer SV, dieses unbeschriebene Blatt künftig durch »zwei Mann« decken zu lassen. Der rotblonde Sprinter wurde zum Liebling der Massen und zu einem der besten norddeutschen Fußballer der Nachkriegszeit. 1949 wechselte der schnelle Linksaußen dann zum FC St. Pauli. Das Stadion am Millerntor lag zu diesem Zeitpunkt noch an der Ecke Glacischaussee/Budapester Straße. Im Jahre 1961 mußte die Anlage der Bundesgartenschau weichen. Der FC St. Pauli – das war für »Coppi« Beck eine andere Fußballwelt. Die Hanseaten hatten nicht nur Tradition, sie hatten auch einflußreiche Freunde. In der Oberliga Nord sprach es sich in den späten 40er Jahren herum, daß ein Mann namens Karl Miller, Schlachtermeister von Beruf, so manchen guten Fußballer mit ein paar Schinken zum Wechsel an die Elbe überredet hatte. St. Pauli war zu diesem Zeitpunkt eine Art Sammelbecken der starken Fußball-Kriegsgeneration. Sehr früh pflegte der Verein internationale Kontakte – schon vor dem ersten deutschen Länderspiel nach der Kapitulation kreuzte der argentinische Pokalsieger Newells Old Boys aus Rosario in Hamburg auf. Oder Rapid Wien mit Ernst Happel und Max Merkel. Aber nur ein paar waschechte Hamburger standen in dieser Mannschaft des FC St. Pauli. Neben Miller, dem Nationalspieler, eigentlich nur noch Hermann Michael aus Blankenese und Harald Stender aus Altona. Alfred Beck war einer der Leistungsträger dieses Teams, das mehrfach die deutsche Endrunde erreichte. Bis 1955 erzielte er in 155 Oberligaspielen 45 Tore. Sein größtes Erlebnis als Fußballer war zweifellos die Berufung für das Länderspiel gegen England in London im Dezember 1954. Sepp Herberger sichtete in der Sportschule Grünwald vierzig Spieler und entschied sich bei der Wahl seines Linksaußens schließlich gegen Waldner und Kraus und für den schon 29jährigen Debütanten aus Hamburg. Und der bedankte sich bei der 1:3-Niederlage des amtierenden Weltmeisters beim Bundestrainer, indem er das Ehrentor erzielte. Die Vorarbeit zum Treffer leistete Uwe Seeler, der sein zweites Länderspiel bestritt. »Coppi« Beck war 1955, als er zum Wuppertaler SV, dem Aufsteiger in die Oberliga West, gewechselt war, einer der Wegbereiter der ersten »Fußballergewerkschaft« in Deutschland. Er war 2. Vorsitzender des Deutschen Vertragsspieler-Bundes. Seine aktive Karriere beschloß er beim FC Zürich und beim FC Thun. Danach arbeitete er erfolgreich als Trainer in der Schweiz, wo er seßhaft wurde und seinen Lebensabend verbrachte.

BECKENBAUER, FRANZ

Geboren am 11. September 1945
103 Länderspiele (1965–1977), 14 Tore
FC Bayern München

Des »Kaisers« wundersame Wege

Man hat ihm viele Namen gegeben, doch nur einen, der die Ewigkeit überdauern wird: »Kaiser«. Für den deutschen Fußball war dieser Franz Beckenbauer, der Sohn eines Postbeamten, eine glückliche Fügung. Vielleicht die glücklichste seiner Geschichte, denn dieser Mann sensibilisierte eine Nation für den Fußball, wie das vor ihm bestenfalls Richard Hofmann oder später Fritz Walter und Uwe Seeler gelungen war. Doch keiner war wie »er« – wie Franz Beckenbauer. »Gentleman am Ball« so haben sie ihn tituliert, dabei war der »Kaiser« nie einer der Stillen im Lande. Zuweilen rutschte ihm ein deftiger bajuwarischer Fluch über die Lippen, doch der Lichtgestalt des deutschen Fußballs verzieh man auch Grobheiten. Franz Beckenbauer – das war der personifizierte Erfolg, der Name eines Weltstars des Fußballs, der auf einer Ebene stand mit den Unsterblichen der Szene. Im Münchner Arbeiterviertel Giesing wuchs er auf, und am Anfang seines Fußballerweges begegnete er Franz Neudecker. Der hatte aus dem 2. Weltkrieg eine schwere Behinderung mitgebracht, war eher verschlossen als aufgeschlossen und betreute im übrigen zweimal in der Woche die Fußballschüler des SC München von 1906. Als Franz 13 Jahre alt war, wollte er eigentlich zu »1860« wechseln, doch dann gab es ein Spiel gegen die jungen »Löwen« und einer seiner Gegenspieler verabreichte ihm eine »Watschen«. Die muß so schmerzhaft gewesen sein, daß der junge Beckenbauer spontan beschloß, sich nicht bei 1860, sondern beim FC Bayern anzumelden. Dort war Rudi Weiß sein nächster Trainer. Der war Rechtsanwalt und Chef in der eigenen Kanzlei. Franz Beckenbauer war Mittelstürmer der Bayern – und in der ersten Saison gab es irgendwann auf, seine Tore zu zählen. Es müssen mehr als hundert gewesen sein. Sein weiterer Weg war so eindrucksvoll wie sein ungewöhnliches Talent – es führte ihn in die Jugendnationalmannschaft, wo Dettmar Cramer sein »Chef« war. Das war 1964, und im gleichen Jahr stand er schon in der Regionalligaelf des FC Bayern, die im Hurrastil Einzug in die Bundesliga hielt. Franz Beckenbauer verdiente 160 Mark im Monat. Nebenbei widmete er sich – eher halbherzig – einer Ausbildung zum Versicherungskaufmann. Drei Jahrzehnte später hatte

Beckenbauer seinen 13. deutschen Titel geholt – als Coach des FC Bayern. Diesmal war die Prämie höher – man sprach von einer Million Mark ... »Tschik« Cajkovski, der rundliche Mann vom Balkan, war sein erster »richtiger« Trainer. In seinem »Erstlingswerk«, das den seinerzeit leicht irritierenden Titel »Einer wie ich« trug, hat Franz Beckenbauer den ersten Tag in der Profitruppe des FC Bayern beschrieben: »Zwanzig Spieler standen fast bewegungslos um den kleinen Mann herum. Nur der dickbäuchige Tschik Cajkovski war in Bewegung, er sprang, turnte und trommelte mit den stämmigen Beinen den Boden, als führte er der Mannschaft den neuesten Tanz aus Innerafrika vor ...« Und nach ein paar Wochen nahm der radebrechende Coach seinen Jungstar an die Seite: »Sie bald richtiger Kämpfer. Tschik hat auch gespielt, wenn Kopf so weh tat, als wäre er nicht mehr dran. Tschik und Beckenbauer bald größte Fußballgespann in Europa und in Welt.« Der kroatische Nationalspieler, der 1953 einmal in der Weltauswahl stand, hatte ein feines Gespür für die sich abzeich-

nende große Karriere des jungen Fußballers, der fortan an der Isar geprägt wurde durch so welterfahrene Trainer wie Branko Zebec, Udo Lattek und Dettmar Cramer. Sie alle hatten ihren Anteil am Werden eines der ganz Großen des Weltfußballs. Am 26. September 1965 begann Beckenbauers internationale Karriere – nicht etwa in einem Freundschaftsländerspiel, in dem es um nichts als nur um die Ehre ging, sondern er startete gleich in der »Höhle des Löwen«. Helmut Schön mußte mit der Nationalmannschaft in Stockholm gegen Schweden gewinnen, um zur Weltmeisterschaft nach England fahren zu können. Und Schön hatte den Mut, mit Peter Grosser von 1860 München und dem blutjungen Franz Beckenbauer zwei Debütanten ins Rennen zu schicken. Das Experiment glückte – die Deutschen gewannen in der schwedischen Hauptstadt 2 : 1. Als Franz Beckenbauer zwölf Jahre später abtrat, lag die vielleicht erfolgreichste Epoche des deutschen Fußballs hinter ihm. Mit 103 Länderspielen war der »Kaiser« Rekordler, fünfzigmal führte er die Nationalmannschaft als Kapitän aufs Feld, 1966 kehrte er als Vizeweltmeister aus England zurück, 1974 wurde er Weltmeister, zwei Jahre vorher schon als Kopf einer deutschen »Traumelf« Europameister. Seine Eleganz war bereits zu seinen Lebzeiten Legende – Generationen junger Fußballer wollten, wie Franz Beckenbauer, Libero spielen. Sein Manager Robert Schwan, in dem viele so eine Art »Gesandten des Kaisers« sahen, fädelte 1977 den Transfer nach Amerika ein. »Ich wollte eigentlich nur mein Schul-Englisch ein wenig aufbessern und mal etwas anderes sehen«, sagte Franz Beckenbauer später. Bei Cosmos New York, im grellen Licht der neuen US-Soccerliga, spielte er an der Seite von Pele und Chinaglia. Drei Jahre später überredete ihn sein alter Spezi Günter Netzer zu einem Bundesliga-Comeback, mit dem kaum noch jemand gerechnet hatte. Netzer war Manager des Hamburger SV – und so beendete der »Kaiser aus Bayern« seine Karriere im hanseatischen Norden. Er trat zwei Jahre später ab, wie es sich für einen Megastar gehört, als Deutscher Meister. Im gleichen Jahr wurde Kitzbühel zu seinem neuen Wohnsitz – für seine Landsleute war er längst eine Person der Zeitgeschichte geworden oder besser: Er war eine Persönlichkeit deutscher Sporthistorie, einer, der im Fußball die »Leichtigkeit des Seins« perfektionierte, der unnachahmlich war in der Art, das Spiel seines Lebens zu zelebrieren. »Alles fiel mir leicht – Fußball war für mich nie Arbeit«, hat Franz Beckenbauer einmal gesagt. Um diesem Mann die Rolle des Bundestrainers als Nachfolger des glücklosen Jupp Derwall nach der verunglückten EM-Teilnahme 1984 zu ermöglichen, erweiterte der DFB sogar sein Vokabular: Beckenbauer wurde »Teamchef« und damit so eine Art »Bundestrainer ehrenhalber«. 1986 führte er die Nationalelf beim WM-Turnier in Mexiko zu einem unerwarteten zweiten Platz, vier Jahre später hatte der »Kaiser« in Rom den Gipfel seines Ruhms erreicht. Deutschland gewann den Goldpokal der FIFA, und Franz Beckenbauer war nach dem Brasilianer Mario Zagalo der zweite Trainer, der auch als Spieler Weltmeister werden konnte. Danach gab er die Verantwortung im DFB an Berti Vogts weiter. Auch sein zweiter Einstieg als Trainer endete triumphal: 1993 übernahm er die Mannschaft seines FC Bayern und führte sie im Jahr darauf zum deutschen Titel. Und mit dem gleichen Elan, der seine sportliche Karriere begleitete, ließ er sich Ende 1994 zum Präsidenten des FC Bayern München küren.

BECKER, FRITZ

Geboren am 13. September 1888,
gestorben am 22. Februar 1963
Ein Länderspiel (1908), zwei Tore
Kickers Frankfurt

»Penne« und das historische Tor

Fritz Becker war in Deutschland ein Fußballer der ersten Stunde. Der spätere Amtsrat war das, was man jahrzehntelang unter einem »Verbindungsstürmer« verstand – heute würde man ihn wohl als Regisseur bezeichnen. Er war Primaner der sportbegeisterten Frankfurter Klinger-Oberrealschule. Als 16jähriger spielte er auf der »Hundswiese« unter einem anderen Namen – Fritz Becker nannte sich »Penne«. Und hinter der hölzernen Barriere des Spielfeldes standen etliche ältere Herren, die Gefallen am Spielwitz des jungen Frankfurters fanden. »Penne« ging aus den Frankfurter Kickers hervor, wechselte dann zur Eintracht. Irgendwann spielte der Knirps gegen die englischen Fußballprofis von New Castle UTD und schoß zwei herrliche Tore, was dem »schnellen Fritz« den Weg freimachte zu zwei Auswahlspielen zum Zwecke der Bildung einer ersten deutschen Nationalmannschaft. Eines davon fand in Karlsruhe statt, und der zuschauende Prinz Max von Baden, der spätere »rote Reichskanzler«, war derart begeistert, daß er Fritz Becker noch unter der Dusche gratulierte. Sein einziges Länderspiel bestritt Fritz Becker am 5. April 1908 in Basel. Erstmals trat eine deutsche Nationalmannschaft offiziell in Erscheinung – sie unterlag vor 4000 Zuschauern der Schweiz mit 3 : 5. Der 19jährige erfuhr eher zufällig von seiner Nominierung – beim Studium der Zeitung. Vier Tage vor dem Spiel erhielt er dann die Einladung des DFB und an der Sperre des Hauptbahnhofs schließlich auch die Fahrkarte. Dafür schoß der Schüler der Oberrealschule Frankfurt dann das erste Länderspieltor der DFB-Geschichte zur überraschenden 1 : 0-

Führung der Gäste. Einen zweiten Treffer ließ er in diesem, seinem einzigen Länderspiel, folgen. Diese historische erste deutsche Fußballnationalmannschaft nahm Quartier im Baseler Hotel »Metropol«. Am Morgen des Spiels trafen sich alle Beteiligten um 9 Uhr zum »Kleiderappell«. Die deutschen Fußballer wurden mit einer weißen Kluft ausgestattet. Eine Stunde später wurden Spieler und Funktionäre dann von ihren Gastgebern zu einer Stadtrundfahrt einschließlich des Besuchs des Zoologischen Gartens eingeladen. Und nach dem Spiel trafen sich Sieger und Verlierer noch einmal bei einem Bankett im »Baseler Bären«, wo das Quartett der »Oldboys« für die musikalische Note sorgte. Für Fritz Becker brachte dies alles organisatorische Probleme mit sich, denn er hatte sich in einem Pfandhaus für zwölf Mark einen Smoking leihen müssen, um an diesem Empfang teilnehmen zu können. Irgendwann am Abend des Banketts rief der Fußballpionier Walter Bensemann den Primaner aus Frankfurt zu sich und prophezeite ihm eine große internationale Laufbahn. Am gleichen Tisch saß auch der riesige Dr. Dreyfuß, der Schweizer Torhüter, dem die zwei Treffer von Becker gewaltig imponiert hatten. Und ausgerechnet dem passierte beim Bankett das Malheur, daß er einen Tafelaufsatz mit Gefäßen für Pfeffer, Salz und Senf umwarf. Das meiste landete auf dem geliehenen Smoking von Fritz Becker, der dann zu Hause feststellte, daß der Senf Löcher in das gepumpte gute Stück gefressen hatte. Zur Leihgebühr kamen dann noch zehn Mark für Reinigung und Reparatur ... Es gab aber auch ein Geschenk – alle elf Spieler bekamen rote Mützen mit den drei golddurchwirkten Buchstaben »DFB«. Bis 1913 spielte Fritz Becker bei der Frankfurter Eintracht, die ihn später zum Ehrenspielführer ernannte. Außerdem kickte er etliche Male repräsentativ für Süddeutschland – aber er stand nie wieder in der deutschen Nationalmannschaft.

BEER, ERICH

Geboren am 9. Dezember 1946
24 Länderspiele (1975 bis 1978), sieben Tore
Hertha BSC

Über Cordoba nach Jiddah

Im fränkischen Neustadt verbrachte Erich Beer seine Kinderzeit – hier, in der Nähe von Coburg, bekam er ersten Kontakt zum Fußball beim heimischen VfL. Trotz seines unübersehbaren sportli-chen Talents traute ihm in der Abgeschiedenheit dieser Region aber kaum jemand zu, daß er mal sein Geld mit dem Fußball verdienen könne. So ließ sich Erich Beer zum Kfz-Schlosser ausbilden und spielte schließlich beim SV Ebing und dann bei der Spielvereinigung Fürth. Bei diesem Traditionsverein konnte er unter der Regie von Trainer »Zapf« Gebhardt endlich zeigen, was in ihm steckte. Bis zum Nachmittag arbeitete er bei den Grundig-Werken, dann ging's zum Training. Erich Beers nächste Stationen waren der 1. FC Nürnberg und Rot-Weiß Essen, ehe er 1971 an die Spree wechselte. Bei der »alten Dame« Hertha benötigte der Franke allerdings eine geraume Zeit, ehe er sich nicht nur links und rechts vom Ku-damm und in Reinickendorf, wo er eine Wohnung bezog, sondern auch auf dem Rasen des Olympiastadions wohlfühlte. Der Berliner Fußball war durch den Bundesligaskandal aufgewühlt – 13 Spieler wurden gesperrt. Genau zu diesem Zeitpunkt traf Erich Beer dort ein. Aber durch seine guten Leistungen bei Hertha BSC empfahl er sich dennoch sehr schnell für die Nationalmannschaft. Am 17. Mai 1975 debütierte er gegen Holland in Frankfurt. Zweimal stand er mit der Nationalelf in der Nervenmühle großer Turniere – und zweimal war er am Ende enttäuscht. Am 20. Juni 1976 zerriß er vor Wut im Stadion von Belgrad seine Fußballstiefel. Uli Hoeneß hatte im Finale der Europameisterschaft den Ball beim entscheidenden Elfmeter nach dem 2:2 gegen die ČSSR in den jugoslawischen Nachthimmel geschossen – der Favorit war »nur« Vizeeuropameister. Noch ärgerlicher war für Erich Beer fast auf den Tag genau zwei Jahre später die 2:3-Niederlage bei der Weltmeisterschaft in Argentinien gegen Österreich. Die von vielen als »Schmach von Cordoba« empfundene Endstation des WM-Turniers 1978 markierte auch den Endpunkt der internationalen Karriere des Erich Beer. Der Mann mit dem strammen Schuß verließ Berlin und folgte dem Ruf von Trainer Dettmar Cramer zu Ittehad Jiddah nach Saudi-Arabien. Nach genau 730 Tagen kehrte er zurück – in zwei Jahren hatte er am Rande der Wüste mehr verdient, als in fünf Jahren bei Hertha BSC. Allerdings waren die Bedingungen für den inzwischen 33jährigen Franken in der Fremde hart. In Jiddah trainierte er mit seinen Kameraden zuweilen bei 40 Grad im Schatten, und im Fastenmonat Ramadan trommelte Dettmar Cramer seine ausgehungerten Spieler erst um Mitternacht zusammen. Beers nächste Station war 1860 München, wo er in der Saison 1981/82 seine Karriere ausklingen ließ. Später war er Trainer – unter anderem bei der Spvg. Bayreuth und beim TSV Grünwald. Beim Automobilgiganten BMW arbeitete Erich Beer als Disponent für Entwicklungsfahrzeuge.

BEIER, ALBERT

*Geboren am 28. September 1900,
gestorben am 19. September 1972
Elf Länderspiele (1924 bis 1931)
Hamburger SV*

Der »König der Abschläge«

In Lockstedt, das um die Jahrhundertwende noch vor den Toren der Hansestadt Hamburg lag, war Albert Beier zu Hause. Hier spielte er mit seinen 14 Jahren für die Eintracht. Später dann reizte ihn – nach einer Zwischenstation bei Union Altona – der Wechsel zum Hamburger SV – mit ihm wurde Albert Beier 1923 Deutscher Meister. Schon ein Jahr vorher durfte sich der rechte Außendecker mit dem HSV nach zwei Remis in den Finalspielen gegen den 1. FC Nürnberg als Sieger fühlen, doch dann protestierten die Franken; es kam zum »Hildesheimer Urteil« und schließlich zum Verzicht des Hamburger SV auf Titelansprüche. Am 10. Juni 1923 war in Berlin die Union Oberschöneweide Gegner des HSV im deutschen Endspiel, und der HSV behielt mit 3 : 0 die Oberhand. Albert Beiers erste große internationale Stunde schlug am 14. Dezember 1924. Max Breunig, der wuchtige Mittelläufer aus der Zeit vor dem 1. Weltkrieg, hatte durch den DFB die für ihn reizvolle Aufgabe übertragen bekommen, die Nationalmannschaft zu beraten. Einen Trainer gab es zu diesem Zeitpunkt noch nicht. Breunigs wichtigste Aufgabe vor diesem Spiel war die Neuorganisation der Abwehr, denn die Abseitsregel war geändert worden – und das erforderte ein Umdenken. Und in Albert Beier sah Breunig einen wichtigen Spieler, der seine Auffassung von einer modernen Verteidigung umsetzen konnte. Die weiten Schläge aus der Abwehr auf die Flügel waren die Spezialität des Hanseaten. Er verkörperte aber auch den Idealtyp des sogenannten »Vorbacks«, des kraftvollen Zerstörers. Auch unter Prof. Dr. Otto Nerz, der Mitte 1926 zunächst als Betreuer und dann als Trainer der Nationalmannschaft berufen wurde, blieb Albert Beier erste Wahl. Ein Höhepunkt seiner Fußballkarriere war die Teilnahme am olympischen Turnier 1928 in Amsterdam, ein Tiefpunkt die 0 : 6-Niederlage im Mai 1931 in Berlin gegen Österreich. Es sollte das letzte Spiel des HSVers in der Nationalmannschaft sein. »Ali« nannten ihn

seine Freunde, worauf in den Zeitungen von »Ali Baba« die Rede war. Albert Beier war ein robuster Fußballer, der sich mit seiner Zweikampfhärte in vielen Spielen behaupten konnte. Die Hamburger Auswahl wurde um das Verteidigergespann Beier/Müller jahrelang beneidet. Mit der Norddeutschen Auswahl erreichte Albert Beier dreimal das Finale des Bundespokals. 1927 und 1928 verließ er das Endspiel als Verlierer – 1930 triumphierte er mit seiner Mannschaft gegen Brandenburg. Mitte der dreißiger Jahre verabschiedete sich der HSVer vom Fußball und wurde Inhaber eines Delikatessengeschäfts.

BEIERSDORFER, DIETMAR

*Geboren am 16. November 1963
Ein Länderspiel (1991)
Hamburger SV*

»Alles hart erarbeitet«

Zu Dietmar Beiersdorfer paßte das Klischee eines Fußballprofis eigentlich nie. Sein Weg zu diesem Beruf war ungewöhnlich und seine Ansichten sind auch nicht so ganz typisch. »Ich bin nie ein Supertalent gewesen – alles mußte ich mir hart erarbeiten«, sagte er einmal. Aufgewachsen ist Dietmar Beiersdorfer in einer traditionsreichen Fußballregion – vor den Toren von Fürth. Genauer gesagt in Markt Cadolzburg, wo er beim TSC zum erstenmal seine Fußballstiefel schnürte. Zunächst war er Mittelstürmer, später fanden seine Trainer heraus, daß seine eigentlichen Stärken in der Abwehr lagen. Da war er aber schon 18 Jahre alt. TSV Altenberg, ASV Herzogenaurach und 1. FC Bamberg waren seine Stationen durch die fränkische Provinz, ehe er bei der Spvg. Fürth in der Amateuroberliga landete. Dort spielte auch Manfred Kastl, und beide lockte der Hamburger SV an die Elbe. Aber vor seiner Zeit als Profi studierte Beiersdorfer ganz nebenbei auch noch drei Semester Betriebswirtschaft. In seinem ersten Spiel in der Bundesliga gegen Werder Bremen stand auf der anderen Seite kein Geringerer als Rudi Völler. Doch der Neu-HSVer hatte den Nationalspieler fest im Griff. Selten schaffte ein Fußballer in der höchsten Klasse den Sprung aus der Amateurliga so leicht und locker wie Beiersdorfer. Dennoch wollte HSV-Manager Felix Magath den 23jährigen nach einer Saison an den FC Bayern München verkaufen – Sponsoren ermöglichten schließlich seine Weiterverpflichtung bei den Hanseaten. Aus seiner ersten Bundesligasaison ging der »Spätstarter« als DFB-Pokalsieger und deutscher Vizemeister hervor. Allmählich reifte er zur Persönlichkeit auf dem Feld – er wurde Mannschaftskapitän, und über die U-21-Auswahl des DFB fand er auch den Weg in die Nationalmannschaft. Anfang Mai 1991 wirkte er mit beim Europameisterschafts-Qualifikationsspiel gegen Belgien in Hannover (1 : 0). Immerhin war Dietmar Beiersdorfer zu diesem Zeitpunkt bereits 27 Jahre alt. Aber er überzeugte in diesem seinem einzigen Länderspiel alle Kritiker. Der 187 Zentimeter große Manndecker war auch in der Bundesliga kämpferisches Vorbild und verfügte für einen Abwehrspieler über beachtliche Offensivqualitäten. Zur Saison 1992/93 wechselte er zum SV Werder Bremen und wurde mit den Hanseaten Deutscher Meister. In der Winterpause der Saison 1995/96 unterschrieb Beiersdorfer einen Vertrag beim 1. FC Köln, um dann in der darauffolgenden Spielzeit mit 32 Jahren zum AC Reggiana in der 1. italienischen Liga vor Anker zu gehen.

BEIN, UWE

Geboren am 29. September 1960
17 Länderspiele (1989 bis 1993), drei Tore
Eintracht Frankfurt

Uwe – oder: Der »tödliche Paß«

Die Grenze durch Deutschland war für Uwe Bein so etwas wie ein häßliches Stück seines Alltags. Er wuchs auf in der kleinen Gemeinde Heringen, vor den Toren von Bad Hersfeld. Von hier aus war es nicht weit bis zum »Todesstreifen«, der die beiden deutschen Staaten trennte. Beim TSV Lengers begann der fußballerische Weg des kleinen Hessen mit den schwarzen Haaren. Seine nächste Station war der VfB Heringen. 17 Jahre war Uwe Bein jung, als ihn der »große Fußball« entdeckte. Kickers Offenbach war 1978 sein erster Profiklub. Hermann Nuber, die Offenbacher Fußballegende, hatte ihn aufgespürt, doch der entscheidende Tip kam von Uwe Beins Vater. Wie dem auch sei – Hermann Nuber, Jugendtrainer der Kickers, nahm den Jungen aus der Provinz unter seine Fittiche, und schon bald wußte er, daß er einen Goldfisch geangelt hatte. Denn auch in der Offenbacher Jugend schoß Bein Tore am Fließband, und jeder spürte, daß dieser Bursche vor Ehrgeiz nur so brannte. Aber er wurde am Bieberer Berg behutsam an höhere Aufgaben herangeführt, spielte zunächst bei den Amateuren und erst ab der Saison 1980/81 bei den Profis, die in der 2. Bundesliga kickten. In seinem ersten Jahr schoß Uwe Bein gleich 25 Tore und war damit der

Scharfschütze der Offenbacher Kickers. Insgesamt bestritt er in der 2. Bundesliga für die Hessen 119 Punktspiele und erzielte 54 Tore. 1983 stieg er mit seinem Verein in die Bundesliga auf, absolvierte alle Spiele der Saison in der höchsten Klasse und traf 14mal ins Schwarze. Das reichte aber nicht, um dem Abstieg zu entgehen. Die Kickers verloren nicht nur ihren Status in der Bundesliga, sondern auch ihren wirkungsvollsten Spieler: Uwe Bein. Der 1. FC Köln ließ nicht locker und intensivierte seine Bemühungen. Schon 1981 hatten die Rheinländer um die Gunst des Talents gebuhlt, waren aber abgeblitzt. Eine Million Mark machten die Domstädter schließlich locker und sicherten sich damit die Dienste von Uwe Bein. Doch der wurde beim 1. FC Köln nicht froh – auch deshalb nicht, weil ihn das Verletzungspech geradezu verfolgte. Drei Bänderrisse, unzählige Zerrungen, ein Zehenbruch! Uwe Bein kam in Köln-Müngersdorf einfach nicht in Schwung. Zwischen 1984 und 1987 kam er nur zu 64 Spielen, erzielte lediglich 17 Tore. Seine Torjägerqualitäten blitzten allein in diversen Europacupspielen auf, in denen er wertvolle Treffer für den 1. FC Köln schoß. Bei Trainer Christoph Daum hatte er dennoch nicht die allerbesten Karten, und auch aus diesem Grunde wechselte Bein 1987 zum Hamburger SV. Wieder hatte er erhebliche Schwierigkeiten, und an der Elbe machte bereits das böse Wort vom »800 000-Mark-Irrtum« die Runde. Aber dann kam Willi Reimann als Trainer – und der erkannte den Wert Uwe Beins für das Mannschaftsspiel des HSV. Reimann gab ihm Aufgaben im zentralen Mittelfeld – dort konnte er schalten und walten, wie er wollte. Dieses Vertrauen gab Uwe Bein den entscheidenden Schub – er glänzte in der Bundesliga, und gemeinsam mit Thomas von Heesen bildete er ein Duett der Superklasse. In der Saison 1988/89 schuf Uwe Bein die Basis für seine spätere Länderspielkarriere – er stand zu diesem Zeitpunkt bereits im erweiterten Kader der Nationalmannschaft, absolvierte auch zwei Spiele mit der deutschen Olympiaauswahl. Obwohl er sich beim Hamburger SV wohlfühlte, entschied sich Uwe Bein 1989 zum Wechsel zu Eintracht Frankfurt. Seine Frau Sabine, die ebenfalls aus Heringen stammt, gab wohl den Ausschlag – Töchterchen Selina sollte in der Region von Rhein und Main eingeschult werden. Für Eintracht Frankfurt war diese Verpflichtung ein Glückstreffer. Uwe Bein wurde gleich als Nummer eins im Mittelfeld anerkannt, mit ihm fand die als »launische Diva« verschrieene Eintracht ihren Charme zurück. Im Oktober 1989 schlug für den Neu-Frankfurter die erste ganz große

Stunde im Team der Nationalelf. Franz Beckenbauer nominierte ihn beim 6 : 1-Sieg gegen Finnland, und Uwe Bein zog, wie beim HSV und wie bei der Eintracht, die Fäden im Mittelfeld, das dank seiner fußballerischen Fähigkeiten an Phantasie und Unberechenbarkeit gewann. Bei der Weltmeisterschaft 1990 in Italien absolvierte Uwe Bein zwar vier Spiele, doch im Finale war er nicht dabei. Zwei Jahre später stand die Eintracht nicht zuletzt dank des »Traumduos« Bein/Möller vor der Tür zur Deutschen Meisterschaft, doch die wurde am letzten Spieltag mit der Niederlage bei Hansa Rostock zugeschlagen. Im Herbst 1993 erklärte Uwe Bein seinen Abschied aus der Nationalmannschaft. Seine Kritiker warfen ihm in internationalen Begegnungen »mangelndes Durchsetzungsvermögen« vor. Uwe Bein formulierte seinen Frust anders: »Ich will nicht immer der Sündenbock sein, wenn es mit der Nationalelf mal nicht so richtig läuft ...« Als seine Frankfurter Eintracht 1994 im Kampf um die Deutsche Meisterschaft erneut scheiterte, entschloß sich Uwe Bein zu einem Wechsel nach Japan. Er unterschrieb einen Vertrag bei Urawa Red Diamonds. Anfang 1997 kehrte er zurück und beschloß seine Karriere beim hessischen Oberligisten VfB Gießen.

BELLA, MICHAEL

Geboren am 29. September 1945
Vier Länderspiele (1968 bis 1971)
MSV Duisburg

Als Gutendorf den »Riegel« erfand

Michael Bella – das ist Duisburger Fußball-»Urgestein«! »Meiderich ist meine Familie«, sagte er. Hier, in diesem Teil der Stadt, die sich rühmt, den größten Binnenhafen Europas zu besitzen, wuchs Michael Bella auf. Und bei der »Deutschen Jugendkraft« in Meiderich-Lösort fand er zwei Jungen, die seinen Weg als Fußballer über lange Jahre begleiten sollten: Werner »Eia« Krämer und Detlef Pirsig. In der D-Jugend hütete Michael Bella das Tor. Vor allem deshalb, weil er der Kleinste von allen war und sich als Feldspieler nicht behaupten konnte. Doch dann wurden die Tore größer und der kleine Michael blieb ein Leichtgewicht, dem der Querbalken des Tores jahrelang unerreichbar hoch erschien. Also wechselte er ins Feld, war meist in der Abwehr seiner Jugendmannschaft zu finden. Inzwischen trug er das Trikot des Meidericher Spielvereins, aus dem später der MSV Duisburg hervorging. Aus der Amateurelf wuchs Michael Bella in die Bundesligamannschaft seines Vereins. Das war im Jahre 1964 – und die Fans schwärmten von den Zebras, die dank des Trainergeschicks von »Riegel«-Rudi Gutendorf durch die taufrische Bundesliga galoppierten. Gutendorf, damals der jüngste Trainer der höchsten deutschen Spielklasse, hatte sich zu Beginn der Saison auf dem unteren Rand einer Speisekarte von den Vorstandsmitgliedern des Meidericher SV eine Zusatzklausel seines Vertrages unterzeichnen lassen: 30 000 Mark für den Fall der Vizemeisterschaft. Als die Westdeutschen ihr Ziel erreicht hatten, gab es den ersten Streit, weil Gutendorf auf die Auszahlung seiner Prämie pochte. Michael Bella fand den Weg ins Bundesligateam erst, als Rudi Gutendorf ihn erfolgreich vom Mittelstürmer zum Abwehrspieler umfunktionierte. 1964 bestritt er seine ersten Spiele im Team, aus dem sich Helmut Rahn soeben verabschiedet hatte. Bella wurde als vielseitiger Fußballer, der in den nächsten Jahren in Abwehr, Mittelfeld und Angriff zum Einsatz kam, eine feste Größe der Mannschaft. Und zum Traualtar führte er die Tochter seines früheren Jugendobmanns Theo Hartmann. 1968 schlug Michael Bellas große Stunde – er erhielt eine Einladung zur Südamerikareise der Nationalmannschaft. Sein Trainer »Zapf« Gebhardt hatte sich beim Bundestrainer vehement für Michael Bella starkgemacht. Helmut Schön mußte auf Horst-Dieter Höttges verzichten, der im Vorfeld der Reise vom Platz geflogen war und nach den damaligen Gepflogenheiten auch eine Länderspielpause einzulegen hatte. Das war das Glück von Michael Bella, der im zweiten Spiel ein paar Tage vor Weihnachten in Santiago gegen Chile zum Einsatz kam. Er ersetzte von der 26. Minute an keinen Geringeren als den angeschlagenen Franz Beckenbauer. Wenig später wurde Günter Netzer vom Platz gestellt – am Ende hatten die Chilenen in dieser knüppelharten Partie mit 2 : 1 gewonnen. Bis 1971 absolvierte Michael Bella vier Länderspiele – vermutlich wäre seine Bilanz besser ausgefallen, wenn er 1971 die Berufung zu einer Reise nach Skandinavien nicht abgesagt hätte. Bellas Mutter hatte einen Schlaganfall erlitten. Der Duisburger Junge, der 1972 zum Kader des Europameisters aus Deutschland zählte (aber in den entscheidenden Spielen nicht zum Einsatz kam), hielt seinem Verein während seiner langen Karriere die Treue. Als ihn 1971 fast die gesamte Bundesliga jagte, weil sein Vertrag beim MSV auslief – VfB Stuttgart, 1. FC Köln, Schalke 04, Borussia Mönchengladbach, Bayern München und Hertha BSC standen bei ihm auf der Matte – verlängerte er um zwei Jahre. »Anderswo hätte ich wieder von vorn anfangen müs sen«, war sein Argument. Im übrigen hatte er zu diesem Zeitpunkt schon eine Versicherungsagentur aufgegeben, zu der sich später noch eine Stahlbauwerkstatt gesellen sollte, die der gelernte Feinmechaniker mit seinem Bruder führte. Als Michael Bella 1978 beim MSV ausschied, war er mit 405 Einsätzen der Bundesligarekordspieler des Traditionsvereins. Bei Sterkrade 06/07 ließ er seine Karriere allmählich ausklingen.

BENDER, JAKOB

Geboren am 28. März 1910,
gestorben am 8. Februar 1981
Neun Länderspiele (1933 bis 1935)
Fortuna Düsseldorf

Zamora war begeistert

Jakob Bender war einer der ersten deutschen Fußballer, die – wenn sie gewollt hätten – im Ausland ihre Spielkunst versilbern konnten. Der Weltklassetorwart Martinez Ricardo Zamora, den sie in Madrid den »Göttlichen« nannten, war nach einem Gastspiel von Real in Düsseldorf derart begeistert von diesem Mittelläufer der Fortuna, daß er ihn am liebsten gleich mit in die spanische Hauptstadt genommen hätte. Als der Mann mit dem lichten Haar am 22. Oktober 1933 sein erstes Länderspiel in Duisburg gegen Belgien bestritt, fand er eine vertraute Umgebung vor. Der frischgebackene Deutsche Meister Fortuna Düsseldorf stellte die komplette Läuferreihe mit Janes, Bender und Breuer. Beim 8:1-Sieg gegen den Nachbarn aus Belgien zauberte diese ausnahmslos aus Spielern des »goldenen Westens« zusammengesetzte Mannschaft nach Belieben. Und Bender war der ruhende Pol einer sicheren Deckung. Seine Freunde und die Fans auf den Rängen nannten ihn »Knöd«. Jakob Bender entwickelte sich von einem mit Offensivgeist ausgestatteten Mittelläufer schließlich zum ebenso abgeklärten wie kompromißlosen Stopper. Als Außenläufer wurde der Städtische Arbeiter mit der deutschen Nationalmannschaft 1934 bei der Weltmeisterschaft in Italien Dritter. Begonnen hatte sein Weg als Zwölfjähriger bei Alemannia 08 Düsseldorf. Einige Jahre später entdeckten die Späher des Nachbarn Fortuna das Talent des jungen »Knöd« – und mit 17 Jahren spielte er als Nachfolger von Degen als linker Läufer in der 1. Mannschaft. 1:0 und 8:1 gegen Schwarz-Weiß Barmen – das waren in der Berg-Mark-Meisterschaft die ersten Siege, die Bender mit seiner Fortuna feierte. Janes – Bender –

Breuer – das war schließlich die Läuferreihe, um die Fußball-Deutschland die Düsseldorfer beneidete. Und noch viele Jahre später sangen die reiferen Herren in der Altstadt: »Wenn der Janes und der Knöd, hütt noch Fußball spele döht ...« Härte – Tempo – Technik! Das waren die Tugenden von Jakob Bender. Die prominentesten Gegenspieler seiner Zeit waren Binder, Sindelar, Szepan, Kuzorra und Hohmann. »Knöd« Bender war mit seiner Kompromißlosigkeit in diesen Duellen fast immer der Sieger. Während des 2. Weltkriegs trug er als Gastspieler eine Zeitlang das Trikot des Osnabrücker Turnvereins. 1946 kehrte der Mann mit dem spärlichen Haarwuchs aus der Kriegsgefangenschaft heim, versuchte sich noch einige Zeit als Spielertrainer bei Kissingen 05 und beendete dann dort seinen Weg, wo alles begonnen hatte: als Trainer bei Alemannia 08. Kurz nach dem Tode seines langjährigen Weggefährten und Freundes Theo Breuer schloß Jakob Bender im Februar 1981 für immer die Augen. In seinen letzten Jahren war er halbseitig gelähmt und lebte mit der Hilfe eines Herzschrittmachers.

BENTHAUS, HELMUT

Geboren am 5. Juni 1935
Acht Länderspiele (1958 bis 1960)
Westfalia Herne

Philologie oder Sport?

In Herne stand die Wiege des Helmut Benthaus. Hier verbrachte er seine Kinder- und Jugendjahre, hier büffelte er für sein Abitur und hier bekam er auch Kontakt zum Fußball. Bei Westfalia Herne begann seine Karriere in der Oberliga, doch dann zog es ihn zu den traditionsreichen »Löwen« an die Isar, zu München 1860. Aber schon nach einer Saison orientierte sich Helmut Benthaus wieder gen Fußballwesten. Mit dem 1. FC Köln wurde er 1964 Deutscher Meister, nachdem er zunächst eine Weile die Ersatzbank gedrückt hatte, da er auf seiner Standardposition in der Läuferreihe in Matthias Hemmersbach und Hansi Sturm starke Konkurrenten hatte. Zu diesem Zeitpunkt war Helmut Benthaus aber schon längst Nationalspieler. Achtmal trug er zwischen 1958 und 1960 das Trikot mit dem Bundesadler. Als junger Student tat er sich schwer mit der Wahl des Studienganges. Er schwankte zwischen Philologie und Leibesübungen auf der Universität in Münster. Später wechselte er dann zur Sporthochschule nach Köln, wo er die Diplome als

Sport- und Fußballtrainer erwarb und an der Uni auch noch Englisch studierte. Diese Kenntnisse waren 1965 für Helmut Benthaus von großem Nutzen. Er hatte nach seiner Zeit beim 1. FC Köln »ja« gesagt zu einem Angebot des schweizerischen Erstligisten FC Basel. Dort wirkte er zunächst als Spieler, dann als Spielertrainer und schließlich nur noch als Trainer. In Basel wurde der Fußballer aus dem Kohlenpott so etwas wie eine Institution – er blieb hier 17 Jahre, und dozierte nebenbei auch noch an der Universität in Basel. Siebenmal gewann er die Schweizer Fußballmeisterschaft, zweimal wurde er mit seiner Mannschaft Pokalsieger, einmal holte er den Ligacup. 1982 erlag er dann dem Reiz der Bundesliga, die er über die nahe Grenze hinweg ständig intensiv verfolgt hatte. Der VfB Stuttgart sicherte sich die Dienste des Deutschen.»Ich bin ein Mensch, der sich am liebsten nach oben hin orientiert«, sagte er zum Abschied seinen Freunden in Basel und traf dort mit seinem Entschluß nicht nur auf Verständnis. Mit den Schwaben ging es unter dem neuen Trainer steil bergauf. Schon in der Saison 1983/84 holte Helmut Benthaus mit dem VfB Stuttgart den Titel des Deutschen Meisters. Ein Erfolgserlebnis, auf das der Verein am Neckar 32 Jahre lang gewartet hatte. Als Jupp Derwall mit der Nationalmannschaft bei der Europameisterschaft in Frankreich 1984 scheiterte, bot DFB-Präsident Hermann Neuberger dem Meistermacher aus Stuttgart den Job des Bundestrainers an. Benthaus, längst im Besitz eines Schweizer Passes, sagte dankend »nein« und begründete dies mit dem noch laufenden Vertrag mit dem VfB. Ein Jahr danach kehrte er zu den »Bebbis«, wie sich die Baseler nennen, zurück, diesmal als Technischer Direktor. Später stieg er aus dem Geschäft mit dem Fußball aus, lebte mit seiner Familie in Riehen bei Basel und arbeitete als Versicherungskaufmann.

BERG, WALTER

Geboren am 21. April 1916,
gestorben am 12. Mai 1949
Ein Länderspiel (1938)
Schalke 04

Der Tag der Debütanten

Luxemburg, das Großherzogtum im Westen, war lange Zeit für den deutschen Fußball ein bevorzugter Gegner für Aufbau- und Testspiele. An den Tagen, da es sich der DFB leistete, zur gleichen Stunde gleich zwei Länderspiele anzusetzen, war Luxemburg häufig der Kontrahent für den talentierten deutschen Nachwuchs. So auch am 20. März 1938 in Wuppertal. In der Stadt der Schwebebahn kam Walter Berg vom FC Schalke zu seinem einzigen Länderspiel. In Nürnberg war zu diesem Zeitpunkt sein Mannschaftskamerad Ernst Kuzorra gegen Ungarn (1:1) dabei. Walter Berg war einer von acht Neulingen beim etwas mühsamen 2:1-Sieg gegen Luxemburg. Ursprünglich war er auch nur als Ersatzmann vorgesehen, doch dann kreuzte der Mannheimer Läufer Müller mit heftigen Halsschmerzen in Wuppertal auf – und plötzlich war Walter Berg an diesem herrlichen Frühlingstag, der den 20 000 Zuschauern im Stadion Temperaturen um 20 Grad bescherte, erste Wahl. Die Kritiker bescheinigten ihm anschließend, er habe sich bemüht, Variationen in das Aufbauspiel der deutschen Elf zu bringen. Der rechte Außenläufer erhielt aber keine weitere Berufung von Sepp Herberger. Walter Berg, von Beruf Chauffeur, war der erste der Gebrüder Berg, die von Kray 04 hinüberkamen nach Schalke. Er begann bei den Königsblauen als Mittelstürmer, hatte seine beste Zeit aber als Außenläufer. Der kleine Fußballer kehrte aus zwei deutschen Endspielen mit den Schalkern als Sieger zurück. Ausgezeichnete Kritiken erhielt er vor allem nach dem ersten Finale, als die »Knappen« 1937 in Berlin mit 2:0 gegen den 1. FC Nürnberg gewannen. Die 100 000 Zuschauer waren beeindruckt von dem Bewegungstalent des jungen Schalkers, der neben seiner Schnelligkeit über erstaunliche technische Fähigkeiten verfügte. Hunderttausende feierten am nächsten Tag die Schalker Mannschaft in der Gelsenkirchener Innenstadt. Bürgermeister Dr. Böhmer begrüßte den Meister auf dem Marktplatz. 1939 half Walter Berg noch einmal im Zusammenspiel der Läufer mit Tibulski und Gellesch, die »Viktoria« in den Kohlenpott zu holen. Der kleine Fußballer mit dem großen Kämpferherzen kehrte nach dem 2. Weltkrieg aus russischer Kriegsgefangenschaft nicht zurück. Er arbeitete zunächst im Hafenlager 24 in Riga. 1947 wurde er vermutlich mit 2000 weiteren Gefangenen in die Tschechoslowakei zum Uranbergbau verlegt. Später hieß es, Walter Berg sei bei einem Fluchtversuch erschossen worden, als er schwerverwundeten Kameraden zu Hilfe eilte.

BERGHAUSEN, ALFRED

Geboren am 9. Dezember 1889
Ein Länderspiel (1910)
Preußen Duisburg

Ersatz von der Tribüne

Eher zufällig kam Alfred Berghausen am 16. Mai 1910 zur Ehre, bei einem Fußballländerspiel mitwirken zu können. Er war einer von 4000 Zuschauern, die sich an diesem Tag in Duisburg, seiner Heimatstadt, das 9. Länderspiel der deutschen Fußballgeschichte anschauen wollten. Belgien war der Gegner, doch die Organisation auf deutscher Seite war derart chaotisch, daß ein paar Minuten vor dem Anpfiff des holländischen Schiedsrichters Willing nur sieben Spieler zur Stelle waren. So schaute man sich auf den Rängen nach geeignetem »Ersatz« um – und fand den unter anderem in Verteidiger Alfred Berghausen. Allerdings waren die Gastgeber hoffnungslos überfordert und verloren gegen die Belgier 0 : 3. Berghausens Verein, der DSC Preußen, repräsentierte vor dem 1. Weltkrieg beste Duisburger Fußballtradition. Er wurde 1902 gegründet und spielte im Ruhrbezirk des Westdeutschen Spielverbandes eine gute Rolle. Im Jahre 1909 scheiterte die Mannschaft Alfred Berghausens erst im Endspiel der Westdeutschen Meisterschaft knapp mit 2 : 3 gegen den FC Mönchengladbach. Ansonsten standen die Preußen fast immer im Schatten der übermächtigen Lokalkonkurrenz des Duisburger SV.

BERGMAIER, JOSEF

Geboren am 5. März 1909,
gestorben am 5. März 1943
Acht Länderspiele (1930 bis 1933), ein Tor
FC Bayern München

Zwischen Film und Fußball

Glanz und Glitter des Films, der im Deutschland der frühen 30er Jahre in voller Blüte stand – das war die Traumwelt des Josef Bergmaier, der in Pasing bei München ein Lichtspielhaus besaß. Auf der Leinwand seines Kinos rührte ein Schäferhund im amerikanischen Drama »Rin Tin Tin« die Menschen. Lia Putti und Emil Jannings – das waren die Kinostars dieser Tage. Doch die Münchner hatten eigentlich nur Fußball im Kopf – in den Biergärten und an den Stammtischen der Lokale war das Spiel mit dem runden Leder Thema Nummer eins. Die »Löwen« waren 1931 im deutschen Endspiel knapp gegen Hertha BSC Berlin gescheitert, aber ein Jahr später war der FC Bayern ganz oben. In dieser Münchner Meistermannschaft stand auf dem rechten Flügel der schnelle Kinobesitzer aus Pasing. Beim Turnverein von 1888 hatte er mit dem Fußball begonnen, dann für die Spvg. Pasing gespielt. Über Wacker München war er 1929 zum FC Bayern gelangt – danach trug er auch noch das Trikot von 1860. Und schon 1930 wurde der beliebte Rechtsaußen zum Nationalspieler befördert. Am 4. Mai 1930 feierte er ein glänzendes Debüt beim 5 : 0-Sieg der deutschen Mannschaft in Zürich gegen die Schweiz. Der legendäre Nürnberger Torwart Heiner Stuhlfauth war abgetreten – eine neue Mannschaft kristallisierte sich heraus. Am 21. Juni 1931 gelang Bergmaier ein Blitztor im Länderspiel gegen Norwegen in Oslo. Unmittelbar nach dem Anstoß umdribbelte der Münchner zwei Spieler und schoß trocken und unhaltbar für Torwart Johansen zur deutschen 1 : 0-Führung ein. Es sollte ein Rekord für die Ewigkeit sein, denn Statistikern zufolge benötigte der Rechtsaußen nur 57 Sekunden für diesen Treffer. Bis 1933 war Josef Bergmaier ein fester Bestandteil dieser neuen Formation. Er imponierte mit seiner fast philosophischen Ruhe, um dann mit einer geschickten Körpertäuschung die Gegenspieler ins Leere laufen zu lassen. Am Tag seines 34. Geburtstags starb er als Soldat in Rußland. Franz Krumm, sein Spezi aus heiteren Bayerntagen, erwischte das Schicksal fast gleichzeitig. Josef Bergmaiers junge Frau »Mizzi« folgte ihrem Mann wenige Tage, nachdem sie die Todesnachricht erhalten hatte, aus Gram in den Tod.

BERNARD, GÜNTER

Geboren am 4. November 1939
Fünf Länderspiele (1962 bis 1968)
Schweinfurt 05, Werder Bremen

Auf den Spuren des Herrn Papa

Fußball war immer schon ein Thema im Hause Bernard. Kein Wunder, wenn der Herr Papa Nationalspieler ist. Vater Robert war Außenläufer beim VfR Schweinfurt und in den 30er Jahren die Stütze einer starken Mannschaft. Es gab in der Geschichte des deutschen Fußballs nicht viele Familien, in denen das Talent des Vaters auf den Sohn derart übertragen wurde, daß es zwei Generationen zu Einsätzen im Nationalteam brachten. Aber in Schweinfurt war ein solches »Erbe« keine Seltenheit. Viele Söhne machten es ihren Vätern nach. Die Beispiele: Ernst und Karl Lang, Sepp und Gerd Brunnhuber, Anderl und Rolf Kupfer, Erwin und Harald Aumeier, Walter und Stefan Lang und schließlich Robert und Günter Bernard. Doch der Weg von Günter Bernard sollte ein anderer sein als der seines Familienvorbildes. Er stand schon als Siebenjähriger im Tor von Schweinfurt 05. Und nachdem er eine Ausbildung zum Maschinenbauschlosser abgeschlossen hatte, gab er mit 18 Jahren seinen Einstand in der Oberliga. Der Weg zum Stammtorwart seiner Mannschaft, die in der Oberliga Süd zu den Dauerbrennern gehörte und erst nach Einführung der Bundesliga im Jahre 1963 aus dem Rampenlicht des großen deutschen Fußballs verschwand, war kurz. Die Jugendarbeit hatte in dieser Stadt einen vorzüglichen Ruf – wohl auch ein Grund, warum die Schweinfurter nie aus der Oberliga absteigen mußten. Günter Bernard hütete zwischen 1958 und 1963 genau 72mal das Tor des Fußball-Club. 1961 brachte er es zum Juniorennationalspieler – das Debüt im Dress mit dem Adler auf dem Trikot war nicht gerade berauschend – es gab ein 1 : 4 in London gegen England. Heinz Strehl schoß den einzigen Treffer für den Verlierer, und seine Konkurrenten im Tor der deutschen Junioren waren so starke Schlußleute wie Wolfgang Fahrian und Manfred Manglitz. Dennoch stieg Günter Bernard auf in die »richtige« Nationalelf. Sepp Herberger nominierte den Schweinfurter für das Länderspiel gegen Frankreich in Stuttgart (2 : 2). Bernard löste zur Pause WM-Teilnehmer Wolfgang Fahrian ab. Vier Jahre später – inzwischen war der Torwart im Jahr 1963 auf Vermittlung des früheren Bremer Oberligaspielers Heinz Rath zu Werder Bremen gewechselt – stand er im deutschen Aufgebot für die Weltmeisterschaft in England, doch Hans Tilkowski konnte er nicht verdrängen. Er hatte die Rolle des zweiten Mannes quasi gepachtet, saß bei vielen Länderspielen als Reservist auf der Bank. Vielleicht auch deshalb, weil er mit seinen 178 Zentimetern ein wenig zu klein geraten war. Leid hatte er diese Rolle schließlich im Jahre 1968, sagte dem DFB fortan ab und konzentrierte sich gänzlich auf seinen Torwartjob beim SV Werder, wo er bis 1973 auf 521 Spiele kam – 287mal hütete er in der Bundesliga das Tor. Seine Stärken lagen in der Reaktionsfähigkeit und im lautstarken Dirigieren seiner Vorderleute. Bei Atlas Delmenhorst beendete er die Karriere. Danach übernahm er die Generalvertretung der Firma »PUMA« für Hamburg und Schleswig-Holstein. Die bevorzugte Sportart war fortan das Spiel mit einem sehr viel kleineren Ball – Günter Bernard wurde beim TV Ost in Bremen ein erfolgreicher Tennisspieler.

BERNARD, ROBERT

Geboren am 10. März 1913,
gestorben im Februar 1990
Zwei Länderspiele (1936)
VfR Schweinfurt

Das Debakel von Berlin

Die Olympischen Spiele in Berlin elektrisierten 1936 die Massen. Die deutschen Fußballer gingen mit hohen Erwartungen in dieses Turnier, weil das Mitwirken von Profis bei den Spielen des Baron Coubertin damals noch verpönt war. Im Mai 1936 nominierte Reichstrainer Prof. Dr. Otto Nerz mehrere Mannschaften zu insgesamt fünf Testspielen gegen den FC Everton. Robert Bernard, der Mittelläufer des Vereins für Rasenspiele Schweinfurt, dessen Vater Jakob nach dem 1. Weltkrieg in Schweinfurt ein geschätzter Fußballer war, nutzte die letzte sich ihm bietende Chance, um noch auf den Zug zum olympischen Fußballturnier zu springen. In Nürnberg war er als Außenläufer beim 1 : 1 gegen Everton dabei – und prompt war der Werkzeugschlosser auch im ersten Spiel der Olympiavorrunde am 4. August 1936 in Berlin erste Wahl für Nerz. 9 : 0 gewann die deutsche Olympiaauswahl gegen Luxemburg, obwohl sie noch nie in dieser Formation zusammengespielt hatte. Doch der Spaziergang gegen den kleinen Nachbarn aus dem Großherzogtum hatte den Deutschen offenbar die Konzentration genommen. Die 0 : 2-Niederlage gegen Norwegen vor 55 000 fassungslosen Zuschauern im Olympiastadion war der letzte internationale Auftritt von Robert Bernard, dessen Sohn Günter später das Tor der deutschen Nationalmannschaft hüten sollte. Reichstrainer Otto Nerz hatte Robert Bernard beschworen, er möge in Schweinfurt die Tapeten wechseln und sich dem FC anschließen, wo mit »Ander« Kupfer und Albin Kitzinger zwei Läufer der deutschen Extraklasse spielten. Doch Bernard blieb beim VfR von 1907, weil er sich einer guten Stellung bei den Vereinigten Kugellagerfabriken erfreute und dort später als Betriebssportlehrer tätig werden konnte. Schließlich war er bei seinem Verein auch Spielertrainer. Und so konnte Robert Bernard stolz darauf sein, den Sprung in die Nationalelf aus dem kleineren der beiden Schweinfurter Vereine geschafft zu haben. Während des 2. Weltkriegs gehörte er der populären Pariser Soldatenelf an. Erst 1946, also zehn Jahre nach seinem Debüt in der Nationalelf, wechselte er zum FC Schweinfurt, wo er bis 1951 in der Oberliga Süd spielte – endlich mit Kupfer und Kitzinger. Er war Angestellter bei den Stadtwerken in Schweinfurt, betreute unter anderem den FC Bad Kissingen und die SG Franken Sennfeld. Robert Bernard starb im Februar 1990 nach langer Krankheit.

BERNDT, HANS

Geboren am 30. Oktober 1913,
gestorben am 9. April 1988
Drei Länderspiele (1937 bis 1938), zwei Tore
Tennis Borussia Berlin

»Hanne« – 53 Tore in 18 Spielen

1937 war das Geburtsjahr der berühmten »Breslauer Elf«. Der 16. Mai dieses Jahres ging in die Geschichte des deutschen Fußballs ein. Selten spielte eine deutsche Nationalmannschaft harmonischer und zielstrebiger als bei diesem 8 : 0-Erfolg in Breslau gegen Dänemark, das bis dahin zwölf Monate lang unbesiegt geblieben war. Vor dieser 140. Begegnung der deutschen Länderspielgeschichte gab es drei Tests gegen Manchester City in Duisburg, Wuppertal und Schweinfurt. In allen drei Spielen konnten die Deutschen nicht sonderlich überzeugen. Beim 1 : 1 gegen die englischen Profis in Wuppertal war auch Hans Berndt dabei, den sie zuhause an der Spree »Hanne« nannten. Den Weg in die »Breslauer Elf« fand Hans Berndt zwar nicht, dafür war der Torjäger von Tennis Borussia Berlin im übernächsten Länderspiel dabei. Am 25. Juni 1937 erzielte der Mittelstürmer beim 3 : 1-Sieg in Riga gegen Lettland die entscheidenden Tore. Sein Weg als Fußballer begann für den gebürtigen Spandauer als Zehnjähriger beim SC Staaken. Als 17jähriger spielte er schon in der ersten Mannschaft seines Vereins. Man sagte ihm nach, er sei in der Lage, die hundert Meter in Fußballschuhen unter elf Sekunden zurückzulegen – seine Antrittsschnelligkeit war verblüffend. 1935 wechselte er dann für zwanzig Mark zu Tennis Borussia – einem Verein, dem er bis zu seinem Tode die Treue hielt. Seine Laufbahn beendete »Hanne« Berndt erst 1951. Über tausend Tore erzielte er als Mittelstürmer allein für Tennis Borussia. In der Berliner Stadtauswahl war er Stammgast – absolvierte genau 68 Spiele. Auch noch in den ersten Jahren nach dem 2. Weltkrieg trug er das Trikot seiner Heimatstadt. Reichstrainer Sepp Herberger berief »Hanne« Berndt dreimal in die deutsche Nationalmannschaft, doch in Länderspielen gelang ihm der ganz große Durchbruch nicht. Wer heute nach Gründen sucht, der findet sie unter anderem in der Tatsache, daß dem deutschen Fuß-

ball nach dem Zusammenschluß mit Österreich neue Wege geöffnet wurden. Außerdem schwärmte Deutschland von der »Breslauer Elf«. Berndt galt als beinharter und kampfstarker Fußballer und war ein Torjäger im besten Sinne. »Hannes« Devise lautete: »Wer Angst hat, sollte gar nicht erst versuchen, Tore zu schießen.« 45 Jahre war er alt, als er nach dem Kriege in der Berliner Stadtliga noch einmal kräftig auftrumpfte. Nach 18 Spielen hatte er 1948 nicht weniger als 53 Tore auf seinem Konto. Mit 38 Jahren war er 1951 noch einmal der erfolgreichste Berliner Torjäger und wurde in einer Abstimmung zum Sportler des Jahres in Berlin gewählt. 1952 machte er endgültig Schluß, weil er Probleme mit Meniskus und Kreuzband bekam. »Hanne« Berndt führte später in Berlin zwei Sportgeschäfte in Charlottenburg und Spandau – der Kontakt zum Fußball wurde deshalb immer flüchtiger. Er mied die Ehrenplätze im Stadion, wenn es ihn mal zu den Spielen der Hertha oder von TeBe zog. »Ick vakrümele ma unter de Leute«, berlinerte er. 1988 mußte er sich nach einem Oberschenkelhalsbruch einer Operation unterziehen – wenig später starb er an Herzversagen.

BERT, (FRIEDRICH) ADALBERT

Geboren am 10. Juni 1884,
gestorben am 4. Juli 1962
Ein Länderspiel (1910)
VfB Leipzig

Ein »Reisender« des Fußballs

Am Pfingstsonntag des Jahres 1903 fand ein junger Mann namens Adalbert Friedrich Eingang in die Geschichtsbücher des deutschen Fußballs. Der angehende Kaufmann – später arbeitete er als Reisender – war an diesem 31. Mai 1903 mit 18 Jahren einer der ganz jungen Burschen des VfB Leipzig, die auf dem Exerzierplatz in Hamburg-Altona nach dem Titel eines Deutschen Meisters griffen. Zum erstenmal überhaupt fand ein Endspiel um die Deutsche Meisterschaft statt. Der DFC Prag war der Gegner der Leipziger. Eigentlich hatte sich der Karlsruher FV qualifiziert, doch die Badener waren einem üblen Scherz in Form eines Telegramms aufgesessen, das eine Spielverlegung ankündigte. Daraufhin wurden die Prager ins ferne Hamburg geschickt. Im Trikot des Gegners aus Leipzig steckte dieser Adalbert Friedrich. Er war Stürmer, während sein älterer Bruder Walter zumeist auf der Position des Mittelläufers stand. Der VfB holte sich den Titel mit einem 7:2-Sieg, und Adalbert Friedrich war einer der Besten. Dies war die erste seiner drei deutschen Meisterschaften. Aber er mußte sieben Jahre warten, ehe er zu einem Länderspieleinsatz kam. Das war am 16. Mai 1910 in Duisburg gegen Belgien. Die zusammengewürfelte deutsche Mannschaft verlor 0:3, doch »Bert« bekam als einer der wenigen gute Kritiken. Begonnen hatte sein fußballerischer Weg als Quintaner der Leipziger Petrischule. Die streng verbotenen Fußballspiele gegen andere Klassen kamen in den 90er Jahren des 19. Jahrhunderts in Mode. Und als Adalbert Friedrich 1897 dem VfB beitrat, da riskierte er sogar eine Karzerstrafe. Im Jahre 1900 spielte er das erste Mal in der ersten von zwei Mannschaften des Vereins – der Gegner war Halle 96 und das Resultat ein 11:0-Sieg. Als Reisender war Adalbert Friedrich, der sich längst »Bert« nannte, weil alle ihn so riefen und er die ständigen Verwechslungen mit Walter leid war, viel auf Achse. Häufig verbrachte er die Nächte vor und nach den Spielen auf den hölzernen Eisenbahnsitzen der 3. Klasse. Wenn er vom Rheinland nach Leipzig fuhr, bekam er vom VfB das halbe Fahrgeld zurückerstattet. Das Wort »Spesen« hatte man zu diesem Zeitpunkt offenbar noch nicht erfunden. »Bert« gewann mit der Auswahl von Mitteldeutschland im April 1909 den Kronprinzenpokal. In dieser erfolgreichen Elf standen so starke Spieler wie Hans Riso, Walter Hempel und Camillo Ugi. Später wurde »Bert« in Darmstadt heimisch.

BERTHOLD, RUDOLF

Geboren am 1. April 1903,
gestorben im Dezember 1976
Ein Länderspiel (1928)
Dresdner SC

Stanley Rous als Schiedsrichter

Stanley Rous, der später in seiner englischen Heimat den Titel eines »Sir« führen durfte und lange Jahre Präsident des Fußball-Weltverbandes (FIFA) war, leitete am 15. April 1928 in Bern eines von vielen deutschen Länderspielen gegen die Schweiz. Vor 20 000 Zuschauern gewann die deutsche Nationalelf ihre Generalprobe vor dem olympischen Fußballturnier in Amsterdam mit 3:2. Zu dieser erfolgreichen Mannschaft gehörte ein Debütant aus Dresden: Rudolf Berthold. Er war linker Außenläufer, beim DSC aber auch ein sehr guter Halbstürmer. Rudolf Berthold war einer von acht Nationalspielern, die der Dresdner SC bis zum Jahre 1930

hervorbrachte. Erstaunlich, denn erst in den 30er Jahren begann die große Zeit des sächsischen Abonnementsmeisters. Berthold war ein Weggefährte des jungen Richard Hofmann, der zwischen 1927 und 1933 der unumstrittene deutsche Stürmerstar war. Nach seiner Dresdner Zeit wechselte Berthold aus beruflichen Gründen nach Berlin, wurde dort Versicherungsagent und spielte für den SC Allianz. Nach dem 2. Weltkrieg lebte er wieder in Dresden, betreute einen Verein, der sich »Tabak« nannte und der später dann in »Rotation« umgetauft wurde.

BERTHOLD, THOMAS

Geboren am 12. November 1964
62 Länderspiele (1985 bis 1994), ein Tor
Eintracht Frankfurt, Hellas Verona, AS Rom,
FC Bayern München, VfB Stuttgart

Thomas von der Äpfelweinstraße

Man muß schon genau hinschauen, um den Punkt auf der Landkarte zu finden: Wachenbuchen! Hier, zwischen Offenbach und Hanau, wo sich der Hühnerberg im Maintal verliert, lernte Thomas Berthold das Laufen und dann auch das Spiel mit dem runden Leder. Wachenbuchen liegt an der hessischen Äpfelweinstraße, und die Bertholds waren in dieser Gegend als Allroundsportler bekannt. Vater Gunter war Prokurist bei einer Bank und machte sich als Skispringer, Schwimmer und auch als Fußballer einen Namen. Und Thomas Bertholds Mutter war eine begeisterte Handballerin und Turnerin. Der Junior spielte schon mit sieben Jahren Fußball bei Kewa Wachenbuchen und wechselte dann als Zwölfjähriger zur SG Hochstadt in die Nachbarschaft. 1978 folgte für ihn der Sprung in die B-Jugendmannschaft von Eintracht Frankfurt. Die Talentschmiede der Hessen hatte seit vielen Jahren einen vorzüglichen Ruf – stets war die Eintracht mit ihren Talenten in den Endrunden zur deutschen Jugendmeisterschaft vertreten. Und so war es nicht ganz unlogisch, daß Thomas Berthold schon als 16jähriger in Frankfurt seinen ersten großen Titel gewann. Er wurde mit der Eintracht deutscher B-Jugendmeister. Zwei Jahre später holte er dann auch den A-Jugendtitel an den Riederwald. Als 17jähriger schnupperte er schon mal die Luft der Fußballbundesliga. Er debütierte in der höchsten Klasse im März 1983, und ein Jahr später war er sogar Stammspieler und in 28 Punktspielen dabei. Der Abiturient bekam von seinen Förderern die besten Noten. Trainer Branko Zebec bezeichnete ihn als einen »außergewöhnlich begabten Fußballer«. Schon im März 1984, gerade 19jährig, trug er das Trikot der deutschen U-21-Auswahl, für die er sechs Spiele bestritt. Im Januar 1985 folgte der Sprung in die Nationalmannschaft. Ungarn war in Hamburg der Gegner, und Teamchef Franz Beckenbauer beteiligte sich fortan am Chor der Lobeshymnen auf Thomas Berthold. Der schoß beim 5:1-Sieg im Weltmeisterschafts-Qualifikationsspiel gegen die ČSSR in Prag im April 1985 sein erstes und einziges Länderspieltor. Vor der Weltmeisterschaft 1986 in Mexiko ge-

fährdete ein Kahnbeinbruch Bertholds Teilnahme – vier Monate lang schwebte er zwischen Hoffen und Bangen und schaffte es dann noch im letzten Moment. Beim Turnier in Mexiko war er zunächst einer der herausragenden Außenverteidiger und schob sich ins internationale Rampenlicht, doch im Viertelfinale gegen Gastgeber Mexiko flog er wegen einer Tätlichkeit vom Platz. Erst im Endspiel gegen Argentinien war er wieder dabei. 1987 lief sein Vertrag in Frankfurt aus – zahlreiche deutsche Spitzenvereine bemühten sich um Berthold. Doch der erlag den Lockungen des Lire-Paradieses und trug fortan das Trikot von Hellas Verona. Die Italiener überwiesen den Frankfurtern eine Ablösesumme von ca. 4,5 Millionen Mark. Er hatte in der Festspielstadt kaum sprachliche Probleme, weil er schon zuhause fleißig die italienische Sprache gepaukt

hatte. Doch der sportliche Erfolg blieb ihm in Verona weitgehend versagt – zwei Jahre später wechselte er zu AS Rom. Dort spielte Rudi Völler – und hier fand Thomas Berthold wieder zurück zu seinem in Deutschland gezeigten Leistungsniveau. 1991 wurde er mit AS Rom italienischer Pokalsieger. Das war quasi sein Abschiedsgeschenk an die Tifosi in der »Ewigen Stadt«, denn es zog ihn zurück in die Bundesliga – diesmal zum FC Bayern München. Wie ein Wellental verlief auch seine Länderspielkarriere. Nach der Weltmeisterschaft in Mexiko stand Thomas Berthold zunächst einmal im Abseits. Franz Beckenbauer, von dem es hieß, er begünstige Berthold, weil er keinem anderen so viele Chancen einräume, reihte sich zum erstenmal ein in den Kreis der Kritiker. »Wir brauchen keine Zirkusclowns«, zürnte der »Kaiser«, doch im Oktober 1987 holte er Berthold zum Spiel gegen Schweden zurück. Aber auch auf den Europameisterschaftszug des Jahres 1988 sprang Berthold, der häufig nach Verletzungen mit Übergewicht zu kämpfen hatte, erst kurz vor Schluß, um dann lediglich im Eröffnungsspiel des Turniers in Düsseldorf gegen Italien dabei zu sein. Als die Weltmeisterschaftsqualifikation für Italien anstand, spielte Berthold im Spiel gegen Holland in Rotterdam zum erstenmal als Libero und überzeugte alle durch Cleverneß, Technik und Entschlossenheit. Jetzt begann seine beste Zeit, die ihn zum Stammspieler der Nationalelf werden ließ – und zum Weltmeister 1990. Er war beim Turnier in Italien in allen Spielen der deutschen Mannschaft erste Wahl Auch Franz Beckenbauers Nachfolger Berti Vogts setzte auf Berthold, wurde aber rasch enttäuscht. Bei seinem neuen Verein Bayern München stand er bereits stark in der Kritik, als Berthold im Europameisterschafts-Qualifikationsspiel in Cardiff gegen Wales im Juni 1991 ein Foul mit nachfolgendem Platzverweis unterlief. Die deutsche Mannschaft verlor ihr wichtiges Spiel und stand fortan in der Qualifikation für die EM in Schweden stark unter Druck. Vogts plante nunmehr ohne den Hessen, der lange für internationale Spiele gesperrt war, holte ihn dann aber im Frühjahr 1994 doch zurück, als die Nationalmannschaft in Bertholds neuer Fußballheimatstadt Stuttgart auf die Italiener traf. Er wurde wieder Stammspieler und fuhr mit zum WM-Turnier in die USA. Sein Abschied von der Nationalmannschaft! Auch am Neckar blieben zunächst die Festtage für Thomas Berthold aus. Der VfB Stuttgart verlor den angestrebten Spitzenplatz fast immer aus den Augen. Die Ausnahme: Im Sommer 1997 gewannen die Schwaben den DFB-Pokal.

BIALLAS, HANS

Geboren am 14. Oktober 1918
Drei Länderspiele (1938 bis 1939), ein Tor
Duisburg 48/99

Acht Österreicher – drei Deutsche

Im Duisburger Stadtteil Hüttenheim wurde Hans
Biallas geboren. An der Wedau überredeten ihn
seine Freunde zum Fußballspiel. Er wird es nicht
bereut haben, denn im Herbst 1938 nahm Reichstrainer Sepp Herberger den 19jährigen mit auf den
Balkan. Acht Österreicher und drei Deutsche standen in der Mannschaft, die am 25. September 1938
in Bukarest auf Rumänien traf und 4:1 gewann.
Der junge Rechtsaußen aus Duisburg führte sich
gleich gut ein und bekam noch zwei weitere Chancen in der Nationalmannschaft. Am 26. Februar
1939 besorgte Hans Biallas mit einem tollen Schuß
in der 71. Minute den 3:2-Siegtreffer gegen Jugoslawien. 65 000 Zuschauer waren in Berlin hellauf
begeistert. Seine dritte und letzte Einladung des
DFB erhielt der Angestellte aus Duisburg im Juni
des gleichen Jahres beim deutschen 2:0-Sieg in Kopenhagen gegen Dänemark. Während seiner Soldatenzeit verschwand er nie aus dem Notizbuch von
Sepp Herberger und absolvierte im Frühjahr 1941
noch einen DFB-Lehrgang in Berlin. Nach Kriegsende trug er wieder das Trikot von Duisburg
48/99. Er war beim ersten Regionalvergleich des
Westens gegen den Süden am 24. März 1946 in
Stuttgart als Außenläufer dabei, spielte dann eine
Zeitlang in der Kreisklasse beim VfL Hüttenheim.

BIERHOFF, OLIVER

Geboren am 1. Mai 1968
14 Länderspiele (seit 1996), sieben Tore
Udinese Calcio

Schlingerkurs auf Europas Fußballfeldern

Ralph Durry, Fußballfachmann bei der Sportagentur sid, hat einmal den Karriereverlauf des Oliver
Bierhoff treffend beschrieben. Er attestierte ihm, er
habe praktisch »auf dem zweiten Bildungsweg«
noch Karriere im Profifußball gemacht. Und
tatsächlich: Dieser talentierte Spieler fand erst im
Zickzackkurs sein Glück in diesem Job. Auf Umwegen wurde Oliver Bierhoff schließlich gar Nationalspieler – zu einem Zeitpunkt, als ihn die meisten
kritischen Begleiter längst für das DFB-Team abge-
schrieben hatten. In Karlsruhe stand Oliver Bier-

hoffs Wiege, doch seine jungen Jahre verbrachte er
im Westen – genauer gesagt, in Essen. Sein Vater
hatte Sitz und Stimme im Vorstand des Energiegi-
ganten RWE, war vor etlichen Jahren Weggefährte
von Karl-Heinz Schnellinger Fußballer bei Düren
99 und hütete am 31. März 1957 das Tor der deutschen Jugendnationalmannschaft beim sensationellen 4:1-Sieg in Oberhausen gegen England. Als
Sechsjähriger fand dann auch Oliver Bierhoff zum
Fußball, zunächst bei der Essener SG 99/06, dann
beim traditionsreichen Lokalrivalen Schwarz-Weiß.
Mit 17 Jahren war er den Insidern des Jugendfuß-
balls längst kein Unbekannter mehr – der beweg-
liche und torgefährliche Stürmer hatte in einem
halben hundert Auswahlspielen auf sich aufmerksam gemacht. Und da der Niederrhein die Heimat
des DFB-Jugendtrainers Berti Vogts war, war es
naheliegend, daß es eines Tages zu ersten Einladungen in die deutsche Jugendauswahl kam. Bayer
Uerdingen war die nächste Station des Talents,
dann ließ er sich von Willi Reimann und dem damaligen Sportchef Erich Ribbeck zum Wechsel zum
Hamburger SV überreden. Aber so richtig froh
wurde Bierhoff auch an der Elbe nicht – es mißfiel
ihm, daß er immer wieder ein- oder ausgewechselt
wurde. 1989 entschied er sich für den Weg zurück
zum Niederrhein, diesmal landete er – auf Leihbasis – bei Borussia Mönchengladbach. Als er auch
hier nur mäßigen Erfolg hatte, ging er in sich und
schaute sich nach gänzlich neuen Ufern um. Nur
kurz spielte Oliver Bierhoff mit dem Gedanken, es
in der 2. Bundesliga zu versuchen, dann unterschrieb er bei Casino Salzburg. Inzwischen war sein
Marktwert stark gesunken – 175 000 Mark soll der
Verein aus der Festspielstadt dem HSV überwiesen
haben. In Österreich sprach man von einem »Billig-
import«, aber die Salzburger Fans bejubelten den
neuen Mann, der einen tollen Einstand hatte und
beim 5:1 gegen St. Pölten vier Tore schoß. Am Ende
der Saison waren es 23. Die Kunde von Bierhoffs
wiederentdeckter Treffsicherheit hatte sich sehr
schnell auch jenseits des Brenner herumgesprochen, dennoch war es eine mittlere Sensation, daß
Inter Mailand im Juni 1991 den Deutschen verpflichtete, auch wenn der italienische Spitzenklub
ihn gleich zum Aufsteiger Ascoli Calcio nach Udinese auslieh. Es folgten Abstieg und Aufstieg – und
dann ging alles rasend schnell. Oliver Bierhoff, der
nebenbei ein Studium der Betriebswirtschaft an der
Fernuniversität Hagen absolvierte und 1993 Interesse an einem Wechsel zum VfB Stuttgart hatte
(Trainer Christoph Daum lehnte ihn ab), war in der
italienischen Eliteliga mit Udinese plötzlich einer

der gefürchteten Torjäger – und wieder schaute Berti Vogts, inzwischen Bundestrainer, bei ihm vorbei. Und lud ihn ein zur Nationalmannschaft. Im Februar 1996 debütierte Oliver Bierhoff beim 2 : 1-Sieg in Porto gegen Portugal, und mit weiteren Länderspieltoren spielte er sich in den Kader zur Europameisterschaft in England. Dort war er zwar nicht Stammspieler, wurde aber zum umjubelten Helden und zum Schützen eines historischen Tores. In der Verlängerung des Endspiels im Londoner Wembley-Stadion gegen Tschechien gelang Oliver Bierhoff in der 95. Minute mit einem Linksschuß das erste »Golden Goal« der internationalen Turniergeschichte. Nach seiner Einwechslung – für Mehmet Scholl – hatte er bereits in der regulären Spielzeit die tschechische Führung mit einem Kopfball egalisiert. Das fast unglaubliche Comeback eines »verlorenen Sohns« war komplett.

BIESINGER, ULRICH

Geboren am 6. August 1933
Sieben Länderspiele (1957 bis 1958), zwei Tore
BC Augsburg

Das »Nesthäkchen« des Weltmeisters

Wenn Ulrich Biesinger als Geburtsort »Oberhausen« angab, dann wurde er gedanklich viele Jahre stets in den Westen Deutschlands »verpflanzt«. Dabei liegt Biesingers Oberhausen an der nördlichen Peripherie von Augsburg – der Stadt, die ihm einiges zu verdanken hatte. Schließlich trug Uli Biesinger den Namen Augsburgs hinaus in die Welt des großen Fußballs. Doch irgendwie war Biesinger kein »Hans im Glück« – denn er stand in der Nationalmannschaft häufig im Schatten der ganz großen Stars. »Ich hatte eben das Pech, genau in die Zeit zwischen Ottmar Walter und Uwe Seeler zu geraten«, sagte der Schwabe. So, wie sich später eine ganze Generation von Mittelstürmern die Zähne am einzigartigen Gerd Müller ausbiß, so hatte sich auch Uli Biesinger starker Konkurrenz zu erwehren. Immerhin war er der zweite Augsburger nach Ernst Lehner, der das Trikot mit dem Adler überstreifen durfte. Als blutjunger Fußballer machte Biesinger erstmals in einem Auswahlspiel des Südens auf sich aufmerksam. Das war am 4. Juni 1953 im Augsburger Rosenaustadion. 23 000 Zuschauer füllten an diesem Frühsommertag die Ränge, denn Gegner des Südens war die DFB-Auswahl, die sich mit wechselnden Erfolgen im Vorfeld der Weltmeisterschaft um Solidität ihrer Spielkultur bemühte.

Dreimal hatten Herbergers Kandidaten gegen Bolton Wanderers gespielt, und nun kassierten sie in Augsburg eine etwas peinliche 3 : 5-Niederlage gegen Süddeutschland. In der Elf des Siegers stand eine Halbzeit lang der junge Uli Biesinger, und Sepp Herberger beeilte sich, das Talent für das B-Länderspiel gegen Spanien in Düsseldorf zu berufen. Eile war geboten, denn die Partie fand schon zehn Tage später statt. In den Spielen der B-Nationalmannschaft holte sich Uli Biesinger den letzten Schliff, und ein Jahr später sprang er für viele überraschend sogar noch auf den Zug zur Weltmeisterschaft. Sepp Herberger gab dem Augsburger das Trikot mit der Nummer 18. Er war der Jüngste im WM-Kader des späteren Weltmeisters, doch die Hoffnung auf einen Einsatz mußte er begraben. »Für mich war es schon eine ungewöhnliche Ehre, überhaupt dabei sein zu dürfen«, tröstete sich Uli Biesinger später. So kam es zum Novum, daß er im Berliner Olympiastadion nach dem WM-Triumph von Bern durch Bundespräsident Theodor Heuß das Silberne Lorbeerblatt, die höchste Sportauszeichnung der jungen Republik, erhielt, ohne auch nur ein Länderspiel bestritten zu haben. Sein Debüt im Nationaltrikot folgte erst am 26. September bei dem 0 : 2 in Brüssel gegen Belgien. 1952 war Uli Biesinger zur Oberligamannschaft des BC Augsburg gestoßen – sein Grundgehalt betrug den Satzungen entsprechend gerade mal 160 Mark. Aber mit Siegprämien kamen die Spieler zuweilen auf 600 Mark im Monat. Bis 1961 blieb Biesinger in Augsburg, wurde zweimal Torschützenkönig der Oberliga Süd und bildete mit Ludwig Schlump ein Stürmertandem der Extraklasse. 1961 folgte Biesinger seinem alten Spezi Schlump zum SSV Reutlingen. Biesinger blieb dort drei Jahre, um danach zum BC Augsburg zurückzukehren. Seine nächste Station war dann der Lokalrivale Schwaben, doch der sollte wenig Freude an ihm haben, denn nach nur drei Spielen beendete eine Meniskusoperation Uli Biesingers Karriere. Am 28. Dezember 1959 war seine internationale Laufbahn mit der 1 : 2-Niederlage der Nationalelf in Kairo gegen Ägypten zu Ende gegangen, nachdem er für die WM in Schweden noch im vorläufigen Aufgebot stand. Nach seiner aktiven Zeit arbeitete Uli Biesinger im Augsburger Raum bei verschiedenen Amateurvereinen als Trainer. Seinen Lebensunterhalt bestritt der gelernte Mechaniker in der Expedition eines großen Unternehmens.

BILLEN, MATTHIAS

Geboren am 29. März 1910,
gestorben am 1. Juli 1989
Ein Länderspiel (1936)
VfL Osnabrück

Zwei Länderspiele an einem Tag

Das gab es nur in den 30er Jahren: zwei deutsche
Länderspiele an einem Tag. Am 27. September 1936
betreute der nach dem frühen Olympia-»Aus« stark
kritisierte Reichstrainer Prof. Dr. Otto Nerz die deutsche Nationalmannschaft beim Länderspielsieg in
Prag gegen die Tschechoslowakei (2 : 1). Gleichzeitig war sein Schüler Sepp Herberger, der ihm mittlerweile gleichberechtigt zur Seite gestellt worden
war, mit einer Nationalmannschaft in Krefeld gegen
Luxemburg mit 7 : 2 siegreich. 18 000 Zuschauer
freuten sich in der Seidenstadt über das schwungvolle
Spiel der Deutschen. Nur einer ärgerte sich: Matthias
Billen vom VfL Osnabrück. Neben den beiden Schalkern Kuzorra und Tibulski gehörte der frühere
Hamborner Halbrechte zwar zu den stärksten Spielern auf dem Platz, doch mit seinen Torschüssen
hatte er einfach kein Glück. Knapp drei Jahre später
war Billen eine Säule einer starken Osnabrücker
Mannschaft, die zu Gauligazeiten zu einem großen
Rivalen des Deutschen Meisters Hannover 96 reifte.
Billen wurde bereits während seiner Zeit in Hamborn (vor 1936) zu Spielen der Westdeutschen Auswahl berufen. So war er 1932 in Lille beim 3 : 3 gegen Nordfrankreich dabei. Schon 1934 klopfte er an
die Tür zur Nationalmannschaft, stand im vorläufigen Aufgebot der 38 Spieler für die Weltmeisterschaft in Italien. Er hatte Prof. Nerz im April 1934
in einem Trainingsspiel überzeugt. Eigentlich standen in Duisburg-Wedau nur die Spieler des DFB im
Blickpunkt, doch dann empfahlen sich mehrere
Akteure einer Hamborner Kombination. Zu denen
gehörte auch Matthias Billen, der dann in einem
zweiten Trainingsspiel ein paar Wochen später das
DFB-Trikot beim 1 : 0 gegen Fortuna Düsseldorf
trug. Den Weg ins 18köpfige WM-Aufgebot fand er
allerdings nicht. Dafür spielte er nach seinem Wechsel zum VfL Osnabrück mehrfach im Trikot der Niedersachsenauswahl. Nach dem 2. Weltkrieg wirkte er
noch bis 1948 in den Oberligaspielen seines Vereins
mit. Längst hatte er im Osnabrücker Raum seine
neue Heimat gefunden. »Mattes« Billen ist einer
der wenigen deutschen Fußballnationalspieler, die
im westlichen Niedersachsen heranreiften. Der VfL
Osnabrück brachte neben Billen nur noch Flotho,
Haferkamp und Schönhöft hervor.

BILLMANN, WILLY

Geboren am 15. Januar 1911
Elf Länderspiele (1937 bis 1941)
1. FC Nürnberg

Ein fränkischer Modellathlet

Dem Franken Willy Billmann, einem gebürtigen
Nürnberger, wurde Anfang Mai des Jahres 1937
eine große Ehre zuteil. Ausgerechnet er sollte in die
Stiefel des großen Paul Janes schlüpfen. Der Star
war angeschlagen, doch Willy Billmann war mit seinen 26 Jahren nun auch nicht mehr »taufrisch«.
1929 war er vom FC Schweinau, wo er als Zwölfjähriger mit dem Fußball begonnen hatte, zum
1. FC Nürnberg gekommen, spielte zunächst in der
Reserve und sollte dann Nachfolger des gealterten
Hans Kalb als Mittelläufer werden. Nach einigen
Monaten fand er auf Betreiben des ungarischen
Trainers Jenö Konrad als Verteidiger und Nachfolger
des in die Jahre gekommenen Popp seine Stammposition. Zunächst links und dann – als Schaffer die
Trainingsleitung übernommen hatte – rechts. Billmann überzeugte vor allem durch sein kraftvolles
Kopfballspiel. Mit dem »Club« wurde Willy Billmann 1936 Deutscher Meister, und der Modellathlet
kannte auch keinerlei Respekt, als 33 000 Zürcher
in seinem ersten Länderspieleinsatz die Schweizer
Elf zum Erfolg schreien wollten. Vielmehr räumte
Willy Billmann als Verteidiger neben dem routinierten Aachener Münzenberg kräftig auf. Die Deutschen gewannen 1 : 0. Doch einen Stammplatz erwarb sich der Nürnberger vorerst nicht – meist
stand ihm Paul Janes im Wege. Erst als Billmann
vom rechten auf den linken Verteidigerflügel wechselte, bildete er – häufig mit Janes – ein starkes Duo
in der Nationalmannschaft. Es war das Pech des Abwehrspielers, daß er in diesem Team nie auf der Position spielen konnte, die er als Mittelläufer beim
1. FC Nürnberg so hervorragend ausfüllte. Beim
»Club« verstand er sich vor allem mit Oehm ausgezeichnet. 1941 reiste Willy Billmann unter einem
falschen Namen in die Schweiz. Für das Länderspiel in Bern war ursprünglich der Kölner Alfons
Moog vorgesehen, doch dann lehnten seine militärischen Vorgesetzten die Freistellung ab, und
Sepp Herberger berief kurzerhand Willy Billmann.
Die Ausreisepapiere konnten nicht mehr geändert
werden und waren auf »Moog« ausgestellt, was am
Grenzübergang dann von den Schweizer Beamten
nicht bemerkt wurde. Wohl aber von einem deutschen Zöllner, der sich lange wunderte. Als sich
später der Schatten des 2. Weltkriegs über Europa

legte, neigte sich die große Karriere des Willy Billmann eigentlich ihrem Ende entgegen. Doch mit
der Oberliga Süd war er im Herbst 1945 – mittlerweile 34 Jahre alt – wieder zur Stelle. Die Brüder
Uebelein, »Zapf« Gebhardt, Morlock, Herbolshei-
mer und Billmann – das waren die Leistungsträger
der ersten Nachkriegsgeneration des 1. FC Nürnberg, der allerdings zunächst auf sein eigenes Stadion
verzichten mußte. Die Amerikaner hatten es beschlagnahmt. Ausgerechnet auf dem Fürther Ronhof mußte der 1. FC Nürnberg seine Heimspiele
austragen. Als der Verein 1948 zum erstenmal seit
den 30er Jahren wieder Deutscher Meister wurde,
gehörte Willy Billmann schon zum »alten Eisen«.
Er hatte in der Saison zwar noch einige Spiele bestritten, doch im Finale war er nicht mehr dabei.
Ganz persönlich wertete er die Tatsache, daß er während seiner langen Fußballkarriere niemals ernsthaft verletzt wurde, als eine glückliche Fügung.
623mal hatte er schließlich das Trikot des 1. FC
Nürnberg getragen. Sein beruflicher Weg führte ihn
zur Weltfirma Siemens, wo er als Leiter des Termin-
büros im Maschinen- und Apparatewerk Nürnberg
über 40 Jahre lang beschäftigt war. Willy Billmann
lebte bis ins hohe Alter in seiner Heimatstadt Nürnberg. Sein Sohn Jürgen spielte später für den 1. FC
Nürnberg und für die Spvg. Fürth.

BINDER, FRANZ

Geboren am 1. Dezember 1911,
gestorben am 24. April 1989
Neun Länderspiele (1939 bis 1941), zehn Tore
Rapid Wien

»Bimbo« und der zerbrochene »Kreisel«

Als Hitler 1938 die deutschen Truppen in Österreich einmarschieren ließ, wurde die deutsche Fußballnationalmannschaft neu strukturiert. Die Wiener Schule hielt Einzug und mit ihr zahlreiche Stars
aus der Walzermetropole. Am 3. April 1938 kam es
zu einem letzten – inoffiziellen – Länderspiel zwischen Österreich und Deutschland. Die Österreicher gewannen in Wien vor 58 000 Zuschauern mit
2 : 0. Im Trikot des Siegers steckte unter anderem
Franz Binder von Rapid Wien. »Bimbo« Binder war
in St. Pölten zuhause, wo er als Sohn eines Eisen-
bahners aufwuchs. Beim ASV Sturm kam der 190
Zentimeter große Modellathlet mit dem Fußball in
Berührung. In einem Spiel seiner Mannschaft, die
in einer der unteren Klassen um Punkte kämpfte,
fiel der »Lange« ein paar Talentsichtern auf. Und so

kam er 1930 als 19jähriger zu den »Hütteldorfern«
nach Wien. Ein Glücksfall für Rapid, denn für diesen Verein erzielte »Bimbo« Binder in 19 Jahren genau 1006 Tore. Das grün-weiße Trikot trug er
756mal. Sechsmal wurde er mit Rapid österreichischer Meister, einmal Pokalsieger. Er hatte schon
15 Länderspiele für Österreich bestritten, als er zu
seinem ersten Einsatz in der deutschen Nationalmannschaft kam. Am 29. Januar 1939 eröffnete Franz
Binder den Torsegen zum 4 : 1-Sieg gegen Belgien
vor 70 000 Zuschauern in Brüssel. Neunmal spielte
der Wiener für Deutschland. Als Mittelstürmer
schoß er drei Tore beim 4 : 4 gegen Böhmen-Mähren (1939 in Breslau). Drei Tore gelangen ihm auch
beim 5 : 2-Sieg gegen die ersatzgeschwächten Italiener (1939 in Berlin). Beim 0 : 2 gegen die Slowakei
(1939 in Preßburg) war er Kapitän der deutschen
Nationalmannschaft. Fast unglaublich war seine
Leistung am 22. Juni 1941 im Berliner Olympiastadion. Es war der Tag nach dem deutschen Einmarsch
in Rußland, es war aber auch der Tag des deutschen
Endspiels. 3 : 0 führten die Schalker, wähnten sich
des Titels längst sicher. Szepan und Kuzorra zogen
ihre »Kreisel« – und der Weg zur Meisterschaft war
eigentlich nur noch eine Frage der Zeit. Doch dann
schlug die große Stunde für »Bimbo« Binder. Mit einem Hattrick führte er für den SC Rapid die Wende
herbei. Dabei hämmerte er zweimal Freistöße aus
gut 30 Metern in die Maschen des Schalker Tores.
Am Ende hatten die Wiener 4 : 3 gewonnen. Ein
denkwürdiges Finale! »Bimbo« Binders Schußkraft
ist noch heute österreichische Fußball-Legende.
Einmal schoß er in einem Punktspiel gegen den
Wiener Rivalen Admira sechs Tore, und mit 36 Treffern wurde er österreichischer Torschützenkönig –
ein Rekord, der lange hielt. Der spätere Magistrats-
beamte war auch noch nach dem 2. Weltkrieg als
Fußballer aktiv. Er bestritt für Österreich zwischen
1933 und 1938 sowie zwischen 1945 und 1947 insgesamt 19 Länderspiele und schoß dabei 16 Tore.
1950 hing er seine Fußballstiefel an den berühmten
Nagel, blieb aber seinem Verein zunächst als Sportlicher Leiter verbunden. Der Altinternationale Hans
Pesser war der Trainer der »Hütteldorfer«. In dieser
Saison war der SC Rapid eine Klasse für sich, schoß
nicht weniger als 133 Tore in einer Punktspielsai-
son. Doch Binder hatte dennoch an der Donau nicht
nur Freunde, und so zog es ihn in den frühen 50er
Jahren ins Ausland – und zwar als Trainer. »Bimbo«
Binder, dessen Sohn Franz später das Trikot des FC
Simmering trug, führte Jahn Regensburg in die
Oberliga Süd, arbeitete beim PSV Eindhoven in
Holland, wurde mit dem 1. FC Nürnberg während

seiner sechsjährigen Tätigkeit Süddeutscher Meister, und er war schließlich beim TSV 1860 München als Trainer aktiv, ehe sich für ihn bei »seinem« SK Rapid in Wien als »Sektionsleiter« der Kreis im Jahre 1976 schloß. Er führte den Verein mit Hans Pesser als Trainer und den Leistungsträgern Zeman, Hanappi, Happel, Dienst, Probst und den Gebrüdern Körner noch einmal zum österreichischen Pokalsieg. Tausende nahmen von Franz Binder 1989 auf dem Baumgartner Friedhof Abschied.

BINZ, MANFRED

Geboren am 22. August 1965
14 Länderspiele (1990 bis 1992), ein Tor
Eintracht Frankfurt

Ein Libero mit Ballgefühl

Als Manfred Binz in Frankfurt am Main geboren wurde, da schwärmten die Fans der Eintracht noch immer von der Meistermannschaft des Jahres 1959. Von Stinka, Lutz, Kreß, Sztani und Pfaff, von den Finaltoren von Feigenspan, der im Berliner Endspiel den Nachbarn Kickers Offenbach beim 5:3 nach Verlängerung fast allein »erschoß«. Nun schrieb man das Jahr 1965, und in der neuen Bundesliga war die Eintracht nur Mittelmaß. Aber es gab da ja noch die blutjungen Fußballer im Talentschuppen des Traditionsvereins. Manfred Binz begann seine Karriere beim BSC Schwarz-Weiß von 1819 Frankfurt, wechselte dann zum VfR Bockenheim, um als knapp 14jähriger erstmals das Trikot der Eintracht zu tragen. Und die Eintracht war berühmt wegen ihrer intensiven Nachwuchspflege. Von ihr profitierte auch der ganz junge Manfred Binz, der 1983 mit der A-Jugend Deutscher Meister wurde. Und wer in diesem Alter mit seiner Mannschaft auf einem Gipfel steht, der entgeht nicht den Spähern des Deutschen Fußball-Bundes. So war die Berufung des Manfred Binz in die U-18-Auswahl im Jahr 1983 ganz logisch. Sechsmal wurde er eingeladen, und sein offensives Spiel im Mittelfeld fand viel Lob. Über die Oberligaelf der Eintracht kam Manfred Binz in der Saison 1985/86 zu seinem Debüt in der Bundesliga, und spätestens in der darauffolgenden Saison, als er einen Profivertrag in der Tasche hatte, schaffte er in der höchsten Spielklasse den Durchbruch. Und er stand auf seiner Traumposition – er wurde Libero. Die nächsten Höhepunkte auf der Karriereleiter: Berufung in die U-21-Nationalmannschaft im Jahre 1987 und Gewinn des DFB-Pokals mit der Eintracht im Jahr darauf. Doch dann ging es

seinem Verein sehr schlecht – nur mit viel Mühe und dank der gewonnenen Relegation gegen den 1. FC Saarbrücken konnte die Mannschaft den Abstieg aus der Bundesliga vermeiden. Nachdem Deutschland Weltmeister geworden war und das »Zepter« von Franz Beckenbauer an Berti Vogts weitergereicht wurde, schlug für Manfred Binz die große Stunde in der Nationalmannschaft. Im August 1990 wurde er im Spiel gegen Portugal in Lissabon eingewechselt. Es folgte ein Testspiel in Stockholm gegen Schweden – und im Rasundastadion schwärmten alle von Manfred Binz in der Rolle des Libero. Mit seinem Ballgefühl und den »weichen« Bewegungen erinnerte der Frankfurter an Franz Beckenbauer. Binz, der sich nach wissenschaftlichen Methoden ernährte und regelmäßig Krankengymnasten konsultierte, war in aller Munde. Doch es gab in den nächsten Spielen auch Kritik am risikoreichen Spiel des Profis vom Main, der nicht immer ein ruhender Pol der Abwehr war. 1992 sollten für ihn eigentlich mehrere Träume in Erfüllung gehen: Mit seiner Eintracht wollte er Deutscher Meister werden, mit der Nationalmannschaft Europameister. Beide Träume platzten binnen weniger Wochen. Mit den Frankfurtern verlor er am letzten Spieltag in Rostock, so daß der VfB Stuttgart den Titel holte. Und im Endspiel der Europameisterschaft, das Dänemark sensationell in Göteborg gewann, war er nicht dabei, weil er die Liberoposition an Thomas Helmer verloren hatte. 1996 wechselte Manfred Binz nach dem Abstieg der Eintracht zum italienischen Zweitligisten Brescia.

BLEIDICK, HARTWIG

Geboren am 26. Dezember 1944
Zwei Länderspiele (1971)
Borussia Mönchengladbach

»Fast hätte ich den Ball getroffen ...«

Hartwig Bleidick und Georg Schwarzenbeck hatten in ihrer Fußballerkarriere etwas gemein – sie wurden am gleichen Tag Nationalspieler. Es passierte an einem Junitag des Jahres 1971 im Karlsruher Wildparkstadion – und der Gegner war Albanien in der Qualifikation zur Europameisterschaft. Bei diesem 2:0-Sieg ahnte noch niemand, daß ein Jahr später der deutsche Fußball in voller Blüte stehen würde. Das Team, das Europameister und zwei Jahre später auch Weltmeister wurde, hatte sich erst in Konturen formiert. Und die Länderspieldebüts von Bleidick und Schwarzenbeck waren so grundverschieden wie die Karrieren, die sich dem anschlossen. Schwarzenbeck spielte 90 Minuten gegen Albanien, Bleidick ganze 58 Sekunden. Bleidicks Gladbacher Mannschaftskamerad Berti Vogts klagte über Kniebeschwerden – das war die Kurzzeitchance seines Weggefährten. »Um Haaresbreite hätte ich in meinem ersten Länderspiel sogar den Ball getroffen«, schmunzelte Bleidick später. Ehe er das erste Mal in die Nähe des Leders kam, pfiff Schiedsrichter Latsios aus Griechenland schon ab ... Doch zu diesem Zeitpunkt hatte Hartwig Bleidick schon häufiger die Luft des internationalen Fußballs geschnuppert. Nicht nur in den zahlreichen Europacupduellen seiner Borussia, sondern auch in Amateurländerspielen. Zwischen 1968 und 1972 streifte er 31 mal das Trikot der DFB-Amateure über. Nur etwas mehr als eine Handvoll deutscher Fußballer war für dieses Team häufiger im Einsatz als der Student der Germanistik, der zumeist mit Erhard Ahmann ein Verteidigerduo bildete. Beim olympischen Fußballturnier 1972 in München gehörte Bleidick zum deutschen Aufgebot. Die A-Nationalmannschaft war und blieb natürlich das große Ziel des Gladbachers, der in seinem zweiten Länderspiel immerhin 39 Minuten zum Einsatz kam. Beim 7:1-Sieg in Oslo gegen Norwegen ersetzte er in der 51. Minute verabredungsgemäß Franz Beckenbauer. Doch seine größten Spiele lieferte Hartwig Bleidick, der 1968 vom Soester SV gekommen war, im Trikot seiner Gladbacher Borussia, die gemeinsam mit dem FC Bayern München in den 70er Jahren den deutschen Fußball beherrschte. Hennes Weisweiler hatte eine Mannschaft der europäischen Spitzenklasse geformt – und Hartwig Bleidick war einer von vielen Trümpfen der Borussia. Als die Gladbacher am 3. Mai 1970 von ihren Fans als Deutscher Meister gefeiert wurden, gehörte Bleidick zu den umjubelten Stars der »Fohlen«. Und als er 1973 abtrat, hatte er 114 Bundesligaspiele absolviert und sechsmal getroffen.

BLUM, ERNST

Geboren am 25. Januar 1904,
gestorben am 17. Mai 1980
Ein Länderspiel (1927)
VfB Stuttgart

Zum Debüt die Kapitänsbinde

Anfang Oktober 1927 startete der DFB mit dem Neuaufbau seiner Nationalelf. Das olympische Fußballturnier des Jahres 1928 war das große Nahziel.

Zum Länderspiel am 4. Oktober 1927 in Kopenhagen gegen Dänemark nominierte Prof. Dr. Otto Nerz gleich neun Debütanten. Einer von ihnen war der aus Vaihingen stammende Ernst Blum, der sofort die Würde des Kapitäns übernehmen durfte, weil er mit seinen 23 Jahren einer der routiniertesten Spieler der jungen Mannschaft war. Die zusammengewürfelte deutsche Elf verlor vor 30 000 Zuschauern 1:3 – und der Mittelläufer des VfB Stuttgart, der vom FV Cannstatt gekommen war, mit 17 Jahren sein erstes Spiel in der Ligamannschaft des VfB bestritt und später den Beruf eines Bezirksbaumeisters ausfüllte, beendete seine internationale Karriere schon nach dem allerersten Länderspiel. Sympathien erwarb sich der kleine Ernst Blum durch seine Einsatzbereitschaft – er war die wichtigste Abwehrsäule seiner Stuttgarter Mannschaft. Probleme mit dem sogenannten »Amateurschutzvertrag« bekam Ernst Blum im Jahre 1929. In dieser Zeit wurden die Stimmen in Deutschland immer lauter, die vom Deutschen Fußball-Bund eine Abkehr vom konsequenten Amateurkurs und die Hinwendung zum Profitum verlangten. Viele Experten befürchteten, der deutsche Fußball könne auf Dauer international nicht mehr bestehen. Doch der DFB blieb hart und sperrte mehrere Spieler des VfB Stuttgart. Erst 1931 entschloß sich Ernst Blum zu einem Comeback. Er war im übrigen der erste Spieler des VfB, der aus der Jugend des Vereins kam und es dann zum Nationalspieler brachte. Er beendete seine Karriere am Neckar im Jahre 1934.

BLUNK, WILHELM (FRIEDRICH)

Geboren am 12. Dezember 1902,
gestorben am 24. Oktober 1975
Ein Länderspiel (1929)
Hamburger SV

»Fietes« Heimspiel an der Elbe

»Heimrecht« hatte Wilhelm Blunk, als die deutsche Nationalmannschaft am 20. Oktober 1929 in Hamburg-Altona gegen Finnland antrat. 20 000 Zuschauer waren dabei, und im Tor stand der Mann aus der Meistermannschaft des HSV von 1928. Blunk, den sie »Fiete« nannten, war einer von sechs Neulingen. Das Torwartdenkmal Heiner Stuhlfauth konnte Wilhelm Blunk aber nicht gefährden, obwohl dieser beim 4:0-Sieg gegen die Skandinavier nichts anbrennen ließ. Im März 1931 gehörte Wilhelm Blunk noch einmal zum Aufgebot für das Länderspiel in Paris gegen Frankreich, weil sich Hans

Jakob beim Abschlußtraining verletzt hatte. Wilhelm Blunk war 1927 als Nachfolger von Martens und Naujok von Gut Heil Neumünster zum Hamburger SV gestoßen. Er war Monteur von Beruf, trug einen »hohen Mittelscheitel« und wurde mit den Rothosen 1928 nach dem 5:2-Endspielsieg gegen Hertha BSC Berlin Deutscher Meister. Zu diesem Zeitpunkt stellte der HSV seinem verwöhnten Publikum regelmäßig die besten Vereinsmannschaften der Welt vor: Penarol Montevideo zum Beispiel oder auch Juventus Turin, Slavia Prag oder Woolwich Arsenal. So hielt sich auch das Lampenfieber des Wilhelm Blunk bei seinem einzigen Länderspiel in Grenzen. Blunks Stärken lagen eindeutig in der Beherrschung des Strafraums. Neben der Deutschen Meisterschaft sammelte der Torwart mit dem HSV zwischen 1928 und 1933 fünf Nordtitel. Außerdem gewann er 1926 den Nordpokal nach einem 3:1 über Holstein Kiel. Sein großer Hamburger Torwartrivale war in den 20er Jahren Hans Wentorf vom FC Altona. Zwischen 1926 und 1932 hütete Wilhelm Blunk neunmal das Trikot des Norddeutschen Verbandes in den Spielen um den Bundes- bzw. Kampfspielpokal.

BOBIC, FREDI

Geboren am 30. Oktober 1971
17 Länderspiele (seit 1994), zwei Tore
VfB Stuttgart

Zuerst gab's blaue Flecken

An der Drau stand die Wiege von Fredi Bobic, doch zur Heimat wurde ihm seine Geburtsstadt Maribor nie. Schon sehr früh kam er mit seinen Eltern ins »Ländle«, und als ihm 1994 nach der Ablösung Sloweniens vom einstigen Staatenbund Jugoslawiens aus Maribor eine Einladung des slowenischen Fußball-Verbandes auf den Tisch in Stuttgart flatterte, wunderte sich Fredi sehr. »Bitte habt Verständnis, aber ich möchte für Deutschland spielen«, faxte er ins Land seines Vaters, der im übrigen mit einer Kroatin verheiratet war. Fredi Bobic empfand die Geschehnisse auf dem Balkan als Tragödie, die ihn stark bewegte und die er kaum begreifen konnte, doch er hatte längst Wurzeln geschlagen im Stuttgarter Raum. Mit acht Jahren entdeckte er seine Liebe zum Fußball – er trug das Trikot des VfR Bad Cannstadt. Am liebsten wäre er Torwart geworden, doch als er eines Tages mit vielen blauen Flecken nach Hause kam, verbot ihm Vater Stanko den Platz zwischen den Pfosten. Worauf sich Fredi entschloß,

Tore zu schießen. Er tat dies schon bald mit Erfolg, und nach seiner Cannstädter Zeit ging es hinüber zum VfB Stuttgart, wo er sich aber nach der C-Jugend verabschieden mußte, weil die Konkurrenz für den schmächtigen Burschen hier zu groß war. Die Stuttgarter Kickers waren dann die nächste Station, die er erst auf der Schwelle zur ausklingenden Jugendzeit verließ, um zwei Jahre lang für den TSF Ditzingen zu spielen. Er folgte damit seinem A-Jugendcoach Günther Rommel. Und als er in Ditzingen eintraf, da glaubten die Verantwortlichen ihren Ohren nicht zu trauen. »Nächstes Jahr spielen wir in der Oberliga«, sagte er allen, die es hören wollten. Für einen Fußballer, der soeben aus der Jugendmannschaft gekommen war, waren dies ganz schön mutige Töne. Doch Fredi Bobic entwickelte sich zum Scharfschützen – erzielte Treffer am laufenden Band. Zwei Jahre später kehrte er gutgelaunt und als Torschützenkönig der Oberliga Baden-Württemberg zu den Kickers nach Degerloch zurück. Unter dem Stuttgarter Funkturm »funkte« es bei ihm weiter – in 62 Spielen der 2. Bundesliga traf er immerhin 26mal. Doch die »Blauen« mußten die zweithöchste Klasse verlassen – für Fredi Bobic ein Grund mehr, um es noch einmal beim VfB zu versuchen. In der Bundesliga erwischte er einen Start wie eine Rakete – in fünf Spielen ließ er den Ball fünfmal im gegnerischen Netz zappeln. Sehr bald schaute sich Berti Vogts den unbekümmerten Stürmer genauer an und befand: »Das ist ein spielender Mittelstürmer, und er ist kopfball- und dribbelstark.« Einen solchen Fußballertypus sucht fast jeder Trainer, und da Fredi Bobic zwei Jahre vorher die deutsche Staatsangehörigkeit angenommen hatte, stand seinem Einsatz am 12. Oktober 1994 in Budapest gegen Ungarn (0:0) nichts mehr im Wege. Zumal sich etliche Stammspieler der Nationalmannschaft vor diesem Test krankgemeldet hatten. An diesem Herbsttag spielte Bobic an der Seite von Jürgen Klinsmann und wird sich wohl der Zeiten erinnert haben, da er sich eine Stehplatzkarte beim VfB kaufte, um »Klinsi« im roten Trikot des damaligen Lokalrivalen bewundern zu können. 1996 zählte er zum Kader des Europameisters Deutschland, erlitt jedoch vor dem Halbfinale eine Schulterluxation. Beim Endspiel gegen Tschechien im Londoner Wembley-Stadion war Fredi Bobic nur Zuschauer. In der Bundesliga gehörte er weiter zu den Scharfschützen – der Gewinn des DFB-Pokals mit dem VfB Stuttgart (2:0 im Berliner Finale gegen Energie Cottbus) war im Jahre 1997 sein erstes ganz großes Erfolgserlebnis.

BOCKENFELD, MANFRED

Geboren am 23. Juli 1960
Ein Länderspiel (1984)
Fortuna Düsseldorf

»Der hat eine Lunge wie ein Pferd«

Die Fußballzeiten waren in Deutschland nicht die Besten. Nun gut – man war seit dem Finale von Rom 1980 Europameister, doch der Weg zum neuerlichen EM-Turnier 1984, das diesmal in Frankreich stattfand, war außerordentlich beschwerlich. Mit Ach und Krach schaffte die Nationalelf dank eines Kopfballtores von Gerd Strack im Spiel gegen Albanien die Qualifikation. Jupp Derwall suchte Verstärkungen für seine moralisch angeknackste Mannschaft und berief im Winter 1984 fünf Neulinge zu einem Kurzlehrgang. Einer von denen war Manfred Bockenfeld, der wenig später auch beim 3 : 2-Sieg in Varna gegen Bulgarien dabei war – es sollte sein einziges A-Länderspiel bleiben. »Bocki« kam aus dem Münsterland. In Südlohn-Oeding, ein paar Schritte vor der holländischen Grenze, wuchs er auf, beim dortigen Fußballclub spielte er zwischen 1968 und 1978. Der Junge aus Oeding galt als fußballvernarrt, und er hatte einen Vater, der das Talent seines Sprößlings nach Kräften förderte. Abends chauffierte er seinen Sohn regelmäßig zum Training des 1. FC Bocholt, doch es dauerte einige Zeit, bis Manfred Bockenfeld beim Zweitligisten schließlich eine Art »Schubladenvertrag« unterschreiben konnte. Bis 1981 blieb er in Bocholt und fand in Trainer Friedel Elting einen weiteren »Wegweiser«. In späteren Zeiten klopfte Bockenfeld immer wieder bei Elting an, wenn er einen Rat benötigte. Für 200 000 Mark verkauften die Bocholter das Talent 1981 an Fortuna Düsseldorf, wo er mehr und mehr Tore schoß und sich im übrigen ein zweites berufliches Standbein schuf. Der gelernte Kfz-Mechaniker kaufte sich in einer Baufirma als stiller Teilhaber ein. Ziemlich schnell mauserte sich Manfred Bockenfeld in seiner neuen Umgebung vom Reservisten zum Stammspieler. »Der Junge hat eine Lunge wie ein Pferd«, staunte eines Tages Düsseldorfs erprobter Streiter Heiner Baltes. Unter Trainer Willibert Kremer entwickelte der Münsterländer schließlich sein ganzes fußballerisches Können. Kremer funktionierte Bockenfeld vom Renner im Mittelfeld zu einem der stärksten offensiven Verteidiger der Bundesliga um. Die Olympiaauswahl – das war in diesen frühen 80er Jahren der Traum des jungen Fußballers. Ein Traum, der in Erfüllung ging und erst im olympischen Viertelfinale beim 2 : 5 gegen Ju-

goslawien in Pasadena endete. Auch die späteren Weltmeister Guido Buchwald und Andreas Brehme standen in dieser deutschen Olympiaauswahl in Los Angeles. Und in Düsseldorf sprachen alle von »BB«, dem Duo Bockenfeld/Bommer. Nach der Rückkehr aus den USA konnten sich dann etliche Kritiker des Eindrucks nicht erwehren, daß »Bocki« Probleme hatte, mit dem frischen Fußballruhm richtig umzugehen. Er trug eine schwere goldfarbene Uhr am Handgelenk und kreuzte in einer Nobelkarosse auf. Doch seine Fortuna sackte in den Bundesligakeller, und Bockenfelds Karriere drohte einen Knick zu bekommen. Rechtzeitig bekam er die Kurve, aber als die Düsseldorfer 1987 abstiegen, mußte er noch einmal zittern, ehe er schließlich einen Vertrag beim SV Waldhof Mannheim bekam. Nach zwei Jahren hatte er wieder Fuß gefaßt, und bei Vertragsende auf dem Waldhof lagen ihm mehrere Angebote auf dem Tisch. Werder Bremen machte 1989 das Rennen. Als Deutscher Meister verabschiedete sich Manfred Bockenfeld 1994 von der Weser. Es ging zurück zum 1. FC Bocholt – auch deshalb, um das Haus beziehen zu können, das sich der Profi mit seiner Frau Erika in seinem Heimatort Oeding gebaut hatte.

BODE, MARCO

Geboren am 23. Juli 1969
Acht Länderspiele (seit 1995)
Werder Bremen

Als »Zivi« im Altenheim

In Osterode kam er zur Welt, im kleinen Harz-Flecken Schwiegershausen wuchs er auf. Marco Bode war einer von vielen Fußballprofis, die aus der Provinz kamen und deren Talent durch Späher aus der Bundesliga entdeckt wurde. Marco kickte beim VfR Osterode, machte in der Landesliga auf sich aufmerksam. Als eines Tages ein »Einkäufer« von Werder Bremen in seinem Elternhaus auf der Matte stand, wußte Bode junior zunächst nicht so recht, was er von der ganzen Sache halten sollte. Der Abiturient wollte eigentlich studieren. Sozialwissenschaften oder Sprachen oder Sport – Marco war hin- und hergerissen, doch als er 19 Jahre alt war, ließ er sich schließlich zu einem Wechsel an die Weser überreden. Nach einem »Lehrjahr« bei den Werder-Amateuren kreuzte er in der Bundesliga auf und haute gleich kräftig auf die Pauke. Im September 1989 debütierte der Stürmer gegen den Karlsruher SC und freute sich anschließend über die ausgezeichneten Kritiken. Zu diesem Zeitpunkt war Marco Bode bereits zu einem gesellschaftskritischen Menschen gereift, der noch immer davon ausging, einmal ein Studium aufzunehmen, wenn ihm nach einiger Zeit der Job als Fußballprofi nicht mehr behagen sollte. Als er den Einberufungsbefehl zur Bundeswehr erhielt, entschied er sich für den Zivildienst. Marco Bode, der Stürmer mit dem wallenden Haar, arbeitete in einem Altenheim. Da er im Trikot des SV Werder etliche wichtige Tore erzielte, rückte sein eigentliches Nahziel, das Leben eines Studiosus, immer weiter in den Hintergrund. Statt dessen begann Bode mit einem Mathematikstudium an der Fernuniversität Hagen. Überhaupt: Der junge Profi aus dem Harz entsprach nie so ganz dem Idealbild eines Profis. Und während andere sich eine Luxuslimousine kauften, kam Marco mit dem Fahrrad zum Training. »Es ist mir wichtig, daß ich nicht abhebe«, sagte er. Und: »Ich weiß noch, was ein Liter Milch kostet ...« Der Triumph mit dem SV Werder im Europacupfinale der Pokalsieger im Jahre 1992 war das erste große Highlight im Leben des jungen Fußballers. Zwischenzeitlich war er dann im Mittelfeld anzutreffen, später dann wieder im Sturm. 1993 wurde er mit den Hanseaten Deutscher Meister, dann erneut Pokalsieger. Merkwürdig, daß er erst den Weg in die Nationalelf fand, als die Bremer aus der Spitze ins Bundesligamittelmaß abrutschten. Marco Bode debütierte bei Berti Vogts im Dezember 1995 in Johannesburg gegen Südafrika. Zu diesem Zeitpunkt hatte er sich an der Fern-Uni eingeschrieben, studierte Mathematik und Philosophie. Platon bezeichnete er als seinen Lieblingsphilosophen. 1996 gehörte Marco Bode zur deutschen Elf, die mit dem 2:1-Sieg in der Verlängerung gegen Tschechien im Londoner Wembleystadion Europameister wurde.

BÖGELEIN, KARL

Geboren am 28. Januar 1927
Ein Länderspiel (1951)
VfB Stuttgart

Aufrecht wie der Bamberger Dom

Mit bildhaften Vergleichen ist das so eine Sache – zuweilen hinken sie in ihrer Symbolik. Doch ein Chronist des Fußballs hat Karl Bögelein einmal mit dem Bamberger Dom verglichen – mit dem viertürmigen Wahrzeichen der alten Stadt, die die Heimat des unvergeßlichen Stuttgarter Torwarts ist. Karl Bögelein war ein Kraftpaket, ein Athlet im besten

Sinne. Und nur wenige wußten, daß dieser Mann vom ersten Tage seiner Karriere an mit einem Handicap zu kämpfen hatte. Ihm waren im Winter 1944 als junger Soldat in den Bergen Montenegros die Zehen an beiden Füßen abgefroren. Nur drei am linken Fuß konnten gerettet werden. Fortan spielte er mit Spezialschuhen. »Böges« nannten ihn seine Freunde – und von denen hatte er viele. 1951 suchte das Präsidium des VfB Stuttgart einen Nachfolger des legendären Otto Schmid, den sie »Gummi« nannten. Und die Schwaben fanden ihren neuen Torwartstar in Karl Bögelein, der bis dahin beim Zweitligisten FC Bamberg spielte. Bögelein war als Schüler ein begeisterter Stürmer, doch als eines Tages der Torwart fehlte, schickte ihn sein Trainer zwischen die Pfosten: »Du bist der Größte von allen – also mußt Du ins Tor ...« Als die Stuttgarter etliche Jahre später bei dem jungen Kaufmännischen Angestellten anklopften, hatten sich auch schon der 1. FC Nürnberg und Eintracht Frankfurt gemeldet. Der Franke machte sich den Abschied von der Stadt im Talkessel der Regnitz nicht leicht, denn er hegte Zweifel daran, ob ihm dieser Wechsel an den Neckar bekommen würde. Er sagte zuerst zu, dann wieder ab, und gab letzten Endes dem Drängen seines Vaters nach. Und schließlich hatte er beim 4:1 gegen den 1. FC Kaiserslautern einen glänzenden Einstand. Spätestens ein Jahr danach bereute er seinen Entschluß nicht mehr, denn er stand mit dem VfB Stuttgart auf dem höchsten Gipfel. Er war Deutscher Meister und in der Endrunde des Jahres 1952 einer der Leistungsträger. An seinen tollkühnen Paraden zerschellten unter anderem die zarten Endspielhoffnungen des starken VfL Osnabrück. Im Finale von Ludwigshafen wurde der 1. FC Saarbrücken mit 3:2 bezwungen. Und der Stuttgarter Anhang ließ die Fahnen und Spruchbänder wehen: »Es klingt im Tal und auf der Höh', an Neckar, Main und Bodensee: Deutscher Meister VfB ...« Für den Gewinn des deutschen Titels bekam Karl Bögelein eine Prämie von tausend Mark. Und zu diesem Zeitpunkt war er auch schon Nationalspieler. Sepp Herberger nominierte ihn kurz vor Weihnachten des Jahres 1951 für das Länderspiel in Essen gegen Luxemburg. 4:1 gewannen die Deutschen am Uhlenkrug, und Karl Bögelein durfte sich Hoffnungen auf eine Fortsetzung seiner internationalen Torwartkarriere machen. Doch er stand in späteren Jahren im Schatten von Toni Turek. 1953 folgte nur noch ein Einsatz in der B-Nationalelf beim 1:3 in Wien gegen Österreich. Als er beim WM-Qualifikationsspiel im Stuttgarter Neckarstadion gegen das Saarland (3:0) wieder nur Reservist war, sagte er zu Sepp Herberger: »Das war's – ich mag nicht mehr ...« Fortan flatterten dem Torwart-athleten keine Einladungen des Bundestrainers mehr ins Haus. Wesentlich erfolgreicher verlief Bö-geleins Karriere im Dress des VfB Stuttgart, denn der Meisterschaft des Jahres 1952 folgte 1954 der deutsche Pokalsieg. 1 : 0 bezwangen die Schwaben den 1. FC Köln in der Verlängerung. Zwischen 1951 und 1957 hütete Bögelein genau 166mal das Tor des VfB Stuttgart in der Oberliga Süd und machte sich vor allem als Elfmetertöter einen Namen. Als der VfB Stuttgart 1957 Günther Sawitzki vom SV Sodingen holte, schaute sich Bögelein mit dreißig Lenzen noch einmal nach neuen sportlichen Ufern um. Er spielte noch fünf Jahre lang beim SSV Reut-lingen, um dann als Jugend- und Amateurtrainer zum VfB Stuttgart zurückzukehren. Mit der A-Ju-gend seines Vereins wurde er Deutscher Meister, mit den Amateuren Deutscher Vizemeister. Zuwei-len sprang er auch als Trainer in der Bundesliga ein. Im Seniorenalter hielt er sich als Tennisspieler des SV Obertürkheim fit – seinem VfB Stuttgart blieb er als Mitglied des Ehrenrats verbunden.

BÖKLE, OTTO

Geboren am 17. Februar 1912
Ein Länderspiel (1935)
VfB Stuttgart

Otto und die Aufholjagd

Mitte der 30er Jahre spielte sich am Neckar eine ausgezeichnete Mannschaft in die Herzen der Fans. Der VfB Stuttgart repräsentierte deutsche Spitzen-klasse und scheiterte 1935 erst in einem ebenso dramatischen wie torreichen Endspiel mit 4 : 6 am Titelverteidiger Schalke 04. Mitglied dieser Mann-schaft war der Halblinke Otto Bökle, der aus dem benachbarten Zuffenhausen stammte. Das Finale stand für die Schwaben unter einem schlechten Stern. Mit der Bahn reiste die Mannschaft von Stutt-gart nach Köln, und in der Stadt am Rhein bezogen die Finalisten ein Hotel, das sich der Quartierma-cher vorher wohl nicht angeschaut hatte. Die Her-berge lag nicht etwa irgendwo am Waldesrand, son-dern mitten in der Stadt. Wenn die Spieler aus dem Fenster schauten, blickten sie auf die Türme des Domes, und unten ratterte die Straßenbahn vorbei. »Die Zimmer waren stickig – das Fenster mußte of-fen sein – und so fand niemand genügend Schlaf vor dem Spiel«, schimpfte später Nationalspieler Willy Rutz. Die Fehler in der Vorbereitung nahmen kein

Ende. Irgend jemand hatte am Tag des Spiels die fa-tale Idee, den Spielern des VfB Stuttgart mittels ei-ner Busrundfahrt die Stadt Köln zu zeigen. Und das Desaster war komplett, als Trainer Fritz Teufel an diesem heißen Junitag im wahrsten Sinne des Wor-tes der Teufel ritt. Er baute für das Endspiel gegen Schalke den kompletten Sturm um. Otto Bökle spielte plötzlich auf Rechtsaußen. Dennoch eröff-nete er in Köln die Stuttgarter Aufholjagd. Binnen weniger Minuten ließen die beiden Tore von Bökle die schwäbischen Fans, die in vier Sonderzügen an-gereist waren, nach dem zwischenzeitlichen 0 : 4-Rückstand des VfB wieder hoffen. Am Ende trium-phierte dann aber doch »Königsblau«. Als der DFB eine neue Mannschaft für das olympische Turnier 1936 aufbaute, erhielt auch Otto Bökle, der Mon-teur aus Stuttgart, eine Chance. Er hatte am 13. Ok-tober 1935 im Spiel gegen Lettland (3 : 0) allerdings das Pech, in einer wenig homogenen deutschen Mannschaft zu stehen, die erst in der zweiten Halb-zeit in Königsberg auftrumpfte. Otto Bökle hielt dem VfB Stuttgart ein Leben lang die Treue. Er trug auch noch nach dem 2. Weltkrieg einige Jahre lang das Trikot mit dem roten Brustring und gehörte 1950 als 38jähriger zum Kreis der Reservisten des VfB, der im Berliner Endspiel gegen Kickers Offen-bach endlich den Traum seines großen Anhangs er-füllte und Deutscher Meister wurde. Otto Bökle be-stritt über 800 Spiele für die Stuttgarter.

BOLLMANN, ALBERT

Geboren am 5. Oktober 1889,
gestorben am 26. Januar 1959
Ein Länderspiel (1914)
Schwarz-Weiß Essen

Acht Tore in 90 Minuten

Das letzte Länderspiel einer deutschen National-mannschaft vor Ausbruch des 1. Weltkrieges führte nach Amsterdam. Und diese Begegnung am 5. April 1914 war eine der dramatischsten der DFB-Ge-schichte. 4 : 4 hieß es nach 90 bewegten Minuten. Die Läuferreihe kam komplett aus Westdeutsch-land – und in dieser Achse stand auch Albert Boll-mann von Schwarz-Weiß Essen. Der befand sich mit 25 Jahren im allerbesten Fußballeralter und sollte der rechten Seite Impulse geben. Der Welt-krieg verhinderte die Fortsetzung seiner internatio-nalen Karriere. Albert Bollmann war in Langen-dreer zur Welt gekommen und fand nach der Jahrhundertwende auf dem Platz an der Goethestraße, neben der Stadtgärtnerei, zum Fußball. Später dann freuten sich die Fußballer im Essener Turnerbund Schwarz-Weiß von 1881 über ihre neue »Spielwiese«, die die Zeche Friedrich Ernestine zur Verfügung stellte. Im Jahre 1907 wehte Albert Bollmann erstmals internationaler Wind um die Nase. Düsseldorf 99 hatte sich die englische Profimannschaft Newcastle United eingeladen – und der Läufer aus Essen verstärkte die Rheinländer. Als Bollmann schließlich zu Länderspielehren kam, spielte seine Essener Mannschaft endlich auf einem eigenen Platz in Bredeney. Nach dem 1. Weltkrieg übersiedelte Albert Bollmann nach Bochum und spielte dort für den TuS. Später wohnte er in Wanne-Eickel, blieb aber dem VfL Bochum verbunden, bei dem er noch Mitte der 50er Jahre zum wiederholten Male in den Spielausschuß gewählt wurde.

BOMMER, RUDOLF

Geboren am 19. August 1957
Sechs Länderspiele (1984)
Fortuna Düsseldorf

Ein Comeback im »Pensionärsalter«

Aschaffenburg ist die Heimatstadt des Rudi Bommer. Unweit des roten Schlosses Johannisburg, das zu den bedeutendsten deutschen Renaissancebauten gehört und in dessen wuchtigen Mauern der Kurfürst von Mainz residierte, wuchs der Nationalspieler auf. Und die Viktoria sollte für Bommer zur wichtigen Station seines Fußballerlebens werden. Hier verbrachte er schöne und schaurige Stunden. Als ganz junger Spieler gehörte er, der über den TV Aschaffenburg und Viktoria Aschaffenburg schließlich zu den Offenbacher Kickers gelangte, zu den größten Talenten des deutschen Fußballs. Er war Stammspieler der DFB-Jugendauswahl. 1976 erlag er den Lockrufen der Bundesliga – er unterschrieb einen Vertrag bei Fortuna Düsseldorf. Als Vermittler hatte Rudis Freund Gerhard Busch fungiert. Als er am 14. August 1976 sein Debüt in der höchsten Klasse ausgerechnet beim FC Bayern München feierte und dabei die Bajuwaren mit einem frühen Treffer gegen Sepp Maier arg in Verlegenheit brachte, rieben sich die Experten auf den Tribünen verwundert die Augen. »Wieviel hat der Bommer an Ablöse gekostet«, wollte ein Journalist in der Pressekonferenz von Düsseldorfs neuem Trainer Dietrich Weise wissen. Der mußte passen. Werner Faßbinder, Leiter der Lizenzspielerabteilung, rief daraufhin aus dem hintersten Winkel des Saales:

»42 000 Mark …!« Kaltschnäuzig, als habe er schon jahrelang in der Bundesliga gespielt, trumpfte Rudi Bommer im Olympiastadion auf. Es war für ihn der Beginn eines langen Weges in der höchsten Klasse. Und die Erfolge stellten sich für ihn schnell ein – dreimal stand er mit der Fortuna zwischen 1978 und 1980 im deutschen Pokalfinale. Zweimal war er dabei, als die Düsseldorfer den Cup an den Rhein holten. Doch die Höhepunkte seiner Zeit bei der Fortuna waren die Europacupspiele der Saison 1978/79, die mit dem Sprung ins Finale endeten. Johan Neeskens, Hollands Weltstar im Trikot des FC Barcelona, war im Baseler St. Jakob-Stadion der prominente und ausgebuffte Gegner des Düsseldorfer Rechtsaußen. Am Ende hatte Fortuna nach einem aufregenden Spiel mit 3 : 4 verloren, doch als die Spieler an den Rhein zurückkehrten, bereiteten ihnen 5000 Fußballfans einen rauschenden Empfang. 1984 hatte die deutsche Nationalelf ihren Titel als Europameister in Frankreich zu verteidigen – und Rudi Bommer gehörte zu den Kandidaten Jupp Derwalls. »BB« – das sollte die neue Zauberformel sein, denn Bommer und Bockenfeld wurden erstmals gemeinsam für ein Länderspiel nominiert. Im Februar 1984 waren die beiden Düsseldorfer beim Testspiel in Varna gegen Bulgarien dabei, doch beim EM-Turnier, das mit einer herben Enttäuschung und einer Niederlage gegen Spanien endete, stand nur Rudi Bommer im Aufgebot. Für ihn gab es aber nur einen einzigen Kurzeinsatz. Seine schönsten Erlebnisse hatte Bommer statt dessen im Olympiateam des DFB, das dann im Viertelfinale der Sommerspiele 1984 in Los Angeles scheiterte. Erfolgreicher war das Team von Hannes Löhr vier Jahre später beim Olympiaturnier in Seoul, bei dem der DFB die Bronzemedaille gewann, die einen Ehrenplatz im Trophäenschrank Bommers erhielt. Im Sommer 1985 schaute sich der energiegeladene Offensivspieler nach einem neuen Arbeitgeber um und fand ihn auf der anderen Seite des Rheins bei Bayer Uerdingen. Er brachte ein Handicap mit, denn im Juni des gleichen Jahres war er auf der Autobahn bei Oberhausen mit seinem Auto verunglückt. Bei Aquaplaning rutschte er in die Leitplanken und erlitt einen Schlüsselbeinbruch. 1988 wollte Bommer ursprünglich seine Karriere allmählich ausklingen lassen – er kehrte zurück zu den Wurzeln seiner sportlichen Laufbahn, zu Viktoria Aschaffenburg. Dort wirkte er zuletzt als Trainer, schied aber im Unfrieden. Zunächst hatte er den hessischen Oberligisten wegen noch ausstehender Gehaltszahlungen verklagt, dann bekam er selbst die Kündigung. Genau zum richtigen Zeitpunkt für

Eintracht Frankfurts Trainer Dragoslav Stepanovic. Der wollte schon ein halbes Jahr vorher den »Pensionär« reaktivieren, und als Heinz Gründel und Uwe Rahn mit Verletzungen in der Vorbereitungszeit der neuen Saison ausfielen, ließ sich Rudi Bommer tatsächlich im Sommer 1992 mit 35 Jahren zu einem Comeback überreden. Für 25 000 Mark Ablöse wechselte er noch einmal in die Bundesliga. Als man ihn fragte, ob er denn noch körperlich fit sei, sagte er: »Ich habe die letzten Jahre ja nicht im Liegestuhl zugebracht …« Er zeigte es allen Kritikern, biß sich durch und brachte es schließlich auf 420 Einsätze in der Bundesliga. Doch die Eintracht stieg im Jahr 1996 aus der höchsten Spielklasse ab, und Bommer arbeitete einige Zeit als Co-Trainer bei seinem Verein. Zur Saison 1997/98 einigte sich der 39jährige mit dem Regionalligisten VfR Mannheim auf einen Trainervertrag.

BONGARTZ, HANNES

Geboren am 3. Oktober 1951
Vier Länderspiele (1976 bis 1977)
Schalke 04

Vom Kunstradler zum Kunstschützen

Er wird seinen Beinamen nicht gern gehört haben. Denn wer will schon »Spargeltarzan« genannt werden? Hannes Bongartz mußte mit dem »Spargeltarzan« leben. Dabei waren die meisten Fußballzeitgenossen eher neidisch auf den Körperbau des blonden Technikers. Der hatte in seinen jungen Jahren ursprünglich ganz andere Pläne. Hätte man seinem Vater gesagt, sein Sprößling würde irgendwann einmal Fußballnationalspieler – er wäre vermutlich dieser Prophezeiung mit Unverständnis begegnet. Denn Hannes Bongartz' Vater war der Präsident der Radsportfreunde Duisdorf – in einem Stadtteil von Bonn. So war es selbstverständlich, daß der kleine Hannes zunächst einmal Kunstradsportler wurde. Er soll es bis zu einer gewissen artistischen Fertigkeit auf zwei Rädern gebracht haben. Das Radlertalent lag in der Familie, denn auch Friedel, der Cousin von Hannes, kletterte zum Zwecke der Leibesertüchtigung auf wackligen Rädern herum. Die beiden Cousins beteiligten sich an etlichen Wettbewerben und brachten eines Tages gar Urkunden von Deutschen Meisterschaften heim. Sie waren nationale Schüler-Vizemeister. Doch heimlich sympathisierte Hannes Bongartz mit dem Fußball – ein Traum, der sich erst erfüllte, als sich Cousin Friedel einer Operation unterziehen mußte und

so das erfolgreiche Radlerduo gesprengt war. Mit neun Jahren war Hannes Bongartz schon Mitglied des Fußballvereins Preußen in Duisdorf. Der Jugend entwachsen, wechselte er zum leistungsstärkeren Bonner SC. Das war im Jahre 1969 – und der Verein, das Kind einer Fusion aus dem Bonner FV und TuRa Bonn, war gerade vier Jahre alt und hing außergewöhnlichen Träumen nach. Die Bonner hatten langfristig den Aufstieg in die Bundesliga ins Visier genommen. Schließlich war das sogenannte »Ehrenpräsidium« gespickt mit Prominenz. Konrad Adenauer hatte einst dazu gehört, auch Erich Mende und Carlo Schmid – die High-Society der Bonner Politik hätte den BSC gern in der höchsten Spielklasse gesehen. Doch auch Hannes Bongartz brachte den Landeshauptstädtern nicht die Fußballseligkeit, vielmehr stieg er mit dem Verein ab und wechselte 1971 zur SG Wattenscheid 09, wo ihn der Textilmogul Klaus Steilmann zum Industriekaufmann ausbildete und viel Freude an den Kunstschüssen des jungen Mittelfeldspielers hatte. 10 000 Mark überwiesen die Wattenscheider dem Bonner SC als Trostpflaster für den Verlust des talentierten Fußballsohns. Drei Jahre später war Bongartz dem FC Schalke 04 eine Ablösesumme von 770 000 Mark wert. Selten amortisierte sich eine personelle Investition in einem solchen Maße für die SG Wattenscheid. Dem Sprungbrett B-Nationalelf folgte im Februar 1976 in Dortmund im Rahmen der EM-Qualifikation ein Mitwirken beim 8 : 0-Sieg gegen Malta. Bongartz wurde in der 56. Minute für Herbert Wimmer eingewechselt. Sportlichen Höhepunkt seiner Karriere und abgrundtiefe Enttäuschung brachten ihm die Spiele um die Europameisterschaft des gleichen Jahres. In Belgrad schoß Uli Hoeneß den entscheidenden Elfmeter im Finale gegen die ČSSR in den lauen Abendhimmel – als Vizeeuropameister kehrte Hannes Bongartz zurück. Seine Länderspielkarriere war wenig berauschend, was vielleicht auch daran lag, daß er in Helmut Schön nicht gerade einen Bewunderer hatte. So reichte es nur zu vier Einsätzen im Nationalteam. »Dafür stand ich unheimlich oft im Kader – wurde immer wieder gestrichen«, sagte er. Für die Schalker bestritt Bongartz 131 Bundesligaspiele und traf dabei 24mal ins Schwarze. 1978 wechselte er zum 1. FC Kaiserslautern, wo er bis Ende 1983 genau 167 Spiele und 13 Tore folgen ließ. Eine Rückenverletzung beendete etwas zu früh seine Karriere als Fußballprofi. Zwei Jahre später kehrte er als Jungtrainer an den Betzenberg zurück. Der Schweizer Zweitligist FC Zürich und die SG Wattenscheid 09, die er in die Bundesliga führte, waren seine nächsten Arbeitgeber. Doch in Wattenscheid, wo er wieder seinem einstigen »Ziehvater« Steilmann begegnete, blieb der Erfolg aus – er wurde beurlaubt und fand beim MSV Duisburg einen neuen Job. Ende 1996 wurde Hannes Bongartz schließlich als Nachfolger von Bernd Krauss Trainer bei Borussia Mönchengladbach. Ein Hobby hatte er mit Klaus Allofs gemein – die Pferde! 1976 erwarb Hannes Bongartz die Amateurlizenz und durfte anschließend an Trabrennen teilnehmen.

BONHOF, RAINER

Geboren am 29. März 1952
53 Länderspiele (1972–1981), neun Tore
Borussia Mönchengladbach, FC Valencia,
1. FC Köln

»Don Hennes« war sein Ziehvater

Emmerich ist ein kleines Städtchen am Niederrhein. Auf der einen Seite windet sich der große Strom, auf der anderen Seite führt die Autobahn nach Holland. Überhaupt: Holland ist hier fast allgegenwärtig. Emmerich ist eine Grenzregion – und viele Menschen pflegen familiäre Bindungen hinüber ins Land der Grachten und der Tulpen. So ähnlich war das auch bei der Familie Bonhof, die in einer engen Wohnung lebte und in der Vater Gerhard Mühe hatte, über die Runden zu kommen. Er war Formenvorrichter in einer Fabrikation für Ölöfen. Ein Job, der keine großen Sprünge erlaubte, weil der Lohn eher kärglich war. Die Bonhofs hatten zwar einen holländischen Paß – aber sie fühlten sich als Deutsche. Und als der junge Rainer Bonhof, der bei SUS Emmerich spielte, eines Tages eine Einladung in die deutsche Jugendauswahl bekam, da beeilte sich der Herr Papa, für den Junior eine deutsche Staatsangehörigkeit zu beantragen. Was denn auch klappte – sehr zur Freude von DFB-Trainer Herbert Widmayer. Denn der nominierte den Linksaußen vom Niederrhein am 18. Oktober 1969 – der Gegner war im Grenzzipfel Geleen ausgerechnet Holland. Das Spiel endete 1 : 1, und Bonhofs Nebenspieler war der junge Uli Hoeneß. Beide sollten schon fünf Jahre später Weltmeister sein – eine Karriere wie aus dem Bilderbuch des Fußballs! Rainer Bonhof ließ sich aber zunächst einmal zum Kraftfahrzeugmechaniker ausbilden – im Laufe der Jahre wurde aus dem einstmals eher schludrigen Schüler ein ehrgeiziger Fighter. Ein junger Mann, dem man eine große Zielstrebigkeit nachsagte und vor allem Fleiß. Es war nicht das fußballerische Talent, das

ihn in späteren Jahren heraushob aus der Masse dieses Jahrgangs. Es war die Zähigkeit, mit der Rainer Bonhof an seinen Fehlern arbeitete. Als er 1970 SuS Emmerich verließ und zu Borussia Mönchengladbach wechselte, da war er im Grunde seines Herzens von dieser Entwicklung enttäuscht, denn seine heimliche Liebe galt der Dortmunder Borussia. Doch Hennes Weisweiler buhlte derart hartnäckig um Rainer Bonhof, daß dieser einfach nicht »Nein« sagen konnte. »Don Hennes« wurde so eine Art

Ziehvater des jungen Mannes. Am Bökelberg folgte aber für den Jugendnationalspieler die nächste Überraschung: Er wurde zwar sehr bald Stammspieler der Borussia, doch nicht als Mittelstürmer oder Linksaußen, den Positionen seiner ganz jungen Jahre, sondern als Abwehrspieler. Der Erfolg übertünchte seine leichte Enttäuschung, denn schon in seinem ersten Profijahr wurde Rainer Bonhof in Mönchengladbach Deutscher Meister. Sein erster von insgesamt vier nationalen Titeln – und die »Fohlen« galoppierten in die Herzen der Fans der Bundesliga. Am 26. Mai 1972 begann Bonhofs internationale Karriere als Auswechselspieler im Länderspiel gegen die UdSSR im Münchner Olympiastadion. Der alte Bremer Haudegen, Horst-Dieter Höttges, ging – Rainer Bonhof kam. Dafür kam die Europameisterschaft des gleichen Jahres zu früh für den Debütanten, dessen ganz große Stunde erst zwei Jahre später schlagen sollte – bei der Weltmeisterschaft im eigenen Lande. Er war als einer der Letzten ins deutsche Aufgebot gerutscht. Nachdem die Nationalelf in Hamburg gegen die DDR eine sensationelle Niederlage einstecken mußte, kam der Gladbacher dann sogar ins Team – sein achtes Länderspiel brachte Bonhof schließlich die Weltmeisterschaft. Und mehr noch: Er gab die Vorlage zu Gerd Müllers Siegtreffer zum 2 : 1 gegen Holland. Nach diesem Triumph war Bonhof aus der Nationalmannschaft nicht mehr wegzudenken, wurde 1976 Vizeeuropameister und war auch Mitglied des deutschen Aufgebots der WM 1978. Bei diesem Turnier war er nach einem Muskelfaserriß aber noch nicht wieder im Vollbesitz seiner Kräfte. Bundestrainer Helmut Schön stempelte ihn dennoch in der Analyse der enttäuschenden Weltmeisterschaft zu einem der Sündenböcke des entthronten Champions. Danach wechselte der zum Star gereifte Fleißarbeiter nach Spanien zum FC Valencia. In der altehrwürdigen Metropole des einstigen Königreichs gewann er in seinem ersten Jahr den Europapokal der Pokalsieger. Nach einem zweijährigen Gastspiel auf der Iberischen Halbinsel entschloß er sich zu einem Comeback in Deutschland. Der Transfer zum 1. FC Köln geriet allerdings ins Stocken, nachdem sich bei ihm Herzrhythmusstörungen einstellten. Außerdem entdeckte der Kölner Mannschaftsarzt einige Blessuren an den Gelenken. Letztlich überwies der 1. FC Köln dann doch die geforderte Ablösesumme von 1,4 Millionen Mark. Aber das Glück hatte sich von Rainer Bonhof abgewandt – Verletzungen signalisierten das Ende seiner Karriere. Der geschundene Körper des fleißigen Arbeiters forderte seinen Tribut. Nach seinem Wechsel zu Hertha BSC im Jahre 1982 kam das rasche »Aus«: Muskelriß im Oberschenkel – Sportinvalidität! Mit dreißig Jahren war schon Schluß. Danach versuchte er sich eine Zeitlang als Mitarbeiter des Sportschuhgiganten PUMA, war vorübergehend sogar Mitinhaber eines Spielcasinos in Spa, bei Bayer Uerdingen wurde er Assistent von Trainer Horst Wohlers, um sich dann für den Job an der Seite seines alten Freundes Berti Vogts zu entscheiden. Vogts war nach der Weltmeisterschaft 1990 Nachfolger von Franz Beckenbauer geworden – und Bonhof war von da an seine rechte Hand. Gemeinsam wurde das Gespann 1996 mit dem 2 : 1-Sieg gegen Tschechien im Londoner Wembley-Stadion Europameister. Seine Verbundenheit zu Borussia Mönchengladbach ließ Rainer Bonhof nie abreißen – im Jahre 1997 erhielt der einstige Nationalspieler sogar Sitz und Stimme im Aufsichtsrat des niederrheinischen Bundesligisten.

BORCHERS, RONALD

Geboren am 10. August 1957
Sechs Länderspiele (1978 bis 1981)
Eintracht Frankfurt

»Ronnie« – der DFB-Amateur

Man sagte ihm nach, er habe eine Vorliebe für teure Maßanzüge und schnelle Autos – und überhaupt: Sein Lebensstil passe nicht so richtig ins Bild, das man sich von einem Fußballprofi macht. Wie das bei Klischees so ist: Auch dies war bestenfalls die halbe Wahrheit. »Ronnie« Borchers war unbestritten ein großes Fußballtalent. Ein Stürmer, der technisch beschlagen war und bei dem sich die Schnelligkeit mit einer ungewöhnlichen Schußkraft paarte. Ronald Borchers wurde in Frankfurt am Main geboren, wuchs an der Peripherie der Mainmetropole auf. Die Vereine seiner ganz jungen Jahre waren Germania Ginnheim und der SV Niederursel, die aber schon bald nicht mehr seinen fußballerischen Ansprüchen genügten. Als B-Jugendlicher kam »Ronnie« zur Frankfurter Eintracht. Über die Jugendauswahl gelang ihm 1978 der Sprung in die deutsche Amateurnationalelf. Zwei Jahre vorher hatte er am Riederwald einen Vertrag des sogenannten »DFB-Amateurs« unterschrieben, womit er teilnahmeberechtigt war an den europäischen Amateurwettbewerben. Beim EM-Endturnier in Athen stand Ronald Borchers 1978 in der Mannschaft, die als Dritter zurückkehrte. Unter anderem waren Karl-Heinz Förster, Hans-Peter Briegel und Matthias Herget seine Kameraden beim 3 : 0-Sieg gegen Irland im Spiel um Platz drei. Das Finale hatten die Deutschen verpaßt, weil Jugoslawien nach einem torlosen Remis die besseren Elfmeterschützen hatte und 3 : 1 gewann. Im gleichen Jahr erkämpfte sich Borchers endlich den erhofften Stammplatz bei Eintracht Frankfurt, und wenig später spielte er bereits in der Nationalmannschaft – die letzten elf Minuten in Düsseldorf gegen Holland (3 : 1). Zwar tauchte der Name Borchers im Frühjahr 1980 im vorläufigen Aufgebot für die Europameisterschaft auf, doch dann entschied sich Jupp Derwall gegen den Frankfurter. Borchers hielt sich mit seiner Eintracht auf anderer Ebene schadlos und gewann 1980 den UEFA-Cup sowie im Jahr darauf den DFB-Pokal. Schwierig wurde es für ihn nach der Saison 1983/84, als er lange mit der Eintracht um einen neuen Vertrag feilschte. Mit Borussia Dortmund war er sich längst einig, hatte seine Wohnung in Bergen-Enkheim gekündigt, doch dann platzte der Transfer. Ein Vierteljahr lang war er arbeitslos, dann wechselte er zu Arminia Bielefeld, wo er zu den Leistungsträgern zählte, jedoch den Absturz der Fußballer aus der Stadt des Leinewebers nicht verhindern konnte. Nach dem Bundesligaabstieg und insgesamt 195 Spielen in der höchsten deutschen Klasse entschied sich der Stürmer für ein Angebot von Grasshoppers Zürich. Es reizte ihn eine neue fußballerische Umgebung und die Chance, mit den Eidgenossen auf europäischer Ebene spielen zu können. Timo Konietzka war sein Trainer am Zürcher See. Anschließend gelangte Borchers über den SV Waldhof Mannheim und FSV Frankfurt zu den Offenbacher Kickers. Nach seiner Profilaufbahn wurde er Repräsentant eines Lederwarenherstellers und war Mitinhaber des Pubs »Alte Druckerei« an der Frankfurter Messe. Seine Trainerlaufbahn begann er 1993 beim hessischen Landesligisten SV Bernbach, ehe er 1995 die sportliche Leitung des schuldengeplagten Traditionsvereins Kickers Offenbach übernahm.

BORK, WALTER

Geboren am 1. Mai 1891,
gestorben am 5. Januar 1949
Ein Länderspiel (1911)
MTV München

Ein Studiosus zwischen den Pfosten

Der junge Studiosus stand im Tor des MTV München, als ihn, den 20jährigen, die überraschende Einladung für das Länderspiel am 17. Dezember 1911 gegen Ungarn erreichte. Diese Ehre widerfuhr Walter Bork wohl vor allem deshalb, weil die Begegnung mit den Magyaren auf eben jenem MTV-Platz an der Münchner Marbachstraße stattfand, wo Walter Bork einen guten Teil seiner Freizeit als Torwart verbrachte. Das Spielfeld des MTV im Süden der Stadt war soeben fertiggestellt und verfügte über einen »dichten Rasen«, wie ein früher Chronist des Fußballs zu berichten wußte. Walter Bork wurde berufen, obwohl der Kieler »Adsch« Werner in dieser Zeit die unumstrittene Nummer 1 unter den Torwarten in Deutschland war. Doch dem Medizinstudenten aus München konnte das gleichgültig sein. Seine Feuertaufe hatte er im Finale des Kronprinzenpokals im Mai 1911 in Berlin erhalten, wo er das Tor des Südens hütete und die Mannschaft des Nordens erst nach zweimaliger Verlängerung mit 4:2 gewann. Kieferl von Wacker München, der Karlsruher Franz Burger und Bayern Münchens Ludwig Hofmeister waren im Süden die

großen Konkurrenten des Dr. Bork vor dem 1. Weltkrieg. Er tat gegen Ungarn sein Bestes – die hohe 1:4-Niederlage war ihm nicht anzulasten. Vielmehr den Mitgliedern des DFB-Spielausschusses, die auf »gut Glück« eine Mannschaft nominiert hatten. Es dominierte an diesem Tag die Fußballkunst des Ungarn Imre Schlosser. Der MTV München, der Verein des Walter Bork, war im übrigen so etwas wie die Quelle des späteren FC Bayern. Am 27. Februar 1900 hatte sich folgendes ereignet: Im Gasthaus »Zum Bäckerhöfl« ging es munter zu. Es erhitzten sich die Gemüter der Turner und der Fußballer des MTV von 1879 an einem offenbar für beide Seiten wichtigen Thema. Die Fußballer wollten sich dem Verband Süddeutscher Fußballvereine anschließen. Und außerdem wollten die streitlustigen Kicker eine größere Unabhängigkeit von den Turnern erwirken. Die Herren wurden sich nicht einig, woraufhin die Fußballer unter der Führung von Franz John den Saal verließen und ein paar Gaststuben weiterzogen. Im »Restaurant Gisela« gründeten sie noch am gleichen Abend den FC Bayern. Was allerdings beide Vereine nicht davon abhielt, bei nächster Gelegenheit gegeneinander zu spielen. Fortan bestimmten aber die Fußballer des FC Bayern die Fußballszene an der Isar. Sie schlugen den MTV mit 7:1. Nach seiner Studienzeit in München kehrte Dr. Bork in seine Heimatstadt Hamburg zurück. Der Arzt stand später im Tor des Hamburger Fußballclubs, des Duisburger SV und des Hamburger SV.

BORKENHAGEN, KURT

Geboren am 30. Dezember 1919
Ein Länderspiel (1952)
Fortuna Düsseldorf

Sie nannten ihn »La Jana«

Kurt Borkenhagens Weg zum Ruhm eines Fußballnationalspielers hatte viele Windungen. In seinen jungen Jahren bedeutete der Sport ihm fast alles, doch er hatte es nicht unbedingt auf den Fußball abgesehen. Leichtathletik, Faustball, Handball! Der gebürtige Düsseldorfer fand beim Sportverein von 1904 eine bunte Palette körperlicher Leibesertüchtigungen vor. Und da er vielseitig talentiert war, hingen in seinem Jugendzimmer bald die ersten Siegerkränze, die in diesen 30er Jahren nicht nur bei den Turnern obligatorisch waren. Als Handballer brachte er es rasch zu Berufungen für die ersten Repräsentativspiele, doch dann verdrängte das Grauen des 2. Weltkriegs den Sport aus den Köpfen nicht nur seiner Generation. So wollten es die politischen Zwänge dieser unseligen Zeit und der pure Zufall, daß Kurt Borkenhagens Karriere als Fußballer erst begann, als andere schon ans Aufhören dachten. Da sein SV 04 Düsseldorf unmittelbar nach dem 2. Weltkrieg aus Mangel an Spielern keine Fußballmannschaft stellen konnte, schaute sich Kurt Borkenhagen in der Nachbarschaft um und kam über die damals starke Düsseldorfer Stadtmannschaft zur Fortuna. Karl Flink war einer seiner wichtigsten Trainer – er gab ihm die wichtigsten Tips für seinen Job als Stopper oder Verteidiger. Und schon bald war Borkenhagens Name ein Begriff im westdeutschen Fußball. Schließlich hatte er den Schalker Berni Klodt an die Angel gelegt, und auch August Gottschalk von Rot-Weiß Essen hatte seine Not mit dem eisenharten und kopfballstarken Düsseldorfer, der alles andere als zimperlich war und sein Spiel nicht nur auf die pure Verteidigung konzentrierte. Inzwischen hatte sich Kurt Borkenhagen einen merkwürdigen Kosenamen eingehandelt: »La Jana«. Seine graziösen Handbewegungen während des Laufs brachten ihm quasi über Nacht diesen Namen ein. Die Oberliga kam, und bald kamen auch die ersten Berufungen in die Niederrhein- und in die Westauswahl. Und als er fast 33 Jahre alt war, wurde Kurt Borkenhagen 1952 noch zum Nationalspieler. Doch die Franzosen brannten in Paris mit Kopa, Ujlaki, Jonquet und Penverne ein solches Feuerwerk ab, daß am Ende eine 1:3-Niederlage stand. Nach seiner aktiven Zeit, die im Jahre 1956 endete, arbeitete Kurt Borkenhagen als Ingenieur für Heizung und sanitäre Installation.

BOROWKA, ULRICH

Geboren am 19. Mai 1962
Sechs Länderspiele (1988)
Werder Bremen

Beim Debüt gegen Diego Maradona

Er war einer der »Eisenfüße« der Bundesliga. Ein Abwehrspieler, der nie zurückzog. Einer, der aus diesem Holz geschnitzt ist, hat zwangsläufig nicht nur Freunde. Vielmehr gab es so manchen in der höchsten deutschen Fußballklasse, die ihm am liebsten nie begegnet wären. Im sauerländischen Menden kam Ulrich Borowka zur Welt, und in der Kneipe seines Vaters Kurt gingen die Fußballer des FC Oese ein und aus. Klare Sache, daß der kleine Uli schon früh mit dem Sport in Berührung kam.

Über den SSV Kalthof wechselte er schließlich zum DSC Wanne-Eickel. Was »Handfestes« sollte er nach den Wünschen seines Vaters lernen – er wurde Maschinenschlosser und Fußballprofi. Wanne-Eickel – das war alte Fußballdynastie des Kohlenpotts. Und hier schauten zuweilen schon mal die Talentspäher aus den nahen Vereinen der Bundesliga vorbei. Auch Borussia Mönchengladbach – und der Verein vom Niederrhein holte sich den stämmigen jungen Burschen mit dem Löwenherzen. Nach einem Bewährungsjahr bei den Amateuren spielte Uli Borowka ab 1981 in der Bundesliga. Zunächst nur ab und zu – dann immer häufiger. Er bekam eine Einladung ins Team der U-21-Nationalmannschaft – bis zum DFB hatte es sich herumgesprochen, daß dieser junge Mann vom Bökelberg über eine erstaunliche Kondition und über einen enormen Kampfgeist verfügte. Sechs Jahre blieb Uli Borowka als Lizenzspieler in Mönchengladbach, um dann zu Werder Bremen zu wechseln. Fast wäre er beim Hamburger SV gelandet, doch dem schmeckte die von Gladbach geforderte Ablösesumme von über einer Million Mark nicht. Ein Jahr später war Borowka mit dem SV Werder Deutscher Meister – er war am Ziel seiner Träume, denn kurz zuvor wurde der Olympiaauswahlspieler von Franz Beckenbauer ins A-Team geholt. Beim Vierländerturnier im Berliner Olympiastadion spielte er unter anderem gegen Argentiniens Superstar Diego Maradona. Und er machte sein »Fußwerk« so gut, daß er fortan zum engeren Kreis der Nationalmannschaft gehörte. Doch bei der Europameisterschaft 1988 muckte er auf, als Franz Beckenbauer zunächst Guido Buchwald auf der Position des Manndeckers den Vorzug gab. Als sich der Schwabe verletzte, kam der Sauerländer wieder ins Team. Doch seine internationale Karriere neigte sich schon dem Ende entgegen – mit dem Halbfinalspiel gegen Holland verabschiedete er sich von der Nationalelf. Statt dessen war er 1992 einer der Bremer Helden auf dem Weg zum Gewinn des Europacups der Pokalsieger. Zu diesem Zeitpunkt hatte er sich nicht nur mit seiner unerbittlichen Härte in der Bundesliga einen Namen gemacht, sondern vor allem auch mit seiner ungewöhnlichen Schußkraft. Mitte der 90er Jahre stellten sich bei Uli Borowka Probleme im privaten Umfeld ein. Werder ließ ihn Ende 1996 zum Regionalligisten Hannover 96 ziehen, doch hier gab es für ihn nur eine Stippvisite, ehe er im Februar 1997 für ein paar Monate einen neuen Job beim polnischen Meister Widzew Lodz antrat. Schließlich heuerte Uli Borowka beim FC Oberneuland in Bremen als Spielertrainer an.

BOSCH, HERMANN

Geboren am 10. März 1891,
gestorben am 16. Juli 1916
Fünf Länderspiele (1912 bis 1913)
Karlsruher FV

Fünf Spiele – fünf Niederlagen

Als zum ersten Mal in der deutschen Fußballgeschichte eine Mannschaft des DFB in ein olympisches Turnier ging, war Hermann Bosch dabei.
Zwei Jahre vorher hatte der aus Oehningen am Bodensee stammende linke Läufer, der den Beruf des
Gewerbelehrers anstrebte, als Linksaußen beim
mühsamen Karlsruher Endspielsieg gegen Holstein
Kiel mitgewirkt. Nach dem 1 : 0-Erfolg wurde dem
frischgebackenen Meister ein großer Empfang bereitet. In Droschken fuhren die Spieler vom Bahnhof zum »Moninger«, wo ein Kommers stattfand.
Für die eigentliche Siegesfeier hatte der KFV dann
ein paar Tage später den Festsaal des Friedrichshofs
gemietet. Dabei wurde auch das Telegramm des
Prinzen Max von Baden verlesen. Beim Olympiaturnier in Stockholm bezog Hermann Bosch mit
1 : 5 gegen Österreich gleich eine böse Packung.
Das Klima zwischen beiden Mannschaften war vergiftet, als die Österreicher ihre Zustimmung zu einem Torwarttausch verweigerten. Der Berliner
Schlußmann Albert Weber war mit einer Gehirnerschütterung ausgefallen – und Mittelstürmer Willy
Worpitzky mußte daraufhin zwischen die Pfosten.
Hermann Bosch absolvierte aber auch in der Folgezeit noch ein paar Länderspiele. Pech für ihn, daß
sie ausnahmslos mit Niederlagen endeten. Hermann
Bosch kehrte aus dem 1. Weltkrieg nicht zurück –
er starb mit 25 Jahren. Er war einer von 66 Mitgliedern des Karlsruher FV, die auf den Schlachtfeldern
ihr Leben ließen.

BREHME, ANDREAS

Geboren am 9. November 1960
86 Länderspiele (1982 bis 1994), 8 Tore
1. FC Kaiserslautern, FC Bayern München, Inter
Mailand, 1. FC Kaiserslautern

Der große Irrtum des HSV

Andreas Brehme – das ist die Geschichte vom Musterprofi, der zum Weltmeister wurde. Das ist aber
auch die Geschichte vom Propheten, der im eigenen Lande wenig gilt. Erst in der Fremde blühte er
auf – nicht in seiner Heimatstadt Hamburg. Dort

wuchs er in Barmbek heran – in einem der Arbeiterviertel der Hansestadt. Sein erster großer Förderer im Fußball war sein Vater Bernd, mit dem er immer dann, wenn es dessen Zeit erlaubte, hinauszog
auf einen der Bolzplätze in der Nachbarschaft. Mit
viereinhalb Jahren bestritt der kleine Andreas sein
erstes Spiel im Trikot des SV Barmbek-Uhlenhorst,
und an der Seitenlinie stand der Herr Papa als Trainer der F-Jugendmannschaft. Als fünfjähriger Knirps
durfte Andreas Brehme anläßlich der Platzeinwei-
hung seines Vereins den Anstoß ausführen – und
neben ihm stand kein Geringerer als Uwe Seeler,
der mit dem HSV bei »BU« zu Gast war. Mit »17«
spielte Andreas Brehme bereits für »BU« in der

Oberliga – und alle, die mit ihm beim Fußball in
Berührung kamen, wußten, daß die Erfolge des jungen Mannes nicht nur auf Talent, sondern vor allem
auf Fleiß gebaut waren. Wenn seine jungen Weggefährten längst zu Hause waren, absolvierte »Andy«
noch seine ganz private Trainingseinheit. Nicht weniger als 54mal stand er in der Hamburger Jugendauswahl, und niemand wunderte sich beim SV
Barmbek-Uhlenhorst darüber, daß eines Tages jemand vom großen HSV vorbeischaute und Brehme
zu einem mehrwöchigen Training nach Ochsenzoll
einlud. Doch dann passierten Trainer Branko Zebec
und Manager Günter Netzer folgenschwere Irrtü-
mer – sie verkannten das Talent des Fußballers aus
der Nachbarschaft und schickten ihn wieder nach
Hause. Einer hatte beim Training genauer hinge-

schaut: Felix Magath. Der empfahl dem Zweitligisten 1. FC Saarbrücken im Jahre 1980 die Verpflichtung des drahtigen Abwehrspielers. Und ein Jahr später war »Andy« endlich da, wo er hinwollte – in der Bundesliga. Der 1. FC Kaiserslautern hatte zugegriffen. Nun wollte auch der HSV seinen Fehler korrigieren, zumal Brehme bereits das Trikot der U-21-Nationalmannschaft trug, doch die Pfälzer ließen ihr Juwel nicht ziehen. Der Weg des Technikers mit dem Kämpferherzen war vorgezeichnet – über die Olympiaauswahl gelangte der defensive Mittelfeldspieler im Februar 1984 in die Nationalmannschaft. Vom WM-Turnier 1986 in Mexiko kehrte er als Vizeweltmeister zurück, um danach vom Lauterer Betzenberg zum FC Bayern München zu wechseln. Dieser »Klimawechsel« bekam ihm lange Zeit nicht – es dauerte eine Weile, bis Andreas Brehme zu seinem eigentlichen Leistungsvermögen zurückfand. Nach der Europameisterschaft 1988 in Deutschland unterschrieb er schließlich einen Vertrag bei Inter Mailand. Er war die Zeit der großen »Ausreisewelle« der besten deutschen Fußballer, und in Mailand sahen viele in Brehme kaum mehr als eine Art »Zugabe« beim Transfer von Lothar Matthäus. Die »Tifosi« sollten sich getäuscht haben, denn Andreas Brehme wurde ein Volltreffer. Die Gazetto dello Sport erblickte in dem Deutschen einen »Astronauten im Sondereinsatz«. Mit Inter wurde »Andy« 1989 italienischer Meister, später dann auch UEFA-Cupsieger. Und 1990 stand er in seiner italienischen Wahlheimat auf dem Gipfel des Fußballruhms. In Rom wurde er mit der deutschen Nationalelf Weltmeister. In Franz Beckenbauers Konzept spielte Brehme auf der linken Seite eine sehr wichtige Rolle. Im Finale behielt der Profi von der Elbe die Nerven, als er gegen Argentinien den entscheidenden Elfmeter verwandelte. Danach erklärte er seinen Abschied aus der Nationalelf, signalisierte aber seine Bereitschaft, zurückzukehren, wenn Not am Mann sei. Zu Beginn der Saison 1993/94 unterschrieb Andreas Brehme einen Vertrag beim spanischen Erstligisten Real Saragossa, um ein Jahr später wieder in die Bundesliga zurückzukehren. Er spielte wieder beim 1. FC Kaiserslautern. »Die Pfalz ist wie Klein-Italien«, sagte Andreas Brehme. Vor der Weltmeisterschaft 1994 in den USA ließ er sich von Bundestrainer Berti Vogts zum Comeback überreden. 1996 weinte er vor den Fernsehkameras bittere Tränen, als er mit dem 1. FC Kaiserslautern die höchste Klasse verlassen mußte. Doch er hielt den Pfälzern auch in der 2. Bundesliga die Treue und hängte nach dem sofortigen Wiederaufstieg noch ein Jahr dran.

BREITNER, PAUL

Geboren am 5. September 1951
48 Länderspiele (1971 bis 1982), zehn Tore
FC Bayern München, Real Madrid

»Einfach Mensch bleiben ...«

Er wollte nie so sein wie alle anderen. Er wollte, daß man ihn akzeptierte, so wie er war. Paul Breitner charakterisierte sich einmal mit diesen Worten: »Ich will mich nicht in ein Schema pressen lassen. Ich versuche immer zu sagen, was ich denke. Widerstand stört mich nicht. Ich versuche einfach der Mensch zu bleiben, der ich war, ehe ich zu den Bayern ging ...« Nun klafft zuweilen eine Lücke zwischen dem eigenen Anspruch von einem »normalen Leben« und dem Bild, das sich die Öffentlichkeit von einem Star macht. Das spürte auch Paul Breitner auf seinem langen Weg über die Fußballschauplätze der Welt. Dieser Weg begann als Sechsjähriger in einer Mannschaft des örtlichen Sportvereins seines Geburtsorts Kolbermoor. Der kleine Ort liegt vor der Haustür von Rosenheim – auf halbem Wege nach Bad Aibling. Ab 1961 trug Paul Breitner dann das Trikot des ESV Freilassing, wo sein Vater Paul ein überaus erfolgreicher Trainer der Fußballjugend war. Als Schüler machte sich Paul junior dann schon Gedanken darüber, ob es für ihn sinnvoll sei, einen »bürgerlichen Beruf« anzustreben oder zunächst einmal mit dem Fußball die Basis für ein akzeptables Auskommen zu schaffen. Der junge Paul Breitner war ein Besessener des Fußballs – er arbeitete zielstrebig an der Verbesserung seiner technischen Fähigkeiten und an der körperlichen Fitneß. Dabei kam das Gymnasium in Traunstein nicht zu kurz – 1970 absolvierte er mit Erfolg seine Abiturarbeiten, um dann ein Pädagogikstudium zu beginnen. Sonderschullehrer wollte er werden, doch dann begann das Dilemma mit dem Widerstreit der Interessen, denn dank seiner guten Leistungen im Team der deutschen Jugendnationalmannschaft machte er den FC Bayern auf sich aufmerksam. Mit dem Weggefährten gemeinsamer Tage in der DFB-Jugend, dem Ulmer Uli Hoeneß, kam er nach München. Beide waren so etwas wie das Einstandsgeschenk von Trainer Udo Lattek, der seinen Job beim DFB mit dem gutdotierten Vertrag beim FC Bayern München tauschte. Nie hätte sich Paul Breitner vorstellen können, daß er einmal auf einer anderen Position spielen könnte, als im Sturm. Denn das entsprach seinem Naturell. Toreschießen – das war für ihn auch ein Ausdruck vom Streben nach Freiheit, und Tore erzielte er in der

Jugend wie am Fließband. Da er ein Mensch war, der alles und jedes zu Papier brachte, wußte Paul Breitner, daß er in genau 101 Jugendspielen 464mal ins Schwarze getroffen hatte. Aber Udo Lattek interessierte nach seinem Antritt in München nicht Breitners Vergangenheit – er machte aus ihm einen Abwehrspieler der internationalen Klasse. Der moderne Fußball hatte Abschied genommen vom Typus des Verteidigers alter Prägung. Verteidiger mußten stürmen können, sollten Impulse auf den Flügeln geben. Und da kam Paul Breitner das Talent und die Erfahrung seiner Jugend entgegen. In den nächsten vier Jahren erreichte Paul Breitner alles, was sich ein junger Fußballer nur erträumen konnte: Deutscher Meister, DFB-Pokalsieger, Europacupsieger der Landesmeister, Europameister und schließlich Weltmeister! Der Superstar war geboren. Er war erst »19«, als Bundestrainer Helmut Schön ihn erstmals zu einem Länderspiel holte. Das war im Juni 1971, und die Deutschen gewannen in Oslo gegen Norwegen mit 7:1. Der junge Paul Breitner stand an der Seite von Franz Beckenbauer, der an diesem Tag bereits auf stolze 51 Länderspieleinsätze zurückblicken konnte. Aber im Laufe der Jahre wurde aus dem zunächst zurückhaltenden Musterprofi mit dem Wuschelkopf ein lautstarker Querdenker. Viele sahen in ihm den Prototypen eines bayerischen Grantlers, doch manches, was er sagte, animierte zum Nachdenken. Nach dem Triumph bei

der Weltmeisterschaft 1974 verließ er München und unterschrieb einen Vertrag bei Real Madrid, wo er gemeinsam mit Günter Netzer, der schon ein Jahr vorher bei den »Königlichen« vor Anker gegangen war, zweimal spanischer Meister wurde. Nach drei Jahren lief er, nach eigenem Bekunden, Gefahr, der spanischen Lebensfreude zu erliegen. Er glaubte an seine Zukunft als Fußballprofi und kehrte zurück nach Deutschland. Daß seine nächste Station ausgerechnet Eintracht Braunschweig sein sollte, schlug in der Bundesliga wie eine Bombe ein. Der Getränkegigant Günter Mast lockte ihn mit Geld und vielen Worten. Es folgte ein Jahr, das ihm wenig Freude bereitete – und allzu bereitwillig kehrte er 1978 zum FC Bayern nach München zurück. Hier fand er eine neue Mannschaft in der alten Umgebung vor. Paul Breitner war im Laufe der Jahre keineswegs stiller geworden – er schürte zuweilen das Feuer unter dem Dach des Olympiastadions. Breitner war die anerkannte Nummer eins, der Nachfolger Franz Beckenbauers als Regent des bayerischen Fußballvolks. Zwar schrien einige seiner Thesen zuweilen nach Widerspruch, doch an der Bereitschaft, wie Breitner seinen Job als Profi verstand, rieben sich die Geister nie. Zweimal holte er noch den Titel eines Deutschen Meisters an die Isar – und auch seine Karriere in der Nationalmannschaft fand nach langen Jahren der gewollten und weniger gewollten Stagnation noch eine Fortsetzung. Sie endete als Vizeweltmeister im Jahre 1982, doch das Turnier in Spanien offenbarte in der Person Breitners die Kluft, die sich mehr und mehr zwischen den besten deutschen Fußballern und den Fans auftat. Das verlorene WM-Finale von Madrid (1:3 gegen Italien) beendete die Länderspielkarriere von Paul Breitner. In einem Spiel gegen die Weltauswahl in München verabschiedete sich der eigenwillige Star nach 255 Bundesligaspielen für Bayern München von seinen vielen Fans. In den folgenden Jahren kritisierte er mit spitzer Feder als Kolumnist der Bild-Zeitung die deutsche Fußballszene.

BRENNINGER, DIETER

Geboren am 16. Februar 1944
Ein Länderspiel (1969)
FC Bayern München

Ein Kleeblatt im Stiefel

Altenerding – das ist die Heimat von Dieter Brenninger. Hier war sein Vater Bürgermeister. Die kleine Gemeinde vor der Haustür der Kreisstadt Erding war seit jeher Ausgangspunkt für Ausflügler ins Erdinger Moos. Doch Dieter Brenninger, den sie alle »Mucki« nannten, hatte schon in frühester Jugend nur Augen für den Fußball. Bei der Spvg. Altenerding bekam er Kontakt mit diesem Sport, mit 16 Jahren ging er schließlich beim FC Bayern an die Angel. Als Mittelstürmer fand er einen Platz in der A-Jugend – und von da an ging es Jahr für Jahr bergauf: Oberliga, Regionalliga, Bundesliga! Unter Helmut Schneiders Trainerregie spielte er noch im Angriffszentrum, ehe ihn »Tschik« Cajkovski zum Flügelspieler umfunktionierte. Selbst Sepp Herberger staunte, mit welcher Selbstverständlichkeit Brenninger diese Umschulung annahm und umsetzte. Die Antrittsschnelligkeit und die Zuverlässigkeit seines Spiels machten ihn zu einer Trumpfkarte der Bayern, zumal seine Schüsse von bester Güte waren. In dieser Zeit trug Dieter Brenninger stets ein vierblättriges Kleeblatt in seinem linken Fußballstiefel – der Aberglaube war so etwas wie der Wegbegleiter des jungen Mannes, der seiner Heimatgemeinde treu blieb und dort ein Haus baute. Als Linksaußen schoß er derweil wichtige Tore für die Bayern. So beim Gewinn des DFB-Pokals im Jahre 1966, als er zweimal im Finale gegen den MSV Duisburg traf. Neben der Torgefährlichkeit beeindruckte Dieter Brenninger durch seine präzisen Flanken, mit denen er vor allem Gerd Müller im Angriffszentrum immer wieder bediente. Zur Ehre eines Nationalspielers gelangte der Bayer 1969 beim 1:0-Erfolg im WM-Qualifikationsspiel gegen Österreich in Nürnberg. Ein Jahrzehnt lang stand er auf der Gehaltsliste des FC Bayern, dann zog es ihn 1971 für eine Saison in die Schweiz zu Young Boys Bern, im Jahr darauf dann zum VfB Stuttgart. Der Mann mit dem schütteren Haar war mit seiner Familie Nachbar von Willi Entenmann in Affalterbach an der Peripherie der schwäbischen Metropole. Bis 1975 trug er das Trikot des VfB – er erlebte in Stuttgart sportliche Höhen und Tiefen. Dem Vorstoß ins UEFA-Cup-Halbfinale im Jahre 1974 folgte ein Jahr später der Abstieg in die 2. Bundesliga. Er ließ seine Karriere ausklingen beim TSV Rosenheim und bei der Spvg. Altenerding und arbeitete nach seiner aktiven Zeit als Verkaufsleiter einer Brauereigesellschaft.

BREUER, THEO

Geboren am 15. März 1909,
gestorben am 8. Dezember 1980
Zwei Länderspiele (1933)
Fortuna Düsseldorf

Die Düsseldorfer Läuferparade

Drei Düsseldorfer bildeten am 2. Oktober 1933 in Duisburg beim Länderspiel gegen Belgien die Läuferreihe in der deutschen Mannschaft. Paul Janes, der zum zweitenmal berufen wurde, und zwei Debütanten: Jakob Bender und Theo Breuer. Vorrangiges Ziel war es, eine schlagkräftige Formation für die Qualifikationsspiele zur Weltmeisterschaft zu finden. Fortuna Düsseldorf war ein paar Monate vorher im Hexenkessel der 60 000 im Kölner Stadion Deutscher Meister geworden (3:0 gegen Schalke). Und diese Läuferreihe war das Paradestück der Rheinländer, die sechs Spieler für die Begegnung mit den zweitklassigen Belgiern abstellten. Theo Breuer, der Schlosser, hatte keine Probleme, sich in dieser Nationalmannschaft zurechtzufinden – die Deutschen gewannen gegen den hoffnungslos unterlegenen Nachbarn 8:1. Doch Breuers Karriere im Nationaltrikot war schon nach dem nächsten Länderspiel, zwei Wochen später mit dem 2:2 gegen Norwegen in Magdeburg, vorbei. Eine Knieverletzung machte seine Hoffnung zunichte, bei der WM 1934 in Italien mitwirken zu dürfen. Viel erfolgreicher war sein Weg bei Fortuna Düsseldorf. »Mit sauberer Haltung zum Ziele streben!« Das war sein Leitsatz. Er war ein echter »Flinger Jong«, der immer von sich behauptete, daß seine erste Liebe dem Fußball und seine zweite Liebe der Fortuna gehöre. Mit 16 Jahren begann er bei diesem Verein – er sollte ihn nie verlassen. Ein Schulfreund hatte ihn zum Training mitgenommen. Zwei Jahre dauerte es, bis er sich einen Stammplatz in der 1. Mannschaft erkämpfte. Er begann als Mittel- und Halbstürmer – erst später erkannte man seine Qualitäten als linker Läufer. Und diese Erkenntnis kam den Verantwortlichen der Fortunen nicht irgendwo, sondern während einer Gastspielreise in Afrika. Zurück in Deutschland führte ihn sein Weg gleich gegen Schalkes Fritz Szepan, den er zur Verblüffung aller fast völlig ausschaltete. Von diesem Zeitpunkt an war Theo Breuer von dieser Position nicht mehr wegzudenken. Er war einer der Baumeister des Düsseldorfer Aufschwungs, der 1933 mit dem Gewinn der Deutschen Meisterschaft seinen Höhepunkt fand. Theo Breuer war der Kapitän seiner Mannschaft – schon als 21 jähriger wurde er mit dieser Ehre betraut. 1938 verabschiedete er sich als Spieler von seiner Fortuna, als er von den Fähigkeiten seines Nachfolgers Paul Bach überzeugt war. Theo Breuer wurde Trainer – unter anderem beim DSC 99, Union Krefeld, Viktoria 02, Bilk 13, TuS Gerresheim, Tura Hennef, Borussia Velbert, TSV Ronsdorf, BV und VfR Ohligs. 1952 wirkte er wieder bei der Fortuna im Spielausschuß, dann zwischen 1956 und 1962 als Trainer. 1960 sprang er sogar als Interimstrainer der 1. Mannschaft ein. 1967 ließ er sich zum 3. Vorsitzenden seines Vereins wählen. Der Transportunternehmer galt als Mann des Ausgleichs. Er war als Ehrenmitglied so etwas wie der gute Geist der Fortuna. 71 jährig starb Theo Breuer an den Folgen eines Herzinfarkts.

BREUNIG, MAX

Geboren am 12. Juni 1888,
gestorben am 4. Juli 1961
Neun Länderspiele (1910 bis 1913), ein Tor
Karlsruher FV, 1. FC Pforzheim

»Du bist mein Mittelläufer ...«

Die Geschichte des wohl besten deutschen Mittelläufers vor dem 1. Weltkrieg trägt erstaunliche Züge. Max Breunig war im Grunde seines Fußballerherzens ein Linksaußen. Die Natur hatte ihm einen starken linken Schuß in die Wiege gelegt – und so kam für den kleinen Max nichts anderes infrage, als sich auf dem linken Flügel seines Karlsruher FV auszutoben. Doch dann kreuzte eines Tages – man schrieb das Jahr 1906 – beim KFV ein Engländer namens William Townley auf. Und alles, was in dieser Zeit aus dem Mutterland des Fußballs auf den europäischen Kontinent herüberkam, wurde nahezu vergöttert. »Du«, sagte Townley in einem etwas holprigen Deutsch, und er zeigte dabei auf Max Breunig, »Du bist ab sofort mein Mittelläufer«. Für den Angesprochenen brach eine Welt zusammen. Der junge Mann, der später selbst ein erfolgreicher Sportlehrer wurde, verdrückte ein paar Tränen der Enttäuschung, wurde dann aber von seinen Freunden überredet, weiterzumachen. Und zwar als Mittelläufer. Das war die Geburtsstunde eines der großen deutschen Abwehrrecken. Max Breunig war als Mittelläufer die eindeutige Nummer eins im deutschen Fußball, einer, der in dieser frühen Zeit schon Technik und Taktik zu paaren verstand. Seine weit ausladenden Schritte, seine kraftvollen Schüsse, die Eleganz, wie er den Ball zu stoppen verstand, waren gerühmt. Max Breunig kam vor

den Toren Karlsruhes zur Welt und fand in ganz jungen Jahren zunächst Gefallen an der Leichtathletik. Von den »Olympischen Sportfesten« brachten er unzählige Urkunden heim. Als Diskuswerfer war er olympiareif, als Mehrkämpfer ein Konkurrent für Karl Ritter von Halt. Sein Talent zum Allroundsportler half ihm auch bei der Umstellung vom Außenstürmer zum Mittelläufer. Mit der süddeutschen Auswahl gewann er alles, was es in diesen Jahren vor dem 1. Weltkrieg zu gewinnen gab. Unter anderem den Kronprinzenpokal. Am 15. Mai 1910 wurde Max Breunig dann mit dem Karlsruher FV Deutscher Meister. In der 114. Minute hatte der Kieler Torwart Willi Friese keine Chance, als der »Bomber« des KFV zum entscheidenden Elfmeter im Weidenpescher Park in Köln antrat. Seit dem 1. September 1913 trug Max Breunig dann das Trikot des 1. FC Pforzheim. Nach neun Länderspielen vereitelte der 1. Weltkrieg die Fortsetzung dieser ungewöhnlichen Karriere. Max Breunig, der auch mit 45 Metern den deutschen Rekord im damals häufig praktizierten Fußball-Weitstoß hielt, wurde als Soldat im 1. Weltkrieg an der Westfront verschüttet. Als man ihn ausgrub, war er bewußtlos. Als Schwerkriegsbeschädigter kehrte er heim, doch seine robuste Natur half ihm auf seinem weiteren Weg. Max Breunig wirkte später als Trainer unter anderem beim 1. FC Pforzheim, den er in die Spitzenklasse Süddeutschlands führte, vom 1. Oktober 1921 an dann bei seinem Karlsruher FV, später beim FC Basel und beim KFV Rheydt. Im Jahre 1924 betreute er die deutsche Nationalelf (in Stuttgart gegen die Schweiz). 1931 führte er 1860 München ins deutsche Endspiel. Max Breunig starb, 72jährig, in Pforzheim an einem Herzleiden.

BREYNK, ANDREAS

Geboren am 4. Juli 1890,
gestorben am 12. Juli 1957
Ein Länderspiel (1910)
Preußen Duisburg

Als Pecos Kräfte schwanden

Nie hätte es sich Andreas Breynk träumen lassen, daß er einmal als Fußballnationalspieler in die Annalen des DFB eingehen würde. Zwar schrieb er nur ein ganz kleines Kapitel im Fußballgeschichtsbuch dieses Landes – doch immerhin. Allerdings kam er nur aus purem Zufall und dank einer katastrophalen Länderspielplanung zu seinem einzigen

Einsatz über 45 Minuten. Dies passierte am 16. Mai 1910, als an der Wedau das Spiel gegen Belgien ausgetragen wurde. Ein paar Minuten vor dem Anpfiff waren nur sieben deutsche Spieler im Duisburger Stadion, worauf die Organisatoren händeringend auf der Tribüne nach Ersatz suchten. Zu denen, die bereit waren, sich erst einmal auf die Bank am Spielfeldrand zu setzen, gehörte Andreas Breynk. Der spielte zwar nicht beim damals die regionale Szene beherrschenden Verbandsmeister Duisburger SV, sondern nur beim kleinen Nachbarn DSC Preußen, doch in der zweiten Halbzeit schlüpfte Andreas Breynk dann tatsächlich als Mittelstürmer in das Trikot des erschöpften Kölners Dr. Peco Bauwens. Daß die Deutschen sang- und klanglos mit 0:3 gegen Belgien verloren, war unter diesen Umständen wenig erstaunlich. Andreas Breynk beendete schon im Jahr darauf seine Fußballkarriere und wanderte nach Südrußland aus.

BRIEGEL, HANS-PETER

Geboren am 11. Oktober 1955
72 Länderspiele (1979 bis 1986), vier Tore
1. FC Kaiserslautern, Hellas Verona

Die »Walz von der Pfalz«

Die »Frankfurter Rundschau« sah in ihm so etwas wie die »Symbolfigur des deutschen Kraftfußballs«. Von Hans-Peter Briegel ist die Rede, der unter den Profis der Bundesliga der Modellathlet war. Ein Kraftpaket, um den so mancher lieber einen Bogen machte, denn wer prallt schon gern auf einen Rammbock? Er war die »Walz von der Pfalz« – einer der populärsten Fußballer seiner Epoche. Hans-Peter Briegel wuchs in einer Gegend auf, in der Fußball Tradition hat, weil sie Weltmeister wie die Gebrüder Fritz und Ottmar Walter hervorbrachte. Sein Heimatort ist Rodenbach, unweit von Kaiserslautern. Und als der Sohn eines Landwirts sieben Jahre alt war, da spürte er erstmals auf dem Betzenberg die ganz besondere Atmosphäre dieses Stadions. Seither war »Hänschen«, der ein ganzer Hans werden wollte, fasziniert vom Fußball. Doch sein strenger Vater war den fußballerischen Ambitionen seines Sprößlings nicht sehr zugetan – und so schaute sich Briegel junior zunächst bei den Leichtathleten seines heimatlichen Turnvereins Rodenbach um. Er war der talentierteste Junge seines Jahrgangs, war im Dreisprung, Weitsprung und Fünfkampf im Jugendbereich deutsche Extraklasse. Von nationalen Nachwuchsmeisterschaften der

Leichtathleten brachte er nicht weniger als zwölf Titel heim. Als er älter und kräftiger wurde, versuchte er sich auch als Zehnkämpfer und brachte es in seinen drei Wettkämpfen stets auf über 7000 Punkte. So um die 7,50 m war Briegels Bestleistung im Weitsprung, doch mit dem Speer und im Stab-

hochsprung tat er sich schwer. Mit 17 Jahren trat er erstmals einem Fußballverein bei – dem SV Rodenbach. Gleichzeitig begann er eine Ausbildung zum Maschinenbauer. Schon zwei Jahre später genügten Hans-Peter Briegel die Anforderungen in seiner heimatlichen Umgebung nicht mehr – er versuchte sich beim 1. FC Kaiserslautern, seiner heimlichen Sehnsucht. Erich Ribbeck bekam Kontakt mit dem fußballerischen Rohdiamanten, der eine merkwürdige Art hatte, sich zu behaupten. Ribbeck nahm sich des robusten Hobbyisten an, war beeindruckt von der Kraft des Sportlers, der jedoch nur unzureichend in der Lage war, Durchsetzungsvermögen und fußballerisches Geschick in Einklang zu bringen. Aber Briegel war ein Trainingsbesessener, der nie genug bekommen konnte, der an seiner Unzulänglichkeit arbeitete und schließlich belohnt wurde. Mit dem 1. FC Kaiserslautern schaffte er den Sprung in die Bundesliga. Es ging ausgerechnet gegen die Bayern aus München, als Briegel sein Debüt im Oberhaus feierte. Viele Beobachter der Szene waren lange Zeit skeptisch, ob dem ungelenken Leichtathleten in der höchsten Spielklasse der Durchbruch gelingen würde, auf den Plätzen des Gegners wurde er gar als »Antifußballer« gescholten. Doch seine Freunde am Betzenberg bekamen zunehmend Gefallen an diesem sympathischen Fußballer, der als Stürmer seine liebe Müh' hatte und erst als Abwehrspieler zur außergewöhnlichen Klasse reifte. Bundestrainer Jupp Derwall nominierte Briegel erstmals im November 1979 zu einem Spiel der Nationalelf. Es ging gegen Wales und um die Qualifikation zur Europameisterschaft. Bei diesem EM-Turnier 1980 in Italien gelang dem Mann, der aus einem anderen sportlichen Lager kam, tatsächlich der internationale Durchbruch. Auf dem Weg zum EM-Titel war Hans-Peter Briegel so eine Art Dauerbrenner der Nationalmannschaft. Nach dem für die Deutschen enttäuschenden Verlauf der EM 1984 unterschrieb der Pfälzer einen Zweijahresvertrag bei Hellas Verona. Daß er sich mit seinem kraftvollen Spiel auch in der technisch anspruchsvollen italienischen Liga behauptete, war vielleicht der größte Erfolg seiner Karriere, die er 1985 mit dem Gewinn der italienischen Meisterschaft geradezu sensationell krönte. Im gleichen Jahr wählten ihn Deutschlands Sportjournalisten zum »Fußballer des Jahres«. Erstmals entschieden sie sich bei dieser Wahl für einen Spieler, der nicht in der Bundesliga zu Hause war. 1986 kehrte er zum zweitenmal nach 1982 als Vizeweltmeister zurück, worauf er nach 72 Länderspielen seinen Abschied von der Nationalelf nahm. Auch deshalb, weil er mit Franz Beckenbauer eigentlich nie auf einer Wellenlänge lag. Im gleichen Jahr wechselte er zu Sampdoria Genua, wurde mit seinem neuen Verein italienischer Pokalsieger. Seine Trainerlaufbahn begann beim Schweizer Zweitligisten FC Glarus. Danach führten ihn heimatliche Gefühle zurück in die Pfalz – zum SV Edenkoben. Im Juli 1994 übernahm er die SG Wattenscheid 09, die soeben aus der Bundesliga abgestiegen war. Im Westen wurde Briegel aber nicht glücklich – worauf er als Sportlicher Leiter zurückkehrte zum 1. FC Kaiserslautern, der nach dem Abstieg 1996 sofort wieder in die höchste Liga aufgestiegen war.

BRÜLLS, ALBERT

Geboren am 26. März 1937
25 Länderspiele (1959–1966), neun Tore
Borussia Mönchengladbach, AC Brescia

Er folgte dem Ruf des Südens

Anrath ist ein kleiner Ort am Niederrhein. Um nach Mönchengladbach zu gelangen, passiert man ein Flüßchen namens Niers. Es ist nur ein besserer Katzensprung von Anrath zum Bökelberg. Albert Brülls, dem das Fußballglück im Süden Europas lachte, begann seinen Weg bei Viktoria 07 Anrath, wo ihn seine Eltern schon in der sogenannten »schlechten Zeit« anmeldeten – im Jahre 1948. Viele Jahre später – inzwischen war er zum Weber ausgebildet worden – wurde Albert Brülls wieder im »rheinischen Manchester« heimisch – er bewohnte einen ansehnlichen Bungalow im Vorort Venn mit einem Blick auf ein Hochhaus, dessen Blatt im Grundbuch ihn ebenfalls als Besitzer auswies. Doch zwischen Anrath und Venn lag eine schillernde Fußballkarriere. Als 17jähriger kreuzte der untersetzte Stürmer zum erstenmal beim Training der Gladbacher Borussia auf. Das war im Jahre 1954, und sein neuer Verein kickte eher schlecht als recht in der Oberliga West. Mönchengladbach war in dieser Zeit in der höchsten Liga stets ein Wackelkandidat. 1957 war es dann schließlich soweit – die Borussia stieg aus der Oberliga ab. Das war auch für Albert Brülls, der ein Jahr vorher mit der Nationalmannschaft der Amateure zu den Olympischen Spielen nach Melbourne geflogen war – eine bittere Pille. Doch der Wiederaufstieg ließ nicht lange auf sich warten – der ebenso elegante wie wuchtige Stürmer aus Anrath steuerte 23 Tore in der 2. Liga West bei. Ins Rampenlicht der deutschen Fußballöffentlichkeit trat Albert Brülls trotzdem erst am 5. Oktober 1960, als Borussia Mönchengladbach sensationell das DFB-Pokalfinale gegen den Karlsruher SC mit 3 : 2 gewann. Im Halbfinale hatte Albert Brülls schon den HSV mit seinem frühen Führungstor geschockt, nun gelang ihm gegen den KSC mit einem Schuß aus dreißig Metern der Siegtreffer. Bis dahin war so manchem Fan in Deutschland das Talent vom Bökelberg verborgen geblieben, obwohl der schon ein gutes Jahr vorher seine internationale Feuertaufe erlebt hatte. Aus Anlaß des 50jährigen Bestehens hatte der Luxemburgische Fußballverband eine deutsche und eine belgische Auswahl ins Großherzogtum eingeladen. Der DFB schickte dann nur eine bestenfalls drittklassige Mannschaft, worüber sich der Jubilar ziemlich ärgerte. Doch in dieser deutschen Mannschaft stand unter anderem Albert Brülls, der einige Monate später in Bern sein erstes »richtiges« Länderspiel bestritt und beim 4 : 0 gegen die Schweiz ein Tor erzielte. Von diesem Tag an war er quasi Stammspieler bei Sepp Herberger, der ihm schließlich für das WM-Aufgebot des Jahres 1962 das Trikot mit der Nummer zehn mit auf die Reise nach Chile gab. Als Brülls nach Deutschland zurückkam, stand er vor der wichtigsten Entscheidung seines

Lebens. Seine ganz persönliche Perspektive schwankte zwischen der beruflichen Sicherheit eines Tankstellenbesitzers in Mönchengladbach sowie eines 320–DM-Vertrages bei der Borussia und dem Umzug nach Italien. Von einem Tag zum anderen änderte sich sein Leben. An jenem Frühlingstag, als ein gewisser Renzo Vanucci bei ihm an der Tankstelle aufkreuzte und ihm eröffnete, er sei ein guter Bekannter des Präsidenten des AC Florenz. Albert Brülls zeigte zunächst nur schwaches Interesse. Aber ein paar Wochen später tauchte dann der Präsident der Florentiner selbst auf – ausgerechnet im Trainingslager der Nationalmannschaft in der Sportschule Wedau, wo sich der DFB auf die Weltmeisterschaft in Chile vorbereitete, suchte er Brülls. Sepp Herberger komplimentierte die italienische Abordnung kurzerhand hinaus. Doch nach der WM stoppte eines Tages ein Ferrari vor der Tankstelle von Albert Brülls – diesmal waren es Vertreter des AC Modena. Der war soeben in die italienische Nationalliga A aufgestiegen. Und diesmal wurde der Nationalspieler schwach – auch deshalb, weil der AC Modena das Handgeld von umgerechnet 40 000 Mark bündelweise in Lirescheinen gleich mitbrachte. Drei Jahre blieb Brülls in der Provinzstadt der Region Emilia-Romagna, wechselte dann in die Lombardei zum AC Brescia. Während dieser Zeit gab ihm der Deutsche Fußball-Bund keine Chance, die Länderspielkarriere fortzusetzen – die Deutschen taten sich schwer mit der Nominierung

ihrer im Ausland spielenden Stars. Doch 1966 holte ihn Helmut Schön zur Weltmeisterschaft in England noch einmal zurück, denn inzwischen waren auch Helmut Haller und Karl-Heinz Schnellinger in Italien gelandet. Albert Brülls verletzte sich allerdings vor dem Gruppenspiel gegen Spanien – es war ein schmerzvoller Abschied von der Nationalmannschaft, denn zum Finale gegen England wäre er wieder fit gewesen. Daß Schön ihn auf der Bank schmoren ließ, verzieh Albert Brülls dem Bundestrainer nie. Über Young Boys Bern, wo er Spielertrainer war, kehrte der Stürmer 1970 nach Deutschland zurück, weil seine Kinder hier die Schule besuchen sollten. Er ließ seine Karriere beim VfR Neuß ausklingen. Von seinem Plan, ein italienisches Restaurant in Mönchengladbach zu betreiben, rückte er nach einiger Zeit wieder ab. Statt dessen sammelte er Erfahrungen im Trainerjob beim VfR Neuss, 1. FC Mülheim und bei Fortuna Mönchengladbach. Später aber gab er auf. »Die Jungs haben heute keinen Ehrgeiz mehr«, sagte Albert Brülls, kehrte dem Fußball den Rücken und zeichnete in späteren Jahren verantwortlich für die Verwaltung und den Einsatz der Medien bei der Bildstelle des Kreises Neuss. Als Angestellter im Kultur- und Sportamt war er zuständig für die Verteilung von Unterrichtsmaterial an den Schulen.

BRUNKE, HANS

Geboren am 1. Oktober 1904,
gestorben am 6. März 1985
Sieben Länderspiele (1927 bis 1931)
Tennis Borussia Berlin

Zwei Eier und ein Butterbrot ...

In Berlin hatten sich die Fußballgemüter im Herbst des Jahres 1927 noch nicht beruhigt. Hertha BSC hatte es auch im zweiten Anlauf nicht geschafft, den Titel des deutschen Fußballmeisters an die Spree zu holen. Die 0:2-Niederlage gegen den 1. FC Nürnberg ausgerechnet im Olympiastadion war den Berlinern unter die Haut gegangen. Damals ahnte noch niemand, daß die »alte Dame« Hertha noch zweimal in Endspielen scheitern würde, um endlich im Jahre 1930 den großen Sprung zu schaffen. Hertha war in aller Munde, doch als Nationaltrainer Prof. Dr. Otto Nerz in diesem Herbst 1927 eine neue Mannschaft für die nahenden Olympischen Spiele in Amsterdam aufbaute, war nur ein Berliner dabei – und der kam nicht von Hertha BSC, sondern von Tennis Borussia. Hans Brunke erhielt gegen Dänemark in Kopenhagen seine erste Chance. Die Deutschen verloren 1:3 – und die olympische Bewährungsprobe stellte sich für Hans Brunke, dem linken Verteidiger, nicht – er fehlte im Aufgebot für Amsterdam. Die Fortsetzung seiner Laufbahn in der Nationalmannschaft verdankte der Kaufmann am 1. Juni 1929 der Tatsache, daß der DFB das Länderspiel gegen Schottland (1:1) nach Berlin vergeben hatte. Es fand vor 50 000 Zuschauern im Grunewaldstadion statt. 1931 beendete der Berliner seine Länderspielkarriere bei der 0:5-Niederlage in Wien gegen Österreich. Er hatte dort eine vertraute Umgebung, denn mit Emmerich und Kauer bildeten zwei weitere Spieler von Tennis Borussia die Säule der deutschen Deckung, die allerdings an der Donau gegen die Weltklasseelf der Österreicher ständig unter Druck stand. Hans Brunke war Berliner »Urgestein«. Er gehörte in den späten 20er und frühen 30er Jahren als Verteidiger zu den herausragenden Persönlichkeiten des brandenburgischen Fußballs. 58mal vertrat er Berlin in Repräsentativspielen – 1929 gewann er mit Brandenburg den Bundespokal. Bei Tennis Borussia, das in den »goldenen Zwanzigern« wiederholt Auslandsreisen antrat, war er ein Weggefährte von Sepp Herberger. Die Verhältnisse waren dennoch bescheiden. So überliefert die Chronik von »TeBe«, daß es ernsthafte Vorstandsdiskussionen gab, ehe endlich beschlossen wurde, den Fußballern der ersten Mannschaft nach ihren Spielen zwei Eier im Glas und ein Butterbrot zu bewilligen. Hans Brunke trug das Trikot seines Vereins, unberührt von dieser Entscheidung, auch noch nach Einführung der Gauliga.

BRUNNENMEIER, RUDOLF

Geboren am 11. Februar 1941
Fünf Länderspiele (1964 bis 1965), drei Tore
TSV 1860 München

Am Ende brüllte der »Löwe« nicht mehr

Er war ganz oben – und er landete ziemlich weit unten! Die Geschichte des Rudi Brunnenmeier liest sich wie der Begleittext zur Wetterkarte. Einem Hoch folgt stets ein Tief. Und darum ist die Lebensstory dieses außergewöhnlich talentierten Fußballers nicht wie jede andere. Torschützenkönig der Bundesliga, ein »Löwe«, den die Fans liebten, und ein begehrter Gigolo. 18 Jahre war Rudolf Brunnenmeier jung, als vor seiner Haustür bereits ein Porsche parkte. Später hatte er dann sein Herz an

schnelle Autos der Marke Mercedes verloren. Die Fans von 1860 München verehrten ihre Superstars »Radi« und Rudi. Der eine (Radenkovic) war für sie »der beste Torwart der Welt« – der andere (Brunnenmeier) schoß Tore, eines schöner als das andere. Rudi stammte aus Olching, einem Dorf an der Amper – auf halbem Wege zwischen Fürstenfeldbruck und Dachau. Aber seine nächste Station war bereits München 1860. Und hier fand Rudi Brunnenmeier sein Fußballglück. Mit über 5000 Mitgliedern waren die 60er in den 60er Jahren der größte deutsche Sportverein – und 1964 begann die große Ära des Vereins. Dem Pokalsieg von 1964 folgte der Einzug ins Europacupfinale der Pokalsieger. »Mit Zuckerbrot und Peitsche« hatte Max Merkel die »Löwen« angespornt und sie zu einer Mannschaft geformt, die es mit der europäischen Elite aufnehmen konnte. Rudi Brunnenmeier spielte in Merkels Konzept eine große Rolle, denn der war sein wichtigster Torjäger. Als 1860 München im Mai 1965 nach der 0:2-Niederlage gegen West Ham United aus dem Londoner Wembleystadion zurückkehrte, jubelten dennoch Tausende den »Löwen« auf dem Münchner Marienplatz zu. Zwei Jahre später stand Rudi Brunnenmeier mit seinen »Sechzigern« auf dem Gipfel – er war Deutscher Meister. Schon zur Weihnachtszeit hatte Max Merkel Wetten darauf abgeschlossen, daß er mit seiner Mannschaft am Ende einen Vorsprung von mindestens acht Punkten haben werde. Zwar waren es dann doch nur drei Zähler, doch München feierte eine große Mannschaft. Dem Triumph folgte die Krise – ein Abrutschen in wirtschaftliche Nöte. Die Schuldenlast des Vereins wurde immer größer – Präsident Wenzel versuchte, Rudi Brunnenmeier für eine halbe Million Mark an den FC Turin zu verkaufen. Das Geschäft kam nicht zustande – und das freute die Münchner Fußballgemeinde, denn Brunnenmeier war längst ein Star. 1965 war er mit 24 Treffern der Torschützenkönig der Bundesliga und damit Nachfolger von Uwe Seeler. Am 27. Februar 1965 war ihm das Kunststück gelungen, fünf Tore in einem Bundesligaspiel zu erzielen. Nationalspieler wurde Rudi Brunnenmeier im November 1964. Vor dem wichtigen WM-Qualifikationsspiel gegen Schweden in Berlin hatte er sich in zwei Tests empfohlen. Beim ersten stand er in Augsburg in einer Südauswahl, die der Nationalelf ein 1:1 abrang. Drei Wochen später war der Rechtsaußen in Düsseldorf beim 0:0 der Nationalmannschaft gegen Sheffield Wednesday dabei. Doch das erste seiner drei Länderspieltore im Spiel gegen Schweden war vielleicht sein wichtigstes. Mit einem Kopfball brachte er die Deutschen mit 1:0 in Führung. Daß er den Zug zum WM-Turnier 1966 nach England verpaßte, gehörte zu den großen sportlichen Enttäuschungen im Leben des Bayern, der im gleichen Jahr wegen einer Wirtshauskeilerei eine vierzehntägige Haftstrafe verbüßen mußte. 1968 verabschiedete sich Rudi Brunnenmeier dann von 1860 München. Er war 27 Jahre alt – nun zog es ihn ins Ausland. An der Isar ließ er ein Sechsfamilienhaus zurück und einen Friseursalon, den seine Frau betrieben hatte. Als er gut zehn Jahre später heimkehrte, waren die Freunde und Weggefährten von einst in alle Winde verstreut. Rudi Brunnenmeier suchte vergeblich Halt in der Millionenstadt, wurde Geschäftsführer in einer Nachtbar und landete schließlich nach einer Trunkenheitsfahrt am Steuer für ein halbes Jahr im Gefängnis. Von Glanz und Geld seiner großen Fußballzeit war ihm wenig geblieben.

BRUNS, HANS-GÜNTER

Geboren am 15. November 195
Vier Länderspiele (1984)
Borussia Mönchengladbach

»Brunos« gezähmtes Temperament

Die Ruhr beklagt ein Image, das dem Reiz seiner Ufer nicht gerecht wird. Der Fluß, der im Sauerland entspringt, windet sich bei Mülheim durch eine idyllische Landschaft mit Weiden und Parks, vorbei an Bauernhäusern in einer waldreichen Umgebung. Ein beliebtes Ausflugsziel des Ruhrgebiets ist hier der »Wasserbahnhof«, eine Insel in der Ruhr, wo die »Weiße Flotte« anlegt. Mülheim ist die Heimat des Hans-Günter Bruns, der bei Rot-Weiß spielte und den Günther Siebert dann in die A-Jugend des FC Schalke 04 holte. Die Entwicklung des blonden Fußballers, den sie alle nur »Bruno« nannten, war keineswegs kometenhaft. Vielmehr ging alles Schritt für Schritt voran. So spielte Bruns nach seiner Jugendzeit zunächst noch eine Weile bei den Schalker Amateuren. Viele sahen in ihm einen talentierten Mannschaftsspieler, doch nur wenige erkannten seine fußballerischen Fähigkeiten, die ihn über die breite Masse hinaushoben. »Der wird eine große Karriere machen«, sagte damals Hubert Schieth, Trainer bei Wattenscheid 09 und verpflichtete den Schalker Reservisten im Jahre 1977. Der Wechsel war ein Glücksfall für Hans-Günter Bruns, denn er war es leid, ständig nur zweite Wahl bei den »Königsblauen« zu sein. Lieber stieg er ab in

die 2. Liga Nord, wo er als Libero endlich den Durchbruch schaffte. Er blieb nur ein Jahr im Bochumer Stadtteil Wattenscheid, wechselte hinüber zu einem der »höchsten Berge« des deutschen Fußballs, zum Bökelberg nach Mönchengladbach, wo er Nachfolger des nach Spanien transferierten Weltmeisters Rainer Bonhof werden sollte. Eine Rucksack, der schwer für Bruns war. Und eines Tages waren die Gladbacher froh, Bruns an Fortuna Düsseldorf ausleihen zu können. Doch auch bei der Fortuna tat sich der Abwehrspieler schwer, legte sich häufig mit Trainer Otto Rehhagel an. So blieb auch Düsseldorf für Bruns nur eine Episode, und die Gladbacher waren zunächst alles andere als glücklich, als er eines Tages wieder am Bökelberg aufkreuzte, um seinen Vertrag zu erfüllen. Doch dann erlebte Trainer Jupp Heynckes, der die Nachfolge von Udo Lattek angetreten hatte, eine Überraschung. Plötzlich spielte Bruns wie umgewandelt, wurde im defensiven Mittelfeld und auf der Position des Liberos eine Trumpfkarte und zügelte auch mehr und mehr sein Temperament – manche sprachen gar von Jähzorn. Schnelligkeit, Schußstärke und Kampfeseifer – das waren die Tugenden von Bruns, der sich selbst eingestand, er sei drauf und dran gewesen, sein Talent zu »verschlampen«. Die späte Einsicht hatte noch einen positiven Nebeneffekt – im Alter von 29 Jahren debütierte Bruns in der Nationalmannschaft, gehörte bei der Europameisterschaft 1984 in Frankreich zum Kader Jupp Derwalls. Im Jahre 1990 verabschiedete er sich nach 366 Bundesligaspielen und 61 Toren von seiner Karriere als Fußballprofi. Zwischenzeitlich hatte er in seiner Freizeit den Bezirksligisten Phönix Essen trainiert.

BUCHLOH, FRITZ

Geboren am 26. November 1909
17 Länderspiele (1932 bis 1936)
VfB Speldorf

Ein mißratenes Debüt

Wo Wälder und Wiesen das Bild des Ruhrgebiets prägen, da stand die Wiege des Fritz Buchloh: In Speldorf, unweit des Kaiserbergs bei Mülheim. Beim VfB hütete viele Jahre später ein Jüngling das Tor, der für Westdeutschland schon als 18jähriger Unterprimaner einige Repräsentativspiele bestritten hatte und dabei durch sein gutes Stellungsspiel und durch seine Reflexe auf sich aufmerksam machte: Fritz Buchloh. Dabei war dessen Weg als Torwart keineswegs vorgezeichnet – vielmehr fand der junge Fußballer eher Gefallen an den Positionen des Verteidigers oder des Stürmers. Doch eines Tages fehlte in seiner Mannschaft der Stammtorwart – und Fritz Buchloh sprang ein. Der junge Mann von der Ruhr war fortan kein Draufgänger, sondern eher ein berechnender Schlußmann. Einer, der fest zupackte und dessen Paraden nicht nur seine Anhänger begeisterten. Gemeinsam mit Hans Jakob, der zunächst sein Rivale und später sein Freund war, begann die internationale Karriere von Fritz Buchloh, die auch insofern ungewöhnlich war, weil er von einem zweitklassigen Verein kam. Bei Prof. Dr. Otto Nerz absolvierten Buchloh und Jakob ihre ersten Lehrgänge mit der Nationalmannschaft. Heinz Mahlmann vom Hamburger SV und der junge Düsseldorfer Willy Wigold kamen gemeinsam mit Fritz Buchloh am 4. Dezember 1932 zu ihrem ersten Länderspiel. Holland war in Düsseldorf der Gegner. Bereits vor der Pause hatten die Fußballer aus dem Land der Tulpen vor 50 000 Zuschauern zwei Tore geschossen – und für Fritz Buchloh, der für Hans Jakob zwischen den Pfosten stand, war das Debüt gänzlich verdorben. Doch der elegante Schlußmann aus Speldorf machte seinen Weg und kam dennoch zu 17 Länderspielen. Zweimal lösten sich Jakob und Buchloh ab, weil sie jeweils verletzt waren. Am Neujahrstag 1933 widerfuhr Hans Jakob dieses Pech bei der 1 : 3-Niederlage gegen die Italiener in Bologna. Drei Jahre später »revanchierte« sich dann Hans Jakob, der für den verletzten Fritz Buchloh beim deutschen 3 : 1-Sieg 1933 in Lissabon gegen Portugal eingewechselt wurde. Buchloh war unsanft mit dem spanischen Mittelstürmer Soeira kollidiert. 1936 verabschiedete sich Buchloh aus der Nationalmannschaft. Es war keine gute Zeit für den deutschen Fußball, der zur Überraschung der Fachwelt und zum Entsetzen der Nazigrößen bei den Olympischen Spielen in Berlin früh gescheitert war. Der Torwart von der Ruhr wechselte später auf Vermittlung von Nerz zu Hertha BSC (in dieser Zeit erwarb er sein Diplom an der Reichsakademie) und dann zu Schwarz-Weiß Essen, bestritt Repräsentationsspiele für Westdeutschland (25), den Niederrhein (18) und Berlin (3). Er schlug eine kommunale Verwaltungslaufbahn im Mülheimer Rathaus ein. Nach dem 2. Weltkrieg war er eine Zeitlang Zivilinternierter in Frankreich, erholte sich allmählich von elf Knochenbrüchen, die er als Soldat erlitten hatte, und lebte zunächst im Hunsrück. 1948 übernahm er die Trainingsleitung der isländischen Fußballnationalmannschaft. Kontakte in den hohen Nor-

den hatte er schon vor dem Krieg geknüpft. Er war der erste deutsche Sportdiplomat im Ausland nach dem 2. Weltkrieg. Später war er dann Verbandstrainer in Duisburg, betreute eine Weile Schwarz-Weiß Essen und arbeitete als Repräsentant einer großen Industriefirma, ehe er sich selbständig machte und ein Unternehmen, das dem Bergbau nahestand, gründete. Im September 1957 gehörte Fritz Buchloh zu denen, die den Bund Deutscher Fußballlehrer ins Leben riefen. Er war mehr als ein Vierteljahrhundert dessen Schatzmeister und seit 1978 dessen Ehrenmitglied. Er leitete den VfB Speldorf und wurde später dessen Ehrenvorsitzender.

BUCHWALD, GUIDO

Geboren am 24. Januar 1961
72 Länderspiele (von 1984 bis 1994), vier Tore
VfB Stuttgart

Der Musterschwabe von der Spree

Daß Guido Buchwalds Wiege an der Spree und nicht am Neckar stand, können sich nur wenige vorstellen. Mit ihm verband sich bei vielen Fußballfreunden über viele Jahre hinweg der Inbegriff des rechtschaffenen Schwaben. Doch »richtiger« Berliner war Guido nur ganze 18 Monate lang, dann bewarb sich sein Vater Werner auf eine Position bei der Deutschen Bundesbahn – und die Buchwalds zogen in die Nähe von Reutlingen. Die ersten Schritte als Fußballknirps machte Guido Buchwald

beim SV Wannweil und beim TSV Pliezhausen. Nach der mittleren Reife absolvierte er eine Ausbildung zum Elektroinstallateur. 1978 streifte er sich dann das Trikot der Stuttgarter Kickers über, um fünf Jahre später aus Degerloch hinunterzuziehen ins Tal des Neckar – zum VfB. So leicht fiel ihm dieser Wechsel nicht, denn bei den Kickers hatte der junge Buchwald das erste große sportliche Erlebnis – er wurde 1979 deutscher Jugendmeister nach einem 2 : 1-Endspielsieg gegen den 1. FC Nürnberg. Im Jahr darauf folgte für den defensiven Mittelfeldspieler die einzige Nominierung in die U-21-Nationalmannschaft, der in späteren Jahren neun weitere für die Olympiaauswahl folgen sollten. Die olympischen Träume zerstoben im August 1984 in Pasadena im Viertelfinale gegen Jugoslawien (2 : 5). Zu diesem Zeitpunkt hatte sich der fleißige Arbeiter schon einen Namen beim VfB gemacht – er war beliebt wegen seiner Vielseitigkeit; er spielte auf fast allen Positionen der Deckung. Der Gewinn der Deutschen Meisterschaft im Jahre 1984 war für Guido Buchwald das überragende fußballerische Ereignis seiner frühen Profitage. Nicht so glanzvoll verlief für ihn, der beim Jubiläumsspiel der FIFA zwischen Deutschland und Italien in Zürich (1 : 0) im Mai 1984 in der Nationalelf debütierte, das EM-Turnier in Frankreich. So mancher sah ausgerechnet in Buchwald den Grund des Scheiterns, obwohl der Stuttgarter im entscheidenden Spiel gegen Spanien im Prinzenparkstadion von Paris gar nicht dabei war. Dennoch bekam die internationale Karriere Buchwalds zunächst einen Knick, denn er wurde erst zwei Jahre später wieder berufen, verpaßte auch den Sprung in Beckenbauers Kader für die Weltmeisterschaft in Mexiko. Für den Abwehrrecken war diese Streichung eine herbe Enttäuschung, zumal ihm Assistenztrainer Horst Köppel noch gesagt hatte, er sei in Mexiko dabei. Beckenbauer, der Teamchef, zog seine Konsequenzen aus seiner schwierigen Nominierungsqual vor der WM 1986 – er kündigte an, fortan nie mehr eine höhere Zahl an Spielern zum letzten Lehrgang einzuladen, als er schließlich zu einem großen Turnier mitnehmen konnte. Buchwalds Ärger verrauchte nur langsam, war aber schließlich vergessen, als er vier Jahre später in Italien den Gipfel erreichte – er war Weltmeister! Und er kehrte vom Turnier in Italien als einer der populärsten Spieler des neuen Champions zurück. Seine Freunde nannten ihn fortan »Diego« – in Anlehnung an Argentiniens Weltstar Maradona. Der »Kicker« sah in ihm den »Spätzle-Maradona«. Als nach dem Triumph von Rom der italienische Erstligist FC Parma bei

ihm anklopfte, erhielt Buchwald nicht die erhoffte Freigabe seines VfB Stuttgart. Er blieb also notgedrungen im »Ländle« und unterschrieb einen neuen Dreijahresvertrag bis 1994. Schon 1992 gewann er mit dem VfB seine zweite deutsche Meisterschaft. Im letzten Saisonspiel köpfte er die Schwaben drei Minuten vor Schluß in Leverkusen zum Sensationstitel. Nach dem enttäuschenden Abschneiden der deutschen Nationalmannschaft in den USA wechselte Guido Buchwald 1994 zum japanischen Erstligisten Red Diamonds Urawa, wo er angeblich eine Million Mark netto pro Saison erhielt. Der VfB Stuttgart ernannte ihn bei seinem Abschied zum »Ehrenspielführer«. Zu diesem Zeitpunkt war er längst Mitinhaber eines Tenniscenters in Kirchentellinsfurt. Außerdem war er Mitgesellschafter einer Bürokommunikationsfirma und Inhaber eines Sportgeschäfts.

BUDZINSKY-KRETH, LOTHAR

Geboren am 7. August 1896,
gestorben am 1. März 1955
Ein Länderspiel (1910)
Duisburger SV

Vom Zuschauer zum Nationalspieler

Der Duisburger Spielverein war zehn Jahre nach seiner Gründung eine Macht im Ruhrkreis. 1910 scheiterten die Fußballpioniere von der Wedau als Ligameister nach hohen Siegen gegen den BV 1899 Osnabrück, BV Solingen und Kasseler FV erst in der Endrunde zur deutschen Meisterschaft an dem späteren Titelträger Karlsruher FV mit 0 : 1. Einer der Leistungsträger dieser Mannschaft war Lothar Budzinsky-Kreth, der sich als Läufer einen guten Namen im Duisburger Raum gemacht hatte. Doch unter normalen Umständen hätte es für ihn nie zu einem Länderspieleinsatz gereicht. Lothar Budzinsky-Kreth war am 16. Mai 1910 einer von denen, die in ihrer Heimatstadt als Zuschauer auf den Rängen weilten und auf den Anpfiff des Länderspiels zwischen Deutschland und Belgien warteten. Doch aus unerfindlichen Gründen waren nur sieben deutsche Spieler rechtzeitig in Duisburg eingetroffen, und 4000 Zuschauer wurden allmählich ungeduldig. So schauten sich die Duisburger Organisatoren dieses ungewöhnlichen Länderspiels auf den Rängen um und fanden unter den Besuchern auch den 24jährigen Fußballer des Duisburger SV. 0 : 3 verloren die Deutschen – und nach diesem Spiel verlor sich auch der Weg des Lothar Budzinsky-Kreth.

BÜLTE, OTTO

Geboren am 4. September 1896
Ein Länderspiel (1910)
Eintracht Braunschweig

Bankbeamter aus der »Löwenstadt«

In der Stadt Heinrichs des Löwen blühte der Fußball bereits um die Jahrhundertwende, und auf dem Eintracht-Platz schaute auch schon mal Herzog Johann Albrecht vorbei. 1908 wurden die Braunschweiger Fußballer Nordmeister nach einem 3:1-Sieg gegen Viktoria Hamburg. Zu dieser Meistermannschaft gehörte auch Otto Bülte, der rechter Läufer war und mit Hagemann und Poppe eine schlagkräftige Achse der Eintracht bildete. Der Lohn für gute Leistungen folgte für Otto Bülte im Herbst 1910 in Form einer Einladung ins Grenzstädtchen Kleve, wo am 16. Oktober das Länderspiel gegen Holland stattfand. 10 000 Zuschauer drängten sich im Stadion, und die Deutschen waren chancenlos gegen die harmonisch auftrumpfende Gästeelf. Dem Kieler »Adsch« Werner im Tor war es zu verdanken, daß die deutsche Elf nur mit 1:2 verlor. Otto Bülte wechselte später zum BFC Preußen nach Berlin und übte dort den Beruf des Bankbeamten aus.

BURDENSKI, DIETER

Geboren am 26. November 1950
Zwölf Länderspiele (1977 bis 1984)
Werder Bremen

Die große Karriere des »kleinen Budde«

Der November 1950 war für die Familie Burdenski gleich in verschiedener Hinsicht ein ganz besonderer Monat. Am Zweiundzwanzigsten schoß Vater Herbert das erste Nachkriegstor einer deutschen Fußballnationalelf. Es war ein Elfmeter, und er wurde von einer schier unüberschaubaren Menschenmenge in Stuttgarter Neckarstadion im Spiel gegen die Schweiz bejubelt. Vier Tage später hielt Herbert Burdenski seinen Sprößling im Arm – er kam in Bremen zur Welt, der neuen sportlichen Heimat des Herrn Papa. Doch Dieter Burdenskis tatsächliche Heimat war die seiner Eltern – in Gelsenkirchen wuchs er auf. Der »kleine Budde« spielte dort, wo früher mal das Schalker Stadion stand – in Bergerfeld, und eigentlich wollte Dieter in seinen ganz jungen Jahren lieber Tore schießen. Doch er war zu schmächtig, und man schickte ihn

ins Tor. Erst als B-Jugendlicher, als er über den STV Horst-Emscher schließlich bei der großen Liebe seines Vaters, beim FC Schalke 04, gelandet war, stellte sich bei Dieter Burdenski ein Wachstumsschub ein. Mit einem intensiven Medizinballtraining half er den Muskeln nach. Als Jugendspieler stand er im Tor der Westfalenauswahl, doch auch hier war die Konkurrenz groß. Zwar wurde Burdenski mit 18 Lenzen in den Lizenzspielerkader von Schalke 04 aufgenommen, doch fast immer stand ihm Norbert Nigbur im Wege. Im Jahr darauf kollidierte er auch noch mit dem Bundesligaskandal und wechselte dann 1971 zu Arminia Bielefeld. Aber die Ostwestfalen mußten die Bundesliga zwangsverlassen, worauf Dieter weiter auf den Spuren seines Vaters wandelte und bei Werder Bremen unterschrieb. Aber auch an der Weser stand ein Routinier im Tor – Günter Bernard. Der »zweite Mann« übte sich fortan in Geduld und baute auf den Faktor Zeit. »Der wird noch mal Nationaltorwart. Spätestens dann, wenn er das Zappelige abgelegt hat«, sagte einst sein Trainer Egon Piechaczek. Der sollte recht behalten, denn als Bernard abtrat und sich Dieter Burdenski eines Stammplatzes im Bremer Tor erfreute, überzeugte er alle mit seiner Fangkunst. Schwächen offenbarte er hier und da in der Strafraumbeherrschung. 1977 absolvierte er sein erstes Länderspiel, doch ein Jahr später, als er Sepp Maier beim Test in Stockholm gegen Schweden nach dem Wechsel vertrat, unterlief ihm ein Lapsus, der prompt zu einem Gegentor führte. Es spricht für die Stärke Burdenskis, daß er es zu weiteren zehn Länderspielberufungen brachte, obwohl er mit dem SV Werder 1979 in ein tiefes Tal rutschte, 93mal hinter sich greifen mußte und den Abstieg aus der Bundesliga nicht verhindern konnte. Im Jahr darauf reparierten die Hanseaten, nicht zuletzt dank der Künste ihres Torwarts, den »Betriebsunfall« und reiften zu einer deutschen Spitzenmannschaft. In den verschiedenen Mannschaften des DFB absolvierte Dieter Burdenski insgesamt 28 Spiele. Als er 1988 abtrat, hatte er es auf 478 Einsätze in der Bundesliga gebracht, doch zum alten Eisen ließ er sich auch mit 42 Jahren nicht stempeln, sondern sich vielmehr vom schwedischen Spitzenklub AIK Stockholm zu einem Gastspiel überreden, als sich dort alle Torwarte verletzt hatten. Anschließend klopfte Vitesse Arnheim aus der holländischen Ehrendivision bei ihm an, wo er dreimal einsprang. Später half er beim Bezirksligisten VfB Auerbach im Vogtland aus. Hier unterhielt er eine Jugend-Fußballferienschule im Waldpark Grünheide. Außerdem betrieb Burdenski eine Werbeagentur und zwei Sportgeschäfte in Bremen-Brinkum. Als Organisator von Hallenfußballturnieren machte er sich seit den achtziger Jahren vor allem im Norden und Nordosten Deutschlands einen guten Namen.

BURDENSKI, HERBERT

Geboren am 19. Mai 1922
Fünf Länderspiele (1941 bis 1951), zwei Tore
Schalke 04, Werder Bremen

»Mach' Du das ...«

Der 2. Weltkrieg hatte das Leben in Deutschland längst verändert. Die Zeiten waren hart, und der Fußballspielbetrieb hatte zwischen Kiel und Konstanz die ersten Opfer zu beklagen. Am 5. Oktober 1941 reisten die Deutschen dennoch gleich mit zwei Nationalmannschaften nach Skandinavien. Eine Formation spielte in Stockholm und verlor gegen Schweden 2:4, eine andere gewann zur gleichen Stunde in Helsinki gegen Finnland 6:0. Zu den Siegern dieses Tages gehörte auch Herbert Burdenski, der Rechtsaußen der Schalker. »Budde« war ein Kind des Kohlenpotts, hatte zwischen 1933 und 1939 beim SV Erle 08 gespielt und war dann den »normalen« Weg aller Fußballtalente der Region – zu den »Knappen« – gegangen. Ernst Kuzorra entdeckte ihn in Erle, und als 17jähriger debütierte Burdenski beim 7:2-Sieg gegen Arminia Marten für den FC Schalke 04. Bis zum Ende des Spielbetriebs in Deutschland im Jahre 1944 spielte der junge Herbert Burdenski bei den »Königsblauen« in Gelsenkirchen (eine Zeitlang als Gastspieler in Königsberg) und wurde mit den Schalkern zweimal Deutscher Meister (1940 und 1942). Nach einer kurzen Zeit bei Eintracht Braunschweig kehrte er nach dem 2. Weltkrieg über Erle 08 und Buer 07 zunächst zu den Schalkern zurück. Am 23. Februar 1947 steuerte er in einem Punktspiel gegen die Spvgg Herten nicht weniger als elf Tore zum 20:0-Sieg der Gelsenkirchener bei. Herbert Burdenski war der »Allrounder« schlechthin. Bei den Schalkern wurde er als Mittel- und Halbstürmer, als Flitzer an der Außenlinie, als Läufer und Verteidiger aufgeboten. Er überzeugte durch seine Dynamik und durch seine außerordentliche Sprungkraft. Seine Karriere beendete er schließlich bei Werder Bremen, wohin es ihn auch wegen der besseren beruflichen Chancen zog. Dort stand mit dem Kroaten Dragomir Ilic ein schnauzbärtiger reaktionsschneller Mann im Tor – und Burdenski war als Verteidiger meist in

seiner Nähe. Im Mai 1950, beim 4:3-Sieg einer Nordauswahl gegen den Westen in Köln, imponierte Herbert Burdenski seinem alten Lehrmeister Sepp Herberger in seiner neuen Rolle in der Deckung. Wenig später flatterte dem inzwischen 28jährigen eine Einladung des Deutschen Fußball-Bundes für das erste Nachkriegsländerspiel am 22. November 1950 gegen die Schweiz in Stuttgart auf den Tisch. 30 Sonderzüge rollten an den Neckar – der altersschwache Stadionzaun konnte die Massen nicht vom Sturm abhalten. Am Ende schauten fast 120 000 Menschen diesem Spiel zu. Und da sie bis an den Spielfeldrand vordrangen, mußte Berni Klodt bei seinen Eckstößen stets erst ein paar Zuschauer bitten, etwas zurückzutreten. Über hundert Besucher dieses Spiels mußten sich in die Obhut von Sanitätern begeben, weil es noch keine Wellenbrecher auf den Stehplatzrängen des Neckarstadions gab. Mit einem Handelfmeter in der 42. Minute sicherte Burdenski den Deutschen den 1:0-Sieg gegen die Eidgenossen. Ursprünglich hatte sich Bundestrainer Sepp Herberger für den Fall der Fälle drei Elfmeterschützen ausgesucht – neben Burdenski waren auch Max Morlock und Ottmar Walter vorgesehen. Doch dann rief Jackl Streitle: »Budde, geh' nach vorn – mach' Du das ...« Auch beim Rückspiel gegen die Schweiz im April 1951 in Zürich war Burdenski beim 3:2-Sieg dabei. Dies war sein Abschied aus der Nationalmannschaft. Seine Karriere bei Werder Bremen beendete er drei Jahre später, 1954, mit dem Gastspiel von Austria Wien an der Weser. Herbert Burdenski blieb dem Fußball verbunden und wurde Trainer, obwohl er in seinen jungen Jahren so ganz nebenbei auch noch eine Ausbildung zum Industriekaufmann beendet hatte. Unter anderem wirkte er dort, wo für ihn die Fußballwiege stand – in Erle. Später dann beim STV Horst-Emscher, in Bottrop und Herne, bei Rot-Weiß Essen, Borussia Dortmund, MSV Duisburg, Werder Bremen, Wuppertaler SV und Rot-Weiß Lüdenscheid. Bei den Gelsenkirchener Stadtwerken stand er später im Beamtenverhältnis, doch 1967 setzte sich »Budde« noch einmal auf die Schulbank und wurde Sportlehrer an einer Mittelschule. Sein Sohn Dieter brachte es ebenfalls zur Ehre eines Nationalspielers. Er war als Torwart in zwölf Länderspielen dabei. »Budde senior« war im reifen Alter der Chef in Schalkes bester Stube; im »Palisanderraum« des Gelsenkirchener Parkstadions empfing er die VIP-Gäste. Außerdem war er ein begeisterter Chronist des Traditionsvereins, der seinen Nationalspieler mit Ehrungen überhäufte.

BURGER, KARL

Geboren am 26. Dezember 1883,
gestorben am 3. Oktober 1959
Elf Länderspiele (1909 bis 1912), ein Tor
Spvg. Fürth

Torschütze in der Trostrunde

Karl Burger war ein waschechter Schwabe. Bei den Sportfreunden Stuttgart hatte er zum Fußball gefunden, über Schwaben Augsburg gelangte der offensive Außenläufer am 19. April 1908 zur Spielvereinigung Fürth. Er bekam die Mitgliedsnummer 77 und bildete mit Krauß und Werner eine starke Achse in der Frühgeschichte des Fürther Fußballs. Aus dieser Zeit datiert auch das erste Erfolgserlebnis des Vereins. Am 6. Dezember 1908 rangen die Fürther dem Nachbarn 1. FC Nürnberg auf dem Platz an der Vacher Straße ein 3 : 3 ab. Karl Burger wurde Kapitän seiner Mannschaft und fand in dem englischen Trainer William Townley, der am 8. April 1911 verpflichtet wurde, einen starken Förderer. Der fußballspielende Kaufmann war 25 Jahre alt, als ihn die erste Einladung zur Nationalmannschaft erreichte. Am 4. April 1909 sollte er sich in Karlsruhe zum Spiel gegen die Schweiz einfinden. Groß war seine Überraschung, als er wenig später erfuhr, daß am gleichen Tage eine zweite deutsche Nationalmannschaft im fernen Budapest auf Ungarn treffen würde. Vermutlich wollte der DFB den ständig schwelenden Streit um die besten deutschen Fußballer beenden und nominierte kurzerhand eine norddeutsche Elf für Budapest und eine süddeutsche für Karlsruhe. In Ungarn erreichten die Deutschen ein 3:3, in Karlsruhe behaupteten sie sich gegen die Schweiz mit 1 : 0. Karl Burger war als rechter Läufer dabei, und da er einer der Besten war, durfte er ein Jahr später auch in Basel gegen die Schweiz spielen. 1912 gehörte der Fürther zum deutschen Aufgebot bei den Olympischen Spielen in Stockholm. Beim 16 : 0-Kantersieg gegen Rußland in der Trostrunde des Turniers – bei der vorausgegangenen 1 : 5-Niederlage gegen Österreich kam er nicht zum Einsatz – erzielte Karl Burger sein einziges Tor. Viele Jahre lang war er die große Stütze der süddeutschen Auswahl, mit der er 1910 und 1912 den Kronprinzenpokal gewann. Am 31. Mai 1914 wurde Karl Burger mit seiner Spvg. Fürth Deutscher Meister. In Magdeburg bezwangen die »Kleeblätter« den VfB Leipzig in der Verlängerung mit 3 : 2. Das Spiel war zu Ende, als Karl Franz in der 154. Minute (!) das dritte Fürther Tor gelang. In den letzten Jahren seiner aktiven Lauf-

bahn stand Karl Burger auf der Verteidigerposition. So auch während des 1. Weltkrieges, als er wieder das Trikot der Stuttgarter Sportfreunde überstreifte. Zwischenzeitlich war er aber auch in Breslau und Dresden aktiv. 1921 kam Karl Burger nach Augsburg, wo er beim 3. Bayerischen Infanterie-Regiment seine einjährige Militärzeit »abdiente«. Er spielte beim MTV Augsburg, wurde später dann Spielertrainer des TSV Augsburg. 1922 führte er seine Mannschaft zur Süddeutschen Meisterschaft. Danach betreute er unter anderem die Sportfreunde Stuttgart. Im Jahre 1948 erhielt er die Goldene Ehrennadel der Spvg. Fürth. Ende der 30er Jahre führte er im württembergischen Waibstadt den »Waibstädter Hof«. Seinen Lebensabend verbrachte Karl Burger in Freudenstadt.

BURGSMÜLLER, MANFRED

Geboren am 22. Dezember 1949
Drei Länderspiele (1977 bis 1978)
Borussia Dortmund

»Juwelen funkeln auch im Alter«

»Manni« – das ist die Geschichte eines der besten Schützen, die jemals in der Bundesliga spielten. Das ist aber auch die Story von einem Jungen, der aus bescheidenen Verhältnissen auszog in die Welt des Fußballs und heimkehrte als einer der größten Publikumslieblinge. Doch hinter nackten Zahlen (447 Bundesligaspiele und 213 Tore) verbirgt sich eine Menge Arbeit. Auch Manfred Burgsmüller fiel trotz seines großen Talents nichts in den Schoß. In Essen wurde er geboren, beim VfB Rellinghausen 08 spielte er in seiner Jugendzeit. Doch eines Tages überredete ihn sein Bruder zum Wechsel zu Rot-Weiß Essen, und fast täglich fuhr er mit dem Bus quer durch die große Stadt zum Training. Herbert Burdenski war bei RWE der Coach, aber dem leichtgewichtigen »Manni« ließ er die Zeit zur Reife, zumal der junge Stürmer auch noch die Ausbildung bei der Bundeswehr absolvierte. Drei Jahre lang fristete Burgsmüller das Dasein eines Reservisten bei RWE, dann kam 1971 ein Angebot von Bayer Uerdingen – Burgsmüllers erste große Chance. In der Krefelder Grotenburg verfeinerte er seine Spielkultur, lernte taktische Winkelzüge und wurde zweimal Torschützenkönig der Regionalliga West. Der belgische Traditionsklub Anderlecht wollte ihn daraufhin haben, Borussia Mönchengladbach legte ihm einen unterschriftsreifen Vertrag vor, doch Manfred Burgsmüller entschied sich gänzlich anders – er ging zurück zu RWE nach Essen. »Aus privaten Gründen«, ließ er die staunende Fangemeinde wissen – und damit basta! Als ihm mit 28 Jahren die erste Einladung zu einem Länderspiel (in Stuttgart gegen die Schweiz) auf den Tisch flatterte, bereute er es, drei Jahre vorher nicht in Mönchengladbach unterschrieben zu haben. Der Weg vom Bökelberg in die Nationalelf wäre nicht so weit gewesen wie der von der Essener Hafenstraße. Aber die hatte Burgsmüller über den Umweg eines erneuten Engagements in Uerdingen mittlerweile verlassen. Er trug das Trikot von Borussia Dortmund. Als das »Manni für Deutschland« durch das Westfalenstadion hallte, kam der Ruf schließlich beim Bundestrainer an. Worauf in einer Essener Zeitung zu lesen war: »Einst nannten wir ihn Murksmüller, jetzt müssen wir ihn hochachtungsvoll in Burgsknüller umtaufen.« Unter der Regie von Trainer Udo Lattek hatte sich der eigenwillige Blondschopf gewandelt. Aus dem einstigen »bösen Buben«, dem manche auch einen Anflug von Arroganz nachsagten, war ein Musterprofi geworden. Doch zu einem Dauerbrenner in der Nationalelf wurde der Torjäger nicht, was Burgsmüller ziemlich ärgerte. Bundestrainer Jupp Derwall plante langfristig und war davon überzeugt, daß er mit einem mittlerweile Dreißigjährigen keinen Neuaufbau seiner Nationalmannschaft starten könne. Burgsmüller konterte: »Ich fühle mich so stark wie nie zuvor.« Was er mit einem ungewöhnlichen persönlichen Rekord untermauerte: Am 6. November 1982 traf er fünfmal beim 11:1 der Borussia gegen Arminia Bielefeld. Und dennoch: Zu diesem Zeitpunkt konnte niemand ahnen, daß der drahtige Exzentriker noch zehn Jahre später in der Bundesliga für Furore sorgen würde. 1983 wechselte Burgsmüller zum 1. FC Nürnberg, konnte dort den Abstieg des »Clubs« aber nicht verhindern. Rot-Weiß Oberhausen war seine nächste Station, wo er als 35jähriger noch einmal Torschützenkönig der 2. Bundesliga wurde. »Juwelen funkeln auch im Alter«, sagte sein Trainer Friedel Elting über Burgsmüller, der längst ein zweites berufliches Standbein hatte. Er betrieb in Essen eine Firma, die sich auf Decken, Beleuchtungen, Akustik und Wandverkleidungen spezialisiert hatte. Während seiner Oberhausener Zeit war Burgsmüller außerdem Repräsentant einer Immobilienfirma. Keine Frage: Der Mann war vom Erfolg verwöhnt. Trotzdem schüttelten manche den Kopf, als Otto Rehhagel den »Oldie« für den SV Werder Bremen verpflichtete. Der Trainer sah in diesem Transfer allerdings ein Schnäppchen – »Mannis« Kurswert war inzwischen auf 150 000 Mark gefal-

len. Das Vertrauen dankte er Rehhagel bis zu seinem endgültigen Abschied im Jahre 1990 in Form von 34 Toren in 115 Spielen. Nach seiner aktiven Zeit betrieb Manfred Burgsmüller in Bremen eine Sportmarketing-Agentur, verhandelte im Auftrage des Sportartikelherstellers Reebok mit Bundesligavereinen und repräsentierte die Firma Ritzenhoff-Kristall. 1996 klopften die American-Footballspieler von Rhein Fire Düsseldorf bei ihm an, die ihn als »Kicker« verpflichteten.

BURKHARDT, THEODOR

Geboren am 31. Januar 1905,
gestorben am 14. März 1958
Ein Länderspiel (1930)
Germania Brötzingen

Ein Feuerwerk in Dresden

In Brötzingen, vor den Toren des Goldschmiede-Städtchens Pforzheim, war Theodor Burkhardt zu Hause. Beim FC Germania wurde er vom Bazillus Fußball infiziert, und schon in jungen Jahren war er ein brauchbarer Abwehrspieler. Einige Male hatte der junge Mann aus der Provinz Einladungen zu Lehrgängen erhalten und dort nachhaltigen Eindruck bei Trainer Prof. Dr. Otto Nerz hinterlassen. Am 28. September 1930 schlug für Theodor Burkhardt dann die große Stunde. Er war vor 50 000 Zuschauern beim Länderspiel gegen Ungarn in Dresden als linker Verteidiger dabei. Der große Willibald Kreß stand im Tor, und »König« Richard Hofmann trumpfte vor »seinen« Dresdnern groß auf. 5:3 gewann die deutsche Nationalmannschaft, doch Theodor Burkhardt war verständlicherweise ziemlich nervös. Ein kapitaler Fehler des Brötzingers führte sogar zur frühen 2:0-Führung der Magyaren, die zur Pause sogar auf 3:0 davongezogen waren, ehe sie im Feuerwerk des deutschen Angriffs nach dem Seitenwechsel noch geschlagen wurden. Ein denkwürdiges Länderspiel – auch für Theodor Burkhardt, denn es war sein einziges in der Repräsentativauswahl. Mehr Erfolg hatte er in seinem Heimatverein in Brötzingen, wo Wilhelm Heidlauf für den schnellen Mann die ideale Ergänzung in der Verteidigung darstellte. Das Fachblatt »Fußball« forderte den Deutschen Fußball-Bund sogar auf, beide zu einem Länderspiel zu berufen. Statt dessen machte das Duo im Ländertreffen Baden – Elsaß auf sich aufmerksam. Später wechselte Theodor Burkhardt von Brötzingen in die Nachbarstadt, zum 1. FC Pforzheim.

BUSCH, WILLY

Geboren am 4. Januar 1907
13 Länderspiele (1933 bis 1936)
Duisburg 99

In der »westdeutschen Auswahl«

Mit einer weithin international unerfahrenen
Mannschaft begann Reichstrainer Prof. Dr. Otto
Nerz im Herbst des Jahres 1933 die Vorbereitungen
für die Weltmeisterschaftsendrunde in Italien. Für
den ersten Test gegen Belgien in Duisburg nominierte er fünf Neulinge. Und auch die übrigen
waren, sieht man einmal von dem Düsseldorfer
Rechtsaußen Ernst Albrecht ab, der die Kapitänsbinde trug, noch ziemlich grün hinter den Ohren.
In der komplett westdeutschen Auswahl sorgte
Willy Busch, der Duisburger, für Lokalkolorit. Er
war ein »Neunundneunziger« und kam damit von
jenem Verein, der in diesem Jahr 1933 am Niederrhein deutlich im Schatten von Hamborn 07 stand.
Doch Willy Busch griff die erste sich ihm bietende

große Chance mit beiden Händen und gewann
einen Stammplatz in der Nationalmannschaft. Gegen Belgien gab es einen 8 : 1-Sieg – gemeinsam mit
»Eddy« Hundt räumte Busch in der Abwehr kräftig
auf. Der resolute Verteidiger vom Niederrhein verschaffte sich viel Respekt. Nach guten Leistungen in
den Testspielen gegen Derby County in Frankfurt,
Köln und Dortmund gehörte der Duisburger zum
18köpfigen deutschen Aufgebot für die Weltmeisterschaft in Italien. Mit ihm gewann die Nationalelf das Spiel um Platz drei gegen Österreich in Neapel mit 3 : 2. In seinem letzten Länderspiel trug
Willy Busch am 27. September 1936 in Krefeld beim
7 : 2-Erfolg gegen Luxemburg sogar die Armbinde
des Mannschaftskapitäns. Zwei Jahrzehnte lang
hielt er seinem Verein in Duisburg die Treue. Vom
aktiven Fußball in der ersten Mannschaft verabschiedete sich Willy Busch erst zwölf Jahre später,
nämlich 1948. Danach trainierte er die Mannschaft,
von der er sich soeben als Spieler verabschiedet hatte.
Er übte in Duisburg neben seiner Fußballertätigkeit
den Beruf eines Städtischen Angestellten aus.

C

CIESLARCZYK, HANS

Geboren am 3. Mai 1937
Sieben Länderspiele (1957 bis 1958), drei Tore
SV Sodingen, Borussia Dortmund

»Cissy« – schneller Mann aus Sodingen

Sodingen ist ein Flecken vor der Haustür von
Herne, und die Sodinger wußten nie so recht, ob sie
nun Herne oder Castrop-Rauxel als ihren wichtigsten Nachbarn betrachten sollten. Der SV Sodingen
wurde im Jahre 1912 gegründet und spielte in den
frühen Jahren der Oberliga West nach dem 2. Weltkrieg eine beachtliche Rolle. Auf ihrem Platz unweit der Fördertürme der Zeche Mont Cenis reiften
immerhin vier Nationalspieler: Gerhard Harpers,
Joseph Marx, Günter Sawitzki und Hans Cieslarczyk. Letzterer war ein technisch versierter und
vielseitiger Linksaußen, der beim SV Sodingen in
der Oberliga West auch schon mal als Mittelstürmer eingesetzt wurde. Schnelligkeit und Schußkraft waren die Qualitätsmerkmale von »Cissy«.
Den hätten die Sodinger in der deutschen Endrunde des Jahres 1955 gut gebrauchen können, als
der Verein überraschend hinter den brillant aufspie-
lenden Essener Rot-Weißen, dem späteren Deutschen Meister, im Westen den zweiten Platz belegte und sich gegen den SSV Reutlingen in der
Qualifikation behauptete. Doch Hans Cieslarczyk
war damals gerade den Jugendstiefeln entwachsen – seine große Zeit kam erst noch. An einem
sommerlichen Tag des Jahres 1957 hielt Sepp Herberger in Schweinfurt Ausschau nach Talenten. Er
nominierte einige ganz junge Spieler für einen Test
der A-Auswahl gegen die B-Auswahl. Zwei Sodinger
kamen dabei in der zweiten Halbzeit im B-Team
zum Einsatz: die Stürmer Marx und Cieslarczyk.
Im Herbst des gleichen Jahres beobachtete Herberger den jungen Mann aus dem Kohlenpott noch einmal – und diesmal siegte das B-Team in Düsseldorf
gegen die vermeintlich stärkere Auswahl vor fast
30 000 Zuschauern mit 3 : 2. Nicht zuletzt dank eines blitzsauberen Tores von »Cissy«. Damit öffnete
sich der schnelle Flügelflitzer das Tor zur Nationalmannschaft, deren Trikot er zwei Tage vor Weihnachten im Jahr 1957 zum erstenmal trug. 85 000
Zuschauer bejubelten im Niedersachsenstadion von
Hannover den 1 : 0-Sieg gegen Ungarn, deren große
Mannschaft nach den politischen Wirren auseinan-
dergefallen war. Puskas, Czibor und Kocsis hatten
ihre Heimat verlassen. 1958 gehörte Hans Cieslarczyk zum deutschen Aufgebot für die Weltmeisterschaft in Schweden. Herberger zögerte allerdings
lange, ehe er die Trikotnummer 14 an den Sodinger
gab – der wurde als einziger Spieler nachnominiert.
»Cissy« war dann im WM-Halbfinale, dem Skandalspiel gegen Schweden, in Göteborg dabei. Als Juskowiak vom Platz gestellt wurde, wechselte Hans
Cieslarczyk in die Verteidigung. Im Spiel um Platz
drei, das der gestürzte Weltmeister mit einer Ersatz-
mannschaft bestritt, traf er gegen Frankreich zum
zwischenzeitlichen 1 : 1. Nach der Saison 1956/57
wurden dem SV Sodingen vier Punkte wegen eines
angeblichen Verstoßes gegen das Vertragsspielerstatut abgezogen – im Jahr darauf wechselte Hans
Cieslarczyk zu Borussia Dortmund, wo er bis 1962
spielte. Seine Karriere als Nationalspieler hatte aber
zu diesem Zeitpunkt schon eine gewisse Schräg-
lage – die Länderspiele in Dänemark (1 : 1) und in
Frankreich (2 : 2) waren 1958 seine letzten internationalen Auftritte. Später agierte Cieslarczyk als
Spielertrainer unter anderem beim SV Mosbach,
Spvg. Fürth und 1. FC Saarbrücken. In Schutter-
wald arbeitete er als Masseur.

CLAUS-OEHLER, WALTER

Geboren am 7. Mai 1897,
gestorben am 8. November 1941
Zwei Länderspiele (1923), ein Tor
Arminia Bielefeld

Kopfballtor als kleiner Trost

Der in Gera geborene Walter Claus-Oehler fand in
seiner neuen ostwestfälischen Heimat zum Fußball.

Bei Arminia Bielefeld spielte er in einer starken Mannschaft, die in dieser Region eindeutig die Nummer eins war. 1923 qualifizierte sich die Arminia für die deutsche Endrunde und lieferte der Union Oberschöneweide auf deren Weg ins Finale zwei große Spiele. Einem auch in der Verlängerung torlosen ersten Duell folgte eine 1:2-Niederlage nach Verlängerung. Und der linke Innenstürmer Walter Claus-Oehler war eine der Trumpfkarten in der Bielefelder Mannschaft. Im Hamburger Stadion Hohe Luft schnupperte er am 10. Mai 1923 erstmals internationale Luft im Länderspiel gegen Holland. In der Dresdner Illgen-Kampfbahn waren 20 000 Zuschauer am 12. August 1923 angetan vom Angriffswirbel der deutschen Nationalmannschaft gegen Finnland. Doch die Skandinavier gewannen völlig überraschend mit 2:1, obwohl sie ständig unter Druck standen. Walter Claus-Oehler, Vertreter von Beruf, bestritt hier sein zweites und letztes Länderspiel und schaffte dabei das deutsche Ehrentor durch einen Kopfball. Er wirkte darüber hinaus in zahlreichen Repräsentationsspielen des Westdeutschen Spielverbandes mit. Der Bielefelder fiel als Hauptmann im 2. Weltkrieg – er wurde nur 44 Jahre alt.

CONEN, EDMUND

Geboren am 10. November 1914,
gestorben am 5. März 1990
28 Länderspiele (1934 bis 1942), 27 Tore
FV Saarbrücken, Kickers Stuttgart

»Rolly«, der Draufgänger

In Lützerath, wo die sanften Hügel der Mosel übergehen in die rauhe Landschaft der Eifel, war Edmund Conen in seinen Kindertagen zu Hause, spielte beim SV Ürzig. Diesen Verein hatten die fußballspielenden Brüder Conen im Jahre 1921 selbst gegründet – und alle fünf – Josef, Jakob, Edmund, Hans und Erich – waren mit Leib und Seele Stürmer. Doch schon als Jugendlicher schloß sich Edmund Conen dem FV Saarbrücken an. »Rolly« nannten sie den Draufgänger. Irgendwie erinnerte der junge Edmund Conen an einen der Helden aus den Groschenromanen, für die so mancher in diesen Tagen sein Taschengeld opferte. 16 Jahre war der Junge von der Mosel alt, als er mit der Saarbrücker Nachwuchsmannschaft ein Vorspiel gegen die Talente des FK Pirmasens bestritt. Anschließend standen sich die Auswahlmannschaften von Süddeutschland und Westdeutschland gegenüber – ein müdes Spiel, an dem kaum jemand seine Freude hatte. Und so mancher unter den 10 000 Zuschauern erinnerte sich daran, daß im Vorspiel ein Saarbrücker Gymnasiast mit wehenden Haaren alle begeistert hatte. Drei Jahre später war Edmund Conen Nationalspieler. An einem bitterkalten Januartag des Jahres 1934 waren die Ungarn in Frankfurt Gegner der deutschen Elf. Und mit dabei war Edmund Conen, der in der 80. Minute mit einem gewaltigen Hechtsprung und anschließendem Kopfball das 3:1 besorgte. Reichstrainer Otto Nerz, der im Oktober 1946 in einem russischen Internierungslager starb, war vom Debüt Conens dennoch wenig angetan. »Sie habe heut' zweimal in der Nationalmannschaft gespielt, zum erschte und zum letzte Mal«, sagte er zu seinem Neuling und sollte sich gründlich irren. Conens Stern ging bei der Weltmeisterschaft 1934 in Italien auf, wo er mit seinen 19 Lenzen der Jüngste im deutschen Aufgebot war. In der Vorrunde, beim 5:2 gegen Belgien in Florenz, gelang ihm in der zweiten Halbzeit ein lupenreiner Hattrick. Sein schönstes Tor war das zum 5:2, als er aus der Drehung zur Überraschung des belgischen Schlußmanns Vandewijer den Ball mit Vehemenz unter die Latte knallte. Edmund Conen hatte seinen Stammplatz in der Nationalmannschaft und war auch beim 3:2-Sieg gegen Österreich im Spiel um Platz drei in Neapel einer der Besten. Edmund Conen gehörte bei der Weltmeisterschaft in Italien zu den auffälligsten Mittelstürmern. Seine Gradlinigkeit, sein schnörkelloses Spiel, die Unbekümmertheit seiner Jugend – all das zeichnete diesen ungewöhnlichen Fußballer aus. 14 Länderspiele hatte er bis 1936 bestritten, genausoviel Tore erzielt, als er von einer langwierigen Krankheit gestoppt wurde. Er litt an Herzneurose – hatte Angst vor Menschen. Dreieinhalb Jahre lang verschwand der Fußball aus seinem Leben – ohne ihn erlitt die Nationalmannschaft beim Olympischen Turnier von Berlin eine herbe Schmach. Am 25. Juni 1939 standen Edmund Conen Tränen in den Augen, als er in Kopenhagen im Spiel gegen Dänemark sein internationales Comeback feierte. Und es sollte ein ganz großes werden, denn vor 30 000 Zuschauern gelang ihm gleich wieder ein Tor zum 2 : 0, dem Endstand. Conen entzückte die Fans mit seiner unnachahmlichen Art, das Mittelfeld zu beleben. Er war grazil, feinfühlig, als Fußballer technisch fast vollkommen. Bis 1942 brachte es Edmund Conen, der inzwischen zu den Stuttgarter Kickers gewechselt war, auf 28 Länderspiele und 27 Tore. In seinem letzten Länderspiel, am 3. Mai 1942 in Budapest gegen Ungarn, stürmte »Ed«, dessen Haare sich gelichtet hatten, an der Seite des jungen Fritz Walter, dessen Stern inzwischen aufgegangen war. An diesem Tag verabschiedete sich auch Albin Kitzinger von der Nationalmannschaft. 1943 war Edmund Conen Soldat. An der vordersten Front in Rußland erreichte den Feldwebel bei der Infanterie der Befehl: »Kommen Sie sofort nach Berlin zum Oberkommando des Heeres!« An der Spree angekommen, eröffnete ihm der diensthabende Offizier: »Am Sonntag spielst Du gegen Hertha ...« Nach dem Kriege, im Jahre 1948, übernahm Edmund Conen das Turmhotel im fensterlosen Rosensteinbunker in Bad Cannstatt, wirkte dann in der Schweiz bei Young Fellows Zürich als Spielertrainer sowie Anfang der 50er Jahre bei den Stuttgarter Kickers. Eintracht Braunschweig, Wuppertaler SV, Bayer Leverkusen – das waren für ihn die Meilensteine seiner Trainerkarriere. Man schätzte ihn als Mann der klaren Worte. Der SV Schlebusch wurde unter seiner Leitung Mittelrheinmeister. In den späten 60er Jahren arbeitete er als Computerfachmann im Eisenbahnausbesserungswerk in Opladen – wurde in dieser Kleinstadt zwischen Köln und Düsseldorf seßhaft und trainierte den dortigen BV 01 Opladen.

CULLMANN, BERND

Geboren am 1. November 1949
40 Länderspiele (1973 bis 1980), sechs Tore
1. FC Köln

Als am Rhein die Träume blühten

Er verabschiedete sich auf leisen Sohlen – dabei hatte er einen ganz anderen Abgang von der schillernden Bühne des Fußballs verdient. Genau 649mal hatte er das Trikot seines 1. FC Köln getragen, 341 Spiele in der Bundesliga absolviert und dabei 29 Tore erzielt. Im März 1984 endete die große Karriere von Bernd Cullmann – nach einem Trainingsunfall streikten Achillessehne und Mittelfußknochen. Es folgten medizinische Eingriffe und ein Comebackversuch, doch irgendwann mußte sich »Culi« eingestehen, daß sein Weg als Profifuß-

baller zu Ende war. »Ich hatte eine schöne Zeit«, sagte er, aber Jahre vorher hatte sich seine ganz persönliche Zwischenbilanz noch etwas anders angehört. »Immer steht einer vor mir«, ärgerte sich Bernd Cullmann. Obwohl er in der Nationalelf immerhin 40mal zum Einsatz kam, ging sein Traum nicht in Erfüllung – der Traum, in diesem Team die Rolle des Liberos zu übernehmen. Das glückte ihm nur ein einziges Mal – 1973 gegen Österreich, als er auf der Position des freien Mannes zur Pause Franz Beckenbauer ablöste. Ansonsten füllte er vom Verteidiger über den Vorstopper bis hin zum Ankurbler im Mittelfeld alle Positionen aus, die ihm irgendwie lagen. Bernd Cullmann trug als Elfjähriger das Trikot der Spvg. Porz, wo auch sein langjähriger Weggefährte Wolfgang Weber herkam. Als »Culi« 19 Jahre alt war, wechselte er zum 1. FC Köln, spielte erst in der Amateurmannschaft. Hans Merkle war der Trainer, der ihm einen Vertrag anbot, unter Ocwirk wurde er erstmals eingesetzt, und Gyula Lorant gab ihm den letzten Schliff. Bernd Cullmann imponierte als »junger Dachs« durch seine Vielseitigkeit – er war »Mädchen für alles« und sprang überall ein, wo er gebraucht wurde. Im Februar 1973 spielte der lange Kölner gern den Lückenbüßer, denn er vertrat im Münchner Länderspiel gegen Argentinien zur Pause »Schorsch« Schwarzenbeck. Gleich im ersten Spiel glückte ihm ein Kopfballtor – es änderte in der vorletzten Spielminute aber nichts mehr an der 2 : 3-Niederlage. Im Jahr darauf gehörte er im gleichen Stadion zu den strahlenden Siegern – doch ein richtiger »Weltmei-ster« war er nicht. Cullmann hatte 1974 nur in den ersten drei WM-Spielen mitgewirkt und mußte dann seinen Platz an Rainer Bonhof abtreten. 1977 war der einstige »Kronprinz des Kaisers« mit Borussia Dortmund so gut wie einig, doch dann machten die Westfalen plötzlich einen Rückzieher, was den Kölner stark enttäuschte. Ein Jahr danach bereute er es nicht, geblieben zu sein, denn Hennes Weisweiler führte den 1. FC Köln zur Meisterschaft und zum DFB-Pokal. Zum letztenmal für lange Zeit blühten am Rhein die schönsten Fußballträume. Als er schließlich die Bundesliga verließ, da hatte der gelernte Bankkaufmann für das »Leben danach« vorgesorgt. In Porz-Elsdorf hatte Bernd Cullmann für seine Familie ein Haus gebaut, außerdem war er Mitbesitzer eines Tenniscenters. Im übrigen arbeitete er, wie Wolfgang Overath, für den Sportartikelriesen adidas. Im September 1993 wurde er als Nachfolger von Karl-Heinz Thielen Manager des 1. FC Köln.

D

DAMMINGER, LUDWIG

Geboren am 29. Oktober 1913,
gestorben im Februar 1981
Drei Länderspiele (1935), fünf Tore
Karlsruher FV

Ein Bayer von der »Bavaria«

Ludwig Damminger war ein waschechter Bayer. Er stammte aus Wörth und trug dort das Trikot der »Bavaria«. Schon in jungen Jahren galt er als bester Mittelstürmer der Südpfalz. Beim Karlsruher Fußballverein schnupperte der Mittelstürmer, von Beruf Mechaniker, von der Saison 1934/35 an die Luft des großen Fußballs. Sein erstes Spiel für den KFV bestritt er im Oktober 1934 gegen den VfR Mannheim (2:0), und im Badischen erreichte ihn an einem Vorfrühlingstag des Jahres 1935 die Einladung zum Länderspiel gegen Belgien in Brüssel. Dabei profitierte Ludwig Damminger von der Tatsache, daß einige Fußballstars dieser Zeit nicht zur Verfügung standen, weil sie in der Endrunde der Deutschen Meisterschaft benötigt wurden. Die deutsche Nationalelf hatte ein paar Wochen vorher mit dem 3:1-Sieg in Paris gegen Frankreich aufhorchen lassen und galt auch in der belgischen Hauptstadt als Favorit. Doch schon nach einer halben Minute lagen die Gäste in Rückstand. 30 000 Belgier jubelten und ahnten nicht, daß dies das einzige Tor der Gastgeber sein sollte und ihm sechs deutsche Treffer folgen würden. Die Deutschen konterten an diesem 28. April 1935 perfekt – und zwei der sechs Tore erzielte der Debütant aus Karlsruhe. In den Länderspielen gegen Irland in Dortmund und gegen Estland in Stettin trug sich Damminger noch dreimal in die Torschützenliste ein. Die Fußballfreunde schwärmten vom »linken Haxen« des Karlsruhers, der neben seinen Länderspielen auch etliche Repräsentativspiele bestritt. Nach dem 2. Weltkrieg war Ludwig Damminger auch als Fußballtrainer erfolgreich. Er starb, 68jährig, im Februar 1981 in Jockgrim.

DANNER, DIETMAR

Geboren am 29. November 1950
Sechs Länderspiele (1973 bis 1976)
Borussia Mönchengladbach

Auf den Spuren seines Vaters

Im Sohn erfüllte sich der Traum des Vaters – der Traum von einer Karriere als Fußballnationalspieler. »Ganz der Papa« – so lautete im März 1971 eine Schlagzeile im »Kicker-Sportmagazin«, und Autor Werner Schilling kam in seiner Analyse des jungen Dietmar Danner zu der Erkenntnis, in dieser Familie liege der Fußball sozusagen im Blut ... Und so ist Dietmar Danners Geschichte auch die seines Vaters Walter, eines kleinwüchsigen Spielers und eines großen Technikers. Walter Danner hatte das Pech, daß der 2. Weltkrieg ihm alle Hoffnungen nahm, das Talent umzusetzen. Man schrieb 1943, und längst gab es keine Länderspiele mehr mit deutscher Beteiligung. Doch Sepp Herberger bastelte noch immer an einer neuen Nationalmannschaft, von der er wußte, daß sie ihr Gesicht radikal verändern würde, weil die Stars des deutschen Fußballs an die Front geschickt wurden. Und so lud Herberger im Februar 1943 Nachwuchsspieler zu einem Lehrgang nach Frankfurt ein. Den Osnabrücker Torwart Flotho zum Beispiel, den Bayern Streitle, den Nürnberger Morlock und einen gewissen Walter Danner vom VfR Mannheim. Von dem wußten alle, daß er einer der gefährlichsten Stürmer der Gauligen war. 1943 sollte er Deutschlands Torschützenkönig werden. Zwar war Danner schon 1941 Soldat geworden, doch dank eines fußballverrückten Hauptmanns in Schwetzingen konnte der quirlige Fußballer noch bis 1944 beim VfR spielen. Ein Jahr später geriet Danner in der Tschechoslowakei in russische Kriegsgefangenschaft, und als er im November 1949 heimkehrte, war er völlig entkräftet und unterernährt. Aber Mannheim lag im Fußballrausch – der VfR war sensationell Deutscher Meister geworden. »Bumbas« Schmidt überredete den Star von einst zum Comeback, und Danner trug noch bis 1952 das Trikot seines VfR. Als knapp zwei Jahrzehnte später wieder ein Fußballer namens Danner in den Sportzeitungen auftauchte, da hatte sich der inzwischen pensionierte Sepp Herberger längst ein Urteil über den Sprößling seines früheren Spielers gebildet: »Das wird mal ein Großer!« Dietmar Danner war drei Jahre alt, da legte ihm sein Vater zu Weihnachten eine komplette Fußballausrüstung unter den Tannenbaum. Die Investition sollte sich lohnen, denn nach seinen Schülerjahren bei Eintracht Plankstadt spielte Danner junior mit 16 schon in der Jugendauswahl Nordbadens, und der spätere DFB-Trainer Herbert Widmayer war begeistert: »Ein Supertechniker, brillant am Ball und konstruktiv in der Spielauffassung«. Als 18jähriger war Dietmar schon Mitglied der Regionalligaelf des VfR Mannheim. 1970 hatte Hennes Weisweiler ein Auge auf das »schmale Handtuch« geworfen, und ein Jahr später war es dann soweit. Dietmar Danner spielte am Gladbacher Bökelberg und eroberte sehr schnell einen Stammplatz in der »Fohlenelf«, obwohl Günter Netzer anfangs Bedenken angemeldet hatte. Zwei Jahre später debütierte Danner in Moskau in der deutschen Nationalelf, doch der Platz im WM-Aufgebot für 1974 blieb ihm verwehrt, weil Helmut Schön im Mittelfeld aus dem Vollen schöpfen konnte. Dreimal gewann Danner mit der Borussia in den 70er Jahren den deutschen Titel, 1975 den UEFA-Cup. Doch der fast zerbrechlich wirkende junge Fußballer wurde immer wieder vom Verletzungspech eingeholt. Bei der Europameisterschaft in Jugoslawien verabschiedete er sich 1976 von der Nationalelf – ein Innenband- und Meniskusschaden bereiteten ihm erhebliche Probleme. 1980 verließ er enttäuscht den Bökelberg und wechselte zum FC Schalke 04, wo er jedoch im Abstiegsjahr der »Knappen« nur noch 19 Spiele absolvierte.

DECKER, KARL

Geboren am 7. November 1921
Acht Länderspiele (1942), acht Tore
Vienna Wien

Die Konkurrenz vor der Haustür

Nach dem Einmarsch Hitlers in Österreich war Wien ein Zentrum des deutschen Fußballs. Admira stand 1939 im Finale – verlor dort aber im Schalker Feuerwerk den Überblick und kam mit 0 : 9 arg unter die Räder. Rapid wurde zwei Jahre später in einem dramatischen Endspiel gegen Schalke mit 4 : 3

neuer Titelträger. Und 1942 stand schließlich Vienna im Endspiel. Diesmal behielten die Schalker mit 2 : 0 die Oberhand. Unter den 95 000 Zuschauern im Berliner Olympiastadion schwärmten viele von einem Spieler der Vienna, der durch seine elegante Ballbehandlung bestach: Karl Decker. Seine Jugendzeit hatte er bei den Baumgartner Sportfreunden verbracht, dann spielte er in Wien bei der »Weißen Elf« in der zweithöchsten Klasse. Mit 17 Jahren kam er zur »Hohen Warte« und fand dort in dem großen Friedrich Gschweidl, einem Mitglied des »Wunderteams«, einen Förderer. »Er führte mich wie eine Mutter ihren kleinen Jungen. Ich habe von ihm unendlich viel gelernt«, sagte später Karl Decker. Als er mit Vienna im Endspiel stand, war der rechte Halbstürmer von der Donau schon deutscher Nationalspieler. Sepp Herberger hatte ihn erstmals am 18. Januar 1942 für das Länderspiel gegen Kroatien in Agram berufen. Fritz Walter machte an diesem Tag sein 15. Länderspiel – aber ansonsten standen fast nur Wiener auf dem etwas holprigen Platz in Agram. Karl Decker erzielte das Tor zum 2 : 0-Endstand und war die große Entdeckung dieses Spiels. Von da an war der Wiener eine feste Größe in den Überlegungen von Reichstrainer Herberger. Aber die Konkurrenz hatte Karl Decker quasi vor der Haustür: Wilhelm Hahnemann von Admira Wien! Sein achtes und letztes Länderspiel für Deutschland bestritt Decker am 22. November 1942 in Preßburg gegen die Slowakei. Er schoß sieben Minuten vor Schluß das 5 : 2 – dies war das letzte Länderspieltor einer deutschen Mannschaft für lange Zeit. »Karli« Decker stand dann an einem unfreundlichen Herbsttag des Jahres 1943 im Endspiel des deutschen Pokals, der sich damals noch »Tschammer-Pokal« nannte. Gegner war in Stuttgart, das das Prädikat »Reichsgartenstadt« erhalten hatte, der LSV Hamburg. Die Spieler von Vienna Wien erhielten an der Donau einen Umschlag mit Lebensmittelkarten. Das Finale gewann Vienna gegen die »Luftwaffensportler« von der Elbe mit 3 : 2 nach Verlängerung. Mehr als ein Vierteljahrhundert später erhielten Karl Decker und seine Kameraden durch den DFB eine Silberne Medaille. Vienna hatte den Pokal des DFB über die Besetzung Wiens hinaus verwahrt und gab ihn nach Kriegsende zurück. Der 2. Weltkrieg hatte sich als schwarzer Schatten auch über den europäischen Fußballspielbetrieb gelegt. Karl Decker wurde gemeinsam mit »Bimbo« Binder und dem späteren Boxeuropameister Joschi Weidinger eingezogen und war als Soldat in der Breitenseer Kaserne in Wien bei einer Nachrichtentruppe tätig. Nach Kriegsende spielte Karl Decker bis 1952 noch 30mal für seine österreichische Heimat. Er trug fortan das Trikot von Sturm Graz, FC Sochaux und zuletzt das des FC Grenchen. Ab 16. Oktober 1958 war Karl Decker 36 Spiele lang Verbandskapitän der Alpenrepublik und Präsident des Bundes Österreichischer Fußballehrer.

DEIKE, FRITZ

Geboren am 24. Juni 1913
Ein Länderspiel (1935)
Hannover 96

Lorbeeren in der Blumenstadt

Hannover 96 war in den 30er Jahren in der Gauliga nicht nur im niedersächsischen Fußball eine Macht. Doch als die Spieler aus der Stadt an der Leine im Sommer 1938 nach zwei dramatischen Endspielen gegen Schalke 04 Deutscher Meister geworden waren (und dabei insgesamt 200 000 Zuschauer ins Berliner Olympiastadion lockten), war Fritz Deike nicht dabei. Dafür hatte sein Bruder Ernst, der im 2. Weltkrieg starb, als sich aus dem Gewehr eines Gefangenen eine Kugel löste, den Part des Mittelläufers bei den »96ern« übernommen. Fritz, der als einer der besten Stopper Deutschlands galt, hatte sich vor diesem wichtigen Tag eine langwierige Verletzung zugezogen und stand in den entscheidenden Spielen gegen die »Knappen« nicht zur Verfügung. Bis dahin hatte er glänzende Spiele auf dem Weg zur Gaumeisterschaft des Jahres 1938 hingelegt. Trainer Robert Fuchs hatte den einstigen Torwart zu einem athletischen Mittelläufer umfunktioniert. Gemeinsam mit Jakobs und Männer bildete er die wohl wirkungsvollste Läuferreihe dieser Zeit. Für Fritz Deike, der aus Vienenburg, am Fuße des Harz, stammte, schlug die große Stunde als Fußballer schon ein paar Jahre früher – im Spätsommer 1935. Die deutsche Nationalmannschaft traf in Erfurt auf Rumänien und gewann 4:2. Der Sieger kreuzte in der Blumenstadt mit einer kompletten neuen Läuferreihe auf – und mit zwei Außenstürmern, die über keinerlei internationale Erfahrung verfügten. Dennoch langte es zu einem Sieg, der allerdings erst in der Endphase sichergestellt wurde. Für Fritz Deike sollte dies die letzte Einladung für die Nationalmannschaft bleiben, sieht man einmal von einem DFB-Lehrgang im Winter 1940 ab. Nach dem 2. Weltkrieg spielte Fritz Deike noch sporadisch – er leitete unter anderem das Training des hannoverschen Vorortvereins Limmer 1910.

DEL HAYE, KARL

Geboren am 18. August 1955
Zwei Länderspiele (1980)
Borussia Mönchengladbach

Calle – der muntere Flügelflitzer

Wallende blonde Haare waren in den 70er Jahren ein Markenzeichen der Borussen aus Mönchengladbach. Der Däne Allan Simonsen trug sie und Karl del Haye. Karl …? Niemand nannte das Leichtgewicht mit dem »Ööcher« Dialekt so. Calle – das war der muntere Flitzer auf dem Flügel. Als er sich 1974 von seiner Aachener Alemannia verabschiedete und erstmals am Bökelberg trainierte, zog Hennes Weisweiler zunächst die Stirn in Falten. »Der ist zwar schnell und macht einen giftigen Eindruck, doch technisch muß da noch einiges passieren«, sagte der Meistertrainer und sah gleich ein paar Probleme auf sich zukommen. Denn auf der rechten Seite spielte eben jener Allan Simonsen, und so mußte der Neue aus Aachen zunächst einmal zurückstehen. Zwei Jahre lang kam Calle del Haye in Mönchengladbach nur sporadisch zum Zuge, und erst unter Udo Lattek blühte der semmelblonde Fußballer, der bis 1973 einen belgischen Paß besaß, auf. Auch deshalb, weil er in »Hacki« Wimmer und in Allan Simonsen die idealen Anspielpartner fand. Schon in seinen Jugendjahren galt del Haye als großes Talent, doch DFB-Trainer Herbert Widmayer befand nach einem von 14 Jugendländerspielen des Aacheners: »Der ist viel zu schmächtig. Wenn der unter der Dusche steht, hat man Schwierigkeiten, ihn zwischen den Wasserstrahlen zu entdecken …« Dessen ungeachtet nominierte Bundestrainer Helmut Schön den quicklebendigen Stürmer 1980 zu zwei Länderspielen. Im gleichen Jahr erlag Calle del Haye den Lockungen des FC Bayern München. Doch an der Isar fühlte sich der Rheinländer lange Zeit überhaupt nicht wohl. Es war vom »zynischsten Transfer des Jahres« die Rede, weil der FC Bayern den Neuling aus Mönchengladbach nicht auf den Flügeln einsetzen wollte, sondern im Mittelfeld. Fast zwei Jahre lang drückte Calle del Haye in München die Bank, erst aus einer Personalnot heraus bekam er seine Chance. Die Bayern verlangten von ihm, daß er sich einem anderen Spielsystem unterzuordnen habe. Das fiel ihm lange sehr schwer. Und als er 1985 schließlich ging, gab es zwar von Udo Lattek nur einen kühlen Händedruck, doch dafür hielt Präsident Willi O. Hoffmann eine längere Rede. »Calle hat nie etwas Böses über den Klub gesagt, obwohl er doch manchmal Grund dazu gehabt hätte«, sagte der Bayernchef und überreichte dem Nationalspieler zum Abschied eine Armbanduhr. Fortuna Düsseldorf war Calle del Hayes letzte Station als Fußballprofi. Sie endete 1987 mit dem Abstieg aus der Bundesliga sowie einer Meniskusoperation. Aachen wurde wieder zur Heimat des langjährigen Profis. Dort baute er sich mit seinem Partner Harry Ebert eine Firma auf, die unter anderem Fußballturniere für Freizeitmannschaften in Spanien und Österreich veranstaltete.

DERWALL, JOSEF

Geboren am 10. März 1927
Zwei Länderspiele (1954)
Fortuna Düsseldorf

Bundestrainer und »Pascha am Bosporus«

Würselen liegt vor der Aachener Haustür. Ein Flüßchen namens Wurm windet sich hier vorbei – bis zur alten Krönungsstadt der deutschen Kaiser ist es nur ein paar Autominuten. Würselen ist die Heimat von Jupp Derwall, dem vierten Bundestrainer des deutschen Fußballs nach Otto Nerz, Sepp Herberger und Helmut Schön. Er wurde als Sohn eines Bundesbahn-Obersekretärs geboren und besuchte in seiner Heimatstadt die Realschule. Mit elf Jahren war er zum erstenmal für Rhenania aktiv. Als der 2. Weltkrieg vorbei und ihm die Flucht aus der Kriegsgefangenschaft geglückt war, begann die große Zeit des jungen Josef Derwall. Er spielte mit seinen Rhenanen in der Landesliga des Rheinbezirks, schoß viele Tore und hatte maßgeblichen Anteil daran, daß sein Verein, dessen Sportplatz »Am Lindenhof« ein besserer Acker war, im Jahre 1948 sensationell in die westdeutsche Oberliga aufstieg. Jupp Derwall ragte aus einer durchschnittlichen Mannschaft heraus, weil sein fußballerisches Rüstzeug größer war als das seiner Kameraden, die allerdings über einen unbändigen Kampfeseifer verfügten und über ein eindrucksvolles Zusammengehörigkeitsgefühl. Bis 1949 blieb Jupp Derwall noch in heimischen Gefilden, arbeitete als Maurer und Glaser und wechselte schließlich zum Nachbarn Alemannia Aachen. Der Transfer war nicht ganz reibungslos, denn im Bergmannsdorf Würselen verübelten es die Fans den benachbarten Alemannen, daß sie sich den stärksten Spieler geangelt hatten. Reinhold Münzenberg war bei Alemannia Aachen noch immer der große Abwehrstratege. In seinem ersten Punktspiel für seinen neuen Verein

schoß Jupp Derwall gleich sein erstes Tor – in Köln gegen Preußen Dellbrück. Im Tor des Gegners stand Fritz Herkenrath, der spätere Nationaltorhüter. Derwall erreichten nun schon bald die ersten Berufungen zu Repräsentativspielen – und nach einem Lehrgang meinte Sepp Herberger: »Gutes Material – dieser Junge.« Der Stürmer mit dem satten linken Schuß erreichte mit den Alemannen im Jahre 1953 das deutsche Pokalfinale – in Düsseldorf unterlagen die Aachener der Elf von Rot-Weiß Essen mit 1:2. Im gleichen Jahr wechselte Jupp Derwall zu Fortuna Düsseldorf, wo er als Halbstürmer zum Nationalspieler wurde. In den folgenden Jahren sollte er mit seinem neuen Verein noch zweimal das deutsche Pokalendspiel erreichen – doch stets verließ er es als Verlierer (gegen Bayern München und VfB Stuttgart). Im Jahre 1959 war Derwall einer der ersten deutschen Fußballer, die es ins Ausland zog. An der Schweizer Turn- und Sportschule in Magglingen erwarb er sein Examen als Diplomsportlehrer (später dann in Köln auch das Fußballehrerexamen des DFB). Als Spielertrainer hatte Jupp Derwall mit dem FC Biel gleich einen durchschlagenden Erfolg – er wurde Vizemeister und stand im Pokalfinale. Nach einem Jahr beim FC Schaffhausen kehrte er nach Düsseldorf zurück – in der Zwischenzeit hatte er seine spätere Frau Elisabeth kennengelernt, die in Zürich als Verlagsleiterin arbeitete. Auch in Düsseldorf, seiner alten sportlichen Heimat, blieb Jupp Derwall der Erfolg treu – doch als er mit den Fortunen im Pokalendspiel gegen den 1. FC Nürnberg stand, da hatte er wieder Pech. Der »Club« gewann in der Verlängerung mit 2:1. Fünf Pokalendspiele – fünf Niederlagen! Als Trainer des Saarländischen Fußballverbandes wuchs Jupp Derwalls Ruf als erstklassiger Coach. 1970 holte ihn Helmut Schön in seinen DFB-Trainerstab – der neue Mann war für die Amateurauswahl verantwortlich. 1974 wurde er Europameister – gemeinsam mit Jugoslawien. Das Endspiel wurde nicht ausgetragen, weil der Platz in Rijeka nach Wolkenbrüchen zu morastig war. Als Helmut Schön nach der WM in Argentinien zurücktrat, wurde Jupp Derwall verabredungsgemäß sein Nachfolger. Einige Kritiker äußerten zwar ihre Bedenken, weil sie dem jovialen und meist gutgelaunten Rheinländer den knallharten Job nicht zutrauten, doch Derwall scherte sich nicht darum und eilte mit der Nationalelf zu einer eindrucksvollen Erfolgsserie, die in dem Gewinn der Europameisterschaft 1980 in Italiens Hauptstadt Rom ihren Höhepunkt fand. »Häuptling Silberlocke« nannte Max Merkel den Bundestrainer mit den grauen Haaren, der 1982 mit seinem Team das Endspiel der Weltmeisterschaft in Madrid erreichte. Doch dieses Turnier in Spanien war der Wendepunkt in der Karriere Jupp Derwalls, dessen Harmoniebedürfnis mit den Persönlichkeitsstrukturen einiger seiner alternden Stars nicht in Einklang zu bringen war. Als Jupp Derwall in der Europameisterschaftsendrunde 1984 in Paris an Spanien scheiterte, war seine Amtszeit quasi vorbei, obwohl er auf eine eindrucksvolle Bilanz zurückschauen konnte. Von 67 Länderspielen unter seiner Regie wurden 45 gewonnen und nur elf gingen verloren. Derwalls Nachfolger wurde Franz Beckenbauer, und den Rheinländer zog es nach Istanbul, wo er sich beim türkischen Erstligisten Galatasaray ein Denkmal setzte. Nach 17 erfolglosen Jahren führte Jupp Derwall seine Mannschaft 1987 zur türkischen Meisterschaft – er wurde als »Fußballpascha am Bosporus« verehrt. Die Universität Hacettepe in Ankara verlieh dem Fußballrepräsentanten aus Deutschland sogar die Ehrendoktorwürde. Galatasaray bot ihm einen Vertrag auf Lebenszeit an, doch im Sommer 1989 kehrte er in die Bundesrepublik zurück. Er lebte fortan im saarländischen Dudweiler und in Lenzerheide in der Schweiz. Danach wurde es ruhiger um Jupp Derwall – auch deshalb, weil er es 1991 nach einem Herzinfarkt langsamer angehen ließ. 1994 wurde er Ehrenmitglied des Bundes Deutscher Fußballehrer.

DEYHLE, ERWIN

Geboren am 19. Januar 1914
Ein Länderspiel (1939)
Kickers Stuttgart

Ein Tag in Tallin

Eines der letzten Länderspiele vor dem Ausbruch des 2. Weltkrieges führte den deutschen Fußball ins estnische Tallin. Am 29. Juni 1939 waren 10 000 Zuschauer Augenzeuge des deutschen 2:0-Sieges. Lehner und Schaletzki schossen die Tore des Siegers, und zwischen den Pfosten stand Erwin Deyhle von den Stuttgarter Kickers, der vorher bei der Spvg. Prag-Stuttgart gespielt hatte. Der 25jährige Mechaniker, 185 Zentimeter groß, stand schon längere Zeit im Notizbuch von Reichstrainer Sepp Herberger und hatte bereits in einem inoffiziellen Länderspiel am 18. Mai 1939 in Stuttgart beim 1:1 gegen Böhmen-Mähren gute Kritiken erhalten. In Estland bewährte sich Erwin Deyhle erneut, riskierte ein paarmal Kopf und Kragen, hatte aber

auch eine Menge Glück, als der estnische Mittelstürmer Kuremaa schon in der 5. Minute auf das deutsche Tor zusteuerte und nur den Pfosten traf. Dies sollte Erwin Deyhles einzige Länderspielberufung bleiben. Nach dem 2. Weltkrieg wechselte Erwin Deyhle 1948 von den Kickers zum Lokalrivalen VfB, stand dann im Tor von Waldenbuch.

DIEMER, KURT

Geboren am 17. Mai 1893,
gestorben am 13. Dezember 1953
Vier Länderspiele (1912 bis 1913)
Britannia Berlin

Schlechte Fußballzeiten

Ein Fußballer mit Seitenscheitel und Berliner Mundart reiste mit der deutschen Nationalmannschaft Anfang Oktober 1912 nach Kopenhagen: Kurt Diemer, der Verteidiger von Britannia Berlin. Die Deutschen standen gegen die Skandinavier, die im olympischen Turnier von Stockholm die Silbermedaille gewonnen hatten, stark unter Druck. Und einer von denen, die sich immer wieder den dänischen Angriffen entgegenwarfen, war Kurt Diemer. Nach der 1:3-Niederlage in Kopenhagen bekam er gute Kritiken und – was für ihn noch wichtiger war – gleich eine Einladung für das nächste Länderspiel in Leipzig gegen Holland. Auch das verloren die Deutschen mit 1:2. Völlig chancenlos waren Diemer und seine Kameraden am 12. März 1913 in Berlin beim 0:3 gegen England. Sein letztes internationales Spiel bestritt Kurt Diemer, der später nach Mainz übersiedelte und dort für »05« spielte, im Mai 1913 in Freiburg gegen Frankreich (1:2). Vier Länderspieleinsätze – vier Niederlagen. Es waren nicht die besten Zeiten des deutschen Fußballs.

DIETRICH, PETER

Geboren am 6. März 1944
Ein Länderspiel (1970)
Borussia Mönchengladbach

Peter, der Pechvogel

Das Glück ist der Begleiter der Tüchtigkeit. Der englische Feldherr Wellington hatte sich dieses lateinische Sprichwort als Wahlspruch genommen. Daß Sprichwörter zuweilen wenig Sinn machen, zeigt sich am Beispiel des Peter Dietrich, denn niemand wird behaupten wollen, dieser Fußballer sei in seiner Karriere nicht tüchtig gewesen. Und doch war das Glück nicht der Begleiter seiner Tüchtigkeit – vielmehr war Peter Dietrich ein ausgemachter Pechvogel. Immerhin war er dreimal hintereinander abgestiegen, um dann doch noch den Weg in die Bundesliga zu finden. In seiner Heimatstadt Neu-Isenburg hatte sich Peter Dietrich sein fußballerisches Rüstzeug geholt, doch mit der Spvg. Neu-Isenburg stieg er 1964 ab. Es folgte der Abstieg mit dem ESV Ingolstadt (1965) und mit Rot-Weiß Essen (1966). Das alles zählte aber für Hennes Weisweiler, den Fußball-»Professor« der Gladbacher Borussia, nicht. Er holte sich Peter Dietrich 1967 zum Bökelberg und baute den Technischen Angestellten, der ein Faible für schnelle Autos hatte, in sein Mittelfeld ein. Allerdings war die Konkurrenz groß – Dietrich hatte sich unter anderem gegen Rainer Bonhof und Ulrik Le Fevre zu behaupten. Zweimal wurde der Fußballer aus Neu-Isenburg mit den Gladbachern Deutscher Meister (1970 und 1971) – die Highlights eines von Verletzungen geprägten Sportlerlebens. Der Ärger mit immer neuen Problemen begann 1968 mit einer Rückenoperation, der wegen eines Risses im Wirbelbogen später noch zwei weitere folgen sollten. Dann schmerzte der Meniskus, schließlich zwickte die Leiste und dann streikten auch noch die Achillessehnen. Immer wieder arbeitete Peter Dietrich mit großer Zähigkeit an seinem Comeback. So war es ein kleines Wunder, daß aus dem Pechvogel sogar noch ein Nationalspieler wurde. Im Mai 1970 spielte er eine Halbzeit lang gegen Irland in Berlin (2:1). Er muß wohl Bundestrainer Helmut Schön überzeugt haben, denn der nahm Dietrich mit zur Weltmeisterschaft nach Mexiko. Doch das Pech reiste ihm nach – im Training knickte er um – das Ende seiner Träume vom Turniereinsatz. Auch die Bremer wurden nicht froh, nachdem Peter Dietrich 1971 das Angebot des SV Werder angenommen hatte und an die Weser gewechselt war. Die Sommerpause verbrachte der Mittelfeldspieler, von dem Trainer Sepp Piontek hoffte, er könnte zum Gestalter des Werder-Spiels werden, fast immer im Krankenhaus. Offenbar führte eine chronische Bindegewebsschwäche zu seiner Verletzungsanfälligkeit. Nach 213 Spielen verabschiedete sich Peter Dietrich 1976 aus der Bundesliga.

DIETZ, BERNARD

Geboren am 22. März 1948
53 Länderspiele (1974 bis 1981)
MSV Duisburg

»Enatz« – Kämpfer bis zur Erschöpfung

»Ich kämpfe in jedem Spiel bis zur Erschöpfung. Das bin ich doch den Leuten schuldig, die ihr Eintrittsgeld bezahlen ...« Bernard Dietz war stets das, was man einen Vorzeigeprofi nennt. Der gelernte Schmied verkörperte den Typ des Fußball-Malochers, des durch und durch soliden Handwerkers.

»Enatz« – das war das Synonym für Karriere, Kampf und Einsatz made in Fußball-Germany. Als Bernard Dietz 1970 von seinem Heimatverein, dem Landesligisten Spvg. Bockum-Hövel, zum MSV Duisburg wechselte, da schwebte Trainer Rudi Faßnacht ein Angriff mit Schneider, Budde und Dietz vor. Doch dann machten Verletzungen die Planspiele des Trainers zunichte, und Dietz, der bisher meist als Linksaußen oder als zweite Spitze eingesetzt wurde, mußte im Rahmen einer Insel-Tournee mit Spielen gegen den FC Fulham und Dundee United als Verteidiger ran. Wenig später war der Fußballer, der in seinen ganz jungen Jahren von den Talentsichtern des DFB schlichtweg übersehen wurde und es lediglich zu Einsätzen in der Westfalenauswahl brachte, von der Position des Verteidigers nicht mehr wegzudenken. Zwei Jahre danach war Bernard Dietz schon Nationalspieler – selten hatte bei einem

Fußballer eine Umschulung einen so durchschlagenden Erfolg. Dietz beeindruckte durch konsequentes Tackling, durch Kopfballstärke und Antrittsschnelligkeit. Den ganz großen Leistungsruck erhielt er, als Willibert Kremer Trainer in Duisburg war. In der deutschen Nationalmannschaft bildete Bernard Dietz auf der Position des linken Außenverteidigers ein erstklassiges Tandem mit Berti Vogts. Die deutsche Abwehrschule war in der Welt berühmt und gefürchtet. Ein Tiefpunkt seiner sportlichen Karriere war dann das enttäuschende Abschneiden bei der Weltmeisterschaft 1978 in Argentinien. Doch zwei Jahre später führte der Duisburger den deutschen Fußball als Kapitän und Nachfolger von Sepp Maier zum Titel eines Europameisters. Die Nationalelf gewann 1990 in Rom den Titel durch einen 2:1-Endspielsieg gegen Italien. Mit 32 Jahren erfüllte sich für Bernard Dietz endlich ein Traum, denn bis dahin waren ihm im Laufe seiner langen Karriere jegliche Meisterschaften versagt geblieben. Weder als Jugendspieler und Amateur in Bockum-Hövel noch als Profi nippte er am Becher eines Pokals. Ganz dicht dran war er 1975, doch dann verlor sein MSV Duisburg das deutsche Pokalendspiel gegen Eintracht Frankfurt mit 0:1. Und mit der Nationalelf unterlag er ein Jahr später im EM-Finale von Belgrad den im Elfmeterschießen glücklicheren Tschechen und Slowaken. Wen wundert es, daß alle Fotos nach dem EM-Finale 1980 von Rom nur einen glückstrahlenden Bernard Dietz zeigen. Danach hatte er ein weiteres Ziel: die Teilnahme an der Weltmeisterschaft in Spanien; doch Jupp Derwall ließ ihn nach 53 Länderspielen fallen. Erst am 10. Mai 1989 erhielt er in Duisburg das Abschiedsspiel aus der Nationalmannschaft. Als der MSV 1982 aus der Bundesliga abstieg, wollte sich der Routinier nicht eingestehen, daß er schon zum alten Eisen zu zählen sei. Er tauschte das Trikot der »Zebras« mit dem des FC Schalke 04. Zwar stieg er mit den »Knappen« im Jahr darauf noch einmal ab, wenig später aber wieder auf. Inzwischen spielte er den Part des »freien Mannes«, bekam aber mehr und mehr Ärger mit Trainer Rolf Schafstall. 1987 verabschiedete sich Bernard Dietz nach 495 Bundesligaspielen und 77 Toren vom großen Fußball, nachdem er einige Verletzungsrückschläge erlitten hatte. Er betreute zunächst die A-Jugend von Schalke 04, später dann den ASC Schöppingen und den SC Verl in der westfälischen Oberliga. So richtig Spaß am Fußball bekam er aber erst wieder, als er Jugendkoordinator des VfL Bochum wurde.

DITGENS, HEINZ

Geboren am 3. Juli 1914
Drei Länderspiele (1936 bis 1938)
Borussia Mönchengladbach

Der olympische Alptraum

Heinz Ditgens war der erste Nationalspieler von Borussia Mönchengladbach. Die niederrheinische Stadt hieß in den Jahren, da die Schulbuben im Schatten des historischen Münsters ihre Ranzen zusammenstellten und sich die Namen der Fußballhelden dieser Zeit gaben, noch München-Gladbach. In der Familie Ditgens war es selbstverständlich, ein Borusse zu sein. Schon der Vater und der Onkel von Heinz hatten sich in der Gründerzeit des Vereins Verdienste erworben. Heinz Ditgens war Verteidiger und hatte den Beruf eines Musterzeichners erlernt, als er mit 22 Jahren für ihn etwas überraschend die Berufung für das olympische Fußballturnier 1936 in Berlin erhielt. Er hatte vor den Augen des kritischen Reichstrainers Prof. Dr. Otto Nerz bestanden, der seine Kandidaten im Wonnemonat Mai in fünf Spielen gegen den FC Everton auf Herz und Nieren prüfte. In Frankfurt und Stuttgart hatte sich der Mönchengladbacher mit guten Leistungen empfohlen. Ditgens war einer von fünf Neulingen im 22köpfigen Olympiaaufgebot. Sein Länderspieldebüt feierte er am 4. August 1936 beim 9:0-Sieg gegen Luxemburg in der Vorrunde des Olympiaturniers. Aber schon das nächste Spiel brachte die Ernüchterung mit dem völlig überraschenden 0:2 gegen Norwegen. Heinz Ditgens konnte seine Nervosität vor den 55 000 Zuschauern im Olympiastadion nie ablegen. Zu einem weiteren Länderspieleinsatz kam er erst eineinhalb Jahre später in Wuppertal beim 2:1 gegen Luxemburg. Doch zur gleichen Stunde spielte die erste Garnitur der Nationalmannschaft in Nürnberg gegen Ungarn. Später trug Heinz Ditgens, wie seine Kameraden Peter Meulenberg, Leo Nolden, Ernst Indefry und Hermann Ditgens, das Trikot der legendären Bückeburger »Jäger«, die in der Gauliga eine ausgezeichnete Rolle spielten. Obwohl ihm im 2. Weltkrieg neun Zehen amputiert werden mußten, verzichtete Heinz Ditgens nicht auf den Fußball. Er war einer der Motoren des Wiederaufbaus. Schon im Jahre 1945 setzte er sich mit einem englischen Sportoffizier in Verbindung, der dafür sorgte, daß die Spielfläche des Gladbacher Stadions von den Spuren des Krieges befreit wurde. Sporadisch streifte er dann auch noch das Trikot seiner Borussia über.

DOLL, THOMAS

Geboren am 9. April 1966
18 Länderspiele (1991 bis 1993), ein Tor
29 Länderspiele DDR (Hansa Rostock,
BFC Dynamo)
Hamburger SV, AS Rom

In der Kaderschmiede der DDR

Thomas Dolls Wiege stand am Kummerower See. Im mecklenburgischen Malchin begann er im zarten Alter von sechs Jahren mit dem Fußball bei »Lokomotive«. Fünf Jahre später brachte er den ersten größeren Pokal mit nach Hause. Er hatte einen Wettbewerb der Balljongleure gewonnen. Schon mit »13« entdeckte ihn die Kaderschmiede des DDR-Sports – der junge Fußballer wechselte in die Kinder- und Jugendsportschule Rostock und entwickelte sich somit in einem Internat. Fortan wurden seine Schritte intensiver verfolgt – er spielte in den Auswahlmannschaften seiner Jahrgänge. Dafür verlor er das angestrebte Abitur aus den Augen; statt dessen ließ sich Thomas Doll zum Monteur von Maschinenanlagen ausbilden. Hansa Rostock und – ab 1986 – der BFC Dynamo (Ost-Berlin) – das waren die Stationen des Fußballtalents, der inzwischen zu den besten Stürmern der DDR gehörte. Mit 19 Jahren stand er erstmals in der DDR-Auswahl und verlor in Athen gegen Griechenland mit 0:2. Bis zum Jahre 1990 hatte Doll 29 internationale Spiele auf seinem Konto. Mit der politischen Wende öffnete sich für ihn die Tür zum Profifußball. Die Glasgow Rangers klopften bei ihm an, aber auch der holländische Spitzenklub PSV Eindhoven. Doch Thomas Doll wechselte zum Hamburger SV und feierte im März 1991 seinen Einstand in der nun »gesamtdeutschen« Fußballnationalmannschaft, die gegen die UdSSR antrat. Thomas Doll schob sich immer mehr ins Rampenlicht und wurde rasch für den italienischen Fußballmarkt interessant. Am 26. Juni 1991 unterschrieb der Stürmer einen Dreijahresvertrag bei Lazio Rom, wo bereits »Kalle« Riedle spielte. Die Römer waren bereit, dem HSV eine Ablösesumme in Höhe von 17 Millionen Mark zu überweisen – eine Summe, die zu diesem Zeitpunkt »Bundesligarekord« darstellte und die die Hanseaten über die größte Finanzkrise ihrer Vereinsgeschichte rettete. Thomas Doll überzeugte die Tifosi mit seinen Dribblings, seiner Antrittsschnelligkeit und seinem schwer auszurechnenden Spiel. In der deutschen Nationalmannschaft durchschritt er allerdings einige Wellentäler. Vor allem seine persönliche Bilanz nach der Europa-

meisterschaft in Schweden war für ihn nicht zufriedenstellend. Anfang 1993 wurde er dann von Berti Vogts für die Nationalmannschaft »ausgemustert«. Im Winter 1994 wechselte er auf Leihbasis zurück in die Bundesliga und unterschrieb einen Vertrag bei Eintracht Frankfurt. Doch am Main holte ihn wieder das Verletzungspech ein – er fiel lange aus und stand zur WM nicht zur Verfügung. Nach der Saison beorderten ihn die Römer zurück, doch im Oktober 1994 wurde er wieder ein »Frankfurter«. Aber die Eintracht wurde mit Doll trotzdem nicht glücklich, denn der war monatelang verletzt und weilte häufiger in der Rehabilitationsklinik in Osterholz bei Bremen als auf dem Trainingsgelände am Riederwald. 1996 verursachte Thomas Doll mit seinem Porsche Turbo einen Unfall, wobei seine griechische Freundin Antonella lebensgefährlich verletzt wurde. Seine Karriere setzte er in Italien beim Zweitligisten AS Bari fort, mit dem er 1997 in die Serie A aufstieg.

DÖRFEL, BERND

Geboren am 18. Dezember 1944
15 Länderspiele (1966 bis 1969), zwei Tore
Hamburger SV, Eintracht Braunschweig

Profi, Portier und Chauffeur des Fürsten

Er war immer etwas anders. Anders als sein stets gutgelaunter Bruder »Charly« und völlig anders als sein Onkel Richard, der in den großen Vorkriegszeiten des Hamburger SV nicht nur wegen seiner fußballerischen Klasse, sondern auch wegen seiner Temperamentsausbrüche auffiel. Bernd Dörfel war wohl eher ein Abbild seines Vaters Friedrich, den sie »Friedo« nannten und der selbst Nationalspieler war – ein ruhiger und abwägender Mensch. Bruder »Charly« war der Clown – Bernd wirkte häufig in sich gekehrt. Als Bernd Dörfel lange nach seiner aktiven Zeit, als er in Genf Fuß gefaßt hatte, das Fazit seines fußballerischen Tuns zog, da sagte er einmal: »Ich war in dieser Szene eigentlich immer fehl am Platze ...« Selbstdisziplin – das war es, was er von sich verlangte und was wohl auch zu den Tugenden eines jeden Leistungssportlers zählen sollte. Doch Bernd Dörfel war nie mit der rechten Begeisterung dabei. Nun gut, er hatte das Talent einer Fußballdynastie in die Wiege gelegt bekommen, doch er war nun mal ein, wie er meinte, »angeborener Individualist« und daher untauglich für den Mannschaftssport. Was niemand auf dem Rasen der großen Fußballarenen spürte, denn da war Bernd Dörfel ein wichtiges Rädchen in der Maschinerie des HSV. Und im übrigen absolvierte Bernd Dörfel mehr Länderspiele als Vater »Friedo« und Bruder »Charly« zusammen – Bundestrainer Helmut Schön gefiel die Art, wie der Hamburger auf dem rechten Flügel spielte. Nach der Weltmeisterschaft 1966 und dem verlorenen Wembley-Finale wurde Bernd Dörfel erstmals für ein Länderspiel nominiert. Beim 3:0-Sieg gegen Norwegen in Köln gehörte er zu den Besten. Bis 1968 war Bernd Dörfel eine feste Größe des HSV, dann wechselte er zu Eintracht Braunschweig, wo er noch zwei Jahre aktiv war. Genf war seine nächste Station – die kosmopolitische Stadt zog ihn nicht nur an, weil er ein Angebot von Servette bekam. In der Schweiz war er zunächst der große Star – Torschützenkönig des eidgenössischen Ligafußballs. Doch dann ging es allmählich bergab, Verletzungen warfen ihn immer wieder zurück – eine Knieoperation mißglückte. Und dann war da noch Trainer Jürgen Sundermann, ein Freund der konsequenten Rollenverteilung innerhalb einer Mannschaft. Dieser Anspruch war wiederum mit dem Hang Bernd Dörfels zum Individualismus schwerlich in Einklang zu bringen. Mit dreißig Jahren verabschiedete sich Bernd Dörfel vom Fußball und übernahm eine Zeitlang den Job eines Portiers in einem Genfer Hotel. Dann zog es ihn nach Hamburg zurück, wo er sich als Chauffeur des Fürsten Otto von Bismarck verdingte. »Durchlaucht« fuhr er eine Weile spazieren, um sich dann wieder in Richtung Genf zu orientieren. Dort arbeitete er als Sportartikelverkäufer, bevor er sich in einer Bank zum Computerfachmann ausbilden ließ. Dem Fußball, so ließ er seine Freunde wissen, weine er keine Träne nach ...

DÖRFEL, FRIEDRICH

Geboren am 19. Februar 1915,
gestorben am 8. November 1980
Zwei Länderspiele (1942), ein Tor
Hamburger SV

Der Vater von Bernd und Gert

»Friedo« nannten sie ihn – und hinter diesem Kosenamen verbarg sich für die Hamburger Fußballfamilie zweierlei: Friedrich Dörfels Name war ein Qualitätsmerkmal in der Zeit vor dem 2. Weltkrieg. Und er war – gemeinsam mit seinem Bruder Richard – so etwas wie der Begründer der Dörfel-Dynastie, die in der Geschichte des HSV eine nicht unbedeutende Rolle spielt. Es war das Pech von »Friedo«

Dörfel, daß seine Karriere auf Kollisionskurs mit dem 2. Weltkrieg ging. Zwanzig Jahre später hätte er sicherlich mit seinem Können viel Geld als Fußballer verdient. Im September 1933 nahmen die Hamburger Fans Abschied von einem Spieler, den sie in ihr Herz geschlossen hatten – von dem Norweger Asbjörn Halvorsen, den sie »Assi« nannten. Der Mittelläufer bestritt sein letztes Spiel beim 14:0 gegen Schwerin 03, wobei Richard Dörfel sieben Tore erzielte. Es war die Zeit des personellen Umbruchs beim HSV, denn junge Leute wurden von dem Verein wie von einem Magneten angezogen. Die Wilhelmsburger und Harburger zog es zum Rothenbaum. Aber es kam im Oktober 1933 auch ein junger Mann von der Victoria: Friedrich Dörfel. Sein erstes Tor schoß er wenig später gegen Fortuna Düsseldorf, und trotz seiner Jugend wurde er rasch Stammspieler. Man schätzte ihn wegen seiner Vielseitigkeit. Auf ihn war in der Verteidigung ebenso Verlaß wie im Sturm. Doch sein Weg zum Nationaltrikot war weit, denn die Konkurrenz war groß. Doch dann nutzte er die erstbeste sich ihm bietende Chance. Im Vorfrühling des Jahres 1942 berief Sepp Herberger den hanseatischen Stürmer zu einem Lehrgang ins Bergische Land. Alle Fußballstars, die angesichts des 2. Weltkriegs noch zur Verfügung standen, waren da: Edmund Conen, Fritz Walter, Paul Janes und der reaktionsschnelle Torwart Heinz Flotho. Über hundert Minuten testete Herberger seine »Deutschlandauswahl« in Wuppertal gegen eine Kölner Auswahl, und die 10 000 Zuschauer fanden vor allem Gefallen an »Friedo« Dörfel, obwohl dem beim 9:1-Sieg nur ein Treffer gelang. Doch in den nächsten beiden Länderspielen gegen Spanien in Berlin (1:1) und in Budapest gegen Ungarn (5:3-Sieg) war er dabei. Kurios, daß beide Spiele von ein- und demselben Schiedsrichter geleitet wurden – von Signore Barlassina aus Italien. Eine besondere Note hatte vor allem das Spiel in Budapest, weil die Deutschen zur Halbzeit noch mit 1:3 zurücklagen, um dann noch vier Tore draufzulegen. »Friedo«, so wurde überliefert, war der stillste Vertreter der Dörfel-Dynastie. Er war völlig anders als sein Bruder Richard, von dem man sagte, er sei ebenso aufbrausend wie gütig gewesen und im übrigen jedem Scherz und jeder Sause zugetan. »Friedo« erlaubte sich eigentlich nur eine Extravaganz – sein Markenzeichen waren rotgefärbte ungarische Fußballstiefel. Nach dem 2. Weltkrieg streifte »Friedo« Dörfel zuweilen noch das Trikot des HSV als Verteidiger in der Oberliga Nord über und beschloß schließlich seine Karriere beim Wandsbeker FC. Eine Zeitlang war er Trainer der Oberligamannschaft des Harburger TB sowie des Bremer SV und des VfB Lübeck. Etliche Jahre später sollten Bernd und »Charly«, die Söhne von »Friedo« Dörfel, zu Nationalspielern werden.

DÖRFEL, GERT

Geboren am 18. September 1939
Elf Länderspiele (1960 bis 1964), sieben Tore
Hamburger SV

»Charly, mach mal Ente ...«

Er war die Nummer 17 in der Geschichte des Hamburger SV und seiner Fußballnationalspieler. »Charly« – das war über viele Jahre der Inbegriff von Spielwitz auf dem linken Flügel. In den Gassen seines Geburtsorts Harburg und später – auf der anderen Seite der Elbe – in Altona, holte sich der unbekümmerte blonde Junge sein Rüstzeug für den Fußball. Straßenmannschaften – wie die seines FC Lessing – waren in seinen jungen Jahren, als die Hansestadt nach dem Krieg noch in Trümmern lag, in Mode, denn es mangelte an Spiel- und Sportplätzen. Das Talent erbte Gert Dörfel von seinem Vater Friedo, der 1942 zwei Länderspiele bestritten hatte. Aber auch Onkel Richard diente dem jungen »Charly« zweifellos als fußballerisches Vorbild, denn auch der war in den 30er Jahren ein exzellenter Spieler des HSV – ein Weggefährte und Freund des Nationalspielers Rudi Noack, der in der Kriegsgefangenschaft starb. Richard war aber, wie die Zeitgenossen berichteten, zu »eigenwillig«, um es seinem Bruder Friedo gleichzutun – er schaffte nie den Sprung in die Nationalmannschaft. 1958 kam Gert Dörfel von Polizei Hamburg zum HSV, wo der Stern des Uwe Seeler bereits aufgegangen war. Nach seinem Debüt schrieb eine Hamburger Zeitung über den Neuling: »Er ist eine kesse Motte des grünen Rasens ...« Gert Dörfel hatte sich soeben seinen Spitznamen abgeholt, nachdem er das Lied vom »Charly Brown« gesungen hatte. Der junge Dörfel war der Liebling der großen HSV-Gemeinde – ein Spaßvogel im besten Sinne. Als er mit einer Hamburger Amateurauswahl in Siegen gegen Westfalen gespielt hatte, klopfte er nach dem Abendessen dem Stadtoberhaupt auf die Schulter und sagte: »Na, Herr Bürgermeister – dann halten Sie Ihre Stadt man gut in Schuß ...« Jahre später, nach seinem ersten Länderspiel gegen die bedauernswerten Isländer (5:0), forderte ihn Bundestrainer Helmut Schön immer mal wieder auf, die Laune seiner Kameraden zu verbessern: »Charly –

mach mal Ente ...« Mehr und mehr wurden – nicht nur beim Hamburger SV – Dörfels Flanken zur Legende. Er war ein idealer Partner für den kopfballstarken Uwe Seeler. »Charly« war für jeden Jux zu haben, doch als ihn Peter Frankenfeld für seine Sendung »Toi-Toi-Toi« mal am Abend vor einem Spiel auftreten lassen wollte, legte Trainer Günther Mahlmann sein Veto ein. Dessen ungeachtet brachte Gert Dörfel seine erste Single auf den Markt. Die Titel: »Erst ein Kuß ...« und »Das kann ich dir nie verzeih'n ...« Als Imitator von Dean Martin, Gene Pitney und Elvis Presley machte sich der Fußballer mit dem »goldenen Schuß« einen Namen. Als ihm Mitte der sechziger Jahre allmählich die Haare ausfielen, kreuzte »Charly« eines Tages mit einem Toupet beim Training auf. Vor dem WM-Turnier 1966 stand er in Sepp Herbergers vorläufigem Aufgebot, doch den Sprung in den 22er-Kader schaffte er nicht. Seine internationale Karriere endete 1964. Im Jahre 1972 sagte er dem Fußball »ade«, als er mit Trainer Klaus Ochs nicht zurechtkam, und weil der HSV den jungen Georg Volkert für die Linksaußenposition vorgesehen hatte. Nach dreizehn HSV-Jahren und rund 750 Spielen machte »Charly« Schluß. Danach ging er auf Wanderschaft – unter anderem nach Südafrika, wo er das Trikot der »Highland Powers« in Johannesburg trug und tagsüber Autos verkaufte. 1973 versuchte er sich noch über eine kurze Zeitspanne beim Regionalligisten SV Barmbek-Uhlenhorst, um dann wieder nach Südafrika zu ziehen – diesmal zu Lusitano Johannesburg. Seine nächste Station war in der kanadischen Provinz Ontario der London City Soccer Club, wo er sich als Spielertrainer verdingte. Und da das Leben nun mal voller Widersprüche ist, mündete die schillernde Karriere dieses ungewöhnlichen Fußballers schließlich in einem »bürgerlichen« Beruf – »Charly« wurde Vollziehungsbeamter beim Hamburger Ordnungsamt in Stellingen. Nach seinen Wanderjahren hatte er zunächst Mühe, wieder in seiner Heimat Fuß zu fassen. Hamburgs Bürgermeister Hans-Ulrich Klose vermittelte ihm den Job eines Telegrammboten, dann bekam er eine Anstellung bei »Strom und Hafenbau«, wo er für 1800 Mark Monatsgehalt als Rechnungsprüfer auf Probe arbeitete.

DÖRNER, HERBERT

Geboren am 14. Juli 1930
Zwei Länderspiele (1956)
1. FC Köln

Der Konditor mit dem starken Schuß

1954 war ein großes Jahr des deutschen Fußballs. Sepp Herberger führte die Nationalelf zur Weltmeisterschaft, und alle sprachen von einem »Wunder«. 1954 – das war aber auch ein tolles Jahr für den 1. FC Köln, der am 13. Februar 1948 aus der Taufe gehoben wurde und gut sechs Jahre später seinen ersten ganz großen Erfolg feierte – die Meisterschaft der Oberliga West! Herbert Dörner stand in dieser legendären Mannschaft des 1. FC Köln – er war als Halbstürmer eine wichtige Stütze dieser Mannschaft. Karl Winkler, den sie am Rhein den »Eisernen« nannten und der ein Bruder des Wormser Nationalspielers Willi Winkler war, brachte als Nachfolger von Helmut Schneider den Erfolg nach Müngersdorf. Karl Winkler wollte ursprünglich Arzt werden und hatte auch ein paar Semester Medizin studiert. Er galt als Rauhbein und war bei seinen Spielern nicht nur wegen seiner gewaltigen Stimme gefürchtet. Zwar scheiterten die Kölner in der deutschen Endrunde an dem 1. FC Kaiserslautern in einem dramatischen Spiel mit 3 : 4 und verpaßten somit den Einzug ins Endspiel, doch erstmals machte der junge Verein über die westdeutschen Grenzen hinaus auf sich aufmerksam. Der flachsblonde Herbert Dörner war ein Jahr vorher zum 1. FC Köln gelangt. Er hatte beim Mülheimer SV seine Fußballkarriere begonnen und spielte dort bereits als 18jähriger in der 1. Mannschaft. Nach der Fusion des Mülheimer SV mit dem VfR Köln zum SC Rapid blieb er noch ein Jahr in diesem neuen Verein, dann holte ihn Preußen Dellbrück, wo der junge Fritz Herkenrath zwischen den Pfosten stand, wo Karl Winkler als Trainer wirkte. 1952 kam der inzwischen zu einem Leistungsträger gereifte Fußballer dann zum 1. FC Köln und führte wenig später nach Jupp Röhrigs schwerer Verletzung dort Regie. In der Oberliga West war Herbert Dörner einer der gefährlichsten Torschützen. Der Halblinke brachte es zwischen 1953 und 1959 in 153 Punktspielen auf 65 Tore für den 1. FC Köln. Mit Stollenwerk, Breuer, Röhrig, Dörner und Schäfer war dieser Sturm im Westen eine Macht. 1956 wurde der schußgewaltige Mann aus Köln von Sepp Herberger für die Skandinavienreise der Nationalmannschaft nominiert. Er machte die beiden Spiele gegen Norwegen und Schweden mit und war auch in den folgenden Jahren als dreifacher B-Nationalspieler wiederholt im Kreis der Besten zu finden. 1959 beendete Herbert Dörner, der im »Kaufhof« als Konditor arbeitete, seine Karriere beim 1. FC Köln und spielte noch eine Zeitlang beim Bonner FV. In der Bonner Innenstadt führte er die »Zwitscherstube«, die er 1961 aufgab, um danach als Vertreter zu arbeiten.

DORFNER, HANS

Geboren am 3. Juli 1965
Sieben Länderspiele (1987 bis 1989), ein Tor
FC Bayern München

Ein »Hans im Pech«

Hans Dorfners Weg als Fußballprofi wurde nicht immer von der Sonne verwöhnt. Vielmehr prägten Verletzungen die Karriere des Mannes, der aus Regensburg stammte und unter der Anleitung von Trainer Alois Bink beim ASV Undorf in der Oberpfalz kickte. Das kleine Dorf im Laabertal wird durch die Eisenbahnlinie getrennt, die von Regensburg nach Nürnberg führt. Hier wurde Hans Dorfner eines schönen Tages von Reinhard Saftig entdeckt. Saftig war Assistenztrainer des FC Bayern München, und er hatte einen Blick für schlummernde Talente. Der Trainer und der junge Mann aus Regensburg begegneten sich erstmals im Jahre 1982. Hansi Dorfner ließ sich samt Eltern überreden und wechselte von Undorf, wo er schon mit sieben Jahren gespielt hatte, zum großen FC Bayern nach München. Er überraschte dort durch sein Selbstbewußtsein und kam in der A-Jugend glänzend zurecht. So gut, daß er im gleichen Jahr erstmals in die Jugendnationalmannschaft berufen wurde. Doch als er den Jugendstiefeln entwachsen war, da spürte er sehr bald, daß das Brot bei den Bayern zuweilen hart ist. Die Konkurrenz war groß – und so willigte Dorfner ein, als man ihm empfahl, für zwei Jahre als Leihgabe zum Zweitligisten 1. FC Nürnberg zu wechseln. Es sollten seine wichtigsten Lehrjahre werden, denn in der Noris traf er mit Heinz Höher auf einen Trainer, der das Talent zu formen verstand. Aus dem Stürmer wurde ein Spielgestalter, einer, der die Fäden zog. Junge Fußballer mit diesem Prädikat waren rar in Deutschland, und deshalb war es eigentlich ganz logisch, als 1985 DFB-Trainer Berti Vogts eine Einladung für die U-21-Auswahl schickte. Damit stand Hansi Dorfner schon auf dem Sprungbrett in die Nationalmannschaft, worauf ein Jahr später Bayern-

Manager Uli Hoeneß wieder bei ihm vorstellig wurde und ihm einen neuen Vertrag anbot. Hansi Dorfner machte sich die Entscheidung nicht leicht, zögerte lange und unterschrieb schließlich doch in München. Sören Lerby hatte die Bayern verlassen, und der große Blonde aus Dänemark hinterließ eine Lücke im Mittelfeld. Hansi Dorfner witterte seine Chance, doch es dauerte über ein halbes Jahr, ehe er endlich seinen Stammplatz gefunden hatte. Immer wieder wurde er durch Verletzungen zurückgeworfen. Blessuren, die ihm schon in Nürnberg das Dasein als Fußballprofi schwergemacht hatten. Doch dann stabilisierte er seine Leistungen und wurde tatsächlich das, was er sich immer erträumt hatte: der Regisseur im Team der Stars. Eigentlich war sein Debüt in der Nationalmannschaft schon früher geplant, aber dann zwickte wieder die Wade – und aus war der Traum vom Länderspielglück. Das stellte sich für Hansi Dorfner erst im August 1987 ein. Frankreich war in Berlin der Gegner, und nach dem 2 : 1-Erfolg der Gastgeber waren die Kritiker voll des Lobes. Sie bescheinigten dem jungen Mann aus der Oberpfalz Zweikampfstärke. Doch alle, die ihm eine große internationale Karriere prophezeiten, übersahen die Verletzungsanfälligkeit Dorfners. Nur siebenmal wurde er in die Nationalmannschaft berufen – angesichts seines Talents eine unbefriedigende Bilanz. 1991 zog es ihn wieder zurück zum 1. FC Nürnberg, doch seine Probleme nahm er mit. Mit 28 Jahren hatte er zwar neun Profijahre hinter sich, aber in dieser Zeit war er genau neunmal operiert worden: Außenmeniskus, Innenmeniskus, Muskelbündelriß im Oberschenkel, Außenbandriß, verschobenes Hüftgelenk! Das Bild vom »Hans im Pech« war gemalt – viele, die ihn einst bewundert hatten, empfanden nun Mitleid mit ihm, zumal sein 1. FC Nürnberg 1994 auch noch die Bundesliga verlassen mußte.

DREMMLER, WOLFGANG

Geboren am 12. Juli 1954
27 Länderspiele (1981 bis 1984), drei Tore
FC Bayern München

Auf Paul Breitners Spuren

Als Wolfgang Dremmler ein paar Tage nach seinem 20. Geburtstag in Braunschweig den Briefkasten öffnete, glaubte er seinen Augen nicht zu trauen – da lagen zwei Autogrammbriefe. »Es gibt also tatsächlich zwei Menschen in Deutschland, die sich für dich interessieren«, wunderte er sich. Ein

paar Jahre später wunderte er sich nicht mehr, denn es erbaten täglich mehr als hundert Fans seine Unterschrift – und die Briefmarken verrieten, daß die Absender sogar in Afrika und Nordamerika zu Hause waren. In Salzgitter verbrachte Wolfgang Dremmler seine Jugendzeit – hier spielte er beim TSV Watenstedt und beim TSV Hallendorf. Bei Union Salzgitter wehte ihm dann schon mal die Luft der höchsten Amateurklasse um die Nase. Als er 1974 zu Eintracht Braunschweig in die Bundesliga wechselte, bekam er zunächst einmal einen Spitznamen verpaßt: »Paule« riefen ihn seine neuen Kameraden. Zu diesem Zeitpunkt hatte Wolfgang Dremmler bereits seine Ausbildung zum Betriebsschlosser beendet. Die Eintracht, der stolze deutsche Überraschungsmeister von 1967, hatte sich von einem Trauma erholt und den Abstieg aus der Bundesliga soeben mit dem Wiederaufstieg repariert. Aber dieser Sprung zurück in die Eliteliga hatte Nerven gekostet, denn in der Aufstiegsrunde fehlte dem 1. FC Nürnberg im letzten Spiel beim 1. FC Saarbrücken nur ein Tor, um noch an Eintracht Braunschweig vorbeizuziehen. Sechs Jahre blieb Wolfgang Dremmler in der Stadt Heinrichs des Löwen, wurde hier 1975 B-Nationalspieler, und – was für ihn wohl noch wichtiger war – er lernte Paul Breitner kennen. Der war Weltmeister, ein international gefragter Star, der sich 1976 von dem damaligen Eintracht-Sponsor und Likörfabrikanten Günter Mast zum Wechsel von Real Madrid nach Braunschweig hatte überreden lassen. Als

Dremmler in der Saison eines Tages von Braunschweigs Trainer Heinz Lucas auf die Reservebank verbannt wurde, telefonierte der Geschmähte mit seinem alten Freund, der inzwischen wieder bei Bayern München gelandet war. Und Breitner fädelte daraufhin 1979 Dremmlers Transfer an die Isar ein, weil er wußte, daß der Niedersachse ein idealer »Wasserträger« war. Nach längerer Anlaufzeit und dank der Geduld von Trainer Pal Csernai wurde er bei den Bayern Stammspieler und damit »reif« für die Nationalmannschaft. Für Breitner war der alte Spezi aus Braunschweig »einer der besten Allroundspieler Deutschlands«: Hart im Zweikampf, konditionsstark und ein exzellenter Flankengeber. 1982 stand Dremmler im Team der deutschen Nationalelf, die erst im Weltmeisterschaftsfinale von Madrid an Italien scheiterte. Ein Knorpelschaden im Knie beendete 1986 seine Karriere. Er übernahm eine Repräsentanz bei adidas, betreute einige Zeit den MSV München und dann den SV Lohhof, den er als »graue Maus« übernahm und zu einem Spitzenteam der Bayernliga formte. Ab der Saison 1995/96 wechselte er in den Betreuerstab des FC Bayern München – er wurde verantwortlich für den Bereich »Spiele- und Spielerbeobachtung«.

DROZ, RUDOLF

Geboren am 9. Januar 1888
Ein Länderspiel (1911)
Preußen Berlin

Preuße mit strammem Schuß

Das Herz der Berliner Fußballgemeinde schlug in den Jahren vor dem 1. Weltkrieg für die Viktoria. In den Begegnungen der Saison 1910/11 waren die 89er ungeschlagen geblieben. Darüber ärgerten sich vor allem die Anhänger des FC Preußen Berlin, denn dieser Verein hatte 14 von 16 Spielen gewonnen und nur gegen den Exmeister zweimal verloren. So war es für Rudolf Droz Balsam auf die Fußball-»Wunden«, als er im Juni 1911 eine Einladung zum ersten Länderspiel gegen Schweden nach Stockholm erhielt. Droz war Halbrechtsstürmer und ihm eilte der Ruf voraus, über einen strammen Schuß zu verfügen. Am 18. Juni 1911 gewann die deutsche Mannschaft mit 4:2 – und Droz verstand sich in diesen 90 Minuten besonders gut mit einem Viktorianer: mit Rechtsaußen Otto Dumke, der drei der vier Tore erzielte. Rudolf Droz, Kaufmann von Beruf, schlug später seine Zelte in Magdeburg auf und spielte dort für den SV Viktoria 96.

DUMKE, OTTO

Geboren am 29. April 1887,
gestorben am 4. August 1912
Zwei Länderspiele (1911), drei Tore
Viktoria 89 Berlin

Drei Tore gegen England

Immer dann, wenn Mannschaften aus England, der Wiege des Fußballs, ins Spree-Athen kamen, waren die Berliner aus dem Häuschen. So im Jahre 1911, als die Elf von Middlesbrough beim Deutschen Meister Viktoria 89 spielte und ein 3:3 erzwang. Zwischen den Pfosten der Engländer stand Nationaltorwart Williamson, der sich an diesem Tag den Schnauzbart eines kessen Berliners auf dem rechten Flügel ganz genau einprägte. Er gehörte zu Otto Dumke – und der hatte ihm drei prächtige Tore »eingeschenkt«. Und zwar innerhalb von nur vier Minuten zur zwischenzeitlichen 3:1-Führung der Berliner. Otto Dumke war in den Jahren vor dem 1. Weltkrieg einer der wuchtigsten Stürmer des jungen deutschen Fußballs. Er verfügte über eine ansehnliche Ballbehandlung und hatte den Mut, den direkten Weg zum gegnerischen Tor zu suchen. Zweimal wurde Dumke mit der Viktoria Deutscher Meister, zweimal trug er das Trikot der Nationalmannschaft in den ersten Spielen gegen Schweden. Am 18. Juni 1911 war er der überragende Spieler der Gäste beim 4:2-Sieg in Stockholm. Er erzielte drei der vier Tore. Die Skandinavier revanchierten sich beim Rückspiel im Oktober 1911 auf dem Viktoria-Sportplatz Hohe Luft in Hamburg mit einem 3:1-Sieg gegen eine enttäuschende deutsche Mannschaft. Otto Dumke war zu diesem Zeitpunkt schon von einer schweren Lungenerkrankung gezeichnet, der er ein knappes Jahr danach erlag. Seine letzten Spiele bestritt er in seiner Berliner Heimat im Trikot von Britannia.

DUREK, LUDWIG

Geboren am 27. Januar 1921
Sechs Länderspiele (1940 bis 1942), zwei Tore
FC Wien

Ein blutjunger linker Flügel

Der 2. Weltkrieg riß in Europa immer größere Wunden – viele Fußballnationalspieler standen an den Fronten. Im August 1940 organisierte der DFB einen Sichtungslehrgang in Wien – Sepp Herberger suchte nach Alternativen für seine Nationalmann-

schaft. Eingeladen hatte er auch Ludwig Durek, einen 19jährigen mit einem ansehnlichen linken
Schuß. Er kam vom FC Wien und fiel durch seine
Wendigkeit besonders ins Auge. Am 15. September 1940 erhielt das Talent eine erste internationale
Chance im Länderspiel gegen die Slowakei in Preßburg. Sepp Herberger hatte ihm mit Franz Jellinek
vom Wiener SK einen 18jährigen zur Seite gestellt.
Nie zuvor ging eine deutsche Mannschaft mit einem derart jungen linken Flügel in ein Länderspiel.
Doch Ludwig Durek kannte wenig Respekt und traf
zwölf Minuten vor Schluß mit einem knallharten
Schuß zum siegbringenden 1 : 0. Ein Jahr später
schoß er auch im Rückspiel gegen die Slowakei beim
4 : 0 in Breslau »sein« Tor. Die Abschiedsvorstel-
lung im Trikot der Deutschen gab Durek beim
ersten Länderspielsieg in Ungarn am 3. Mai 1942.

DUTTON, EDWIN

Geboren am 8. April 1890
Ein Länderspiel (1909)
Preußen Berlin

Viel Lob in Budapest

Edwin Dutton kam aus dem schlesischen Mittel-
walde, aber Kontakt zum Fußball bekam er erst
nach seiner Übersiedelung nach Berlin. Sein Vater
war der englische Sportapostel Tom Dutton, der in
der Zeit vor der Jahrhundertwende in Berlin ein
Pionier der Spielbewegung war. Sohn Edwin trug
zunächst das Trikot von Britannia und schloß sich
dann den Preußen an. Die aber standen in den Jahren vor dem 1. Weltkrieg an der Spree eindeutig im
Schatten von Viktoria 89, dem Deutschen Meister.
Erwin Dutton profitierte am 4. April 1909 von der
Tatsache, daß es in dieser Zeit ständig Ärger um die
Aufstellungen der deutschen Nationalmannschaft
gab. An diesem Frühlingstag ging der DFB erneuten
Diskussionen aus dem Wege und organisierte zur
gleichen Stunde zwei Länderspiele. Eine Mannschaft fuhr mit dem Zug nach Budapest und spielte
dort gegen Ungarn, eine andere hatte in Karlsruhe
den Nachbarn aus der Schweiz zum Gegner. Edwin
Dutton, der Rechtsaußen aus Berlin, war beim 3 : 3
in Budapest dabei. Er traf sich mit dem großen Teil
seiner Kameraden auf dem Bahnhof Friedrichstraße.
Das Geld für die Fahrkarte mußte von den Spielern
zunächst aus eigener Tasche bezahlt werden und
wurde in der ungarischen Hauptstadt zurückerstattet. Die zusammengewürfelte deutsche Mannschaft
überraschte in der Milleniums-Turnierbahn über

alle Maßen. 15 000 Zuschauer sahen dieses Länderspiel, obwohl das Wetter alles andere als einladend
war – es regnete in Strömen. Doch die Gäste misch-
ten munter mit – nie zuvor hatte eine deutsche
Mannschaft in einem offiziellen Länderspiel einen
so nachhaltigen Eindruck hinterlassen.

DZUR, WALTER

Geboren am 18. November 1919
Drei Länderspiele (1940 bis 1941)
Dresdner SC

Eine makellose Bilanz

In den Jahren des 2. Weltkriegs war Dresden so etwas wie die Fußballhauptstadt Deutschlands. 1940
hatte der Dresdner SC zwar noch das Endspiel um
die Deutsche Meisterschaft knapp gegen Schalke
04 verloren, doch 1943 und 1944 war der DSC
nicht zu stoppen. Die Stadt, die damals noch stolz
darauf sein durfte, ein Kleinod des deutschen Barock und Rokoko zu sein, ehe das »Elbflorenz« in
einer Bombennacht in Schutt und Asche versank,
beherbergte zahlreiche Ausnahmefußballer. Kreß,
Hoffmann und Schön waren hier zuhause, aber
auch Walter Dzur. Vor 35 000 Zuschauern gab er
am 1. September 1940 in Leipzig gegen Finnland
sein Debüt. Zu tun bekam er gegen die hoffnungslos überforderten Skandinavier so gut wie nichts.
Zur Pause führten die Deutschen schon 8 : 0. Fritz
Walter und Willi Hahnemann veranstalteten ein
Feuerwerk, in dem die Finnen schließlich 0 : 13 un-
tergingen. Zwei Wochen später war Walter Dzur
auch beim 1 : 0-Sieg gegen die Slowakei in Preßburg
dabei. Sein drittes und letztes Länderspiel bestritt er
im Oktober 1941 in Helsinki beim 6 : 0 gegen Finnland. Drei Spiele – drei Siege! Die Bilanz des Mittelläufers war makellos, doch es schmerzte ihn, als
er am 16. November beim 1 : 1 gegen Dänemark
ausgerechnet in Dresden nicht dabei sein durfte.
Nach dem 2. Weltkrieg verschlug es Walter Dzur
elbabwärts nach Hamburg. Karl Miller, sein alter
Freund aus gemeinsamen DSC-Tagen, betrieb hier
eine Schlachterei und überredete einige seiner Kameraden zu einem Wechsel. Am Millerntor wuchs
daraufhin eine Mannschaft der deutschen Spitzenklasse mit Heinz Hempel, Fritz Machate, Heiner
Schaffer, Heinz Köpping, Hans Appel, Helmut Schön
und »Tute Lehmann«. Walter Dzur beendete seine
Laufbahn am Millerntor erst am 12. April 1953. Im
Spiel gegen den Nachbarn Altona 93 wurde er verabschiedet. Hamburg wurde zur Wahlheimat.

E

ECKEL, HORST

Geboren am 8. Februar 1932
32 Länderspiele (1952 bis 1958)
1. FC Kaiserslautern

Der »Windhund« des Weltmeisters

Die Zahl sieben spielt offenbar im Leben des Horst Eckel eine ganz besondere Rolle. Mit sieben Jahren rannte er zum erstenmal hinter einem Ball her, mit 17 verließ er heimatliche Gefilde und schnupperte die Luft des großen Fußballs, mit 27 verabschiedete er sich wieder in die Provinz. Vogelbach ist ein kleiner Ort in der Pfalz, genau liegt er 26 Kilometer westlich von Kaiserslautern. Dies war Horst Eckels Heimatort, hier wurde er geboren. Der SC Vogelbach war seine erste große Fußballerliebe. Und damals ahnte natürlich noch niemand, daß aus dem schmächtigen Jungen einst ein Weltmeister werden sollte. Allerdings ließ er seine Klasse ahnen, als er mit 15 Lenzen erstmals in der ersten Mannschaft stand. Das war 1947, und die »Butterfahrten« waren groß in Mode. Die Gage der Fußballer bestand zuweilen aus ein paar Eimern Marmelade und einer Kanne Milch. So werden auch wirtschaftliche Nöte dazu beigetragen haben, daß Horst Eckel eines Tages beim 1. FC Kaiserslautern aufkreuzte. Mit 17 Jahren schoß er in zwei Spielen der Lauterer Junioren zur Südwestmeisterschaft zehn Tore – das reichte für einen Platz in der »Ersten«, der berühmten »Walter-Elf«. Fünf Jahre später, am 4. Juli 1954, stand er im regendurchnässten Trikot im Berner Stadion zwischen Jupp Posipal und Werner Liebrich und war Weltmeister. Mit seinen 22 Jahren war er bei weitem der jüngste Spieler in der deutschen Nationalmannschaft. Aber schon 1951 nahm der Benjamin einen kräftigen Schluck aus dem Becher des Ruhms – er wurde mit dem 1. FC Kaiserslautern Deutscher Meister. Trainer Richard Schneider und Fritz Walter hatten sich für Eckel eingesetzt und sich damit im Vorfeld des Finales gegen Preußen Münster den Unmut des Lauterer Vorstands eingehandelt. Der Titelgewinn der Pfälzer wiederholte

sich zwei Jahre später – inzwischen hatte Horst Eckel seine Stammposition gefunden – die des rechten Läufers. Sepp Herberger hatte ihn schon früh für ein Länderspiel nominiert – er fand Gefallen am enormen Fleiß des jungen Fußballers, an der spielerischen Gewandtheit, an der Klugheit seines Spiels. Bei der Weltmeisterschaft 1954 in der Schweiz war Horst Eckel deshalb ein wichtiger Pfeiler des Erfolgs. Der starke rechte Flügel des späteren Weltmeisters war auch ihm zu danken, denn von Eckels Pässen profitierten Max Morlock und Helmut Rahn. Als Horst Eckel, der »Windhund des Weltmeisters«, in seinen Heimatort Vogelbach zurückkehrte, stand das Dorf kopf. Ein Zigarettenfabrikant hatte 20 000 Liter Freibier gestiftet – der junge Weltmeister war strahlender Mittelpunkt eines großen Volksfestes. Fünf Jahre später verließ Horst Eckel den 1. FC Kaiserslautern und wechselte als Angestellter der Röchling-Stahl- und Eisenwerke nach Völklingen. Horst Eckel, der ursprünglich als

Feinmechaniker ausgebildet wurde, hatte nun einen gänzlich anderen Job. Er machte 300 Lehrlingen »Beine«, indem er sie sportlich betreute. Außerdem hatte er über Verbesserungsvorschläge nachzudenken. Bis 1965 spielte er beim SV Völklingen, wurde später dann Sportlehrer an einer Realschule in Kusel. Kunst, Werken und Sport – das waren seine Fächer. Und Tennis wurde zu seiner bevorzugten Sportart – er spielte mit Begeisterung beim ASV Bruchmühlbach.

ECKERT, JAKOB

Geboren am 19. September 1916
gestorben am 5. Juni 1940
Ein Länderspiel (1937)
Wormatia Worms

Weißbinder aus Worms

Jahrelang suchte der deutsche Fußball einen Nachfolger für Edmund Conen, dessen glanzvolle Karriere 1935 durch eine schwere Krankheit einen Knick bekommen hatte. Zu denen, die getestet wurden, gehörte auch der Torjäger von Wormatia Worms, Jakob Eckert. In den dreißiger Jahren trumpfte die Wormatia immer stärker auf und erreichte wiederholt die deutsche Endrunde. Vor allem im Jahre 1937 waren die Wormser mit ihrem blutjungen Mittelstürmer Jakob Eckert eine Macht. Sie scheiterten in ihrer Gruppe nur hauchdünn am VfB Stuttgart. Hätten die Schwaben nicht im Endspurt noch einen 5 : 1-Sieg bei Hessen Kassel erreicht, wäre die Wormatia anstelle des VfB im Halbfinale auf den späteren Meister FC Schalke 04 getroffen. So fehlte der Mannschaft um Seppl Fath die Winzigkeit eines Tores ... Der blonde Jakob Eckert, das Nesthäkchen der Mannschaft, stammte aus dem idyllischen Rheindürkheim vor den Toren der sagenumwobenen Nibelungenstadt und hatte dort bei Rhenania gespielt. Am 2. Mai 1937 war Jakob Eckert in Zürich gegen die Schweiz Mittelstürmer der deutschen Nationalelf, doch der junge Mann aus Worms bekam seine Nerven nicht in den Griff und wußte mit allerbesten Chancen wenig anzufangen. Danach boten sich dem Wormser nur noch wenige Gelegenheiten, in Testspielen auf sich aufmerksam zu machen: in Duisburg beim 0 : 0 gegen Manchester City und gegen eine SA-Auswahl als Vorbereitung auf das WM-Qualifikationsspiel im Jahre 1937 gegen Estland. Den Durchbruch zu einem Stammplatz in der Nationalelf schaffte der gelernte Weißbinder, in dem viele einen der besten deutschen Stürmer sahen, allerdings nicht. Anfang Juni 1940 starb Jakob Eckert an der Westfront in Frankreich – er war der erste deutsche Fußballnationalspieler, der im 2. Weltkrieg sein Leben ließ.

ECKSTEIN, DIETER

Geboren am 12. März 1964
Sieben Länderspiele (1986 bis 1988)
1. FC Nürnberg

Schicksalsschläge eines Torjägers

Von Dieter Eckstein sagte mal ein Kritiker, er sei eine Generation zu spät Fußballprofi geworden. Nicht etwa, weil er sein Talent verschlafen hätte, sondern weil die Zeit der klassischen Außenstürmer eigentlich vorbei war, als dieser Profi seinen Leistungshöhepunkt erreichte. Dieter Eckstein – das war ein Fall für den linken Flügel, einer, der mit Volldampf die Linie entlanghetzte und dabei von seinen Sprintfähigkeiten profitierte. So um die elf Sekunden brauchte er für die hundert Meter. In Kehl, das wohl ein Stadtteil von Straßburg wäre, läge nicht der Rhein dazwischen, wurde Dieter Eckstein geboren, und seine Jugendzeit war durch Schicksalsschläge geprägt. Mit elf Jahren verlor er seinen Vater, zwei Jahre später dann auch die Mutter. Der FV Kehl war sein erster Verein, und sein angeborenes Bewegungstalent führte ihn in die deutsche A-Jugend-Nationalmannschaft. Schon in sehr jungen Jahren heiratete der gelernte Mechaniker und wurde Vater von zwei Kindern. 1983, im Jahr seiner Hochzeit, hatte die Bundesliga längst ein Auge auf den schnellen Flügelflitzer vom rechten Rhein geworfen, und Trainer Jürgen Sundermann hätte ihn am liebsten für Racing Straßburg verpflichtet – Dieter Eckstein entschied sich jedoch für den 1. FC Nürnberg. Beim »Club« gab es dann aber für den bis dahin erfolgverwöhnten Stürmer die ersten Rückschläge, denn Dieter Eckstein hatte Probleme, sich unterzuordnen. Erst Hubert Müller, ein angehender Mediziner und Trainer der Amateure des 1. FC Nürnberg, vermochte Dieter zu motivieren und ihn auf neue Ziele als Profifußballer einzuschwören. Über die 2. Bundesliga fand er mit dem deutschen Altmeister den Weg in die Eliteliga, und die Fans auf den Rängen verziehen dem Dribbelkünstler so manchen Eigensinn. 1986 durfte der blonde Wirbelwind, den sie beim 1. FC Nürnberg »Eckes« riefen, erstmals von der Nationalmannschaft träumen. Franz Beckenbauer nominierte ihn für ein Länderspiel gegen Spanien. In der Endphase löste er beim 2:2 in Hannover Leverkusens Herbert Waas ab. Doch in der Bundesliga bekam Dieter Eckstein häufiger Schwierigkeiten – Alleinunterhalter sind eben nur gefragt, wenn sich der Mannschaftserfolg einstellt. Und die Nürnberger traten auf der Stelle. Immerhin gehörte Eckstein 1988 zum Aufgebot des DFB bei der Europameisterschaft im eigenen Lande – eingesetzt wurde er allerdings nicht. Im gleichen Jahr schlug das Schicksal bei den Ecksteins erneut zu – der sieben Wochen alte Sohn Dennis starb im Oktober am plötzlichen »Kindstod«. Vier Jahre später brannte das Haus der Familie in Weißenbrunn bis auf die Grundmauern nieder. Das Jahr 1988 brachte für Dieter Eckstein aber auch den Wechsel zu Eintracht Frankfurt, wo Trainer Jörg Berger bald einen unerklärlichen Leistungsabfall bei dem Nationalspieler registrierte. Es fehlte die Dynamik, die ihn vor allem in Nürnberg ausgezeichnet hatte, er wirkte verunsichert im Abschluß. 241 Tage blieb er ohne Torerfolg. Nach zwei Jahren wechselte er zurück zum 1. FC Nürnberg, blühte dort endlich wieder auf, doch der krisengeschüttelte Verein gab Dieter Eckstein 1993 an Schalke 04 ab – was den Stürmer ziemlich ärgerte. In Gelsenkirchen ging es dann sportlich immer mehr bergab. Zuletzt saß der Torjäger von einst nur noch auf der Reservebank und spielte in den Überlegungen von Trainer Berger keine Rolle mehr. Im März 1995 schloß sich Eckstein dem Londoner Traditionsklub West Ham United an, blieb beim englischen Erstligisten aber auch nur sechs Wochen und warf dann das Handtuch, als er nach Verletzungspech nicht mehr in Schwung kam. Über den SV Waldhof Mannheim landete er beim Schweizer Zweitligisten FC Winterthur. Zur Winterpause 1996/97 unterschrieb Dieter Eckstein dann einen Vertrag beim Regionalligisten FC Augsburg, dessen Vizepräsident Helmut Haller sich für die Verpflichtung des einstigen Nationalspielers starkgemacht hatte. Ein ehemaliger »Clubberer« überredete ihn schließlich zum Wechsel in die Fuggerstadt – sein einstiger Trainer Hubert Müller.

EDER, NORBERT

Geboren am 7. November 1955
Neun Länderspiele (1986)
FC Bayern München

»Servus, ich möchte Dich einladen«

Es war der 27. April 1986 – ein Sonntag! Abends um 22 Uhr klingelte bei den Eders an der Rathaus-straße in Unterhaching das Telefon. Etwas unwirsch nahm Norbert Eder, der Vorstopper des FC Bayern, den Hörer ab. An der anderen Seite der Strippe war Franz Beckenbauer, der Teamchef der Nationalmannschaft. »Servus Norbert – ich möchte Dich einladen zum WM-Lehrgang in Malente …!« Norbert Eder, gelernter Kraftfahrzeugmechaniker, der auf dem grünen Rasen auf jede Frage eine Antwort wußte, verschlug es für Sekunden die Sprache. »Ich war sozusagen für ein paar Augenblicke besinnungslos«, erinnerte sich Eder später. Und wohl auch daran, daß er an diesem Sonntag einen Brummschädel mit sich herumtrug, denn der FC Bayern hatte am Abend vorher in der St. Emmeramsmühle den Gewinn der neunten Deutschen Meisterschaft kräftig gefeiert. Erst als ihm ein paar Tage später die Einladung nach Malente in Form eines DFB-Briefbogens auf den Tisch kam, war Norbert Eder davon überzeugt, daß er an diesem Sonntagabend keinem üblen Scherz aufgesessen war. 26 Spieler hatte Franz Beckenbauer in die Sportschule des Fußballverbandes Schleswig-Holstein eingeladen – und Norbert Eder war mit seinen 30 Jahren neben Wolfgang Funkel der einzige Debütant. Zwei Wochen später sollte sich das geändert haben, denn der Münchner kam beim 1:1-Testspiel gegen Jugoslawien in Bochum zu seinem ersten Länderspieleinsatz. Eigentlich hatte Norbert Eder für die Zeit der Weltmeisterschaft mit seiner Frau Elisabeth und seinen Söhnen Dominik und Christoph einen Urlaub in Apulien geplant, doch statt dessen flog er mit der Nationalelf nach Mexiko. Und dort spielte der Routinier, der aus dem fränkischen Bibergau stammt und 1984 auf Initiative Udo Latteks vom 1. FC Nürnberg zum FC Bayern München gelangte, seine ganze Erfahrung aus vielen Bundesligaspielen aus. Er überzeugte auch international durch die Kompromißlosigkeit seines Abwehrspiels. Zwar hatte Norbert Eder fünfzehn Amateurländerspiele bestritten, doch wenige trauten ihm zu, daß es bei dieser WM zum Stammspieler bringen könnte. Die deutsche Elf unterlag erst im Finale gegen Argentinien mit 2:3. »Meister Eder« nannten sie ihn an der Isar, wo sich Manager Uli Hoeneß schon bald nach dem Transfer die Hände rieb, denn den Franken hatte er für eine Ablösesumme von 150 000 Mark aus Nürnberg losgeeist. Vorher waren Eders Wechselabsichten zu Eintracht Braunschweig und zum Hamburger SV gescheitert. Dreimal wurde »Meister Eder« mit dem FC Bayern Deutscher Meister, ehe es ihn 1988 zum FC Zürich in die zweithöchste Schweizer Liga zog. Ein Muskelriß im linken Oberschenkel beendete schließlich seine Karriere.

Später trainierte er den Sportbund Rosenheim – sein zweites Standbein war ein Blumengeschäft, das seine Frau, eine gelernte Floristin, führte.

»EDY« (PENDORF), EDUARD

Geboren am 18. Oktober 1892,
gestorben am 1. November 1958
Drei Länderspiele (1913 bis 1922)
VfB Leipzig

Sextaner auf den »Bauernwiesen«

Die kleine Gemeinde Lehe bei Bremerhaven, wo von der Columbuskaje die Übersee-Liner auf große Fahrt gehen, war die Heimat von Eduard Pendorf. Der kahlköpfige junge Mann nannte sich »Edy«, weil alle Welt ihn so rief und weil er als Schüler in Studentenvereinen eigentlich nur unter einem Pseudonym Fußball spielen durfte. Als Sechsjähriger war er nach Leipzig gekommen, und als Neunjähriger spielte der grünbemützte Schüler des Königin-Carola-Gymnasiums Fußball auf den »Bauernwiesen«. Als Sextaner trat er dem Schleußiger FC Normannia von 1901 bei, der sich in dieser Zeit vor allem aus »Thomanern« und Handelsschülern zusammensetzte. Aber so richtig Geschmack am Fußball bekam »Edy« erst, als er auf dem Lindenauer Sportplatz und in Eutritzsch den großen Spielen des VfB und des SC Wacker zuschaute, die sich Gäste von der britischen Insel und aus Prag eingeladen hatten. Wacker war dann seine erste große Fußball-Liebe, und schon als zwölfjähriger Quintaner kam er bereits zu repräsentativen Ehren. Als Halbrechter spielte er in der Schulmannschaft. Einige Vereine wurden auf ihn aufmerksam, doch »Edy« Pendorf widerstand den Verlockungen und gründete mit ein paar befreundeten Schülern im Sommer 1907 selbst einen Verein, den FC Olympia Schleußig. Im ersten Spiel, das 16:0 gewonnen wurde, schoß Pendorf zehn Tore. Aber er war in dieser Zeit nicht nur Stürmer, sondern er war auch linker Verteidiger. Schon bald spielte er für den Verband Mitteldeutscher Ballspielvereine. Im Juli 1912 trat er zum VfB Leipzig über. Dieser Verein war in der Zeit nach der Jahrhundertwende schon so etwas wie eine kleine Fußballmacht in Deutschland und holte sich 1903 den ersten Titel eines Deutschen Meisters. Eduard Pendorf war zunächst Mittelstürmer, dann Mittelläufer. Kurz vor der Erringung der Deutschen Meisterschaft mit dem VfB hatte »Edy« im Jahre 1913 das erste Länderspiel bestritten. Und der Gegner war kein Geringerer als England. Die Fußballer von der »Insel« fühlten sich als Entwicklungshelfer und schickten nicht etwa Profis, sondern Amateure nach Berlin. Vor 17 000 Zuschauern leistete die deutsche Mannschaft zwar Erstaunliches, doch die 0:3-Niederlage gegen England konnte sie nicht abwenden. Für Pendorf sollte dies für lange Zeit das letzte internationale Spiel sein. Der politische Himmel über Europa wurde dunkel – der 1. Weltkrieg führte zu einer sechsjährigen deutschen Länderspielpause. Doch am 26. März 1922 gab es für »Edy«, der inzwischen fast 30 Jahre alt war, eine Fortsetzung. Er war einer von sechs deutschen Spielern, die vor und nach dem 1. Weltkrieg in die Nationalelf berufen wurden. Vor 40 000 Zuschauern erreichte die deutsche Mannschaft ein 2:2 im Frankfurter Riederwaldstadion gegen die Schweiz. Pendorf spielte auf dem rechten Läuferflügel. Vier Wochen später war er dann auch beim deutschen 2:0-Sieg gegen Österreich im Wiener Stadion »Hohe Warte« dabei. Mit Henry Müller von Viktoria Hamburg bildete »Edy« ein routiniertes Verteidigergespann. Er trug bis 1932 – also noch mit vierzig Jahren – das Trikot des VfB Leipzig, wo auch sein jüngerer Bruder Hansi spielte. Pendorf war aber auch ein guter Leichtathlet und wurde wiederholt als Staffelläufer des VfB eingesetzt. Er war einer der populärsten Fußballer Leipzigs, einer, der wegen seiner »rauhen Herzlichkeit« geschätzt wurde. Nach dem 2. Weltkrieg verließ er Leipzig, fand ab 1950 in Braunschweig eine neue Heimat und arbeitete hier als Prokurist bei der Deutschen Bank – dabei wollte er ursprünglich Studienrat werden. Nach seiner aktiven Zeit war er eine Zeitlang als Trainer tätig, 1938 unter anderem beim VfB Leipzig und während seiner Braunschweiger Zeit beim SV Wacker. Seine Söhne Ralph und Edy erbten das fußballerische Talent ihres Vaters. Ralph Pendorf war Außenläufer und Halbstürmer, spielte beim HSV und bei Eintracht Braunschweig und zählte eine Zeitlang zum Nachwuchskader des DFB. Edy »junior« trug unter anderem das Trikot von Eintracht Osnabrück.

EFFENBERG, STEFAN

Geboren am 2. August 1968
33 Länderspiele (1991 bis 1994), fünf Tore
Bayern München, AC Florenz

Der widerspenstige Star

»Everybodys Darling« wollte er nicht sein – und er war nie ein »pflegeleichter Fall«. Stefan Effenbergs

Karriere unterscheidet sich in wesentlichen Punkten von denen der meisten seiner Zunftgenossen. »Wenn mich einer tritt, dann trete ich zweimal zurück ... «, hat er einmal gesagt. Und seine Mischung aus Zielstrebigkeit und Eigensinn spürte schon seine Lehrerin in Hamburg, als Stefan gerade zwölf Jahre alt war. Er sagte ihr, er werde Fußballprofi und brauche sich deshalb nicht mit mathematischen Gleichungen abzuplagen. Statt dessen trai-

nierte der »Hamburger Jung'« wie besessen – zuweilen stundenlang, indem er den Ball gegen die Mauer einer Sporthalle schlug. »Hundertmal mit dem linken Fuß und dann hundertmal mit rechts«, erinnerte sich Stefan Effenberg etliche Jahre später an seine Lehrzeit. Als Sechsjähriger trug der Sprößling eines Maurers schon das Trikot des Bramfelder SV, dann wechselte er zur altehrwürdigen Hamburger Victoria und begann eine Ausbildung bei der Post. Doch der blonde Steppke von der Elbe hatte eigentlich nur das Spiel mit dem Fußball im Sinn, und sein Talent führte ihn in die Hamburger Jugendauswahl. 1986 machte er beim DFB-Jugendlager in Duisburg auf sich aufmerksam. Bei diesem traditionellen Sichtungstest der deutschen Fußballtalente war Wolf Werner, der Assistenztrainer von Borussia Mönchengladbach, ein aufmerksamer Beobachter. Und der empfahl seinem Verein, dem Hamburger Talent sofort ein Angebot zu unterbreiten. Der Kontakt wurde geknüpft und der Kontrakt wurde geschlossen – sehr zum Unwillen der Ham-

burger Fußballgemeinde, die ein Supertalent verlor, obwohl es vor der eigenen Haustür aufgeblüht war. 1988 erkämpfte sich Stefan Effenberg am Bökelberg einen Stammplatz im Bundesligateam der Borussia. Sein Weg in die U-21-Nationalmannschaft war vorgezeichnet – Berti Vogts berief den Mittelfeldspieler erstmals im August 1988 zu einem EM-Qualifikationsspiel gegen Finnland. Doch schon in dieser Zeit gab es Probleme mit dem eigenwilligen Jungstar aus Mönchengladbach. Berti Vogts verzichtete zunächst aus, wie es hieß, »disziplinarischen Gründen« auf Effenberg. 1990 wechselte der dann von Mönchengladbach zum FC Bayern München, doch sein Image hatte er zu diesem Zeitpunkt in der deutschen Fußballöffentlichkeit bereits weg – er galt als Großmaul. Die Fans reagierten unbarmherzig – Pfiffe begleiteten Effenbergs Weg in der Bundesliga. Im Juni 1991 schaffte er zwar beim EM-Qualifikationsspiel gegen Wales in Cardiff den Sprung ins Nationalteam, doch das Rückspiel in Nürnberg wurde für ihn zum Spießrutenlaufen. »Effe« wurde ausgebuht, weil er nach Ansicht der Fans mal wieder den Mund zu voll genommen hatte. Sprüche wie »ich spiele in erster Linie, um Geld zu verdienen« oder »Bayern München wird Meister, weil die anderen zu dumm dazu sind«, wurden ihm übelgenommen. Eine Agentur bezeichnete Stefan Effenberg als »Parade-Buhmann der Bundesliga«. Daß er aber auch ein ausgezeichneter Fußballer war, wußten alle. Beim EM-Turnier in Schweden war er 1992 einer der besten in einem insgesamt eher enttäuschenden Team, das als Vizeeuropameister nach Hause kam. Anschließend wechselte er zum AC Florenz, doch die Florentiner stiegen im Jahr darauf überraschend aus der italienischen Nationalliga A ab, wodurch eine Zeitlang Effenbergs Verbleib in der Nationalelf und seine Eingliederung ins WM-Team 1994 ernsthaft gefährdet waren. Zwar flog er mit nach Chicago, doch beim WM-Gruppenspiel gegen Südkorea in Dallas brannten ihm im Glutofen des Stadions einmal mehr die Sicherungen durch – er beleidigte mit einer Geste die weitgereisten deutschen Fans und zog sich den geballten Zorn des DFB zu. Tags darauf mußte Effenberg die Koffer packen und nach Hause fliegen. Sein »Zuhause« wurde wenig später wieder Mönchengladbach. Die Borussia lieh sich den widerspenstigen Star zunächst einmal aus – und bereute diesen Transfer nicht. Die Mannschaft vom Bökelberg akzeptierte »Effe« als ihren Dreh- und Angelpunkt. Eine Rückkehr in die Nationalmannschaft scheiterte an verhärteten Positionen; vor allem Bundestrainer Berti Vogts hielt an der Verbannung fest.

EHRMANN, KURT

Geboren am 7. Juni 1922
Ein Länderspiel (1952)
Karlsruher FV

Auf den Spuren eines großen Erbes

Der Karlsruher Fußballverein von 1891 ist ein Stück deutscher Sportgeschichte. Die Badener stellten schon in der Frühzeit des deutschen Ligafußballs etliche Nationalspieler. Der große Max Breunig kam hierher, auch Hermann Bosch, Fritz Förderer, Gottfried Fuchs, Julius Hirsch, Ernst Hollstein, Ludwig Damminger, Franz Immig, Wilhelm Gros und Lorenz Huber. Sie alle waren vor und nach dem 1. Weltkrieg die großen Zugnummern des KFV. Doch die große Zeit des Vereins war längst vorbei, als Kurt Ehrmann ein Länderspiel bestritt und damit auf den Spuren eines großen Erbes wandelte. Zwar gehörten die Karlsruher in den ersten beiden Jahren der Neugründung nach dem 2. Weltkrieg noch der Oberliga Süd an, doch von da an führten eigentlich die großen Straßen des Fußballs am Stadion an der Telegrafenkaserne vorbei. Sieht man einmal vom Jahr 1951 ab, als der alte KFV noch einmal in den Blickpunkt des Interesses rückte. Die Mannschaft mit dem Gebrüdern Kittlitz stand im deutschen Amateurfinale und verlor im Berliner Olympiastadion nur deshalb gegen den ATSV Bremen mit 2:3, weil die Hanseaten in Willi Schröder einen überragenden Fußballer hatten, der alle drei Tore schoß. Ein Jahr später war dieser Willi Schröder Sturmpartner des besten Karlsruher Spielers dieser frühen Nachkriegszeit. Schröder und Ehrmann waren Nachbarn im deutschen Angriff gegen Luxemburg. Sepp Herberger hatte in diesem zweiten Nachkriegsländerspiel, das in Luxemburg mit einem deutschen 3:0-Erfolg endete, etlichen Debütanten eine Chance gegeben. Kurt Ehrmann war kein Grünschnabel mehr, sondern schon 30 Jahre alt. Er war dreifacher Amateurnationalspieler und gehörte zum Aufgebot des DFB beim olympischen Fußballturnier 1952 in Helsinki. Schon vor dem 2. Weltkrieg war er Sepp Herberger in Karlsruhe bei einem Lehrgang begegnet, doch dann verschwand der trickreiche und schlitzohrige Fußballer aus dem Blickfeld des Reichs- und späteren Bundestrainers. Ehrmann gelangte als Soldat nach Danzig, spielte dort für die Gauligisten Post SG in der Kampfbahn Niederstatt. Nach Rückkehr aus amerikanischer Kriegsgefangenschaft spielte der gebürtige Karlsruher zunächst beim KFV, dann nach dem Abstieg aus der Oberliga Süd beim VfL Mühlburg, der soeben in die Oberliga Süd aufgestiegen war und aus dem 1952 der Karlsruher SC hervorging. Kurt Ehrmann war Linksaußen und zuweilen auch Mittelstürmer, hatte seine stärkste Zeit aber wohl als Halbstürmer. Beim 1. FC Pforzheim beendete er seine Karriere. Der KFV ernannte ihn später zum Ehrenspielführer. Ehrmann, der letzte Nationalspieler eines großen deutschen Fußballvereins, war jahrzehntelang Angestellter bei der Landesversicherungsanstalt in Karlsruhe.

EIBERLE, FRITZ

Geboren am 17. September 1904
Ein Länderspiel (1933)
TSV 1860 München

Der Goldschmied fiel durch

Der Goldschmied aus Würzburg, der beim TSV 1860 München als Außenläufer zum großen Fußball kam, erhielt nur eine einzige Chance im deutschen Nationaltrikot. Abonnementsgegner Schweiz war am 19. November 1933 Gastgeber in Zürich. Die Deutschen gewannen vor 30000 Zuschauern mit 2:0 gegen die Eidgenossen, und Hans Eiberle gehörte zu denen, die im Hinblick auf die nahende Weltmeisterschaft in Italien getestet werden sollten. Doch er bestand diesen Test vor den kritischen Augen von Reichstrainer Prof. Dr. Otto Nerz nicht. Ganz im Gegenteil zu zwei weiteren Debütanten: Ludwig Goldbrunner (Bayern München) und Ernst Lehner (Schwaben Augsburg) machten die ersten Schritte einer großen internationalen Karriere. Fritz Eiberle trug in einer Zeit das Trikot des TSV 1860 München, als sich Turner und Sportler immer weniger »grün« waren. Im Jahre 1923 hatte der Vorstand der Deutschen Turnerschaft ein »Machtwort« gesprochen – er setzte bei seinen Vereinen die »reinliche Trennung« von Turnen und Sport durch. Dies war eine Entscheidung, die den Turn- und Sportverein 1860 München vor erhebliche Probleme stellte. Schließlich fand man gemeinsam eine salomonische Lösung. Heinrich Zisch leitete den »Turnverein München von 1860«, und Dr. Müller-Meiningen war der Chef des »Sportverein München von 1860«. Die Trennung stand aber nur auf dem Papier, denn tatsächlich arbeiteten beide Vereine weiterhin eng zusammen und fühlten sich als Großfamilie aus Turnern und Sportlern. Ab 1930 gründeten beide dann einen gemeinsamen Verwaltungsrat, vier Jahre später kam es zur erneuten Fusion.

EICHELMANN, PAUL

Geboren am 11. Oktober 1879,
gestorben am 7. September 1939
Zwei Länderspiele (1908)
Union 92 Berlin

Eine »Molle« zuviel

Wenn man so will, ist Paul Eichelmann einer der »Urväter« deutscher Fußballtorwarte. Der kleine Berliner mit der »Stoppelschnittfrisur« stand schon um die Jahrhundertwende in Auswahlmannschaften. Zwar galt Lüdecke vom BFC Preußen Berlin als die Nummer eins unter den Schlußmännern dieser Zeit, später dann auch der Hamburger Friese, doch als am 23. November 1899 eine inoffizielle deutsche Auswahl (in der nur Berliner Fußballer standen) auf dem Athletiksportplatz am Kurfürstendamm auf eine Mannschaft aus England traf, da stand Paul Eichelmann zwischen den Pfosten. Er stammte von Germania 88 und bekam eine Menge zu tun. 13 Tore erzielten die Lehrmeister von der Insel. Paul Eichelmann war der einzige von 32 in sieben inoffiziellen Länderspielen eingesetzten Fußballern, der es Jahre später nach der Gründung des DFB zu einer offiziellen Berufung brachte. Vorher reiste er aber noch mit einer Berliner Auswahl im Jahre 1901 nach England, bekam auch dort eine deftige Packung, doch die Zuschauer feierten »Mister Ikelman« enthusiastisch. Der stets lustige Torwart von der Spree durfte den Ball mit den Unterschriften der Spieler behalten. Als er im Londoner Hydepark mit seinen Berliner Freunden trainierte, wurde er von einigen energischen Bobbys für ein paar Stunden hinter Schloß und Riegel gesteckt. Im Jahre 1905 hatte er einige Zeit daran zu knabbern, daß seine Union auf ihn verzichtete, als die Mannschaft überraschend das deutsche Endspiel gegen den Karlsruher FV erreichte. Am Vorabend des Kölner Finales im Wonnemonat Mai genehmigte sich der Berliner nach Ansicht seiner Kameraden eine »Molle« zuviel und wurde nicht aufgestellt. Statt dessen stand Krüger, der Torwart der dritten Mannschaft, zwischen den Pfosten. Die Union wurde dennoch Deutscher Meister. 28 Jahre war Paul Eichelmann alt, als er mit der deutschen Nationalmannschaft am 20. April 1908 auf dem Viktoriaplatz in Berlin-Mariendorf auf eine englische Amateurauswahl traf. Dank der Paraden ihres Torwarts verloren die Deutschen nur 1:5. Ein achtbares Resultat, das noch aufgewertet wurde, als das gleiche englische Team ein paar Monate später quasi konkurrenzlos die Olympische Goldmedaille

gewann. Inzwischen war Paul Eichelmann bei Union 92 gelandet. Auch beim 2:3 gegen Österreich am 7. Juni 1908 in Wien war er einer der besten deutschen Spieler. Brandenburg 92 und Germania Berlin waren die nächsten Stationen des kleinen Torwarts, der 1912 mit der Brandenburger Auswahl im Endspiel um den Kronprinzenpokal stand, dort aber in Mannheim gegen Süddeutschland verlor.

EIKHOF, ERNST

Geboren am 16. Mai 1892,
gestorben am 19. November 1978
Drei Länderspiele (1923)
Victoria Hamburg

Ein Spätberufener

Ernst Eikhof, der hanseatische Kaufmann, war ein Spätberufener. Schließlich kam er erst ein paar Tage vor seinem 31. Geburtstag zu seinem ersten Länderspieleinsatz. Und diese Partie gegen Holland fand praktisch vor seiner Haustür statt: im Hamburger Stadion Hohe Luft. Die Nachbarn aus dem Land der Tulpen waren in den 20er Jahren eine Macht in Europa. Sie hatten bei drei olympischen Fußballturnieren die Bronzemedaille gewonnen. Doch die deutsche Nationalelf war dank der Umsicht von Mittelläufer Ernst Eikhof eine starke Einheit, die die holländischen Angriffe wirkungsvoll abfing. Vor 15 000 Zuschauern erreichte der Außenseiter ein 0:0, und der schnauzbärtige Ernst Eikhof empfahl sich für weitere Berufungen. Die nächste folgte schon einen Monat später. Deutschland gewann in Basel 2:1 gegen die Schweiz. Ernst Eikhof entstammte einer hanseatischen Fußballerfamilie. Dieser Name prägte die Hamburger Victoria in der Zeit vor und nach dem 1. Weltkrieg. Der Vater der drei fußballspielenden Brüder Otto, Willi und Ernst tat sich eine Weile schwer mit dem Gedanken, daß sich seine Söhne ausgerechnet dieser Sportart verschrieben hatten. Doch später war er stolz auf die Erfolge seiner Sprößlinge. Dabei hatte er seinem Sohn Ernst im Jahre 1903 bei Strafe verboten, dem ersten deutschen Endspiel zwischen VfB Leipzig und DFC Prag beizuwohnen. Doch das fand nun mal vor der Haustür statt – und Ernst Eikhof trug noch Jahrzehnte später seine Eintrittskarte mit der Nummer 534 zum »Wettspiel um die Meisterschaft von Deutschland« in der Brieftasche. Seinen Bruder Otto nannten sie »Tulle« – er war einer der Pioniere des hanseatischen Fußballs. Vor dem 1. Weltkrieg verließ er Hamburg und übersiedelte nach Chile. Willi Eikhof war Torwart der erfolgreichen Mannschaft, aber er verfügte auch über Verwaltungsgeschick und über poetische Gaben. Das Vereinslied der Hamburger Victoria, »Mein blau und gelbes Band«, stammt aus seiner Feder. Doch der populärste, weil talentierteste Spieler der Fußballfamilie Eikhof war Ernst, ein Mittelläufer »alter Schule«.

EILTS, DIETER

Geboren am 13. Dezember 1964
31 Länderspiele (seit 1993)
Werder Bremen

Ostfrieslands Fußballstolz

Alle Straßen zu den Nordseeinseln Juist und Norderney führen über Norden und Norddeich. Findige Touristikstrategen haben hier, im Herzen Ostfrieslands, irgendwann einmal die »Störtebeker Straße« geboren. Und unweit dieser Route liegt ein Flecken mit dem merkwürdigen Namen Upgant-Schott. In diesem weithin unbekannten Dorf mit viel Landschaft drumherum kam Dieter Eilts als Sohn eines Bäckermeisters zur Welt, und weil er sehr früh fußballerisches Geschick bewies, spielte er schließlich beim SV Hage. Dieser Ort liegt ein paar Kilometer nördlich von Upgant-Schott – und spätestens hier riecht man die würzige Luft der Nordsee. Aber bei aller Fußballbegeisterung legten die Eilts' zunächst einmal Wert auf eine gute Ausbildung ihres Sprößlings. Dieter schaffte das Abitur, wurde dann aber vom SV Werder Bremen angelockt. 1984 passierte das, und dieses Angebot war so interessant, daß sich das blutjunge Talent an die Weser begab, um dort in der Oberliga Nord zu spielen. Doch die Werderaner sahen in ihrer Amateurelf für die Besten ein Sprungbrett zur Bundesliga. Die Oberliga war in all den Jahren zuvor ein Reservoir für die Profimannschaft gewesen. Dieter Eilts rückte immer mehr in den Blickpunkt, wurde mit Werder 1985 Deutscher Amateurmeister, und der 3:0-Finalsieg gegen den DSC Wanne-Eickel begeisterte Trainer Otto Rehhagel derart, daß er Dieter Eilts fortan noch intensiver beobachtete. Als die Hanseaten 1988 Deutscher Meister wurden, hatte der Fußballer aus Ostfriesland daran zwar nur einen bescheidenen Anteil, doch mit seinem Profivertrag im Jahre 1988 ging sein Stern endgültig auf. Schon sehr bald galt Dieter Eilts als Inbegriff von Solidität im defensiven Mittelfeld. Er war der »Malo-

cher vom Lande«, einer, der nie aufsteckte und der es verstand, sehr schnell von der Defensive auf die Offensive umzuschalten. In den internationalen Spielen bewies er Cleverneß und überzeugte damit auch Bundestrainer Berti Vogts, der dem Bremer am 19. Dezember 1990 in Stuttgart gegen die Schweiz eine erste Chance geben wollte. Der »Ostfriese« lief sich an diesem bitterkalten Tag schon am Spielfeldrand warm, doch dann wurde es nichts mit seiner Einwechslung. Er mußte noch fast auf den

Tag genau drei Jahre bis zu seinem Länderspieldebüt warten. Im Jahr vor der Weltmeisterschaft war er dabei, als die Nationalmannschaft nach Amerika reiste, um erste Eindrücke im Vorfeld der Titelverteidigung zu gewinnen. Vogts nominierte den Bremer in San Francisco gegen die USA (3:0) und in Mexiko City gegen Mexiko (0:0). Doch das war's dann schon wieder für Dieter Eilts – auf den WM-Zug für das Turnier in den USA sprang er im folgenden Jahr nicht. Erst nach der für die Deutschen enttäuschenden WM bekam er bei Berti Vogts im Jahr 1995 wieder die Chance, sich zu bewähren. Größeren Erfolg hatte er zunächst mit dem SV Werder: Deutscher Meister der Jahre 1988 und 1993, Europacupsieger der Pokalsieger 1992, DFB-Pokalsieger 1991 und 1994! Diese Visitenkarte konnte sich sehen lassen. Seinen Leistungszenit erreichte Dieter Eilts zur Überraschung aller Experten erst 1996 – er war einer der besten Turnierspieler bei der Euro-

pameisterschaft in England, erhielt durchweg erstklassige Kritiken. Im Endspiel holte ihn das Pech
wieder ein – er erlitt kurz vor der Pause gegen
Tschechien eine Innenbandverletzung und schied
aus. Die Europameisterschaft war dennoch die Krönung seiner Karriere.

ELBERN, FRANZ

Geboren am 1. November 1910
Acht Länderspiele (1935 bis 1937), zwei Tore
SV 06 Beuel

Das Bonner Brüderquartett

Die fünf Brüder Elbern bildeten Ende der 30er Jahre
die Säule des SV Bonn-Beuel von 1906 (Franz, Joe,
Marcell, Hubert und Peco). Aber nur einer brachte
es zur Ehre eines Nationalspielers: Franz! Der
Schreiner und Bootsbauer war Rechtsaußen, in Lüttich geboren und als trickreicher Wirbelwind am
Rhein gefürchtet. Am 18. August 1935 schlug die
große Stunde für neun Länderspieldebütanten. 14
Tage lang hatte Reichstrainer Prof. Dr. Otto Nerz
die Fußballer seiner Wahl in einem Lehrgang in
Duisburg-Wedau getestet. 60 Spieler waren insgesamt dazu eingeladen, etwas mehr als die Hälfte
wurde daraufhin für zwei zeitgleiche Länderspiele
gegen Finnland (in München) und gegen Luxemburg (in Luxemburg) nominiert. Franz Elbern
gehörte zum Kreis derer, die in den Augen von Nerz
die zweite Garnitur der Nationalmannschaft darstellten und die sich in Luxemburg bewähren sollten. Die deutsche Elf gewann 1 : 0. Der schnelle
Bonner mußte bis zum 15. März 1936 auf seine
nächste Chance warten. Die bot sich ihm in Budapest gegen Ungarn. Die Magyaren gewannen 3 : 2.
Auf dem Weg zum olympischen Turnier nach Berlin folgte dann eine ganze Reihe von Testspielen gegen die englischen Profis des FC Everton. Beim
4 : 2-Sieg der deutschen Auswahl vor 30 000 begeisterten Zuschauern in Berlin streifte Franz Elbern
dann alle Hemmungen ab und schoß zwei blitzsaubere Tore. Das brachte ihm die Fahrkarte nach Berlin ein. In der Olympiavorrunde erzielte Elbern das
8 : 0 als Zwischenstation zum 9 : 0-Sieg gegen Luxemburg. Drei Tage später sollte Elbern gegen Norwegen geschont werden – die Deutschen verloren
0 : 2 und stürzten aus allen olympischen Träumen.
Doch der Sprinter auf dem rechten Flügel überstand das darauf einsetzende Großreinemachen in
der Nationalmannschaft und absolvierte insgesamt
acht Länderspiele. Beim sensationellen 2 : 1-Sieg

am 27. September 1936 in Prag gegen die Tschechoslowakei war er der gefeierte Schütze des deutschen Ausgleichstores, als er einen verunglückten
Rückpaß erlief und den Ball über den hinausstür-
zenden Torwart Planicka einköpfte. Sein Konkurrent auf der Rechtsaußenposition war der Augsburger Ernst Lehner, der ihn schließlich verdrängte. So
war Franz Elbern nicht mehr dabei, als im Wonnemonat Mai des Jahres 1937 die Geburtsstunde der
»Breslauer Elf« schlug. »Fränzchen«, wie seine
Freunde den kleinen Rechtsaußen aus Beuel nannten, erlitt 1938 ernsthafte Verletzungen, von denen
er sich nur allmählich erholte. Nicht weniger als
dreimal brach er sich während seiner Karriere das
Schienbein, hinzu kamen zwei Armfrakturen und
zahlreiche weitere Blessuren. Er blieb allerdings
dem Fußball und Beuel treu und beendete mit
seinen Brüdern erst Ende 1950 die aktive Laufbahn.
Franz Elbern arbeitete bei der Stadt Bonn als Bote.

EMMERICH, HEINZ

Geboren am 25. Februar 1908,
gestorben am 10. März 1986
Drei Länderspiele (1931)
Tennis Borussia Berlin

Das 0 : 6 und seine Folgen

Die Fußballzeiten waren schlecht – die deutsche
Nationalelf wartete im Frühsommer 1931 seit über
einem Jahr auf einen Sieg. Vor allem die 0 : 6-Nie-
derlage von Berlin gegen Österreich war den deutschen Fußballfreunden unter die Haut gegangen.
Die kritischen Stimmen an die Adresse von Prof. Dr.
Otto Nerz wurden immer lauter, und die Verantwortlichen waren froh, daß es im Juni 1931 nach
Skandinavien ging – in Stockholm und Oslo sollte
sich die Nationalelf regenerieren. Dabei baute Nerz
auf die Blockbildung. Tennis Borussia Berlin stellte
die Verteidigung, und einer der Debütanten beim
0 : 0 in Schweden war Heinz Emmerich. Im Berliner Stadtteil Pankow hatte er mit seinen Freunden
zunächst leere Dosen und später einen geflickten
Lederball traktiert. Dann war er zu Tennis Borussia
in die Fußballehre gegangen, wo sein Talent schnell
erkannt wurde. »TeBe« bildete in dieser Zeit ein
starkes Gegengewicht zu Hertha BSC und war stolz
auf so starke Fußballer wie Kauer, Lux, Brunke,
Handschuhmacher, Schröder und Emmerich. Letzterer war dann auch beim 2 : 2 in Oslo gegen Norwegen dabei – sein Pendant in der Verteidigung
war sein alter Spezi Hans Brunke. Daran änderte

sich auch im Herbst in Wien nichts, als 50 000 Zuschauer das österreichische Wunderteam feierten. Wieder gab es für die Deutschen mit 0 : 5 eine deftige Niederlage. Zwar wurde Heinz Emmerich als einer der besten Spieler in der Mannschaft des Verlierers gefeiert, doch seine Länderspielkarriere war damit beendet. Im nächsten Spiel erprobte Nerz den Frankfurter Verteidigungsblock mit Schütz und Stubb. Emmerich war eine große Stütze der »Tennisspieler«, als diese 1932 Hertha BSC als Berliner Meister ablösten. Er wechselte später an der Spree das Trikot und spielte für Elektra und Bewag, blieb jedoch im Herzen stets ein Fußballer von »TeBe«.

EMMERICH, LOTHAR

Geboren am 29. November 1941
Fünf Länderspiele (1966), zwei Tore
Borussia Dortmund

Ein Tor aus »unmöglichem« Winkel

Es gibt Tore, die man nie vergißt – Tore, die einen Fußballer ein Leben lang begleiten. Fünfmal durfte Lothar Emmerich in seiner Karriere das Trikot der Nationalmannschaft anziehen – zweimal fand er in Länderspielen den Weg ins gegnerische Tor. Doch unvergessen ist jener Sommertag des Jahres 1966, als »Emma« aus schier unmöglichem Winkel in Birmingham den Ball unter die Latte des gegnerischen Tores hämmerte. Es war am 20. Juli, und Spanien war in der Vorrunde der Weltmeisterschaft in England ein starker Gegner. Erst Emmerichs Treffer, fast von der Grundlinie, ebnete den Deutschen den Weg ins Viertelfinale. Im Stadion von Aston Villa ließ der Dortmunder Spaniens Torwart Iribar nicht den Hauch einer Chance. 1960 war der Autoschlosser auf Betreiben von Max Merkel vom SC Dorstfeld 09, wo er als Jugendlicher in einer Saison 107mal ins Schwarze getroffen hatte und wo auch der frühere Boxeuropameister Heinz Neuhaus herkam, zum Dortmunder Borsigplatz gelangt. Und die legendären »Max und Moritz« (Schütz und Konietzka) hatten bei der Borussia ihre Nachfolger gefunden: »Emma« und »Sigi«. Lothar Emmerich und Sigi Held ergänzten sich in Dortmund großartig und bildeten in den 60er Jahren das wohl durchschlagskräftigste Stürmergespann der noch taufrischen Bundesliga. Lothar Emmerich sagte man allerdings nach, die Kraft seiner Schüsse stünde im Widerspruch zu seinen sonstigen fußballerischen Stärken. Vielleicht lag hierin der Grund, daß »Emma« es nur zu fünf Länderspielen brachte. Immerhin war er mit 31 Toren Bundesligatorschützenkönig der Saison 1965/66, und auf dem Weg zum Europacuptriumph der Dortmunder Borussen (1966) hatte Emmerich ebenfalls die meisten Tore geschossen. 14 waren es am Ende, darunter die wichtigen im Halbfinale des aufregenden Spiels gegen West Ham United. Unter Trainer Hermann Eppenhoff war Emmerich zu einem starken Linksaußen gereift. In 183 Bundesligaspielen traf »Emma« bis 1969 genau 115mal. Danach wechselte er zu Beerschot Antwerpen, wurde auch in Belgien Torschützenkönig. Als der deutsche Fußball in üppigster Blüte stand und 1972 mit einer »Wunderelf« als Europameister heimkehrte, fand Lothar Emmerich bei Austria Klagenfurt einen neuen Wirkungskreis. FC 05 Schweinfurt war seine nächste Station. In der Schweinfurter City eröffnete er ein Fachgeschäft für Freizeitmoden. Bei den Würzburger Kickers, SV Neckargerach und SpVgg. Kastel 06 ließ er schließlich seine aktive Karriere ausklingen. Die Spvg. Bayreuth trainierte er in der 2. Liga. In den 90er Jahren arbeitete er dann als Kanaltechniker bei einer Telekommunikationsfirma in Mainz. Mit Videokamera und Meßgeräten untersuchte er neuverlegte Rohrleitungen auf eventuelle schadhafte Stellen. Seine weiteren Trainerstationen waren FSV Mainz 05, TSG Heidesheim, Hellweg Lütgendortmund, SSV Reutlingen, Eintracht Bad Kreuznach, FV Bad Honnef, KSV Klein-Karben, SV Hermeskeil, SV Spabrücken, FC Idar-Oberstein und SG Weisheim.

ENGELS, STEFAN

Geboren am 6. September 1960
Acht Länderspiele (1982 bis 1983)
1. FC Köln

Blitzstart auf der Karriereleiter

Bescheiden in seinen fußballerischen Ansprüchen war er nie – und darum wählte er einen der Größten des Weltfußballs als sein ganz persönliches Vorbild: Johan Cruyff. Überhaupt: In der Karriere des Stefan Engels spielten die Holländer eine ganz besondere Rolle, denn ein Trainer aus dem Land der Tulpen war es, der ihm als erster in der Bundesliga sein ganzes Vertrauen schenkte: Rinus Michels. Als Hennes Weisweiler und Karl-Heinz Heddergott beim 1. FC Köln amtierten, hatte Stefan Engels nur selten gute Karten. Für beide war der Junge vom Lande noch zu »grün« für den rauhen Alltag in der höchsten deutschen Klasse. Doch dann spielten die Kölner im UEFA-Cup in Barcelona. 0 : 1 hatten sie das Hinspiel verloren, um ausgerechnet in der katalanischen Metropole »Barca« in Grund und Boden zu spielen. Am Ende erreichten die Kölner mit einem 4 : 0-Sieg doch noch die dritte Runde, und Stefan Engels, 19 Jahre jung, galt als die Entdeckung dieses Spiels. Mit seinem Kopfball-»Hammer« zum 2 : 0 beeindruckte er auch die spanischen Fans, und fortan spielte er in den Überlegungen von Rinus Michels eine wichtige Rolle. Der Mittelfeldspieler wuchs in Mondorf bei Bonn auf, wo seine Eltern einen Bauernhof mit 24 Hektar Land bewirtschafteten. Sein Vater Heinz, der früh verstarb, war ein erfolgreicher Spieler des TuS Mondorf. In dieser ländlichen Idylle stand die Wiege einer Fußball-Bilderbuchkarriere. Siegkreis-Auswahl, Mittelrhein-Auswahl, elf Spiele in der Jugendnationalmannschaft – kein Wunder, daß eines Tages der 1. FC Köln in der Person seines Nationalspielers Bernd Cullmann auf dem Bauernhof der Familie Engels auftauchte. Vater Heinz war sichtlich von diesem Besuch beeindruckt und bekam fortan 350 Mark monatlich an Benzingeld, um seinen Sprößling viermal in der Woche zum Training nach Köln zu chauffieren. Und das schwarzhaarige Talent aus der 6000-Seelen-Gemeinde Mondorf kletterte auf der Karriereleiter weiter nach oben: sechs Spiele in der DFB-Juniorenmannschaft, ein B-Länderspiel und schließlich die ersten Berufungen in die Nationalmannschaft. Ende März 1982 war Stefan Engels dabei, als Jupp Derwall mit seinen Elitekickern zu einer Südamerikareise startete. Stefan Engels mußte sich allerdings im Maracana-Stadion von Rio de Janeiro und im River-Plate-Stadion von Buenos Aires, den beiden »Kulttempeln« des südamerikanischen Fußballs, mit Kurzauftritten bescheiden. Zu diesem Zeitpunkt war er längst eine Trumpfkarte beim 1. FC Köln, und in den Augen vieler Experten verfügte er über alle Tugenden eines offensiven Mittelfeldspielers. Ursprünglich hatte auch Jupp Derwall den jungen Kölner bei seinen Planungen für die Weltmeisterschaft 1982 im Visier, doch dann wurde Engels wie Thomas Allofs und Holger Hieronymus nur auf Abruf nominiert und blieb zu Hause. Sein achtes Länderspiel 1983 gegen Österreich war sein letztes. Inzwischen stellten sich bei ihm Verschleißerscheinungen ein – das Kreuzband war gerissen, es folgten eine schwere Kapselverletzung. Bis 1989 stand er auf der Gehaltsliste des 1. FC Köln – als er die Karriere beendete, hatte Stefan Engels 236 Spiele in der Bundesliga absolviert. Seinem Verein blieb er allerdings weiter verbunden – 1995 übernahm er die Trainingsleitung für den beurlaubten Morten Olsen.

EPPENHOFF, HERMANN

Geboren am 19. Mai 1919,
gestorben am 10. April 1992
Drei Länderspiele (1940 bis 1942), drei Tore
Schalke 04

Ernst Kuzorras guter Tip

19 Jahre war Hermann Eppenhoff jung, als er mit dem FC Schalke 04 in Berührung kam. Ernst Poertgen hatte seine Stiefel an den berühmten Nagel gehängt, und kein Geringerer als Ernst Kuzorra empfahl den jungen Hermann Eppenhoff, der aus Wanne stammte, dort bei der Teutonia gespielt hatte und über die TB Eickel und Spvg. Röhlinghausen zu den Schalkern kam. Als 20jähriger war Eppenhoff schon Deutscher Meister, als alle nach dem sensationellen 9 : 0-Endspielsieg der Schalker gegen Admira Wien vom »Kreisel« schwärmten. Auch 1940 und 1941 gehörte der ebenso schnelle wie technisch versierte »Knappe« zur Meistermannschaft. Sein Weg in die Nationalmannschaft war die logische Konsequenz seiner Leistungen im Schalker Trikot. Das erste seiner drei Länderspiele bestritt er am 15. September 1940 beim 1 : 0-Sieg gegen die Slowakei in Preßburg. Außerordentlich wohl fühlte sich Eppenhoff am 5. Oktober 1941 beim 6 : 0-Erfolg über Finnland in Helsinki. Mit Burdenski und Gallesch fand er dort die vertraute Schalker Umgebung vor – und erzielte als Mittelstürmer der Nationalelf drei der sechs Tore. Während des Krieges spielte Eppenhoff gemeinsam mit Fritz Walter bei den »Roten Teufeln«, einer berühmten Mannschaft der Luftwaffe. 1945 geriet Hermann Eppenhoff zusammen mit seinem Vereinskameraden Walter Zwickhofer in russische Kriegsgefangenschaft. In einem Lager im Kaukasus spielte er Fußball mit Bällen, die aus Lumpen und Lederresten gefertigt wurden. Einem sportfreudigen Kommandanten war es schließlich zu verdanken, daß Hermann Eppenhoff 1948 zurückkehren konnte. Sein Weg führte ihn wieder zu »Königsblau«. Gerade rechtzeitig, um seinen Verein vor dem Abstieg zu retten. Noch als 37jähriger spielte er für den FC Schalke, ehe er nach zwei Meniskusoperationen endgültig Schluß machte. Anschließend wirkte er erfolgreich als Trainer u. a. beim SV Rotthausen, TuRA Bergkamen und Sportfreunde Gladbeck. Mit Borussia Dortmund wurde Eppenhoff 1963 Deutscher Meister. MSV Duisburg, VfL Bochum und VfB Stuttgart waren weitere Stationen seines Weges. Der sympathische Trainer wurde allseits geschätzt. Man nannte ihn den »Stillen aus dem Kohlenpott«. Als er ein

Angebot von Werder Bremen erhielt, mußte er wegen eines am 22. März 1975 in Erkenschwick erlittenen Herzinfarkts ablehnen. Später dann trainierte er noch Union Solingen in der 2. Liga Nord. Anfang der 90er Jahre hatte Hermann Eppenhoff, der nie einen Zweifel daran ließ, daß er »zu allererst Schalker« sei, ernsthafte Ambitionen auf die Präsidentschaft bei den »Königsblauen«. Doch seine Frau redete ihm das wegen seiner angeschlagenen Gesundheit aus. Hermann Eppenhoff lebte bis zu seinem Tode im Frühjahr 1992 in Gelsenkirchen. Er starb auf der Heimfahrt nach dem Besuch des Bundesligaspiels zwischen Borussia Dortmund und Bayern München am Steuer seines Autos an Herzversagen.

ERHARDT, HERBERT

Geboren am 6. Juli 1930
50 Länderspiele (1953 bis 1962), ein Tor
Spvg. Fürth, FC Bayern München

Der Star der »Kleeblätter«

Als auf Europas Schlachtfeldern der 2. Weltkrieg tobte, kam der junge Herbert Erhardt zum Fußball. Bei den »Kleeblättern«, der altehrwürdigen Spielvereinigung in Fürth, spielte er schon als Vierzehnjähriger. Er verfügte über einen athletischen Körperbau und mußte sich seine Fertigkeiten im Fußball hart erarbeiten. Mit seinem Freund Karl Mai legte er später viele Sondertrainingseinheiten ein. Dem fränkischen Traditionsverein blieb er bis 1962 treu, ehe er einen Vertrag beim FC Bayern München unterschrieb, um an der Isar seine Karriere ausklingen zu lassen und noch einmal zu »kassieren«. 50 000 Mark erhielt er von den Bayern und baute sich anschließend ein Haus. Der »Ertl« war Verteidiger, Läufer und Stopper und feierte sein Debüt in der deutschen Nationalmannschaft am 11. Oktober 1953 gegen das Saarland. Im Juni dieses Jahres hatte Herbert Erhardt stark imponiert, als Bundestrainer Sepp Herberger mit einer ganzen Reihe von Testspielen den Neuaufbau des späteren Weltmeisters startete. In Augsburg überraschte eine Südauswahl vor 23 000 Zuschauern mit dem 5:3-Sieg gegen eine sogenannte DFB-Auswahl. Der Fürther Verteidiger harmonierte erstklassig mit dem Münchner Hans Bauer, was zur Folge hatte, daß Herbert Erhardt nach der Sommerpause einen Brief vom DFB erhielt. Darin lag die Fahrkarte ins schleswig-holsteinische Malente, wo die Nationalmannschaft vor dem ersten WM-Qualifikationsspiel gegen Norwe-

gen den letzten Schliff bekommen sollte. Erhardts Debüt im Nationaltrikot war aber erst am 11. Oktober 1953 im proppenvollen Stuttgarter Stadion fällig. Er war beim 3:0 gegen das Saarland dabei. Doch die Weltmeisterschaft 1954 kam für den Fürther etwas zu früh. Zwar gehörte der linke Verteidiger zum 22köpfigen Aufgebot des DFB, aber beim Turnier in der Schweiz wurde er nicht eingesetzt. Vor dem Endspiel gegen Ungarn liebäugelte Sepp Herberger mit dem Gedanken, die Verteidigung noch umzubauen, doch dann erhielt der Kaiserslauterner Werner Kohlmeyer den Vorzug. Seine große Länderspielkarriere begann für Herbert Erhardt somit erst dann, als der Sensationsweltmeister überall »Prügel« bezog: in Belgien, gegen Frankreich, in England und in Portugal. Aber der zähe Abwehr-

spieler biß sich durch und wurde die Solidität in Person. Weltklasseleistungen bot er beim WM-Turnier 1958 in Schweden, das die deutsche Mannschaft als Vierter abschloß. Eine dritte Weltmeisterschaft erlebte Erhardt 1962 in Chile – seine große internationale Karriere beendete er mit seinem Jubiläumsländerspiel, dem fünfzigsten, am 30. September 1962 in Zagreb. Erhardt, damals schon Spieler des FC Bayern München – sein einstiger Trainer Helmut Schneider hatte ihn überredet – gewann mit der Nationalelf 3:2. Aber ein anderer Franke, der Nürnberger Heinz Strehl, überstrahlte mit seinen drei Treffern an diesem Tag alle übrigen. Nach seiner aktiven Karriere kehrte Erhardt zum Fürther Ronhof zurück, erwarb neben der traditionsreichen

Sportstätte ein Haus. Vier Jahre lang betreute er die mittelfränkische Spvg. Büchenbach, übernahm dann den BC Augsburg. Herbert Erhardt arbeitete bis 1994 als Sportlehrer an der Hauptschule Pfisterstraße in Fürth.

ERTL, GEORG

Geboren am 17. März 1901,
gestorben am 22. Oktober 1968
Sieben Länderspiele (1925 bis 1927)
FC Wacker München

Auf Stuhlfauths Spuren

Heiner Stuhlfauth war der große deutsche Torwart der zwanziger Jahre. Doch in dieser Zeit drängten viele Schlußleute in die Nationalmannschaft. Einer von denen, die dem Nürnberger diese Position gern streitig gemacht hätten, war der in Augsburg geborene Georg Ertl, der für Wacker München spielte. Im Juni 1925 hatte der DFB mal wieder einen heftigen Disput mit dem 1. FC Nürnberg – Stuhlfauth blieb zu Hause, als die Nationalmannschaft nach Skandinavien aufbrach. Das war die große Chance des Münchner Torwarts. Georg Ertl bekam am 21. Juni 1925 in Stockholm gegen Schweden auch den Vorzug gegenüber dem Kölner Schlußmann Karl Zolper, der bei der vorangegangenen, etwas unglücklichen 1 : 2-Niederlage gegen Holland nicht den sichersten Eindruck gemacht hatte. 8000 Zuschauer bestaunten in Stockholm die tollkühnen Paraden des wackeren Helden von Wacker München. Der aber konnte die 0 : 1-Niederlage gegen die ständig angreifenden Schweden nicht verhindern. Fünf Tage später mußte Ertl zwar in Helsinki gegen Finnland gleich dreimal den Ball aus seinem Tornetz holen, doch die Deutschen siegten 5 : 3 – und wieder war Georg Ertl einer der gefeierten Spieler der Mannschaft. Erst als der DFB seine Auseinandersetzungen mit dem 1. FC Nürnberg zu den Akten legte und Heiner Stuhlfauth wieder zur Verfügung stand, rückte Ertl zurück ins zweite Glied der Nationalmannschaft. Vermutlich hätte der Versicherungsangestellte dennoch eine Reihe weiterer internationaler Begegnungen bestritten, wenn da nicht der 2. Oktober 1927 gewesen wäre. Ein schwarzer Tag für Georg Ertl, dem beim Länderspiel in Kopenhagen gegen Dänemark schwere Fehler unterliefen, die zu drei Toren der Gastgeber und schließlich zur 1 : 3-Niederlage der deutschen Mannschaft führten. Trainer Nerz war ungehalten, und fortan wartete Georg Ertl in den Wochen vor den Länderspielen stets vergeblich auf eine erneute Einladung. Der Torwart wechselte an der Isar die Vereine. Er ging zunächst von Wacker zum DSV und dann zu »1860«. Doch seine erfolgreichste Zeit hatte er zweifellos beim FC Wacker, wo er Alfred Bernstein (der zum FC Bayern gewechselt war) ablöste. »Spezi« Schaffer war hier eine Weile der Trainer, als Wacker München 1928 in die deutsche Endrunde einzog und erst im Semifinale strauchelte. Auch nach dem 2. Weltkrieg arbeitete Ertl noch als Trainer – unter anderem in der Saison 1947/48 beim BC Augsburg, ehe er in München eine Totoannahmestelle übernahm.

ESCHENLOHR, BERTHOLD

Geboren am 10. März 1898,
gestorben am 9. Dezember 1938
Ein Länderspiel (1924)
Tennis Borussia Berlin

Der fränkische Disput

Der angehende Sportlehrer aus München trug in Berlin das Trikot von Tennis Borussia. Er war Außenläufer und daß er zu Länderspielehren kam, verdankte er vor allem der Tatsache, daß im August 1924 der Deutschen Fußball-Bund auf der einen und die fränkische Macht Nürnberg/Fürth auf der anderen Seite in einem temperamentvollen Clinch lagen. Stuhlfauth, Kugler, Kalb, Schmidt, Strobel, Hochgesang, Wieder und Sutor – und damit fast alle Stützen der Nationalmannschaft – standen für das Länderspiel in Berlin gegen Schweden nicht zur Verfügung. Was lag da für die Chefstrategen des deutschen Fußballs näher, als sich mal an der Spree umzuschauen. Berthold Eschenlohr war allerdings einer von denen, die bei der 1 : 4-Niederlage gegen die Skandinavier nicht ganz mithalten konnten. In den letzten zehn Minuten »klingelte« es dreimal im deutschen Tor.

ESSER, FRANZ

Geboren am 20. Januar 1900,
gestorben am 21. September 1982
Ein Länderspiel (1922)
Holstein Kiel

»Sommerfußball« in Bochum

Der Kaufmann von der Kieler Förde war Linksaußen. Er bestritt sein einziges Länderspiel am

1. Juli 1922 in Bochum gegen Ungarn. Der schnelle Nürnberger Hans Sutor hatte sich verletzt – so rückte der Spieler von Holstein Kiel in die Nationalmannschaft. 35 000 Zuschauer warteten in Bochum allerdings vergeblich auf Tore, denn beide Mannschaften präsentierten einen typischen »Sommerfußball«. Für Franz Esser, den sie in Kiel nur »Seppl« nannten, blieb dies die einzige Berufung durch den DFB, obwohl er eine Halbzeit lang bester deutscher Stürmer war. Der Kieler war 1911 zu Holstein gekommen und wurde im 1. Weltkrieg in die 1. Mannschaft eingebaut – als Fünfzehnjähriger. In seinen jungen Jahren war er nicht nur ein begeisterter Fußballer, sondern er hatte sein Herz auch an die Leichtathletik verloren. Als Fußballer kam er mit 17 Jahren erstmals im Kronprinzenpokal zum Einsatz, den er mit »19« für den Norden gewinnen sollte. In der Saison 1922/23 weilte er für eine Spielzeit in Bremen, spielte dort für ABTS, was den Kielern überhaupt nicht recht war. Franz Esser wurde zunächst »lebenslänglich« gesperrt, doch dann nach seiner Rückkehr im Herbst 1923 freudig wieder aufgenommen. Der Kieler war nicht unbedingt der Prototyp eines Torjägers, seine Qualitäten lagen eher in der Vorbereitung. In der Nordauswahl, die damals noch einen hohen Stellenwert besaß, spielte er nicht weniger als 46mal. Die Fangemeinde der Kieler »Störche« schwärmte von der konditionellen Frische des Flügelstürmers, der lange Jahre Kapitän des KSV Holstein war. Er verabschiedete sich mit 32 Jahren nach über tausend Spielen vom aktiven Fußball, nachdem seine Mannschaft 1932 in der deutschen Endrunde am 1. FC Nürnberg gescheitert war. Dem KSV Holstein blieb er ein Leben lang verbunden. Ende der 30er Jahre war er gemeinsam mit Johann Ludwig Trainer der Gauligamannschaft, später auch Jugendbetreuer und Ligaobmann. Er war beruflich als Generalagent einer Versicherung tätig.

waren gezählt, denn auf der Bank am Spielfeldrand des Stadions von Warschau saß am 13. September 1936 ein Weggefährte von Prof. Nerz aus gemeinsamen Mannheimer Tagen: Sepp Herberger. Und der hatte sich bei der Suche nach einer neuen Mannschaft unter anderem für Georg Euler aus Köln-Sülz entschieden. Euler galt als einer der besten Techniker seiner Fußballgeneration, war Halbstürmer und harmonierte beim 1:1 gegen Polen überraschend gut mit dem Benrather Hohmann und dem Duisburger Günther. Zu Hause, bei der Spvg. Köln-Sülz von 1907, übernahm er zuweilen auch die wichtige Position des Mittelläufers. Doch für den Kraftfahrer ergaben sich im Nationaltrikot keine weiteren Bewährungschancen, obwohl der »Kicker« von diesem Fußballer schwärmte: »Der hat das Schachbrett beherrscht.« Viele Jahre später war Georg Euler davon überzeugt, daß es nicht an seinen fußballerischen Qualitäten lag: »Ich war meist der Spaßmacher und der Sprecher der Mannschaften, in denen ich spielte. Und wenn es um Spesen ging, dann wurde ich immer nach vorn geschickt. Das hatten die Funktionäre schon damals nicht so gern …« Fünfzehn Spiele bestritt Georg Euler für Westdeutschland, 97mal stand er in der Bezirksauswahl. »Schorsch« Euler war aus der Kölner Viktoria hervorgegangen und kam über den Kölner BC und BV 04 Düsseldorf zur Spvg. Sülz 07. Er war im übrigen auch ein guter Straßenradrennfahrer und beteiligte sich am Rennen um den »Großen Bismarck-Preis« oder auch an der Traditionsveranstaltung »Köln – Kleve – Köln«. Nach dem 2. Weltkrieg zog er noch einmal die Fußballstiefel an, weil dadurch hier und da ein paar Lebensmittelmarken oder Briketts abfielen. Ein Sportunfall beendete mit 41 Jahren seinen Weg als Fußballer. Den Lebensunterhalt verdiente er sich bei der Stadt Köln. In einem Altenzentrum seiner Heimatstadt verbrachte Georg Euler seine letzten Jahre.

EULER, GEORG

Geboren am 23. Dezember 1905
Ein Länderspiel (1936)
Spvg. Köln Sülz 07

Als der Professor gehen mußte

Nur sehr schwer verdaute der deutsche Fußball das für alle überraschende Olympia-Aus von Berlin. Die 0:2-Niederlage gegen Norwegen hatte den Fußball in Deutschland mehr und mehr ins Abseits gerückt. Die Tage von Prof. Dr. Otto Nerz als Reichstrainer

EWERT, FRITZ

Geboren am 9. Februar 1937,
gestorben am 16. März 1990
Vier Länderspiele (1959 bis 1964)
1. FC Köln

Der Müngersdorfer »Gesangsverein«

Tschik Cajkovski, der rundliche Trainerclown aus Kroatien, der eigentlich Zlatko hieß und den sie in seiner großen Fußballerzeit bei Partizan Belgrad »Stummel« nannten, war im Verbandsheim am

Kleinen Wannsee in Berlin von Journalisten umringt, während es draußen seine Spieler mit Konrad Adenauer hielten und sich beim Boccia versuchten. »FC Köln werden Deutscher Meister, versteh'n ...?« Alle verstanden und die Augen des vor Lebenslust sprühenden kleinen Mannes vom Balkan funkelten verdächtig. »Tschik« – das war eine Prise Kauderwelsch und eine Menge Fußballsachverstand. Beim 1. FC Köln fand der Trainer wohl die richtige Mischung. Er war stets guter Laune und von einem geradezu ansteckenden Optimismus beseelt. Als er 1963 vom Rhein an die Isar wechselte, da rannen »Tschik« Cajkovski Tränen über die Wangen. Und er wird sich an diesem Tag, als ihm der legendäre Kölner Präsident Franz Kremer sagte: »Sie dürfen immer wiederkommen«, an seinen größten Triumph mit dem 1. FC Köln erinnert haben. Das war am 12. Mai 1962, als 92 000 Zuschauer im randvollen Berliner Olympiastadion die Demontage des 1. FC Nürnberg erlebten. Der Altmeister ging unter in der Spiellaune des 1. FC Köln, und er biß auf eine Abwehr aus Granit. In dieser großen Mannschaft stand Heinz Ewert, ein bärenstarker und besonnener Torwart. Einer, der sicher zupackte. 4 : 0 gewannen die Kölner gegen den Altmeister – erstmals war der noch junge Verein Meister, und oben in der Loge des Olympiastadions raunte Berlins Regierender Bürgermeister Willi Brandt seinem Kölner Kollegen Burauen zu: »Theo, ich gönne es dir ...« Tags darauf stand die Domstadt kopf und die erfolgreichen Fußballer waren Gast von Theo Burauen im Rathaus, wo sie sich ins Goldene Buch eintrugen. So,

wie das vor ihnen der äthiopische Kaiser Haile Selassie, Theodor Heuss und sehr viel früher Paul von Hindenburg getan hatten. Worauf Spaßvogel Günter Habig im schönsten Kölsch witzelte: »Wat meint ihr, wat die all stolz sin künne, dat die met mir do zusamme ston ...« Fritz Ewert war in Düsseldorf aufgewachsen, spielte dort zwischen 1947 und 1957 bei TURU. Beim 1. FC Köln wurde er sehr bald Torwart Nummer eins – er war der letzte und zumeist wichtigste Mann der Deckung. Für die Nationalmannschaft debütierte er vor heimischer Kulisse in Müngersdorf. Am 21. Oktober 1959 gewannen die Deutschen gegen Holland mit 7 : 0. Uwe Seeler schoß an diesem Tag drei Tore, und die 62 000 Fans vereinigten sich zur Pause zu einem gigantischen Gesangsverein. Die Organisatoren des Länderspiels hatten Handzettel mit den Texten volkstümlicher Lieder verteilt. Als die Bundesliga kam, neigte sich die Karriere des Fritz Ewert bereits ihrem Ende entgegen – immerhin hütete er in der neuen Spielklasse bis 1966 noch 45mal das Tor des 1. FC Köln, um dann nach Holland zum FC Alkmaar 54 zu wechseln. Zu Beginn der 70er Jahre bekam er Probleme mit dem Hüftgelenk, was gleichbedeutend war mit dem Ende seiner sportlichen Karriere. Nach dreijähriger Rekonvaleszenz wegen einer Anomalie versuchte er es 1973 dann doch noch einmal – er hütete das Tor in Frechen, wo auch sein alter Spezi Fritz Pott spielte. Doch dies war nur eine kurze Episode. Als Trainer versuchte er sich beim Landesligisten FC Godesberg und beim SV Metternich. Fritz Ewert starb früh an einer heimtückischen Krankheit.

F

FAAS, ROBERT

Geboren am 3. Juli 1889,
gestorben 1914
Ein Länderspiel (1910)
1. FC Pforzheim

Fußball auf den »Weiherwiesen«

Länderspiele sollten eigentlich die Höhepunkte im Leben eines Fußballers sein. So meinte wohl auch der Pforzheimer Torwart Robert Faas, als er im Mai 1910 die Koffer packte und sich nach Duisburg aufmachte. Dort sollte das neunte Länderspiel der DFB-Geschichte gegen Belgien stattfinden. Doch die Strukturen des DFB waren zu diesem Zeitpunkt von vielen Zufälligkeiten abhängig – die preußische Tugend von Recht und Ordnung stand ganz hintenan. So kam es, daß sich 4000 Zuschauer von einer milden Maiensonne verwöhnen ließen, während unmittelbar vor dem Anpfiff ein paar Offizielle noch immer händeringend nach Spielern suchten. Sie fanden sie unter den Zuschauern. So hatte Robert Faas zwar schließlich das zweifelhafte Vergnügen, Torwart einer kompletten Mannschaft zu sein. Aber dieses Team war alles andere als leistungsstark. Die Deutschen verloren 0:3 – und der Mechaniker aus Pforzheim reiste frustriert nach Hause. Robert Faas war in seiner Heimatstadt auf den Weiherwiesen, unterhalb des Commonschen Platzes, zum Fußball gekommen. Die Jugend hatte hier ein ideales Gelände für Sport und Spiel. Dort fanden die großen Klassenwettspiele statt. Die Sexta kickte gegen die Quinta, das Gymnasium gegen die Oberrealschule oder die Bleichstraße gegen den Schulerplatz. Auch Roberts Bruder Emil hatte hier zum Fußball gefunden, und war einer der frühen Stars des Pforzheimer Fußballs. Auch er stand im Tor. Am 27. Mai 1906 erreichte Emil Faas mit seinem 1. FC Pforzheim sogar das deutsche Finale von Nürnberg und unterlag dort dem VfB Leipzig im strömenden Regen mit 1:2. Die Vorbereitung der Pforzheimer auf dieses Finale war nicht gerade ideal. Die Badener hatten in der Nacht vor dem Spiel während der Anreise kaum ein Auge zugetan, und als sie ihre Herberge in der Noris erreichten, führte der Weg die Fußballer gleich zur Königsburg. Ein paar Stunden später fehlte dann die Kraft, um den Leipzigern ein Schnippchen zu schlagen. Roberts Bruder Emil war ein wenig jünger, rückte im Jahre 1909 in die erste Mannschaft des 1. FC Pforzheim und galt als zuverlässig. Robert starb nach längerer Krankheit im Jahre 1914.

FACH, HOLGER

Geboren am 6. September 1962
Fünf Länderspiele (1988 bis 1989)
Bayer Uerdingen

Holger und die »verlogene Gesellschaft«

Auf die Frage, was ihn am Sport am meisten ärgere, antwortete er einmal: »Die vielen Lügner und Schleimer …« Für das Bild, das seine Umgebung von Holger Fach gewann, war diese Aussage charakteristisch. Dieser Profi ließ sich nicht verbiegen – er war einer der Querdenker im Geschäft mit dem Fußball. Die Bundesliga kritisierte er in einem Interview mit dem Fußball-Magazin »F.A.N.« sogar als »verlogene Gesellschaft«. Doch dieser kritische Geist war ein Teil dieser Gesellschaft, und er war einer von denen, die es in diesem Job zum Großverdiener brachten. Beim ASV Wuppertal begann sein Weg, beim Wuppertaler SV wurde er schon als Jugendspieler von Fortuna Düsseldorf entdeckt. Nachwuchscoach Fred Hesse überredete ihn 1978 zum Wechsel. In der starken Düsseldorfer Jugendmannschaft bekam er den letzten Schliff vor dem Sprung ins Profiaufgebot der Fortuna. Für seinen Vater, zu Beginn der 70er Jahre Betreuer der Profimannschaft des Wuppertaler SV, war die Entwicklung seines Sprößlings und dessen Hinwendung zum Fußball keine Überraschung, denn Sport spielte in der Familie Fach immer schon eine besondere Rolle. Neben seinen fußballerischen Aktivitäten ließ sich Holger Fach aber auch noch zum Industriekaufmann ausbilden. Bei Fortuna Düsseldorf wehte in den frühen 80er Jahren ein rauher Wind, denn die Rheinländer kämpften permanent gegen den Abstieg aus der Bundesliga. Fast immer gab es dann für die Fortunen ein Happy-End – nur nach der Saison 1986/87 nicht, als Holger Fach nach einer Achillessehnenoperation lange Zeit ausfiel. Nach dem Abstieg wollte der schlaksige einstige Mittelfeldspieler, den Trainer Dieter Brei zum Libero umschulte, zum 1. FC Nürnberg wechseln, und eigentlich war alles schon klar, ehe die Franken dann doch einen Rückzieher machten. Die Einkäufer des deutschen Altmeisters waren besorgt wegen der hartnäckigen Verletzung Fachs, die auch Borussia Mönchengladbach abwinken ließ. Das Comeback in der Bundesliga glückte dem Libero erst in der Winterpause – Bayer Uerdingen bot ihm einen Vertrag. Aber das Glück des dreifachen U-21-Nationalspielers war erst komplett, als ihm nach seinem Debüt in der Olympiaauswahl auch noch der Sprung ins A-Team glückte. Und zwar im WM-Qualifikationsspiel gegen Finnland. Teamchef Franz Beckenbauer bot Fach überraschend als »freien Mann« auf. Aber zu seinen schönsten Erlebnissen zählte die Teilnahme am olympischen Fußballturnier 1988 in Seoul. Zwei Jahre später machte er sich Hoffnungen auf eine Teilnahme an der Fußballweltmeisterschaft in Italien, aber wieder stellten sich bei ihm Verletzungen ein. Im Jahr darauf verabschiedete er sich von Bayer Uerdingen und wechselte zu Borussia Mönchengladbach, wo er bis 1995 blieb, um dann im bereits »reifen« Profialter und nach genau 350 Bundesligaspielen für Bayer Leverkusen anzutreten. Ein Jahr später zog es ihn zurück zu Fortuna Düsseldorf, die er jedoch nach dem Abstieg 1997 Richtung Münchner »Löwen« verließ.

FAEDER, HELMUT

Geboren am 3. Juli 1935
Ein Länderspiel (1958)
Hertha BSC Berlin

Der »Dicke« aus Buchholz

Buchholz ist ein idyllischer Flecken im südlichen Havelland. Treuenbrietzen, das seinen Namen der Treue zu seinem Markgrafen verdankt, liegt in der Nähe. Und auch Luckenwalde mit dem historischen Glockenturm der Johanniskirche. Von da, aus Buchholz in der brandenburgischen Provinz, kam Helmut Faeder, den sie später bei Hertha BSC stets den »Dicken« nannten. Als ganz junger Spund

ging er nach Berlin, nachdem er beim SC Buchholz die erste Berührung mit dem Fußball hatte. Er sollte der erste Herthaner sein, der nach dem 2. Weltkrieg den Sprung in die deutsche Fußballnationalmannschaft schaffte. Doch bevor Helmut Faeder zu einer Säule des alten Berliner Traditionsvereins wurde, machte er mit seiner Mannschaft ein paar bittere Erfahrungen. Er war dabei, als Hertha BSC 1957 in Wuppertal in der deutschen Endrunde vom 1. FC Kaiserslautern mit 1:14 überrollt wurde. Fritz Walter traf zwar nur zweimal ins Schwarze, doch Kicker-Reporter Dr. Fritz Weilenmann war der Ansicht, der »alte Fritz« sei eigentlich der »Pate« aller vierzehn Lauterer Tore gewesen. Helmut Faeder wurde in dieser Kritik herausgehoben aus einer körperlich total ausgelaugten Berliner Elf – seine Pässe erinnerten an Fritz Walter, doch – so der Reporter – »alles, was Faeder tat, passierte in einer unerträglichen Zeitlupe…« Dem »schwarzen Tag« von Wuppertal folgten für Helmut Faeder viele glückliche Tage. Jahrelang war sein Name untrennbar verbunden mit großen Spielen seiner Hertha. Sepp Herberger sagte einmal: »Wenn der in einer anderen Umgebung spielen würde und eine stärkere Konkurrenz in der eigenen Mannschaft hätte, könnte er Stammnationalspieler werden.« So langte es für den Scharfschützen nur zu einem einzigen Länderspiel. Faeder war am 28. Dezember 1958 bei der 1:2-Niederlage in Kairo gegen Ägypten dabei. In einer enttäuschenden Mannschaft war er einer der wenigen Lichtblicke. In der Berliner Auswahl stand der Stürmer über 50mal – er erhielt die Goldene Ehrennadel des Verbandes Berliner Ballspielvereine. Mit der Hertha erkämpfte er einen Platz in der Bundesliga, doch er war auch dabei, als die Berliner im ersten Bundesligaskandal 1965 zu Absteigern degradiert wurden. Im Spätherbst seiner Karriere überraschte Helmut Fader mit einem Vereinswechsel – er trug ab 1965 das Trikot von Hertha Zehlendorf und wechselte damit in eine vornehme Gegend mit prächtigen Villen. Faeder, das Hertha-Urgestein, wählte Zehlendorf, obwohl das von seinem Wohnort Lübars 25 Kilometer entfernt war, weil ihm hier die Kameradschaft gefiel und seine neue Mannschaft technisch beschlagen war. Er betrieb später einen gutgehenden Gemüse- und Obsthandel und wurde zwangsläufig zum Frühaufsteher. So gegen 3.30 Uhr war für Helmut Faeder meist die Nacht vorbei.

FAHRIAN, WOLFGANG

Geboren am 31. Mai 1941
Zehn Länderspiele (1962 bis 1964)
Ulmer TSG 1846

Eine Torwartkarriere aus Zufall

Zufälle spielten im Leben des Wolfgang Fahrian eine große Rolle – Zufälle bestimmten seine Karriere als Fußballer. Eigentlich war der schwarze Wolfgang ein ganz passabler Feldspieler. Mit der A-Jugend der TSG Ulm von 1846 wurde er auf der Position des Verteidigers zweimal württembergischer Meister, und er brachte es sogar zu Einsätzen in der Abwehr der süddeutschen Jugendauswahl. Ein Kritiker seiner jungen Jahre war der Ulmer Stürmer Dieter Wirthwein. Der wohnte in der Nachbarschaft der Fahrians in Klingenstein, vor den Toren der Stadt. Und dieser Dieter Wirthwein sagte eines Tages zu Wolfgang Fahrian: »Du liegst so oft am Boden – warum wirst Du nicht Torwart …?« Es sollte zwar noch ein paar Jahre dauern, ehe aus einem mäßigen Verteidiger ein ausgezeichneter Schlußmann wurde, doch wieder stand der Zufall Pate. Es war im Herbst 1960, als die Ulmer in der Oberliga von großen Torwartnöten geplagt wurden. Manfred Paul spielte nun in Karlsruhe, sein Nachfolger Adi Ruff gab nur ein Kurzgastspiel an der Donau, und Arthur Kießling hatte sich verletzt. So schaute sich Trainer Fred Hoffmann in den eigenen Reihen um und beorderte den 19jährigen Wolfgang Fahrian ins Tor. Am 4. September 1960 stand der im Spiel gegen Schweinfurt 05 erstmals zwischen den Pfosten – und mußte dreimal hinter sich greifen. Die Ulmer Fans waren von dem Experiment mit Fahrian wenig angetan, denn das Spiel ging mit 2:3 verloren. Doch der junge Verlegensheitstorwart war vom Ehrgeiz gepackt und legte viele Sonderschichten beim Training ein. Allmählich vollzog sich eine wundersame Wandlung – Wolfgang Fahrian kletterte in der Hierarchie der süddeutschen Torsteher immer weiter nach oben, obwohl die TSG Ulm 46 nach der Saison 1960/61 das Oberhaus verlassen mußte. Sepp Herberger hatte sich den »Fall« längst notiert und nominierte Fahrian für das Juniorenländerspiel in Gelsenkirchen gegen Polen. 5:0 gewannen die deutschen Nachwuchsfußballer – und Wolfgang Fahrian beeindruckte mit seinen katzenhaften Bewegungen. Dennoch war es eine Sensation, als der Bundestrainer diesen jungen Mann aus der 2. Liga Süd 1962 für das Testspiel gegen Uruguay im Hamburger Volksparkstadion holte. Wieder gewann Fahrian »zu Null«, und beim 3:0

gegen die Südamerikaner war der Debütant aus Ulm einer der stärksten. Worauf Herberger nicht weniger als sechs Torwarte für seinen 40er Kader vor der Weltmeisterschaft in Chile benannte. Einer von denen war Wolfgang Fahrian. Doch die Konkurrenz war mit Tilkowski, Sawitzki, Ewert, Kirsch und Bernard riesengroß. Außerdem war Fahrian vom Pech verfolgt, fiel mit einem Bänderriß lange aus und trug acht Wochen lang im Frühjahr 1962 Gips. Als er zu einem DFB-Lehrgang kam, schüttelte Sepp Herberger in der Sportschule Karlsruhe-Schöneck nur den Kopf: »Wolfgang, Sie humpeln ja noch …« Und wieder wurde Fahrian vom Ehrgeiz gepackt und schaffte rechtzeitig vor dem Flug nach Südamerika sein Comeback. In Chile wohnte die Nationalmannschaft in der idyllisch gelegenen Kadettenakademie. Aufgrund der Trainingseindrücke entschied sich Herberger dort für Wolfgang Fahrian und gegen Hans Tilkowski, der in seiner ersten Enttäuschung die Koffer packen wollte. 1964 kehrte Wolfgang Fahrian seiner Ulmer Heimat den Rücken und unterschrieb bei Hertha BSC Berlin. Er ließ sich diesen Transfer bezahlen und bekam daraufhin Krach mit der DFB-Kommandozentrale. Zuwendungen in Form von »Handgeld« waren mit dem Vertragsspielerstatut nicht in Einklang zu bringen. Etliche Spieler von Hertha sollten angeblich »schwarze Gelder« erhalten haben, doch nur Fahrian gab das zu, worauf eine Sperre von zwölf Monaten aufgebrummt bekam, die später auf sechs Monate abgemildert wurde. Dies alles kostete ihm den Platz im Nationalteam bei der WM 1966 in England. Dort war dann wieder Hans Tilkowski die Nummer eins. Diese Degradierung konnte Fahrian nie so richtig verwinden, und bei seinen künftigen Vereinswechseln zu 1860 München und Fortuna Düsseldorf stand stets der Wunsch Pate, sich in einer starken Mannschaft doch noch einmal für die Nationalelf empfehlen zu können. Aber bei Hertha verfehlte er den Aufstieg in die Fußball-Bundesliga, in München stand er im Schatten von Radenkovic, und mit Fortuna Düsseldorf klopfte er vergeblich an die Tür der höchsten Liga. 1969 landete er dann bei Fortuna Köln, wo der ehemalige Spieler sowie spätere Präsident und Mäzen Jean Löring sein wichtigster Förderer war und wo er bis 1976 auf der Gehaltsliste stand. Später wurde Wolfgang Fahrian dann »Spielerberater« und galt als einer der Branchenführer. Der »graue Wolf«, so sein Spitzname, war so etwas wie ein stiller Regent der Transfergeschäfte in der Bundesliga. Von der Kölner Südstadt aus zog er die Fäden über ganz Europa.

FALK, WILHELM

Geboren am 3. Juli 1898,
gestorben am 16. Oktober 1961
Ein Länderspiel (1927)
Wacker München

Ein Münchner in New York

Wilhelm Falk war ein Verteidiger mit Ecken und Kanten. Einer, der in seiner Heimatstadt München wegen der kompromißlosen Art, den Strafraum »leerzufegen«, viele Freunde hatte. Der Städtische Angestellte war immerhin schon 29 Jahre alt, als er die Einladung erhielt, beim Länderspiel in Köln gegen Holland mitzuwirken. An diesem 22. November 1927 schlug auch die erste große Stunde für zwei Schalker: Ernst Kuzorra und Fritz Szepan wurden nominiert. Doch nur Kuzorra kam im Kölner Hexenkessel der 50 000 zum Einsatz – Szepan saß auf der Bank. Wilhelm Falk war allerdings »erste Wahl« für Prof. Dr. Otto Nerz, der ein Jahr vorher den DFB-Spielausschuß abgelöst hatte, der bis dahin die besten Fußballer Deutschlands nach endlosen Diskussionen und häufig unter regionalen Gesichtspunkten für die Nationalmannschaft nominierte. Mit dem Nürnberger Anton Kugler bildete der Münchner Wilhelm Falk das Verteidigergespann. Die deutsche Elf erreichte ein 2 : 2, was eigentlich nicht den Leistungen entsprach, denn die Gastgeber hatten weit mehr vom Spiel. Mit seiner Wacker-Elf feierte Wilhelm Falk in den späten 20er Jahren große Erfolge. »Spezi« Schaffer, der ungarische Superstar, der einige Jahre vorher selbst das Trikot der Münchner trug, war als Trainer verpflichtet worden. Und mit ihm zog Wacker München in die deutsche Endrunde des Jahres 1928 ein. Karl Klingseis war sein Partner in der Verteidigung. Georg Ertl stand im Tor – und vor Falk spielte ein Mann, der gemeinsam mit ihm das einzige Länderspiel bestritten hatte: Josef Weber! Bis ins Semifinale kam Wacker – und viele Münchner träumten im Hochsommer dieses Jahres 1928 bereits von einem Münchner Finale, doch dann strauchelte Wacker in Leipzig mit 1 : 4 gegen Hertha BSC, und auch der FC Bayern verabschiedete sich am gleichen Tag in Duisburg mit einer herben 2 : 8-Abfuhr gegen den Hamburger SV. Die Enttäuschung im Halbfinale hinterließ Wunden beim FC Wacker, denn damit ging eine Ära des Münchner Fußballs zu Ende. Wilhelm Falk trug später noch eine kurze Zeit das Trikot des DSV München und wanderte dann nach Amerika aus. Beim FC Wacker ging es zu diesem Zeitpunkt drunter und drüber. Die Spieler revoltierten gegen den neuen Vorstand und wurden mit »Nichtaufstellung« bestraft. Die Folge: Wacker verlor gegen den TSV 1860 München mit 0 : 7. Das alles erlebte Wilhelm Falk schon nicht mehr mit. In New York schloß er sich dem DFC an.

FALKENMAYER, RALF

Geboren am 11. Februar 1963
Vier Länderspiele (1984 bis 1986)
Eintracht Frankfurt

Ein schwimmender »Falke«

Von der Bescheidenheit sagt ein Sprichwort, sie sei eine Zier – in der Familie der Falkenmayers war sie eine Selbstverständlichkeit. In der Frankfurter Nordweststadt wurde jede Mark ein paarmal umgedreht, bevor man sie ausgab. Denn Ralf Falkenmayer wuchs mit sechs Geschwistern auf – mit den Brüdern Eberhard, Udo und Peter sowie den Schwestern Heidi, Sylvia und Heike. Udo und Peter, ein paar Jahre älter als Ralf, spielten natürlich Fußball – und dem kleinen Bruder, den sie »Erbs« riefen, traute niemand eine Karriere in diesem Sport zu. Es war einem Nachbarn der Falkenmayers zu danken, daß »Erbs« eines Tages in einem viel zu großen Trikot beim SV Niederursel auftauchte. Das Talent des »schmalen Handtuchs« sprach sich schnell herum, denn Ralf Falkenmayer spielte samstags in der C- und sonntags in der B-Jugend. Selbst seine älteren Brüdern zollten ihrem »Kleinen« angesichts dieser Doppelbelastung großen Respekt. Und als eines Tages Otto Müller, der Talentsucher der Frankfurter Eintracht, bei Ralf vorbeischaute, wunderte sich niemand. Neben dem Lampenfieber nahm Ralf seinen Talisman mit zur Eintracht – einen Ohrring, den er sich 1976 ins linke Ohrläppchen hatte zwicken lassen. Dietrich Weise, Trainer der DFB-Jugend, war der erste große Förderer des kleinen Technikers. Mit dem Sprung in die DFB-Jugendnationalmannschaft und dem Gewinn der Europameisterschaft 1980 wurde »Falke« eine feste Größe der Eintracht. Er war der Senkrechtstarter der Bundesliga und absolvierte in seiner ersten Saison 32 von 34 Spielen. Ein ungewöhnlicher Einstieg in die Karriere eines Profifußballers! Auf dem Spielfeld war er, so meinten die Frankfurter Fans, »rotzfrech«, doch privat blieb er das, was er immer war: bescheiden. Zu einem Zeitpunkt, als er sich als Profi längst freigeschwommen hatte, suchte er ein weiteres Standbein und fand es als Schwimmmeistergehilfe. Und Dietrich Weise, seit 1983 Cheftrainer in

Frankfurt, ließ seinen Jungstar im Eintracht-Mittelfeld schalten und walten. Die Europameisterschaft 1984 kam für Ralf Falkenmayer etwas zu früh – er gehörte zwar zum DFB-Aufgebot des Turniers in Frankreich, doch eingesetzt wurde er nicht. Das änderte sich erst, als Franz Beckenbauer zum DFB-Teamchef aufstieg. Gegen Argentinien erlebte »Falke« seine Länderspielpremiere. Doch dann bekam seine Karriere einen Knick – mehrere Knöcheloperationen warfen ihn weit zurück. Zur Saison 1987/88 schaute er sich nach neuen Ufern um und wechselte zu Bayer Leverkusen, um zwei Jahre später zur Frankfurter Eintracht zurückzukehren. In der Saison 1995/96, die mit dem Abstieg der Eintracht aus der Bundesliga endete, wurde Ralf Falkenmayer nach 385 Bundesligaspielen ausgemustert. Im Herbst 1996 heuerte er beim Regionalligisten Eintracht Trier an.

FATH, JOSEF

Geboren am 27. Dezember 1911,
gestorben am 11. August 1985
13 Länderspiele (1934 bis 1938), sieben Tore
Wormatia Worms

Das »Seppelche« vom linken Rhein

Martinez Ricardo Zamora, einer der größten Torwarte der Fußballgeschichte, schaute sich böse um. Zum zweitenmal hatte der »Hexenmeister« im Tor der Spanier an diesem 23. Februar 1936 den Ball aus dem eigenen Netz holen müssen. Und dies auch noch in seiner Heimatstadt Barcelona, wo 40 000 Zuschauer fassungslos zusahen, als die deutsche Nationalmannschaft ihren 2 : 1-Siegtreffer erzielte. Zamora suchte daraufhin den Torschützen, aber Josef Fath, der nur 160 Zentimeter große Linksaußen, war im Pulk seiner jubelnden Kameraden verschwunden. Dabei hatte man vom »Seppelche«, wie man ihn zu Hause, am linken Rheinufer, nannte, in diesem Spiel herzlich wenig gesehen. Eigentlich war er nur zweimal positiv aufgefallen – immer dann, wenn er ein Tor erzielte. Josef Fath war in Worms beheimatet. In seinen jungen Jahren spielte er bei »Olympia« in der sogenannten »Fischerweidenelf«. In einem Punktspiel an der Pfiffligheimer Chaussee schoß er einmal vier Tore. Das Unglaubliche daran: Alle Tore waren direkt verwandelte Ecken! 1933 wechselte Fath dann zu Wormatia, wo ihn Karl Wohlschlegel, ein Funktionär des Süddeutschen Fußball-Verbandes, aufmerksam beobachtete. Im April 1933 trug er das

Trikot des Südens gegen eine französische Regionalauswahl – dies war sein Sprungbrett in die Nationalmannschaft. Seppel Fath erhielt eine erste Länderspielberufung für den 9. September 1934. In Warschau gastierte die deutsche Mannschaft zum erstenmal nach dem Weltmeisterschaftsturnier 1934, wo ein vielbeachteter dritter Platz herausgesprungen war. 30 000 Zuschauer waren dabei, als die deutsche Mannschaft in der polnischen Hauptstadt mit 5 : 2 gewann. Fath war der Wegbereiter mehrerer Treffer. Vier Wochen später langte er dann selbst zu. Beim erneuten 5 : 2-Sieg – diesmal in Kopenhagen gegen Dänemark – traf er dreimal ins Schwarze. Seppel Faths Stärken lagen in seiner Antrittsschnelligkeit und in seinem Schußvermögen. Seine Spezialität waren Tore aus spitzem Winkel. Eine langwierige Knieverletzung stoppte seine Laufbahn als Fußballer – beim olympischen Turnier 1936 in Berlin mit dem blamablen Ausscheiden der Gastgeber wurde der Wormser dann schmerzlich vermißt. Im gleichen Jahr hatte ihn ein Angebot aus England erreicht – er sollte auf der Insel als Profi spielen. Aber er blieb in Worms, beendete 1940 wegen seiner gravierenden Knieprobleme endgültig die Karriere. Nach dem 2. Weltkrieg arbeitete er in seiner Heimatstadt als Bezirksvertreter der Toto/Lotto-Gesellschaft.

FERNER, DIETHELM

Geboren am 13. Juli 1941
Zwei Länderspiele (1963 bis 1964)
Werder Bremen

Zwei Spiele in Nordafrika

24. August 1963 – ein historischer Tag für den deutschen Fußball! Nach langen Wehen wurde die Bundesliga geboren – und zu allen großen Stadien der Republik strömten die Fans in Scharen. Auch ins Bremer Weserstadion, wo 32 000 Zuschauer das erste Tor der neuen Liga erlebten. Timo Konietzka schoß es schon in der allerersten Minute für Borussia Dortmund. Und einer von denen, die sich an diesem ungemütlichen Tag über dieses Gegentor mächtig ärgerten, war Diethelm Ferner. Er trug das Trikot des SV Werder Bremen und war von Trainer »Fischken« Multhaup, dem Mann mit dem Monokel, an die Weser geholt worden. Diethelm Ferner war 22 Jahre jung und kam aus dem »goldenen« Fußballwesten. Bei Rhenania Bottrop hatte er seine ersten Sporen verdient und war dann beim VfB Bottrop zu einem ausgezeichneten Halbstür-

mer gereift. Ihre Bundesligapremiere gewannen die Bremer gegen Borussia Dortmund trotz des frühen Rückstands noch 3:2, und Ferner hinterließ in den folgenden Monaten nachhaltigen Eindruck. Auch auf Bundestrainer Sepp Herberger, der den Neu-Werderaner Ende des Jahres 1963 für die Nordafrikareise der Nationalmannschaft nominierte. Die einzigen beiden Länderspiele, die der nur 165 Zentimeter große Diethelm Ferner bestritt, fanden auf dem schwarzen Kontinent statt. In Casablanca war er beim deutschen 4:1-Sieg gegen Marokko dabei – er wurde in den letzten Minuten für Klaus Gerwien eingewechselt. Am Neujahrstag 1964 ersetzte er in Algier im Spiel gegen Algerien in den letzten zwanzig Minuten Schalkes »Stan« Libuda. Die Partie endete mit einer Enttäuschung – der hohe Favorit aus Deutschland verlor mit 0:2. 1966 zählte Diethelm Ferner zwar zum 40er-Aufgebot für die Weltmeisterschaft in England, wurde dann aber gestrichen. Inzwischen war er mit Werder Bremen Deutscher Meister geworden. 1969 zog es Diethelm Ferner, der mittlerweile ein ausgezeichneter Mittelfeldspieler war, zurück in den Westen – er unterschrieb beim Aufsteiger Rot-Weiß Essen. Aber der Traditionsverein aus der Grugastadt hielt sich nur zwei Jahre in der Bundesliga, um dann 1974 wieder ins Rampenlicht zu treten. Worauf Diethelm Ferner vor einer aufregenden Saison stand. Der Routinier löste Interimstrainer Herbert Burdenski ab, der in die Fußstapfen des glücklosen Horst Witzler getreten war. Dies war Ferners Einstieg in die Trainerkarriere. Das Fußballlehrerexamen absolvierte er als Lehrgangsbester, und die Fortsetzung seiner Karriere fand beim Wuppertaler SV, FC St. Pauli und Schalke 04 statt.

FICHTEL, KLAUS

Geboren am 19. November 1944
23 Länderspiele (1967 bis 1971), ein Tor
Schalke 04

Die »Tanne« – ein Schalker Evergreen

Klaus Fichtel ist ein Stück Bundesligageschichte. Ein Kapitel der außergewöhnlichen Art, denn »Tanne«, wie ihn Fans und Freunde nannten, stellte einen Rekord auf, von dem man 1988 meinte, er sei für die Ewigkeit bestimmt. Doch mit den Rekorden ist das häufig so wie mit dem Schnee von gestern – sie schmelzen in einer schnelllebigen Zeit. Und doch: Klaus Fichtel war einer der bemerkenswerten Fußballer der höchsten deutschen Fußball-

klasse. Er wurde in Ickern, unweit von Castrop-Rauxel, geboren, wuchs im Ruhrgebiet auf und arbeitete zunächst als Bergmann. Als 14jähriger hatte er auf der Schachtanlage »Viktor 3/4« in Habinghorst den Beruf gelernt. Später war er dann in einem Vermessungsamt tätig. In der Jugendmannschaft des Bergmannsvereins Arminia Ickern fand er Gefallen am Fußball; er war zwanzig Jahre alt, als er zu Schalke 04 wechselte. Nach dem einstigen Nationalspieler Gerhard Harpers entdeckte ihn Fritz Langner endgültig für den »großen Fußball« – und der Mann mit den blonden Haaren packte seine Chance nicht unbedingt schon bei seinem Debüt beim Schopfe. Beim 0:1 des FC Schalke beim VfB Stuttgart schoß Klaus Fichtel am 14. August 1965 das einzige Tor – ein Eigentor. Und es tröstete ihn wenig, daß am gleichen Tag auch Franz Beckenbauer beim 0:1 gegen 1860 München einen miserablen Einstand in der Bundesliga hatte. »Ich wollte den Ball wegschießen und traf ein Stuttgarter Bein – von dort trudelte der Ball ins Netz«, ärgerte sich der unglückliche Schalker Debütant. Klaus Fichtel war Abwehrspieler und im Deckungsbereich auf verschiedenen Positionen verwendbar. Libero – das war seine Lieblingsposition, aber er stand auch als Vorstopper oder im defensiven Mittelfeld bei den Schalkern seinen Mann. Und trotz seines Mißgeschicks im ersten Bundesligaspiel eroberte sich »Tanne« sofort einen Stammplatz bei den »Knappen«. Er war in der ersten Saison in allen Spielen dabei. Da solche Blitzstarter schon damals in der deutschen Eliteliga Seltenheitswert hatten, fand Klaus Fichtel sehr schnell den Weg in die Nationalmannschaft. Gegen Marokko debütierte er 1967 – es folgten weitere 22 Länderspiele. Höhepunkt seiner internationalen Karriere war die Teilnahme an der Fußballweltmeisterschaft 1970 in Mexiko, wo er nur beim sogenannten »Jahrhundertspiel«, dem Psychodrama gegen Italien (3:4), nicht eingesetzt wurde. Mit den Schalkern gewann Fichtel 1972 in Hannover gegen den 1. FC Kaiserslautern (5:0) den DFB-Pokal, nachdem es in dieser Saison mit der Deutschen Meisterschaft auf den letzten Metern nichts geworden war. Inzwischen bezeichneten die Experten Klaus Fichtel als Profi vom Scheitel bis zur Sohle. Er war einer, der davon überzeugt war, daß der Körper das wichtigste Kapital eines Sportlers ist. Dementsprechend war sein Lebenswandel, und diese mustergültige Einstellung verhalf ihm zu einer außerordentlich langen Karriere, die erst nach 552 Bundesligaspielen mit 43 Jahren am 21. Mai 1988 endete. Mittlerweile war er beim FC Schalke 04 Trainerassistent, nachdem er sich 1981 von Werder Bremens Manager Rudi Assauer zu einem Abstecher an die Weser hatte überreden lassen und dort bis 1984 geblieben war. 1969 bekam der passionierte Taubenzüchter und Anhänger des Trabrennsports Ärger mit Bundestrainer Helmut Schön. So richtig klar wurde es aber nie, wer eigentlich auf wen sauer war. Tatsache blieb, daß Fichtel argumentierte, ihm sei die Doppelbelastung Verein und Nationalelf einfach zu groß. Darum sagte er vier Einladungen zu Länderspielen ab. Wenig später war der Routinier dann in den Bundesligaskandal verwickelt. Dabei ging es um das »verschobene« Spiel der Schalker gegen Arminia Bielefeld. Fichtels Mannschaft hatte 40 000 Mark erhalten – ein Vorgang, mit dem sich schließlich auch die 4. Große Strafkammer des Landgerichts Essen beschäftigte. Während seine Kameraden geständig waren, bestritt Klaus Fichtel, der gegen Arminia Bielefeld nur eine Halbzeit lang gespielt hatte, jede Schuld. Wie dem auch sei – Klaus Fichtel wurde vom DFB zunächst auf Lebenszeit gesperrt, ein halbes Jahr später jedoch »begnadigt«. Nach seiner aktiven Zeit lebte Klaus Fichtel in Waltrop – er betreute die Schalker A-Junioren.

FICK, WILLY

Geboren am 17. Februar 1891,
gestorben am 5. September 1913
Ein Länderspiel (1910), ein Tor
Holstein Kiel

Opfer einer tückischen Krankheit

Über dem holländischen Arnheim hatte der Wettergott alle Schleusen geöffnet, als der deutsche Fußball in seinen »Kindertagen« am 24. April 1910 auf die Nationalmannschaft des Nachbarlandes traf. Dies war das achte Länderspiel der deutschen Fußballgeschichte – vorher hatte es die »historischen« ersten Siege gegen die Schweiz gegeben. Nun aber kreuzte eine weitgehend neue Mannschaft in Arnheim auf – und zu ihr gehörte auch Willy Fick aus der damals noch selbständigen Gemeinde Lurup vor den Toren von Pinneberg. Der linke Halbstürmer von Holstein Kiel war 19 Jahre alt, hatte sich soeben überlegt, die Ausbildung zum Polizisten anzutreten, und unternahm die erste große Reise seines jungen Lebens. In Arnheim unterlagen die Deutschen, die mit fünf Debütanten aufliefen, dann nicht unerwartet 2 : 4. Willy Fick war einer der beiden deutschen Torschützen. Drei Wochen später stand er in Köln im deutschen Endspiel, wo die

Kieler dem Karlsruher FV einen großen Kampf lieferten und nur knapp mit 0 : 1 verloren. Zwei Jahre später revanchierte sich Holstein in Hamburg gegen den Karlsruher FV. Zu diesem Zeitpunkt war Willy Fick, dessen jüngerer Bruder Hugo bei den Kielern auf der halbrechten Seite spielte, bereits von einer tückischen Krankheit befallen worden, die ihn 1911 zwang, das Fußballspielen einzustellen. Er starb im blühenden Alter von 22 Jahren am 5. September 1913.

FIEDERER, HANS

Geboren am 21. Januar 1920,
gestorben am 15. Dezember 1980
Sechs Länderspiele (1939 bis 1941), drei Tore
Spvg. Fürth

Der »Tag der offenen Tür«

Hans Fiederer war in einer Stadt zu Hause, in der über Generationen deutsche Fußballgeschichte geschrieben wurde: in Fürth. Fußball spielte er natürlich bei den »Kleeblättern«, der traditionsreichen Spielvereinigung. Auf dem halblinken Flügel fühlte er sich besonders wohl. Hans Fiederer stand schon früh im Notizbuch von Sepp Herberger. Sein Debüt im Trikot der Nationalmannschaft feierte der Franke am 26. März 1939 in Differdingen gegen Luxemburg. Es wird ihn kaum gestört haben, daß die Creme des deutschen Fußballs zur gleichen Stunde in Florenz gegen Italien spielte (und dort 2 : 3 verlor). Hans Fiederer war stolz auf dieses Debüt – und an seiner Seite standen immerhin so bekannte Fußballer wie der Osnabrücker Wundertorwart Heinz Flotho, den sie am Teutoburger Wald »Schangel« riefen, und der Aachener Reinhold Münzenberg. Aber diese deutsche Elf unterlag dem kleinen Nachbarn Luxemburg mit 1 : 2 – was Hans Fiederer dann doch ärgerte. Und ihn anspornte, es allen mal in einem »richtigen« Länderspiel zeigen zu können. Diese Chance bot sich dem blutjungen Fußballer, dem eine berufliche Karriere als Techniker bei der Stadtverwaltung vorschwebte, an einem kalten Dezembertag des gleichen Jahres in Chemnitz. Vor 30 000 Zuschauern stürmte er neben Arlt, Hänel, Schön und Lehner, und dieser Angriff war beim 3 : 1-Sieg gegen die Slowakei das Paradestück der deutschen Nationalelf. Hans Fiederer schoß das Tor zum 1 : 1. Im Juli 1940 war der Franke dann in Frankfurt am Main der Wegbegleiter des Debüts von Fritz Walter. Das 19jährige Talent aus Kaiserslautern erzielte beim »Tag der offenen Tür«, dem

9:3-Sieg gegen Rumänien, zwei Tore. Zweifacher Torschütze war aber auch Hans Fiederer, der erneut glänzende Kritiken bekam. Der 2. Weltkrieg forderte aber zu dieser Zeit auch vom Fußball in Deutschland immer höhere Tribute. Sein letztes Länderspiel bestritt Fiederer deshalb am 16. November 1941 beim 1:1 in Dresden gegen Dänemark. In der berühmten Pariser Soldatenelf setzte er seine Karriere fort. Dann kam der 5. August 1942. Fiederer trainierte mit seinen Kameraden – plötzlich flogen Handgranaten auf den Platz: ein Anschlag der französischen Resistance. Es gab Tote und Verletzte. Hans Fiederer verlor sein rechtes Bein, womit die Fußballkarriere ein jähes Ende fand. Der Sport spielte aber weiter für ihn eine große Rolle. In seinem neuen Beruf widmete sich Hans Fiederer nach dem 2. Weltkrieg dem Sportjournalismus – er wurde zunächst Redakteur der »Nürnberger Nachrichten«. Im November 1946 holte ihn Dr. Becker in die Redaktion des »Sport-Magazin«. Becker hatte nach Bayerns 3:1-Sieg im Reichsbundpokalfinale 1940 gegen Sachsen von Fiederer geschwärmt: »Die Sturmregie lag beim überragenden Fiederer ...« Der junge Redakteur machte rasch Karriere – schon am 1. April 1949 war Hans Fiederer Chefredakteur des »Sport-Magazins«.

FIEDERER, LEO

Geboren am 4. April 1897,
gestorben 1949
Ein Länderspiel (1920)
Spvg. Fürth

Ein Mann für alle Fälle

Das erste Heimspiel nach dem 1. Weltkrieg führte die deutsche Nationalmannschaft am 24. Oktober 1920 ins Grunewaldstadion nach Berlin. Über die Schrecken des ersten großen Weltbrandes verloren die Deutschen nicht ihre Sympathien für den Fußball. 35 000 kamen zum Vergleich mit den Ungarn – und sie bejubelten einen 1:0-Sieg, den nur die wenigsten erwartet hatten. Der Fürther Leo Fiederer stürmte auf dem rechten Flügel neben den beiden Hamburgern Tull Harder und Adolf Jäger. Letzterer schoß das siegbringende Tor – es war ein Foulelfmeter. Daß Fiederer als Stürmer nominiert wurde, obwohl er sich in Fürth auf anderen Positionen wohler fühlte, war dem Franken ziemlich egal. Er war einer der ersten ganz großen Allroundspieler der jungen deutschen Fußballgeschichte. Später, als er nacheinander die Trikots des Duisburger SV,

von Rot-Weiß Oberhausen und dann das des RSV Mülheim überstreifte, spielte er auch schon mal Mittelläufer oder Verteidiger. Mehr als diese eine Berufung zum Länderspiel nach Berlin erhielt der Angestellte im Öffentlichen Dienst allerdings nicht. Aus der großen Fußballfamilie Fiederer kam viele Jahre später ein neuer Stern: Hans Fiederer, der Neffe von Leo. Dessen verheißungsvolle Karriere wurde im 2. Weltkrieg durch eine schwere Verletzung jäh gestoppt.

FISCHER, ERICH

Geboren am 31. Dezember 1909,
gestorben im Dezember 1990
Zwei Länderspiele (1932 bis 1933)
1. FC Pforzheim

Sein Partner war ein »König«

Pforzheim war vor allem in den zwanziger und dreißiger Jahren eine gute Adresse des deutschen Fußballs. Das idyllische Städtchen an der Nagold, wo seit jeher viele Goldschmiede ihrem Handwerk nachgingen, brachte etliche Nationalspieler hervor. In Pforzheim spielten Max Breunig und Theodor Burkhardt, Robert Faas, Paul Forell, Arthur und Marius Hiller, Anton Kreß, Gustav Roller, Hermann Schweikert, Viktor Weisenbacher, Fritz Wetzel – und Erich Fischer. In den frühen Tagen der deutschen Fußballgeschichte erreichte der 1. FC Pforzheim ein Endspiel. Er unterlag 1906 in Nürnberg vor gerade mal 1100 Zuschauern dem VfB Leipzig mit 1:2. In den Kneipen der alten Stadt hingen hinter mattem Glas die vergilbten Fotos der alten Pforzheimer Fußballhelden, als Erich Fischer, Goldschläger von Beruf, im Sommer 1932 den Koffer packte und mit der deutschen Nationalmannschaft auf einem Ozeandampfer nach Helsinki zum Spiel gegen Finnland reiste. Der Rechtsaußen hatte auf dem Flügel einen routinierten Partner: »König« Richard Hofmann vom Dresdner Sportclub. Der schoß dann auch drei der vier deutschen Tore zum 4:1-Sieg. Im März des nächsten Jahres folgte für Erich Fischer eine zweite Berufung. Vor 55 000 Zuschauern war er in Berlin beim 3:3 gegen Frankreich dabei und zeigte einige Male, über welche Schußkraft er verfügte und wie virtuos sein Spiel war. Erich Fischer wirkte in rund 30 Repräsentativbegegnungen Süddeutschlands mit – unter anderem gegen Österreich, Oberitalien, Südfrankreich sowie in einem Test des DFB gegen Newcastle United in Frankfurt (3:6). Erich Fischer war 1927 vom VfR Pforzheim, wo er schon mit 15 Jahren in der 1. Mannschaft stand, zum Nachbarn 1. FC Pforzheim gewechselt und zwei Jahrzehnte lang aus dieser Mannschaft nicht mehr wegzudenken. Er vereinte in sich zwei Fußballtugenden – er war Techniker und schußgewaltiger Torschütze. Bei den Pforzheimern wurde er Nachfolger von Viktor Weisenbacher, dessen Karriere 1929 nach einer schweren Verletzung zu Ende ging. Erich Fischer nannte sich »Bommatz«. Er kehrte im Jahre 1960 zu seinem VfR als Trainer zurück, nachdem er zuvor den 1. FC Pforzheim betreut hatte.

FISCHER, KLAUS

Geboren am 27. Dezember 1949
45 Länderspiele (1977 bis 1982), 32 Tore
Schalke 04, 1. FC Köln

Fallrückzieher wie aus dem Bilderbuch

Fallrückzieher waren sein Markenzeichen. Fallrückzieher, die einem Artisten alle Ehre gemacht hätten. Klaus Fischer war zwei Jahrzehnte lang ein Bundesligastürmer der deutschen Extraklasse, ein Offensivspieler, der in seiner großen Zeit in Deutschland kaum Konkurrenz hatte. In Kreußstraßl, einem kleinen Ort bei Zwiesel im Bayerischen Wald, stand die Wiege von Klaus Fischer, dessen Vater Holzfäller war. Der SC Kreußstraßl war der Verein seiner Kindheit, ehe er mit zwölf Jahren zum benachbarten SC Zwiesel wechselte. Und hier schauten zuweilen schon mal die Talentspäher vorbei, wenn der kleine, drahtige Klaus in der Jugendmannschaft kickte. Der TSV 1860 München mußte nicht lange die Angel auswerfen – für Klaus Fischer war es im Sommer 1968 eine beschlossene Sache, daß er nicht weiter seinen erlernten Beruf als Glasbläser ausüben würde. Doch die Zeit bei den »Löwen« war hart, denn hier hatte Albert Sing das Sagen, der ein paar merkwürdige Trainingsmethoden mit an die Isar gebracht hatte. Unter anderem, so ist überliefert, nervte er seine Spieler im Trainingscamp mit Schnitzeljagden und einem bierernsten Bogenschießen. Abends mußte der 18jährige Klaus Fischer dann die Pfeile einsammeln … Dem ersten Profivertrag an der Grünwalderstraße folgte zwei Jahre später ein Angebot vom FC Schalke 04, und der Wechsel fiel ihm nicht sonderlich schwer, weil die »Löwen« soeben aus der Bundesliga abgestiegen waren. Außerdem versüßte ihm Schalke-Boß Günther Siebert das Angebot mit einem beachtlichen Scheck. Doch der uner-

fahrene Fußballer aus dem Bayerischen Wald geriet schnell in den Strudel des Bundesligaskandals – er war dabei, als die Schalker in der Saison 1970/71 ein »verkauftes« Spiel gegen Arminia Bielefeld verloren. Und als die Schalker DFB-Pokalsieger wurden, da hatten sich bereits dunkle Wolken über Gelsenkirchen zusammengebraut. Am 20. September 1972 wurde Klaus Fischer vom Deutschen Fußball-Bund für ein Jahr gesperrt – und zwar in der Blütezeit seiner sportlichen Möglichkeiten. Doch dem Rückschritt folgte ein Comeback – und als Gerd Müller die Bühne des Weltfußballs verließ, da stand für viele Experten der Bundesliga fest, daß al-

lein Klaus Fischer das Zeug hatte, die Nachfolge des »Bombers« anzutreten. Aber der Bann des Bundesligaskandals zeigte noch immer Wirkung – die Tür zur Nationalmannschaft blieb dem Schalker noch eine Weile verschlossen, obwohl er in der Saison 1975/76 mit 29 Treffern Torschützenkönig der Bundesliga wurde. Am 27. April 1977 erfüllte sich für Klaus Fischer ein später Traum – er war beim 5 : 0-Triumph der Nationalmannschaft gegen Nordirland dabei – und schoß gleich zwei Tore. Das Jahr darauf brachte ihm bei der aus deutscher Sicht mißratenen Weltmeisterschaft in Argentinien kein Glück – er traf in sechs Spielen nicht ein einziges Mal. Und als die Nationalelf 1980 in Rom Europameister wurde, da schaute er sich diesen Erfolg wieder nur auf dem Fernsehschirm an, nachdem er im März einen komplizierten Schien- und Wadenbeinbruch erlitten hatte. 1981 entschloß sich Klaus

Fischer zu einem Tapetenwechsel – er unterschrieb einen Vertrag beim 1. FC Köln. Sein zweites WM-Turnier beschloß er 1982 in Spanien als Vizeweltmeister – seine beiden Tore gegen Frankreich in der heißen Nacht von Sevilla öffneten dem deutschen Team das Tor zum Endspiel gegen Italien. Doch damit schloß sich für ihn der Kreis seiner Länderspielberufungen. 1984 unterschrieb Klaus Fischer einen Vertrag beim VfL Bochum, wobei die Kölner einen interessanten Passus aushandelten. Die Rheinländer beharrten auf einen Nachschlag zu der Ablösesumme von 100 000 Mark, sofern Klaus Fischer für den VfL in seiner ersten Saison zehn Tore erzielen sollte. 50 000 Mark wurden gleich fällig – und vom 15. Saisontor an sollten die Bochumer noch einmal 50 000 Mark nach Köln-Müngersdorf überweisen. Sie taten es gern, denn Klaus Fischer trug mit seinen 16 Treffern maßgeblich dazu bei, daß der VfL Bochum am Ende der Saison einen nie erwarteten 9. Tabellenplatz erreichte. Und Erich Klamma, Konditionstrainer an der Seite von Rolf Schafstall, schwärmte: »Klaus Fischer ist der uneigennützigste Stürmer, den ich kenne. Ihm merkt man an, daß er Fußball zuallererst mit dem Herzen spielt ...« Nach 535 Bundesligaspielen und 268 Toren verabschiedete sich der Mittelstürmer 1988 mit 38 Jahren von seiner Karriere. In der Geschichte der höchsten deutschen Fußballklasse hatte nur Gerd Müller mehr Tore geschossen. Nach seiner aktiven Zeit arbeitete Klaus Fischer als Trainer – zunächst als Assistent beim VfL Bochum, später dann beim FC Schalke 04, wo er zwischenzeitlich auch Chefcoach war, als die »Knappen« Aleksandar Ristic den Laufpaß gegeben hatten. Bis 1995 war Klaus Fischer Amateurtrainer des FC Schalke, um dann von Klaus Täuber abgelöst zu werden.

FISCHER, PAUL

Geboren am 6. September 1882,
gestorben am 6. Februar 1941
Ein Länderspiel (1908)
Viktoria 89 Berlin

Die Spieler bezahlten ihr Bankett selbst

Schon das zweite offizielle deutsche Fußballländerspiel brachte der Nationalmannschaft die Nagelprobe, denn England war der Gegner. Zwar schickte das Mutterland des Fußballs am 20. April 1908 ausnahmslos Amateure nach Berlin, doch auch die waren den Deutschen haushoch überlegen. Auf dem Viktoria-Platz in Berlin-Marien-

dorf schlugen sich die Gastgeber immerhin eine Halbzeit lang wacker, aber dann brach das Unglück in Form einer englischen Torflut über sie herein. Am Ende hieß es 1:5. Paul Fischer hatte quasi ein Heimspiel auf »seinem« Viktoria-Platz. Er war linker Verteidiger und hatte mit dem Engländer Hardman einen starken Gegenspieler. 7000 Zuschauer sahen dieses Spiel, was wohl für den DFB ausreichte, um Fahrtkosten und Unterkunft zu bezahlen. Nur für das anschließende »Bankett« langte es nicht mehr – die Spieler des Verlierers wurden zur Kasse gebeten. Für Paul Fischer, dem Eisenbahnbeamten, blieb dies das einzige Länderspiel. Viel wichtiger war für den Mann mit dem Stoppelschnitt ohnehin der Weg seiner Viktoria. Mit den Berlinern stand er ein paar Wochen später gegen die Stuttgarter Kickers im deutschen Endspiel – und wurde mit einem 3:0-Sieg Deutscher Meister. Seine Fußballerkarriere beendete »Paule« bei Blau-Weiß Berlin.

FISCHER, WALTER

Geboren am 21. Februar 1889,
gestorben am 3. April 1959
Fünf Länderspiele (1911 bis 1914)
Duisburger SV

Eine süddeutsche Streitmacht

Zehn offizielle Länderspiele hatte der deutsche Fußball hinter sich gebracht, als das Degerloch-Stadion in Stuttgart Schauplatz der Begegnung mit der Schweiz war. Für den 26. März 1911 hatten etliche badische Fußballspieler in ihren Briefkästen eine Einladung zu diesem Vergleich mit dem Nachbarn vorgefunden. Was nicht weiter verwunderte, denn in dieser Region schlug zu diesem Zeitpunkt das Herz des deutschen Fußballs. Nur drei Spieler der deutschen Nationalmannschaft kamen nicht aus dem Süden, als es wieder einmal gegen die Schweiz ging. Einer von denen war Walter Fischer vom Duisburger SV, der ein knappes Jahr zuvor wehmütig zur Wedau geblickt hatte, als sich in seiner Heimatstadt eine sogenannte deutsche Nationalmannschaft gegen Belgien nach Strich und Faden blamierte. Doch nun war er als Linksaußen nominiert, und vor 7000 Zuschauern wurde die Schweiz mit 6:2 besiegt. Der angehende Kaufmann wußte zu gefallen, obwohl ihm keine Tore gelangen. Er war dann noch in vier weiteren Länderspielen gegen Belgien, England, Dänemark und Holland dabei. Das Spiel gegen Holland, am 5. April 1914 in

Amsterdam (4:4), war das letzte vor Ausbruch des 1. Weltkriegs. An diesem Vorfrühlingstag ging vor 25 000 Zuschauern der Stern von »Tull« Harder auf, der in den 20er Jahren zu einem der besten Mittelstürmer der Welt reifte.

FITZ, WILLY

Geboren am 12. März 1918
Ein Länderspiel (1942)
Rapid Wien

Waschechter Rechtsaußen

Rapid Wien war am 22. Juni 1941 in einem der aufregendsten Endspiele der deutschen Fußballgeschichte Meister geworden. Im Stimmungsvulkan der 95 000 Zuschauer blieb Schalke 04 mit 3 : 4 auf der Strecke. »Bimbo« Binder war der große Star der Fußballer aus der Stadt an der Donau, denn er hatte drei Tore geschossen. Einer von denen, die die Wegbereiter dieser Treffer waren, hieß Willy Fitz. Er war ein waschechter Rechtsaußen, entstammte der Jugendabteilung von Rapid und arbeitete während des 2. Weltkriegs als Kontrolleur in einem Rüstungsbetrieb. Ein paar Monate später, am 1. Februar 1942, als an den Fronten heftig gekämpft wurde und der Krieg bereits tiefe Wunden in Europa geschlagen hatte, erhielt Willy Fitz die Berufung für das Länderspiel gegen die Schweiz in seiner Heimatstadt Wien. Er bekam für den verhinderten Franz Riegler (Austria Wien) eine Chance. Zwar war das Spiel gegen die Schweizer ziemlich einseitig, denn die Gastgeber stürmten fast unentwegt, doch am Ende hatten die Eidgenossen kurioserweise mit 2 : 1 gewonnen. Willy Fitz war einer der Schnellsten auf dem Platz und konnte sich später immerhin rühmen, am einzigen deutschen Tor durch Karl Decker (Vienna Wien) maßgeblich beteiligt gewesen zu sein.

FLEISCHMANN, HANS

Geboren am 11. Mai 1898,
gestorben am 28. Dezember 1978
Ein Länderspiel (1924)
VfR Mannheim

Vier Mannheimer gegen Italien

Vier Spieler des VfR Mannheim standen am 23. November 1924 in der deutschen Nationalmannschaft, die in Duisburg gegen Italien antrat. Dies war das zweite Länderspiel gegen die Fußballer vom Stiefel Europas. In den vorangegangenen Begegnungen des Jahres 1924 gegen Schweden in Berlin und gegen Ungarn in Budapest hatte die deutsche Mannschaft wenig zu bestellen – sie verlor jeweils 1:4. Und die 40 000 Zuschauer, die an diesem nebligen Novembertag ins Duisburger Stadion pilgerten, hatten keine guten Gefühle mitgebracht. Doch die Deutschen überraschten alle, obwohl sie erneut mit 0:1 verloren. Hans Fleischmann, der zunächst beim FC Mannheim 08 und dann bei Phönix Ludwigshafen gespielt hatte, bevor er zum VfR Mannheim kam, fühlte sich auf der halbrechten Position neben seinen Mannheimer Kameraden Karl Höger und Sepp Herberger ganz wohl. Doch für ihn blieb es die einzige Berufung in die Nationalmannschaft. Hans Fleischmann, der in den 30er Jahren zum Prokuristen aufstieg, beendete seine Fußballerkarriere beim VfR Mannheim als rechter Verteidiger. Während seiner aktiven Zeit rühmten ihn seine Kritiker wegen der Gewalt seiner Schüsse und wegen der Präzision seines Kombinationsspiels. Mitte der 20er Jahre, als er mit dem VfR Süddeutscher Meister wurde, laborierte er längere Zeit an einer schweren Verletzung. Seinen Lebensabend verbrachte Hans Fleischmann in Heppenheim.

FLICK, HERMANN

Geboren am 22. November 1905,
gestorben am 19. Januar 1944
Ein Länderspiel (1929)
Duisburg 48/99

Finnlands Elf nur ein Spielball

Hermann Flicks Wiege stand am rechten Rheinufer. In Kehl, wo die Brücke über den Strom nach Straßburg führt, wuchs er auf. Doch schon in seinen jungen Jahren zog es ihn den Rhein abwärts, nach Duisburg. Bei den 99ern spielte er Fußball, und am 20. Oktober 1929 schlug seine große Stunde. Aber nicht am Rhein, sondern an der Elbe. Er trug das deutsche Nationaltrikot im Hamburger Stadtteil Altona im Spiel gegen Finnland. Die Skandinavier, die vorher gegen Dänemark mit 0:8 eine deftige Packung bekommen hatten, wurden diesmal mit einem 0:4 nach Hause geschickt. Hermann Flick, der rechte Läufer, bekam wenig zu tun. Dies blieb zwar sein einziges Fußballländerspiel, doch mit der Westdeutschen Auswahl bestritt er zahlreiche Begegnungen. Seine »Wanderungen« durch Deutschland setzte Hermann Flick später fort. Bei Guts-

Muths Dresden spielte er zwischen 1931 und 1936 Mittelläufer. Er fiel als Soldat im 2. Weltkrieg bei den Kämpfen vor Leningrad.

FLINK, KARL

Geboren am 7. Dezember 1895,
gestorben am 28. November 1958
Ein Länderspiel (1922)
Kölner BC

Es war viel zu heiß

Karl Flink war der Sprößling eines Gastwirts in Weilerswist, einem Ort auf halber Strecke zwischen Köln und Euskirchen. Und sein Vater war stolz auf den zehnjährigen Knirps, als der eine Siegerurkunde vom Reckturnen mit nach Hause brachte. Eigentlich wollte Karl Flink aber nicht Turner, sondern Radrennfahrer werden, doch im Jahre 1907 kam er auf dem Gymnasium in Brühl mit dem Fußball in Berührung. Er fand rasch Geschmack an diesem Sport, obwohl sein erstes Spiel gegen Fortuna Liblar mit einer 0:21-Niederlage endete. Am 10. Februar 1910 meldete sich der junge Mann beim KBC in Klettenberg an. Franz Bolg, Jupp Behr und »Zitzi« Schumacher waren seine Weggefährten in der achten Mannschaft des Vereins. 1913 hatte er sich schließlich bis in die fünfte Mannschaft emporgearbeitet und war eines schönen Tages gar »erste Wahl«. Während des 1. Weltkriegs absolvierte er Gastspiele bei Viktoria Berlin. 1919 legte er die Prüfung zum Fußballlehrer ab. 20mal spielte er für Westdeutschland, dreimal für Süddeutschland – während seiner Zugehörigkeit zu Borussia Neunkirchen – und dreimal für Berlin. Im Juli 1922 erreichte den Außenläufer, von dem es hieß, er sei ein Schlitzohr, dann eine Einladung zum Länderspiel gegen Ungarn in Bochum. Die Duelle mit den Ungarn – das waren stets Festtage des deutschen Fußballs, obwohl meist die Magyaren den Ton angaben. Am 1. Juli 1922 sahen 35 000 Zuschauer in Bochum allerdings ein schwaches Spiel dieser Traditionsgegner. Es war brütend heiß – und keiner der Darsteller hatte offenbar den Mumm, diesem Duell Witz und Tempo zu geben. Karl Flink, der mittlerweile für den Kölner BC spielte, war für diese Begegnung ursprünglich nicht vorgesehen, doch dann fielen ein paar Stammspieler aus, und der nur 157 Zentimeter große Rheinländer war plötzlich als rechter Außenläufer dabei. Die Partie endete 0:0 – sie hatte keinen Sieger verdient. Karl Flink verabschiedete sich von seiner aktiven Lauf-

bahn 1925 im Städtespiel Köln gegen Duisburg. Er übernahm schon im Jahre 1921 als Sportlehrer die Trainingsleitung bei Siegburg 04. Später betrieb er eine Toto-Annahmestelle am Düsseldorfer Hauptbahnhof und betreute die Mannschaft von Fortuna Düsseldorf sowie die des VfB Bottrop.

FLOHE, HEINZ

Geboren am 28. Januar 1948
39 Länderspiele (1970 bis 1978), acht Tore
1. FC Köln

»Flocke« und das 1000. Länderspieltor

»Was soll ich denn in Köln? Das ist für mich eine Nummer zu groß …« Heinz Flohe war an einem Frühlingstag des Jahres 1966 so etwas wie der personifizierte Zweifel. In seiner Geburtsstadt Euskirchen, wo sich die Erft durch eine zauberhafte Landschaft windet, hatte sich der junge Mann als Fußballer behauptet, doch nun sollte nach den Wünschen seiner Eltern die nächste Adresse gleich ein Bundesligist sein. Heinz Flohe wurde von vielen Fragen gepeinigt, als die Verhandlungen mit dem 1. FC Köln anstanden. Willy Multhaup war hier der Trainer, und der hatte in seinem Team unter den Nationalspielern freie Auswahl: Fritz Pott, Wolfgang Overath, Hansi Sturm, Wolfgang Weber, Heinz Hornig, Karl-Heinz Thielen. Dann der schwedische Stürmer Roger Magnusson und zwischen den Pfosten die jugoslawische Torwartlegende Milutin Soskic. Heinz Flohe hatte ein unangenehmes Gefühl, als er am Rhein gemeinsam mit den Eltern Peter und Marlene seine Unterschrift unter seinen ersten Profivertrag setzte. 5000 Mark Handgeld sollte der junge Stürmer aus der Eifel bekommen und 700 Mark monatlich. Das überzeugte schließlich und ließ Heinz Flohe vergessen, daß er eigentlich lieber den Lockungen des FC Schalke 04 erlegen wäre. Und damals ahnte er natürlich nicht, daß er ganze dreizehn Jahre bei diesem Verein bleiben sollte, obwohl er weiter von den Schalkern und auch vom FC Bayern umworben wurde. Heinz Flohe wurde mit den Kölnern dreimal DFB-Pokalsieger und 1978 Deutscher Meister. Er war als Mittelfeldspieler aus dieser Mannschaft nicht mehr wegzudenken und galt in der Bundesliga als einer der Topstars. Sehr schnell hatte Heinz Flohe am Rhein seine anfänglichen Hemmungen abgelegt – mit seinem Ideenreichtum, seiner Ballfertigkeit und den blitzartigen Täuschungsmanövern trumpfte er immer stärker auf. Schon im Jahre 1970 stieg er zum Nationalspie-

ler auf – wenn auch nur in Form eines Kurzeinsatzes beim 3:1-Erfolg in Piräus gegen Griechenland. Beim historischen Länderspielsieg im Viertelfinale der Europameisterschaft 1972 gegen England saß er im Wembley-Stadion noch auf der Auswechselbank – Flohes große Zeit folgte erst nach der Weltmeisterschaft 1974, bei der er über eine Statistenrolle ebenfalls nicht hinauskam. Am 17. November 1976 erzielte er beim 2:0-Sieg in der EM-Revanche gegen die ČSSR mit einem spektakulären Schuß das 1000. Tor der deutschen Länderspielgeschichte. Bei großen Turnieren wurde »Flocke« dagegen nicht unbedingt vom Glück verwöhnt – so erwischte ihn 1978 bei der Weltmeisterschaft in Argentinien im Spiel gegen Italien eine Oberschenkelzerrung, die seine vorzeitige Abreise erzwang. Ein Jahr später vermittelte ihn sein Manager Rüdiger Schmitz zu 1860 München, wo ihn Trainer Eckhard Krautzun zwar mit offenen Armen aufnahm, doch bei den »Löwen« fand Heinz Flohes Karriere am 1. Dezember 1979 ein jähes Ende. Er erlitt bei einem Tritt des damaligen Duisburgers Paul Steiner einen Schien- und Wadenbeinbruch. Flohe erzwang in einem Rechtsstreit, daß Steiner eine Geldbuße in Höhe von 5000 Mark an eine soziale Einrichtung zu zahlen hatte. Den Nationalspieler zog es zurück nach Euskirchen, wo er eine Zeitlang Trainer des Verbandsligisten TSC war und wo er Besitzer eines Tenniszentrums wurde. Sein Sohn stand im Tor des SC Jülich. Mit 44 Jahren stellten sich bei Heinz Flohe gesundheitliche Probleme ein – er mußte sich einer schweren Herzoperation unterziehen.

FLOTHO, HEINZ

Geboren am 23. Februar 1915
Ein Länderspiel (1939)
VfL Osnabrück

Der »schwarze Panther«

Wer in den 30er Jahren am Teutoburger Wald von »Schangel« sprach, der brauchte keine weiteren Erklärungen abzugeben. »Schangel«, das war Heinz Flotho, der »schwarze Panther« im Tor des VfL Osnabrück. Obwohl er nur ein einziges Länderspiel am 26. März 1939 in Differdingen gegen Luxemburg bestritt, gehörte Flotho in den Jahren des 2. Weltkriegs zu den herausragenden Torwartpersönlichkeiten in Deutschland. Er kam von der Leichtathletik, stand auch im Handballtor des Reichsbahn-Sportvereins Osnabrück und wurde dann in der Osnabrücker Gartlage ein Star. Mit dem VfL erreichte er 1939 die Endrunde zur Deutschen Meisterschaft. Über 50mal war er vor und nach dem Krieg Repräsentativspieler für Niedersachsen und Norddeutschland. Als Nationaltorwart Hans Klodt von Schalke 04 als Soldat an der Front schwer verwundet wurde, wechselte Heinz Flotho auf Betreiben von Sepp Herberger zum FC Schalke 04. Mit den »Knappen« wurde er 1942 Deutscher Meister. Nach Kriegsende führte ihn sein Weg über Kassel (wo er eine Zeitlang Mittelstürmer beim KSV Hessen war) zum VfL Osnabrück zurück. 1949 wechselte er nach Gelsenkirchen, war zunächst Torwart und später Trainer der Emscher »Husaren« (STV Gelsenkirchen Horst) und führte diesen Verein 1967 zum Titel eines deutschen Amateurmeisters. Die Erinnerungen an seinen einzigen Länderspielauftritt blieben für Heinz Flotho jedoch stets schmerzhaft, denn die deutsche Nationalmannschaft verlor ihr Spiel mit dem »schwarzen Panther« im Tor 1939 in Differdingen gegen Luxemburg mit 1:2. Und dies trotz einiger unglaublicher Reflexe von Heinz Flotho, der nach seiner aktiven Zeit eine Gaststätte führte.

FODA, FRANCO

Geboren am 23. April 1966
Zwei Länderspiele (1987)
1. FC Kaiserslautern

»Mit der Schubkarre zur Nationalelf«

Im Mainzer Stadtteil Weisenau kam Franco Foda zur Welt: als Sohn einer deutschen Mutter und eines italienischen Vaters, der aus Venedig stamm-te. Als er sieben Jahre alt war, passierte zweierlei: Franco verlor die italienische Staatsbürgerschaft, weil seine Eltern für ihn die deutsche beantragt hat-ten. Und er spielte erstmals Fußball – beim SVW Mainz, dem Verein vor der Haustür. Im Jahre 1979 wechselte er für zwei Jahre zur lokalen Konkur-renz, zu Mainz 05, aber allmählich hatte sich das Talent des schnellen und technisch beschlagenen Abwehrspielers bis zum Betzenberg herumgespro-chen. Ernst Diehl, Jugendtrainer des 1. FC Kaisers-lautern, war sein erster großer Förderer – Franco Foda wohnte in dessen Eigentumswohnung. Wenig später erhielt er eine Einladung in die deutsche B-Jugendauswahl, doch bei Trainer Dietrich Weise hatte er keine besonders guten Karten. Ein Jahr lang sah und hörte er nichts mehr vom DFB, weil Weise ihn, so war zu lesen, aus »disziplinarischen Grün-den« nicht mehr berücksichtigte. Das änderte sich im nächsten Jahrgang, und durch DFB-Jugendtrai-ner Berti Vogts wurde der eigenwillige Junge aus Mainz wieder berufen – später wurde er gar Ka-pitän der Jugendnationalelf. Zukunftssorgen machte sich der 18jährige erst, als ihm der 1. FC Kaisers-lautern keinen Profivertrag auf den Tisch legte, son-dern ein Papier, das man »Geschäftsstellenvertrag« nannte. Franco Foda verließ die Pfalz und versuchte sich in Westfalen, wo ihm Arminia Bielefeld die Tür zur Bundesliga öffnete. Aber nach einem Jahr stie-gen die Arminen aus der Eliteliga ab und Foda ori-entierte sich wieder gen Südwesten, zum 1. FC Saarbrücken. Wieder setzte er auf die falsche Karte, denn auch die Saarländer verabschiedeten sich 1987 aus der Bundesliga. Worauf sich für Franco Foda der Kreis beim 1. FC Kaiserslautern schloß. Und von nun an ging es steil bergauf. Ihm glückte binnen sechs Monaten der Sprung aus der 2. Bun-desliga in die Nationalelf. Franz Beckenbauer nahm ihn mit auf die Südamerikareise – womit sich für den jungen Defensivspieler der Traum seines Le-bens erfüllte. Im »Aktuellen Sportstudio« des ZDF lag ihm seine Seele auf der Zunge, als er bekannte: »Ich wäre mit der Schubkarre zur Nationalelf gefah-ren …« Doch den beiden Länderspieleinsätzen ge-gen Brasilien und Argentinien folgte nicht etwa die Nominierung zur EM oder gar zur WM – Fodas Name verschwand wieder von den Listen des DFB. Daran änderte sich auch nichts, als er 1990 bei Bayer Leverkusen unterschrieb. Wenn man so will, war auch dieser Wechsel für ihn fatal, denn der 1. FC Kaiserslautern wurde 1991 Deutscher Meister, Leverkusen schaffte nur hauchdünn den Sprung in den UEFA-Cup-Wettbewerb. 1994 ging er schließ-lich beim VfB Stuttgart vor Anker, doch als er bei Trainer Joachim Löw keine Chance mehr sah, wechselte er im Februar 1997 in die Schweizer Na-tionalliga A zum FC Basel.

FÖRDERER, FRITZ

Geboren am 5. Januar 1888,
gestorben am 6. Dezember 1952
Elf Länderspiele (1908 bis 1913), zehn Tore
Karlsruher FV

Schußstark und explosiv

William Townley hieß der erste große englische Fußballehrmeister, der in Deutschland wirkte. Und dieser legendäre Urvater ganzer Trainergeneratio-nen war glücklich darüber, daß in seiner Mann-schaft des Karlsruher FV ein unbekümmerter jun-ger Mann spielte, den die Buben in den Gassen unter dem Schloßpark des Markgrafen Karl Wil-helm nur als den »Frieder« kannten. Fritz Förderer war gemeint, ein temperamentvoller Spieler, der im Sommer 1908 vom Nachbarn FC Germania gekom-men war und in der Karlsruher Meisterelf des Jah-res 1910 wegen seiner Schußkraft, seiner Dribbel-kunst und seiner Explosivität herausragte. Schon zwei Jahre früher war der »Ballzauberer« als 20jähriger zum ersten seiner elf Länderspiel-einsätze gekommen. Am 5. April 1908 war er so et-was wie ein deutscher Fußballer der »ersten Stunde«. An diesem Tag standen sich erstmals in ei-nem offiziellen Länderspiel die Nationalmannschaf-ten der Schweiz und Deutschlands gegenüber. Die Fußballjünger der Eidgenossen gewannen 5:3. Hensel, Förderer, Kipp, Becker und Baumgärtner – so hieß der deutsche Sturm. Und Fritz Förderer er-zielte sein erstes von zehn Länderspieltoren. Vier-mal traf er vier Jahre später ins Schwarze; beim höchsten Sieg aller Zeiten – dem 16:0 im Rahmen der Trostrunde des olympischen Turniers 1912 in Stockholm gegen Rußland. Beim Karlsruher FV bil-dete er zunächst mit Fritz Tscherter einen ausge-zeichneten rechten Flügel, später dann mit Gott-fried Fuchs und »Juller« Hirsch ein Innentrio der Extraklasse. Ein Schienbeinbruch, den er im be-rühmten »Zabo« in Nürnberg erlitt, unterbrach seine Karriere für einige Zeit. Aber Fritz Förderer kam wieder auf die Beine. Er verließ seine badische Heimat nach dem 1. Weltkrieg und fand an der Saale eine neue Wirkungsstätte als Sportlehrer. Beim VfL Halle von 1896 setzte er seine aktive Kar-riere fort, um noch einmal zurückzukehren zu den

Wurzeln seines fußballerischen Wirkens. Auf dem historischen Platz an der Telegraphenkaserne in Karlsruhe, wo er so viele hervorragende Spiele im Trikot des KFV geliefert hatte, war er 1919 Gastspieler in der freundschaftlichen Begegnung mit dem MTV Budapest. Die Ungarn hatten vorher Triumphe in München, Fürth, Nürnberg und Stuttgart gefeiert, und der Platz in Karlsruhe konnte die vielen Fußballenthusiasten kaum fassen. »Frieder« trug das Trikot des rechten Verteidigers – und lieferte an seiner alten Wirkungsstätte und vor den Augen seiner unzähligen Freunde ein letztes großes Spiel. Die Karlsruher verloren 0 : 1 – ein Resultat, das die Leistungen des krassen Außenseiters ehrte. Im Jahr darauf stand der kraftvolle Fußballathlet, der es verstand, Temperament und Spielintelligenz zu vereinen, mit der Mitteldeutschen Auswahl im Finale um den Kronprinzenpokal, den dann Westdeutschland in Hannover in der Verlängerung gewann. Nach seiner aktiven Zeit war er ein erfolgreicher Trainer – unter anderem bei Schwaben Augsburg. Fritz Förderer starb im Dezember 1952 in Weimar, wo er Ende der 30er Jahre als Stadionverwalter tätig war und nach dem Weltkrieg als Trainer von russischen Militärmannschaften und der Polizeigemeinschaft wirkte.

FÖRSTER, BERND

Geboren am 3. Mai 1956
33 Länderspiele (1979 bis 1984)
VfB Stuttgart

Am Ende stand ein Kreuzbandriß

Für den deutschen Fußball war das Jahr 1974 ein ganz besonderes – die Nationalelf wurde Weltmeister! Dieses Jahr war aber auch für Bernd Förster von großer Bedeutung, denn im Schatten des großen Triumphs von München blühte ein Talent auf, von dem viele meinten, es sei das größte dieser Fußballgeneration. 18 Jahre war Bernd Förster jung, und er trug das Trikot des SV Chio Waldhof. Zwei Jahre vorher war der vielseitige Abwehrspieler von den Waldhöfern beim SV Unterschwarzach im Kreis Mosbach entdeckt worden. Und der junge Förster mußte nicht lange überredet werden, um sich den Mannheimern, die für ihre ausgezeichnete Jugendarbeit bekannt waren, anzuschließen. Zu jedem Training wurde er abgeholt und zurückgebracht. Denn ein Ortswechsel kam zu diesem Zeitpunkt für Bernd nicht in Frage. Er wollte seine Ausbildung als Bankkaufmann bei der Raiffeisen-

kasse in Unterschwarzach beenden. Darauf bestand auch sein Vater Helmut, der aus Böhmisch-Leipa im Sudetenland stammte – und der in seinen jungen Jahren für die alte böhmische Fußballhochburg Teplitz geschwärmt hatte. In Mannheim spielte Bernd Förster zunächst im Mittelfeld, dann auf der Position des Liberos, in der Jugendnationalmannschaft wurde er statt dessen als Vorstopper eingesetzt. In der 2. Liga machte er sich schließlich einen Namen, und fortan flatterten ihm Angebote aus der Bundesliga ins Haus. Bayern-Trainer Udo Lattek war nach einem Probetraining von dem sem-

melblonden Jungstar begeistert, Borussia Mönchengladbach wollte ihn haben, Hertha BSC und Kickers Offenbach standen bei ihm auf der Matte. Das Rennen machte dann Bayern München. Bernd Förster ging, sein zwei Jahre jüngerer Bruder Karl-Heinz kam zum SV Waldhof. Doch an der Isar wurde Bernd nicht glücklich – in zwei Jahren kam er nur achtmal in der Bundesliga zum Einsatz, um dann ziemlich verärgert zum 1. FC Saarbrücken zu wechseln, wo er die Freude am Fußball zurückfand. Es erwies sich als Glück, daß Jürgen Sundermann Trainer des VfB Stuttgart war – und der hatte einen Narren an Bernd Förster gefressen. Obwohl sich das VfB-Präsidium lange gegen den Transfer stemmte, setzte sich Sundermann durch. Das war im Jahre 1978 – genau zwölf Monate nach Karl-Heinz wechselte also auch Bernd Förster nach Stuttgart, wo er sich technisch verbesserte und wo er zu den ehrgeizigsten Bundesligaspielern reifte. 1979 debütierte er in der Nationalmannschaft. Ein Jahr nach dem ersten Länderspiel seines Bruders Karl-Heinz kam auch Bernd zu internationalen Ehren im Rahmen der Nordlandreise des DFB. Nach vielen Jahren gab es wieder ein Brüderpaar in der Nationalmannschaft. 1980 gehörte Bernd zum deutschen Aufgebot bei der Europameisterschaft in Italien, zwei Jahre später kehrte er aus Spanien als Vizeweltmeister zurück – der Höhepunkt in der Karriere des blonden Fußballers. Mit Bundestrainer Jupp Derwall hatte er eines gemein – für beide war das Viertelfinalspiel der Europameisterschaft gegen Spanien in Frankreich der letzte ganz große Auftritt. Derwall trat zurück, Bernd Förster verabschiedete sich von der Nationalelf, nachdem er im gleichen Jahr mit dem VfB Stuttgart Deutscher Meister geworden war. Seine Karriere erfuhr am 10. August 1985 ein abruptes Ende. Im ersten Saisonspiel erlitt er in Mönchengladbach nach einem Zusammenprall mit Ewald Lienen einen Seitenband- und Kreuzbandriß im linken Knie. Es begann für Bernd Förster eine Zeit des Leidens. Schließlich resignierte er und nahm Abschied vom Job des Fußballprofis. Später betrieb er eine Autowaschanlage, abwechselnd mit Günter Netzer betreute er in der Sportschule Ruit württembergische Fußballtalente. Für verschiedene Firmen war Bernd Förster im PR-Bereich tätig.

FÖRSTER, KARL-HEINZ

Geboren am 25. Juli 1958
81 Länderspiele (1978 bis 1986), zwei Tore
VfB Stuttgart

Ein Weltstar aus dem Odenwald

Unterschwarzach ist ein kleiner Ort im Odenwald. Hier stand die Wiege von Karl-Heinz Förster. Badenia heißt der Verein in der beschaulichen Gemeinde mit ihren rund 1500 Einwohnern, und hier war schon der Vater der Förster-Buben, der Maurer Helmut, aktiv. Als Achtjähriger tat es Karl-Heinz seinem älteren Bruder Bernd nach – er spielte beim TSV Badenia Fußball. Der kleine Steppke machte rasch von sich reden – er stand als Stürmer in der Verbandsauswahl. Aber niemand ahnte, daß aus dem kleinen drahtigen Karl-Heinz Förster einmal ein Weltstar unter den Abwehrspielern würde. Zumal sein weiterer Weg keineswegs offen wie ein Buch vor ihm lag – in der B-Jugend stand er sogar im Tor seiner Mannschaft. 1973 folgte Karl-Heinz

dann dem Beispiel vieler Talente des Odenwalds – er schloß sich dem SV Waldhof Mannheim an, wo seit jeher Talente eine intensive Förderung erfuhren und wo ein ehemaliger Oberligatorwart, Kurt Kobberger, mit Erfolg die jungen Fußballer auf Trab brachte. Und schon nach wenigen Tagen wußten seine neuen Mannschaftskameraden, was sie von Karl-Heinz Förster zu halten hatten, denn kaum einer war so trainingsbesessen wie der kernige Unterschwarzacher. Und zimperlich war er auch nicht – was sich an den Schienbeinblessuren seiner Gegenspieler ablesen ließ. Nach zwei Jahren brach Karl-Heinz Förster dann die Zelte in Mannheim ab und wechselte zum VfB Stuttgart, wo er eine Ausbildung zum Großhandelskaufmann begann. Jugendnationalmannschaft, Berufungen ins deutsche Amateurteam, Nominierung in die B-Elf – es war eine Karriere, wie man sie auf dem Reißbrett nicht besser hätte planen können. Am 6. August 1977 bestritt Karl-Heinz Förster als 19jähriger sein erstes Bundesligaspiel für die Schwaben – und das Debüt bescherte ihm gleich eine der schwierigsten Aufgaben der Liga. Gerd Müller war sein Gegner. Der erzielte dann auch zwei Tore, doch der junge Vorstopper hatte dennoch nicht enttäuscht. Vielmehr trug Karl-Heinz Förster dazu bei, daß sich der VfB nach dem Bundesligaaufstieg gleich auf einem beruhigenden Platz etablieren konnte. Inzwischen sagte man dem neuen Abwehrjungstar der Liga »preußische Tugenden« nach – er war die Zuverlässigkeit in Person, ein Musterprofi vom Scheitel bis zur

Sohle. Daß dieser willensstarke Fußballer das höchste Ziel, die Nationalmannschaft, erreichen würde, war schon damals so gut wie beschlossene Sache. Am 5. April 1978 kam er erstmals bei einem Länderspiel zum Einsatz – Brasilien gewann in Hamburg mit 1:0, doch die Weltmeisterschaft des gleichen Jahres in Argentinien kam für ihn etwas zu früh, obwohl er insgeheim gehofft hatte, »vielleicht als Spieler Nummer 22« mit nach Südamerika zu fliegen. Doch erst nach der Enttäuschung von Cordoba spielte Förster beim Aufbau der neuen Elf unter dem neuen Bundestrainer Jupp Derwall eine wichtige Rolle – endlich war er Stammspieler der Nationalelf. 1980 wurde er in Italien Europameister, zwei Jahre später stand er im Endspiel der Weltmeisterschaft in Spanien. Er gehörte zu denen, die nach diesem Turnier gute Kritiken erhielten, weil sein Auftreten auch in den turbulenten WM-Tagen ohne jeden Makel war. Im gleichen Jahr wählten ihn die Sportjournalisten zum »Fußballer des Jahres«. Vier Jahre später wurde Karl-Heinz Förster erneut Vizeweltmeister. Danach wechselte der Profi, dem man eine besonders ausgeprägte Bodenständigkeit nachsagte – für viele überraschend – zum französischen Erstligisten Olympique Marseille. 3.5 Millionen Mark überwies sein neuer Arbeitgeber dem VfB Stuttgart, für den er 272 Bundesligaspiele bestritten hatte. Damit beendete er seine Karriere als Nationalspieler, weil ihm der Streß zu groß war. 1990 sagte er dem großen Fußball »ade« – er zog zurück in den Odenwald. Nach seinem Abschied aus Marseille gab er seinen französischen Paß zurück. Er hatte »ja« zu einer doppelten Staatsbürgerschaft gesagt, weil Olympique daraufhin einen weiteren Ausländer verpflichten konnte. Karl-Heinz Förster übernahm nach seiner Karriere einen Job im Außendienst beim Sportartikelgiganten »adidas« und betrieb zuweilen, gemeinsam mit seinem Bruder Bernd, Werbung für eine Bausparkasse. Ab 1995 arbeitete er als Technischer Koordinator beim SV Waldhof Mannheim, wo sein Freund Uli Stielike der Trainer war. Glücklich wurde er hier nicht – nach Stielike packte dort auch Karl-Heinz Förster die Koffer, weil er mit Stielikes Nachfolger Klaus Schlappner nicht auf einer Welle lag.

FORELL, PAUL

Geboren am 14. Januar 1892,
gestorben 1959
Ein Länderspiel (1920)
1. FC Pforzheim

Premiere gegen die Ungarn

Mit einem Linksaußen aus Pforzheim stellte sich die deutsche Nationalmannschaft am 24. Oktober 1920 im Berliner Grunewald-Stadion vor. Die Ungarn waren der erste Heimspielgegner nach dem 1. Weltkrieg. Überraschend hatte der DFB den Nürnberger Hans Sutor nicht nominiert, sondern Paul Forell, der immerhin schon 28 Jahre alt war, als er zu seinem einzigen Länderspieleinsatz kam. Die deutsche Elf gewann durch einen von Adolf Jäger verwandelten Foulelfmeter mit 1:0. Der Pforzheimer hatte im gleichen Jahr schon einmal gegen Ungarn gespielt – und zwar vor heimischer Kulisse in Pforzheim. Er trug dabei das Trikot der Süddeutschen Auswahl. Nie zuvor hatte der Platz des 1. FCP eine so große Zuschauerkulisse erlebt, wie an diesem Tag. 14 000 kamen aus dem gesamten süddeutschen Raum. Die favorisierten Ungarn gewannen 1:0. Mit einem großen Festbankett im Saalbau für die Gäste endete ein außergewöhnlicher Pforzheimer Fußballtag. Im Jahr darauf war Paul Forell in einem weiteren Repräsentativspiel des Südens gegen Österreich in Wien dabei. Forell kam aus der Nachwuchsschule von Viktoria Pforzheim, meldete sich 1909 beim 1. FC an und spielte schon ein Jahr später in der ersten Mannschaft dieses Vereins, wo der Altinternationale Max Breunig als sein Trainer wirkte.

FRANK, GEORG

Geboren am 14. Dezember 1907,
gestorben am 15. November 1944
Vier Länderspiele (1927 bis 1930), fünf Tore
Spvg. Fürth

Schützenfest dank »Allan«

»Allan« – das war der Kosename für einen schneidigen Fürther, der mit einem kräftigen linken Schuß gesegnet war: Georg Frank. 1929 – das war das große Jahr des Franken. An einem kalten Februarnachmittag in Mannheim war »Allan« der gefeierte Star eines eindrucksvollen deutschen Fußballsieges. 7:1 wurde die Schweiz überrannt – und dabei hatte man gerade mit den Eidgenossen wenige

Jahre vorher noch unliebsame Erfahrungen gemacht. Doch diese Generation deutscher Fußballnationalspieler konnte sich sehen lassen. »Wiggerl« Hofmann spielte die Schweizer auf dem linken Flügel schwindelig – und der Münchner war der Vater der vier Tore, die Georg Frank an diesem Tag erzielte. Immer wieder profitierte der Fürther von »Wiggerls« Flanken. 35 000 waren begeistert von einem Angriffsspiel, das sich als Fußball-Lehrstück geeignet hätte. Den Schwung von Mannheim nahm die Nationalelf zehn Wochen später mit nach Turin. Diesmal war aber Torwart Heiner Stuhlfauth der Held. Die Italiener verzweifelten an dessen Paraden. In der 80. Minute erzielte dann zum Entsetzen der 30 000 Turiner »Tifosi« Georg Frank das siegbringende deutsche Tor zum 2 : 1. Ein Triumph in Italien – Europas Fußball horchte auf. »Allans« Jubeljahr fand einen dritten »Knaller«. Am 28. Juli wurde er mit der Spvg. Fürth vor 50 000 Zuschauern vor der Haustür, im Nürnberger Stadion, Deutscher Meister. Beim 3 : 2-Sieg gegen Hertha BSC trug sich auch Georg Frank in die Torschützenliste ein. Seinen Abschied von der Länderspielbühne gab er ein paar Monate später bei der 0 : 2-Niederlage gegen Italien in Frankfurt am Main. An diesem Nachmittag ärgerte er sich über sein Schußpech, diesmal verzweifelte »Allan« am gegnerischen Torwart. Der Italiener Combi nahm ihm den Ball vom Stiefel, als er allein auf dessen Tor zusteuerte. Als 18jähriger hatte Frank sich bei der Spvg. Fürth für höhere Aufgaben empfohlen. Er war über viele Jahre einer der Leistungsträger dieser Mannschaft. Mit der Süddeutschen Auswahl gewann er im Jahre 1931 mit einem 4 : 3-Endspielsieg gegen Mitteldeutschland den Bundespokal. Auch in diesem Finale blieb sein obligatorisches Tor nicht aus. Seinen Kosenamen »Allan« verdankte Georg Frank im übrigen der Hauptfigur eines Abenteuerromans namens Frank Allan. Georg Frank kehrte als Soldat aus dem Weltkrieg nicht zurück. Die Umstände seines Todes in Rußland wurden nie ganz geklärt.

FRANKE, BERND

Geboren am 12. Februar 1948.
Sieben Länderspiele (1973 bis 1982)
Eintracht Braunschweig

Der Pechvogel vom Dienst

Einem spanischen Sprichwort zufolge dreht sich das Glück wie ein Mühlrad. Bernd Franke war alles andere als ein Findelkind des Glücks – er war eher ein ausgemachter Pechvogel. Einer der größten in der Geschichte deutscher Fußballnationalspieler. Zweimal stand der Torwart von Eintracht Braunschweig auf der Schwelle zu einer Weltmeisterschaft, zu der er die Koffer quasi schon gepackt hatte, doch zweimal mußte er seine Teilnahme absagen und war sich des Mitgefühls der Fußballnation sicher. Im saarländischen Bliesen, am Oberlauf des Flüßchens Blies im Kreis St. Wendel, wuchs Bernd Franke auf. Er spielte beim SV Bliesen, dann beim SV Urexweiler und später für Saar 05 Saarbrücken. Doch zu diesem Zeitpunkt hatte er die erste Enttäuschung seines jungen Fußballerlebens bereits hinter sich, denn 1965 hatte ihn der saarländische Verbandstrainer Jupp Derwall nach einem Lehrgang beiseite genommen und zu ihm gesagt: »Mein Gott, als Torhüter wird aus Dir sicher nichts …« Und Bernd Franke hatte ernsthaft überlegt, wieder zu den Positionen zurückzukehren, auf denen er respektable Erfolge erzielt hatte. Verteidiger war er, aber auch als Mittelstürmer war er zu gebrauchen. Zehn Jahre später hatte Jupp Derwall seine Meinung grundlegend geändert: »Bernd Franke ist einer der wenigen deutschen Torhüter, die dem Sepp Maier in allen Vorzügen nahekommen.« Aber auf den ersten Stufen seiner Karriereleiter wurde Bernd Franke selbst von Zweifeln geplagt, denn bei den Verbandslehrgängen tauchte er in seinen Jugendjahren meist als Mittelstürmer, Linksaußen oder Verteidiger auf. Erst als in Bliesen der Torwart verletzt ausfiel und Bernd Franke wegen einer Zerrung »laufbehindert« war, begann seine Karriere zwischen den Pfosten. Im Saarland erkannte Otto Knefler als erstes das Torwarttalent des jungen Mannes. Er verpflichtete Bernd Franke für Saar 05, holte ihn später als Nachfolger von Wolfgang Fahrian zu Fortuna Düsseldorf und 1971 dann zu Eintracht Braunschweig, wo Franke zur Überraschung aller Experten Nationaltorwart Horst Wolter verdrängte – nicht zuletzt dank seiner außergewöhnlichen Reflexe. Nebenbei arbeitete Bernd Franke in der Sportartikelabteilung eines Kaufhauses in der Braunschweiger City. Doch dann stieg die Eintracht in die Regionalliga ab – und das traf den tüchtigen Torwart gleich doppelt, denn er war drauf und dran, sich einen Platz in der Nationalmannschaft zu erobern. Er schlug ein Angebot des 1. FC Kaiserslautern aus und verpaßte den Sprung ins deutsche Aufgebot zur Weltmeisterschaft im eigenen Lande. Zwei Jahre vorher war er schon als dritter Torwart für die EM-Endrunde vorgesehen, doch dann erlitt er eine Gehirnerschütterung. 1978 wollte Bernd Franke endgültig nachholen, was er durch sein diverses Pech versäumt hatte – er galt als feste Torwartgröße für das Aufgebot des WM-Turniers in Argentinien. Doch am 16. Mai 1978 brach für ihn erneut eine Welt zusammen. Die Nationalelf testete ihr Leistungsvermögen gegen eine Hessenauswahl, und Bernd Franke sollte nur eine Halbzeit lang spielen. Eine Minute vor dem Abpfiff der ersten Halbzeit kollidierte er mit einem Frankfurter Spieler. Die Folge: komplizierter Verrenkungsbruch des Sprunggelenks, Innenbandriß und Wadenbeinbruch! Von einer zur anderen Sekunde waren wieder einmal alle Träume geplatzt. »Ich hätte heulen können«, gestand der Pechvogel später. So wurde nicht etwa ein Turnier der Profis, sondern ein Wettbewerb der »Amateure« zum Höhepunkt seiner Karriere. 1984 reiste er mit der DFB-Auswahl zum olympischen Fußballturnier nach Los Angeles, was der Unglücksrabe als einen versöhnlichen Abschluß seiner Laufbahn verstand. Im Sommer 1985 beendete er seinen Weg als Torwart, wohnte fortan im saarländischen Urexweiler und arbeitete als adidas-Repräsentant im badischen Raum, später dann im Südwesten. Tennis wurde zu seiner großen Leidenschaft.

FRANZ, ANDREAS

Geboren am 27. Juni 1897,
gestorben am 2. Mai 1970
Zehn Länderspiele (1922 bis 1926), fünf Tore
Spvg. Fürth

»Resi«, der Kürschner

Andreas Franz entstammte einer waschechten Fürther Fußballerfamilie. Sein älterer Bruder Karl war schon vor dem 1. Weltkrieg einer der ganz Großen des deutschen Fußballs. Mit ihm holte sich die Spvg. Fürth 1914 die erste Deutsche Meisterschaft. Karl Franz fiel im September 1914 als Soldat an der Front des 1. Weltkriegs. Bruder Andreas hatte mit dem Fußball bei 1860 Fürth begonnen und wechselte im Jahre 1912 zur Spielvereinigung. Er wandelte auf den Spuren seines berühmten Bruders, obwohl viele der Meinung waren, daß er nicht über das Ausnahmetalent von Karl verfügte. Aber er machte mit seinem trickreichen Spiel seinen Weg als halbrechter Stürmer. Und als die Fürther zum zweitenmal ein deutsches Finale erreichten (1920 in Frankfurt gegen den 1. FC Nürnberg), da stand Andreas Franz am Beginn einer großen Karriere. »Resi« nannten sie ihn, den jüngeren der Franz-Brüder. Er hatte das Kürschner-Handwerk gelernt und

erhielt schon 1922 die erste Berufung in die Nationalmannschaft. Im Riederwald-Stadion in Frankfurt am Main war er einer von fünf Debütanten im Spiel gegen die Schweiz. Und »Resi« ließ seine Chance nicht wieder los. Die Art, wie er binnen acht Minuten mit seinen Toren die deutsche Elf mit 2:0 in Führung schoß, öffnete ihm die Tür zu weiteren Berufungen. Allerdings mußte sich die Nationalmannschaft am Ende gegen die Eidgenossen mit einem 2:2 begnügen, weil Torwart »Teddy« Lohrmann verletzt ausschied und für ihn ein anderer Fürther, »Lony« Seiderer, zwischen die Pfosten mußte. Andreas Franz machte ein knappes Jahr später auch die historische Reise zum ersten deutschen Länderspiel gegen Italien nach Mailand mit. Sein vielleicht größtes Spiel lieferte der Fürther am 13. Januar 1924 auf dem glatten Schneeparkett von Nürnberg, als gegen Österreich dem Zufall Tür und Tor geöffnet war. Ihm gelangen drei Tore. »Resi« Franz, der zweimal mit den »Kleeblättern« Deutscher Meister wurde (1926 und 1929), imponierte durch sein enormes Schußvermögen und durch sein technisch ansprechendes Spiel. Er galt als »Gentleman« auf dem Platz, wurde nie verwarnt und behielt selbst im Hexenkessel der größten Fußballschlachten die Ruhe. Seine Karriere beendete Andreas Franz im Trikot von 1860 Fürth. Ende der 30er Jahre arbeitete er im Bekleidungsamt in Fürth. Als er als Soldat aus dem 2. Weltkrieg zurückkehrte, war seine Wohnung zerbombt. Die Trümmer des Hauses hatten seine Frau begraben. »Resi« Franz fand im Schutt seine Fußballabzeichen und die Alben mit den Fotos seiner aktiven Zeit. Später wirkte er eine Weile als Trainer – unter anderem beim VfR Heilbronn. Außerdem führte er eine Toto-Annahmestelle.

FREUND, STEFFEN

Geboren am 19. Januar 1970
19 Länderspiele (seit 1995)
Borussia Dortmund

Ein Freund, ein guter Freund ...

Es sei sein Traum, Olympiasieger zu werden – das verriet Steffen Freund an einem Wintertag des Jahres 1992. Doch daraus wurde nichts – Deutschlands Olympiaauswahl stolperte auf dem Weg nach Barcelona. Doch drei Jahre später war Steffen Freund an einem ganz anderen Ziel seiner Träume – er war Deutscher Meister mit Borussia Dortmund. In Westfalen war er so etwas wie der »Malocher für Andy Möller«. Die Journalisten erinnerten sich prompt des alten Rühmann-Streifens »Die drei von der Tankstelle« und jubelten: »Ein Freund, ein guter Freund ...« Doch die »Freund-Story« der Reihe nach: Der ehrgeizige Profi stammt aus Brandenburg, wo er bei Motor Süd das Fußballspielen lernte. 1983 kam er dann zu Stahl Brandenburg und damit zunächst in die zweithöchste Liga der DDR, die Talente auch im Fußball systematisch förderte. Mit der Juniorenauswahl reiste er zur Nachwuchs-WM. Als sich die Mauer öffnete und sich die Späher der Bundesliga in den neuen Bundesländern umschauten, da gehörte Steffen Freund zu den umworbenen Jungstars der DDR. Schalke 04 hatte beim Buhlen um den Abwehrspieler den längsten Atem, und in Gelsenkirchen setzte er sich schnell durch. Nach zwei Jahren Bundesliga war der gelernte Schlosser ein Thema für Borussia Dortmund – der Wechsel vollzog sich 1993 reibungslos. Und nach einer längeren Anlaufzeit hatten die BVB-Fans ihre helle Freude an Steffen Freund. Sie bewunderten bei ihm Kopfballstärke und Selbstbewußtsein. Andreas Möller machte sich bei Berti Vogts für seinen Dortmunder Kumpel stark, vielleicht auch deshalb, weil er wußte, daß er bei Länderspielen einen vom Schlage Steffen Freunds brauchte, um sich im Mittelfeld den Rücken freizuhalten. So feierte Freund im Februar 1995 beim 0 : 0 in Jerez de la Frontera ein erfolgreiches Debüt gegen Spanien. Und in Dortmund sahen manche in Freund so etwas wie eine Reinkarnation von »Hacki« Wimmer, der in den 70er Jahren in Mönchengladbach Günter Netzers wichtigster Partner war. 1996 wurde er zum zweitenmal mit Borussia Dortmund Deutscher Meister, und er sprang auf den Zug zur Europameisterschaft nach England, hatte dort allerdings das Pech, wegen einer im letzten EM-Gruppenspiel gegen Bulgarien erhaltenen Gelben Karte im Eröffnungsspiel des Turniers gegen Tschechien pausieren zu müssen – und prompt verlor er seinen Stammplatz an den überragenden Dieter Eilts. Sein Pech komplettierte sich vor dem Endspiel gegen Tschechien. Wegen einer Knieverletzung mußte er zuschauen. Bei genauerem Hinsehen entpuppte sie sich als Kreuzbandriß, ein Malheur, das Steffen Freund lange pausieren ließ.

FRICKE, WILLY

Geboren am 6. Januar 1913,
gestorben im Juni 1963
Ein Länderspiel (1935)
Arminia Hannover

Als Schulbub auf der »Gummiwiese«

Im August 1935 begann für den deutschen Fußball die Vorbereitung auf das olympische Turnier in Berlin. Reichstrainer Prof. Dr. Otto Nerz hatte der Mannschaft, die ihm für die Olympischen Spiele vorschwebte, eine ganze Reihe von Nagelproben verordnet. Bevor aber Spanien, England, Portugal und Ungarn die Gegner waren, sollten die unerfahrenen Talente erprobt werden. So kam es, daß am 18. August 1935 gleich zwei deutsche Mannschaften offizielle Länderspiele bestritten. Die erste Garnitur spielte in München Finnland mit 6 : 0 an die Wand, und in Luxemburg hatten die Neulinge einige Mühe, um die Fußballer aus dem Großherzogtum mit 1 : 0 zu bezwingen. Einer von neun Debütanten war Willy Fricke von Arminia Hannover. Der war Mittelstürmer und stand in der Formation für Luxemburg zwischen den Schalkern Gellesch und Urban. Weitere Einladungen des DFB erhielt Willy Fricke nicht – auch nicht zu den zahlreichen vorolympischen Testspielen gegen den FC Everton. Fricke war bei Arminia Hannover der Nachfolger von Edu Wolpers. Er wurde in Linden vor den Toren Hannovers geboren, »bolzte« als Schuljunge auf der sogenannten »Gummiwiese« und spielte in ganz jungen Jahren bei Wacker Hannover. Mit 17 Jahren trug er zum erstenmal das Trikot des Nordens im Repräsentativspiel gegen Nordholland. Es sollten vier weitere Auswahlspiele folgen. Ins Notizbuch von Reichstrainer Nerz spielte er sich vor allem in der nationalen Nachwuchsmannschaft des Deutschen Fußball-Bundes. 1935 war er im Rahmen einer Balkanreise des DFB gegen Bulgarien und Jugoslawien dabei. Es folgten Jugendländerspiele gegen Italien und Luxemburg. Kaum noch zu zählen sind Willy Frickes Einsätze für den starken Gau Niedersachsen – es sollen um die 60 gewesen sein – und für seine Heimatstadt Hannover. Er galt als überaus fairer Fußballer und erhielt in zwei Jahrzehnten nicht eine Verwarnung. Der Kraftfahrer trug später das Trikot von Eintracht Braunschweig. In der Löwenstadt wurde er seßhaft.

FRIEDEL, GEORG

Geboren am 6. September 1913
Ein Länderspiel (1937)
1. FC Nürnberg

Im Düsseldorfer Stimmungsvulkan

60 000 Zuschauer sorgten im Düsseldorfer Stimmungsvulkan für eine tolle Länderspielatmosphäre, als die holländische Nationalmannschaft am 31. Januar 1937 dort ihre Visitenkarte abgab. Der deutsche Fußball hatte sein Stimmungstief nach dem Scheitern beim olympischen Turnier 1936, als mit dem 0:2 gegen Norwegen das Aus kam, überwunden und mit dem 2:2 gegen Italien vor 100 000 begeisterten Berlinern wieder Selbstvertrauen getankt. Trainer Otto Nerz, der inzwischen in Sepp Herberger einen gleichberechtigten Partner an seiner Seite hatte, bereitete die Nationalelf auf die nächste große Aufgabe, die Weltmeisterschaft 1938 in Frankreich, vor. Die Nationalmannschaft hatte ein neues Gesicht erhalten – und die Öffentlichkeit fand daran Gefallen. Für das Trainerduo Nerz/Herberger galt es nun, den Kader zu komplettieren. Und so wurden in Düsseldorf gegen Holland der Duisburger Linksaußen Walter Günther und der Nürnberger Mittelstürmer »Schorsch« Friedel getestet. Friedel trug schon als Siebzehnjähriger das Trikot der 1. Mannschaft beim »Club«, war 1936 in Berlin mit dem 2:1 nach Verlängerung gegen Fortuna Düsseldorf Deutscher Meister geworden und hatte in der Vorschlußrunde mit seinen beiden Toren gegen Schalke 04 wesentlichen Anteil an diesem überragenden Erfolg der Nürnberger. Und nun bekam der Städtische Angestellte seine Chance im Spiel gegen Holland. Doch in Düsseldorf, vor der Riesenkulisse der 60 000, vergaß Georg Friedel all das, was ihn zu einem der gefürchteten Torjäger in Deutschland werden ließ. Er hatte sein Selbstvertrauen offenbar in seiner fränkischen Heimat zurückgelassen – und vergab einige der sogenannten hundertprozentigen Torchancen. Wieder gab es für die deutsche Nationalelf ein 2:2 – der erhoffte große Schritt nach vorn wurde für Friedel ein Schritt zurück. Das erste war gleich sein letztes Spiel in der Nationalelf. Das Trikot des 1. FC Nürnberg streifte er nicht weniger als 465mal über. Mehr als 400 Tore machten ihn zu einem der bekanntesten Goalgetter seiner Zeit. Den Abschied beim »Club« nahm er am 30. März 1941 beim 2:0 gegen 1860 München. Mit dem Ausbruch des 2. Weltkrieges wurde Georg Friedel Soldat, er erkrankte während des Afrikafeldzugs.

FRITZSCHE, WALTER

Geboren am 19. Dezember 1895
Ein Länderspiel (1921)
Vorwärts Berlin

Zwei große Spiele

Im Berliner Stadtteil Steglitz stand die Wiege des Walter Fritzsche. Gleich zweimal schlug für den 25jährigen im Jahr 1921 eine große Stunde: im Düsseldorfer Finale gegen den 1. FC Nürnberg und im Dresdner Neustadt-Stadion im Länderspiel gegen Österreich. Die Region am Rhein war zu dieser Zeit noch besetztes Land – und als Walter Fritzsche mit seiner Mannschaft von Vorwärts Berlin den Rasen des mit 30 000 Menschen hoffnungslos überfüllten Sportclubplatzes in Düsseldorf betrat, da drängten sich hinter beiden Toren ganze Hundertschaften von französischen und belgischen Soldaten. Die Stimmung war auf Seiten des »Clubs« – aber es lag wohl nicht an dieser Zuneigung der Fans, daß Vorwärts Berlin das deutsche Endspiel des Jahres 1921 mit 0:5 verlor. Der 1. FC Nürnberg, der als amtierender Meister ins Rheinland reiste, war zu diesem Zeitpunkt im Deutschland der Nachkriegszeit eine Klasse für sich. Walter Fritzsche hatte schon ein paar Wochen vorher, im Mai, eine Einladung für das Länderspiel in Dresden gegen Österreich bekommen. Der Vergleich mit den Fußballern aus dem Alpenstaat endete 3:3. Bei Vorwärts Berlin erwarb sich Fritzsche viele Freunde. Er galt als einer der schnellsten Verteidiger an der Spree und überzeugte durch seine technischen Fähigkeiten. Sein Pendant in der Abwehr war Probst. Walter Fritzsche, Mechaniker von Beruf, wechselte später das Trikot und spielte in Berlin für die traditionsreiche Viktoria.

FRONTZECK, MICHAEL

Geboren am 26. März 1964
19 Länderspiele (1984 bis 1992)
Borussia Mönchengladbach

Mit »16« Schülermeister

In der Familie Frontzeck hat Fußball Tradition – und dieser Name hatte schon in den späten 50er Jahren in Mönchengladbach einen ausgezeichneten Klang. Friedhelm Frontzeck, der Vater von Michael, war ein Weggefährte von Franz Brungs und Albert Brülls, die mit der Borussia 1960 deutscher Pokalsieger wurden. Frontzeck junior wuchs im Mönchengladbacher Stadtteil Odenkirchen auf, kickte dort für die Spielvereinigung 05/07. Als 15jähriger wechselte er zu Borussia Mönchengladbach, und als er ein Jahr später mit dem Gymnasium Odenkirchen in Berlin deutscher Schülermeister wurde, galt er bereits als eines der ganz großen Talente am Bökelberg. Damals stand für den ehrgeizigen jungen Abwehr- und Mittelfeldspieler fest, daß er Fußballprofi werden wollte, und seine Eltern werden wohl nicht begeistert gewesen sein, als Michael ein Jahr vor seinem Abitur der Schule »adieu« sagte. »Wenn's mit dem Fußball nicht klappt, setze ich mich mit Zwanzig noch mal auf die Schulbank und hole das Abi nach«, sagte er seinen Freunden. Doch dazu sollte es nicht kommen, denn auf der linken Seite der Gladbacher Borussia machte der junge Sprinter so viel Dampf, daß ihm alle eine Blitzkarriere prophezeiten. Er war gerade zwanzig Jahre alt, als Michael Frontzeck seine erste größere sportliche Enttäuschung hinnehmen mußte, denn die Borussia verlor das DFB-Pokalfinale 1984 gegen Bayern München im Elfmeterschießen. Dessen ungeachtet sahen viele in dem Mönchengladbacher den offensivsten Abwehrspieler der Bundesliga. Über die »U 21« fand er schon im September 1984 den Weg in die Nationalmannschaft – er debütierte im Länderspiel gegen Argentinien. Die Fußballnation schwärmte von Michael Frontzeck und Thomas Berthold. Ein Himmelsstürmer war er dennoch nicht, denn es stellten sich die ersten Rückschläge bei ihm ein. Man warf ihm am Bökelberg Unentschlossenheit in den Zweikämpfen vor – und so fehlte er schließlich auch bei den großen internationalen Turnieren der 80er Jahre – bei der WM in Mexiko und der Europameisterschaft in Deutschland. 1989 suchte er eine neue sportliche Herausforderung und fand sie beim VfB Stuttgart. Den Wechsel sollte er nicht bereuen, und unter Trainer Christoph Daum fand er zum Schwung und zur Dynamik seiner ganz jungen Jahre zurück und wurde mit dem VfB 1992 Deutscher Meister. Im gleichen Jahr erfüllte sich endlich sein Traum von einer EM-Teilnahme – er reiste mit der Nationalmannschaft nach Schweden, war aber nur im Spiel gegen Holland dabei. Heimisch wurde Michael Frontzeck im »Schwabenländle« nicht – es zog ihn zurück in den Westen. Zunächst zum VfL Bochum, dann wieder zu Borussia Mönchengladbach. 1995 ging Michael Frontzeck beim englischen Zweitligisten Manchester City vor Anker, wo auch Eike Immel und Uwe Rösler spielten. Ende 1996 löste er den Vertrag auf und wechselte in der Winterpause zum SC Freiburg.

FUCHS, GOTTFRIED

Geboren am 3. Mai 1889,
gestorben am 25. Februar 1972
Sechs Länderspiele (1911 bis 1913), 14 Tore
Karlsruher FV

Zehn Tore gegen Rußland

Der Karlsruher FV war in der Frühzeit eines geregelten Spielbetriebs so etwas wie der Nabel des deutschen Fußballs. Der berühmte William Townley, der die Blackburn Rovers trainiert hatte und über Prag nach Karlsruhe gekommen war, leistete bei den badischen Fußballern Basisarbeit, die sich über viele Jahre bezahlt machen sollte. Gottfried Fuchs war als junger Fußballer gemeinsam mit Hirsch und Tscherter 1908 in die Mannschaft gekommen. »Stoppen – schauen – passen« – das war Townleys Rezept. Und seine Spieler verstanden schnell, daß Übereifer im Fußball nur selten zum Erfolg führen konnte. Am 15. Mai 1910, dem Samstag vor Pfingsten, wurde der Karlsruher FV mit Gottfried Fuchs als Mittelstürmer Deutscher Meister. In Köln schauten 5000 Fußballenthusiasten zu, als der KFV nach Verlängerung mit 1 : 0 gegen Holstein Kiel gewann. Und zwar durch einen Elfmeter, den Max Breunig in der 114. Minute verwandelte. Beim Bankett ließen die geschlagenen Kieler die Köpfe hängen, worauf Gottfried Fuchs an sein Weinglas klopfte und um Gehör bat. Danach zupfte er aus dem ihm vom DFB-Präsidenten Gottfried Hinze überreichten, damals obligatorischen Siegerkranz elf Lorbeerzweige und überreichte sie mit tröstenden Worten jedem einzelnen Kieler Spieler. Eine Geste, die für die menschliche Wärme des Karlsruher Mittelstürmers sprach. Und viele erinnerten sich in der Stunde des Triumphs daran, daß es ebenfalls Gottfried Fuchs war, der in einem Meisterschaftsspiel gegen Wiesbaden beim Stande von 0 : 0 den Schiedsrichter mit den Worten, »ich bin über die eigenen Beine gestolpert«, um die Zurücknahme eines Elfmeters bat. Sein erstes von sechs Länderspielen absolvierte Fuchs am 26. März 1911 im Stuttgarter Degerloch-Stadion gegen die Schweiz. Die mit vier Karlsruher Spielern antretende deutsche Mannschaft gewann 6:2, wobei der Innensturm mit Förderer, Fuchs und Kipp das Paradestück des Siegers war. Gottfried Fuchs erzielte zwei Tore. Einen Rekord für die Fußballewigkeit stellte der Karlsruher am 1. Juli 1912 auf. Als die deutsche Mannschaft in der olympischen Trostrunde von Stockholm gegen Rußland mit 16:0 gewann, erzielte Gottfried Fuchs sage und schreibe zehn Tore.

Am Abend vor dem Spiel hatten die Russen ihre deutschen Gegner auf ein im Stockholmer Hafen liegendes Schiff eingeladen und sie mit Sekt, Kaviar und Balalaikaklängen verwöhnt. Im gleichen Jahr hatte »Gotti« mit der süddeutschen Auswahl den Kronprinzenpokal gewonnen. Der 1. Weltkrieg beendete die Laufbahn des Gottfried Fuchs – er ließ seinen Weg als Fußballer beim Düsseldorfer FC ausklingen. In den späten 30er Jahren – bis zum Ende des 2. Weltkriegs – verschwand der Name des Juden aus allen Statistiken und Jahrbüchern des DFB. Fuchs wanderte 1937 nach Kanada aus, was ihm vielleicht das Leben rettete. In den 60er Jahren entwickelte sich ein reger schriftlicher Gedankenaustausch zwischen Gottfried Fuchs und Sepp Herberger, die sich allerdings nie begegneten. Doch die zehn Tore gegen Rußland sollten auch vierzig Jahre später noch eine gewisse Rolle spielen. Als Sepp Herberger mit der deutschen Nationalmannschaft im August 1955 in Moskau gegen die Sowjetunion spielte, legte er am Vorabend seinen Spielern eine Ansichtskarte vor und bat sie um deren Unterschrift. Die Karte war für Gottfried Fuchs in Kanada bestimmt. Der Rekordtorschütze starb im Februar 1972 in Montreal.

FÜRST, FRITZ

Geboren am 3. Juli 1891,
gestorben am 8. Juni 1954
Ein Länderspiel (1913)
FC Bayern München

Eine chaotische Planung

Im Jahre 1910 waren die Ziele, die sich der FC Bayern München steckte, noch in bescheidenen Regionen angesiedelt. Der Gewinn der »Ostkreismeisterschaft« – das war es, wonach die bayerischen Fußballer trachteten. Und ein Trainer aus England, Dr. Hoer, sollte ihnen dabei helfen. Der lange Torwart Ludwig Hofmeister war eine Trumpfkarte dieser Mannschaft und schaffte sogar den Sprung in die Nationalmannschaft. Was auch für Rechtsaußen Max Gablonsky und für den schußstarken Mittelstürmer Fritz Fürst galt. Letzterer erhielt eine Berufung in die Nationalelf für das Länderspiel am 18. Mai 1913 in Freiburg gegen die Schweiz. Die Mannschaft war im Umbruch – viele waren allerdings der Meinung, die Planung des DFB-Spielausschusses sei chaotisch. Zum letzten Saisonspiel des Jahres 1913 rückten fast nur Debütanten in die Nationalmannschaft ein. Und da es keinerlei Vorberei-

tung auf dieses Spiel gab, war das Resultat absehbar. Die Gastgeber verloren gegen die Schweiz mit 1 : 2. Für Fritz Fürst, der für Adolf Jäger einsprang, blieb dieses Länderspiel ein einmaliges Erlebnis. Wie sein Bruder Max hatte er seine Fußballkarriere bei Bavaria begonnen. Über den Münchner TS kam das Leichtgewicht zu den Bayern. Zweimal wurde Fritz Fürst mit seiner Mannschaft hinter dem Karlsruher FV süddeutscher Vizemeister.

FUNKEL, WOLFGANG

Geboren am 10. August 1958
Zwei Länderspiele (1986)
Bayer Uerdingen

Die Torflut in der Grotenburg

Wolfgang Funkel wuchs in seiner Geburtsstadt Neuß heran – hier spielte er bis zu seinem achten Lebensjahr beim VfR. »Waldi« Gerhardt und Uli Kohn waren seine ersten Trainer. Meist war er in der Abwehr zu finden, hin und wieder auch im Mittelfeld. Über den Oberligisten Viktoria Goch fand er erst als Fünfundzwangzigjähriger bei Rot-Weiß Oberhausen den Weg in den bezahlten Fußball. Hier traf er in Trainer Friedel Elting seinen eigentlichen Entdecker. Die »Kleeblätter« waren soeben in die 2. Bundesliga aufgestiegen. Am Niederrhein schauten zuweilen die Spione der Nachbarschaft vorbei, und so wurde er von Bayer Uerdingen erfolgreich umworben. Endlich hatte Wolfgang Funkel die Bundesliga erreicht und dazu auch noch das Glück, in einer Uerdinger Mannschaft Fuß fassen zu können, die sich eines großen Fußballjahres erfreute und im DFB-Pokalfinale einen sensationellen Sieg gegen Bayern München landete. Im Europacup folgte die unglaubliche Aufholjagd gegen Dynamo Dresden. Zum 7 : 3-Sieg in der Grotenburgkampfbahn steuerte Funkel drei Treffer bei. 1986 erfüllte sich für ihn dann auch der Traum von der Berufung in die Nationalmannschaft. Im WM-Testspiel gegen Holland in Dortmund (3 : 1) wurde er eingewechselt, doch Teamchef Franz Beckenbauer berücksichtigte ihn nicht für sein WM-Aufgebot – er wurde ganz zuletzt gestrichen. Ein zweites Länderspiel endete für den Uerdinger mit einem peinlichen Ausrutscher der Nationalmannschaft – er war im Oktober des gleichen Jahres im Wiener Praterstadion beim 1 : 4 gegen Österreich dabei. Seine internationale Karriere setzte Funkel bei den Olympischen Spielen in Seoul fort, wo die von Hannes Löhr betreute DFB-Mannschaft die Bronzemedaille gewann. Im Halbfinale war er allerdings einer der Pechvögel, die beim entscheidenden Elfmeterschießen gegen Brasilien nicht trafen. 17mal trug Wolfgang Funkel das Trikot der Olympiamannschaft. Nach dem Uerdinger Abstieg aus der höchsten deutschen Spielklasse wechselte der Abwehrspieler zum amtierenden Meister 1. FC Kaiserslautern – mit 33 Jahren war er noch »erste Wahl« und einer der Leithammel der Pfälzer. Mit seiner Körpergröße von 1,93 m war er der Kopfballspezialist. Er fand auch in der Pfalz die Anerkennung auf den Rängen durch sein Engagement und durch die Energie, mit der er seine Kameraden zu motivieren verstand. Das spürten die Lauterer spätestens im Oktober 1994, als Funkel nach einer Roten Karte und einem Kreuzbandriß lange ausfiel. Friedhelm Funkel, der ältere Bruder des gelernten Fliesenlegers, arbeitete als erfolgreicher Trainer in der Bundesliga, unter anderem beim MSV Duisburg, mit dem er 1996/97 eine bemerkenswerte Saison hinlegte.

G

GABLONSKY, MAX

Geboren am 1. Januar 1890,
gestorben am 16. Juli 1969
Vier Länderspiele (1910 bis 1911)
FC Bayern München

Der Duisburger Reinfall

Ein schneller Mann auf dem rechten Flügel war in der Saison 1909/10 eine Trumpfkarte des FC Bayern München. Neben dem langen Torwart Hofmeister und Mittelstürmer Fritz Fürst war Max Gablonsky in den Spielen um die Süddeutsche Meisterschaft eine Persönlichkeit. Er war der erste Nationalspieler des FC Bayern. Sein Länderspieldebüt, am 16. Mai 1910 in Duisburg gegen Belgien, brachte allerdings eine herbe Enttäuschung, denn eine eklatante Fehlplanung führte dazu, daß ein paar Minuten vor dem Anstoß noch »Zufallsnationalspieler« unter den Zuschauern gesucht wurden, weil nur sieben offizielle Kandidaten den Weg an die Wedau gefunden hatten. Deutschland verlor 0:3. Danach hagelte es herbe Kritik – was zur Folge hatte, daß die Verantwortlichen aus dem DFB-Spielausschuß fortan eine gewisse Blockbildung bevorzugten. Max Gablonsky war dennoch der einzige Spieler des FC Bayern München, der am 26. März 1911 in Stuttgart-Degerloch beim 6:2-Sieg gegen die Schweiz dabei war. Akzeptabel waren auch die Leistungen im Oktober 1911 in Dresden. Zwar verloren die Gastgeber gegen Österreich mit 1:2, doch die Fußballer aus der Alpenrepublik hatten sich auch stark verbessert. Und die Deutschen verdankten es vor allem den tollen Paraden ihres Torwarts »Adsch« Werner, daß sie nur 1:2 unterlagen. Von der internationalen Bühne verabschiedete sich der Münchner am 29. Oktober 1911 auf dem Viktoria-Platz im Hamburger Stadtteil Hohe Luft. Die Deutschen unterlagen den in allen Belangen stärkeren Schweden mit 1:3. Bis 1922 bestritt Max Gablonsky rund 500 Spiele für den FC Bayern. Dann wechselte er zum Duisburger Spielverein. Der Grund: Er hatte bei seinem ersten Länderspiel an der Wedau die Tochter eines Duisburger Hoteliers kennen- und liebengelernt! Fast wäre Max Gablonsky sogar im Jahre 1924 Olympiateilnehmer geworden. Er gehörte zum Kader der deutschen 4 x 100-m-Staffel, doch dann stand für den späteren Stadtbaurat eine wichtige Prüfung an – und außerdem blieb Deutschland weiter von Olympia ausgeschlossen.

GAEBELEIN, ARTHUR

Geboren am 29. März 1891,
gestorben am 4. September 1964
Ein Länderspiel (1912)
Hohenzollern Halle

Ein ärgerliches Jubiläum

Arthur Gaebelein stammte aus dem kleinen Flecken Manfeld am Ostharz, wo auch Martin Luther seine Kindheit verbrachte. Den Weg zum großen Fußball fand Gaebelein allerdings im benachbarten Halle an der Saale. Dort spielte er bei Hohenzollern Links-außen. Bei einem Verein, der in den Erfolgen nicht an die Ortsrivalen Hallescher FC Wacker und Hallescher FC von 1896 heranreichte. Gaebelein war 21 Jahre jung, als er in die deutsche Nationalmannschaft berufen wurde, die in Leipzig ihr Jubiläumsländerspiel bestritt. Es war das 25. in der Geschichte des DFB. 10 000 Zuschauer waren dabei – und kaum jemand hatte größere Hoffnungen auf einen Sieg gegen Holland mit ins Stadion gebracht, obwohl sich die beiden Nachbarn ein gutes halbes Jahr vorher in einem denkwürdigen Spiel in Zwolle noch 5:5 getrennt hatten. Aber zu einem Sieg gegen die Fußballer aus dem Land der Grachten hatte es für die Deutschen bis dahin nie gereicht. Und daran sollte sich auch am 17. November 1912 in Leipzig nichts ändern. Die Holländer gewannen 3:2. Dreimal führten die Gäste, zweimal glich der Hamburger Adolf Jäger aus. Und Max Breunig vergab eine Elfmeterchance. Nach dem Spiel waren einige Zuschauer auf den ungarischen Schiedsrichter Herzog nicht gut zu sprechen und drohten ihm sogar

Prügel an. Doch Linksaußen Arthur Gaebelein war einer von denen, die sich schützend vor den Unparteiischen aus Budapest stellten. Während des 1. Weltkriegs spielte der junge Kaufmann eine Zeitlang beim FC Victoria Magdeburg, kehrte dann aber nach Halle zurück. Das ausklingende Kaiserreich sorgte in Deutschland für manche Namensänderung – und so wurde in Halle aus den »Hohenzollern« der Hallesche SV. 1921 bestritt Arthur Gaebelein sein 30. Repräsentativspiel für Mitteldeutschland – zu diesem Zeitpunkt eine ungewöhnlich hohe Zahl an Berufungen. Der Verband ehrte seinen forschen Außenstürmer, der ein vorzüglicher Kombinationsspieler war, mit der Silbernen Ehrennadel. Arthur Gaebelein war im übrigen auch ein guter Leichtathlet und tat sich später als Schiedsrichter hervor.

GÄRTNER, LUDWIG

Geboren am 19. April 1919
Drei Länderspiele (1939 bis 1941), ein Tor
Olympia Lorsch

Von der »strata montana«

Schon die Römer nannten die Straße, die von Heidelberg nach Darmstadt führt, die »strata montana« – die Straße am Berg. Unweit der Bergstraße liegt Lorsch mit seinen Überresten des alten karolingischen Reichsklosters. Aus dieser ebenso reizvollen wie geschichtsträchtigen Region stammte Ludwig Gärtner, der bei Olympia Lorsch spielte und 1939 die erste von drei Berufungen in die Nationalmannschaft erhielt. Ludwig Lorsch war Linksaußen, verfügte über einen schnellen Antritt und beeindruckte durch seine sichere Ballführung und durch die Gradlinigkeit seines Spiels. Er kam zu Länderspielehren in einer politisch unseligen Zeit. Der 2. Weltkrieg stand unmittelbar bevor, und für den deutschen Fußball zeichnete sich eine internationale Isolation ab. Zwar waren für den 27. August 1939 zwei zeitgleiche deutsche Länderspiele gegen Schweden und die Slowakei geplant, doch die Skandinavier kamen nicht. So, wie vorher schon die Holländer und Franzosen. Es blieb das Spiel in Preßburg gegen die Slowakei, die vor 17 000 Zuschauern mit 2:0 gewann. Einer der besten Spieler in einer enttäuschenden deutschen Mannschaft war Debütant Ludwig Gärtner. Ein gutes Jahr später gab es für den schnellen Mann aus Lorsch eine Fortsetzung seiner Länderspielkarriere – und diesmal hatten die Deutschen ihren Gegner Bulgarien

in München fest im Griff. Schon nach zwölf Minuten erlief sich Ludwig Gärtner einen Steilpaß von Fritz Walter – und gegen seinen strammen Schuß hatte der bulgarische Torwart Antonov nicht den Hauch einer Chance. Es war das 500. Tor der deutschen Länderspielgeschichte. Gärtners Treffer eröffnete eine Torflut – am Ende hatten die Gastgeber mit 7:3 gewonnen. Ein zweites Tor von Gärtner verhinderte der bulgarische Außenläufer Stamboljev mit einer Handabwehr für seinen geschlagenen Torwart. Den fälligen Elfmeter verwandelte Conen zum 3:0. Beendet war für Ludwig Gärtner, der im 2. Weltkrieg zeitweilig das Trikot des SV Jena sowie des HSV Groß-Born trug und 1940 den Sturm von Borussia Fulda führte, die Länderspielkarriere am 5. Oktober 1941 mit der 2:4-Niederlage gegen Schweden in Stockholm. Die linke Angriffsseite der Nationalmannschaft harmonierte nicht. Was nicht nur an Gärtner, sondern auch an dem späteren Bundestrainer Helmut Schön vom Dresdner SC lag. Ludwig Gärtner kehrte erst 1949 aus russischer Kriegsgefangenschaft zurück – ganz Lorsch war auf den Beinen, als er endlich eintraf. Obwohl er in seiner großen Zeit regelmäßig Angebote von den Nachbarn Worms und Waldhof bekam, blieb er seinem Heimatverein treu. Noch in den frühen 50er Jahren spielte er für Olympia, die in der Darmstädter Bezirksklasse zu Hause war. Gärtner führte dann ein Sport- und Schuhgeschäft am Lorscher Rathaus.

GARRN (EHLERS), HERMANN

Geboren am 11. März 1888,
gestorben am 27. März 1964
Zwei Länderspiele (1908 bis 1909)
Victoria Hamburg

20 Jahre für die Victoria

Der deutsche Fußball steckte im Jahre 1908 noch immer in den Kinderschuhen. Vor allem auf internationaler Ebene waren die Spieler aus dem Herzen Europas zweite Wahl. Das erste offizielle Länderspiel hatte die Nationalmannschaft in der Schweiz mit 3:5 verloren, gegen Englands Amateure gab es gar eine 1:5-Niederlage – und viele waren im Juni 1908 der Ansicht, daß der Vergleich mit Österreich in Wien viel zu früh kam. Doch in diesem dritten Länderspiel der deutschen Fußballgeschichte hielt der Außenseiter ganz gut mit. Zweimal führte er an der Donau – am Ende gab es aber dann doch wieder eine 2:3-Niederlage. Einer der Beteiligten war

Hermann Garrn, der in alten Chroniken auch unter dem Namen Hermann Ehlers geführt wird. Er erinnerte sich später an die Probleme vor seinem ersten Länderspiel: »Die Erlaubnis meiner Chefs war die wichtigste Angelegenheit. Als ich diese Klippe mit Erfolg umschifft hatte, blieb die Frage der finanziellen Lösung, denn das Wort ›Spesen‹ kannte der DFB offenbar nicht. Den Spielern wurden lediglich freie Fahrt und Unterkunft in Wien zugebilligt.« Nach der etwas unglücklichen Niederlage brachten die deutschen Zeitungen einen Zweizeiler. Hermann Garrn schickte aus Wien ein Telegramm in Richtung Elbe – sonst hätten die Hamburger das Resultat des Länderspiels erst nach Garrns Rückkehr erfahren. Garrn spielte bei Victoria Hamburg, die im Jahre 1908 im Kampf um die Nordmeisterschaft nur der Braunschweiger Eintracht unterlegen war. Hermann Garrn, den sie an der Elbe »Etsche« oder auch »Etje« nannten, war ein schußstarker Stürmer auf der halbrechten Seite und gerade 20 Jahre alt, als er zu dieser ersten Berufung in die Nationalmannschaft kam. Der Kaufmann war im März 1909 dann auch beim nächsten Länderspiel dabei. Doch das stand in Oxford unter einem schlechten Stern. Nicht nur, daß die hochüberlegenen englischen Amateure mit 9:0 gewannen, obwohl Torwart »Adsch« Werner in vielen Situationen des völlig einseitigen Spiels Kopf und Kragen riskierte. Außerdem hatten sich die meisten Spieler der deutschen Mannschaft noch nicht von der Seekrankheit erholt, von der sie während der Überfahrt nach England heimgesucht wurden. »Etsche« Garrn gehörte zu den populärsten Hamburger Fußballern seiner Zeit; er trug 20 Jahre lang das Trikot der Victoria und bildete mit Adolf Gehrts einen wirkungsvollen Flügel.

GAUCHEL, JOSEF

Geboren am 11. September 1916,
gestorben im März 1963
16 Länderspiele (1936 bis 1942), 13 Tore
TuS Neuendorf

Ein Opfer des Übermuts

Die bevorstehenden Olympischen Spiele in Berlin beschäftigten im Frühling 1936 auch die Fußballfreunde in Deutschland. Reichstrainer Prof. Dr. Otto Nerz hatte die Liste seiner Kandidaten breit gefächert. Zwei Wochen lang sollte die englische Profielf des FC Everton die Olympiaaspiranten in Härtetests prüfen. Und dies gleich fünfmal. Josef Gauchel

war nicht einmal 20 Jahre alt, als ihn die Berufung zu dieser Lehrgangs- und Testspielserie erreichte. Der junge Rheinländer packte seine Chance mit beiden Händen. Vor allem beim 4:1-Sieg gegen den FC Everton am 13. Mai 1936 in Duisburg zeigte der Stürmer auf der halbrechten Seite sein Talent und schoß auch ein Tor. Spätestens nach dem letzten Spiel gegen die Engländer, das ein 1:1 in Nürnberg brachte, hoffte Gauchel, in Berlin dabei zu sein. Mitten im Sommer wußte er es dann ganz genau – Josef Gauchel war einer von fünf Spielern im 22köpfigen DFB-Aufgebot, die noch nie ein Länderspiel bestritten hatten. Das war dann für ihn am 4. August 1936 in der olympischen Vorrunde gegen Luxemburg fällig. Die deutsche Elf gewann 9:0 – und der zweifache Torschütze aus Koblenz wurde als einer der besten deutschen Spieler gelobt. Doch dann wurde er für das nächste Spiel im Berliner Poststadion geschont – schon verloren die übermütigen Deutschen mit 0:2 gegen Norwegen. Nach dem olympischen Debakel setzte sich die internationale Karriere von Gauchel allerdings noch sechs Jahre fort. Er war Mitglied der deutschen Mannschaft bei der Weltmeisterschaft in Frankreich. Ärgerlich war für ihn, daß Reichstrainer Sepp Herberger ihn, den Torschützen zum 1:0 gegen die Schweiz, im Wiederholungsspiel gegen die Eidgenossen in Paris nicht nominierte. Statt dessen spielte der Wiener Josef Stroh. Nach einer 2:0-Führung verloren die Deutschen 2:4 gegen die Schweiz – und Josef Gauchel grämte sich am Spielfeldrand über das WM-Aus. 1939 wurde Gauchel von seinem Verein, dem TuS Neuendorf, für vier Monate gesperrt, weil er in der Partie gegen die Spvg. Andernach in der zweiten Halbzeit nach einem beleidigenden Zuruf von der Zuschauertribüne einfach das Spielfeld verließ und nicht zurückkam. Eine Woche später wurde er »begnadigt«, nachdem er gedroht hatte, die Neuendorfer endgültig zu verlassen. 1942 verabschiedete sich Gauchel dann aus der Nationalmannschaft mit dem 3:0-Sieg in Sofia gegen Bulgarien. Der aus dem Koblenzer Stadtteil Neisendorf stammende Fußballer hatte zu diesem Zeitpunkt längst eine Anstellung als Angestellter in einer Weinfirma. Als er 1948 an einer Blut- und Herzkrankheit laborierte und in einem Sanatorium in Bonn weilte, setzte sich Sepp Herberger für ihn ein und beschaffte bei seinem ehemaligen Schweizer Kollegen Karl Rappan das in Deutschland nicht zu erhaltende Penicillin. Jupp Gauchel arbeitete später in der Fernwettstelle Rhein des Sporttoto Rheinland-Pfalz. Er starb Ende März 1963 an den Folgen eines Herzinfarkts.

GAUDINO, MAURIZIO

Geboren am 12. Dezember 1966
Fünf Länderspiele (1993 bis 1994), ein Tor
Eintracht Frankfurt

Mit Kettchen und Dreitagebart

Schwarze Locken, am Hals ein Kettchen aus Gold, im Ohr ein funkelnder Brillant und im Gesicht der obligatorische Dreitagebart! Maurizio Gaudino konnte und wollte seine italienische Herkunft nie leugnen. Sein Vater Antonio stammte aus Neapel, verdiente im Badischen, vor den Toren von Mannheim, den Unterhalt für seine Familie, indem er einen Lkw fuhr. Und Söhnchen Maurizio machte das, was alle kleinen italienischen Jungen tun – er träumte von einer Karriere als Fußballprofi. Als Fünfjähriger spielte er bei der TSG Rheinau, neun Jahre später wechselte er zum Mannheimer Waldhof. Dazwischen lag ein Probetraining beim SSC Neapel – da war er 13 Jahre alt, drei Jahre später versuchte er sich noch einmal beim AS Rom. Und jeweils sagten sie ihm, er möge warten, bis er in Deutschland die Schule beendet habe. In Mannheim sprach sich derweil das Talent des Maurizio Gaudino schnell herum. So schnell, daß DFB-Jugendtrainer Berti Vogts ihm empfahl, sich um die deutsche Staatsbürgerschaft zu bemühen. Was kein Problem darstellte, weil Gaudino junior in Brühl zur Welt gekommen war. Einen so dribbelstarken Fußballer konnte Vogts in seiner Jugendauswahl gut gebrauchen. Badische Auswahl, deutsche »U 16«, Jugendländerspiele fast im zweifachen Dutzend und schließlich die »U 21« – die Karriere des Fußballers mit dem italienischen Namen nahm einen steilen Verlauf. 1987 wurde ihm der Anzug in Mannheim zu eng – er wechselte zum VfB Stuttgart und brachte den Waldhöfern die stolze Ablösesumme von rund zwei Millionen Mark ein. Doch am Neckar überfiel ihn eine fast unerklärliche Unsicherheit, und manche Experten unkten bereits, die Bundesliga sei für Gaudino denn doch wohl eine Nummer zu groß. Der holländische Trainer Arie Haan war anderer Meinung und motivierte den Techniker immer wieder neu. Und als er mit dem VfB Stuttgart 1989 gar das UEFA-Cup-Finale gegen den SSC Neapel erreichte, da erfüllte sich für ihn ein langgehegter Wunsch. Insgeheim hatte er immer darauf gehofft, daß eines Tages der Trainer des SSC bei ihm anrufen würde. Aber Gaudinos fußballerische Zukunft lag nicht in Italien, wie viele orakelten, sondern zunächst noch eine Weile in der Bundesliga. Nachdem die deutsche Nationalelf

1990 in Rom Weltmeister geworden war und Franz Beckenbauer die große Bühne als Teamchef verließ, erinnerte sich Berti Vogts seines früheren Jugendspielers. Er berief Gaudino ins Aufgebot, doch es sollten noch drei Jahre ins Land gehen, ehe er erstmals das Nationaltrikot trug – das war im September 1993 in Tunis gegen Tunesien. Im Jahr zuvor war er mit dem VfB Stuttgart überraschend Deutscher Meister geworden. Aber manche Skeptiker meinten noch immer, Maurizio Gaudino sei so etwas wie ein »Schönwetterspieler«. Nach sechs Jahren Stuttgart schaute er sich auch aus diesem Grunde nach einem neuen Wirkungskreis um und fand ihn 1993 bei der Frankfurter Eintracht. Es begann eine Liaison, die für Gaudino nie zur großen Liebe wurde – seine Karriere erhielt einen Knick. Erst bekam er Krach mit Trainer Jupp Heynckes und wurde als »Rebell« gefeuert, dann wurde er wegen einer dubiosen Mitwirkung als Randfigur einer Autoschieberbande am Abend einer Talkshow bei Thomas Gottschalk in München verhaftet. Es folgte ein halbes Jahr Leihgabe bei Manchester City in der englischen Premier League und dann ab Januar 1996 der Wechsel zu Aguilas de America nach Mexiko-Stadt. Als Frankfurt im gleichen Jahr aus der Bundesliga abstieg, streifte er in der 2. Bundesliga wieder das Trikot der Eintracht über, um dann beim FC Basel anzuheuern.

GEDLICH, RICHARD

Geboren am 17. Februar 1900,
gestorben am 5. Januar 1971
Zwei Länderspiele (1926 bis 1927)
Dresdner SC

Torschuß mit Hut ...

Richard Gedlichs Wiege stand in Dresden. Hier fand er Spaß am Fußball – und zwar in einer Position, die seinem Naturell entsprach. Er war ein draufgängerischer Mittelstürmer. Zwischen 1912 und 1930 spielte er beim Dresdner Sportclub und wechselte dann zu Brandenburg Dresden. Mit 26 Jahren bekam er seine Chance in der deutschen Nationalelf. 63 000 Zuschauer fieberten in Düsseldorf dem Länderspiel gegen Holland entgegen und bejubelten den 4:2-Sieg gegen den Nachbarn. Richard Gedlich stand in einer starken Mannschaft mit ihrem Star »Tull« Harder und den aufstrebenden Münchnern Josef Pöttinger und »Wiggerl« Hofmann. Allerdings spielte der Dresdner nicht auf seiner Standardposition, sondern bemühte sich nach

Kräften auf der halbrechten Seite neben dem Berliner Debütanten Hans Schröder. Zu einem weiteren internationalen Einsatz kam Richard Gedlich im Oktober 1927 in Kopenhagen gegen Dänemark. Die Deutschen verloren sang- und klanglos mit 1:3 – und Gedlich hatte nicht seinen allerbesten Tag erwischt. Richard Gedlich war ein humorvoller Mensch. Von ihm ist eine Geschichte aus dem Jahre 1927 überliefert. Es war ein stürmischer Tag im April, und der Dresdner SC spielte gegen Dresdensia. Der Wind trug den Hut eines Zuschauers über das Spielfeld, direkt vor die Füße von Richard Gedlich. Der zögerte nicht lange, setzte sich den Hut auf, stürmte auf des Gegners Tor und schoß das Führungstor. Später wechselte der Stürmer zum SV Haus Bergmann Dresden. Als Geschäftsführer fand er neben dem sportlichen auch den beruflichen Erfolg.

GEHLHAAR, PAUL

Geboren am 27. August 1905,
gestorben am 12. Juni 1968
Zwei Länderspiele (1928 bis 1931)
Hertha BSC Berlin

Der »Akrobat« aus Königsberg

Eine Stadt mit wechselvoller Geschichte war die Heimat des Paul Gehlhaar. Er wurde kurz nach der Jahrhundertwende in Königsberg, der Krönungsstadt der preußischen Könige, geboren. Hier stand er zunächst im Tor des VfB, der den Titel eines Baltenmeisters so gut wie gepachtet hatte. 17 Jahre war Paul Gehlhaar jung, als er in der Deutschen Endrunde auf den Hamburger SV traf und mit seinen tollkühnen Paraden erstmals auf sich aufmerksam machte. Die Hanseaten gewannen schließlich durch ein Königsberger Eigentor. Zwei Jahre später hatte Hertha BSC viel Mühe, um den Wundermann im Tor zu überwinden und in der Endrunde einen Schritt weiterzukommen. 1928 entschloß sich der angehende Kaufmann zu einem Wechsel von Königsberg nach Berlin, wo er bei Hertha BSC als Nachfolger von »Fredy« Götze eine neue Fußballheimat und einen großen Kreis von Sympathisanten fand. Sein Torwartspiel war spektakulär – er war ein wagemutiger Schlußmann mit akrobatischen Fähigkeiten. Als Paul Gehlhaar 1928 das erste von zwei Länderspielen bestritt, profitierte er davon, daß der Nürnberger Torwartstar Heiner Stuhlfauth nicht zur Verfügung stand. Die deutsche Mannschaft hatte in Stockholm nicht gerade die

Glücksgöttin zur Verbündeten, denn sie traf zwar dreimal den Pfosten, aber nicht ins Schwarze. Paul Gehlhaar zeigte etliche gute Paraden und kam verdientermaßen im Mai 1931 zu seinem zweiten Länderspieleinsatz. Doch diesmal wurde es für ihn haarig – Österreichs Team war haushoch überlegen und gewann in Berlin mit 6:0. Viermal stand Paul Gehlhaar mit Hertha BSC in deutschen Endspielen, zweimal (1930 und 1931) wurde er Meister nach dramatischen Begegnungen mit Holstein Kiel und TSV 1860 München. Am 14. Juni 1931 verzweifelte die Mannschaft der Münchner »Löwen« im spannungsgeladenen Finale von Köln an der Reaktionsschnelligkeit des Ostpreußen. Seine Torwartkarriere beendete er an der Spree im Trikot des Werksklubs Lorenz Berlin, der in der Bezirksklasse spielte und sogar an die Tür der Gauliga klopfte. Paul Gehlhaar arbeitete später als Trainer – unter anderem bei seiner Hertha, in Lichtenberg und bei Tasmania. Er betrieb eine Tankstelle in Zehlendorf.

GEHRTS, ADOLF

Geboren am 30. Oktober 1886,
gestorben am 17. Januar 1943
Zwei Länderspiele (1908 bis 1910)
Victoria Hamburg

Gegen England Lehrgeld gezahlt

Schon das zweite offizielle Länderspiel bescherte dem deutschen Fußball die Begegnung mit dem übermächtigen Lehrmeister England. Die Briten hatten zwar nur ihre Amateure im April 1908 nach Berlin geschickt, doch auch die waren noch immer wenigstens eine Nummer zu groß für die deutsche Nationalmannschaft, die keinerlei Vorbereitung hatte und wenig Harmonie verriet. In diesem legendären ersten Spiel gegen England war auch der Hamburger Adolf Gehrts dabei. An der Elbe trug er das Trikot der Victoria, im Nationaltrikot bekleidete er die Position des Rechtsaußen. Die Deutschen verloren 1:5. Ein zweites Länderspiel bestritt der Hanseate 1910 in Arnheim gegen Holland. Die Gastgeber gewannen 4:2. Mit »Etsche« Garrn bildete Adolf Gehrts einen starken rechten Flügel. Der Fußball war dem schnellen und gewitzten Rechtsaußen schon in ganz jungen Jahren zum Lebensinhalt geworden. Adolf Gehrts starb im 2. Weltkrieg.

GEIGER, HANS

Geboren am 24. Dezember 1905
Sechs Länderspiele (1926 bis 1929)
ASV Nürnberg, 1. FC Nürnberg

Deutschlands Fußballhochburg

Hans Geiger wurde am Heiligabend des Jahres 1905 in Nürnberg geboren. Als er 20 Jahre alt war, stand der Fußball in seiner fränkischen Heimat erstmals in voller Blüte. Der »Club« gegen den Nachbarn aus Fürth – das waren die Duelle, die die Massen begeisterten und immer wieder die Gespräche an den Stammtischen der Gasthöfe in den alten Gassen unter der Burg belebten, in der 32 Kaiser und Könige residierten und die ein Zentrum deutscher Geschichte war. Jetzt waren die Nürnberger und Fürther bereit, deutsche Fußballgeschichte zu schreiben. Hans Geiger trug zu dem Zeitpunkt, als der 1. FC Nürnberg im Jahre 1920 die Fürther als Deutschen Meister ablösten, noch das Trikot des ASV Nürnberg. Doch am 31. Oktober 1926 kam er in Amsterdam dennoch zu seinem Länderspieldebüt. In der 70. Minute des Duells gegen Holland humpelte der Berliner Otto Martwig verletzt vom Feld – für ihn kam Hans Geiger. Dies war das erste Länderspiel unter der ausschließlichen Verantwortung von Trainer Prof. Dr. Otto Nerz. Für Nerz und Geiger ein Debüt nach Maß – die deutsche Mannschaft gewann in Holland mit 3:2. Und sechs Wochen später war Hans Geiger wieder erste Wahl, als die Schweiz an der Grünwalder Straße in München Gegner der deutschen Fußballer war. 40 000 Zuschauer hatten hohe Erwartungen mitgebracht und gingen tief enttäuscht nach Hause. Deutschlands Elf verlor überraschend mit 2:3. Geigers große Zeit als Fußballer fiel erst in das Jahr 1929. Inzwischen war er, der Automechaniker, vom ASV zum 1. FC Nürnberg gewechselt. Am 10. Februar 1929 war der rechte Außenläufer beim 7:1-Sieg gegen die Schweiz vor 35 000 enthusiastisch mitgehenden Zuschauern in Mannheim dabei. Und er bestand die Bewährungsprobe und qualifizierte sich für das nächste Länderspiel in Turin gegen Italien, wo er mit dem Fürther Leinberger und dem Frankfurter Knöpfle eine schlagkräftige Läuferreihe bildete. Die Nationalelf gewann – wenn auch glücklich und vor allem dank der Paraden des Heiner Stuhlfauth – mit 2:1. Der deutsche Fußball hatte sein olympisches Tief von 1928 (mit der 1:4-Niederlage gegen Uruguay) überwunden und wurde von einer Erfolgswelle erstmals in die europäische Spitzenklasse getragen. Hans Geiger war im Jahr 1929 noch an den

Spielen gegen Schottland (1:1 in Berlin) und gegen Schweden (3:0 in Köln) beteiligt. Als Mittelläufer beendete er bei Viktoria Berlin seine Karriere, lebte später in Leipzig. Nach dem 2. Weltkrieg arbeitete er als Trainer – unter anderem bei SSV Wuppertal, Mainz 05 und Borussia Fulda.

GEIGER, ROLF

Geboren am 16. Oktober 1934
Acht Länderspiele (1956 bis 1964), zwei Tore
Stuttgarter Kickers, VfB Stuttgart

Das verbotene »Handgeld«

In einem Fachwerkhaus mit spitzem Giebel und einem Eingangstor mit Rundbogen an der Nikolastorstraße in Marbach wurde der Dichter Friedrich Schiller geboren. In dem kleinen Ort am Neckar wuchs auch der Fußballer Rolf Geiger auf. Der spielte zuerst, wie es sich für einen Marbacher Jungen gehörte, beim FCM und wechselte dann mit 19 Jahren in die Nachbarschaft zum FV Kornwestheim. Von hier war es nicht mehr weit bis zu den Stuttgarter Kickers, die in Degerloch stets einen begeisterungsfähigen Anhang im Rücken wußten. 1956 reiste er mit der deutschen Amateur-Nationalmannschaft zu den Olympischen Spielen nach Melbourne. Es waren Sommerspiele, obwohl sie im europäischen Winter stattfanden. Und es war für die deutschen Fußballer ein kurzes Vergnügen – nach der 1:2-Niederlage gegen die hochfavorisierten sogenannten »Staatsamateure« der Sowjetunion war Olympia für sie schon vorbei. Nach einem weiteren Amateurländerspiel in Glasgow gegen Schottland folgte am 23. Dezember 1956 die Berufung für das A-Länderspiel gegen Belgien in Köln. Die deutsche Mannschaft gewann 4:1. In der jungen deutschen Nationalelf fühlte sich der halbrechte Stürmer aus Stuttgart pudelwohl. In den letzten Minuten des Spiels rückte er allerdings für den verletzten Wewers in die Abwehr. Rolf Geiger gehörte mit seinen 22 Lenzen bereits zu den Topstürmern Deutschlands – und sein Weg ins Aufgebot des DFB für die Weltmeisterschaft 1958 in Schweden war vorgezeichnet. Doch dann bekam seine Karriere einen Bruch. Er wurde durch das Sportgericht des Württembergischen Fußballverbandes für sieben Monate gesperrt, weil ihm die Zahlung der damals verbotenen Handgelder vor seinem Wechsel von den Stuttgarter Kickers zum Ortsrivalen VfB nachgewiesen wurde. 700 Mark hatte er als Amateur bei den Kickers in Degerloch

verdient. Am 13. Juli 1957 wurde das Urteil in
Stuttgart gesprochen. Das Sportgericht sah sich dabei nicht zuständig für die »Aburteilung des olympischen Meineids«. Man sah es aber als erwiesen an,
daß Kickers-Vorsitzender und Fußballabteilungslei-
ter Philipp Metzler aus der privaten Tasche die Zuwendungen an Rolf Geiger abgezweigt hatte. Erst
nach der Weltmeisterschaft – im Oktober 1958
zum Lehrgang in Frankfurt – tauchte Geiger wieder
in einem Aufgebot Sepp Herbergers auf. Als 1962
der Kader für die Weltmeisterschaft in Chile nominiert wurde, durfte sich Geiger erneut Hoffnungen
machen. Er stand im vorläufigen Aufgebot der 40
besten deutschen Fußballer, doch als Herberger im
Mai 25 Spieler zum Abschlußlehrgang in die Sportschule Karlsruhe-Schöneck einlud, schickte Rolf
Geiger dem Bundestrainer eine Absage. Er rechnete
sich keine Chancen aus, in der Nationalelf einen
Stammplatz beim WM-Turnier zu bekommen. Herberger setzte statt dessen seine Hoffnungen auf
Koslowski, Haller, Berti Kraus, Uwe Seeler, Strehl,
G. Herrmann, Brülls, H. Schäfer und Vollmar. Der
Schwabe kehrte dem deutschen Fußball enttäuscht
den Rücken und spielte ein Jahr lang beim AC Mantua in Italien, wo er im Vereinsheim für Junggesel-
len ein Apartment bewohnte und wo Nandor Hide-
kuti sein Trainer war. Spielervermittler Dr. Ratz
hatte für ihn die Fäden nach Italien geknüpft. Als er
zurückkam (und wieder für den VfB Stuttgart in der
Bundesliga spielte) gab es für ihn eine Überraschung
in Form einer Einladung des DFB für das Länderspiel in Ludwigshafen gegen die Tschechoslowakei.
Die Deutschen verloren 3 : 4. Am 13. Mai 1964 war
Geiger auch beim vorletzten Spiel unter der Regie
von Sepp Herberger, dem 2 : 2 gegen Schottland,
dabei. Diesmal stürmte er zwischen zwei HSVern:
Uwe Seeler, dem zweifachen Torschützen, und
Gert Dörfel. In seinem letzten Länderspiel, dem
4 : 1-Sieg am 7. Juni 1964 in Helsinki gegen Finnland, gelang ihm sein zweites Länderspieltor nach
einem Steilpaß seines Stuttgarter Weggefährten
Klaus-Dieter Sieloff. 1966 beendete Rolf Geiger
seine Fußballerkarriere. Er, der in seinen jungen Jahren eine Maurerlehre absolviert hatte, wurde ein
erfolgreicher Bauunternehmer in Stuttgart.

GELLESCH, RUDOLF

Geboren am 1. Mai 1914,
gestorben am 20. August 1990
20 Länderspiele (1935 bis 1941), ein Tor
Schalke 04

Schalker Jungbrunnen

Jahrzehntelang staunte Fußballdeutschland über
den Schalker »Jungbrunnen«. Er sprudelte im Herzen des Kohlenpotts immer wieder Talente hervor.
Eines dieser Talente war Rudolf Gellesch – ein langer »Lulatsch« mit feinen Gesichtszügen. Auch er
entstammte dieser Region, wo die Hütten und Fördertürme die Landschaft bestimmten, die Luft nach
Koksgas roch und wo sich nachts die Glut der
Hochöfen an den tiefliegenden Wolken spiegelte.
Rudi Gellesch trug schon als Zwölfjähriger das
Schalker Trikot und war gerade 20 Jahre alt geworden, als er mit den »Knappen« in das atmosphärisch
aufgeladene Kölner Stadion zum deutschen Finale
des Jahres 1935 einlief. 74 000 waren an diesem
brütend heißen Nachmittag des 23. Juni nach Müngersdorf gekommen, um das Endspiel gegen den
VfB Stuttgart zu erleben. Die Schalker waren zwar
als amtierender Meister recht selbstsicher an den
Rhein gefahren, doch Fritz Szepan spielte nicht
mehr auf dem halbrechten Flügel, sondern war inzwischen Stopper, und seinem Schwager Ernst Kuzorra war es im Angriff anzumerken, daß der »alte
Fritz« ihm in der Nachbarschaft seines Spiels fehlte.
Die Lösung des Dilemmas hieß Rudolf Gellesch.
Der wurde von den Schalkern quasi aus dem Hut
gezaubert und fand gleich den Weg zum Stammspieler. Die Fans der »Königsblauen« jubelten ihm
zu. Gellesch hatte die auch damals seltene Gabe,
sich binnen kürzester Zeit in einer neuen Umgebung zurechtzufinden. Er dirigierte Schalke so, als
hätte er in seinem jungen Leben nie etwas anderes
getan. Viele sahen in ihm die Reinkarnation des jungen Fritz Szepan, und für den Aufbau des Schalker
Spiels war er nahezu unersetzlich. Nach dem deutschen Finale, das die Schalker mit 6 : 4 gegen den
VfB Stuttgart gewannen, war Gellesch auch für
Reichstrainer Professor Dr. Otto Nerz ein interessanter Mann. Er testete ihn erstmals am 18. August 1935 in Luxemburg. Dabei handelte es sich eigentlich um eine B-Nationalmannschaft, denn die
besten Spieler traten zum gleichen Zeitpunkt in
München an und schlugen Finnland mit 6 : 0. Aber
auch die »jungen Dachse« des DFB waren ehrgeizig
genug, um die Luxemburger mit 1 : 0 zu schlagen.
Rudolf Gellesch gab den entscheidenden Paß zum

Tor des Tages durch den Duisburger Walter Günther. Zwar gehörte der Schalker zum 22köpfigen Aufgebot für die Olympischen Spiele in Berlin, doch zum Einsatz kam er nicht, worüber er nach der 0:2-Schmach und dem frühen Ausscheiden gegen Norwegen nicht gerade unglücklich war. Danach war Rudolf Gellesch aber endgültig Stammspieler der Nationalmannschaft. Am 16. Mai 1937 war er in der Geburtsstunde der »Breslauer Elf«, beim 8:0 gegen Dänemark, dabei. Zwangsläufig fand er 1938 auch den Weg ins Aufgebot des DFB zur Weltmeisterschaft in Frankreich. Nach dem 1:1 gegen die Schweiz nominierte der inzwischen zum Reichstrainer aufgestiegene Sepp Herberger anstelle von Gellesch im Wiederholungsspiel gegen die Eidgenossen nun Fritz Szepan. Die deutsche Mannschaft blieb mit 2:4 in der Vorrunde der WM stecken. Am 5. Oktober 1941 verabschiedete sich der Schalker Halbstürmer mit dem 6:0-Sieg gegen Finnland in Helsinki von der Nationalelf. Dabei trug er die Armbinde des Kapitäns. Seinem FC Schalke 04 blieb Rudolf Gellesch, der als Einfädler vieler Tore geschätzt war, bis 1946 treu, dann spielte er noch vier Jahre lang im Trikot des TuS Lübbecke. Nach seiner aktiven Zeit blieb er dem Fußball als Trainer verbunden. Unter anderem bei der SG 08 Bünde, Eintracht Trier, KSV Hessen Kassel (Aufstieg in die Oberliga) sowie zwischen 1955 und 1978 beim Hessischen Fußballverband. Rudi Gellesch verbrachte seinen Lebensabend in Kassel, wo er 1990 an einer unheilbaren Krankheit starb.

GERDAU, WILLI

Geboren am 12. Februar 1929
Ein Länderspiel (1957)
Heider SV

»Ille« – Nationalspieler vom Dorf

Der »kleine HSV«! An der holsteinischen Westküste war man stolz über die Assoziation mit dem »großen« Hamburger SV. In Heide blieb man aber immer hübsch auf dem Teppich, auch zu dem Zeitpunkt, als der Heider SV in der Oberliga Nord spielte und dort tatsächlich auf den »großen« HSV traf. Zweimal war das der Fall – in den Spielzeiten 1956/57 und 1960/61. Und unvergessen ist in Heide der 28. April 1957, als 12 000 Zuschauer im proppenvollen kleinen Stadion an der Meldorfer Straße den 2:0-Sieg des »kleinen HSV« gegen den »großen HSV« bejubelten. Bannasch und Jensen schossen die Tore gegen die hochfavorisierten Han-

seaten, und die Heider Fußballer waren in aller Munde. Star der Mannschaft war Willi Gerdau, ein technisch beschlagener Mittelläufer, der seine Deckung so glänzend organisierte, daß sich daran Reuter, Dieter Seeler und Krug die Zähne ausbissen. Die Kunde vom fußballerischen Geschick Gerdaus muß sich wohl auch bis zu Sepp Herberger herumgesprochen haben, der sich selten im hohen deutschen Norden blicken ließ. So bekam Willi Gerdau, der zu diesem Zeitpunkt bereits Amateurnationalspieler war, knapp vier Wochen nach dem historischen Heider Sieg gegen den HSV eine Einladung des DFB zu einem Länderspiel gegen Schottland in Stuttgart. 72 000 Zuschauer bevölkerten das Neckarstadion, doch die deutsche Mannschaft, der amtierende Weltmeister, hatte gegen die Schotten keine Chance. Das galt auch für den Debütanten aus dem Dorfverein, der es mit Tommy Ring zu tun bekam, von dem die britischen Experten sagten, er sei der beste Außenstürmer der Insel. Willi Gerdau wirkte gegen den wendigen Schotten fast hilflos, und in der »Bild«-Zeitung war darauf zu lesen: »Dieser kleine Ring umkurvte Gerdau wie ein Sportwagen eine Verkehrsampel bei Gelb ...« Den athletischen Mann aus Heide traf diese Kritik. »Ille«, wie ihn seine Freunde nannten, kehrte zurück in seine vertraute Umgebung. Sepp Herberger schrieb ihm einen Brief und kündigte eine neue Chance an, doch als die dann zu einem Trainingslager bei Gerdau in Heide eintraf, da lehnte der dankend ab. Wohler fühlte sich der kraftvolle Stopper in der Amateurnationalmannschaft, wo er bis 1960 insgesamt acht Spiele bestritt. Der Heider SV war im übrigen so etwas wie die sportliche Abteilung der ortsansässigen Niederlassung eines Mineralölkonzerns. Fast alle Spieler arbeiteten dort, auch Willi Gerdau, der hier als Buchhalter beschäftigt war. Der Fußballvolksheld dieser Region war so bodenständig, daß er auch den Lockungen des Hamburger SV widerstand. Als sein Arbeitgeber die Niederlassung in Heide auflöste, zog es Willi Gerdau dann doch in die Großstadt an der Elbe – er wohnte schließlich in Uetersen.

GERRITZEN, FELIX

Geboren am 6. Februar 1927
Vier Länderspiele (1951), ein Tor
Preußen Münster

Umzug bei Nacht und Nebel

Es war schon ein ungewöhnlicher Transfer – jener des Felix Gerritzen an einem Sommertag des Jahres

1950 vom VfB Oldenburg zu Preußen Münster. 23 Jahre war der Fußballer alt, den sie alle »Fiffi« nannten. Gerritzen war zwar in Münster zur Welt gekommen, hatte aber seine Kinder- und Jugendzeit in Oldenburg verbracht. Mit dem VfB gelang »Fiffi« Gerritzen 1949 der Aufstieg in die noch recht taufrische Oberliga Nord, wo der HSV, St. Pauli, Werder Bremen und der VfL Osnabrück den Ton angaben. Aber die Oldenburger verkauften sich in ihrer ersten Oberligasaison ganz beachtlich und belegten – nicht zuletzt dank der 14 Tore ihres schnellen Rechtsaußen »Fiffi« Gerritzen – einen guten Platz im Mittelfeld. Nur »Ötti« Meyer, der später zum VfL Osnabrück wechselte, schoß noch mehr Tore für den VfB. Und dann rollte an diesem besagten Tag im Sommer 1950 am späten Abend ein roter Möbelwagen aus Münster vor die Wohnung des jungen Oldenburger Stürmers. Spediteur Breuer, der bei den Preußen in Münster als engagierter Förderer galt, fädelte eine Nacht- und Nebelaktion mit dem Ziel ein, daß die Oldenburger erst Wind vom Wechsel ihres Stürmers erhalten sollten, wenn dieser schon in Westfalen weilte. Als besorgte Nachbarn sich nach dem Sinn des nächtlichen Treibens erkundigten, bekamen sie zur Antwort, Felix Gerritzen erhalte neue Möbel ... Die Preußen hatten sich vor dieser Saison 1950/51 viel vorgenommen. Zunächst kam »Freddy« Kelbassa von Horst-Emscher, der sich aber nicht behaupten konnte. Als dann Gerritzen aufkreuzte, wurden die Münsteraner um ihren Sturm mit »Addi« Preißler aus Dortmund, Schulz, Gerritzen, Rachuba und Lammers beneidet. Einige dieser Neider meldeten sich, und es wurden Gerüchte laut, die Westfalen hätten mit unerlaubten Zahlungen gegen die Statuten verstoßen. Der »Spiegel« behauptete, dieser Sturm habe weit mehr als hunderttausend Mark gekostet – womit das Schlagwort vom »Hunderttausend-Mark-Sturm« geboren war. Sepp Herberger hatte wohl auch seine Bedenken, ob alles mit rechten Dingen zugegangen sei, denn er strich kurzerhand den Namen Gerritzens von der Liste seines Lehrgangs in Duisburg. Denn der blonde Neu-Münsteraner wurde vom VfB heftig reklamiert. Schließlich waren die westfälischen »Dickschädel« härter als die der Oldenburger. Und plötzlich erwachte das eher bäuerliche Umland der Studentenstadt aus seiner Fußball-Lethargie. Zum Spitzenspiel gegen Borussia Dortmund war das Preußen-Stadion an der Hammer Straße mit 35 000 Zuschauern ausverkauft. Am 4. April 1951 überzeugte Gerritzen dann auch Sepp Herberger in einem inoffiziellen Länderspiel gegen das Saarland vor 30 000 Zuschauern in

Essen. Zum 7:1-Sieg steuerte »Fiffi« drei Tore bei, und dieses tolle Spiel beförderte den Münsteraner ins Nationalteam. Beim 3:2-Erfolg der deutschen Mannschaft in Zürich gegen die Schweiz traf Gerritzen im Fallen zum zwischenzeitlichen 2:1 – es sollte sein einziger Länderspieltreffer bleiben. Bis 1958 spielte »Fiffi« Gerritzen für die Westfalen in der Oberliga Nord und schoß in dieser Zeit 83 Tore. Zwischenzeitlich lehnte er unter anderem ein 80 000-Mark-Angebot von Juventus Turin ab. Die Spezialität des einstigen Berufskraftfahrers waren Fallrückzieher. Nach seiner großen Zeit trug er noch bis 1964 das Trikot von Saxonia Münster. Später arbeitete Gerritzen in der Werbeabteilung einer Versicherung und fand auch Beachtung und Anerkennung mit seinen Ausstellungen als Bildhauer.

GERSDORFF, BERND

Geboren am 18. November 1946
Ein Länderspiel (1975)
Eintracht Braunschweig

Bernd und das bayrische Mißverständnis

Daß die »Chemie« zwischen Preußen und Bayern zuweilen von einer problematischen Natur ist, weiß man nicht erst, seitdem der Charlottenburger Bernd Gersdorff eines schönen Tages einen Vertrag beim FC Bayern München unterschrieb. Als bei Halbzeit der Saison 1973/74 die »Ehe« wieder geschieden wurde, atmeten eigentlich alle Beteiligten auf. Der »Bomber aus dem Norden« hatte sich an der Isar nicht zurechtgefunden, und er kehrte dahin zurück, wo er hergekommen war – zur Braunschweiger Eintracht. »Ich wollte nicht auf der Reservebank versauern«, sagte er seinen Freunden, denn nach seinem halben Jahr in München merkte er sehr schnell, was da hinter den Kulissen des FC Bayern passierte und zwangsläufig besonders ihn berührte. Die Münchner hatten den Schweden Torstensson verpflichtet – außerdem machten Breitner und Kapellmann Fortschritte nach langwierigen Verletzungen. Schließlich kaufte ihn der »Jägermeister«, sprich Braunschweigs großzügiger Sponsor Günter Mast. Die »Rückfahrkarte« kostete die Eintracht 275 000 Mark. »Gerste«, wie man ihn in Braunschweig rief, war wieder zu Hause. Dort, wohin ihn Helmut Johannsen 1967 von Tennis Borussia Berlin geholt hatte. Der Mann mit dem schwarzen Schnauzbart wurde Kapitän der Eintracht, schoß in der Regionalliga 36 Tore in nur 19 Spielen, stieg mit der Mannschaft in die Bundesliga auf und war einer der wichtigsten Profis von Trainer Branko Zebec, der ihn aus dem Mittelfeld in die Angriffsspitze beordete. So ganz nebenbei hatte Bernd Gersdorff auch sein pädagogisches Studium abgeschlossen und eine Lehrerin geheiratet. Bundestrainer Helmut Schön hatte den torgefährlichen Braunschweiger schon bald auf seiner Rechnung. Am 3. September 1975 war er in Wien beim deutschen 2:0-Sieg gegen Österreich dabei. Die Tore schoß aber ein anderer: Erich Beer! 1977 unterschrieb Bernd Gersdorff dann wieder an der Spree – diesmal bei Hertha BSC, ehe er dem »Lockruf des Dollars« verfiel und bei den San José Earthquakers in Kalifornien anheuerte. Die deutsche Kolonie im amerikanischen Profifußball wurde im Gefolge Franz Beckenbauers zu diesem Zeitpunkt immer größer – bei den Earthquakers hatte der deutsche Manager Peter Stubbe neben Gersdorff auch noch Hansgünter Etterich und Willy Cryns verpflichtet. Später ließ Bernd Gersdorff dann seine Karriere in San Diego ausklingen. Seßhaft wurde er dort, wo er seine größten Fußballerfolge gefeiert hatte – in Braunschweig, wo er als norddeutscher Repräsentant für adidas arbeitete.

GERWIEN, KLAUS

Geboren am 11. September 1940
Sechs Länderspiele (1963 bis 1968), ein Tor
Eintracht Braunschweig

Der größte Tag der Eintracht

Die altehrwürdige Frankfurter Allgemeine Zeitung hatte sich in ihrer Ausgabe vom 20. August 1966 ganz schön weit aus dem Fenster gelehnt. Auf ihrer Sportseite wagte sie vor der Bundesligasaison so etwas wie eine Voranalyse und kam zu folgender Erkenntnis: »Die Gefahr, daß die Hanse der Bundesligastädte als nächsten Fremdkörper die biederen Braunschweiger abstößt, läßt sich nicht von der Hand weisen. Das Ausscheiden von Braunschweig käme – im Sinne der Manager – einer folgerichtigen Begradigung der geographischen und wirtschaftlichen Bundesligagrenzen gleich. Die Saison wird auf diesem Gebiet eine Saison der Ernüchterung sein …« Daß diese Zeilen in der wehrhaften Stadt Heinrichs des Löwen einen Sturm der Entrüstung in Fußballkreisen hervorriefen, war absehbar. Aber es gab da auch noch andere Stimmen. Die des umtriebigen Spielevermittlers Josef Ukrainczyk zum Beispiel. Der hatte das Masopust-Team von Dukla Prag engagiert und ließ es in Braunschweig

spielen. Nach dem 1:1 in diesem Duell auf hohem Niveau prophezeite Ukrainczyk der Eintracht »eine gute Saison«. Klaus Gerwien war dabei, als die Braunschweiger in ihre größte Saison gingen. Er war 1961 vom SSV Vorsfelde gekommen, einem kleinen Ort vor der Wolfsburger Haustür, hatte aber auch beim FC Wolfsburg und beim VfL Wolfsburg gespielt. Am Ende der bemerkenswerten Spielzeit überreichte DFB-Präsident Dr. Hermann Gösmann am 3. Juni 1967 die Meisterschale an Eintracht Braunschweig – es war der größte Tag in der Geschichte des Vereins. Klaus Gerwien, der trickreiche Rechtsaußen der Eintracht, erhielt eine Meisterschaftsprämie in Höhe von 7000 Mark, und der Triumphzug durch die Stadt dauerte etliche Stunden, weil alle Fans dem Sensationsmeister ganz nahe sein wollten. Seine erste Länderspielberufung hatte Klaus Gerwien an diesem Junitag 1967 längst hinter sich. Am 29. Dezember 1963 war er beim 4:1-Sieg in Casablanca gegen Marokko dabei. Am Neujahrstag 1964 spielte er dann in Algier gegen Algerien, wo er bei der 0:2-Niederlage der Nationalelf einen Elfmeter herausholte, den »Eia« Krämer aber nicht verwandeln konnte. Auf dem holprigen Hartplatz in Algier zog sich Gerwien ebenso wie Kurbjuhn und Reisch Hautabschürfungen zu. Während sie bei den anderen schnell verheilten, fiel Gerwien fast die gesamte Rückrunde aus. Nach vierjähriger Pause bekam der Braunschweiger noch vier weitere Chancen im DFB-Trikot. Internationaler Glanzpunkt seiner Karriere war das Länderspiel am 14. Dezember 1968 gegen Brasilien, als er mit einem prächtigen Fallrückzieher den 2:2-Endstand besorgte. Der gelernte Betriebselektriker arbeitete später als Versicherungskaufmann und führte außerdem in Braunschweig eine Schnellreinigung. 1973 ließ er sich reamateurisieren und spielte noch ein paar Jahre für den VfB Peine und als Hobbyfußballer beim TSV Wendezelle.

GEYE, RAINER

Geboren am 22. November 1949
Vier Länderspiele (1972 bis 1974), ein Tor
Fortuna Düsseldorf

Vom »Altstadtkönig« zum Musterprofi

Sein erster »richtiger« Trainer war Otto Knefler. Und der war wohl auch der erste, der sich bei Rainer Geye fast die Zähne ausbiß, denn Knefler war von der Vision besessen, aus diesem »Naturtalent« aus Duisburg so etwas wie einen »beständigen Burschen« zu machen. Mehr Geduld hatte offenbar Kneflers Kollege Heinz Lucas, denn der entdeckte, so ist jedenfalls überliefert, in Mittelstürmer Geye den »besseren Rechtsaußen«. Rainer Geye war Mitte der 70er Jahre ein Fußballer, an dem sich die Geister rieben. Die einen sahen in ihm eines der größten Talente, die anderen befanden, er sei viel zu labil. Das war vor allem im Jahre 1976 so, als Geye noch bei Fortuna Düsseldorf spielte und die enttäuschten Fans auf den Rängen des Rheinstadions ihn als »Altstadtkönig« titulierten. Geye, der vorher bei Duisburg 48/99 und Eintracht Duisburg gespielt hatte, drohte mit seinem Abschied. »Wir nehmen ihn mit Kußhand«, war darauf von Berti Vogts in Mönchengladbach zu hören, denn der hatte in vielen Spielen seine liebe Not mit dem wendigen Fußballer. Und auch bei Hennes Weisweiler in Köln stand Geye auf der Liste, doch dann entschied sich der Trainerfuchs für den Belgier Roger van Gool. Rainer Geye, dem »Mann mit den zwei Gesichtern«, dem schußstarken und kampfbereiten Stürmer, wurden die Anfeindungen in Düsseldorfer irgendwann zu viel, und er wechselte zum 1. FC Kaiserslautern. Die Pfälzer Luft tat ihm gut – mit seinen 27 Jahren stand er auf dem Höhepunkt seines Leistungsvermögens. Aus dem »Altstadtkönig« war ein Musterprofi geworden. Er hatte nicht nur seinen schlechten Ruf abgelegt, sondern auch Scheu und Mißtrauen. Bis 1986 blieb der einstige Jugendnationalspieler beim 1. FC Kaiserslautern. Seine Einsätze in der A-Nationalelf waren da schon der Schnee von vorgestern. Vor der Weltmeisterschaft 1974 hatte er im 40er-Aufgebot des DFB gestanden, war dann aber gestrichen worden. Kaiserslautern wurde ihm zur Heimat – zwischen 1988 und 1993 war er Vizepräsident der »roten Teufel«, später dann Manager. Seine Glückssträhne in der Pfalz riß, als der 1. FCK 1996 die Bundesliga verlassen mußte.

GIESEMANN, WILLI

Geboren am 2. September 1937
14 Länderspiele (1960 bis 1965)
FC Bayern München, Hamburger SV

Das Kraftpaket aus Niedersachsen

Rühme ist ein Vorort von Braunschweig – hier wurde Willi Giesemann geboren. Und es hieß, er stamme aus einem »alten niedersächsischen Schmied- und Bauerngeschlecht«. Tatsache ist, daß der kleine »Wilhelm« bis zu seinem 17. Lebensjahr

für den TSV Sülfeld spielte. Beim VfL Wolfsburg bekam das junge Kraftpaket seinen ersten Schliff, und in regionalen Auswahlspielen machte der athletische Verteidiger auf sich aufmerksam. Sepp Herberger nahm ihn dann zur Jahreswende 1958/59 mit nach Kairo. Dort bestritt eine deutsche Auswahl ein offizielles und ein inoffizielles Länderspiel. Das »offizielle« endete vor 30 000 Zuschauern in Kairo zur Überraschung der Fachwelt mit einer 1:2-Niederlage des Exweltmeisters. Wohl auch deshalb, weil es etliche Stars des deutschen Fußballs nach den Weihnachtstagen vorgezogen hatten, zu Hause zu bleiben. Willi Giesemann saß bei diesem Länderspiel auf der Bank. Drei Tage später bildete er dann mit dem Essener Walter Zastrau ein Verteidigergespann – die Deutschen revanchierten sich und gewannen diesmal dank eines späten Tores von Max Morlock mit 2:1. Für Willi Giesemann sollte dies der Start zu einer großen Fußballkarriere werden. Als er im Mai 1960 sein erstes »richtiges« Länderspiel bestritt, reiste er zwar aus Wolfsburg nach Düsseldorf an, doch er war bereits Vertragsspieler des FC Bayern München. Irland war ein zäher Gegner – das Spiel endete für die Deutschen mit einer 0:1-Niederlage. Doch Willi Giesemann gehörte dennoch für die nächsten Jahre zum festen Stamm der Nationalelf, denn seine beste Zeit in München begann erst, nachdem er seinen Wehrdienst in Wolfsburg beendet hatte. Die unendlich vielen Fahrten zwischen der VW-Stadt und der bayerischen Metropole waren für ihn eine ziemliche Strapaze. Für etliche Bayernfans war Willi Giesemann so etwas wie eine Wiedergeburt des legendären »Grenadiers«, des Düsseldorfers Conny Heidkamp, der als Verteidiger im Jahre 1932 Kapitän der Münchner Meistermannschaft war. An der Isar war Willi Giesemann zunächst Verteidiger und dann als Außenläufer ein Pendant zu Karl Mai. Das »Nordlicht« galt in Bayern als überaus selbstkritisch und ehrgeizig. Er arbeitete an seinen Schwächen, verbesserte die körperliche Wendigkeit und wurde schließlich ein international erfahrener Fußballstar. Vier Jahre lang blieb er in München, dann kehrte er zurück in den Norden und schloß sich im Jahre 1963 dem Hamburger SV an. Bis 1968 absolvierte er für die Hanseaten 104 Spiele in der Fußballbundesliga und schoß dabei 13 Tore. Seine Karriere beschloß er in den frühen 70er Jahren bei der HSV-»Filiale« – beim SV Barmbek-Uhlenhorst. Als Nationalspieler erlebte er 1962 noch einmal einen Leistungshöhepunkt. Er war die zentrale Figur des deutschen Abwehrspiels beim ansonsten eher enttäuschenden WM-Turnier in Chile. Drei Jahre danach endete Willi Giesemanns Länderspielkarriere. Nach einem Foul von Pele erlitt er im Länderspiel in Rio gegen Brasilien einen Beinbruch. Später wurde er Klubwirt beim Großflottbeker THGC in Hamburg.

GLASER, JOSEF

Geboren am 11. Mai 1887,
gestorben am 12. August 1969
Fünf Länderspiele (1909 bis 1912)
Freiburger FC

Ehrenmitglied des DFB

Josef Glaser wuchs in der Schwarzwaldidylle von St. Blasien auf. Die riesige Kuppel des klassizistischen Doms beherrscht das Bild dieser Landschaft im südwestlichen Zipfel Deutschlands. Aber der junge Josef Glaser hatte schon als Tertianer kaum etwas anderes im Kopf als das Spiel mit dem Fußball. Dabei war dieser Sport um die Jahrhundertwende den meisten völlig fremd; manche sahen darin auch so etwas wie eine Gefahr, die über den Ärmelkanal aus England auf das europäische Festland geschwappt war. Josef Glaser scherte sich nicht darum und blätterte mit Begeisterung in der Berliner Fußballzeitung »Rasensport«. Beim Freiburger Fußballclub kam er erstmals mit dem organisierten Fußball in Berührung, und schon mit 20 Lenzen stand Josef Glaser in einem deutschen Endspiel. Am 2. Juni 1907 hatten sich dazu 3000 Zuschauer in Mannheim eingefunden, unter ihnen ein zehnjähriger Knirps namens Sepp Herberger, der in der Nachbarschaft des Platzes »Hinter den Brauereien« wohnte. Josef Glaser war Mittelstürmer des Freiburger FC, und der Gegner war Viktoria 89 Berlin. Der Schüler aus dem Breisgau, der in der Angriffsmitte durch sein technisch sauberes Spiel und durch die Art gefiel, wie er seine Nebenleute mit Vorlagen »fütterte«, wurde kurz vor der Pause beim Stande von 0:0 von Professor Hunn, dem »Trainer« der Freiburger Mannschaft, dazu auserkoren, einen Elfmeter zu schießen. Aber zwischen den Pfosten der Berliner stand ein Torwart namens Paul Skranowitz, dem der Ruf vorauseilte, den Elfmeterschützen aus den Augen ablesen zu können, welchen Weg der Ball nehmen sollte. Josef Glaser traf dennoch zum 1:0 ins Schwarze, aber viel später bekannte er, das Leder gar nicht richtig getroffen zu haben. Und im übrigen habe er »die Augen geschlossen und einfach abgezogen ...« Am Ende hatten die Freiburger 3:1 gewonnen – und knapp zwei Jahre später stand Josef Glaser in der National-

mannschaft. 0:9 unterlagen die Deutschen in Oxford den englischen Amateurfußballern – Josef Glaser war der Kapitän des Verlierers. Drei Wochen später war er dann dabei, als erstmals eine deutsche Nationalmannschaft einen Sieg davontrug. Dies war am 4. April 1909 in Karlsruhe. Die Schweiz wurde mit 1:0 geschlagen – und wieder war Josef Glaser Mannschaftsführer. 1912 war der Schwarzwälder beim olympischen Turnier in Stockholm dabei und einer der besten Spieler beim 16:0-Rekordsieg gegen Rußland. An diesem 1. Juli 1912 verabschiedete er sich als Mittelläufer von der Nationalmannschaft. Nach dem 1. Weltkrieg blieb er bis 1921 für den Freiburger FC aktiv und stellte sich dann als Spielausschußvorsitzender dem Süddeutschen Fußballverband zur Verfügung. Später wurde er als Nachfolger von Julius Keyl Sportwart des Deutschen Fußball-Bundes. Er war Delegationschef des DFB bei der Weltmeisterschaft 1934 in Italien. Im Jahre 1910 promovierte er als Philologe, zwei Jahre später erhielt er eine Professur. Nach dem 2. Weltkrieg wirkte er als Gymnasiallehrer in Freiburg. Der DFB ernannte ihn zum Ehrenmitglied. Dr. Glaser verstarb mit 82 Jahren an den Folgen einer Embolie.

GOEDE, ERICH

Geboren am 24. Mai 1916,
gestorben im Mai 1949
Ein Länderspiel (1939)
Berliner SV 92

Sieg im Schlußakkord

Der 2. Weltkrieg hatte das Leben der Menschen in Deutschland zwar noch nicht grundlegend verändert, doch die Angst vor der Zukunft machte sich immer mehr breit. Zum letzten Länderspiel des Jahres 1939 führte Sepp Herberger seine Mannschaft nach Chemnitz. Die Slowakei war der Gegner. Drei Neulinge hatte Herberger aufgeboten – unter ihnen war der Berliner Außenläufer Erich Goede. Die Stars der Mannschaft standen mit dem Augsburger Ernst Lehner und dem jungen Dresdner Helmut Schön im Sturm. 30 000 Zuschauer sahen ein Spiel, das von den hochfavorisierten Deutschen erst im Schlußakkord umgebogen wurde und schließlich zu einem 3:1-Sieg führte. Für Erich Goede, den humorvollen Läufer des Berliner SV, blieb dies allerdings der einzige internationale Auftritt. Er war erst 33 Jahre alt, als er im Mai 1949 verstarb.

GÖRTZ, ARMIN

Geboren am 30. August 1959
Zwei Länderspiele (1988)
1. FC Köln

Zick-Zack-Kurs eines Postbeamten

»Ich bin überrascht, und ich bin enttäuscht!« Armin Görtz gehörte zu denen, die vor einem großen Spiel ihre Hoffnungen auf einen Einsatz in der deutschen Nationalmannschaft begraben mußten, weil ein Bundestrainer einem anderen den Vorzug gab. Zwar brach für Armin Görtz im Oktober 1988 die Welt nicht zusammen, als Franz Beckenbauer ihn nicht für das WM-Qualifikationsspiel gegen Holland in München nominierte, doch der Kölner spürte, daß dies schon das Ende seiner kurzen internationalen Karriere war. Die verlief auf etwas anderen Gleisen als die der meisten Nationalspieler, denn es dauerte ziemlich lange, bis sich der blonde Profi in der Bundesliga durchsetzte. Begonnen hatte alles in Kirchhörde, einem Dorf an der Dortmunder Peripherie. Zwangsläufig war die große Borussia die nächste Station, doch Armin Görtz bekam zunächst nur einen Amateurvertrag und entschied sich für den Beruf eines Postbeamten. Weil er sich in Dortmund verkannt fühlte, wechselte er zum SV Welver, einem kleinen Flecken auf halber Strecke zwischen Hamm und Soest. Daß er ausgerechnet hier von der Frankfurter Eintracht aufgespürt wurde, war schon ein kleines Wunder. 1981 gab ihm der hessische Bundesligist einen Vertrag. Der Mittelfeldspieler sollte stürmen, doch er schoß keine Tore – und so ging es für ihn wieder auf der Karriereleiter bergab. Noch weiter in den Keller führte der Weg in der Saison 1982/83 für Armin Görtz beim FSV Frankfurt, denn der stieg auch noch aus der 2. Bundesliga ab, worauf er zum belgischen Erstligisten SK Beveren wechselte. Ein Glücksfall für beide Seiten, denn der Verein wurde mit Görtz prompt belgischer Meister. Im Jahr darauf erreichte er zur Überraschung vieler Experten mit dem SV Waregem einen UEFA-Cup-Platz, wo er im Halbfinale auf den 1. FC Köln traf. Für Armin Görtz war dies eine Art Schlüsselerlebnis seiner Laufbahn, denn die Rheinländer boten ihm nach diesem Spiel sofort einen Vertrag an. Als dann Christoph Daum beim 1. FC Köln aufkreuzte, begann die beste Zeit von Görtz, der mittlerweile als offensiver Abwehrspieler seine Idealposition gefunden hatte. Hannes Löhr holte ihn in die Olympiaauswahl, mit der er in Seoul die olympische Bronzemedaille erkämpfte. Im April 1988 erhielt der schnelle

Flankenflitzer sogar eine von zwei Chancen in der Nationalmannschaft. Allerdings war er in den Augen von Franz Beckenbauer nicht stark genug für einen Platz im deutschen EM-Kader. 1990 wechselte Armin Görtz dann noch einmal das Trikot – er unterschrieb bei Hertha BSC, wo er bis 1993 spielte.

GOLDBRUNNER, LUDWIG

Geboren am 5. März 1908,
gestorben am 26. September 1981
39 Länderspiele (1933 bis 1940)
FC Bayern München

»Lutte« – ein Münchner Idol

»Lutte« – das war in den 30er Jahren an der Isar ein Begriff. Ludwig Goldbrunner war einer der Superstars des deutschen Fußballs in der Zeit vor dem 2. Weltkrieg. Der gebürtige Münchner schnürte seine Stiefel erstmals für die Sportfreunde München, kam aber schon 1927 zu den Bayern. Der Städtische Beamte war Mittelläufer der ersten großen Mannschaft in der Geschichte des Vereins. Das, was die »Löwen«, der Münchner Lokalrivale, ein

Jahr vorher gegen Hertha BSC Berlin im deutschen Endspiel knapp verfehlten, schaffte Ludwig Goldbrunner mit seinem FC Bayern: Er wurde Meister des Jahres 1932. An einem heißen Tag in Nürnberg bejubelten die Münchner Fans den 2:0-Sieg gegen Eintracht Frankfurt. Das Offensivspiel der Bayern

triumphierte – aber für einen Defensivkünstler öffnete sich allmählich die Tür zu einer glanzvollen Länderspielkarriere. »Lutte« Goldbrunner, der von den ungarischen Trainern Weiß und Konrad sowie dem Österreicher Dombi geschult und geprägt wurde, debütierte in der Nationalmannschaft am 19. November 1933 in Zürich gegen die Schweiz. Auch der Augsburger Ernst Lehner machte an diesem Tag die ersten Schritte seiner großen internationalen Laufbahn. Deutschland gewann 2:0, und der athletische Mittelläufer aus München wurde als einer der besten Spieler des Siegers gefeiert. Bis 1940 hatte »Lutte« genau 39 Länderspiele absolviert, war längst ein gefeierter und international geachteter Abwehrrecke. Die besten Mittelstürmer seiner Zeit kreuzten die Wege von Ludwig Goldbrunner: Der Franzose Paul Nicholas, der Belgier Raymond Braine, der legendäre Silvio Piola, dem später die Universität Rom ein »Dr. h. c.« verlieh, der Schotte Armstrong, der Spanier Langara und der Engländer Camsell. Ihnen allen lieferte »Lutte« Duelle, die die Fußballanhänger der 30er Jahre faszinierten. 1938 war der Münchner, der auch in der legendären »Breslauer Elf« stand, Teilnehmer an der Weltmeisterschaft in Frankreich. Ein Jahr vorher wurde er für die Westeuropaauswahl nominiert, die dann in Amsterdam ein Spiel gegen Zentraleuropa mit 1:3 verlor. Repräsentativ spielte er für München, Bayern und Süddeutschland. Von der Länderspielbühne verabschiedete sich Ludwig Goldbrunner am 20. Oktober 1940 vor heimischer Kulisse im Münchner Stadion. Vor 32 000 Zuschauern gewann die deutsche Mannschaft gegen Bulgarien mit 7:3. Nach dem 2. Weltkrieg arbeitete »Lutte« Goldbrunner zunächst noch als Spielertrainer bei 1860 München. Später war er als Aufsichtsbeamter, dann als Kühlhausmeister des Münchner Schlacht- und Viehhofs beschäftigt. Vom Ruhm des Fußballs konnte er nicht leben – also verdingte er sich bei der Münchner Stadtverwaltung zunächst für 23 Mark Lohn in der Woche.

GOTTINGER, RICHARD

Geboren am 4. Juni 1926
Ein Länderspiel (1953)
Spvg. Fürth

Der Junge von der Mondstraße

Die Mondstraße in Fürth war nicht etwa eine Straße wie jede andere. Hier waren die Straßenfußballer zu Hause. Sie kickten auf einem Platz an der Badeanstalt, und mit von der Partie waren zwei Nachbarjungen, die später Nationalspieler werden sollten. Der eine war Herbert Erhardt, der andere Richard Gottinger. Die zwei von der Mondstraße sollten ein exzellentes Außenläuferpaar bei der Spvg. Fürth bilden. Bei Richard Gottinger lag die Begeisterung für den Fußball quasi im Blut. Sie entsprang der Verbindung seiner Mutter mit einem gewissen Konrad Krauß, den sie dann allerdings nicht heiratete. Konrad Krauß war einer aus der berühmten Fürther Fußballergeneration der zwanziger Jahre – er wurde zweimal Deutscher Meister. Richard Gottinger war vier Jahre älter als sein Spezi Herbert Erhardt, und bei beiden stoppte der 2. Weltkrieg die fußballerische Entwicklung. Gottinger kehrte 1947 nach der Kriegsgefangenschaft zurück nach Fürth, doch der Verein mit den Kleeblättern im Emblem verfügte zu diesem Zeitpunkt noch über ein paar weitere gute Läufer – es war kein Platz für den Heimkehrer. Und so schaute sich dieser in der Nachbarschaft um und spielte zwei Jahre lang beim klassentieferen ASV Fürth. Dort machte der junge Mann, der trotz seiner mit 168 Zentimetern eher bescheidenen Körpergröße ein ausgezeichneter Kopfballspieler war, auf sich aufmerksam. Und er fand den Weg zurück zu seiner alten Liebe, zur Spvg. Fürth. Gottinger gehörte zu denen, die nach dem 2. Weltkrieg drauf und dran waren, den alten Fürther Fußballtraum neu zu begründen – seine Mannschaft wurde in der Saison 1949/50 Süddeutscher Meister. Doch in der Endrunde war Richard Gottinger nicht dabei, weil er am 5. Februar 1950 in Regensburg einen Schienbeinbruch erlitten hatte. Sein einziges Länderspiel bestritt er am 11. Oktober 1953 gegen das Saarland in Stuttgart (3:0). Es ging um die Qualifikation zur Weltmeisterschaft, die Richard Gottinger dann aber nur aus der Ferne beobachtete. »Bei einem Lehrgang in München-Grünwald nahm mich Sepp Herberger an die Seite und sagte: Schau'n Sie Richard – ich habe zu viele gute Läufer ...« Das war's dann! Bei der Spvg. Fürth blieb Richard Gottinger bis 1961 aktiv, war dann Jugendtrainer bei seinem Verein und wirkte später unter anderem beim FC Bamberg und bei Quelle Fürth. Sein berufliches Tätigkeitsfeld fand er bis 1989 bei der Stadt Fürth als Sozialarbeiter im Jugendamt.

GRABOWSKI, JÜRGEN

Geboren am 7. Juli 1944
44 Länderspiele (1966 bis 1974), fünf Tore
Eintracht Frankfurt

Der »beste Joker der WM«

Von Jürgen Grabowski sagte man, er sei zu seiner
Zeit der einzige Nationalspieler gewesen, der Bundestrainer Schön zu Fuß besuchen konnte. Beide
wohnten in Wiesbaden. »Grabi«, der Weltmeister,
war in dieser Region tief verwurzelt. Er war nie ein
Wandervogel, und er fühlte sich wohl im Ballungs-
raum zwischen Rhein und Main. Dennoch wäre
Jürgen Grabowski 1969 wohl zum FC Bayern München gewechselt, aber die Eintracht gab ihn nicht
frei. Und irgendwie war der Umworbene froh, daß
ihm die Entscheidung durch den Frankfurter Präsidenten Gramlich abgenommen wurde, denn als
die Bayern mit einem Fünfjahresvertrag lockten, da
erinnerte sich »Grabi« an den Weg seines Mann-
schaftskollegen Friedel Lutz, den Max Merkel nach
der WM 1966 zu 1860 München holte. Damals behielten die Warner recht, die Lutz prophezeiten,
daß er unbedingt die Kirchtürme seines heimischen
Bad Vilbel sehen müsse, um als Fußballer Erfolg zu
haben. In seiner Karriere spielte Jürgen Grabowski
nur für drei Vereine: Während seiner Jugendzeit
beim SV 19 Biebrich und beim FV 02 Biebrich. Als
er zur Frankfurter Eintracht wechselte, war ein
Sportwagen das überzeugendste Argument seines
neuen Vereins. In den 70er Jahren war er eine der
dominierenden Persönlichkeiten des deutschen
Bundesligafußballs – als Rechtsaußen und dann als
Mittelfeldspieler. Es war die Zeit, da große Mannschaften überragende Dirigenten für ihr Spiel benötigten. »Grabi« war ein Spielmacher bester Güte,
ein begeisterter Dribbler, ein Techniker von hohen
Graden. In seiner Jugendzeit hatte er sich zum Versicherungskaufmann ausbilden lassen – und diesen
Beruf verlor er nie aus den Augen. Später betrieb er
in Taunusstein eine Agentur der Gothaer Versiche-
rungsbank. Die Luft des internationalen Fußballs
schnupperte Jürgen Grabowski zum erstenmal im
Frühjahr 1965 mit der deutschen Amateurnationalelf in Siegen gegen Thailand (4:2). Aber schon ein
Jahr später debütierte der junge Frankfurter in der
Nationalmannschaft. 1966 zählte er zum deutschen
WM-Aufgebot in England, war dort aber nur ein
»Bankdrücker«. Vor der WM 1970 hatte er seine
gesundheitlichen Probleme abgestreift und war
beim Turnier in Mexiko Helmut Schöns »Joker«.
Mit Grabowski kam in den wichtigen Spielen stets

frischer Wind ins Spiel der Deutschen – die Fachwelt feierte ihn als »besten Auswechselspieler des
Turniers«. 1972 wurde die Nationalelf jedoch ohne
ihn Europameister – Helmut Schön entschied sich
für Uli Hoeneß. Zwei Jahre später schoß Grabowski
bei der Weltmeisterschaft im eigenen Lande im
Spiel gegen Schweden das 3:2, öffnete damit der
deutschen Elf den Weg ins Halbfinale und sich
selbst die Tür zum größten aller Triumphe. Zur
Feier seines 30. Geburtstags stand er in der Weltmeistermannschaft Deutschlands. Auf dem Höhepunkt seiner Karriere sagte er der Nationalmann-

schaft »ade« – auch deshalb, weil ihm die Herrschaft
der in den 70er Jahren dominierenden Bayern und
Gladbacher im Team nicht behagte. Vier Jahre später wollte ihn Helmut Schön vor der Weltmeisterschaft in Argentinien dennoch zu einem Comeback
überreden – vergeblich. Im März 1980 beendete
eine schwere Verletzung nach 441 Bundesligaspielen die Karriere Jürgen Grabowskis – als seine Eintracht den UEFA-Cup gewann, mußte er schweren
Herzens zuschauen. Seinem Verein diente er etliche
Jahre als Mitglied des Verwaltungsbeirats – nach
einem Disput mit seinem langjährigen Kameraden
Bernd Hölzenbein gab er jedoch dieses Amt auf.

GRAMLICH, HERMANN

Geboren am 24. April 1913,
gestorben im Jahre 1942
Drei Länderspiele (1935)
Villingen 08

Als die »Silberpfeile« faszinierten

Spätsommer des Jahres 1935: Auf den Straßen Deutschlands beherrschen die braunen Hemden immer mehr das Bild. Noch ahnt kaum jemand im Reich, daß ein paar Jahre später der Weg des deutschen Volkes in die Katastrophe münden würde. Der Sport steht in diesem Lande in voller Blüte. Im Winter hatte sich Christl Cranz den Titel einer alpinen Skiweltmeisterin in der Kombination und in der Abfahrt gesichert, im Sommer holte sich der 1. FC Nürnberg den deutschen Fußballpokal, der erstmals ausgespielt wurde; auf den Rennstrecken faszinierten die »Silberpfeile« – und im übrigen bereiteten sich alle auf die Olympischen Spiele des Jahres 1936 vor. Natürlich auch der deutsche Fußball. Mit strategischer Sorgfalt sollte das »Unternehmen Olympia« für den DFB zum Erfolg führen. Im August 1935 lud Reichstrainer Prof. Dr. Otto Nerz all jene Fußballer zu einem zweiwöchigen Lehrgang in die Sportschule Duisburg-Wedau ein, die zwischen Kieler Förde und dem Bodensee Rang und Namen hatten. 60 Kandidaten standen auf dem Prüfstand. Als am Ende »gesiebt« wurde, blieben 38 übrig. Zu ihnen zählte auch ein 22jähriger Fußballer aus dem Schwarzwald: Hermann Gramlich von Villingen 08. Der kämmte sich die Haare streng nach hinten, war Schlosser von Beruf, kam eigentlich aus Westfalen und galt als zupackender linker Verteidiger. Am 18. August 1935 absolvierte Hermann Gramlich sein erstes von drei Länderspielen gegen Luxemburg. Zur gleichen Stunde spielte die A-Auswahl der Nationalmannschaft in München und schlug Finnland mit 6:0. Die B-Auswahl, die ebenfalls ein offizielles Länderspiel bestritt und von Sepp Herberger betreut wurde, beschied sich mit einem 1:0-Sieg. Einer der Debütanten in Luxemburg war neben Hermann Gramlich der Schalker Rudolf Gellesch. Gramlich bekam gute Noten und weitere Einladungen zu den Länderspielen des gleichen Jahres gegen Rumänien in Erfurt (4:2) und gegen Polen in Breslau (1:0). Aber die Eintrittskarte zum olympischen Fußball-Turnier 1936 bekam Hermann Gramlich nicht. Dafür blieb ihm dort eine herbe Enttäuschung mit dem frühen Ausscheiden der deutschen Mannschaft erspart. Hermann Gramlich kehrte aus dem 2. Weltkrieg nicht zurück.

GRAMLICH, RUDOLF

Geboren am 6. 6. 1908,
gestorben am 14. März 1988
22 Länderspiele (1931 bis 1936)
Eintracht Frankfurt

Frankfurts großer Techniker

Im Reigen der großen Techniker der Frankfurter Eintracht wird Rudolf Gramlich wohl stets einen Ehrenplatz einnehmen. Dieser Verein war Lebensinhalt des Fußballers, der zunächst das Trikot des FC Borussia Frankfurt trug. 1926 verließ er während seiner beruflichen Ausbildung für drei Jahre seine geliebte Heimat am Main und spielte Fußball in Sachsen – bei den Sportfreunden Freiberg. Die Stadt zwischen Chemnitz und Dresden hatte mit Offenbach, der Geburtsstadt Rudolf Gramlichs, etwas gemein: In den Gassen zwischen dem Schloß Freudenstein und dem Liebfrauendom am Untermarkt war das Lederhandwerk beheimatet. Und Rudi, der spätere Ledereinkäufer, lernte diesen Beruf sehr gründlich. Doch 1929 kehrte er nach Frankfurt/Main zurück und spielte nun im Trikot mit dem Adler. Ein Jahr später schnupperte er erstmals die Atmosphäre des großen Fußballs – er stand mit den Hessen in der Zwischenrunde zur Deutschen Meisterschaft, wo Holstein Kiel die Endstadion war. 1931 schieden die Frankfurter zwar erneut in der Zwischenrunde (diesmal gegen den Hamburger SV) aus, doch Gramlichs technische Perfektion auf der Position des rechten Läufers, seine Interpretation des »flachen Passes«, hatte sich bis zu Professor Otto Nerz herumgesprochen. Als die deutsche Nationalelf am 27. September 1931 in Hannover auf Dänemark traf, gab es unter den 30 000 Zuschauern nur eine Handvoll Optimisten. Seit sieben Spielen hatte die deutsche Mannschaft nicht mehr gewonnen. Zwei Wochen vorher behaupteten sich die Österreicher in Wien gegen die Deutschen mit 5:0. Es war an der Zeit, daß sich die Nationalelf neu orientierte und junge Talente zu ihr stießen. Einer von denen war Rudolf Gramlich – und sein Debüt gegen Dänemark verlief ganz nach Wunsch. Er war einer der stärksten Spieler im Team der Deutschen, die mit 4:2 gewannen und vor allem in der Deckung ausgezeichnet standen. Rudolf Gramlich hatte die Reise vom Main an die Leine nicht allein antreten müssen. Seine Frankfurter Weggefährten Schütz und Stubb packten ebenfalls die Koffer – und außerdem Torwart Kreß von Rot-Weiß Frankfurt und vom FSV Frankfurt der schon damals kahlköpfige Knöpfle. Gramlich war quasi von heute

auf morgen eine feste Größe in der Nationalmannschaft und bei der Weltmeisterschafts-Endrunde
1934 ebenso dabei wie beim Olympischen Turnier
1936. Der 7. August 1936 war allerdings ein Tiefpunkt in der Karriere dieses eleganten Fußballers.
An diesem Tag unterlag die deutsche Mannschaft
im Berliner Poststadion in der olympischen Zwischenrunde gegen Norwegen mit 0:2 – aus war
der Traum von der erhofften Medaille. Und Rudolf
Gramlich, der Kapitän, war einer von denen, die
sich starker Kritik zu erwehren hatten. Für ihn stand
am Ende eines langen internationalen Weges eine
herbe Enttäuschung. Zu allem Unglück erlitt er
wenig später auch noch eine schwere Verletzung.
Bis 1939 verblieb Gramlich bei der Frankfurter Eintracht und stellte dann sein Wissen als Trainer dem
FC Haidhof zur Verfügung. Zwischen 1955 und
1971 war er Präsident »seiner« Eintracht – zwischen
1967 und 1974 Vorsitzender des einflußreichen
DFB-Bundesligaausschusses. Der Deutsche Fußball-
Bund ernannte ihn zum Ehrenmitglied. Rudolf
Gramlich starb kurz vor seinem 80. Geburtstag an
Herzversagen.

GRÖNER, EMIL

Geboren am 25. März 1892
Ein Länderspiel (1921)
SC Stuttgart

Die Termine kollidierten

Gegen das Organisationstalent der Verantwortlichen des Deutschen Fußball-Bundes sprach im Jahre
1921 die Ansetzung des Länderspiels in Ungarn.
Der 5. Juni kollidierte mit der Endrunde zur Deutschen Meisterschaft – und die besten Spieler des
Landes standen an diesem Tag nicht zur Verfügung.
So wurden gleich sechs Debütanten nominiert –
ein Wagnis, das nicht gutgehen konnte. Einer von
diesen Neulingen war der 29jährige Emil Gröner
aus Stuttgart. Er war ein begabter Offensivspieler,
meist in der Angriffsmitte zu finden und hatte sich
am Neckar durch sein aufopferungsvolles Spiel als
»Stürmerwunder« einen Namen unter den fußballverrückten Schwaben gemacht. Viele verglichen
ihn mit dem zu diesem Zeitpunkt bereits legendären Eugen Kipp. Auch Emil Gröner verfügte über
einen trockenen Schuß. Er war auf dem Platz ein
Energiebündel, und viele sahen darüber hinweg,
daß ihm zu einem außergewöhnlichen Fußballspieler einige technische Fertigkeiten fehlten. Auf dem
MTK-Platz in Budapest absolvierte Emil Gröner

sein einziges Länderspiel. Aber an diesem Tag hatte
die deutsche Elf keine Chance. Sie verlor mit 0:3 –
und nur Heiner Stuhlfauth im Tor verhinderte eine
höhere Schlappe. Emil Gröner konnte sich in der
Sturmmitte kaum in Szene setzen. Der Schwabe
hatte in seinen ganz jungen Jahren bei Union Stuttgart (dem späteren Sportclub) erstmals Kontakt
zum Fußball bekommen. Später wechselte er dann
zu den Offenbacher Kickers. Er leitete ein Zigarrengeschäft, arbeitete in den frühen 30er Jahren auch
eine Zeitlang als Trainer der Spvg. Gablenberg bei
Stuttgart. Ende der 30er Jahre trug sein Sohn das
Trikot der Stuttgarter Kickers.

GROH, JÜRGEN

Geboren am 17. Juli 1956
Zwei Länderspiele (1979 bis 1983)
1. FC Kaiserslautern, Hamburger SV

Schnellster Briefträger Deutschlands

Eigentlich hieß diese Straße schon immer so:
»strata montana« – Bergstraße. Den Römern war
sie bestens bekannt, und noch heute zieht sie sich
entlang am Westhang des Odenwaldes. Wer sie be-
fährt, erlebt Romantik pur. Außerdem ist die Region
verwöhnt durch ein mildes Klima, von dem man
meinen sollte, daß hier auch Fußballer prächtig ge-
deihen. Im Falle des Jürgen Groh wird das wohl stimmen, denn der wuchs auf im Schatten der »Kathe-
drale der Bergstraße«, der neugotischen Kirche
von Heppenheim. Und ihm wird wohl schon in
seinen jungen Jahren die Geschichte der Liebig-
Apotheke am historischen Heppenheimer Marktplatz geläufig gewesen sein – hier studierte einst Ju-
stus von Liebig. Jürgen Grohs Studien galten vor
allem den Geheimnissen des tückischen Balles aus
Leder. Beim SV Heppenheim nahm er erstmals an
einem geregelten Fußballspielbetrieb teil, ehe er
über den VfB Bürstadt zum 1. FC Kaiserslautern gelangte. Zu diesem Zeitpunkt hatte er sich längst für
den Job bei der Post entschieden – er war Zusteller
von Briefen und Paketen, und seine Mutter Rita
war ganz froh, daß sich sein Sohn eine gesicherte
Beamtenlaufbahn ausgesucht hatte. Um so besorg-
ter war die Frau Mama, als sich Jürgen Groh eines
Tages von der Post verabschiedete und sich am Lauterer Betzenberg als Profi versuchte. Vier Jahre
blieb er beim pfälzischen Fußballstolz, reifte hier
zum Nationalspieler. Jupp Derwall nominierte den
vielseitig verwendbaren Abwehr- und Mittelfeldspieler im Mai 1979 zur Länderspielreise nach Irland

und Island. In Reykjavik war er beim deutschen 3 : 1-Sieg dabei, doch bis zu seinem nächsten Spiel im Nationaltrikot sollten vier Jahre vergehen. Dazwischen lag für »Joschi« Groh der Wechsel zum Hamburger SV, wo Trainer Ernst Happel ein Auge auf den unermüdlichen Renner geworfen hatte. Happel vertrat sogar die Ansicht, Groh habe das Zeug, sich zu einem der besten deutschen Mittelfeldspieler zu mausern. Das Jahr 1983 brachte für Groh schließlich den größten Triumph seiner Karriere – mit dem HSV holte er sich den Europacup der Meister, und die Hanseaten profitierten an diesem Endspielabend in Athen vielleicht vom Hochmut ihres Gegners Juventus Turin. Der italienische Champion hatte schon vor dem Finale seine Siegesfeier arrangiert und seine Stars mit einer zum damaligen Zeitpunkt schier unglaublichen Prämie in Höhe von 115 000 Mark pro Mann geködert. Dies alles motivierte den HSV und trieb ihn zu einem für viele sensationellen 1 : 0-Sieg. Jürgen Groh machte in Athen seinem Namen vom »HSV-Zatopek« alle Ehre – er rannte die Italiener in Grund und Boden. Der Europacupsieg bescherte ihm indirekt einen zweiten Länderspieleinsatz – Jupp Derwall berief ihn in sein Team, das im September 1983 in Budapest gegen Ungarn 1 : 1 spielte. Anschließend verpaßte er allerdings den Zug zur Europameisterschaft nach Frankreich, dem Land, in dem er am liebsten Urlaub machte. Seine Profikarriere beschloß Jürgen Groh nach einer Zwischenstation bei Trabzonspor (Türkei) im Jahre 1989 beim 1. FC Kaiserslautern – nach insgesamt 351 Bundesligaspielen. Danach war er noch eine Weile im Trikot des SV Edenkoben zu sehen. Beruflich wählte »Joschi« Groh einen etwas ungewöhnlichen Weg – er kehrte nicht nur zurück nach Heppenheim, sondern er machte das, was er vor seinem Job als Fußballprofi getan hatte – er wurde wieder »Landzusteller« bei der Post.

GROSS, WILHELM

Geboren am 6. Juli 1892,
gestorben am 13. September 1917
Ein Länderspiel (1912)
Karlsruher FV

Der Schüler des »Missionars«

Wilhelm Gross war in einem historischen Länderspiel der deutschen Nationalmannschaft dabei. Am 24. März 1912 gastierte sie in Zwolle und traf dort auf Holland. In dieser Elf standen nicht weniger als sechs Karlsruher Spieler, was Indiz dafür war, daß im Südwesten das Herz des deutschen Fußballs schlug. In Karlsruhe hatte der schottische Trainer-»Missionar« William Townley, der später zur Spvg. Fürth wechselte, ganze Arbeit geleistet. Im Jahre 1908 war Townley aus Prag gekommen und hatte neben einigen Reisekoffern viele gute Ideen mitgebracht. Die fruchteten in Karlsruhe schnell. »Stoppen – hinsehen – passen!« Das hämmerte der reiselustige Brite seinen Spielern in Karlsruhe immer wieder ein. Und einer von denen, die den Worten des Mannes aus dem Mutterland des Fußballs besonders aufmerksam lauschten, war Wilhelm Gross, der linke Läufer. Ihm sagte man einen enormen Trainingsfleiß nach. Seine Stärken lagen in der Zerstörung des gegnerischen Spielflusses, und er war berühmt als »Ballabnehmer«. Seine Spezialität war eine Art Spagat. Der Lohn seines Fleißes war unter anderem die Berufung in die Nationalmannschaft. In Zwolle schlug den deutschen Fußballern zur allgemeinen Überraschung eine große Sympathie entgegen – und nach dem legendären 5 : 5 waren die Spieler des Karlsruher FV in aller Munde. Der englische Schiedsrichter Howcroft, der dieses Duell der Nachbarn leitete, stellte anschließend die deutsche Mannschaft mit den besten englischen Fußballamateuren auf eine Stufe – was zweifellos ein Kompliment war. Ein paar Wochen später stand Wilhelm Gross mit dem Karlsruher FV im Endspiel um die Deutsche Meisterschaft. In Hamburg unterlag er mit seinen Kameraden dem KSV Holstein Kiel mit 0 : 1. Wilhelm Gross wurde nur 25 Jahre alt – er fiel im 1. Weltkrieg als Fliegeroffizier bei einem Beobachtungsflug in Flandern.

GROSS, VOLKMAR

Geboren am 31. Januar 1948
Ein Länderspiel (1970)
Hertha BSC Berlin

Nach Kapstadt des Skandals wegen

Der 6. Juni 1971 war ein schwarzer Tag des deutschen Fußballs, denn die Bundesliga stürzte bei einer Gartenparty in eine existentielle Krise. Horst-Gregorio Canellas, der Präsident der Offenbacher Kickers, hatte zu seinem 50. Geburtstag eingeladen. Gekommen war eine illustre Schar, darunter Bundestrainer Helmut Schön. Sie alle verließen bedrückt dieses »Fest«, denn Canellas, ein Importeur von Früchten des Südens, behauptete: »Wir sind durch Betrug abgestiegen.« Was er allen Anwesenden mittels eines Tonbandgeräts zu beweisen suchte. Unter anderem war da Bernd Patzkes Stimme zu hören und die von Tasso Wild. »Von einem anderen Verein bekommen wir mehr – 220 000 Mark ...« Helmut Schöns Glas mit Orangensaft soll gezittert haben, als er auch noch die Stimmen einiger anderer Nationalspieler vernahm, die von Torwart Manfred Manglitz zum Beispiel. Spätestens von diesem Tag an, an dem sich das Tonband in Canellas Garten drehte, erhielt auch die Karriere von Torwart Volkmar Groß einen Knick, denn er gehörte zu denen bei Hertha BSC Berlin, die bereit waren, Spiele für Geld zu verkaufen. So jedenfalls sah das später das Sportgericht des DFB. Von der »kleinen« Hertha in Zehlendorf war Groß, der temperamentvolle Torwart, von dem sein Trainer Kronsbein einmal sagte, er sei sein »Sorgenkind«, zur »großen« Hertha gekommen. Auf dem Betzenberg in Kaiserslautern endete am 3. Juni 1972 seine Karriere bei Hertha BSC. Wenige Tage später traf ihn der Bannstrahl des DFB. Es folgte eine schwere Zeit mit Sperre, Prozessen, dem Urteil und dann der Begnadigung. Die Skandalsünder durften im Ausland spielen. Worauf Südafrika das bevorzugte Ziel einiger Herthaner wurde. In Kapstadt fand der Torwart, der 1969 ein Gebrauchtwagengeschäft in Berlin-Wilmersdorf eröffnet hatte, bei Greek Helenia zwar nicht sein Fußballglück, wohl aber seine dritte Frau. 1974 kehrte er zurück nach Europa, unterschrieb einen Vertrag bei Twente Enschede. Mit den Holländern erwischte Volkmar Groß eine glänzende Saison, scheiterte erst im UEFA-Cup-Finale an Borussia Mönchengladbach. Via Fernsehen betrieb der »Lange« Werbung für sich und für seine Fangkünste. 1976 war er dann endlich wieder in Berlin – nicht bei Hertha BSC, sondern bei Tennis Borussia. Ein Berliner Pelzgroßhändler machte diesen 200 000 Mark teuren Transfer möglich. Doch TeBe stieg aus der Bundesliga ab, worauf sich Volkmar Groß für zwei Jahre beim FC Schalke 04 verdingte. Doch seine große Zeit war vorbei, und längst hatte er es auch verwunden, daß der Bundesligaskandal seine internationale Karriere verhinderte. So mußte sich Groß mit nur einem Länderspiel – 1970 beim 3 : 1-Sieg in Athen gegen Griechenland – bescheiden.

GROSSER, PETER

Geboren am 20. September 1938
Zwei Länderspiele (1965 bis 1966)
TSV 1860 München

Von den Bayern zu den »Löwen«

Bayern oder 1860? Für so manchen Münchner Fußballbuben war und ist dies keineswegs eine Frage von oberflächlicher Natur. Bayern oder 1860 – aus der Konkurrenz der Rivalen läßt sich noch immer eine gesunde Motivation schöpfen. Auch für Peter Grosser stellte sich als Knirps die Frage, ob er sein Talent den »Löwen« oder den Bayern schenken sollte. Denn daß Grosser junior die besten Voraussetzungen mitbrachte, zeigt schon der Blick ins Familienstammbuch. Peters Vater spielte in der großen Ära des Alfred Schaffer beim DSV München, der Fußballabteilung des damaligen Münchner TV. Und Peters Bruder Robert war in den 60er Jahren bei Bayern München aktiv. Bleibt Rudi, der Jüngste, der ebenfalls zum Aufgebot des FC Bayern gehörte. Peter Grosser kam vom FC Neuhofen über den MTV 79 im Jahre 1956 in die Jugendmannschaft des FC Bayern, wurde bald Mitglied der Amateurelf und empfahl sich für die Oberliga. Unter den Trainern Patek und Schneider entwickelte er sich zur Schaltstation seiner Mannschaft und wurde deren Kapitän. Er verstand es, den Ball zu führen, glänzend zu kombinieren, und wenn es ihm gelang, seinen Gegenspieler mit einer Finte zu verwirren, freute er sich diebisch. Sechs Jahre trug er das Trikot des FC Bayern, dann wechselte er hinüber zu 1860 München, wo er ab 1963 ebenfalls sechs Jahre blieb. Worauf Peter Grosser von sich behaupten durfte, ein guter Fußballsohn der Stadt München zu sein, weil er seine Gunst gleichmäßig verteilte. Allerdings: Bei 1860 München erfuhr er eine Leistungsexplosion, obwohl zunächst einige meinten, der junge Grosser sei nicht robust genug. Doch Max Merkel machte aus seinem neuen Spieler einen der konditionsstärksten der Mannschaft. Von Grossers Ideen profitierten jahrelang Heiß, Rebele, Konietzka und Brunnenmeier. Schon in den späten fünfziger Jahren hatte Peter Grosser Einladungen von Sepp Herberger zu Lehrgängen des DFB erhalten. »Einen wie ihn könnte ich immer gebrauchen, doch man weiß bei ihm nie, wann er gerade in Form ist«, soll der alte Sepp mal über Grosser gesagt haben. Diese Probleme hatte sein Nachfolger Helmut Schön nicht, als er Peter Grosser 1965 erstmals nominierte. Vor der Weltmeisterschaft 1966 durfte sich Peter Grosser große Hoffnungen auf eine Teilnahme beim Turnier in England machen. Schließlich hatte er beim überaus wichtigen 2:1-Sieg in Stockholm gegen Schweden mitgewirkt, dabei sein internationales Debüt gefeiert und den entscheidenden Paß zu Uwe Seelers Tor gespielt. Doch dann wurde der Name des Münchners von der Liste gestrichen – er war einer von drei sogenannten »Härtefällen«. Die beiden anderen trafen Lothar Ulsaß und den gealterten Horst Szymaniak. Ein zweites Länderspiel bestritt Peter Grosser in Belfast beim deutschen 2:0-Sieg gegen Nordirland. In 130 Bundesligaspielen erzielte er 49 Tore – den schönsten Triumph feierte der Halb- und Mittelstürmer mit 1860 München im Jahre 1965, als er im Europacupfinale gegen West Ham United spielte, und im Jahr darauf, als er mit den »Löwen« Deutscher Meister wurde. Dabei wollte er nach zwei Jahren wieder zurück zu den Bayern, aber mittlerweile gab es zwischen beiden Vereinen so eine Art Gentleman Agreement, wonach keiner der beiden Topclubs sich gegenseitig die Spieler streitig machen wollte. So blieb Grosser bis 1969 beim TSV 1860 und wechselte dann zu Austria Salzburg. Der Grund: Sein neuer Verein gestattete ihm, zwei Tage pro Woche seinem Job als Handelsvertreter für Werbe- und Geschenkartikel in München nachzugehen. Dennoch wurde er Publikumsliebling in der Mozartstadt. Zwischen 1977 und 1987 arbeitete er schließlich als Trainer bei der Spvg. Unterhaching, anschließend bei Türk Gücü München und als Jugendtrainer beim TSV Forstenried. In den 90er Jahren war Peter Grosser Vizepräsident der Spvg. Unterhaching.

GRUBER, HANS

Geboren am 4. Juni 1905,
gestorben am 4. September 1967
Ein Länderspiel (1929)
Duisburger SV

Mittelläufer gegen Schottland

Hans Gruber hatte mit dem Duisburger SV im Jahre 1927 die Endrunde um die Deutsche Meisterschaft erreicht, scheiterte dort aber in den Gruppenspielen an den Berliner Kickers, die mit den Westdeutschen eines gemein hatten: das Gründungsjahr. Und Berlin spielte für Hans Gruber noch einmal eine sportlich bedeutsame Rolle. Am 1. Juni 1929 war der Mittelläufer im Berliner Grunewaldstadion beim 1:1 der Nationalelf gegen Schottland dabei. Der Duisburger kam etwas überraschend in die

Mannschaft, denn die Deutschen hatten ein paar Wochen vorher im Turiner Hexenkessel einen vielbeachteten 2:1-Sieg gegen Italien erreicht. Hans Gruber, der spätere Bankangestellte, verdrängte dennoch den Fürther Ludwig Leinberger und profitierte davon, daß Hans Kalb verletzt war. Allerdings konnte er Leinberger und Kalb nur einmal aus der Nationalelf verdrängen – ansonsten stand er im Schatten dieser beiden populären Fußballer. Hans Gruber vertrat den Westdeutschen Verband in zahlreichen Repräsentativspielen und gehörte als einer der besten Mittelläufer Deutschlands zum Olympiaaufgebot des DFB beim Turnier 1928 in Amsterdam. Seinem Duisburger Spielverein hielt er stets die Treue – später auch als Spielausschußobmann. Hans Gruber starb 1967 an einer unheilbaren Krankheit.

GRÜNDEL, HEINZ

Geboren am 13. Februar 1957
Vier Länderspiele (1985 bis 1986)
Hamburger SV

Der Belgier aus Berlin

Das Motorradfahren war seine ganze Leidenschaft, doch sein Hobby auf zwei schnellen Rädern wurde ihm fast zum Verhängnis. Heinz Gründel liebte in seinen jungen Jahren seine 750er Honda über alles, aber der »heiße Ofen« brachte ihm kein Glück, und er sollte das Leben des Berliners aus dem Stadtteil Wedding von einem zum anderen Tag verändern. Nach einem schweren Unfall und einem komplizierten Beinbruch lag Heinz Gründel 1976 drei Monate lang im Krankenhaus – und die Fußballerkarriere hing für den 19jährigen am seidenen Faden. Dabei hatte ihm sein Trainer Georg Keßler, den sie bei Hertha BSC »Sir« nannten und der ihn von Rapide Wedding holte, immer wieder gewarnt. Doch nun war es passiert, und Heinz Gründel brauchte viel Geduld, ehe eine offene Beinwunde schließlich verheilt war. Als er zu seinen Herthanern zurückkehrte, dauerte es noch viele Wochen, ehe er allmählich Anschluß an sein einstiges Leistungsvermögen gefunden hatte. Als es endlich soweit war, kaufte er sich von Uwe Kliemann wieder ein Motorrad und zog sich damit den Zorn seines neuen Trainers Kuno Klötzer zu. Der ließ ihn links liegen, worauf Heinz Gründel Abschied vom deutschen Profifußball nahm und seine Unterschrift unter einen Vertrag des belgischen Erstligisten Thor Waterschei setzte. Dort stand mit Torwart Pudelko ein weiterer Deutscher auf der Gehaltsliste. In der belgischen Provinz platzte bei dem Berliner Luftikus endgültig der Knoten, sein Trainer Jeff Vliers war begeistert von seinem Stürmer, der Waterschei zweimal zum Titel eines belgischen Pokalsiegers schoß. So ganz nebenbei lernte der Berliner die flämische Sprache, wechselte 1982 zu Standard Lüttich und wurde prompt belgischer Meister. Dann aber verschoben die Lütticher ein Spiel – Expräsident Roger Petit und Extrainer Raymond Goethals sollen dabei eine unrühmliche Rolle gespielt haben –, und Gründels Interesse am belgischen Fußball sank. 1985 zog es ihn zurück in die Bundesliga – zum Hamburger SV. Horst Hrubesch, sein Spezi aus gemeinsamen Lütticher Tagen, stellte die Weichen. Mittlerweile war er zum Virtuosen am Ball gereift, zu einem Dribbler, dem die Fans zujubelten. Im gleichen Jahr wurde er zum Nationalspieler – allerdings mißriet sein Debüt beim 0 : 1 gegen Portugal in Stuttgart. Dennoch war er lange Zeit für die Weltmeisterschaft 1986 eine feste Größe, doch dann wurde er von Teamchef Beckenbauer neben Mill, Buchwald und Funkel gestrichen. »Der Franz soll sich einen anderen Doofen suchen«, sagte er später und zeigte daraufhin der Nationalelf die kalte Schulter. Heinz Gründel war vor allem deshalb verärgert, weil die WM in Mexiko nach seiner Auffassung offenbarte, daß fast alle Stürmer der deutschen Mannschaft angeschlagen nach Mittelamerika flogen. Der 27. Dezember 1986 markierte dann den Wendepunkt in Gründels Karriere. Bei einem Hallenturnier in Bremen blieb er im Kunststoffrasen hängen und erlitt einen Bänderriß im linken Knie. Es folgten mehrere Operationen, ein langes Aufbautraining und ein weiterer Rückschlag in Form eines Ermüdungsbruchs im Schienbein. So richtig kam er an der Elbe nicht mehr auf die Beine, zumal sich auch ein Knorpelschaden im Knie schmerzhaft bemerkbar machte. 1988 wechselte er dann zu Eintracht Frankfurt, wo er bis 1992 unter Vertrag stand, um dann dem großen Fußball endgültig »adieu« zu sagen.

GÜNTHER, WALTER

Geboren am 18. November 1915
Vier Länderspiele (1935 bis 1937), zwei Tore
Duisburg 99

Mit der Straßenbahn zum DFB-Lehrgang

Wo die Ruhr in den Rhein fließt, liegt Duisburg. Die Wasserwege und die Hochöfen bestimmten schon in den 30er Jahren das Bild dieser weltoffenen Stadt im Herzen des Ruhrgebiets. Hier war Walter Günther zu Hause – bei den Neunundneunzigern war er der schnelle Mann auf dem linken Flügel. Zwar gaben die Schalker im benachbarten Westfalengau den Ton an, doch am Niederrhein war Duisburg immer schon ein gutes Pflaster des westdeutschen Fußballs. Hier hatten die Menschen ein feines Gespür für den Wert harter Arbeit – und Walter Günther war einer von denen, die sich ihren Weg erkämpfen mußten, denen nichts in den Schoß gefallen war. Seine Konkurrenz war groß, als Reichstrainer Professor Dr. Otto Nerz Anfang August 1935 die 60 vermeintlich besten deutschen Fußballer zu einem Lehrgang berief. Walter Günther konnte mit der Straßenbahn zu dieser Talentsichtung fahren, denn die fand in der Sportschule Duisburg an der Wedau statt. Es war das Ziel des Deutschen Fußball-Bundes, die Mannschaft für das olympische Turnier des Jahres 1936 aufzubauen. Zwei Wochen lang standen die deutschen Fußballer auf dem Prüfstand des DFB, dann wurden zwei Nationalmannschaften benannt, die am 18. August 1935 zeitgleich in München gegen Finnland und in Luxemburg spielen sollten. Walter Günther war heilfroh, daß er wenigstens für die zweite Garnitur der Nationalmannschaft nominiert wurde. Sepp Herberger betreute dieses Team in Luxemburg – und es gewann 1 : 0 durch ein Tor von Walter Günther, der zwei Minuten vor der Pause einen Paß des Schalkers Rudi Gellesch aufnahm und Torwart Hoscheid nicht den Hauch einer Chance ließ. Die Elf der Talente hatte sich bewährt, wenn auch einige noch weit davon entfernt waren, zu Leistungsträgern der Nationalmannschaft zu werden. Auch Walter Günther mußte über ein Jahr lang warten, ehe er wieder berufen wurde. Er war in Warschau beim 1 : 1 gegen Polen dabei – für das olympische Turnier 1936 wurde er nicht nominiert. So blieben ihm Hohn und Spott der Öffentlichkeit nach dem 0 : 2 gegen Norwegen in Berlin erspart. Sein viertes und letztes Länderspiel bestritt der Duisburger am 31. Januar 1937 in Düsseldorf gegen Holland. Vier Minuten vor Schluß verpaßte er eine Riesenchance, als er allein auf den holländischen Torwart Halle zustürmte, dieser aber das Duell gewann. Statt dessen gelang den Holländern in der Schlußminute noch das Ausgleichstor zum 2 : 2. 1948 meldete sich Walter Günther beim Duisburger SV an.

H

HABER, MARCO

Geboren am 21. September 1971
Zwei Länderspiele (1995)
VfB Stuttgart

Entdeckt in der Schulmannschaft

Es waren die Namen dreier Fußballer, die sich wie ein roter Faden durch Marco Habers Karriere zogen. Da war zunächst einmal ein Mann namens Franz Schwarzwälder. Von dem wußte man, daß er einst beim SV Alsenborn und beim 1. FC Nürnberg im Tor stand und nun Jugendtrainer des 1. FC Kaiserslautern war. Und der Zufall wollte es, daß besagter Franz Schwarzwälder eines Tages bei einem Spiel einer Schulmannschaft vorbeischaute, in der sein Sohn mitwirkte. Angetan war der Zufallsspion allerdings mehr von einem kampfstarken Mittelfeldspieler – von Marco Haber. Der Rest ist rasch erzählt: Schwarzwälder berichtete Kaiserslauterns A-Jugendtrainer Ernst Diehl von seiner Entdeckung – und 1985 war der Transfer perfekt. Marco Habers Zeiten beim TV Kindenheim und beim VfR Frankenthal gehörten der Vergangenheit an – die Zukunft sollte ihn zum Beruf des Fußballprofis führen. Wichtigster Begleiter auf seinem Weg war zunächst Ernst Diehl, der A-Jugendcoach des 1. FC Kaiserslautern, der aus seinem Erfahrungsschatz von über dreihundert Bundesligaspielen schöpfen konnte und der dem jungen Marco Haber viele Tricks beibrachte. Zwei Jahre später gehörte das Talent schon der DFB-Jugendnationalmannschaft an – der spätere Bundestrainer Berti Vogts hatte den Pfälzer im Visier. Der dritte wichtige Mann in Marcos Karriere hatte mit dem Mittelfeldkämpfer eigentlich wenig zu tun, doch sein Wort galt. Es handelte sich um keinen Geringeren als Udo Lattek, der über den 19jährigen Marco Haber einst urteilte: »Der Junge ist weiter als Lothar Matthäus im gleichen Alter ...« Die Fachwelt horchte auf, und für Marco Haber wurde Latteks Ansicht zur Bürde auf seinem weiteren Weg. Der 1. FC Kaiserslautern gab seinem »Kometen« einen Profivertrag,

und schon in seinem ersten Jahr feierte dieser am Betzenberg den Gewinn der Deutschen Meisterschaft. Stammspieler wurde er auch im deutschen Olympiaaufgebot von DFB-Trainer Hannes Löhr, doch die Mannschaft schaffte nicht den Sprung zum Turnier in Barcelona. Beim 1. FC Kaiserslautern reifte Marco Haber inzwischen im zentralen Mittelfeld zu einer dominierenden Figur – gleichzeitig begann er eine Ausbildung zum Bürokaufmann. 1995 wechselte der schnelle Mann mit dem strammen Schuß zum VfB Stuttgart. Rechtzeitig genug, wie manche Beobachter meinten, denn so blieb Haber der Lauterer Abstieg im darauffolgenden Jahr erspart. 1995 wurde er zum Nationalspieler. Beim mühsamen 2 : 1-Sieg in Brüssel gegen Belgien ersetzte er den verletzten Kohler, mußte dann aber in der Endphase aus taktischen Gründen für Labbadia den Platz verlassen, obwohl er gute Leistungen gezeigt hatte. Das brachte ihm eine zweite Länderspielberufung ein – im Dezember des gleichen Jahres war er beim 0 : 0 gegen Südafrika in Johannesburg dabei. Im darauffolgenden Jahr wurden Marco Habers Hoffnungen enttäuscht – er bekam nicht das erhoffte Ticket für die Europameisterschaft in England.

HÄNEL, ERICH

Geboren am 31. Oktober 1915
Drei Länderspiele (1939), ein Tor
BC Hartha

Aus dem »sächsischen Manchester«

In Chemnitz, dem »sächsischen Manchester«, wuchs Erich Hänel auf. Mitten im 1. Weltkrieg wurde er hier geboren. Und in Sichtweite von St. Marien auf dem Schloßberg schnürte er zum erstenmal seine Fußballstiefel bei den Preußen. Doch ein paar Kilometer nördlich von Chemnitz wuchs im Schatten der Burg Kriebstein eine neue sächsische Fußballgröße heran – der BC Hartha. Er löste im Jahre 1937 den PSV Chemnitz als Gauligameister ab und wurde zu einer Schmiede zahlreicher Talente. Hartha zählte rund 8000 Einwohner, doch zu den Spielen des BC kamen regelmäßig 10 000 Zuschauer. Erich Hänel gehörte zu den Stammspielern der Mannschaft, die um die Deutsche Meisterschaft kämpfte, dort allerdings mit dem Hamburger SV bzw. in Fortuna Düsseldorf zweimal überragende Gruppengegner vorfand. Am 26. März 1939 erhielt Erich Hänel eine Einladung für das Länderspiel gegen Luxemburg in Differdingen. Eigentlich war dies eine B-Auswahl, denn die Stars der deutschen Fußballszene spielten zur gleichen Stunde in Florenz und unterlagen dort Italien mit 2:3. Auch die »Reservisten« verloren gegen das benachbarte Großherzogtum etwas überraschend mit 1:2. Und dies, obwohl Erich Hänel schon in der ersten Minute mit einem Freistoß die deutsche 1:0-Führung erzielt hatte. Knapp zwei Monate später wurde der 23jährige Lagerist aus Sachsen noch einmal von Sepp Herberger getestet. Im inoffiziellen Länderspiel gegen Böhmen-Mähren in Stuttgart kam er in der 33. Minute für Edmund Conen, der geschont werden sollte, ins Spiel. Und wieder bestätigte er seinen Ruf als Spezialist für schnelle Tore. In der 40. Minute markierte Erich Hänel die deutsche 1:0-Führung. Am Ende hieß es vor 25 000 Zuschauern 2:2. Im gleichen Jahr folgten für den Mittelstürmer noch zwei Länderspieleinsätze. Beim 2:0-Sieg in Tallin gegen Estland vergab Erich Hänel einige sehr gute Chancen. Auch beim 2:0-Erfolg im Dezember 1939 in seiner Heimatstadt Chemnitz wollte ihm kein Tor gelingen. Nach Rückkehr aus der russischen Kriegsgefangenschaft im Jahre 1949 spielte Erich Hänel noch ein Jahr in Hartha, verließ dann aber bei Nacht und Nebel die sowjetisch besetzte Zone, um an der Weser eine neue Heimat zu finden. Er spielte bis 1953 beim Bremer SV – trotz seines beträchtlichen Fußballalters dirigierte er den blauweißen Angriff in der Oberliga Nord meisterhaft. Zwischen 1953 und 1958 ließ er seine Karriere beim VfB Oldenburg ausklingen. Selbst, als er mit 38 Jahren eine schwere Meniskusverletzung erlitt, dachte er nicht daran, sofort dem Fußball »adieu« zu sagen. Sein Sohn Klaus, der später mit Werder Bremen Deutscher Meister wurde, spielte gemeinsam mit seinem Vater in der Oberligaelf des VfB. Erich Hänel arbeitete in Bremen als Verwaltungsangestellter.

HÄSSLER, THOMAS

Geboren am 30. Mai 1966
83 Länderspiele (seit 1988), zehn Tore
1. FC Köln, Juventus Turin, AS Rom, Karlsruher SC

»Icke« und das Kämpferherz

Häufig sind es die Kleinen, die die Herzen der Fans im Sturm erobern. Thomas Häßler war aber nicht nur wegen seiner 166 Zentimeter Körpergröße ein Sympathieträger des deutschen Fußballs. Vielmehr war es das Kämpferherz, das überzeugte, der Witz, mit dem er sein Spiel im Mittelfeld der Nationalmannschaft betrieb. Die »FAZ« sah in seiner Art, den Fußball zu zelebrieren, »eine Symbiose aus Athletik und Ballkunst«. Thomas Häßler wuchs in Berlin gemeinsam mit seinen Brüdern Sascha und

Andreas auf. Letzterer starb 1979 an Leukämie. Meteor 06 war in Berlin der erste Verein, in dem der junge Thomas Häßler spielte. Mit 13 Jahren wechselte er dann zu den »Füchsen« nach Reinickendorf. Der 1. FC Köln wurde früh auf das kleine Genie von der Spree aufmerksam – und zwar auf dem alljährlichen Tummelplatz der Talente, beim Schülerlager in Duisburg-Wedau. Hannes Löhr und Christoph Daum waren daraufhin die ersten großen Förderer von Häßler, der in Pierre Littbarski das große Vorbild sah. »Litti« hatte den gleichen Weg aus Berlin genommen und war inzwischen ein Großverdiener der Szene. 1984 unterschrieb Thomas Häßler, der seine Ausbildung als Bauzeichner aufgegeben hatte, um sich ganz auf seine Fußballkarriere vorzubereiten, seinen ersten Profivertrag beim 1. FC Köln. Doch der junge Mann war seelisch noch nicht so robust, wie sich das seine Mentoren am Rhein gewünscht hatten. Thomas Häßler litt unter Heimweh – unter der Trennung von Familie und Freunden, die er in Berlin zurückgelassen hatte. Doch in der Vorweihnachtszeit des Jahres 1985 platzte bei dem Talent der Knoten. Sein 1. FC Köln traf im UEFA-Cup auf Hammarby IF – und mit einem Schlag spielte sich Häßler in die Mannschaft des Bundesligisten. Seinen Spitznamen »Icke« hatte ihm sein Mannschaftskamerad Hans-Peter Lehnhoff verpaßt, weil der kleine Mann von der Spree so herrlich »berlinerte«. Zwei Jahre später erinnerte sich Hannes Löhr, inzwischen in Diensten des Deutschen Fußball-Bundes und zuständig für die Olympiaauswahl, seines kleinen Musterschülers, und die Mannschaft, die später die Bronzemedaille bei den Sommerspielen in Seoul gewann, war das Sprungbrett für Häßler in die Nationalmannschaft. Beim WM-Qualifikationsspiel im Sommer 1988 in Helsinki trumpfte er so souverän auf, daß Teamchef Franz Beckenbauer den Debütanten anschließend mit den Worten lobte: »Der spielt so, als wenn er schon hundert Länderspiele auf dem Buckel hätte ...« Und niemand ahnte, daß ausgerechnet der Kleinste ein gutes Jahr später der deutschen Nationalelf die Tür zur Weltmeisterschaft in Italien öffnen sollte. Häßler schoß in Köln das Siegtor zum 2 : 1 gegen die überraschend wehrhaften Waliser. Dieses Erfolgserlebnis trug ihm auch das Ticket zum WM-Turnier ein – er stand im Team des Weltmeisters. Zu diesem Zeitpunkt hatte Thomas Häßler bereits einen neuen Vertrag unterschrieben – bei Juventus Turin. Dieser Wechsel, den sich »Juve« eine Ablösesumme von 14,5 Millionen Mark kosten ließ, belastete den kleinen Mann mit der weichen Seele. Während des WM-Turniers übten sich seine Freunde bei ihm in Seelenmassage. 1991 spielte »Icke« dann an der Seite von Rudi Völler bei AS Rom, wo er wieder zur alten Stärke und zur »Frechheit« seines Spiels zurückfand. Davon profitierte die deutsche Nationalmannschaft vor allem bei der Europameisterschaft 1992 in Schweden, wo es zwar im Finale eine überraschende Niederlage gegen Außenseiter Dänemark gab, wo sich jedoch Thomas Häßler im Zenit seines Leistungsvermögens vorstellte. Er wurde 1992 »Fußballer des Jahres« und belegte bei der Abstimmung nach dem »Weltfußballer« Platz drei. Dennoch war auch sein Weg bei AS Rom von starken Schwankungen

gezeichnet – er saß häufiger auf der Reservebank, als ihm das recht sein konnte. Nach dem WM-Turnier 1994 in den USA gehörte er zu den »Italienern«, die zurückfanden in die Bundesliga. Der Karlsruher SC feierte seine Verpflichtung als einen »Meilenstein in der Geschichte des Vereins«. Doch 1996 reiste Thomas Häßler nach dem verlorenen Pokalfinale gegen den 1. FC Kaiserslautern enttäuscht und verunsichert zur Europameisterschaft nach England. Er holte mit der Nationalelf zwar den Titel, doch an seine großen Leistungen bei der EM in Schweden konnte er nicht anknüpfen.

HAFERKAMP, HANS

Geboren am 11. Oktober 1921,
gestorben am 30. Juni 1974
Vier Länderspiele (1951 bis 1952), ein Tor
VfL Osnabrück

Einer wie Fritz Walter

»Hannes« – das war in den frühen 50er Jahren im Osnabrücker Raum ein Begriff. Dahinter verbarg sich ein blonder Fußballer, der in der Stadt zwischen Teutoburger Wald und Wiehengebirge Inhaber eines Tabakwaren- und Zeitschriftengeschäfts war. Bei den Spielen des VfL Osnabrück war Hannes Haferkamp die Seele der Mannschaft. Der halblinke Stürmer war ein exzellenter Kombinationsfußballer, der einen sicheren Torschuß hatte. Während des 2. Weltkriegs war er drei Jahre lang Soldat in Norwegen. 1948 kam der gebürtige Osnabrücker gemeinsam mit Fiening und Nienhaus vom Lokalrivalen SV Eintracht zum Oberligisten und wurde gleich Stammspieler. Im Juli 1950 erhielt Haferkamp erstmals eine Einladung von Bundestrainer Sepp Herberger zu einem DFB-Lehrgang nach Duisburg-Wedau. Und da er in seiner Spielweise stark an Fritz Walter erinnerte, fand Herberger Gefallen an dem 19jährigen aus Niedersachsen. In den Regionalauswahlspielen testete er den Osnabrücker. Im März 1951 traf der Norden auf den Süden und verlor in Hamburg vor 30 000 Zuschauern mit 2 : 4. Aber Haferkamp hinterließ in der Läuferreihe mit den HSVern Posipal und Spundflasche dennoch einen starken Eindruck. Er stand deshalb auch in der Mannschaft des DFB im ersten inoffiziellen Länderspiel gegen das Saarland in Essen. 7 : 1 gewannen die Gastgeber. Hannes Haferkamp bestritt danach vier offizielle Länderspiele. Seine internationale Feuertaufe bekam er in der ersten Begegnung einer deutschen B-Auswahl. Zu Beginn der 50er Jahre beschloß der Deutsche Fußball-Bund die Installierung eines Unterbau seiner National-mannschaft. Diese B-Auswahl traf zur Premiere am 14. April 1951 in Karlsruhe auf die Schweiz und verlor 0:2. Zwei Monate später waren 90000 Zuschauer im Berliner Olympiastadion nicht gerade »happy«, als die deutsche A-Nationalmannschaft gegen die Türkei mit 1:2 unterlag. Hannes Haferkamp war einer der Besten im Trikot der Verlierer. Am 23. September 1951 war er wieder »erste Wahl« für Sepp Herberger und trug mit einem Tor nicht unwesentlich zum 2:0-Sieg gegen Österreich in Wien bei. Im November 1951 folgte die Revanche gegen die Türken in Istanbul. 2:0 gewann die deutsche Mannschaft – Hannes Haferkamp spielte auf dem halblinken Flügel. Seinen Abschied aus der Nationalelf gab der Osnabrücker am 20. April 1952 beim 3:0-Sieg in Luxemburg. Er sprang ab der 65. Minute für den verletzten Essener Clemens Wientjes ein. Kurz nach seiner Einwechslung unterlief ihm das Pech eines Handspiels – beim fälligen Elfmeter schob der Luxemburger Mond den Ball allerdings am Torpfosten vorbei. In der Folgezeit absolvierte Haferkamp zahlreiche Auswahlspiele für Niedersachsen und Norddeutschland und hätte wahrscheinlich zum Aufgebot für die Weltmeister-schaft 1954 in der Schweiz gezählt, wenn ihn nicht Anfang 1953 eine schwere Krankheit heimgesucht hätte, die eine 14monatige Zwangspause erforderte. Später führte Hannes Haferkamp in Osnabrück ein Tabakwarengeschäft. Er starb 1974 an den Folgen eines Herzinfarkts.

HAFTMANN, MARTIN

Geboren am 16. Juli 1899,
gestorben 1961
Ein Länderspiel (1927)
Dresdner SC

Neue Typen für ein neues System

Europas Fußball bekam Mitte der 20er Jahre ein neues Gesicht. Das Profitum machte sich immer mehr breit, doch die Deutschen befleißigten sich jahrzehntelang einer vornehmen Zurückhaltung. Bezahlter Fußball – das war mit den Vorstellungen der Männer an den Schreibtischen des Deutschen Fußball-Bundes noch nicht in Einklang zu bringen. So war Professor Dr. Otto Nerz, der zu diesem Zeitpunkt noch nicht wußte, ob er eigentlich als Trainer oder Betreuer der Fußball-Nationalmannschaft galt, nicht zu beneiden. Zumal es immer schwieriger

wurde, gleichrangige Gegner auf dem Kontinent zu finden. Allmählich setzte sich auf den Fußball-feldern Europas auch ein neues Spielsystem durch. Das »WM«-System spukte in den Köpfen – der Fußball nahm Abschied von der Vorstellung, daß eine erfolgreiche Mannschaft nur dann erfolgreich sein könne, wenn fünf Stürmer in möglichst einer Linie angriffen. Neue Typen waren gefragt – und einer von denen, auf die Prof. Dr. Nerz ein Auge geworfen hatte, spielte beim Dresdner SC: Martin Haftmann, der Rechtsaußen. Neben ihm wurden zum Länderspiel am 2. Oktober 1927 in Kopenhagen gegen Dänemark acht weitere Debütanten aufgerufen. Aber für die meisten war diese Nominierung eine Eintagsfliege. Das galt auch für Martin Haftmann, der an diesem Herbsttag 1927 in der dänischen Hauptstadt überfordert war. Die Nationalelf verlor 1:3 und Prof. Dr. Nerz war auf dem Weg zu einer neuen Mannschaft keinen Schritt weitergekommen. Der Autoschlosser aus Dresden, der sein Fußball-ABC bei Sportlust Dresden gelernt hatte und später im Trikot von Fortuna Dresden spielte, wartete fortan vergeblich auf Einladungen des DFB.

HAGEN, HANS

Geboren am 15. Juli 1894,
gestorben am 11. Oktober 1957
12 Länderspiele (1920 bis 1930)
Spvg. Fürth

Der »grimmige Prinz«

Hans Hagen trug das Kleeblatt der Spielvereinigung Fürth auf seinem Trikot. Als die Kanonen des 1. Weltkriegs endlich schwiegen und sich ganz allmählich wieder der Fußballbetrieb in Deutschland breitmachte, war er so eine Art Spätberufener. Er kam vom FC Schneidig Fürth, war Außenläufer, Mittelläufer und Verteidiger, und er gehörte zu denen, die die Tradition des Fürther Fußballs hinübertrugen in die Nachkriegszeit, obwohl einige der besten Fußballer auf den Schlachtfeldern geblieben waren. Auch der blutjunge Hans Hagen war Soldat und brachte aus dem Krieg eine böse Gesichtsnarbe in seine Heimat zurück. Er wirkte oft ein wenig verschlossen, was ihm den Beinamen »grimmiger Prinz« einbrachte. Am 31. Mai 1914 war die Spielvereinigung nach dem hartumkämpften 3:2 im Finale gegen den VfB Leipzig Deutscher Meister geworden. Und nun schrieb man das Jahr 1920. Nach sechsjähriger Pause, die der 1. Weltkrieg erzwungen hatte, wurde endlich wieder ein Deutscher Meister im Fußball ermittelt. Der »Club« gegen den Nachbarn aus Fürth – die großen fränkischen Duelle nahmen ihren Lauf. 35 000 Zuschauer waren im Frankfurter Stadion – eine bis dahin nie dagewesene Kulisse bei einem Endspiel in Deutschland – als am 13. Juni 1920 der 1. FC Nürnberg die Spvg. Fürth mit 2 : 0 besiegte. Der spätere DFB-Präsident Dr. Peco Bauwens leitete dieses Spiel – und die Verlierer waren hinterher untröstlich. Hans Hagen war der Mittelläufer der Verlierer. Für ihn, den gebürtigen Fürther, war es selbstverständlich, das Trikot der Spielvereinigung zu tragen. Schließlich war Fürth eine Hochburg des deutschen Fußballs und beschäftigte mit William Townley einen der berühmtesten Trainer des Kontinents. 1100 Mitglieder zählte der Verein und war damit nach dem VfR Mannheim der größte Fußballklub in Deutschland. Spätestens am 26. September 1920 hatte Hans Hagen die Endspielniederlage überwunden, denn er hielt für »Bumbas« Schmidt Einzug in die Nationalmannschaft. Zwar gewannen die Österreicher in Wien mit 3 : 2, doch Hans Hagen hatte schon mal die Tür zum ganz großen Fußball geöffnet. Stammspieler der Nationalmannschaft wurde der Fürther allerdings erst an einem kalten Januartag 1923, als die deutsche Elf zwar in Mailand mit 1 : 3 gegen Italien verlor, Hans Hagen aber ein großes Spiel machte. Seine Spurtkraft und sein geschmeidiges Spiel ließen ihn zu einem der stärksten deutschen Läufer und Verteidiger der zwanziger Jahre werden. Er strotzte trotz seiner eher kleinen Statur vor Kraft und war ein wahres Energiebündel. Bis 1930 hatte er zwölf Länderspiele absolviert. Beim 4 : 0 gegen Finnland in Hamburg-Altona trug er im Oktober 1929 die Armbinde des Kapitäns – ein halbes Jahr später verabschiedete er sich mit dem 5 : 0-Erfolg gegen die Schweiz in Zürich von der internationalen Bühne. Inzwischen war er fast 36 Jahre alt und längst Sportlehrer in Bamberg sowie später in Fürth. 883mal hatte er das Trikot der Spvg. Fürth getragen, 63mal für die Süddeutsche Auswahl gespielt. Im Jahre 1939 übernahm er das Training der Fürther Mannschaft, betreute auch den Nachwuchs. Im Jahre 1942 offenbarte er noch einmal seine körperliche Fitneß, als er mit »48« zum letzten Mal als Rechtsaußen in der 1. Mannschaft spielte und seinen Teil zum 11 : 0-Sieg gegen die Spielvereinigung Erlangen beisteuerte.

HAHNEMANN, WILHELM

Geboren am 14. Januar 1914,
gestorben im August 1991
23 Länderspiele (1938 bis 1941), 16 Tore
Admira Wien

An der Seite von Sindelar

Wilhelm Hahnemann galt in den späten 30er Jahren als Halbstürmer und Rechtsaußen der Weltklasse. Der Wiener spielte während seiner Schülerzeit im Trikot der Donaufelder Rasenspieler. Als er 17 Jahre alt war, meldeten ihn seine Eltern bei der traditionsreichen Admira an, wo er schnell in die erste Mannschaft hineinwuchs und sein Talent in frühen Jahren präsentierte. Dies war nicht selbstverständlich, denn die Admira war ein Sammelbecken großer Fußballer. Stoiber, Klima, die beiden Vogels, Urbanek und Zöhrer waren hier aktiv. Am 12. Mai 1935 feierte Wilhelm Hahnemann ein glanzvolles internationales Debüt beim 5 : 2-Sieg Österreichs gegen Polen in Wien. Als er 13 Jahre später zum letzten Mal das Trikot der Alpenrepublik bei den Olympischen Spielen in London gegen Schweden (0 : 3) überstreifte, lag nicht nur eine wechselvolle Karriere hinter dem überragenden Fußballer, sondern auch ein Weltkrieg, der das Bild Europas verändert hatte. 1938, nach der Annexion Österreichs durch Hitler, wurde aus dem österreichischen ein deutscher Nationalspieler. Am 3. April 1938 war er beim inoffiziellen Länderspiel zwischen Österreich und Deutschland in Wien dabei. Mit dem 2 : 0-Sieg endete nach dem Einmarsch Hitlers in Wien die glanzvolle Ära des österreichischen Fußballs. Wilhelm Hahnemann stand an diesem Tag an der Seite von Matthias Sindelar, der zu den populärsten Wienern gehörte und für den dieses Abschiedsspiel der österreichischen Nationalelf eine schicksalhafte Bedeutung haben sollte. Der »Mozart des Fußballs« starb ein Dreivierteljahr später unter mysteriösen Umständen. Wilhelm Hahnemann setzte seine Karriere im Trikot der deutschen Nationalelf fort und debütierte im WM-Vorrundenspiel 1938 in Paris beim 1 : 1 nach Verlängerung gegen die Schweiz. Mit seiner Wiener Admira erreichte er 1939 zwar das deutsche Endspiel, erlebte dort aber vor 100 000 Zuschauern im Berliner Olympiastadion mit dem 0 : 9 gegen die »kreiselnden« Schalker ein Debakel. Mit 45 Jahren ließ sich Willi Hahnemann von dem von Abstiegsnöten geplagten SC Wacker Wien zu einem Comeback überreden. Der allseits beliebte Fußballer, den seine Freunde liebevoll den »Zigeuner« nannten, war Angestellter im Sportamt der Stadt Wien. Probleme mit der Justiz bekam er Anfang 1949. In der türkischen Hauptstadt Ankara, wo Hahnemann mit seiner Mannschaft weilte, wurde er gemeinsam mit seinem Kameraden Polster zu jeweils sechs Monaten Gefängnis verurteilt, weil er mit 500 Feuerzeugen angetroffen wurde. Der Wiener war des Schmuggels überführt worden. Ein Bittgesuch von Wacker Wien, das ohne seine beiden Spieler nach Griechenland weiterreiste, wurde von den türkischen Behörden abgelehnt. Nach seiner Entlassung, im August 1949, stellte sich heraus, daß Willy Hahnemann für einige seiner Kameraden den Kopf hingehalten hatte und eigentlich unschuldig war. 1950 übernahm er das Training von Vienna Wien, wurde dann Meister mit Lausanne und den Grashoppers in Zürich und wechselte schließlich zur Spvg. Fürth und zum FC Biel. 1964 ließ er sich noch einmal überreden, dem Hütteldorfer AC, einen Nachbarn von Rapid Wien, zum Aufstieg aus der 3. Kreisklasse zu verhelfen. Inzwischen hatte er sein Herz längst an einen kleineren Ball verloren – dem Tennisball. Wilhelm Hahnemann wurde ein beliebter und überaus gefragter Tennislehrer.

HALLER, HELMUT

Geboren am 21. Juli 1939
33 Länderspiele (1958 bis 1970), 13 Tore
BC Augsburg, FC Bologna, Juventus Turin

Er schnappte sich den Endspielball

»Hemad« riefen ihn seine Eltern im breitesten schwäbisch. »Hemad« – das war Helmut! Helmut Haller! Sein Vater Georg war bei der Bundesbahn beschäftigt, und der Sprößling war in den Fußball regelrecht vernarrt. Zwar war er eigentlich für diesen harten Sport als kleiner Bub' noch ein wenig zu schmächtig, doch fehlende Kraft ersetzte er mit einer erstaunlichen Technik. Sein Trikot war ihm in diesen Jahren, als er noch in Augsburgs Vorort Oberhausen kickte, viel zu groß. Als er »14« war, hatte der kleine Helmut seine ersten Meisterschaften aber schon hinter sich – unter anderem war er mit dem BC Augsburg schwäbischer Schülermeister geworden. Am 8. August 1957 feierte sein Verein das 50jährige Bestehen. Zu diesem Zeitpunkt war Helmut Haller drauf und dran, Stammspieler der Augsburger zu werden. Er debütierte in der ersten Mannschaft am 20. Juni 1957 im Flutlichtspiel gegen Csepel Budapest. Trainer »Zapf« Gebhardt, den der BCA verpflichtet hatte, um endlich

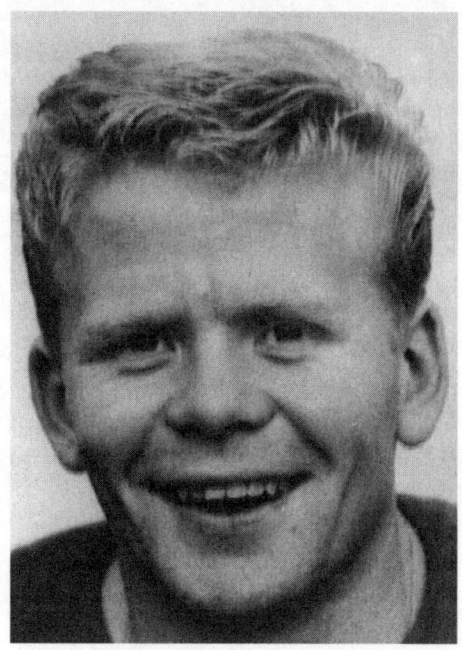

den Aufstieg in die Oberliga Süd zu schaffen, wurde der erste große Förderer von Helmut Haller. Der dankte ihm das Vertrauen und schoß 31 der 86 Augsburger Saisontore. Das ließ auch Bundestrainer Sepp Herberger aufhorchen. Die Folge: Am 24. September 1958 feierte Helmut Haller bereits seine Länderspielpremiere beim 1 : 1 in Kopenhagen gegen Dänemark. Selten bekam ein so junges Talent in der deutschen Nationalmannschaft eine Chance. Haller war Halbstürmer – und der Zufall wollte es, daß er in das Trikot des großen Fritz Walter schlüpfte, der sich endgültig von der Fußballweltbühne verabschiedet hatte. Es war die Zeit, da sich der DFB noch immer schwertat mit der Hinwendung zum Profitum, und es war eigentlich selbstverständlich, daß ein so junger Mann wie Helmut Haller zunächst einmal einem »ordentlichen« Beruf nachging und erst dann Fußball spielte. Vertragsspieler durften offiziell nur 400 Mark im Monat verdienen. Das Talent aus der Fuggerstadt arbeitete deshalb tagsüber in einer Maschinenfabrik als Monteur – abends trainierte er. Doch als die Belastung für ihn offensichtlich zu groß wurde, besorgte der BC Augsburg seinem Jungstar eine leichtere Anstellung – er wurde so eine Art Beifahrer in einem Schuhgeschäft. Fortan konnte sich Helmut Haller viel intensiver auf den Fußball konzentrieren. Das tat ihm und seinen Anhängern gut. Bis zum WM-Turnier 1962 in Chile blieb er in seiner Heimatstadt, doch als er mit der Nationalmannschaft nach

Südamerika flog, da wußte er bereits, daß Bologna seine nächste Station sein würde. 200 000 Mark Handgeld waren ihm vom italienischen Erstligisten zugesichert worden – der BCA sollte eine Ablösesumme von 250 000 Mark erhalten. Sechs Jahre blieb Haller in Bologna – die Tifosi schwärmten von ihrem blonden Star aus Deutschland, denn der Verein stieg auf zu den bis dahin unerreichten Mailänder und Turiner Klubs. 1964 wurde der Schwabe mit dem AC Bologna, dessen Präsident Renato Dale 'Ara wenige Tage zuvor verstorben war, nach einem Entscheidungsspiel gegen Inter Mailand italienischer Meister. Der Papst empfing die Bolognesen daraufhin in Privataudienz. Helmut Haller war inzwischen zum Superstar gereift, auch wenn er nur auf eine Handvoll Länderspiele für Deutschland verweisen konnte. Er glühte auf dem Platz vor Temperament, und zuweilen brannten ihm auch schon mal die Sicherungen durch. So, als er einem Reporter seine Fußballschuhe an den Kopf knallte. »Ich bin nun mal ein Fußballzigeuner«, diktierte »El Biondo« den italienischen Journalisten in die Notizblocks. 1966 reiste er mit der Nationalelf zum WM-Turnier nach England und galt als Herzstück des deutschen Mittelfelds. Neben ihm standen Wolfgang Overath und der blutjunge Franz Beckenbauer. Nach dem enttäuschenden 0 : 0 gegen Argentinien überbrachte Schön-Assistent Dettmar Cramer seinem Star aus Italien im idyllischen Hotel »Peveril of the Peak« eine schlechte Nachricht am Morgen des Spiels gegen Spanien: »Du bist nur Reservist.« Am liebsten hätte Haller sofort die Koffer gepackt, doch im nächsten Spiel gegen Uruguay war er wieder dabei – und auch im Finale, wo er seine Elf mit 1 : 0 gegen England in Führung brachte. Am Ende hatte er zwar nicht den Titel gewonnen, doch er hatte sich den Endspielball geschnappt. Erst dreißig Jahre später gab er ihn zurück – auf Vermittlung einer großen englischen Boulevardzeitung. Als Vizeweltmeister kehrten die Deutschen heim – ihnen wurde ein großer Empfang bereitet, weil nach dem »Wembley-Tor« im Verlierer alle den moralischen Sieger sahen. Haller kassierte eine Prämie von 10 000 Mark (3500 Mark gingen gleich ans Finanzamt), zwei Goldbarren und einen Teppich. 1968 wurde Juventus Turin die nächste Station des inzwischen mit Gewichtsproblemen kämpfenden Mittelfeldspielers. Drei Millionen Mark war »Juve« der Transfer wert. Anastasi, Zoff, Causio, Altafini – Helmut Haller befand sich in bester italienischer Fußballgesellschaft. Und er wurde noch zweimal Landesmeister (1972 und 1973). 1970 erlebte er seine dritte Weltmeisterschaft in Mexiko, doch Bundes-

trainer Helmut Schön sah in ihm nun nur noch den Reservisten – worauf Haller seine internationale Karriere schleunigst beendete. Mit 29 Jahren kehrte er heim nach Augsburg, wo sein Verein, der nach einer Fusion mit Schwaben inzwischen »FCA« hieß, in der Regionalliga Süd spielte. Zwischendurch gab Haller, der in seiner Heimatstadt ein Sportgeschäft betrieb, auch noch ein Gastspiel beim BSV Schwenningen. Der jugoslawische Spielervermittler Mihailovic hatte diesen Wechsel eingefädelt. Später war er eine Weile als Trainer tätig – zunächst beim TSV Fischach, bei seinem FC Augsburg und im Herbst 1992 schließlich für eine kurze Zeit beim FC Chur. Doch sympathischer waren ihm die Auftritte mit den »Datschiburger Kickers«, einer Prominentenauswahl. Helmut Hallers Sohn Jürgen erbte das Talent des Vaters – er spielte lange beim FC Augsburg und später in der 2. Liga bei Blau-Weiß Berlin.

HAMMERL, FRANZ

Geboren am 9. Oktober 1919
Ein Länderspiel (1940)
Post SV München

Heimspiel an der Grünwalder Straße

Ein Heimspiel hatte Franz Hammerl am 20. Oktober 1940. Über drei Jahre war es nun her, daß die »Breslauer Elf« die Fußballnation verzückt hatte. In der Zwischenzeit gab es manchen Rückschlag, aber auch einen 13 : 0-Sieg gegen Finnland. Und der 2. Weltkrieg hatte das Leben der Menschen in Deutschland mehr und mehr verändert. Im Ligafußball drehte sich alles um die Schalker, doch von denen war nur Torwart Hans Klodt zur Stelle, als die Nationalelf an diesem Oktobertag des Jahres 1940 in München auf Bulgarien traf. Dafür hatte der linke Läufer Franz Hammerl vom Postsportverein München eine Einladung erhalten. Und dies ganz pünktlich zu seinem 21. Geburtstag. 32 000 Zuschauer waren im Stadion an der Grünwalder Straße – und sahen zehn Tore. Die Gastgeber gewannen gegen Bulgarien mit 7 : 3, wobei vor allem der Stuttgarter Routinier Edmund Conen gewaltig aufdrehte. Viermal langte er zu – viermal war Torwart Antonov »zweiter Sieger«. Franz Hammerl, der sich in einigen Repräsentativspielen des Gaues Bayern hervorgetan hatte und Student war, bekam in diesem Länderspiel dennoch eine Menge zu tun und verstand sich nicht immer mit Kupfer und Goldbrunner. So blieb es bei diesem einzigen Ausflug in die internationale Fußballszene.

HANKE, RICHARD

Geboren am 18. März 1910
Ein Länderspiel (1930), ein Tor
FV Breslau 06

Der Wanderer durch Europas Fußball

Walter Hanke war einer der ersten »Kosmopoliten« des deutschen Fußballs. Vier Jahre vor Ausbruch des 1. Weltkriegs wurde er in Breslau geboren. Hier, an der Mündung der Ohle in die Oder, wuchs er auf und spielte Fußball im Trikot des Breslauer FV von 1906. Als die deutsche Nationalmannschaft am 2. November 1930 ihr Länderspiel gegen Norwegen in Breslau absolvierte, war es wohl auch eine Verbeugung vor den fußballbegeisterten Schlesiern, daß der 20jährige Richard Hanke nominiert wurde. Doch ausgerechnet ihm war es zu verdanken, daß dem Gastgeber eine Blamage gegen die Skandinavier erspart blieb. In der 2. Halbzeit war Richard Hanke für »Karlchen« Hohmann vom VfL Benrath ins Spiel gekommen. Zehn Minuten später »staubte« er im Stile eines Routiniers ab. Ernst Albrecht paßte zur Mitte, und Richard Hanke verwandelte vom Elfmeterpunkt. Am Ende hieß es 1 : 1 – und die 40 000 Breslauer waren in ihrer Ansicht vereint, ein außerordentlich schwaches Länderspiel gesehen zu haben. Doch sie trugen »ihren« Richard Hanke auf den Schultern vom Platz. Für den Torschützen blieb diese Nominierung dennoch einmalig. Worauf er als Modelltischler seine »Wanderungen« durch Europa aufnahm. Und überall, wo er sich eine Weile niederließ, suchte er Kontakt zu den Fußballvereinen. So spielte er beim Wiener AC, dem tschechischen DSV Saaz und schließlich als einer der ersten Profis aus Deutschland in der höchsten französischen Spielklasse beim FC Metz und zuletzt bei Stade Klamais Rennes.

HANNES, WILFRIED

Geboren am 17. Mai 1957
Acht Länderspiele (1981 bis 1982)
Borussia Mönchengladbach

Opa Schnitzler sprach ihm Mut zu

Es war im Jahre 1975: Herbert Widmayer, Trainer der deutschen Fußballjugend, steuerte dem Saisonhöhepunkt entgegen – dem UEFA-Turnier. 1975 hatte der DFB etwas Außergewöhnliches gewagt: Mit dem jüngeren der beiden A-Jugendjahrgänge sollte das hohe Ziel anvisiert werden – das Experiment drohte zu scheitern. Und nun stand das entscheidende Qualifikationsspiel gegen Österreich in Nürnberg vor der Tür, was Herbert Widmayer dazu veranlaßte, sein blutjunges Team mit einigen »Routiniers« anzureichern. Einer der Neuen war Wilfried Hannes, der als Jugendlicher schon in der Landesligaelf von Düren 99 spielte und hier 25 Saisontore hingelegt hatte. Düren 99 – das war schon immer ein Sammelbecken der Talente. Aus diesem Verein gingen Karl-Heinz Schnellinger und Georg Stollenwerk hervor. Widmayers Mut zur Umstellung wurde belohnt – die deutschen Nachwuchskicker gewannen 3 : 1, und Wilfried Hannes traf gleich zweimal. Worauf auf der Tribüne des Nürnberger Stadions Offenbachs Geschäftsführer Willy Konrad seinem Sitznachbarn zuraunte: »Den Jungen müssen wir uns mal näher anschauen.« Aber die Bundesliga hatte zu diesem Zeitpunkt schon die Angel ausgeworfen. Fortuna Düsseldorf, 1. FC Köln, Schalke 04 und Borussia Dortmund klopften bei Hannes an, doch der entschied sich für Borussia Mönchengladbach und Trainer Hennes Weisweiler. Wilfrieds Vater und Großvater sprachen dem etwas schüchternen Jungen Mut zu, und beide wußten, wovon sie redeten. Opa Schnitzler war vier Jahrzehnte zuvor schon von Sepp Herberger zu Lehrgängen eingeladen worden, und Vater Hannes stand unter Dettmar Cramer als Torwart in der deutschen Jugendauswahl – es war die Zeit des großen Innentrios Habig – Seeler – Stürmer! Wilfried Hannes war seit seinen ganz jungen Jahren sehbehindert – wegen eines Tumors auf der Pupille war ihm das rechte Auge entfernt worden. Doch das beeindruckte ihn als Profi offenbar wenig. In die ganz großen Schlagzeilen geriet er 1977, als ihm im Viertelfinale des Europacups in Brügge ein ganz wichtiges Tor seiner Gladbacher Borussia gelang. Zunächst war er so eine Art Edelreservist am Bökelberg, und seine Beiträge zu den Gladbacher Meisterschaften der Jahre 1976 und 1977 waren eher bescheiden. Doch Ende der 70er Jahre hatte sich der einstige Stürmer zu einem kopfballstarken Libero gemausert. Zum Nationalspieler wurde Wilfried Hannes im Jahre 1981 – gegen Albanien gab er sein Debüt. Zwölf Monate später gehörte er zum deutschen WM-Aufgebot in Spanien, aber er kam nicht zum Einsatz. Zu diesem Zeitpunkt hatte er schon einige schwerere Verletzungen hinter sich. In seinem zweiten Profijahr mußte er sich einer Knieoperation unterziehen. Später dann erlitt er einen Unterarmbruch, dann eine Verletzung zwischen Achillessehne und dem unteren Wadenmuskel, es folgte eine Fußgelenkoperation. Trotzdem kam er immer wieder auf die Beine und wechselte 1986 nach 261 Bundesligaspielen für die Borussia zum FC Schalke 04. Zwei Jahre später verpflichtete er sich dann für den Schweizer Erstligisten AC Bellinzona. Gesundheitliche Probleme zwangen ihn schließlich zur Aufgabe seiner Profikarriere. 1991 wurde Wilfried Hannes Trainer bei Alemannia Aachen, wo ihm allerdings kaum Sympathien entgegenschlugen. Der etwas spröde wirkende Dürener scheiterte in seinen Bemühungen, den Traditionsklub wieder in den bezahlten Fußball zu führen. Im August 1994 gab Hannes auf, übernahm dann das Amt des Trainers beim Verbandsligisten Rhenania Würselen.

HANREITER, FRANZ

Geboren am 4. November 1913,
gestorben am 21. Januar 1992
Sieben Länderspiele (1940 bis 1942)
Admira Wien

Ein »roter Jäger«

Hermann Graf war Major, in den späten Jahren des 2. Weltkriegs wurde er zum Kommandanten befördert. Er ist in die Geschichte des deutschen Fußballs eingegangen als einer der außergewöhnlichsten Förderer. »Ihm und Sepp Herberger habe ich mein Leben zu verdanken«, sagte einst Franz Hanreiter, der große Fußballer von Admira Wien. Als der Spielbetrieb in den vierziger Jahren in Deutschland zum Erliegen kam und die meisten Fußballnationalspieler über alle Fronten des Krieges verteilt waren, gab es ein paar wundersame Marschbefehle in die Heimat. Fritz Walter erreichte ein solcher auf der Mittelmeerinsel Elba, und sein Kompaniechef wunderte sich, daß der Obergefreite der Infanterie durch das Jagdgeschwader II ins ostfriesische Jever berufen wurde. Auch Franz Hanreiter war verblüfft, doch die allgemeine Verunsicherung sollte sich bald aufklären, denn hinter diesen Marschbefehlen steckte der fußballbegeisterte Hermann Graf, ein guter Bekannter von Sepp Herberger. »Rote Jäger« nannten sich die Spieler dieser Soldatenmannschaft, in der auch Hermann Eppenhoff spielte – und Franz Hanreiter, den sie an der Donau den »Zauberer« nannten, weil er ein glänzender Ballartist war. Der Wiener war ungemein vielseitig – ihm war es ziemlich egal, ob er auf der linken oder rechten Angriffsseite spielte, als Stürmer oder Läufer. Umsicht und Spielintelligenz kennzeichneten die Art, wie Franz Hanreiter Fußball umsetzte. Bei Wacker Wien lernte er das kleine Ein-

maleins dieses Sports, später vertrat er Wien unzählige Male in Auswahlspielen. In der Blüte seiner Jugend wechselte er zum französischen Erstligisten FC Rouen und blieb dort für drei harte Profijahre. 1938 kehrte er nach Wien zurück und trug fortan das schwarz-weiße »Zebradreß« von Admira, für die er noch 1947 um Punkte kämpfte, um dann zu Spora Luxemburg überzusiedeln. Als Trainer wurde er im Großherzogtum sogar Meister. Seinen international bedeutsamsten Tag feierte Franz Hanreiter, der auch sechs Länderspiele für Österreich bestritt, am 6. April 1941 in Köln, wo Ungarn mit 7:0 regelrecht demontiert wurde. »Dieser Angriff war eine prächtige Mischung aus deutscher Fußballpräzision und Wiener Schmäh'«, sagte Hanreiter später. In seiner Heimatstadt an der Donau übte er den Beruf des Gemeindeangestellten aus.

HANSSEN, KARL

Geboren am 5. Juli 1887,
gestorben am 13. September 1916
Drei Länderspiele (1910 bis 1911)
Altona 93

Norddeutscher Fußballmeister

Hamburg erlag schon in der Frühzeit des deutschen Fußballs dem Reiz der »englischen Krankheit«. Die Hanseaten, die stets von sich behaupten, weltoffen zu sein, hatten kaum Vorbehalte gegen diesen Sport. Und so war es eigentlich ganz logisch, daß sich in der Metropole an der Elbmündung schon im 19. Jahrhundert etliche Fußballvereine bildeten, von denen in der Urzeit deutscher Endrundenspiele einige ein gewichtiges Wort mitredeten. Germania, Victoria und vor allem Altona 93 – das waren die großen Hamburger Vereine der Epoche vor dem 1. Weltkrieg. Und die 93er gehörten zu den Gründungsmitgliedern des Deutschen Fußball-Bundes. Das erste offizielle Fußballspiel fand am 22. April 1894 – natürlich – in Altona statt. Es soll um sechs Uhr in der Frühe begonnen haben und von zwei Mannschaften mit jeweils sechs Spielern bestritten worden sein. In alten Chroniken ist nachzulesen, daß die Altonaer sich ein paar Stunden abmühten, um endlich ein »Goal« zu schießen. Als sich dann der Erfolg tatsächlich einstellte, einigten sich beide Mannschaften darauf, die Partie wegen Ermüdung aller Beteiligten nicht wieder aufzunehmen. Dreimal errangen die Altonaer die Hamburger Meisterschaft (von 1898 bis 1900). Die Fußballer des Vereins waren schon in dieser Zeit ständig »auf Achse« –

unternahmen verschiedene Auslandsreisen. 1903 stand Altona dann in den Entscheidungsrunden um die 1. deutsche Fußballmeisterschaft, besiegte zwar Victoria Magdeburg mit 8:1, scheiterte dann aber mit 3:6 am VfB Leipzig. Das Gelände an der Brahmsstraße wurde von den Altonaern 1907 angemietet, später gekauft. Und hier spielte dann auch Karl Hanssen. Er war ein paar Jahre älter als der Braunschweiger und spätere HSVer »Tull« Harder, der eine der ersten Persönlichkeiten in einer Zeit war, als der deutsche Fußball noch recht mühsam das Laufen lernte. Auch Adolf Jäger war ein Mannschaftskamerad von Karl Hanssen. 1909 und 1914 wurden beide gemeinsam Norddeutscher Meister. Am 16. Oktober 1910 reiste Karl Hanssen von der Elbe an den Niederrhein nach Kleve, wo 10 000 Zuschauer dem Länderspiel gegen Holland beiwohnten. Der Altonaer stand auf dem rechten Flügel und hatte kaum eine Torchance. Die Holländer gewannen 2:1 – ein Ergebnis, das der damaligen Leistungsstärke der beiden Nachbarn entsprach. Ein halbes Jahr später war Hanssen dann auf dem Union-Platz in Berlin-Mariendorf einer der Helden des als Sensation gefeierten 2:2 der deutschen Nationalmannschaft gegen die englischen Amateure. Quasi als Belohnung folgte für den Hamburger die Einladung zum Spiel gegen Belgien in Lüttich, das die Deutschen 1:2 verloren. Karl Hanssen kehrte als Soldat aus dem 1. Weltkrieg nicht zurück.

HANTSCHICK, OTTO

Geboren am 11. Februar 1884
Zwei Länderspiele (1908 bis 1909)
Union 92 Berlin

Berliner auf verlorenem Posten

Der »Thor und Fußball-Club Union von 1892« repräsentierte an der Spree alte Berliner Fußballtradition. 1921 fusionierte Union dann mit Vorwärts 90 – daraus wurde schließlich Blau-Weiß Berlin. Als am 21. Mai 1905 Union 92 die deutsche Fußballmeisterschaft nach Berlin holte, schwärmten die Sympathisanten dieser Sportart in den Kneipen am Grunewald von Wagenweil und Herzog. Die hatten das Kunststück fertiggebracht, im Endspiel den hoch favorisierten Karlsruher FV in Köln mit 2:0 zu schlagen. Der 21jährige Otto Hantschick gehörte der historischen Berliner Fußballmannschaft noch nicht an. Er studierte zu diesem Zeitpunkt in Frankfurt, wo er sich als Maler und Zeichner ausbilden ließ. Doch dann legte der rechte Verteidiger nach seiner Übersiedelung nach Berlin eine Art Blitzstart hin, wurde Stammspieler beim Meister und streifte sich schon 1908 das Nationaltrikot über. Am 20. April 1908 gastierte Englands Amateurmannschaft auf dem Victoriaplatz im Berliner Stadtteil Mariendorf. Vier Berliner standen im deutschen Team, das hoffnungslos überfordert war und 1:5 verlor. Otto Hantschick bekam zwar eine zweite Chance – kassierte aber auch eine zweite herbe Niederlage. Und zwar beim Rückspiel gegen England, das im März 1909 in Oxford stattfand. 0:9 verloren die Lehrlinge im Mutterland des Fußballs – und Otto Hantschick litt an diesem Tag noch unter den Nachwirkungen der Seekrankheit, die fast alle deutschen Spieler während der stürmischen Überfahrt heimgesucht hatte.

HARDER, (TULL) OTTO

Geboren am 25. November 1892,
gestorben am 4. März 1956
15 Länderspiele (1914 bis 1926), 14 Tore
Hamburger SV

»Tull« – der erste Torjäger

»Tull« – welch merkwürdiger Name für einen jungen Mann, in dessen Ausweispapieren eigentlich »Otto« stand. »Tull« – das war in den Jahren vor und nach dem 1. Weltkrieg das Markenzeichen des erstmals aufblühenden deutschen Fußballs. »Tull« Harder, den seine Kameraden ursprünglich »Murtchen« nannten, war in dieser Zeit so etwas wie das Idealbild eines Mittelstürmers: Er war mit seinen 190 Zentimetern Körpergröße und seinen 87 Kilogramm ein Athlet, er war mutig in Zweikämpfen, und er verfügte über eine derart erstaunliche Schußkraft, daß so manchem Torwart dieser Frühzeit des deutschen Fußballs nach Begegnungen mit »Tull« Harder die Fäuste schmerzten. Beim Hamburger SV war »Otto der Große« ein Star, doch seine Wiege stand im Land der Welfen – in Braunschweig. Als neunjähriger Steppke spielte Otto Harder dort bei der Eintracht Fußball, als 18jähriger zog es ihn zum Hamburger Rothenbaum. Der HSV, der vor dem 1. Weltkrieg noch »HFC von 88« hieß (ehe er sich 1919 mit Falke vereinte), war offenbar seiner Zeit weit voraus und steckte dem Torjäger aus Braunschweig ein paar Mark zu, um ihm den Wechsel an die Elbe schmackhaft zu machen. Was zwar zu diesem Zeitpunkt ziemlich ungewöhnlich war, doch die Hanseaten, die stets einen Sinn für kaufmännische Notwendigkeiten hatten, bereuten diese Investition nicht, denn »Tull«, den sie so nannten, weil er einem englischen Fußballer dieses Namens ähnlich sah, begründete mit seinem Torjägerinstinkt fortan den Hamburger Erfolgsfußball. Mit weit ausholenden Schritten stürmte dieser Mann über das Feld – Soli über den ganzen Platz waren seine Spezialität. Aber er war kein Einzelkämpfer, sondern er fügte sich, wenn er das für nötig hielt, in das Kombinationsspiel der Hamburger ein. 15 Spiele bestritt »Tull« Harder im Dress der Nationalmannschaft. Sein Debüt hatte er am 5. April 1914 im letzten Länderspiel vor dem Ausbruch des 1. Weltkriegs. In Amsterdam erreichten die Deutschen vor 25 000 Zuschauern gegen Holland ein 4 : 4 – »Tull« Harder schoß aus allen Lagen, und es gelang ihm ein prächtiges Tor. Erstmals ließ er vor einem internationalen Publikum seine Klasse aufblitzen – ein Talent, das ihn Jahre später, als der europäische Kriegsschauplatz befriedet war, zu Weltruhm führte. Zwischenzeitlich hatte er als Gastspieler beim Stettiner SC gewirkt. Sechs Jahre nach seinem ersten Länderspiel, Harder war mittlerweile »27«, setzte er seine Karriere in der Nationalelf fort. In Zürich unterlag die deutsche Mannschaft der Schweiz mit 1 : 4. »Tull« Harder war fortan so etwas wie der norddeutsche Gegenpol zur süddeutschen Dominanz im Nationalteam. Doch der humorvolle Riese hatte keine Anpassungsprobleme, war bei allen beliebt – und die Fürther und Nürnberger neideten ihm seine Popularität nicht. Neunmal war er Kapitän der Nationalmannschaft. Einmal glückte »Tull« Harder der Hattrick und damit der Traum aller Torjäger: 1925 beim 4 : 0 gegen die Schweiz in Basel. Noch einmal drei Tore schoß er im Juni 1926 beim 3 : 3 gegen Schweden im Nürnberger »Zabo«. Viermal stand der Hamburger mit dem HSV in einem deutschen Endspiel – zweimal holte er mit den Rothosen den Titel. Einen traurigen Tag erlebte er 1923, wenige Wochen, nachdem der HSV mit einem klaren 3 : 0 gegen den krassen Außenseiter Union Oberschöneweide in Berlin erstmals die Deutsche Meisterschaft an die Elbe geholt hatte. Harder gastierte mit dem HSV zu einem Freundschaftsspiel in Fürth und mußte im Stadion Ronhof die bitterste Niederlage seiner Karriere hinnehmen. 10 : 0 gewannen die Fürther – und da Freundschaftsspiele in dieser Zeit noch einen hohen Stellenwert hatten und starke Beachtung in der Öffentlichkeit fanden, war dies für den Meister mehr als nur eine mittlere Katastrophe. Nach nur 15 Länderspielen verabschiedete sich Harder von der Nationalmannschaft im Zorn, nachdem die »Fußballwoche« nach der 2 : 3-Niederlage gegen die Schweiz im Dezem-

ber 1926 befunden hatte, Tull Harder habe das Spiel der Deutschen »zerstört«. Mit der Norddeutschen Auswahl gewann Harder bereits 1914 den Kronprinzenpokal, in den Jahren 1919 und 1925 auch noch den Reichsbundpokal. 38 Jahre war »Tull« Harder alt, als er noch einmal in Hamburg den Verein wechselte. Inzwischen war der Torjäger ein erfolgreicher Versicherungsmakler – und es werden wohl auch geschäftliche Gründe eine Rolle gespielt haben, als er sich entschloß, noch vier Jahre lang für Victoria, den traditionsreichen Lokalrivalen des HSV, zu spielen. Als die Nazis Deutschland beherrschten, wendete sich auch das Leben des Otto Harder. Im 1. Weltkrieg hatte er das Eiserne Kreuz erhalten, nun trat er im Mai 1933 der Waffen-SS bei und arbeitete sechs Jahre später als Rottenführer und zuletzt als Lagerführer in den Konzentrationslagern Oranienburg, Neuengamme und Ahlen. 1944 wurde er zum Oberscharführer befördert. 1945, nach Kriegsende, verhafteten ihn die Engländer. »Tull« Harder saß ein im Internierungslager Iserbrook. Im Frühling 1947 stand er als Angeklagter vor einem britischen Militärgericht. Es tagte im Curio-Haus an der Hamburger Rothenbaumchaussee – ein paar hundert Meter weiter spielte »sein« HSV um die Zonenmeisterschaft. Zwar belasteten einige überlebende Häftlinge des KZ »Tull« Harder nicht, dennoch wurde er zu 15 Jahren Gefängnis verurteilt, von denen er aber nur wenige Jahre im Zuchthaus in Werl verbüßte. Schon Weihnachten 1951 wurde »Tull« Harder begnadigt. Fortan arbeitete er erneut als Versicherungsvertreter und wohnte in Bendestorf am Rande der Lüneburger Heide. Fünf Jahre später starb er im Barmbeker Krankenhaus. Bei der Trauerfeier im Ohlsdorfer Krematorium bedeckte eine HSV-Fahne seinen Sarg. In der HSV-Chronik zum hundertjährigen Vereinsjubiläum ist zu lesen: »Der exzellente Kicker verirrte sich im Dschungel nationalsozialistischer Machtstrukturen...«

HARINGER, SIGMUND

Geboren am 9. Dezember 1908,
gestorben am 23. Februar 1975
15 Länderspiele (1931 bis 1937)
FC Bayern München, Wacker München

Ein Fest im Stadion Colombes

55 000 Zuschauer sorgten für eine stimmungsreiche Kulisse im Stadion Colombes von Paris. Frankreich – Deutschland! Ein großes Fußballfest sollte

dieses Länderspiel am 15. März 1931 werden, doch Grund zum feiern hatten nur die temperamentvollen Gastgeber. Sie gewannen mit 1 : 0 gegen den Favoriten aus Deutschland. Und zu den Verlierern dieses Tages zählte auch ein Spieler aus München, der bei seinem Debüt nervös war wie bei seinem ersten Rendezvous. Sigmund Haringer hieß der junge Mann, den Trainer Professor Dr. Otto Nerz als Stürmer auf der halbrechten Position nominiert hatte. Dem Länderspielneuling war auf seinem Weg als Fußballer nichts in den Schoß gefallen. Er arbeitete sich Schritt für Schritt voran, spielte sich durch alle Altersklassen bis in die 1. Mannschaft der Rothosen, wo Trainer Weiß sein erster Förderer war. »Sigi« war in München zur Welt gekommen und wuchs als viertes von sechs Kindern der Familie Haringer auf. Mit zehn Jahren versuchte er sich erstmals als Mittelstürmer auf dem Spielplatz der »Turngemeinde« in der Maxvorstadt. Fast immer kam der junge Haringer mit Schrammen, Beulen und zerfledderten Schuhen heim. Als Sechzehnjähriger spielte er in der Jugendmannschaft des FC Bayern. Sein erstes Spiel bei den »Großen« bestritt er im Oktober 1928 ausgerechnet gegen den FC Wacker, seinem späteren Verein. Mit den Bayern und den Sechzigern verfügte die Isarmetropole in den frühen 30er Jahren über zwei Mannschaften der deutschen Extraklasse. Sigmund Haringer war ein kompromißloser rechter Verteidiger, in seiner Jugendzeit auch ein brauchbarer Stürmer. Am 12. Juni 1932 stand »Sigi« in der Mannschaft des Deutschen Meisters FC Bayern. Die hatte, unterstützt von unzähligen Münchnern im proppenvollen Nürnberger Stadion, Eintracht Frankfurt im Finale 2 : 0 besiegt. Haringer und Heidkamp – an diesem Verteidigerduo zerschellten die Träume der Hessen. Und Trainer Richard Dombi, ein Mann, der gleichzeitig Sportlehrer, Übungsleiter, Geschäftsführer, Organisator und Masseur des FC Bayern München war, wurde auf den Schultern seiner Spieler aus der Arena getragen. 600 Bayernfans, ohne Ausnahme arbeitslos in einer schweren Zeit mit wirtschaftlichen Krisen, radelten zum Endspiel von München nach Nürnberg. Sigmund Haringer schwamm auf einer Woge der Begeisterung, er war ein sicherer und eleganter Abwehrrecke, und nebenbei versuchte er sich sogar als Filmschauspieler – 1932 in dem Streifen »Hinter Klostermauern«. Einen schwarzen Tag erwischte er im Rahmen der Weltmeisterschaft 1934 in Italien. Beim 1 : 3 im Halbfinale gegen die Tschechoslowakei in Rom unterliefen ihm, dem sonst so zuverlässigen Fußballer, ein paar schwere Fehler. Darauf war der bärbeißige

Münchner im Spiel um Platz drei nicht mehr dabei. Trainer Nerz hatte Haringer kurzerhand nach Hause geschickt. Angeblich soll er ihn mit einer Bierflasche in der Hand angetroffen haben. Für Haringer wurde daraufhin der Aachener Reinhold Münzenberg nachnominiert. Sein letztes Länderspiel bestritt Sigmund Haringer am 25. April 1937 beim 1 : 0 in Hannover gegen Belgien. Erst am Ende seiner Karriere, im Mai 1937, gelang ihm ein Tor im Trikot der deutschen Auswahl. In Wuppertal erzielte er im Testspiel gegen Manchester City mit einem direkt verwandelten Freistoß den 1 : 1 -Endstand. Zu diesem Zeitpunkt hatte sich Haringer längst bei Bayern München abgemeldet und spielte für den Lokalrivalen Wacker, später dann auch noch für den 1. FC Nürnberg. Eugen Seybold, Verleger einer Sportzeitung und Vorsitzender beim FC Wacker, hatte Haringer 1934 zum Wechsel überredet, nachdem dieser beim FC Bayern Krach bekommen hatte. Bei Wacker spielte Haringer unter anderem an der Seite von Hennes Weisweiler, dem späteren Meistertrainer. Nach dem 2. Weltkrieg übernahm Sigmund Haringer eine Totoannahmestelle in München.

HARPERS, GERHARD

Geboren am 12. März 1928
Sechs Länderspiele (1953 bis 1955)
SV Sodingen

Das Wunder im Schatten von Mont Cenis

Sodingen – dieser Name hatte im Fußballwesten einst einen ausgezeichneten Klang. Doch der Glanz einer großen Mannschaft ist längst verblichen – so wie die Fördertürme der Zeche Mont Cenis verschwunden sind, die so etwas wie ein Wahrzeichen des Ortsteils von Herne waren. Und auch das legendäre Sodinger Glück-Auf-Stadion gibt es nicht mehr. Mit Sodingen ist das so wie mit Katernberg oder Erkenschwick – geblieben ist allein die Erinnerung an eine große Fußballzeit, die Erinnerung an die Jahre 1952 bis 1955. Hier blühten Nationalspieler auf: Torwart Günter Sawitzki, Hans Cieslarczyk, Joseph Marx und »Gerdi« Harpers. Der Populärste von allen schaffte den Sprung ins internationale Rampenlicht allerdings nicht: »Hännes« Adamik, ein Stürmer im Sinne des Wortes, das Idol der Sodinger Fußballjugend nach dem 2. Weltkrieg. Es ist überliefert, daß ein Pastor in seiner sonntäglichen Predigt in Sodingen irgendwann einmal gesagt haben soll: »Ich versteh' nicht, was das hier für ein heidnisches Volk ist. Kein Mensch redet in Sodingen von Gott, alle reden nur von Adamik ...« Ganz stimmte das nicht, denn auch Gerhard Harpers war in aller Munde. Der war Dreher von Beruf, und er hatte auch auf dem Fußballplatz den »Dreh« heraus. Unnachahmlich waren die tückischen Drehschüsse des offensiven Außenläufers. Es waren nicht zuletzt Harpers Tore, die den Sodinger Aufstieg im Jahre 1952 von einem eher unbedeutenden Amateurverein bis in die Oberliga West ermöglichten. Harpers kam von Bochum-Gerthe und wurde im Auswahlspiel Westfalen – Niederrhein von den Sodingern entdeckt. Drei Jahre nach dem Aufstieg setzten die »Grünen« noch einen drauf – als Westzweiter zog der Arbeiterverein in die deutsche Endrunde ein. Traditionsvereine wie der 1. FC Köln und Fortuna Düsseldorf hatten die Sodinger auf ihrem Weg hinter sich gelassen. Und da sich die Fußballer aus der Provinz vor Sympathien kaum retten konnten, bestritten sie ihre Heimspiele um die Deutsche Meisterschaft nicht irgendwo, sondern gleich in der Schalker Glück-Auf-Kampfbahn. Sawitzki, Harpers, Edler, Wächtler, Kropka, Linka, Nowak, Adamik, Gärner, Demski, Konopczynski und Wenker – das war die große Mannschaft des SV Sodingen. Zu diesem Zeitpunkt hatte Gerhard Harpers seine internationale Karriere mit sechs Länderspielnominierungen schon hinter sich. Und zwei Jahre nach dem größten Sodinger Triumph sank der Stern dieses Vereins und verlöschte schließlich im Meer der Bedeutungslosigkeit. Als das Vertragsspielerstatut immer mehr wackelte und von vielen Vereinen verbotene Handgelder gezahlt wurden, konnten die Sodinger nicht mehr mithalten. Fast gleichzeitig legte sich die erste Kohlenkrise wie ein mächtiger Schatten über die Region. Gerhard Harpers hatte bei seinem Wechsel vom Bezirksklassenverein Gerthe nach Sodingen auch den Job gewechselt. Er wollte raus aus dem blauen Overall und arbeitete fortan im Herner Meldeamt. Doch dann klopfte 1956 Fortuna Düsseldorf bei ihm an und lockte mit einem besser dotierten Beruf. Es gab bei diesem Transfer prompt eine Menge Ärger, weil die Sodinger ihren Nationalspieler nicht ziehen lassen wollten. Schließlich siegten doch die Fortunen, und Gerhard Harpers spielte dort zwei Jahre lang. Nach seiner aktiven Zeit war er unter anderem Spielertrainer beim SV Fachbach, bei Arminia Ickers (wo er den späteren Nationalspieler Klaus Fichtel entdeckte) und bei Hellweg Lütgendortmund (wo er in fünf Jahren nicht weniger als viermal aufstieg). Sein berufliches Tätigkeitsfeld lag bei der Düsseldorfer Schwabenbräu AG.

HARTMANN, CARL

Geboren am 8. Februar 1894,
gestorben am 24. Juni 1943
Vier Länderspiele (1923 bis 1924), zwei Tore
Union Potsdam, Victoria Hamburg

Premiere in der »Hohen Luft«

Elf Jahre war Carl Hartmann alt, als ihm seine Eltern in Potsdam ein Paar Fußballstiefel schenkten. Der Knirps spielte daraufhin bei der Union. Am 10. Mai 1923 schnupperte er im Hamburger Stadion »Hohe Luft« erstmals die Luft des internationalen Fußballs. Zur Überraschung vieler nominierte der DFB-Spielausschuß nicht den damals besten deutschen Mittelstürmer, den Hamburger »Tull« Harder, sondern den Potsdamer Carl Hartmann. Und der hatte viel Mühe, sich in der für ihn ungewohnten Umgebung zurechtzufinden. Das sollte sich bald ändern, denn drei Wochen später trumpfte er beim 2:1-Sieg in Basel gegen die Schweiz mächtig auf. Vor 25 000 enttäuschten Eidgenossen schoß Carl Hartmann bis zur 71. Minute die 2:0-Führung für die deutsche Elf heraus. Der Schweizer Endspurt kam viel zu spät. Dieses gute Spiel öffnete dem Potsdamer die Tür zu weiteren Einladungen. Und er machte sich interessant für die deutschen Spitzenvereine. Die Victoria, die in Hamburg längst ihre Vorkriegsdominanz an den HSV abgetreten hatte, war die nächste Station von Carl Hartmann. Hier blieb der Feinmechaniker bis 1928. Auch beim Hamburger SV spielte ein Hartmann – Carls Bruder Arthur. Ein einziges Mal stand Carl Hartmann in der Nationalmannschaft gemeinsam mit »Tull« Harder im Angriff: Am 31. August 1924 beim 1:4 gegen den Olympiadritten Schweden in Berlin. Damit endete die Länderspielkarriere des Carl Hartmann. Er fiel als Soldat im 2. Weltkrieg.

HARTWIG, WILLIAM

Geboren am 5. Oktober 1954
Zwei Länderspiele (1979)
Hamburger SV

»Jimmy« – Fußballer und Clown

William Hartwig wuchs in der Kirchenallee im Offenbacher Stadtteil Lohwald auf. Es war nicht die beste Gegend der Stadt. Seine Familie – Mutter, Großeltern sowie die beiden Brüder seiner Mutter – wohnten auf engem Raum in einem der schmalen Flachbauten, die die Straße säumten. William, den die Fans später nur noch »Jimmy« nannten, kam als Sohn des Herbert Yarbrough zur Welt. Der war ein farbiger GI, als Sergeant in der Rheinkaserne der amerikanischen Armee in Erbenbach bei Wiesbaden stationiert und machte sich aus dem Staube, bevor sein Sohn zur Welt kam. So wuchs William Hartwig in sehr bescheidenen Verhältnissen auf. Kontakt zum Fußball bekam er gemeinsam mit den Buben aus der Nachbarschaft auf einem Spielplatz. Dort hatten die Jungen kurzerhand die Schaukeln abmontiert und aus den Eisenstangen Tore gemacht. Eines Tages wurde William Hartwig, der einer der geschicktesten »Bolzer« war, von Willi Rodekamp, dem späteren Lizenzspieler von Schweinfurt 05, entdeckt, und das junge Talent landete bei den Offenbacher Kickers. Als er 16 Jahre alt war, begann er eine Lehre als Maschinenbauschlosser, und mit der Offenbacher A-Jugend wurde William Süddeutscher Meister. Doch sein Weg blieb im Fußball dornenreich – niemand kam auf die Idee, ihn zu einem Spiel der hessischen Jugendauswahl zu nominieren. Und sein Fernziel, die Jugendnationalmannschaft, blieb für ihn unerreichbar fern. Statt dessen unterschrieb er 1973 für 1200 Mark brutto pro Monat seinen ersten Lizenzspielervertrag bei Kickers Offenbach, doch der Verein schob ihn auf Leihbasis gleich weiter an den VfL Osnabrück. Am Teutoburger Wald bekam Hartwig nicht nur seinen Spitznamen »Jimmy« verpaßt, sondern erstmals interessierte sich eine breite Fußballöffentlichkeit für ihn. Er galt als einer der besten Vorstopper Norddeutschlands – dennoch verabschiedete er sich nach der Saison von Osnabrück, weil sich erhebliche Differenzen zu seinen Mannschaftsgefährten einstellten. Über Offenbach gelangte er zu 1860 München, wo er unter der Regie von Max Merkel wenig zu lachen hatte. Hartwig blühte an der Isar erst auf, als Heinz Lucas kam. Seine erfolgreichste Zeit als Fußballer erlebte »Jimmy« allerdings zwischen 1978 und 1984 beim Hamburger SV. Mit den Hanseaten wurde er dreimal Deutscher Meister, hatte jedoch Pech, daß er wegen einer Gelben Karte zuschauen mußte, als seine Mannschaft 1983 den Europacup der Landesmeister gewann. An der Elbe wurde Hartwig, der in dieser Zeit einer der stärksten Mittelfeldakteure der Bundesliga war, zum Nationalspieler. Jahrelang spielte er auch in der Olympiaauswahl eine gute Rolle. 1984 folgte sein Wechsel vom HSV zum 1. FC Köln, zwei Jahre später landete er dann beim FC Homburg. Er galt als Star und Clown, er war eine der schillerndsten Figuren des deutschen Fußballs. 1991 ereilte ihn dann eine Hiobsbotschaft – in einer Klinik wurde ein Prostata-

krebs bei ihm diagnostiziert. Für »Jimmy« begann ein neuer Kampf. Als Trainer ließ der Erfolg auf sich warten – er arbeitete beim Bayernligisten FC Augsburg, als Trainer beim FC Sachsen Leipzig und beim SC Wentorf. Außerdem betrieb er eine Marketingfirma sowie eine Fußballschule für Kinder und Jugendliche in St. Peter-Ording.

HEIBACH, HANS

Geboren am 1. Dezember 1918,
gestorben am 6. März 1970
Ein Länderspiel (1938)
Fortuna Düsseldorf

Auf der Suche nach Reservisten

Franz Heibach gehörte zu denen, die im berühmten Notizbuch von Sepp Herberger standen, als der »Reichstrainer« fünf Monate vor der Fußballweltmeisterschaft in Paris an einem deutschen Aufgebot bastelte, das der Schwere dieses Turniers gewachsen sein sollte. Das Trauma des frühen Ausscheidens bei den Olympischen Spielen in Berlin war zwar einigermaßen überwunden, doch zur sogenannten »Breslauer Elf« sollten noch einige Reservisten stoßen, um gewappnet zu sein, wenn sich Verletzungen einstellten. Am 6. Februar 1938 gehörte der Düsseldorfer schon zum Aufgebot des DFB, wurde aber beim 1 : 1 gegen die Schweiz im benachbarten Köln nicht eingesetzt. Pech hatte er dann bei seinem einzigen Länderspiel, das ein paar Wochen später in Wuppertal Luxemburg zum Gegner hatte. Hier, in der Stadt der Schwebebahn, spielte aber nur die zweite Garnitur, denn zeitgleich wurde die eigentliche Nationalmannschaft in Nürnberg beim 1 : 1 gegen Ungarn auf ihre WM-Tauglichkeit geprüft. Zwar gewann die deutsche Mannschaft gegen die wackeren Fußballer aus dem Großherzogtum Luxemburg mit 2 : 1, doch Hans Heibach fuhr ärgerlich nach Hause. Der kleine Düsseldorfer hatte in der 74. Minute ein tolles Kopfballtor erzielt, aber der Schweizer Schiedsrichter Wüthrich erkannte es nicht an. Warum dies so war, wußte eigentlich niemand unter den 20 000 im Wuppertaler Stadion. Eine Minute später wurde Heibach dann kurz vor dem Strafraum übel gefoult – den fälligen Freistoß verwandelte ein anderer Rheinländer, der Neuendorfer Josef Gauchel, zum Siegtor. Trotz einer guten Leistung erhielt Hans Heibach keine weitere Einladung des DFB. Der Innenstürmer, Mechaniker von Beruf, kam aus der Jugend der Fortuna, für die er schon als Vierzehnjähriger gespielt hatte. Mit 18 Jahren stand Hans Heibach schon in der ersten Mannschaft. In einem Vorrundenspiel der Deutschen Meisterschaft des Jahres 1936 erlitt er eine schwere Knieverletzung. Während des 2. Weltkriegs trug er als Gastspieler unter anderem das Trikot des Hamburger SV und das des FC Bayern München. Er kam zu etlichen Einsätzen in der Niederrheinauswahl.

HEIDEMANN, HARTMUT

Geboren am 5. Juni 1941
Drei Länderspiele (1966 bis 1968)
MSV Duisburg

Ein Leben lang ein »Zebra«

Hartmut Heidemann war ein Bundesligaprofi der ersten Stunde. Er war dabei, als die höchste deutsche Spielklasse im Jahre 1963 aus der Taufe gehoben wurde, und er stand in der ersten Sensationsmannschaft der Frühgeschichte dieser Liga. Die »Zebras« des MSV Duisburg galoppierten damals unter Rudi Gutendorf erstaunlich forsch durch die Saison 1963/64. Am Ende waren sie Vizemeister – und dies, obwohl die Duisburger, die damals noch Meidericher SV hießen, vorher Probleme hatten, sich überhaupt für die Bundesliga zu qualifizieren. Hartmut Heidemann stammte aus der erfolgreichen Jugend des Vereins. Diese Meidericher Nachwuchsmannschaft zog später fast geschlossen in die Bundesliga, was schon damals ein Novum war. Krämer, Danzberg, Müller, Gräber, Rausch und Versteeg – das waren Heidemanns Gefährten seiner jungen Jahre. Als Verteidiger räumte er kräftig auf, er war ein wichtiges Glied in Rudi Gutendorfs berühmtem »Riegel«. 24 Jahre lang hielt der Duisburger den »Zebras« die Treue, und es wäre ihm in seiner aktiven Zeit nie in den Sinn gekommen, sich neu zu orientieren. Als späterer Libero zählte er zu den Treuesten der Treuen. Weit über 600mal trug er das Trikot des MSV. Das erste seiner drei Länderspiele bestritt er am 12. Oktober 1966 in Ankara gegen die Türkei. Küppers und Rupp schossen die Tore zum deutschen 2:0-Sieg. An diesem herbstlich-kühlen Tag begann die große internationale Karriere von Gerd Müller. Hartmut Heidemann stand 1966 und 1970 jeweils im vorläufigen DFB-Aufgebot der Weltmeisterschaften in England und Mexiko – beide Male wurde er gestrichen, bevor es auf Reisen ging. 1973 verabschiedete er sich nach 262 Bundesligaspielen vom MSV Duisburg, war dann Spielertrainer bei Geldria 09 Geldern, be-

treute schließlich den SV Strahlen und SV Sonsbach. Nach einer Rückenoperation verließ er endgültig die Bühne des Fußballs. Hartmut Heidemann arbeitete als Repräsentant einer Spirituosenfirma.

HEIDEMANN, MATTHIAS

Geboren am 7. Februar 1912
Drei Länderspiele (1933 bis 1935)
Bonner FV, Werder Bremen

Der schnelle Mann von der Post

Unter den Türmen von St. Kunibert, St. Martin und St. Pantaleon in Köln wuchs Matthias Heidemann auf. Der junge Mann mit dem Mittelscheitel fand beim Bonner FV den ersten Kontakt zum Fußball. Am Zürcher See schaffte Matthias Heidemann, der schnelle Linksaußen, schließlich den Sprung in die Nationalmannschaft. Zwei Wochen vorher hatte die deutsche Elf gegen Norwegen in Magdeburg ein 2:2 erzielt – zu wenig, um Trainer Prof. Dr. Otto Nerz aufatmen zu lassen. Einige Monate vor der Weltmeisterschaft galt es für ihn, den Kader zu komplettieren, Talente zu sichten. Dazu diente dieses Spiel in der Schweiz, zu dem Matthias Heidemann am 19. November 1933 eine Einladung bekam. Der Bonner erwies sich als akzeptabler Kombinationsspieler auf dem linken Flügel und als Wegbereiter zu Toren. Er war der »Vater« beider Treffer zum deutschen 2:0-Sieg. Heidemann flankte – Hohmann und Lachner vollendeten. Dennoch reichte diese Leistung nicht aus, um den Düsseldorfer Stanislaus Kobierski ernsthaft von der Linksaußenposition verdrängen zu können. Zu einem direkten Vergleich mit seinem Düsseldorfer Rivalen kam es Mitte April, als eine DFB-Auswahl mit Heidemann im Rahmen eines Lehrgangs gegen Fortuna Düsseldorf spielte. Die Folge: Nicht nur Kobierski, sondern auch Heidemann standen im vorläufigen Aufgebot der 38 Spieler für die Weltmeisterschaft in Italien. Da es zu den beiden keine echten Alternativen auf der Linksaußenposition gab, fuhren der Düsseldorfer und der inzwischen zu Werder Bremen gewechselte Heidemann schließlich gemeinsam im 18er Kader über den Brenner. Dort trug bis zur 1:3-Niederlage im Halbfinale gegen die Tschechoslowakei dann Kobierski das Trikot mit der Nummer 11 – Heidemann saß auf der Bank am Spielfeldrand. Seine große Stunde schlug am 7. Juni 1934, als er beim 3:2-Sieg gegen Österreich in Neapel dabei war und mit der deutschen Nationalelf WM-Dritter wurde. Dies war bis zu diesem Zeitpunkt der größte Erfolg für den deutschen Fußball überhaupt. Matthias Heidemann bereitete gegen Österreich die ersten beiden Tore durch Lehner und Conen vor. Sein drittes und letztes Länderspiel fand am 13. Oktober 1935 in Königsberg beim 3:0-Sieg gegen Lettland statt. Als der DFB den Reigen seiner Testspiele zur Vorbereitung auf die Olympischen Spiele in Berlin eröffnete, wurde der Werderaner nicht mehr berücksichtigt. Der widmete sich daraufhin vor allem seiner beruflichen Weiterentwicklung und brachte es zum Postinspektor.

HEIDKAMP, CONRAD

Geboren am 27. September 1905,
gestorben am 6. März 1994
Neun Länderspiele (1927 bis 1930), ein Tor
SC 99 Düsseldorf, FC Bayern München

Keine Zeit fürs Radschlagen

Man stelle sich das mal vor: Ein Rheinländer als Kapitän des FC Bayern München – und dies in den frühen 30er Jahren! Conrad Heidkamp widerfuhr diese seltene Auszeichnung. Am rechten Rheinufer war er großgeworden – und in seinen Kindertagen besserte er sein Taschengeld in den Gassen der Altstadt auf. »Eene Penning« – das war seit Jahrzehnten in Düsseldorf der bescheidene Wunsch der jugendlichen Radschläger. Doch »Conny« Heidkamp mischte sich später lieber unter das Fußballvolk als unter die Radschläger. Der Sportplatz von Düsseldorf 99 war die bevorzugte Stätte seiner jungen Jahre. Im Jahre 1928 wechselte er dann zum FC Bayern nach München – und damit in eine deutsche Spitzenmannschaft, die drauf und dran war, an der Isar aus dem Schatten von »1860« und Wacker zu treten. Schon 1926 war der FC Bayern Süddeutscher Meister geworden – mit einem Angriff der Extraklasse. Kienzler, Dietl, Pöttinger, Schmid II und »Wiggerl« Hofmann – das waren die Stürmerhelden dieser Tage. In einer Saison schossen die Bayern 176 Tore – davon gingen allein 57 auf das Konto von Josef Pöttinger. Der »Bayernmarsch« klang gut in den Ohren der Münchner Fans. Und am Tag, als »Conny« aus Düsseldorf kam, da wird wohl so mancher Bayernanhänger gegrantelt haben. Doch der forsche Rheinländer, den sie später »Grenadier« nannten, behauptete sich sehr schnell, wurde auf der linken Abwehrseite eine Größe und binnen weniger Jahre Kapitän des FC Bayern. Er war nicht nur auf dem Rasen der

Chef, sondern auch im Alltag Ansprechstation seiner Kameraden und eine Art »Verbindungsoffizier« der Mannschaft zur Vereinsführung. Seine Markenzeichen waren eine für Fußballer unkonventionelle Haltung des Oberkörpers, ein konzentriertes Abwehrverhalten und präzise Steilpässe. In München war er Geschäftsführer eines großen Prägewerks an der Sonnenstraße. Am 12. Juni 1932 krönte »Conny« Heidkamp seine Karriere im Trikot der Bayern. 2:0 gewannen die Rothosen in Nürnberg gegen Eintracht Frankfurt das deutsche Endspiel. Gemeinsam mit Haringer bildete Heidkamp das Bollwerk gegen die stürmischen Angriffe der Hessen. Tags darauf jubelten Hunderttausende den Bayern zu – die Landeshauptstadt bereitete ihren Fußballhelden mit Pauken, Prunk und Pomp eine Heimkehr, die auch König Ludwig alle Ehre gemacht hätte. Am Abend feierten die Bayern im Löwenbräukeller mit den Humoristen Weiß Ferdl und Michl Ehbauer zünftig ihre erste deutsche Fußballmeisterschaft. Es sollte für viele Jahre die letzte sein. Zu diesem Zeitpunkt hatte »Conny« Heidkamp seine Länderspielkarriere schon hinter sich. Als er seine erste Berufung als linker Außenläufer für die Begegnung mit Holland im November 1927 in Köln (2:2) erhielt, war er noch in Düsseldorf zu Hause. In seinem zweiten Spiel – nun schon als »Bayer« – sorgte er gegen Dänemark in Nürnberg für die Wende. Lange lagen die Deutschen 0:1 zurück – auch Heidkamp war wenig gelungen –, doch dann schaffte der Münchner mit einem überraschenden Schuß nach der Pause die Wende. Am Ende hatte die Nationalelf 2:1 gewonnen. Eines seiner stärksten Spiele im DFB-Trikot machte »Conny« Heidkamp am 10. Mai 1930 in Berlin. Vor 50 000 Zuschauern erreichten die Deutschen ein – wenn auch etwas glückliches – 3:3 gegen England. Mit dem Länderspiel gegen Ungarn (5:3 in Dresden) beendete er seine internationale Laufbahn. Beim FC Bayern sank der Stern des Abwehrspielers in der Saison 1936/37, als mit Dr. Michalke ein neuer Trainer kam. Mit seinen 32 Jahren fühlte sich der Nationalspieler noch zu jung, um ans Aufhören zu denken, und wechselte zum BC Augsburg. Conrad Heidkamp, der Rheinländer, war längst im Süden Deutschlands heimisch geworden. Er starb im März 1994 im Alter von 88 Jahren.

HEINRICH, JÖRG

Geboren am 6. Dezember 1969
Sechs Länderspiele (seit 1995)
SC Freiburg, Borussia Dortmund

Blitzstart aus der Oberliga

»Du bist zu klein – aus Dir wird nie ein gescheiter Fußballer ...!« Für Jörg Heinrich drohte eine Welt einzustürzen, als ihm ein Kaderdirektor der Sportschule Frankfurt/Oder eines Tages diese Eröffnung machte. »Zu klein!« Jörg Heinrich stellte sich vor den Spiegel und befand, daß der Funktionär aus der Kaderschmiede so ganz falsch nicht lag. Er war nun 15 Jahre alt und maß kaum mehr als 152 Zentimeter. Und wenn er sich in seiner Klasse umschaute, dann waren die meisten anderen einen Kopf größer als er. Keine guten Vorzeichen für eine große Karriere als Fußballer. Doch dann trat das ein, was Jörg Heinrich sich insgeheim erträumt hatte – bei ihm vollzog sich ein Wachstumsschub. Der Junge aus dem brandenburgischen Rathenow bekam bald einen Vertrag beim DDR-Zweitligisten Chemie Velten, vor den Toren Ostberlins, und längst war der Ärger von einst verflogen. Inzwischen war aus dem Leichtgewicht ein junger Mann von 185 Zentimetern geworden. Dann fiel die Mauer, und mit der Wende flatterte Jörg Heinrich ein Angebot aus dem Westen auf den Tisch. Keines von einem Bundesligisten, sondern eines aus Ostfriesland. Bei Kickers Emden heuerte er in der dritthöchsten Klasse an, und der aufstrebende Verein holte gleich drei Talente aus dem Osten: Jörg Heinrich, Jörg Müller und Detlef Uecker. Es war die Zeit der Billigeinkäufe. Ursprünglich hatte Jörg Heinrich sich eher für Eintracht Braunschweig begeistern können oder für Hansa Rostock. Doch die Braunschweiger stiegen aus der 2. Bundesliga ab, und die Rostocker wollten ihn nicht, nachdem sie Trainer Horst Hrubesch gefeuert hatten. Aber in Emden fühlte sich der junge Fußballer aus Rathenow recht wohl – in der Saison 1993/94 scheiterte er mit seiner Mannschaft knapp am Aufstieg zur 2. Bundesliga. Inzwischen hatte er sich auch bei den großen Profiklubs im Westen einen Namen gemacht, doch Borussia Dortmund, MSV Duisburg und der HSV kamen etwas zu spät – Freiburgs Trainer Volker Finke, der selbst aus dem Norden der Republik stammt, nutzte seine guten Drähte. Von da an ging alles rasend schnell – Jörg Heinrich wechselte im defensiven Mittelfeld von der rechten auf die linke Seite und überzeugte sogar Bundestrainer Berti Vogts. Der wurde zwar von Volker Finke gebremst, dem der

Aufstieg von der Oberliga in die Nationalelf viel zu schnell ging, doch am 21. Juni 1995 im Länderspiel gegen Italien war er dann im Rahmen des Vierländerturniers aus Anlaß des hundertjährigen Bestehens des Schweizer Fußballverbandes dabei – er war der 34. Neuling in der Ära Vogts. Jörg Heinrich zog es weiter, er erlag den Lockungen von Borussia Dortmund. Mit den Westfalen wurde er Deutscher Meister und Champions-League-Sieger.

HEISS, ALFRED

Geboren am 5. Dezember 1940
Acht Länderspiele (1962 bis 1966), zwei Tore
TSV 1860 München

Ein sprintender »Löwe«

Als Uwe Seeler die erste Fußballsternstunde erlebte – beim FIFA-Juniorenturnier des Jahres 1954 – da zählte auch ein vierjähriger Münchner Schüler zur großen Schar seiner Verehrer: Fredy Heiß, der zu diesem Zeitpunkt schon zwei Jahre lang für die Jugend der Münchner »Löwen« Tore schoß. »Ich habe mir damals alles gekauft, was es über Uwe zu lesen gab. Er war und ist mein großes Idol«, gestand Fredy später, als er selbst zu einem Star des Fußballs gereift war. Er war Flügelstürmer und strotzte vor Temperament und Enthusiasmus für seinen Sport, und es war ihm ziemlich egal, ob er auf der linken oder rechten Seite stürmte. Ein gütiges Geschick wollte es, daß der angehende Speditionskaufmann ausgerechnet gegen den Hamburger SV des Uwe Seeler sein erstes großes Spiel bestreiten durfte. Trainer Hans Hipp gab ihm in einem Test gegen die Hanseaten im Jahre 1959 eine Chance im Oberligateam von 1860 München. Den Beweis dafür, daß in ihm das Feuer des Ehrgeizes brannte, lieferte Fredy Heiß spätestens im Herbst 1962. Eine Gelbsuchterkrankung hatte ihn vierzehn Monate auf Eis gelegt, doch es sprach für seine Willenskraft, daß er nach diesem schweren Rückschlag wieder auf die Beine kam und zu seinem ursprünglichen Leistungsvermögen zurückfand. Ihm eilte der Ruf voraus, er könne »Verteidiger jagen«. Häufig wechselte er mit Engelbert Kraus seine Position bei den »Löwen«. Daß Heiß mit 1860 München zu einem Bundesligaspieler der ersten Stunde wurde, verdankte er dem Umstand, daß sein Verein als Meister der Oberliga Süd noch in die neue Klasse rutschte. Es war eine große Elf, die Max Merkel damals formte. »Fonse« Stemmer, der stürmende Torwart Petar Radenkovic, Manfred Wagner, Rudi

Brunnenmeier, »Fuchse« Zeiser, Hennes Küppers, Hans Rebele, Hans Auernhammer, Wilfried Kohlars, Günther Rahm, Rudi Steiner und Alfred Heiß. Bis 1970 stürmte Heiß für die Sechziger, holte mit dieser Mannschaft 1964 den DFB-Pokal und wurde 1966 Deutscher Meister. Das erste seiner acht Länderspiele bestritt er 1962 beim 5 : 1 in Karlsruhe gegen die Schweiz. Im Weltmeisterschaftsjahr 1966 spielte der Münchner zwar gegen England, jedoch nicht im WM-Finale, sondern fünf Monate vorher, als die Deutschen 0 : 1 durch ein Tor von Nobby Stiles im Wembley-Stadion unterlagen. Als Helmut Schön dann den 22er Kader zusammenstellte, fiel Fredy Heiß durch das Sieb. Vier Jahre später beendete er seine Karriere und hatte in 169 Bundesligaspielen vierzig Tore geschossen. Später war er Mitinhaber eines Fuhrunternehmers in Garching-Hochbrück – er lebte mit seiner Familie in Neukeferloh.

HELD, SIEGFRIED

Geboren am 7. August 1942
41 Länderspiele (1966 bis 1973), fünf Tore
Borussia Dortmund, Kickers Offenbach

Debüt auf dem »heiligen Rasen«

Im Sudetenland stand die Wiege von Sigi Held. Doch schon bald zogen seine Eltern von Freudental ins hessische Marktheidenfeld, wo man ihm nicht nur das Laufen, sondern auch das Fußballspielen beibrachte. Bis 1963 trug der junge Mann das Trikot des örtlichen Turnvereins, ehe er den Sprung zu Kickers Offenbach und damit in die Regionalliga Süd schaffte. Es folgte eine Blitzkarriere, denn schon zwei Jahre später debütierte Held in der Bundesliga bei Borussia Dortmund. Er galt als großer Schweiger, aber auch als Stürmer mit einem ausgeprägten Sinn für torreife Situationen. Der steile Aufstieg des eher in sich gekehrten jungen Fußballers hielt an, denn schon ein halbes Jahr nach seiner Premiere in der Bundesliga stand er bereits in der Nationalelf. Und dieses Spiel fand nicht irgendwo statt, sondern gleich auf dem »heiligen Rasen« von Wembley. England gegen Deutschland – das war die erste ganz große internationale Herausforderung für Sigi Held. Die Deutschen verloren an diesem Februarabend des Jahres 1966 in London zwar mit 0 : 1, doch Helds Einstand war zufriedenstellend. Wenig später gewann er mit Borussia Dortmund den Europapokal der Pokalsieger. Dies war bis zu diesem Zeitpunkt der größte Erfolg einer deutschen Vereinsmannschaft auf europäischem Parkett. Das Jahr 1966 brachte für Sigi Held, der sich bei der Borussia mit Lothar Emmerich glänzend verstand, den internationalen Durchbruch. Er rückte ins deutsche Aufgebot für die Weltmeisterschaft in England und war schließlich auch im unglücklich verlorenen Finale von London gegen den Gastgeber dabei. Vier Jahre später war Held auch beim WM-Turnier in Mexiko aktiv, wurde dort aber nur noch sporadisch eingesetzt. Bis 1973 brachte er es immerhin auf 41 Berufungen. Der dribbelstarke Stürmer war in der Bundesliga einer der »Flankenkönige« und einer der großen Stars seiner Zeit. 1971 kehrte Sigi Held zurück zum Bieberer Berg, wo er das Trikot von Kickers Offenbach bis 1977 trug. Dann reaktivierte Borussia Dortmund noch einmal seinen Altstar, der mittlerweile 35 Jahre auf dem Buckel hatte. Doch seine Karriere, die er eigentlich in Münster ausklingen lassen wollte, sollte schließlich in Krefeld enden. Nach einigen Monaten bei den Preußen klopfte Bayer Uerdingen bei ihm so lautstark an, daß Held noch einmal der Faszination Bundesliga erlag und als Mittelfeldspieler und zuletzt als Libero in Uerdingen 59 Spiele in der höchsten Klasse bestritt. Mit 39 Jahren machte er dann nach insgesamt 422 Bundesligaspielen endgültig Schluß, ohne jedoch den Fußball als Mittelpunkt seines Lebens zu verdrängen. Vielmehr stieg Sigi Held als Trainer ein – schon 1970 hatte er das

Diplom des Fußballehrers mit der Note »Sehr gut« erworben. Bei Schalke 04 begann seine neue Karriere. Dann folgte der BV Lüttringhausen in der 2. Liga, und zwei Jahre lang wurde es still um den Ex-Nationalspieler, ehe er im Februar 1986 die Nationalelf von Island übernahm. Eine Position, die er der Empfehlung des Deutschen Fußball-Bundes verdankte. Und plötzlich stand Held wieder in den Schlagzeilen, denn mit dem krassen Außenseiter aus dem Land der heißen Quellen eilte er zu beachtlichen Erfolgen. In den Qualifikationsspielen zur Europameisterschaft 1988 und zur Weltmeisterschaft 1990 war Island so eine Art Hecht im Karpfenteich. 1989 wechselte Sigi Held schließlich als Technischer Direktor zu Galatasaray Istanbul, übernahm dann Admira/Wacker Wien als Trainer. Als er 1993 in die Bundesliga zurückkehrte, ließen ihn die Wiener ungern ziehen, denn er war an der Donau ein gefeierter Mann, nachdem er den Traditionsverein in den UEFA-Cup geführt hatte. Als Coach des sorgengeplagten Dresdner Vereins Dynamo übernahm er eine Hypothek in Form eines Vierpunkte-Abzugs (wegen mehrerer Verstöße gegen Lizenzauflagen). Doch Sigi Held führte seine Mannschaft in der Saison 1993/94 dennoch ans rettende Ufer. Womit er in der »Hierarchie« der Bundesligatrainer einen beträchtlichen Sprung nach vorn machte. Aber er stieg Ende 1994 in Dresden aus und suchte in der neuen japanischen Profiliga eine ebenso reizvolle wie gutdotierte Aufgabe. 1996 heuerte er dann beim Zweitligisten VfB Leipzig an.

HELMER, THOMAS

Geboren am 21. April 1965
58 Länderspiele (seit 1990), zwei Tore
Borussia Dortmund, Bayern München

Der »Trick« mit Auxerre

In der ostwestfälischen Stadt Herford kam Thomas Helmer als Sprößling eines Malermeisters zur Welt. Mit seinem ersten Schulbesuch stellte sich für ihn auch der erste Kontakt mit dem Fußball ein – und zwar bei der Post SG Bad Salzuflen. Später dann wechselte er zum Turn- und Sportverein, und als beide Vereine fusionierten, hieß seine fußballerische Heimat schließlich SC Bad Salzuflen. Der Verein spielte in der Landesliga, und Thomas Helmer überzeugte als blutjunger Stammspieler im Mittelfeld. Sein Entdecker für höhere Aufgaben war Gerd Roggensack, der zu diesem Zeitpunkt auf der Bielefelder Alm als Trainer wirkte. Die Arminen spielten

in der Bundesliga, und so war dieser Wechsel für den talentierten Fußballer aus Bad Salzuflen ein glänzendes Sprungbrett. Allerdings ließ sich Thomas Helmer vertraglich zusichern, daß man ihm Zeit genug ließe, das Abitur zu bauen. Was ihm dann auch mühelos mit dem Notendurchschnitt 1,8 gelang. Zwar stiegen die Bielefelder aus der höchsten Spielklasse ab, doch danach erkämpfte

sich Thomas Helmer endlich den angestrebten Stammplatz. Zum ersten internationalen Einsatz gelangte er im Trikot der Bundeswehrauswahl, die in Münster auf Frankreich traf. Dortmunds Trainer Reinhard Saftig schaute dort zu, und der war gleich angetan vom Spielwitz und vom Elan des Mannes aus Bielefeld. 430 000 Mark betrug 1986 die Ablösesumme bei Helmers Wechsel von der Alm zur Borussia. Der junge Fußballer mit der linken »Klebe« schaffte sehr schnell die Akklimatisierung an die neue Umgebung, wurde Stammspieler der Westfalen. Aber den Durchbruch zur Extraklasse in der Bundesliga realisierte Thomas Helmer erst in der Saison 1988/89. Er war zum Libero gereift und einer der Leistungsträger der Borussia, die deutscher Pokalsieger wurde. Wenig später, im September 1989, wurde er von Franz Beckenbauer erstmals für ein Länderspiel nominiert. Doch als die Nationalspieler ihre Koffer für die Reise nach Dublin packten, bekam Helmer dann doch noch eine Absage. So mußte er ein weiteres Jahr warten – im

Oktober 1990 spielte er in Stockholm gegen Schweden, aber die große Chance, bei der Weltmeisterschaft in Italien dabei zu sein, war dahin. In der schwedischen Hauptstadt überzeugte Helmer bei seinem Debüt, bekam nach dem 3 : 1-Erfolg glänzende Kritiken. Als Borussia Dortmund 1992 nur ganz knapp die Deutsche Meisterschaft verfehlte, wollte Thomas Helmer unbedingt einen Tapetenwechsel. Bayern München hatte ihn auf der Wunschliste, doch sein Vertrag schloß den Transfer an die Isar aus. So fädelten die Bayern den »Umweg« über den FC Auxerre ein, ehe sich die Münchner und die Dortmunder dann doch noch einigten. Bei der Europameisterschaft in Schweden wurde er quasi über Nacht Libero der Nationalmannschaft, weil Frankfurts Manfred Binz die Nerven einen Streich spielten. In der Halbzeit des Spiels gegen Holland in Göteborg wurde er eingewechselt. In München gehörte er sehr bald zu den Leistungsträgern einer im Neuaufbau begriffenen Mannschaft. Das Jahr 1994 brachte für den eher nüchternen als zaubernden Fußballnationalspieler einen Höhe- und einen Tiefpunkt seiner Karriere. Franz Beckenbauer führte den FC Bayern zur Deutschen Meisterschaft, doch mit der Nationalmannschaft scheiterte er frühzeitig bei der WM in den USA. Nach Lothar Matthäus' schwerer Verletzung übernahm Thomas Helmer bei den Bayern die Liberoposition und die Kapitänsbinde. 1996 kehrte er aus England als Europameister zurück – geschunden von den Belastungen eines Turniers, das vor allem für ihn besonders schwer wurde. Vor dem Endspiel gegen Tschechien verbrachte er täglich viele Stunden auf den Behandlungstischen der Physiotherapeuten. In der Nationalelf galt Thomas Helmer zu diesem Zeitpunkt bereits als einer der richtungsweisenden Köpfe.

HEMPEL, WALTER

Geboren am 12. August 1887,
gestorben im Dezember 1939
Elf Länderspiele (1908 bis 1912)
Sportfreunde Leipzig

Hohe Stirn und Schnauzbart

In einer Zeit, da vor allem an den Schulen Deutschlands das aus England importierte Fußballspiel gepflegt wurde, fand Walter Hempel Kontakt zu diesem für viele noch reichlich »exotischen« Sport. Zehn Jahre war er alt – und den unförmigen Ball aus zusammengenähten Lederstücken bearbeitete

er in der Mannschaft der 3. Realschule Leipzig. Das war 1897. Leipzig, die Stadt an der Mündung der Pleiße in die Elster, wuchs um die Jahrhundertwende zu einem Glanzstück der städtebaulichen Architektur. Das aus roten Ziegeln errichtete Buchhändlerhaus im Stile eines deutschen Renaissancepalastes war soeben fertig geworden. Und die Germania als Krönung des Denkmals für den Sieg über die Franzosen kehrte dem Möbelhaus Riedel und Böhm den Rücken zu. In Auerbachs Keller ließen die Studenten den Becher kreisen. Walter Hempel hatte in dieser Zeit, von ein paar mathematischen Formeln mal abgesehen, nichts anderes im Kopf als das Spiel mit dem Fußball, und die zwei Spielstunden in der Woche, die unter der Aufsicht seines Turnlehrers abgehalten wurden, genügten ihm bei weitem nicht. Als er 13 Jahre alt war, meldete sich der Realschüler beim FC Sportfreunde Leipzig an und hätte nicht im Traum daran gedacht, daß er ein paar Jahre später den deutschen Fußball als Nationalspieler vertreten sollte. Denn die Zeiten waren für junge Fußballer alles andere als rosig. Die Schulen drohten den Spielern, die sich in einem Verein angemeldet hatten, mit drakonischen Strafen, und so spielten viele unter Phantasienamen. Walter Hempel nannte sich »James«. Als linker Verteidiger trug er wesentlich dazu bei, daß die Sportfreunde von der dritten in die erste Klasse aufstiegen. 20 Jahre war Walter Hempel alt, als er sich zum ersten deutschen Fußballländerspiel von Leipzig ins ferne Basel aufmachte. Das war für ihn kein billiges Vergnügen, denn das Fahrtgeld wurde nicht erstattet. In Basel angekommen, wunderte sich der Leipziger über die große Länderspielkulisse. 4000 Menschen wurden an diesem Apriltag auf den Wällen gezählt. Darunter überraschend viele Frauen, wofür es einen Grund gab: Jede von ihnen bekam an der Stadionkasse zum Ticket eine Tafel Schokolade! Was wiederum verständlich macht, warum die Chroniken von einer derart ungewöhnlichen Zuschauerzahl berichten. Die deutsche Mannschaft hatte wenig zu bestellen und verlor 3 : 5. Walter Hempel konnte sich immerhin zuschreiben, die entscheidende Vorarbeit zur deutschen 1 : 0-Führung geleistet zu haben. Allerdings befand der »amtliche Kritiker« des Spiels: »Hempel fehlt der befreiende Stoß ...« Der Mann mit dem Schnauzbart und der hohen Stirn, der später als Reisender sein Geld verdiente, war in der Saison 1911/1912 trotzdem der Nationalspieler mit den meisten Einsätzen. In sieben Begegnungen war er als linker Verteidiger dabei – auch beim legendären 16 : 0 gegen Rußland in der Trostrunde des olympischen Fußballturniers in Stockholm.

Hempel absolvierte außerdem neun Repräsentativspiele für den Verband Mitteldeutscher Ballspielvereine und etliche Begegnungen im Trikot des Gaues Nordwestsachsen.

HENSE, ROBERT

Geboren am 17. November 1885,
gestorben am 20. Juni 1966
Ein Länderspiel (1910)
Kölner BC

Kölner Fußballurgestein

Robert Hense verkörpert einen Teil der Kölner Fußballurgeschichte. Als Zehnjähriger bekam er erstmals mit dem Fußball Kontakt. Wie viele andere Altersgenossen wurde er mit dem von manchen als »Bazillus« gebrandmarkten Sport während seiner Schulzeit infiziert. Auf dem Marzellen-Gymnasium in seiner Heimatstadt Köln spielte er als Verteidiger in der Schülermannschaft. Um die Jahrhundertwende trat er zunächst Rhenania bei, um dann im Jahre 1903, als sich sein Verein vorübergehend auflöste, zum Kölner Ballspiel-Club zu wechseln, der zwei Jahre vorher gegründet worden war und ein knappes halbes Jahrhundert später mit der SpVg. Sülz 07 zum 1. FC Köln fusionierte. Robert Hense war trotz seiner eher schmächtigen Gestalt ein gefährlicher Stürmer, trat später aber vor allem als Verteidiger in Erscheinung. 20mal wurde er in Auswahlmannschaften berufen. Bis 1914 spielte er beim KBC – abgesehen von einem kurzen beruflichen Abstecher im Jahre 1911 nach Paris und Roubaix. Doch der Kaufmann, der viele Jahre später eine Fahrrad- und Motorradgroßhandlung am Bonner Wall führte, hielt seinem Verein eigentlich sein ganzes Leben lang die Treue. Noch mit fast 60 Jahren war der graumelierte Pionier des Kölner Fußballs für den Ballspiel-Club aktiv. Er war aber auch ein begeisterter Ruderer und talentierter Tennisspieler. Als er zu seinem einzigen Fußballänderspiel berufen wurde, feierte Kleve ein Volksfest. 10 000 Zuschauer kamen zum Vergleich mit den Holländern – eine ungewöhnliche Kulisse für damalige Fußballverhältnisse. Der Eimsbütteler Hermann Neiße, der als Soldat im 1. Weltkrieg starb, war Hensels Partner auf den Verteidigerpositionen. Die deutsche Nationalmannschaft verlor dieses Spiel nur 1:2, weil der tüchtige Kieler Torwart »Adsch« Werner einen seiner großen Tage erwischte. Robert Hense erhielt 1953 die Goldene Ehrennadel des 1. FC Köln.

HENSEL, GUSTAV

Geboren am 23. Oktober 1884,
gestorben am 29. August 1933
Ein Länderspiel (1908)
FV Kassel

Ein Fußballer der ersten Stunde

Drei Nationalspieler brachte Kassel hervor: Heinrich Weber, Karl-Heinz Metzner und Gustav Hensel. Der Letztere war so etwas wie ein Pionier des deutschen Fußballs, denn er war beim allerersten offiziellen Länderspiel dabei. Doch die Auswahlkriterien dieser Urzeit der Länderspiele waren umstritten. Ihnen lagen häufig auch regionale Gesichtspunkte zugrunde. Wie dem auch sei – Gustav Hensel packte an einem kühlen Apriltag des Jahres 1908 seinen Koffer, fuhr über die Fulda-Brücke, die in Kassel den Alt-Markt von dem Holzmarkt trennte und machte sich auf den Weg nach Basel, was damals eine ziemlich strapaziöse Reise war. Der Fußballer aus Kassel, der wie alle übrigen deutschen Nationalspieler der »ersten Stunde« die Fahrtkosten selbst übernehmen mußte, kam pünktlich an und mühte sich an diesem 5. April 1908 als Rechtsaußen nach Kräften. Ein Tor gelang ihm nicht, dafür schoß der Karlsruher Fritz Förderer das Führungstor, zu dem Hensel neben Hempel und Weymar die Vorarbeit leistete. Die Deutschen verloren ihre Länderspielpremiere mit 3:5 – und Gustav Hensel bekam nie wieder einen Brief vom DFB. Fortan hatte er mehr Zeit für seinen Beruf als Weinreisender. Seine letzten Lebensjahre verbrachte er in Bremen, wo er 1933 starb.

HERBERGER, SEPP

Geboren am 28. März 1897,
gestorben am 28. April 1977
Drei Länderspiele (1921 bis 1925), zwei Tore
SV Waldhof Mannheim, VfR Mannheim

Seine Freunde nannten ihn »Muggele«

Pfingsten 1907 – ein warmer Tag im Juni! Auf dem Sportplatz an den Brauereien in Mannheim drängen sich 3000 Zuschauer. Die meisten kommen aus dem Breisgau – Freunde, Verwandte und Sympathisanten des Freiburger FC, der sich anschickt, seine erste deutsche Fußballmeisterschaft zu erringen. Gegner ist Viktoria 89 Berlin. Durch die Maschen des Zauns, der den kleinen Wall der Stehtribüne vom Außenbereich trennt, lugt ein zehnjähriger

Junge, der in der Nachbarschaft, in der ärmlich anmutenden »Spiegelkolonie« am Mannheimer Waldhof, aufgewachsen ist und den seine Spielgefährten »Muggele« rufen. Vor einem Jahr hat er sich beim SV Waldhof angemeldet – seither ist das Spiel mit dem Fußball die wichtigste Nebensächlichkeit seines jungen Lebens. Und nun steht er hier am Zaun des vierten Endspiels der deutschen Fußballgeschichte, und in den Taschen seiner kurzen Hose findet sich das, was Jungen in seinem Alter so bei sich tragen – nur eine Geldmünze ist nicht darunter. In einem Moment, da die sonst so streng dreinblickenden Ordnungshüter mal wegschauen, hangelt er sich über den Zaun. 3:1 gewannen die Freiburger – und Sepp Herberger war begeistert von der Atmosphäre, von der Freude der Sieger und der Würde, mit der die Berliner ihre Niederlage ertrugen. Dies war womöglich ein Schlüsselerlebnis für den Weg des Sepp Herberger. Die Familie Herberger war eigentlich in Wiesenthal, unweit von Bruchsal, beheimatet. Der Vater mußte sich jahrelang als Tagelöhner durchschlagen und fand schließlich als Arbeiter in der französischen Spiegelfabrik in Mannheim eine Anstellung. Doch im Jahre 1909 starb Sepps Vater, worauf das Elend wieder Einzug hielt bei den Herbergers. Mit vierzehn Jahren trug Sepp als Maurergehilfe, dann als Fabrik- und Büroarbeiter nicht unwesentlich dazu bei, daß das Existenzminimum gesichert wurde. Der kleine Mann, den sie nun »Scheppes« nannten, weil er wegen seiner O-Beine einen etwas schiefen Gang hatte, wurde durch den Ernst seiner ausklingenden Kinderjahre geprägt. Er war ein Straßenfußballer – aber einer, der die Ellenbogen gebrauchte, um sich durchzusetzen. Der 1. Weltkrieg war vorüber – »Seppl« war längst Stammspieler des SV Waldhof Mannheim. Die Fußballanhänger seiner Heimatstadt hatten an dem Sturm mit Höger, Herberger, Schwärzel, Hutter und Skutlarek ihre helle Freude. Die Fünf kamen ausnahmslos aus der Nachbarschaft des Waldhof, kannten sich größtenteils seit ihren Kindertagen. An Sepp Herberger schätzten sie dessen Mut und Geschmeidigkeit. Am 18. September 1921 wurde Sepp Herberger Nationalspieler – er war beim 3:3 in Helsinki gegen Finnland dabei. Der Debütant trug sich gleich zweimal in die Torschützenliste ein – Treffer Nummer drei erzielte der junge Nürnberger Hans Kalb. Trotz seines persönlichen Erfolgs gegen die zugegebenermaßen eher zweitklassigen Finnen mußte Herberger drei Jahre warten, ehe er wieder eine Einladung zur Nationalelf bekam. Zu diesem Zeitpunkt hatte er in Mannheim das Trikot gewechselt – er spielte

bis 1926 für den VfR. 1925 wurde er mit seiner Mannschaft Süddeutscher Meister. Für Herberger folgten im Jahre 1924 Länderspieleinsätze gegen Italien (0:1 in Duisburg) und gegen Holland (1:2 in Amsterdam). Drei Spiele – kein Sieg! Für den Erfolgsmenschen Josef Herberger eine unbefriedigende Bilanz. 1921 hatte er seine Freundin Eva (»Ev'«) Müller geheiratet, die er (wo sonst?) auf dem Waldhof-Sportplatz kennengelernt hatte. Eine weitere wichtige Begegnung für Herberger war 1923 das Zusammentreffen mit Otto Nerz. Der spielte ebenfalls beim VfR Mannheim und war, wie Sepp, besessen vom Fußball. Herberger wollte seine Kenntnisse vom Fußball intensivieren – es zog ihn 1926 nach Berlin, wo er das Studium an der Deutschen Hochschule für Leibesübungen aufnahm. Bis 1929 spielte er für Tennis Borussia Berlin, als er dann als Student auf die Zielgerade einbog, hing er seine Stiefel an den Nagel. Seine Prüfung bestand er 1930 mit der Note »Sehr gut«, obwohl er sich im Fach Psychologie mit einem »Genügend« bescheiden mußte. Zwei Jahre später übernahm Herberger einen Job als Sportlehrer des Westdeutschen Fußball-Verbandes in Duisburg. Als die Olympischen Spiele in Berlin 1936 mit einem Desaster für den deutschen Fußball endeten – die Nationalelf verlor im zweiten Spiel gegen Norwegen mit 0:2 – sank der Stern von Otto Nerz, der seit zehn Jahren Reichstrainer war. Sepp Herberger wurde ihm zur Seite gestellt, und am 12. Mai 1938 erhielt der alte Weggefährte von Otto Nerz die Ernennungsurkunde als neuer Chef. Seine Berufung hatte er aus der Zeitung erfahren. Nerz zog sich auf seinen Lehrstuhl an der Berliner Reichsakademie zurück. Nach dem 2. Weltkrieg, in dem die Herbergers in Berlin ausgebombt wurden, und der »Entnazifizierung« setzte Sepp seinen Weg im Amt des Bundestrainers fort. In 167 Länderspielen führte er Regie. Die Bilanz mit der Nationalelf: 94 Siege, 27 Remis und 46 Niederlagen. Sein weitaus größter Erfolg war der Gewinn der Weltmeisterschaft 1954 in Bern. Er begründete bei diesem Turnier in der Schweiz seinen Weltruf als Taktiker und »Fuchs«. Als man ihn nach den Gründen für den überraschenden Triumph im Endspiel gegen Ungarn fragte, antwortete Sepp Herberger: »An diesem Tag waren wir in der Lage, jede Mannschaft der Welt zu schlagen.« Kraft für seinen nervenaufreibenden Beruf fand Herberger in seinem Haus an der Bergstraße. 1964 verabschiedete sich Sepp Herberger nach 162 Länderspielen als Bundestrainer und übergab den Kommandostab der Nationalmannschaft an seinen bisherigen Assistenten Helmut Schön. Herberger war längst zu einer Legende geworden – zu seinem 80. Geburtstag gab die Deutsche Bundespost einen Sonderstempel heraus, eine Ehrung, die ansonsten nur die Bundeskanzler Konrad Adenauer und Willy Brandt erfuhren. Vier Wochen später, wenige Stunden nach dem Länderspiel zwischen Deutschland und Nordirland, starb Sepp Herberger am 28. April 1977 nach einem Herzinfarkt.

HERGERT, HEINRICH

Geboren am 21. Februar 1904,
gestorben am 18. September 1949
Fünf Länderspiele (1930 bis 1933)
FK Pirmasens

Heinrich – der Zigarrenhändler

Viele deutsche Fußballer, die es zur Ehre eines Nationalspielers brachten, kamen aus der Provinz. Bevor die Bundesliga etliche Jahre später in den Köpfen der Deutschen spukte, hatten es die Verantwortlichen für den Aufbau einer schlagkräftigen Nationalelf schwer, ihre Auswahl zu treffen, denn als Heerschau der Stars und Talente dienten zwischen den beiden Weltkriegen nur die regionalen Auswahlspiele, die Zigtausende anlockten. Zweiter Tummelplatz der Besten war natürlich die deutsche Endrunde. Einer von denen, die weithin im Verborgenen aufblühten, war Heinrich Hergert. Pirmasens, die Kreisstadt am Pfälzer Wald, war seine Heimat. Hier wuchs er auf, hier spielte er Fußball, und hier wurde er schließlich Zigarrenhändler. Schon als Knirps trug er das Trikot der Union Pirmasens, 1925 wechselte er dann zum Fußball-Klub. Er war Mittelläufer, und ihm eilte der Ruf voraus, das athletische Spiel zu bevorzugen. Am 4. Mai 1930 stand Heinrich Hergert in Zürich im Trikot der Nationalmannschaft und spielte gegen die Schweiz. Die Deutschen waren hoch überlegen und gewannen 5:0. Der Pirmasenser war rechter Außenläufer und überzeugte in Zürich. Daraufhin erhielt er im Jahre 1930 noch zwei weitere Einladungen für die Spiele gegen Dänemark in Kopenhagen (3:6) und gegen Ungarn in Dresden (5:3). Den Abschluß seiner internationalen Laufbahn bildeten zwei Spiele gegen Frankreich (0:1 in Paris und 3:3 in Berlin) in den Jahren 1931 und 1933. Im Jahre 1938 wechselte Hergert zum 1. FC Kaiserslautern, wo er gegen Rapid Wien sein Debüt feierte.

HERGET, MATTHIAS

Geboren am 14. November 1955
39 Länderspiele (1983 bis 1988), vier Tore
Bayer Uerdingen

Techniker und »Bruder Leichtsinn«

Im Erzgebirge waren seit jeher nicht nur die Holzschnitzer ansässig, die in ihren kleinen Werkstätten hinter der »guten Stube« Figuren für die Weihnachtskrippe fertigten oder die buntbemalten Sonnenkinder. Im Erzgebirge wurde auch Erz gefördert – wie es der Name sagt. Alfons Herget war Bergmann und wohnte mit seiner Familie in Annaberg-Buchholz. 1956 zogen die Hergets dann gen Westen, wurden im Kohlenpott ansässig, wo der Vater in Gelsenkirchen unter Tage arbeitete. Ein Job, der ihm den Tod brachte, denn Alfons Herget starb im Alter von 49 Jahren an einer Staublunge. Bei Rot-Weiß im Gelsenkirchener Stadtteil Bismarck meldeten die Hergets eines Tages ihren Sprößling an, denn Vater Alfons war dagegen, daß der kleine Matthias zum FC Schalke 04 ging. Später wechselte das talentierte, etwas schmächtige Kerlchen zu Gelsenkirchen 07. Und da Matthias irgendwann sogar den Sprung in die Westfalenauswahl und als 20jähriger in die Amateur-Nationalelf schaffte, mangelte es dem ehrgeizigen Fußballer nicht an Angeboten. Dabei hatte er so ganz nebenbei auch noch eine Schlosserlehre absolviert, das Fachabitur geschafft und ein Maschinenbaustudium begonnen. Als die Bundesligavereine dann bei ihm auf der Matte standen, konnte er sich nicht entschließen und unterschrieb gleich zwei Verträge – beim VfL Bochum und beim MSV Duisburg. Schließlich wechselte Matthias Herget an die Ruhr zum VfL Bochum, wo er rasch zum Dauerbrenner wurde. Doch es gab da ein paar Probleme – seine Trainer bescheinigten ihm zwar technisches Verständnis, doch sie vermißten seine profihafte Einstellung, das Durchsetzungsvermögen. Und so ging es nach zwei Jahren Bundesliga einen Schritt zurück – in die 2. Bundesliga zu Rot-Weiß Essen. Der junge Fußballer »boxte« sich dort durch, fand mit Trainer Werner Biskup bei Bayer Uerdingen wieder den Weg in die höchste Spielklasse, doch es sollte bis 1983 dauern, ehe der mittlerweile fast 28jährige Libero von Jupp Derwall in die Nationalmannschaft berufen wurde. Seine Anhänger feierten Hergets Offensivdrang, seine Kritiker sahen in ihm aber auch so eine Art »Bruder Leichtsinn«. Zwar gehörte der Mann der weiten Pässe 1984 zum erweiterten Aufgebot für die Europameisterschaft, doch dann wurde er

aus dem Reisekader des DFB gestrichen. Zwei Jahre später nahm ihn Franz Beckenbauer mit zur WM nach Mexiko, wo Herget jedoch nur einmal eingesetzt wurde. Bei der Europameisterschaft 1988 im eigenen Lande war er hingegen Stammspieler. So ganz nebenbei und »nur zum Spaß« trainierte er in dieser Zeit den Kreisligisten SSV Buer. Von der Bundesliga verabschiedete sich Matthias Herget im Jahre 1989 nach 237 Spielen, in denen er 26 Tore erzielte. Und endlich landete er dort, wo ihn sein verstorbener Vater einst nicht sehen wollte – beim FC Schalke 04, der in der 2. Bundesliga spielte. Später arbeitete er als Trainer in Eisbachtal und ab 1997 beim Regionalligisten 1. FC Bocholt.

HERKENRATH, FRITZ

Geboren am 9. September 1928
21 Länderspiele (1954 bis 1958)
Rot-Weiß Essen

Der »fliegende Schulmeister«

Ein Handballer im Tor des Fußballs? Die Geschichte dieses Sports kennt in Deutschland manch wundersamen Weg. Fritz Herkenrath war einer dieser ungewöhnlichen Fußballer, die ihre Karriere als Handballer begannen. Allerdings im Falle des späteren »fliegenden Schulmeisters« mit einer kleinen Variante, denn Herkenrath stand als Handballer nicht etwa zwischen den Pfosten, sondern er war ein wurfgewaltiger Stürmer auf dem rechten Flügel. Erst als in seiner Mannschaft eines Tages der Schlußmann ausfiel, wurden seine Reaktionsschnelligkeit und Fangsicherheit entdeckt. Dies alles passierte bei Preußen Dellbrück, und Fritz Herkenrath, Sprößling einer Kölner Lehrerfamilie, war knapp 18 Jahre alt und als Luftwaffenhelfer gesund aus dem Kriege heimgekehrt. Vom Handball- wechselte er ins Fußballtor seines Vereins, und daß er ein sportlicher Spätstarter war, lag einzig und allein an den Wirren des Krieges, die seine Jugendzeit nachhaltig beeinflußten. Auf verkehrsarmen Straßen und zwischen Wäschestangen hatten seine Freunde und er Spaß am Fußball gefunden, und niemand konnte ahnen, daß Fritz Herkenrath schon ein paar Monate später in der Kölner Stadtmannschaft und sogar in der Mittelrheinauswahl spielen würde. Der junge Mann aus Dellbrück imponierte durch seine tollkühnen Paraden. Und er wäre bei seinem Heimatverein wohl auch noch eine Weile geblieben, wenn nicht sein Vater, der bei Preußen Dellbrück Kassenprüfer war, eines Tages Ärger mit dem Vorstand bekommen hätte. Als Fritz Herkenrath dann an der Sporthochschule in Köln sein Studium begann und zum 1. FC Köln wechselte, bekam er besten Anschauungsunterricht – Sepp Herberger bildete zu diesem Zeitpunkt an der Sporthochschule Trainer aus. Tag für Tag hatte sich Fritz Herkenrath unter den Augen zweier Großer der Torwartzunft zu bewähren, denn Willy Jürissen und Willibald Kreß erwarben in Köln ihre Trainerlizenz. Und vor allem der damals vierzigjährige Kreß, ein Meister des Stellungsspiels und der Strafraumbeherrschung, wurde ein Vorbild für Herkenrath. So wurde aus dem »fliegenden« Torwart ein besonnener und mitdenkender Schlußmann. Mit 20 Jahren zählte Fritz Herkenrath schon zum erweiterten Kader der Nationalmannschaft, doch beim 1. FC Köln hatte er es zunächst schwer, sich der Konkurrenz des Holländers Frans de Munck zu erwehren, und erst mit »26« – nach dem WM-Triumph in der Schweiz – begann Herkenraths internationale Karriere. Drei Jahre vorher war er zu Rot-Weiß Essen weitergezogen und wurde mit den Westdeutschen 1953 Pokalsieger und zwei Jahre später Deutscher Meister. Rund 350mal hütete er das Tor der Rot-Weißen in der Oberliga West und arbeitete in der Grugastadt als Oberturnlehrer. Später unterrichtete er an einer Volkshochschule. Sein fußballerischer Höhepunkt war die Teilnahme an der Weltmeisterschaft 1958 in Schweden. Der »fliegende Schulmeister« war so etwas wie das Idol einer ganzen Torwartgeneration in Deutschland. 1962 legte er schließlich seine Handschuhe in die Schublade. Später arbeitete er als Professor im Fachbereich Sport an der Pädagogischen Universität Aachen – er wohnte in Walheim, vor den Toren der Kaiserstadt.

HERMANN, GÜNTER

Geboren am 5. Dezember 1960
Zwei Länderspiele (1988 bis 1990)
Werder Bremen

»Weltmeister« oder »WM-Tourist«?

Irgendwann war er es leid! Günter Hermann wurde, wo immer er sich auch hinbegab, als »Weltmeister« angekündigt. Dabei wußte jeder, daß er als Mitglied des WM-Aufgebots beim großen Turnier in Italien im Jahre 1990 nicht eine einzige Minute gespielt hatte. Mit dieser Berufung war dennoch für ihn der Traum seiner Jugend in Erfüllung gegangen, und so richtig wird er es nicht verstanden haben, daß ihm Franz Beckenbauer nicht eine einzige Minute lang in Mailand, Turin oder Rom die Chance zur Bewährung gab. Für den Bremer war die Münchner Lobby einfach zu stark – selbst Hansi Pflügler bekam den Vorzug. »Vor dem Spiel gegen Kolumbien hätte ich mich wohl etwas lauter in Erinnerung bringen müssen«, sagte er später. Doch Günter Hermann war nun mal kein »Lautsprecher«, und so kehrte er zwar mit einer goldenen Medaille und einem ordentlichen Prämiensegen aus »bella Italia« zurück, doch als richtiger »Weltmeister« wird er sich nie gefühlt haben. Für den »WM-Touristen« blieb es bei zwei Länderspieleinsätzen. Günter Hermann kam als Sohn eines fußballbegeisterten Bauzeichners im niedersächsischen Rehburg zur Welt. Der TSV Rehburg-Loccum war sein erster Verein. Es folgten der SC Stadthagen und der Bezirksligist RSV Rehburg. Irgendwann bekam Werder Bremens rühriger Manager Rudi Assauer einen Tip, ließ das 169 Zentimeter große Talent beobachten und schickte Hermann junior einen Vertrag für die Amateurmannschaft der Hanseaten. Nach vier Jahren und dank eines unermüdlichen Trainingsfleißes bekam der agile Mittelfeldrenner dann endlich einen Vertrag bei den Profis. Er hatte Otto Rehhagel überzeugt, weil er dessen Vorstellungen von einem vielseitig verwendbaren Profi ziemlich nahekam. Über die Rolle des Jokers wuchs er in die des Stammspielers beim SV Werder Bremen, und dank seiner Anpassungsfähigkeit schloß Günter Hermann immer wieder personelle Lücken. Als seine Mannschaft 1988 Deutscher Meister wurde, war Her-

mann nicht nur einer der konditionsstärksten Spieler der Bremer, sondern auch einer der Leistungsträger, weil er es verstand, das Spiel im Mittelfeld anzukurbeln. Günter Hermanns größter Tag war der Gewinn des Europacups der Pokalsieger im Jahre 1992. Angesichts seiner Erfolge mit dem SV Werder fiel für ihn die Länderspielbilanz mit zwei Berufungen eher bescheiden aus. Nach 231 Bundesligaspielen wechselte er 1992 zu Wattenscheid 09 und dann zu Hannover 96.

HERRLICH, HEIKO

Geboren am 3. Dezember 1971
Fünf Länderspiele (seit 1995), ein Tor
Borussia Mönchengladbach

Gejagt von der Bundesliga

Manchmal sind es die Menschen am Straßenrand, die einem die Wege weisen. Jorginho, der brasilianische Fußballstar, ist einer von denen, die Heiko Herrlich viel gegeben haben. Jorginho war bekennender Christ, und mit seiner Überzeugung beeinflußte er seinen jungen Kameraden während der gemeinsamen Profijahre bei Bayer Leverkusen. »Der Glaube an Gott ist für mich die wichtigste Motivation in meinem Leben«, sagte Heiko Herrlich später. Und irgendwann, das hatte er sich vorgenommen, als er längst ein Star der Bundesliga war, wollte er das nachholen, was er in seinen ganz jungen Jahren versäumte: Abitur und Studium. Theologie oder Psychologie – das waren die Wunschvorstellungen des Stürmers, den fast die gesamte höchste deutsche Spielklasse jagte. 15 Clubs wollten ihn haben, als er gerade der Jugend des SC Freiburg entschlüpft war. Typen wie Heiko Herrlich waren gefragt in der Bundesliga, denn in den späten 80er Jahren war der Horizont der Nachwuchsfußballer in Deutschland nicht gerade gesäumt von Stürmern, die schon in ihren jungen Jahren über die wichtigsten Attribute ihres Jobs verfügten: über Schnelligkeit, ein exzellentes Kopfballspiel, über ein robustes Durchsetzungsvermögen und über die Kraft der Schüsse. Und da Heiko Herrlich trotz seiner Jugend auch noch ein gewisses Spielverständnis zeigte, galt der Junge, der als Sechsjähriger beim FC Kollnau begonnen hatte und über den FC Emmendingen zum SC Freiburg gelangt war, als einer der wenigen Ausnahmetalente seiner Generation. Als er Siebzehn war, sagte er dem Gymnasium »ade«, begann beim Chemiegiganten Bayer eine Ausbildung zum Bürokaufmann und verschrieb sich ansonsten dem Fußball mit Haut und Haar. Doch mit dem Glück stand er auf Kriegsfuß, denn Heiko Herrlich brachte es zwar zum U-21-Nationalspieler, doch bei Bayer Leverkusen saß er mehr und mehr auf der Auswechselbank und schaute dem Angriffsduo Kirsten/Thom zu. Nach vier Jahren war er der Jokerrolle in Leverkusen überdrüssig und wechselte zu Borussia Mönchengladbach. Hier wurde aus dem Talent ein Star, der an der Seite des temperamentvollen schwedischen Nationalspielers Martin Dahlin regelrecht aufblühte, nachdem er sich von einer Gelbsucht, die ihn zu einer fünfmonatigen Pause zwang, erholt hatte. 1995 debütierte Heiko Herrlich schließlich in der Nationalmannschaft. Er war beim 2 : 0-Sieg in Tiflis gegen Georgien dabei, und plötzlich bekam er sogar den Vorzug gegenüber Ulf Kirsten, seinem alten Rivalen aus gemeinsamen Leverkusener Tagen. Die Zeiten hatten sich geändert, doch die Jagd auf Heiko Herrlich hielt an. Vor der Saison 1995/96 entbrannte ein heftiger Streit zwischen Borussia und Borussia. Die Gladbacher pochten auf Einhaltung des Vertrages, Meister Dortmund erzwang dennoch den Transfer. Doch irgendwie bekam Heiko Herrlich zunächst der Wechsel nicht, denn immer wieder stellten sich Verletzungen ein, die letztlich sogar die Fortsetzung der Länderspielkarriere ernsthaft gefährdeten. Heiko Herrlich sprang deshalb nicht auf den Zug zur Europameisterschaft 1996 nach England.

HERRMANN, GÜNTER

Geboren am 1. September 1939
Neun Länderspiele (1960 bis 1967), ein Tor
Karlsruher SC, Schalke 04

Vom Stockplatz in die große Welt

Der Stockplatz in Trier war für Jahrzehnte so etwas wie die Fußballquelle der Eintracht. Hier bolzte auch Günter Herrmann, der viele Jahre später Nationalspieler werden sollte. An einem ebenso historischen wie traurigen Tag kam er zur Welt – an jenem Tag, als der 2. Weltkrieg begann. In Günter Herrmanns Elternhaus war Fußball seit jeher ein Thema – Vater Karl war jahrelang eine Stütze von Eintracht Trier, ein anerkannter Ligaspieler, der auch einmal in der Süddeutschen Auswahl zum Einsatz kam. »Als ich laufen konnte, war da auch gleich ein Ball in meiner Nähe«, erinnerte sich Günter Herrmann an seine frühen Kindertage, und auch daran, daß er als Steppke immer wieder auf dem Stockplatz Probleme mit der Polizei bekam. Die Uniformierten konfiszierten zuweilen das Objekt seiner Begierde, den Ball. Worauf Vater Karl dann einschritt und auf der Wache um Rückgabe des wichtigen Utensils bat. Als Achtjähriger begann der kleine Günter mit dem »geregelten« Fußballbetrieb – natürlich bei der Eintracht. Hier sprach sich sein Talent bald herum – und schon mit 16 Jahren bestritt er dank einer Sondergenehmigung des Südwestdeutschen Fußballverbandes die ersten Spiele in der ersten Mannschaft. Sein frühes internationales Erlebnis hatte er 1957 beim FIFA-Juniorenturnier in Spanien, als beim Spiel gegen Ungarn (2:2) 40 000 begeistert mitgehende Fans zuschauten, und zum Spiel gegen Polen (2:2) gar 80 000 Menschen kamen. Die Krönung war dann das Gruppenspiel gegen Spanien (0:0) mit 120 000 Zuschauern im Stadion von Real Madrid. Günter Herrmann war längst auf den Geschmack gekommen – sein Weg zum Fußballprofi war vorgezeichnet. Als er 18 Jahre alt war, wurde ihm der »Kragen« in Trier zu eng – er folgte dem Ruf des Karlsruher SC, und da er zunächst noch keinen Vertrag unterschreiben durfte, wurde er viermal in die deutsche Amateurnationalelf berufen. Er machte auch die Olympia-Ausscheidungsspiele gegen die Auswahl der DDR mit. Dank seiner inzwischen schon ausgefeilten Technik schaffte das Talent im Jahre 1960 den Sprung in die Nationalelf – und er wurde gleich ins eiskalte Wasser geworfen, denn Sepp Herberger nominierte ihn für das überaus wichtige WM-Qualifikationsspiel in Belfast gegen Nordirland. Günter Herrmann stand auf halblinks zwischen Uwe Seeler und Charly Dörfel – und auf alle wartete in Belfast ein hartes Stück Arbeit. Am Ende gewannen die Deutschen mit 4:3. Knapp zwei Jahre später reiste er zwar mit zum WM-Turnier nach Chile, doch zum Einsatz kam er nicht. In Karlsruhe fand Günter Herrmann in Trainer Edi Frühwirth einen ausgezeichneten Förderer, und er arbeitete während seiner Karlsruher Zeit in einem Sportgeschäft als Verkäufer. Aber als die Bundesliga 1963 ihre Tore öffnete, zog es Günter Herrmann zum FC Schalke 04, wo er bis 1967 in 110 Spielen 22 Tore erzielte, in Moers am Niederrhein ein Espresso-Café eröffnete, um dann noch einmal für eine Saison zum KSC zurückzukehren. Doch er stieg mit den Karlsruhern aus der Bundesliga ab. 1968 wechselte er nach Sion in die Schweiz, wo er auch als Verkäufer tätig war und wo er noch als 37jähriger spielte. Inzwischen trug auch sein Sohn Oliver das Trikot des FC Sion. Günter Herrmanns Karriere war insofern einzigartig, weil er in fünf deutschen

Nationalmannschaften (A, B, Amateure, Junioren und Jugend) stand – das hatte bis dahin kein Fußballer in Deutschland geschafft.

HERRMANN, RICHARD

Geboren am 28. Januar 1923,
gestorben am 27. Juli 1962
Acht Länderspiele (1950 bis 1954), ein Tor
FSV Frankfurt

Der Gast im »Dicken Julius«

Frankfurt – eine Stadt trägt Trauer! Der 2. Weltkrieg hatte auch hier, in der Metropole am Main, viele Wunden geschlagen. Die historische Altstadt lag in Trümmern. Kipplohren transportierten den Schutt der Tragödie zum alten Eintrachtplatz, wo noch die Reste einer alten Flakstellung zu sehen waren. »Die Enttrümmerung unserer Stadt braucht volle 25 Jahre«, war 1946 in der Frankfurter Rundschau zu lesen. Auch am Bornheimer Hang, der Heimat des FSV Frankfurt, hämmerte in den Kriegstagen eine Flak, und nun präsentierte sich die alte Tribüne – von einer Bombe getroffen – in einem bedauernswerten Zustand. Dennoch regte sich das Pflänzchen Fußball auch im zerstörten Frankfurt, wo schon am 8. Juli 1945 – also ein paar Wochen nach Kriegsende – der FSV die Union aus Niederrad zum ersten Freundschaftsspiel in Friedenszeiten empfing und mit 9 : 1 gewann. Bald gab es auch wieder so etwas wie eine Spielklasse, die sich Oberliga Süd nannte, aber die noch eine Menge Probleme mit sich herumschleppte. Fahrten waren nur in Lastwagen möglich – unter der Plane hockten die Spieler und wärmten sich hinter dem Beifahrersitz zuweilen am Stahlkessel, der den Holzvergaser in Gang setzte. Allmählich kehrten auch die Freunde von einst zurück, die Spieler der Vorkriegsgeneration. Und irgendwann kreuzte im Jahre 1947 der Buchdrucker Alfred Ludwig aus englischer Kriegsgefangenschaft in der Gaststätte auf, die sich den Namen »Dicker Julius« gegeben hatte. In seiner Begleitung war ein blasser junger Mann: Richard Herrmann. Der hatte durch die Wirren dieser Zeit seine oberschlesische Heimat verloren, wo er noch 1941 in Kattowitz Fußball spielte. Zwei Jahre später geriet er in Gefangenschaft, zunächst in England, dann in Amerika und schließlich wieder im mittelenglischen Derby. Im Camp 1008 spielte natürlich auch der Fußball eine große Rolle. Und auf der Insel hätten sie ihn am liebsten behalten, denn als Richard Herrmann eines Tages bei Derby County auf-

tauchte, waren die Verantwortlichen von seinen Fußballkünsten hellauf begeistert. Doch als er dann bei den Frankfurtern vor der Tür stand, da ahnte niemand, daß der gebürtige Kattowitzer ein paar Jahre später Fußballnationalspieler sein sollte – und dazu auch noch ein »Bernemer Bub«. Es waren seine ausgezeichnete Ballführung, sein Laufvermögen, die präzisen Schüsse und seine Kampfkraft, die Richard Herrmann schnell zum Stammspieler des FSV Frankfurt machten. Und zu einem Idol der Jugend – zum Liebling des Publikums am Bornheimer Hang. Sein erstes Spiel für den FSV bestritt der 24jährige beim FC Bayern München. Er wurde wenig später gefeiert als »schnellster Sprinter mit Ball«, und zum Training kam er fast immer mit dem Fahrrad. Kaum jemand wunderte sich, daß DFB-Trainer Sepp Herberger den Neu-Frankfurter zum ersten Nachkriegsländerspiel gegen die Schweiz nach Stuttgart einlud. Der Treffpunkt war so etwas wie eine geheime Kommandosache, und doch fand ein Journalist aus Frankfurt heraus, daß sich die Spieler im württembergischen Murrhardt versammelten. In einem stillen Winkel hinter dem Gasthof gab Richard Herrmann dem Reporter ein kurzes Interview. 1952 erreichte Herrmann ein Angebot des AC Turin, der ihn mit der für damalige Verhältnisse erstaunlichen Summe von 60 000 Mark lockte. Doch der Linksaußen, inzwischen verheiratet und Vater eines Sohnes, winkte ab und übernahm statt dessen einen kleinen Zigarrenladen mit einer Totoannahmestelle. 1954 gehörte er zum Kreis der deutschen Nationalmannschaft, die in der Schweiz sensationell Weltmeister wurde. Im Finale gegen Ungarn war er allerdings nicht dabei. Mit 35 Jahren sagte er dem Fußball nach einer schweren Verletzung »adieu« und trainierte einige Zeit Seckbach 02. Er wurde nur 39 Jahre alt und starb an Leberzirrhose.

HERZOG, DIETER

Geboren am 15. Juli 1946
Fünf Länderspiele (1974)
Fortuna Düsseldorf

Ein Spiel auf dem Weg zum Titel

Irgendwann sagten sie Dieter Herzog, er spiele so, wie einst »Tau« Kobierski. Was dem jungen Mann, der aus Hamborn zur Düsseldorfer Fortuna gekommen war, eigentlich wenig sagte. Doch eines spürte er: »Tau« – das war auch noch in den siebziger Jahren am Rhein ein Name, der für Fußballqualität stand, und deshalb war der Vergleich mit dem

Fortunahelden von einst ohne jeden Zweifel ein ganz besonderes Lob. Dieter Herzog war ein Kämpfer, einer, der auch dann die Zähne zusammenbiß, wenn es mal wehtat. Er war ein wieselflinker und gefährlicher Linksaußen – und mehr noch: Dieter Herzog war ein Dauerbrenner allererster Güte. Am 16. August 1970 stellte er einen neuen Vereinsrekord bei Fortuna Düsseldorf auf: Er absolvierte sein 115. Punktspiel in Folge – eine stramme Leistung! Sein Weg als Fußballer begann bei Sterkrade 06/07, führte dann über den VfB Bottrop und Hamborn 07 nach Düsseldorf. Für eine Ablöse von 80 000 Mark ließ man ihn bei Hamborn 07 im Jahre 1971 laufen, weil sein Verein in akuten Geldnöten steckte. Da war Dieter Herzog schon 25 Jahre alt, und es wurde für ihn Zeit, als Profi Geld zu verdienen. Fortan legte er es behutsam an, erwarb in Düsseldorf zwei Apartments und in Sterkrade eine Eigentumswohnung. Und seine Zeit bei der Fortuna war überaus erfolgreich – der Flitzer auf dem linken Flügel trug dazu bei, daß seine Mannschaft 1973 und 1974 in der Bundesliga jeweils Dritter wurde. Zewe, Geye, Seel, Köhnen, Baltes, Budde und Herzog – das waren die Leistungsträger der Fortuna. Vor der Weltmeisterschaft 1974 ergatterte Dieter Herzog das DFB-Trikot mit der Nummer 18, was für einige Aufregung sorgte, weil Bundestrainer Helmut Schön dem Düsseldorfer den Vorzug gegenüber Erwin Kremers und Sigi Held gab. Auf dem Wege zum WM-Titel war das Zwischenrundenspiel gegen Jugoslawien (2:0) in Düsseldorf für Dieter Herzog der Höhepunkt. Es war sein einziger Einsatz bei diesem Turnier. 1976 wechselte der Sprinter zu Bayer Leverkusen, weil er bei dem neuen Fortuna-Trainer Dietrich Weise nicht mehr ins Konzept paßte und weil ihm der Bayer-Konzern einen Job für »die Zeit danach« versprach. Bis 1983 stand Dieter Herzog in Leverkusen unter Vertrag. Später organisierte er als Angestellter der Sportwerbung in der Bayer AG Spielbesuche von Kunden. Zuweilen beobachtete er auch Gegner und Spieler für den Bundesligisten.

HEYNCKES, JOSEF

Geboren am 9. Mai 1945
39 Länderspiele (1967 bis 1976), 14 Tore
Borussia Mönchengladbach, Hannover 96

Zehn Kinder am Tisch des Schmieds

Lebhaft ging es zu in der Familie Heynckes. Josef, den später alle »Jupp« riefen, kam als neuntes von

zehn Kindern eines Schmieds in Mönchengladbach zur Welt. Hier, unweit des Bökelbergs, spielte Jupp als Elfjähriger bei Grün-Weiß Holt, besuchte die Volksschule und begann später dann eine Ausbildung zum Stukkateur, die der stille Junge mit Auszeichnung beendete. Der Familiensinn wurde Jupp Heynckes wohl in die Wiege gelegt, und viele Jahre später war in der Frankfurter Allgemeinen Zeitung zu lesen, er habe in dieser Großfamilie gelernt, sich

zu behaupten. Aber man habe ihm dort auch die Spielregeln vom Geben und vom Nehmen beigebracht. Vielleicht ein Grund dafür, warum dieser Fußballer stets ein ausgezeichneter Mannschaftsspieler war. Bereits als Jugendlicher wechselte Jupp Heynckes zu Borussia Mönchengladbach, und als er 19 Jahre alt war, begegnete er erstmals Hennes Weisweiler. Der war der Baumeister einer legendären Mannschaft: Die »Fohlen« begeisterten erst die Fans in der Regionalliga West und dann auch die Fußballfeinschmecker der Bundesliga. Fünf Jahre lang war Jupp Heynckes eine der Zugnummern der Gladbacher Borussia, die unter Weisweiler und später unter Udo Lattek zu einer europäischen Größe wuchs. Der junge Himmelsstürmer kam 1967 zu seinem Länderspieldebüt beim 5:1-Erfolg gegen Marokko in Karlsruhe. Er bedankte sich mit einem Tor und sollte von nun an fast ein Jahrzehnt zum Kader der deutschen Nationalmannschaft gehören. 1972 – mittlerweile hatte er die Zwischenstation Hannover 96 hinter sich und stürmte wieder für

Borussia Mönchengladbach – wurde Jupp Heynckes in Brüssel Europameister, und vermutlich wäre er zwei Jahre später auch Weltmeister geworden, wenn ihn nicht eine Verletzung schon in der Vorrunde mattgesetzt hätte. Mehr und mehr wurde er vom Pech verfolgt – immer wieder stellten sich kleinere oder größere gesundheitliche Probleme ein. Als er schließlich 1978 seine Karriere ausklingen ließ, war seine Bilanz dennoch beachtlich: 39 Länderspiele, 369 Bundesligaspiele, 220 Tore in der höchsten Klasse, Europameister, UEFA-Cupsieger 1975, Deutscher Meister 1971, 1975, 1976 und 1977, Pokalsieger 1973, Torschützenkönig der Bundesliga in den Jahren 1974 und 1975. Auch nach seinem Abschied vom aktiven Fußball blieb er Mönchengladbach treu. Unweit des Bökelbergs besaß er ein Haus, bei der Borussia wurde er Assistent von Udo Lattek – die Karriere als Trainer war vorgezeichnet. Eine neue Fußballergeneration trug das Trikot seines Vereins, und Heynckes folgte den Spuren seiner einstigen Trainervorbilder. Auch er baute eine große Mannschaft auf, obwohl sich die überragenden Erfolge von einst für die Gladbacher nicht wieder einstellten. Acht Jahre blieb er am Bökelberg, dann nahm er 1987 das Angebot des FC Bayern München an, den er zweimal zur Deutschen Meisterschaft führte. Doch das Münchner Team fiel auseinander, und Heynckes mußte im Herbst 1991 erstmals in seiner Trainerkarriere ein Entlassungsschreiben entgegennehmen. Daraufhin ließ er sich viel Zeit bei der Wahl seines nächsten Arbeitgebers und entschied sich dann für Athletic Bilbao. In Spanien war Jupp Heynckes überaus beliebt, und nach einem wenig erfreulichen Bundesligacomeback bei Eintracht Frankfurt zog es ihn erneut in die spanische Profiliga. Erst nach Teneriffa, wo er mit den Insulanern den vielumjubelten Sprung in den UEFA-Cup schaffte, dann zu Real Madrid.

HIERONYMUS, HOLGER

Geboren am 22. Februar 1959
Drei Länderspiele (1981 bis 1982)
Hamburger SV

Mit knapp »26« Sportinvalide

»Dieser junge Mann wird einmal ein großer Spieler ...« Es war schon etwas Besonderes, wenn Branko Zebec sich zu einem derartigen Lob durchrang. Der jugoslawische Erfolgstrainer des Hamburger SV galt als verschlossen – er setzte viel voraus und äußerte sich selten positiv zu den Leistungen seiner Spieler. Doch Holger Hieronymus hatte es ihm angetan. Zebec holte ihn in die Bundesliga, und in einer großen Ära des HSV war dieser Jüngling mit den blonden Haaren und dem kleinen Oberlippenbart der einzige »richtige« Hamburger. Mit sechseinhalb Jahren wurde Holger Hieronymus erstmals vom Bazillus Fußball angesteckt. Da bekam er von seinem Vater Arno, der einst beim TuS Hamburg im Mittelfeld gespielt hatte, das erste Paar Fußballstiefel geschenkt, die vorn noch so eine Art Eisenkappe hatten. Opa Hieronymus meldete seinen Enkel dann beim TuS Hamburg an. Als B-Jugendlicher kam er mit seiner späteren Lieblingsposition in Berührung – er wurde Libero. Und da er als »freier Mann« seine Technik ausspielen konnte, interessierte sich schon bald der FC St. Pauli für ihn. Am Millerntor schauten natürlich auch die HSV-Spione vorbei, und als der FC St. Pauli inmitten einer wirtschaftlichen Krise steckte und durch den DFB die Lizenz entzogen bekam, griff der HSV zu. Holger Hieronymus kostete 75 000 Mark – war also ein Schnäppchen. HSV-Manager Günter Netzer hatte wenig Mühe, ihn im feudalen Hamburger Plaza-Hotel zum Wechsel zu überreden. Zwar hätte der Abiturient noch gern Betriebswirtschaft oder Sport studiert, doch dazu blieb nun keine Zeit. Holger Hieronymus traf in der neuen Umgebung kaum auf Probleme, wirkte abgeklärt und gab sich trotz seiner Jugend derart überlegen, daß ein Hamburger Sportjournalist schrieb: »Selten hält einer so intelligent den Mund wie Holger Hieronymus ...« Und dann trat etwas ein, was niemand erwartet hatte: »HH« wurde den Job des Libero los – nicht an irgendwen, sondern an einen Weltstar, an Franz Beckenbauer, der nach seinem USA-»Abstecher« an der Elbe seine Karriere zu beenden gedacht. Erst als Beckenbauer mal verletzt ausfiel, bekam Holger Hieronymus durch Ernst Happel eine neue Chance, und die Kritiker sprachen vom »Lehrling des Kaisers«. Es war seine beste Zeit, die ihm viele Lorbeeren einbrachten: Zwei Deutsche Meisterschaften, den Europacuptriumph im Jahr 1983, acht U-21-Länderspiele, ein B- und drei A-Länderspiele. Holger Hieronymus gehörte zu den populärsten Spielern einer großen HSV-Mannschaft. Doch dann neigte sich das Füllhorn des Glücks für ihn zur falschen Seite. Im Jahre 1985 stand die traurige Wahrheit fest – er mußte seine Profikarriere mit knapp 26 Jahren beenden. Ein dreiviertel Jahr vorher hatte er sich im Spiel gegen Waldhof Mannheim schwer verletzt: Kreuzbandriß, Innenbandriß, Meniskus- und Knorpelschaden! Am Ende eines langen Leidensweges war er froh, dank einer Zusatzversicherung seine Sportinvalidität besser ertragen zu können. Und da er die Probleme einer Rekonvaleszenz nach einem schweren Unfall am eigenen Leibe erfuhr, baute Holger Hieronymus zunächst das Sportzentrum Munzburg auf, das zu einer Anlaufstelle für fitneßbedürftige Hamburger wurde. 1988 wurde er dann Geschäftsführer eines Rehabilitationszentrums an der Hudwalckerstraße in Winterhude. Mitinhaber war ein zweiter Hamburger Nationalspieler – Ditmar Jakobs. Der HSV ließ ihn nicht los – zum 1. August 1997 wurde Hieronymus Marketingchef des Bundesligisten.

HILLER II, ARTHUR

Geboren am 3. Oktober 1881,
gestorben am 14. August 1941
Vier Länderspiele (1908 bis 1909)
1. FC Pforzheim

»Ille« – das Leichtgewicht

Arthur Hiller war ein Mann der ersten Stunde. Er spielte in Pforzheim beim 1. FC und erhielt Ende März des Jahres 1908 eine Einladung vom Deutschen Fußball-Bund für das erste offizielle Länderspiel gegen die Schweiz in Basel. Walther Bensemann, ein Sportpublizist, hatte um die Jahrhundertwende viel Energie aufgebracht, um in Deutschland ein paar Fußballbegeisterte zur Gründung des DFB zu überreden. Zusammen mit Dr. Ivo Schricker setzte sich der Berliner für internationale Begegnungen ein. Die erste unter dem Patronat des DFB kam am 5. April 1908 in Basel zustande, und zu denen, die nach regionalen Gesichtspunkten ausgesucht worden waren, gehörte auch Arthur Hiller, den sie »Ille« nannten, in Pforzheim noch einen älteren fußballspielenden Bruder (Wilhelm) zurückgelassen hatte und deshalb als »Hiller II« aufgeführt wurde. Seit dem Jahre 1899 spielte er in der 1. Mannschaft des FC Pforzheim. Dabei war er von Statur eher klein und machte einen schwächlichen Eindruck. Doch der täuschte, denn in diesem Leichtgewicht steckten Ausdauer, Ehrgeiz, Energie und wohl auch angeborener Fußballsachverstand. Bühler, Bizer, Scholl, Groß, Dillmann, Werber, Moser, Prestinari, Matzenbach, Decker, Kamper, Käser, Mondon und die Gebrüder Hiller – das war die Pforzheimer Fußballergeneration um die Jahrhundertwende. Und Arthur Hiller war der erste Kapitän in der Geschichte deutscher Fußballnationalmannschaften. Er war ein geschickter Kämpfer und erfolgreicher Kopfballspieler. An diesem Apriltag

des Jahres 1908 begrüßte er in Basel Altersgenossen, die ihm größtenteils völlig unbekannt waren. Die Fahrt in die Schweiz hatten sie alle aus eigener Tasche bezahlt – immerhin war der DFB bereit, die Trikots beizusteuern. Die waren zwar einigen viel zu groß, doch darüber regte sich niemand sonderlich auf. Auch darüber nicht, daß es keine Rückennummern gab, was wiederum den Vorteil mit sich brachte, daß sich jeder ein halbwegs passendes Fußballkleidungsstück aussuchen konnte. Probleme gab es für Arthur Hiller erst bei der Seitenwahl, denn er übersah zunächst den in Genf lebenden englischen Schiedsrichter Devitte, den er für einen Festredner hielt, weil er im blauen Straßenanzug und steifem Hut aufgekreuzt war ... Die deutsche Mannschaft verlor dann ihr internationales Debüt mit 3:5 – und Mittelläufer Arthur Hiller fuhr mit dem Bewußtsein nach Pforzheim zurück, eigentlich ein ganz gutes Spiel hingelegt zu haben. Das meinten auch die Verantwortlichen des DFB, denn auch zum nächsten Spiel gegen Englands Amateure wurde der Mann aus der Goldstadt wieder eingeladen. Diesmal nach Berlin – und dort ging es auf dem Viktoriaplatz in Mariendorf gleich gegen die Erfinder des Fußballs, die mit 5:1 gewannen. Anschließend entzündete sich in Deutschland ein Streit, ob man es den Engländern nachmachen sollte. Die schlugen den Ball nicht mit der Stiefelspitze, wie die Deutschen, sondern vornehmlich mit der Innen- oder mit der Außenseite. Wie dem auch sei: Auch das dritte Länderspiel des Jahres 1908 endete für Arthur Hiller mit einer Niederlage. Am 7. Juni 1908 war Österreich in Wien der Gegner. Der Kapitän war vom DFB aufgefordert worden, besonders früh in der Walzermetropole an der Donau einzutreffen, um alle Kameraden begrüßen zu können. Besonders lange mußte Arthur Hiller auf den Hamburger Hans Weymar warten, denn der traf erst eine Stunde vor Spielbeginn ein. Die deutsche Mannschaft stand trotz der langen Anreise erstmals vor einem Sieg – am Ende hatten die Österreicher dann aber doch mit 3:2 gewonnen. Sein viertes und letztes Länderspiel führte Arthur Hiller am 4. April 1909 in Karlsruhe erneut gegen die Schweiz – und diese Begegnung bescherte der deutschen Elf endlich den langerhofften ersten Sieg. Mit 1:0 fiel er allerdings recht knapp aus.

HILLER III, MARIUS

Geboren am 5. August 1892,
gestorben am 25. November 1964
Drei Länderspiele (1910 bis 1911), ein Tor
1. FC Pforzheim

Eduardo – ein Deutscher in Argentinien

Marius Hiller war der Neffe von Arthur, der sich am 4. April 1909 mit dem ersten Länderspielsieg der deutschen Fußballgeschichte aus der Nationalmannschaft verabschiedet hatte. Auch Marius Hiller debütierte gegen die Schweiz – und wieder war Basel der Austragungsort. 5000 Zuschauer bildeten eine stattliche Kulisse, doch diesmal gewannen die Fußball-»Lehrlinge« aus Deutschland mit 3:2. Dies war der erste Auswärtssieg einer deutschen Nationalelf. Marius Hiller, seine Freunde nannten ihn »Bubi«, war rechter Halbstürmer und harmonierte gut mit seiner Umgebung. Der Lohn stellte sich in Form eines Treffers ein. Zweimal noch streifte sich der blutjunge Fußballer aus Pforzheim das Nationaltrikot über. Geradezu sensationell war am 14. November 1911 auf dem Union-Platz in Berlin-Mariendorf das 2:2 gegen Englands Amateure. 10 000 Zuschauer waren hellauf begeistert von der deutschen Mannschaft, die erstmals aus dem Schatten der »Underdogs« trat und einen international beachteten Teilerfolg erzielte. Der Kieler Ernst Möller war der Held des Tages – er brachte die deutsche Mannschaft gegen die verblüfften Lehrmeister von der Insel mit 2:0 in Führung. Der eher schmächtige als athletische Marius Hiller absolvierte ein drittes Länderspiel am 9. Oktober 1911 in Dresden gegen Österreich. Die Gastgeber verloren mit 1:2. Marius Hiller war ein einfallsreicher Stürmer, der mit einem kräftigen Torschuß ausgestattet war. Er hätte wahrscheinlich noch einige weitere Länderspiele bestritten, wenn er nicht aus beruflichen Gründen für längere Zeit in die Schweizer Uhrenstadt La Chaux de Fonds gewechselt wäre. 1913 wanderte Marius Hiller nach Argentinien aus, wo er als Repräsentant einer Schweizer Uhrenfirma tätig war, sich schließlich dem Erstligisten All Boys Buenos Aires anschloß und durch die Wucht seiner Schüsse sehr schnell viele Freunde gewann. Man nannte ihn »el alemán«. Der Pforzheimer, mit einer Italienerin verheiratet, nahm die argentinische Staatsbürgerschaft an und trug am 15. August 1916 in Avellaneda das Nationaltrikot seiner Wahlheimat. Beim 3:1-Sieg Argentiniens gegen Uruguay gelang ihm das Tor zum Endstand. Als Eduardo Marius Hiller kam er am 1. Oktober 1916 noch ein-

mal gegen Uruguay zu einem Länderspieleinsatz und steuerte gleich drei Tore zum 7:2-Erfolg der Argentinier bei. Er war der Prototyp eines Mittelstürmers und stellte 1917 einen südamerikanischen Torrekord auf. In 39 Meisterschaftsspielen erzielte der Fußballer aus Deutschland 52 Tore. Im 1. Weltkrieg drohte Hiller zeitweilig die Internierung, doch die Kriegserklärung Argentiniens an Deutschland blieb aus. Nach seinen ersten Länderspielen wechselte er in Buenos Aires zu River Plate und wurde argentinischer Fußballmeister. Im Jahre 1919 kehrte er für etwas mehr als ein Jahr nach Pforzheim zurück, spielte für seinen alten Club und hatte wesentlichen Anteil am Gewinn der Südgruppenmeisterschaft der Saison 1920/21. Zurück in Argentinien schlüpfte er ins Trikot von Gimansia y Esgrima Buenos Aires und war dessen Kapitän. Mit 33 Jahren beendete er seine Fußballerkarriere. Für die amerikanische Firma Palmer & Co. war er über 30 Jahre lang in Argentinien und Paraguay tätig und brachte es zum Prokuristen. Marius Hiller starb im November 1964 in Argentinien. Tausende gaben ihm auf dem deutschen Friedhof Chacarita in Buenos Aires das letzte Geleit.

HIRSCH, JULIUS

Geboren am 7. April 1892,
gestorben 1945
Sieben Länderspiele (1911 bis 1913), vier Tore
Karlsruher FV, Spvg. Fürth

Tod in Auschwitz

Aus dem »Englischen Hof« wehen Gesangsfetzen hinaus auf die belebte Kaiserstraße, die Karlsruhe vom Durlacher- bis zum Mühlburger Tor von Ost nach West durchzieht. Gegenüber verstauen die Marktfrauen das nicht verkaufte Gemüse auf ihre von Pferden gezogenen Wagen. Karlsruhe an einem warmen Frühlingstag im Jahre 1910: Der Chef des »Englischen Hofs« hat vor den grünen Fensterläden seines Hauses die rosa Markisen ausgefahren. Und drinnen lärmen ein paar junge Leute. Sie feiern an diesem 15. Mai 1910 die erste Deutsche Fußballmeisterschaft für den Karlsruher FV. »Oh wonnevolles Fußballspiel – du schönstes Spiel der Jugend. Dich gut zu spielen, sei mein Ziel – das ist die höchste Tugend.« Pathos klang aus den Stimmen der Sänger und unüberhörbar auch eine Prise Stolz. Denn diese Meisterschaft war längst überfällig. Schließlich schlug in der badischen Metropole im ersten Jahrzehnt des 20. Jahrhunderts das eigentliche Herz des deutschen Fußballs. Im »Prinz Karl«, der Versammlungsstätte des KFV, hatte ein Karlsruher Primaner namens Walther Bensemann seine Kameraden auf das neue Spiel eingeschworen. Und sie fanden in Professor Julius Keller vom Karlsruher Gymnasium einen Verbündeten. Wenig später kopierten die Schüler das, was ihnen ein paar englische Jugendliche auf dem »Engländerplätzle« vorexerziert hatten – das Spiel mit dem Fußball. Zehn Jahre war das nun her – inzwischen war aus schüchternen Anfängen ein organisierter Spielbetrieb geworden. Im Jahre 1909 war Phönix Karlsruhe Deutscher Meister geworden – und die schwarz-roten KFVer empfanden dies als Schmach. Doch 1910 war es dann soweit – der englische Trainer William Townley, der zwei Jahre vorher aus Prag nach Karlsruhe gekommen war, führte seine Mannschaft zum großen Ziel. Zu diesem Team gehörte auch Julius Hirsch, der 1902 erstmals mit dem Fußball in Berührung gekommen und gerade 17 Jahre alt war, als Townley ihn gemeinsam mit Förderer und Fuchs in seine neue Formation einbaute. Pfingstsonntag 1910 gewann der Karlsruher FV gegen Holstein Kiel in Köln mit 1:0. Am entscheidenden Tor zum ersten Titelgewinn war Julius Hirsch nicht ganz unbeteiligt. Der linke Halbstürmer wurde in der Verlängerung – es war die 114. Minute – gefoult. Den fälligen Elfmeter hämmerte Max Breunig unter die Latte. Julius Hirsch zeichnete die Fähigkeit aus, mit beiden Füßen über eine enorme Schußkraft zu verfügen. Der Stil des kleinen Stürmers und seine leicht gebückte Haltung waren in dieser Zeit berühmt. Sein Weg in die Nationalelf war deshalb vorgezeichnet – und sein Traum erfüllte sich am 17. Dezember 1911 auf dem MTV-Platz an der Münchner Marbachstraße. Ungarn war der Gegner und an diesem Tag hoch überlegen. Die Magyaren gewannen 4:1. Aber schon das nächste Spiel bescherte dem Karlsruher unvergeßliche Eindrücke. 18000 Zuschauer säumten das kleine Stadion in Zwolle beim deutschen 5:5 gegen Holland. Sechs Spieler des Karlsruher FV standen in dieser deutschen Nationalelf: Hollstein, Gross, Breunig, Förderer, Fuchs und Hirsch. Letzterer erzielte vier Tore – eine Leistung, die vor ihm kein Nationalspieler geschafft hatte. 1912 war Julius Hirsch Teilnehmer am olympischen Fußballturnier in Stockholm. Als er 1913 in Freiburg gegen die Schweiz (1:2), in Hamburg gegen Dänemark (1:4) und in Antwerpen gegen Belgien (2:6) spielte, reiste er schon nicht mehr aus seiner badischen Heimat an, sondern aus Fürth. Er war seinem Trainer William Townley gefolgt, der 1911 von Karlsruhe nach Fürth gewechselt war. Am 31. Mai 1914, als sich der politische Horizont angesichts des sich ankündigenden 1. Weltkriegs verdunkelt hatte, erreichte Julius Hirsch mit seiner neuen Mannschaft noch einmal das deutsche Endspiel. Altmeister VfB Leipzig war in Magdeburg der Gegner – und unter den Zuschauern weilte auch der Sprößling des Kaisers, Prinz Friedrich Karl von Preußen. Nach zweimaliger Verlängerung und genau zwei Stunden und 34 Minuten hatten die Fürther die Leipziger endlich in die Knie gezwungen und 3:2 gewonnen. Es entsprach dem Reglement des Endspiels, daß nach der Verlängerung bis zum Siegtor weitergespielt wurde. Julius Hirsch wechselte dabei ständig die Positionen, spielte mal halbrechts, dann als Mittelstürmer und schließlich auch als Rechtsaußen. Der 1. Weltkrieg stoppte die Fußballerkarriere des Julius Hirsch, der dann zum Spieljahr 1918/19 nach Karlsruhe zurückkehrte und gegen eine Göppinger Stadtauswahl sein Comeback an alter Wirkungsstätte feierte. Bis 1923 trug er die Farben seines KFV. Später war »Juller«, wie ihn seine Freunde nannten, unter anderem Fußballtrainer des jüdischen Turnklubs Karlsruhe 03. Als Hitler die Macht in Deutschland übernahm, wurden die fußballerischen Taten des Juden Julius Hirsch aus den Statistiken gestrichen. Während sein Kamerad Gottfried Fuchs nach Kanada emigrierte, blieb der Kaufmann, der es inzwischen zum Direktor gebracht hatte, in Karlsruhe. Er wurde degradiert, mußte als Hilfsarbeiter bei den Zellstoffwerken Ettlingen-Maxau und im Städtischen Tiefbauamt in Karlsruhe arbeiten. Am 10. April 1933 schickte er seinem Karlsruher FV die Austrittserklärung, weil er in der Zeitung gelesen hatte, daß Juden der Zutritt in den Sportvereinen zu verweigern sei. Auf der Rückreise von einem Verwandtenbesuch in Frankreich sprang er aus dem Zug und weilte daraufhin für fast ein Jahr in einer Nervenklinik in Bar-le-Duc. Dort erfuhr er während seines Genesungsaufenthalts von der Pogromnacht in Deutschland und reiste Hals über Kopf nach Karlsruhe. Um seine nicht-jüdische Frau und seine beiden Kinder Heinold und Ester zu schützen, ließ sich Julius Hirsch scheiden, doch er selbst wurde am 1. März 1943 nach Auschwitz deportiert und kam dort ums Leben. Seine Tochter Ester erhielt am 3. März – am Tag ihres Geburtstags – von ihrem Vater einen letzten Kartengruß, der in Dortmund abgestempelt worden war. Zwei Jahre später wurden auch die Kinder des Julius Hirsch deportiert – sie überlebten im KZ Theresienstadt. Mit dem Datum des Kriegsendes (8. Mai 1945) wurde Julius Hirsch vom Amtsgericht Karlsruhe für tot erklärt.

HIRTH, HERBERT

Geboren am 23. Januar 1884
Ein Länderspiel (1909)
Hertha BSC Berlin

Einmal Budapest und zurück

Viktoria von 1889 – das war zu Beginn des 20. Jahrhunderts der Stolz des Berliner Fußballs. Skranowitz, Knesebeck, Dumke, Worpitzky, Röpnack – der Jugend an der Spree waren diese Namen aus der Meistermannschaft der Viktoria längst ein Begriff. Da war es doch ziemlich verwunderlich, daß auch ein Fußballer von Hertha 92, der späteren Hertha BSC, an einem Vorfrühlingstag des Jahres 1909 die Koffer packte, um zu einem Länderspiel zu fahren. Herbert Hirth hatte diese Einladung erhalten, weil er sich in Berlin als rechter Verteidiger einen guten Namen gemacht hatte. Er war 25 Jahre alt und Dreher von Beruf. Die Reise führte nach Budapest, wo am 4. April 1909 Ungarn der Gegner war. Und dies in einer Zeit, in der sich der Deutsche Fußball-Bund ständiger Querelen mit seinen Vereinen ausgesetzt sah. Es gab permanente Diskussionen, die sich an der Frage entzündeten, wer das Fußball-»Ehrenkleid« der Nation zu tragen habe und wer nicht. Schließlich fand der Spielausschuß so etwas wie den Stein des Weisen und setzte an einem Tag zur gleichen Stunde zwei Länderspiele an. Eine Nationalelf gastierte mit nord- und mitteldeutschen Fußballern in Budapest, eine andere hatte sich mit süddeutschen Spielern in Karlsruhe mit der Schweiz auseinanderzusetzen. In Budapest stand Herbert Hirth in einer schlagkräftigen deutschen Mannschaft, die ein 3:3 erspielte, obwohl sie dreimal in Rückstand geraten war. Für den Berliner Haudegen blieb dies allerdings die einzige internationale Berufung.

HOBSCH, BERND

Geboren am 7. Mai 1968
Ein Länderspiel (1993)
Werder Bremen

Mit der Wende kam das große Glück

Mit der Wende kam das große Fußballglück zu Bernd Hobsch. Sein Traum von der Bundesliga wurde wahr, und mit dem Traum kam das »große Geld«. Im kleinen sächsischen Flecken Großkugel, unweit der Messestadt Leipzig, wurde der Stürmer geboren, bei der TSG MAB Schkeuditz fand er Geschmack am Spiel mit dem runden Leder. Bernd Hobsch wuchs in einer großen Familie auf – er hatte fünf Brüder und drei Schwestern. Fast alle interessierten sich für Fußball. Und von Anfang an kam für den kleinen Bernd nichts anderes in Frage, als auf Torejagd zu gehen. Er tat dies mit großem Erfolg. Schon in seinen frühen Jugendjahren gelang ihm einmal das Kunststück, in einer Spielzeit so um die hundert Tore zu schießen. Als 17jähriger stand der angehende Maurer bereits in der ersten Mannschaft seines Vereins, um im Jahr darauf bei Chemie Böhlen sein Glück zu versuchen. Böhlen war Mitglied der 2. DDR-Liga, und auch dort schoß er weiter munter seine Tore. Was die Talentsichter aus der höchsten Klasse nicht ruhen ließ. Schon im Jahre 1987 klopfte der 1. FC Lokomotive Leipzig, der spätere VfB, bei ihm mit Erfolg an. Ulrich Thomale war hier der Trainer. Zu diesem Zeitpunkt ahnten nur wenige, daß die DDR wirtschaftlich am Ende war und die Vereinigung Deutschlands vor der Tür stand. Bernd Hobsch wurde Stammspieler bei Lokomotive, und als sich die Wende vollzog, qualifizierte sich sein VfB für die 2. Bundesliga. Obwohl ihn die »gelb-rote-Gefahr« in der Saison 1991/92 mehrfach einholte, schoß er elf Tore. Sehr zur Freude seines Trainers Jürgen Sundermann. Noch mehr in den Blickpunkt des gesamtdeutschen Profifußballs trat Hobsch aber in der darauffolgenden Spielzeit. Wendigkeit und Torriecher machten ihn in hohem Maße auch für die Bundesliga interessant. Und als um die Weihnachtszeit 1992 Werder Bremen um die Gunst des Sachsen buhlte, da gab es für den kopfballstarken Stürmer kein langes Überlegen. Er griff seine tolle Chance mit beiden Händen. Otto Rehhagel hatte die Qualitäten des gefährlichen Angreifers erkannt und formte ihn zum Stammspieler des SV Werder, der für Hobsch eine Ablösesumme von 2,2 Millionen Mark zahlte. Mit seinen Treffern trug Bernd Hobsch wesentlich dazu bei, daß die Hanseaten – für viele überraschend – 1993 Deutscher Meister wurden. Bundestrainer Vogts hatte sich in dieser Saison einige Male von der Zweikampfstärke des Stürmers überzeugt. Am 22. September 1993 debütierte Hobsch beim Länderspiel in Tunis. Im nächsten Frühjahr hoffte er lange auf eine Berufung in das WM-Aufgebot, doch dann verpaßte der Bremer knapp das DFB-Ticket zum Turnier in den USA. Auch bei Werder Bremen war für Hobsch der Faden längere Zeit gerissen – er kam, auch verletzungsbedingt, nur schwer in Schwung, zumal die Bremer Mario Basler verpflichteten. Mitte 1997 wechselte Hobsch zum französischen Erstligisten Stade Rennes.

HOCHGESANG, GEORG

Geboren am 3. November 1897,
gestorben im Juni 1988
Sechs Länderspiele (1924 bis 1927), vier Tore
1. FC Nürnberg

Das »Wunder vom Rhein«

Pfeil und Franken Nürnberg – hier stand die Fußballwiege des »Schorsch« Hochgesang. In dessen Kindertagen verbreitete Nürnberg noch so etwas wie den herben Charme des Mittelalters. Die Fleischbrücke über der Pegnitz war ein bevorzugtes Motiv der Städtemaler – und vor der stolzen Fassade des Nassauer Hauses plätscherte das Wasser des Tugendbrunnens aus Frauenbrüsten. Georg Hochgesang hielt dem »fränkischen Pfeil«, wo er Bekanntschaft mit seinen späteren Weggefährten Stuhlfauth, Gimpel und Popp machte, lange die Treue – erst 1923 entschloß er sich, zum 1. FC Nürnberg zu wechseln. Der »Club« repräsentierte längst deutsche Spitzenklasse und lieferte sich mit dem Nachbarn Spvg. Fürth Duelle, die Geschichte machten. Und die fränkische Fußballgemeinde strich die Jahre, in denen weder der 1. FC Nürnberg, noch die Spvg. Fürth ein deutsches Finale erreichten, ganz einfach aus dem Gedächtnis. Ein Jahr nach seinem Wechsel zum »Club« war Georg Hochgesang, der wuchtige Mittelstürmer, schon Deutscher Meister. Am 9. Juni 1924 entthronten die Nürnberger in Berlin den Hamburger SV mit 2:0. Und eine Woche später stand Hochgesang dann erstmals in der deutschen Nationalmannschaft. Im Vorfeld hatte der Karlsruher Fußballpionier Walther Bensemann den eskalierenden Nachbarschaftsstreit zwischen dem 1. FC Nürnberg und der Spvg. Fürth geschlichtet. Und so stellten beide Vereine das Gerippe der Nationalmannschaft beim Länderspiel am 15. Juni 1924 in Oslo gegen Norwegen. Neben Hochgesang waren noch dessen Nürnberger Mannschaftskameraden Stuhlfauth, Kugler, H. Schmidt, Strobel, Wieder und Sutor dabei. Deutschlands Elf gewann 2:0. Fünf weitere Länderspiel bestritt »Schorsch« Hochgesang. 30 Jahre war er alt, als er im Jahre 1928 nach 259 Spielen für den 1. FC Nürnberg seine Heimat verließ und in der rheinischen Fußballprovinz der Wegbereiter einer neuen Ära wurde. Fortuna Düsseldorf war sein nächstes Ziel – und der Westen Deutschlands hinkte in dieser Zeit noch dem Leistungsvermögen vor allem der süddeutschen Vereine, der Berliner Clubs und des Hamburger SV hinterher. Doch Hochgesangs Tore, die Perfektion, wie er Technik und Schußkraft zu harmonisieren verstand, und seine Fähigkeit zur Wandlung vom Torjäger zum Strategen machten aus der Fortuna einen deutschen Spitzenklub. »Schorsch« Hochgesang wurde damit einer der populärsten Fußballer im Lande. In Nürnberg hatte er sich taktischen Zwängen unterwerfen müssen – außerdem tummelten sich dort die Nationalspieler gleich im halben Dutzend. Am Rhein war er der Lenker einer talentierten Mannschaft – und er führte sie zu einer Deutschen Meisterschaft, die viele als »Wunder vom Rhein« empfanden. 60 000 feierten die Fortuna aus Düsseldorf am 11. Juni 1933 in Köln beim 3:0 gegen den FC Schalke 04. »Schorsch« Hochgesang ließ im darauffolgenden Jahr seine Karriere mit 36 Jahren ausklingen, nachdem er in Repräsentativspielen auch den Fußballwesten zu Siegen verholfen hatte. Er erwarb in Berlin das Sportlehrerdiplom und wirkte später als Trainer unter anderem beim VfL Bochum, bei Turu und Fortuna Düsseldorf, Rheydter SV und Preußen Krefeld. Aber Düsseldorf wurde ihm zur eigentlichen Heimat – hier genoß er seinen Lebensabend. Noch mit »75« sah man »Schorsch« Hochgesang mit dem »Montagsclub« auf dem Flingerbroich als Fußballspieler.

HOCHSTÄTTER, CHRISTIAN

Geboren am 19. Oktober 1963
Zwei Länderspiele (1987)
Borussia Mönchengladbach

Der kleine Neffe des großen Haller

Der Fußball spielte im Hause Hochstätter eigentlich schon immer so etwas wie die erste Geige. Als Christian Hochstätter in der Fuggerstadt heranwuchs, da kickten sein Vater Melchior und sein Onkel Karl beim BC Augsburg. Melchior war »Hochstätter I«, Karl war »Hochstätter II«. Und dann gab es da auch noch einen Onkel mütterlicherseits, der so etwas wie ein Augsburger Fußball-Volksheros war: Helmut Haller. Also war es keine Frage, daß auch der kleine Christian, sobald er über den Tisch der guten Stube schauen konnte, in ein Fußballtrikot gesteckt wurde. Sechs Jahre war er alt, und der Post SV Augsburg sein erster Verein, weil dessen Sportanlage nur einen knappen Kilometer von der Wohnung der Hochstätters in der Schißlerstraße entfernt lag. Hier blieb Hochstätter junior acht Jahre lang, um dann zum FC Augsburg zu wechseln, wo er mit der B-Jugend einen ersten Erfolg feierte – er stand 1979 im Endspiel um die Deutsche Meisterschaft gegen den Nachwuchs von Blau-Weiß Berlin, der im Elfmeterschießen mit 5 : 4 gewann! Das war die Zeit, in der er sich entschloß, den Beruf eines Technischen Zeichners zu lernen. Er wollte auf Nummer sicher gehen, auch wenn sein Vater vom Fußballtalent seines Sprößlings überzeugt war. Und so zögerte Christian Hochstätter ziemlich lange, als ihm nach einem dreitägigen Probetraining, das sein alter Augsburger Spezi Armin Veh arrangiert hatte, ein Vertrag von Borussia Mönchengladbach offeriert wurde. Am Bökelberg war Trainer Jupp Heynckes angetan vom unbekümmerten Offensivspiel des jungen Mannes, doch an Lothar Matthäus führte für ihn im Gladbacher Mittelfeld kein Weg vorbei. Erst als der Nationalspieler nach München wechselte, lichtete sich für Christian Hochstätter bei der Borussia der Horizont. In der U-21-Nationalelf war er lange Stammspieler, auch an Olympischen Spielen nahm er teil, doch den internationalen Sprung schaffte der Mittelfeldspieler erst 1987, als Franz Beckenbauer ihn für die Südamerikareise der Nationalmannschaft berücksichtigte. Vielleicht war es Hochstätters Pech, daß er seinen Leistungszenit erreichte, als es mit Borussia Mönchengladbach nicht zum Besten stand. Die großen Jahre der »Fohlen« waren längst vorbei, und außerdem stellten sich bei dem Schwaben immer wieder ernsthafte Verletzungen ein: Bruch des Mittelfußes, Knöchelbruch, Rippenbruch, Achillessehnenabriß, Innenbandabriß! Die schwarze Serie verunsicherte den sensiblen Profi, von dem einst Jupp Heynckes sagte: »Er hat Ehrgeiz, Willenskraft und Fleiß. Und er hat einen anständigen Charakter ...« Erst als er mit Stefan Effenberg einen starken Partner bei der Borussia fand, stellte sich für Hochstätter wieder der Erfolg ein. 1995 holte er mit der Borussia den DFB-Pokal.

HÖGER, KARL

Geboren am 27. Mai 1897,
gestorben im März 1975
Vier Länderspiele (1921 bis 1924)
SV Waldhof Mannheim, VfR Mannheim

Sepp Herbergers Weggefährte

Karl Höger war ein Weggefährte von Sepp Herberger. Beide entstammten dem SV Waldhof in Mannheim, beide wechselten zum Nachbarn VfR. Aber Höger, der zwei Monate jünger als Herberger war, hatte dem späteren Reichs- und Bundestrainer etwas voraus. Als Herberger am 18. September 1921 in Helsinki beim 3 : 3 gegen Finnland in der Natio-

nalelf debütierte, bestritt Karl Höger schon sein zweites Spiel. Der war nämlich schon ein Vierteljahr vorher, beim 0 : 3 gegen Ungarn in Budapest, als Rechtsaußen dabei gewesen. Doch mittlerweile hatte es sich im Nachkriegsdeutschland herumgesprochen, daß der SV Waldhof über einen außerordentlich starken rechten Flügel verfügte. Das Duo Höger/Herberger setzte sich daraufhin auch in der Nationalmannschaft durch. Sein stärkstes Spiel bot Karl Höger, den seine Freunde »Schlappen« nannten, am 23. November 1924 in Duisburg gegen Italien. Zwar verlor die deutsche Elf mit 0 : 1 – unter anderem deshalb, weil Sepp Herberger in der 12. Minute nur die Latte traf – doch Höger war auf dem rechten Flügel einer der Stars dieses Spiels. Im Trikot des VfR Mannheim, der von dem Engländer Bache trainiert wurde, holte er sich 1925 den Titel des Süddeutschen Meisters. Er war Kapitän der Mannschaft und mit rund 80 Kilogramm im Fußball fast schon ein Schwergewicht. Dennoch verblüffte er durch seine Schnelligkeit und durch seine Kondition. Karl Höger war auch ein ausgezeichneter 800-m-Läufer. Seinen Abschied vom internationalen Fußball nahm der spätere Sportlehrer am 14. Dezember 1924 in Stuttgart beim 1 : 1 gegen die Schweiz. Im Trikot der Spvg. Fürth beendete Karl Höger seine Karriere, nachdem er zwischenzeitlich in Bonn gearbeitet hatte. Bei den »Alten Herren« von Eintracht Köln schoß er zwischen 1935 und 1937 Tore am Fließband. Er arbeitete dann über dreißig Jahre lang als Trainer – unter anderem bei der Spvg. Horst-Emscher, beim Gaumeister Mitte, Dessau 05 und während des 2. Weltkriegs als Betriebssportlehrer bei den Junkers-Werken. Sein Sohn Karl-Heinz trat in seine Fußstapfen und spielte als Torwart unter anderem bei Dessau 05, Werder Bremen, Spvg. Fürth, Schwarz-Weiß Essen und bei Peine 48, wo dann sein Vater Anfang der 50er Jahre sein Trainer war. Später betreute Karl Höger die Bergbaujugend der Zechen Ernestine und Victoria Mathias in Essen. Er verstarb 1975 während eines Urlaubs auf Mallorca.

HÖLZENBEIN, BERND

Geboren am 9. März 1946
40 Länderspiele (1973 bis 1978), fünf Tore
Eintracht Frankfurt

Bösewicht für die holländischen Fans

Er kam als »ungeschliffener Diamant« und ging als Weltmeister! Bernd Hölzenbeins Karriere war so et-

was wie die Fußballvariante des berühmten Teller-
wäschers, der zum Millionär wurde. Unweit von
Limburg begann sein ungewöhnlicher Weg – er
spielte beim TuS Dehrn. Zwanzig Jahre war Bernd
Hölzenbein alt, als die Frankfurter Eintracht auf ihn
aufmerksam wurde. Der renommierte Club vom
Main gab ihm eine Chance in der Amateurmann-

schaft, wo er sich rasch behauptete und nach einem
Jahr den Sprung in die Bundesligaelf schaffte. Er
galt als Instinktfußballer, der vom Gefühl her fast alles richtig machte, und die Fans der Eintracht waren angetan von der Kampfbereitschaft des jungen
Fußballers aus der hessischen Provinz. Die Junio-
ren-Nationalmannschaft war 1969 für den begabten und vielseitigen Spieler, der sowohl auf dem linken als auch auf dem rechten Flügel einzusetzen
war, die nächste große Herausforderung, und die B-
Nationalelf schließlich das Sprungbrett in die A-Elf.
Doch es war für ihn schwer, sich im Kreise der Superstars zu behaupten, denn der europäische Fußball schwärmte von dieser Generation deutscher
Profis, die auf dem Kontinent eindeutig den Ton angaben. Bernd Hölzenbein boten sich nur sporadi-
sche Chancen in der Nationalmannschaft, meist
mußte er einspringen, wenn sich einer aus dem
Kreis der Etablierten verletzt hatte. Achtmal hintereinander wurde er bei Länderspielen ein- oder ausgewechselt – über die volle Distanz von neunzig
Minuten setzte ihn Bundestrainer Helmut Schön
erst bei der Weltmeisterschaft 1974 ein. Und zwar

beim Sieg über Polen im heimischen Frankfurter
Waldstadion. Wenige Tage später war Bernd Hölzenbein Weltmeister. Er holte den Elfmeter heraus,
den Paul Breitner im Finale gegen Holland im Münchner Olympiastadion zum 1 : 1 verwandelte, und
die Fans im Lande der Tulpen sahen in dem Frankfurter mehr als eine Generation lang den Böse-
wicht, der den Holländern angeblich den WM-Titel
1974 »gestohlen« hatte. Die Fernsehbilder bewiesen schließlich, daß sein Fall im holländischen Strafraum wohl doch den Tatbestand einer »Schwalbe«
erfüllte. Wie dem auch sei – Bernd Hölzenbein
stand ganz oben, und es wird ihn nicht sonderlich
gestört haben, daß seine künftige Karriere den Makel des »Elfmeterschinders« hatte. Denn das fußballerische Repertoir des inzwischen gereiften Profis
war erstaunlich und reichte von der Schlitzohrigkeit bis hin zur Fähigkeit des Kunstschützen. 1976
wurde Hölzenbein mit der Nationalmannschaft
noch einmal Vizeeuropameister. Nach 40 Länderspielen verabschiedete er sich vom großen Fußball,
wobei sein Abgang mit einiger Unruhe verbunden
war, weil er nach der enttäuschenden Weltmeisterschaft 1978 in Argentinien nicht mit Kritik an die
Adresse einiger Mannschaftsgefährten geizte. Auch
der Deutsche Fußball-Bund kam in seiner General-
kritik schlecht weg. 34 Jahre war Bernd Hölzenbein alt, als er schließlich auch noch Kapitän der
Eintracht wurde. Im Jahre 1981 schied er dennoch
im Unfrieden von seinem Verein – er wollte nicht
einsehen, daß ihm die Frankfurter nach 420 Bundesligaspielen und 160 Toren das Gehalt kürzen
wollten. Er wechselte nach Fort Lauderdale zu den
Strikers in die amerikanische Profiliga, wo er mit
einem Spezi aus gemeinsamen WM-Tagen kickte,
mit Gerd Müller. Später war er dann in der US-Hal-
lenliga bei den Memphis Americans und bei Balti-
more Blast aktiv. Als er 1986 den USA den Rücken
kehrte, ließ er seine Karriere ausklingen beim FSV
Salmrohr und dann beim unterklassigen Frankfurter Verein FC Rhein-Main. Dem Fußball wollte er
aber noch nicht »adieu« sagen, und so versuchte er
sich zunächst als Assistent von Horst Heese bei Viktoria Aschaffenburg. 1988 schloß er Frieden mit der
Eintracht, wurde Vizepräsident des Bundesligisten.
Er galt eine ganze Weile als Einkäufer mit dem Spürsinn des Fachmanns. Und so kamen Andreas Möller, Ralf Falkenmayer und Uwe Bein nach Frankfurt. Er war so eine Art Architekt der Siege, doch als
die Eintracht 1992 auf den letzten Metern des langen Weges zur Deutschen Meisterschaft doch noch
stolperte, wendete sich das Blatt. Der vom Erfolg
verwöhnte Hölzenbein geriet in seiner Eigenschaft

als Manager immer häufiger in die Kritik – schließlich stieg der Verein 1996 aus der Bundesliga ab. Wenige Monate später warf er verbittert und enttäuscht das Handtuch. Zu diesem Zeitpunkt besaß er längst ein Tennis- und Squashcenter.

HOENESS, DIETER

Geboren am 7. Januar 1953
Sechs Länderspiele (1979 bis 1986), vier Tore
VfB Stuttgart, FC Bayern München

Der »Schwaben-Pfeil«

Wenn die Eltern ein Metzgergeschäft führen und die Söhne das Abitur bauen, dann ist das mit der Fortsetzung der beruflichen Familientradition so eine Sache. Und so war es auch im Fall der Gebrüder Hoeneß. Daß Uli nicht in die Fußstapfen seines Vaters treten würde, stand ziemlich früh fest. Und auch Dieter, ein Jahr und zwei Tage jünger, hatte wenig Interesse an Schinken, Wurst und Schweinebraten – er studierte Sport und Geographie. Doch die Hoeneß-Buben machten noch etwas anderes – sie spielten Fußball. Und eben dorthin führte beider Weg. Dieter war im zarten Alter von fünf Jahren erstmals stolzer Besitzer von Fußballstiefeln und trug sie auf dem Sportplatz des VfB Ulm spazieren. Als er vierzehn Jahre alt war, wechselte er zum lokalen Nachbarn SSV Ulm. Zu diesem Zeitpunkt galt er als talentierter Torwart und keineswegs als ein herausragender Feldspieler. Dieter Hoeneß wurde in die Nachwuchsauswahl von Württemberg berufen – wohlgemerkt als Torwart! Und hin und wieder schaute er auch schon mal über den sportlichen Gartenzaun und spielte Basketball. Doch dann fusionierten die beiden Ulmer Vereine, und plötzlich gab es für jede Position mindestens zwei Bewerber. Worauf Dieter als Stürmer entdeckt wurde. Später dann wechselte er zum VfR Aalen, und dort sprach niemand mehr vom einstigen Torwart Hoeneß – vielmehr schoß Dieter Tore am Fließband. Genau 56 in einer Saison, worauf der VfB Stuttgart neugierig wurde. Längst hatte es sich der jüngere Hoeneß-Bruder in den Kopf gesetzt, das Lehramt anzustreben. Er studierte in Tübingen Geographie und Sport, fuhr die »abgelegten« Autos seines Bruders Uli und konnte es sich eigentlich nicht vorstellen, daß er eines Tages dem Fußball zuliebe nach sieben Semestern von seinem beruflichen Weg abrücken würde. Doch beim VfB Stuttgart wurde aus dem einstmals etwas unbeholfen wirkenden Stürmer einer der gefürchteten Torjäger

der Bundesliga – Trainer Jürgen Sundermann war einer seiner wichtigsten Förderer. Der »Schwaben-Pfeil«, ein Kopfballspezialist bester Güte, reifte zum Star. Dennoch glaubte Dieter Hoeneß zunächst an einen Aprilscherz, als ihm am 1. April 1979 die Einladung zu einem Länderspiel ins Haus flatterte. Er war im Spiel gegen die Schweiz dabei – und es war für ihn, den so oft wegen seiner technischen Mängel Geschmähten, eine ganz besondere Genugtuung, daß er in diesem Länderspiel auch noch das Tor zum 1 : 0-Sieg erzielte. Wenig später wechselte Dieter Hoeneß zum FC Bayern München. Dabei profitierten die Bajuwaren vom Weitblick von Bruder Uli, in dessen Münchner Wohnung einst Dieters Vertrag mit dem VfB unterzeichnet worden war. Und in diesem Kontrakt war die geringe Ablösesumme von 175 000 Mark festgelegt worden. Dieter Hoeneß war also für die Bayern ein richtiges Schnäppchen. Fünfmal wurde er mit seinem neuen Verein Deutscher Meister und dreimal Pokalsieger. Als Karl-Heinz Rummenigge und Paul Breitner gingen, wuchs Dieter Hoeneß sogar in eine Führungsposition in dieser Mannschaft. Eigentlich wollte er 1985 die Fußballstiefel schon ausziehen, ließ sich dann zum Weitermachen überreden und feierte ein Jahr später sogar ein sensationelles Comeback in der Nationalmannschaft. Franz Beckenbauer setzte ihn bei der Weltmeisterschaft in Mexiko auf dem Weg ins Endspiel einige Male ein. Nach seinem Karriereende arbeitete er zunächst als PR-Repräsentant des Computergiganten Commodore. Später wurde er Manager beim VfB Stuttgart, mußte diesen Job jedoch am 26. April 1995 unfreiwillig räumen. Als Generalbevollmächtigter einer Berliner Firma baute er sich ein Standbein in der Kommunikationstechnik auf. Bei Hertha BSC stieg er schließlich als Manager ein und kehrte mit dem Aufstieg 1997 zurück in die Eliteklasse.

HOENESS, ULI

Geboren am 5. Januar 1952
35 Länderspiele (1972 bis 1976), fünf Tore
FC Bayern München

Der jüngste Manager der Bundesliga

Vom Musterschüler zum Muster an Beständigkeit und Ehrgeiz. Uli Hoeneß, der ältere der beiden Hoeneß-Brüder, die zu Fußballnationalspieler wurden, stellte schon früh hohe Ansprüche an sich und an seine Leistung. Auf dem Weg zur Abiturnote 2,4 benötigte er zwar ein paar Nachhilfestunden, doch auf seinen Stationen zum Ausnahmekicker war er von einem unbeugsamen Willen beseelt. Fritz Siddig war der Jugendleiter bei der TSG Ulm, als Uli als Kapitän der deutschen Schülernationalmannschaft beim Lokalrivalen VfB Fußball spielte. Eines Tages gastierten die Ulmer beim »Otto-Siffling-Gedächt-

nisturnier« des SV Waldhof Mannheim. Acht Mannschaften waren am Start – die Ulmer wurden Letzter. Dennoch durften sie im Jahr darauf wiederkommen. Und sie brachten Uli Hoeneß mit, nachdem der Verband dessen Gastspielrolle bei der TSG zugestimmt hatte. Ulm gewann das Turnier – nicht zuletzt dank der Tore von Uli Hoeneß, der wenig später zur TSG wechselte. Weit über ein Dutzend Spiele in der Jugendnationalmannschaft hatte Uli absolviert, als ihn sein einstiger DFB-Coach Udo Lattek 1970 zum FC Bayern München holte. Zwei Jahre lang führte er den Status eines »Olympia-Amateurs«, um bei den Olympischen Spielen in München mitwirken zu können. Das olympische Turnier brachte ihm zwar nicht das große Glück, es diente ihm aber als Türöffner zur Nationalelf. Binnen weniger Monate hatte er sich zu einem internationalen Star gemausert, wurde nach dem Gewinn der Europameisterschaft 1972 auch Weltmeister 1974. Die Krönung einer Karriere wie aus dem Bilderbuch. Dank seiner athletischen Fähigkeiten, seiner Fitneß und seines Ehrgeizes wurde Uli Hoeneß zu einem der stärksten Spieler im offensiven Mittel-

feld und im Angriff. Gefürchtet war sein Konterspiel, mit dem er so manches schon verloren geglaubte Spiel seines FC Bayern noch aus dem Feuer riß. Doch Uli Hoeneß ruinierte durch die starken Belastungen seines körperbetontes Spiels früh die Gesundheit. Schon nach der Europameisterschaft 1976, als er als tragischer Held aus Belgrad heimkehrte, weil er im entscheidenden Elfmeterschießen des Endspiels gegen die Tschechoslowakei den Ball über den Querbalken befördert hatte, wollte er seine Karriere beenden – mit 24 Jahren. Drei Jahre später versuchte er ein Comeback beim 1. FC Nürnberg, doch seine große Zeit als Fußballprofi war schon vorbei. Mit 27 Jahren wurde er der jüngste Manager der Bundesliga – beim FC Bayern München. Und sein Verein sollte diese Verpflichtung nicht bereuen, Hoeneß drückte dem Erfolgsclub fortan seinen Stempel auf. Sein Wort hatte Gewicht in der Bundesliga, allerdings mußte sich Uli Hoeneß als eine Art »Frontkämpfer« auch vieler Anfeindungen und inhaltloser Klischees erwehren. Zu Beginn des Jahres 1982 überlebte er wie durch ein Wunder einen Flugzeugabsturz in der Nähe des Flughafens Hannover-Langenhagen, bei dem alle übrigen Insassen der Maschine ums Leben kamen. Sein berufliches Glück hielt an – dank seiner Geschäftstüchtigkeit brachte er es neben seiner Tätigkeit als Bayern-Manager auch noch zum Inhaber einer Wurstfabrik in Nürnberg.

HÖRSTER, THOMAS

Geboren am 27. November 1956
Vier Länderspiele (1986 bis 1987)
Bayer Leverkusen

Eine »vielbeinige Krake«

Es war zwar nur eine Episode, doch irgendwie prägte sie den späteren Weg von Thomas Hörster. Am 11. November 1976 war im »Kicker« folgende Notiz zu lesen: »Ein wenig verwundert ist man beim Tabellenführer der 2. Liga Nord, Schwarz-Weiß Essen, über Kölns Manager Karl-Heinz Thielen. Da nahm in der Vorwoche die Mutter des Jungtalents Thomas Hörster einen Telefonanruf entgegen, bei dem sich ein gewisser Herr Thielen, Manager des 1. FC Köln, erkundigte, ob ihr Sohn nicht nach Köln wechseln wolle. Nachdem dieser Anruf in die Öffentlichkeit gedrungen war, rief Thielen tags darauf Essens Vorsitzenden Wolfgang Schmitz an, er habe nie mit Frau Hörster Kontakt aufgenommen, zudem sei ihm der Name Hörster völlig ungeläufig...« Zehn Jahre später war Thomas Hörster auch Karl-Heinz Thielen ein Begriff, denn dieser längst gereifte Fußballer war das, was er selbst auch einmal war – Nationalspieler! Manche waren sogar der Meinung, Thomas Hörster sei der beste Libero seit den Zeiten, da Franz Beckenbauer diese Rolle »hoffähig« gemacht habe. Nicht Schwarz-Weiß und auch nicht Rot-Weiß – nein, Blau-Weiß Essen war der erste Verein des Thomas Hörster. Dann wechselte er irgendwann zu Schwarz-Weiß, unterschrieb dort seinen ersten Profivertrag – und glaubte noch immer nicht so richtig, daß er mit dem Fußball sein Leben bestreiten könne. Vielmehr ließ er sich in die »Geheimnisse« des Berufs eines Radio- und Fernsehmechanikers einweihen. Hörsters Stern als Profi ging erst auf, als er zur Saison 1977/78 zum Zweitligisten Bayer Leverkusen wechselte, wo er sich bald im Mittelfeld zurechtfand. Das Talent aus Essen wurde wegen dessen Zuverlässigkeit gepriesen, doch niemand wäre zu diesem Zeitpunkt auf die Idee gekommen, Thomas Hörster stünde eine internationale Karriere bevor. Das änderte sich erst, als Trainer Erich Ribbeck dringend einen Libero benötigte, und von diesem Zeitpunkt an war aus einem mittelmäßigen ein herausragender Fußballer geworden. Das Spiel des »freien Mannes« kam Thomas Hörster entgegen. Hier konnte er seine Kopfballstärke, sein Stellungsspiel und seine Technik ausspielen. Seine Kameraden fanden einen Spitznamen für ihren Abwehrchef: »Krake«! Der Mann mit den vielen Beinen ... Als Thomas Hörster dann mit fast 30 Jahren noch zum Nationalspieler wurde, wollte er das eine Zeitlang selbst nicht glauben, weil er sich vorher vergeblich Chancen ausgerechnet hatte, noch zum Kreis der DFB-Kandidaten für die Weltmeisterschaft 1986 in Mexiko zu gehören. Er debütierte statt dessen ein paar Monate später, als Klaus Augenthaler wegen einer Verletzung im Spiel gegen Dänemark in Kopenhagen nicht dabei sein konnte. Der Senior überzeugte und trug wesentlich zum deutschen 2:0-Sieg bei. Nach 332 Bundesligaspielen verabschiedete sich Thomas Hörster 1991 von Bayer Leverkusen, um seine Karriere beim VfL Hamm/Sieg zu beenden.

HÖSCHLE, ADOLF

Geboren am 20. Juli 1899,
gestorben am 14. Dezember 1969
Ein Länderspiel (1920)
Stuttgarter Kickers

Neuer Start in der Schweiz

Stuttgart um die Jahrhundertwende: Die Stadt, die sich an die grünen Neckarhügel schmiegt, ist eine muntere Metropole des Handels. Der mit groben Steinen gepflasterte Marktplatz mit seinen stattlichen Patrizierhäusern aus dem 16. Jahrhundert war der Mittelpunkt der Stadt, in der Adolf Höschle heranwuchs. Zu Hause war er in Degerloch, wo die Stuttgarter Kickers im September 1899 gegründet wurden. Da war Adolf Höschle gerade zwei Monate jung. Karl Levi war einer der Gründer der Stuttgarter Kickers. Mitte der 90er Jahre des 19. Jahrhunderts schuf der spätere Kaufmann gemeinsam mit den Herren Hegel und Stier im Stuttgarter »Kronenklub« auf dem Gewerbehalleplatz und auf der Feuerbacher Heide die Basis für den Stuttgarter Schülersport. Karl Levi starb mit 42 Jahren an einer Typhuserkrankung in Mexiko, wohin er im Jahre 1901 ausgewandert war. In seiner Heimat blühte hingegen der Fußball auf, und als die Stuttgarter Kickers am 7. Juni 1908 das deutsche Endspiel erreichten und an der Spree gegen die Berliner Viktoria mit 1:3 verloren, da markierten die schwäbischen Buben in Degerloch mit ihren Schulranzen die Tore und gaben sich die Namen ihrer Fußballhelden. Bürkle, Kühnle, Merkle, Hanselmann – das waren die Urväter der ersten großen Stuttgarter Fußballfeste. Adolf Höschle trat erst nach dem 1. Weltkrieg aus dem Schatten der Anonymität. Der Mittelläufer und Verteidiger erhielt am 27. Juni 1920 eine Einladung zum ersten Länderspiel der deutschen Mannschaft nach dem 1. Weltkrieg. Die Schweiz war in Zürich der Gegner – und viele eidgenössische Fußballanhänger waren nicht damit einverstanden, daß das kleine Land den Deutschen auf dem Fußballfeld schon zu diesem Zeitpunkt die Hand reichte. Die deutschen Spieler hatten höchst offiziell die Empfehlung bekommen, jeden hautnahen Kontakt mit ihren Schweizer Gegenspielern zu meiden. »Im entscheidenden Moment verzichteten wir sogar auf den Ball – nur um einem Zusammenprall aus dem Wege zu gehen«, sagte später der legendäre Hans Kalb, der an diesem Tag sein erstes Länderspiel bestritt. Für Adolf Höschle war diese Begegnung ein Novum – er wurde nie wieder durch den DFB berufen. Er wechselte später zu Phönix

Karlsruhe, spielte dann für die Sportfreunde Eßlingen. Erfolg hatte er aber auch in seinem Beruf als Diplom-Ingenieur.

HÖTTGES, HORST-DIETER

Geboren am 10. September 1943
66 Länderspiele (1965 bis 1974), ein Tor
Werder Bremen

Sie nannten ihn »Eisenfuß«

Als Hennes Weisweiler kam, mußte Horst-Dieter Höttges gehen! Es war das erste Negativerlebnis im Leben des jungen Fußballers. Bei Blau-Weiß Bahl am Niederrhein hatte er gespielt, später bei der Rheydter Spielvereinigung. 1960 ging dann sein großer Traum in Erfüllung – der Wechsel zu Borussia Mönchengladbach. Drei Jahre spielte er hier, und als die Bundesliga in Deutschland Einzug hielt, da sprach noch niemand vom »Fohlen-Wunder«. Die Gladbacher standen abseits, kickten in der neuen Regionalliga West und holten sich mit Hennes Weisweiler einen neuen Trainer. Horst-Dieter Höttges, der harte Abwehrspieler, paßte dem neuen Coach nicht ins Konzept. Und als sich die Wege der beiden 1964 trennten, da konnte eigentlich niemand ahnen, daß beiden jeweils eine ungewöhnlich erfolgreiche Karriere bevorstand. Weisweiler wurde zur Trainerlegende, Höttges zu einem Außenverteidiger internationalen Zuschnitts. Doch während Weisweiler seinen Weg am Bökelberg in Mönchengladbach machte, hatte Höttges in die Rolle des Propheten zu schlüpfen, der bekanntlich im eigenen Lande wenig zählt. Der Fußballer vom Niederrhein folgte den Lockungen eines anderen Trainerfuchses. Dank Willi Multhaup wurde er bei Werder Bremen seßhaft und begründete an der Weser seinen Ruf als »Eisenfuß«. Als er fünfzehn Jahre später nach 420 Bundesligaspielen eine große Karriere beendete, wurde Horst-Dieter Höttges beim SV Werder zum »Ehrenspielführer« ernannt. Sportliche Glanzlichter waren für den kompromißlosen Abwehrspieler die Teilnahmen an den Weltmeisterschaften 1966 in England und 1970 in Mexiko. 1972 war er Mitglied des deutschen »Dreamteams« bei der Europameisterschaft. Bei der Weltmeisterschaft 1974 gehörte Höttges zwar zum deutschen Kader, doch er kam über die Rolle des Reservisten nicht mehr hinaus. Das Highlight beim SV Werder Bremen war für ihn die Deutsche Meisterschaft im Jahre 1965. Die Hanseaten sahen in Höttges so etwas wie den Garanten für die eigene Deckung, doch dem Triumph von 1965 folgte der jähe Absturz in die Abstiegsregion der Bundesliga. »Mit mir steigt Werder nicht ab«, verbreitete Horst-Dieter Höttges immer wieder Optimismus – und er hielt Wort. Erst zwei Jahre nach Höttges' Abschied gingen bei den Bremern vorübergehend die Bundesligalichter aus. Der 66fache Nationalspieler, dessen internationale Laufbahn mit Länderspielen im Hamburger Volksparkstadion begann und endete, hätte gern über 1978 hinaus für den SV Werder gespielt, zumal er trotz seiner harten Gangart von schweren Verletzungen weitgehend verschont blieb. Doch sein Arbeitgeber, ein Sportartikelhersteller, bei dem er als Handelsvertreter tätig war, übte sanften Druck aus – und die Bremer wollten sich keinen Halbtagsprofi leisten. Als Höttges die große Bühne des Fußballs verließ, sagte der Bremer Psychologie-Professor Dr. Fritz Stemme: »Er ist zu einer Persönlichkeit geworden, an dem sich die jungen Spieler aufrichten und mit der sich das Publikum identifizieren kann.« Eine Zeitlang spielte er später beim SC Bad Oeynhausen-Oberbecksen, Anfang der 90er Jahre hatte er seine Sympathien für den kleinen Bremer Verein TSV Achim entdeckt, bei dem er auch als Trainer aushalf.

HOFER, FRANZ

Geboren am 4. September 1918
Ein Länderspiel (1939)
Rapid Wien

Aus der »Wiener Schule«

Der Einmarsch Hitlers in Österreich hatte die nunmehr »großdeutsche« Fußball-Nationalmannschaft radikal verändert. Die Wiener Schule und damit der in den 30er Jahren sprudelnde Quell der Fußballtalente hielt Einzug in Sepp Herbergers Team. Doch Ende der 30er Jahre wehte auch dem Fußball Deutschlands ein eisiger internationaler Wind entgegen. Viele traditionelle Gegner der Nationalelf sagten vereinbarte Länderspiele ab. Ungeachtet dessen bereitete Herberger seine Fußballer auf das olympische Turnier des Jahres 1940 vor – und rechnete nicht nur fest mit einer Teilnahme, sondern auch mit den Wiener Spielern. Rapid, Wacker, Wiener SK, Admira – in der Nationalmannschaft herrschte nunmehr der Dialekt der Walzermetropole vor. Eigentlich sollte die deutsche Elf am 27. August 1939 in Stockholm gegen Schweden spielen, doch dann schickten die Skandinavier angesichts der wachsenden Kritik am Nazi-Regime eine Absage. So wurde ein Spiel gegen die Slowakei in Preßburg vereinbart, wo eine verstärkte Wiener Auswahl die deutsche Nationalmannschaft stellte. Mit dabei war Franz Hofer von Rapid Wien. Er war Rechtsaußen und bildete einen Sturm mit Reitermaier, Binder, Kaburek und Gärtner. In der Läuferreihe stand unter anderem Max Merkel vom Wiener SK. Sepp Herbergers Mannschaft enttäuschte auf der ganzen Linie und unterlag vor 17 000 Zuschauern der Slowakei mit 0:2. Für Franz Binder blieb dies der einzige »Ausflug« in die Nationalelf der Deutschen.

HOFFMANN, RUDOLF

Geboren am 11. Februar 1935
Ein Länderspiel (1955)
Viktoria Aschaffenburg

Das schwere Los eines »Amateurs«

Der Aschaffenburger »Schönbusch« war in den fünfziger Jahren eine gute Adresse der Oberliga Süd. Aber auch eine gefürchtete, denn hier, in diesem engen Stadion, ging es oft heiß her. »Die Zuschauer waren so dicht am Platz, die konnten Spieler und Schiedsrichter berühren, wenn sie den Arm ausstreckten«, erinnerte sich Heinz Budion, der zu den größten Fußballern in der Geschichte der Viktoria zählt und den sie »Mister Viktoria« nannten. Und es kam auch schon mal vor, daß sich ein Aschaffenburger Spieler nach dem Schlußpfiff kurzerhand den Schiedsrichter schnappte und ihn Huckepack in die Kabine trug, um ihn vor den aufgeregten Fans zu schützen. Das Stadion am Schönbusch – das war Fußballemotion pur, und wegen der oft kochenden Aschaffenburger Volksseele wurde die Anlage in der Oberliga Süd hin und wieder gesperrt. Auch der Trainer dieser Mannschaft war ein harter Hund: Ernst Lehner, der erfolgreiche Nationalspieler der dreißiger und vierziger Jahre. Einer von denen, die aus dieser Schule hervorgingen, war Rudolf Hoffmann, der aber auch durch die Trainer Tauchert und Janda geprägt worden war. Hoffmann war kein gebürtiger »Ascheberger« – er war 1952 hierhergekommen, weil er zu Aschaffenburg verwandtschaftliche Beziehungen pflegte. Ein Onkel führte hier eine Gastwirtschaft. Rudi Hoffmann war Amateur, weil der DFB dies so wollte, um möglichst starke Mannschaften zu den Olympischen Spielen zu schicken, und so reiste er 1956 zu den Sommerspielen nach Melbourne, wo nach der 1:2-Niederlage gegen die Sowjetunion aber schon alles vorbei war. Im Jahr darauf bekam Rudi Hoffmann Ärger mit dem DFB, denn vor seinem Wechsel zum VfB Stuttgart gab es Gerüchte von unerlaubten Aschaffenburger Zuwendungen. Nach einem Spiel mit der Süddeutschen Auswahl in Ungarn informierte ihn Trainer Helmut Schön von der drohenden längeren Sperre. Aber rechtzeitig zum DFB-Pokalfinale 1958 war der Abwehrorganisator wieder spielberechtigt – Rudi Hoffmann war beim dramatischen 4:3-Sieg gegen Fortuna Düsseldorf dabei, wobei sich der Neuling in die Torschützenliste eintrug. Zu diesem Zeitpunkt war Rudi Hoffmann längst Nationalspieler. Als er 1955 zum Länderspiel gegen Irland berufen wurde, hatte er alle repräsentativen Stufen des DFB durchlaufen. 1960 wechselte der routinierte Fußballer noch einmal das Trikot – er ließ sich von Trainer Helmut Schneider zum Übertritt zum FK Pirmasens überreden. Drei Jahre blieb er dort, um sich dann mehr und mehr seinem Beruf als Industriekaufmann zu widmen. Heimisch wurde er dort, wo er ursprünglich herkam – in Östringen, wo er bei einem Unternehmen der Kunstfaserindustrie eine Anstellung fand.

HOFMANN, LUDWIG

Geboren am 9. Juni 1900,
gestorben am 2. Oktober 1935
18 Länderspiele (1926 bis 1931), vier Tore
FC Bayern München

»Wiggerl« – Fußball mit Gefühl

William Townley, der britische Fußball-»Missionar«, war auf seinen »Wanderungen« durch Deutschland an der Isar angelangt. Fast 500 Mitglieder zählte der FC Bayern München – er schickte acht Herren- und sieben Jugendmannschaften ins Rennen um Punkte – als der 1. Weltkrieg seine Schatten über Europa legte. Auf den Schlachtfeldern des Kontinents starben die Soldaten – darunter auch etliche deutsche Fußballnationalspieler. Doch in der Heimat, da rollte das Leder weiter – vor allem für die Jugend. Am Weihnachtstag des Jahres 1916 machten die wenigen Münchner Besucher des Freundschaftsspiels gegen den 1. FC Nürnberg große Augen, denn da wirkte erstmals ein 16jähriger bei den Bayern mit, der ein erstaunliches Talent verriet. Sie nannten ihn »Wiggerl«, und er kam vom FC Isaria. Nun ist »Wiggerl«, wie man weiß, die Kurzform von »Ludwig« und damit ein bayerischer Allerweltsvorname. Doch dieser »Wiggerl« Hofmann war ein ganz besonderer. Auf dem linken Flügel tanzte der junge Mann seine Gegner schwindlig. Und er verfügte trotz seiner Jugend über die Fähigkeit, den Ball zu »streicheln«, ihn mit viel Gefühl von der linken Seite in den Strafraum zu heben. Ludwig Hofmanns Weg in die 1. Mannschaft war kurz. Er war schon einer der Etablierten im FC Bayern, als Josef Pöttinger dazu kam. Anfang der 20er Jahre reifte die spätere Meistermannschaft des Vereins heran. Nach dem Süddeutschen Titel hätte Hofmann 1932 wohl auch noch als Krönung seiner Karriere mit den Bayern den deutschen Titel errungen, doch beim 2:0 gegen Eintracht Frankfurt in Nürnberg war er nicht mehr dabei. An seiner Stelle stürmte Welker auf der linken Seite. Zu diesem Zeitpunkt machte sich erstmals eine Krankheit bemerkbar, der Ludwig Hofmann im Oktober 1935 erlag. 1926 hatte der Versicherungskaufmann das erste seiner insgesamt 18 Länderspiele bestritten. »Wiggerl« Hofmann bildete mit Josef Pöttinger am 18. April 1926 ein großartiges Stürmerduo beim 4:2-Sieg der Nationalelf gegen Holland in Düsseldorf. 63 000 Zuschauer waren vor allem von der furiosen Endphase dieses Spiels begeistert. Zwei Monate später, beim 3:3 gegen Schweden im ausverkauften Nürnberger »Zabo«, bestätigte Hofmann seine

Extraklasse. 1928 war der Münchner Teilnehmer am olympischen Fußballturnier in Amsterdam, das mit dem Skandalspiel gegen Uruguay (1:4) für die deutsche Mannschaft wenig erfreulich endete. Eine unglückliche Niederlage beendete auch die internationale Karriere von Ludwig Hofmann. Am 15. März 1931 verletzte er sich im Pariser Stadion Colombes beim 0:1 gegen Frankreich. In der 31. Minute wurde er durch seinen Vereinskameraden Hans Welker ersetzt, der dadurch zu seinem einzigen Länderspiel kam. 1933/34 übernahm er für eine kurze Zeit das Traineramt bei Bayern München. Er starb 1935 an den Folgen einer Hirnhautentzündung.

HOFMANN, RICHARD

Geboren am 8. Februar 1906,
gestorben am 5. Mai 1983
25 Länderspiele (1927 bis 1933), 24 Tore
Meerane 07, Dresdner SC

»Bester Mittelstürmer der Welt«

Der Engländer David Jack war in den 20er und frühen 30er Jahren einer der berühmtesten Fußballer auf der Insel. Als er 1931 von den Bolton Wanderers zu Arsenal nach London wechselte, war sein neuer Verein bereit, für den Stürmer die für damalige Verhältnisse unglaublich hohe Ablösesumme von 10 000 Pfund zu zahlen. Und dieser David Jack sagte an einem Tag im Dezember 1931: »Er ist der beste Mittelstürmer der Welt ...« Damit meinte er nicht etwa einen Engländer, also einen Spieler aus dem Mutterland des Fußballs, sondern er sprach von Richard Hofmann. Von jenem Mann, den sie nicht nur in dessen sächsischer Heimat Meerane »König Richard« nannten. David Jack hatte Richard Hofmann schätzengelernt, als die deutsche Mannschaft am 10. Mai 1930 ein hochverdientes 3:3 gegen England im Berliner Grunewaldstadion erkämpfte. Richard Hofmann war der umjubelte Star der Gastgeber, denn er schoß alle drei Tore. Gemeinsam mit seinem Münchner Namensvetter »Wiggerl« Hofmann trumpfte er groß auf – der »Flügel der Hofmänner« verstand sich wie Zwillingsbrüder. Und A. H. Strange, ein bulliger Haudegen aus Sheffield, wird als Gegenspieler von Richard Hofmann diesen Nachmittag in Berlin wohl nicht vergessen haben. Drei Tore gegen England – das war einem deutschen Spieler nie zuvor geglückt. Richard Hofmann wuchs an der sächsisch-thüringischen Grenze auf. Im Provinzstädtchen Meerane, unweit von Zwickau, waren die Tucher ansässig. Seine Eltern stammten aus der Pfalz – die Webindustrie lockte sie schließlich nach Sachsen. Der Vater verstarb früh, mit 14 Jahren saß Richard wie seine Geschwister am Webstuhl. Doch in seiner Freizeit bewies er sein Fußballtalent bei Meerane 07. Mit 22 Jahren wechselte Richard Hofmann dank der Vermittlung des englischen Trainers Jimmy Hogan von Meerane 07 zum Dresdner SC. Voraus ging ein einwöchiger Abendlehrgang, den Jimmy Hogan in Glauchau abhielt. Täglich radelte Richard Hofmann von Meerane ins benachbarte Glauchau und beeindruckte den Lehrmeister von der Insel. Jimmy Hogan war ein Wandervogel – er hatte bei Austria Wien, MTK und Vasas Budapest, Karlsruher SC, Spvg. Fürth, Bayern München und bei Meerane 07 gearbeitet. Er war der entscheidende Förderer des jungen Richard Hofmann. Hogan stand stets als »Gentleman« am Spielfeldrand des Ostrageheges – im feinen Anzug und mit einem strengen »Binder«. Und er gab Richard Hofmann beim DSC eine Chance. Dieser spielte, wo er gerade gebraucht

wurde. Jimmy Hogan beurteilte Richard Hofmann so: »Er ist ein Dickkopf, der weiß, was er will. Wenn der schießt, möchte ich nicht Torwart sein ...« Zu diesem Zeitpunkt war Hofmann schon Nationalspieler. Trainer Prof. Dr. Otto Nerz hatte am 2. Oktober 1927 zum Länderspiel gegen Dänemark gleich neun Debütanten nach Kopenhagen berufen. Die Nationalelf verlor zwar 1:3, doch

Richard Hofmann war einer der wenigen, die an diesem Tag überzeugen konnten. Sein Weg zum internationalen Star war vorgezeichnet – er führte steil bergauf. 1928, ein paar Wochen vor seinem Wechsel nach Dresden, war er beim olympischen Fußballturnier in Amsterdam dabei, schoß drei Tore beim 4:0-Sieg gegen die Schweiz, doch dann kam in der Zwischenrunde die Mannschaft aus Uruguay, der Olympiasieger von Paris. Und dieses Spiel am 3. Juni 1928 war ein Tiefpunkt in der Karriere des Sachsen. Die Südamerikaner verstanden es, ihre Gegner zu provozieren, und trafen zudem auf einen ägyptischen Schiedsrichter, der das hektische Spiel nicht in den Griff bekam. Der Nürnberger Hans Kalb flog vom Platz – und drei Minuten vor Schluß der Partie, die von Uruguay mit 4:1 gewonnen wurde, auch noch Richard Hofmann. Der Deutsche Fußball-Bund sperrte beide ein Jahr lang für Länderspiele, was viele als die Krone der Ungerechtigkeiten gegenüber Kalb und Hofmann empfanden. Ein Jahr später feierte Hofmann sein Comeback beim 1:1 gegen Schottland in Berlin. Der Nationalspieler war in der Papierfabrik Wilhelm an der Gutenbergstraße in Freital beschäftigt. Der Chef, Alwin Wilhelm, war Vorstandsmitglied beim Dresdner SC. Im Winter 1930 wurde Hofmann erneut vom Pech eingeholt. Bei einem Autounfall am 18. Februar 1930 wurde ihm das rechte Ohr abgerissen – Gleichgewichtsstörungen stellten sich ein, und die Fußballnation verfolgte mit Bangen die Genesung des beliebten Stürmers. Wenig später war er wieder der Alte, setzte seine Karriere in der Nationalmannschaft fort. Es war sein Spiel aus der Tiefe, das die Fußballfreunde in aller Welt begeisterte. Und die Art, wie er den Ball führte, die Wucht seiner Schüsse. Beim Dresdner SC entwickelte er sich vom Torjäger zum Regisseur – die Fans am Ostragehege lagen »König Richard« zu Füßen. Eine außergewöhnliche Generation deutscher Fußballer wuchs an seiner Seite heran – einer von ihnen war Helmut Schön, der spätere Bundestrainer. Sein 25. und letztes Länderspiel absolvierte Hofmann am 19. März 1933 beim 3:3 gegen Frankreich in Berlin. Er kam in der 40. Minute für den Frankfurter Willy Lindner ins Spiel. Aber wenig später wurde er noch einmal durch den DFB gesperrt. Die Zigarettenfirma Bulgaria hatte Hofmann, der im übrigen Nichtraucher war, für ein Werbeplakat abgelichtet. Und das zeigte den Fußballer dann in Lebensgröße, mit einer Zigarette in der Hand. Eine zweijährige Sperre sollte er ursprünglich abbrummen – und die 3000 Mark Gage an den Verband zurückzahlen. Außerdem wurde seine Karriere als Nationalspieler offiziell für beendet erklärt. Ein Eingriff, der wohl zu den großen Irrtümern der deutschen Fußballgeschichte zählt, denn beim Dresdner SC repräsentierte Richard Hofmann noch zehn Jahre später deutsche Spitzenklasse. 1940 führte er den DSC ins Finale gegen Schalke 04. Die »Knappen« gewannen vor 95 000 Zuschauern im Berliner Olympiastadion mit 1 : 0. Die Ernte eines Jahrzehnts der Beständigkeit brachten die Dresdner aber erst am 27. Juni 1943 ein, als sie im Endspiel den 1. FC Saarbrücken in Berlin mit 3 : 0 schlugen. Ein Jahr später hielt Richard Hofmann die »Viktoria« erneut in den Händen – der Luftwaffensportverein Hamburg war am 18. Juni 1944 beim 4 : 0-Sieg im letzten Kriegsfinale der Gegner, und der Star des Spiels war bereits 38 Jahre alt. Die Bombennächte prägten das Deutschland dieser Tage – dennoch pilgerten im Frühsommer 1944 noch einmal 70 000 Fußballfreunde zum Endspiel ins Berliner Olympiastadion – so, als wollten sie für ein paar heitere Stunden Trauer und Trostlosigkeit ihres Alltags vergessen. An diesem Tag nahmen sie aber auch Abschied von der Karriere Richard Hofmanns, der zu den Größten in der Geschichte deutscher Fußballnationalspieler zu zählen ist. Am 17. Dezember 1944 bestritt er sein letztes Punktspiel für den Dresdner SC. Es hatte fast symbolischen Charakter, daß dieser Ausnahmespieler das letzte Tor seines Vereins zum 1 : 0-Sieg gegen Guts Muts Dresden schießen sollte. Im Februar 1945 versank Dresden, die Stadt, die Richard Hofmann so liebte, in einer Nacht in Schutt und Asche. Nach dem Kriege führten auch die Wege der alten Dresdner Kameraden, soweit sie dem Grauen entronnen waren, zu verschiedenen Ufern. Helmut Schön war eine Zeitlang in Hamburg zu Hause, doch Richard Hofmann blieb im zerbombten Dresden. Er versuchte sich noch als Fußballer bei der SG Dresden-Hainsberg, beim VfL Willich und schließlich bei der SG Dresden-Friedrichstadt, wo auch sein alter Weggefährte Helmut Schön gelandet war. Später wurde er Trainer bei Vorwärts Gotha, dann Landestrainer in Sachsen, Lehrgangsleiter der Sportschule Werdau, Mitglied des DDR-Trainerrates und dann 1955 Trainer der SV Turbine. Ein Jahr später holte ihn der Deutsche Fußballverband der DDR als Trainer der B-Auswahl und des Nachwuchsbereichs. 1957 setzte er sich noch einmal auf die Schulbank der Deutschen Hochschule für Körperkultur. 1969 machte er dann mit 63 Jahren Schluß – eine Hüftoperation stand am Ende seines Weges als Fußballtrainer. Der Star von einst trug stets einen schwarzen Ohrenschützer – die schmerzhafte Erinnerung an jenen verhängnisvollen Autounfall des Jahres 1930. Richard Hofmann starb am 5. Mai 1983 in Freital. Sein Sohn Bernd war in den 60er Jahren Stammspieler bei Dynamo Dresden. Er trug zehnmal das Trikot der Olympia- und B-Auswahl der DDR.

HOFMEISTER, LUDWIG

Geboren am 5. Dezember 1887,
gestorben am 3. Oktober 1959
Zwei Länderspiele (1912 bis 1914)
FC Bayern München

Auf den Spuren von »Adsch«

Als »Adsch« Werner, der erste große Torwart der deutschen Länderspielgeschichte, mit den Olympischen Spielen des Jahres 1912 in Stockholm seine internationale Karriere beendete, suchte der Spielausschuß des DFB lange nach einem geeigneten Nachfolger. Viele wurden getestet, die meisten nicht für gut genug befunden. Nach einer Saison, die manche Enttäuschung gebracht hatte, sollte im Herbst 1912 ein Neuaufbau der Nationalmannschaft eingeleitet werden. Anfang Oktober stand in Kopenhagen der Berliner Albert Weber zwischen den Pfosten, fünf Wochen später schaute man sich dann an der Isar um und entschied sich für Torwart Ludwig Hofmeister vom FC Bayern, der 1904 hierher gekommen war, schon als 18jähriger im Münchner Tor stand und dessen jüngerer Bruder Josef in dieser Mannschaft Außenläufer spielte. 10 000 Zuschauer wollten das Duell mit den Holländern in Leipzig sehen. Die Gastgeber überzeugten durch ihr schwungvolles Spiel – endlich hatten die Fußballanhänger in Deutschland wieder einmal Spaß an ihrer Nationalmannschaft. Dennoch gewannen die Fußballer aus dem Land der Tulpen – was aber weniger an den Torwartleistungen von Ludwig Hofmeister lag, sondern vor allem daran, daß die Holländer über die größere mannschaftliche Harmonie und Durchschlagskraft verfügten. Nach dem Schlußpfiff des ungarischen Schiedsrichters Herzog gab es auch noch Ärger, denn einige Zuschauer waren der Ansicht, der Pfeifenmann von der Donau hätte die deutsche Mannschaft benachteiligt. Fortan gingen die Experimente mit den Torwarten weiter. Der Stuttgarter Christian Schmidt absolvierte zwei Spiele, dann folgte der Leipziger Johannes Schneider. Im April 1914 erinnerten sich die Verantwortlichen der Nationalelf wieder des Mannes, der in Leipzig gegen Holland eigentlich einen souveränen Eindruck hinterlassen hatte. Inzwischen hatte der baumlange Bayer aus Sünching die Isarmetropole verlassen, weil die Münchner sich mit dem Wiener Karl Pekarna verstärkt hatten, von dem viele meinten, er sei der beste Torwart der Welt. Pekarna hatte bei englischen Profiklubs gespielt und kam über Wacker München zu den Bayern. Ludwig Hofmeister kehrte seinem Verein den Rücken und stand fortan im Tor der Stuttgarter Kickers. Auch dort sagte man ihm nach, er verfüge über einen »Löwenmut« und über eine ausgezeichnete Übersicht in brenzligen Situationen. Seine zweite Länderspielberufung führte ihn erneut gegen Holland – diesmal allerdings nach Amsterdam. Am »Tag der offenen Tür« mit zwei sehr mäßigen Abwehrreihen gab es ein 4:4 – und dies, obwohl die deutschen Fußballer nach einer Stunde noch 3:1 geführt hatten. Ludwig Hofmeister, Kaufmann von Beruf, wehrte sich gegen den starken holländischen Angriff nach Kräften. An diesem 5. April 1914 ahnte kaum jemand, daß dies für die deutsche Nationalmannschaft für lange Zeit das letzte Länderspiel sein sollte. Der 1. Weltkrieg beendete auch die Karriere des Torwarts mit dem bayerischen Akzent.

HOFSTÄTTER, JOHANN

Geboren am 12. Januar 1913
Ein Länderspiel (1940)
Rapid Wien

Acht Wiener im Prater

Rapid, Vienna, Admira ...! Die Wiener Fußballschule dominierte in der Mannschaft, die Sepp Herberger am 14. April 1940 für das Länderspiel gegen Jugoslawien nominiert hatte. Er wollte den Wienern, die seit zwei Jahren Bestandteil der deutschen Mannschaft waren, zu einem Heimspiel im Prater verhelfen. Ein Rheinländer, der Düsseldorfer Paul Janes, wurde vor dem Anpfiff für seinen 50. Länderspieleinsatz geehrt. Zu denen, die Herberger berufen hatte, zählte auch der 27jährige Mittelläufer Johann Hofstätter von Rapid Wien. 1938 war er mit den »Hüttelstädtern« nach einem 3:1-Sieg gegen den FSV Frankfurt in Berlin deutscher Pokalsieger geworden. Wagner I – Hofstätter – Skoumal! Diese Läuferreihe hatte Ende der 30er Jahre nach Hitlers Einmarsch in Österreich im Fußball einen guten Ruf. Doch an seinem einzigen Länderspiel konnte Johann Hofstätter keine rechte Freude empfinden. Die acht Wiener in der Mannschaft, die durch Janes, Lehner und Gauchel komplettiert wurden, kamen mit dem gescheiten Abwehrspiel

der Jugoslawen nicht zurecht und unterlagen vor 50 000 Zuschauern mit 1:2.

HOHMANN, KARL

Geboren am 18. Juni 1908,
gestorben am 31. März 1974
26 Länderspiele (1930 bis 1937), 20 Tore
VfL Benrath

»Karlchen« und die Damenschuhe

Karl Hohmann stammte aus einem gutbürgerlichen Elternhaus, das man getrost als »konservativ« bezeichnen durfte. Er wuchs am Rheinufer, in Düsseldorf-Benrath, auf – und immer dann, wenn »Karlchen« in einem schwärmerischen Anflug vom Fußball sprach, hing der Haussegen schief. Die Zeiten waren schlecht – der 1. Weltkrieg hatte die Landkarte verändert – und die sogenannten »Goldenen Zwanziger« waren für viele Menschen im Nachkriegs-Deutschland alles andere als ein heiteres Jahrzehnt. Karl Hohmann meldete sich als achtjähriger Steppke heimlich beim VfL Benrath 06 an. Überliefert ist aus dieser Zeit eine Episode, die die Probleme des jungen Karl Hohmann verdeutlichen. Eines Sonntags waren die Stiefel des fußballverrückten Jungen nicht aufzutreiben. Und da Schuhe in diesen Jahren ohnehin einen Wertgegenstand darstellten – auf dem Lande liefen die meisten Jungen und Mädchen in Holzschuhen zur Schule – war guter Rat teuer. Doch Vater Hohmann betrieb eine Schuhmacherwerkstatt – und der Sprößling griff in irgendein Regal, steckte ein paar Schuhe eilig in einen Beutel und rannte zum Sportplatz. Wo er dann unter dem Gejohle seiner Freunde und zu seinem grenzenlosen Entsetzen ein paar hochhackige Damenschuhe zum Vorschein brachte ... Karl Hohmann, den alle Welt auch im gesetzten Alter noch »Karlchen« rief, war zäh, suchte und fand seinen Weg als Fußballer. Dem VfL Benrath blieb er bis 1937 treu. Zu diesem Zeitpunkt war der Mittelstürmer einer der Etablierten in der deutschen Fußballszene. Sein Spiel lebte von der Technik, den Schüssen aus allen Lagen und den Überraschungseffekten, mit denen er immer wieder die gegnerischen Abwehrspieler verblüffte. »Strafraumgespenst« nannte man den Rheinländer, der als 30jähriger zum FK Pirmasens wechselte. Sein Länderspieldebüt feierte Hohmann mit 22 Lenzen bei der 3:6-Niederlage gegen Dänemark in Kopenhagen. Zur gleichen Stunde begann auch die internationale Karriere des ein Jahr jüngeren Aacheners

Reinhold Münzenberg. Mit einem Treffer führte sich Hohmann ein, und trotz der deftigen Niederlage in der dänischen Hauptstadt erhielt er für das Länderspiel gegen Norwegen in Breslau die nächste Berufung. Spätestens ab 1933 war er aus der deutschen Elf nicht mehr wegzudenken. Endgültig platzte bei ihm der Knoten beim 8 : 1-Sieg in Duisburg gegen Belgien. An diesem Tag standen fast ausschließlich Düsseldorfer in der deutschen Nationalelf: Sechs Spieler vom Deutschen Meister Fortuna und die beiden Benrather Hohmann und Rasseln-

berg. Drei Tore erzielte Karl Hohmann – eines schöner als das andere. Und dazu traf er auch noch die Latte des unter Dauerbeschuß stehenden belgischen Tores. Drei Tore – dieses Kunststück wiederholte der Mittelstürmer am 11. März 1934 bei der Weltmeisterschafts-Qualifikation in Luxemburg. 9 : 1 gewann die deutsche Mannschaft – sein Weggefährte Josef Rasselnberg traf sogar viermal. Das Benrather Stürmerduo begeisterte die deutschen Fußballanhänger. Während Rasselnberg wenig später eine schwere Knieverletzung erlitt, zählte Hohmann zum Kader für die Weltmeisterschaft 1934 in Italien. In der Zwischenrunde schoß Hohmann die beiden Tore zum 2 : 1-Sieg in Mailand gegen Schweden. Doch seinen Mut und seine Einsatzbereitschaft mußte er an diesem 31. Mai 1934 mit einer Verletzung bezahlen. Eine Minute nach seinem

Treffer zum 2 : 0 prallte Hohmann mit dem schwedischen Weltklassetorwart Rydberg zusammen. Damit war für ihn das Turnier auf dem Stiefel Europas beendet. Im Halbfinale gegen die Tschechoslowakei (1 : 3) wurde er schmerzlich vermißt. Zwei Jahre später gehörte Karl Hohmann zum 22köpfigen DFB-Aufgebot für die Olympischen Spiele in Berlin. Nach dem 9 : 0 gegen Luxemburg war er einer der Spieler, die für die eigentliche Entscheidung im Medaillenkampf geschont werden sollten. Ein historischer Irrtum, wie sich am 7. August 1936 beim 0 : 2 gegen Norwegen herausstellen sollte. Ein Jahr später, am 25. Juni 1937, verabschiedete sich Karl Hohmann in Riga von der Nationalelf. Beim 3 : 1-Sieg gegen Lettland schoß er in seinem 26. Länderspiel, das er als Kapitän der deutschen Mannschaft bestritt, sein 20. Tor. Nach seinem Wechsel zum FK Pirmasens spielte der Stürmer noch repräsentativ für den Niederrhein. Der Sportlehrer wirkte nach dem 2. Weltkrieg als Trainer unter anderem in Solingen bei Union Ohligs sowie bei Rot-Weiß Essen und bei jenem Verein, wo seine Fußballwiege einst stand, beim VfL Benrath, wo er auch als Geschäftsführer arbeitete.

HOLLSTEIN, ERNST

Geboren am 9. Dezember 1886,
gestorben im September 1950
Sechs Länderspiele (1910 bis 1912)
Karlsruher FV

Eine fußballverrückte Stadt

Karlsruhe im Jahre 1910. Eine ganze Stadt ist fußballvernarrt, und sie teilt sich in zwei Lager. Da ist einmal der Karlsruher FV, der seit der Frühzeit des deutschen Fußballs Geschichte geschrieben hat und der viele Jahre später selbst für die Nürnberger das große Vorbild sein sollte. Um die Jahrhundertwende ist ein 29 : 0-Sieg dieses KFV gegen den soeben gegründeten 1. FC Kaiserslautern überliefert. Fünfmal hintereinander wurden die Karlsruher Süddeutscher Meister. Julius Keller, ein Professor vom Karlsruher Gymnasium, und einer seiner Musterschüler, Walther Bensemann, waren die Pioniere des Karlsruher Fußballs. Und als im Jahre 1908 mit dem Engländer Willam Townley auch noch ein Trainer aus dem Mutterland des Fußballs in Karlsruhe das Kommando übernahm, war der KFV endgültig reif für die Deutsche Meisterschaft. Allerdings hatte sich der Verein starker Konkurrenz vor der Haustür zu erwehren. Phönix Karlsruhe war

1909 überraschend Deutscher Meister geworden –
ein Stachel im Stolz der ehrgeizigen Fußballer des
KFV. Und so brachte die Spielzeit 1909/1910 ein
Duell der Nachbarn. Die Sympathisanten beider
Vereine zeigten Flagge: schwarzblau für Phönix,
schwarzrot für den KFV. Letzterer triumphierte am
Ende dieser denkwürdigen Saison als Deutscher
Meister. Einer von denen, die sich im Glanz des Triumphs sonnten, war Ernst Hollstein. Zwei Jahre
vorher war er aus der Phönix-Jugend zu den »Her-
ren« des KFV gewechselt, was ihm einige in Karls-
ruhe nie verzeihen sollten. Doch beim Karlsruher
FV begann sein steiler Aufstieg zum Nationalspieler.
Er war Verteidiger und zeichnete sich durch seine
Geschmeidigkeit und durch sein exzellentes Stellungsspiel aus. »Holler« nannten ihn seine Freunde.
Mit dem Leipziger Walter Hempel bildete er bei seinem Länderspieldebüt am 24. April 1910 in Arnheim ein Gespann. Holland gewann bei Sturm und
Regen 4 : 2. Zwei Jahre später war Ernst Hollstein
Teilnehmer am olympischen Fußballturnier in Stock-
holm. In der Trostrunde, beim 1 : 3 gegen Ungarn,
absolvierte er sein sechstes und letztes Länderspiel.
Er wirkte später als Studienrat im badischen Offenburg.

HOLZ, FRIEDEL

Geboren am 21. Februar 1920,
gestorben am 9. April 1941
Ein Länderspiel (1938)
Duisburg 99

Sieg mit Ach und Krach

Zwei deutsche Nationalmannschaften sollten sich
am 20. März 1938 zur gleichen Stunde bewähren.
Sepp Herberger suchte nach Alternativen zu dem
Wormser »Seppl« Fath und wurde in Duisburg fün-
dig. Bei den »Neunundneunzigern« an der Wedau
spielte ein schneller Mann mit einem strammen linken Schuß: Friedel Holz. Und den prüfte er an diesem Märztag des Jahres 1938 in Wuppertal gegen
Luxemburg. Zum gleichen Zeitpunkt spielte die erste Garnitur des deutschen Fußballs in Nürnberg
gegen Ungarn (1 : 1). Aber auch die Reserve tat sich
schwer und gewann nur mit Ach und Krach gegen
die Außenseiter aus dem Großherzogtum Luxemburg 2 : 1. Dem Koblenzer Josef Gauchel gelangen
beide Tore – Friedel Holz hatte mit seinen Schüssen
weniger Glück. So blieb dies die einzige Berufung
für den Duisburger. Überhaupt war der Aufstieg des
jungen Stürmers zum Nationalspieler schon eini-

germaßen erstaunlich, denn ein Jahr vor seinem
einzigen Länderspielauftritt spielte er an der Wedau
noch in der Reservemannschaft. Vor dem Duell gegen Luxemburg hatte er sich in Oberhausen empfohlen, wo eine deutsche Nachwuchself auf eine
zusammengewürfelte Oberhausener Stadtauswahl
traf und 10 : 0 gewann. Holz kam nach der Pause
und schoß zwei Tore – womit er die Fahrkarte zu
seinem Länderspieleinsatz nach Wuppertal löste.
Friedel Holz starb drei Jahre später als Soldat im
2. Weltkrieg bei den Kämpfen um Kreta.

HORN, FRANZ

Geboren am 26. August 1904,
gestorben am 29. September 1963
Drei Länderspiele (1928 bis 1929)
Hamburger SV

Als Szepans Stern aufging

Das Nürnberger Stadion am Zerzabelshof, den der
fränkische Volksmund schlicht »Zabo« nannte, war
lange Zeit so etwas wie ein deutsches Fußballmekka.
1912 wurde diese Arena ihrer Bestimmung übergeben und zum Schauplatz großer internationaler
Spiele. Am 16. September 1928 säumten 50 000
Zuschauer die Ränge des »Zabo«. Deutschland gegen Dänemark – das war damals ein echter Knüller.
Noch hatte sich die Aufregung nach dem Skandalspiel beim olympischen Turnier gegen Uruguay
in Deutschland nicht gelegt. Und in den Weinknei-
pen unter der Nürnberger Burg wurde in den Tagen
vor dem Länderspiel noch immer heftig über Sinn
und Unsinn der Sperren für den Nürnberger Hans
Kalb und für »König« Richard Hofmann diskutiert.
Jahrelang hatten die Nürnberger und Fürther die
Nationalmannschaft dominiert, doch zum Spiel gegen Dänemark waren dann nur noch Leinberger,
Reinmann und Schmitt dabei. Dafür reisten ein
paar Hanseaten in die Noris. Unter anderem Franz
Horn, der schußstarke Mittelstürmer des Hamburger SV. Der war 1926 von Schwarz-Weiß Essen an
die Elbe gekommen und hatte mit seiner Spielkultur kräftig dazu beigetragen, daß der HSV am
29. Juni 1928 erneut den Titel des Deutschen Meisters gewann. Beim 5 : 2-Sieg gegen Hertha BSC im
Finale vor Hamburger Kulisse war Franz Horn neben »Tull« Harder einer der gefeierten Torschützen.
Ein Vierteljahr nach diesem Triumph erhielt der Essener im Hamburger Trikot dann nicht ganz unerwartet eine Berufung in die Nationalelf. Deutschland gewann 2 : 1 gegen Dänemark, doch von Franz

Horn war wenig zu sehen. Dafür schoß der weiterhin für den HSV Tore am Fließband und brachte sich damit beim DFB wieder in Erinnerung. Am 23. Juni 1929 ersetzte er im Müngersdorfer Stadion in Köln im Länderspiel gegen Schweden den Münchner Josef Pöttinger, der zu diesem Zeitpunkt in ein Leistungstal geraten war. Zwar gewannen die Deutschen 3 : 0, doch Franz Horn blieb erneut blaß. Statt dessen schoß Richard Hofmann alle drei Tore. Sein letztes Länderspiel führte Horn nach Hamburg-Altona, wo er beim 4 : 0-Sieg gegen Finnland am 20. Oktober 1929 dabei war. An diesem Tag ging Franz Horns Stern unter – dafür leuchtete ein anderer erstmals strahlend hell: der des Schalker Debütanten Fritz Szepan. Franz Horn, der wiederholt das Trikot der Nordauswahl überstreifte, war beim HSV eine ideale Ergänzung zu »Tull« Harder. Im Jahre 1932 kehrte er in seine Heimatstadt Essen zurück, spielte wieder für Schwarz-Weiß und blieb diesem Verein viele Jahre als Ratgeber in sportlichen und wirtschaftlichen Dingen treu. Er arbeitete als Wein- und Spirituosengroßhändler und starb 1963 nach langem Leiden.

HORNAUER, JOSEF

Geboren am 14. Januar 1908,
gestorben am 12. Dezember 1985
Fünf Länderspiele (1928 bis 1931), drei Tore
TSV 1860 München, 1. FC Nürnberg

Hoffnung für Olympia

20 Jahre jung war Josef Hornauer, als der Deutsche Fußball-Bund in ihm eine olympische Hoffnung sah. In Nürnberg, beim FC Stern, hatte der gebürtige Münchner seine ersten Erfahrungen als Fußballer gesammelt, um dann zu den Münchner »Löwen« zu wechseln, die stolz auf ihr neues Stadion an der Grünwalder Straße waren, und wo er in Max Breunig einen großen Förderer fand. Josef Hornauer stürmte auf halbrechts. Er war ein ausgezeichneter und schußfreudiger Techniker und erhielt seine internationale Nagelprobe am 15. April 1928 in Bern im Spiel gegen die Schweiz. 20 000 Zuschauer wollten diesen Vergleich der Nachbarn sehen – und Schiedsrichter war ein Mann, der gut 30 Jahre später Präsident des Internationalen Fußball-Verbandes sein sollte: der Engländer Stanley F. Rous. Die deutsche Mannschaft gewann 3 : 2 – und nach mehreren Testspielen gegen schottische und englische Profivereine nominierte der DFB unter anderem Josef Hornauer für die Olympischen Spiele in Am-

sterdam. Und dort trafen die Deutschen wieder auf die Eidgenossen, die diesmal 0 : 4 verloren. Der Münchner konnte in seinem zweiten Länderspiel seine Nervosität zwar nie so richtig ablegen, schoß aber immerhin ein Tor. Zum 2 : 0 schob er dem Schweizer Torwart Séchehaye den Ball durch die Beine. Es folgte das Skandalspiel gegen Uruguay, in dem der ägyptische Schiedsrichter Youssef Mohammed die Fouls der Südamerikaner großzügig übersah. Statt dessen stellte er Hans Kalb und Richard Hofmann vom Platz; drei Minuten vor Schluß auch noch den Uruguayer Nasazzi. Die deutsche Mannschaft unterlag mit 1 : 4 und scheiterte damit bereits in der olympischen Zwischenrunde. Für Josef Hornauer gab es allerdings eine Fortsetzung seiner internationalen Karriere. Am 28. April 1929 – inzwischen war er beim 1. FC Nürnberg gelandet – stieg er zu einem der Helden des deutschen 2 : 1-Sieges gegen Italien in Turin auf. Er schoß das Tor zum 1 : 1 in der 12. Minute. Sein fünftes und letztes Länderspiel absolvierte Hornauer am 13. September 1931 vor 50 000 Zuschauern in Wien gegen Österreich. Matthias Sindelar, den die Österreicher den »Papiernen« nannten und der als »Mozart des Fußballs« ein Glanzstück des sogenannten Wunderteams war, erzielte drei Tore zum 5 : 0-Sieg der Gastgeber. Für Josef Hornauer war dies das Ende seines Weges im DFB-Trikot. Beim großen 1. FC Nürnberg hatte er seine beste Zeit – der schlaksige Halbstürmer war durch sein »körperloses« Spiel einer der auffälligsten Akteure der deutschen Endrunde des Jahres 1930. Mit Seppl Schmitt bildete er ein starkes Angriffstandem beim »Club«. In einer gnadenlosen Hitzeschlacht unterlagen die Nürnberger dem späteren Meister Hertha BSC mit 3 : 6. Damit fiel der Vorhang beim 1. FC Nürnberg, dessen große Zeit vorbei war. Schon mit 24 Jahren fiel auch für Sepp Hornauer der Vorhang seiner Fußballkarriere. Als Muckl Eiberger eines Tages den Vorzug erhielt, machte der Nationalspieler von einem zum anderen Tag Schluß. Er konnte es nicht verwinden, daß ein anderer besser sein sollte als er. Später kehrte Hornauer zu seinem Stammverein 1860 München zurück.

HORNIG, HEINZ

Geboren am 28. September 1937
Sieben Länderspiele (1965 bis 1966)
1. FC Köln

Schalke spendierte ein Auto

Heinz Hornig war so eine Art »Gründungsmit-
glied« der Bundesliga. Doch er war noch mehr: Er
war Publikumsliebling beim 1. FC Köln und dabei,
als die Geisbockelf eine tolle Zugnummer des deutschen Fußballs war. Aber der Reihe nach: Als junger und dribbelstarker Fußballer kam Heinz Hornig
im Jahre 1956 vom westdeutschen Zweitligisten
Eintracht Gelsenkirchen, der 1950 einer Fusion
zwischen Alemannia und Union entsprang, zum
FC Schalke 04. Sein Wechsel brachte ihm ein paar
Probleme ein, denn es war dabei von den Schalkern
übersehen worden, daß Heinz Hornig als Amateurnationalspieler nach den Statuten der 50er Jahre
einer Wechselfrist unterlag. Während seiner Gelsenkirchener Zeit war er in die damals bedeutsame
Amateurnationalelf berufen worden und hatte
1956 zwei Länderspiele gegen Schottland und England absolviert. So mußte der junge Stürmer ein
ganzes Jahr warten, ehe er das erste Spiel für die
»Königsblauen« bestreiten konnte, und rund um
den Schalker Markt machte das Gerücht die Runde,
Heinz Hornig, der weiter als Elektriker in der Gelsenkirchener Glasfabrik in Rotthausen arbeitete, sei
als Amateur teurer als die meisten Schalker Vertragsspieler. Als Hornig in Essen-Kupferdreh seine
Zeit bei der Bundeswehr abdiente, stellte ihm sein
Verein sogar ein Auto zur Verfügung – was in
dieser Zeit recht ungewöhnlich war. In der Oberliga
West trug Heinz Hornig dann nur in zwei Spielen
das Trikot der Schalker – 1959 buhlten dennoch
viele Vereine um den temperamentvollen Linksaußen – unter anderem auch Kickers Offenbach –,
doch Hornig entschied sich zunächst für Rot-Weiß
Essen und wenig später für den 1. FC Köln. Hier erlebte er seine größte Zeit als Fußballer. Als die
Rheinländer 1962 das deutsche Endspiel in Berlin
mit 4:0 gegen den 1. FC Nürnberg gewannen, da
stürmte Breuer noch auf dem linken Flügel. Im Jahr
darauf war Heinz Hornig die Nummer elf, und als
der 1. FC Köln das erste Bundesligajahr als Meister
beschloß, hatte sich Hornig einen Stammplatz er-
kämpft. Nicht zuletzt dank der Unterstützung der
profilierten Mittelfeldspieler Hans Schäfer und
Wolfgang Overath. Vor allem Schäfer sagte dem begeisterten Dribbler häufig kräftig die Meinung, wenn
dieser sich mal wieder zu spät vom Ball getrennt

hatte. Nicht selten machte Heinz Hornig auch Bekanntschaft mit der Robustheit seiner Gegenspieler.
Vor allem Sepp Piontek, Otto Rehhagel und Uwe
Klimaschefski setzten ihm zu. Erst mit 28 Jahren
wurde Hornig Nationalspieler. Es war die Zeit, da er
bei Hennes Weisweiler in der Sporthochschule in
Köln für sein Trainerdiplom paukte. Nach der Prüfung nahm ihn Bundestrainer Helmut Schön beiseite und sagte zu ihm: »Beim nächsten Länderspiel
bist du dabei …« Kurz darauf spielte er in Hamburg
gegen Italien und war beim 1:1 einer der auffälligsten Spieler. Zur Weltmeisterschaft 1966 in England erwischte der Kölner das DFB-Trikot mit der
Nummer 13, doch es sollte ihm kein Glück bringen,
denn er kam während des Turniers nicht zum Einsatz. 1970 verabschiedete sich Heinz Hornig nach
176 Bundesligaspielen vom 1. FC Köln und wechselte zum belgischen RWD Molenbeeck. 1973
kehrte er zurück, baute sich ein Haus im Bedburger
Westend, betreute den dortigen Verein und wurde
ab 1975 Nachfolger von Martin Luppen als Trainer
bei Fortuna Köln, wo er vorher schon als Assistent
von Rudi Gutendorf gearbeitet hatte. Später setzte
er nicht mehr ausschließlich auf die »Karte Fußball«, sondern betrieb eine Firma für Werbe- und
Geschenkartikel. Heimisch wurde er in Bad Honnef, wo er in den frühen 90er Jahren den Oberligisten FV Bad Honnef trainierte.

HRUBESCH, HORST

Geboren am 17. April 1951
21 Länderspiele (1980 bis 1982), sechs Tore
Hamburger SV

Blitzstart aus der Bezirksklasse

Pelkum ist kaum mehr als ein Punkt auf der Landkarte. Hier verliert sich der Kohlenpott mit seinen
Fördertürmen und weicht der lieblichen Landschaft des Flüßchens Lippe. Datteln und Waltrup –
das sind die nächsten größeren Orte. Hier begann
der Weg von Horst Hrubesch, und dieser Weg war
für einen Fußballnationalspieler recht ungewöhnlich. Es begann damit, daß am Weg zur Schule ein
Sportplatz lag und daß Mutter Luise häufiger mittags auf ihren Sprößling warten mußte. Doch Vater
Helmut, von Beruf Schachtmeister, hatte Verständnis für seinen Sohn und meldete ihn kurzerhand bei
den E-Knaben des 1. FC Pelkum an. Die ersten Fußballstiefel bekam Horst zu Weihnachten von seinem
Großvater geschenkt, der in Hamm eine Gaststätte
führte und der auch noch gleich einen Trainings-

anzug und einen Lederball unter den Christbaum legte. Hier, in seinem Heimatort, blieb Horst bis zu seinem 18. Lebensjahr. Als er über Germania Hamm und Hammer Spielvereinigung zum SC Westtünnen wechselte, war er in der Region schon ein beachteter Torjäger. Doch dies alles spielte sich in der westfälischen Provinz ab. Die Westtünnener kickten in der Kreisklasse, wo Hrubesch in einer Saison 70 Tore schoß und so den Aufstieg in die Bezirksklasse perfekt machte. Der etwas ungelenke Modellathlet schaute sich derweil im Fernsehen das deutsche Fußball-Dreamteam an, das 1972 Europameister wurde. Und nie im Leben hätte es sich Horst Hrubesch träumen lassen, daß er es sein würde, der acht Jahre später die Nationalmannschaft erneut zum Titel des kontinentalen Champions köpfen würde. Er war schon 24 Jahre alt, als er dank der Vermittlung des späteren Frankfurter Profis Werner Lorant seine Unterschrift unter den Kontrakt mit Rot-Weiß Essen setzte. Vorher war er bei Borussia Dortmund und VfL Bochum abgeblitzt. Es sollte ein Glücksgriff für die Essener werden, denn Horst Hrubesch, der lediglich eine Ablöse von 18 000 Mark gekostet hatte, erzielte in seinen ersten beiden Jahren in der Bundesliga in 48 Spielen 38 Tore. Eine Quote, die selbst Gerd Müller in seiner besten Zeit zur Ehre gereicht hätte. Und als die Essener in die 2. Bundesliga abstiegen, beförderte Horst Hrubesch in der Saison 1977/78 das Leder sogar 41mal ins gegnerische Tornetz. »Kopfball-Ungeheuer« nannte man den kantigen Westfalen, der dann zum Hamburger SV wechselte, als es mit dem Essener Wiederaufstieg nicht klappte. An der Elbe fühlte sich Horst Hrubesch wohl – es waren die »goldenen Jahre« des HSV mit drei Deutschen Meisterschaften und dem Europacuptriumph 1983. Und auch international war der große Blonde eine Zugnummer. Er debütierte am 2. April 1980 in München beim 1:0-Sieg gegen Österreich, schaffte zur Überraschung vieler wenige Wochen später den Sprung ins EM-Aufgebot für das Turnier in Italien. Und im römischen Olympiastadion sollte er den Höhepunkt seiner Karriere erreichen – in der Schlußminute des Endspiels gegen Belgien erzielte er den 2:1-Siegtreffer, nachdem er die Nationalelf vorher schon mit 1:0 in Führung geschossen hatte. Zwei Jahre später stand er dann auch noch im Endspiel der WM in Madrid gegen Italien – als Vizeweltmeister nahm er Abschied von der Nationalelf. Ein Jahr später wurde sein Vertrag beim HSV nicht verlängert, mit wechselndem Erfolg spielte er noch für Standard Lüttich, um es dann mit 34 Jahren noch einmal bei Borussia

Dortmund zu versuchen. Es blieb bei dem Versuch, obwohl Trainer Pal Csernai ihn sogar zum Spielführer ernannte. Eine Leistenoperation beendete Hrubeschs Karriere nach 224 Bundesligaspielen, in denen er 136 Tore erzielte. Zur Saison 1987/88 stieg er bei Rot-Weiß Essen ins Trainergeschäft ein, später arbeitete er beim VfL Wolfsburg, als Assistent seines alten Lehrmeisters Ernst Happel beim österreichischen Meister FC Tirol, beim FC Hansa Rostock und 1994 als Nachfolger von Sigi Held bei Dynamo Dresden, wo er in stürmischen Zeiten nach hundert Tagen beurlaubt wurde. Austria Wien war anschließend seine nächste Station. Im Frühjahr 1997 wirkte Horst Hrubesch für den DFB als Betreuer und Beobachter im Rahmen der Europameisterschaft »U 16« in der Bundesrepublik. Wenig später unterschrieb er einen Vertrag beim türkischen Klub Samsunspor.

HUBER, ALFRED

Geboren am 29. Januar 1910,
gestorben am 25. Januar 1986
Ein Länderspiel (1930)
SV 04 Rastatt

Der Rastätter vom Goldenen Horn

Alfred Huber wurde 1910 in Istanbul geboren. In jener Stadt am Goldenen Horn, die sich als Zentrum der Macht des Osmanischen Reichs zu diesem Zeitpunkt noch Konstantinopel nannte. Im 1. Weltkrieg wurde Alfred Huber mit seinen Eltern dann in Rastatt seßhaft. Er wohnte unweit des markgräflichen Barockschlosses mit den wertvollen Fresken und Deckengemälden. Beim FV Rastatt 04 lernte der junge Mann das Fußballeinmaleins. Und hier erreichte den jungen Linksaußen auch die Berufung durch den DFB für sein einziges Länderspiel. Etwas unglücklich hatte zuvor die deutsche Nationalelf im März 1930 in Frankfurt am Main gegen die Italiener mit 0:2 verloren. Und Alfred Huber verdrängte daraufhin keinen Geringeren als den Münchner »Wiggerl« Hofmann vom linken Flügel. 5:0 gewann die deutsche Mannschaft in Zürich gegen die Schweiz, doch Torerfolge blieben dem 20jährigen Linksaußen in diesem Spiel versagt. Bei einer Karambolage mit dem Schweizer Torwart Pasche blieb er immerhin so etwas wie der »Sieger«. Mit einer Fingerverletzung mußte der eidgenössische Schlußmann ausscheiden. Weitere Länderspielberufungen erhielt Alfred Huber nicht. Der Schlosser wechselte später zum 1. Fußball-Club Pforzheim.

HUBER, LORENZ

Geboren am 24. Februar 1906,
gestorben am 8. Oktober 1988
Ein Länderspiel (1932)
Karlsruher FV

Star einer neuen Generation

Wenn die Karlsruher Buben in den frühen 30er Jahren ihre Schultaschen zusammenstellten und auf den weitläufigen Rasenflächen des Fasanengartens hinter dem barocken Schloß zwei Mannschaften bildeten, dann gaben sie sich die Namen der KFV-Helden aus einer Zeit, die sie nur vom Hörensagen kannten. Hüber und Hollstein – Fuchs und Hirsch – Förderer und Breunig. Die Generation ihrer Väter schwärmte von diesen Meisterspielern. Doch dann war es lange Jahre ruhig um den KFV – die Karlsruher Fußballherrlichkeit war nicht mehr als Geschichte. Vorbei waren die Zeiten, da sich Phönix und der Fußballverein tolle Spiele lieferten. Karlsruhe verkümmerte mehr und mehr zur Fußballprovinz. Aber dann horchten die wenig verwöhnten Anhänger des KFV plötzlich auf. Aus Offenburg war schon im Jahre 1925 ein Fußballer zu den Karlsruhern gekommen, der mit seinem athletischen Verteidigerspiel seinen Gegnern großen Respekt einflößte. Lorenz Huber war sein Name, und er hatte den Beruf des Kaufmanns gelernt. Mit ihm, den sie liebevoll »Lora« nannten, stellten die Karlsruher endlich wieder einen Nationalspieler. Zwar langte es nur zu einer einzigen Berufung – aber immerhin. Am 30. Oktober 1932 spielte dieser Lorenz Huber rechten Verteidiger in Budapest gegen Ungarn. Die deutsche Mannschaft war als krasser Außenseiter an die Donau gereist, doch erst mit dem Endspurt kamen die Magyaren zu einem mühsamen 2:1-Sieg. Hubers Gegenspieler Deri entwischte dem Karlsruher nur ein einziges Mal in diesen 90 Minuten – doch diese Freiheit nutzte der ungarische Linksaußen zur frühen 1:0-Führung. Für Lorenz Huber war dies das einzige Länderspiel. Beim Karlsruher FV bildete er mit Trauth ein harmonisches Verteidigerpaar. Er war kopfballstark und berühmt wegen seiner weiten Abstöße. Reichstrainer Prof. Otto Nerz hatte Alfred Huber im übrigen schon auf der Liste seiner Länderspielkandidaten, als der Karlsruher gerade 21 Jahre jung war. Doch dann zwang Huber eine komplizierte Meniskusoperation zu einer längeren Pause. Mit viel Fleiß arbeitete er an seinem Comeback, das ihn nicht nur in die Nationalmannschaft, sondern auch in die Südauswahl brachte. Mit dem KFV wurde er mehrfach Badischer Meister und Titelträger von Baden-Württemberg. Erst 1945 hing er die Stiefel endgültig an den berühmten Nagel, stellte sich seinem Verein aber auch im Spielausschuß zur Verfügung. Er starb im 83. Lebensjahr.

HUNDER, PAUL

Geboren am 12. Januar 1884,
gestorben am 9. Mai 1948
Acht Länderspiele (1909 bis 1911)
Viktoria 89 Berlin

»Florian« – der Junge mit dem Ball

Der Berliner Tor- und Fußballclub Viktoria ist einer der ältesten Fußballvereine Deutschlands. 1889 wurde er gegründet, und schon in den 90er Jahren des 19. Jahrhunderts übte er eine unbestrittene Hegemonie in Berlin aus. Zwischen 1897 und 1911 wurde er fünfmal Berliner Meister. Am 4. Juni 1911 erklommen die Viktorianer auch den deutschen Fußballthron. 3:1 schlugen sie in Dresden den VfB Leipzig – und 12 000 Zuschauer huldigten den tüchtigen »Spree-Athenern«. Zu dieser starken Berliner Mannschaft gehörte auch der schnauzbärtige Dreher Paul Hunder, den sie liebevoll »Florian« nannten. Er war linker Läufer und verstand sich ausgezeichnet mit Knesebeck und Graßmann. Schon im zarten Alter von neun Jahren machte Hunder Bekanntschaft mit dem Fußball. Ein älterer Freund nahm ihn eines Tages mit zum Spielplatz, lief mit dem Ball an ihm vorbei und rief laut und vernehmlich »Goal«. Was Paul Hunder nicht so ohne weiteres einsehen wollte – und überhaupt: Er bekam durch diesen ersten flüchtigen Eindruck herzlich wenig Geschmack am Fußball. Viele Jahre später legten ihm seine Eltern zu Weihnachten dann einen Lederball auf den Gabentisch, doch als in der Nachbarschaft ein paar Fensterscheiben zu Bruch gingen, wurde das Geschenk wieder »eingezogen«. Einige seiner Schulkameraden hatten in dieser Zeit einen Verein gegründet, den sie stolz »Olympia« nannten. Olympia hatte zwar eine Fußballmannschaft, doch deren Entwicklung litt wesentlich darunter, daß keine »Pille« zur Verfügung stand. So warben die »Olympioniken« um die Gunst des jungen Paul Hunder, der schließlich bei seinen Eltern mit vielen Versprechungen den Ball erbettelte und mit vierzehn Jahren Mitglied von Olympia wurde. Der Verein hatte kaum eine Überlebenschance, doch bei Paul war der Fußballfunke gezündet worden, und er schaute immer wieder auf dem Tempelhofer Feld vorbei, wo die großen Berliner Vereine der Zeit um die Jahrhundertwende spielten. Die Preußen von 1899 hatten es ihm angetan, aber Paul Hunder landete über »Apollo« dann bei »Wacker«. Es folgte eine kurze Mitgliedschaft bei »Corso«, ehe sich der Kreis bei »Britannia« schloß. Große Hoffnungen auf einen Einsatz in der Mannschaft hatte er nicht, doch dann verletzte sich der Läufer W. Roske – Paul Hunder wurde zu einem Übungsspiel eingeladen und setzte sich vor den kritischen Augen der Betreuer durch. Den Mittwoch vor Ostern des Jahres 1903 vergaß der Berliner nie: An diesem Tag trug er zum erstenmal das Trikot einer erstklassigen Mannschaft. Der Fußball wurde schlagartig die Nummer eins seines jungen Lebens, denn sein Team spielte permanent: Ostersonnabend gegen die englische Elf von Chorltum cum Hardy, am nächsten Tag in Leipzig gegen Wacker und 24 Stunden später zum Abschluß der Ostertage gegen den BC Leipzig. Schon im Herbst des gleichen Jahres war Paul Hunder Berliner Repräsentativspieler – der Gegner war Hamburg. Vorher machte er schon seine erste Auslandsreise, die ihn in Ungarns Hauptstadt Budapest führte. Zwei Jahre später bekam er Ärger mit einigen Funktionären und meldete sich kurzerhand, gemeinsam mit Otto Dumke, bei Viktoria an, wo er schon bald mit der Leitung der Mannschaft betraut wurde. Die Viktorianer schnupperten die Luft des internationalen Fußballs, und dank einer guten Technik und der Kampfstärke seiner Spieler gelang dem Verein ein 3:3 gegen die englische Profimannschaft aus Middlesbrough. Ein Erfolg, der damals großes Aufsehen im deutschen Fußball erregte, denn akzeptable Resultate gegen Mannschaften von der britischen Insel hatten in diesen Tagen Seltenheitswert. Paul Hunder wurde schließlich im Jahre 1909 vom DFB für die Nationalmannschaft entdeckt. Er gehörte zu jener legendären Elf, die noch unter den Folgen der Seekrankheit litt, als sie am 18. März 1909 in Oxford auf Englands Amateure traf. Die Deutschen stellten eher eine Zufallsmannschaft. Paul Hunder erinnerte sich später: »Wenige Tage vor dem Spiel wurde ich benachrichtigt, und kurz vor der Abreise fragte mich unser Geschäftsführer, ob ich nicht noch ein paar tüchtige Verteidiger wüßte, die mitreisen sollten. So brachten wir eine Mannschaft zusammen.« In Vlissingen, vor einer stürmischen Überfahrt auf die britische Insel, stellten sich die Spieler gegenseitig vor. Kaum einer kannte den anderen ... Die englischen Gastgeber gewannen vor 6000 Zuschauern mit 9:0. Hunder schaffte den Durchbruch zum Stammspieler in der Nationalelf

am 4. April 1909 in Budapest beim damals sensationellen 3:3 gegen Ungarn. Im Jahre 1911 war er bei fast allen deutschen Länderspielen dabei. Herausragend war das überraschende 2:2 der deutschen Elf am 14. April 1911 gegen Englands Amateure auf dem Union-Platz in Berlin-Mariendorf. An einem Ostertag begann Paul Hunders Fußballkarriere, am Ostersonntag 1912 sollte sie enden. Im Spiel gegen den Karlsruher FV, das Viktoria mit 3:1 gewann, zog er sich einen komplizierten Knöchelbruch zu, der seinen sportlichen Weg jäh beendete.

HUNDT, EDUARD

Geboren am 3. August 1909
Drei Länderspiele (1933 bis 1934)
Schwarz-Weiß Essen

In den Diensten des »Tabakkönigs«

Von Eduard Hundt sagte man, er habe drei ausgeprägte Eigenschaften. Zum einen sei er ein hervorragender Fußballer, dann ein Sprinter, der die hundert Meter in elf Sekunden zurücklegen könne und schließlich auch ein exzellenter Geschäftsmann. Vor allem dann, wenn es um die eigenen Interessen ging, was auch in der großen Zeit dieses Spielers keineswegs ehrenrührig war. Im Jahre 1909 wurde Eduard Hundt geboren – er wuchs am Unterlauf der Weser auf – in Hemelingen. Als Fußballer nahm er seine Wanderungen durch Deutschland bei Schwarz-Weiß Essen auf, wechselte dann zum FSV Frankfurt, um schließlich bei Werder Bremen wieder heimische Gefilde zu erreichen. Die Hanseaten fieberten dem Tag entgegen, da in ihrer Stadt der große Fußball Einzug halten würde. Mitte der 30er Jahre schauten die Bremer ein wenig neidisch in den Westen, wo Schalke 04 eine beherrschende Rolle spielte, oder nach Nürnberg zum traditionsreichen Zabo. Und da man den Bremern seit jeher nachsagte, sie seien besonders geschäftstüchtig, war es ganz logisch, daß der SV Werder schon in den 30er Jahren zahlungskräftige Mäzene an seiner Seite wußte. So fand der Würzburger Sportlehrer und Nationalspieler Sepp Müller in Bremen nicht nur einen Trainerjob, sondern auch eine Anstellung bei Karstadt in der Sportabteilung. Hennes Tibulski kam dank großzügiger Förderer zum SV Werder, aber auch Eduard Hundt. Auf den hatte kein Geringerer als der »Tabakkönig« Wolfgang Ritter, der Regent des Martin-Brinkmann-Imperiums, ein Auge geworfen. »Edu« hatte zwar seine beste Zeit als Fußballer schon hinter sich, war aber immer noch

sehr schnell und bekam eine Anstellung als Reprä-
sentant der Bremer Weltfirma. Von seinem Mann-
schaftskameraden Robert »Boy« Mahlstedt ist der
Spruch überliefert: »Ich schieße die Tore und der
Edu kriegt die Piepen ...« Immerhin brachte es
Eduard Hundt später selbst zum Firmenchef. Zum
Nationalspieler wurde der rechte Verteidiger im
Jahre 1933, als er noch das Trikot von Schwarz-
Weiß Essen trug. Am 22. Oktober 1933 hatte er das
Glück, Debütant in jener Mannschaft zu sein, die
vor 30 000 begeisterten Zuschauern in Duisburg
die Nationalelf von Belgien mit 8:1 schlug. Mit
dem Duisburger Willy Busch bildete »Edu« Hundt
ein Verteidigergespann, das nichts anbrennen ließ,
und erst in der Schlußminute kamen die Belgier zu
ihrem Ehrentreffer. Zwei Wochen später war Hundt
auch beim 2:2 gegen Norwegen in Magdeburg dabei, doch diesmal wackelte die deutsche Deckung.
Am 11. März 1934 folgte sein letztes Länderspiel –
in der Qualifikation für die Weltmeisterschaft in Italien wurde Luxemburg mit 9:1 besiegt.

HUTTER, WILLI

Geboren am 3. November 1896,
gestorben am 27. Juni 1936
Zwei Länderspiele (1921 bis 1922)
SV Waldhof Mannheim, SV Saar 05 Saarbrücken

Ein Motorrad war sein Schicksal

Mannheim um die Jahrhundertwende. Das Produkt des holländischen Baumeisters Bartel Janson

am Zusammenfluß von Neckar und Rhein ist so
eine Art steinerne Liebe zur Geometrie. Vor dem
Kurfürstlichen Residenzschloß, das zu den größten
Barockanlagen Europas zählt, überzieht ein »Schachbrett« die Ebene. Mittelpunkt der Innenstadt war
und ist der Paradeplatz. Das Kaufhaus war um 1900
der Stolz der Mannheimer City, und es wurde über-
ragt von einem mächtigen Glockenturm. Zur Linken des Kaufhauses, gegenüber des sprudelnden
Brunnens, lud der Pfälzer Hof Gäste und Einhei-
mische an. Das war das Stadtbild Mannheims, das
sich dem jungen Willi Hutter bot. Er war 1896 in
dieser Stadt geboren und entdeckte schon bald
seine Liebe für den Fußball. Willi Hutter war ein
Weggefährte von Sepp Herberger, und beide spielten beim SV Waldhof. Doch dann trennten sich die
Wege. Herberger wechselte zum VfR Mannheim,
Hutter zu Saar 05 nach Saarbrücken. Willi Hutter
spielte aber gemeinsam mit Herberger im Trikot der
Nationalmannschaft. Am 18. September 1921 hatte
er eine Einladung nach Helsinki zum Länderspiel
gegen Finnland erhalten. Die Teams trennten sich
3:3. Sein zweites Länderspiel absolvierte der
Mannheimer am 26. März 1922 im Riederwaldstadion in Frankfurt am Main gegen die Schweiz. 2:2 –
wieder mußte sich Willi Hutter mit einem Unentschieden begnügen. Während der 25jährige beim
SV Waldhof zumeist auf der Mittelstürmerposition
zu finden war, mußte er in der Nationalelf auf den
halblinken Flügel wechseln. Nach seiner Zeit an der
Saar spielte er noch beim Bonner FV. Der Sportlehrer starb am 27. Juni 1936 an den Folgen eines Mo-
torradunfalls.

ILLGNER, BODO

Geboren am 7. April 1967
54 Länderspiele (1987 bis 1994)
1. FC Köln

Der Schwimmer, der Torwart wurde

Eigentlich wollte Bodo Illgner Schwimmer werden, denn das war für den Jungen aus Koblenz die ganze Leidenschaft seiner frühen Jahre. Als er Zwölf war, da kam er als stolzer Besitzer einer Urkunde und als Bezirksmeister im Kraulsprint heim. Doch da war auch noch der Vater, Soldat von Beruf und Fußball-Hobbytrainer aus Passion. Und der meldete seinen Sprößling eines Tages beim FC Hardtberg in der Landeshauptstadt Bonn an. Daß sein Sohn Talent genug hatte, um einen passablen Torsteher abzugeben, das bemerkte er schon bald. Als B-Jugendlicher wechselte Bodo Illgner zum geographisch nächstgelegenen Bundesligisten – zum 1. FC Köln. Und hier begann sein erfolgreicher Weg durch alle Jugendmannschaften des Deutschen Fußball-Bundes. 1984 wurde er mit den »Bubis« Europameister der »U 16«. Der spätere Bundestrainer für die A-Nationalmannschaft, Berti Vogts, war schon zu diesem Zeitpunkt sein Förderer, und niemand konnte in den 80er Jahren ahnen, daß sich die Wege der beiden nach der Weltmeisterschaft 1994 einmal im Unfrieden trennen sollten. Beim 1. FC Köln stand eine Institution zwischen den Pfosten: Toni Schumacher. Dennoch unterschrieb Bodo Illgner am Rhein 1985 einen Profivertrag, wohl wissend, daß die Jugend und die Zeit seine Verbündeten waren. So ganz nebenbei »baute« der junge Torwart auch noch das Abitur im Hardtberg-Gymnasium in Bonn mit der Note 2,3, ehe Toni Schumacher über sein Buch »Anpfiff« stolperte und der Weg für Bodo Illgner als Nachfolger in Köln frei war. Und der Aufstieg hielt an, denn nach einer Handvoll Bundesligaspielen wurde Illgner schon ins Aufgebot der Nationalmannschaft berufen. Im September 1987 feierte er sein internationales Debüt beim 1:0-Sieg gegen Dänemark. Als der Stuttgarter Eike Immel

nach der Europameisterschaft 1988 seinen Rücktritt aus der Nationalmannschaft erklärte, rückte der Kölner in der Torwarthierarchie zur Nummer 1 bei Franz Beckenbauer auf. Dessen DFB-Torwarttrainer Sepp Maier beurteilte Bodo Illgners Qualitäten so: »Er ist ausgeglichen, hat eine sachliche Spielweise und ist überaus trainingsfleißig.« Und der »Kaiser« hielt zu dem jungen Mann vom Rhein, obwohl die Konkurrenz gerade unter den besten Torstehern der Republik sehr groß war. Bei der Weltmeisterschaft 1990 in Italien parierte Bodo Illgner im Halbfinale gegen England im nervenaufreibenden Elfmeterschießen einen Strafstoß und wurde wenig später nach dem Finalsieg über Argentinien der jüngste Torwart aller Zeiten im Team eines Weltmeisters. Danach hatte Illgner große Mühe, sich gegen die Charakterisierung als »Yuppie« zu wehren. Der 187 Zentimeter große Torwart wollte sich nicht zum Typen eines Karrieristen abstempeln lassen. Vor allem aber hatte er etwas dagegen, daß man ihn so mir nichts dir nichts in die

Schublade der »Schicki-Mickis« verfrachtete. Vier Jahre später machte sich Beckenbauers Nachfolger Berti Vogts die Torwartfrage nicht leicht. Illgner oder Köpke – das war vor der Weltmeisterschaft in den USA die Frage. Vogts entschied sich für Bodo Illgner. Das wichtigste Argument, das für den Kölner Schlußmann sprach, erläuterte Berti Vogts so: »Er war schon mal Weltmeister ...« Doch der Bundestrainer sollte diese Entscheidung später bereuen, denn als Illgner unmittelbar nach dem 1:2 gegen Bulgarien und dem Ausscheiden im Viertelfinale der Weltmeisterschaft seinen Rücktritt aus der Nationalmannschaft verkündete, war das Band zwischen den beiden zerrissen. 1996 wechselte Illgner zu Real Madrid und wurde im Jahr darauf spanischer Meister.

ILLMER, EBERHARDT

Geboren am 30. Januar 1888,
gestorben am 26. Dezember 1955
Ein Länderspiel (1909)
FV Straßburg

Der erste deutsche Länderspielsieg

Geschichte pur – in Straßburg war Europa immer schon lebendig. Die Römer nannten die Ansiedlung in der oberrheinischen Tiefebene Argentoratum und erhoben sie zu einem ihrer Legionsstandorte. Später zogen hier Alemannen, Franken und Lothringer ein. Als Eberhardt Illmer um die Jahrhundertwende in seiner Heimatstadt mit dem Fußball in Berührung kam, war Straßburg die Hauptstadt des deutschen Elsaß-Lothringen. Diesem Umstand hatte er es zu verdanken, daß er es zum deutschen Nationalspieler brachte. Er war Torwart des Straßburger FV, doch das allein hätte wohl nicht ausgereicht, um die unumstrittene Nummer eins dieser frühen deutschen Fußballergeneration aus der Nationalelf zu verdrängen. Vielmehr fand der Deutsche Fußball-Bund so etwas wie den Stein der Weisen. Seine Mitgliedsvereine bedrängten den DFB permanent, wenn es um die Abstellung von Nationalspielern ging – jeder wollte seinen Star schicken. Und so verabredete sich der DFB am 4. April 1909 kurzerhand mit zwei Nationalverbänden zum Zwecke von Länderspielen. Die A-Auswahl, mit Werner im Tor, spielte in Budapest und erreichte dort gegen die Ungarn ein vielbeachtetes 3:3. Die B-Auswahl, die sich ebenfalls Nationalmannschaft nannte, besiegte die Schweiz mit 1:0. Und dieser Erfolg war ein besonderer, denn er war der erste in der deutschen Länderspielgeschichte. Und erstmals blieb ein deutscher Torwart in einem Länderspiel auch ohne Gegentor. Für Eberhardt Illmer blieb dies allerdings die einzige Berufung durch den DFB.

IMMEL, EIKE

Geboren am 27. November 1960
19 Länderspiele (1980 bis 1988)
Borussia Dortmund, VfB Stuttgart

Das »Wunderkind« vom Lande

»Auf dem Lande« wuchs Eike Immel auf. Sein Vater war Landwirt in Stadtallendorf unweit von Marburg – seine jungen Jahre verbrachte Eike also auf dem heimischen Bauernhof. Mit neun Jahren stand er erstmals zwischen den Pfosten der örtlichen Eintracht, und schon bald sprach sich unter den Fans der Region herum, daß auf dem Hof des Bauern Immel ein talentierter Bursche heranwachse. Mit fünfzehn Jahren trug Eike erstmals das Trikot mit dem Bundesadler auf der Brust – sein Talent hatte sich bis zum DFB herumgesprochen. Die deutsche Schülerauswahl war der erste ganz große Schritt einer außergewöhnlichen Torwartkarriere. Dem sprunggewaltigen und mutigen jungen Schlußmann eilte bereits der Ruf eines »Wunderkinds« voraus, was die rastlosen Späher der Bundesligavereine natürlich neugierig machte. Eigentlich war es naheliegend, daß die Prominenz aus der Nachbarschaft, Eintracht Frankfurt oder Kickers Offenbach, das Rennen um Eike Immel machen, doch der entschied sich schließlich für Borussia Dortmund. In Westfalen sah er für sich bessere Chancen, der etablierten Torwartkonkurrenz näher zu rücken als in den Metropolen am Fuße des Taunus. Als er mit knapp 16 Jahren von Stadtallendorf nach Dortmund zog, da setzte irgend ein Journalist das Gerücht in die Welt, Eike Immels Vater sei mit dem Versprechen geködert worden, er bekäme von Borussia Dortmund einen neuen Mähdrescher. Was die Immels vehement dementierten. Der junge Eike zog zu einer Pflegefamilie in die Stadt der Bierbrauereien, begann eine Ausbildung zum Einzelhandelskaufmann, und seine Karriere nahm einen fast logischen Verlauf. Der Schülernationalmannschaft folgten Jugendländerspiele – und bei der Borussia brauchte das Talent auch nicht lange zu warten. Im August 1978 schlug ihm das Herz bis zum Hals, als er zu seinem ersten Bundesligaspiel ins Stadion lief, denn Horst Bertram hatte sich verletzt. Es war das erste Spiel der Saison, und der Gegner war nicht irgendwer, sondern der FC Bayern München. Nach Eike Immels neunzig Premieren-Minuten in der Eliteliga schwärmten die Fans in Dortmund von den Reflexen des blutjungen Torwarts. Nach dem 1 : 0-Sieg der Borussia, zu dem er einen wesentlichen Beitrag geleistet hatte, war zwar sein Weg zur Stammposition noch nicht geebnet, doch immerhin stand er zehnmal in dieser ersten Profisaison im Dortmunder Tor. »Immel flog in den Himmel«, reimte »Bild« am nächsten Tag. Ab der Saison 1979/80 war er dann die Nummer 1 seines Vereins, schaffte den Sprung ins deutsche Aufgebot für die Europameisterschaft in Italien, aber sein Debüt im Nationaltrikot feierte er erst im Oktober 1980 beim 1 : 1 gegen die Niederlande. Zwei Jahre später war er neben Bernd Franke Ersatztorwart beim WM-Turnier 1982 in Spanien, denn Toni Schumacher war der uneingeschränkte deutsche Torwart-»König« dieser Jahre. Doch der Ruhm der frühen Profijahre bekam dem Torwart »vom Lande« nicht. Negativschlagzeilen brachten ihn in Verruf und gefährdeten seinen Status als Nationaltorwart. Karambolagen mit schnellen Autos, Kartenspiele zu nächtlicher Stunde und hier und da ein Flirt – die Fülle der Meldungen ließ die Kritiker schon an der Ernsthaftigkeit des Profis zweifeln. Inzwischen war Uli Stein zu seinem Rivalen im Kampf um die Nachfolge von Schumacher avanciert. Nach der Weltmeisterschaft in Mexiko wechselte Immel 1986 von Dortmund zum VfB Stuttgart. Die Schwaben zahlten für ihn eine Ablösesumme von fast zwei Millionen Mark. Nie zuvor war für einen Torwart in Deutschland so viel Geld ausgegeben worden. Mittlerweile hatte sich Eike Immel »die Hörner abgestoßen«. Mit der Familiengründung reifte er zu einem Vorzeigeprofi mit einer soliden Grundeinstellung. In Stuttgart fand er auch sein Comeback in die Nationalelf, wohin er nach über vierjähriger Pause zurückkehrte. Bei der Europameisterschaft 1988 in der Bundesrepublik war er endlich Stammtorwart – doch das Turnier endete nicht mit einem deutschen Happy-End. Als dann der Kölner Bodo Illgner immer mehr in den Blickpunkt rückte, gab Eike Immel seinen Abschied aus der Nationalmannschaft bekannt. Er, der häufig in sich gekehrt wirkte und den Rummel um seine Person haßte, empfand den Rücktritt zunächst als Befreiung. »Endlich stehe ich nicht mehr unter einer besonders intensiven Beobachtung«, sagte er. Doch später bereute er seinen Schritt: »Das war ein unüberlegter Schnellschuß.« Dafür eilte er mit dem VfB Stuttgart von Erfolg zu Erfolg. 1989 stand er in den UEFA-Cup-Endspielen gegen den SSC Neapel, 1992 wurde er am

letzten Spieltag der Saison Deutscher Meister. Im Oktober 1993 brach er dann einen Rekord – er absolvierte sein 479. Spiel in der Bundesliga, womit er die Torhüterrekordmarke von Dieter Burdenski überbot. 1995 unterschrieb Eike Immel einen Vertrag bei Manchester City, stieg aber mit dem Traditionsverein aus der Premier League in die Erste Division ab. Mit 36 Jahren beendete der Ex-Nationaltorwart seine Karriere – auch deshalb, weil die Hüfte zwickte.

IMMIG, FRANZ

Geboren am 3. Februar 1916,
gestorben im Dezember 1955
Zwei Länderspiele (1939)
Karlsruher FV

An der Schwelle zum Weltkrieg

Auf der Suche nach einer breiten Basis für die Nationalmannschaft stieß Sepp Herberger auf den Karlsruher Verteidiger Franz Immig. An einem Vorfrühlingstag des Jahres 1939 absolvierte der DFB zur gleichen Stunde zwei Länderspiele. Die Stars reisten nach Florenz und unterlagen dort den Italienern mit 2 : 3 – und die Nachwuchsspieler hatten sich mit Luxemburg in Differdingen zu bescheiden. Die Atmosphäre war freundlich – und kaum jemand ahnte die Grausamkeit des unmittelbar bevorstehenden 2. Weltkriegs. Im kleinen Grenzort zu Frankreich hatten sich 7000 Zuschauer versammelt, und die waren ziemlich überrascht, daß nicht die favorisierten Deutschen, sondern der Außenseiter aus dem Großherzogtum dieses Spiel gewinnen konnte. Zwar hielt Heinz Flotho, der »schwarze Panther« aus Osnabrück, was zu halten war, doch zweimal war er nur »zweiter Sieger«. Ein Luxemburger namens Mart schoß die Tore zum 2 : 1-Erfolg der Gastgeber. Franz Immig aus Karlsruhe bildete mit dem Aachener Münzenberg ein akzeptables Verteidigergespann und wurde zu weiteren Lehrgängen des DFB eingeladen. Am 24. Mai 1939 gehörte er in Dortmund zum Nachwuchsteam, das in einem Test gegen Böhmen-Mähren ein 2 : 2 erreichte. Zu einem zweiten Länderspieleinsatz kam Franz Immig am 27. August 1939 in Preßburg. Inzwischen war der deutsche Fußball durch die politische Entwicklung in eine Isolation geraten – traditionelle Länderspielgegner sagten vereinbarte Termine ab. So stand Franz Immig (1937 vom SV Sonderheim zum KFV gekommen) 1939 gegen die Slowakei in einer verstärkten Wiener Auswahl, die ziemlich enttäuschte und verdientermaßen mit 0:2 verlor. 1940 wechselte Immig aus beruflichen Gründen nach Stuttgart und schloß sich dort den Kickers an. Erst im Herbst 1947 kehrte er aus der Kriegsgefangenschaft zurück.

ISLACKER, FRANZ

Geboren am 3. Februar 1926
Ein Länderspiel (1954)
Rot-Weiß Essen

»Pennys« goldene Tore für RWE

Rot-Weiß Essen verstand sich stets als Arbeiterverein. Dort, wo die Menschen malochten, waren die Rot-Weißen beheimatet, und früher erhoben sich rund um das Stadion, das heute den Namen von Georg Melches trägt, die Fördertürme und Schlote. Georg Melches war so etwas wie das Gegenstück zu Schalkes »Papa Unkel« – die Seele des volkstümlichen Vereins, ein Mensch mit Profil und der Gabe, ein offenes Ohr zu haben für die Nöte des Fußballvolks dieser Region. Er war auch das, was man gemeinhin als eine »Persönlichkeit« bezeichnet; Mitbegründer von Rot-Weiß Essen, Motor des Aufbaus nach dem 2. Weltkrieg, und er stand mit diesem Verein Mitte der fünfziger Jahre »ganz oben«. RWE wurde erst DFB-Pokalsieger und dann Deutscher Meister. Auf Trainer Karl Hohmann folgte das Idol einer ganzen Generation dem Ruf der Essener – Fritz Szepan kam und wurde zum Meistermacher an der Hafenstraße. Einer von denen, die im Niedersachsenstadion von Hannover in einem deutschen Endspiel, das an Dramatik kaum zu überbieten war, mitwirkte, hatte einen interessanten Spitznamen: »Penny«. Dahinter verbarg sich Franz Islacker, der aus dem TuS Helene Essen hervorging, dann eine Weile für Preußen Essen spielte und 1949 zum VfR Mannheim wechselte. Über Rheydt gelangte »Penny« Islacker 1951 zu Rot-Weiß Essen, und er hatte als waschechter Essener keine Probleme, sich in dieser Umgebung zurechtzufinden. Schüsse aus allen Lagen, häufig gepaart mit akrobatischen Einlagen – das waren Islackers Stürmerspezialitäten. Im Pokalfinale 1953, beim 2:1 gegen Alemannia Aachen, war er vom Pech verfolgt, gegen Ende des Spiels wurde er mit einer Meniskusverletzung zum Statisten. Doch vorher hatte er seine Essener mit einem eleganten Heber über den Aachener Torwart Heinrich mit 1:0 in Führung geschossen. Ein Jahr später war Islacker beim 4:3 gegen den favorisierten 1. FC Kaiserslautern nicht nur zweifacher Torschütze, sondern auch der umjubelte Essener Held des Siegtreffers drei Minuten vor dem Abpfiff. Es sollen 100 000 Menschen gewesen sein, die dem Deutschen Meister zujubelten, als dieser auf der Ladefläche eines Opel-Blitz vom Bahnhof in den Essener Norden fuhr. Franz Islacker hatte vor der Weltmeisterschaft 1954 ein paar Sichtungsspiele mitgemacht und vor allem in der Westauswahl überzeugt, doch den Sprung ins WM-Aufgebot schaffte er nicht. Sein einziges Länderspiel wurde für ihn zur Enttäuschung, denn die Nationalelf verlor in Hannover gegen Frankreich mit 1:3. Es war der Tag, an dem auch Uwe Seeler international debütierte. Als Rot-Weiß Essen 1961 die Oberliga West verlassen mußte, hatte »Penny« Islacker genau 124 Tore für seinen Verein erzielt. Der Abstieg war für ihn das enttäuschende Ende einer großen Karriere. Und als die Bundesliga ihre Tore öffnete, war seine Zeit vorbei – die Luft dieser Klasse schnupperte statt dessen sein Sohn Frank beim VfL Bochum.

J

JÄGER, ADOLF

*Geboren am 31. März 1889,
gestorben am 21. November 1944
18 Länderspiele (1908 bis 1924), elf Tore
Altona 93*

Der Diplomat aus Altona

Der Altonaer Cricket- und Fußballclub von 1893 repräsentierte beste hanseatische Fußballtradition. Am 25. April 1894 bestritt der Verein sein erstes offizielles Spiel an der Altonaer Allee. Es begann in aller Herrgottsfrühe um 6 Uhr und soll ein paar Stunden gedauert haben. Als dann endlich ein »Goal« fiel, wurde das Match wegen Übermüdung aller Beteiligten abgebrochen. Zu diesem Zeitpunkt war Adolf Jäger gerade fünf Jahre alt. Er wuchs in Eimsbüttel auf – damals so etwas wie ein Vorort der Welthafenstadt Hamburg. Die Kleinstadt war noch durchsetzt von weiten unbebauten Flächen und Wiesen. In dem Eckhaus Pinneberger Weg/Eimsbütteler Marktplatz wohnten die Jägers, die einen Schuhhandel betrieben. Man sprach Plattdeutsch miteinander. Schlagball – das war die erste sportliche Leidenschaft des jungen Adolf Jäger. Er war ein ausgezeichneter Schläger, Fänger und »Backer«, also so eine Art Scharfschütze beim Treffen der gegnerischen Malläufer. Im Jahre 1902 brachte Adolf Jäger seine erste Urkunde mit nach Hause – er war mit 86 Metern der beste Weitwerfer aller Hamburger Schulen. Eine Zeitlang schwankte der begabte Sportler zwischen dem Schlagball bei »Hansa«, einem Schülerverein, und dem keimenden Interesse am Fußball. Gemeinsam mit den Brüdern Lüdecke und Weymar, den Gefährten seiner Jugend, gründete Adolf Jäger den Verein »Germania«, doch dann wechselte er 1903 zum Fußball-Club Union. Borussia Bahrenfeld, Borussia Harburg, Favorite-Hammonia, FC St. Pauli, Helgoland und »Sport-Mannschaft« – das waren seine ersten Gegner im Fußball. Als er 1907 von Union zu Altona 93 stieß, da ließ er einen ratlosen Freundeskreis zurück. In der Chronik »Unions« war später zu lesen: »Wenn

Jäger später gegen uns Tor auf Tor erzielte, haben wir uns häufig gefragt, ob er wohl ahnte, wie seinen früheren Freunden dabei das Herz blutete ...«
Der Verein Altona hatte soeben ein Spielgelände an der Bramstraße angemietet. Adolf Jäger wuchs sehr schnell auch hier zu einer Persönlichkeit auf dem Spielfeld und reifte schließlich zu einem der großen Stürmer in der Geschichte des deutschen Fußballs. Er bestritt sein erstes Spiel für Altona zum Weihnachtsfest des Jahres 1907. Gegner war die »Dordrechtsche Football-Veereenigung Holland« – die Hamburger verloren 2 : 4. Und doch: Seine für diese Zeit ausgefeilte Technik, sein präzises Zuspiel, der Blick für die Umgebung – dies alles machte Adolf Jäger zum Nationalspieler. Die Übersicht des blonden Hanseaten mit dem dünnen Schnauzbart begeisterte die Fußballanhänger immer wieder. Er war als Diplomat und fairer Sportler allseits geachtet. Am 7. Juni 1908 reiste er zum erstenmal auf Kosten des DFB quer durch Deutschland zum Länderspiel gegen Österreich nach Wien. Und an diesem Tag beeindruckte er das Publikum mit seinen halbhohen Schüssen. Er erzielte ein Tor zum 2 : 1 und ließ die deutschen Fußballer längere Zeit vom ersten Länderspielsieg überhaupt träumen. Doch am Ende hatten die Österreicher doch noch mit 3 : 2 gewonnen. Es folgte die 0 : 9-Abfuhr der seekranken deutschen Nationalmannschaft in Oxford gegen Englands Amateure. Zehnmal führte Adolf Jäger die Nationalmannschaft als Kapitän in ein Spiel, er war Olympiateilnehmer im Jahre 1912 und zählte zu den wenigen Fußballern, die vor und nach dem 1. Weltkrieg Länderspiele bestritten. Seinen Abschied aus der Nationalelf gab er am 14. Dezember 1924 mit dem 1 : 1 in Stuttgart gegen die Schweiz. Über einen Zeitraum von 16 Jahren war Adolf Jäger also Nationalspieler. Altona 93 führte der Mittelstürmer 1909 erstmals zur Norddeutschen Meisterschaft. 1914 wiederholten die Altonaer dieses Kunststück. Im Trikot der norddeutschen Fußballauswahl, das er insgesamt 50mal trug, gewann Adolf Jäger 1911, 1914 und 1917 den Kronprinzenpokal, 1919 dann den Reichsbundpokal. Der Reichs-

bund für Leibesübungen ehrte Adolf Jäger mit seiner höchsten Auszeichnung, der Adlerplakette. Diese Ehrung widerfuhr in der Frühzeit des deutschen Fußballs nur noch Eugen Kipp aus Stuttgart. Noch als 43jähriger trug Jäger das Trikot seiner Altonaer, meist in der Rolle des Dirigenten. Sein letztes Spiel absolvierte er 1932 in Wilhelmsburg. Am 21. November 1944 starb Adolf Jäger nach einer der schlimmen Bombennächte des 2. Weltkriegs in seiner Heimatstadt Hamburg. Als Mitarbeiter des sogenannten »Heimatschutzes« verlor er bei der Beseitigung eines Blindgängers sein Leben. Drei Monate vorher hatte er gerührt die Nachricht erhalten, daß Altona 93 sein Stadion in »Adolf-Jäger-Kampfbahn« umgetauft hatte. Jägers talentierter Sohn Rolf fiel im 2. Weltkrieg an der Invasionsfront.

JÄGER, GÜNTER

Geboren am 21. Dezember 1935
Ein Länderspiel (1958)
Fortuna Düsseldorf

Mit »uns Uwe« gegen Spanien

In den fünfziger Jahren wurden die deutschen Pokalendspiele noch im frühen Winter ausgetragen – meist zum Jahresende. Günter Jäger, der energiegeladene Außenläufer von Fortuna Düsseldorf, stand binnen eines Jahres gleich zweimal in einem dieser Pokalfinals. Doch zweimal verließ er als Verlierer die Stadien in Augsburg und Kassel, und Trainer Hermann Lindemann hatte viel Mühe, seine Fortunen nach den Schlappen wieder aufzurichten und sie für die folgenden Punktspiele neu zu motivieren. Günter Jäger war vor allem in der Saison 1956/57 eine der herausragenden Spielerpersönlichkeiten der deutschen Pokalrunde. Er hatte sich mit den Rheinländern durch einen 1:0-Sieg in Hannover über den Hamburger SV für das Endspiel qualifiziert. Doch im Augsburger Finale ging den Düsseldorfern gegen den FC Bayern München die Luft aus – Trainer Willibald Hahn triumphierte knapp, aber hochverdient mit 1:0 über die Fortunen. Im Jahr darauf drückten viele in Kassel den Fortunen ihre Daumen, doch in einem hochdramatischen Spiel mit sieben Toren strauchelten die Düsseldorfer gegen den VfB Stuttgart in der Verlängerung mit 3:4. Die Nationalspieler Erich Juskowiak, Matthias Mauritz und Jupp Derwall waren die Wegbegleiter von Günter Jäger in diesen verlorenen deutschen Pokalendspielen. Günter Jäger hatte seine stärkste Zeit als Stopper. Als er 1955 vom VfB Hilden zur

Fortuna kam, da ereilte ihn gleich ein großes Pech – er brach sich bei seinem Debüt am Rhein gegen seinen alten Verein den Fuß. Im Frühjahr 1954 war Jäger beim UEFA-Jugendturnier in der Bundesrepublik dabei, als auch Uwe Seeler seinen ersten großen internationalen Auftritt hatte. 2:2 hieß es im Finale gegen Spanien, doch die jungen Fußballer von der Iberischen Halbinsel jubelten, weil sie dank der besseren Vorschlußrundenresultate zum Gesamtsieger erklärt wurden. Dreimal trug Günter Jäger das Trikot der deutschen Juniorenauswahl – unter anderem am 10. Mai 1959 gegen England in Bochum (2:2). Ewert, Giesemann, Rausch, Schulz, Herrmann und Höher waren seine Mannschaftsgefährten. Auf seine Berufung in die Nationalmannschaft mußte der Düsseldorfer allerdings ziemlich lange warten, weil die Konkurrenz in Liebrich, Wewers und Erhardt groß war. So langte es für Günter Jäger allein 1958 zum Einsatz im Spiel gegen Dänemark in Kopenhagen (1:1). Im gleichen Jahr war er über die Nominierung im 40er-Aufgebot des DFB zur Weltmeisterschaft in Schweden nicht hinausgekommen, nachdem er zwei Jahre zuvor mit der deutschen Olympiaexpedition ins ferne Melbourne gereist war, dort aber nicht zum Einsatz kam. Der Versuch, Jägers Talent des erfolgreichen Abwehrspielers als Verteidiger zu nutzen, mißlang. Auch deshalb, weil sich im Laufe der Karriere bei dem kompromißlosen Blondschopf mehr und mehr Verletzungen einstellten. Bis 1963 spielte Günter Jäger bei Fortuna Düsseldorf und wechselte dann zum Wuppertaler SV.

JAHN, HELMUT

Geboren am 20. Oktober 1917,
gestorben am 18. März 1986
17 Länderspiele (1939 bis 1942)
Berliner SV 92

Die unumstrittene Nummer 1

Für Reichstrainer Sepp Herberger wurde es mit Beginn des 2. Weltkriegs immer schwieriger, eine starke Nationalmannschaft aufzubauen. Viele Stammspieler waren an der Front – es begann die Zeit, da selbst Vereinsmannschaften von Woche zu Woche ihr Gesicht veränderten. Es gab die sogenannten Gastspieler, die überall dort zum Einsatz in Punktspielen kamen, wo sie gerade stationiert waren. Helmut Jahn, ein blutjunger Berliner, der über den Spandauer SV, Brandenburg und Charlottenburg zum Berliner SV 92 gelangte und der ursprünglich Mittelstürmer war, machte an der Spree mit guten Torwartleistungen auf sich aufmerksam. Am 3. Dezember 1939 gab Herberger dem Berliner, der in Heiner Stuhlfauth sein großes Vorbild sah, eine erste Chance. Er stand beim 3 : 1-Sieg gegen die Slowakei in Chemnitz zwischen den Pfosten der Nationalelf. Erst nach einigen Anlaufproblemen setzte sich die mit sechs Nachwuchsspielern besetzte Mannschaft des Gastgebers durch. Helmut Jahn, der auch als Handballtorwart erstklassige Leistungen bot, ließ aber kaum etwas anbrennen. Für ihn stand daraufhin die Tür zur Nationalelf weit offen. Der Wiener Rudolf Raftl, der Schalker Hans Klodt und der alte Haudegen Hans Jakob waren zunächst seine Konkurrenten, doch ab 1941 bis zum letzten Kriegsländerspiel am 22. November 1942 in Preßburg gegen die Slowakei war er die unumstrittene Nummer eins im deutschen Tor. Nach dem 2. Weltkrieg gehörte Helmut Jahn zu denen, die Sepp Herberger bei seinem Neuaufbau berücksichtigte. 39 Spieler lud er am 3. November 1947 zu einem Lehrgang ein. Zu denen gehörte auch Helmut Jahn, der über TuS Neuendorf zu den Stuttgarter Kickers gelangt war. Beim ersten Repräsentationsspiel des Südens nach dem Kriege stand Jahn im Tor. Am 19. Mai 1948 wurde in Frankfurt die Auswahl des Nordwestens mit 2 : 1 geschlagen. Doch dann wurde Jahn von dem späteren Weltmeister Toni Turek aus der Südauswahl verdrängt. Turek spielte zu diesem Zeitpunkt noch für die TSG Ulm 46. Helmut Jahn laborierte an einer chronischen Schulterverletzung, die ihn schließlich zur Aufgabe seiner aktiven Karriere zwang. Im Spätherbst 1950 gab es einige Aufregung um Helmut Jahn, der an der Zonengrenze von Volkspolizisten verhaftet wurde, weil er in seinem Wagen eine Frau mit einem gefälschten Interzonenpaß mitgenommen hatte. Jahn wurden 3000 Westmark Strafe aufgebrummt, und da er diese Summe nicht bezahlen konnte, wurde sein Auto beschlagnahmt. Er wurde am Neckar heimisch und starb 1986 in Ludwigsburg.

JAKOB, HANS

Geboren am 16. Juni 1908,
gestorben am 23. März 1994
38 Länderspiele (1930 bis 1939)
Jahn Regensburg

Domspatzen, Knackwürste und »Jakl«

Als Hans Jakob, der in München geboren wurde, als zweijähriger Knirps mit seinen Eltern nach Regens-

burg kam, da war diese Stadt noch überschaubar und beschaulich. Von den Winzerer Höhen ging der Blick hinüber zur Donau mit der Steinernen Brücke, die schon im Mittelalter als ein Wunder der Technik gepriesen wurde. Auf der anderen Seite des trägen Stroms erhob sich der Dom St. Peter mit

seinen gotischen Türmen. In dieser Stadt, in der schon Kelten und Germanen Geschmack am Gerstensaft gefunden hatten, wuchs Hans Jakob auf, doch an eine Karriere als singender Regensburger »Domspatz« verschwand er keinerlei Gedanken – seine Liebe galt schon immer dem Sport. Seine ersten Fußballstiefel sparte er sich eisern zusammen – er sammelte altes Eisen und verkaufte es einem Schrotthändler. Sein Vater war zunächst ein rigoroser Gegner der Fußballeidenschaft seines Sohnes und soll diese legendären ersten Stiefel des Hans Jakob im Küchenofen verbrannt haben. Mit elf Jahren stand Hans zum erstenmal im Tor des TV Regensburg von 1861, mit »18« wechselte er zu Jahn Regensburg, bestritt sein erstes Spiel im August gegen Pfeil Nürnberg. Der Wiener Trainer Gustav Lanzer, der ab Dezember 1926 bei Jahn tätig war, wurde zum großen Förderer von Hans Jakob, den längst alle »Jakl« nannten. Jakob war fest verwurzelt in dieser Stadt – und Jahn Regensburg wurde so etwas wie seine erste Liebe, der er nie untreu wurde. Am 2. November 1930 schlug seine große

Stunde – Reichstrainer Professor Nerz gab ihm den Vorzug gegenüber Willy Kreß. Und gegen Norwegen in Breslau nutzte der Regensburger Torwart mit dem Idealmaß von 184 Zentimetern seine Chance. Er rettete vor 40 000 Zuschauern das 1 : 1, das den Deutschen ziemlich schmeichelte. Doch diese gute Leistung war kein Freibrief für weitere Einladungen. Hans Jakob blieb die Nummer zwei und stand über einen langen Zeitraum im Schatten von Kreß. Außerdem hatte er das Pech, am 11. März 1931 bei einem Trainingsspiel in Karlsruhe im Rahmen eines DFB-Lehrgangs eine böse Kopfverletzung zu erleiden. Erst im Juli 1932 machte Jakob sein zweites Länderspiel in Helsinki, und wieder war er einer der Besten im Team des 4 : 1-Siegers. Das überzeugte nun endlich auch Trainer Nerz – aber erst nach dem 3 : 2-Sieg gegen Österreich im Spiel um Platz drei bei der Weltmeisterschaft 1934 in Neapel war Hans Jakob die unumstrittene Nummer eins der deutschen Nationalmannschaft. »Jakl« arbeitete an seinen Schwächen und wurde immer sicherer. 1937 wurde er sogar als Kapitän in die Westeuropaauswahl nach Amsterdam berufen – eine der höchsten Fußballauszeichnungen des Kontinents. Seine Mannschaft gewann gegen Mitteleuropa 3 : 1. Hans Jakob war ein Allroundtalent, der es auch in der Leichtathletik zu beachtlichen Erfolgen brachte. So wurde er wiederholt bayerischer Meister über 110 m Hürden (16,0 Sekunden). Bei Gaufesten gewann er häufig Weit- und Hochsprung, und Experten der Leichtathletik wollten ihn gar zum Zehnkampf überreden. Als er in den späten 30er Jahren bei einem Trainingsspiel auf hartgefrorenem Boden einen Schädelbruch erlitt, half ihm seine robuste Konstitution – und schon bald stand er wieder zwischen den Pfosten von Jahn Regensburg. Er war Mitglied der legendären »Breslauer Elf«, die am 16. Mai 1937 in der schlesischen Metropole die Dänen mit 8 : 0 entzauberte und zehnmal in Folge unbesiegt blieb. Abgesehen vom Ruhm, Nationalspieler zu sein, erntete Hans Jakob keine Reichtümer in dieser Zeit. Der Spesensatz war viele Jahre lang auf 4,50 Reichsmark festgesetzt, steigerte sich später dann auf 11,20 Reichsmark. Als Jakob einmal von Regensburg nach Nürnberg zu einem Länderspiel die zweite – und nicht die dritte Klasse – benutzte, weil der Zug überfüllt war, erhielt er durch das »Reichsamt für Leibesübungen« eine Rechnung in Höhe von 11,20 Mark und einen Rüffel. Von der Nationalmannschaft verabschiedete er sich am 24. September 1939. Allerdings hatte er sich diesen Tag anders vorgestellt, denn die Ungarn gewannen in Budapest mit 5 : 1. Seine Bilanz war dennoch eindrucksvoll: In den 38 Länderspielen erreichte Hans Jakob elfmal ein »zu Null«. Nur achtmal verließ er als Verlierer nach einem Spiel der Nationalelf das Stadion. Ab 1942 stand immer häufiger Handballtorwart Ostermeier zwischen den Regensburger Pfosten, weil »Jakl« Jakob als Elektrotechnik-Fachmann der Regensburger Überlandwerke zu den Amperwerken nach München dienstversetzt wurde und sich als Gastspieler beim FC Bayern fithalten mußte. Nach der Kapitulation Deutschlands war er dann bis 1949 noch beim FC Lichtenfels aktiv, dessen Trainer er schließlich wurde. Doch Hans Jakob zog es zurück in seine Regensburger Heimat, wo er eine Totoannahmestelle führte, ein Reisebüro eröffnete und vorübergehend auch das Amt des stellvertretenden Vorsitzenden der Fußballabteilung von Jahn bekleidete. Im Seniorenalter hütete er zuweilen noch das Tor von Sammy Drechslers Prominentenmannschaft des FC Schmiere. Der FC Bayern ernannte ihn nach einer fünfzigjährigen Vereinszugehörigkeit zum Ehrenmitglied, und der Regensburger Oberbürgermeister sagte einmal: »Wenn ich auswärts nach den Besonderheiten meiner Stadt fragte, bekam ich stets die Antwort: Die Domspatzen, die Knackwürste und Hans Jakob ...« Bis ins hohe Alter leitete das einstige Torwartidol eine Kartenvorverkaufsstelle des FC Bayern in Regensburg. Mit 83 Jahren mußte ihm wegen einer Zuckerkrankheit der rechte Unterschenkel amputiert werden. Er starb wenige Jahre später.

JAKOBS, DITMAR

Geboren am 28. August 1953
20 Länderspiele (1980 bis 1986), ein Tor
Hamburger SV

»Der letzte große Kämpfer«

In einer Sportzeitschrift war einmal zu lesen, Ditmar Jakobs sei »der letzte große Kämpfer der Bundesliga«. Wer ihm auf seinen Wegen durch den deutschen Fußball begegnete, der wird wissen, daß ihm ein solches Urteil wohl kaum behagte. Der Abwehrspieler war stets ein offener Typ, der sich nicht scheute, allen seine Meinung zu sagen. »Iko«, diesen Namen gaben ihm seine Hamburger Freunde, war ein Vorzeigeprofi des deutschen Fußballs. Einer mit Ecken und Kanten, für den Zuverlässigkeit und Einsatzbereitschaft eine Frage des Charakters waren. Schon in seiner Kindheit lernte es Ditmar Jakobs, sich zu behaupten. Der Sohn eines fußballbegeisterten Vaters war eigentlich davon überzeugt, daß Ditmars zwei Jahre älterer Bruder Harald seinen Weg als Fußballprofi machen würde. Doch dann trat der jüngere Sprößling der Jakobs' in die Glitzerwelt des großen Sports. Seine ersten Schritte machte Ditmar Jakobs als Fußballer bei Arminia Lirich, aber schon als Jugendlicher trug er das Trikot mit dem Kleeblatt – das von Rot-Weiß Oberhausen. Und sehr bald schnupperte er Bundesligaluft – schon als Jugendlicher absolvierte er für RWO fünf Spiele in der höchsten Klasse. Ein Jahr nach dem Oberhausener Abstieg wechselte er 1974 zum Aufsteiger Tennis Borussia Berlin. Aber wieder setzte er auf die falsche Karte, stieg erneut aus der Bundesliga ab. Während seiner Zeit an der Spree erhielt der Abwehrspieler allerdings die ersten Einladungen in die B-Nationalmannschaft und empfahl sich 1977 für den MSV Duisburg. Zwei Jahre später unterschrieb er im »besten Fußballalter« mit 25 Lenzen einen Vertrag beim Deutschen Meister Hamburger SV, wo er sich gleich dank seiner Kämpferqualitäten einen Stammplatz sicherte. Es belastete ihn nicht, daß die Hanseaten fast eine Million Mark an Ablöse zahlen mußten. Soviel wie vorher noch nie ein Verein in Deutschland für einen Abwehrspieler. Im Mai 1980 nominierte ihn Jupp Derwall für das Länderspiel gegen Polen. Doch diese Partie blieb für Ditmar Jakobs lange Zeit das einzige Gastspiel im Nationaltrikot. Wohl auch deshalb, weil er Jupp Derwall mal kräftig die Meinung gesagt hatte. Aber nach der verkorksten Europameisterschaft in Frankreich wurde Franz Beckenbauer Teamchef der Nationalelf – und mit dem hatte Jakobs noch beim Hamburger SV gespielt. Der »Kaiser« überredete den knorrigen Typen von der Elbe zu einem Comeback – und der wurde Stammspieler in der Nationalmannschaft. Unter der Hitzeglocke Mexikos wurde Jakobs 1986 Vizeweltmeister, profitierte allerdings dabei vom Verletzungspech Klaus Augenthalers. Im weiteren Turnierverlauf reifte er zum zuverlässigen Libero, der auch im WM-Finale seinen Mann stand, ohne jedoch das 2:3 gegen Argentinien verhindern zu können. Nach der WM sagte er der Nationalelf »adieu«, vor allem deshalb, weil er sich mit seinen 33 Jahren ganz auf den Hamburger SV konzentrieren wollte. Zweimal war Ditmar Jakobs mit den Rothosen Deutscher Meister geworden (1982 und 1983), gewann unter Ernst Happel den Europacup der Meister (1983). Erst eine schwere Verletzung stoppte nach 493 Bundesligaspielen die Karriere des gelernten Drehers. Am 20. September 1989 rutschte Ditmar Jakobs beim 4:0-Sieg des HSV gegen Werder Bremen über den feuchten Rasen im Volksparkstadion und landete mit erheblicher Wucht auf einem Karabinerhaken der Tornetzbefestigung. Der Haken bohrte sich in den Rücken, verschloß sich und hielt den Libero des HSV über 20 Minuten gefangen, ehe ein chirurgischer Eingriff den Transport in eine Klinik zuließ. Später stellte sich dann eine Schädigung von Rückenwirbeln und Nervensträngen heraus, die einen langen Heilungsprozeß erforderlich macht. Nach seiner Zeit als Profifußballer arbeitete er an der Einrichtung von Rehazentren, außerdem baute er eine Versicherungsagentur auf.

JAKOBS, JOHANNES

Geboren am 1. Juli 1917,
gestorben am 24. August 1944
Ein Länderspiel (1939)
Hannover 96

Ein Mann ohne Nerven

Hannover 96 war in den späten 30er Jahren eine Fußballmacht. Im Mai 1932 schlug ein Trainer aus Pforzheim an der Leine seine Zelte auf: Robert Fuchs. Eineinhalb Jahrzehnte lang blieb er Hannover 96 treu und führte den Verein an die Spitze Deutschlands. Zunächst verjüngte er das ihm überlassene Team und erntete sehr schnell Lorbeeren. 1935 war er mit den »96ern« schon Niedersachsenmeister, aber der ganz große Erfolg war den Hannoveranern mit ihrem tüchtigen Trainer erst 1938 beschieden. Am 26. Juni staunten 90 000 Zuschauer im Berliner Olympiastadion nicht schlecht, als der Außenseiter gegen den Favoriten Schalke 04 nach 120 dramatischen Minuten ein 3:3 im deutschen Finale erreichte. Acht Tage später waren dann gar 105 000 Zuschauer im proppenvollen Kessel des Olympiastadions fasziniert vom Wiederholungsspiel. Und einer schob sich damals ins Rampenlicht: Außenläufer Johannes Jakobs. Zwei Minuten vor Schluß hatte er die Nerven, einen Handelfmeter zum erneuten 3:3 zu verwandeln. Beide Mannschaften waren in der Verlängerung total erschöpft – es drohte ein drittes Endspiel, doch dann drückte Erich Meng in der 117. Minute das Leder zum 4:3-Sieg der Hannoveraner an Torwart Hans Klodt vorbei. Johannes Jakobs, der in Köln geboren wurde und in Sülz seine ersten Schritte als Fußballer machte, war Deutscher Meister – nun stand für ihn auch die Tür zur Nationalelf offen. Und er ging den Weg, den vor ihm schon sein Mannschaftskamerad Ludwig Männer gegangen war. Sepp Herberger testete Johannes Jakobs in mehreren Spielen. Zunächst am 5. September 1938 in Berlin, wo er in einer B-Auswahl im Test gegen die A-Auswahl eine Läuferreihe mit Goldbrunner und Männer bildete. Das Spiel endete 1:1. Im März 1939 gehörte Jakobs zum Kader für das Länderspiel gegen Luxemburg in Differdingen, kam aber nicht zum Einsatz. Statt dessen war er ein paar Wochen später beim inoffiziellen Länderspiel gegen Böhmen-Mähren in Stuttgart dabei, wo er auf der Position des Mittelläufers einige Mühe hatte. Am 29. Juni 1939 schlug dann für ihn in Tallin die große Stunde – er kam zu seinem einzigen Länderspiel. Deutschland gewann gegen Estland mit 2:0. Johannes Jakobs kehrte aus dem 2. Weltkrieg als Aufklärungsflieger über Rußland nicht zurück.

JANES, PAUL

Geboren am 11. März 1912,
gestorben am 12. Juni 1987
71 Länderspiele (1932 bis 1942), sieben Tore
Fortuna Düsseldorf

Die Legende vom »Großen Schweiger«

Zufälle spielen zuweilen im Leben eine Hauptrolle, was sich am Beispiel des Paul Janes belegen läßt. Einer der größten Fußballer in der Geschichte Deutschlands wäre vielleicht nie entdeckt worden, wenn sich nicht an einem Frühsommertag des Jahres 1930 zwei Betriebsmannschaften der Firma Henkell aus Rheindorf und Düsseldorf zum Zwecke eines fußballerischen Wettstreits getroffen hätten. Und bei den Rheindorfern spielte ein 18jähriger Maurer namens Paul Janes gegen einen jungen Linksaußen, von dem alle wußten, daß er ein Riesentalent war: Stanislaus Kobierski, der spätere Nationalspieler. Dies war so etwas wie eine Schlüsselszene im Leben des Paul Janes, denn ein paar Tage später schaute er im Düsseldorfer Stadtteil Flingern, bei den Fortunen, vorbei. Dort traf er noch einen zweiten Beteiligten dieses Firmenduells: Torwart Willi Pesch. Im März 1931 trug Paul Janes dann zum erstenmal das rot-weiße Trikot am Flingernbroich – als rechter Läufer. Paul Janes war in einer fußballbegeisterten Familie in der Bahnhofstraße in Küppersteg aufgewachsen. Es ging hier lebhaft zu, denn die Janes' hatten sieben Buben und ein Mädchen. Zu Fußballschuhen reichte es natürlich nicht – die Jungen rannten dem Ball in Holzpantinen hinterher. Bei Jahn Küppersteg erhielt Paul Janes den ersten »Schliff«, und irgendwann zu Weihnach-

ten bekam er von einem seiner älteren Brüder die ersten »richtigen« Fußballstiefel geschenkt. Als er »18« war, wechselte er für kurze Zeit zu Rhenania Köln, ehe ihn Trainer Körner zum Übertritt zur Düsseldorfer Fortuna bewegte. Selten hat es am westdeutschen Fußballhimmel einen solchen Kometen gegeben, denn bereits Weihnachten 1930 stand Paul Janes erstmals in der 1. Mannschaft der Fortuna, bald schon in der Westdeutschen Auswahl – und eineinhalb Jahre später erhielt Paul Janes die erste Einladung zur Nationalelf. Da war er »19« – und seine Eltern waren wenig begeistert, als er ihnen den Brief des DFB zeigte. Erst als Trainer Körner bereit war, sein Talent auf der Reise nach Wien zu begleiten, willigten Paul Janes' Eltern zögernd ein. Gegen Österreich kam er noch nicht zum Einsatz, erst am 31. Oktober 1932 bestritt er sein erstes von 71 Länderspielen in Budapest gegen Ungarn. Die Deutschen verloren mit 1:2, obwohl sie spielerisch überzeugten. Es dauerte aber fast ein Jahr bis zu seinem nächsten Länderspieleinsatz – und der brachte dann einen Kantersieg: 8:1 wurden die Belgier in Duisburg besiegt – und Paul Janes war einer der stärksten Spieler auf dem Platz. Er galt dank seiner Schußstärke als »Weltmeister der Präzision«. Von nun an war er Stammspieler bei Reichstrainer Professor Nerz. Zwangsläufig gehörte der Düsseldorfer 1934 zum deutschen Aufgebot für die Weltmeisterschaft in Italien. Im Spiel um Platz drei gegen Österreich lief er in Neapel in seinem siebten internationalen Einsatz zum erstenmal als rechter Verteidiger auf. Das von vielen als Demütigung empfundene Ausscheiden beim olympischen Fußballturnier 1936 in Berlin (0 : 2 gegen Norwegen) blieb ihm wegen einer Verletzung erspart. 1937 war Paul Janes Mitglied der berühmten »Breslauer Elf«, die gegen Dänemark mit 8 : 0 gewann. Janes und Münzenberg, dieses eindrucksvolle Verteidigungsgespann, repräsentierte Ende der 30er Jahre Weltklasse. Vittorio Pozzo, der Trainer des Weltmeisters Italien, nominierte Paul Janes für das kontinentale Auswahlspiel West- gegen Mitteleuropa – der Düsseldorfer mußte allerdings wegen einer Verletzung absagen. Der Rheinländer war selbst bei nervenaufreibenden Fußballspielen die Ruhe in Person. Sein Markenzeichen waren knallharte Schüsse aus allen Lagen. Die sieben Tore, die er als Nationalspieler erzielte, resultierten ausnahmslos aus Freistößen (4) und Elfmetern (3). Er hämmerte den Ball förmlich ins Netz. Sepp Herberger charakterisierte Paul Janes einmal so: »Er ließ sich auf dem Platz selten überraschen, weil er die Fähigkeit hatte, die gegnerischen Spielzüge zu ahnen. Und sein Abwehrspiel verstand er als einen aufbauenden Angriff.« Bei aller Cleverneß und trotz seines Sinns für ein schnörkelloses Abwehrverhalten erlaubte er sich eine für ihn nicht sehr typische Extravaganz: Er kopierte als erster Fußballer in Deutschland den Fallrückzieher der Südamerikaner. Paul Janes' größter Erfolg mit der Fortuna war der Gewinn der Deutschen Meisterschaft im Jahre 1933. Als der 2. Weltkrieg auf den Schlachtfeldern Europas tobte, wurde Paul Janes Marinesoldat. Er war Gastspieler bei Wilhelmshaven 05 und beim Hamburger SV, gehörte jedoch weiterhin zum Stamm der Nationalmannschaft. Sein 71. und letztes Länderspiel war gleichzeitig das letzte Auftreten einer deutschen Auswahl im 2. Weltkrieg. Am 22. November 1942 gewann diese Elf in Preßburg gegen die Slowakei mit 5 : 2. An diesem Tag war Paul Janes zum 31. Mal Kapitän der Nationalelf und hatte damit den Schalker Fritz Szepan überflügelt. Seine 71 Länderspiele blieben 28 Jahre lang deutscher Rekord – erst Uwe Seeler überholte ihn in den frühen 70er Jahren. Als der Krieg beendet war und sich zwischen den Trümmern des zerbombten Deutschlands auch wieder die Fußballer regten, war Paul Janes zur Stelle. Mit 34 Jahren war er am 30. Juni 1946 in Köln dabei, als der englische Schiedsrichter Davison vor 64 000 Zuschauern das Auswahlspiel West gegen Süd anpfiff. Der Süden gewann mit 4 : 3. Sepp Herberger baute auf den Routinier aus Düsseldorf, lud ihn neben den verbliebenen Vorkriegsnationalspielern Jahn, Jürissen,

Streitle, Kupfer, Otto Tibulski, Sing, Lehner, Adamkiewicz und Fritz Walter zum ersten DFB-Lehrgang im November 1947 nach Köln ein, doch die Zeit lief dem Rekordnationalspieler davon. Als die Schweiz Ende 1950 der erste Länderspielgegner nach dem 2. Weltkrieg war, hatte Paul Janes schon seinen 38. Geburtstag gefeiert. Womöglich wäre es doch noch zum verdienten Comeback und zu einem offiziellen Abschiedsspiel gekommen, wenn er nicht 1950 im Spiel seiner Fortuna gegen Rot-Weiß Oberhausen einen Fußbruch erlitten hätte. Anschließend versuchte sich Paul Janes als Trainer, doch die großen Erfolge blieben aus. Sterkrade 06/07, Alemannia Lendersdorf, SV Baesweiler, Eintracht Trier, Spvg. Vohwinkel, Fortuna Düsseldorf – das waren seine Stationen. Sein großes Ziel, eine Anstellung beim Deutschen Fußball-Bund, erreichte er nicht – der »große Schweiger« aus Düsseldorf trat dennoch als Legende ab. Er mochte keinen Rummel um seine Person, und er war alles andere als ein Freund der großen Worte. Als Paul Janes 1934 von der Weltmeisterschaft aus Italien heimkehrte, antwortete er auf die Frage, wie es denn gewesen sei, schlicht und ergreifend: »Warm …« Nach dem 2. Weltkrieg war er Teilnehmer des ersten Trainerlehrganges an der Sporthochschule Köln. 1954 eröffnete er eine Gaststätte in Küppersteg und bezog später eine Rente aus seiner Zeit als Städtischer Angestellter des Düsseldorfer Sportamtes. Einige Zeit war der Kontakt zur Fortuna abgerissen, doch anläßlich seines 60. Geburtstages wurde der Faden neu geknüpft. Die Fortuna ernannte Paul Janes zum Ehrenmitglied. 1982 zog er von Monheim nach Düsseldorf-Benrath. Am 12. Juni 1987 starb Paul Janes in einer Straßenbahn an den Folgen eines Herzinfarkts. Er kam, wie jeden Freitag, vom Stammtisch aus dem Düsseldorfer Lokal »Uerige«. Fortuna gab im Jahre 1990 der vereinseigenen Platzanlage am Flingernbroich den Namen »Paul-Janes-Stadion«.

JELLINEK, FRANZ

Geboren am 10. Juli 1922,
gestorben am 20. Mai 1944
Ein Länderspiel (1940)
Wiener SK

Ein hoffnungsvolles Talent

In Wien hielt Reichstrainer Sepp Herberger vor dem Länderspiel gegen Finnland einen Lehrgang ab. Es sollten ein paar hoffnungsvolle Talente erprobt werden – fast alle waren an der Donau beheimatet. Zu denen zählte auch Franz Jellinek vom Wiener Sportklub. Der verstand sich auf dem linken Flügel besonders gut mit Ludwig Durek vom FC Wien, und beide erhielten eine Länderspielchance am 15. September 1940 in Preßburg gegen die Slowakei, die in dieser Zeit mangels traditioneller Gegner häufig den Weg der Nationalelf kreuzte. Mit einem knallharten Schuß entschied Durek das Spiel, das mit einem 1:0-Sieg der Deutschen endete. Franz Jellinek offenbarte gute Ansätze – aber mit seinen 18 Jahren fehlte ihm noch die Durchschlagskraft. Sepp Herberger verlor den jungen Stürmer aus Wien aber nicht aus den Augen und lud ihn im März 1941 zu einem weiteren Lehrgang nach Berlin ein. Der 2. Weltkrieg löschte das Leben Franz Jellineks aus – er fiel am 20. Mai 1944 in Italien.

JOPPICH, KARL

Geboren am 6. Januar 1908,
gestorben 1940
Ein Länderspiel (1932)
SV Hoyerswerda

Hoyerswerdas einsamer Star

Das sächsische Hoyerswerda, das die Sorben Sojerecy nennen, hatte in den frühen 30er Jahren ein gänzlich anderes Gesicht. Die Landschaft war noch nicht zerfurcht vom Braunkohletagebau, und das Städtchen zählte nicht mehr als ein paar tausend Einwohner, die rund um das historische Rathaus, um die Pfarrkirche aus dem 16. Jahrhundert und am Renaissanceschlösschen wohnten. Hoyerswerda verfügte aber auch über einen Sportverein, der zwar zumeist ein Mauerblümchendasein fristete, aber immerhin einen Fußballnationalspieler hervorbrachte: Karl Joppich. Der war Läufer und erhielt zum 30. Oktober 1932 eine Einladung für das Länderspiel nach Budapest gegen die Ungarn. Wahrscheinlich hätte es aber nur zur Rolle des Reservisten gelangt, wenn nicht in der 28. Minute der Fürther Routinier Ludwig Leinberger verletzt an die Seitenlinie gehumpelt wäre. Für ihn kam Karl Joppich ins Spiel. Die Deutschen verloren 1:2 – und Joppich verschwand von der internationalen Fußballbühne. In der offiziellen Länderspielstatistik des Deutschen Fußball-Bundes tauchte er – aus welchen Gründen auch immer – erst Ende der 30er Jahre auf.

JORDAN, ERNST

Geboren am 18. Mai 1883
Ein Länderspiel (1908)
Kricket-Club Viktoria Magdeburg

Der Bonus des Magdeburgers

Der Kricket-Club Viktoria Magdeburg wurde im Jahre 1896 gegründet. Der Verein stellte schon bald eine gute Mannschaft und war auch bei den Städte- und Auswahlspielen dieser Gründerzeit vertreten. Paul Matthes war einer der herausragenden Magdeburger Fußballer der Zeit kurz nach der Jahrhundertwende. Aber der einzige Nationalspieler war Ernst Jordan. Der Dekorateur kam als knapp 25jähriger am 5. April 1908 zu der Ehre, beim ersten Länderspiel der DFB-Geschichte dabei zu sein. Sein Verein spielte im Verband Mitteldeutscher Ballspielvereine im Gau Mittelelbe eine führende Rolle. Wohl auch deshalb durfte mit Ernst Jordan, der mal linker und mal rechter Verteidiger war, ein Spieler aus Magdeburg bei dieser legendären deutschen Länderspielpremiere dabei sein. Das Auswahlverfahren war in dieser Zeit höchst umstritten. Mit dem Leipziger Walter Hempel bildete Jordan in Basel gegen die Schweiz ein Abwehrduo. Die deutsche Mannschaft verlor mit 3:5, und Jordan erhielt schlechte Kritiken – im Dauerregen war er immer wieder ausgerutscht. Für den Magdeburger blieb dies vielleicht auch deshalb der einzige Länderspieleinsatz. Ernst Jordan hieß eigentlich Langmeier – bekannt wurde er allerdings unter dem Namen »Jordan«.

JÜRISSEN, WILLI

Geboren am 13. Mai 1912
Sechs Länderspiele (1935 bis 1939)
Rot-Weiß Oberhausen

Der Torwart mit weißen Handschuhen

Es sollen vierzehn Fußballverrückte gewesen sein, die am 18. Dezember 1904 den »Emschertaler Spielverein« gründeten. Später nannte sich der Club am Niederrhein dann »Oberhausener Spielverein«, dann »Spielvereinigung Oberhausen-Styrum« und schließlich ab 1931 SC Rot-Weiß Oberhausen. Das vierblättrige Kleeblatt zierte das Vereinsemblem – und die Fußballer begnügten sich in dieser Zeit mit einem Aschenplatz an der Lothringer Straße. In den 30er Jahre kam ein Torwart vom Nachbarn Viktoria zu den Rot-Weißen: Willi Jürissen. Sein neuer Verein spielte in der Gauliga Niederrhein. Dem Neuling eilte der Ruf voraus, weiße Handschuhe zu tragen und ein Gentleman zwischen den Pfosten zu sein. Man sagte ihm auch nach, es sei ihm zuwider, bei seinen Torwartaktionen den Boden zu berühren, vielmehr wäre er ein Beherrscher der Lüfte über dem Strafraum. Und da er immer so adrett ausschaute, meinten manche, er habe im Tornetz stets einen kleinen Spiegel hängen. Was Willi Jürissen schließlich den wenig kosenden Beinamen »Pomaden-Willi« einbrachte. Aber der Ruf des jungen Torwarts aus Oberhausen reichte sehr schnell über die regionalen Grenzen hinaus. 1934 notierte sich Reichstrainer Professor Dr. Otto Nerz erstmals diesen Namen. Jürissen absolvierte DFB-Lehrgänge und wurde schließlich als Ersatzmann für Fritz Buchloh am 17. Februar 1935 mit nach Amsterdam zum Länderspiel gegen Holland genommen. Aber er stand noch eine Weile im Schatten der Stars, vor allem im Schatten von Hans Jakob. Am 18. August 1935 hütete er dann das Tor der Nationalelf beim 1:0-Sieg in Luxemburg. Gleichzeitig spielte eine zweite Nationalmannschaft mit den Größen dieser Generation in München und überrollte Finnland mit 6:0. Immerhin: Der Schlußmann aus Oberhausen nutzte seine Chance und erhielt weitere Berufungen. Er gehörte zum Aufgebot des DFB für die Olympischen Spiele 1936 in Berlin, kam dort aber nicht zum Einsatz. Sein Abschied aus der Nationalelf verlief enttäuschend. Am 27. August 1939 unterlag die favorisierte Mannschaft aus Deutschland in Preßburg der Slowakei mit 0:2. Während des 2. Weltkriegs stand er als Gastspieler eine Zeitlang im Tor des Hamburger SV. Nach Kriegsende war Jürissen, dessen Spezialität es war, Elfmeter zu verwandeln, einer von denen, die Sepp Herberger für den 3. November 1947 zu einem ersten Lehrgang nach Köln einlud. Die Oberhausener waren mit dem Routinier im Tor zweimal Niederrheinmeister geworden. 1946 hatten sie den VfL Benrath distanziert, im Jahr darauf Fortuna Düsseldorf. 1947 gehörte Rot-Weiß zu den Gründungsmitgliedern der Oberliga West. Willi Jürissen war inzwischen 35 Jahre alt – für eine Fortsetzung der internationalen Karriere war es für den Kaufmann zu spät. Doch er fühlte sich noch frisch genug, um in der Oberliga West zwischen den Pfosten zu stehen. Zwei Jahre lang tat er das für seine Rot-Weißen in Oberhausen, dann wechselte er 1949 noch einmal zur Spvg. Erkenschwick und wurde dort Nachfolger von Heinz Cichutek, der dann mehr als vier Jahrzehnte lang am Stimberg als Geschäftsführer wirkte. Willi Jürissen, der weiterhin stets auf sein makelloses Äußeres

Wert legte und von dem manche behaupteten, er trage selbst beim Training den Kamm in der Gesäßtasche, stand in Erkenschwick nicht nur im Tor, sondern er arbeitete hier auch als Trainer. »Jule« Ludorf wußte aus dieser Zeit zu berichten, daß Jürissen in der Halbzeitpause seine Spieler aufforderte, sich zu duschen und zu kämmen, »damit der Gegner meinte, wir seien nicht verschwitzt und noch ganz frisch …« Nicht immer lagen ihm die Erkenschwicker Fans zu Füßen. Vor allem an jenem Tage nicht, an dem Willi Jürissen sich gleich zweimal als Elfmeterschütze versuchte und zweimal den Ball gegen die Latte knallte. Auch seine Spieler waren nicht immer seine Freunde. Die ließ er an manchen Spieltagen vor dem Anpfiff noch mal eben fünf Kilometer weit laufen, weshalb er von einigen »Jüsack« genannt wurde. 1951 zog Jürissen seine Torwarthandschuhe dann endgültig – mit 39 Jahren – aus. Rot-Weiß Oberhausen, seinem Heimatverein, hielt er aber in guten und in schlechten Tagen die Treue – er wurde schließlich Vorsitzender des Beirats. Im Jahre 1990 wurde Willi Jürissen das Bundesverdienstkreuz verliehen.

JUNGTOW, OTTO

Geboren am 29. Dezember 1892,
gestorben 1961
Ein Länderspiel (1913)
Hertha BSC Berlin

England eine Nummer zu groß

17 000 Zuschauer waren am 12. März 1913 in Berlin gespannt darauf, wie sich die neuformierte deutsche Fußball-Nationalmannschaft gegen den Lehrmeister aus England schlagen würde. Seit den Olympischen Spielen in Stockholm hatte es nur deutsche Niederlagen in Länderspielen gegeben – und so rechnete sich niemand an diesem Vorfrühlingstag etwas aus. Aber die Fußballer aus Stuttgart, Berlin, Kiel, Leipzig, Karlsruhe, Hamburg und Duisburg starteten erstaunlich gut – sie erspielten sich sogar eine Feldüberlegenheit. Doch das Tor der Gäste war wie zugenagelt – und zwischen den Pfosten stand der schier unüberwindbare Brebner. So waren es schließlich doch die Fußballer von der Insel, die sich mit 3:0 behaupten konnten. Im Trikot des Verlierers steckte auch ein Spieler von Hertha BSC Berlin: Otto Jungtow, der sechsmal für die Auswahl Brandenburgs angetreten und nur ganze 154 Zentimeter groß war. Er bildete mit Völker (BFC Preußen) und mit dem Leipziger Pendorf ein völlig

neues Läufertrio, das vor allem in der zweiten Halbzeit mehr und mehr ins Schwimmen geriet, weil
die Gäste schneller und direkter spielten. Für Otto
Jungtow blieb dies das einzige Länderspiel. Er kam
aus Remscheid und kehrte später wieder zurück ins
Bergische Land, wo er als Kontrolleur in einer
Metallsägefabrik tätig war und für den VfB Remscheid nach dem 1. Weltkrieg zunächst als rechter
Läufer und als Mittelstürmer spielte. Es war die
Zeit, als der kleine, tollkühne westdeutsche Reprä-
sentativtorwart Helduser zwischen den Pfosten dieser starken Mannschaft stand. Otto Jungtow starb
im Jahre 1961 in Remscheid.

JUSKOWIAK, ERICH

Geboren am 7. September 1926,
gestorben am 1. Juli 1983
31 Länderspiele (1951 bis 1959), vier Tore
Rot-Weiß Oberhausen, Fortuna Düsseldorf

Der Mann mit dem Hammer

Erich Juskowiaks Kindheit war gezeichnet von den
politischen Wirren der 30er Jahre, an deren Ende
der 2. Weltkrieg stand. Zwölf Jahre war er jung, als
ihn seine Eltern bei Concordia Lierich anmeldeten.
Über den FC 08 Oberhausen kam er nach Ende des
2. Weltkriegs, in dem er mehrfach verwundet
wurde und unter anderem einen Kopfsteckschuß
erlitt, zu Rot-Weiß Oberhausen. RWO spielte in der
Oberliga Westfalen und hatte mit Willi Jürissen
einen ehemaligen Nationaltorwart im Team. »Jus«
kam als Stürmer zu den »Kleeblättern«, wurde aber
schon bald zum Abwehrspieler umfunktioniert.
Und als rechter Verteidiger fand er den Einzug in
die deutsche Nationalmannschaft. Am 23. Dezember 1951 war Luxemburg der Gegner der Deutschen, die froh waren, endlich wieder Länderspielgegner vorzufinden. Erich Juskowiaks Hoffnungen,
mit der Nationalelf zur Weltmeisterschaft 1954 in
die Schweiz reisen zu dürfen, erfüllten sich allerdings nicht. Sepp Herberger gab ihm erst wieder
eine Chance, nachdem er aus Bern als Weltmeister
zurückgekehrt war und nun eine neue Mannschaft
aufzubauen hatte. Beim Länderspiel gegen Portugal
erzielte der »Hammer« vom Niederrhein sein erstes
Tor im Trikot mit dem Bundesadler – er verwandelte einen Strafstoß. Der Modellathlet war einer
der gefürchteten Elfmeterschützen der Oberliga. Inzwischen hatte er – nach einem kurzen Gastspiel
beim Wuppertaler SV – Oberhausen verlassen und
spielte für Fortuna Düsseldorf, mit dem er Pokal-

finalist der Jahre 1957 und 1958 wurde (Niederlagen gegen VfB Stuttgart und Bayern München).
Spätestens ab 1956 war Erich Juskowiak dann ein
fester Bestandteil der deutschen Nationalmannschaft und zwangsläufig bei der Weltmeisterschaft
1958 in Schweden dabei. Im Halbfinale von Göteborg wurde er zur »tragischen Figur« der deutschen
Mannschaft, die im Hexenkessel den skandinavischen Gastgebern mit 1:3 unterlag. Von seinem
schlitzohrigen Gegenspieler Hamrin ließ sich Juskowiak zu einem Revanchefoul verleiten und wurde
vom Platz gestellt. »Wir haben den Titel durch
meine Schuld verloren«, jammerte er nach seinem
25. Länderspiel. Am Abend wurde ihm beim Ban-

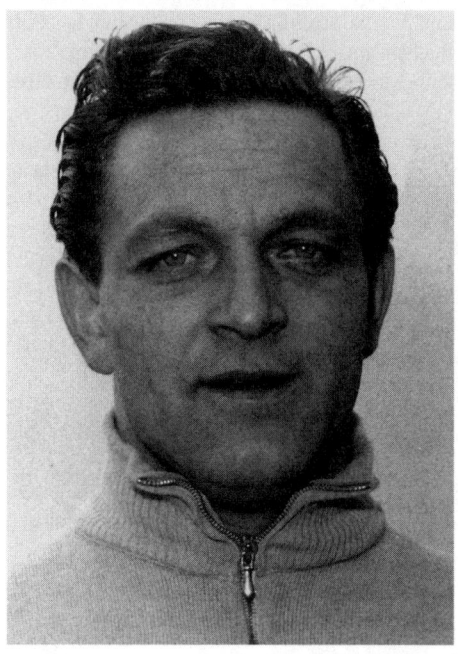

kett die Silberne Ehrennadel überreicht, und »Jus«
war dennoch untröstlich. »Ich möchte mich bei
Ihnen entschuldigen«, sagte er zu Sepp Herberger,
der darauf erwiderte: »Erich – wir sprechen nie
mehr darüber. Nie mehr, bis an unser Lebens-
ende ...« Daran hielten sich beide. Sepp Herberger
ließ Juskowiak nicht fallen und nominierte ihn
noch zu sechs weiteren Länderspielen. Am 8. November 1959 trug der Düsseldorfer gegen Ungarn
in Budapest zum letztenmal das Nationaltrikot.
Zahlreiche Verletzungen brachten 1962 jedoch das
Ende seiner Karriere. Sein letztes Spiel für die
Fortuna, die mittlerweile in die 2. Liga West abgestiegen war, endete wenig rühmlich. Nach einer
verbalen Auseinandersetzung mit Zuschauern ver-

ließ er gegen den VfB Bottrop kurz vor dem Abpfiff kurzerhand den Platz und kam nicht zurück. Juskowiak baute sich eine Existenz als Kaufmann auf, arbeitete zunächst in einem Tabakgroßhandel, dann als Geschäftsführer einer Reinigung und schließlich gemeinsam mit seinem Sohn Horst, der beim VfR Neuß ein guter Verteidiger war, in der Stahlbranche. Es gab Probleme mit der Justiz – ein Jugendschöffengericht verurteilte ihn im Juni 1964 zu einer Bewährungsstrafe wegen »Erregung öffentlichen Ärgernisses«. In den frühen 80er Jahren lebte Erich Juskowiak zurückgezogen in seinem Haus im Süden von Düsseldorf – es gab kaum noch Kontakte zur Fortuna. Dafür reiste er im April 1982 nach Göteborg, um mit Hamrin die Friedenspfeife zu rauchen. Ein Jahr später verstarb er in Düsseldorf nach einem Herzinfarkt am Steuer seines Autos.

K

KABUREK, MATTHIAS

Geboren am 9. Februar 1911
Ein Länderspiel (1939)
Rapid Wien

Der Stürmer aus Hütteldorf

Matthias Kaburek wurde in Wien geboren und wuchs in der Stadt an der Donau auf. Er spielte bei Rapid und kam schon in den frühen 30er Jahren als Mittel- oder Halbstürmer zu internationalen Ehren. Dreimal trug er das Trikot der österreichischen Fußball-Nationalmannschaft. Er debütierte am 11. Februar 1934 beim 4:2 gegen Italien in Turin. Nach dem Einmarsch Hitlers in Österreich standen Reichstrainer Sepp Herberger auch die Stars und Talente des Fußballs aus dem Alpenland zur Verfügung. Doch Herberger tat sich lange Zeit sehr schwer mit der Eingliederung der österreichischen Kicker, die ein technisch hochstehendes Spiel bevorzugten. Dagegen waren die Deutschen seit jeher Freunde des schnörkellosen Erfolgsfußballs. Aber Matthias Kaburek war einer der Leistungsträger von Rapid Wien, und so konnte Herberger an dem Stürmer aus Hütteldorf nicht vorbeischauen. Am 27. August 1939 stand Matthias Kaburek in der deutschen Elf, die in Preßburg der Slowakei nach enttäuschenden Leistungen mit 0:2 unterlag. Das berühmte Wiener »Scheiberl-System« fruchtete an diesem Spätsommertag in Preßburg nicht, und Kaburek verpaßte vor dem Seitenwechsel ein paar gute Chancen. Dieses Spiel gegen die Slowakei war im übrigen eine Notlösung, denn gleichzeitig sollte eine A-Auswahl des DFB in Stockholm auf Schweden treffen. Doch die Skandinavier sagten aus Protest gegen das Nazi-Regime ab.

KAHN, OLIVER

Geboren am 15. Juni 1969
Sechs Länderspiele (seit 1995)
Karlsruher SC, Bayern München

Vater Rolf spielte schon in der Bundesliga

Torleuten sagt man nach, sie seien »bodenständig«. Treuebekenntnisse sind in dieser Branche nicht unüblich – häufig bleiben die Spieler mit der Nummer eins über viele Jahre bei ihren Vereinen. So oder so ähnlich hatte sich das ursprünglich auch Oliver Kahn vorgestellt, denn dem Karlsruher SC galt seine ganze Leidenschaft. Im Wildparkstadion hatte schon sein Vater Rolf in der Bundesliga gespielt, später dann auch sein älterer Bruder Axel. Daß er aber Torwart wurde, hatte einen kuriosen Grund. Sein Großvater schenkte Oliver eines Tages eine komplette Torwartgarnitur »Modell Sepp Maier«. Derart gestylt, blieb ihm nichts anderes übrig, als sich ins Tor zu stellen. Und in der Jugend hatte Oliver einen ausgezeichneten Lehrmeister beim KSC: Rudi Wimmer, den alten Torwarthaudegen. Aber auch Wimmers Sohn Stefan bewarb sich um den Platz im Tor des KSC-Nachwuchses, stand jedoch hinter Kahns Talent zurück. Mit der nordbadischen Auswahl spielte Oliver Kahn erstmals jenseits der regionalen Grenzen, was ihn nicht davon abhielt, weiter emsig für das Abitur zu büffeln. Angesichts seines großen Ehrgeizes schloß das eine das andere nicht aus. Als er das »Abi« in der Tasche hatte, stand für Oliver nur noch Fußball im Vordergrund – mit 21 Jahren verdrängte er Alexander Famulla in die zweite Reihe, und nun zahlte es sich für ihn in der Bundesliga aus, daß er es über Jahre hinweg einigen populären Torwarten gleichgetan hatte – Sonderschichten waren für Oliver Kahn alltäglich. Trainer Winfried Schäfer war inzwischen sein Mentor, und der bedauerte es ganz besonders, als Kahn sich im Januar 1994 für eine Offerte des FC Bayern München entschied. Ein Wechsel, den ihm die Karlsruher Fans ziemlich übel nahmen, obwohl die Sympathisanten dieses Vereins schon ihre Erfahrungen hatten mit KSC-Stars, die aus dem Wildpark hinaus Richtung Isar zogen. Um die fünf Millionen Mark mußten die Münchner für Oliver Kahn zahlen – nie zuvor wechselte innerhalb der Bundesliga ein Torwart für eine so horrende Ablösesumme den Verein. Schon im Jahre 1993 sahen viele Experten in Kahn die künftige Nummer eins unter den Torleuten. Im Jahr darauf reiste er mit zur Weltmeisterschaft in die USA, wo allerdings Bodo Illgner zwischen den Pfosten stand. Zwei Jahre später hatte Oliver Kahn bei der Europameisterschaft in England nur noch Andreas Köpke vor sich. Im Juni 1995 gab er sein Debüt in der Nationalelf beim 2:1-Sieg gegen die Schweiz in Bern.

KALB, HANS

Geboren am 3. August 1899,
gestorben am 5. April 1945
15 Länderspiele (1920 bis 1928), zwei Tore
1. FC Nürnberg

Der fränkische Kleiderschrank

Nürnberg um die Jahrhundertwende: Die Gassen unter der Burg der Kaiser und Könige vermitteln den Eindruck, als hätten sie sich seit dem Mittelalter kaum verändert: die einbogige Fleischbrücke über die Pegnitz, das im gotischen Stil erbaute Nassauer Haus mit dem Tugendbrunnen, der sein Wasser aus Frauenbrüsten plätschern läßt. In dieser geschichtsträchtigen Stadt, dem geistigen und wirtschaftlichen Zentrum Frankens, verbindet sich an der Schwelle zum 20. Jahrhundert der nationale Pathos mit der oft rauhen Wirklichkeit. In diese Zeit hineingeboren wurde Hans Kalb – einer der größten Fußballer der deutschen Geschichte. Dem kleinen Hänschen sollen zunächst ein paar abgenutzte Tennisbälle vor die Füße gerollt sein, ehe er sich, achtjährig, als Fußballer versuchte. Schon in jungen Jahren wurde bei ihm das Ballgefühl erkennbar – und das »schmale Handtuch« zauberte mit kleinen und größeren Bällen, daß es eine reine Freude war. Die Wirren und die Leiden des 1. Weltkriegs standen seiner kontinuierlichen Entwicklung als Fußballer bei Pfeil Nürnberg zwar im Wege, doch Hans Kalb ließ sich nicht beirren. Er wechselte 1918 zum 1. FC Nürnberg. Am 17. Juli 1919 wurde er erstmals für die 1. Mannschaft des »Clubs« nominiert – und zwar als linker Läufer. Was ganz logisch war, denn Hans Kalb war ein typischer »Linksfüßler«. Einer, der mit dem rechten Fuß den Ball bestenfalls stoppen konnte. Nach ein paar Wochen kreuzte MTK

Budapest in Nürnberg auf und überrollte den 1. FC wie eine Lawine. 3:0 gewannen die Magyaren, doch sie verloren ihren Mittelstürmer an den »Club«. Und der war kein Geringerer als Alfred Schaffer, den sie nicht ganz zufällig den »Spezi« nannten. Der 26jährige gehörte zu den ganz großen Fußballstars dieser Jahre – und sein Wort galt auch in der Noris. Davon profitierte Hans Kalb, denn Schaffer machte sich dafür stark, den jungen linken Läufer zur zentralen Figur der Abwehr, zum Mittelläufer, zu befördern. Alfred Schaffer zog es zwar nach einiger Zeit zum FC Basel, doch Hans Kalb hatte fast täglich mit dem Star aus Ungarn trainiert und viel von ihm gelernt. Von nun an ging seine Karriere steil bergan – schon im Jahre 1919 wurde Kalb als Mittelläufer in die Süddeutsche Auswahl berufen – und ein Jahr später war er schon Deutscher Meister. In Frankfurt wurde der Nachbar und Erzrivale Spvg. Fürth mit 2:0 besiegt. Diesem ersten deutschen Titelgewinn ließ Hans Kalb, der mittlerweile Student der Zahnmedizin war, noch vier weitere folgen. Womöglich wäre der 1. FC Nürnberg auch 1922 Deutscher Meister geworden, wenn in den beiden legendären Marathon-Endspielen gegen den Hamburger SV Hans Kalb dabei gewesen wäre. Doch der kurierte die Folgen eines Beinbruchs aus. 20 Jahre war Hans Kalb alt, als ihn die erste Berufung in die Nationalmannschaft erreichte. Im ersten Länderspiel nach dem 1. Weltkrieg war die Schweiz in Zürich der Gegner. Die deutschen Spieler waren vom DFB angehalten worden, jegliche Härte zu vermeiden. Das von beträchtlichen Teilen Europas kritisierte Comeback Deutschlands auf der europäischen Fußballbühne sollte in einem sehr fairen Rahmen verlaufen. Die Schweiz gewann mit 4:1 – das Ergebnis war zweitrangig. Aber Hans Kalb hatte sich ins Rampenlicht gespielt, war fortan eine Größe des deutschen Fußballs. Die Routiniers in seiner Umgebung ließen sich beeindrucken von den präzisen Pässen und der Übersicht Hans Kalbs. Dies alles paarte er mit einer enormen Schußkraft und mit wuchtigen Kopfbällen. Ein Jahr später wurde Hans Kalb zum zweitenmal in die Nationalmannschaft berufen – diesmal allerdings als Mittelstürmer. In Helsinki schoß er beim 3:3 gegen Finnland eines seiner beiden Länderspieltore. Die beiden übrigen Treffer gegen die Finnen markierte Sepp Herberger, der spätere Reichs- und Bundestrainer. Mit 23 Jahren lebte Hans Kalb dann im ständigen Zwiespalt mit seinem permanenten Hunger. Sein Appetit bereitete ihm Gewichtsprobleme – die Folge waren Konditionsmängel. Er war zwar weiterhin einer der ganz Großen auf der internationalen Fußballbühne, doch den Experten blieb seine Unbeweglichkeit nicht verborgen. Die Zeiten waren alles andere als rosig. In Deutschland schritt die Inflation voran – wer sich eine Eintrittskarte für das Länderspiel am 4. November 1923 in Hamburg gegen Norwegen kaufen wollte, der mußte sage und schreibe 50 Milliarden Reichsmark hinblättern. Das Jahr 1924 brachte Hans Kalb zwar die von vielen in der Noris heißersehnte Endspielrevanche gegen den Hamburger SV, aber auch zwei Länderspielniederlagen in Budapest gegen Ungarn (1:4) und in Duisburg gegen Italien (0:1). 1927 neigte sich dann seine internationale Karriere dem Ende zu, denn der 1,93-m-Riese schleppte um die 20 Pfund Übergewicht mit sich herum. Doch Reichstrainer Professor Nerz weckte noch einmal den Ehrgeiz seines Abwehrhühnen, der unbedingt an den Olympischen Spielen in Amsterdam teilnehmen wollte. In der Stadt der Grachten hatte er allerdings kein Glück. Im Skandalspiel gegen Uruguay legte er sich mit dem ägyptischen Schiedsrichter Mohamed an, leistete sich ein Revanchefoul und flog vom Platz. Auch Richard Hofmann mußte gehen. Der DFB sperrte daraufhin beide »Sünder« – für Kalb war dies der Abschied aus der internationalen Fußballarena und das unrühmliche Finale eines begnadeten Spielers. Nach dem Platzverweis in Amsterdam wurde er bis zum Schlußpfiff von DFB-Generalsekretär Blaschke in der Kabine eingesperrt, weil er nicht zu beruhigen war. In der Nacht darauf packte er den Koffer und reiste grußlos aus dem Hotel der Nationalmannschaft ab. Bis 1934 spielte Hans Kalb noch für den 1. FC Nürnberg – insgesamt 681mal –, doch zuletzt eigentlich nur noch aus dem Stand, weil er für einen Leistungssportler einfach zu schwerfällig geworden war. Mit der Süddeutschen Auswahl gewann Hans Kalb dreimal den Reichsbundpokal (1922, 1924 und 1926). Sein Zahnarztberuf rückte schließlich mehr und mehr in den Mittelpunkt seines Wirkens. Er fand Freude am Tennisspiel und stellte sich auch als Schiedsrichter im Fußball zur Verfügung. Dr. Hans Kalb starb am 5. April 1945, wenige Tage vor dem Ende des 2. Weltkriegs, in Altdorf bei Nürnberg an einer Blutvergiftung, die er sich als Militärzahnarzt zugezogen hatte. Mit ein paar Spritzen Penicillin wäre er vermutlich zu retten gewesen, doch die amerikanischen Besatzungstruppen gaben Medikamente dieser Art erst ein paar Jahre später aus. Zu spät für Hans Kalb. Eine Straße, die zum Frankenstadion führt, erinnert seit 1975 in Nürnberg an den großen Fußballsohn dieser Stadt.

KALTZ, MANFRED

Geboren am 6. Januar 1953
69 Länderspiele (1975 bis 1983), acht Tore
Hamburger SV

Spezialität: »Bananenflanken«

Manfred Kaltz war ein Junge aus der Pfalz. Sieben Jahre war er alt, als sich der gebürtige Ludwigshafener beim VfL Neuhofen anmeldete. Mit »15« wechselte er hinüber nach Altrip, wo der Rhein seine große Schleife beginnt und wo zu dieser Zeit beim TuS eine ausgezeichnete Jugendarbeit gepflegt wurde. Mit seiner Mannschaft stand Manfred Kaltz 1970 fast schon sensationell im Endspiel um die deutsche Jugendmeisterschaft. Wolfgang Keller, ein Bauunternehmer, investierte als Vorsitzender viel Ehrgeiz in die Nachwuchsarbeit seines Dorfvereins. Mit Hermann Jöckel holte er einen sachkundigen Trainer, der mit dem VfR Mannheim 1949 als Torwart schon mal Deutscher Meister geworden war. Zwar verlor der TuS Altrip gegen Hertha Zehlendorf Berlin das Finale mit 2:3, doch die Talentsichter der Bundesliga hatten längst ein Auge geworfen auf diese Mannschaft aus der Pfalz. Der Hamburger SV machte gleich Nägel mit Köpfen und verpflichtete den Altriper Jugendbetreuer Gerhard Heid nach dem deutschen Endspiel als Chef der Talentsichtung. Und dessen erste Maßnahme war die Vermittlung des inzwischen zum Jugendnationalspieler aufgestiegenen 17jährigen Manfred Kaltz. Der ab-

solvierte gerade die Ausbildung zum Maschinenschlosser. Ab 1971 gehörte der Verteidiger dann zum Bundesligakader der Hanseaten – er hatte den Status eines »Olympiaamateurs« –, und die Teilnahme an den Olympischen Spielen 1972 in München war für den jungen Mann eine erste ganz große Herausforderung. Sieben Amateurländerspiele, zwei Einsätze im »U 21«-Team und drei Begegnungen mit der B-Elf führten ihn in die Nationalmannschaft. Am 3. September 1975 wirkte er beim 2 : 0 gegen Österreich in Wien mit. Der Gewinn der Europameisterschaft 1980 in Rom und die Vizeweltmeisterschaft 1982 in Madrid stellten seine Höhepunkte im Nationaltrikot dar. Mit seinem Hamburger SV wurde er dreimal Deutscher Meister, zweimal DFB-Pokalsieger, und er holte 1983 den Europacup der Landesmeister. 1977 war er bereits mit dem Europacup der Pokalsieger dekoriert worden. Er stand in der Europa- und Weltauswahl und bestritt nicht weniger als 75 Europacupspiele. Am 23. Februar 1983 trug er zum letztenmal das Nationaltrikot, denn nach dem 0 : 1 gegen Portugal in Lissabon legte er sich mit Bundestrainer Jupp Derwall an und wurde fortan nicht mehr berücksichtigt. Nach der Saison 1989/90, inzwischen war er 36 Jahre alt, wechselte Manfred Kaltz vom HSV zu Girondins Bordeaux, wurde dann aber an den FC Mülhausen ausgeliehen. Nach dem Mülhausener Abstieg aus der 1. französischen Division bemühte er sich mit Erfolg um sein Comeback an die Elbe. Noch einmal erhielt er 1990 einen gutdotierten Vertrag für zwei Jahre. Doch die Zeit hatte ihn längst eingeholt – er spielte nur noch sporadisch. Geblieben aber war die Gefährlichkeit seiner stark angeschnittenen »Bananenflanken«, die in seiner besten Zeit zu einem Gütesiegel des Hamburger SV wurden. Manfred Kaltz galt als der »große Schweiger«. Er gründete in den 80er Jahren eine Privatschule in Lüneburg und arbeitete später als Vertriebsdirektor eines italienischen Mineralwasserherstellers.

KAPELLMANN, HANS-JOSEF

Geboren am 19. Dezember 1949
Fünf Länderspiele (1973 bis 1974)
1. FC Köln, FC Bayern München

Von Kapellmann zu »Skalpellmann«

Am 30. Juli 1970 stand es im »Kicker-Sportmagazin« schwarz auf weiß: »Jupp Kapellmann ist der teuerste Bundesligaspieler, den es je gab.« In Zahlen

ausgedrückt: Genau 804 750 DM hatte der FC Bayern dem 1. FC Köln zu überweisen. Festgesetzt durch den Kontrollausschuß des DFB, nachdem sich die beiden alten Rivalen nicht einigen konnten. Und Bayerntrainer Udo Lattek zürnte: »Der ist viel zu teuer ...« Aber Jupp Kapellmann war ein ganz besonderer Profi, und dies auch deshalb, weil der Fußball allein den intelligenten jungen Mann nicht ausfüllte. Vom SC Bardenberg war er zu Alemannia Aachen gekommen. Am Wochenende schoß der hochveranlagte Stürmer Tore am Tivoli, alltags büffelte er für sein Abitur in Herzogenrath. Ursprünglich wollte er Volkswirt werden, um sich dann als Anlageberater zu versuchen. Doch der junge Himmelstürmer, der 1968 beim UEFA-Turnier in Frankreich dabei war und dort die ersten internationalen Erfahrungen sammelte, ging später beruflich einen anderen Weg. Sein Werdegang als Fußballer war von Lobeshymnen begleitet, und nach einem Juniorenländerspiel gegen Rumänien meinte Trainer Karl-Heinz Heddergott über seinen »hängenden Linksaußen«: »Er ist mit allen Ölen gesalbt. Ein Spieler, der weiß, was er will. Jupp ist schnell, vielseitig, intelligent und brauchbar für die Mannschaft.« Deshalb drückte sein Aachener Trainer »Schorsch« Stollenwerk schon mal beide Augen zu, wenn Kapellmann wegen einer Vorlesung eine Trainingseinheit auslassen mußte. 1970 verließ das Talent den Tivoli, weil er in einer technisch anspruchsvolleren Mannschaft spielen wollte. Er fand sie beim 1. FC Köln, wo er zum Präsidenten Oskar Maaß auch deshalb ein besonders gutes Verhältnis hatte, weil er seinem Chef zuweilen selbstgefangene Forellen aus dem eigenen Fischteich in Blankenheim in der Eifel mitbrachte. Im Frühjahr 1973 erhielt Kapellmann erstmals eine Einladung zu einem Länderspiel und war beim 3 : 0 gegen Bulgarien in Hamburg im deutschen Mittelfeld dabei. Im gleichen Jahr folgte der Wechsel zum FC Bayern München. Mittlerweile hatte er das Studium der Betriebswirtschaft abgebrochen, weil er keinen Sinn mehr in der »Gewinnmaximierung« sah. Statt dessen verschrieb er sich der Medizin und kollidierte mit diesem anspruchsvollen Studium erneut mit seinen fußballerischen Ambitionen. 1976 wollte er schon als Fußballprofi aussteigen, doch dann waren die Bayern bereit, ihn für Prüfungstermine freizustellen. Kapellmann vertrat im übrigen die Ansicht, daß ein Fußballprofi so viel Freizeit habe, daß es gut für ihn sei, auch mal das Hirn zu strapazieren. 1974 gehörte Jupp zum deutschen WM-Kader, kam jedoch auf dem Weg zum Titel nicht zum Einsatz. Als er 1979 von den Bayern zum Lokalrivalen 1860 wechselte, wo er von Trainer Carl-Heinz Rühl zunächst mit offenen Armen aufgenommen wurde, hatte dies vor allem persönliche Gründe – er kam mit Uli Hoeneß und Paul Breitner nicht mehr zurecht. Kapellmanns Karriere endete am 13. September 1980 – auf die Minute genau um 16.17 Uhr. Im Frankfurter Waldstadion erlitt er eine schwere Knieverletzung, die ihn zum »Sportinvaliden« machte. Eine Zeit lang versuchte er sich noch als Manager bei 1860 München, dann konzentrierte er sich voll auf sein Studium. Orthopäde wollte er werden, und er ließ sich ausbilden in Düsseldorf und ein halbes Jahr lang bei Lanny Johnson, einem der führenden Spezialisten in den USA. Später arbeitete Jupp Kapellmann als Leitender Oberarzt einer Orthopädischen Klinik in Düsseldorf, um dann in Rosenheim seßhaft zu werden, wo er das Klinikum Vögtareuth betrieb. Aus Jupp Kapellmann war sozusagen ein »Jupp Skalpellmann« geworden.

KAPITULSKI, HELMUT

Geboren am 29. September 1934
Ein Länderspiel (1958)
FK Pirmasens

Flinke Füße in der Stadt der Schuhe

Der FK Pirmasens war einst eine Hochburg des südwestdeutschen Fußballs. Und niemand störte es im kleinen Stadion an der Zweibrücker Straße, daß so mancher in der Oberliga Südwest eine Art Stiefkind der höchsten deutschen Klassen erblickte. Als TV Pirminia war der FKP in der buckligen Schuhstadt Pirmasens gegründet worden. Und zwar im Jahre 1903 – in Form einer Anzeige in der »Pirmasenser Zeitung«, wo zur Gründung einer »Vereinigung zur Pflege von Bewegungsspielen im Freien« aufgerufen wurde. Weit war darauf der Weg des Vereins von der ehemals holprigen Wiese auf dem Horeb über die Fahr'sche Reitwiese an der Landauer Straße und dem Leineweberschen Platz. Aber wenn die Blau-Weißen an der Zweibrücker Straße auftrumpften, dann bekam so mancher Gegner in den 50er Jahren wacklige Knie. Mit Trainer Helmut Schneider hielt bemerkenswerter Erfolg Einzug in diesen Winkel der Pfalz. Ihm und seiner klugen Aufbauarbeit war es vor allem zu danken, daß die Pirmasenser eine Zeit lang in die Domäne des 1. FC Kaiserslautern eindringen konnten. Kubsch, Seebach, Laag, Schmitt, Roos und Kapitulski – das waren die großen Stützen dieser Mannschaft, die in der deutschen Endrunde des Jahres 1958 nur vom

Hamburger SV besiegt werden konnte. Im gleichen Jahr bekam Helmut Kapitulski, der schnelle Linksaußen des FK Pirmasens, eine Länderspielberufung. Er war beim schwererkämpften 2:2 gegen Österreich im Berliner Olympiastadion dabei. Die Deutschen verdankten es der Torschußpräzision von Helmut Rahn, daß sie ungerupft davonkamen. Für Helmut Kapitulski gab es keine Wiederholung dieses Länderspielerlebnisses, auch wenn er künftig bei den Auswahlspielen des Südwestens fast immer zu den Besten gehörte. Als 30jähriger wechselte der wuchtige Stürmer noch einmal den Verein und schlüpfte ins Trikot des 1. FC Kaiserslautern, wo auf seine »alten Tage« die Luft der Bundesliga schnupperte. 1968 beendete er nach knapp hundert Einsätzen in der höchsten Klasse seine überaus erfolgreiche Karriere.

KARGUS, RUDI

Geboren am 15. August 1952
Drei Länderspiele (1975 bis 1977)
Hamburger SV

Der »Elfmetertöter«

Gerhard Heid war einer von denen, die jungen Talenten den Weg in die Bundesliga ebneten. Er kam vom TuS Altrip als Jugendmanager zum Hamburger SV und machte sich schnell für die Hanseaten bezahlt. Zunächst holte er Manfred Kaltz, wenig später dann Rudi Kargus. Das war im Jahre 1970, und der 17jährige Torwart Kargus trug bis dahin das Trikot der Wormatia in seiner Heimatstadt Worms. Aber er trug auch das der deutschen Jugendnationalmannschaft und stand deshalb auf der Liste etlicher »Einkäufer« aus der Bundesliga. Rudi Kargus' Weg hatte aber nicht direkt ins Tor der Wormatia geführt. Als Schüler war er noch ein begeisterter Mittelstürmer, und er hätte sich niemals vorstellen können, daß es mal seine Aufgabe sein sollte, Tore zu verhindern anstatt Tore zu schießen. Doch mit zwölf Jahren spielte der Zufall eine große Rolle – aus dem Torjäger wurde ein Torwart, weil sich die eigentlichen Schlußleute seiner Mannschaft verletzt hatten. Und ein guter dazu. Das spürten auch seine neuen Kameraden beim Hamburger SV – und zur Saison 1973/74 löste Rudi Kargus den Türken Özcan zwischen den Pfosten des Traditionsvereins ab. Die Türkei spielte noch einmal eine nicht unbedeutende Rolle in der Karriere des Fußballers, denn am 12. Dezember 1975 bereitete ihm Bundestrainer Helmut Schön ein etwas verfrühtes Weihnachtsgeschenk: Rudi Kargus hütete das Tor der deutschen Nationalelf beim Länderspiel in Istanbul gegen die Türkei. 5 : 0 gewann der amtierende Weltmeister – und auf der Bank applaudierte kein Geringerer als Sepp Maier. Vorher hatte Kargus schon ein paarmal im DFB-Aufgebot gestanden. So vor den Qualifikationsspielen zur Europameisterschaft gegen Griechenland und Bulgarien. Nach seiner fehlerfreien Leistung in Istanbul war Kargus eindeutig die Nummer zwei hinter Sepp Maier und Teilnehmer der Europameisterschaft in Belgrad. Der Bayern-Sepp war sein Vorbild – mit ihm verstand er sich prächtig, doch die gegenseitigen Sympathien gingen nicht so weit, daß Maier seinen Platz freiwillig räumte. So stand Kargus stets im Schatten des Weltmeisters und kam nur zu drei Länderspielen. Sein letztes bestritt er am 30. April 1977 in Belgrad gegen Jugoslawien. Beim deutschen 2 : 1-Sieg löste er Sepp Maier zur Pause ab. Mehr Glück hatte er mit dem Hamburger SV. Er holte 1976 den DFB-Pokal, ein Jahr später den Europapokal – und 1979 wurde er Deutscher Meister. Ein Jahr später schieden sich dann an der Elbe die Geister. Das Klima wurde beim HSV rauher – nach neun Jahren erhielt Rudi Kargus die Kündigung, weil Branko Zebec ihn nicht mehr haben wollte. Andere sprachen von überhöhten Gehaltsforderungen des Torwarts. Vier Monate lang ging Kargus »stempeln«, holte sich sein Geld vom Arbeitsamt, dann klopfte der 1. FC Nürnberg an seine Tür. Und so wurde die Noris für vier Jahre die neue Fußballheimat. Doch beim »Club« vibrierten im Abstiegskampf permanent die Nerven, und im Herbst 1984 kam es zu einem »Spieleraufstand« gegen Trainer Heinz Höher, der mit der Entlassung des Wortführers Rudi Kargus endete. Über den Karlsruher SC gelangte Kargus schließlich überraschend mit 34 Jahren zu Fortuna Düsseldorf. Er war dort Notnagel, weil Stammtorwart Schmadtke wegen eines Mittelfußbruchs ein paar Monate lang ausfiel. Rudi Kargus, dessen Markenzeichen ungewöhnlich lange Torwarthosen waren, beendete in seinen jungen Jahren eine Lehre als Kfz-Schlosser. In seiner Freizeit betätigte er sich unter anderem als Hobbymaler, in der Bundesliga hatte er den Ruf eines »Elfmetertöters«. 408 Spiele bestritt er in der höchsten Spielklasse. Nach seinem Rücktritt übernahm er zwischen 1991 und 1996 das Amt des Chef-Jugendtrainers beim Hamburger SV. Ein Jahr vorher hatte er den Fußball-Lehrer-Lehrgang an der Sporthochschule in Köln als Klassenprimus abgeschlossen.

KAUER, ERICH

Geboren am 8. Januar 1908,
gestorben am 30. Dezember 1989
Fünf Länderspiele (1930 bis 1931)
Tennis Borussia Berlin

»Musike« aus Rixdorf

In Rixdorf war nicht nur »Musike« – in Rixdorf, dem späteren Neukölln, wurde auch guter Fußball gespielt. Unter anderem bei Südstern. Von diesem Verein kam ein Fußballer zu Tennis Borussia, der sich rasch als konsequenter Mittelläufer behauptete und einer der Garanten dafür war, daß der Berliner Traditionsverein Ende der 20er und Anfang der 30er Jahre fast ständig in der Endrunde um die deutsche Fußballmeisterschaft mitmischte. Erich Kauer fand deshalb fast zwangsläufig den Weg in die Nationalmannschaft. Seine erste große Bewährungschance nutzte der 22jährige am 2. November 1930 in Breslau. Norwegen war der Gegner – und die Skandinavier wollten Revanche für ihre zwei Jahre zuvor in Oslo erlittene 0 : 2-Niederlage gegen die deutsche Nationalelf. In Breslau trennten sich nun beide Mannschaften nach einer zerfahrenen Begegnung mit 1 : 1. Erich Kauer, der Mann von der Spree, spielte den Part des rechten Außenläufers. Aber schon im übernächsten Spiel der Nationalelf war er Mittelläufer. 40 000 Zuschauer sahen in Amsterdam das 1 : 1 zwischen Holland und Deutschland. Seinen letzten internationalen Auftritt hatte der Abwehrspieler am 13. September 1931 in Wien gegen Österreich. Die Deutschen hatten nicht den Hauch einer Chance, verloren 0 : 5, und Erich Kauer verlor auch seinen Platz im Nationalteam. Nach dem Zweiten Weltkrieg spielte Erich Kauer noch einige Zeit in Neckarelz.

KAUFHOLD, GERHARD

Geboren am 2. Dezember 1928
Ein Länderspiel (1954)
Kickers Offenbach

Verliebt in den Schnörkel

In der Stunde Null gedachte die Offenbacher Fußballgemeinde der Opfer des 2. Weltkriegs. Fast die gesamte Mannschaft der Kickers kehrte nicht zurück. Eigenbrodt, Hohmann, Harter, Mondorf, die unvergeßlichen Gebrüder Rudi und Harri Staab, Göbel, Doumont und Dill fielen an den Fronten des Krieges. Aber schon im August 1945 fand in der

Loge an der Luisenstraße die erste Nachkriegsversammlung der Offenbacher Kickers statt, wo Christian Hock zum 1. Vorsitzenden gewählt wurde. Um einen halbwegs geregelten Spielbetrieb aufzubauen, fehlte es an vielen Sportgeräten, und doch gab es schon bald ein Spiel gegen den VfL Neu-Isenburg. Etliche junge Leute schlossen die Lücken, und einer von denen war Gerhard Kaufhold, der aus Burg stammte, wo sich das Flüßchen Aar mit der Dill vereinigt. In der Familie Kaufhold hatte Fußball schon immer einen gewissen Stellenwert; einer seiner Brüder spielte später in der Offenbacher Reserve. Und noch einer kam nach Offenbach: Paul Osswald, ein Thüringer des Jahrgangs 1904, der als blutjunger Trainer im Jahre 1932 die Frankfurter Eintracht ins deutsche Endspiel geführt hatte. Christian Neubert, erfolgreicher Chef eines Fuhrgeschäfts, holte Osswald zum Bieberer Berg – eine gute Entscheidung, wie sich herausstellen sollte, denn dieser Trainer blieb bis 1958. In den fünfziger Jahren standen die Kickers zweimal im deutschen Endspiel, und zwei Spieler waren 1950 und 1959 dabei: Willi Keim und Gerd Kaufhold. Beide Endspiele gingen verloren, doch sie markieren die beste Zeit dieses Vereins. Gerd Kaufhold war ein schneller Mann auf dem rechten Flügel. Einer, der mit allen Wassern gewaschen war, weil er sein Spiel mit Überraschungen würzte und der deshalb zu den stärksten Waffen der Kickers gehörte. Manche meinten allerdings auch, Kaufhold sei verliebt in den Schnörkel ... In seinen ersten Offenbacher Jahren spielten die Kickers vor allem um Lebensmittel. »Für zwei, drei Säcke Kartoffeln fuhren wir aufs Land«, erinnert sich Gerd Kaufhold in Werner Skrentnys Buch »Als Morlock noch den Mondschein traf«. Der Rechtsaußen und spätere Halbstürmer kam schon 1951 im ersten Nachkriegs-B-Länderspiel gegen die Schweiz zum Einsatz, stand in der Süddeutschen Auswahl, doch Sepp Herberger machte meist einen Bogen um den Bieberer Berg, wo man die Auffassung vertrat, der Bundestrainer und Paul Osswald seien sich spinnefeind. So fand Gerd Kaufhold, der superstarke Techniker der Kickers, den die Offenbacher später zu ihrem Ehrenspielführer erklärten, nur einmal Zugang zur A-Nationalmannschaft. Dies war nach dem WM-Triumph 1954 bei der 1:3-Niederlage in London gegen England. Dabei wurde Kaufhold auch noch auf der falschen Position eingesetzt. »In drei Wochen sehen wir uns wieder« – mit diesen Worten verabschiedete sich Herberger von Kaufhold. Drei Wochen später reiste die Nationalelf nach Lissabon – ohne den Offenbacher. Als Denker, Lenker

und Torjäger der Kickers trug Kaufhold in 396 Oberligaspielen das Offenbacher Trikot und erzielte 112 Tore. Nur sein Weggefährte Helmut Preisendörfer war noch erfolgreicher. Nach seiner aktiven Zeit, die Mitte der 60er Jahre endete, als die Offenbacher den Sprung in die neue Bundesliga verpaßt hatten, widmete er sich seinem Beruf. Gerd Kaufhold wurde Teilhaber einer Süßwaren- und Spirituosengroßhandlung.

KELBASSA, ALFRED

Geboren am 21. April 1925,
gestorben am 11. August 1988
Sechs Länderspiele (1956 bis 1958), zwei Tore
Borussia Dortmund

Fünfkämpfer und Klassestürmer

»Freddy« nannten ihn seine Freunde schon in den 30er Jahren, als er seine Laufbahn bei Schwarz-Weiß Bülse in der Kreisklasse begann. Alfred Kelbassa wurde in der Nachbarschaft von Bülse geboren, im Gelsenkirchener Ortsteil Buer. Mit 15 Jahren wechselte er von Bülse zum SC Gelsenkirchen-Buer, doch seine Liebe galt in dieser Zeit, als der 2. Weltkrieg mehr und mehr das Leben in Deutschland veränderte, nicht nur dem Spiel mit dem Lederball, sondern in erster Linie der Leichtathletik. Er war ein Allroundtalent und holte sich zweimal die westdeutsche Jugendmeisterschaft im leichtathletischen Fünfkampf. Die 100 m sprintete er unter elf Sekunden, er sprang fast sieben Meter weit und wuchtete den Speer auf 60 Meter. Als 17jähriger trug er die Soldatenuniform, bis Kriegsende spielte er aber auch Fußball bei Holstein Kiel und bei Fortuna Glückstadt. Nach der Kapitulation kehrte Alfred Kelbassa in seine Gelsenkirchener Heimat zurück, kam 1946 zum STV Horst-Emscher und spielte dort bis 1952 in der Oberliga. In der Saison 1952/53 stürmte Kelbassa dann für Preußen Münster, um sich zwei Jahre später wieder beim STV Horst-Emscher anzumelden. 28 Jahre war der schnelle und schußstarke Stürmer alt, als er zu ersten Auswahlehren kam. Am 10. Oktober 1953 wurde er in Dortmund beim Spiel des Westens gegen den Norden nach der Pause für den Essener Kasperski eingewechselt und schoß sieben Minuten später das 1:0 für die westdeutsche Auswahl. Das zweite Tor zum 2:0-Erfolg seiner Mannschaft erzielte »Fifi« Gerritzen. Zwar empfahl sich Alfred Kelbassa in diesen 45 Minuten für höhere Aufgaben, doch es sollte noch drei Jahre dauern, ehe

Sepp Herberger ihn in die Nationalmannschaft berief. 1955 – also mit 30 Jahren – wechselte er noch einmal den Verein und zog das Trikot von Borussia Dortmund über. Dies war für ihn eine glückliche Fügung, denn er wurde mit den Westfalen zweimal hintereinander Deutscher Meister. 1957 war er mit 27 Treffern Torschützenkönig der Oberliga West. Die »drei Alfredos«, der Dortmunder Innensturm mit Ady Preißler, Alfred Kelbassa und Alfred Niepieklo, verzauberten die Fans in Deutschland. Mit 31 Jahren erreichte Kelbassa schließlich der Ruf Herbergers. Einen Tag vor Heiligabend des Jahres 1956 war er beim 4:1-Sieg gegen Belgien in Köln dabei. Weiteres Vertrauen erwarb sich Kelbassa beim Bundestrainer durch gute Leistungen in Sichtungsspielen. So kam er zu weiteren Länderspielberufungen gegen Schottland (1:3), Schweden (1:0) und gegen Ungarn (1:0), wo er vor 85 000 Zuschauern in Hannover der gefeierte Schütze des entscheidenden Tores war. 1958 kam Kelbassa bei der Weltmeisterschaft in Schweden lange Zeit über die Rolle des Reservisten nicht hinaus. Erst im Spiel um Platz drei (3:6 gegen Frankreich) erhielt er in der stark ersatzgeschwächten deutschen Mannschaft eine Chance. Das war Herbergers Dank an die zweite Garde – auch Kelbassas Dortmunder Weggefährte, Torwart Kwiatkowski, der Essener Wewers und der Kölner Sturm waren beim WM-Abschied in Göteborg dabei. Für »Freddy« Kelbassa war dies auch der Abschied aus dem internationalen Rampenlicht. Aber seiner Borussia blieb er treu. Im Oktober 1961 absolvierte er sein 350. Oberligaspiel, hatte über 200 Tore für die Dortmunder geschossen. Als die Bundesliga nahte, sagte Kelbassa mit 38 Jahren dem aktiven Fußball »adieu«. Schon 1949 hatte er sein Diplom als Sportlehrer erworben – nach seiner Zeit als Fußballer war er Angestellter im Sportamt der Stadt Dortmund. Alfred Kelbassa starb nach mehreren Schlaganfällen am 11. August 1988 in der Stadt, in der ihm der Fußball so viel bedeutet hatte.

KELLER, FERDINAND

Geboren am 30. Juli 1946
Ein Länderspiel (1975)
TSV 1860 München

Der Bäcker aus Pasing

Eigentlich hatte Ferdi Keller die Hoffnung längst aufgegeben, es doch noch zum Nationalspieler zu bringen. Zwar schoß er in der 2. Liga Tore am Fließband, doch wann schaute sich Bundestrainer Helmut Schön schon mal Spiele im »Unterhaus« an? Darüber ärgerte sich vor allem Kellers Trainer Max Merkel. Am 15. Februar 1975 platzte dem »Löwenbändiger« dann der Kragen. Der TSV 1860 München hatte in Mainz 3:1 gewonnen und Keller alle drei Tore erzielt. »Schade, daß Helmut Schön so ein Spiel nicht sieht«, grantelte Merkel. »Für mich gehört der Keller in die Nationalmannschaft, denn was der Kostedde kann, das kann der Ferdi allemal.« Ein gutes halbes Jahr später wurde Ferdi Keller tatsächlich Nationalspieler – gegen Österreich in Wien durfte er 17 Minuten lang »ran«. Vorher hatte er in der B-Nationalelf gegen Irland in Dublin gespielt und dann einen Tag vor dem A-Länderspiel gegen Österreich in Augsburg. Seine Lehrjahre als Fußballer hatte Ferdi Keller bei der TSG Pasing zugebracht. Sonntags fabrizierte er Tore, alltags backte er in der elterlichen Bäckerei Brötchen. 1969 stand er dann vor der Wahl: Entweder hätte er die Bäckerei übernehmen oder seine Unterschrift unter einen Vertrag bei 1860 setzen können. Er entschied sich für Letzteres, denn die »Löwen« waren der Schwarm seiner Jugend. Daran änderte sich auch nichts, als er zu Hannover 96 wechselte, wo er sich im übrigen auch deshalb nicht so richtig wohlfühlte, weil er mit Willi Reimann nicht auf einer Welle lag. Beide schnitten sich auf dem Spielfeld, inszenierten wechselseitig einen Nervenkrieg, der schließlich darin mündete, daß sich beide nach einem Freundschaftsspiel im Kabinengang nicht nur Unfreundlichkeiten an den Kopf warfen. Wenig später kehrte er zu 1860 München zurück – obwohl er ein lukratives Angebot aus Nizza hatte – und brachte seinen hannoverschen Freund Hanjo Weller gleich mit. Im März 1975 folgte ein Rückschlag – er erlitt im Spiel gegen die Stuttgarter Kickers einen Innenbandriß am rechten Knie. Um so erfreulicher war für ihn im gleichen Jahr besagter Sprung in die Nationalelf, zumal Ferdi Keller vorher auch noch von einer Lungenentzündung heimgesucht worden war. Doch Heinz Lucas, inzwischen Trainer bei den »Löwen«, telefonierte mit Schöns Assistenten Jupp Derwall und ebnete seinem Torjäger den Weg ins internationale Rampenlicht. Im Jahr darauf wechselte Keller noch einmal in den deutschen Norden – diesmal zum HSV –, mit dem er den Europacup der Pokalsieger gewann. Zwei Jahre später war er enttäuscht, daß die Hanseaten seinen Vertrag nicht verlängerten. Er versuchte sich darauf noch eine Zeitlang bei Borussia Neunkirchen. Ferdi Keller lebte später als selbständiger Kaufmann in München, zuweilen auch in Istrien, wo er Verkaufsveranstaltungen in Hotels und auf Campingplätzen organisierte.

KELSCH, WALTER

Geboren am 3. September 1955
Vier Länderspiele (1979 bis 1980), drei Tore
VfB Stuttgart

Spezialität: Kopfbälle!

Walter Kelsch wuchs vor den Toren Stuttgarts auf. In Büsnau träumte er davon, einmal ein Star des Fußballs zu werden – und er himmelte die Profis von der anderen Seite des Neckars geradezu an. Beim TSV Büsnau lernte er das Fußballeinmaleins, bei den Stuttgarter Kickers kam er unter dem Fernsehturm in Degerloch erstmals mit dem großen Fußball in Berührung. Doch sein Traum erfüllte sich erst 1977, als der große Nachbar VfB bei ihm anklopfte. 21 Jahre war der Stürmer jung, als er beim VfB unterschrieb; und schon bald sicherte er sich einen Stammplatz. Der deutsche Fußball durchschritt nach den Höhenflügen zwischen 1972 und 1976 eine Krise – der Titelverteidiger war bei der Weltmeisterschaft in Argentinien zur allgemeinen Überraschung an Österreich gescheitert. Nicht nur in Wien wurden die Fußballer aus der Bundesliga daraufhin mit Häme überschüttet. Jupp Derwall hatte das Amt des Bundestrainers von Helmut Schön übernommen und arbeitete intensiv am Neuaufbau einer schlagkräftigen Mannschaft für die Europameisterschaft in Italien. Ein paar Routiniers waren abgetreten, doch in der Qualifikation tat sich eine Flaute im Angriff auf. 0:0 in La Valetta gegen Malta – die Fußballnation war verunsichert. Da nominierte Jupp Derwall für das nächste Europameisterschafts-Qualifikationsspiel am 1. April 1979 in Izmir gegen die Türkei nicht nur die Stuttgarter Karl-Heinz Förster und Hansi Müller, sondern auch den jungen Bernd Martin und Walter Kelsch. Letzterer kam in der 69. Minute für keinen Geringeren als Karl-Heinz Rummenigge ins Spiel. Einen Monat später gehörte Kelsch zum Aufgebot für das schon vorentscheidende Spiel gegen Wales in Wrexham, kam aber beim 2:0-Sieg nicht zum Einsatz. Drei Wochen danach flog die Nationalelf nach Irland und gewann in Dublin mit 3:1. Walter Kelsch ersetzte zur Pause Hansi Müller und nutzte diese Chance. Mit seinem Treffer brachte er die Deutschen auf die Siegesstraße. Vier Tage darauf war der Schwabe in Reykjavik gegen Island von der ersten Minute an dabei und schoß wieder »sein« Tor zur 1:0-Führung. Am Ende stand ein standesgemäßer deutscher 3:1-Erfolg. Kelsch gehörte auf der Insel der Vulkane und Geysire zu einem der gefährlichsten Stürmer. Im bedeutungslosen letzten EM-Qua-

lifikationsspiel am 27. Februar in Bremen gegen den Fußballzwerg Malta saß Kelsch wieder eine Stunde lang auf der Reservebank, doch als er dann eingewechselt wurde, war er gleich in Torlaune und traf auf dem Weg zum 8:0-Endstand per Kopf zum 6:0. Überhaupt waren Kopfbälle die Spezialität des 180 Zentimeter großen Torjägers, der dann zwar zum 40er-Kader für die Europameisterschaft 1980 zählte, schließlich aber noch durch das »Sieb« fiel. Damit war die Länderspielkarriere des Walter Kelsch quasi beendet. 1984 wurde er mit dem VfB Stuttgart Deutscher Meister, doch zu diesem Zeitpunkt neigte sich die Karriere des 29jährigen, der 51 Tore für die Stuttgarter in der Bundesliga schoß, allmählich dem Ende zu. Er wechselte zu Racing Straßburg und setzte dort seinen Weg als Profi fort.

KIESSLING, GEORG

Geboren am 7. März 1903,
gestorben am 24. Juni 1964
Zwei Länderspiele (1927 bis 1928), ein Tor
Spvg. Fürth

Die »schottische Lektion«

13. Juni 1926! Im Fürther Geismannsaal feiert der deutsche Fußballmeister. Die Spielvereinigung hat wieder einmal den Gipfel erreicht, und einer sitzt am Tisch und lächelt still in sich hinein: William Townley. Der große alte Lehrmeister von der Insel hat es wieder allen gezeigt. Den Karlsruhern hatte er vor etlichen Jahren das Fußballspielen beigebracht, 1914 begründete er den Meisterruhm der Fürther »Kleeblätter«, er förderte Max Breunig und entdeckte Bayern Münchens Mittelstürmer Josef Pöttinger. Und dann kamen die Fürther und holten sich ihren alten Fußball-»Pauker« zur Endrunde 1926. Townley führte daraufhin die Franken zum erneuten Titelgewinn. »Schottisch« spielten sie, die Fürther. Und einer von denen, die ihre Lektion in diesen frühsommerlichen Wochen des Jahres 1926 verstanden, war Linksaußen Georg Kießling. Nach der Inflation, als sich wieder die deutsche Wirtschaft regte und Hans Höfer Vorsitzender der Spvg. Fürth war, verfügte der Verein über eine tolle Mannschaft und über einen Sturm der Extraklasse. Gemeinsam mit Karl Auer bildete Georg Kießling eine eindrucksvolle Flügelzange. Zweimal wurde er Deutscher Meister: 1926 und 1929 – jeweils nach Endspielsiegen gegen Hertha BSC Berlin. Der »Görch« war eine Stimmungskanone, der nach Siegen in der Mannschaftskabine schon mal ein kräf-

tiges »Dein ist mein ganzes Herz« schmetterte. Aber er absolvierte in dieser Zeit nur zwei Länderspiele. Das erste am 2. Oktober 1927 in Kopenhagen gegen Dänemark. Die Gastgeber gewannen 3:1 – das deutsche Ehrentor erzielte Georg Kießling eine Minute vor der Pause zum zwischenzeitlichen 1:1. Neben dem zweiten Debütanten, Richard Hofmann aus Meerane, und seinem Mannschaftskameraden Georg Frank war Kießling der stärkste Spieler in der Elf des Verlierers. Sein zweites Länderspiel führte ihn am 23. September 1928 ins Ullevaal-Stadion nach Oslo, wo die deutsche Mannschaft 2:0 gewann. Nach seiner aktiven Zeit als Fußballer lebte er eine Zeitlang im Saargebiet und arbeitete als Trainer in Völklingen. 1938 kehrte Georg Kießling nach Nürnberg zurück und trat dort dem Fußball-Sportverein bei. Der gebürtige Fürther war im Beruf Kaufmann.

KIPP, EUGEN

Geboren am 26. Februar 1885,
gestorben am 10. November 1931
18 Länderspiele (1908 bis 1913), zehn Tore
Sportfreunde Stuttgart, Stuttgarter Kickers

Der erste Rekordnationalspieler

Eugen Kipp war der erste Rekordnationalspieler in der Geschichte des deutschen Fußballs. Ein Pionier im Sinne des Wortes. Im Stuttgarter Ortsteil Heßlach, der später Karlsvorstadt hieß, kam er am 26. Februar 1885 zur Welt. Als Schuljunge wurde er angesteckt von dem von vielen als »englische Krankheit« verpönten Spiel mit dem Fußball. Und dies in einer Zeit, in der es noch keine großen Vereine gab, keine Fußballarenen, ganz zu schweigen von Zuschauertribünen an den Spielflächen. Doch es gab den Zusammenhalt unter den Mannschaften der Schülerklubs. Ein solcher Zusammenschluß aus fußballspielenden Schülern nannte sich in Karlsvorstadt »Eugenia« – der Beweis für die Hochachtung, die die Fußballjünglinge ihrem Vorbild Eugen Kipp entgegenbrachten. Im Jahre 1896 entstand der FC Karlsvorstadt, der später »Sportfreunde« hieß. Als Sechzehnjähriger trug Kipp schon das Trikot dieses Vereins. Als erstmals eine deutsche Nationalmannschaft ein Länderspiel bestritt, war Eugen Kipp 23 Jahre alt, und da er als stärkster Fußballer der schwäbischen Region galt, war seine Nominierung für die Premiere gegen die Schweiz am 5. April 1908 unumstritten. Das Spiel leitete in Basel ein Engländer namens H. P. Devitte,

der einen blauen Anzug trug und während der Partie eine Art Zylinder nicht ablegte. Eugen Kipp trug hingegen einen schmalen Oberlippenbart und ärgerte sich später über die 3:5-Niederlage gegen die Eidgenossen. Zu diesem Zeitpunkt wird der Stuttgarter kaum geahnt haben, daß für ihn weitere 17 Länderspiele folgen würden. Und er sollte auch einen festen Platz im Geschichtsbuch des deutschen Fußballs einnehmen, weil er das entscheidende Tor beim ersten deutschen Länderspielsieg erzielte. Dies passierte am 4. April 1909 in Karlsruhe gegen die Schweiz. In der 38. Spielminute beförderte Eugen Kipp den Ball aus vier Metern Entfernung an Torwart Ochsner vorbei zum 1:0-Endstand. Der Stuttgarter hatte sich längst Respekt verschafft durch seine ausgezeichnete Ballbehandlung. Der Halblinke galt als ein ideenreicher und technisch versierter Fußballer mit Torinstinkt. Im Laufe der Jahre war Eugen Kipp, der 1913 von den Sportfreunden zu den Kickers wechselte und damit seinen Kameraden Krezdorn und Lessing folgte, Stammspieler. Er war ein lebensbejahender Mensch und ein athletischer Fußballer. Seine Stärken waren Dribblings, Geschmeidigkeit und ein trockener Schuß. Eugen Kipp galt auf dem Spielfeld als Autorität. Sein Spiel zeichnete sich aus durch Überraschungseffekte und Energie, und von der Kraft seiner Schüsse schwärmte eine ganze Generation. Unmittelbar vor dem 1. Weltkrieg wurde er in der Nationalmannschaft umfunktioniert – vom Sturmführer zum Außenläufer. Der Ausbruch des 1. Weltkriegs beendete die Fußballkarriere des inzwischen zum Kanzleisekretär aufgestiegenen Eugen Kipp. Bis zu diesem Zeitpunkt war er Rekordnationalspieler, und nur der Karlsruher Gottfried Fuchs hatte mehr Länderspieltore geschossen als er. Im Sommer des Jahres 1915 erhielt er den Einberufungsbefehl nach Flandern, wo er in den Kämpfen bei Ypern schwer verwundet wurde. Das rechte Bein mußte ihm oberhalb des Knies amputiert werden. Außerdem erlitt er Bajonettstiche in den Kiefer und in die Schulter. Als Eugen Kipp schließlich, gezeichnet von einem schrecklichen Krieg, heimkehrte, wurde er mit der Adler-Plakette, der höchsten Auszeichnung des Reichsbundes für Leibesübungen, geehrt. Das widerfuhr in dieser Frühzeit des deutschen Fußballs nur noch Adolf Jäger aus Hamburg-Altona. Nach seiner aktiven Zeit versuchte sich Kipp als Trainer – er starb, erst 46 Jahre alt, im November 1931 an den Spätfolgen seiner im 1. Weltkrieg erlittenen schweren Verletzungen. Sein Sohn spielte in den 30er Jahren bei den Stuttgarter Kickers.

KIRSEI, WILLY

Geboren am 3. Dezember 1903,
gestorben am 19. Dezember 1963
Ein Länderspiel (1924)
Hertha BSC Berlin

Aller guten Dinge sind fünf

Von Beruf war er Reisender, doch Hertha BSC verließ er nie. Willy Kirsei war 1924 vom Arbeiter-Sportverband gekommen und durchlitt mit dem Berliner Traditionsverein alle Höhen und Tiefen eines Sportlers. Aus vier deutschen Endspielen hintereinander ging der linke Halbstürmer als Verlierer hervor. In Frankfurt hatten die Herthaner 1926 nicht den Hauch einer Chance gegen die wie entfesselt auftrumpfenden Fürther. Ein Jahr später unterlagen sie dem 1. FC Nürnberg sogar vor heimischer Kulisse in Berlin. 1928 war der Hamburger SV mit einem unwiderstehlichen »Tull« Harder an der Elbe eine unüberwindbare Macht. Und schließlich behielten noch einmal die Fürther im Jahre 1929 in Nürnberg in einer knüppelharten Partie knapp die Oberhand. Jedesmal war der pfiffige Willy Kirsei dabei – viermal kehrte er mit leeren Händen an die Spree zurück. Doch dann schlug auch seine große Stunde am 22. Juni 1930 in Düsseldorf. Holstein Kiel war ein großer Gegner, aber diesmal behielten die Herthaner kühlen Kopf und schossen aus allen Lagen. Am Ende hatten sie 5:4 gewonnen und strahlten im damals noch obligatorischen Lorbeerkranz der Sieger. Ein Jahr später wiederholte Hertha BSC das Kunststück eines Endspielsieges in Köln gegen TSV 1860 München (3:2). Wieder war Willy Kirsei dabei – er schoß am Rhein das siegbringende Tor. Und als die Berliner dann an die Spree zurückkehrten, warteten Hunderttausende auf die Hertha. Vom Bahnhof Friedrichstraße ging es im Triumphzug zu den Germaniasälen in der Charlottenstraße. Kirsei machte sich viele Freunde durch seinen unberechenbaren Spielwitz. Er war schnell und verfügte trotz seiner geringen Körpergröße über einen enormen Schuß. Sechs Endspielteilnahmen in Folge – eine ungewöhnliche Bilanz. In 28 Endrundenspielen traf er 29mal ins Schwarze. Fünfzigmal stand er in der Berliner Fußballauswahl – unter anderem beim 2:0 gegen London im Poststadion, wo der Herthaner beide Tore erzielte. Seine internationale Laufbahn war weit weniger schillernd. Er kam nur zu einem Länderspiel am 31. August 1924 in seiner Heimatstadt Berlin. Und diese Berufung für das Spiel gegen Schweden verdankte er vor allem der Tatsache, daß sich die Stars aus Nürnberg und Fürth weigerten, in einem gemeinsamen Trikot für die Ehre des deutschen Fußballs zu streiten. Der »Krieg« der fränkischen Rivalen hatte seinen Höhepunkt erreicht. Und so war Willy Kirsei eine der Alternativen an diesem Augusttag des Jahres 1924. Allerdings gab es eine deftige 1:4-Niederlage gegen Schweden, und Kirsei konnte sich wenigstens anrechnen, den entscheidenden Paß zum 1:1 durch »Tull« Harder gegeben zu haben. Nach seiner aktiven Zeit, die bis 1936 dauerte, wirkte der Berliner als Trainer (unter anderem beim VfL Nord) und als Inhaber einer Toto-Annahmestelle in der Zossener Straße in Berlin.

KIRSTEN, ULF

Geboren am 4. Dezember 1965
21 Länderspiele (seit 1992), neun Tore
49 Länderspiele DDR (Dynamo Dresden)
Bayer Leverkusen

Chemie, Stahl und Bayer

In der DDR rutschte ein talentierter Sportler nicht so leicht durch das Sieb der Sichter. Das war auch bei dem jungen Ulf Kirsten so. In seiner Heimatstadt Riesa, wo er als Sprößling eines begeisterten Radsportlers aufwuchs, kam Ulf als Siebenjähriger zum Fußball, spielte dort für die Betriebssportgemeinschaft (BSG) Chemie. Von Chemie ging es zu »Stahl« und dann als Dreizehnjähriger zur Kinder- und Jugendsportschule Dresden, um das Trikot von Dynamo zu tragen. Sein weiterer Weg war vorgezeichnet – er führte schnurstracks in die DDR-Auswahl der »U 18«, auf die die Sportfunktionäre große Hoffnungen setzten. Ulf Kirsten absolvierte eine Ausbildung zum Maschinen- und Anlagenmonteur und trat im übrigen schon die ersten großen Reisen an. Unter anderem nahm er teil an einem Turnier auf Kuba. Der »Schwarze« aus Dresden stand dann bereits mit 19 Jahren zum erstenmal in der Auswahl der DDR, die in Kopenhagen den starken Dänen mit 1:4 unterlag. Nach und nach mauserte sich der trickreiche und kampfstarke Jungstar zu einem festen Bestandteil dieser Auswahl, und es ärgerte Ulf Kirsten schon ein wenig, daß er ausgerechnet bei 49 internationalen Berufungen für die DDR stehenblieb. Die Wende veränderte nicht nur die deutsche Landkarte, sie veränderte auch die Lebensbedingungen der Menschen. Für Ulf Kirsten, der 1990 in der DDR »Fußballer des Jahres« wurde, bot sich mit der neuen Freizügigkeit die Chance seines Lebens, und da Bayer Leverkusen in dieser Zeit mit seinen Spähtrupps im Osten ziemlich rührig war, folgte er für eine Ablösesumme von 3,75 Millionen Mark den Spuren von Andreas Thom, obwohl auch Borussia Dortmund die Angel ausgeworfen hatte und der VfL Bochum gar über Kirstens Vertragsunterschrift verfügte. Vollblutstürmer waren gefragt in der Bundesliga, und Ulf Kirsten schlug in seiner neuen Umgebung schnell ein. Im Oktober 1992 debütierte er dann in der neuen gesamtdeutschen Nationalmannschaft. Bundestrainer Berti Vogts hielt eine Menge von der »Wühlmaus«, der mit einer unbändigen Kampfbereitschaft ausgestattet war. Eigentlich sollte er das Länderspieldebüt schon viel früher erleben, doch kurz vor der EURO 92 erlitt Ulf Kirsten eine schwere Verletzung. Danach gehörte er zwar über längere Zeit zum Kern der Nationalelf, doch der große Durchbruch gelang ihm nicht, obwohl er 1993 gemeinsam mit dem Frankfurter Anthony Yeboah Torschützenkönig der Bundesliga wurde – was er 1997 wiederholte. Immer wieder liebäugelte Ulf Kirsten mit einem Wechsel ins Ausland – Hellas Verona wollte ihn –, doch die Leverkusener ließen ihn nicht ziehen, zumal er auch in der Auswahl wieder eine feste Größe auf dem Weg zur WM '98 wurde.

KITZINGER, ALBIN

Geboren am 1. Februar 1912,
gestorben am 6. August 1970
44 Länderspiele (1935 bis 1942), zwei Tore
Schweinfurt 05

In FIFA- und Westeuropa-Auswahl

Albin Kitzinger war waschechter Schweinfurter. In der Stadt, wo der Hallenser Steinmetzmeister Nikolaus Hofmann im 16. Jahrhundert ein Rathaus im Stil der Frührenaissance erbaute, wuchs er auf, und für ihn kam in jungen Jahren nur der Weg zu den »Nullfünfern« in Frage. Mit zwölf Jahren trug er zum erstenmal das Trikot seines Vereins, dem er Zeit seines Lebens die Treue hielt und bei dem auch sein älterer Bruder Oskar spielte. In der Saison 1934/35 ging erstmals der Stern des Mittelläufers auf. Der Schweinfurter »Riese« Lang hatte bisher diese Position eingenommen und war dann zum reinen Abwehrspieler umfunktioniert worden. Albin Kitzinger war ein gänzlich anderer Typ, und er wuchs als Steuermann der Deckung zu einem der besten Spieler Bayerns, wenn nicht gar des gesamten deutschen Fußballs. Der Schweinfurter zeich-

nete sich aus durch seine Sicherheit und durch die Ruhe, mit der er die Bälle verteilte. Auch als linker Läufer brachte er es zu außergewöhnlichen Leistungen. In den Jahren 1936 und 1937 war Schweinfurt 05 eine starke Konkurrenz des 1. FC Nürnberg. Am 25. August 1935 kam Kitzinger zu seinem Länderspieldebüt in Erfurt. Rumänien war der Gegner, wurde mit 4:2 geschlagen, und Albin Kitzinger packte seine Chance beim Schopfe. Der Schweinfurter gehörte zu den besten Spielern des Siegers, war die Entdeckung des Tages. Spätestens nach dem 3:1-Erfolg am 27. Februar 1936 in Lissabon gegen Portugal gehörte er zum Stamm der Nationalelf. An diesem Tag erzielte er sein erstes Länderspieltor per Kopf nach einer Ecke von Simetsreiter. Die Schmach der Olympischen Spiele 1936 in Berlin und die Niederlage gegen Norwegen blieben ihm erspart – der Schweinfurter wurde zur Überraschung vieler von Reichstrainer Professor Otto Nerz nicht nominiert. Als jedoch die Geburtsstunde der »Breslauer Elf« im Mai 1937 schlug, war er dabei und bildete eine Läuferreihe mit seinem Mannschaftskameraden Andreas Kupfer sowie dem Münchner Ludwig Goldbrunner. Der Schweinfurter war es, der das Spiel dieses außergewöhnlich harmonischen Teams ankurbelte. Pech hatte Albin Kitzinger beim Weltmeisterschaftsturnier 1938 in Paris, als er sich in der Verlängerung des Vorrundenspiels gegen die Schweiz verletzte und für das

Wiederholungsspiel gegen die Eidgenossen ausfiel. Er wurde schmerzlich vermißt. Seinen Länderspielabschied gab er am 3. Mai 1942 mit dem 5:3-Sieg in Budapest gegen Ungarn. Der quicklebendige Läufer erhielt zahlreiche Berufungen zu Repräsentativspielen. So 1937 in Amsterdam für die Westeuropaauswahl, die Zentraleuropa mit 1:3 unterlag. 1938 stand er gar in der FIFA-Auswahl im Spiel gegen England in London (0:3). Außerdem trug er das Trikot der Auswahlmannschaften Bayerns und Süddeutschlands. Bis 1946 blieb er aktiv und bestritt für Schweinfurt 05 genau 826 Spiele. Später versuchte sich Albin Kitzinger, der sich mit seiner Sachlichkeit viele Freunde erwarb, bei seinem Verein auch als Trainer, war Mitglied des Spielausschusses. Er arbeitete als Abteilungsleiter der Energieversorgung bei Fichtel & Sachs und starb mit 58 Jahren nach einer langen und schweren Krankheit.

KLAAS, WERNER

Geboren am 10. Mai 1914,
gestorben am 26. März 1945
Ein Länderspiel (1937)
SV Koblenz

Der Westfale in Koblenz

Im westfälischen Meggen, wo sich die Lenne zwischen Ebbe- und Rothaargebirge den Weg sucht und die Hohe Bracht prächtige Ausblicke gewährt, stand die Wiege von Werner Klaas. Der Sauerländer spielte in der Jugend des VfB Meggen und wechselte dann zum Sportklub Brachbach 09 vor den Toren von Siegen. In den 30er Jahren gelangte er als Soldat nach Koblenz, diente dort in der Telegraphen-Kaserne des 1. Infanterie-Regiments und trug das Trikot des SV Koblenz. Im Jahr nach den Olympischen Spielen 1936 war der deutsche Fußball um den Neuaufbau seiner Nationalmannschaft bemüht und testete zahlreiche Talente. Zu denen gehörte auch Werner Klaas, der Verteidiger. Der Koblenzer kam am 21. März 1937 im benachbarten Großherzogtum gegen Luxemburg zum Einsatz, wo die Deutschen mit 3:2 die Oberhand behielten. Gemeinsam mit dem Berliner Appel bildete er dort ein Verteidigergespann. Zur gleichen Stunde spielte die A-Nationalmannschaft in einem zweiten Länderspiel in Stuttgart gegen Frankreich und gewann mit 4:0. Für Werner Klaas gab es fortan keine weiteren Einladungen mehr durch den Deutschen Fußball-Bund. Es blieb bei dieser einen Chance. Er fiel als Soldat, wenige Wochen vor dem Ende des 2. Weltkriegs.

KLEFF, WOLFGANG

Geboren am 16. November 1946
Sechs Länderspiele (1971 bis 1973)
Borussia Mönchengladbach

»Otto« – Spaßvogel vom Bökelberg

Er war der Mann hinter Sepp Maier – ein schweres Los für einen ehrgeizigen Torwart! Doch der Sepp war sich wohl bewußt, daß dieser Reservist von besonderer Klasse war, und so passierte es, daß Bundestrainer Helmut Schön bei der Einweihung des Münchner Olympiastadions im Spiel gegen die Sowjetunion (4:1) höchstpersönlich hinter Maiers Tor aufkreuzte, um ihm die Auswechslung zu signalisieren und Wolfgang Kleff den zweiten Länderspieleinsatz zu ermöglichen. Der Reservist hatte schon nicht mehr an seinen Einsatz geglaubt und gerade genüßlich eine Tafel Schokolade verzehrt. Wolfgang Kleff kam vom VfL Schwerte, wo auch Borussia Dortmunds späterer Kapitän Wolfgang Paul seine Lehrjahre verbracht hatte. Zwar spielte Kleff in Schwerte nur die zweite Geige unter zwei Torwarten, doch es war sein Glück, daß er einen guten Draht zu Westfalens Verbandstrainer Walter Ochs hatte. Und der wiederum verfügte über gute Verbindungen zu Hennes Weisweiler. Nach einem dreimaligen Probetraining bei Borussia Mönchengladbach sagte Günter Netzer zu seinem Trainer: »Der ist es …« Und so begann 1966 eine elfjährige Beziehung zum Bökelberg. Am Ende standen fünf deutsche Meistertitel, ein Pokalsieg und zwei UEFA-Cuperfolge. Wolfgang Kleff erlebte die schönste Zeit der Borussia Mönchengladbach als Aktiver mit. Nur Sepp Maier konnte unter den legendären deutschen Torwarten auf eine solche Bilanz verweisen. 1974 gehörte Kleff zum deutschen WM-Aufgebot, doch an Sepps »Thron« konnte auch er nicht rütteln. Statt dessen begnügte sich »Otto«, wie ihn seine Freunde wegen der verblüffenden Ähnlichkeit mit Otto Waalkes nannten, mit der Rolle des ewig gutgelaunten Spaßvogels. Im Vorfeld der Saison 1976/77 erlitt der Torwart, der im übrigen am Mönchengladbacher Alten Markt einen »Men-Shop« betrieb, eine Leistenverletzung und verlor seinen Stammplatz an den Torwartriesen Wolfgang Kneip. 1979 zog es ihn dann zu Hertha BSC, um nach einem Jahr zurückzukehren zum Bökelberg. Als er sich dort 1982 verabschiedete, hatte er 321 Bundesligaspiele für die Borussia bestritten. Fortuna Düsseldorf und VfL Bochum waren seine weiteren Bundesligastationen. Danach schaute er sich sogar im Showgeschäft um, trat im Fernsehen in einer Sendung mit Dieter-Thomas Heck auf, wirkte in Otto Waalkes erstem Kinofilm mit und hütete so ganz nebenbei auch noch das Tor des Zweitligisten FSV Salmrohr. In Straelen am linken Niederrhein wurde er seßhaft, spielte auch eine Zeitlang für den dortigen Landesligisten, betätigte sich als Organisator von Nostalgiespielen und als Stadionsprecher. Mit 46 Jahren bewunderten ihn seine Fans sogar noch zwischen den Pfosten des hessischen Kreisligisten TG Weiskirchen.

KLIEMANN, UWE

Geboren am 30. Juni 1949
Ein Länderspiel (1975)
Hertha BSC Berlin

Der »Funkturm« auf Irrwegen

Wer aus Berlin kommt und eine Statur wie ein Baum hat, der braucht sich über seinen Spitznamen nicht zu wundern. Der »Funkturm« – das war für die Berliner nicht nur der »Lange Lulatsch« am Messegelände. Der »Funkturm« – das war Uwe Kliemann. 196 Zentimeter groß und 93 Kilo schwer – ein Kraftpaket tankte sich durch die Bundesliga. Und da er auch noch eine wallende Haarpracht sein eigen nannte, war dieser Mann nun wirklich nicht zu übersehen. Bei Lichterfeld 12 und der »kleinen Hertha« in Zehlendorf begann sein Aufstieg als Fußballer, und am liebsten wäre er gleich zur »großen Hertha« gewechselt, doch Trainer »Fiffi« Kronsbein wollte ihn nicht. Also ging der »Funkturm« auf Reisen – zunächst zu Rot-Weiß Oberhausen, wo er zur zentralen Figur der Abwehr wurde, und dann zu Eintracht Frankfurt. Vier Jahre später – im Jahre 1974 – holte ihn Hertha BSC schließlich doch und ließ sich den Transfer eine Menge Geld kosten – 850 000 Mark. Und fortan sprang im Berliner Olympiastadion keiner höher als der lange Uwe, den seine Freunde schlicht und ergreifend »Langer« riefen, der am liebsten Libero gespielt hätte, und sich im übrigen in Rudow ein Haus baute. Als Uwe Kliemann es eigentlich schon aufgegeben hatte, noch von einem Einsatz in der deutschen Nationalmannschaft zu träumen, erreichte ihn dennoch ein Anruf von Bundestrainer Helmut Schön. Am 17. Mai 1975 war er im Frankfurter Waldstadion beim 1:1 gegen Holland dabei. Es war der Tag, an dem auch der Berliner Erich Beer zu seinem Länderspieldebüt kam. Aber im Gegensatz zu Beer war für Kliemann das erste auch gleich das letzte Länderspiel. Danach fand der »Funkturm« nicht

mehr den Anschluß, obwohl er in der Bundesliga ein Dauerbrenner blieb. Doch es stellten sich immer häufiger Verletzungen ein – eine Krümmung der Lendenwirbelsäule führte zu einer längeren Pause. 1980 unterschrieb Kliemann nach dem Abstieg der Hertha aus der Bundesliga einen Vertrag bei Arminia Bielefeld. Es war ein Transfer, der den Ostwestfalen nicht bekam, denn Kliemann, der im emsländischen Lingen wohnte, wo seine Frau beheimatet war, trat für die Arminia nicht ein einziges Mal in einem Punktspiel gegen den Ball. Nach einer an sich harmlosen Knieoperation stellten sich erhebliche Probleme ein. Bielefeld hatte die halbe Million an Ablöse dennoch nicht in den Sand gesetzt, weil eine Versicherung einsprang. Im März 1981 verabschiedete sich Uwe Kliemann endgültig vom aktiven Leistungssport und büffelte für das Fußballlehrerexamen. Aber die Zeit bis zum ersten Engagement als Trainer wurde ihm lang, ehe er 1984 als Nachfolger von Martin Luppen bei seiner Berliner Hertha einsteigen konnte. Doch weder an der Spree, noch später bei der Spvg. Bayreuth fand er das Trainerglück – auch deshalb nicht, weil ihm Kompromisse nicht behagten. »Von Nicht-Fußballern lasse ich mir nichts sagen«, war seine Berufsmaxime. 1986 wanderte er für einige Zeit nach Südafrika aus – in Johannesburg arbeitete er im Betrieb seines älteren Bruders Hennig und verkaufte Feuerlöscher. 1991 tauchte er dann wieder im deutschen Ligafußball auf – er löste Heinz Patzig bei Eintracht Braunschweig als Co-Trainer ab.

KLING, EUGEN

Geboren am 14. Februar 1899,
gestorben am 21. Dezember 1971
Ein Länderspiel (1927)
TSV 1860 München

Neue Typen waren gefragt

München um die Jahrhundertwende: Die Straßenbahn gehörte schon zum Bild der Metropole an der Isar. Sie fuhr am alten Rathaus am Marienplatz vorbei, das aus dem 14. Jahrhundert stammte und einige Zeit vorher von den Münchnern aufgeputzt worden war. »Mittelalterlich, neugotisch und patriotisch« sollte das Rathaus aussehen, und die Bayern meinten, daß dies ganz gut gelungen sei. Auf dem Karlsplatz flanierten die Spaziergänger – alles war recht beschaulich im München dieser Zeit. 1899 wurde hier Eugen Kling geboren. Er wuchs im Stadtteil Sendling auf und versuchte sich dort bei der Spielvereinigung als Fußballer. Mit einigem Erfolg, denn der linke Verteidiger kam dank seines Hobbys ganz schön herum. Von München wechselte er zum FC Rosenheim, kehrte dann für einige Zeit in seine Heimatstadt zurück und spielte beim FC Wacker. Schließlich gelangte er über die Spielvereinigung Hof zum TSV 1860 München. Das war Mitte der 20er Jahre – für den deutschen Fußball eine Zeit des Umbruchs. Der Erfolg dieses Spiels führte im Ausland mehr und mehr zum Profitum, doch der DFB wollte sich dem nicht anschließen. Außerdem spukte in den Köpfen der Trainer das neue WM-System herum – und dies erforderte nicht nur ein Umdenken, sondern auch neue Spielertypen. Am 2. Oktober 1927 lud der »Trainerbetreuer« Prof. Dr. Otto Nerz einige Talente zu einem Länderspiel gegen Dänemark nach Kopenhagen ein. Eugen Kling war dabei und bildete mit dem Berliner Hans Brunke ein Verteidigerduo. Das Spiel in Kopenhagen stand für die deutsche Nationalelf unter keinem glücklichen Stern, weil Torwart Georg Ertl von Wacker München ein paarmal danebengriff. Am Ende hatten die Dänen dieses Spiel mit 3:1 gewonnen. Eugen Kling konnte sich nicht sonderlich in Szene setzen, womit seine Länderspielkarriere beendet war. Später trug der Abwehrspieler, der den Beruf des Kaufmännischen Angestellten ausübte, noch das Trikot von Wacker Burghausen.

KLINGLER, AUGUST

Geboren am 24. Februar 1918,
gestorben am 23. November 1943
Fünf Länderspiele (1942), sechs Tore
FV Daxlanden

Der Sprößling des Dorfpolizisten

Der FV Daxlanden war die Fußballheimat von zwei Nationalspielern Deutschlands. Der erste war Emil Kutterer in den 20er Jahren, der andere hieß August Klingler. Und der hatte als Torjäger wesentlichen Anteil daran, daß die Daxlandener zu ihrem 30. Vereinsgeburtstag in die Gauliga Baden aufstiegen, wo die Mannheimer Vereine zumeist den Ton angaben. Doch um den Stürmer August Klingler beneideten viele diese kleine Fußballgemeinschaft. Denn in diesen Kriegsjahren waren viele überzeugt, er sei der beste Linksaußen Deutschlands. Daxlanden war ein Stadtteil von Karlsruhe, trug aber in diesen Jahren noch dörflichen Charakter. Die Menschen, die hier lebten, waren stolz auf ihre

Fachwerkhäuser. Schon im Jahre 1912 wurde hier der Fußballverein Daxlanden gegründet. August Klingler bekam mit zwölf Jahren erstmals Kontakt zum Fußball in seinem »Dorf«, wo sein Vater der Polizeimeister war und wo er als eines von fünf Kindern aufwuchs. Und weil August ein aufgeweckter Junge war, wurde er nach Karlsruhe »uff die Schul« geschickt. Später trat er dann eine Lehre bei einer Bank an, kam 1938 zum Arbeitsdienst, und ein Jahr später wurde er Soldat. Schon mit 18 Jahren spielte er beim FV Daxlanden in der ersten Mannschaft, weil er im Sturm auf allen Positionen einzusetzen war. In der badischen Gauelf war er Mittelstürmer, und er markierte Tore am Fließband. Fast unglaublich, daß ihm in der Saison 1938/39, als die Daxlandener in der Bezirksklasse spielten, 58 von 65 Toren seiner Mannschaft glückten. Um die neunzig Prozent aller Treffer Daxlandens schoß er also selbst. 1938 wurde der Deutsche Fußball-Bund erstmals aufmerksam auf das Talent, das da vor den Toren von Karlsruhe aufblühte. August Klingler erhielt eine Einladung zu einem Spiel einer deutschen Nachwuchself gegen Italien in Frankfurt. Einige Jahre stand er auf dem Sprungbrett in die Nationalmannschaft, doch erst am 16. August 1942 war es für ihn in Beuthen soweit. In diesem Sommer bewegten sich die Kriegsfronten immer mehr auf Deutschland zu – in den Sportzeitungen mehrten sich die Nachrufe auf Fußballer, die gefallen waren. August Klingler war knapp 25 Jahre alt und stand in der Blüte seines Leistungsvermögens. Er nutzte diese Chance gegen Dänemark in Oberschlesien nach Kräften und steuerte zum 7:0-Kantersieg der Nationalelf das 4:0 bei – ein Tor nach Vorarbeit von Fritz Walter. 55000 Zuschauer waren begeistert vom Sturmlauf der Deutschen und von der technischen Brillanz des Debütanten aus Daxlanden. In mehreren Testspielen wurde der Badener in den Wochen darauf eingesetzt. Beim 12:0 vor nicht weniger als 40000 Zuschauern in Bismarckhütte gegen Germania Königshütte schoß Klingler drei Tore. Es folgte eine 2:3-Niederlage in Berlin gegen Schweden, ein 5:3-Sieg in Bern gegen die Schweiz, ein 5:1-Erfolg in Stuttgart gegen Kroatien und schließlich ein 5:2-Sieg in Preßburg gegen die Slowakei. Dies war die historische Endstation des deutschen Fußballs auf seinem Länderspielweg im 2. Weltkrieg. Noch einmal zeigte August Klingler seine Stürmerqualitäten, brachte die deutsche Mannschaft bis zur 46. Minute mit 3:0 in Führung. An diesem Tag ahnten wenige, daß dieses Länderspiel das letzte für acht Jahre sein sollte. August Klingler fiel am 23. Oktober 1943 als Soldat bei Glina in

Kroatien. Als er als vermißt gemeldet wurde, fahndete Reichstrainer Sepp Herberger höchstpersönlich nach dem Schicksal des kleinen großen Fußballers aus Daxlanden. Der FV Daxlanden gab 1958 seinem Stadion den Namen August Klinglers, dessen 14jähriger Sohn beim Eröffnungsspiel den Anstoß ausführte.

KLINSMANN, JÜRGEN

Geboren am 30. Juli 1964
97 Länderspiele (seit 1987). 41 Tore
VfB Stuttgart, Inter Mailand, AS Monaco,
Tottenham Hotspurs, Bayern München

Der etwas andere Superstar

Gingen an der Fils hat einen berühmten Fußballsohn: Jürgen Klinsmann! Sein Vater Siegfried betrieb dort eine Bäckerei – und für dessen Filius war es in jungen Jahren eine Frage der familiären Ehre, daß er diese Backstube irgendwann einmal übernehmen würde. Nach der Mittleren Reife begann der blonde Jürgen fast planmäßig eine Ausbildung zum Bäcker, nahm am 28. Januar 1982 den Gesellenbrief entgegen – was ihm etliche Jahre später einen Werbevertrag mit dem Bäckerhandwerk einbringen sollte. Doch zu diesem Zeitpunkt hatte es der Bäckerbursche aus dem »Ländle« längst zum Millionär gebracht. Jürgen Klinsmann hatte schon in jungen Jahren einen Narren am Fußball gefressen, was sein Herr Papa eine Zeitlang mit einem gewissen Wohlwollen registrierte, denn sein Sprößling spielte nicht irgendwo, sondern beim heimischen TB Gingen. Und eines Tages schoß Jürgen beim 20:0-Sieg der Ginger gegen Aichelberg 16 Tore. Mit elf Jahren wurde dem talentierten Jungen der Kragen in Gingen zu eng – worauf er zum SC Geislingen wechselte, wo seit jeher die Fußballtalente reiften. Mit »15« waren dann die Stuttgarter Kickers die nächste wichtige Station des Jürgen Klinsmann. Der Umzug war für Klinsmann junior zwangsläufig, denn Vater Siegfried übernahm eine Bäckerei an der Eltinger Straße an der Stuttgarter Peripherie, in Botnang. Unter dem Funkturm in Degerloch »funkte« es bei dem jungen Fußballer, und seinem Vater kamen die ersten Zweifel am Fortbestand seiner Bäckerdynastie im beschaulichen Gingen. Als 17jähriger unterschrieb Jürgen Klinsmann den ersten Profivertrag bei den Kickers – in der 2. Bundesliga jubelte keiner so schön wie der blonde Torjäger von der Fils. Und es ging weiter steil bergauf: Berufungen in die deutsche U 21,

1984 dann der Wechsel zum Nachbarn und amtierenden Deutschen Meister VfB Stuttgart, Sprung ins deutsche Olympiaaufgebot und die Wahl zum »Torschützen des Jahres 1987«. Von den Olympischen Spielen in Seoul kehrte er mit der Bronzemedaille heim – die Bundesliga hatte einen Sympathieträger gefunden. Jürgen Klinsmann imponierte durch seine Schnelligkeit, durch Mut zu Dribblings und durch Schüsse und Kopfbälle aus allen Lagen. Im Dezember 1987 schlug für ihn dann eine weitere große Stunde – Franz Beckenbauer nominierte ihn für die Südamerikareise der Nationalmannschaft. Beide sollten zweieinhalb Jahre später auf dem Gipfel stehen – als Weltmeister. In der Zwischenzeit hatte es sich in der Bundesliga herumgesprochen, daß dieser Star in der Glitzerwelt des

großen Fußballs etwas anders war als die meisten. Die Klatschjournalisten blieben bei ihm draußen vor der Tür – Einblicke in sein Seelenleben verwehrte er allen. Statt dessen war er in den Sommermonaten mit dem Rucksack unterwegs, womit man ihn in die Nähe der »alternativen Szene« rückte. Doch Jürgen Klinsmann wollte nicht mehr und nicht weniger als die Bewahrung seines privaten Freiraums. Nach eigenem Bekunden hatte ihm Trainer Helmut Benthaus in Stuttgart die Augen geöffnet und ihm seine Philosophie vermittelt, wonach das Leben eines Profis nicht nur aus Fußball besteht. Der leichtfüßige Wirbelwind wurde 1988 zum erstenmal Deutschlands »Fußballer des Jahres« – zwölf Monate später unterschrieb er einen Vertrag bei Inter Mailand, wo auch Andreas Brehme und Lothar Matthäus spielten. In der italienischen Superliga fand Jürgen Klinsmann rasch viele Fans – er war nach 13 Treffern in seiner ersten Saison einer der begehrtesten Ausländer. Und er fühlte sich wohl in seiner neuen Umgebung – wohnte oberhalb vom Comersee, in Cernobbio, und fuhr täglich ins Trainingscamp nach Mailand, wo er beim WM-Turnier 1990 »Heimspiele« hatte. Der Gewinn des WM-Titels im römischen Finale gegen Argentinien war für ihn die Krönung seiner Karriere. Zwei Jahre später wechselte Klinsmann zum französischen Erstligisten AS Monaco – verdiente dort angeblich 100 000 Mark netto pro Monat. Dieser Transfer jagte Berti Vogts einen großen Schrecken ein, denn während seines Urlaubs in Florida erfuhr der Bundestrainer bei einem Anruf von seiner Schwiegermutter: »Der Herr Klinsmann hat angerufen und läßt ausrichten, er wechsle nach Marokko ...« Der Hörfehler klärte sich bald auf. Bei der Weltmeisterschaft 1994 in den USA war Klinsmann so eine Art »Darling« der amerikanischen Presse und der treffsicherste deutsche Schütze. Wenig später unterschrieb er beim englischen Erstligisten Tottenham Hotspurs. Auf der Insel wurde er als »Schwalbenkönig« angekündigt und löste dennoch einen bemerkenswerten Wirbel aus, weil er durch Leistungen überzeugte. Tottenham, der Club von der White Hart Lane, hatte ein neues Fußballidol, und der Verein nahm allein durch den Verkauf der Klinsmann-Trikots fast zwei Millionen Pfund ein. 29 Tore erzielte er für die »Spurs« – und so mancher Fan des Traditionsklubs war tieftraurig, als Klinsmann sich nach einer Saison schon wieder verabschiedete, um beim FC Bayern München vor Anker zu gehen. Die Engländer ehrten ihn im noblen Londoner Royal Lancaster Hotel als »Fußballer des Jahres«. Eine Auszeichnung mit Seltenheitswert, denn als Alex Montgomery, der Vorsitzende der »Football Writers Association« Klinsmann die Trophäe überreichte, da wurden Erinnerungen wach an Bernd Trautmann, dem 1956 als Torwart von Manchester City diese Ehre zuteil wurde. Die »Times« adelte den deutschen Fußballprofi mit der Auszeichnung »German Gentleman«. Aber Jürgen Klinsmann suchte stets die Herausforderung und strebte zu neuen Ufern. Im Ausklang seiner großen Karriere wollte er »endlich die Schale des Deutschen Meisters« in der Hand halten. Daß er zu den Bayern wechselte, behagte nur einem nicht so ganz: Jürgen Klinsmann hatte seinem Vater einst versprochen, niemals zu den von den Schwaben wenig geliebten Bayern zu gehen ... Doch mit den Münchnern holte er 1996 den UEFA-Cup – einige Wochen später führte er die Nationalelf als Kapitän im Londoner Wembleystadion zur Europameisterschaft – Königin Elizabeth überreichte ihm den silbernen Pokal der UEFA. Als er mit den Bayern 1997 tatsächlich auch noch Deutscher Meister geworden war, verabschiedete er sich schleunigst zu Sampdoria Genua.

KLÖCKNER, THEO

Geboren am 19. Oktober 1934
Zwei Länderspiele (1958 bis 1959)
Schwarz-Weiß Essen

Der »entführte« Linksaußen

Etwas Merkwürdiges passierte in den Juni-Tagen des Jahres 1956 in einer stillen Straße des Mülheimer Stadtteils Speldorf. Vor einem unscheinbaren Haus stoppte eine schwere Limousine, ein paar Männer verschwanden hinter den grauen Mauern und kehrten wenig später zurück. In ihrer Begleitung befand sich ein junger Mann mit schwarzen Haaren. Wenig später war die Fußballgemeinde des VfB Speldorf in heller Aufregung, denn Theo Klöckner, 21 Jahre jung und einer der talentiertesten Spieler aus der Mannschaft des VfB, war spurlos aus der Wohnung seiner Mutter verschwunden. Und dies alles in der Woche vor dem Endspiel um die deutsche Amateurmeisterschaft, das die Speldorfer erreicht hatten und das den Höhepunkt der Vereinsgeschichte markierte. In den Zeitungen war darauf von einer »Entführung« die Rede, und daß dahinter die gutbetuchte Konkurrenz aus der westdeutschen Nachbarschaft stecken mußte, war eigentlich allen klar. Auch wenn Willi Haubold, der frühere Ligaspieler und Fußballobmann des VfB Speldorf die Gemüter beschwichtigte: »Da standen schon so oft Autos mit den Kennzeichen der großen Vereine vor seiner Haustür. Theo bleibt in Speldorf – hier hat er einen guten Job als Elektriker.« Willi Haubold sollte sich irren, denn Klöckner war sich zu diesem Zeitpunkt wohl schon mit Schwarz-Weiß Essen handelseinig geworden. Allerdings tauchte der »verlorene Sohn« rechtzeitig vor dem deutschen Amateurfinale wieder auf und stand den Speldorfern in ihrem wichtigsten Spiel gegen die Spvg Neu-Isenburg doch noch zur Verfügung. Fast 40 000 Zuschauer waren im Berliner Olympiastadion dabei, als im Vorspiel des »großen« Finales zwischen Borussia Dortmund und dem Karlsruher

SC die Amateure ihren Meister krönten. Die Speldorfer hatten Pech, denn schon in den ersten Minuten kollidierte ausgerechnet Theo Klöckner unsanft mit einem Neu-Isenburger und wurde 25 Minuten lang am Spielfeldrand behandelt. Da das Reglement keine Auswechslungen vorsah, humpelte der Speldorfer Linksaußen schließlich doch wieder aufs Feld und schoß sogar das 2:2. Am Ende hatten die Neu-Isenburger dann doch mit 3:2 gewonnen, was Speldorfs Vorsitzender Otten so kommentierte: »Wäre Klöckner nicht zusammengetreten worden, wäre das Spiel für uns anders gelaufen ...« Theo Klöckner, der 1954 zum VfB Speldorf gekommen war, trug wenige Wochen später das Trikot von Schwarz-Weiß Essen in der Oberliga West, und er erreichte mit seinem neuen Verein noch ein Endspiel – das deutsche Pokalfinale des Jahres 1959. Borussia Neunkirchen war in Kassel der Gegner, und die Essener trumpften bei ihrem 5:2-Sieg groß auf. Schieth und Kasperski waren herausragende Organisatoren, und Theo Klöckner besorgte nach gut einer Stunde mit seinem Kopfballtreffer zum 3:0 eine frühe Entscheidung. Seine beiden Länderspiele führten den schnellen Außenstürmer nach Kairo, wo es eine überraschende 1:2-Niederlage gegen Ägypten gab und im Jahr darauf nach Hamburg, wo sich die Nationalelf mit einem 1:1 gegen Polen begnügen mußte. Als 1963 die Bundesliga ausgerufen wurde und sich die Essener nicht qualifizierten, konnte Theo Klöckner den Lockungen der neuen Klasse nicht widerstehen und wechselte für zwei Jahre zum SV Werder Bremen. Nach 31 Bundesligaspielen kehrte der Linksaußen 1965 zum VfB Speldorf zurück.

KLODT, BERNHARD

Geboren am 26. Oktober 1926,
gestorben am 23. Mai 1996
19 Länderspiele (1950 bis 1959), drei Tore
Schalke 04

»Dat wird einer ...«

Als die »Berner Elf«, der legendäre Weltmeister von 1954, nach dem gewonnenen Finale gegen Ungarn in Deutschland eintraf, versammelten sich die Fußballsympathisanten überall im Lande. Aber es kamen auch die, die noch nie ein Fußballspiel in einem Stadion gesehen hatten. Sie alle standen nun an den Gleisen der Bahnstrecken, auf denen die Helden von Bern zurückrollten. Die Weltmeister kehrten auf einer Woge der Begeisterung heim. Zu

jenen, die in diesen Stunden im Schatten der Elf von Bern standen, gehörte Berni Klodt. Trotz guter Leistungen in den beiden Spielen gegen die Türkei mußte der Schalker im Endspiel dann doch zuschauen. Sepp Herberger hatte Helmut Rahn den Vorzug gegeben. Berni Klodt wuchs als jüngster von fünf Brüdern im Gelsenkirchener Stadtteil Bismarck auf. Hans, der Ältere, war schon vor dem Kriege ein Großer der Schalker Szene. In den 30er und 40er Jahren war der Torwart am Gewinn von drei deutschen Meistertiteln beteiligt, und er stand 17mal im Tor der deutschen Nationalmannschaft. Und Bruder Hans war es dann auch, der den 14jährigen Berni eines Tages beim Training der Schalker Jugend mit den Worten ablieferte: »Dat wird einer ...« Berni absolvierte eine kaufmännische Lehre und spielte schon mit 17 Jahren in der 1. Mannschaft der »Königsblauen«. Das war am 14. März 1943 – und der VfL Bochum wurde mit 10:1 geschlagen. Der Flügelstürmer zeigte sehr schnell sein Talent, und bereits 1944 stand er mit den Schalkern in der deutschen Endrunde. Seine Mannschaft scheiterte allerdings gegen KSG Duisburg. Ernst Kuzorra und Fritz Szepan, die zu diesem Zeitpunkt schon längst Schalker Legenden waren, begleiteten die frühen Wege des Berni Klodt. 1948 wechselte er zum Nachbarn STV Horst-Emscher, doch zwei Jahre später zog es ihn zurück zum Schalker Markt und in die unverwechselbare Atmosphäre dieses Traditionsvereins. Sepp Herberger berief den westdeutschen Auswahlspieler 1950 zum ersten Nachkriegsländerspiel gegen die Schweiz. In seinem dritten Länderspiel, 1952 gegen Luxemburg, erzielte er sein erstes Tor im Nationaltrikot. Dreimal stand er in der deutschen B-Auswahl. 1954, im WM-Turnier, beneidete niemand Sepp Herberger um die Wahl zwischen Klodt und Rahn auf dem Rechtsaußenposten. Entscheidend war für den Bundestrainer offenbar die sich später bestätigende Hoffnung, daß Rahn ein Spiel mit seiner unkonventionellen Art des Fußballs und mit seiner Schußkraft allein herumreißen könne. Denn Klodt galt eher als mannschaftsdienlicher Spieler und weniger als Individualist. Sepp Herberger sagte man paradoxerweise nach, er habe in Berni Klodt stets so etwas wie seinen »Lieblingsschüler« gesehen. Wohl auch aus diesem Grunde überreichte der Bundestrainer dem Schalker nach dem Finale von Bern seine Goldmedaille. »Er war mein wertvollster Ersatzmann«, sagte Herberger. 1958 gewann Berni Klodt als Mannschaftskapitän mit seinen Schalkern endlich auch die Deutsche Meisterschaft. Koslowski, Kördel, Siebert, Kreuz und

Klodt – das war der Sturm des Meisters, der den Hamburger SV im Endspiel vor 80 000 faszinierten Zuschauern in Hannover mit 3 : 0 hinwegfegte. Klodt begeisterte durch sein virtuoses Flügelspiel, er war ein Vorbild an Einsatzbereitschaft und auf dem Rasen der verlängerte Arm seines Trainers Edi Frühwirth, mit dem sich die Schalker während der WM 1954 in der Schweiz handelseinig geworden waren. 1958 kam Berni Klodt noch einmal zu der Ehre, zum Kader für die Weltmeisterschaft in Schweden zu gehören. In den Spielen gegen die Tschechoslowakei in Hälsingborg und gegen Nordirland in Malmö war er als Linksaußen dabei, doch im Halbfinale gegen Schweden mußte er seinen Platz für den Sodinger Hans Cieslarczyk räumen. Am 20. Mai 1959 verabschiedete er sich aus der Nationalmannschaft mit dem 1 : 1 gegen Polen in Hamburg. Plazierte Schüsse waren das Markenzeichen von Berni Klodt, der erst 1963 mit der Einführung der Bundesliga – inzwischen 36jährig – seine Fußballkarriere beendete. In seinem letzten Spiel für den FC Schalke schoß er am 18. Juni 1963 das Tor zum 1 : 0-Sieg gegen die Nationalmannschaft Bulgariens. In seiner aktiven Zeit achteten ihn seine Fans und Förderer nicht zuletzt wegen seiner Bescheidenheit und Fairneß. In 330 Oberligaspielen erzielte er 131 Tore für Schalke. Später sah man ihn viele Jahre lang im Trikot der Prominentenfußballelf des Westdeutschen Rundfunks bei diversen Sportpressefesten und Wohltätigkeitsveranstaltungen. Der Bundespräsident ehrte seine sportlichen Leistungen mit der Verleihung des Silbernen Lorbeerblatts, der FC Schalke zeichnete ihn mit dem Ehrenring aus. Einige Zeit trainierte Berni Klodt die Schalker Jugend – elf Jahre lang war er der Wirt am Schalker Markt, ehe er Verkaufsleiter einer großen Brauereigruppe im Ruhrgebiet wurde. Der beliebte Fußballer wohnte in Gelsenkirchen-Ueckendorf. Nach einem Herzinfarkt und einem Gehirnschlag war er seit 1990 rechtsseitig gelähmt und an einen Rollstuhl gefesselt. Seine letzten Lebensjahre verbrachte er in Garmisch-Partenkirchen.

KLODT, HANS

Geboren am 10. Juni 1914
17 Länderspiele (1938 bis 1941)
Schalke 04

Die Schalker »Wiedergutmachung«

Hans Klodt entstammt einer fußballverrückten Familie aus dem Gelsenkirchener Ortsteil Bismarck

und ist der ältere Bruder von Berni Klodt, der ebenfalls zu Länderspielehren gelangte. Elf Jahre war Hans Klodt alt, als er erstmals das Tor des BV 12 Gelsenkirchen hütete. Diesem Verein hielt er bis zu seinem 21. Lebensjahr die Treue, ehe er 1935 den Lockrufen des großen FC Schalke erlag. Und für beide war dieser Wechsel eine glückliche Fügung. Schalke – das war die große Zugnummer des deutschen Fußballs in diesen 30er Jahren, und im Tor der Königsblauen stand Mellage, der mit seiner Mannschaft 1934 und 1935 Deutscher Meister geworden war. 1936 riß dann das Erfolgsband – die »Viktoria« stand wieder im Trophäenschrank des 1. FC Nürnberg, doch im Schalker Klubheim, der Gaststätte von »Mutter Thiemeyer« am Schalker Markt, drehte sich alles um die Wiedergutmachung. Und die glückte im Jahre 1937 – Mellage stand jetzt nicht mehr zwischen den Schalker Pfosten, sondern Hans Klodt. Dreimal wurde er Deutscher Meister: 1937, 1939 und 1940. Er wäre es auch wohl noch ein viertes Mal geworden, wenn ihn nicht als Soldat im 2. Weltkrieg eine Verwundung getroffen hätte. Mit einer Schußverletzung am Bein lag er im Frühjahr 1942 lange im Lazarett – die Schalker erhielten durch die Vermittlung von Sepp Herberger Ersatz aus Osnabrück: Heinz Flotho kam und holte mit den Gelsenkirchenern 1942 den Titel. Am 20. März 1938 begann für Hans Klodt, dessen Markenzeichen die Schirmmütze war, der Weg in der Nationalmannschaft. Beim 2 : 1-Sieg in Wuppertal gegen Luxemburg machte er keinen Fehler, doch er stand zunächst im Schatten des Routiniers aus Regensburg, Hans Jakob, dem Torwart der legendären »Breslauer Elf«. Erst 1939 schaffte der Schalker den Durchbruch zum Stammtorwart. Sein 17. und letztes Spiel für die deutsche Nationalelf bestritt Hans Klodt am 5. Oktober 1941 in Stockholm gegen Schweden. Die Skandinavier gewannen 4 : 2. Hans Klodt bestach in seiner Glanzzeit durch die Art, wie er den Strafraum beherrschte. Die Wucht seiner Faustabwehr war fast schon legendär. Dieser Torwart war mit seiner schnörkellosen Art der Gegenpol in einer Schalker Elf, die so manchen Gegner mit ihrem virtuosen Spiel verwirrte. Nach dem 2. Weltkrieg spielte Hans Klodt zunächst wieder beim FC Schalke 04, wechselte dann 1948 zur SpVgg Beckum. In der westfälischen Zementstadt beendete er 1955 seine Torwartkarriere. Später war er Trainer – unter anderem bei Horst-Emscher, dann 18 Jahre lang bei der SpVgg Beckum sowie bei Teutonia Lippstadt. Von Beruf war Hans Klodt Werkmeister bei den Deutschen Eisenwerken.

KNESEBECK, WILLI

Geboren am 31. März 1887,
gestorben am 18. September 1956
Zwei Länderspiele (1911 bis 1912)
Viktoria 89 Berlin

Ein Berliner Schlitzohr

Ungarn war in der Frühzeit der deutschen Länderspielgeschichte einer der traditionellen Gegner der
deutschen Nationalmannschaft. Zum ersten Vergleich der beiden Fußballverbände auf deutschem
Boden kam es am 17. Dezember 1911 auf dem MTV-
Platz an der Marbachstraße in München. Hugo
Meisl, der viele Jahre später das österreichische
»Wunderteam« betreuen sollte, war der Schiedsrichter. Wenig Verständnis brachten die Fußball-
fachleute in Deutschland im Vorfeld dieses Länderspiels allerdings für die Auswahlkriterien der
Mannschaft auf. Vor allem das Fehlen der Ausnahmefußballer Max Breunig und Adolf Jäger ärgerte
viele. Statt dessen erhielt Willi Knesebeck aus Berlin eine Chance. Der trug an der Spree das Trikot
von Viktoria 89 – und dieser Verein war immerhin
eine der ersten Adressen des deutschen Fußballs.
Hier stand der als »Wundertorwart« gepriesene
Skranowitz zwischen den Pfosten, hier spielten Ar-
nold Röpnack, dem man den Spitznamen »Pfann-
kuchen« verpaßt hatte, und auch dessen Bruder
Helmuth, den man »die kleine Schießbude«
nannte. Und schließlich die schußgewaltigen Stürmer Otto Dumke und Willy Worpitzky. Aber das
Berliner Trikot trug auch Willi Knesebeck, ein athletischer und untersetzter Läufer, dem man eine
gehörige Portion Schlitzohrigkeit nachsagte. Der
spätere Sportlehrer war 1905 zur Viktoria gekommen, stand mit ihr zwischen 1907 und 1911 viermal im deutschen Endspiel und war eine wichtige
Stütze besonders bei den Titelgewinnen in den Jahren 1908 und 1911. Und so war seine Berufung für
das Länderspiel gegen Ungarn keineswegs eine
Laune des Zufalls. Zwar verloren die Deutschen
nicht unerwartet mit 1:4, doch Willi Knesebeck
war als Mittelläufer einer der stärksten Spieler der
deutschen Nationalmannschaft. Ein knappes Jahr
später trug er noch einmal das Trikot der DFB-Auswahl – am 6. Oktober 1912 beim 1:3 gegen Dänemark in Kopenhagen. Sein erstes von vielen repräsentativen Spielen für Berlin bestritt Willi
Knesebeck Weihnachten 1905 gegen Wien. Er war
eine eigenwillige Persönlichkeit mit kämpferischen
Tugenden. Der spätere Sportlehrer wechselte in
Berlin noch zweimal den Verein, spielte beim VfB

Pankow und später bei Hertha 1892. Als Trainer
war er unter anderem beim Spandauer SV und
beim Gaumeister Hertha BSC tätig. Er wirkte aber
auch als Sportberichterstatter für die in Berlin er-
scheinende »Fußballwoche«. Willi Knesebeck starb
im Frühherbst 1956 in einem Berliner Altersheim.

KNÖPFLE, GEORG

Geboren am 16. Mai 1904,
gestorben am 14. Dezember 1987
23 Länderspiele (1928 bis 1933)
Spvg. Fürth, FSV Frankfurt

Schwarzwälder mit hoher Stirn

Die hohe Stirn war sein Markenzeichen – Energie
und Kraft waren seine Fußballtugenden. Georg
Knöpfle stammte aus dem Schwarzwald – er wurde
in Schramberg geboren, in einer idyllischen Gegend
unterhalb der »Tälerstraße« und am Fuße des Moo-
senwaldkopfes, wo seit jeher die Kunst des Uhrma-
cherhandwerks beheimatet war. Als Neunjähriger
spielte er bereits für die Spvg. Schramberg 08. Dies
geschah in einer Zeit, in der sich Europas Himmel
verdunkelte und sich der 1. Weltkrieg abzeichnete.
1914 zogen Georg Knöpfles Eltern nach Fürth –
und das war für den fußballverrückten jungen
Mann eine gute Sache, denn am Ronhof tat sich
was. Die Fürther hatten sich an der Erlanger Straße
ein kleines Stadion gebaut und – was vielleicht
noch wichtiger war – sie hatten mit William Townley einen englischen Trainer verpflichtet, dessen
Ruhm schon in diesen Jahren im Sinne des Wortes
grenzenlos war. Das zarte Pflänzchen Fußball blühte
am Ronhof rasch auf – und schon am 31. Mai 1914
waren die Franken erstmals Deutscher Meister.
Fast zum gleichen Zeitpunkt traf Georg Knöpfle mit
seinen Eltern in Fürth ein. Natürlich führte ihn sein
Weg in die Jugendmannschaft der »Kleeblätter«,
doch für sechs lange Jahre ruhte die »Viktoria« des
Deutschen Meisters im Trophäenschrank der Spvg.
Fürth. 1920 stand der Verein erneut im deutschen
Finale, doch diesmal gewann der 1. FC Nürnberg,
der Konkurrent von nebenan. Allmählich wuchs
Georg Knöpfle, den sie wegen seines eher kleinen
Wuchses »Knopf« nannten, in die 1. Mannschaft
der Spvg. Fürth, nachdem er eine Zeitlang in einer
unterklassigen Mannschaft des Vereins gespielt
hatte. Aber schon bald erkannte man bei der Spvg.
Fürth den Wert dieses jungen Fußballers, der sich
als Draufgänger und unermüdlicher Kämpfer Respekt verschaffte. Aus dem »Knopf« wurde der

»Rackerer«. Seine Qualitäten lagen weniger in technischen Finessen, sondern in seiner Spielübersicht und in seiner Gabe, für sein Team alles zu geben. Am 15. April 1928 fand Georg Knöpfle dann auch den Weg in die Nationalmannschaft. Er hatte das Glück, unmittelbar vor den Olympischen Spielen von Amsterdam Einzug in den Elitekreis des deutschen Fußballs zu halten, weil er bei seinem Länderspieldebüt in Bern gegen die Schweiz (3:2) auch seine Skeptiker überzeugt hatte. Nach einigen Testspielen gegen englische und schottische Profimannschaften in Leipzig und Dortmund wurde er für das Olympiaturnier in Holland nominiert und war in den beiden Spielen gegen die Schweiz (4:0) und gegen Uruguay (1:4) als rechter Außenläufer dabei. Wenige Wochen später wechselte Georg Knöpfle, der auch einige Spiele für die Süddeutsche Auswahl bestritten hatte, von der Spvg. Fürth zum FSV Frankfurt, wo er bis 1936 blieb. Beim FSV hatte übrigens ein Mitglied der weltberühmten Familie Rothschild ein gewichtiges Wort mitzureden. Mit 32 Jahren entschied sich der eisenharte Fußballer noch einmal zu einem Wechsel, diesmal zog es ihn zu Eintracht Braunschweig. Als Vierzigjähriger beendete er in der Stadt Heinrich des Löwen seine Fußballkarriere. Nach seiner aktiven Zeit wurde Georg Knöpfle zunächst Assistent von Reichstrainer Professor Otto Nerz. Während Sepp Herberger im Bereich des Westdeutschen Spielverbandes lehrte, war »Schorsch« Knöpfle für ein riesiges Gebiet zuständig – es reichte von Niedersachsen bis Mecklenburg. Nach dem 2. Weltkrieg wirkte er unter anderem bei Eintracht Braunschweig, Arminia Hannover, FC Bayern München, Alemannia Aachen, Werder Bremen, Hamburger SV und SV Meiendorf. Den 1. FC Köln führte er im ersten Jahr der Bundesliga zur Deutschen Meisterschaft, beim HSV bekleidete er als erster in der Bundesliga die Position eines Technischen Direktors. Seinen Lebensabend verbrachte »Schorsch« Knöpfle in Hamburg-Farmsen.

KOBIERSKI, STANISLAUS

Geboren am 15. November 1910,
gestorben am 18. November 1972
26 Länderspiele (1931 bis 1941), neun Tore
Fortuna Düsseldorf

Heimkehrer aus Sibirien

Stanislaus Kobierskis Geburtshaus stand in Düsseldorf. Als Neunjähriger trug er zunächst in seiner Heimatstadt das Trikot von Schwarz-Weiß. Zehn

Jahre später wechselte er dann zu Turu Düsseldorf und schließlich – 1931 – zur Fortuna. Der Verein, der sich den Namen der Glücksgöttin gegeben hatte, machte im Jahre 1927 erstmals von sich reden. In der deutschen Endrunde wurde der Vormarsch der Rheinländer erst durch den Hamburger SV gestoppt. Aber als Stanislaus Kobierski zur Fortuna kam, hatte er das Glück, erneut in eine starke Mannschaft hineinzuwachsen. Aus Nürnberg war »Schorsch« Hochgesang Ende der 20er Jahre gekommen – und der hatte der Düsseldorfer Fortuna ein neues Gesicht und eine neue Qualität gegeben. Aber auch Willi Körner, ein Wiener, leistete gute Trainerarbeit in diesem Verein. Die Früchte stellten sich schon bald ein – am 11. Juni 1933 wurde Fortuna Düsseldorf im Kölner Stadion nach einem 3:0-Sieg gegen den FC Schalke 04 Deutscher Meister. 60 000 Zuschauer feierten Kobierskis Treffer zum 1:0, der die Tür zum Titel öffnete. Zu diesem Zeitpunkt war der leichtfüßige Linksaußen, der mit seiner geschmeidigen Art viele Gegner narrte, längst Nationalspieler. Sein Debüt hatte er am 27. September 1931 in Hannover beim 4:2-Sieg gegen Dänemark. Im Frühjahr 1934 war Kobierski, den sie zu Hause am Rhein den »Tau« nannten, Mitglied des deutschen Weltmeisterschaftsaufgebots in Italien. Im Halbfinale, beim 1:3 gegen die Tschechoslowakei in Rom, erwischte er einen schwachen Tag – im Spiel um Platz drei gegen Österreich wurde er durch den Bremer Matthias Heidemann ersetzt. Aber erst am 5. Oktober

1941 beendete Kobierski seine Länderspielkarriere mit dem 6:0-Sieg in Helsinki gegen Finnland. Bis zu diesem Zeitpunkt galt er als bester Linksaußen der deutschen Fußballgeschichte und Nachfolger von Hans Sutor. Seine Schüsse waren gefürchtet – die Fans auf den Rängen schwärmten von seinem Ballgefühl und seinen Maßflanken. Der kaufmännische Angestellte absolvierte Repräsentativspiele für Niederrhein, Westdeutschland und in den Jahren des 2. Weltkriegs, in denen er als Gastspieler beim PSV aktiv war, für Berlin. Stanislaus Kobierski geriet 1945 bei den Kämpfen um Berlin in russische Gefangenschaft. Er kehrte erst am Nikolaustag des Jahres 1949 aus einem Bergwerk in Sibirien, dem Lager 7144/6, zurück. Nachdem er noch eine kurze Zeit für die 1. Mannschaft seiner Fortuna in der Oberliga West spielte, beendete eine Verletzung endgültig seine Karriere. Er versuchte sich dann auch als Trainer, unter anderem beim SC West Köln und beim BV 04 Düsseldorf. Ansonsten widmete sich »Tau« seiner Toto-Annahmestelle in Derendorf. Stanislaus Kobierski starb drei Tage nach Vollendung seines 62. Lebensjahres nach einer schweren Krankheit.

KÖCHLING, WILLI

Geboren am 30. Oktober 1924
Ein Länderspiel (1956)
Rot-Weiß Essen

Ein dramatisches Endspiel

Es war ein Endspiel, das in die Geschichte der deutschen Fußballmeisterschaft einging: Rot-Weiß Essen – 1. FC Kaiserslautern. Hannover war an diesem 26. Juni 1955 fest in der Hand der Fans aus der Pfalz und aus dem Kohlenpott. Und dies, obwohl die niedersächsische Metropole am gleichen Tag auch noch im Zeichen des Schlesiertages stand und die Innenstadt mit 150 000 Teilnehmern überfüllt war. Für den Essener Fußballanhang war dies die Sternstunde – zum erstenmal stand eine Mannschaft aus dieser traditionsreichen Fußballhochburg des Westens in einem deutschen Finale. Nicht der TB Schwarz-Weiß, sondern Rot-Weiß hatte es geschafft. Der große Essener Fußball wurde Mitte der 50er Jahre nicht am Uhlenkrug, sondern in Bergeborbeck zelebriert. Dank der Regie des unumstrittenen Essener Fußballkönigs August Gottschalk, der es nicht zum Nationalspieler brachte, obwohl er einer der ganz Großen seiner Zeit war. Georg Melches hatte Rot-Weiß Essen mit Umsicht und Weit-

sicht geprägt, und zwei der berühmtesten deutschen Stürmer hatten als Trainer die Saat gelegt: Karl Hohmann und Fritz Szepan. Und nun standen sich diese Essener und der 1. FC Kaiserslautern im deutschen Finale 1955 gegenüber – auf beiden Seiten eine halbe deutsche Nationalelf. Das Glanzstück der Westdeutschen war eine Deckung wie aus Stahl, in der Verteidiger Willi Köchling eine wichtige Rolle spielte. 70 000 faszinierte Zuschauer erlebten im Niedersachsenstadion einen begeisternden Schlagabtausch und einen glücklichen Essener Sieger, der am Ende mit 4:3 triumphierte. Der angeschlagene »Penny« Islacker köpfte drei Minuten vor Schluß das entscheidende Tor, von dem die Lauterer meinten, es sei aus einer Abseitsstellung passiert. Wie dem auch sei – am nächsten Tag waren hunderttausend Essener auf den Beinen, um den Meister zu begrüßen. Im Jahr darauf bestritt Willi Köchling sein einziges Länderspiel. Am Essener Uhlenkrug hatte er in einem Testspiel zwischen Rot-Weiß Essen und einer DFB-Auswahl (1:3) Sepp Herberger überzeugt. Als dann vor dem Länderspiel gegen Belgien in Köln (4:1) mehrere Nationalspieler absagten, wurde Köchling nominiert. Sein Pendant in der Verteidigung war im Müngersdorfer Stadion Erich Juskowiak. Willi Köchling war 1951 zu Rot-Weiß Essen gekommen – ursprünglich als Stürmer – und wurde postwendend mit seiner neuen Mannschaft Westdeutscher Meister. 1960 verabschiedete sich der Nationalspieler von Rot-Weiß Essen – Otto Rehhagel übernahm seinen Platz in der Verteidigung.

KÖGL, LUDWIG

Geboren am 7. März 1966
Zwei Länderspiele (1985)
FC Bayern München

»I spui mei Spui«

170 Zentimeter klein, 65 Kilogramm leicht und ein Publikumsliebling! Ludwig Kögl dribbelte sich schon in seinen jungen Jahren in die Herzen der Fußballfreunde. Als Schüler offenbarte sich bei ihm bereits das sportliche Allroundtalent. In seinem Heimatort Penzberg brachte er es zum oberbayerischen Schülermeister im 50-m-Lauf, und in seinem Dorf gab es in seinem Jahrgang keinen so guten Skifahrer. Doch der Fußball war »Wiggerls« heimliche Liebe, und über den FC Penzberg und TSV Starnberg gelangte er in die Bayernliga zum TSV 1860 München. Das war im Jahre 1983. Dort entging den Spionen aus

der Bundesliga nicht das Talent des jungen Mannes, der mit viel Mut und einer erstaunlichen Technik auf den Flügeln »Dampf« machte. Schon ein Jahr später wurde er in die DFB-Jugendauswahl berufen, für die er sechs Spiele bestritt. Als sich 1984 nicht der Traum der »Löwen« erfüllte, in die 2. Bundesliga aufzusteigen, entschloß sich »Wiggerl« Kögl zum Wechsel von der Grünwalderstraße ins Olympiastadion. Seine Ausbildung zum Verwaltungsangestellten brach er ab, um beim FC Bayern eine Fußballprofikarriere zu starten. 30 000 Mark betrug die Ablösesumme für Kögl, um den sich auch der 1. FC Köln bemüht hatte. Bei Trainer Udo Lattek war er auf Linksaußen in seiner ersten Bundesligasaison allererste Wahl. Antrittsschnelligkeit und gefühlvolle Flanken zeichneten den Senkrechtstarter aus. 1984 wurde er von Berti Vogts zum erstenmal in die deutsche U-21 berufen. 15 weitere Spiele auf dem Sprungbrett in die Nationalmannschaft sollten für ihn folgen. 1985 wurde Kögl mit den Bayern Deutscher Meister – im gleichen Jahr debütierte er in der Nationalmannschaft im Länderspiel in Mexiko (0:2). Zu einem zweiten Länderspieleinsatz kam er am 17. November 1985 vor heimischer Münchner Kulisse beim 2:2 in der WM-Qualifikation gegen die Tschechoslowakei. Eine schwere Verletzung warf ihn in der darauffolgenden Saison zurück – was gleichbedeutend war mit dem Verlust des Tickets zur Weltmeisterschaft nach Mexiko. An guten Tagen konnte er ein Spiel allein entscheiden, an schlechten Tagen waren seine Flankenläufe häufig uneffektiv. So verlief seine weitere Karriere beim FC Bayern wie ein Zickzackkurs. Als 1990 sein Vertrag in der Isarmetropole auslief, wechselte »Wiggerl« Kögl zum VfB Stuttgart, wo er eine Mittelfeldrolle bekam. 1992 wurde er mit den Schwaben deutscher Fußballmeister. Sein insgesamt vierter Titel in der Bundesliga. Wenn man ihn fragte, warum er stets ein Torevorbereiter war und nie ein Torjäger, pflegte »Wiggerl« Kögl zu sagen: »I spui mei Spui ...«

KÖHL, GEORG

Geboren am 19. November 1910,
gestorben am 15. Januar 1944
Ein Länderspiel (1937)
1. FC Nürnberg

Das schwere Torwarterbe

Als Georg Köhl im Jahre 1910 in Nürnberg geboren wurde, da war der »Club« noch längst nicht in aller

Munde. Zehn Jahre vorher hatten 18 junge Leute den 1. FC Nürnberg in der »Burenhütte«, einer Weinschenke, aus der Taufe gehoben. Doch die große Zeit des Vereins vom Zerzabelshof, den später alle nur noch »Zabo« nannten, kam erst nach dem 1. Weltkrieg. Wie ein Komet zog der 1. FC Nürnberg 1920 in die deutsche Endrunde ein und schrieb dann gleich mehrere Generationen lang sehr viel mehr als nur fränkische Fußballgeschichte. Als junger Mann – mit 19 Jahren spielte er zum erstenmal in der 1. Mannschaft – hatte Georg Köhl beim 1. FC Nürnberg ein schweres Erbe zu tragen: Er trat in die Fußstapfen des legendären Heiner Stuhlfauth, der bis 1933 im Tor des »Clubs« stand. Schon ein Jahr später erreichte Georg Köhl mit dem 1. FC Nürnberg, für den er 490 Spiele bestritt, das deutsche Finale, das die Nürnberger allerdings am 24. Juni 1934 in Berlin gegen den FC Schalke 04 knapp mit 1:2 verloren. Den Titel holte der Traditionsverein dann mit Köhl im Tor im Jahre 1936. Diesmal gewannen die Nürnberger 2:1 gegen Fortuna Düsseldorf. »Hauptmann« – das war der Kosename für Georg Köhl – und dahinter verbarg sich viel Respekt vor dem Mut des reaktionsschnellen Mannes. Denn Mut hatte auch jener Ozeanflieger Hauptmann Köhl, der in den frühen 30er Jahren von sich reden machte und so ungewollt einem Nürnberger Fußballer zu einem Zweitnamen verhalf. Am 21. März 1937 kam Georg Köhl dann zu Länderspielehren. Sepp Herberger, der wenig später Prof. Dr. Otto Nerz als Reichstrainer ablöste, hatte ihn für das Duell in Luxemburg nominiert. Die Deutschen gewannen zwar 3:2, doch für Köhl, dem Städtischen Angestellten aus Nürnberg, gab es keine weitere Berufung. Georg Köhl kehrte als Soldat von der Ostfront nicht zurück. Er starb in einem Lazarett in Krakau.

KÖHLER, GEORG

Geboren am 1. Februar 1900,
gestorben am 27. Januar 1972
Fünf Länderspiele (1925 bis 1928)
Dresdner SC

Die treue Seele des DSC

Dresden um die Jahrhundertwende: Auf der Elbe wirbeln die Schaufelräder der Dampfer die trüben Fluten vor der Königin-Carola-Brücke. Hinter der Uferpromenade überragen die Türme und Kuppeln der Hof- und der Frauenkirche, der Semper-Oper, des Schlosses und der Brühlschen Terrassen das

Häusermeer. Der Hauptbahnhof ist gerade im Stile dieser Zeit konstruiert worden – auf dem Wiener Platz flanieren in den Abendstunden die Dresdner. Und zum Hügel, oberhalb von Loschwitz, führte schon damals eine Standseilbahn hinauf zum Luisenhof. Georg Köhler war ein Kind dieser Zeit. Er wurde in Dresden geboren und fand schon als Neunjähriger beim VTB Dresden Gefallen am Fußball. Aber als er 17 Jahre alt war, entschied er sich für den Dresdner SC. Ihm hielt er bis 1935 als Spieler die Treue. »Schorsch« war Mittelläufer, und in den 20er Jahren kamen viele gute Abwehrspieler aus Dresden. Allerdings war Köhler schon 25 Jahre alt, als er die erste Berufung in die Nationalmannschaft erhielt. Das war am 25. Oktober 1925 in Basel, wo die Schweiz mit 4:0 besiegt wurde und wo »Tull« Harder dreifacher Torschütze war. Er war auch am 20. Juni 1926 erste Wahl, als die Nationalelf im Nürnberger »Zabo« auf Schweden traf und über ein 3:3 nicht hinauskam. Für die Nürnberger Fußballgemeinde war die Nominierung des Dresdners allerdings völlig unverständlich, denn »Schorsch« Köhler ging angeschlagen in dieses Spiel – und Volksheros Hans Kalb saß auf der Bank am Seitenrand. Aber der Dresdner beeindruckte durch die Sachlichkeit seines Spiels – er war einer der frühen Dirigenten des Fußballs, ein kämpferisches Vorbild für seine Kameraden, der es verstand, ausgezeichnete Pässe zu geben und Flanken zu schlagen. Sein letztes Länderspiel bestritt er am 30. September 1928 in Stockholm gegen Schweden (0:2). Seine Karriere ließ er dann ausklingen beim VfB Dresden, doch er kehrte zum DSC als Geschäftsführer, Buchhalter und Trainer (als Nachfolger von Jimmy Hogan) zurück und war in verantwortlicher Position dabei, als die Fußballer aus der Stadt, die sich »Elbflorenz« nennt, 1943 und 1944 Deutscher Meister wurden. Unter seiner Leitung wurde der DSC 1940 und 1941 deutscher Pokalsieger. Nach dem 2. Weltkrieg blieb er in seiner Heimatstadt, konnte sich jedoch mit der veränderten Fußballandschaft an der Elbe nicht anfreunden. Außerdem hatte er im Bombenhagel des Krieges alles verloren, was er sich über Jahre aufgebaut hatte. Er arbeitete in einem Mühlenwerk. Seine späte Liebe galt dem Verein Blau Weiß Dresden-Zschachwitz, wo er eine Werksmannschaft betreute. »Schorsch« Köhler starb kurz vor seinem 72. Geburtstag in Dresden nach einer schweren Krankheit.

KOENEN, THEO

Geboren am 11. Februar 1890,
gestorben am 8. September 1964
Ein Länderspiel (1911)
FV Bonn

Keine Chance in Budapest

Als Theo Koenen als zehnjähriger Bub' zu seinem ersten Fußballspiel die Stiefel schnürte, da ging es in seiner Geburtsstadt Bonn noch recht beschaulich zu. Die Menschen in dieser Stadt waren stolz auf ihren Marktplatz, der weit mehr als nur geographischer Mittelpunkt war. Zum Rathaus führte eine hohe Freitreppe, und in der Mitte des Platzes stand die Brunnensäule, die die Bürgerschaft zu Ehren des Kurfürsten Max Friedrich errichtet hatte. Über dem Rhein führte in drei Bogen die Brücke mit ihren kleinen ziegelbedeckten Türmchen, und das »Brückenmännchen« wurde von den meisten belächelt. Der Drachenfels, auf der anderen Rheinseite, war auch um die Jahrhundertwende eine Ruine. Theo Koenen spielte für den Bonner FV und zwar als Verteidiger. Sein Verein war im Bezirk Köln des rheinischen Südkreises zu Hause und stellte hier eine Mannschaft der Spitzengruppe. Theo Koenen, der später Studienrat wurde, bildete in seinem einzigen Länderspiel, am 17. Dezember 1911 in München gegen Ungarn, ein Verteidigerduo mit dem Leipziger Haudegen Walter Hempel. Das Spiel auf dem MTV-Platz an der Marbachstraße war ziemlich einseitig – die Magyaren gewannen 4:1, auch deshalb, weil einige deutsche Leistungsträger nicht dabei waren.

KÖPKE, ANDREAS

Geboren am 12. März 1962
45 Länderspiele (seit 1990)
1. FC Nürnberg, Eintracht Frankfurt,
Olympique Marseille

Von Kiel über Berlin in die Noris

Ursprünglich wollte Andreas Köpke nicht Torwart werden. Als Schüler war er Rechtsaußen in einer der Nachwuchsmannschaften von Holstein Kiel. Doch schon bald stand er zwischen den Pfosten – und er tat dies auch, als Holstein Kiel in der 2. Liga Nord um Punkte kämpfte – zu diesem Zeitpunkt war er noch Jugendlicher. Als der zweigeteilte Unterbau der Bundesliga zu einer Klasse zusammenschmolz, gingen die »Störche« von der Förde den

Weg in die Amateuroberliga Nord. Zur Saison 1983/84 wechselte Andreas Köpke dann nach Berlin und hütete dort das Tor des Zweitligisten SC Charlottenburg. Aber auch an der Spree stieg er aus der 2. Bundesliga ab, was ihn bewog, fortan das Tri-

kot von Hertha BSC zu tragen. Spätestens von diesem Zeitpunkt an rückte der Schlußmann ins Rampenlicht einer breiten Fußballöffentlichkeit. Daran änderte sich auch nichts, als Andreas Köpke 1986 zum dritten Mal mit dem Frust eines Abstiegs konfrontiert wurde. Sein Ruf hatte die Berliner Grenzen längst überschritten – der 1. FC Nürnberg war sein nächstes Ziel. Der »Club«, der eine Ablösesumme von 125 000 Mark an die Berliner zahlte, war soeben in die Bundesliga aufgestiegen. Ursprünglich war Köpke, der gelernte Kfz-Mechaniker, nur als Reservetorwart hinter Herbert Heider eingeplant, doch sehr schnell behauptete er sich – auch dank der intensiven Arbeit von Torwarttrainer Manfred Müller – und kam schon in der Saison 1986/87 zu 32 Einsätzen in der Bundesliga. Im Jahr darauf war er bereits einer der herausragenden Torwartpersönlichkeiten der höchsten deutschen Spielklasse, was ihm im Herbst 1987 erstmals eine Berufung in die Olympiaauswahl des DFB einbrachte. In der Qualifikation zu den Sommerspielen in Seoul kam er ständig zum Einsatz, doch den Flug nach Südkorea machte er 1988 dann doch nicht mit, weil er kurz vorher einen Innenbandan-

riß erlitt. Als Eike Immel seinen Rücktritt aus der Nationalmannschaft erklärte, rückte Andreas Köpke fast zwangsläufig in der Hierarchie der deutschen Torwarte auf. Er wurde die Nummer zwei hinter Bodo Illgner und zum WM-Qualifikationsspiel gegen Holland im Oktober 1988 erstmals in den Kader berufen. Aber eingesetzt wurde er nicht. Erst wenige Wochen vor Beginn der Fußballweltmeisterschaft 1990 feierte er seine Länderspielpremiere beim 1 : 0-Sieg gegen Dänemark in Gelsenkirchen. Bei der WM in Italien gehörte er zum Kader des Weltmeisters, war jedoch hinter Illgner und Aumann nur dritte Wahl. Einer seiner Förderer war Olympiatrainer Hannes Löhr, der ihm »alle Qualitäten eines guten Torwarts« bescheinigte. Davon profitierte in vielen Spielen der 1. FC Nürnberg, der in Abstiegskämpfen aber auch beim Vordringen in den UEFA-Cup den Reflexen und der Ruhe des Andreas Köpke viel zu verdanken hatte. Köpke selbst bedauerte seine geringe Körpergröße von 1,82 m, doch mit seine Sprungkraft kompensierte er dieses Handicap. Und als Illgner mit seinem 1. FC Köln in der Bundesliga in eine tiefe Krise geriet, bedeutete dies die Chance für Köpke in der Nationalelf. Doch Berti Vogts pendelte in seiner Gunst jahrelang zwischen Illgner und Köpke. 1993 wählten Deutschlands Sportjournalisten den Nürnberger Schlußmann zum »Fußballer des Jahres« – eine Auszeichnung, die bis dahin – vor mehr als drei Jahrzehnten – nur ein Spieler des 1. FC Nürnberg erfuhr: der unvergessene Weltmeister und Publikumsliebling Max Morlock. Nach dem Abstieg des »Clubs« aus der 1. Bundesliga wechselte Andreas Köpke zur Frankfurter Eintracht, weil er sein Ziel, Torwart Nummer eins in Deutschland zu werden, nicht aus den Augen verlieren wollte. Er hatte sich in Nürnberg im Falle des Abstiegs eine Ablösesumme von einer Million Mark festschreiben lassen, und er wurde 1994 Nachfolger von Bodo Illgner nach dessen Rücktritt aus der Nationalmannschaft. Zwei Jahre später war Andreas Köpke einer der Superstars bei der Europameisterschaft in England, wo er zum Torwart des Turniers gewählt wurde. Schon vor dem 2 : 1-Finalsieg gegen Tschechien stand eigentlich sein Wechsel von der aus der Bundesliga abgestiegenen Frankfurter Eintracht zum FC Barcelona fest – obwohl er sich kurz zuvor mit dem VfB Stuttgart auf ein Engagement geeinigt hatte. Doch dann bekamen die Katalanen Angst vor einem möglichen Rechtsstreit und winkten ab, worauf Köpke beim französischen Erstligisten Olympique Marseille vor Anker ging.

KÖPPEL, HORST

Geboren am 17. Mai 1948
Elf Länderspiele (1968 bis 1973), zwei Tore
VfB Stuttgart, Borussia Mönchengladbach

»Horschtle« vom Neckar

Horst Köppel, der aus einem bürgerlich-konservativen Elternhaus in Stuttgart stammt, galt bereits in ganz jungen Jahren als Ausnahmetalent. »Horschtle« – so riefen ihn Eltern und Freunde – begann im zarten Alter von sieben Jahren mit dem Fußballspiel. Die Spielvereinigung Neuwirtshaus war sein erster Verein. Fünf Jahre später wechselte der junge Schwabe zum FV Zuffenhausen und kam als Sechzehnjähriger schließlich zum VfB Stuttgart. Hier unterschrieb Horst Köppel 1966 seinen ersten Vertrag als Profi im bezahlten Fußball. Zu diesem Zeitpunkt hatte er bereits in allen Auswahlmannschaften des Deutschen Fußball-Bundes gespielt, so daß sein Weg in die Bundesliga eigentlich ganz logisch war. Er absolvierte eine Banklehre, war zunächst Flügelstürmer und spielte im offensiven Mittelfeld. 1968 zog es ihn vom Neckar zum Niederrhein. Drei Jahre lang trug Horst Köppel das Trikot von Borussia Mönchengladbach, um dann 1971 noch einmal nach Stuttgart zurückzukehren. Doch das Wechselspiel hielt an – 1973 stand der Fußballer mit dem Schnauzbart und der hohen Stirn wieder auf der Gehaltsliste der Borussia am Gladbacher Bökelberg. 308 Bundesligaspiele absolvierte Horst Köppel und erzielte dabei 82 Tore. Mit den Borussen wurde er fünfmal Deutscher Meister und zweimal UEFA-Cup-Sieger. Seine Länderspielkarriere begann 1968. Der deutsche Fußball hatte mit dem 0:0 in Tirana gegen Albanien und dem damit verbundenen Scheitern in der Europameisterschafts-Qualifikation soeben einen herben Tiefschlag erlitten. Helmut Schön testete neue Spieler, und zu denen gehörte der erst 19jährige Horst Köppel. Am 6. März 1968 war er beim 3:1-Sieg der Nationalelf in Brüssel gegen Belgien dabei, stürmte auf Rechtsaußen neben seinem späteren Gladbacher Kameraden Herbert Laumen. 1970 gehörte Horst Köppel zwar zum 40er-Kader für die Weltmeisterschaft in Mexiko, doch als die Nationalmannschaft am 18. Mai 1970 nach Mittelamerika flog, war Köppel im 22er-Aufgebot nicht mehr berücksichtigt. Während der Europameisterschaft 1972 wurde er in der Qualifikation eingesetzt – so beim 3:1-Sieg in Warschau gegen Polen, doch als die Endrunde in Belgien anstand, wurde er erneut gestrichen. Sein letztes Spiel in der Nationalmannschaft absolvierte er am 5. September 1973 in Moskau gegen die UdSSR. Die Deutschen gewannen durch Gerd Müllers Tor 1:0 – zu diesem Zeitpunkt hatte Köppel seine Position bereits für Uli Hoeneß räumen müssen. Sein Pech begann mit einer Lapalie: In den frühen 70er Jahren spürte er einen Schmerz im Fuß, Monate später stellten die Ärzte fest, daß ein Grundgelenk zwischen den Zehen mit dem Mittelfußknochen zusammengewachsen war. Die Operation war schwieriger als erwartet, und durch eine lange Pause verpaßte er schließlich den Anschluß an das Leistungsvermögen seiner Umgebung bei Borussia Mönchengladbach. 1976 zog es .Horst Köppel für zwei Jahre in die amerikanische Soccer-Liga, die im Sommer ihre Punktspiele absolvierte. Er trug das Trikot der Vancouver Whitecaps, wo die Bierbrauerei »Labaths« für die Bezüge der Spieler aufkam. Seine Trainerkarriere in Deutschland begann Horst Köppel 1979 als Spielertrainer beim 1. FC Viersen, war dann Assistent von Rinus Michels beim 1. FC Köln und schließlich ab 4. Juli 1982 Coach von Arminia Bielefeld in der Bundesliga. 1983 unterschrieb er einen Vertrag als Jugendtrainer und Assistent von Bundestrainer Jupp Derwall beim DFB. Nach Derwalls Ablösung wurde Köppel Co-Trainer unter der Regie von Franz Beckenbauer. Eine Zeit lang wurde er als Nachfolger des »Kaisers« beim DFB gehandelt, doch dann entschied sich Köppel schließlich zu einem »Comeback« in der Bundesliga. »Ich wollte nicht warten, bis der Franz abtritt«, sagte er und unterschrieb bei Bayer Uerdingen. Seine nächsten Stationen waren Borussia Dortmund, wo er mit dem DFB-Pokalsieg 1989 seinen größten Erfolg als Trainer feierte, und dann Fortuna Düsseldorf (Manager und Trainer). Das Glück war dabei allerdings nicht sein Begleiter. Besser rollte es für ihn in Österreich, wo er den FC Innsbruck in den UEFA-Cup führte. Als Jupp Heynckes 1994 Trainer in Frankfurt wurde, stieg er dort als dessen Assistent ein. Und er machte am Main »freiwillig und aus Mitverantwortung« am 2. April 1995 Schluß, als Heynckes bei der Eintracht vorzeitig den Hut nehmen mußte. Anschließend versuchte sich Horst Köppel auf einer anderen Ebene – er produzierte Videos über Technik, Taktik und Konditionsarbeit der Spitzenklubs. Die Urawa Red Diamonds in der japanischen J-League, wo Guido Buchwald spielte, waren seine nächste Trainerstation.

KÖPPLINGER, EMIL

Geboren am 19. Dezember 1897,
gestorben am 29. Juli 1988
Ein Länderspiel (1927)
1. FC Nürnberg

393 Spiele für den »Club«

Der 12. Juni 1927 war ein regnerischer Tag. Über Berlin standen tiefschwarze Wolken und der Wind zerrte an den Fahnen vor dem Stadion. An diesem Tag mußte der 1. FC Nürnberg in der Höhle des Löwen um die Deutsche Meisterschaft kämpfen. Lange hatte sich der »Club« dagegen gewehrt, daß der Deutsche Fußball-Bund ausgerechnet Berlin zum Endspielort bestimmte, denn der Gegner des 1. FC Nürnberg war Hertha BSC. Die Berliner mit Tewes, Sobeck und Kirsei hatten schon im Vorjahr vergeblich nach der »Viktoria« gegriffen und waren an Fürth gescheitert. Jetzt wollten sie vor heimischer Kulisse endgültig die Gunst der Glücksgöttin erzwingen und erstmals seit den großen Tagen von Union und Viktoria wieder die deutsche Fußballmeisterschaft an die Spree holen. Daß daraus nichts wurde, lag unter anderem an einem knapp 30jährigen, der heilfroh war, daß ein Tiefdruckgebiet die Hitze über Deutschland vertrieben hatte: Emil Köpplinger. Ein paar Jahre vorher hatte er, ein gebürtiger Nürnberger, die Stars des Vereins noch vom Straßenrand aus angehimmelt, als sie nach ihren Endspielsiegen aus Berlin und Frankfurt zurückkehrten. 1924 und 1925 war Köpplinger noch nicht erste Wahl – auf seiner Position stand zu dem Zeitpunkt noch ein Haudegen namens Hans Schmidt, dem sie den Beinamen »Bumbes« gegeben hatten. Doch der war in die Jahre gekommen, und so schlug die große Stunde von Emil Köpplinger, der ebenfalls kein »grüner Junge« mehr war. Hans Schmidt wechselte auf die linke Läuferposition, während Köpplinger auf der rechten Seite neben Dr. Kalb stand. Ein funktionierendes Trio, an dem die Bemühungen der Herthaner selbst vor heimischer Kulisse scheiterten. Der »Club« gewann das Finale mit 2:0 – und Emil Köpplinger, Mechaniker von Beruf, war als knapp 30jähriger erstmals Deutscher Meister. Ein paar Monate später, am 23. Oktober 1927, erhielt der untersetzte Franke seine einzige Länderspielberufung. Es ging nach Hamburg, wo auf dem Platz in Altona Norwegen der Gegner war. Die Skandinavier führten zwar 2:0, waren dann aber chancenlos und unterlagen hoch mit 2:6. Der 1. FCN, für den Köpplinger 393 Spiele bestritt, stellte mit sechs Aktiven den Löwenanteil dieser Elf.

KÖRBEL, KARL-HEINZ

Geboren am 1. Dezember 1954
Sechs Länderspiele (1974 bis 1975)
Eintracht Frankfurt

Der »treue Charly«

Der Frankfurter Journalist Hartmut Scherzer schrieb ein Buch über Karl-Heinz Körbel. Der Titel dieser Chronik einer ungewöhnlicher Karriere lautet: »Der treue Charly«. Dahinter verbirgt sich eine Verbindung, die in der Zeit des Geschäfts mit dem Fußball ihresgleichen sucht. Für Karl-Heinz Körbel kam nach dem 14. Oktober 1972, als er sein erstes Bundesligaspiel für die Eintracht bestritt, nichts anderes in Frage, als das Trikot des Frankfurter Vereins zu tragen. An diesem Oktobertag des Jahres 1972 traf Körbel als 17jähriger gleich auf den FC Bayern München – und sein Gegner war kein Geringerer als Gerd Müller, der sich auf dem Höhepunkt seines Leistungsvermögens befand. Körbels Eltern hielten die Aktionen ihres Sprößlings gegen den »Bomber« auf einem Schmalfilm fest. Die Eintracht gewann 2:1 – und »Charly« war von heute auf morgen Stammspieler. Erst im Juni 1991 hing er seine Stiefel an den berühmten Nagel – dazwischen lagen 602 Spiele in der Bundesliga. Damit avancierte »Charly« Körbel zum Rekordspieler der Klasse. Schon mit sechs Jahren war es für ihn beschlossene Sache, daß er mal Fußballer werden wollte. In seiner Familie war eigentlich nur sein Vater kein aktiver Spieler – alle übrigen männlichen Verwandten betrachteten den Fußball als den Mittelpunkt ihrer Freizeit. Beim FC Dossenheim bei Heidelberg begann er seinen langen Weg. 16 Jahre war Körbel jung, als er sein erstes von insgesamt 30 Jugendländerspielen bestritt. 1972 wechselte er als Jugend-Rekordnationalspieler dann auf Drängen von Trainer Herbert Widmayer zu Eintracht Frankfurt – und freute sich über eine Blitzkarriere am Main. Als er zur Eintracht wechselte, lagen auch Angebote vom FC Bayern München, VfB Stuttgart, Kickers Offenbach und Hamburger SV auf dem Tisch. In den folgenden Jahren trug er fünfmal das Trikot der deutschen Amateurnationalmannschaft, und im Dezember 1974 war er mit der A-Nationalmannschaft in Malta dabei. Ein paar Monate vorher hatte der Frankfurter Mittelfeldspieler bereits zum 40er Kader von Bundestrainer Helmut Schön für die Weltmeisterschaft in Deutschland gehört, war dann jedoch mit 17 anderen Spielern gestrichen worden. Im Europameisterschafts-Qualifikationsspiel in La Valetta gegen Malta taten sich die Deutschen sehr schwer und gewannen nur dank eines Tores des Kölners Bernd Cullmann mit Ach und Krach 1:0. Als Karl-Heinz Körbel am 11. Oktober 1975 in Düsseldorf sein sechstes Länderspiel bestritt (1:1 gegen Griechenland), ahnte niemand, daß dies schon der Abschied aus der Nationalmannschaft für den 20jährigen Frankfurter sein sollte. Später sagte Körbel: »Ich habe nie erfahren, warum man mich nicht mehr haben wollte. Eigentlich hatte ich nach den Spielen, die ich bestritten habe, immer ein ganz gutes Gefühl.« Vermutlich war Körbel so etwas wie ein Opfer, das Helmut Schön für Franz Beckenbauer bringen mußte. Der »Kaiser« machte sich stets für seinen bayerischen Spezi Georg Schwarzenbeck stark. Und dann stand ihm einige Zeit später mit dem Stuttgarter Karl-Heinz Förster auch noch ein Vorstopper der Weltklasse im Wege. Immerhin wurde Körbel zwischen 1974 und 1979 zehnmal in die B-Nationalmannschaft berufen. Viel erfolgreicher war seine Karriere im Trikot der Frankfurter Eintracht, für die er 45 Tore erzielte. Viermal wurde er deutscher Pokalsieger, 1980 holte er mit seiner Mannschaft den UEFA-Cup, in 47 Europacupspielen war er dabei. Er galt als Vorzeigeprofi, und er beeindruckte durch seine Robustheit in Zweikämpfen, durch Schnelligkeit und Kampfkraft. In den 80er Jahren lehnte er ein Angebot von Galatasaray Istanbul mit einem Jahresnettogehalt von 300 000 Mark ab. Sein Hang zur Bodenständigkeit machte Karl-Heinz Körbel statt dessen zum Frankfurter Dauerbrenner. In Heusenstamm bewohnte er ein Eigenheim, seine Frau Margarethe übte den Beruf einer Mathematiklehrerin aus. Gemeinsam mit seinem Bruder Günther betrieb der Profi in seinem Heimatort Dossenheim ein Sportgeschäft – außerdem arbeitete er als Repräsentant einer Versicherung. Bei der Eintracht wirkte er als Assistenztrainer, schließlich gar als »Chefcoach«, als die Frankfurter sich im Frühjahr 1994 von Klaus Toppmöller trennten. Karl-Heinz Körbel führte die Hessen daraufhin noch auf einen UEFA-Cupplatz. Im Winter 1995 sprang er für Jupp Heynckes nach dessen Rücktritt ein – aus einem Notengagement wurde so etwas wie eine Dauerlösung, ehe er mitten im Abstiegsstrudel von Dragoslav Stepanovic abgelöst wurde. Worauf sich Karl-Heinz Körbel wieder seinem Sportgeschäft und seiner Repräsentanz für eine Versicherung widmen konnte. Allerdings nur bis zum Herbst 1996 – dann unterschrieb er einen Trainervertrag beim Zweitligisten VfB Lübeck. Den Hanseaten hielt er auch nach dem Abstieg in die Regionalliga die Treue.

KÖRDELL, HEINZ

Geboren am 8. Januar 1932
Ein Länderspiel (1958)
Schalke 04

Die Alten applaudierten den Jungen

Es war ein Moment, den niemand vergessen sollte, der dabei war. Auf dem Gelsenkirchener Bahnhof rollte ein Zug ein, und auf dem Bahnsteig drängten sich die Menschen derart, daß so mancher von einem beklemmenden Gefühl beschlichen wurde. Es war der Tag nach dem deutschen Finale des Jahres 1958, und die frischgebackenen Meister kehrten heim. Eine neue Schalker Fußballgeneration mit ihrem genialen Dirigenten und zweifachen Torschützen Berni Klodt war wieder zu Hause, und auf dem Bahnhof warteten die, die eine Generation zuvor Schalker Geschichte geschrieben hatten: Fritz Szepan und Ernst Kuzorra, »Otte« Tibulski, Hans Bornemann, Hermann Eppenhoff und Walter Zwickhofer. Die Legende lebte, die großen alten Herren des traditionsreichen Vereins applaudierten den Jungen. Es war ein denkwürdiger Tag, und hunderttausend Menschen säumten die Straßen. »Blau und weiß, wie lieb ich dich ...« So mancher kam dem Mythos Schalke in diesen Stunden ein Stück näher. Einer von denen, die im Konfettiregen standen, war Heinz Kördell, der 1956 nach Gelsenkirchen gekommen war und im Endspiel gegen den HSV zu den stärksten Spielern des Siegers gehörte. Kördell war ein bienenfleißiger Halbstürmer auf der rechten Seite, und Trainer Edi Frühwirth, der mit Wiener Charme und preußischer Gründlichkeit die Mannschaft zu ihrer Blüte geführt hatte, war glücklich, über diesen zwar etwas bedächtigen, aber unberechenbaren Fußballer verfügen zu können. Frühwirth hatte den Schalkern eine neue Strategie gegeben, und nicht wenige waren in der Oberliga West kaum erbaut von dieser Umstellung. Der »Kreisel« tanzte nicht mehr – Zweckfußball war die Devise. Nüchtern und weitgehend ohne Schnörkel zogen die Schalker ins deutsche Finale, wo der Halbrechte Heinz Kördell die schußgewaltigen Siebert und Kreuz immer wieder ins Spiel brachte. Kördell war schon in der Endphase der Oberligasaison neben dem im Endspiel verletzt zuschauenden Willi Soya einer der wichtigsten Stürmer. Gegen Preußen Münster, Meidericher SV und Wuppertaler SV schoß er Tore. Schon in jungen Jahren hatte es Kördell zu einer ausgefeilten technischen Reife gebracht. Er galt als typischer Repräsentant der neuen Schalker Schule und war in der Lage, lange und genaue Pässe zu schlagen. Zwei große Tage bestimmten die Karriere Willi Kördells. Einmal seine Leistung im besagten Endspiel gegen den HSV, das die Schalker überraschend hoch mit 3:0 gewannen, und dann im gleichen Jahr der Länderspieleinsatz gegen Ägypten. In Kairo war er bei der 1:2-Niederlage gegen die Afrikaner dabei. Kördell kam in der zweiten Halbzeit für Mai ins Spiel. Bis 1962 blieb er beim FC Schalke und verabschiedete sich nach 103 Oberligabegegnungen, einigen Europacupeinsätzen und insgesamt 19 Treffern zu Schwarz-Weiß Essen.

KOHLER, JÜRGEN

Geboren am 6. Oktober 1965
92 Länderspiele (seit 1986), ein Tor
SV Waldhof Mannheim, 1. FC Köln, FC Bayern
München, Juventus Turin, Borussia Dortmund

Der ehrliche Arbeiter

»Ehrliche Arbeit« – das war für Jürgen Kohler schon in seinen Jugendjahren keine Floskel, sondern ein Begriff, der ihm quasi in die Wiege gelegt wurde. Sein Vater Alfred starb, als seine Mutter Elfriede mit Jürgen im dritten Monat schwanger war. Im pfälzischen Lambsheim, einer 6000-Seelen-Gemeinde bei Frankenthal, wuchs Jürgen Kohler als Halbwaise auf. Seine Mutter stand vor der schweren Aufgabe, ihn mit drei Geschwistern aufzuziehen, und sie predigte ihren Kindern »Anstand, Fleiß und Sparsamkeit«. Irgendwie war dies symptomatisch für den späteren Weg des Jürgen Kohler. Mit sieben Jahren spielte er mit seinen Freunden beim B-Klassenverein TB Jahn Lambsheim. Nicht nur Fußballexperten sahen in ihm ein Talent, und schon bald trug er das Trikot der Kreisauswahl und später sogar das der Südwestauswahl. Doch die Späher von den großen Vereinen aus der Nachbarschaft übersahen zunächst den jungen Mann aus Lambsheim, und so gab sich Jürgen selbst einen Ruck und schaute von sich aus beim Training der B-Jugendlichen des SV Waldhof Mannheim vorbei. Er wurde angenommen, und auf dem Waldhof war er gut aufgehoben. Gerhard Baumann und Kurt Kobberger waren seine Trainer, und die hatten den Blick für die Entwicklungsmöglichkeiten junger Fußballer. Das hatten sie schon ein paar Jahre vorher bewiesen, als sie Karl-Heinz Förster unter ihre Fittiche nahmen und dessen Grundstein zu einer Bilderbuchkarriere legten. Zunächst versuchte sich Jürgen Kohler in der Mannheimer Jugend im Mittelfeld, später dann als Vorstopper. Danach ging

alles unglaublich schnell: Er wurde Jugendnationalspieler, und schon im April 1984, also mit 17 Jahren, debütierte er in der Bundesliga. In der darauffolgenden Saison unterschrieb Jürgen Kohler beim SV Waldhof Mannheim seinen ersten Vertrag, und unter der Regie von Trainer Klaus Schlappner erhielt er den »letzten Schliff«. Inzwischen hatte er die Schule verlassen – ursprünglich sollte sie ihn zur Mittleren Reife führen –, und auch die Ausbildung zum Kraftfahrzeugmechaniker gab er auf. 1985 wurde Jürgen Kohler in die U-21-Auswahl des DFB berufen, wo der spätere Bundestrainer Berti Vogts die Verantwortung trug, und im Oktober 1985 folgte für Kohler der erste Lehrgang mit der Nationalmannschaft. Sein Debüt feierte er allerdings erst im Spätsommer 1986 beim Länderspiel gegen Dänemark in Kopenhagen. Wobei er gleich einen besonders schwierigen Fall zu lösen hatte, denn sein Gegenspieler war kein Geringerer als der Weltstar Preben Elkjaer-Larsen. Als er den ausschaltete und somit den Grundstein für den deutschen 2:0-Erfolg legte, war sein Weg in der Nationalelf vorgezeichnet. Fortan war er Stammspieler. 1987 wechselte er für eine Ablösesumme von rund 2,3 Millionen Mark von den Waldhöfern zum 1. FC Köln. Im Halbfinale der Europameisterschaft 1988 wurde er dann zur tragischen Figur des Spiels gegen Holland in Hamburg. Ein verlorenes Laufduell – und Marco van Basten erzielte ein paar Minuten vor Schluß das entscheidende Tor des späteren Europameisters. Der FC Bayern München war 1989 die nächste Sprosse auf der Karriereleiter des Jürgen Kohler. Drei Millionen Mark bezahlten die Bayern – nie zuvor wurde in der Bundesliga für einen Abwehrspieler eine so hohe Summe überwiesen. Es folgten mehrere Verletzungen – dennoch stand am Ende der Saison 1989/90 für Jürgen Kohler der Gewinn der ersten deutschen Fußballmeisterschaft. Ein Jahr lang bestritt er kein Länderspiel, doch dann – rechtzeitig zur Weltmeisterschaft in Italien – lief er wieder zu einer großen Form auf und holte mit der Nationalmannschaft den Titel. Allerdings war er erst nach dem erneuten Zusammentreffen mit Marco van Basten im Achtelfinale der Weltmeisterschaft in Mailand für Franz Beckenbauer allererste Wahl. Im Jahr darauf sicherte sich Juventus Turin die Dienste des mittlerweile zur Weltklasse gereiften Pfälzers. Für 15 Millionen Mark ließen die Bayern Jürgen Kohler ziehen, worauf die Münchner, die auch noch Stefan Reuter abgegeben hatten, sogar in Abstiegsnot gerieten. Jürgen Kohler behauptete sich in der italienischen Liga auf Anhieb, wurde als bester »Legionär« gelobt. Mit Juventus

holte er 1995 den Titel. Danach wechselte er zu Borussia Dortmund und wurde postwendend Deutscher Meister. Im Sommer 1996 ereilte ihn im ersten deutschen Gruppenspiel bei der Europameisterschaft in England gegen Tschechien das Pech. Er schied mit einer Knieverletzung nach einem Zusammenprall mit Pavel Kuka aus – damit war für ihn das Turnier vorbei. Nach Dortmunds Triumph in der Champions League wurde Kohler 1997 von Deutschlands Sportjournalisten zum »Fußballer des Jahres« gewählt.

KOHLMEYER, WERNER

Geboren am 19. April 1924,
gestorben am 26. März 1974
22 Länderspiele (1951 bis 1955)
1. FC Kaiserslautern

»Kohli« – WM-Held aus der Pfalz

Man nannte sie »Helden« – und eine ganze Fußballnation war stolz auf sie. Die »Helden von Bern« waren schon zu ihren Lebzeiten in Deutschland Legende, und zwischen Kiel und Konstanz kannte sie jeder. Kaum etwas anderes hat die Deutschen nach der Trostlosigkeit des 2. Weltkriegs und in den schweren Jahren des Wiederaufbaus so aufgewühlt wie der Gewinn der Fußballweltmeisterschaft am 4. Juli 1954. Einer von denen, die von einer zur anderen Stunde einen schier unglaublichen Zuwachs an Popularität in ihrem Lande erlebten, war Werner

Kohlmeyer. Neben Fritz und Ottmar Walter, Horst Eckel und Werner Liebrich war er einer von fünf Spielern des 1. FC Kaiserslautern, die an diesem Finaltag in Bern und damit beim 3:2-Sieg gegen Ungarn dabei waren. »Kohli« nannte Sepp Herberger seinen linken Verteidiger, bei dem sich die schwarzen Haare schon früh lichteten. Eine Spezialität machte ihn berühmt: Rettungstaten auf der Torlinie! Im »Schicksalsspiel« gegen Jugoslawien stockte den deutschen Schlachtenbummlern beim WM-Turnier in der Schweiz wiederholt der Atem, wenn der Pfälzer sich im letzten Moment in einen Schuß warf oder mit einem wuchtigen Schlag den Ball aus der Gefahrenzone beförderte. Der stämmige Fußballer war seit 1940 durch die Schule des 1. FC Kaiserslautern gegangen. Der 2. Weltkrieg unterbrach seine Entwicklung, aber er stoppte sie nur für ein paar Jahre. In den 40er Jahren war Werner Kohlmeyer schon in den Spielen der französischen Zonenmeisterschaft im Trikot der Lauterer dabei. Und am 8. August 1948 stand er mit den Pfälzern im deutschen Finale, das der 1. FC Nürnberg vor 57 000 Zuschauern in Köln mit 2:1 gewann. 1951 betrat Kohlmeyer dann erstmals den Gipfel, als er mit seiner Mannschaft Preußen Münster im Endspiel mit 2:1 niederkämpfte. Ein Kunststück, das die Lauterer 1953 mit dem 4:1-Sieg gegen den VfB Stuttgart in Berlin wiederholten. Sein internationales Debüt gab »Kohli« am 17. Juni 1951 in Berlin gegen die Türkei (1:2). Sein 22. und letztes Spiel im Trikot mit dem Bundesadler bestritt er am 30. März 1955 gegen Italien in Stuttgart (1:2). Aber auch in einem Spiel, in dem er zum Statisten degradiert wurde, beeindruckte Kohlmeyer durch seine Haltung. Am 1. Dezember 1954 traf der Weltmeister im Londoner Wembley-Stadion auf den alten Lehrmeister England. Und in dessen Reihen stand Stan Matthews, der schon in dieser Zeit eine Legende des Fußballs war und dessen Dribblings die Massen geradezu elektrisierten. Kohlmeyer war hilflos angesichts der Spielkunst dieses später geadelten Mannes, verübte aber gegen Matthews kein einziges Foul. Immer wieder blitzte Werner Kohlmeyers Temperament in großen Spielen auf. Er erwarb sich mehr und mehr den Ruf eines sicheren und vor allem fairen Abwehrspielers. Sepp Herberger schätzte diesen Fußballer, weil er rationell agierte und weil er nicht für die Kulisse spielte, sondern sich in den Dienst der Mannschaft stellte. Im Finale von Bern stoppte er den Ungarn Csibor. Bis 1957 war Werner Kohlmeyer Stammspieler seines 1. FC Kaiserslautern. Bevor er dem Fußball endgültig »adieu« sagte, trug er noch für zwei Jahre das

Trikot des FC Homburg und schließlich das des SV Bexbach. Der Weltmeister konnte seinen Triumph von 1954 nicht vergolden – die Prämie für die Spieler betrug 2000 Mark. Werner Kohlmeyers beruflicher Weg war dornig und wenig erfolgreich. Mitte der 60er Jahre wurde seine Ehe geschieden – er litt unter der Trennung von seinen drei Kindern. 1968 wurde Werner Kohlmeyer in Mainz-Mombach ansässig, war noch eine Weile in seinem gelernten Beruf als Lohnbuchhalter tätig. Dann wurde er Bauhilfsarbeiter und wieder arbeitslos. Zuletzt fand er als Pförtner Beschäftigung. Seine Kameraden von einst kümmerten sich um Werner Kohlmeyer – er fand wieder Halt. Doch irgendwann, als er sein Leben Revue passieren ließ, sagte er: »Vielleicht wäre es am besten gewesen, ich hätte nie Fußball gespielt ...« Wenige Wochen vor seinem 50. Geburtstag starb er in seiner Mainzer Wohnung an den Folgen eines Herzinfarkts – den Triumph einer zweiten deutschen Weltmeistermannschaft erlebte er 1974 nicht mehr.

KONIETZKA, FRIEDHELM

Geboren am 2. August 1938
Neun Länderspiele (1962 bis 1965), drei Tore
Borussia Dortmund

Er schaute aus wie Timoschenko

In seiner Geburtsurkunde heißt er Friedhelm, in seinem Paß stand dann »Timo«. Irgendwann in seinen jungen Jahren geriet Friedhelm Konietzka auf recht ungewöhnliche Art und Weise an einen Spitznamen. Er trug eine Kurzhaarfrisur, die einem russischen General namens Timoschenko nicht ganz unähnlich sah. Und schon hatte Konietzka seinen Namen weg: Timo. Im westfälischen Lünen wuchs er auf – vor der Dortmunder Haustür und hart am Rande der westfälischen Tiefebene mit dem idyllisch gelegenen Schloß Cappenberg, dem Ruhesitz des Freiherrn vom und zum Stein. Als 14jähriger spielte Timo Konietzka beim VfB Lünen, und als eines schönen Tages der Dortmunder Profi Jockl Bracht vorbeischaute, war er quasi »entdeckt«. Zu diesem Zeitpunkt arbeitete Konietzka bereits als Bergmann unter Tage – eine Tätigkeit, die sein Leben prägen sollte. 1958 wechselte der Halbstürmer dann zur Borussia, und er hatte das Glück, daß der Verein aus der Stadt der Biere zum gleichen Zeitpunkt auch die Angel nach Jürgen Schütz ausgeworfen hatte. Die beiden Neulinge harmonierten prächtig und wurden für die Fußballöffentlichkeit

zu »Max und Moritz«, ehe Schütz dann im Jahre 1963 den Lockungen der italienischen Liga nicht widerstehen konnte. Im letzten aller Endspiele vor der Einführung der Bundesliga holte sich Konietzka 1963 mit Borussia Dortmund die Deutsche Meisterschaft. Am 24. August des gleichen Jahres schoß er das erste Tor der Bundesligageschichte – nach 58 Sekunden beim Dortmunder Gastspiel im Bremer Weserstadion. Zwei Jahre später wurde Timo Konietzka deutscher Pokalsieger mit Borussia Dortmund. Danach wechselte er zum TSV 1860 München und gewann mit den »Löwen« an der Isar noch einmal den deutschen Titel (1966). In der Bundesliga-Torschützenliste nahm er stets einen Spitzenplatz ein. Sepp Herberger hatte schon 1962 ein Auge auf Timo Konietzka geworfen und berief ihn 1962 für das Länderspiel gegen Jugoslawien. In insgesamt neun Spielen schoß er aber nur drei Tore, was den Bundestrainer irgendwann einmal zu der Aussage veranlaßte: »Ich weiß nie, welcher Konietzka gerade auf dem Platz ist ...« Und unsichere Kandidaten mochte Sepp Herberger nicht sonderlich. Nach genau hundert Spielen und immerhin 72 Toren verließ Konietzka 1967 die Bundesliga und wechselte zum Schweizer B-Ligisten FC Winterthur. Vier Jahre blieb er hier – schon nach einem Jahr hatte er den Aufstieg in die 1. Liga geschafft. 1971 war der FC Zürich seine nächste Station, erst als Spielertrainer, schließlich nur noch als Trainer. Dreimal gewann er die Schweizer Meisterschaft, dreimal wurde er mit Zürich Pokalsieger. Diese Erfolge begründeten seinen Ruf als erfolgreicher Trainer. Young Boys Bern und Grasshoppers Zürich waren seine nächsten Arbeitgeber. 1982 kehrte Konietzka nach Deutschland zurück, verpaßte mit Hessen Kassel knapp den Aufstieg in die Bundesliga, um bei Bayer Uerdingen und dann bei Borussia Dortmund als Trainer zu wirken. In seiner alten westfälischen Heimat blieb ihm allerdings der Erfolg versagt. Als er nach neun Spielen lediglich vier Punkte mit seiner Mannschaft gebucht hatte, wurde er nach einem nur 124 Tage dauerndem Engagement entlassen. Noch einmal waren die beiden Zürcher Traditionsclubs Grasshoppers und FC Konietzkas Betätigungsfeld, ehe er im November 1990 bei Bayer Uerdingen einen Vertrag unterschrieb. Auch hier blieb ihm der große Erfolg versagt. Er galt als »harter Hund« der Trainerbranche und forderte von seinen Spielern Disziplin ohne Wenn und Aber. Konietzka selbst bezeichnete sich als Asket und Naturfreund. Eine goldene Kuh in seinem linken Ohrläppchen symbolisierte seine Verbundenheit mit der Schweizer Bergwelt. Er lebte in Gersau am

Vierwaldstättersee und erwarb das Schweizer Bürgerrecht. Für den Sportartikelgiganten adidas war er in den frühen 90er Jahren in Sachen Promotion tätig. Ab 1992 war Timo Konietzka dann beim FC Luzern für die Nachwuchsschulung verantwortlich.

KONOPKA, HARALD

Geboren am 18. November 1952
Zwei Länderspiele (1978 bis 1979)
1. FC Köln

Ein Kämpfer und Kunstsammler

Jupp Derwall hatte schon immer eine hohe Meinung von Harald Konopka. »Der besitzt das Zeug, irgendwann einmal in die Fußstapfen von Berti Vogts zu treten«, sagte der DFB-Trainer, als er den drahtigen jungen Mann zum erstenmal in der Juniorennationalmannschaft beim 1:0-Sieg gegen Polen in Bremen gesehen hatte. Das war 1971, und Harald Konopka war soeben von der SG Düren 99 zum 1. FC Köln gekommen. Vier Jahre später präzisierte Derwall seine Eindrücke. Nach einem B-Länderspiel in Dublin gegen Irland telefonierte er mit Bundestrainer Helmut Schön, der sich am Vorabend eines Vergleichs mit England in einem Londoner Hotel aufhielt. »Der erinnert mich an Berti Vogts. So, wie er sich in Zweikämpfen behauptet und sich nicht überspielen läßt. Das ist einer ...« Fußball bekam Harald Konopka quasi als Erbgut in den Kinderwagen gelegt. Sein Vater spielte zwischen 1952 und 1959 beim SV Werder Bremen, wo er sich als Außenläufer vor allem mit Herbert Burdenski gut verstand. 120mal trug Konopka senior das Trikot der Hanseaten. Sein Sprößling begann mit sechs Jahren als Stürmer in der D-Jugend bei Teutonia Echtz, einem kleinen Flecken vor der Dürener Haustür. Und spätestens, als der Knirps mal 13 Tore in einem Spiel schoß, war für ihn klar, daß er Fußballprofi werden wollte. Sein Traum erfüllte sich 1971 beim 1. FC Köln, wo er es zum Jugendnationalspieler und zum deutschen Jugendmeister brachte. So ganz nebenbei stand er auch noch zehnmal in der deutschen B-Nationalmannschaft. 1976 holte Konopka mit seinem Team den – wenn auch nicht sonderlich bedeutsamen – Titel eines Militärweltmeisters. Wichtiger war da in seiner ganz persönlichen Erfolgsbilanz das Kölner Double in der Saison 1977/78: Dem Pokalsieg folgte die Deutsche Meisterschaft. Doch zur ganz großen internationalen Karriere langte es doch nicht. Zunächst zerstob für den Außenverteidiger, der sich in

Bergisch-Gladbach ein Haus gebaut hatte, der Traum vom großen Glück bei der Weltmeisterschaft 1978 in Argentinien. Er reiste mit der Trikotnummer 13 nach Südamerika – sie sollte ihm kein Glück bringen, denn mehr als sein Länderspieldebüt beim 0:0 gegen Italien in Buenos Aires sprang nicht heraus. In diesem Spiel war er in der 54. Minute für den verletzten Kölner Mannschaftskameraden Zimmermann eingewechselt worden. Obwohl sein Debüt im Grunde gelang, schaute Konopka für den Rest des Turniers zu. Eine zweite Länderspielchance bot sich ihm erst ein Jahr später beim deutschen 3:1-Sieg in Reykjavik gegen Island. Im Laufe der Zeit verstand es »Harry«, den sie am Rhein auch »Mister Eisenfuß« nannten, sein Temperament zu zügeln, was der Effektivität seines Deckungsspiels bekam. Privat hatte er sich den »schönen Bildern« verschrieben – er sammelte Kunstobjekte, die Folge der Freundschaft zu einem Bonner Kunsthändler. 1984 verabschiedete sich Harald Konopka nach 335 Bundesligaeinsätzen vom 1. FC Köln und hing noch eine Saison bei Borussia Dortmund dran. Später war er dann unter anderem Spielertrainer beim Kreisligisten Rot-Schwarz Neubrück.

KOSLOWSKI, WILLI

Geboren am 17. Februar 1937
Drei Länderspiele (1962), ein Tor
Schalke 04

An Rahn kam er nicht vorbei

In seiner großen Zeit kannte ihn jeder, der sich im Kohlenpott für Fußball begeistern konnte. »Der Schwatte« – das war Willi Koslowski. Ein Flügelflitzer und Torjäger bester Güte, einer aus der legendären Schalker »K-Dynastie« mit Karnhof, Koslowski, Kördel, Kreuz und Klodt. In der Schalker Meisterelf von 1958 war er der schnelle Mann auf dem rechten Flügel, von dem Axel Nathan im gleichen Jahr schrieb: »Er ist hochbegabt, setzt seinen Wert bisher aber durch kleine Ungezogenheiten auf dem Spielfeld herab«. Edi Frühwirth, der Schalker Meistertrainer von der »schönen blauen Donau«, war der große Förderer von Willi Koslowski, von dem der »Schwatte« sagte, er sei der beste Trainer, unter dem er gearbeitet habe. Und: »Ein prächtiger Mann, der uns sicher im Griff hatte, obwohl wir damals richtige Jungs aus dem Leben waren.« Willi Koslowski mußte sich in seiner Karriere alles hart erarbeiten. Er kam von Buer 07, also aus der Gelsenkirchener Nachbarschaft, und er war schon als Jugendspieler ein »richtiger« Schalker. Zwei Jahre lang spielte er bei den »Königsblauen« in der A-Jugend, zwei Jahre dann als Amateur. 1955 schnupperte er erstmals internationale Luft beim FIFA-Jugendturnier in Italien, später absolvierte er drei Amateurländerspiele. Als die Schalker im Niedersachsenstadion von Hannover 1958 mit dem 3 : 0-Endspielsieg gegen den Hamburger SV Deutscher Meister wurden, war Koslowski der Jüngste in seiner Mannschaft. Ein Jahr vorher hatte der »Schwatte« seinen ersten Vertrag unterschrieben – für einen Sieg gab es 250 Mark. Im Europacup war er 1959 der umjubelte Torschütze des Schalker 2 : 2 in der vorletzten Spielminute beim englischen Meister Wolverhampton Wanderers. Keiner verstand es so gut wie der »Schwatte«, sich mit dem Allerwertesten im Strafraum Platz zum Torschuß zu verschaffen. Einer großen Karriere in der Nationalmannschaft stand eigentlich nur ein Mann im Wege: Helmut Rahn. An dem kam er einfach nicht vorbei. Und so war der »Schwatte« schließlich froh, daß er 1962 überhaupt mitfliegen durfte zur Weltmeisterschaft nach Chile. Dort kam er gegen die Schweiz zum Einsatz. Bis 1964 blieb er beim FC Schalke, dann wechselte er zu Rot-Weiß Essen. Später sah man Willi Koslowski bei Eintracht Gelsenkirchen und Eintracht Duisburg sowie als Spielertrainer bei Concordia Bochum. Bei den Schalkern wurde er Koordinator für den gesamten Amateurbereich, er arbeitete außerdem auf der Schalker Geschäftsstelle am Parkstadion. Sein Verein ehrte seinen Stürmer-Allrounder, der viele Jahre als Versandleiter in einer Gelsenkirchener Glasfirma beschäftigt war, 1993 mit dem goldenen Ehrenring. Willi Koslowskis Tochter Vanessa wurde als Juniorin Deutsche Meisterin über 100 m Hürden.

KOSTEDDE, ERWIN

Geboren am 21. Mai 1946
Drei Länderspiele (1974 bis 1975)
Kickers Offenbach, Hertha BSC Berlin

Torjäger in drei Ländern

Es war ein Weg voller Höhen und Tiefen – eine Karriere, die einer Fahrt in der Achterbahn glich. Erwin Kostedde wurde vom Glück wahrlich nicht verwöhnt, daran sollte sich auch nach seiner schillernden Laufbahn wenig ändern. Aber der Reihe nach: Erwin Kostedde wuchs am Laerer Landweg, im Osten der Universitätsstadt Münster, auf. Ohne Vater und mit vielen Vorurteilen in seiner Umgebung. »Als Kind und Jugendlicher wollte ich Tag für Tag aufs Neue beweisen, daß der kleine Mohr, der ich so oft genannt wurde, nicht anders ist als alle anderen«, erinnerte sich Erwin später. Immerhin konnte er eines besser als die meisten seiner Spielkameraden: Den Ball konnte er auf der Stiefelspitze tanzen lassen. Ein Polizeibeamter sollte quasi den Weg des Jungen vorzeichnen. Der schenkte ihm nämlich eines schönen Tages ein paar Fußballschuhe. Worauf Erwin beim TuS Saxonia landete und zum erstenmal in seinem jungen Leben auf ein richtiges Tor schoß. Später zauberte er dann in Münster bei den Preußen, wo ihm kein Geringerer als »Fiffi« Gerritzen, einer der Stars des legendären »Hunderttausend-Mark-Sturms«, ein paar Tricks beibrachte. Einen sollte er etliche Jahre danach in der Bundesliga perfektionieren – den »Erwin-Shuffle«. 1967 ging Kostedde dann beim MSV Duisburg vor Anker und kassierte sein erstes »Handgeld« in Höhe von 20 000 Mark. Dem plötzlichen wirtschaftlichen Schub folgte der erste Karriereknick, denn der Jungprofi fühlte sich abends in Bars und Kneipen wohler als in seiner kleinen Wohnung im Stadtteil Meiderich. Das Vertragsverhältnis mit dem MSV wurde im beiderseitigen Einvernehmen gelöst – Kosteddes Zukunft als Fußballspieler stand in den Sternen. Bis zu jenem Tag, da ein Einkäufer von Standard Lüttich bei ihm auf der Matte stand. In der belgischen Metropole blühte Kostedde auf, nicht zuletzt dank der Heirat mit seiner Jugendliebe Monika, einer gebürtigen Luxemburgerin, reifte das einstige Enfant terrible zu einem mit allen Wassern gewaschenen Fußballprofi. Dribblings und eine ungewöhnliche Kopfballstärke machten den Mittelstürmer zu einem der Leistungsträger. Drei Meisterschaften gewann er mit Lüttich, wo er bis 1971 blieb, um dann als frischgebackener belgischer Torschützenkönig bei Kickers Offenbach wieder auf Trainer Lorant zu treffen, dem er einst beim MSV Duisburg einige schlaflose Nächte bereitet hatte. Hertha BSC, Borussia Dortmund, Union Solingen und noch einmal Standard Lüttich – das war sein weiterer Weg als Profi. Angesichts dieser Erfolge hielt sich Kosteddes Länderspielkarriere in bescheidenen Grenzen. Nach der Weltmeisterschaft 1974 bekam er von Helmut Schön dreimal eine Chance. Und als sich Erwin 1979 schon auf ein Leben nach dem Fußball eingerichtet hatte und ein Geschäft in Bad Oeynhausen eröffnen wollte, packte ihn noch einmal das Fernweh. Bei Stade Laval, in der kleinsten Stadt der 1. französischen Liga, machte er mit seinen Toren große Schlagzeilen. Unter dem kleinwüchsigen

Trainer Michel le Millinaire schoß und köpfte Kostedde in der Bretagne wie in seinen besten Tagen. Der Verein bewilligte seinem Torjäger sogar das Privileg, jeweils erst zwei Tage vor einem Spiel aus Westfalen anreisen zu müssen. Das Experiment lohnte sich für beide Seiten – Kostedde wurde Frankreichs Torschützenkönig, um dann noch einmal die Luft der Bundesliga mit dem SV Werder Bremen zu schnuppern, den er nicht zuletzt dank seiner Treffer in die höchste Klasse zurückschoß. Ausklingen ließ er seine 17jährige Karriere schließlich im Jahre 1983 beim VfL Osnabrück. Danach wurde Erwin Kostedde wieder vom Pech heimgesucht. Durch Fehlanlagen geriet er in wirtschaftliche Not, sein Haus in Ostwestfalen kam unter den Hammer. Er kehrte nach Münster zurück, trainierte den Kreisligisten DJK Germania Mauritz. Anfang der 90er Jahre geriet Erwin Kostedde unter den Verdacht, in Coesfeld eine Spielhalle überfallen zu haben. Nach fünfmonatiger Untersuchungshaft wurde er freigelassen, und in einem spektakulären Prozeß in Münster wurde deutlich, daß der Verdacht auf sehr wackligen Beinen stand. Zeugenaussagen waren diffus und die Polizeiermittlungen äußerst umstritten. Trotz des Freispruchs litt der Fußballstar nun unter wirtschaftlicher Not, und er litt mehr noch unter der öffentlichen Vorverurteilung durch Teile der Gesellschaft. Es folgten ein Nervenzusammenbruch und ein Klinikaufenthalt. Rudi Völler und Bernd Hölzenbein, zwei seiner Weggefährten aus gemeinsamen glücklichen Tagen, halfen ihm wieder auf die Beine. 1994 wurde er Trainer beim Landesligisten Sportfreunde Oesede, vor den Toren von Osnabrück.

KRÄMER, WERNER

Geboren am 23. Januar 1940
13 Länderspiele (1963 bis 1967), drei Tore
MSV Duisburg

Der »König der Eierwerfer«

Wer, wie Werner Krämer, mit vier fußballbegeisterten Brüdern aufwächst, der landet wohl automatisch in einem Fußballverein. Werner passierte das, als er sechs Jahre alt war, und er rannte dem runden Leder im Duisburger Vorortclub DJK Lösort nach. Ein Jahr später, in einer Zeit, in der sich im einstmals »goldenen Westen« nach den Jahren des Krieges wieder das Leben regte – auch wenn noch niemand das Wirtschaftswunder ahnte –, spielte Werner Krämer beim Meidericher SV. Auch das

hatte er seinen Brüdern zu verdanken, denn die waren allesamt hier aktiv. Als Schuljunge bekam er dann seinen Spitznamen »Eia« verpaßt. Eines schönen Tages machte er mit seinen Klassenkameraden einen Ausflug, dessen Höhepunkt ein Eierwurfwettbewerb war. Werner Krämer beeindruckte dabei durch seine Treffsicherheit – und schon hatte er »seinen« Namen weg. Als 18jähriger absolvierte er die ersten Punktspiele für den Meidericher SV in der Oberliga West und kassierte als Vertragsspieler 80 Mark Gehalt im Monat, womit er sein Taschengeld ordentlich aufbesserte. Im Vordergrund stand zu diesem Zeitpunkt noch die Ausbildung zum Dreher – später sollte er dann Ausbilder in der Lehrwerkstatt des Thyssen-Konzerns werden. »Fiffi« Kronsbein war sein erster Trainer im bezahlten Fußball. Als 1963 die Bundesliga ihre Tore öffnete, war »Eia« Krämer bereits ein etablierter Fußballer des MSV Duisburg, was ihm, dem Spielmacher, die Ehre des Kapitäns eintrug. Völlig überraschend holte sich der Meidericher SV in diesem ersten Bundesligajahr unter der Regie von Rudi Gutendorf die deutsche Vizemeisterschaft. Fast gleichzeitig begann die internationale Karriere des Duisburgers. Sepp Herberger, der kurz vor seiner Pensionierung stand und Krämer als »eines der größten deutschen Fußballtalente der Nachkriegszeit« bezeichnete, nominierte ihn am 28. September 1963 für das Länderspiel gegen die Türkei in Frankfurt (3 : 0). Dabei erzielte Uwe Seeler in der zweiten Halbzeit einen blütenreinen Hattrick, und die Vorarbeit für alle drei Tore leistete Krämer. Danach stand für den Duisburger das Signal in der Nationalmannschaft auf »grün«. Elf seiner 13 Länderspiele hatte er absolviert, als Krämer für die Weltmeisterschaft 1966 in England nominiert wurde. Aber auf der britischen Insel kam er nur beim 2 : 1-Sieg in der Vorrunde in Birmingham gegen Spanien als »taktischer Rechtsaußen« zum Einsatz. Beim nächsten Spiel gegen Uruguay (4 : 0) gab Bundestrainer Helmut Schön dann wieder Helmut Haller den Vorzug. Krämers Länderspielkarriere ging mit dem 1 : 0-Sieg gegen Bulgarien am 22. März 1967 in Hannover zu Ende. Dabei traf er nach prächtiger Kombination mit Günter Netzer die Latte. Wenige Monate später verließ Werner Krämer, der bereits 1964 in aussichtsreichen Verhandlungen mit dem AC Florenz stand, die heimischen Gefilde und unterschrieb einen Vertrag beim Hamburger SV. Nach zweijährigem Gastspiel an der Elbe zog es ihn wieder zurück ins Revier, zum VfL Bochum. Er führte die Mannschaft aus der Regionalliga West in die Bundesliga. Bis 1973 blieb er in Bochum, wo er so etwas wie der Spiritus rector war, erwarb im Stadtteil Meiderich ein Fünf-Familienhaus, war eine Zeitlang als Kaufmann im Sportartikelhandel tätig, betrieb eine Markisen- und Rolladenfirma in Duisburg und dann ein Sportgeschäft.

KRAUS, ENGELBERT

Geboren am 30. Juli 1934
Neun Länderspiele (1955 bis 1964), drei Tore
Kickers Offenbach, TSV 1860 München

»Frech, witzig und schnell ...«

Die Bundesliga kam und Kraus ging. Seine Offenbacher Kickers hatten den Sprung in die neue Klasse im Jahre 1963 verpaßt. Was ganz besonders Engelbert Kraus schmerzte, denn wenn ihm an einer Fortsetzung seiner Länderspielkarriere gelegen war, dann mußte er ganz einfach bei einem Verein der neuen Eliteliga spielen. Der Sprinter auf dem rechten Flügel fand beim TSV 1860 München eine neue Fußballheimat. Doch das Klima war hier rauh, weil an der Grünwalder Straße mit Max Merkel ein Trainer das Sagen hatte, der bei seiner Arbeit die Peitsche knallen ließ. »Hier in München«, so hatte Merkel gesagt, »muß man erst einmal mit der Machete einen Pfad durch den Fußballurwald schlagen ...« Damals ahnte noch niemand, daß die Metropole an der Isar bald zur deutschen Hauptstadt des Fußballs avancieren würde. Für Engelbert Kraus wurde der Wechsel von Offenbach zu den »Löwen« zunächst zu einem Spießrutenlaufen durch den Wald der Paragraphen. Angeblich, so hieß es, hatte er noch von einem anderen Verein für einen zugesagten Wechsel ein Handgeld erhalten. Worauf Kraus erst einmal bis November 1963 gesperrt wurde. Die Premierenspiele der neuen Bundesliga schaute er sich also von der Tribüne aus an. Doch dann feierte er einen tollen Einstand in München beim 6 : 1 gegen den 1. FC Nürnberg. Wenn da nicht ein paar Minuten vor dem Schlußpfiff eine törichte Affekthandlung gewesen wäre, die ihn gleich wieder auf Eis legte. Und da er anschließend auch noch unter Verletzungen litt und nicht den erhofften Kontakt zu seinen Kameraden fand, war er schließlich froh, daß es am Ende seiner ersten Saison in München doch noch einen Glanzpunkt gab – Kraus wurde mit dem »Sechzigern« deutscher Pokalsieger mit einem 2 : 0-Endspielsieg gegen Eintracht Frankfurt. Nach einem relativ kurzen Gastspiel in München kehrte er zurück zu seinen Wurzeln, zurück zum Bieberer Berg nach Offen-

bach. Hier hatte er schon als elfjähriger Bub' in der Schülermannschaft der Kickers gekickt. Schon damals, so ist überliefert, war er »frech, witzig, schnell und ohne Respekt vor den Größeren und Stärkeren«. Kurt Schreiner und Paul Osswald, Trainer der alten Schule, formten das Talent, und Berti entwickelte sich zum Torjäger und »Windhund« seiner Mannschaft. Er war ebenso schmächtig wie draufgängerisch und konnte schon im jugendlichen Alter an guten Tagen ein Spiel ganz allein entscheiden. Später, in der 1. Mannschaft der Kickers, spielte der gelernte Elektriker meistens auf der Position des Rechtsaußen oder des Halbstürmers. In den großen Repräsentationsspielen der 50er Jahre empfahl er sich bei Sepp Herberger, der ihn schon 1955 im Spiel gegen Jugoslawien in Belgrad einsetzte. 1962 gehörte Engelbert Kraus zum deutschen Aufgebot bei der Weltmeisterschaft in Chile und lief dort im Spiel gegen den Turniergastgeber auf. 1965 beendeten zwei Meniskusoperationen die lange Karriere von Berti Kraus, der zwei Jahre später endgültig die Stiefel an den Nagel hing. Danach arbeitete er als Versicherungsangestellter in Offenbach.

KRAUSE, EMIL

Geboren am 21. Januar 1908,
gestorben am 2. August 1962
Ein Länderspiel (1933)
Hertha BSC Berlin

Eine Konzession an Berlin?

DFB-Präsident Felix Linnemann hatte im Dezember 1933 seinem Trainer Professor Otto Nerz eine Anweisung gegeben, die dieser nicht befolgte. Der Reichstrainer sollte gemeinsam mit dem Berliner »Fachberater« Birlem für das Länderspiel gegen Polen in Berlin die stärkste deutsche Mannschaft nominieren. Doch dann gab es da nach Ansicht einiger Experten doch ein paar Konzessionen gegenüber dem Länderspiel-Gastgeber an der Spree. Eine davon war Emil Krause von Hertha BSC. Der galt zwar als glänzender Verteidiger, war aber nicht unumstritten. Die Berliner hielten von dem kleinen schwarzhaarigen Herthaner jedoch eine ganze Menge, denn Emil Krause verfügte über eine enorme Antrittsschnelligkeit (er sprintete die 100 m in 11,5 Sekunden) und über einen satten Schuß. Er stammte von Wacker 04, wo er sich als Neunjähriger anmeldete, aber ein Jahr lang auf sein erstes Spiel warten mußte, weil er noch nicht alt genug war. Und da Fußballstiefel nicht aufzutreiben waren, spielte der kleine Emil zunächst in Mutters Holzschuhen, die er mit einer Schnur an den Beinen befestigte. Das alles passierte in der schweren Zeit nach dem 1. Weltkrieg. Als 17jähriger kickte er bei Wacker zum erstenmal in der 1. Mannschaft, wechselte dann zu Tennis Borussia, wo er aber im Schatten von Hans Brunke und Heinz Emmerich stand. Erst bei Hertha BSC blitzte das Talent des Verteidigers so richtig auf – doch die große Zeit der Herthaner war nach dem Gewinn der Deutschen Meisterschaft im Jahre 1931 vorbei. 35 000 Zuschauer waren am 3. Dezember 1933 im Berliner Poststadion zwar angetan von der Harmonie des Verteidigerduos Haringer/Krause, aber nicht vom Gesamteindruck der deutschen Nationalelf, die sich gegen Polen nur mühsam mit 1 : 0 dank eines Tores von Rasselnberg in der Schlußminute behaupten konnte. Für Emil Krause, Schlosser von Beruf, blieb dies die einzige internationale Bewährungschance. Statt dessen trug er genau 107mal das Trikot der Berliner Stadtmannschaft. Nach seiner aktiven Zeit stellte er sich bei seiner Hertha als 3. Vorsitzender und als Spielausschußobmann zur Verfügung. In Berlin übte er den Beruf des Toto-Bezirksleiters aus. Er starb 1962 an einem Gehirnschlag.

KRAUSE, WALTER

Geboren am 14. März 1896,
gestorben am 28. April 1948
Sechs Länderspiele (1920 bis 1924)
Victoria Hamburg, Holstein Kiel

Der »Strafraum-Räumer«

»Weltoffenheit« – das war für die Hamburger bereits an der Schwelle zum 20. Jahrhundert eine Selbstverständlichkeit. Die Hansemetropole war vor dem 1. Weltkrieg mit über einer Million Einwohnern die zweitgrößte Stadt des Deutschen Reichs und nach London und New York der drittgrößte Handelsplatz der Welt. Die Schiffe legten noch am »Holländischen Brook« an und damit unmittelbar vor den Handelshäusern und Speichern der Kaufleute. Der Segelschiffhafen lag um die Jahrhundertwende am linken Ufer der Elbe, und an den Duckdalben machten die Viermaster mitten auf dem Fluß fest. Am Jungfernstieg flanierte die bessere Gesellschaft Hamburgs – hier parkten die Droschken und Kutschen. Walter Krause wird dieses Bild seiner Heimatstadt in seinen Kinderjahren mit sich herumgetragen haben. Victoria Hamburg

war sein Verein, doch als der 1. Weltkrieg vorüber war und sich wieder ein Punktspielbetrieb im deutschen Fußball regte, da gab an der Elbe der HSV den Ton an. Trotzdem schaffte Walter Krause den Sprung in die deutsche Nationalmannschaft. Er feierte sein Debüt im Berliner Grunewaldstadion. 35 000 Zuschauer – nie zuvor gab es eine so große Kulisse bei einem Länderspiel in Deutschland – hungerten geradezu nach Fußball, und sie müssen ein feines Gespür gehabt haben, denn an diesem 24. Oktober 1920 gewannen die deutschen Nationalspieler gegen Ungarn mit 1 : 0. Der Hamburger Adolf Jäger schoß das entscheidende Tor, und ein zweiter Hamburger – Walter Krause – räumte im Strafraum auf und stoppte die gefährlichen Schlosser und Orth. Schon im Jahr darauf zog es den rechten Außenläufer, den seine Freunde an Alster und Elbe »Wakra« nannten, zu Holstein Kiel. Er glänzte als Techniker und war ein ausgezeichneter Kombinationsspieler. Eine Tugend, die nach dem 1. Weltkrieg mehr und mehr gefragt war. Walter Krause absolvierte insgesamt sechs Länderspiele und war ein Weggefährte des jungen Sepp Herberger. Sein letztes internationales Spiel bestritt er am 15. Juni 1924 in Oslo. Als der Nürnberger Hans Sutor verletzt ausschied, kam er in der 68. Minute.

KRAUSS, WILLY

Geboren am 10. Februar 1896
Zwei Länderspiele (1911 bis 1912)
Carl Zeiss Jena

Fußballpionier aus Jena

Jena war die Geburtsstadt von Willy Krauß. Als er um die Jahrhundertwende in der Metropole an der Saale heranwuchs, da hatte Jena längst den Charme einer traditionsreichen Universitätsstadt. Die »Burschenherrlichkeit« war hier zu Hause, und vor dem Burgkeller stimmten die Studenten der altehrwürdigen »Alma mater Jenensis« unter ihren roten Mützen zackige und zuweilen auch zotige Lieder an. Am 13. Mai 1903 wurde der Vorgänger des FC Carl Zeiss Jena gegründet, von 1917 an nannte sich der Verein 1. SV Jena. Willy Krauß fand in den Jahren vor dem 1. Weltkrieg hier einen Stammplatz als linker Läufer. Er war Mechaniker von Beruf, und in der Saison 1910/11 wurde Carl Zeiss Meister des Gaues Ostthüringen im Verband der Mitteldeutschen Ballspielvereine. In der Vorrunde um die Verbandsmeisterschaft scheiterte Jena dann allerdings auf neutralem Platz in Erfurt am FC Wacker Halle mit 2 : 6. Herausragender Spieler der Jenenser war Willy Krauß. Der hatte bereits am 26. März 1911 in Stuttgart-Degerloch die ersten internationalen Erfahrungen sammeln können. Beim in dieser Höhe völlig überraschenden 6 : 2-Sieg gegen die Schweiz bildete er mit Max Breunig und dem Fürther Karl Burger eine ausgezeichnete Läuferreihe der deutschen Nationalelf. Zu einem zweiten Länderspieleinsatz kam Krauß ein gutes Jahr später beim 4 : 4 gegen Ungarn in Budapest. Diesmal waren der Leipziger Ugi und der Kieler Georg Krogmann seine Nebenleute in der Mittelfeldachse. Als der Bundesspielausschuß des Deutschen Fußball-Bundes wenig später das Aufgebot für die Olympischen Spiele in Stockholm benannte, war Willy Krauß allerdings nicht mehr dabei.

KREMERS, ERWIN

Geboren am 24. März 1949
15 Länderspiele (1972 bis 1974), drei Tore
Schalke 04

Links dribbeln – nach außen antäuschen

Tschik Cajkovski hatte so seine Probleme. »Guten Morgen, Erwin«, grüßte der rundliche Coach während seiner Zeit bei den Offenbacher Kickers. Ihm antwortete ein spitzbübisches Grinsen: »Guten Morgen, Trainer, ich bin der Helmut ...« Verwechslungen waren an der Tagesordnung, als Erwin und Helmut Kremers in der Bundesliga spielten, und Tschik war es eines Tages leid, die beiden auseinanderzuhalten. Er nannte den einen wie den anderen kurz und knapp »Dingens«. Was soweit hergeholt nicht war, denn »Dingens« war ein Wort, das die Kremers-Zwillinge häufiger gebrauchten. Die beiden dribbelstarken Fußballprofis waren 1970 am Bieberer Berg der nicht unbedeutende Teil einer starken Gladbacher Kolonie. Erwin Kremers war in der D-Jugend mal Torwart, dann stets Linksaußen, obwohl der rechte eigentlich sein stärkerer Fuß war. Und er wäre gern bei Borussia Mönchengladbach geblieben, doch in der Elf der »Fohlen« fand er keinen Stammplatz. So wanderte er mit seinem Zwillingsbruder Helmut für ein Jahr nach Offenbach. Daß sie gemeinsam auf Reisen gehen würden, war für die beiden nie eine Frage, denn die beiden Kremers waren unzertrennlich. Als sich Erwin in seinen ganz jungen Jahren mal den Arm brach, jammerte Helmut so lange, bis ihm der Arzt ebenfalls den – gesunden – Arm in die Schlinge legte. Fußball hatte in der Familie Tradition. Vater Wil-

helm spielte einst beim SC Mönchengladbach als Torwart, und der ältere Bruder Manfred war ebenfalls ein begabter Fußballer. Nach einem Jahr verließen beide Kremers den Bieberer Berg und heuerten beim FC Schalke 04 an. Worauf für Erwin ein Jahr begann, das ihn zu einem Himmelsstürmer werden ließ. Trainer Horvat formte einen Diamanten. Mit den »Knappen« wurde er 1972 DFB-Pokalsieger, deutscher Vizemeister und mit der Nationalelf Europameister. Er gehörte zu jener Mannschaft, von der behauptet wurde, sie sei zumindest in den siebziger Jahren – trotz des WM-Gewinns von 1974 – das Nonplusultra gewesen. Womöglich wäre Erwin Kremers auch Weltmeister geworden, wenn ihm nicht am allerletzten Spieltag der Saison 1973/74 ein Mißgeschick passiert wäre. In der letzten Spielminute wurde er auf dem Betzenberg in Kaiserslautern wegen Schiedsrichterbeleidigung des Feldes verwiesen – nach damaligen Gepflogenheiten war das gleichbedeutend mit dem »Aus« für das WM-Turnier. Im Trikot des FC Schalke 04 spielte Erwin Kremers noch bis zum Jahr 1979 – die Fans im Ruhrgebiet schwärmten von seinen Dribblings und von dem Trick, den man ihm einst in seinen Lehrjahren in Mönchengladbach beigebracht hatte: Links dribbeln, nach außen antäuschen und mit dem Ball auf dem rechten Fuß losstürmen! Nach 261 Bundesligaspielen und 61 Toren machte Erwin Kremers Schluß und wurde in Gelsenkirchen als Hersteller von Kindermoden ein erfolgreicher Geschäftsmann.

KREMERS, HELMUT

Geboren am 24. März 1949
Acht Länderspiele (1973 bis 1975)
Schalke 04

Vom Profi zum Präsidenten

Erwin Kremers hat einmal über seinen nicht ganz so erfolgreichen Zwillingsbruder Helmut gesagt: »Der ist viel besser als ich.« Tatsache ist, daß beide wie Pech und Schwefel zusammenhielten und daß sich ihre Wege erst mit dem Ende ihrer gemeinsamen Karriere trennten. Helmuts Karriere dauerte genau ein Jahr länger. Während der Europameisterschaft 1972, bei der Erwin zum Topstar aufstieg, telefonierte Helmut fast täglich mit seinem Zwillingsbruder. Auch sein Weg begann bei Borussia Mönchengladbach, doch nach zwei Spielzeiten hatte er es satt, fast immer nur auf der Reservebank zu sitzen. Also wechselten die Kremers zu den Offenbacher Kickers, doch der Bieberer Berg war nur eine Art Intermezzo – die große Karriere begann 1971 beim FC Schalke 04. Erwin dribbelte auf dem linken Flügel, Helmut räumte zunächst in der Abwehr ab und wurde dann mehr und mehr im Mittelfeld unverzichtbar. Den Sprung ins EM-Team des Jahres 1972 schaffte Helmut im Gegensatz zu Erwin nicht. Dafür war zwei Jahre später bei der Weltmeisterschaft in Deutschland alles anders. Erwin war in Kaiserslautern vom Platz geflogen und wurde vom DFB-Bannstrahl getroffen – Helmut wurde mit der deutschen Nationalmannschaft Weltmeister. Allerdings war er ein »Weltmeister ohne Spiel«, denn Helmut Schön gab ihm in diesem Turnier keine Chance. Bis 1977 war er eine der großen Stützen des FC Schalke 04, doch dann wendete sich das Blatt, weil sich immer wieder Krankheiten und Verletzungen einstellten. Binnen weniger Monate lag er siebenmal im Krankenhaus. Sein Pech begann mit einem entzündeten Weisheitszahn und Medikamenten, die er nicht vertrug. Dann mußte er an beiden Leisten operiert werden, und zu allem Überfluß stellten sich Nierenkoliken ein. 273 Bundesligaspiele hatte Helmut Kremers auf dem Buckel, als er sich 1980 beim FC Schalke 04 verabschiedete, um dann noch einen Vertrag bei Rot-Weiß Essen zu unterschreiben. Danach startete er sein Abenteuer Übersee, spielte beim kanadischen Club Calgary Boomers und in der Hallensaison in Memphis. Doch ab 1989 wirkte er wieder bei den Gelsenkirchenern in verschiedenen Ämtern – meist als Manager. Im Herbst 1994 wurde er nach einer emotionsgeladenen Rede bei der Hauptversammlung für den verstorbenen Bernd Tönnies gar zum Präsidenten des FC Schalke 04 gewählt – für alle eine große Überraschung. Aber dies blieb nur eine Episode, denn nach einem Vierteljahr war seine Amtszeit schon wieder vorbei.

KRESS, ANTON

Geboren am 8. Juni 1899,
gestorben am 3. Januar 1957
Ein Länderspiel (1921)
1. FC Pforzheim

Aus der Stadt der Goldschmiede

In der guten alten Zeit des 1. FC Pforzheim hatte der Name Anton Kreß einen ausgezeichneten Klang. Der Rechtsaußen kam von Oststadt und eiferte seit dem Jahre 1915, aber vor allem nach dem Ende des 1. Weltkriegs, in seiner Heimatstadt den schon zu

diesem Zeitpunkt legendären Pforzheimer Fußballhelden Marius und Arthur Hiller nach, die in der Frühzeit der deutschen Länderspielgeschichte erstklassige Leistungen geboten hatten. Anton Kreß ging in der Stadt der Goldschmiede seinem Beruf als Angestellter nach und kam 1921 zu einer Berufung in die Nationalmannschaft. Allerdings profitierte er von einer wenig glücklichen Terminierung, denn das Länderspiel am 5. Juni 1921 in Budapest gegen Ungarn kollidierte mit der deutschen Endrunde. Und so wurden einige Neulinge getestet, zu denen auch der Pforzheimer Anton Kreß gehörte. Obwohl Heiner Stuhlfauth im deutschen Tor stand, hatte die Nationalmannschaft gegen die starken Ungarn vor 30 000 Zuschauern auf dem MTK-Platz nicht den Hauch einer Chance und unterlag 0:3. Anton Kreß konnte sich nicht durchsetzen, und in der Angriffsmitte wartete der Hamburger Adolf Jäger vergeblich auf Flanken. Mehr Erfolg hatte der Pforzheimer in insgesamt acht Repräsentativspielen für den Süden. Bei seinem 1. FC war er auch deshalb außerordentlich beliebt, weil er alle Stürmerpositionen bekleiden konnte.

KRESS, RICHARD

Geboren am 6. März 1925,
gestorben am 28. März 1996
Neun Länderspiele (1954 bis 1961), zwei Tore
Eintracht Frankfurt

Der »Blitz von Horas«

Richard Kreß war ein Spätberufener. Ein Fußballer, der erst im reifen Alter die Früchte seines Talents ernten durfte. Der in Niesig bei Fulda geborene Stürmer war bis zu seinem 28. Lebensjahr Mitglied des FV Horas Fulda. Hier hätte er womöglich auch noch länger gespielt, doch seine junge Karriere als Fußballer wurde durch Arbeitsdienst und Wehrmacht jäh unterbrochen. Sieben Jahre lang mußte er auf das Spiel, das er so liebte, verzichten. Und als er 1949 aus französischer Kriegsgefangenschaft aus Korsika heimkehrte, war er körperlich alles andere als stabil. Doch dann war da ein Mann namens Willi Balles, seines Zeichens Spielausschußvorsitzender der Frankfurter Eintracht. Der holte den 28jährigen Richard Kreß zum Riederwald. In der Hessenauswahl hatte er sich als Mittelstürmer und Rechtsaußen einen Namen gemacht – man nannte ihn den »Blitz von Horas«. Ärger bekam Richard Kreß 1952 mit dem Hessischen Fußballverband, der ihn für alle Auswahlspiele sperrte. Der Grund:

Kreß hatte für eine Aushilfskraft in seiner Drogerie während eines Lehrgangs pro Tag 25 Mark gefordert. Die Sperre wurde zwar schon bald aufgehoben, doch der Zug zum olympischen Fußballturnier in Helsinki war für den Frankfurter abgefahren. Zwei Jahre später gab es für ihn die nächste Enttäuschung, als Sepp Herberger ihn nicht mit zur Weltmeisterschaft in die Schweiz nahm. Doch in der Oberliga sorgte er immer wieder für Schlagzeilen. Und so kam der Frankfurter dann doch noch zu internationalen Ehren – auch deshalb, weil im Herbst 1954 einige Spieler des frischgebackenen Weltmeisters wegen einer um sich greifenden Hepatitis ausfielen. Sepp Herberger berief vierzig Spieler zu einem Sichtungslehrgang in die Sportschule Grünberg. Jupp Derwall und der Youngster Uwe Seeler waren dabei – aber auch Richard Kreß. Der stand dann am 19. Dezember 1954 im Aufgebot für das Länderspiel gegen Portugal in Lissabon. 77 Minuten kam er beim 3:0-Sieg zum Einsatz, dann löste ihn Waldner vom VfB Stuttgart ab. Fast schon hatte sich Kreß damit abgefunden, daß dieses erste gleich sein letztes Länderspiel gewesen sein sollte, doch dann entsann sich Sepp Herberger sechs Jahre später noch einmal dieses exzellenten Dribblers. Am 26. Oktober 1960 wirkte Kreß beim 4:3-Sieg im ersten WM-Qualifikationsspiel in Belfast gegen Nordirland mit. Zweieinhalb Jahre vorher war er als 33jähriger für das WM-Turnier in Schweden offenbar schon zu »alt«, doch als 35jähriger war er plötzlich wieder ein gefragter Mann. Kreß, Brülls, Uwe Seeler, Herrmann und Gert Dörfel – das war der deutsche Sturm an diesem herbstlichen Abend in Belfast. Zwei Jahre später tauchte Richard Kreß' Name zwar im 40er Kader für die Weltmeisterschaft in Chile auf, doch die Reise nach Südamerika machte er nicht mit. Mit dem 2:1-Sieg in Augsburg gegen Griechenland hatte er sich am 22. Oktober 1961 von der Nationalmannschaft in seinem neunten Einsatz verabschiedet. Zu diesem Zeitpunkt war Richard Kreß 36 Jahre alt. Die großen Reisen machte er statt dessen mit der Frankfurter Eintracht. 1962 führten sie ihn nach Rußland, Asien, Afrika und Amerika. Seinen sportlichen Höhepunkt erlebte Kreß am 18. Mai 1960, als die Eintracht das Europacupfinale gegen Real Madrid in Glasgow erreichte. Am Ende hatten die Hessen zwar im Hampdon-Park mit 3:7 verloren, doch Kreß hatte immerhin das Führungstor gegen den hohen Favoriten aus der spanischen Metropole geschossen. Eine Woche vor seinem 39. Geburtstag absolvierte Richard Kreß 1964 in Köln vor 35 000 Zuschauern sein letztes Bundesligaspiel für Eintracht Frankfurt. Nach seiner

17 Jahre währenden Laufbahn konzentrierte er sich auf seinen Beruf. Er unterhielt eine Drogerie im Zentrum von Frankfurt, und er machte hier noch einmal Schlagzeilen, als der Nationalspieler in den frühen 80er Jahren nach einem Überfall dem Räuber nachsetzte und ihn der Polizei übergab. Richard Kreß starb nach einer Herzoperation im Frühjahr 1996.

KRESS, WILLIBALD

Geboren am 13. November 1906,
gestorben am 27. Januar 1989
16 Länderspiele (1929 bis 1934)
Rot-Weiß Frankfurt, Dresdner SC

DFB-Präsident leitete das Verhör

Willibald Kreß hatte einen berühmten Vorgänger: Heiner Stuhlfauth. Zwischen 1929 und 1934 war der Frankfurter Nachfolger des legendären Nürnberger Schlußmannes und damit von einem der größten Torwarte seiner Epoche. Daß er schon früh mit dem Fußball in Berührung kam, war kein Wunder, denn die Wohnung seiner Eltern lag gegenüber dem Sportplatz von Amicitia Bockenheim, die dann in den VfR Bockenheim aufging. Mit 15 Jahren stand Willibald schon im Tor der 1. Mannschaft. Helvetia Frankfurt, das sich später Rot-Weiß Frankfurt nannte, war sein erster großer Verein. Ursprünglich hätte sich der »schöne Willibald« nie vorstellen können, daß aus ihm mal ein Torwart würde. Mittelstürmer – das war die Position, die seinem Naturell entsprach. Aber im Jahre 1928 hatte er keine andere Wahl. Ein Torwart wurde gesucht und in Kreß gefunden. Aber damit begnügte sich der 22jährige nicht. Samstags stürmte er für die rotweiße Reserve, sonntags stand er dann zwischen den Pfosten der ersten Mannschaft. Und irgendwann schaute mal Reichstrainer Prof. Dr. Nerz bei einem Spiel der Frankfurter vorbei und war begeistert von diesem temperamentvollen Bewegungstalent im Tor, der mit einem ausgezeichneten Stellungsspiel gesegnet war – und deshalb »Bodenberührungen« tunlichst vermied. Heiner Stuhlfauth war verletzt, und in dieser Zeit war der deutsche Fußball nicht mit guten Schlußleuten gesegnet. Die Bilderbuchstory vom Torwart, der viel lieber Tore schießen wollte, hatte ihr Happy-End: Am 10. Februar 1929 feierte Willibald Kreß in seiner Heimatstadt ein großes Debüt in der Nationalmannschaft. 7:1 wurde die Schweiz besiegt, und seine Frankfurter Freunde jubelten dem »Sonnyboy« zu. Auch in den nächsten beiden Länderspielen wurde Kreß berücksichtigt – und wieder gab es hohe Siege für die Nationalmannschaft. In den Zeitungen wurde er in höchsten Tönen gelobt. »Keiner arbeitet so sicher mit den Händen, greift so weich nach den Bällen«, war zu lesen. Manche sahen in Willibald Kreß so etwas wie einen Glücksbringer der Elf. Doch 1932 bekam seine Karriere einen Knick. Rot-Weiß Frankfurt schloß außerhalb des Meisterschaftsbetriebs sechs Spiele pro Woche ab. Die Vertragsvoraussetzung der jeweiligen Gastgeber: Kreß mußte zwischen den Pfosten stehen. Doch eines Tages wurde der Nationaltorwart von einer Diphtherie heimgesucht – Rot-Weiß mußte auf ihn verzichten. Worauf die Vertragspartner prompt 1000 Mark von der Gage einbehielten. Die 1000 Mark wollte der Verein bei seinen Spielern einsparen, die daraufhin in eine Art Streik traten. Der DFB horchte auf, und kein Geringerer als Willibald Kreß mußte in Berlin aussagen. DFB-Präsident Felix Linnemann, ein Kriminalbeamter, leitete das »Verhör«. Am Ende stand eine einjährige Sperre für Kreß, der zwangsläufig ins Ausland wechseln mußte und sich nach Frankreich begab – der FC Mülhausen hatte ihm ein gutes Angebot gemacht. Nach einem Jahr kehrte Kreß zurück – aber nicht nach Frankfurt, sondern zum Dresdner SC, wo der »verlorene Sohn« ein brillantes Comeback in einem Spiel gegen den Deutschen Meister Fortuna Düsseldorf feierte. 60 000 jubelten dem neuen Dresdner Torwart zu. Als 1934 die deutsche Nationalmannschaft erstmals an einem Weltmeisterschaftsturnier teilnahm, war Willibald Kreß natürlich wieder dabei. Im Halbfinalspiel gegen die Tschechoslowakei unterlief ihm allerdings ein Fehler, der vermutlich die Endspielteilnahme kostete. Professor Dr. Otto Nerz verzieh ihm dieses Mißgeschick nicht – die internationale Karriere war beendet. Aber seine Karriere im Trikot des Dresdner SC führte noch zu einigen strahlenden Glanzpunkten. 1936 und 1941 gewann er mit der sächsischen Auswahl den Reichsbundpokal. Mit dem Dresdner SC holte er 1940 und 1941 den Vereinspokal des DFB sowie 1943 und 1944 die Deutsche Meisterschaft. Helmut und Richard Hofmann waren die Gefährten seiner späten Torwarttage. Als der 2. Weltkrieg zu Ende ging und Willibald Kreß spät aus der Gefangenschaft heimkehrte, stand er noch einmal im Tor des Oberligisten FSV Frankfurt. Mit 44 Jahren machte er endgültig Schluß – nach einer Karriere, die nicht weniger als 27 Jahre währte. 1948 absolvierte Willibald Kreß an der Sporthochschule in Köln das Sportlehrerexamen mit der Note »Sehr gut«. Er wurde 1949 erster Verbandstrainer des Fußballverbandes Hessen, wechselte dann für

vier Jahre als Trainer zum FSV Frankfurt. Später waren der Wuppertaler SV und Wormatia Worms seine Stationen. 1961 verlegte er dann seinen Lebensmittelpunkt nach Gießen, trainierte dort den VfB von 1900, später dann Eintracht Wetzlar und Eintracht Lollar. Noch im Rentenalter vermittelte Willibald Kreß sein fußballerisches Wissen. Als 71jähriger beeindruckte er als Referent bei einem Trainerlehrgang in Barsinghausen. In seiner großen Zeit war er ein Weltstar. Zamora, Hiden, Combi, Kreß – das waren die »Großen Vier« der Torwartszene in den frühen 30er Jahren. Helmut Schön war fasziniert von diesem von vielen als Idol umschwärmten Fußballer: »Er war im Sinne des Wortes ein Beherrscher des Strafraums.« Gesundheitliche Probleme in den 80er Jahren änderten wenig an seiner positiven Einstellung zum Leben. Er erlitt einen Schlaganfall, der Lähmungen in der linken Hand nach sich zog, er wurde 1983 bei einem Autounfall verletzt und verlor schließlich seine Frau. Seine letzten Lebensjahre verbrachte er in einem Gießener Altersheim. Hans Passlak, der DFB-Generalsekretär, hatte ihm diese wohnliche Bleibe vermittelt. Willibald Kreß starb am 27. Januar 1989 nach einem erneuten Schlaganfall.

KROGMANN, GEORG

Geboren am 4. September 1886,
gestorben am 9. Januar 1915
Drei Länderspiele (1912)
Holstein Kiel

Sohn einer Kieler Fußballfamilie

Der Kieler Männerturnverein von 1844 war die Keimzelle des Fußballs an der Förde. Doch erst die Trennung von den Turnern machte die fußballverrückten jungen Kieler munter. In den Morgenstunden des 7. Oktober 1900 gründeten neun fußballspielende »Turner« aus Kiel den 1. Kieler Fußballverein. Die »Gründungsversammlung« fand auf dem Kieler Bahnhof statt. Ursprünglich sollte eine Fußballmannschaft des Männerturnvereins zu einem Spiel nach Lübeck reisen, doch der MTV-Turnrat verbot den jungen Leuten die Fahrt, worauf aus Fußballern »Rebellen« wurden. Sie stiegen in den Zug, spielten, wie geplant, im benachbarten Lübeck und schickten ihrem Verein anschließend eine Postkarte mit der Kündigung. Einer von diesen Pionieren war Georg P. Blaschke, der später im DFB zu Amt und Würden kam und den sie dann liebevoll »Papa« nannten. Zwei Jahre später trafen sich die Kieler dann in einer Gartenlaube am Knooper Weg erneut und gründeten den »FC Holstein«. Und die Kieler machten bald von sich reden – schon vor dem 1. Weltkrieg repräsentierten sie deutsche Fußballspitzenklasse. Georg Krogmann entstammte einer Kieler Fußballfamilie. Als er das erste Mal seiner sportlichen Leidenschaft nachging, da war im Hafen seiner Heimatstadt der nahende 1. Weltkrieg spürbar. Am Kai promenierte die »bessere Gesellschaft« – vorbei an den klotzigen Kriegsschiffen. Zur Kieler Woche waren die Yachten auf der Reede über die Toppen geflaggt, und Kaiser Wilhelm II. winkte huldvoll von der Reling seines teuren »Spielzeugs«, der 122 Meter langen Dampfyacht »Hohenzollern«. Doch all das weckte in dem jungen Georg Krogmann kaum Sympathien – sein Herz gehörte vor allem dem Fußball. Und das war eine völlig andere Welt, als die der »oberen Zehntausend« im fahnengeschmückten Kieler Hafen. Der Mittelläufer von Holstein hatte mit seiner Mannschaft das deutsche Endspiel des Jahres 1910 in Köln gegen den Karlsruher FV knapp mit 0:1 verloren. Die Kieler sannen auf Revanche, und die bot sich ihnen zwei Jahre später in Hamburg. Der Karlsruher FV hatte sich für dieses Finale für drei Tage den alten Lehrmeister William Townley, der in Fürth wirkte, zurückgeholt. Doch diesmal triumphierten die Kieler – gewannen durch einen mächtigen Elfmeterschuß von Möller mit 1:0. Krogmann war als linker Läufer dabei – Zinke stand im Deckungszentrum. Vier Wochen vor diesem deutschen Endspiel trug Georg Krogmann schon das deutsche Nationaltrikot beim 4:4 in Budapest gegen Ungarn. 4:1 hatten die Deutschen geführt, am Ende mußten sie sich mit dem Remis begnügen, weil der Ungar Schlosser in der Schlußminute einen Handelfmeter verwandelte. Im späten Frühjahr des gleichen Jahres reiste der Kieler zum olympischen Turnier nach Stockholm. Mit der Niederlage in der Trostrunde gegen Ungarn (1:3) verabschiedete sich Georg Krogmann aus der Nationalelf. Die Kieler empfanden für ihn viele Sympathien, weil der große, häufig in sich gekehrt wirkende Fußballer stets Ruhe ausstrahlte. Er kehrte als Soldat von der Front des 1. Weltkriegs nicht zurück.

KROTH, THOMAS

Geboren am 28. August 1959
Ein Länderspiel (1985)
Eintracht Frankfurt

In Köln auf dem Abstellgleis

Beim SV Erlenbach begann Thomas Kroth seinen Weg als Fußballer. Schon sehr früh wurde sein Talent erkannt, und schon in der C- und B-Jugend war er ständig mit den Auswahlmannschaften Bayerns unterwegs. So war es nicht weiter verwunderlich, daß die Offenbacher Kickers bald auf den ballgewandten Mittelfeldspieler aufmerksam wurden. Zwischen 1976 und 1978 absolvierte Thomas Kroth zwei B- und 17 A-Jugend-Länderspiele, worauf der hessische Zweitligist den jungen Mann nicht mehr halten konnte. Der wechselte 1978 zum 1. FC Köln in die Bundesliga, wo mit Hennes Weisweiler einer der ganz Großen der deutschen Trainerszene amtierte. Aber am Rhein erfüllten sich die Hoffnungen Kroths nicht, und als Rinus Michels im Oktober 1980 das Kommando beim 1. FC Köln übernahm, sanken die Chancen des Talents rapide. Berti Vogts hatte den Studenten Thomas Kroth aber nicht aus den Augen verloren und nominierte das Talent vom Kölner Abstellgleis für seine U-21-Nationalmannschaft. Ende 1982 näherte sich Kroth dann wieder heimischen Gefilden – er wurde an Eintracht Frankfurt ausgeliehen. Und nun platzte bei ihm der Knoten – er wurde Stammspieler und mauserte sich zu einem der besten Mittelfeldakteure der höchsten deutschen Spielklasse. Franz Beckenbauer lud ihn zur Nationalmannschaft ein, und im Januar 1985 kam er eine Halbzeit lang gegen Ungarn zum Einsatz. Im Jahr darauf erlag Thomas Kroth den Lockrufen des Hamburger SV, wo ein Nachfolger für Spielmacher Felix Magath gesucht wurde. Zu diesem Zeitpunkt hatte er rund 130 Bundesligaspiele absolviert. 1988 wechselte Kroth schließlich von der Elbe zu Borussia Dortmund.

KRÜGER, KURT

Geboren am 4. Oktober 1920
Ein Länderspiel (1940)
Fortuna Düsseldorf

Debüt mit dem »großen Fritz«

Der 14. Juli 1940 war ein großer Tag im Leben des Fritz Walter. An diesem sommerlichen Nachmittag kam der Pfälzer zum erstenmal zu Länderspielehren. 35 000 Zuschauer mußten in Frankfurt 20 Minuten auf den Anpfiff warten, weil der 19jährige Fritz Walter verschlafen hatte und seinen Kameraden mit der Straßenbahn hinterherfuhr ... Kurt Krüger, ein Düsseldorfer Junge, machte an diesem Tag ebenfalls sein erstes (und letztes) Länderspiel. Sepp Herberger war zu Beginn des Jahres 1940 bemüht, eine Nachfolgemannschaft für die schon zur Legende gewordene »Breslauer Elf« zu formen. Die Weltmeisterschaft 1942 war sein großes Ziel – und noch ahnte der Reichstrainer nicht, daß es dieses Turnier inmitten des 2. Weltkriegs nie geben sollte. Herberger nominierte für das Frankfurter Spiel gegen Rumänien die vielleicht jüngste Elf in der Geschichte der deutschen Nationalelf. Die Fußballanhänger der Düsseldorfer Fortuna schwärmten zu Beginn der 40er Jahre von ihren unbekümmert auftrumpfenden jungen Läufern, der Nachfolgegeneration der abgetretenen Mehl, Bender und Czaika. Zwolanowski und Krüger waren in aller Munde. Beide wurden für das Länderspiel gegen Rumänien nominiert, aber nur Mittelläufer »Kutti« Krüger kam zum Einsatz. Der deutsche »Fußballkindergarten« machte ein tolles Spiel, führte schon nach einer guten halben Stunde 4:0 und gewann schließlich 7:3. Zwar verblieb Kurt Krüger im Kader Sepp Herbergers, der ihn auch noch im Jahr darauf zu einem Lehrgang nach Berlin einlud, doch in den Genuß weiterer Länderspiele kam er nicht. Nach dem 2. Weltkrieg trug der Düsseldorfer zwei Jahre lang das Trikot von Holstein Kiel. An der Förde hatte er schon während des Krieges als Gastspieler gewirkt. Hier begegnete ihm auch seine spätere Frau Evelyn. 1948 kehrte Kurt Krüger zu Fortuna Düsseldorf zurück, erlitt dann am 6. Januar 1952 im Rheinstadion im Spiel gegen Bayer Leverkusen einen doppelten Schienbeinbruch – es war sein Abschied vom Leistungssport. Später war er dann zwei Jahre lang Trainer von Eller 04, und er fand einen Job in der Verwaltung der Rheinbahn.

KRUMM, FRANZ

Geboren am 16. Oktober 1909,
gestorben am 9. März 1943
Zwei Länderspiele (1932 bis 1933), ein Tor
FC Bayern München

»Fasa« machte Bayern glücklich

An der Schwelle zu den 30er Jahren wuchs an der Isar eine Fußballmacht: Bayern München. In Deutschland strebte die Arbeitslosigkeit ihrem Gipfel entgegen, und die Menschen flüchteten sich in ihrer Not in eine bis dahin nicht gekannte Begeisterung für den Fußball. Das war in München nicht anders. Die Rothosen hatten sich einen neuen Trainer geholt: Richard Dombi. Der vereinte 1930 fast alle zu vergebenen Ämter beim FC Bayern auf sich. Er war nicht nur Sportlehrer, sondern er leitete den gesamten Übungsbetrieb der Fußballabteilung. Er betätigte sich aber auch als Masseur und Geschäftsführer. Richard Dombi war ein Draufgänger, der nichts mehr verabscheute als einen verweichlichten Fußballer. Aber für diesen Mann, der auch schon mal dem ein oder anderen Spieler finanziell aus der Klemme half, gingen die Münchner durchs Feuer. 1931 kam Ossi Rohr aus Mannheim, doch da sich die große Karriere des Josef Pöttinger ihrem Ende zuneigte, schauten sich die Bayern auf dem Lande nach jungen Stürmern um. Einer von denen, die von einem kleinen Münchner Vorortclub den Weg zu Richard Dombi fanden, war der semmelblonde Franz Krumm, den sie »Fasa« nannten und der beim Kreisligisten »Vorwärts« gespielt hatte. Er war Halbstürmer und außerordentlich ehrgeizig. Mit 22 Jahren stand er bereits mit dem FC Bayern im deutschen Endspiel. In Nürnberg wurde Eintracht Frankfurt mit 2:0 besiegt. Das von den Münchner Schlachtenbummlern enthusiastisch gefeierte entscheidende Tor zum 2:0 in der 75. Minute besorgte Franz Krumm mit einem unhaltbaren Flachschuß. Der junge Mann aus der Provinz war einer der Helden der sangesfrohen und trinkfreudigen Münchner Fußballfamilie. In Nürnberg hatte Franz Krumm im gleichen Jahr noch einmal einen ganz großen Auftritt. Am 25. September 1932 war er beim deutschen 4:3-Sieg gegen Schweden dabei und schoß nach einer tollen Kombination des Bayernflügels (Bergmaier, Krumm, Rohr) das 3:1. Ein zweites Länderspiel absolvierte der Münchner am Neujahrstag 1933. In Bologna hatte die deutsche Mannschaft gegen Italien beim 1:3 allerdings keine Chance. Krumm gehörte zwar zum vorläufigen Aufgebot des Deutschen Fußball-Bundes für die Weltmeisterschaft 1934 (mit Platz drei sprang der bis dahin größte Erfolg des deutschen Fußballs heraus), wurde dann aber gestrichen. Er wechselte 1938 das Trikot und spielte für den Lokalrivalen 1860 München und stand auch mehrfach in der Bayernauswahl. Franz Krumm, Werkmeister von Beruf, starb als Soldat am 9. März 1943 bei Orel in Rußland. Fast zur selben Zeit ließ sein Freund und Münchner Weggefährte, Josef Bergmaier, im gleichen Kampfabschnitt der Front sein Leben.

KUBSCH, HEINZ

Geboren am 20. Juli 1930,
gestorben am 24. Oktober 1993
Drei Länderspiele (1954 bis 1956)
FK Pirmasens

»Vorne hilft der liebe Gott«

Die Geschichte von Heinz Kubsch ist nicht ganz
ohne Tragik. Als »Weltmeister« kehrte er zwar vom
Turnier 1954 aus der Schweiz zurück nach Pirmasens, doch der Torwart hatte nur zum Kader gehört
und nicht eine Minute gespielt. Dabei hätte nicht
viel gefehlt und dem reaktionsschnellen Mann
wäre der große Sprung gelungen. Sepp Herberger
war nach dem Spiel gegen die Türken auf Toni Turek
nicht gut zu sprechen. Als Heini Kwiatkowski im
Spiel gegen die Ungarn gleich achtmal hinter sich
greifen mußte, geriet der Bundestrainer in eine gewisse Zwickmühle. Turek genoß nach dem WM-
Auftakt nicht mehr Herbergers uneingeschränktes
Vertrauen, und Kwiatkowskis Nervenkostüm schien
nach der ungarischen Torflut nicht das beste zu
sein. Also spielte Herberger mit dem Gedanken,
Heinz Kubsch im weiteren Verlauf des WM-Turniers eine Chance zu geben. »Das ist ein Duseltor-
wart. An einem guten Tag ist der unschlagbar«,
wurde der »Bundes-Sepp« später zitiert. Doch die
Frage Kubsch oder Turek stellte sich nicht mehr,
denn Kubsch kam von einer Kahnpartie auf dem
Thuner See mit einer Blessur zurück. Er war böse
gestürzt, mit der Schulter auf eine Betontreppe ge-
knallt – und das war's dann. Viel erfolgreicher war
die Karriere des Heinz Kubsch beim FK Pirmasens.
Hier wurde der reaktionsschnelle Torwart von
1958 bis 1960 dreimal hintereinander südwest-
deutscher Fußballmeister und nahm an den Gruppenspielen zur Deutschen Meisterschaft teil. Auf
dem Horeb war er der Star zwischen den Pfosten,
katzengewandt auf der Torlinie und ein lautstarker
Dirigent seiner Deckung. Trainer Helmut Schneider führte den FKP zu seiner Blüte und hatte irgendwann einmal eine Erklärung für den Pirmasenser Leistungsboom: »Vorne hilft uns der liebe Gott
und hinten hält Heinz Kubsch alles …« Aber der
Weg dieses Mannes begann im Westen, wo Bergbau und Fußball über Generationen eine Verbindung eingingen. Schon mit neun Jahren stand
Heinz Kubsch bei der Spvg. Katernberg zwischen
den Pfosten, spielte dort zwölf Jahre lang und war
mit 17 Jahren der jüngste Oberligatorwart Deutschlands. Im Essener Stadtteil Katernberg wurde nach
dem 2. Weltkrieg ein ziemlich rustikaler Fußball ge-

spielt. An zwei Seiten war das kleine Stadion »Lin-
denbruch« von Eisenbahnlinien gesäumt. Hierher
kamen Essener Fußballegenden – zum Beispiel Helmut Rahn und Willi Vordenbäumen. Doch für die
Grün-Weißen spielte eben auch Heinz Kubsch, einer der besten Torwarte, die der Kohlenpott hervorbrachte. Dreimal stand er in der deutschen B-Nationalmannschaft, und er hätte es wohl in den 50er
Jahren zu weiteren A-Länderspielen gebracht,
wenn ihm nicht eines Tages Sepp Herberger nach
einem Spiel der Katernberger gegen Alemannia
Aachen über den Weg gelaufen wäre. Tags zuvor, so
ist überliefert, hatte Heinz Kubsch Geburtstag
gefeiert, und der Bundestrainer roch die »Fahne«.
Kubsch war von Beruf Möbelschreiner und arbeitete auf der Zeche Zollverein, beim wichtigsten
Gönner und Förderer der Katernberger. Später,
nach dem Wechsel zum FK Pirmasens, führte er im
Zentrum der Schuhstadt ein Zigarrengeschäft. 1961
machte Kubsch nach rund 340 Spielen für den
FK Pirmasens Schluß. Er starb mit 63 Jahren nach
längerer Krankheit in seiner Wahlheimatstadt.

KUBUS, RICHARD

Geboren am 30. März 1914
Ein Länderspiel (1939)
Vorwärts Rasensport Gleiwitz

Fußball im Schatten der Fördertürme

Die Fördertürme der Kohlengruben, die verwirrenden Stahlkonstruktionen der Gießereien und die
Halden des »schwarzen Goldes«, die wie Pyrami-
den in den meist rußverhangenen Himmel ragten –
das war die Welt, in der Richard Kubus aufwuchs.
Gleiwitz, im Herzen des oberschlesischen »Kohlenpotts«, war die Heimat dieses Fußballers. Auf einer
Wiese am Klodnitz-Kanal machte er seine ersten
Bekanntschaften mit dem Fußball – und Vorwärts
Rasensport Gleiwitz war sein Verein. Im Gau Schlesien spielten die Gleiwitzer in den 30er Jahren eine
erstklassige Rolle, waren die Abonnementsmeister.
Die einzige Konkurrenz, die die Gleiwitzer ernst-
nahmen, kam aus dem benachbarten Beuthen. Fast
immer stand Vorwärts Rasensport in der Endrunde
um die Deutsche Meisterschaft. Besonders weit
kam der Verein in der Saison 1935/36, als er in der
Gruppe 2 so renommierte Mannschaften wie Werder Bremen und TV Eimsbüttel hinter sich ließ und
erst in der Vorschlußrunde gegen Fortuna Düsseldorf in Dresden mit 1:3 scheiterte. Anschließend
verloren die Gleiwitzer auch das Spiel um Platz

drei. Dabei gab es in Berlin gegen Schalke 04 ein 1 : 8-Debakel. Für den amtierenden Meister aus Gelsenkirchen war dies ein schwacher Trost nach der in der Vorschlußrunde erlittenen 0 : 2-Niederlage im vorweggenommenen Endspiel gegen den 1. FC Nürnberg. In der Gleiwitzer Elf dieser Tage stand der junge Abwehrspieler Richard Kubus. Es war die Zeit, in der Sepp Herberger seine Nationalelf zu neuen Ufern führen wollte. Doch die sich abzeichnende Isolation Deutschlands erschwerte diese Aufgabe. Soeben waren die Olympischen Winterspiele, die 1940 noch einmal in Garmisch-Partenkirchen stattfinden sollten, abgesagt worden, und es war damit zu rechnen, daß auch Herbergers Nahziel, das olympische Fußballturnier, gestrichen wurde. Der Reichstrainer testete dennoch immer wieder neue Talente aus der Provinz. Gegen die Slowakei in Chemnitz erhielt Richard Kubus 1939 eine Chance. Die deutsche Mannschaft gewann 3 : 1, und der Gleiwitzer bildete mit dem Nürnberger Billmann das Abwehrduo. Trotz des Sieges haperte es mit dem Kombinationsfluß der Gastgeber. Helmut Schön wurde in seinem 11. Länderspiel erbarmungslos von den 30 000 enttäuschten Zuschauern ausgepfiffen. Auch der linke Verteidiger Richard Kubus hatte gegen den slowakischen Rechtsaußen Bolcek nicht nur gute Szenen. Es blieb sein einziges Länderspiel. Wenig später stand er den Gleiwitzern als Soldat nur noch sporadisch zur Verfügung. Im Frühjahr 1941 lud Herberger den Oberschlesier noch einmal zu einem Lehrgang nach Berlin ein. Nach dem 2. Weltkrieg spielte er eine Zeitlang bei Teutonia Uelzen, TuS Wennigsen/Deister und ab 1949 bei Hannover 96. Seinen Lebensabend verbrachte er in Uelzen.

KÜHNLE, PAUL

Geboren am 10. April 1885
Zwei Länderspiele (1910 bis 1911)
Stuttgarter Kickers

Finale unter einem schlechten Stern

Vor der Fassade des alten Stuttgarter Rathauses mit seinem kleinen roten Türmchen und vor den schmucken Patrizierhäusern aus dem 16. Jahrhundert bauten die Bauern aus der Schwäbischen Alb an Wochentagen ihre Stände auf. Der Marktplatz, der in den Bombennächten des 2. Weltkriegs völlig zerstört wurde, war um die Jahrhundertwende ein beliebter Spielplatz für die Jugend der Neckarmetropole. Paul Kühnle, ein Mann mit hoher Stirn und

schwarzem Schnauzbart, hat diese Idylle erlebt. Und auch die Anfänge der Stuttgarter Kickers, zu denen er schon als Jugendlicher stieß. Er war dabei, als seine Mannschaft im Jahre 1908 in der deutschen Endrunde eine erstklassige Rolle spielte und den Freiburger FC als amtierenden Meister mit 5 : 1 bezwang. Es folgte ein weiteres 5 : 1 gegen den Duisburger SV, ehe für Paul Kühnle und seine Kameraden der Traum vom Titel im Endspiel ausgeträumt war. Ausgerechnet in Berlin trafen die Schwaben auf die Berliner Viktoria – und zu allem Überfluß fehlte ihnen mit ihrem Nationalspieler Otto Löble die große Stütze. Paul Kühnle war als Außenverteidiger einer der Besten der Stuttgarter Kickers, doch dieses Finale stand für sie unter einem schlechten Stern. 1 : 3 hieß es am Ende – Viktoria ließ sich von ihren Anhängern feiern. Und der Stuttgarter Torwart Bürkle, dem ein herber Schnitzer vor dem entscheidenden Berliner Treffer passiert war, verließ auf der Rückfahrt schon in Ludwigsburg den Zug, um seinen Freunden in Stuttgart nicht begegnen zu müssen. Paul Kühnle hatte dazu keinen Grund – er bereitete sich statt dessen auf sein erstes Länderspiel vor. Am 3. April 1910 hatte er Anteil am historischen ersten Sieg einer deutschen Nationalelf. Die Schweiz wurde in Basel mit 3 : 2 geschlagen. Vor heimischer Kulisse in Degerloch absolvierte er ein knappes Jahr später sein zweites und letztes Länderspiel. Diesmal wurde die Schweiz mit 6 : 2 abgefertigt. Zu diesem Zeitpunkt war Paul Kühnle auch in seinem Beruf ein Stückweit vorangekommen. Später brachte er es zum Bezirksgeometer-Vermessungsrat. Er lebte in Gmünd.

KÜPPERS, HANS

Geboren am 24. Dezember 1938
Sieben Länderspiele (1962 bis 1967), zwei Tore
TSV 1860 München

Hennes – der »zweite Haller«

Er war der einzige Blondschopf in der Meistermannschaft des TSV 1860 München von 1966. Für Hennes Küppers war das zwar das Highlight seiner Fußballkarriere, doch als er 1963 an die Isar kam, hatte er schon am Kelch großer Erfolge genippt. Und zwar im Trikot von Schwarz-Weiß Essen in der Oberliga West und im DFB-Pokal. In seinen ganz jungen Jahren war Horst Trimhold in der Grugastadt der Begleiter seiner Sturmläufe. Gemeinsam holten sie 1959 den DFB-Pokal nach Essen – 21 000 Zuschauer waren in Kassel Augenzeugen einer tollen Leistung der Schwarz-Weißen, die in diesem Finale in dem südwestdeutschen Pokalsieger Borussia Neunkirchen keinen ebenbürtigen Gegner fanden. Als die Essener nach 80 Minuten mit bereits 5 : 0 führten, demütigten sie ihren Kontrahenten, indem sie merkwürdige Parolen ausgaben. »Wir spielen nur noch mit links«, verabredeten sich die Essener im Angesicht des Pokaltriumphs. Als die Neunkirchener dennoch nicht zu ihrem Ehrentreffer kamen, ließen die Westdeutschen ihren Torhüter Hermann Merchel schließlich in der eigenen Hälfte allein. Am Ende schossen die Neunkirchener dann doch noch zwei Tore. Wenig später stand Hennes Küppers, der Mittelfeldspieler mit den präzisen Pässen und den wuchtigen Schüssen, schon auf der Rechnung von Sepp Herberger, doch zu Länderspielberufungen kam er erst, als er beim TSV 1860 München spielte. Dort profitierte vor allem Rudi Brunnenmeier von Küppers Ideen. Hennes »legte auf« – Rudi schoß, daß sich die Balken bogen. Sepp Herberger sah darauf in Küppers so etwas wie einen »zweiten Haller« und schwärmte von ihm nach dessen Länderspieldebüt. Am Tag vor Heiligabend des Jahres 1962 – und damit am Tag vor seinem 24. Geburtstag – gewann die Nationalmannschaft im Karlsruher Wildparkstadion gegen die Schweiz mit 5 : 1, und Hennes Küppers führte sich mit einem Treffer prächtig ein. Der Technische Zeichner hatte schon zum Juniorenaufgebot des DFB gehört, und in diesen Spielen des deutschen Nachwuchses hatte Herberger bei Küppers eigentlich nur eines auszusetzen: »Du mußt Dein Kopfballspiel verbessern – arbeite am Pendel!« Doch das Pendel empfanden viele Fußballer als Inbegriff von Strafarbeit. Hennes Küppers blieb so lange in München, wie Max Merkel dort mit »Zuckerbrot und Peitsche« arbeitete. Dabei hatte der blonde Fußballer kein inniges Verhältnis zu seinem Trainer, der ihm häufig nachspionierte. Nachdem Merkel seinen »Sonnyboy« mal wieder erwischt hatte, als er den Zapfenstreich überschritt, wurde Küppers vorübergehend in die »Löwen«-Reserve versetzt. Nach 120 Bundesligaspielen wechselte Küppers 1968 zum 1. FC Nürnberg, wo er allerdings erhebliche Anpassungsschwierigkeiten hatte. Nach dem Nürnberger Abstieg unterschrieb er ein Jahr später beim österreichischen Nationalligisten WSG Swarowski Wattens, wo ein optisches Werk als Generalmäzen auftrat. Doch die große Zeit des Nationalspielers war längst vorüber – er arbeitete später in einer Autoreparaturwerkstatt in seiner Heimatstadt Essen.

KUGLER, ANTON

Geboren am 28. März 1898,
gestorben am 2. Juli 1962
Sieben Länderspiele (1923 bis 1927)
1. FC Nürnberg

Vier Zähne blieben auf der Strecke

Als der 1. Weltkrieg vorüber war und der Fußballspielbetrieb in Deutschland wieder in einigermaßen geregelten Bahnen verlief, stand Anton Kugler bereits an der Schwelle zur Nationalmannschaft. Der blutjunge Nürnberger, den alle »Toni« nannten und der schon in seinen Jugendjahren beim »Club« spielte, war ursprünglich Mittel- und Außenläufer. Und vermutlich wäre aus dem nur 1,68 m großen Fußballer sogar ein brauchbarer Dirigent des Nürnberger Spiels geworden, wenn sich nicht eines Tages Verteidiger Dr. Steinlein am Knie verletzt hätte und seine Karriere beendete. So wurde aus »Toni« Kugler ein Verteidiger, der vor allem mit Bark sehr gut harmonierte. Schon im Jahre 1920 holte sich Anton Kugler die erste Deutsche Meisterschaft mit den Franken. 35 000 Zuschauer sahen in Frankfurt das Endspiel gegen die Spvg. Fürth. Anton Kugler lief zu diesem Zeitpunkt noch als Außenläufer auf und hatte mit Dr. Hans Kalb und Carl Riegel zwei Nationalspieler an seiner Seite. Von deren Spielkunst profitierte Kugler, der intensiv an der Verbesserung seiner Technik feilte. Der Erfolg stellte sich ein, als er 1923 selbst zu ersten Länderspiellehren kam. Da hatte er schon zwei deutsche Titel erobert und in drei Endspielen gestanden. Unter anderem in den Duellen gegen den Hamburger SV. Das blonde, gelockte Leichtgewicht aus Nürnberg verlor in der »Völkerschlacht von Leipzig«, dem zweiten Wiederholungsspiel, das ebenfalls keinen Sieger fand, vier Zähne und eine Goldplombe. In der 75. Minute wurde er vom Platz getragen – am Ende hatten die Nürnberger nur noch sieben Spieler auf dem Feld. Glücklicher verliefen Kuglers Finalteilnahmen in den Jahren 1924 und 1925, als die Nürnberger jeweils den Titel holten. Sein erstes Länderspiel führte Kugler gleich nach Mailand gegen die starken Italiener. Am Neujahrstag 1923 war zwar Hans Kalb, der einen Beinbruch erlitten hatte, nicht dabei – ansonsten wirkten aber fast ausschließlich Nürnberger und Fürther mit. Die Italiener gewannen 3 : 1. Seinen Länderspielabschied fand Kugler, von dem man in dessen besten Jahren sagte, er springe seine Gegner an »wie ein Terrier«, 1927 mit dem 2 : 2 in Köln gegen Holland. Nach seiner aktiven Zeit und 668 Spielen für den 1. FC Nürnberg lebte er in Berlin, verlor dort gegen Ende des 2. Weltkriegs in einer Bombennacht sein gesamtes Hab und Gut. Was ihm blieb, war ein silberner Löffel – die Erinnerung an ein Fußballspiel gegen eine österreichische Auswahl. Später wirkte Anton Kugler als Sportlehrer. So bei Wormatia Worms und dann beim 1. FC Nürnberg.

KUGLER, PAUL

Geboren am 24. September 1889
Zwei Länderspiele (1911 bis 1913)
Viktoria 89 Berlin

Lichtes Haar – strammer Schuß

Viktoria Berlin war im Jahre 1911 die Nummer 1 in Deutschland. Allerdings hatten sich deren Fußballer an der Spree mit den Preußen im Verband Berliner Ballspielvereine bis zuletzt einen packenden Kampf geliefert. In der Mannschaft des Meisters standen einige Ausnahmefußballer. So der frühere Nationalstürmer Hellmut Röpnack, der inzwischen in der Deckung spielte. Dann die starken Läufer Willi Knesebeck und Paul Hunder sowie der bullig wirkende Sturmführer Willy Worpitzky, der über eine enorme Schußkraft verfügte. Aber in dieser erfolgreichen Berliner Meistermannschaft des Jahres 1911 stand auch Paul Kugler, der auf der halblinken Seite stürmte und soeben eine Ausbildung als Angestellter beendet hatte. Der 1,86 m große Mann mit dem lichten Haar stammte vom Berliner Ballspielclub. Als er im Jahre 1905 diesem Verein beitrat, waren seine Eltern zunächst nicht sonderlich begeistert, denn in einer Zeitung stand: »Es wird höchste Zeit, daß dem Treiben der Fußballer ein Ende bereitet wird. Sie treiben sich während der Kirchzeit halbnackt auf dem Tempelhofer Feld herum ...« Aber das störte den jungen Paul Kugler wenig. Er war als Fußballer ausgesprochen vielseitig und auch als Torwart oder Mittelläufer zu gebrauchen. 1910 trat er der Viktoria bei, und die gewann ihr Finale am 4. Juni 1911 gegen den VfB Leipzig in Dresden mit 3 : 1, was für den Spielausschuß des Deutschen Fußball-Bundes Grund genug war, Paul Kugler zu einem Länderspiel einzuladen. Eine der nächstbesten Gelegenheiten dazu bot sich am 29. Oktober 1911 auf dem Sportplatz Hohe Luft in Hamburg, wo die hansestädtische Viktoria beheimatet war. Schweden hieß der Gegner – aber dieses Spiel stand für die deutsche Mannschaft unter einem schlechten Stern. Torwart »Adsch« Werner griff ein paarmal ins Leere, und am Ende hatten die Skandi-

navier ziemlich überraschend mit 3 : 1 gewonnen. Zwei Jahre mußte Kugler, den seine Freunde schlicht den »Langen« nannten, auf seine nächste internationale Chance warten – und auch dieses Spiel endete mit einer Niederlage. 3 : 1 triumphierte die Schweiz in Freiburg – diesmal übernahm Paul Kugler den Part des Mittelläufers. 28mal trug er das Trikot der Berliner Stadtmannschaft. Nach dem 1. Weltkrieg wechselte der Berliner das Trikot und spielte fortan für die Breslauer Sportfreunde, mit denen er fünfmal Südost-Meister wurde. 22mal streifte er das Verbandstrikot über. Später war er dann als Trainer tätig.

KUHNT, WERNER

Geboren am 27. Oktober 1893
Ein Länderspiel (1924)
Norden Nordwest Berlin

Als die Franken streikten ...

Norden Nordwest – das war in den 20er Jahren eine gute Adresse des Berliner Fußballs. Der Verein ging aus dem Lichtenberger SC von 1901 hervor und spielte nach dem 1. Weltkrieg an der Spree eine ausgezeichnete Rolle. 1922 und 1926 erreichte Norden Nordwest die deutsche Endrunde. Zwischen den Pfosten dieser Mannschaft stand ein ruhiger und besonnener Mann: Werner Kuhnt. Er hatte etliche Auswahlspiele für Berlin hinter sich, als er am 31. August 1924 in seiner Heimatstadt für das Länderspiel gegen Schweden berufen wurde. An diesem Tag waren die Stars der Spvg. Fürth und des 1. FC Nürnberg in eine Art »Streik« getreten. Zwischen den beiden fränkischen Nachbarn und Rivalen war eine offene Feindschaft ausgebrochen, die so weit ging, daß die Spieler nicht das gleiche Trikot, das der Nationalmannschaft, tragen wollten. Also hielt der Spielausschuß des Deutschen Fußball-Bundes vor diesem ersten internationalen Vergleich der neuen Saison Ausschau nach Alternativen. Gleich sechs Spieler debütierten in Berlin – vier von ihnen verabschiedeten sich gleich wieder aus dem Nationalteam. Zu denen gehörte auch Torwart Werner Kuhnt von Norden Nordwest. Den knapp 31jährigen Schlußmann hatte diese Einladung offenbar derart überrascht, daß er vor den 25 000 Berliner Zuschauern seine Nervosität nie ablegen konnte. Von der Abgeklärtheit, die ihn sonst auszeichnete, war nichts geblieben. Beim frühen schwedischen 1 : 0 wurde er auf dem falschen Fuß erwischt. Dann glich »Tull« Harder zwar aus, doch in den letzten zehn Minuten gab es gleich drei mehr oder weniger schlimme Patzer von Werner Kuhnt, die die 1:4-Niederlage besiegelten. Aber nicht nur der Schlosser im Tor der deutschen Elf, sondern auch ein paar andere erwischten einen rabenschwarzen Tag. »Das war schlecht, schlecht, schlecht«, schimpfte der »Fußball«, eine der größten illustrierten Sportzeitungen Deutschlands.

KUND, WILLI

Geboren am 11. März 1908,
gestorben am 30. August 1967
Zwei Länderspiele (1930 bis 1931), ein Tor
1. FC Nürnberg

Nürnberger »Dauerbrenner«

In der Noris schmachteten die Fußballfans nach dem Erfolg. Eine halbe Ewigkeit hatte sie der 1. FC Nürnberg auf die Folter gespannt. Seit den Tagen, da die Torwartlegende Heiner Stuhlfauth der große Rückhalt des »Clubs« war und die fränkische Fußballgemeinde von dem Spielwitz eines Dr. Kalb oder von Hochgesang und Träg schwärmte, hatten sich die Nürnberger rar gemacht, wenn die Endrunde um die Deutsche Meisterschaft in ihre Entscheidung ging. Hertha BSC war zweimal die Endstation der Franken auf ihrem Weg in ein neuerliches Finale, doch an einem Junitag des Jahres 1934 durfte wieder eine Mannschaft aus dem »Zabo« von der Viktoria träumen, der Trophäe des Deutschen Meisters. Schalke 04 war der Gegner in Berlin, und vor 45 000 Zuschauern erwischten die Nürnberger den besseren Start. Willi Kund, der schnelle Mann auf dem linken Flügel, leitete das Führungstor ein – Friedel vollendete es. Und diesem 0:1 rannten die Schalker fast das ganze Spiel hinterher. Zu allem Überfluß war Fritz Szepan noch ein paar Tage vorher von Rheuma geplagt worden, und Ernst Kuzorra ging mit einem Leistenbruch ins Spiel. Die Schalker setzten alles auf eine Karte, und auf dem rechten Nürnberger Flügel war Willi Kund »arbeitslos« geworden. Aus der Distanz erlebte er den Untergang des »Clubs« in den letzten Minuten, als die Schalker das Spiel noch umbogen und 2:1 gewannen. Der Tag, der zum Triumph werden sollte, endete für den Nürnberger Rechtsaußen mit einer riesigen Enttäuschung. 1934 hatte der Stürmer, der nach 408 Spielen für den 1. FC Nürnberg 1936 noch mit dem Dresdner SC den Reichsbundpokal holen sollte und der seinem Beruf als Geschäftsführer nachging, seine Länderspielkarriere bereits hin-

ter sich. In seinen beiden internationalen Begegnungen gab es für Willi Kund deftige Niederlagen. Zwar schoß er am 7. September 1930 in Kopenhagen gegen Dänemark ein Tor, doch am Ende hatten die Skandinavier 6:3 gewonnen. Völlig chancenlos war die deutsche Elf am 13. September 1931 in Wien. Vor 50 000 Zuschauern tauchte Kund bei der 0:5-Niederlage gegen Österreich ganz selten vor Hidens Tor auf. Dies war der große Tag des Mathias Sindelar. Nach seiner Dresdner Zeit kehrte Kund 1940 zum 1. FC Nürnberg zurück. Willi Kund starb 1967 während eines Urlaubs in Garmisch-Partenkirchen an den Folgen eines Herzinfarkts.

KUNTZ, STEFAN

Geboren am 30. Oktober 1962
24 Länderspiele (1993 bis 1996), sechs Tore
1. FC Kaiserslautern, Besiktas Istanbul

Das lange Warten des Stefan K.

Was macht einer, der ein paar Jahre in der Bundesliga spielt, dort für Borussia Neunkirchen 22 Tore schießt und eines schönen Tages stolzer Vater wird? Er trachtet danach, seinen Sprößling möglichst bald in einem Fußballverein anmelden zu können. So war das mit Günther Kuntz, der im Südwestzipfel Deutschlands zu Hause war, als ausgezeichneter defensiver Mittelfeldspieler galt und seine Karriere schließlich beim damals amtierenden österreichischen Meister Austria Wien ausklingen ließ. Sein Sohn Stefan führte die Familientradition fort, und daß der in seinem Vater den stärksten Förderer fand, versteht sich von selbst. Immer dann, wenn es ins Grüne ging, als Vater Günther noch an der schönen blauen Donau als Fußballer sein Geld verdiente, packten die Kuntzes stets einen Ball in den Gepäckraum ihres Autos. Als siebenjähriger Knirps wollte Stefan Kuntz bei Borussia Neunkirchen Libero werden, denn der freie Mann stand hoch im Kurs, weil ein gewisser Franz Beckenbauer diesen Part hoffähig gemacht hatte. Doch irgendwie kam für Stefan Kuntz alles anders, weil alle, die den jungen Fußballer formten, schon bald erkannten, daß der über einen tollen Schuß verfügte. Und das junge Talent beherzigte, was ihm sein Vater einst geraten hatte: »Du bist nicht jeden Tag gleich gut. Nur eines kannst Du jeden Tag: Kämpfen, bis es nicht mehr geht.« In der Jugendauswahl des Saarlandes war der junge Kuntz bald nicht mehr aus dem Angriff wegzudenken, und aus der Oberliga führte ihn sein Weg schnurstracks in die Bundesliga zum VfL Bo-

chum, der für seine exzellente Nachwuchsschulung bekannt war. Zu diesem Zeitpunkt hatte sich
Stefan Kuntz schon für seinen Beruf entschieden –
Polizeihauptwachtmeister war er, und die Bochumer waren glücklich, daß es mit der Versetzung des
schnellen jungen Mannes keine Probleme gab. Und
im übrigen fand sich für Stefan ein Job in der Poli-
zeikaserne, gegenüber dem Ruhrstadion. Kuntz
wurde beim VfL zum Senkrechtstarter und Stammspieler, und schon im dritten Bundesligajahr war er
mit 22 Treffern Torschützenkönig der Bundesliga.
Klare Sache, daß er ein Fall für die Nationalmannschaft wurde, doch es langte für ihn zunächst einmal nur zur Berufung in den Kreis der Spieler, die
für das Länderspiel gegen die ČSSR in München
vorgesehen waren. Zum Einsatz kam er an diesem
Novembertag des Jahres 1985 nicht – und daran
sollte sich lange Zeit auch nichts ändern. Vielmehr
wurde Stefan Kuntz zum Synonym für Pech im Fußball. Immer dann, wenn er sich mal wieder berech-
tigte Hoffnungen auf eine Berufung in die Nationalelf machen durfte, ereilte ihn eine Verletzung.
Ganz schlimm erwischte es ihn 1991. Als er den
Mannschaftsbus verließ, knickte er um und erlitt
einen Bänderriß – und wieder wurde es nichts mit
dem ersehnten ersten Länderspiel. Inzwischen war
er weitergezogen über Bayer Uerdingen zum 1. FC
Kaiserslautern, wo er seine größten Triumphe in
der Bundesliga feierte und ein umjubelter Held der
Pfälzer Fußballgemeinde geworden war. 1990
wurde er mit den »Roten Teufeln« DFB-Pokalsieger,
im Jahr darauf dann sensationell Deutscher Meister. Als die Lauterer in der Nacht nach dem entscheidenden Spiel auf der »MS Rüdesheim« von
Köln nach Koblenz fuhren und die meisten seiner
Kameraden ausgelassen feierten, weinte Stefan
Kuntz vor Freude in den Armen seiner Frau Sabine.
Im gleichen Jahr wurde er von Deutschlands Sportjournalisten zum »Fußballer des Jahres« gewählt.
Es folgten neue Blessuren und ein tiefes Leistungstal – zwischenzeitlich wurde Stefan Kuntz sogar
dort eingesetzt, wo er sich in seinen Kindertagen
am liebsten auf dem Spielfeld gesehen hätte – als Libero. 31 Jahre war Stefan Kuntz alt, als sich sein
Traum erfüllte – bei der Länderspielreise der Nationalelf nach Nord- und Mittelamerika feierte er Ende
1993 in San Francisco (3 : 0 gegen die USA) endlich
sein Debüt. 1994 schaffte er als Vorletzter noch den
Sprung ins DFB-Aufgebot für die Weltmeisterschaft
in den USA. Im Sommer 1993 nahm er Abschied
vom 1. FC Kaiserslautern. Der türkische Meister
Besiktas Istanbul, wo Christoph Daum der Trainer
war, überwies den Pfälzern eine Ablösesumme von

drei Millionen Mark. Am Bosporus nannten ihn
seine neuen heißblütigen Fans »Yasli«, was soviel
wie »Alter« bedeutet. Es sollte ein Kosename werden, obwohl mit Kuntz im Mittelfeld der Titelgewinn mit Besiktas verfehlt wurde. 1996 kehrte Stefan Kuntz als umjubelter Held und Europameister
vom Turnier aus England zurück. Im gleichen Jahr
feierte er ein Comeback in der Bundesliga – er unterschrieb beim Aufsteiger Arminia Bielefeld.

KUPFER, ANDREAS

Geboren am 7. Mai 1914
44 Länderspiele (1937 bis 1950), ein Tor
Schweinfurt 05

Bodenständig und heimatverbunden

Andreas Kupfer wuchs in Schweinfurt auf. Er war
einer von denen, die nie leugneten, bodenständig
und heimatverbunden zu sein. »Anderl« hatte allerdings das Pech, daß er in einer Zeit ein Star war, da
mit dem Fußball nicht das große Geld zu verdienen
war. So begnügte er sich mit der Ehre, und war mit
seinen 44 Länderspielen einer der erfolgreichsten
deutschen Fußballer bis zum 2. Weltkrieg. Als er
sich aus der Nationalelf verabschiedete, hatten nur
Paul Janes und Ernst Lehner mehr Länderspiele absolviert. Und Andreas Kupfer, einer der besten Läufer in der DFB-Geschichte, schaffte noch etwas Ungewöhnliches. Er war als Einziger beim letzten

Länderspiel vor Kriegsende und beim ersten Länderspiel nach der Kapitulation dabei. Dazwischen lagen acht schlimme Jahre. Mit neun Lenzen schnürte »Anderl« zum erstenmal seine Fußballstiefel beim VfR Schweinfurt. Diesem Verein hielt er zehn Jahre lang, bis 1933, die Treue, ehe er sich beim Nachbarn Schweinfurt 05 anmeldete. Sepp Herberger war der große Förderer des rechten Läufers mit dem »linken Fuß«. Er nominierte ihn am 21. März 1937 für ein Länderspiel in Luxemburg. Die Deutschen gewannen mit Ach und Krach 3 : 2, was nicht weiter ärgerlich war, denn die eigentlichen Stars des deutschen Fußballs kamen zur gleichen Stunde in einem zweiten Länderspiel zu einem 4 : 0-Sieg in Stuttgart über Frankreich. Aber die Chance in Luxemburg nutzte der junge Mann aus Schweinfurt, von dem es hieß, er sei sehr ehrgeizig und wolle es seinem Freund und Weggefährten Albin Kitzinger gleichtun, der bereits erste Wahl des deutschen Fußballs war und gegen Frankreich sein zehntes Länderspiel bestritt. Fortan standen Kitzinger und Kupfer, also zwei Schweinfurter, in der Nationalmannschaft. Kitzinger links und Kupfer rechts – in der Mitte der Münchner Ludwig Goldbrunner. Vielleicht war dies die stärkste deutsche Läuferreihe zwischen den beiden Weltkriegen. In Europa blieb sie auf ihrem Leistungshöhepunkt jedenfalls unerreicht. Sie beeindruckte vor allem am 16. Mai 1937, als mit dem 8 : 0-Sieg der deutschen Mannschaft gegen Dänemark die »Breslauer Elf« geboren wurde. Der Bauarbeiter vom Main war aus der Nationalelf nicht mehr wegzudenken. Mit seiner trockenen fränkischen Art kam er bei seinen Kameraden gut an, und sie alle waren fasziniert von der Eleganz dieses brillanten Spielers, der es wie kaum ein anderer verstand, mit Schüssen aus dem Fußgelenk zu überraschen. 1938 stand er in der Weltauswahl, die gegen England in London allerdings mit 0 : 3 unterlag. Er spielte repräsentativ für Bayern und Süddeutschland. Nach dem 2. Weltkrieg stellte er sich wieder seinen »Nullfünfern« zur Verfügung, war bis 1954 aktiv, ehe er mit 40 Jahren dem aktiven Sport entsagte. Für Schweinfurt 05 hatte er 650 Spiele bestritten. Im ersten deutschen Länderspiel nach dem 2. Weltkrieg führte er seine Mannschaft als Kapitän gegen die Schweiz aufs Feld. Der Name Kupfer spielte in diesem Verein eine große Rolle. Neben »Anderl« spielte in der ersten Mannschaft auch noch sein Vetter Karl, den sie »Molli« nannten. Zu einem weiteren Karl Kupfer, der später in Darmstadt und Fürth spielte, gab es hingegen nur weitläufige verwandtschaftliche Beziehungen. Viele Jahre danach

trug dann auch Anderls Sohn Rolf das Trikot des 1. FC 05 Schweinfurt – er war Kapitän des Regionalligameisters der Saison 1965/66. Andreas Kupfer arbeitete nach seiner aktiven Zeit auch als Trainer und baute sich dann eine Existenz in Form eines Pflastergeschäfts auf.

KURBJUHN, JÜRGEN

Geboren am 26. Juli 1940
Fünf Länderspiele (1962 bis 1966)
Hamburger SV

Die Schlußminute, die alles zerstörte

Es waren Spiele, die niemand vergaß. Die des Hamburger SV im Europacup gegen den FC Barcelona. In den Abendstunden des 26. April 1961 bereiteten sich 80 000 Menschen im Volksparkstadion auf den Triumphzug des Deutschen Meisters vor. Und Millionen an den Bildschirmen waren fasziniert vom Auftritt der Hanseaten im Halbfinale des Europacups. 0 : 1 hatte der HSV das Hinspiel in Barcelona verloren, und nun führten die Hamburger durch Treffer von Wulf und Uwe Seeler mit 2 : 0 – das Tor zum Finale stand weit offen. Nur noch eine Minute – die HSV-Spieler schoben sich den Ball zu, sehnten den Abpfiff herbei. Und dann verloren sie das Leder; eine weite Flanke segelte in ihren Strafraum, und dort stand der Ungar Kocsis, der als einer der besten Kopfballspieler der Welt galt. Kocsis traf zum 2 : 1 und stürzte mit den fassungslosen 80 000 im Volksparkstadion die gesamte deutsche Fußballfamilie in ein Jammertal. Der Schlußpfiff folgte, und auf dem Spielfeld bekreuzigten sich die spanischen Profis. So, wie sie das vor großen Spielen vor der Madonna von Montserrat tun, deren Bild auf einer Felsenhöhe über Barcelona zu sehen ist. Dem damaligen Europacupreglement zufolge gab es bei Torgleichheit ein drittes Spiel, und im Brüsseler Heyselstadion, das später eine traurige Berühmtheit erlangen sollte, gewannen die Katalanen verdient, wenn auch knapp, mit 1 : 0. In all diesen legendären Spielen des HSV war Jürgen Kurbjuhn als linker Verteidiger dabei. Und er gehörte zu denen, die sich über die Sympathiebekundungen aus ganz Deutschland freuten. »Tausend Dank, HSV, für die großartigen Spiele, in denen du durch deine nicht zu überbietenden Leistungen Millionen begeistert, in denen du das deutsche Fußballansehen glänzend vertreten, in denen du die Masse elektrisiert und vielfach alle Formen gesprengt hast.« So war es in einem von vielen Glückwunschschreiben zu lesen, die die HSV-Geschäftsstelle am Rothenbaum erreichten. Jürgen Kurbjuhn war 1960 zum HSV gekommen, als dieser soeben Deutscher Meister geworden war. Er brachte aus dem benachbarten Buxtehude die Empfehlung mit, es zur Ehre eines Jugendnationalspielers gebracht zu haben. Am 15. Mai 1958 war er in Flensburg beim deutschen 4:2-Sieg gegen Dänemark dabei, und zu seinen Mannschaftskameraden gehörten die späteren Trainer Friedel Rausch, Jürgen Sundermann und Willibert Kremer. Kurbjuhn stand danach noch sechsmal in der deutschen Amateurnationalmannschaft, und daß Günther Mahlmann ein solches Talent von nebenan nicht aus den Augen verlieren würde, war klar. Jürgen Kurbjuhn fand sich fast auf Anhieb in der neuen Umgebung zurecht und blieb bis 1972 einer der Leistungsträger des HSV. »Kubbi« nannten ihn seine Freunde, und er war ein Abwehrspezialist der kompromißlosen Art. 1963 gewann er mit den Hamburgern den DFB-Pokal. 1962 debütierte er in der Nationalmannschaft, gehörte zum Kader bei der Weltmeisterschaft in Chile, ohne dort eingesetzt zu werden. Eine verunglückte Grätsche im Spiel gegen Bayern München beendete 1972 seine Karriere. Nach seiner aktiven Zeit stieg der gelernte Bankkaufmann ins Versicherungsgeschäft ein und betrieb in Buxtehude eine florierende Agentur.

KUTTERER, EMIL

Geboren am 11. November 1898,
gestorben am 13. Juli 1974
Acht Länderspiele (1925 bis 1928)
FC Bayern München

»Miles« Triumph im Deutschen Theater

Emil Kutterer wuchs vor den Toren von Karlsruhe auf – in Daxlanden. Hier wurde im Jahre 1912 ein Fußballverein gegründet – und Emil Kutterer war schon bald Mitglied dieses Vereins, der viele Jahre später noch einen Nationalspieler hervorbrachte: August Klingler. Beide standen aber nur ein einziges Mal in einer Mannschaft – im Jahre 1937, als der FV Daxlanden seine Stars zu einem Jubiläumsspiel gebeten hatte. »Mile« Kutterer zog es schon bald aus Daxlanden hinaus in die »große« Fußballwelt. Die erschöpfte sich für ihn zunächst in der Nachbarschaft – beim Karlsruher FV. Doch dann wechselte er zum FC Bayern München – und hier machte er seine besten Spiele. Im Frühjahr 1924 hatte sich der Verein vom Turn- und Sportverein Jahn gelöst. Eine Trennung, die ihre Erklärung in

dem schwelenden Streit zwischen den Turnern und Sportlern in Deutschland hatte. 25 Jahre war der FC Bayern alt, als er 1925 im Kampf um die Süddeutsche Meisterschaft dem 1. FC Nürnberg unterlag. Dennoch feierten die Bayern »ihr« Fest. Emil Kutterer, der Verteidiger, war beim Kommerz im »Deutschen Theater« dabei. Den bayerischen Fußballern zu Ehren hatte Franz Seitz, ein alter Fan des Münchner Klubs, aus diesem Anlaß ein Festspiel geschrieben. Aber auch die sportlichen Leistungen der Mannschaft konnten sich bei der Jubiläumswoche sehen lassen. Gegen den argentinischen Meister Boca Juniors war es vor allem dem Abwehrduo Kutterer und Schneider zuzuschreiben, daß ein beachtliches 1:1 heraussprang. In der darauffolgenden Saison trug Kutterer dazu bei, daß die Bayern Süddeutscher Meister wurden. Über 30 000 Zuschauer bejubelten das dramatische 4:3 der Rothosen gegen die Spvg. Fürth. Diesmal feierten die Münchner Fußballer im Theatersaal des Hotels Union, wo erstmals der Bayernmarsch ertönte, den Obermusikmeister Fürst dem neuen Champion von der Isar gewidmet hatte. Emil Kutterers internationale Karriere begann am 21. Juni 1925 in Stockholm, wo die deutsche Nationalelf gegen Schweden mit 0:1 verlor. Fünf Tage später hatte aber auch Kutterer im Trikot mit dem Bundesadler sein erstes Erfolgserlebnis in Form eines 5:3-Sieges gegen Finnland in Helsinki. 1928 war der Modellathlet Teilnehmer am olympischen Fußballturnier in Amsterdam, kam aber nicht zum Einsatz. Sein letztes Spiel bestritt er ein paar Wochen vorher beim 3:2-Erfolg in Bern gegen die Schweiz. Nach seiner Münchner Zeit wechselte Emil Kutterer Ende der 20er Jahre zurück zum Karlsruher FV. Später wirkte er als Sportlehrer bei Tura Leipzig und beim SV Wiesbaden, wo er noch einmal das Trikot überstreifte, sowie beim FC Engers. Überliefert sind »Miles« Schimpftiraden nach verlorenen Spielen seines SW Wiesbaden. Einmal nahm er sich seine Stürmer besonders kräftig zur Brust: »Was wollt's sein? Stürmer wollt's sein – ja, o mei ... Wann's an Sturm seid, nachher spiel' ich allein drei Wochen ununterbrochen gegen euch. Jawohl, drei Wochen lang, ohne Nahrung zu mir zu nehmen – und es steht immer noch 0 : 0. Bluatsau übereinand! Stürmer? Ihr? Schlawina seid's alle miteinand ...«

KUZORRA, ERNST

Geboren am 16. Oktober 1905,
gestorben am 1. Januar 1990
Zwölf Länderspiele (1927 bis 1938), sieben Tore
Schalke 04

»Ich werde in Schalke sterben«

Ernst Kuzorra war der Sprößling eines Bergmanns im Gelsenkirchener Stadtteil Schalke. Er hatte sechs Geschwister, und er war vierzehn Jahre alt, als man ihm zur Konfirmation im Jahre 1919 ein paar blitzsaubere Ausgehschuhe schenkte. Am Sonntag darauf probierte der junge Gelsenkirchener sein Geschenk gleich aus – auf dem Fußballplatz. An diesem Tag bestritt er sein erstes Spiel für den FC Schalke 04 – und schoß gegen den alten Rivalen Erle 08 vier Tore. Anschließend gab es dann eine Tracht Prügel von der Frau Mama, doch dieser Sonntag sollte das Leben des jungen Ernst Kuzorra prägen. Drei Jahre nach diesem denkwürdigen ersten Spiel im Jahre 1919 schaffte er den Sprung in die erste Mannschaft des FC Schalke – so ganz nebenbei half der 17jährige dann auch noch in der Jugendmannschaft aus. Und wenig später war er bereits der Chef am Schalker Markt. Zu diesem Zeitpunkt arbeitete Ernst Kuzorra in der Zeche »Consolidation« als Lehrhauer unter Tage. Sieben Jahre lang ging er seinem Beruf nach. »Harte Maloche, der Fußball und manchmal Kohldampf – das waren die Begleiter meiner Jugend«, sagte er später einmal. Auf der halblinken Position gab es schon zu diesem Zeitpunkt im deutschen Fußball kaum einen Spieler, der Kuzorra ebenbürtig war. Seine Dribblings faszinierten die Zuschauer, aber der Schalker war darüber hinaus ein Gestalter des Spiels, ein eleganter Regisseur, der auch noch über einen strammen Schuß verfügte. Und auch außerhalb des Spielfelds lief beim FC Schalke der 20er und 30er Jahre so gut wie nichts ohne Ernst Kuzorra. Er hatte ein wesentliches Mitspracherecht bei den Aufstellungen der jeweiligen Mannschaften, er diskutierte mit seinen Kameraden die Spesen, er holte und feuerte Trainer, er war Manager und Kapitän der Schalker in einer Person. Gemeinsam mit Fritz Szepan begründete Ernst Kuzorra den Schalker Ruhm und den »Schalker Kreisel«. Dahinter verbarg sich ein Geflecht an Kombinationen mit dem Ziel, die besten Schützen der Mannschaft in Schußposition zu bringen. Kuzorra war einer der umjubelten Stars. Breite Schultern und lange Hosen bis zu den Knien – das waren seine Markenzeichen. Seine Kameraden nannten ihn »Clemens«,

weil es in der Mannschaft drei mit dem Vornamen Ernst gab: Ernst Pörtgen, Ernst Kalwitzki und eben Ernst Kuzorra. Letzterer vereinte Härte mit Technik und fand so zu einem ungewöhnlichen Stil. Zwischen 1933 und 1942 war Schalke der Regent des deutschen Fußballs, und nur 1936 erreichten die Gelsenkirchener nicht das deutsche Finale. Sechsmal verließ Ernst Kuzorra ein Endspiel als Deutscher Meister. Mit Lob überschüttet wurde der Schalker nach dem Finale des Jahres 1934 gegen den 1. FC Nürnberg, in dem Kuzorra einen Leistenbruch erlitt, aber trotz dieses starken Handicaps in der letzten Minute den entscheidenden Treffer zum 2 : 1 erzielte. Anschließend brach er bewußtlos zusammen. Knapp 22 Jahre war er alt, als er sein erstes Länderspiel gegen Holland bestritt. Für Schalke war dies ein großer Tag, denn vor Kuzorra hatte nie ein Spieler des Vereins eine solche Berufung erhalten. Aber er wurde nur insgesamt zwölfmal eingeladen, was angesichts der Klasse dieses Spielers ungewöhnlich war und wohl nur darin begründet lag, daß sich Kuzorra und Reichstrainer Professor Dr. Nerz nicht sonderlich mochten. Nerz hatte etliche verbale Auseinandersetzungen mit Ernst Kuzorra, der temperamentvoll mit dem Trainer über Taktik und Aufstellung stritt. Irgendwann schaute der Schalker sein von ihm wenig geschätztes Gegenüber böse an und erklärte ihm kurz und bündig, er sei ein »Arschloch«. Das wiederum war der internationalen Karriere des Schalker Strategen natürlich wenig förderlich, zumal man Nerz nachsagte, er sei kein Freund des »Schalker Spiels«, weil es ihm zu elegant und zu »wenig englisch« sei. Zwar stand Kuzorra 1928 im Aufgebot des DFB beim olympischen Fußballturnier in Amsterdam, doch zum Einsatz kam er nicht. Nach zwölf Länderspielen – sein letztes absolvierte er im Jahre 1938 gegen Luxemburg – verabschiedete sich Kuzorra aus der Nationalelf. Nach dem 2. Weltkrieg stellte er sich dem FC Schalke noch einmal in der Oberliga West zur Verfügung. Am 12. November 1950 hörte er dann endgültig auf, nachdem er zwischenzeitlich die Spvg. Erkenschwick trainiert hatte. In Erkenschwick gab es die »Zeche Ewald« und einen Mann namens Hans Beckmann. Der war vor dem Kriege Mittelstürmer der Spvg. Erkenschwick und avancierte vor der Währungsreform zu einem erfolgreichen Schuhhändler. Beckmann überredete Kuzorra zum Wechsel. Aber dann kreuzte Ernst Kuzorra eines Tages doch wieder bei seinen Schalkern auf. 45 Jahre war er alt, als er in einem Freundschaftsspiel der »Knappen« gegen die brasilianischen Fußballzauberer von Bela Horizonte zum letzten Mal das königsblaue Trikot überstreifte. Natürlich ließ ihn der FC Schalke auch danach nicht los. Er arbeitete hier als Trainer, als Berater, als Mitglied des Präsidiums. Und als die Schalker von der traditionsreichen Glückaufkampfbahn ins Parkstadion umzogen, war dies für ihn kein glücklicher Tag. Aber er sagte auch: »Ich bin in Schalke geboren, habe nur für Schalke gespielt, nur hier gewohnt, in Schalke auf dem Pütt gearbeitet, und ich werde auch in Schalke sterben.« Viele Jahre betrieb Ernst Kuzorra nach seiner aktiven Zeit ein Tabakwarengeschäft, das er in den 70er Jahren Reinhard Libuda übertrug. Bis ins hohe Alter verehrten ihn die Fußballanhänger der Region, für die Schalker Fangemeinde in ganz Deutschland war er, wie Präsident Siebert einmal sagte, »das letzte Stück vom alten Schalke«. Zu seinem 80. Geburtstag erhielt er die Ehrenbürgerschaft der Stadt Gelsenkirchen, ein paar Jahre vorher war Kuzorra bereits mit dem Bundesverdienstkreuz ausgezeichnet worden. Schalke ernannte ihn zum Ehrenspielführer und zum Ehrenpräsidenten. Von einem Oberschenkelhalsbruch, den er im Herbst 1989 erlitt, erholte er sich nicht. Ernst Kuzorra starb am Neujahrstag des Jahres 1990 in einem Altersheim seiner Heimatstadt Gelsenkirchen. 85 Jahre wurde er alt – eigentlich wollte er 93 werden – so alt wie sein Großvater ...

KWIATKOWSKI, HEINZ

Geboren am 16. Juli 1926
Vier Länderspiele (1954 bis 1958)
Borussia Dortmund

»Heini Fausten« – der Mann im Strudel

Seine Freunde nannten ihn »Heini Fausten«, und er verstand das wohl als Auszeichnung. Heinz Kwiatkowski war, solange er zurückdenken konnte, Torwart. Einer aus der guten alten Schule, und die kräftigen Fausthiebe, mit denen er die Bälle aus dem Strafraum beförderte, waren seine Spezialität. Über 1200 Spiele sollen es gewesen sein, die »Heini« in seiner Karriere bestritt. Zunächst zwischen 1947 und 1950 bei Schalke 04 – der junge Torwart war beim ersten Schalker Auftritt nach dem 2. Weltkrieg, beim 2:2 in Hamborn, dabei. Als Kwiatkowski 1950 zu Rot-Weiß Essen wechselte, mußte er sich zunächst der Konkurrenz von Budzinski erwehren, der bis dahin die Nummer eins war.

Doch die große Zeit des tüchtigen Torwarts begann eigentlich erst 1952 mit seinem Wechsel zu Borussia Dortmund. Für die Westfalen absolvierte er bis 1964 über 500 Spiele. Zwei seiner vier Länderspiele standen unter einem schlechten Stern. Da war zunächst einmal das 3:8 gegen Ungarn bei der Weltmeisterschaft 1954 in der Schweiz. Die Magyaren waren, daran gab es keinerlei Zweifel, die beste Mannschaft der Welt. Sie hatten England im Wembley-Stadion mit 6:3 geschlagen. Und nun ging es gegen die Deutschen, und Sepp Herberger griff tief in die Trickkiste. Wohl wissend, daß die einkalkulierte Niederlage gegen Ungarn durch den Modus dieses WM-Turniers zu reparieren war. Heinz Kwiatkowski gehörte zu den Reservisten, die gegen Ungarn ran mußten – dafür blieb Toni Turek draußen. Eigentlich sah die Taktik so aus, das Spiel vor dem eigenen Strafraum eng zu machen und die Ungarn zu Schüssen aus der zweiten Reihe zu zwingen. Doch die Taktik ging nicht auf, weil der übermächtige Gegner schon nach wenigen Minuten führte. Kwiatkowski wurde zum bedauernswerten Mann im Strudel der Ereignisse. Acht Treffer mußte »Heini« kassieren – das 3:8 gegen Ungarn war von nun an sein ständiger Begleiter, und die Fragen zu diesem Spiel hörten niemals auf. Fritz Walter sagte später: »Bei der WM in der Schweiz tat mir eigentlich nur unser Heinz Kwiatkowski leid.« Als der nach Dortmund zurückkehrte, hatten sich die Städtischen Badeanstalten ein beziehungsreiches Geschenk ausgedacht: Sie überreichten Heinz Kwiatkowski einen Gutschein über kostenlosen Schwimmunterricht. Vier Jahre später gab es eine ähnliche Packung für die Deutschen. Wieder passierte das bei einer WM und wieder war Kwiatkowski als Ersatz für Herkenrath so eine Art Prügelknabe der Nation. Nach dem Ausscheiden gegen Gastgeber Schweden unterlag die Nationalelf im Spiel um Platz drei Frankreich mit 3:6. Viel erfolgreicher war Kwiatkowskis Karriere in Dortmund – zweimal wurde er mit Borussia Deutscher Meister (1956 und 1957). Er war einer der Stars der großen Mannschaft um Addi Preißler. Der tüchtige und besonnene Torwart verließ die Bühne des Fußballs, als die Bundesliga kam. In drei Spielen schnupperte er noch die Luft der neuen Klasse. Danach arbeitete Heinz Kwiatkowski als Reprofotograf in der Stadtbildstelle in Dortmund. Man sah ihn häufiger bei Spielen der Dortmunder Traditionsmannschaft.

L

LABAND, FRITZ

Geboren am 1. November 1925,
gestorben am 3. Januar 1982
Vier Länderspiele (1954)
Hamburger SV

Posipal war sein Pech

Von Fritz Laband sagte man, sein Pech in der Nationalmannschaft sei Jupp Posipal gewesen. Ausgerechnet Posipal, sein Mannschaftskamerad vom Hamburger SV! Weltmeisterschaft 1954 in der Schweiz: Fritz Laband war in der Rechnung von Bundestrainer Sepp Herberger eigentlich eine feste Größe. Der routinierte Verteidiger hatte sich vor allem in den Repräsentativspielen des Nordens für höhere Aufgaben empfohlen. Und Herberger war angetan vom kraftvollen und kompromißlosen Spiel des schlagsicheren Verteidigers. Laband debütierte in der Nationalmannschaft ein paar Wochen vor dem WM-Turnier. Die Deutschen gewannen die Generalprobe in Bern gegen die Schweiz mit Ach und Krach 5:3. Während der WM-Vorrunde an gleicher Stätte war der HSVer beim 4:1 gegen die Türkei einer der Stärksten – er verstand sich glänzend mit Kohlmeyer. Bis zum Viertelfinale war Laband erste Wahl, doch dann änderte Herberger seine Taktik und ließ Jupp Posipal vor Toni Tureks Tor verteidigen. Die Rechnung ging auf, doch sie war schmerzlich für Fritz Laband. Daß ihm Bundespräsident Theodor Heuß nach dem Triumph von Bern das Silberne Lorbeerblatt als höchste Sportauszeichnung der Bundesrepublik Deutschland, verlieh, tröstete ihn wenig. Fritz Laband stammte aus Schlesien, er spielte beim Turn- und Sportverein Hindenburg 09 und während des 2. Weltkriegs bei Anker Wismar. Neunmal trug er das Trikot von Mecklenburg in den Auswahlspielen der Ostzone. Am 23. April 1950 spielte er dann für die DDR-Auswahl. Im strömenden Regen wollten nur 3000 Zuschauer in Zwickau den Vergleich mit Sachsen sehen. In der Mannschaft der DDR stand im übrigen ein späterer erfolgreicher Trainer: Otto Knefler von Union Halle. Nach einem Lehrgang in Bad Elster wurde Fritz Laband am 14. Mai 1950 ins Trikot einer DDR-B-Auswahl gesteckt, die die vermeintliche A-Auswahl mit sage und schreibe 7:1 bezwang. Eine Woche später sah man Laband zum letzten Mal in einer Mannschaft der jungen DDR. Anläßlich des Jugendtreffens spielte die Auswahl des Arbeiter- und Bauernstaates gegen die Prager Stadtauswahl. Kurz darauf verschwand Fritz Laband – über die damals noch »grüne Grenze« in den Westen Deutschlands. Am 1. August 1950 tauchte er beim Hamburger SV auf, wo später auch sein jüngerer Bruder Joachim spielte und wo er bis 1957 blieb. Er hing dann noch ein Jahr beim Oberligarivalen Werder Bremen an.

LABBADIA, BRUNO

Geboren am 8. Februar 1966
Zwei Länderspiele (1992)
Bayern München

Der Italiener aus Schneppenhausen

Als Bruno Labbadia einmal gefragt wurde, was er mit dem Wort »Heimat« verbinde, da antwortete er: »Ein bißchen Italien und ganz viel die Familie ...« Das »ein bißchen Italien« bedarf natürlich der Aufklärung. Bruno kam als jüngstes von neun Kindern der Familie Labbadia zur Welt, die in den 50er Jahren aus einem Dorf zwischen Rom und Neapel auszog, um in Deutschland ihren ärmlichen Verhältnissen zu entfliehen. In Schneppenhausen und dann in Weiterstadt schlugen die Labbadias Wurzeln, und bei den jeweiligen Sportvereinen trug der kleine und quirlige Bruno ein zumeist viel zu großes Fußballtrikot spazieren. Als er 13 Jahre alt war, beteiligte er sich an einem Talentwettbewerb, und dabei soll kein Geringerer als Fritz Walter zugeschaut haben. Tausend Kinder hatten sich beworben, und am Ende zeigte Fritz Walter auf Bruno Labbadia: »Er ist der Beste ...« Die Belohnung sollte die jungen Jahre des Talents prägen, denn sie war mit einem weiten Flug verbunden – mit dem Besuch eines Trainingscamps in New York, das von Brasiliens Legende Pele geleitet wurde. Danach schrieben sich schon mal die großen Vereine der Umgebung den Namen des dribbelstarken Italieners auf: Eintracht Frankfurt und Kickers Offenbach zeigten Interesse, doch Bruno Labbaddia blieb zunächst einmal beim SV Weiterstadt, um dann auf der Schwelle zur ausklingenden Jugendzeit zu den Darmstädter »Lilien« zu wechseln. Hier bekam er in der 2. Bundesliga die Zeit zur Reife, und 1987 war er dem Hamburger SV schon eine Ablösesumme von 650 000 Mark wert. Er war ein Bestandteil der Bundesliga, und nun war die Nationalmannschaft sein erklärtes Ziel. Des Fußballs wegen hatte er sich von der italienischen Staatsbürgerschaft getrennt und war Deutscher geworden. Der 1. FC Kaiserslautern wurde seine nächste Station, und am Betzenberg nippte er erstmals an einem der wertvollsten deutschen Fußballfreudenbecher – er wurde 1990 mit den Pfälzern DFB-Pokalsieger. Zwei Tore schoß er im Finale gegen Werder Bremen. Im Jahr darauf wähnte sich Bruno Labbadia am Ziel seiner Träume – er unterschrieb einen Vertrag beim FC Bayern München. Doch die Bajuwaren sackten in eine Krise, waren weit von ihrem eigenen Anspruch entfernt, eine deutsche Spitzenmannschaft zu sein. Trotzdem fand Bruno Ende 1992 den Weg in die deutsche Nationalmannschaft – er reiste mit dem Team nach Südamerika. Dafür platzte dann zwei Jahre später der Traum von einer Teilnahme am WM-Turnier – Bruno Labbadia war dem Bundestrainer nicht konstant genug in seinen Leistungen. Über den 1. FC Köln gelangte er schließlich im Januar 1996 für eine Ablösesumme von rund drei Millionen Mark zum SV Werder Bremen.

LACHNER, LUDWIG

Geboren am 27. Juli 1910
Acht Länderspiele (1930 bis 1934), vier Tore
TSV 1860 München

»Pipin« – ein Markenzeichen

Selten war ein deutsches Finale vor dem 2. Weltkrieg packender und niveauvoller als das des Jahres 1931. Am 14. Juni waren fast 60 000 Zuschauer in Köln fasziniert vom Schlagabtausch zweier Ausnahmemannschaften. Der amtierende Deutsche Meister Hertha BSC bezwang schließlich 1860 München mit 3:2, doch die Augenzeugen in Müngersdorf waren einer Meinung: Die »Löwen« von der Isar

stellten über weite Strecken die bessere Mannschaft. Der Verlierer beklagte das Pech zweier vermeintlicher Abseitstore, und Trainer Max Breunig, der große alte Lehrmeister aus Karlsruhe, der an der Isar die Saat gelegt hatte, war auf den Kölner Schiedsrichter Fissenwert nicht gut zu sprechen. Völlig zerknirscht war auch Ludwig Lachner, der wieselflinke Halbrechte des TSV 1860 München. Er hatte die »Löwen« ein paar Sekunden vor dem Halbzeitpfiff hochverdient mit 2:1 in Führung geschossen, doch am Ende hatte sich das Glück gegen seine Mannschaft verschworen. Aber der junge Mann aus der bayerischen Metropole, der im Neuhauser Bezirk in München aufgewachsen war, beim F. A. Gern, der späteren »Freien Vereinigung«, spielte und dem nie etwas anderes in den Sinn gekommen wäre, als seine Fußballkarriere auf Giesings Höhen zu beginnen, war schon 1931 Nationalspieler und sich dieser Ehre bewußt. Als sich die Aufregung gelegt hatte, Hertha BSC unter den Pfiffen vieler Kölner die allerletzte Ehrenrunde im Stadion beendete, ging Ludwig Lachner in die Berliner Kabine und gratulierte den Siegern. Max Breunig, dem Altnationalspieler, verdankte Ludwig Lachner seinen zweiten Namen, der zu seinem Markenzeichen wurde: »Pipin«. Damit spielte Breunig auf die geringe Körpergröße seines Stürmers an. Lachner, der aus dem Arbeiter-Turn- und Sportbund hervorging, imponierte durch seine Wendigkeit und durch den Schwung seiner Angriffsaktionen. Als er 1933 seiner Heimatstadt »Servus« sagte, obwohl er »60er« mit Leib und Seele war, um in Braunschweig seinen beruflichen und fußballerischen Werdegang fortzusetzen, folgte ihm der Kosename in die Stadt Heinrichs des Löwen. Bei der Eintracht wurde »Pipin« Lachner bald ein Publikumsliebling, ein Hoffnungsträger auf bessere Braunschweiger Fußballzeiten. Die Fans an der Hamburger Straße schwärmten noch immer von der Ära, in der Richard Queck und Otto Bülte vor dem 1. Weltkrieg die Leistungsträger waren. Doch nun wachte die Fußballregion wieder auf, denn der kahlköpfige »Schorsch« Knöpfle, der seine Karriere in Braunschweig beendete, war neben Lachner der zweite herausragende Spieler der Eintracht. Die ganz großen Erfolge blieben dem Verein aber versagt, denn in der Gauliga Niedersachsen gaben abwechselnd Hannover 96, Werder Bremen und später der VfL Osnabrück den Ton an. »Pipin« Lachners internationale Karriere begann an einem Frühherbsttag des Jahres 1930 in Dresden. Ungarn war der Gegner, und der Stürmer aus München war gerade 20 Jahre jung. Aber er überzeugte die

50 000 Zuschauer auf Anhieb, schoß ein Tor zum 5 : 3-Sieg und wurde als einer der wirkungsvollsten Spieler der Nationalelf gefeiert. In acht Länderspielen bis 1934 schoß Ludwig Lachner vier Tore, doch die heißersehnte Fahrkarte zur Weltmeisterschaft in Italien bekam er nicht. Er stand lediglich im 38er-Kader von Reichstrainer Professor Otto Nerz. 26mal spielte der kleine Münchner in der Süddeutschen Auswahl. Bis 1949 trug er dann das Trikot von Eintracht Braunschweig. Während dieser Zeit wurde er 35mal in die Niedersachsenauswahl berufen. Nach dem 2. Weltkrieg arbeitete Lachner zunächst als Bankbeamter, dann aber auch als Spielertrainer – so in Braunschweig und beim VfV Hildesheim. Sein Sohn Jürgen erbte das Talent des Vaters und spielte unter anderem beim VfL Wolfsburg. Mitte der 60er Jahre kehrte Ludwig Lachner in seine Heimatstadt München zurück.

LANG, HANS

Geboren am 8. Februar 1899,
gestorben am 27. April 1943
Zehn Länderspiele (1922 bis 1926)
Spvg. Fürth, Hamburger SV

Das Fernweh endete an der Elbe

Der Zufall spielte auf dem Weg des Hans Lang eine große Rolle. Man schrieb das Jahr 1920. Der deutsche Fußball war zwei Jahre nach dem Ende des 1. Weltkriegs noch weithin neutralisiert, und internationale Begegnungen mit deutschen Mannschaften waren eher die Ausnahme als die Regel. Und so fand das Spiel einer Süddeutschen Auswahl gegen die österreichische Nationalmannschaft großes Interesse. In dieser Verbandsauswahl stand ein junger Augsburger: Hans Lang. Das Pech des Nürnberger Außenläufers »Karla« Riegel war das Glück des Hans Lang. Riegel war erkrankt, und so erinnerte man sich des schon in jungen Jahren technisch versierten Fußballers aus der Fuggerstadt. Hans Lang spielte beim BC Augsburg. Der unbekümmert aufspielende »Reservist« war bald in aller Munde, und die großen Vereine der süddeutschen Fußballszene klopften schon mal bei ihm an. »Teddy« Lohrmann, der wuchtige Fürther Torwart, machte sich unter anderem für Hans Lang stark – und der Wechsel zum Ronhof wurde bald perfekt. Der junge Läufer galt als Schwerstarbeiter – er war die Entdeckung der darauffolgenden Saison, und die Fans der »Kleeblätter« schwärmten von Langs Leistung im Spiel um die Bayernmeisterschaft, weil er mit dem Un-

garn »Spezi« Schaffer von Wacker München einen Weltstar ausschaltete. Als der Nürnberger Hans Kalb einen Beinbruch erlitt, fand Lang auch den Weg in die Nationalmannschaft. Er war einer von sieben Fürthern, die am 26. März 1922 im Frankfurter Riederwald-Stadion gegen die Schweiz 2 : 2 spielten. Mit seinem Ballgefühl war er ein wichtiger Spieler in dieser Elf der Techniker. Wie wertvoll er für die Mannschaft war, zeigte sich 1923, als er mit einem Beinbruch lange ausfiel und die »Zauberer« aus Fürth in der deutschen Endrunde scheiterten. Aber die Zeiten waren schlecht, die Inflation legte sich wie ein grauer Schleier über Deutschland, und viele junge Leute wurden in dieser Zeit vom Fernweh gepackt. Hans Lang wollte nach Südamerika auswandern, dort Fußballspielen und sein Glück versuchen. Im Hamburger Hafen wartete er auf eine Gelegenheit, um mit einem Schiff seinem Traumziel näherzukommen, doch dann überredeten ihn die Funktionäre des Deutschen Meisters Hamburger SV. Und so fand der Augsburger an der Elbe eine neue Heimat und bildete mit Halvorsen und Carlsson eine Läuferreihe, von der man in der Hansestadt noch Jahrzehnte später schwärmte. Zweimal stand Hans Lang mit dem HSV in einem deutschen Finale. 1924 scheiterten die Hamburger in Berlin am 1. FC Nürnberg, doch 1928 erreichte Lang mit dem 5 : 2-Sieg gegen Hertha BSC Berlin vor 50 000 begeisterten Hamburgern im Altonaer Stadion das große Ziel. Sein zehntes und letztes Länderspiel bestritt Hans Lang 1926 in Düsseldorf gegen Holland (4 : 2). Er arbeitete später als Sportlehrer, trainierte unter anderem mit Erfolg »seinen« HSV. Er starb als Soldat auf dem Fliegerhorst Aalborg an den Folgen eines Herzanfalls und fand auf dem Soldatenfriedhof im dänischen Frederikshavn, an der Spitze Jütlands, seine letzte Ruhestätte.

LANGENBEIN, KURT

Geboren am 4. November 1910
Zwei Länderspiele (1932 bis 1935), ein Tor
VfR Mannheim

»Eß viel Fleesch und Worscht«

Der Verein für Rasenspiele Mannheim war in den 20er und 30er Jahren ein großer Lokalrivale des SV Waldhof. Otto Nerz und Sepp Herberger trugen das Trikot des 1904 gegründeten Vereins, der zwar erst 1948 Deutscher Meister werden sollte, aber stets eine gute Rolle in dieser Fußballregion spielte. 1925 holte sich der VfR den Titel eines Süddeutschen

Meisters. Kurt Langenbein entsprang dieser Mannheimer Fußballschule. Er war ein gewandter Rechtsaußen, der auch als Mittelstürmer außergewöhnliche Qualitäten hatte. Und auf ihren Fußballfahrten sangen die Mannheimer nach der Melodie »Uff de schwäbsche Eisebahne« folgenden Vers eines Liedes: »In der Mitte technisch fein – stürmet Junior Langenbein – Kurtsche, eß viel Fleesch und Worscht – gibschte a en feschter Borscht …« Kurt Langenbein galt als Intelligenzfußballer, der zwei Jahrzehnte lang der Ligaelf des VfR angehörte, über 1200 Spiele für seinen Verein bestritt und es auf mehr als 1400 Tore gebracht haben soll. Er wurde dreimal Torschützenkönig der Gauliga und war einer von acht Nationalspielern, die der VfR Mannheim hervorbrachte. Am 6. März 1932 pilgerten 50 000 Zuschauer ins Leipziger Stadion zum Länderspiel gegen die Schweiz. Zwei Debütanten waren für die im Nationaltrikot gegen Dänemark zuvor enttäuschenden Schalker Hans Tibulski und Fritz Szepan aufgeboten worden: »Ossi« Rohr vom FC Bayern München und Kurt Langenbein vom VfR Mannheim. Den Ton gaben in diesem Spiel gegen die Eidgenossen, die mit 2 : 0 besiegt wurden, der schnelle Linksaußen Stanislaus Kobierski und der zweifache Torschütze Richard Hofmann an. Als die deutsche Nationalmannschaft zur Weltmeisterschaft 1934 nach Italien reiste, war Kurt Langenbein nicht dabei – er fand nur noch im vorläufigen Aufgebot von 38 Spielern einen Platz. Sein zweites und letztes Länderspiel bestritt der Mannheimer am 13. Oktober 1935 in Königsberg gegen Lettland. Zum 3 : 0-Sieg der Nationalelf setzte er mit einem gefühlvollen Heber zum 3 : 0 den Schlußpunkt dieses Spiels und seiner internationalen Karriere. Kurt Langenbein, der es auf 16 Einsätze in der Süddeutschen Auswahl und auf rund 40 Spiele für die Mannheimer Stadtauswahl brachte, war zu diesem Zeitpunkt bereits als Städtischer Beamter tätig. Nach dem 2. Weltkrieg wurde er Verwaltungsdirektor der Städtischen Verkehrsbetriebe Mannheim. Der VfR ernannte ihn zu seinem »Ehrenspielführer«.

LAUMEN, HERBERT

Geboren am 11. August 1943
Zwei Länderspiele (1968), ein Tor
Borussia Mönchengladbach

Am Tag, als der Pfosten brach

Der 3. April 1971 ging in die Geschichtsbücher des Bundesligafußballs ein. Nicht etwa deshalb, weil besonders viele oder außergewöhnlich schöne Tore fielen oder weil die Außenseiter über die Favoriten triumphierten. Der 3. April 1971 war der Tag, an dem auf dem Bökelberg in Mönchengladbach der Pfosten brach. Was in diesen Jahren zwar ungewöhnlich war, zuweilen jedoch passierte, weil Pfosten- oder Lattenschüsse damals noch »Holztreffer« im Sinne des Wortes waren. Und Holz hat nun mal die Eigenschaft, beim längeren Verweilen im Boden morsch zu werden. So war das auch auf dem Bökelberg, als die Gladbacher als Tabellenführer den SV Werder Bremen erwarteten. Das Spiel lief nicht ganz so, wie sich das die inzwischen ein wenig in die Jahre gekommenen »Fohlen« vorgestellt hatten – bis zur 87. Minute stand es 1 : 1. Und da im Duell mit dem FC Bayern jeder Punkt überaus wichtig war, drohte den Rheinländern ein ärgerlicher Punktverlust. Die Gladbacher bekamen von Schiedsrichter Meuser aus Ingelheim eine Flut von Eckbällen zugesprochen und waren drückend überlegen. Den Eckball Nummer 23 zirkelte Günter Netzer in den Bremer Strafraum – Torwart Günter Bernard und Herbert Laumen sprangen hoch und landeten im Netz. Worauf sich der rechte Torpfosten senkte. Die Bremer bauten das Tor zwar wieder auf, doch die Gladbacher zeigten nur halbherziges Interesse an der Fortsetzung des Spiels. So jedenfalls wertete das später das DFB-Sportgericht und erkannte auf 2 : 0 Punkte und 2 : 0 Tore für Werder Bremen. Einer von denen, die sich ganz besonders darüber aufregten, war Herbert Laumen, der von einem »Skandal« sprach. Doch ein paar Wochen später strahlte auch er wieder, denn die Gladbacher hatten es trotzdem erneut geschafft, weil die Bayern am letzten Spieltag in Duisburg mit 0 : 2 verloren und Laumen und Co. in Frankfurt 4 : 1 gewannen. Herbert Laumen, das ist die personifizierte Geschichte der »Fohlen«, denn er war von Anfang an dabei, weil er aus der erfolgreichen Jugend der Borussia kam. Man sagte ihm nach, er habe am Beginn seiner Profikarriere bei Heimspielen schon in der Kabine vor lauter Lampenfieber das Trikot durchgeschwitzt. Was sich im Laufe der Jahre gründlich änderte, weil Herbert Laumen durch Cleverneß und Torjägerinstinkt imponierte. Aus der Aufstiegsmannschaft der Borussia von der Saison 1964/65 blieb er neben Günter Netzer als einziger bis zum Jahre 1969 übrig – sein großer Förderer war Trainer Hennes Weisweiler, der ihn 1966 als Beobachter mit zur Weltmeisterschaft nahm. Dieses Turnier kam für den jungen Herbert Laumen zu früh, und so sagte der Stürmer zu den Journalisten: »Ich kann hier unheimlich viel lernen.« Später schoß er dann als

»spielender Mittelstürmer« Tore im Akkord, in sechs Bundesligaspieljahren und 186 Spielen genau 97. Eine Trefferquote der ungewöhnlichen Art. Zweimal berief ihn Helmut Schön 1968 in die Nationalmannschaft. 1971 konnte Herbert Laumen dem Lockruf von Werder Bremen nicht widerstehen, doch seine große Zeit war offenbar schon vorbei. 1973 landete er dann beim 1. FC Kaiserslautern, wo Trainer Erich Ribbeck dringend einen Ersatz für »Atze« Friedrich benötigte, der einen komplizierten Schien- und Wadenbeinbruch erlitten hatte. Nach seiner Bundesligazeit spielte Laumen noch beim FC Metz, Spvg. Neu-Isenburg und SV Wesel. Er arbeitete als Repräsentant eines Sportartikelherstellers.

LEHNER, ERNST

Geboren am 7. November 1912,
gestorben am 10. Januar 1986
65 Länderspiele (1933 bis 1942), 30 Tore
Schwaben Augsburg, Blau-Weiß Berlin

Sprinter aus dem Apothekergäßchen

Ernst Lehner wuchs in der Fuggerstadt Augsburg auf. Genauer gesagt, im Apothekergäßchen. Seine Familie hatte sich dem Sport verschrieben – sein Vater Philipp war einer der Mitbegründer des FC Augsburg und später Ehrenmitglied des Süddeutschen Fußball-Verbandes. Ernst war der jüngste von vier Brüdern. Hans, Philipp und Paul spielten bei Viktoria Augsburg Fußball; die vier Mädchen des Hauses Lehner waren gute Schwimmerinnen und Kunstspringerinnen. Ernst bekam als »Bolzer« in den Gassen seiner Heimatstadt Geschmack am Fußball, um dann als Achtjähriger bei Schwaben Augsburg zu landen. 17 Jahre war er jung, als er sein Debüt in der ersten Mannschaft gab. Zu diesem Zeitpunkt ahnte niemand, daß er für die Schwaben über 500 Spiele bestreiten sollte, doch schon bald war der schnelle Mann auf dem rechten Flügel der Liebling der Augsburger Fußballanhänger. Als er 21 Jahre alt war, stand er bereits im Notizbuch von Reichstrainer Professor. Dr. Otto Nerz. Und der berief ihn in die Nationalmannschaft, als der Düsseldorfer Stammrechtsaußen Ernst Albrecht nach einer Verletzung absagen mußte. Ernst Lehner ergriff diese Chance und eroberte sich einen festen Platz in der Nationalmannschaft. Der rechte Flügel – das war sein Refugium auf dem Spielfeld, hier war der Augsburger der uneingeschränkte Herrscher. Seine Spezialität waren aber vor allem Eckbälle, die er zuweilen direkt zu verwandeln pflegte. Im WM-Qua-

lifikationsspiel gegen Estland lag die deutsche Elf zur Halbzeit in Königsberg mit 0:1 zurück, doch dann gab es nach der Pause 18 Eckstöße für den hohen Favoriten. Zwei davon verwandelte Ernst Lehner direkt, zwei Kopfballtore von Jupp Gauchel bereitete er vor. Am Ende hatten die Deutschen 4:1 gewonnen. Bis 1942 bestritt Ernst Lehner 65 Länderspiele – 30mal traf er dabei ins Schwarze. Im Oktober 1936 wurde er mit seinem 26. internationalen Einsatz Rekordnationalspieler des deutschen Fußballs. Lehner war Mitglied der »Breslauer Elf«, die 1937 Dänemark mit 8:0 schlug. Höhepunkte in der Karriere dieses Mannes waren die Teilnahmen an den Weltmeisterschaften 1934 und 1938. 1934 kamen die Deutschen sensationell auf den dritten

Platz, und Ernst Albrecht wurde als Weltstar gefeiert. Die Experten auf dem Stiefel Europas sahen in Lehner den besten Rechtsaußen dieses Turniers. Der »Ernschtle« aus Augsburg schoß beim Spiel um Platz drei gegen die favorisierten Österreicher zwei Tore zum 3:2-Triumph. Dies war der bis zu diesem Zeitpunkt größte Erfolg in der Geschichte des deutschen Fußballs. Viele betrachteten Lehner als den besten Amateurspieler der Welt, denn in den 30er Jahren war das Profitum in Deutschland noch tabu. Für den Augsburger zahlte sich der Erfolg aber auch beruflich aus, denn bei einem Empfang, den seine Heimatstadt für ihn gab, wurde ihm eröffnet, daß »die Stadt Augsburg in Anerkennung der Verdienste sich entschlossen hat, Ernst Lehner in die Dienste der Stadtverwaltung zu übernehmen«. Und da er seit Monaten arbeitslos war, fiel ihm ein Stein vom Herzen. Vier Jahre später stand Lehner wieder in einem WM-Turnier. In Paris war allerdings vom Glanz der 34er WM im deutschen Fußball nichts mehr zu spüren. 1937 wurde Ernst Lehner in die Westeuropaauswahl berufen, die in Amsterdam ein Spiel gegen Zentraleuropa bestritt. 1938 wurde der Stürmer überredet, Augsburg zu verlassen und sein Glück fortan in Berlin zu versuchen. Eine Saison lang trug er das Trikot von Blau-Weiß Berlin, dann zog es ihn zurück in seine Heimatstadt. Als der 2. Weltkrieg beendet war, führte das Schicksal Ernst Lehner nach Aschaffenburg. Mit 39 Jahren spielte er noch in der Oberligamannschaft der Viktoria, ehe er Trainer bei Darmstadt 98, Viktoria Aschaffenburg und Hanau 93 wurde. Aschaffenburg wurde die zweite Heimat von Ernst Lehner. Hier arbeitete er seit 1947 bis zu seiner Pensionierung am Jahre 1978 als Leiter des Städtischen Sportamtes. Nach und nach legte er seine Ehrenämter nieder. Nach einer Operation im Jahre 1985 kränkelte er und starb Anfang 1986.

LEINBERGER, LUDWIG

Geboren am 21. Mai 1903,
gestorben am 9. März 1943
24 Länderspiele (1927 bis 1933)
Spvg. Fürth

Die »feindlichen Brüder«

Nürnberg und Fürth! Die großen Rivalen aus der fränkischen Nachbarschaft waren wie die berühmten »feindlichen Brüder« am Rhein, die ihre Burgen »Katz« und »Maus« nannten und die sich ein Leben lang befehdeten. Der »Club« und die »Kleeblätter« – dahinter verbarg sich in den 20er Jahren mehr als nur eine fußballerische Rivalität. Am 20. April 1924 reiste die deutsche Nationalmannschaft, gebildet aus fünf Nürnbergern und sechs Fürthern, zum Länderspiel gegen Holland nach Amsterdam. Die Fürther saßen in einem Abteil im hinteren Bereich des Zuges, weiter vorne hockten die Nürnberger Spieler, und irgendwo zwischen den verfeindenden Lagern saß der Kieler Gustav Blaschke, der gemütliche Betreuer der Nationalmannschaft, der während der langen Reise fortwährend seine dunkelblaue Schirmmütze knautschte und darüber grübelte, wie er, den sie alle »Papa« nannten, zwischen den Lagern vermitteln könne. Es gelang ihm nicht –

dafür gelang der an sich so zerstrittenen Mannschaft der erste Länderspielsieg in Holland (1:0). Und wenig später schaffte es der Fußballpionier Walther Bensemann dank einer List, die Spieler aus Fürth und Nürnberg an den Tisch eines Nobelhotels zu bringen. Die Streitaxt wurde nach hitzigen Diskussionen begraben. Doch das fränkische Duell fand eine permanente Fortsetzung auf dem Rasen – beide Vereine bildeten munter sprudelnde Quellen von Fußballtalenten. Eines von ihnen war Ludwig Leinberger, der zu den größten Mittelläuferpersönlichkeiten des deutschen Fußballs werden sollte. Der gebürtige Nürnberger hatte schon eine längere »Wanderschaft« hinter sich, als er schließlich am Fürther Ronhof aufkreuzte. Beim TV Nürnberg von 1846 hatte er schon als neunjähriger Schüler gespielt. Über den TV St. Johannis führte ihn sein Weg nach Solingen, ehe er im Herbst 1925 zum erstenmal das Trikot der Spvg. Fürth trug. Auf der halblinken Position fand er rasch einen Stammplatz, doch Verletzungen erzwangen Umstellungen – und so wurde aus dem Offensivspieler ein Mittelläufer. »Habberer« riefen ihn seine Freunde am Ronhof, andere nannten ihn den »Tank« – und dahinter verbarg sich eine Menge Respekt vor der kompromißlosen Härte des Franken. Er war ein Modellathlet, der keinem Zweikampf aus dem Wege ging, der sich aber auch die Freiheiten nahm, über die Flügel seine Stürmer zu »füttern«. Ludwig Leinberger war so etwas wie das Gegenstück zum Nürnberger Heros Hans Kalb, doch beide unterschieden sich in ihrer fußballerischen Grundeinstellung erheblich. Während Kalb, der spätere Zahnarzt, das Leben in vollen Zügen genoß – und keinerlei Rücksicht auf seine Figur nahm –, war Leinberger eher ein Asket, der verbissen an seiner Form arbeitete. Beim Olympischen Turnier 1928 bildeten Kalb und Leinberger eine starke deutsche Achse. 24mal trug Leinberger das Trikot der Nationalmannschaft, die er elfmal als Kapitän auf das Spielfeld führte. Am Neujahrstag 1933 verabschiedete sich der »Habberer« beim 1:3 in Bologna gegen Italien von der internationalen Bühne. 1926 und 1929 triumphierte er mit der Spvg. Fürth in den deutschen Endspielen von Frankfurt und Nürnberg jeweils gegen Hertha BSC Berlin. Seine letzte Station als Fußballer war zwischen 1934 und 1936 der CfR Köln. Als Sportlehrer arbeitete Leinberger zunächst als Gautrainer in Bayern, dann bei Schweinfurt 05. Er starb im Frühjahr 1943 im Reservelazarett Bad Pyrmont an den Folgen einer Blinddarmoperation. Ludwig Leinberger wurde auf dem Nürnberger Westfriedhof beigesetzt.

LEIP, RUDOLF

Geboren am 8. Juni 1890,
gestorben am 5. März 1947
Drei Länderspiele (1923 bis 1924)
Guts Muts Dresden

Mit »33« gegen Finnland

Johann Christoph Friedrich GutsMuths gilt als
»Großvater« der Turnkunst. Er war ein Verfechter
der philanthropischen Leibeserziehung und legte
als Erzieher an der thüringischen Anstalt Schnep-
fenthal den ersten Sportplatz Deutschlands an.
Doch GutsMuths ist nicht etwa der Patron des alten Dresdner Fußballvereins. Vielmehr findet sich
im Namen von Guts Muts Dresden die Kurzform
von »guten Mutes« wieder. Allerdings existierte
nach der Jahrhundertwende in Dresden auch ein
Verein, der sich »GutsMuths« nannte und der ein
lupenreiner Turnverein war. In Dresden, der Metropole an der Elbe, regierte aber schon früh der
Dresdner SC – Guts Muts stand stets im Schatten
des großen Nachbarn, und als Rudolf Leip um die
Jahrhundertwende zum Fußball fand, residierte in
Dresden noch das alte Herrschergeschlecht der al-
bertinischen Wettiner. Rudolf Leip war Rechtsaußen und hielt seinem Verein ein Leben lang die
Treue. Er trug das Trikot von Guts Muts Dresden
von der Gründung des Vereins im Jahre 1902 bis
1944. Sehr spät fand er aber erst seinen Weg in die
Nationalmannschaft. Er war schon 33 Jahre alt, als
er am 12. August 1923 für das Spiel gegen Finnland
nominiert wurde. Es wurde vor seiner Haustür
angepfiffen, in der Dresdner Illgen-Kampfbahn, und
endete mit einer 1:2-Niederlage der deutschen
Mannschaft. Rudolf Leip, Kaufmännischer Angestellter von Beruf, empfahl sich dennoch für zwei
weitere Länderspiele (1:0 gegen Norwegen in
Hamburg und 1:4 gegen Schweden in Berlin). Das
Jahr 1923 hatte für Guts Muts Dresden eine besondere Bedeutung, denn am 29. April erspielte sich
der Verein durch einen 1:0-Sieg gegen den VfB
Leipzig die Mitteldeutsche Meisterschaft. Seine
Heimspiele bestritt Guts Muts im Stadion an der
Pfotenhauerstraße – internationale Begegnungen
fanden fast immer auf dem Platz der Radrennbahn
in Reick statt.

LENZ, AUGUST

Geboren am 29. November 1910,
gestorben am 5. Dezember 1988
14 Länderspiele (1935 bis 1938), neun Tore
Borussia Dortmund

Lenz oder: Die Liebe zur Borussia

Der Borsigplatz in Dortmund war die sportliche
Heimat von August Lenz. Als Zehnjähriger schaute
er erstmals bei einem Training der Borussia-Talente
vorbei – und das war wohl so etwas wie eine Liebe
auf den ersten Blick. August Lenz hielt »seiner«
Borussia ein Leben lang die Treue. 31 Jahre lang
trug er das gelb-schwarze Trikot. Und noch etwas
machte ihn zu einer Dortmunder Fußball-Legende:
Er war der erste Nationalspieler, den der Verein hervorbrachte. August Lenz war der Prototyp eines
Torjägers: Gewandt und schußgewaltig – ausgestattet mit einem unbändigen Temperament! 1935
holte ihn Reichstrainer Professor Dr. Otto Nerz zum
erstenmal in die Nationalelf, und von diesem Debüt
träumten nach ihm ganze Generationen von Län-
derspielneulingen. 6:1 gewann die deutsche Mannschaft in Brüssel gegen Belgien – und der Stürmer
aus der Stadt der Biere schoß zwei Tore. Auch als
Sepp Herberger seinen alten Mannschaftskameraden und Weggefährten Otto Nerz ablöste, blieb August Lenz zunächst erste Wahl. Einen sportlichen
Tiefschlag erlebte er 1936 beim olympischen Turnier
in Berlin mit der unerwarteten Niederlage gegen
Norwegen, aber sein 14. und letztes Länderspiel bestritt August Lenz erst 1938 gegen Luxemburg.
Man rühmte ihn als »Stürmer der kurzen Wege«, er
begeisterte durch Zielstrebigkeit. Kampf und Kondition, Temperament und Treffsicherheit – das waren
die Attribute, die Lenz auszeichneten. Außerdem
galt der Mittelstürmer als verläßlicher »Kumpel«.
Als im Jahre 1938 die Schalker in Personalnot gerieten, weil Ernst Poertgen die »Königsblauen« verließ, sagte Ernst Kuzorra zu seinem Vorsitzenden
»Papa« Unkel: »Sieh zu, daß der August zu uns
kommt ...« Doch Unkel winkte gleich ab: »Eher
gehst Du zur Borussia, als daß der Lenz den Borsigplatz verläßt.« Anstelle von August Lenz kam Hermann Eppenhoff zum FC Schalke. Vereinstreue
hatte in diesen Jahren noch einen hohen Stellenwert im deutschen Fußball. Auch nach dem
2. Weltkrieg trug August Lenz einige Jahre das
Trikot der Borussia, ehe die Jugend ihn Anfang der
»Fünfziger« nach über tausend Spielen verdrängte.
Daraufhin wurde August Lenz Gastwirt. Seine
»Sportlerklause« am Borsigplatz war 33 Jahre lang

Treffpunkt der Borussiafreunde. Nach den General-
versammlungen seines Vereins war es eine Selbstverständlichkeit, daß August Lenz, der zwischenzeitlich auch Fußballobmann war, die Schlußworte
sprach und das Vereinslied anstimmte. Er verstarb
mit 78 Jahren in der Nacht zum 5. Dezember 1988.

LIBUDA, REINHARD

Geboren am 10. Oktober 1943,
gestorben am 25. August 1996
26 Länderspiele (1963 bis 1971), drei Tore
Schalke 04, Borussia Dortmund

Unwiderstehlich wie Stan Matthews

»Stan« riefen ihn seine Freunde – und sie waren
verzückt von den Dribblings dieses ungewöhnlichen Fußballers. »An Jesus kommt keiner vorbei«,
war mal an einer Litfaßsäule in Gelsenkirchen zu lesen. »Außer Libuda«, schrieb ein Schalker Fan darunter. Das Revier war die Fußballheimat dieses
begnadeten Talents. Geboren wurde er in Wend-
linghausen im Kreis Lemgo. Als Zehnjähriger begann er die Karriere natürlich bei »seinem« FC
Schalke. Als er 17 Jahre alt und behutsam durch
den Nachwuchsbetreuer Fritz Thelen aufgebaut
worden war, setzte er seine Unterschrift unter den
ersten Profivertrag. Reinhard Libuda war offenbar
das Bewegungstalent in die Wiege gelegt worden,
und mit seiner Art, Fußball zu zelebrieren, elektri-

sierte er die Fans auf den Rängen. »Stan« – jeder
wußte in den 60er Jahren, wer sich hinter diesem
Namen verbarg. Man verglich ihn mit keinem Geringeren als den von der englischen Königin geadelten Sir Stanley Matthews. Auch Libudas Dribblings
waren unwiderstehlich, er wurde zum Schreckgespenst einer ganzen Generation von Abwehrspielern in Deutschland, und daß ihn diese Flankenläufe irgendwann in die Nationalmannschaft führen
würden, war nur logisch. Am 28. September 1963
trug er erstmals das Trikot mit dem Bundesadler
beim 3 : 0-Sieg gegen die Türkei in Frankfurt. Uwe
Seeler war an diesem Tag dreifacher Torschütze.
1966 wechselte »Stan« dann vom FC Schalke 04 zu
Borussia Dortmund. Im gleichen Jahr holte er mit
den Westfalen den Europacup der Pokalsieger nach
Deutschland. Am 5. Mai 1966 erzielte Libuda beim
2 : 1-Sieg in der Verlängerung das entscheidende
Tor gegen den FC Liverpool. Er traf mit einer »Bogenlampe« aus großer Entfernung. Und noch ein
Tor charakterisierte die Karriere dieses Stürmers
aus dem Kohlenpott. An einem nebligen Abend im
Oktober 1969 – inzwischen war der »König der
Dribbler« zum FC Schalke zurückgekehrt – schoß
Libuda das Siegtor der deutschen Nationalelf im
Hamburger Volksparkstadion zum 3 : 2 gegen Schottland. Dieser Treffer öffnete den Deutschen die Tür
zur Weltmeisterschaft in Mexiko, wo die Nationalelf dank eines Tores von Wolfgang Overath den dritten Platz belegte und wo »Stan« Libuda Stammspieler war, obwohl ihn ständig das Heimweh plagte.
Sein wohl bestes Match in Mexiko absolvierte er gegen Bulgarien, als er mit seinen Gegnern Katz und
Maus spielte. Zwei Jahre später legte sich ein Schatten über den FC Schalke 04. Der Traditionsverein
aus Gelsenkirchen war tief verstrickt in den Bundesligaskandal – und Reinhard Libuda war nicht
unbeteiligt. Er wurde lebenslänglich durch den
Deutschen Fußball-Bund gesperrt und setzte daraufhin seine Karriere in Frankreich, bei Racing
Straßburg, fort. 1974 wurde Libuda schließlich begnadigt und kehrte zum FC Schalke zurück.
350 000 Mark Ablöse – diese Summe war dem Verein der Rückkauf des »verlorenen Sohns« wert.
Libuda war nie ein echter Torjäger, sondern eher
ein Vorbereiter; in seinen 264 Bundesligaspielen
traf er nur 28mal ins Schwarze. Und er war ein Star
wider Willen, der eine Gänsehaut bekam, wenn er
eine Kamera erblickte, und der auch in guten
Zeiten am liebsten jeden Journalisten »umdribbelt«
hätte. Reinhard Libuda wirkte stets ein wenig ver-
schüchtert, wenn man ihn lobte. Nach seiner
aktiven Zeit wurde es immer stiller um »Stan«. Ein

17-Familienhaus, das ursprünglich als Altersversorgung seiner Familie vorgesehen war, wurde verkauft, um Schulden zu tilgen. Irgendwann gehörte ihm auch das Tabakwarengeschäft nicht mehr, das er von Ernst Kuzorra, dem Idol der »Knappen«, am Schalker Markt übernommen hatte. Der Star von einst wurde von gesundheitlichen Problemen heimgesucht, und da er in seinen jungen Jahren eine Ausbildung zum Maschinenschlosser zugunsten seiner Profikarriere nicht beendet hatte, fand sich für ihn keine Anstellung. Seine Frau verließ ihn − Libuda lebte lange Zeit zurückgezogen und verarmt in Gelsenkirchen. Rolf Rüßmann, sein alter Spezi aus erfolgreichen Schalker Tagen, half ihm wieder auf die Beine und vermittelte eine Anstellung in einer Druckerei. Ende 1992 mußte sich »Stan« einer Operation unterziehen, nachdem die Ärzte bei ihm Kehlkopfkrebs diagnostiziert hatten. Reinhard Libuda starb im Alter von 52 Jahren an den Folgen eines Schlaganfalls.

LIEBRICH, WERNER

Geboren am 18. 1. 1927,
gestorben am 20. März 1995
16 Länderspiele (1951 bis 1956)
1. FC Kaiserslautern

»Der Wimpel gehört Ihnen ...«

Neun seiner 16 Länderspiele bestritt Werner Liebrich im denkwürdigen Fußballjahr 1954. Er war einer der elf »Helden von Bern« und als Mittelläufer der zentrale Punkt der deutschen Abwehr. Sein legendärer Gegenspieler im Weltmeisterschaftsfinale war der ungarische Fußballmajor Ferenc Puskas. Werner Liebrich entstammte einer Arbeiterfamilie in Kaiserslautern, und seine Eltern waren stolz auf ihren Sprößling, als dieser nach seinem Schulbesuch eine Stellung bei der Post annahm und schließlich Beamter wurde. Für seinen 1. FC Kaiserslautern, bei dem er 1944 in der 1. Mannschaft debütierte und wo er als Stimmungskanone beliebt war, absolvierte er um die 1000 Spiele − zweimal holte er mit den Pfälzern den Titel eines Deutschen Meisters zum Betzenberg. Hier spielte auch sein drei Jahre älterer Bruder Ernst, worauf der Jüngere in den Sportzeitungen dieser Jahre als »Liebrich II« geführt wurde. 1950 − also als 23jähriger − erhielt Werner Liebrich ein Angebot vom AC Mailand, doch seine Bodenständigkeit hielt ihn in der Heimat. Liebrichs Spezialität war sein nahezu perfektes seitliches Hineingrätschen in den Gegner. Das »Sli-

ding Tackling« hatten die Deutschen aus England importiert. Nach dem WM-Turnier wurde der Pfälzer zum besten Stopper der Endrunde gewählt. Für die »Helden von Bern« gab es viel Ehr', aber wenig Geld. Tausend Mark erhielt jeder Spieler für den Titel, weitere 250 Mark für jeden Spieleinsatz beim Turnier in der Schweiz. Außerdem gab es für jeden ein Fernsehgerät, einen Kühlschrank und einen Motorroller der Marke Vespa. Höchstes Lob erntete Werner Liebrich aber auch noch ein paar Monate später. Am 1. Dezember 1954 verlor der amtierende Weltmeister zwar sein Länderspiel im Wembley-Stadion gegen England mit 1:3, doch Liebrich machte das Spiel seines Lebens gegen den robusten Ronnie Allen. Außerdem unterstützte er Werner Kohlmeyer, der mit der Bewachung von Stan Matthews überfordert war. »Werner, der Wimpel der Engländer gehört Ihnen«, sagte nach dem Spiel Bundestrainer Sepp Herberger. Ein größeres Kompliment hätte es für Werner Liebrich nicht geben können. Liebrichs Stärken waren die Disziplin, sein überlegtes Spiel, Pässe in den freien Raum und wuchtige Kopfbälle. In seine Rolle als »Stopper« interpretierte er mehr hinein als seine Vorgänger. Vielleicht war Werner Liebrich so etwas wie ein früher Vertreter des Libero. Wenn seinem 1. FC Kaiserslautern eine Niederlage drohte, gab er mit seinen Vorstößen das Signal zur Aufholjagd. Unvergessen seine Explosivität im deutschen Endspiel des Jahres 1955. Rot-Weiß Essen führte im Hexenkessel der 76 000 Zuschauer in Hannover mit 3:1, dann kurbelten die Pfälzer dank Liebrich das Spiel an, und die Essener wankten. Am Ende waren sie froh, mit 4:3 gewonnen zu haben. Sein letztes Länderspiel bestritt Werner Liebrich im Jahre 1956, sechs Jahre später beendete er seine Karriere beim 1. FC Kaiserslautern. Danach baute er mit großer Zielstrebigkeit eine neue Karriere auf. Eine Zeitlang betrieb er eine Gastwirtschaft, dann übernahm er eine Toto- und Lottoannahmestelle sowie einen Zeitschriftenhandel in der Eisenbahnstraße in Kaiserslautern. Der »Rote« blieb seinem 1. FCK natürlich treu, trainierte sieben Jahre lang die höchste Amateurmannschaft des Vereins, betreute auch die Jugend und sprang 1965 im Abstiegskampf der Lauterer in der Bundesliga sogar als Trainer für Gyula Lorant ein. Nach dem 2:1-Sieg am letzten Spieltag in Frankfurt wurde Werner Liebrich als Retter der »Roten Teufel« gefeiert. Der 1. FC Kaiserslautern ernannte ihn zum Ehrenmitglied und verlieh ihm die höchste Auszeichnung, den »Goldenen Ehrenring«. Als aktives SPD-Mitglied engagierte er sich im Sportausschuß der Stadt Kaiserslautern. Er starb im Alter von 68 Jahren an Herzversagen, nachdem er sich einer dritten Operation unterziehen mußte.

LINDNER, WILLI

Geboren am 27. Juni 1910,
gestorben am 5. März 1944
Ein Länderspiel (1933)
Eintracht Frankfurt

»Die Auswechslung war unbegreiflich«

Willi Lindners einziges Länderspiel stand für ihn unter einem schlechten Stern. Am 19. März 1933 – die Nationalsozialisten hatten in Deutschland die Macht übernommen – war Frankreich in Berlin der Gegner. 50 000 Zuschauer säumten die Ränge im Grunewald, und Reichstrainer Professor Otto Nerz stand unter Druck. Die Nazis hatten ihm zu verstehen gegeben, daß sie Siege zur Ehre Deutschlands erwarteten, daß sie gegen die Einführung eines Profitums seien und im übrigen davon ausgingen, daß nur Spieler das »Ehrenkleid der Nation« tragen sollten, die sich offen zu den Zielsetzungen der neuen Machthaber bekannten. Das war gleichzeitig das Karriereende einiger großer deutscher Spieler. Eine neue Mannschaft sollte aufgebaut werden, doch im Grunewald-Stadion lagen im Spiel gegen Frankreich eine Menge Stolpersteine im Wege. Über einen stürzte der Debütant aus Frankfurt. Willi Lindner war mit viel Ehrgeiz an die große Aufgabe herangegangen. Auf der halblinken Position lieferte sich der 23jährige temperamentvolle Duelle und schon nach zehn Minuten humpelte sein Gegenspieler Vandooren vom Feld. Doch nach 40 Minuten stand dem jungen Frankfurter die Ungläubigkeit im Gesicht geschrieben. Trainer Nerz wechselte ihn aus – es kam Richard Hofmann vom Dresdner SC. Aber nicht nur für Willi Lindner, sondern auch für »König Richard« brachte dieser Vorfrühlingstag des Jahres 1933 den Abschied aus der Nationalmannschaft. Für Nerz hagelte es nach dem 3 : 3 gegen Frankreich herbe Kritiken. »Die Auswechslung Lindners war völlig unbegreiflich«, zürnte die Sportzeitung »Fußball«. Willi Lindner war über Rot-Weiß Frankfurt zur Eintracht gekommen und ging seinem Beruf als Angestellter der Reichsbahn nach. Er kehrte als Soldat aus Rußland nicht zurück.

LITTBARSKI, PIERRE

Geboren am 16. April 1960
73 Länderspiele (1981 bis 1990), 18 Tore
1. FC Köln, Racing Paris

Der Liebling des Kölner Publikums

Nur wenige Profis der Bundesliga erfreuten sich einer so großen Beliebtheit wie Pierre Littbarski. Der Berliner, der zum Rheinländer wurde, eroberte die Herzen seiner Anhänger wegen seines Spielwitzes, wegen seiner Ballbegabung und wegen dieser kaum zu kopierenden Art, als Individualist der wichtigste Mannschaftsspieler zu werden. Pierre Littbarski wuchs bei seinen Großeltern in Berlin auf, da beide Elternteile ihren Berufen nachgingen. Der Vater war Finanzbeamter, die Mutter Sekretärin. »Litti« ging an der Spree aufs Gymnasium und hatte von der Schule genug, als er die 12. Klasse erreichte. Zu diesem Zeitpunkt spukte ihm ohnehin außer Fußball kaum etwas durch den Kopf. Immer-

hin begann er eine Ausbildung beim Finanzamt, was den Herrn Papa besonders freute. 250 Mark gab's für Pierre Littbarski im Monat – für einen jungen Mann mit großen Plänen nicht gerade üppig. Nun war da aber bekanntlich noch der Fußball, den er beim VfL Schöneberg als kleiner Steppke gepaukt hatte und in dessen Geheimnisse er vor allem bei Hertha Zehlendorf eingeweiht wurde. In diesem Verein hatte die Nachwuchsschulung fast schon traditionell einen exzellenten Ruf. Mit der »kleinen

Hertha« erreichte er 1978 das Finale um die deutsche A-Jugendmeisterschaft, das die Berliner allerdings gegen den MSV Duisburg mit 2:5 verloren. Pierres Talent war sichtbar, und der Weg in die A-Jugendnationalmannschaft nicht weit. Achtmal trug er das Trikot mit dem Bundesadler auf der Brust. 1978 klopfte der 1. FC Köln in der Person des Managers Karl-Heinz Thielen bei seinen Eltern an, worauf sein Schritt ins Profitum vorgezeichnet war. Nach der Schule sagte Pierre Littbarski auch dem Berliner Finanzamt »ade«, denn seine Gehaltssteigerungen waren enorm: Die Rheinländer garantierten ihm gleich ein sechsstelliges Jahressalär. Was den jungen Profi bewog, ein Jahr später seine Jugendfreundin Monika zu heiraten, die ihn als Sechzehnjährige nach Köln begleitet hatte. In der Voreifel bezog »Litti« später ein Haus und arbeitete mit Ehrgeiz und großer Begabung an einer außergewöhnlichen Karriere. Hennes Weisweiler war in Köln sein erster großer Lehrmeister, der dem »schmalen Handtuch« zunächst mal ein Krafttraining verordnete. »Aus dem Kleinen wird ein Großer«, sagte der Meistermacher nach ein paar Wochen, setzte ihn für den verletzten Belgier Roger van Gool ein, und schon in dessen zweitem Profijahr schwärmten die Fans der Bundesliga von dem Dribbelkönig, dem mit seinen »Säbelbeinen« wundersame Fußballdinge gelangen. Über die »U 21« erreichte Pierre Littbarski die Nationalmannschaft. Sein Debüt war wie ein Kapitel aus dem Fußballbilderbuch. Am 14. Oktober 1981 erzielte er in der Weltmeisterschafts-Qualifikation zwei Tore zum 3:1-Sieg im Wiener Praterstadion gegen Österreich. Ein Jahr später wurde er in Spanien Vizeweltmeister. Vielen war zu diesem Zeitpunkt klar, daß »Litti« sein Leistungsniveau nicht viele Jahre halten konnte – der Karriereknick stellte sich dann 1983 ein, doch bald war er wieder der umjubelte Star im Müngersdorfer Stadion. Der 1. FC Köln scheiterte 1986 erst im UEFA-Cupfinale an Real Madrid. 1986 erlitt der Stürmer, dessen Freistöße in allen Stadien gefürchtet waren, zunächst einen doppelten Bänderriß. Nur mit viel Mühe schaffte er noch den Sprung ins Aufgebot des Franz Beckenbauer für die Weltmeisterschaft in Mexiko. Aber dort saß er dann meist auf der Bank, worauf er in der Sommerpause für eine Ablösesumme von 2,75 Millionen Mark zum französischen Erstligaeuling Racing Paris wechselte. Der Dreijahresvertrag sicherte ihm ein jährliches Einkommen von rund einer Million Mark zu, doch im Schatten des Eiffelturms wurde er gedemütigt, saß häufig auf der Reservebank oder spielte gar auf holprigen Plätzen in der Reserve-

mannschaft in der dritten französischen Liga. Das Gastspiel in Paris war auch deshalb völlig mißraten, weil Racing mit den Millionen des Sponsors Matra nicht weniger als 16 Stars kaufte und keinerlei Rücksicht darauf nahm, ob die zueinander paßten. Nach einem Jahr war »Litti« heilfroh, der Metropole an der Seine den Rücken kehren zu können. Kölns neuer Sportlicher Direktor Udo Lattek holte ihn im August 1987 zurück. Was Pierre Littbarski überaus motivierte und zu einem neuen Leistungshöhepunkt trieb. Aus dem Fußballer, dessen Stärken vor allem in den Dribblings lagen, war inzwischen ein Regisseur geworden und eine Persönlichkeit auf dem Spielfeld, die von allen anerkannt wurde. 1990 wurde er mit der deutschen Nationalmannschaft in Rom Weltmeister. Wenig später verletzte er sich erneut schwer und fand erst nach einer monatelangen Pause zu einem Comeback. 1993 verabschiedete er sich nach fast 400 Spielen, in denen er für den 1. FC Köln 114 Treffer erzielte, aus der Bundesliga. Er unterschrieb beim japanischen JR East Furukawa Football Club einen Zweijahresvertrag, der ihm pro Saison rund 800 000 Dollar einbrachte. Die Japaner überwiesen dem 1. FC Köln eine Ablösesumme von rund 800 000 Mark für den mittlerweile 32jährigen, der sich inzwischen von seiner Frau getrennt hatte. Den Weg ins fernöstliche Fußballentwicklungsland ebnete ihm sein einstiger Kölner Mannschaftskamerad Yasuhiko Okudera, den Hennes Weisweiler einst an den Rhein geholt hatte. 1995 machte Littbarski Schluß und wurde zunächst Nachwuchstrainer bei JEF United. Im Frühjahr 1996 heiratete er eine zehn Jahre jüngere Japanerin namens Hitomi, lebte in Sendai, einer Stadt 350 Kilometer von Tokio entfernt, spielte für Brummel in der 2. Liga und trainierte eine Zeitlang die Mannschaft. Nebenbei betrieb er eine Firma, die er »Litti Enterprise« taufte und die mit Kinderfußballstiefeln handelte.

LÖBLE, OTTO

Geboren am 27. Oktober 1888,
gestorben am 29. Mai 1967
Vier Länderspiele (1909 bis 1913)
Stuttgarter Kickers

Endlich ein Spiel in Karlsruhe

4. April des Jahres 1909. Ein kalter Wind wehte durch das Rheintal, und die Menschen, die an diesem Tag in der alten Residenzstadt Karlsruhe hinauszogen zur Kaserne, die hatten die Kragen ihrer

Wintermäntel hochgeschlagen. Fußball hatte im Badischen längst Tradition – und die Zeiten, da die Fußballer eher heimlich als unverhohlen ihrem Hobby frönten, waren ein Stück bewältigte Vergangenheit. Diese Region hatte dem Fußball in Deutschland viel gegeben, und so empfanden es viele Anhänger als einen Akt der Selbstverständlichkeit, daß Karlsruhe endlich ein Fußballländerspiel erleben durfte. Die Schweiz war der Gegner – und der stürmische Frühjahrswind wirbelte den Staub auf dem Exerzierplatz auf. Vor der düsteren Kulisse der alten Telegraphenkaserne bekämpften sich die deutschen und die eidgenössischen Fußballer mit Temperament und Ehrgeiz. In ihrem sechsten offiziellen Länderspiel wollten die Gastgeber endlich den ersten Sieg. Otto Löble, der hochaufgeschossene Stuttgarter, war einer dieser deutschen Fußballpioniere. Er war Mittelstürmer und imponierte durch die Wucht seiner Angriffe, die den Schweizer Abwehrspielern viele Probleme bereiteten. Doch das Tor zum deutschen 1 : 0-Sieg schoß ein anderer Stuttgarter: Eugen Kipp, der zu diesem Zeitpunkt noch das Trikot der Sportfreunde Stuttgart trug und erst später ein Mannschaftskamerad von Otto Löble bei den Kickers in Degerloch wurde. Auch beim Rückspiel in Basel war Löble ein Jahr später dabei. Wieder gewannen die Deutschen – diesmal mit 3 : 2. Trotz seiner guten Leistung bei den ersten Länderspielerfolgen der DFB-Geschichte wurde Otto Löble in den nächsten Spielen nicht mehr berücksichtigt. Erst am 5. Mai 1912 war er auf dem Espenmoos, der idyllischen Sportanlage in St. Gallen, beim erneuten Aufeinandertreffen mit der Schweiz wieder dabei. Und einmal mehr beeindruckte der Stuttgarter, der später Reichsbahnoberrat wurde, durch sein erstklassiges Kopfballspiel und durch seine flachen Pässen, die damals immer mehr in Mode kamen. Der Mann mit dem welligen blonden Haarschopf war einer der auffälligsten Spieler auf dem Platz. Abschied von der Nationalelf nahm Otto Löble am 12. März 1913 in Berlin. 17 000 Zuschauer schwärmten trotz der 0 : 3-Niederlage gegen England noch lange von dem athletischen Innensturm mit Adolf Jäger, Otto Löble und Eugen Kipp. Erfurt wurde die neue Heimat von Otto Löble, der dann 1960 zu seiner Tochter nach Wiesbaden zog.

LÖHR, JOHANNES

Geboren am 5. Juli 1942
20 Länderspiele (1967 bis 1970), fünf Tore
1. FC Köln

Tore vom Fließband

An der Sieg war Hannes Löhr in seinen Kindertagen beheimatet. Beim FC Eitorf 09 machte er Bekanntschaft mit dem Fußball. Den großen Sprung schaffte er aber erst in Saarbrücken, wo er bei den Sportfreunden Tore am Fließband schoß. 25 waren es in der Saison 1963/64, als sein Verein in der Regionalliga West eine ausgezeichnete Rolle spielte. Er war außerordentlich schnell, hatte ein sehr gutes Reaktionsvermögen und war vielseitig im Sturm verwendbar. Mal als Linksaußen, und häufig auch als Mittelstürmer. Nach dieser Saison drückten sich die »Einkäufer« der Bundesligavereine bei ihm zuhause gegenseitig die Türklinke in die Hand. Acht Klubs klopften an – und Hannes Löhr, der als Zehnjähriger seine Mutter verlor, entschied sich für das attraktivste Angebot. Das kam vom Deutschen Meister 1. FC Köln. Zwar war die Konkurrenz am Rhein groß, doch der junge Siegerländer biß sich durch und erkämpfte sich zur Überraschung vieler einen Stammplatz. Bundestrainer Helmut Schön hatte bald ein Auge auf den jungen Stürmer des 1. FC Köln geworfen, und im Februar 1967 erhielt Löhr die erste Chance in der Nationalmannschaft. 5 : 1 wurde Marokko geschlagen. Der junge Kölner war zwar nur Auswechselspieler, trug sich aber dennoch gleich in die Torschützenliste ein. In der darauffolgenden Saison war er unter den Stürmern der Bundesliga der neue König. 27mal traf Löhr ins Schwarze, doch in der Stunde des Triumphs legte sich ein Schatten über diese erfolgreiche Profikarriere. Er erkrankte an Tuberkulose, stemmte sich mit Ehrgeiz den Tücken dieser Krankheit entgegen, und mit der ihm eigenen Zähigkeit überwand er sie nach einem längeren Aufenthalt im Schwarzwald. Schon 1970 trug er wieder das Trikot der Nationalmannschaft – bei der Weltmeisterschaft in Mexiko und in den dramatischen Spielen gegen England und Italien war er dabei. Im September 1970 spielte Hannes Löhr beim 3 : 1 gegen Ungarn das letzte Mal in der Nationalelf. Aber seinem 1. FC Köln hielt er noch weitere acht Jahre die Treue. 1976 hatte er eigentlich schon »adieu« gesagt, doch Trainer Hennes Weisweiler konnte ihn noch einmal zum Weitermachen überreden, was sich für beide lohnte. Mit 36 Jahren half Löhr mit, das Double an den Rhein zu holen: Die Schale des Meisters und den

»Pott« des Pokalsiegers. 381 mal hatte er in der Bundesliga gespielt, insgesamt 724 mal das Trikot des 1. FC Köln getragen. Seine Freunde in der rheinischen Tiefebene durften sich über 166 Tore Marke Löhr in der höchsten deutschen Spielklasse freuen. Der von allen gefeierte Torjäger hatte schon während seiner aktiven Zeit das Diplom des Fußballtrainers mit der Note 1 erworben. In seinem Zeugnis bestätigte ihm sein Lehrmeister Hennes Weisweiler, er habe ein großes Talent, mit jungen Spielern umzugehen. Davon profitierte zunächst der 1. FC Köln, wo Hannes Löhr als Assistenztrainer und dann als Manager wirkte. Als Rinus Michels im August 1983 in Müngersdorf das Handtuch warf, wurde Löhr Cheftrainer. Im Februar 1986 mußte er dann selbst gehen. Als der Deutsche Fußball-Bund ihm im September des gleichen Jahres die Aufgabe anbot, eine Olympiaauswahl zu formen, sagte er gleich zu. Und spätestens jetzt bewahrheitete sich die Prophezeiung von Hennes Weisweiler. Die ihm anvertrauten Spieler begeisterten sich dank der Einfühlsamkeit von Hannes Löhr an dem gemeinsamen Ziel, dem olympischen Fußballturnier in Seoul. Bronze war der Lohn.

LOHNEIS, HANS

Geboren am 12. April 1895,
gestorben 1970
Ein Länderspiel (1920)
MTV Fürth

Vier Fürther aus drei Vereinen

Am Zusammenfluß der Rednitz und der Pegnitz wuchs eine ganz besondere Blüte in der deutschen Fußball-Landschaft: die Spielvereinigung Fürth. Die einstige Metropole der Goldschläger, in deren Mauern stolze Kirchen, zierliche Brunnen und gepflegte Fachwerkhäuser von der Kreativität und der Schaffenskraft der Franken zeugten, war vor und nach dem 1. Weltkrieg neben Nürnberg und Hamburg so etwas wie ein Nabel des deutschen Fußballs. Doch in der Nachbarschaft der »Lilien« am Fürther Ronhof gediehen in dieser Stadt noch einige andere Vereine, die zahlreiche Persönlichkeiten dieses Sports hervorbrachten. Als am 26. September 1920 eine deutsche Fußball-Nationalmannschaft zum zweiten Nachkriegsländerspiel nach Wien reiste und nach einer guten Leistung gegen Österreich mit 2 : 3 verlor, da standen vier Fürther aus drei Vereinen in diesem Team: Hans Hagen und Lony Seiderer von der Spielvereinigung, Georg Wunderlich von »1860«

und Hans Lohneis vom MTV. Letzterer war 25 Jahre alt und entstammte dem FC Schneidig. Er war Verteidiger und sprang für den ursprünglich nominierten und verletzten Münchner Georg Schneider ein. Für den gelernten Möbelschreiner, der später das Trikot des TV 1847 Augsburg und das von 1860 Fürth trug, blieb dies allerdings die einzige Berufung zu einem Länderspiel.

LOHRMANN, THEODOR

Geboren am 7. August 1898,
gestorben am 4. September 1971
Drei Länderspiele (1920 bis 1922)
Spvg. Fürth

Der Liebling aller Frauen

Die Lebensfreude blitzte ihm aus den Augen – Theodor Lohrmann war ein vergnügter junger Mann, als er mit dem großen Fußball in Berührung kam. Der gebürtige Heidelberger wurde beim SV Waldhof Mannheim zu einem außergewöhnlichen Torwart geformt. Er brachte alles mit, was man in den frühen 20er Jahren von einem Schlußmann des Fußballs erwartete: Fangsicherheit, ein ebenso burschikoses wie risikobereites Verhalten im Strafraumgetümmel und einen weiten Abschlag. In seinen jungen Jahren wechselte er von Mannheim zur Spvg. Fürth und eroberte im Jahre 1920 am Ronhof die Herzen im Sturm. Nicht nur die der männlichen Sympathisanten dieser Region – Theodor Lohrmann eilte der Ruf eines »Frauenlieblings« voraus. Und alle nannten ihn »Tetsch« oder auch »Teddy«, was wohl in einem engen Zusammenhang mit der Statur des »Riesen« zu sehen war. Doch in der fränkischen Nachbarschaft machte noch ein Torwartstar von sich reden: Heiner Stuhlfauth vom 1. FC Nürnberg. Der hatte sich 1920 und 1921 schon zweimal mit dem Titel eines Deutschen Meisters geschmückt und galt als unumstrittene Nummer 1 der Nationalelf. Aber der blondgelockte Fürther Torwart erhielt »seine« Chance am 24. Oktober 1920 im Berliner Grunewaldstadion. Beim 1 : 0-Sieg gegen Ungarn, dem ersten Nachkriegssieg einer deutschen Nationalmannschaft, war er dabei und erhielt erstklassige Kritiken. »Teddy« Lohrmanns zweites Länderspiel stand dagegen unter einem denkbar ungünstigen Stern. Am 26. März 1922 wurde er im Frankfurter Riederwaldstadion im Spiel gegen die Schweiz schon früh verletzt. 40 000 Zuschauer stöhnten fortwährend auf, wenn die Gästestürmer den bedauernswerten Torwart immer wieder hart attackierten. Nach etwas mehr als einer Stunde wurde er vom Platz geführt – für ihn streifte sich sein Fürther Mannschaftsgefährte Lony Seiderer den grauen Torwartpullover über. Am Ende hatte die deutsche Elf einen 2:0-Vorsprung eingebüßt und mußte sich mit einem 2:2 begnügen. Am 1. Juli 1922 war Lohrmann wieder genesen und hütete beim 0:0 gegen Ungarn in Bochum das Tor ohne jeglichen Patzer. Drei Länderspiele ohne Gegentreffer – eine makellose Torwartbilanz! Ein Jahr später wechselte »Teddy« nach Wien, wo er bei der Austria, die damals noch »Wiener Amateursportverein« hieß, seine Vielseitigkeit als Sportler unter Beweis stellte und einen außergewöhnlichen Rekord aufstellte. In vier Sportarten war er an einem Tag aktiv. In den Morgenstunden spielte er als Stürmer in der Handballmannschaft, wenig später setzte er die Sturzkappe der Rugbyspieler auf und trat gegen ein französisches Team an. Nach Spielschluß blieb keine Zeit zum Umziehen, er stellte sich gleich ins Tor der Fußballer im Duell mit dem Ortsrivalen Rapid. Und am Abend krönte er den ereignisreichen sonnigen Tag im Wiener Stadtbad als erstklassiger Wasserballtorwart und gewann mit seiner Sieben das Endspiel der österreichischen Meisterschaft. Sein tollkühnes Spiel im Fußball bescherte ihm allerdings eine schwere Verletzung, die die Karriere allzu früh beendete. Er wählte den Beruf des Sportlehrers, arbeitete zwischenzeitlich als Tennislehrer und wurde später ein erfolgreicher Fußballtrainer – unter anderem beim FC Zürich, Hamborn 07 und Rot-Weiß Oberhausen.

LORENZ, MAX

Geboren am 19. August 1939
19 Länderspiele (1965 bis 1970), ein Tor
Werder Bremen, Eintracht Braunschweig

Der Kapitän der Reservisten ...

Hemelingen ist ein Stadtteil in Bremen und liegt an der südöstlichen Haustür der Metropole. Einst war die Gemeinde selbständig und unter anderem stolz auf einen Verein, der immer mal wieder zum Quell guter Fußballspieler wurde. Edu Hundt kam von hier, auch Harald Hardtke und Max Höllriegel. Beim SV Hemelingen, der einst »Sportfreunde« und dann »VfL« hieß, spielte aber in seinen ganz jungen Jahren auch Max Lorenz, der in Hemelingen zur Welt kam und 1960 dann zum SV Werder Bremen wechselte. Als er am Ende seiner langen Karriere eine kritische Bilanz zog, da konnte er eigentlich ganz zufrieden

sein mit dem, was er als Fußballprofi erreicht hatte. Immerhin war Max Lorenz in 19 Länderspielen dabei, doch fast eben so oft saß er auf der Ersatzbank. Das war schon unter Sepp Herberger so, und es setzte sich auch unter Helmut Schön fort. Schön machte sich irgendwann mal einen Späßchen und ernannte Max Lorenz zum »Spielführer der Ersatzspieler«. Doch dieser Edelreservist war wichtig für die Mannschaft, denn er war eine Stimmungskanone erster Güte. Daß sich Spaßvögel untereinander nicht sonderlich leiden können, ist zwar nicht bewiesen, doch nach seiner aktiven Zeit begegneten sich einmal Max Lorenz und der Komiker Didi Hallervorden bei einem Prominentenspiel auf Sylt. Beide prallten zusammen und Lorenz war der unglückliche Verlierer dieses Duells der ganz besonderen Art – er erlitt einen Meniskusschaden und ein lädiertes Innenband. Als Max Lorenz an der Schwelle zu den 60er Jahren beim SV Werder aufkreuzte, da war er noch Verkaufsfahrer einer Bremer Kaffeefirma, doch bald konzentrierte er sich ganz auf seinen neuen Job als Profi. Er galt im Team als Vorbild an Kampfbereitschaft und gab dem Mittelfeld des SV Werder wichtige Impulse. Zwischen 1963 und 1969 spielte Max Lorenz genau 176 mal für die Bremer in der Bundesliga, wurde an der Weser Deutscher Meister und hing dann noch drei Jahre als Vorstopper und »Ausputzer« bei Eintracht Braunschweig an. Doch während der Zeit in der Stadt Heinrichs des Löwen bekam die Weste Max Lorenz' einen Flecken. Er war verstrickt in den Skandal der Bundesliga und gab zu, eine »Siegprämie« kassiert zu haben. Für rund eineinhalb Jahre wurde er gesperrt, trainierte so nebenbei die Schüler des SV Hemelingen und war Repräsentant einer Baufirma. Später wechselte er dann den Arbeitgeber und leitete fortan ein Auslieferungslager der Firma »adidas«.

LUDEWIG, HEINZ

Geboren am 24. Dezember 1889
Ein Länderspiel (1914)
Duisburger SV

Am Tag, als der Regen kam

Der Himmel hatte alle Schleusen geöffnet, als am 11. Mai 1913 erstmals eine westdeutsche Mannschaft nach den Sternen des deutschen Fußballs griff. Der Duisburger Spielverein hatte es endlich geschafft und wähnte sich fast schon am Ziel aller Träume. Doch an diesem nassen Nachmittag auf dem Münchner MTV-Platz im Stadtteil Mitter-Sendling schien es, als habe sich alles gegen den Außenseiter von der Wedau verschworen. Der VfB Leipzig warf all seine Routine in die Waagschale – und die Hoffnungen der Duisburger zerschellten vor allem an einem Nationalspieler, der sich »Edy« nannte und in dessen Personalausweis der Name »Pendorf« vermerkt war. Der Duisburger SV unterlag mit 1:3 – und zu denen, die anderntags sehr traurig die Heimreise antraten, gehörte auch Heinz Ludewig, der Mittelläufer, der am Heiligabend des Jahres 1889 in Duisburg geboren wurde und nun in der Blüte seiner sportlichen Möglichkeiten stand. Ein knappes Jahr nach der Niederlage im Münchner Finale bot sich für Heinz Ludewig dennoch die Chance in der Nationalelf. Am 5. April 1914 führte die Reise nach Amsterdam, wo sich 25 000 Zuschauer im Alten Stadion drängten. Überraschend war Ludewig Teil einer rein westdeutschen Läuferreihe, zu der der Essener Bollmann und der Bonner Schümmelfelder gehörten. Am Ende trennten sich beide Mannschaften torreich 4:4. Zu diesem Zeitpunkt ahnte kaum jemand, daß für den deutschen Fußball der internationale Spielbetrieb von nun an für sechs lange Jahre ruhen sollte. Der 1. Weltkrieg warf lange Schatten über den Kontinent. In späterer Zeit war Heinz Ludewig der erste Trainer des FC Schalke 04. Er verbrachte seinen Lebensabend in Düsseldorf.

LUDWIG, JOHANNES

Geboren am 8. Juni 1903,
gestorben am 7. Januar 1985
Drei Länderspiele (1930 bis 1931), zwei Tore
Holstein Kiel

Platzverweis im deutschen Finale

Die Gründungsversammlung fand zunächst auf dem Bahnsteig und dann in einem rollenden Zug statt. So sagt es jedenfalls die Chronik des 1. Kieler Fußballvereins. Am 7. Oktober 1900 hoben neun fußballverrückte junge Leute den Verein auf dem Weg von Kiel nach Lübeck aus der Taufe. An einem Tag im Wonnemonat Mai des Jahres 1902 gründeten ein paar »grüne Jungs« dann in einer Gartenbude am Knooper Weg den Verein Holstein Kiel. 15 Jahre später war die Umgebung nicht mehr ganz so rustikal, als im Kieler Zentral-Hotel der 1. Kieler Fußballverein von 1900 und der Fußballclub Holstein von 1902 zur Kieler Sportvereinigung Holstein fusionierten. 1917 war Johannes Ludwig noch

ein Schüler, der bei Hohenzollern-Hertha dem Ball aus Schweinsleder hinterherlief. Doch bei Holstein Kiel kam er dann groß heraus. Mit 27 Jahren stand er in einem denkwürdigen deutschen Finale. In der Düsseldorfer Kampfbahn am Rhein wollte Hertha BSC einen »Fluch« begraben und die als Schmach empfundene Serie von vier Endspielniederlagen hintereinander vergessen machen. Zweimal Fürth, Nürnberg und der HSV hatten gegen die ehrwürdige Berliner Dame »Hertha« triumphiert. Johannes Ludwig war in diesem Endspiel des Jahres 1930 einer der Hoffnungsträger der Mannschaft aus dem hohen Norden. Im Glutofen des Stadions waren die Kieler ein großer Gegner des Favoriten, und Ludwig wurde der tragische Held dieses Spiels. Erst erzielte er ein Tor zur zwischenzeitlichen 3:2-Führung, dann prallte er im Mittelfeld mit einem Herthaner zusammen. Die 40 000 Zuschauer erwarteten einen Freistoß für Holstein, doch der Essener Schiedsrichter Guyenz entschied für Hertha. Das brachte den temperamentvollen Johannes Ludwig derart in Rage, daß er sich mit dem Zeigefinger an die Stirn tippte, worauf der Unparteiische einen Platzverweis für den Kieler Torjäger aussprach. In seinem Bericht schrieb der Unparteiische später, Ludwig habe auch noch höhnisch gelacht, was dieser vehement bestritt. Am Ende hatten die Berliner 5:4 gewonnen. Der Stachel des Ärgers aber saß bei Johannes Ludwig tief. Der Mann mit dem Linksscheitel und den abstehenden Ohren, der als Kaufmann sein Geld verdiente, wurde trotz seines Mißgeschicks wenig später Nationalspieler. Er feierte sein Debüt beim 5:3 gegen Ungarn in Dresden und schoß ein Tor. Es folgten im Jahr darauf Länderspiele in Schweden (0:0) und in Norwegen (2:2). Bei Holstein Kiel wirkte er Ende der 30er Jahre gemeinsam mit seinem Weggefährten Franz Esser als Trainer der Gauligamannschaft.

LUDWIG, KARL

Geboren am 14. Mai 1886,
gestorben 1948
Ein Länderspiel (1908)
SC 99 Köln

Telegramm vom Hofmarschall

Köln um die Jahrhundertwende: Die Menschen am Rhein hatten in dieser Zeit ein Lieblingsthema: die Fertigstellung des Doms. Im Jahre 1880 war er schließlich vollendet worden, und seither rieben sich die Geister der Kunst an diesem Bauwerk.

Heinrich Heine spöttelte in seinen Versen, andere erblickten in ihm ein »herrliches Baudenkmal christlichen Sinnes, deutscher Kraft und deutscher Eintracht«. Das patriotische Feuer wurde auch in Köln geschürt, und die Kaiserglocke im stolzen Dom war aus eroberten französischen Geschützen gegossen worden. In diesem Zeitgeist wuchs Karl Ludwig auf, und er fand schon früh im gestreiften Trikot des SC 99 zum Fußball. Der dunkelblonde Mann mit dem Schnauzbart, Kaufmann von Beruf, war Außenläufer und vertrat am 5. April 1908, im ersten Länderspiel der deutschen Geschichte, die Farben des Kölner Fußballs in Basel gegen die Schweiz. Regionale Auswahlkriterien spielten die Hauptrolle bei der Bildung dieser legendären Mannschaft, die vor 4000 Zuschauern mit 3:5 unterlag. Überliefert ist ein typisches Aprilwetter mit Hagel, Sturm und schließlich Dauerregen. Karl Ludwig bildete eine Läuferreihe mit dem Pforzheimer Arthur Hiller und dem Hamburger Hans Weymar. Sein Kölner SC stand in einer frühen Blüte und war schon im Jahre 1903 Westdeutscher Meister. Und als die Rheinländer am 4. November 1904 aus Paris zurückkehrten, wo sie gegen Racing ein Freundschaftsspiel gewonnen hatten, da fanden sie dieses Telegramm von Hofmarschall von Trotha vor: »Seine Kaiserliche und Königliche Hoheit, der Kronprinz Wilhelm, läßt den Kölner Fußballclub 1899 zu seinem jüngsten Erfolg in Paris beglückwünschen ...«

LÜKE, JOSEF

Geboren am 13. März 1899,
gestorben 1964
Zwei Länderspiele (1923)
Turu Düsseldorf

Aus der Isolation befreit

Der deutsche Fußball befreite sich behutsam aus der internationalen Isolation nach dem 1. Weltkrieg. Bis 1923 hatten lediglich die einst verbündeten Österreicher und Ungarn, die neutrale Schweiz und schließlich Finnland den Länderspielbetrieb mit dem deutschen Fußball aufgenommen, doch am Neujahrstag 1923 begann eine neue Ära. Die Italiener schickten eine Einladung zu einem Länderspiel in Mailand. Die Deutschen verloren 1:3, doch wichtiger als der Erfolg war das Spiel an sich. Im Mutterland des Fußballs, in England, drehte sich im Frühjahr 1923 alles um das neue Wembley-Stadion, das 127000 Zuschauern Platz bot und das doch zu klein war, um die Fans zum Cup-Finale

zwischen Bolton Wanderers und West Ham United unterzubringen. 200000 Menschen stürmten die Arena, weil die Organisatoren nicht daran gedacht hatten, Eintrittskarten drucken zu lassen. Polizisten zu Pferde ritten während des Spiels ständig an der Außenlinie entlang, um die fußballverrückten Anhänger beider Mannschaften vom Feld zurückzuhalten. Dagegen fand das Länderspiel zwischen Deutschland und Holland am 10. Mai 1923 mit 15000 Zuschauern im Hamburger Stadion Hohe Luft eine geradezu traurige Kulisse. Und die Fans sahen dann auch keine Tore, dafür aber nicht weniger als acht deutsche Debütanten. Einer von ihnen war der rechte Halbstürmer Josef Lüke von Turu Düsseldorf, der sich durch gute Leistungen im westdeutschen Gau Berg-Mark empfohlen hatte. Dort spielte Turu seit Jahren eine führende Rolle. Im Frühjahr 1923 hatte Josef Lüke mit seiner Düsseldorfer Mannschaft sogar das westdeutsche Endspiel gegen Arminia Bielefeld erreicht und erst nach starker Gegenwehr mit 3:4 verloren. Der spätere Gastwirt Josef Lüke erhielt im August 1923 eine zweite Länderspieleinladung nach Dresden. In der Illgen-Kampfbahn unterlag die Nationalelf den Schweden mit 1:2. Dabei hatte der Düsseldorfer das Pech, in der 50. Minute einen Elfmeter über das schwedische Tor zu schießen. Josef Lüke trug später das Trikot des SSV Barmen, des BV 01 Opladen und des VfR Ohligs. Beim Kreisklassenverein BSV Burscheid, wo er gleichzeitig als Trainer wirkte, war er noch als knapp Vierzigjähriger aktiv.

LUTZ, FRIEDEL

Geboren am 21. Januar 1939
Zwölf Länderspiele (1960 bis 1966)
Eintracht Frankfurt

Einmal zur Isar und zurück

Bis zum Jahr 1950 war der Hampden Park in Glasgow das größte Stadion der Welt. Nun schrieb man den 18. Mai 1960 – und die Arena in einer etwas schmuddeligen Gegend der schottischen Hauptstadt war noch immer eine imposante »Schüssel«. 127000 Menschen kauften sich Eintrittskarten für das Endspiel im Europacup der Meister, und Alec Young von der schottischen Ausgabe der »Daily Mail« schrieb am gleichen Tag: »Real Madrid wird erst in der zweiten Halbzeit einen Kantersieg feiern, und das Schauspiel wird für ganz Schottland zum Match des Jahrhunderts.« Der Mann muß über hellseherische Fähigkeiten verfügt haben, denn Real Madrid und Eintracht Frankfurt lieferten sich an diesem 18. Mai 1960 tatsächlich so etwas wie ein »Jahrhundertspiel«. Am Ende hatten die »Königlichen« aus der spanischen Hauptstadt mit 7:3 gewonnen, und Sepp Herberger tröstete Eintracht Frankfurts Trainer Paul Osswald. Der Supersturm mit Canario, del Sol, di Stefano, Puskas und dem schnellen Gento hatte über den Deutschen Meister eindrucksvoll triumphiert. Doch auch die Hessen hatten in ihren Reihen einen schnellen Mann: Friedel Lutz. Der war in diesem Finale rechter Verteidiger, und man wußte von ihm, daß er die hundert Meter in blanken elf Sekunden sprinten konnte. 1955 war Friedel Lutz vom FV Bad Vilbel zur Eintracht gekommen, und zum Zeitpunkt des Europacupfinales war er gerade 21 Jahre jung. Ein Jahr vorher, beim atemberaubenden 5:3-Sieg im Endspiel um die Deutsche Meisterschaft gegen den Nachbarn Kickers Offenbach in Berlin war er trotz seiner Jugend mit der Aufgabe des Mittelläufers betraut worden. Er war von Beruf Schreiner und blieb zunächst bis 1966 am Riederwald. Es folgte ein Jahr beim TSV 1860 München; ein Jahr, in dem sich Friedel Lutz nicht sonderlich wohlfühlte. Auch deshalb nicht, weil er als wetterfühliger Mensch häufiger vom Föhn geplagt wurde und weil ihn eine Achillessehnenoperation zurückwarf. 1967 war er wieder bei der Frankfurter Eintracht, und er fand noch einmal Anschluß an sein einstiges Leistungsvermögen. Zum Nationalspieler reifte Friedel Lutz schon im Jahre 1960, und zwei Jahre später wäre er wohl mit zur Weltmeisterschaft nach Chile geflogen, wenn er nicht am 3. März 1962 in Dortmund beim Vergleich West – Süd (3:5) schon in der 2. Minute einen Schädelbruch erlitten hätte. Dafür gehörte der Frankfurter 1966 zum WM-Kader beim Turnier in England. Er war dabei, als die Tür zum Endspiel gegen die Gastgeber geöffnet wurde. Beim 2:1-Sieg gegen die Sowjetunion stand er in Liverpool auf der Position des rechten Verteidigers, doch vor dem Finale verlor er den Platz an Horst-Dieter Höttges, der seine Verletzung auskuriert hatte. Nach 18 Jahren verließ Friedel Lutz Eintracht Frankfurt – es war ein Abschied im Groll, denn der langjährige Spieler empfand es als würdelos, wie man ihn auf seiner letzten Wegstrecke am Riederwald behandelt hatte. Er wechselte als Spielertrainer zum Frankfurter A-Ligisten TuS Makkabi und arbeitete als Kalkulator einer Stahlrohrmöbelfabrik. Als Fünfzigjähriger spielte er noch für

die Portas-Prominentenmannschaft, die sich »FC Rhein-Main« nannte. Im Januar 1995 fand er zur Eintracht zurück – der damalige Vizepräsident, Ex-Nationalspieler Bernd Hölzenbein, holte ihn als Nachfolger von Anton Hübler als Zeugwart der Bundesligamannschaft, nachdem das Unternehmen, bei dem Lutz viele Jahre beschäftigt war, seinen Sitz von Frankfurt nach Berlin verlegt hatte.

LUX, HERMANN

Geboren am 20. September 1893,
gestorben am 3. Januar 1962
Drei Länderspiele (1924 bis 1925)
Tennis Borussia Berlin

Ein »giftiger« Fighter

Viel Ärger gab es um ein Länderspiel im August 1924 gegen Schweden in Berlin. Nach vier Siegen hintereinander erhofften sich 30 000 Zuschauer, die trotz unfreundlicher äußerer Bedingungen gekommen waren, eine Fortsetzung der Erfolgsserie des deutschen Fußballs, zumal die Skandinavier nicht ihre erste Garnitur an die Spree schicken konnten. Doch das galt in ganz besonderen Maße auch für die deutsche Mannschaft, denn nach wochenlangem Streit wollten weder die Nürnberger, noch die Fürther Nationalspieler zu diesem internationalen Vergleich nach Berlin reisen. »Sollen sie doch glücklich werden mit ihrem Streik«, schimpfte eine deutsche Sportzeitung. Doch die Berliner wurden mit dieser Nationalmannschaft, die 1:4 gegen Schweden verlor, nun wirklich nicht »glücklich«. Sechs Neulinge wurden aufgeboten, vier von ihnen tauchten nie wieder in einem Aufgebot des DFB auf. Etwas anders verlief dagegen der Weg des Debütanten Hermann Lux von Tennis Borussia Berlin. Der stämmige Mittelläufer, der bei der Union Oberschöneweide zum Fußball gelangte und kurz vor seinem 31. Geburtstag stand, war wegen seiner weiten Pässe berühmt. Er galt außerdem als »giftiger« Fighter. Das bekamen auch ein paar Schweden an diesem regnerischen Tag in Berlin zu spüren. Und so erhielt der Routinier im Jahr darauf noch zwei weitere Länderspieleinladungen gegen Holland und Finnland. Hermann Lux arbeitete nach seiner aktiven Zeit als Beamter, war aber nach dem 2. Weltkrieg auch als Trainer (unter anderem bei seiner Tennis Borussia) tätig.

M

MAAS, ERICH

Geboren am 24. Dezember 1940
Drei Länderspiele (1968 bis 1970)
Eintracht Braunschweig

Frankreich wurde zur neuen Heimat

Der 3. Juni 1967 war für Eintracht Braunschweig der größte Tag der Vereinsgeschichte. Eine ganze Stadt war auf den Beinen, um die »Löwen« als frischgebackenen Deutschen Meister zu feiern. Das »Endspiel« an der Hamburger Straße elektrisierte die Region. 37 000 Zuschauer füllten das Stadion bis auf den allerletzten Platz, als der 1. FC Nürnberg hier gastierte. Und die Brauereien der Umgebung ließen sich nicht lumpen und spendeten zu diesem Braunschweiger Fußballvolksfest ungezählte Hektoliter Freibier. Die Eintracht hatte den Titel schon seit einer Woche in der Tasche, doch dem deutschen Altmeister wollten die Braunschweiger noch einmal das Fell über die Ohren ziehen, denn deren Trainer Max Merkel hatte großspurig angekündigt: »Wir kommen nicht als Weihnachtsmänner, die im Sack zwei Punkte zur Bescherung mitbringen.« Nach neunzig Minuten war auch Merkel klüger – der »Club« ging im Braunschweiger Angriffswirbel mit 1 : 4 unter, und DFB-Präsident Dr. Hermann Gösmann bescheinigte bei der Ehrung der Eintracht, sie habe den Weg zur Meisterschaft in einer »beispielhaft sportlichen Haltung« zurückgelegt. Seit Bestehen der Bundesliga war nicht ein einziger Braunschweiger durch einen Platzverweis bestraft worden. Zu denen, die dabei waren, als dem Ehrenpräsidenten Dr. Kurt Hopert Freudentränen in den Augen standen, gehörte Erich Maas, der treffsichere Stürmer, von dem viele meinten, er sei der beste Linksaußen Deutschlands. Beim SV Prüm, am Fuße der Schnee-Eifel, hatte er seinen Weg als Fußballer begonnen. Beim 1. FC Saarbrücken war er 1963 einer der Gründungsmitglieder der Bundesliga, doch die Saarländer hatten nicht den Hauch einer Chance in der neuen Klasse und stiegen gleich wieder ab. Erich Maas machte diesen Abstieg nicht mit und wechselte 1964 zu Eintracht Braunschweig. Es sollte eine dauerhafte und erfolgreiche Verbindung werden, und als der gelernte Konditor und antrittsschnelle Flügelflitzer nach sechs Jahren zum FC Bayern München ging, hatte er für die Niedersachsen in 181 Bundesligaspielen 42 Tore erzielt. Und er hatte drei Länderspiele hinter sich. Vor der Weltmeisterschaft 1970 in Mexiko gehörte Erich Maas zum 40er-Aufgebot, schaffte aber den entscheidenden Sprung nicht. Wenig glücklich verlief sein Engagement beim FC Bayern München, wo er nie in Tritt kam und schon nach drei Monaten erste Wechselabsichten äußerte. Der mit einer Französin verheiratete Stürmer siedelte dann nach Frankreich über, spielte lange Zeit beim FC Nantes, wo er zum Publikumsliebling avancierte. Rouen und Paris waren seine weiteren Stationen. Mit seiner Familie wurde er schließlich in Nancy seßhaft und arbeitete später als Geschäftsführer eines Kaufhauses in Straßburg.

MÄNNER, LUDWIG

Geboren am 11. Juli 1912
Fünf Länderspiele (1937 bis 1940)
Hannover 96

Sieben Tore in vier Stunden

Ludwig Männer ist hannoversche Fußball-Legende. Mit diesem Namen verbinden sich in der niedersächsischen Metropole Erinnerungen an die erste große Zeit der »Sechsundneunziger«. Geboren wurde der Außenläufer allerdings in Nürnberg, wo er beim FSV 83 erstmals seine Fußballstiefel schnürte. Über den VfB Peine kam er in den 30er Jahren zu Hannover 96. Im Mai 1932 hatte dort Robert Fuchs die Trainingsleitung der Mannschaft übernommen. Und der führte die Hannoveraner an die Spitze der Gauliga. Am 26. Juni und am 3. Juli des Jahres 1938 waren dann insgesamt 200 000 Zuschauer im Berliner Olympiastadion Zeugen denkwürdiger Spiele um die deutsche Fußballmeisterschaft. Schalke 04 war der erklärte Favorit. Szepan, Kuzorra, Eppenhoff, Tibulski und Gellesch befanden sich im Zenit ihres Könnens, doch die kampferprobten Niedersachsen hielten dagegen und schossen in vier Stunden sieben Tore gegen Schalke. Dem 3:3 folgte ein 4:3 nach Verlängerung – Ludwig Männer war einer der Helden des Überraschungssiegers von der Leine. Kritiker lobten ihn anschließend als den »Mann mit den drei Lungen«, der zu den konditionsstärksten Spielern des frischgebackenen Meisters zählte. 1938 war Ludwig Männer schon einige Zeit Nationalspieler. Sepp Herberger hatte den Hannoveraner im Mai 1937 zu einem Lehrgang berufen und ihn in Wuppertal gegen Manchester City (1:1) erprobt. Männer war wenig später beim 8:0 gegen Dänemark, der Geburtsstunde der »Breslauer Elf«, nicht dabei. Statt dessen gab der 25jährige sein Länderspieldebüt am 25. Juni 1937 in Riga, wo die deutsche Elf mit 3:1 gewann. Obwohl Hannover 96 nach Ansicht vieler Experten in dieser Zeit mit Fritz Deike, Jakobs und Ludwig Männer die beste Läuferreihe des deutschen Fußballs stellte, erhielt Männer erst nach der Weltmeisterschaft 1938 wieder Bewährungschancen. Am 5. September 1938 wirkte er beim 1:1 zwischen einer A- und einer B-Auswahl in Berlin mit, ehe er sein zweites Länderspiel am 26. März 1939 bei der deutschen 1:2-Niederlage in Differdingen gegen Luxemburg bestritt. Von der Nationalmannschaft verabschiedete sich der Kaufmännische Angestellte am 15. September 1940 mit dem 1:0-Sieg in Preßburg gegen die Slowakei. Kurz darauf trug er als Soldat das Trikot des Wehrmachtsportvereins Schwerin. Nach dem 2. Weltkrieg stellte sich Ludwig Männer Hannover 96 noch einmal zur Verfügung und spielte als 35jähriger eine Saison lang in der Oberliga Nord. Der Punktspielstart war wenig erfreulich – die Niedersachsen verloren gegen den FC St. Pauli mit 0:10 und stiegen erstmals in ihrer Vereinsgeschichte ab. Zu Beginn der 50er Jahre stand Ludwig Männer dann auf der Kommandobrücke der »96er« und war deren Trainer.

MAGATH, FELIX

Geboren am 26. Juli 1953
43 Länderspiele (1977 bis 1986), drei Tore
Hamburger SV

Vom »Kaiser« überredet

Felix Magath ist der Sohn eines amerikanischen Besatzungssoldaten aus Puerto Rico und einer ostpreußischen Mutter. Seinen Vater, der auf den Jungferninsel lebte und der dort in der staatlichen Finanzverwaltung arbeitete, lernte Felix erst mit 17 Jahren kennen. In Aschaffenburg, der grünen Stadt an der Mainschleife, verbrachte Magath seine Kinder- und Jugendtage. Hier begann er nach dem Abitur das Studium der Wirtschaftswissenschaften. Doch zu diesem Zeitpunkt galt seine Zuneigung längst dem Fußball, den er als Junge beim VfR Nilkheim erlernt hatte und dann bei der Viktoria und beim TV Aschaffenburg verfeinerte. 19 Jahre war Felix Magath jung, als er dem Zweitligisten 1. FC Saarbrücken eine Ablösesumme von 25 000 Mark wert war. Also wechselte er vom Main an die Saar und wurde dort B-Nationalspieler. Was für einen Zweitligaprofi schon eine außergewöhnliche Ehre war. Und 1976 schafften die Saarbrücker sogar den Sprung in die Bundesliga. Aber sein Debüt in der höchsten deutschen Spielklasse gab Felix Magath nicht im Trikot des 1. FC Saarbrücken, sondern in dem des Hamburger SV, denn die Hanseaten waren sich mit dem jungen Mittelfeldspieler schon handelseinig, als der 1. FC Saarbrücken den Aufstieg in die Bundesliga packte. Am 30. April 1977 schlug für den glücklichen Felix dann die erste große Stunde in der Nationalmannschaft. Bundestrainer Helmut Schön wechselte ihn in der zweiten Halbzeit des Länderspiels in Belgrad gegen Jugoslawien für den Kölner Heinz Flohe ein. Die Nationalelf gewann 2:1, und Magath gehörte fortan zum Kader der Auserwählten der Fußballnation. Mittlerweile hatte er sich nach einigen Akklimatisierungsprobleme auch beim HSV einen Stammplatz im Mittelfeld erspielt. Seine erste Saison an der Elbe endete mit einem Paukenschlag. Der HSV gewann in Amsterdam den Europacup der Pokalsieger. Felix Magath schoß das zweite Tor des HSV zum 2:0-Sieg über RSC Anderlecht. Dreimal wurde Felix Magath danach mit dem HSV Deutscher Meister (1979, 1982 und 1983). Sein größter Tag war allerdings 1983 der Gewinn des Europacups der Landesmeister. Felix Magath war der umjubelte Schütze des Tores zum 1:0-Sieg des HSV gegen Juventus Turin in Athen. 43 Spiele bestritt er für die deutsche Fußballnationalelf. 1980 gehörte er zum deutschen Aufgebot auf dem Weg zum europäischen Titel in Rom. 1982 und 1986 wurde er jeweils Vizeweltmeister in Madrid bzw. Mexiko-City. Dabei hatte er schon 1982 seinen Rücktritt aus der Nationalmannschaft bekanntgegeben, als er sich beim WM-Turnier in Spanien nicht gegen Paul Breitner behaupten konnte. Doch zwei Jahre später war Franz Beckenbauer Teamchef, und der überredete ihn zum Comeback. In der Endphase seiner internationalen Laufbahn wurde Felix Magaths Karriere von Kritik und zuweilen auch von Pfiffen begleitet. Nach dem Gewinn der Vizeweltmeisterschaft in Mexiko-City, 306 Bundesligaspielen und 48 Toren wurde er 1986 Manager des Hamburger SV. Er löste Günter Netzer ab, der ihn für diesen Job verpflichtet hatte. Aber nach anfänglichen Erfolgen bekam er auch am Schreibtisch des HSV einige Probleme, als der von ihm engagierte jugoslawische Trainer Jozip Skoblar Schiffbruch erlitt und sich einige neue Spieler als Flops erwiesen. Im Juni 1988 wurde Magath nach zweijähriger Tätigkeit von Erich Ribbeck als HSV-Manager abgelöst. Nach einem Zwischenspiel als Mitarbeiter des Instituts für Angewandte Sozialwissenschaften wechselte er schließlich als Manager zum 1. FC Saarbrücken und dann zu Bayer Uerdingen. Doch schließlich kehrte er wieder »zur Basis« zurück, zur Arbeit mit den Spielern. Nach dem Erwerb des Diploms eines Fußballlehrers verdiente er sich seine ersten Sporen beim Verbandsligisten FC Bremerhaven, um dann 1993 zu »seinem« HSV zurückzukehren: als Assistent von Cheftrainer Benno Möhlmann und als Trainer der HSV-Amateure in der Oberliga Nord. Sechs Jahre vorher war es Magath gewesen, der Möhlmann als Spieler von Werder Bremen zum HSV holte. 1995 wurde Möhlmann entlassen und Magath zum Chefcoach befördert, und der führte seine Mannschaft überraschend auf einen UEFA-Cup-Platz. 1997 mußte er allerdings den Stuhl für Frank Pagelsdorf räumen.

MAHLMANN, CARL-HEINZ

Geboren am 17. September 1907
gestorben am 17. November 1965
Ein Länderspiel (1932)
Hamburger SV

Es hagelte Absagen

Der 4. Dezember 1932 war ein schlechter Tag für die deutsche Fußball-Nationalmannschaft. 50 000 Zuschauer waren in Düsseldorf erwartungsfroh zum Länderspiel gegen Holland gepilgert. Zwar hatte die deutsche Elf ein paar Wochen vorher ein Spiel in Ungarn mit 1:2 verloren, doch die Holländer wurden international nicht so hoch bewertet wie die Magyaren. Aber dann nahm Trainer Professor Otto Nerz in den Tagen vor dem Düsseldorfer Spiel immer wieder neue Absagen entgegen, und zum Anpfiff gegen die Fußballer aus dem Land der Tulpen war die Nationalelf auf sechs Positionen verändert. Einer von denen, die kurzfristig ins Aufgebot rückten, war Außenläufer Carl-Heinz Mahlmann. Mit dem Fürther Leinberger und dem Frankfurter Knöpfle bildete er die Mittelfeldachse des deutschen Spiels. Doch die Holländer wirkten kompakter, harmonierten besser im Angriff und schossen schon vor der Pause ihre Tore zum 2:0-Sieg. Pfiffe hallten durch die rechtsrheinische Arena – und der Debütant Mahlmann wurde nie wieder vom Deutschen Fußball-Bund eingeladen. In Braunschweig wuchs Mahlmann auf. 1929, als die Arbeitslosigkeit in Deutschland grassierte, kreuzte er eines Tages am Hamburger Rothenbaum auf, und in einem Persilkarton steckte seine gesamte Habe. Ein Wechsel, den er nie bereute, denn mit dem Hamburger SV feierte er 1931 seine größten Erfolge, als er erst im Halbfinale der deutschen Endrunde mit 2:3 an Hertha BSC scheiterte. Später kehrte Carl-Heinz Mahlmann zur Braunschweiger Eintracht zurück und wirkte in seiner Heimatstadt als Prokurist. Doch 1948 zog es ihn wieder an die Elbe, wo er am »Wiederaufbau« des ruhmreichen HSV beteiligt war. 1951 wählte man ihn zum Präsidenten. Zu diesem Zeitpunkt weilte auch schon sein ein Jahr jüngerer Bruder Günther beim HSV. Und »Günni«, wie ihn seine Freunde nannten, bastelte in Ochsenzoll an der Wiege einer neuen großen Mannschaft. Günther Mahlmann, Studienrat von Beruf, erntete die Früchte seiner Beharrlichkeit 1960, als er den Hamburger SV als Trainer zur Deutschen Meisterschaft führte.

MAI, KARL

Geboren am 27. Juli 1928,
gestorben am 15. März 1993
21 Länderspiele (1953 bis 1959), ein Tor
Spvg. Fürth, FC Bayern München

»Hab' ich den Kocsis g'schnupft ...?«

Er hat nicht Fußball gespielt, sondern er hat Fußball gearbeitet! »Charly« Mai wurde nichts geschenkt auf seinem langen Karriereweg. Und doch ging er als einer der »Helden von Bern« in die Geschichte dieses Sports ein. Und er war neben Herbert Erhardt einer der letzten großen Fußballer, die die Spvg. Fürth hervorbrachte. Das Trikot mit den Kleeblättern trug er schon in ganz frühen Jahren, und da hier dank der Fülle an Fußballtalenten von jeher kräftig gesiebt wurde, war Leistungsbereitschaft für junge Spieler die allererste »Pflicht«. Karl Mai, gelernter Bäcker und Konditor, kämpfte sich nach oben und litt wie die Fürther Anhänger darunter, daß die große Zeit dieses Vereins vorbei war. Immerhin schaffte die neue Generation in den Jahren 1950 und 1951 noch den Sprung in die Endrunde um die deutsche Fußballmeisterschaft, doch die erste Geige wurde woanders gespielt. In Stuttgart zum Beispiel und in der Pfalz, beim 1. FC Kaiserslautern. Und so blieben die erhofften Erfolge aus. Als Sepp Herberger im Jahr vor der Weltmeisterschaft 1954 in der Schweiz intensiv am Aufbau einer neuen Nationalmannschaft bastelte, hatte es ihm auch der Fürther Richard Gottinger angetan. Bei den diversen Beobachtungen rückte aber auch Karl Mai in den Blickpunkt. Herberger schrieb ihm nach einem Spiel in Mannheim einen anerkennenden Brief, verglich die Spielweise des Fürthers mit der des Anderl Kupfer und gab dem Außenläufer eine Chance im Spiel gegen das zu diesem Zeitpunkt noch autonome Saarland. Anschließend war Herberger von »Charly« begeistert. Und er war überzeugt davon, daß diese Arbeitsbiene mit Gradlinigkeit und Zuverlässigkeit auch bei der Weltmeisterschaft für die Mannschaft gute Dienste leisten könne. Im Endspiel von Bern war Mai dann der Prellbock für den Ungarn Sandor Kocsis, der vorher wie ein Tornado durch dieses Turnier gefegt war und schon elf WM-Tore auf seinem Konto hatte. »Na, Chef, hab' ich den Kocsis g'schnupft oder net ...?«, zwinkerte »Charly« dem Bundestrainer nach dem Finale in der Kabine zu. Herberger hatte den Fürther in den Tagen vor dem Endspiel immer wieder beiseitegenommen und ihm ans Herz gelegt, er solle dem ungarischen Halbrechten nicht von der »Tatze« gehen. In den folgenden Jahren kühlte sich das Verhältnis zu Sepp Herberger dann nach und nach ab. »Charly« Mai galt als ehrliche Haut, der seine Meinung häufig auf der Zunge trug und sie auch dem Bundestrainer mitteilte. Sie schmeckte dem alternden Sepp nicht immer. Dennoch hielt Mai von Herberger sehr viel. »Er war ein großartiger Psychologe. Einer, der es mit Genialität verstand, 22 Spieler unter einen Hut zu bringen«, sagte er später über seinen Lehrmeister. Als Karl Mai 1959 sein letztes Länderspiel in Hamburg gegen Polen bestritt, hatte er schon die Vereinsfarben gewechselt – er war nun ein Spieler des FC Bayern München. Drei Jahre blieb er an der Isar, bevor er bei Young Fellows Zürich und schließlich beim FC Dornbirn unterschrieb, wo auch Sidl spielte. Als Fußballsenior kassierte »Charly« Mai endlich mehr als eine bessere Aufwandsentschädigung. Mit dem Geld dieser Jahre baute er sich ein Schreibwarengeschäft in der Nähe des Deutschen Museums in München auf und verdingte sich dann als Trainer bei Amateurvereinen – unter anderem beim bayrischen Landesligisten FC Kempten, Wacker München, ESV Ingolstadt und beim SV 73 Nürnberg. Sein Weg führte ihn aber doch wieder zurück in die fränkische Heimat, wo er als Sportlehrer an der Hauptschule Stadeln in Fürth wirkte und einen Steinwurf vom alten Sportplatz Ronhof wohnte. In den letzten zwei Jahrzehnten seines Lebens war er gezeichnet von sechs schweren Operationen; Anfang der neunziger Jahre wurde ihm der rechte Lungenflügel entfernt. Auf dem Friedhof in Fürth gab ihm die Fußballprominenz im März 1993 die letzte Ehre.

MAIER, (SEPP) JOSEF

Geboren am 28. Februar 1944
95 Länderspiele (1966 bis 1979)
FC Bayern München

Die »Katze von Anzing«

Das Jahr 1952 hatte für den deutschen Sport eine besondere Bedeutung. Erstmals nahmen wieder Sportler aus dem Land des Kriegsverursachers an Olympischen Spielen teil. In Helsinki setzte ein Mann namens Herbert Schade die Tradition großer deutscher Langstreckler fort, und in der finnischen Hauptstadt trat auch eine deutsche Amateurauswahl im olympischen Fußballturnier an. Fast zeitgleich kreuzte ein schmaler Bub' zum erstenmal beim Jugendtraining des TSV Haar auf: Sepp Maier.

Im niederbayerischen Metten war er zur Welt gekommen, deutsche Torwartgeschichte sollte er schreiben. Josef nannte ihn niemand. Sepp – dieses Markenzeichen sollte später Weltgeltung im Fußball erhalten. Am 12. März 1961 begann Sepp Maiers internationale Laufbahn. Als 14jähriger war er

vom TSV Haar zum FC Bayern München gewechselt, und nun feierte er an diesem Vorfrühlingstag des Jahres 1961 sein Debüt in der Jugendnationalmannschaft. 2 : 0 gewann der deutsche Nachwuchs gegen England. Zwölfmal hütete er das Tor dieser Elf, dann stand er viermal im Gehäuse der Amateurnationalmannschaft, bevor am 4. Mai 1966 bei der Begegnung gegen Irland in Dublin eine breitere Öffentlichkeit auf Sepp Maier in seinem ersten Länderspiel gegen die Iren aufmerksam wurde. Bei der Weltmeisterschaft des gleichen Jahres in England war er noch der Mann hinter Hans Tilkowski, doch dann mauserte sich die »Katze von Anzing« und wurde Stammtorwart der Nationalmannschaft. Mit dem Gewinn der Weltmeisterschaft im Münchner Olympiastadion feierte er 1974 seinen Leistungshöhepunkt. In diesem Finale verzweifelten die Holländer an der Reaktionsschnelligkeit und an dem Mut von Sepp Maier. Vielleicht war dies nicht nur sein wichtigstes, sondern auch sein bestes Spiel. 1970 war der Bayern-Sepp schon als Dritter der Weltmeisterschaft aus Mexiko heimgekehrt. Zwei Jahre danach war er ein wichtiger Teil einer großen deutschen Nationalmannschaft, die in Belgien Europameister wurde. Es folgten 1976 die europäische Vizemeisterschaft. Die Entwicklung des FC Bayern zu einem europäischen Ausnahmeclub ist eng verbunden mit dem Namen von Sepp Maier. 1965 war er beim Aufstieg der Münchner in die Bundesliga dabei – ein Jahr später bejubelten die Fans an der Isar bereits den Gewinn des DFB-Pokals. Viermal wurde er Deutscher Meister, viermal Pokalsieger, dreimal hintereinander Europacupsieger der Landesmeister, Europacupsieger der Pokalgewinner, Weltpokalsieger und dreimal Deutschlands »Fußballer des Jahres«. Sepp Maier – das war der verwirklichte Traum von einer Karriere wie aus dem Bilderbuch. Seine Schlagfertigkeit war beliebt und rückte ihn in die Nähe des legendären Münchner Komikers Karl Valentin. Der gelernte Maschinenschlosser verstand bei aller Härte im Training den Fußball als einen Teil der leichten Unterhaltung, und das »Urviech« von der Isar hatte stets die Sympathien auf seiner Seite. Wenn die Nationalmannschaft auf Reisen ging, schlüpfte Sepp Maier regelmäßig in die Rolle des Aushilfsstewards, bediente über den Wolken Kameraden, Edelfans und Journalisten. Ein schwerer Verkehrsunfall, der von ihm verursacht wurde und bei dem er Rippenbrüche, Armbruch, Gehirnerschütterung und einen Zwerchfellriß erlitt, erzwang am 14. Juli 1979 von heute auf morgen das Ende seiner schillernden Karriere. Einer der weltbesten Torwarte trat früher ab, als ihm das lieb war – nach 473 Punktspielen für den FC Bayern (davon 442 in Folge). In seiner Heimatgemeinde Anzing baute Sepp Maier einen Tennispark mit 13 Frei- und vier Hallenplätzen. Der begeisterte Tennisspieler wurde fortan immer wieder bei Prominentensportfesten, Autogrammstunden oder als Mitglied eines Rateteams im Fernsehen gesehen. Er verfaßte Lehr- und autobiographische Bücher und wurde im Oktober 1987 von Franz Beckenbauer zum Torwarttrainer der Nationalmannschaft berufen. Bei den darauffolgenden Europameisterschaften und bei WM-Turnieren war er stets der gute Geist der Truppe.

MALECKI, EDMUND

Geboren am 1. November 1914
Fünf Länderspiele (1935 bis 1939), zwei Tore
Hannover 96

Als Max in aller Munde war

»Max, steh' auf!« Rundfunkreporter Arno Helmi brüllte ins Mikrofon und verstand im Stimmeninferno der 70 000 im New Yorker Yankeestadion kaum noch seine eigenen Worte. Zu Hause, in Deutschland, saßen Hunderttausende in der warmen Nacht des 22. Juni 1938 vor den »Volksempfängern« und fieberten mit Max Schmeling, der im Revanche-Kampf gegen den Weltmeister Joe Louis nach 124 Sekunden nicht mehr aufstand. Dieser Boxfight jenseits des großen Teichs spukte noch in den Köpfen der deutschen Sportinteressierten, als sich vier Tage später Schalke 04 und Hannover 96 vor 100 000 Zuschauern im Berliner Olympiastadion im deutschen Fußballfinale gegenüberstanden. Die »Knappen« aus dem Kohlenpott waren die erklärten Favoriten – Hannover 96, niedersächsischer Gaumeister, war der krasse Außenseiter. Aber die 96er hatten eine hohe Moral mit an die Spree gebracht, und einer von denen, die felsenfest an ihre Chance glaubten, war Edmund Malecki. Der 23jährige Rechtsaußen mit der hohen Stirn und dem strengen Mittelscheitel hatte bei Borussia Hannover das Fußballspielen gelernt und war über Arminia zum Hannoverschen Fußballclub gelangt. Zu jenem Verein also, der seine Gründung am 12. April 1896 im Schützenhaus der Erkenntnis eines Lehrers namens F. W. Fricke verdankt. Der vertrat die Ansicht, auf Dauer habe der Fußball in deutschen Landen eine größere Zukunft als Rugby. 40 Jahre später war das für die engagierten »96er« im Finale gegen Schalke natürlich längst keine Frage mehr. Sie stritten um die höchste Ehre und lieferten den »Königsblauen« nicht nur eine, sondern gleich zwei große Kämpfe. 3:3 endete das Finale nach 120 Minuten – eine Woche später sah man sich an gleicher Stelle wieder. Und erneut pilgerten 100 000 Menschen ins Olympiastadion. Diesmal behauptete sich Hannover 96 mit 4:3 – die größeren Kämpfer triumphierten über die besseren Techniker. Das leidenschaftlich geführte Doppelfinale von Berlin verdrängte Max Schmelings Niederlage aus den Köpfen der Deutschen. Edmund Malecki hatte das erste von fünf Länderspielen bereits knapp drei Jahre vorher bestritten. 20 Jahre war er jung, als ihn die Berufung zum Duell mit den Rumänen in Erfurt ereilte. Er beeindruckte beim 4:2-Sieg mit seinen Flanken. Der Lohn war eine weitere Einladung zum Vergleich mit Estland in Stettin. Beim 5:0-Erfolg erzielte der Hannoveraner das 1:0. Zwischen 1936 und 1939 war Malecki noch in drei Spielen – jeweils gegen Luxemburg – dabei. Den Sprung ins Olympiaaufgebot für 1936 schaffte er allerdings nicht. 1944 geriet der Hannoveraner auf dem Balkan in britische Kriegsgefangenschaft und wurde in ein Lager nach Ägypten transportiert.

Nach dem 2. Weltkrieg arbeitete er unter anderem als Spielertrainer beim MTV Braunschweig, wo er »Pipin« Lachner ablöste. In Braunschweig unterhielt er dann eine Totoannahmestelle.

MALIK, RICHARD

Geboren am 19. Dezember 1909,
gestorben am 20. Januar 1945
Zwei Länderspiele (1932 bis 1933), ein Tor
Beuthen 09

»Hatteks« Tor gegen Ungarn

Beuthen und Gleiwitz – das waren in den 30er Jahren die großen oberschlesischen Fußballrivalen. Im Schatten der Fördertürme und Hochöfen entwickelten sich Mannschaften, die auch in den deutschen Endrunden eine ausgezeichnete Rolle spielten. Richard Malik war waschechter Beuthener. Er arbeitete allerdings nicht, wie viele seiner Schulfreunde, unmittelbar im Kohlen-, Zink- oder Bleibergbau, sondern er wurde Lokomotivführer in einer dieser Gruben. Bei Beuthen 09 spielte er schon als Junge Fußball, und mit diesem Verein holte er sich 1934 die erste Gaumeisterschaft. In den nächsten Jahren wechselten sich die Beuthener stets mit den benachbarten Gleiwitzern im Kampf um den Titel ab, ehe die »Null-Neuner« ein Jahr vor ihrem 30jährigen Bestehen die Klasse verlassen mußten. Aber schon als Zwanzigjähriger hatte Richard Malik, der auf der halblinken Position der Beuthener stürmte und den sie »Hattek« nannten, auf sich aufmerksam gemacht, als er dem späteren Deutschen Meister Hertha BSC in der Vorrunde einen großen Kampf lieferte. Die Beuthener unterlagen 2:3 in Berlin. Dieses Spiel ebnete dem Oberschlesier den Weg in die Nationalmannschaft, führte ihn aber gleich am 30. Oktober 1932 in Budapest gegen die starken Ungarn. Mit einem knallharten Schuß besorgte der Torjäger in der 71. Minute das 1:1, nachdem er kurz vorher eine große Chance ausgelassen hatte. Am Ende gewannen die Magyaren aber dennoch 2:1. Am Neujahrstag 1933 war Malik dann in seinem zweiten und letzten Länderspiel bei der 1:3-Niederlage der Nationalelf in Bologna gegen Italien dabei. Der Schlesier erlitt im gleichen Jahr einen Beinbruch, der ihn in seinem Leistungsvermögen weit zurückwarf. 1934 gehörte der Beuthener, der später auch als Mittelläufer gute Leistungen bot, zwar zum vorläufigen DFB-Aufgebot für die Weltmeisterschaft in Italien, absolvierte Lehrgänge und ein Testspiel gegen Derby County in Köln, doch zum 18köpfigen Endrunden-Kader zählte er nicht. Richard Malik kehrte als Soldat von der Ostfront, man schrieb den letzten Kriegswinter, nicht zurück.

MANEVAL, HELLMUT

Geboren am 13. November 1898,
gestorben am 19. April 1967
Ein Länderspiel (1923)
Stuttgarter Kickers

Flaute an der Elbe

Nur ganz allmählich kam der Spielbetrieb für die deutsche Nationalmannschaft nach dem 1. Weltkrieg in Schwung. Es waren vor allem die Schweizer, Österreicher und Ungarn, die dem deutschen Fußball wieder ihre Grenzen öffneten. So war das holländische Gastspiel am 10. Mai 1923 im Hamburger Stadion Hohe Luft schon ein außergewöhnliches Ereignis. Die Fußballer aus dem Nachbarland hatten schon zu diesem Zeitpunkt in Europa einen guten Namen, waren 1920 beim olympischen Turnier zum drittenmal mit der Bronzemedaille dekoriert worden. Die deutsche Nationalmannschaft steckte im Frühjahr 1923 allerdings in einer Aufbauphase. Der Spielausschuß des Deutschen Fußball-Bundes benannte acht Neulinge, und die fränkischen Stars aus Nürnberg und Fürth fehlten gänzlich. So war der damals überaus starke Süden nur durch zwei Stuttgarter Flügelstürmer vertreten. Einer von ihnen war Hellmut Maneval von den Kickers. Mit seinem fünf Jahre älteren Vereinskameraden Georg Wunderlich hatte sich Maneval auf die beschwerliche Reise vom Neckar an die Elbe gemacht. Doch die »Hohe Luft« erlebte ein schwaches Spiel, in dem die Abwehrreihen den Ton angaben und die Stürmer wenig zu bestellen hatten. Auch Hellmut Maneval, der aus Pforzheim stammte, bei den Stuttgarter Kickers auch die Rolle des Linksaußen spielte und den Beruf des Kaufmanns ausübte, tauchte beim 0:0 gegen Holland, seinem einzigen Länderspiel, nur selten im gegnerischen Strafraum auf. Maneval stand zweimal in der Süddeutschen Auswahl, ehe er sich 1922 in einem Vergleich mit Niederösterreich für höhere Aufgaben empfohlen hatte. Er beeindruckte durch seine spielerischen Fähigkeiten und erwarb sich durch sein bescheidenes Auftreten viele Sympathien. Im Herbst 1923 siedelte er aus beruflichen Gründen nach England über, kehrte dann aber in die Heimatstadt seiner Eltern zurück.

MANGLITZ, MANFRED

Geboren am 8. März 1940
Vier Länderspiele (1965 bis 1970)
MSV Duisburg, 1. FC Köln

»Cassius« – der Riese vom Rhein

Ein »Riese« stand im Tor des SC West-Köln. 190 Zentimeter groß – ein Mannsbild mit der Figur eines Kleiderschranks. Manfred Manglitz, der vor seiner Fußballkarriere die Meisterprüfung als Buchbinder bestand, war nie ein bequemer Profi. Manche sagten ihm nach, er sei ein typischer Torwart – mit all den Ecken und Kanten, die man häufig dem allerletzten Mann einer Mannschaft unterstellt. Der Rheinländer hatte zudem eine Menge zu sagen, was ihm den Beinamen »Cassius« bescherte. Aus dem Kölner Westen, wo Mittelrhein-Jugendwart Helmut Schmitz sein großer Förderer war, kam Manfred Manglitz im Jahr 1960 zu Bayer Leverkusen (wo ihm Fredy Mutz im Wege stand), wechselte dann ins Tor des MSV Duisburg und landete schließlich wieder in seiner linksrheinischen Heimat in Köln. Seine Premiere im Tor der deutschen Fußball-Nationalmannschaft feierte der Modellathlet am 13. März 1965 in Hamburg beim 1:1 gegen Italien. Es folgte im gleichen Jahr ein 5:0 in Karlsruhe gegen Zypern, ehe es fünf Jahre lang recht still um Manfred Manglitz wurde. Erst nach seinem Wechsel von der Wedau an den Rhein stand er noch zweimal im Nationalteam. In Sevilla unterlagen die Deutschen 1970 gegen Spanien mit 0:2, ein paar Monate später war »Cassius« beim 1:0-Sieg in Hannover gegen Jugoslawien dabei. Durch seine Verstrickungen in den Bundesligaskandal verlor er seine Profilizenz. Zwischen 1979 und 1981 trug er noch die Trikots von Mülheim, des FSV Gebäudereiniger und das des SC West Köln, doch dann versuchte sich Manfred Manglitz im Gaststättengewerbe. Er besaß in Köln zwei Diskotheken, denen er die Namen »Old London« und »Ex« gab. Aber der Erfolg, der seine Karriere als Fußballprofi so lange begleitet hatte, blieb ihm auf seinen neuen Wegen nicht mehr treu. Er verkaufte seiner geschiedenen Frau Irma seine Geschäftsanteile und zog ins spanische Villa Joyosa bei Alicante, wo er als Sportlehrer in einem Tenniszentrum arbeitete. Außerdem renovierte er in seiner neuen Heimat Bäder und Küchen und erwarb nach einigen Jahren die spanische Staatsangehörigkeit. Der Abschied aus Köln fiel ihm offenbar nicht sonderlich schwer, nachdem er in einer seiner »Diskos« von Unbekannten zusammengeschlagen wurde. Das vor der Tür parkende Auto mit einer Werbeaufschrift wurde mit Benzin übergossen und angezündet. Und aus seiner Wohnung verschwanden Teppiche im Werte von rund 200 000 Mark ...

MANTEL, HUGO

Geboren am 14. Mai 1907,
gestorben am 3. Juli 1942
Fünf Länderspiele (1927 bis 1933)
Dresdner SC, Eintracht Frankfurt

Ein Westfale auf Wanderschaft

Hugo Mantel war schon in jungen Jahren so eine Art »Wandervogel«. Er spielte in den unterschiedlichsten Regionen Deutschlands Fußball. Geboren wurde er im Jahre 1907 im westfälischen Bövinghausen, vor den Toren von Castrop Rauxel und Herne. Erst ein Jahr später sollte eine zusammengewürfelte deutsche Nationalmannschaft ein erstes Länderspiel austragen. Schon in jungen Jahren gelangte Hugo Mantel nach Dresden, wo er beim Sportclub mit dem großen Fußball in Berührung kam. Die Sachsen waren in den 20er Jahren die Nummer 1 in ihrer Region, aber in der deutschen Endrunde schieden sie fast immer nach dem Auftaktspiel aus. Mit einer Ausnahme: 1930 gelangten sie sogar in die Vorschlußrunde, wo dann Holstein Kiel die Endstation war. Hugo Mantel war linker Läufer und kam bereits als Zwanzigjähriger zu seinem ersten Länderspieleinsatz. Am 2. Oktober 1927 war er einer von neun Neulingen beim 1:3 der Nationalelf in Kopenhagen gegen Dänemark. Otto Nerz, der sich zu diesem Zeitpunkt noch »Trainerbetreuer« nannte, war auf der Suche nach Spielertypen, die in das neue WM-System, das international mehr und mehr gepflegt wurde, paßten. Hugo Mantel sagte man trotz seiner Jugend bereits eine ausgeprägte Fußballintelligenz nach. Er war ein starker Techniker, als Außenläufer zeigte er viel Verständnis für den Spielaufbau, und außerdem soll ihn eine erstaunliche Ruhe ausgezeichnet haben. Doch nach dem verunglückten Start in der Nationalelf wurde er erst wieder berücksichtigt, nachdem er im Mai 1928 zu Eintracht Frankfurt gewechselt war. Am 2. März 1929 kam er beim 0:2 gegen Italien in seiner Wahlheimatstadt in der 29. Minute für den verletzten Georg Knöpfle ins Spiel. Mit der Eintracht hatte der Außenläufer sein Erfolgserlebnis im Jahre 1932, als die Hessen erst im deutschen Finale am FC Bayern München mit 0:2 scheiterten. Hugo Mantel war mit seinem Überblick und

der Art, wie er seine Kräfte schonen und im richtigen Augenblick mobilisieren konnte, ein wichtiger Bestandteil der Frankfurter Elf. Er galt als ausgesprochen sparsamer Mensch, der zuweilen zu einem Phlegma neigte, dem seine Kameraden fassungslos gegenüberstanden. Als man ihn vor einem Spiel der deutschen Endrunde fragte, wie es denn mit seiner Nervosität bestellt sei, sagte er: »Ich fühle mich so, als wenn ich gegen Germania Bieber spielen müßte ...« Nach seinem Abschied von der Eintracht wurde er so eine Art »Spiritus rector« der alten Germania von 1894, die seit ihrer Glanzzeit unter Schnürle von der großen Bühne des Fußballs verschwunden war. Als ehrenamtlicher Sportlehrer und versierter Stürmer machte er der adligen Frankfurter Fußballdame Beine und führte sie stetig nach oben. Hugo Mantel, der dann als Versicherungsangestellter sein Geld verdiente, starb in einem Lazarett des 2. Weltkriegs an Flecktyphus, nachdem er an der Ostfront schwer verwundet worden war.

MARISCHKA, OTTO

Geboren am 31. Mai 1912
Ein Länderspiel (1939)
Admira Wien

Das »Scheiberl-System« versagte

Admira war über Jahrzehnte der Inbegriff bester Wiener Fußballschule. An der Donau schwärmten die Fans noch immer vom »Wunderteam«, als Hitler im Jahre 1938 seine Truppen in Österreich einmarschieren ließ und die großen Wiener Vereine in den deutschen Spielbetrieb integriert wurden. Schon im Jahr darauf stand mit Admira erstmals ein österreichischer Verein im deutschen Finale. Überraschend hatten sich die Wiener in der Vorschlußrunde gegen den Hamburger SV behaupten können. Doch dann waren die Schalker am 18. Juni 1939 der Endspielgegner vor 100 000 Zuschauern im Berliner Olympiastadion. Ein denkwürdiger Tag, denn die Hoffnungen der Wiener zerschellten an einem Schalker Team, das sich in Überform vorstellte. Admira Wien ging mit 0:9 unter – nie verlor eine Mannschaft ein deutsches Finale in dieser Höhe. Einer von denen, die völlig demoralisiert an der Seite von Hahnemann und Urbanek die Stätte ihrer sportlichen Schmach verließen, war Otto Marischka. Acht Wochen nach dem für ihn so trostlosen Endspiel war der linke Verteidiger von Admira Wien dann auch »deutscher« Nationalspieler. Er war beim 0:2 in Preßburg gegen die Slowakei dabei. Es war kein großes Spiel, weil die verstärkte Wiener Auswahl mit ihrem Scheiberl-System nicht zurechtkam, aber Otto Marischka zählte im Team der Verlierer zu den Besten. Im Gegensatz zu einigen anderen Wienern wurde der Abwehrspieler, der seine Fußballkarriere beim Favoritner Sportklub begonnen hatte und der den Beruf des Automechanikers ausübte, aber nie wieder von Sepp Herberger berücksichtigt. Der langaufgeschossene Wiener bestach an der Donau durch seine Ruhe und durch sein exzellentes Kopfballspiel.

MAROHN, ARTHUR

Geboren am 14. Juni 1893
Ein Länderspiel (1921)
Viktoria 89 Berlin

Drei Nominierungen – ein Spiel

Berlin in den frühen 20er Jahren. Die Fußballfreunde an der Spree träumten noch immer von den Zeiten, da die Viktoria in den Vorkriegsjahren viermal im deutschen Endspiel stand und sogar zweimal Meister wurde. Als in Europa die Kanonen schwiegen, gaben in Fußballdeutschland andere den Ton an. Der 1. FC Nürnberg, die Spvg. Fürth und der Hamburger SV waren die großen Zugnummern, und die Viktoria stand in der Hauptstadt im Schatten der Union aus Oberschöneweide. Vorwärts, Alemannia und Norden-Nordwest kamen zu Ruhm und Ehren. Viktoria – das war in dieser Zeit die Erinnerung an Hellmut Röpnack, den sie »Schießbude« nannten, an Kugler, Gasse und Worpitzky. Doch nach dem 1. Weltkrieg stellte auch die »neue« Berliner Viktoria ein paar Nationalspieler: Karl Tewes zum Beispiel – und Arthur Marohn. Diese beiden bildeten am 5. Juni 1921 auf dem MTK-Platz in Budapest im Spiel gegen Ungarn gemeinsam mit dem Bonner Josef Schümmelfelder eine passable Läuferreihe. Dennoch gab es eine deftige 0:3-Niederlage, denn die Magyaren hatten eine zu starke Formation aufgeboten. An diesem Tag begann die große Karriere von Bela Guttmann, der eineinhalb Jahrzehnte später als Trainer Weltruhm erlangte. Nach der hohen Niederlage wurde der in Mariendorf geborene Arthur Marohn, Angestellter von Beruf, nie wieder vom Deutschen Fußball-Bund berücksichtigt. Dabei hatte man ihn schon vor dem 1. Weltkrieg zu den Länderspielen gegen Holland und Belgien zur Nominierung vorgeschlagen. Marohns Laufbahn war von der Berliner

Viktoria geprägt worden. Als 16jähriger trat er dem Verein bei, mit Beginn der Saison 1912/13 war er in die erste Mannschaft gerückt. »Florian« Hunders Pech in Form eines Knöchelbruchs war zu Ostern das Glück des Arthur Marohn, der fortan Stammspieler war und eine Italienreise der Viktorianer mitmachte. Außerdem spielte seine Elf ständig gegen starke englische Mannschaften, von denen die Bolton Wanderers eine sensationelle 1:2-Niederlage erlitten. Im Oktober 1913 vertrat Marohn erstmals den Berliner Verband – insgesamt dann 27mal als linker Läufer. 1939 betreute er den Berliner BC.

MARSCHALL, OLAF

Geboren am 19. März 1966
Ein Länderspiel (1994),
ein Länderspiel DDR (1. FC Lok Leipzig)
1. FC Kaiserslautern

Über Wien in die Bundesliga

Im Elb-Städtchen Torgau passierte am 26. April 1945 Historisches. Amerikanische und sowjetische Soldaten schüttelten sich hier die Hände – ein Bild, das um die Welt ging und das Ende des 2. Weltkriegs symbolisierte. Schon vier Jahrhunderte zuvor stand Torgau im Blickpunkt der Geschichte: Das Torgauer Bündnis besiegelte den Zusammenschluß protestantischer Landesfürsten gegen das katholische Dessauer Bündnis. In dieser Stadt weihte Martin Luther 1544 die Schloßkapelle als ersten protestantischen Kirchenbau, und das Schloß Harthenfels war der Schauplatz der Uraufführung der ersten deutschen Oper, »Daphne« von Heinrich Schütz. In Torgau wurde Olaf Marschall geboren, hier spielte er bis 1978 Fußball im Trikot von »Chemie«. Und da die Fußballtalente der DDR fast immer zu den größeren Vereinen »delegiert« wurden, fand Olaf mit zwölf Jahren Aufnahme in der Nachwuchsschulung von Lokomotive Leipzig. Hier wurde er Jugendauswahlspieler und gehörte zum Jahrgang der späteren Bundesligastars Ulf Kirsten, Thomas Doll und Andreas Thom. Schon im Februar 1985 trug der Mittelstürmer zum erstenmal das A-Trikot der DDR beim Länderspiel gegen Ecuador. Mit Lok Leipzig hatte er seinen größten Auftritt im Europacupfinale der Pokalsieger 1987 in Athen. Ajax Amsterdam gewann dort dank eines Treffers von Marco van Basten mit 1:0. Mit der Wende kam für Olaf Marschall die große Chance, sich im Westen zu versuchen. Andere wechselten direkt in die Bundesliga, Olaf Marschall entschied sich für Admira/

Wacker Wien, wo er in die Fußstapfen des zu Atletico Madrid transferierten Torjägers Gerhard Rodax trat und wo ab Mai 1991 Sigi Held sein Trainer war. Zwei Jahre später wollte der VfB Leipzig den »verlorenen Sohn« zurückholen, doch der Transfer scheiterte aus finanziellen Gründen. Und so führte für Olaf Marschall der Weg zurück nach Sachsen – diesmal zu Dynamo Dresden. Dort hatte inzwischen auch Sigi Held unterschrieben. Daß sein erster Bundesligaauftritt ihn gleich mit dem VfB Leipzig in Berührung brachte und daß er beim 3 : 3 alle drei Tore für Dynamo erzielte, brachte den zweikampfstarken Stürmer in die Schlagzeilen. 1994 hatte er es geschafft – er lieferte ein kurzzeitiges Debüt in der neuen gesamtdeutschen Nationalmannschaft. Beim 0 : 0 in Budapest gegen Ungarn kam er in der 85. Minute für Fredi Bobic ins Spiel und fand Lob aus dem Munde von Berti Vogts. »Olaf gehört zu den durchschlagskräftigsten Spielern der Bundesliga«, sagte der Bundestrainer. Olaf Marschall fühlte sich wohl in Dresden, doch er wurde schon 1994 gegen seinen Willen an den 1. FC Kaiserslautern verkauft. Im »Kicker« war daraufhin sogar von »Menschenhandel« die Rede. Doch in Dresden gingen allmählich die Lichter aus – es war ein »Notverkauf«. Aber so richtig glücklich wurde Marschall in der Pfalz zunächst auch nicht, denn die »Roten Teufel« stiegen 1996 überraschend aus der Bundesliga ab, 1997 aber wieder auf.

MARTIN, BERND

Geboren am 10. Februar 1955
Ein Länderspiel (1979)
VfB Stuttgart

»Man sollte ihn McMartin nennen«

Er galt als »Mann mit dem härtesten Hammer«, die Torhüter der Bundesliga fürchteten die Wucht seiner Schüsse. Bernd Martin war ein Fußballprofi, der sich stets hohe Ziele steckte, doch so manches war für ihn unerreichbar, weil nicht immer das Glück auf seiner Seite weilte. »Eigentlich sollte man ihn McMartin nennen«, hat einmal jemand gesagt, der Bernd Martin besonders gut kannte. Was als Kompliment zu verstehen war, denn der eisenharte Stuttgarter Verteidiger hätte sich wohl auch auf der britischen Insel Respekt verschafft. Im Stuttgarter Stadtteil Mühlhausen begann Bernd Martin mit dem Fußball, in der Nachbarschaft, beim TSV Münster, ging es weiter, und schließlich landete er beim VfR Heilbronn, wo letztendlich seine fußballerischen Qualitäten erkannt wurden. 1973 war er dann in der Bundesliga – beim VfB Stuttgart, und hier verschaffte sich Bernd Martin, der seine Ausbildung zum Versicherungskaufmann abgebrochen hatte, durch seine dynamische Offensivkraft, durch die kraftvollen Spurts auf den Flügeln und durch Flanken, die wie an der Schnur gezogen in den gegnerischen Strafraum kamen, schnell Respekt. Bundestrainer Jupp Derwall hatte schon ein Auge auf den Schwaben geworfen, und in Pilsen debütierte Martin im deutschen B-Team gegen die Tschechoslowakei. Insgesamt brachte es Bernd Martin auf neun Einsätze im Reserveteam der Nationalelf, doch »richtiger« Nationalspieler wurde er erst im Mai 1979, auch wenn sein Einsatz im WM-Qualifikationsspiel in Wrexham gegen Wales nur zwei Minuten währte. Ende der 70er Jahre stellten sich bei ihm die ersten Verletzungsprobleme ein – eine Knochenhautentzündung am Schienbein warf ihn weit zurück. Und dann war da eine komplizierte Oberschenkelverletzung, die ihn dazu zwang, ständig in der Praxis von Professor Armin Klümper zu weilen. Die Stuttgarter verloren ihr Interesse an Martin, dafür schlug 1982 Bayern Münchens Manager Uli Hoeneß zu, der davon ausging, daß 300 000 Mark Ablöse für einen Nationalspieler kein Risiko seien. Doch Martins große Zeit war vorüber, er wurde beim FC Bayern nur noch sporadisch eingesetzt. Später war er dann Trainer der Amateure des SSV Ulm. Beruflich fand er eine Basis als Betreiber einer Gebäudereinigungsfirma in Elchingen.

MARTINEK, ALEXANDER

Geboren am 25. April 1919,
gestorben am 8. Juli 1944
Ein Länderspiel (1940)
Wacker Wien

Torflut gegen Rumänien

Ein 21 jähriger Torwart tauchte am 14. Juli 1940 in der Nationalmannschaft auf: Alexander Martinek von Wacker Wien. Ein paar Wochen vorher hatte er es sich wohl nicht träumen lassen, mal im Tor der sogenannten »großdeutschen« Nationalmannschaft zu stehen. Doch die Zeiten waren für Sepp Herberger hart, und der Reichstrainer steckte in einer Aufbauphase. Inzwischen war es auch für Herberger eindeutig, daß die Olympischen Spiele wegen des 2. Weltkriegs ausfallen würden – der deutsche Fußball also frühestens in zwei Jahren wieder zu einer

Weltmeisterschaft fahren würde. In Frankreich fiel erstmals die Tour de France aus, in Deutschland wurden die Lebensmittel rationiert. Der 2. Weltkrieg hatte sich tief in das Bewußtsein der Menschen gegraben und war zu einem Stück ihres schaurigen Alltags geworden. In dieser Zeit hatte der Fußball allerdings seinen Stellenwert behalten und war für viele so etwas wie ein Lichtstrahl in einer finsteren Epoche. So oder ähnlich wird auch Alexander Martinek seine Einladung zum Länderspiel gegen Rumänien in Frankfurt empfunden haben, und es wird ihm gleichgültig gewesen sein, daß er für Sepp Herberger nur so eine Art Notlösung darstellte. Hans Jakobs große Zeit war vorbei, Hans Klodt stand wegen der Schalker Verpflichtungen in der Endrunde der Deutschen Meisterschaft nicht zur Verfügung. Die Alternativen zu Martinek bildeten der Berliner Jahn und der Osnabrücker Flotho. Herberger entschied sich für den Jüngsten, für Alexander Martinek. Sein Debüt lieferte an diesem Sommertag am Main auch ein junger Pfälzer: Fritz Walter legte den Grundstein zu einer Weltkarriere. Für Alexander Martinek war es ein großartiges Erlebnis, beim 9 : 3-Sieg gegen Rumänien dabei zu sein. Es sollte sein erstes und letztes Länderspiel sein. Fast auf den Tag genau vier Jahre später fiel der Wiener als Soldat an der Front, nachdem er im 2. Weltkrieg noch als Gastspieler eine Zeitlang beim Hamburger SV gespielt hatte.

MARTWIG, OTTO

Geboren am 24. Februar 1903
Sechs Länderspiele (1925 bis 1927)
Tennis Borussia Berlin

Mit »20« im deutschen Finale

Otto Martwig war nach dem 1. Weltkrieg so etwas wie ein Senkrechtstarter. Einer, dem ein gütiges Geschick viel Talent in die Wiege gelegt hatte und der die Früchte seines Fleißes und seiner Begabung schon in sehr jungen Jahren ernten durfte. Gerade »20« war Otto Martwig, als er am 10. Juni 1923 mit Union Oberschöneweide im deutschen Endspiel stand. Er war in diesem Berliner Stadtteil aufgewachsen und hatte als linker Läufer wesentlichen Anteil am Erfolg seiner Mannschaft. In der Zwischenrunde lag ganz Berlin der Union zu Füßen, als der erklärte Titelfavorit Spvg Fürth sensationell von den »Spree-Athenern« mit 2 : 1 besiegt worden war. Dabei hatten die Fürther am 7. Januar des gleichen Jahres den amtierenden Meister Hamburger SV in

einem Freundschaftsspiel mit sage und schreibe 10 : 0 geschlagen, doch während die Rothosen von der Elbe erneut ins Finale einzogen, scheiterten die Fürther für alle völlig überraschend an Union Oberschöneweide. Otto Martwig war der große »Antreiber« der Berliner, und er war die Hoffnung der Union-Fans unter den 64 000 im alten Olympiastadion im Grunewald. Als das Spiel begann, kamen noch viele von der angrenzenden Pferderennbahn in die Arena. Doch der Hamburger SV mit dem überragenden Tull Harder war an diesem Tag eine Nummer zu groß und gewann 3 : 0. Wenig später wechselte Otto Martwig zum Nachbarn Tennis Borussia. Erst zu diesem Zeitpunkt wurde der Berliner Nationalspieler. Seine erste Berufung erhielt er am 21. Juni 1925 in Stockholm gegen Schweden. Die Deutschen verloren durch ein frühes Tor mit 0 : 1. Sie rehabilitierten sich fünf Tage später in Helsinki mit dem 5 : 3-Sieg gegen Finnland. Am 23. Oktober 1927 verabschiedete sich der Berliner mit seinem sechsten Länderspiel, dem 6 : 2-Sieg gegen Norwegen in Hamburg-Altona, von der internationalen Bühne.

MARX, JOSEPH

Geboren am 20. November 1934
Ein Länderspiel (1960), ein Tor
SV Sodingen

Experte in Abstiegskämpfen

Bundestrainer Sepp Herberger soll irgendwann einmal gesagt haben, von allen Vereinen der Oberliga sei der SV Sodingen die einzige Mannschaft, die »englisch« spiele. Es ist nicht überliefert, ob der alte Sepp das wirklich so gemeint hat. Immerhin: Das Team im Schatten der Zeche Mont Cenis, die einst »Alexandrine« hieß, war im Westen des deutschen Fußballs berühmt für sein schnörkelloses Spiel. Es war allerdings in der seligen Oberliga West nicht immer erfolgreich, und so passierte es, daß sich die Sodinger in der zweiten Hälfte der fünfziger Jahre mit der ganzen Leidenschaft, zu der sie fähig waren, immer wieder gegen den Abstieg stemmen mußten. Und während dieser Zeit rankten sich die Stammtischgespräche in Sodingen fast immer um die Saison 1954/55, als die Überraschungself um Sawitzki, Harpers und Adamik in der deutschen Endrunde vor 60 000 Zuschauern in der Schalker Glück-Auf-Kampfbahn gegen den 1. FC Kaiserslautern spielte. Joseph Marx, Schumacher von Beruf und schnell auf dem linken Flügel, kam erst nach dieser großen Ära zum SV Sodingen. Er war dabei, als der Verein im Abstiegskampf stand und auf den letzten Metern der Saison fast immer noch den Kopf aus der Schlinge ziehen konnte. Nicht zuletzt dank der Tore von Joseph Marx. 52 waren es in vier Spielzeiten der Oberliga West. Doch nach dem zweiten Abstieg im Jahre 1961 wechselte der schußkräftige Stürmer in den Süden – zum Karlsruher SC. Mit den Badenern schaffte er zwei Jahre später sogar den Sprung in die Bundesliga und blieb dort bis zum KSC-Abstieg im Jahre 1968. Zum Nationalspieler wurde Joseph Marx allerdings noch während seiner Sodinger Zeit – er spielte am 3. August 1960 in Reykjavik gegen Island und erzielte mit einem Kopfball das Tor zum 5:0-Endstand. Nach der Pause war er für den angeschlagenen Albert Brülls ins Spiel gekommen. Bei Bundestrainer Sepp Herberger empfohlen hatte sich Marx in den regionalen Auswahlspielen, die damals noch einen hohen Stellenwert hatten.

MASSINI, ERICH

Geboren am 13. September 1889,
gestorben am 26. Juli 1915
Ein Länderspiel (1909)
Preußen Berlin

Niederlage begann auf hoher See

Zwei Tage im März des Jahres 1909 schrieben Sportgeschichte. Am 15. dieses Monats startete August Lehr das erste Sechstagerennen in Europa. Es fand – natürlich – in Berlin statt. In der großen Ausstellungshalle am Zoologischen Garten war eine Radrennbahn eingerichtet worden, und 15 Teams rollten an den Start. Zu diesem Zeitpunkt ging es einigen anderen Berliner Sportlern außerordentlich schlecht. Sie standen an der Reling eines Fährschiffes, das sie vom französischen Calais ins englische Dover brachte, und wünschten sich nichts sehnlicher, als daß diese Reise möglichst rasch ein Ende nehmen möge. Bei schwerer See stampfte das altersschwache Schiff und kam nur mühsam voran. Einer von denen, die die Einladung ins Mutterland des Fußballs während der Überfahrt verfluchten, war Erich Massini, 19jähriger Verteidiger von Preußen Berlin. Der Deutsche Fußball-Bund hatte auf die Karlsruher Stars verzichten müssen und deshalb vor allem in der Abwehr erhebliche Probleme. Erst kurz vor der Abreise erhielten Erich Massini und Otto Hantschick von Union 92 ihre Berufung. Am 16. März standen die deutschen Fußballer im vier-

ten Länderspiel ihrer Geschichte in der altehrwürdigen Universitätsstadt Oxford dann auf verlorenem Posten. Die Nachwirkungen der Seekrankheit und die Überlegenheit der englischen Amateure führten zu einer 0:9-Niederlage. Auch Erich Massini war ziemlich überfordert. Linienrichter dieses denkwürdigen ersten deutschen Fußballauftritts auf der Insel war übrigens der damalige DFB-Präsident Gottfried Hinze, der bis 1906 im Tor des Duisburger SV stand, dann aber aufgrund seiner Leibesfülle einer Funktionärstätigkeit den Vorzug gab. Erich Massini kehrte aus dem 1. Weltkrieg nicht zurück.

MATHIES, PAUL

Geboren am 12. Januar 1911
Zwei Länderspiele (1935)
Preußen Danzig

Am Rand der großen Fußballwege

Danzig, die Stadt am Zusammenfluß von Mottlau und der Toten Weichsel, stand im 20. Jahrhundert nicht auf der Sonnenseite der Geschichte. Die Hafen- und Handelsstadt an der Ostsee wurde nach dem 1. Weltkrieg durch den Versailler Vertrag vom Deutschen Reich abgetrennt und als Freistaat dem Völkerbund unterstellt. Paul Mathies war ein Kind der Stadt. Er wuchs in diesem Kleinod mittelalterlicher Baukunst auf und fand bei Preußen 1909 zum Fußball. In den 30er Jahren waren die Danziger Vereine BuEV, Polizei, Gedania und Preußen feste Bestandteile des Ostpreußen-Gaues und somit integriert in den deutschen Fußballspielbetrieb. Die Preußen, der Verein des Paul Mathies, begeisterten ihren Anhang vor allem im Jahre 1934, als sie sich in den Spielen gegen Hindenburg Allenstein behaupteten und Gaumeister wurden. In der deutschen Endrunde waren sie dann aber so eine Art »Kanonenfutter« für die Großen. Trotzdem fand Paul Mathies, Elektrotechniker von Beruf und Mittelläufer bei seinem Verein, den Weg in die deutsche Nationalmannschaft. Vier Wochen lang durfte der 24jährige von einer internationalen Karriere träumen, denn am 15. September 1935 beim 5:0-Sieg gegen Estland in Stettin wußte er zu gefallen. Darum war er auch im darauffolgenden Spiel gegen Lettland in Königsberg (3:0) dabei. Doch danach verschwand er aus dem Notizbuch von Reichstrainer Prof. Otto Nerz. Wohl auch deshalb, weil Danzig sehr weit abseits von den großen deutschen Fußballwegen lag.

MATTHÄUS, LOTHAR

Geboren am 21. März 1961
122 Länderspiele (1980 bis 1994), 22 Tore
Borussia Mönchengladbach, FC Bayern München,
Inter Mailand

»Weltsportler des Jahres«

Aus dem kleinen Flecken Herzogenaurach kam
dreierlei: Die Sportschuhe von adidas, die von
PUMA und Lothar Matthäus. Alle drei fränkischen
»Produkte« trugen das Gütesiegel »Weltklasse«.
Und da fast in jeder Familie Herzogenaurachs die
beiden Sportartikelgiganten für das tägliche Brot
sorgten, war es eigentlich ganz logisch, daß auch im
Hause Matthäus eine derartige Beziehung bestand.
Vater Heinz arbeitete als gelernter Schreiner in der
Firma des springenden Raubtiers, und Mutter
Katharina war eine von denen, die in Hausarbeit
auf ihrer Nähmaschine Teile für die Sportschuhe
produzierten. Und von Lothar, dem jüngeren der
beiden Matthäus-Brüder, ist überliefert, daß er alles
andere als ein talentierter Schüler war. Vielmehr
war er ein begeisterter Fußballer, obwohl seine
Statur ihm das Leben auf dem benachbarten Bolzplatz nicht gerade leicht machte. Doch allmählich
sprach es sich im fußballverrückten Herzogenaurach herum, daß da in der Nachwuchsmannschaft
ein kesser Mittelstürmer heranwuchs, der das Zeug
haben könnte, mal ein Großer zu werden. Eine
»große Klappe«, so ist in einer Matthäus-Biographie
nachzulesen, hatte Lothar schon damals. Und deshalb flog er eine Zeit lang aus dem Jugendkader des
Bayrischen Fußballverbandes. Nach der Grundschule begann er eine Ausbildung als Raumausstat-
ter. Auf dem Fußballplatz war Franz Brungs einer
der ersten intensiven Förderer des Talents, denn der
einstige Nürnberger Stürmer erkannte Matthäus'
Fähigkeiten im offensiven Mittelfeld. Der zweite
Wegbereiter der Weltkarriere war ein Nationalspieler: Hans Nowak. Der war Chef der Public-Rela-
tion-Abteilung von PUMA und rief eines Tages Trainer Jupp Heynckes bei Borussia Mönchengladbach
an. Und der war angetan von dem kleinen Energiebündel. Der erste kleine Schritt zu einer ganz
großen Fußballaufbahn war getan. Für Borussia
Mönchengladbach sollte dieser fränkische »Billig-
import« einer der vielen Bausteine für das Überle-
ben in der Bundesliga sein, denn am Bökelberg
wußten alle, daß mit diesem kleinen Stadion keine
großen Sprünge zu machen waren. Es war die Politik des erfolgreichen Außenseiters, sich immer wieder Talente zu sichern und sie später für »großes

Geld« zu verkaufen. Lothar Matthäus legte 1979 in
der Bundesliga einen Blitzstart hin und fand sich
schon ein knappes Jahr später in Jupp Derwalls Aufgebot für die Europameisterschaft in Italien wieder.
Ohne Länderspielerfahrung reiste Matthäus zu seinem ersten internationalen Turnier und wurde
gleich ins allerdings lauwarme Wasser geworfen.
Am 14. Juni 1980 debütierte Lothar in der Nationalelf – er kam an diesem schwül-heißen Abend beim
Stande von 3:0 gegen Holland für den ausgelaugten Bernard Dietz ins Spiel. Sieben Minuten später
hatte Matthäus den ersten Elfmeter seiner noch so
jungen Länderspielkarriere verursacht. Eine glatte
Fehlentscheidung, denn der Debütant hatte Rep
zwei Meter vor der Strafraumgrenze von den Beinen geholt. Am Ende siegten die Deutschen mit
3:2 – Lothar Matthäus kam daraufhin bei diesem
Turnier jedoch nicht wieder zum Einsatz. Die Fuß-
ballsuperstars seiner Zeit liefen ihm erst später über
den Weg – die meisten legte Lothar Matthäus dann

an die Kette. So wie den Brasilianer Zico und den
jungen Maradona während der Südamerikareise
der deutschen Nationalelf im Frühjahr 1982. Zwei
Jahre später war Lothars Uhr bei Borussia Mönchengladbach abgelaufen – der FC Bayern München warf seine Angel aus, und Matthäus sagte
»ja«. Es war die Zeit der Abonnementsmeister-
schaften der Bayern – Matthäus reifte gemeinsam
mit dem Dänen Sören Lerby zum Leistungsträger –
wovon auch die Nationalelf profitierte. Zunächst

bei der Weltmeisterschaft in Mexiko, wo Franz Beckenbauer als Teamchef mit seiner Mannschaft erst im Finale von Argentinien gestoppt wurde. In Europa führten die großen Wege des Fußballs in den 80er Jahren fast immer über den Brenner nach Italien, und so buhlte nach der WM in Mexiko erstmals Inter Mailand um die Gunst des Kraftpakets aus Deutschland. Matthäus wankte lange und entschied sich dann fürs Bleiben, wohl auch deshalb, weil sein Spezi aus der Nationalelf, der krummbeinige Dribbler Pierre Littbarski, soeben bei Racing Paris Schiffbruch erlitten hatte. Doch 1988 konnte Matthäus den Lockrufen von Inter nicht mehr widerstehen. Vier Jahre lang blieb er in der lombardischen Metropole – als er zum FC Bayern zurückkehrte, war er endgültig zum Weltstar gereift und mit Titeln und Ehrungen überhäuft: Mit Inter war er italienischer Meister geworden und hatte (1991) den UEFA-Cup gewonnen. Trainer Giovanni Trapattoni sah in Matthäus so etwas wie seinen »verlängerten Arm« und übergab ihm noch am Tag seiner Ankunft in Mailand das Trikot mit der Nummer zehn. In seiner Wahlheimat hatte er als Kapitän die Nationalmannschaft 1990 zum Welttitel geführt. Zweimal wählten ihn die Journalisten zum »Weltfußballer des Jahres«, im Jahr des WM-Triumphs wurde er gar »Weltsportler des Jahres«. Im Frühherbst 1992 zog es Lothar Matthäus zurück an die Isar, nachdem er sich soeben von einem Kreuzbandriß erholt hatte, den er im Spiel gegen den FC Parma erlitt. 51 000 Zuschauer sahen im Olympiastadion sein Comeback im Spiel gegen Wattenscheid 09 – die Bänder im Knie hielten, der Fortsetzung seiner Karriere stand nichts mehr im Wege. Aber weitere ganz große internationale Erfolge blieben für Lothar Matthäus zunächst aus. Mit der Nationalelf wurde er bei der EM in Schweden nur »Vize« – die Endspielniederlage gegen den krassen Außenseiter Dänemark schmerzte ebenso wie zwei Jahre später das Viertelfinal-Aus bei der Weltmeisterschaft in den USA gegen Bulgarien. Im Mai 1996 verabschiedete sich Lothar Matthäus aus der Nationalmannschaft, nachdem er soeben mit Bayern München den UEFA-Cup gewonnen hatte. Er sah keine Chance mehr, nach diversen Verletzungen noch einmal den Anschluß an sein Leistungsvermögen zu finden und zuguterletzt noch auf den Zug zur Europameisterschaft nach England zu springen. Am Ende legte er sich mit Bundestrainer Berti Vogts und Jürgen Klinsmann an und wurde bei Bayern sogar als Kapitän abgesetzt. Lothar Matthäus trat als deutscher Rekordnationalspieler ab und wurde 1997 noch einmal Deutscher Meister.

MATTHES, PAUL

Geboren am 6. März 1879
Ein Länderspiel (1908)
Viktoria 96 Magdeburg

Berufung stand in der Zeitung

Paul Matthes, Kaufmann von Beruf und Fußballspieler aus Passion, tat an diesem Morgen im April des Jahres 1908 das, was er eigentlich immer tat: Er las zum Frühstück die örtliche Zeitung. Und plötzlich stutzte er: Da stand doch tatsächlich, daß ein gewisser Paul Matthes von der Viktoria von 1896 aus Magdeburg am 6. dieses Monats die Farben Deutschlands im Spiel gegen England vertreten werde. Und dies auch noch in Berlin. Der kräftige junge Mann wunderte sich, wurde ein paar Stunden später im Vereinshaus seiner Viktoria vorstellig, wo er dann die Bestätigung für die ehrenvolle Berufung erhielt. Ein paar Tage danach bummelte er über die Straße unter den Linden, traf dort ein paar alte Bekannte aus Magdeburg, um sich schließlich aufzumachen nach Mariendorf, wo im Umfeld des Viktoriaplatzes ein ziemliches Gedränge herrschte. 7000 Zuschauer wollten das zweite Länderspiel der deutschen Fußballgeschichte sehen – und dies, obwohl der Himmel nicht so recht wußte, ob er es stürmen, schneien oder regnen lassen sollte. Die deutschen Fußballer erhielten die schwarzen Hosen und Socken sowie das Hemd mit den weißen Ärmeln und der roten Weste mit dem Reichsadler auf der Brust. Das gleiche Tuch hatte ein paar Wochen vorher jene legendäre deutsche Mannschaft getragen, die in Bern das erste Länderspiel der DFB-Geschichte gegen die Schweiz mit 3:5 verloren hatte. Nun war Paul Matthes Nationalstürmer, und es störte ihn wenig, daß er nicht – wie er es in Magdeburg gewohnt war – in der Mitte stand, sondern auf der halbrechten Position. Aber es ging gegen die Engländer – und das war bei diesem gräßlichen Aprilwetter schon eine harte Nuß. Am Ende hatten die Deutschen 1:5 verloren, und Paul Matthes ärgerte sich, daß er in den Schlußminuten die einzige Chance, die sich ihm in diesem ungleichen Duell gegen die übermächtigen Engländer bot, ausgelassen hatte. Der Ball trudelte ein paar Zentimeter am Pfosten vorbei. Paul Matthes' Weg als Fußballer begann in der Mannschaft der 1. Realschule in Leipzig auf dem Gohliser Exerzierplatz. Er spielte in einer der »verbotenen« Schülermannschaften. Mit 16 Jahren war er Mittelstürmer des Leipziger Ballspielclubs, dessen große Zeit zwischen 1895 und 1905 Matthes aktiv mitgestalten durfte. Die Fußballanhänger in Leipzig schwärmten damals vom schußstarken Innentrio Riso – Stanni – Matthes. Im Jahre 1905 wechselte Letzterer nach Magdeburg, und erst 1919 hing er die Stiefel an den Nagel, nachdem er in einem Ligaspiel gegen Dessau eine schwere Verletzung erlitten hatte.

MAUCH, PAUL

Geboren am 8. Mai 1897,
gestorben am 15. Juli 1924
Ein Länderspiel (1922)
VfB Stuttgart

Über Nacht ein Star

Um die Jahrhundertwende lag Feuerbach noch vor den Toren Stuttgarts. Der Ort hatte sich seine schwäbische Beschaulichkeit und Eigenart bewahrt, und für den jungen Paul Mauch war es stets ein Ereignis der besonderen Art, wenn er mit seinen Eltern in die große Stadt am Neckar fuhr. Das war immer dann der Fall, wenn die »Wasn«, das von König Wilhelm I. im Jahre 1818 gegründete Cannstatter Volksfest, Tausende in die Metropole zog. Fußball spielte Paul Mauch allerdings beim SV Feuerbach. Doch als er dann seinen Beruf als Magazinverwalter ausübte, stand er bereits im Tor des VfB Stuttgart, der im April 1912 aus einer Fusion entstanden war. Beim »Viertele« im Wirtshaus »Zum Becher« besiegelten die Mitglieder des Fußballvereins von 1893 und des Kronen-Clubs Cannstatt in der Kernstraße ihren Zusammenschluß zum VfB. Und in diesem Verein machte Paul Mauch mit seinen gewagten Paraden und seinen Fangkünsten erstmals auf sein Talent aufmerksam. Quasi über Nacht wurde dieser Mann Nationalspieler. Eigentlich waren die fränkischen Nachbarn und Rivalen Heiner Stuhlfauth und »Teddy« Lohrmann die großen Torwartstars dieser Tage, doch im April 1922 standen beide vor dem Länderspiel gegen die starken Österreicher in Wien nicht zur Verfügung. Also schickten die Verantwortlichen des DFB Paul Mauch ein Ticket für die Reise vom Neckar an die Donau. Und der griff diese Chance mit beiden Händen, behielt vor der Rekordkulisse von 70 000 Zuschauern im Stadion Hohe Warte die Nerven und war der Garant eines deutschen 2 : 0-Sieges, den vorher kaum jemand für möglich gehalten hatte. Zum erstenmal in ihrer Länderspielgeschichte hatten die Deutschen ihre südlichen Nachbarn besiegt. Daß dies kein Garantieschein für weitere Länderspielberufungen war, mußte Paul Mauch schon

bald schmerzhaft erfahren. Die Stuttgarter hatten in diesen frühen 20er Jahren keine sonderlich gute Lobby beim DFB. Der sympathische Torwart aus Feuerbach wechselte danach das Trikot und spielte in der darauffolgenden Saison bei den Stuttgarter Kickers, die schon vor dem 1. Weltkrieg dank der Arbeit des beliebten englischen Trainers Griffith zur süddeutschen Spitze aufschlossen. Inzwischen hatte in Degerloch Dori Kürschner das Kommando übernommen, und Paul Mauch fühlte sich hier sehr wohl. Sein letztes Spiel bestritt er am 29. Juni 1924 im Phönix-Stadion von Karlsruhe. Zwar behielten in diesem süddeutschen Pokalfinale die favorisierten Nürnberger die Oberhand, aber noch einmal blitzte das große Können des Mannes mit der Schirmmütze und dem schmalen Schnauzbart auf. Wenige Tage später trauerte die schwäbische Fußballgemeinde um Paul Mauch, der mit 27 Jahren verstarb.

MAURITZ, MATTHIAS

Geboren am 13. November 1924
Ein Länderspiel (1959)
Fortuna Düsseldorf

Zwei Brote und drei Abendessen

»Matthes – komm mit! Wir spielen am Samstag gegen die Dritte von Fortuna.« Matthias Mauritz glaubte, nicht richtig verstanden zu haben. »Was denn – Fußball …?« Er war Hockeyspieler beim DSC 99, hatte in den Jahren des 2. Weltkriegs zweimal in der Jugendnationalmannschaft gestanden. Hin und wieder schaute er schon mal bei den Tennisspielern vorbei – aber mit dem Fußball konnte sich der 20jährige nicht anfreunden. Vielmehr war er an diesem Oktobertag des Jahres 1945 froh, aus englischer Kriegsgefangenschaft nach Düsseldorf, in seine Heimatstadt, zurückgekehrt zu sein. Und nun saß er mit den Freunden seiner Jugendtage, einer Generation, die der Krieg geprägt hatte, im Café Weitz an der Königsallee und sprach über Fußball. Es waren seine Klassenkameraden aus der Rethel-Schule, die gegen Fortunas »Dritte« spielen wollten, und Matthes Mauritz ließ sich überreden mitzumachen. Der Zufall wollte es, daß Hans Körfer, der spätere Spielausschußvorsitzende des DFB, an diesem Samstagnachmittag Augenzeuge dieses an sich belanglosen Fußballspiels war. Und Körfer war verblüfft, als man ihm sagte, der junge Mann auf der Position des Mittelläufers sei eigentlich ein Hockeyspieler. Denn – das sah er sofort – dieser

Junge hatte Ballgefühl – nur vom Kopfballspiel verstand er nichts, was nicht weiter verwunderte, denn köpfende Hockeyspieler waren ja wohl eher die schmerzliche Ausnahme von der Regel ... Und noch einer hatte an diesem Tag zugeschaut: Toni Rudolph, der Wirt vom Benrather Hof, der bei Fortuna Düsseldorf lange Zeit ein gewichtiges Wort zu sagen hatte. Der nahm Matthes Mauritz zur Seite und raunte ihm zu: »Hör mal. Wenn Du zu uns kommst, kriegst Du jede Woche zwei Pfund Fleisch, zwei Brote und drei Abendessen ...« Das überzeugte selbst einen hungrigen Hockeyspieler – und so kreuzte der junge Sport-Allrounder eines Tages beim Training der Fortuna auf und rannte alle in Grund und Boden. Sein erstes Spiel bestritt das Talent am 2. Weihnachtstag des Jahres 1945 als Mittelstürmer gegen die »Foyal Welsh Füsiliers« – und er schoß gegen die englischen Soldaten prompt zwei Tore. 15 000 Zuschauer sahen das Debüt des unbekannten Jünglings, der seine Sportsachen in einem Margarinekarton zum Flinger Broich getragen hatte, und sie alle waren schier aus dem Häuschen. In den darauffolgenden 16 Jahren sollte Matthes Mauritz so um die 760 weitere Spiele für Fortuna Düsseldorf absolvieren. Das Hockeyspielen beim DSD gab er auf, dafür griff er häufiger mal zum Tennisschläger. Im Fußball fand er auf dem halbrechten Flügel seine Standardposition, und besonders gefielen ihm die sogenannten »Kalorienspiele«. Fortunas Gage bei den Begegnungen auf dem Lande bestand in den Nachkriegsjahren zumeist aus Kartoffeln, Möhrenkraut und Speck. Paul Janes, der große Nationalspieler der Fortuna, war plötzlich Mannschaftskamerad von Mauritz. Und der junge Mann wäre nie auf die Idee gekommen, dieses Idol einer ganzen Fußballgeneration einfach so zu duzen, bis der inzwischen betagte Star ihm sagte: »Ich bin für Dich der Paul ...« Ebensowenig hätte es der Spätberufene für möglich gehalten, daß er eines Tages selbst das Nationaltrikot der Fußballer tragen würde. Aber 1948 wurde Sepp Herberger auf den schnellen Spieler aufmerksam, der in Düsseldorf auf allen Positionen spielen konnte. Am 7. Mai 1949 war Mauritz dann beim 1:1 des Westens gegen den Norden in Bremen dabei, für den Niederrhein spielte er elfmal. Am 10. Oktober 1951 stand er in der B-Nationalmannschaft, spielte in Basel gegen die Schweiz und schoß beim 2:0-Sieg ein Tor. 13mal trug er das Trikot der deutschen Amateurnationalelf, war bei den Olympischen Spielen 1952 in Helsinki und 1956 in Melbourne mit von der Partie. Drei Jahre später mußte er passen, als er zu einem Amateurländerspiel gegen England nominiert

wurde. Matthias Mauritz hatte eine Woche vorher bei einem Tennisturnier in Mönchengladbach einen Hitzschlag erlitten. Er war mehrfacher Niederrheinmeister in dieser Sportart. Und mit 34 Jahren erreichte ihn schließlich eine Berufung von Sepp Herberger für die Nationalelf. Nie zuvor hatte bis dahin ein deutscher Fußballspieler in diesem Alter bei einem Länderspiel debütiert. Mit Erich Juskowiak bildete Matthias Mauritz im Mai 1959 die Verteidigung beim 1:1 gegen Polen in Hamburg. Im Jahre 1952 war Mauritz seiner Fortuna für eine Woche untreu geworden. Bayern München köderte den gelernten Bäcker- und Konditormeister, der eine Zeitlang auch Medizin studiert hatte, mit 20 000 Mark und einem Arbeitsplatz in einer Brotfabrik. Doch an der Isar hielt es der Rheinländer nur ein paar Tage aus – das Geld gab er zurück. Später betrieb er mit seinem alten Tennisspezi Otto Stuhldreier in Düsseldorf ein Sportgeschäft. Fortuna ernannte diesen ungewöhnlichen Sportler zum Ehrenmitglied.

MEBUS, PAUL

Geboren am 9. Juni 1920,
gestorben am 12. Dezember 1993
Sechs Länderspiele (1951 bis 1954)
VfL Benrath, 1. FC Köln

Ein Lied unter der Dusche ...

Sepp Herberger spielte in der Fußballkarriere des Paul Mebus eine wichtige Rolle. Er war der große Förderer, doch er ließ ihn auch von einem zum anderen Tag fallen. Der Bundestrainer hielt von diesem Spieler, der bis zur Gründung der Bundesliga einer der besten Außenläufer in der Geschichte des 1. FC Köln war, auch deshalb eine Menge, weil dieser beim ersten Fußballehrerlehrgang nach dem 2. Weltkrieg in Duisburg unter Herbergers Leitung die besten Noten erhalten hatte. Außerdem war er auf seinen Standardpositionen im tiefen Mittelfeld und als Halbstürmer überdurchschnittlich begabt, und viele meinten, seine ganz große Karriere sei eigentlich nur daran gescheitert, daß ihm die Kondition für eineinhalb Stunden gefehlt habe. Paul Mebus hatte sich schon beim Zweitligisten VfL Benrath, dem Stammverein der Nationalspieler Karl Hohmann und Jupp Rasselnberg, einen Namen gemacht, doch die Wirren der Nachkriegszeit brachten ihn um die besten Fußballer-Jahre. Erstmals trat er am 8. Mai 1949 in Bremen in den Blickpunkt des Interesses, als 40 000 Zuschauer dem

Vergleich Nord – West (1:1) beiwohnten. Im November des gleichen Jahres berief Herberger zum ersten Nachkriegslehrgang auch Paul Mebus nach Duisburg. Am 15. April 1951 vertraute der Bundestrainer dem Benrather im ersten Länderspiel nach dem 2. Weltkrieg gegen die Schweiz in Zürich den Part des linken Läufers an. Doch er hatte auf dieser Position starke Konkurrenz – unter anderem stand ihm Jupp Posipal im Wege, später dann Horst Eckel. Dennoch bekam Paul Mebus, der 1951 von Benrath zum 1. FC Köln gewechselt war, 1954 einen Platz im deutschen WM-Aufgebot. Er kam allerdings nur einmal zum Einsatz – ausgerechnet beim 3:8-Debakel in der Vorrunde gegen Ungarn. Erst später wurde klar, daß Mebus ein Teil der taktischen Überlegungen des gewieften Taktikers Herberger war. Er schonte seine Besten, weil er so oder so eine Niederlage gegen Ungarn einkalkulierte und weil er ein weiteres Spiel gegen die Türkei erhoffte. Nach dem 3:8, so ist überliefert, blieb Herberger nach außen hin die Ruhe selbst. Nur einmal wurde er ärgerlich – weil sich Paul Mebus unter der Dusche trotz der herben Abfuhr durch die Magyaren ein lustiges Lied nicht verkneifen konnte. Der Kölner wurde nie wieder in die Nationalmannschaft berufen. Seinen größten Erfolg mit dem jungen 1. FC Köln feierte Paul Mebus im gleichen Jahr. Am 17. April 1954 zog er mit den Rheinländern erstmals in ein großes Finale ein. Im Endspiel um den DFB-Pokal unterlagen die Kölner als frischgebackener Meister der Oberliga West in Ludwigshafen dem VfB Stuttgart erst in der Verlängerung mit 0:1. Mebus – Hartmann – Dörner – so hieß die Kölner Läuferreihe. 1956 verabschiedete sich Paul Mebus nach 91 Oberligaspielen vom 1. FC Köln. Der Sportlehrer übernahm später am Mittelrhein das Training des SV Troisdorf 05, betreute dann SC Euskirchen und SV Schlebusch. In den 70er Jahren wirkte er im Rhein-Sieg-Kreis bei Tura Hennef sowie beim Kölner Vorortklub TuS Höhenhaus und bei Eitorf 09, dem Heimatverein von Hannes Löhr.

MECHLING, HEINRICH

Geboren am 25. Februar 1891,
gestorben am 27. Dezember 1976
Zwei Länderspiele (1912 bis 1913), ein Tor
FC Freiburg

Als die Zweispänner Vorfahrt hatten

Als 16jähriger verfolgte Heinrich Mechling enthusiastisch den Weg seines Freiburger Fußballclubs auf dem Weg zur Deutschen Meisterschaft. Das war im Jahre 1907, als an einem frühen Junitag in Mannheim Viktoria 89 Berlin mit 3:1 geschlagen wurde. Heinrich Mechling war waschechter Freiburger. Er wuchs in dieser Stadt im Breisgau zu einer Zeit auf, da auf der Kaiserstraße die Zweispänner Vorfahrt hatten und das Martinstor ein neugotisches Gesicht mit Erkern und einer hohen Turmspitze bekam. Dr. Josef Glaser war einer der fußballerischen Vorbilder des jungen Heinrich Mechling, der auf halbrechts stürmte und mit dem späteren Professor aus St. Blasien prächtig harmonierte. Der 5. Mai 1912 war für den deutschen Fußball eigentlich ein wichtiger Termin, denn an diesem Tag fand auf dem Espenmoos in St. Gallen der letzte Test vor den Olympischen Spielen statt. Aber es fehlten in diesem Länderspiel gegen die Schweiz wichtige Leistungsträger. Zum Beispiel die überragenden Spieler des Karlsruher FV. Das war die Chance des Heinrich Mechling, der ursprünglich schon zwei Jahre früher den Weg in die Nationalmannschaft finden sollte. Er lieferte seinen Beitrag zu einem Blitzstart gegen die Eidgenossen. Nach Kipps Treffer in der 4. Minute beförderte er den Ball drei Minuten später nach einer Ecke mit einem tollen Schuß zum 2:0 ins Netz. Am Ende hatten die Deutschen vor 5000 Zuschauern zwar mit 2:1 gewonnen, doch die Beobachter dieses Spiels waren vom Leistungsstand der Nationalelf nicht sonderlich angetan. Entsprechend verlief dann auch das olympische Turnier in Stockholm, das ohne den Freiburger Mechling stattfand und für die Deutschen nach der 1:5-Niederlage gegen Österreich schon nach der Vorrunde beendet war. Als es am 18. Mai 1913 wieder gegen die Schweiz ging, trug Heinrich Mechling zum zweitenmal das Trikot der Auswahl. Dies war aber wohl auch eine Verbeugung vor dem Freiburger Publikum, denn das Spiel fand auf dem idyllisch gelegenen Platz des Freiburger FC an der Waldseestraße statt. Überraschend gewannen die Schweizer mit 2:1, und Mechling wurde vor den letzten Länderspielen bis zum 1. Weltkrieg nicht mehr berücksichtigt. Sein Beruf als späterer Direktor bei der Dänischen Vieh-Import-Gesellschaft machte einen Ortswechsel notwendig, worauf Heinrich Mechling seine Fußballkarriere bei Viktoria Hamburg beendete.

MEHL, PAUL

Geboren am 16. April 1912
Zwei Länderspiele (1936)
Fortuna Düsseldorf

Zu jung für die »Niederrhein-Elf«

11. Juni 1933 – der große Tag der Düsseldorfer Fortuna! In einer Zeit, da der Fußballwesten vom FC Schalke schwärmte und sich die Ära der »Knappen« abzeichnete, war es ausgerechnet der Traditionsverein aus dem Düsseldorfer Stadtteil Flingern, der den Vormarsch der Schalker im deutschen Endspiel stoppte. Die Fans in der Metropole am Rhein hätten eigentlich den alteingesessenen Fußballclubs Turu oder den Neunundneunzigern zugetraut, aus dem Schatten der westdeutschen Nachbarn herauszutreten. Die Fortuna war für die meisten der »kleine Arbeiterclub«, doch dann kreuzte ein Wiener Trainer auf – und mit Willi Körner wurde das Feld für höhere Aufgaben bestellt. »Kaum zu glauben. Die Düsseldorfer wissen nicht, was sie für ein Spielermaterial haben, welch prächtige Burschen hier Fußball spielen«, sagte der Experte aus Wien und machte sich an die Arbeit. Ein 3 : 1-Sieg gegen Turu Düsseldorf war der erste Paukenschlag der »neuen Fortuna«, und im Bergisch-Märkischen Bezirk horchten die Freunde des Fußballs auf. Ernst Albrecht war der erste Nationalspieler der Fortuna. Er war auch neben »Schorsch« Hochgesang einer der Hoffnungsträger der Mannschaft auf ihrem Weg durch die erste deutsche Endrunde im Jahre 1933. Doch dann erlitt der Rechtsaußen eine Knieverletzung, die er in Wien behandeln ließ – und die Zeit bis zum Endspiel gegen Schalke 04 reichte nicht aus. Also mußte Ersatz her – die Wahl fiel auf den erst 21 jährigen Paul Mehl, der in Düsseldorf zur Welt gekommen und vom Nachbarn Turu zu den Fortunen gestoßen war. Das Kölner Stadion ähnelte an diesem 11. Juni 1933 einem brodelnden Kessel. Erstmals blühte sogar der Schwarzhandel, und für einen Stehplatz wurden acht Reichsmark gefordert und gezahlt. Die Schalker zauberten – aber die Fortunen kämpften. Und Paul Mehl war Torschütze beim sensationell hohen 3 : 0-Sieg der Düsseldorfer gegen die aufblühenden Schalker, die im Spiel um die Westdeutsche Meisterschaft gegen ihren Finalgegner noch 1 : 0 gewonnen hatten. Reichstrainer Professor Otto Nerz war Augenzeuge des Fortunasieges in Köln und baute auf die Leistungsträger des neuen Meisters. Am 22. Oktober 1933 standen sechs Fortunen in der deutschen Nationalelf. Diese legendäre »Niederrhein-Elf« be-

zwang in Duisburg Belgien mit sage und schreibe 8 : 1. Aber Paul Mehl war dem Reichstrainer allem Anschein nach noch zu jung. Eine Berufung für die Nationalelf erhielt der Düsseldorfer deshalb erst drei Jahre später, als das Olympiateam für die Spiele in Berlin formiert wurde. Mehl, inzwischen rechter Läufer, nutzte seine Chance beim 4 : 1-Sieg im Testspiel gegen den FC Everton in Duisburg sowie eineinhalb Wochen später beim 1 : 1 gegen den gleichen Gegner in Nürnberg. Als einer von fünf Spielern ohne jegliche internationale Erfahrung – sieht man mal von den Fortuna-Gastspielreisen nach Frankreich und Afrika ab – schaffte Paul Mehl den Sprung ins deutsche Olympiaaufgebot. Beim 9 : 0-Vorrundensieg gegen Luxemburg absolvierte der Düsseldorfer sein Debüt – beim folgenden 0 : 2 gegen Norwegen war er nicht dabei. Sein zweites und letztes Länderspiel machte Paul Mehl im Herbst des gleichen Jahres in Warschau gegen Polen (1 : 1). Zu diesem Zeitpunkt hatte er seine zweite Endspielteilnahme – das unglückliche 1 : 2 gegen den 1. FC Nürnberg – schon hinter sich. Paul Mehl bestritt nach seiner aktiven Zeit seinen Lebensunterhalt als Gastwirt. »Päulchen«, wie ihn seine Freunde nannten, baute nach Kriegsende in Düsseldorf aus den Trümmern des elterlichen Anwesens eine schmucke Gaststätte mit einem Hotel auf.

MEIER, NORBERT

Geboren am 20. September 1958
16 Länderspiele (1982 bis 1985), zwei Tore
Werder Bremen

Vater Günther und der Regenschirm ...

Der Prophet wird bekanntlich im eigenen Lande wenig geschätzt. Das trifft in ganz besonderem Maße auf Norbert Meier zu. Er ist ein waschechter Hamburger Jung' – und er hätte es sich in seinen Kindertagen wohl niemals träumen lassen, irgendwo anders Fußball zu spielen als an der Elbe. Doch zuweilen sind die Wege eines Lebens wie verschlungene Pfade. Als Fünfjähriger entdeckte Norbert Meier seine Liebe zum Spiel mit dem Lederball. Der TSV Reinbek war sein erster Verein – sein Vater der erste Trainer. 1970 wechselte er als Elfjähriger für eine kurze Zeit zu Voran Ohe, um dann beim VfL Lohbrügge vor Anker zu gehen. Nach seiner Schulzeit schaute das Leichtgewicht, das eine Ausbildung zum Speditionskaufmann antrat, beim FC St. Pauli vorbei, um sich dann bei Bergedorf 85 anzumelden. Eigentlich wäre er lieber zum Hamburger SV gegangen, doch in Ochsenzoll zeigten sie Norbert Meier nach einem längeren Probetraining die kalte Schulter. Er wartete täglich auf eine Nachricht von HSV-Manager Günter Netzer, doch es flatterte ihm weder eine positive noch eine negative Botschaft in den Briefkasten. Norberts Vater Günther war sein größter Fan. Überliefert ist die Anekdote von Schiedsrichter Hans-Joachim Osmers, der es in einem Aufstiegsspiel zur Oberliga in Bergedorf »gewagt« hatte, Norbert Meier vom Platz zu stellen. Worauf Vater Günther die Nerven durchgingen und er den Mann im schwarzen Trikot mit seinem Regenschirm traktierte ... Wenig später erhielt Norbert Meier – für viele überraschend – im Jahre 1980 beim SV Werder Bremen einen Vertrag. Der Verein von der Weser spielte zu diesem Zeitpunkt in der 2. Bundesliga und plante einen Neuaufbau. Der junge Mann aus Hamburg sollte sich dabei als Glücksgriff erweisen. Werder gelang prompt der Wiederaufstieg in die Bundesliga und leitete die erfolgreichste Ära der Vereinsgeschichte ein. Schon in der Saison 1980/81 traf Norbert Meier in der 2. Bundesliga 18mal ins Schwarze, beeindruckte durch Technik und Leichtfüßigkeit. In der Bundesliga wurde er Stammspieler des SV Werder. Sehr schnell wurde Jupp Derwall auf den Flügelflitzer aufmerksam – über die B-Auswahl gelangte Norbert Meier zu seinem Länderspieldebüt im Oktober 1982 in London gegen England. Die Deutschen gewannen 2 : 1 – und da Siege auf der Insel stets einen besonderen Stellenwert im Fußball hatten, war Norbert Meiers weiterer internationaler Weg geebnet. Aus dem Linksaußen wurde nach und nach ein offensiver Mittelfeldspieler, doch seine Länderspielkarriere erhielt im Jahre 1984 nach dem mißratenen deutschen Auftritt bei der Europameisterschaft in Frankreich einen Knick. Sündenböcke wurden gesucht – der Mann aus Bremen fand bei Derwalls Nachfolger Franz Beckenbauer keine Berücksichtigung. Es wurde gemunkelt, der »Kaiser« revanchiere sich bei Norbert Meier für dessen Kritik in den Jahren, als er für ein Boulevardblatt tätig war. Das wollte Beckenbauer allerdings nicht auf sich sitzenlassen. »Er gibt bei jedem Wehwehchen zu schnell auf, und außerdem fehlt ihm die Konstanz in seinen Leistungen, sagte der neue Teamchef. Und das war dann das Ende der Länderspielkarriere des Norbert Meier. Aber in der höchsten deutschen Spielklasse war der kleine Mann weiterhin eine fußballerische Größe. Mit Werder Bremen wurde er 1988 Deutscher Meister. Viele Jahre lang war er Lenker des Spiels seiner Mannschaft, ehe er von seinem Trainer Otto Rehhagel nur noch im Weser-

stadion eingesetzt wurde. Seine fußballerischen Raffinessen begründeten schließlich seinen Ruf als »Hallenkönig«. Ende 1989 verließ Norbert Meier den SV Werder und spielte noch bis 1992 für Borussia Mönchengladbach. Insgesamt brachte er es auf 292 Einsätze in der Bundesliga.

MEISSNER, KURT

Geboren am 11. Dezember 1897,
gestorben 1973
Ein Länderspiel (1924)
VfR Mannheim

»Sein Spiel atmet Fröhlichkeit aus ...«

Italiens Nationalmannschaft war in den 20er Jahren für den deutschen Fußball eine Nummer zu groß. Und doch waren die Duelle zwischen deutscher Zielstrebigkeit und italienischem Temperament stets voller Würze und so ganz nach dem Geschmack des Publikums. Am 1. Januar 1923 endete das erste Länderspiel beider Nationen in Mailand mit einem 3 : 1-Sieg der Gastgeber. Für das Rückspiel hatten sich die Deutschen am 23. November 1924 im schönen Duisburger Stadion deshalb eine Menge vorgenommen. Der 1. FC Nürnberg, die Spvg. Fürth und der VfR Mannheim stellten die Säulen dieser Mannschaft, die vor 40 000 Zuschauern eine große Leistung bot und unglücklich mit 0 : 1 verlor. Sepp Herberger trug an diesem kalten Novembertag, an dem der Himmel noch mittags alle Schleusen geöffnet hatte, zum zweitenmal das Nationaltrikot. An seiner Seite standen diesmal die Mannheimer Weggefährten Karl Höger, Hans Fleischmann und Kurt Meißner. Letzterer stürmte halblinks und war der Verbindungsmann für den Leipziger Paul Pömpner, der sich auch »Paulsen« nannte. Für den 26jährigen blieb es bei dieser Länderspielberufung. Der Kaufmann konnte sich vor allem in der zweiten Halbzeit in Duisburg nicht mehr behaupten, sein Spiel wirkte zu zaghaft. Außerdem war Kurt Meißner nach einem Foul durch eine Verletzung gehandikapt. Im nächsten Punktspiel seines VfR Mannheim gegen Phönix Ludwigshafen trug er eine Kopfbandage. Meißner stammte aus Halle an der Saale, spielte dort für den VfL von 1896. Über Mannheim 08 gelangte er zum VfR, der in diesen frühen 20er Jahren eine führende Rolle am Rhein spielte. »Sein Spiel atmet Fröhlichkeit und Humor aus«, urteilte im Jahre 1925 das Fachorgan »Fußball«. Seine Stärken lagen im Kombinationsspiel, viele Tore schoß er allerdings nach Dribblings über das halbe Spielfeld.

MEMERING, CASPAR

Geboren am 1. Juni 1953
Drei Länderspiele (1979 bis 1980)
Hamburger SV

Caspar von der Jugendkraft

Caspar Memering wuchs als ältestes von acht Kindern im emsländischen Bockhorst auf. Bei der Deutschen Jugendkraft, den Sportfreunden Bockhorst, kam er mit dem Fußball in Kontakt, gefiel durch sein schon in jungen Jahren ausgereiftes Mittelfeldspiel und wurde eines schönen Tages vom SV Werder nach Bremen gelockt. Doch an der Weser sollte er – noch – nicht den Sprung ins Profigeschäft des Fußballs vollziehen. Vielmehr klopfte Gerhard Heid, der früh verstorbene Talentsucher des Hamburger SV, im Jahre 1971 bei dem Jugendnationalspieler an. Caspar Memering war gerade 17 Jahre alt geworden, steckte voller Ehrgeiz und Pläne. Für ihn war es keine Frage, den Wechsel zum Hamburger SV zu vollziehen. Und er sollte diesen Schritt nicht bereuen, denn elf Jahre lang war der Emsländer Stammspieler des hanseatischen Traditionsvereins, für den er genau 301 Bundesligabegegnungen bestritt. Dreimal nominierte ihn Bundestrainer Jupp Derwall für die Nationalmannschaft. Sein Debüt feierte er am 25. Mai 1979 in Dublin beim 3 : 1-Sieg gegen Irland. Wenig später war er auch beim 3 : 1 in Reykjavik gegen Island dabei. Seinen fußballerischen Höhepunkt hatte »Cappi« Memering allerdings im Jahre 1980, als er zum deutschen Kader für die Europameisterschaft in Italien gehörte. Er kam auf dem Weg zum Titelgewinn am 17. Juni 1980 beim für viele enttäuschenden und von der Taktik des Weiterkommens bestimmten Spiel gegen Griechenland in Turin zum Einsatz. Mit dem HSV wurde Memering Deutscher Meister, holte den DFB-Pokal und triumphierte als Europacupsieger. Um so schmerzlicher war es für ihn, als ihm die Hamburger 1982 keinen neuen Vertrag anboten. Worauf der 28jährige mit seiner Frau Carla, einer aktiven Handballerin, und seinem sechsjährigen Sohn Daniel zunächst zu Schalke 04 und dann nach Frankreich zog. Er unterschrieb einen Vertrag bei Girondins Bordeaux und war Weggefährte von Nationalheros Jean Tigana. Nach seiner aktiven Zeit arbeitete Memering als Mitinhaber einer Firma, die Zeitplanbücher erstellte. Dem Fußball blieb er eine Zeit lang als Assistent von Willi Reimann beim Oberligisten SC Norderstedt verbunden. Mitte der 90er Jahre bekam er gesundheitliche Probleme und wurde an einem Gehirntumor operiert.

MENGEL, HANS

Geboren am 6. Februar 1917,
gestorben am 8. März 1941
Ein Länderspiel (1938)
Turu Düsseldorf

Turu, eine gute Adresse

In einer Zeit, da die Düsseldorfer Fußballgemeinde von ihrer Fortuna schwärmte, tauchte plötzlich ein Spieler in der Nationalelf auf, der von einem Verein kam, der älteste Düsseldorfer Fußballtradition repräsentierte: Hans Mengel von Turu. Neben »99« und dem Sportverein von 1904 war Turu Düsseldorf am Rheinufer eine der besten Adressen in den 20er Jahren. Hans Mengel, ein gebürtiger Kölner, war linker Läufer, 21 Jahre jung und Expedient von Beruf, als er im Frühjahr 1938 die Einladung zu einem Länderspiel gegen Ungarn nach Nürnberg erhielt. Ausgerechnet gegen Ungarn, das in den 30er Jahren Weltklasse darstellte und zu einem großen Prüfstein für die deutsche Mannschaft wurde. Soeben waren die Paarungen für das WM-Turnier, das 1938 in Frankreich stattfand, ausgelost worden, und die Deutschen hatten mit dem Sieger der Begegnung Schweiz – Portugal einen dicken Brocken erwischt. Außerdem war das olympische Trauma von 1936 mit dem sensationellen »Aus« gegen Norwegen noch nicht überwunden. Sepp Herberger war der neue Chef der Nationalmannschaft und experimentierte fleißig. Am 20. März 1938 setzte er gleich zwei Länderspiele auf deutschem Boden an: Das gegen Ungarn in Nürnberg und gleichzeitig den Vergleich mit Luxemburg in Wuppertal. Hans Mengel gehörte zur »Ersten« und war in der Noris übernervös, zumal sein Gegenspieler kein Geringerer war als der mit allen Wassern gewaschene Supertechniker Gyula Zsengeller von Dozsa Ujpest, der bei der WM-Endrunde, die die Ungarn als Vizeweltmeister beschlossen, der zweitbeste Torschütze war. Der Fußballer aus Düsseldorf bemühte sich nach Kräften, verdankte es letztlich aber vor allem seinem Torwart Hans Jakob, daß sein schlitzohriger und schußstarker Gegenspieler nicht ins Schwarze traf. Am Ende hieß es 1 : 1 – damit waren die Deutschen gut bedient. Hans Mengel schied allerdings im Vorfeld des Weltchampionats aus dem Kader der Nationalelf aus. Der Düsseldorfer kehrte aus dem 2. Weltkrieg nicht zurück. Er wurde im März 1941 an der Ostfront als vermißt gemeldet.

Die »Urgroßväter« der deutschen Fußballnationalspieler. Zur Länderspielpremiere am 5. April 1908 in Basel gegen die Schweiz stellten sich dem Fotografen: Betreuer Dettinger, Willy Baumgärtner, Fritz Becker, Gustav Hensel, Fritz Baumgarten, Arthur Hiller, Walter Hempel, Fritz Förderer, Ernst Jordan, Karl Ludwig, DFB-Vertreter Wilhelm Behm, Eugen Kipp, Hans Weymar und der Spielausschußvorsitzende des DFB, Hugo Kubaseck (von links).

Preis 20 Cts.

Offizielles Programm

herausgegeben von der

Schweiz. Fussball-Association
Vorort Basel.

Internationaler Match

die 11 besten Spieler von

Deutschland

gegen

die 11 besten Spieler der

Schweiz

Sonntag, den 5. April 1908, Beginn 3 Uhr

auf dem Landhof

(Tramhaltestelle: Bad. Bahnhof und Riehenstrasse)

EINTRITT: Tribüne Fr. 3. —
I. Platz „ 2. —
II. Platz „ 1. —

Der erste Torjäger der deutschen Fußball-geschichte: »Tull« Harder vom Hamburger SV.

Der Tribünenplatz kostete drei Franken: das Offizielle Programm zum ersten Länderspiel einer deutschen Nationalmannschaft am 5. April 1908 in Basel. Nicht vermerkt war, daß jeder Besucher weiblichen Geschlechts zur Eintrittskarte auch noch eine Tafel Schokolade erhielt.

Sechs Tore im Berliner Grunewald: Deutschlands Torwart Willibald Kreß hat gegen den Schuß des überragenden Bradford keine Chance. Doch am Ende erreicht Deutschlands Nationalmannschaft gegen England ein vielbeachtetes 3 : 3.

Zeigt her eure Schuhe! Professor Dr. Otto Nerz war der erste Fußballnationaltrainer Deutschlands. In Berlin hielt er die ersten Schulungslehrgänge ab.

Nationalspieler vor und nach dem Ersten Weltkrieg: Eduard Pendorf (rechts, im Trikot des VfB Leipzig in einem Spiel um die Mitteldeutsche Meisterschaft) bestritt seine Spiele unter dem Pseudonym »Edy«.

»Papa ist Nationalspieler ...« Eduard Pendorf, genannt »Edy«, mit seinem Sohn.

Torwartlegende mit Schirmmütze: Heiner Stuhlfauth vom 1. FC Nürnberg.

Vom Torschützen zum Bundestrainer: Helmut Schön begann seine Fußballkarriere beim Dresdner SC. Hier gelingt ihm am 17. November 1940 im Länderspiel gegen Dänemark in Hamburg das Tor zum deutschen 1:0-Sieg.

Während der Zweite Weltkrieg Europa mehr und mehr in Brand setzte, fanden in Deutschland noch immer Feste des Fußballs statt. Fritz Walter (links) und Edmund Conen 1942 nach dem 1:1 gegen Spanien vor 80 000 im Berliner Olympiastadion.

Das Ende der internationalen Isolation nach dem Zweiten Weltkrieg: Die Schweiz reicht dem deutschen Fußball am 22. November 1950 die Hand. 115 000 Zuschauer drängen sich im überfüllten Stuttgarter Stadion, als die Kapitäne Kupfer (links) und Bickel ihre Mannschaften auf das Spielfeld führen. Deutschland gewinnt 1:0 durch ein Elfmetertor von Herbert Burdenski.

Alle Konzentration gilt dem Ball – unter den kritischen Augen von Bundestrainer Sepp Herberger testen die Nationalspieler im Hamburger Volksparkstadion vor dem Länderspiel gegen Norwegen im November 1953 die Gegebenheiten.

Die traditionellen Repräsentationsspiele zwischen den Regionalverbänden waren in den fünfziger Jahren Sepp Herbergers wichtigstes Sichtungsfeld für den Aufbau seiner Nationalmannschaften. Hier hat sich der Fürther Karl Mai im Hamburger Volksparkstadion gegen den blutjungen Klaus Stürmer vom HSV durchgesetzt. Der Norden schlägt den Süden am 7. August 1955 vor 45 000 Zuschauern mit 4 : 3.

Mit Hut und feinem Zwirn: Deutschlands Fußballnationalspieler bei ihrem Eintreffen in der Schweiz. Rahn, Posipal, Kwiatkowski, Fritz Walter, Klodt, Morlock und Metzner (von links) wirken an diesem 12. Juni 1954 überaus ernst – drei Wochen später sind sie Weltmeister.

Ein »langes Bein«, das den Deutschen Hoffnung machte: Max Morlock spitzelt im Weltmeisterschaftsfinale von Bern am 4. Juli 1954 den Ball an Ungarns Torwart Grosics vorbei zum 1:2.

Triumph im Regen – Ungarns Kapitän Puskas gratuliert Fritz Walter zum Gewinn der Weltmeisterschaft 1954.

Die Sensationsweltmeister von Bern. Stehend von links: Sepp Herberger, Fritz Walter, Helmut Rahn, Jupp Posipal, Horst Eckel, Werner Liebrich, Ottmar Walter, Hans Schäfer, Max Morlock. Unten von links: Karl Mai, Toni Turek und Werner Kohlmeyer.

Historische Reise 1955 nach Moskau: Weltmeister Jupp Posipal schüttelt einem russischen Offizier die Hand. Der Weltmeister unterliegt der Mannschaft der Sowjetunion mit 2:3.

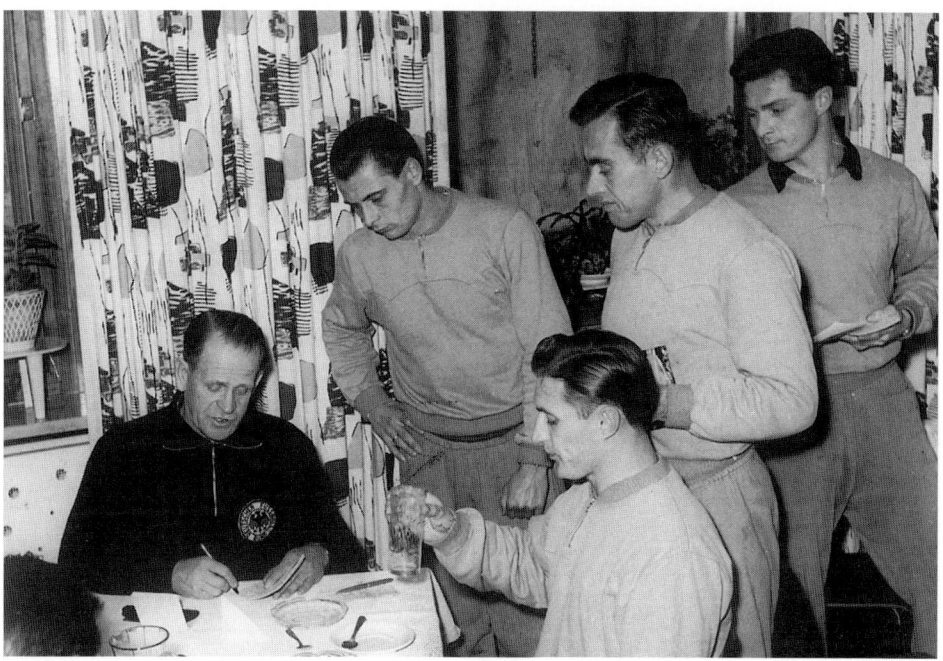

Autogramme vom Bundestrainer – sie sind auch bei seinen Nationalspielern begehrt. Von links: Sepp Herberger, Karl Mai, Fredy Kelbassa, Herbert Schäfer und Herbert Sandmann (vorn).

Helden eines großen Sieges: Torwart Hans Tilkowski (rechts) und Horst Szymaniak nach dem 2 : 1-Erfolg in Amsterdam gegen Holland am 3. April 1957. »Aki« Schmidt und Gerhard Siedl schossen die Tore für den amtierenden Weltmeister.

Der Tag, der das Leben des Erich Juskowiak (Mitte) veränderte. Im WM-Halbfinale 1958 wird er nach einem Foul am Schweden Hamrin im Stimmungs-orkan von Göteborg vom Platz gestellt. Fritz Walter (links) und Hans Schäfer geleiten den Düsseldorfer an den Spielfeldrand.

Tore aus allen Lagen – Uwe Seeler wird in den fünfziger Jahren zum Superstar des deutschen Fußballs.

Ein Tor in der letzten Minute erzwang am 30. Juli 1966 die Verlängerung im WM-Finale von London. Wolfgang Weber (links, neben Uwe Seeler) erzielte es gegen England. Roman Wilson und Torwart Gordon Banks werfen sich vergeblich – es steht 2 : 2.

Das Tor, das die Welt des Fußballs entzweite. Nach dem Schuß von Geoffrey Hurst prallt der Ball im WM-Finale 1966 vom Querbalken auf, vor oder hinter die Torlinie. Wolfgang Weber köpft das Leder aus der gefährdeten Zone. Doch der Schweizer Schiedsrichter Gottfried Dienst erkennt nach Befragen des russischen Linienrichters Bachramow auf »Tor« – es bringt England den Titel des Weltmeisters.

Deutschlands Fußballfans feiern den Vizeweltmeister: Uwe Seeler, Franz Beckenbauer und Horst-Dieter Höttges auf dem Rathausbalkon in Frankfurt am Main. Unten jubeln Zehntausende.

Der Erfolg rennt ihm hinterher – es beginnt die große Zeit des Gerd Müller. Am 10. Mai 1969 öffnet der Münchner mit seinem späten Tor zum 1:0-Sieg gegen Österreich in Nürnberg die Tür zur Weltmeisterschaft in Mexiko.

Die WM-Revanche gegen England. Im Brutofen von Leon wird der Weltmeister durch den Vizeweltmeister entthront. Gerd Müller gelingt das entscheidende 3:2 in der Verlängerung. Die deutsche Nationalelf kehrt als WM-Dritter aus Mexiko zurück.

Sympathieträger in Mexiko: Deutschlands Nationalspieler verabschieden sich nach ihrem dritten Platz von ihren mittelamerikanischen Freunden. Bei der Ehrenrunde mit der mexikanischen Fahne: Wolter, Held, Fichtel (teilweise verdeckt), Seeler, Patzke, Löhr und Weber.

Die Traumelf der siebziger Jahre: Deutschland wird 1972 im Brüsseler Heyselstadion erstmals Europameister. Von links: Beckenbauer, Maier, Schwarzenbeck, Heynckes, Netzer, Wimmer, Müller, Höttges, Kremers, Breitner und Hoeneß.

Zum zweitenmal Weltmeister! Gerd Müller ist einmal mehr der Schütze des entscheidenden Tores – am 7. Juli 1974 trifft er im Münchner Olympiastadion zum 2:1 gegen Holland.

Strahlende Gesichter in der Ehrenloge. Franz Beckenbauer und Sepp Maier (rechts) mit der Trophäe des Welt-meisters 1974. Links Bundespräsident Walter Scheel, in der Mitte DFB-Präsident Dr. Hermann Gösmann.

In Rom auf dem Gipfel Europas: Horst Hrubesch ist der gefeierte Torschütze des 2 : 1-Siegtores gegen Belgien im Finale der Europameisterschaft 1980.

Die große Nacht von Rom: Andreas Brehme, der Schütze des entscheidenden Elfmeters zum 1:0 gegen Argentinien, präsentiert gemeinsam mit Lothar Matthäus und Pierre Littbarski (von links) die Trophäe des Weltmeisters 1990.

Mit dem ersten »Golden Goal« der internationalen Fußballgeschichte gewinnt die deutsche Nationalmannschaft 1996 im Londoner Wembley-Stadion die Europameisterschaft. Oliver Bierhoff ist der überglückliche Schütze des 2:1 in der Verlängerung gegen Tschechien.

Auf dem Weg zur WM-Endrunde 1998 in Frankreich: Eilts, Bierhoff, Bobic, Basler, Kohler, Helmer (stehend von links), Wosz, Heinrich, Ziege, Klinsmann und Köpke (vorn von links) vor dem Qualifikationsspiel gegen die Ukraine am 30. April 1997 in Bremen (2:0).

MERKEL, MAX

Geboren am 7. Dezember 1918
Ein Länderspiel (1939)
Wiener SK

Rapid und das Zeitungsinserat

Max Merkels Vater war Offizier, und dessen Welt war die der Pferde. Täglich ritt er aus, aber er betreute auch so ganz nebenbei noch Militärmannschaften. Die Familie Merkel war in einer Kaserne in Simmering bei Wien zuhause, und der kleine Max fühlte sich auf dem Bolzplatz wohler als auf Vaters Pferden. Auf dem Kasernenhof wurde ein altersschwacher Ball »verprügelt« – und wenn im Winter Petrus seine weiße Pracht an der Donau abgeladen hatte, dann stand die Reithalle den fußballverrückten Buben zur Verfügung. Max Merkel bekannte in seinen Erinnerungen, daß er stets ein Anhänger von Rapid Wien war. Aber dann kam eines Tages ein Unteroffizier daher und redete ihm ein, es doch zunächst einmal bei der Austria zu versuchen. Dort winkten die Trainer im Jahre 1929 aber ab. Sie sagten ihm, er sei zu jung. Fast gleichzeitig suchte Max Merkels Lieblingsverein, Rapid, in einem Zeitungsinserat Nachwuchsspieler. Und so ließ sich der junge Max nicht lange bitten, fuhr nach Hütteldorf und durfte in einem Testspiel sogar das Trikot des Mittelstürmers tragen. Obwohl er ein paar Tore schoß, sagten ihm die Trainer: »Du bist unser Verteidiger …« Das war der Start einer zwei Jahrzehnte währenden Verbundenheit zu Rapid Wien. Nach jedem Training bekam er zwei Fahrkarten der Straßenbahn ausgehändigt, und zwar eine fürs Heimfahren, die andere fürs Wiederkommen. Und auch daran erinnerte sich später Max Merkel: Daß es an jedem Donnerstag nach dem Training ein paar »Würschtl« mit Gemüse für die jungen Balltreter gab. In der Jugend brachte es der ehrgeizige junge Mann aus Simmering zum Kapitän seiner Mannschaft, mit »18« spielte er in der Reserve von Rapid. Nach mehreren vergeblichen Versuchen, in den 30er Jahren eine der knappen Lehrstellen zu bekommen, stiftete ihm die »Vaterländische Front« einen Studienplatz am Polytechnikum. Nach acht Semestern schaffte Merkel das Examen als Maschinenbauingenieur. 1938 wechselte er in Wien zum Sportklub, wurde dort Stammspieler und – inzwischen war Hitler in Österreich einmarschiert – »deutscher Nationalspieler«. Am 27. August 1939 gastierte eine verstärkte Wiener Auswahl in Preßburg und unterlag der Slowakei mit 0 : 2. Der Verlierer enttäuschte auf der ganzen Linie. Arbeitsdienst

und Militär wurden zum Alltag des Fußballers von der Donau. In den letzten Kriegsjahren spielte Merkel ab und zu für den LSV Markendorf, und als die Russen nach dem 2. Weltkrieg Wien besetzten, lag Merkel nach einer Meniskusoperation im Krankenhaus und entging so der Gefangenschaft. Er kehrte nach einer kurzer Stippvisite bei Vienna Wien zu Rapid zurück – Bimbo Binder und Robert Körner hatten ihn überredet. In der Donaumetropole wurde er seinen Spitznamen nicht mehr los. Die Fans nannten ihn »Landgendarm«. Am 22. Juni 1952 trug er dann auch noch am Ende seiner Karriere das österreichische Nationaltrikot beim 1 : 1 gegen die Schweiz in Genf. Am 30. März 1954 machte er mit einem Kopfballtor im Freundschaftsspiel gegen den FC Bangu (Brasilien) endgültig Schluß. 50 000 Zuschauer bereiteten ihm einen tosenden Abschiedsapplaus. Sechsmal war er österreichischer Meister und einmal Pokalsieger geworden. Wenig später arbeitete Merkel bereits als Trainer beim holländischen Amateurklub HBS Den Haag. Dann wurde er holländischer Nationalcoach, blieb in 17 von 18 Spielen ungeschlagen. Sein größter Erfolg: Am 26. März 1956 schlugen seine Fußballer die deutsche Nationalmannschaft, den Weltmeister, mit 2 : 1. Rapid Wien, Borussia Dortmund, TSV 1860 München, 1. FC Nürnberg, FC Sevilla, Atletico Madrid, Schalke 04, FC Augsburg, Karlsruher SC und der FC Zürich – das waren die Trainerstationen des »großen Zampano«, der sich nach seinem Abschied vom Spitzenfußball auch journalistisch betätigte. Außerdem betrieb er zeitweilig zwei Stoffgeschäfte, einen Tabakgroßhandel und ein Kaffeehaus. Heimisch wurde er in Putzbrunn, unweit von München.

METZNER, KARL-HEINZ

Geboren am 9. Januar 1923,
gestorben am 25. Oktober 1994
Zwei Länderspiele (1952 bis 1953)
Hessen Kassel

»Gala« – früh entdeckt und spät berufen

Karl-Heinz Metzner gehört zu den Betrogenen einer »verlorenen Fußballergeneration«. Und doch verbindet sich mit seinem Namen ein wichtiges Kapitel der hessischen Fußballgeschichte. »Gala« nannten ihn seine Freunde nicht nur in Kassel, und dies verstanden die Fans als großes Kompliment, denn Karl-Heinz Metzners »Galavorstellungen« an der Frankfurter Straße waren oft allein das Eintrittsgeld wert, wenn der KSV Hessen spielte. Als der Läufer und Halbstürmer am 5. August 1961 seine eindrucksvolle Karriere in einem Freundschaftsspiel gegen Radnicki Belgrad beendete, wurde er von der Kasseler Fußballgemeinde mit Ovationen verabschiedet. 15 Jahre war Karl-Heinz Metzner jung, als das Fußballtalent des jungen Mannes beim Kasseler Vorortverein Tuspo 89/09 Kirchditmold entdeckt wurde. Zwei Jahre später tauchte er schon in Sepp Herbergers Notizbuch auf. Zwischen dem 17. und 21. März 1941 nahm der junge Hesse gemeinsam mit dem Schalker Herbert Burdenski an einem Lehrgang des DFB in Berlin teil. Und allen, die im Nachwuchskader des Deutschen Fußball-Bundes standen, wurde die Tür zu einer großen Karriere weit geöffnet. Doch die Zeiten waren schlecht – der 2. Weltkrieg schlug immer größere Wunden und stoppte die Entwicklung des jungen Fußballers, der als Gastspieler bei Borussia Fulda anheuerte. Metzner mußte dann an die Front, wurde verwundet. Aber nach dem 2. Weltkrieg arbeitete er trotz der Handverletzung, die ihn ein Leben lang behinderte, mit großer Energie an einem Comeback; zunächst beim Tuspo-Nachfolger VfL Kassel. 1949 trug »Gala« dann erstmals das Trikot des KSV Hessen, und als die Kasseler in die zweithöchste Klasse aufstiegen, rückte auch Metzner wieder in den Blickpunkt von Sepp Herberger. Der lud 1952 fast hundert junge Spieler zu einem Lehrgang ein. Die Besten durften an zwei Auswahlspielen teilnehmen. Karl-Heinz Metzner gehörte dazu – er war beim 4:3-Sieg der DFB-Auswahl in Homburg gegen eine Saarlandauswahl dabei. Und er überzeugte Herberger auf Anhieb, so daß der Bundestrainer den Läufer ein paar Wochen später in den Kader für das schwere Länderspiel gegen Jugoslawien nach Ludwigshafen berief. Diesmal mußte Metzner noch zuschauen, doch zwischen Weihnachten und Neujahr schlug für ihn beim Länderspiel in Madrid gegen Spanien die Stunde der Premiere. Ottmar Walter und Navarro prallten mit den Köpfen zusammen – beide mußten ausscheiden. So kam es zum Debüt für Karl-Heinz Metzner, der dann ein knappes Jahr später auch beim 3:0-Sieg gegen das Saarland im WM-Qualifikationsspiel in Stuttgart dabei war. Im Mai 1954 wurde er dann für die Weltmeisterschaft in der Schweiz nominiert – er erhielt von Herberger die Nummer 11 – nachdem er zuvor zwei B-Länderspiele gegen Spanien und die Schweiz absolviert hatte. Mit 31 Jahren nahm der Mann, der als Technischer Zeichner bei der Bundesbahn arbeitete, an seinem ersten und einzigen WM-Turnier teil. Doch er stand im Schatten zweier erfolgreicher

Gespanne. Herberger schwor auf Eckel/Mai und Morlock/Fritz Walter – Metzner hatte keine Chance. 620mal trug er das Trikot des KSV Hessen Kassel, der ihm den Ehrenring verlieh. 71jährig starb der einzige Fußballnationalspieler Kassels an Herzversagen. Kurz vor seinem Tode ehrte ihn der Magistrat der Stadt Kassel mit der goldenen Sportplakette.

MEYER, PETER

Geboren am 18. Februar 1940
Ein Länderspiel (1967)
Borussia Mönchengladbach

Ein »Diener zweier Herrn«

Im »Kicker-Sportmagazin« schrieb einst Walter Setzepfandt: »Pitter ist ein Diener zweier Herrn ...« Von Peter Meyer war die Rede, dem Torjäger der Borussia aus Mönchengladbach. Der war ein etwas anderer Bundesligaspieler, denn wenn sich die meisten seiner Kollegen im Bett noch einmal umdrehten, stand Peter Meyer schon in seinem Düsseldorfer Betrieb. Er hatte die Lehre zum Automechaniker abgeschlossen und sich in den 60er Jahren eine kleine Fabrik zur Reparatur defekter Autokupplungen aufgebaut. Peter Meyer entstammte dem Düsseldorfer Verein Wersten 04 und spielte dann bei Turu Düsseldorf. Jenem Verein, der in seinem Stadion an der Feuerbachstraße schon die Nationalspieler Josef Lüke und Hans Mengel hervorgebracht hatte. Doch da sich im Düsseldorfer Fußball Mitte der 60er Jahre fast alles um die Fortuna drehte, war es für Peter Meyer keine Frage, daß er zu diesem Verein wechseln mußte. Zunächst spielte er bei den Amateuren der Fortuna, wo »Pitter« mit seinen wuchtigen Freistößen und Elfmetern an Erich Juskowiak erinnerte. Aber es hieß auch, der unberechenbare Torjäger sei so etwas wie ein »Bruder Leichtfuß«. Doch selbst ein von der Fortuna angeheuerter Privatdetektiv ertappte ihn nicht bei seinen nächtlichen Streifzügen durch die Düsseldorfer Kneipen. Peter Meyer war für jeden Streich zu haben und akzeptierte anderntags bereitwillig die von Trainer Kuno Klötzer angeordneten Sondereinheiten in der Sprunggrube. 1966 hatte er dann aber nur noch Freunde, als er in der Aufstiegsrunde zur Bundesliga vier Treffer für die Fortuna beisteuerte, davon zwei im entscheidenden Spiel beim 5:1-Sieg in Offenbach, womit die Düsseldorfer den FK Pirmasens noch überflügelten. Worauf sich »Pitter« beim Friseur eine Glatze schneiden ließ. Im ersten

Bundesligaspiel erzielte Meyer zehn Minuten vor Schluß nach einem sehenswerten Solo den 2:1-Siegtreffer beim Europacupsieger Borussia Dortmund. Doch dem Auf- folgte der prompte Abstieg mit der Fortuna aus dem deutschen Fußballoberhaus. Und Peter Meyer zog es ein paar Kilometer weiter rheinabwärts zum Bökelberg nach Mönchengladbach, zumal er mit Kuno Klötzer nicht mehr zurechtkam. Er wollte weiter Fußball in der ersten Liga spielen und wurde bei der Borussia einer der Lieblingsschüler von Hennes Weisweiler. Im gleichen Jahr erhielt Peter Meyer seine einzige Länderspielberufung, die ihn gegen Albanien nach Tirana führte. Die Partie endete für den deutschen Fußball mit einem Schock, denn das überraschende 0:0 war gleichbedeutend mit dem Scheitern in der EM-Qualifikation. Meyer hatte noch in den Schlußminuten das Führungstor auf dem Fuß. In der darauffolgenden Saison kam für ihn der große Rückschlag: Am 9. Januar 1968 erlitt er im Training in der Sportschule des Westdeutschen Fußball-Verbandes in Duisburg-Wedau bei einem Zusammenprall mit seinem Torwart Volker Danner einen Schien- und Wadenbeinbruch. Zu diesem Zeitpunkt führte er mit 19 Treffern klar die Torschützenliste der Bundesliga an. Die Verletzung war schwer, es folgten in der Rekonvaleszenz weitere Enttäuschungen und eine erneute Operation. Eineinhalb Jahre lang mußte »Pitter« auf die Faszination Fußball verzichten, und das fiel einem so fanatischen Spieler wie ihm außerordentlich schwer. In der Bundesliga kam er nicht wieder auf die Beine – sein Comeback fand in der niederrheinischen Verbandsliga, beim einstigen Deutschen Amateurmeister VfL Benrath, statt. Sein Trainer Hans-Wilhelm Loßmann entwickelte für ihn ein Intensivprogramm, was die Folge hatte, daß Peter Meyer zwanzig Pfund Übergewicht verlor.

MILEWSKI, JÜRGEN

Geboren am 19. Oktober 1957
Drei Länderspiele (1981 bis 1984)
Hamburger SV

»... und frech ist er auch«

Im Herzen Niedersachsens verbrachte Jürgen Milewski seine Kinder- und Jugendtage. Er wuchs in Letter vor den Toren der Messestadt Hannover auf, spielte dort für »05«. Aber mit dem großen Fußball kam er erst in Berührung, als er zum deutschen Exmeister Hannover 96 wechselte. Von der Leine ging

es an die Spree zu Hertha BSC Berlin. Schon in ganz jungen Jahren entwickelte sich Jürgen Milewski zu einer Art Wandervogel, denn als er gerade »22« war, klopfte bereits der dritte Verein aus dem Profibereich bei ihm an. Doch diesmal war es nicht irgendwer, sondern der Hamburger SV, und für die Rothosen aus dem Volksparkstadion hatte »Mile« schon als Steppke geschwärmt. 900 000 Mark Ablöse war Jürgen Milewski den Hanseaten wert – und der junge Familienvater zögerte 1979 keine Sekunde. Aber seine Träume platzten an der Elbe zunächst wie eine Seifenblase, denn der Stürmer-Jungstar saß meist auf der Reservebank, als Branko Zebec beim HSV der Trainer war. Dieses Ärgernis hatte für ihn erst dann ein Ende, als Zebec ging und der Österreicher Ernst Happel kam. »Der läuft wie eine Nähmaschine, und frech ist er auch«, urteilte Happel über Milewski. Das Pech des Horst Hrubesch war schließlich im Jahre 1981 das Glück des Jürgen Milewski. Hrubesch, den alle das »Kopfball-Ungeheuer« nannten und der die deutsche Nationalmannschaft 1980 im römischen Olympiastadion zur Europameisterschaft geköpft hatte, erlitt im Spiel gegen den VfL Bochum eine Gehirnerschütterung. Mit 25 Jahren schlug endlich beim HSV die große Stunde für Milewski. Er überzeugte derart, daß Jupp Derwall, der Bundestrainer, auf ihn aufmerksam wurde und ihn ins Aufgebot für die Weltmeisterschaft 1982 in Spanien berief. Nach sechs Einsätzen in der B-Nationalelf trug er das Trikot mit dem Bundesadler nun auch für das A-Team in den WM-Qualifikationsspielen gegen Albanien und Bulgarien. Doch dann zog sich das 171 Zentimeter große Leichtgewicht eine Verletzung zu – und aus war es mit dem Traum von der WM-Teilnahme. Statt dessen wurde Jürgen Milewski mit dem HSV 1982 und 1983 Deutscher Meister und mit dem Triumph über Juventus Turin Europapokalsieger. Mit seinem dritten Länderspiel verabschiedete sich der Niedersachse 1984 gegen die UdSSR von der Nationalmannschaft. Nach 170 Bundesligaspielen unterschrieb er 1985 einen Vertrag beim französischen Zweitligisten AS St. Etienne, der dem HSV eine Ablösesumme von 600 000 Mark überwies. Aber im Nachbarland wurde er nicht glücklich – immer wieder hatte er Beschwerden mit der Achillessehne. Nach einem Jahr kehrte »Mile« an die Alster zurück.

MILL, FRANK

Geboren am 23. Juli 1958
17 Länderspiele (1982 bis 1990)
Borussia Mönchengladbach, Borussia Dortmund

Ein Florist mit Profivertrag

Widersprüchlichkeiten begleiteten den Weg des Frank Mill eigentlich schon immer. Als Sohn eines Schrotthändlers wuchs er in Essen auf, doch in die Fußstapfen des Herrn Papa wollte er nicht treten. Statt dessen begann Frank Mill eine Ausbildung zum Floristen, weil ihm der Job seiner Mutter, die ein Blumengeschäft führte, eher gefiel. Dabei hatte er eigentlich von frühester Jugend an nur das Spiel mit dem Fußball im Kopf. Eintracht Essen war zwischen 1966 und 1972 sein erster Verein, dann folgte er dem Ruf der Jugendabteilung von Rot-Weiß. An der Hafenstraße erhielt Frank Mill zu Beginn der Saison 1976/77 einen Profivertrag für die Bundesliga, doch am Ende der Spielzeit gingen die Essener den traurigen Weg des Abstiegs, und Frank Mill versuchte sich in der 2. Liga Nord. Als er in der Saison 1980/81 sage und schreibe 40 Tore für seine Rot-Weißen geschossen hatte, gaben sich bei ihm zu Hause die Einkäufer aus der Bundesliga die Klinke gegenseitig in die Hand. Zu diesem Zeitpunkt hatte er mit der U-21-Auswahl des DFB schon die ersten internationalen Erfahrungen gesammelt. Doch dann flog er bei einem Juniorenländerspiel gegen Bulgarien in Plovdiv vom Platz, die UEFA sperrte den jungen Fußballer gleich für zwei Jahre – und die internationalen Aktien von Frank Mill sanken rapide. Der Mönchengladbacher Bökelberg war seine nächste Station, und im März 1982 debütierte er schließlich in der Nationalelf beim 0 : 1 gegen Brasilien in Rio de Janeiro. Jupp Derwall plante fest mit ihm für die Weltmeisterschaft in Spanien, doch dann zwickte es »Frankie« im Rücken – und seine WM-Hoffnungen sackten auf den Nullpunkt. Dafür durfte er olympischen Träumen nachhängen und fand in Olympiatrainer Hannes Löhr einen »Fan«. Aus Seoul kehrte er 1988 kurz nach seinem 30. Geburtstag mit einer Bronzemedaille heim. Zu diesem Zeitpunkt war er bereits zu Borussia Dortmund weitergezogen. Die Westfalen überwiesen für Frank Mill im Sommer 1986 eine Ablösesumme von 1,3 Millionen Mark. In der Bierstadt wurde er Stammspieler und schließlich Mannschaftskapitän. Aber er legte sich auch mit seinem Umfeld an, galt als »Rebell am Ball«. Er wollte, nach eigenem Bekunden, nicht den »Hanswurst« spielen, eckte hier und da an und ging keinem Konflikt aus dem Wege. In der Nationalmannschaft spielte er 17mal – 1990 gehörte er zum Kader des Weltmeisters, kam aber in Italien nicht zum Einsatz. Den Nordiren George Best bezeichnete Mill als sein Vorbild, schränkte dann aber stets ein: »Später hat der mir zu viel getrunken …« Erst 1994 brach Frank seine Zelte in Dortmund ab, weil er sich nicht mit der Rolle des »Jokers« anfreunden konnte und wechselte zum Zweitligaaufsteiger Fortuna Düsseldorf, der ein Jahr später auch prompt den Sprung in die Bundesliga schaffte. Hier glückte dem Oldie so etwas wie ein dritter Frühling. Vom 1. Juli 1996 an rückte Frank Mill in die Führungsetage der Fortuna – als »Sportbeauftragter«.

MILLER, KARL

Geboren am 2. Oktober 1913,
gestorben im April 1967
Zwölf Länderspiele (1941 bis 1942)
FC St. Pauli Hamburg

Wurstpakete vom Herrn Papa

Hamburg am Ende des Jahres 1932: Die Weltwirtschaftskrise legt sich wie ein schrecklicher Schatten über das »Tor zur Welt«. Die Handelsmetropole an der Elbe leidet in diesen Jahren mit einem Heer von Arbeitslosen besonders an der Not. Angesichts dieser Situation grenzt es an ein Wunder, daß der Fußball weiter rollt. Beim Exmeister Hamburger SV, aber auch beim FC St. Pauli. Am Millerntor, wo seit 1898 Fußball gespielt wird, waren die Mitglieder des Vereins damit beschäftigt, in 25 000 Arbeitsstunden den Sportplatz zu erweitern. Auf dem Heiliggeistfeld stand in der Höhe der Feldstraße noch die alte Mühle, und zuweilen waren vom nahen Hafen die Sirenen der Schiffe aus der »Neuen Welt« zu hören. Der FC St. Pauli schickte sich in diesen 30er Jahren an, in der Gauliga Nordmark endlich aus dem Schatten des großen Nachbarn von der Rothenbaumchaussee zu treten. Doch dann wurde der Platz am Hamburger Millerntor für die Reichsnährstandsausstellung beschlagnahmt – und für ein paar Monate ruhte der Spielbetrieb. Wohl auch deshalb stieg der FC St. Pauli von der Gauliga in die Bezirksliga ab. Einer von denen, die damals wütend die Ärmel ihres braun-weißen Trikots aufkrempelten, war Karl Miller, ein Hamburger Junge, der bei allen nicht nur wegen seiner fußballerischen Talente beliebt war. Quest, Hess, Salz, Wrede, Leffler, Klinger, Klages, Heini Schmidt, Stamer und Tegge – das waren Mitte der 30er Jahre Karl Millers Weggefährten beim FC St. Pauli. Der linke Verteidiger erhielt eine erste Berufung zu einem Repräsentativspiel im Jahre 1936, als die Nordmarkauswahl gegen Nordholland antrat. Karl Miller, wie sein Vater Schlachtermeister von Beruf, rückte aber erst im Frühjahr 1941 in das Rampenlicht einer größeren Öffentlichkeit. Er hatte als einer unter 31 Gauligaspielern im März eine Einladung von Reichstrainer Sepp Herberger zu einem Lehrgang nach Berlin erhalten. Fritz Walter, Helmut Schön und Bimbo Binder waren dabei. Miller war danach der einzige Neuling in der deutschen Nationalelf für das Länderspiel gegen Ungarn in Köln, und der Hamburger war zu diesem Zeitpunkt bereits Gastspieler beim Dresdner SC. Vor 70 000 Zuschauern gab es einen deutschen 7:0-Sieg gegen den alten Rivalen von der Donau – ein Erfolg, der Europas Fußballanhänger trotz der Kriegswirren aufhorchen ließ. Dies war für Karl Miller die erste von zwölf internationalen Begegnungen, wobei er in Paul Janes seinen Standardpartner in der Verteidigung fand. Der Hamburger war auch beim letzten Kriegsländerspiel am 22. November 1942, dem 5:2-Sieg über die Slowakei in Preßburg, dabei. Als Gastspieler des Dresdner SC hatte Karl Miller am 2. November 1941 im Berliner Olympiastadion mit dem 2:1-Sieg gegen Schalke 04 den deutschen Pokal geholt – Hempel war sein Partner in der Verteidigung. Im Jahr darauf trug er dann – ebenfalls als Gastspieler – das Trikot des LSV Hamburg. Der Luftwaffensportverein war zum Sammelbecken großer Fußballer geworden, und so war es kein Zufall, daß diese Soldatenmannschaft gegen den Dresdner SC das letzte deutsche Endspiel des Krieges bestritt – allerdings dann 0 : 4 verlor. Noch einmal waren 70 000 Zuschauer ins Berliner Olympiastadion gepilgert. Auf den Trümmern der verwüsteten Hansestadt Hamburg wuchs nach der Kapitulation ein kleines Fußballwunder am Millerntor. Und dabei spielte Karl Miller eine wesentliche Rolle. Teils auf abenteuerlichen Wegen fand sich an der Elbe eine außergewöhnliche Mannschaft zusammen: Heiner Schaffer, Walter Dzur, Fritz Machate, Heinz Hempel, »Hänschen« Appel, Harald Stender, »Tute« Lehmann, Willi Thiele, »Luden« Alm und »Emilio« Schildt. Aber die zentrale Figur dieses »neuen« FC St. Pauli war Karl Miller – ein Meister der Organisation, dessen Vater, Karl Miller senior, einer der enthusiastischen Anhänger des FC St. Pauli war. Sein Schlachtruf »Radau, Radau, Radau« wurde am Millerntor zur Legende. Schlachtermeister Miller versorgte in diesen schlechten Zeiten eine ganze Mannschaft mit Wurstpaketen. Erst 1950 verabschiedete sich sein

Sprößling mit 37 Jahren aus der Oberliga Nord. Karl Miller starb im April 1967 an einer unheilbaren Krankheit.

MILTZ, JAKOB

Geboren am 23. September 1928
Zwei Länderspiele (1954 bis 1956)
TuS Neuendorf

Früh auf Herbergers Liste

Bundestrainer Sepp Herberger sagte man nach, er werfe stets ein besonders waches Auge auf die Talente des Südwestens. In den Zeiten der Oberliga war es für Herberger alles anderes als leicht, sich einen Überblick über den Leistungsstandard der besten Spieler Deutschlands zu verschaffen. Der Ligafußball war dezentralisiert, aufgeteilt in regionale Oberligen. Und der Südwesten wurde neben der Berliner Stadtliga meist zu unrecht als Außenseiter gescholten. Schließlich war im Südwesten der 1. FC Kaiserslautern beheimatet. Nach dem Triumph bei der Weltmeisterschaft in der Schweiz galt es für Herberger, eine neue Elf mit dem Fernziel der WM in Schweden aufzubauen. Dabei griff er zunächst auf seine bewährten Weltmeister zurück. Doch es drängten sich auch ein paar andere auf. Fritz Herkenrath hatte Toni Turek mehr und mehr den Rang des besten deutschen Torwarts abgelaufen. Erich Juskowiak wurde immer stärker, und zu denen, die schon seit den großen Regionalspielen der frühen 50er Jahre auf Herbergers Liste standen, gehörte auch Jakob Miltz vom TuS Neuendorf. Im Stadion Oberwerth, im Koblenzer Stadtteil Neuendorf, hatten schon Josef Gauchel und Karl Adam gespielt. Und Jakob Miltz hatte dazu beigetragen, daß der TuS Neuendorf 1948 einen starken südwestdeutschen Gegenpol zum 1. FC Kaiserslautern bildete. Er war Stürmer, einer für die rechte Angriffsseite oder für die Sturmmitte. Beim TuS Neuendorf war er Stammspieler und neben Schmutzler und Ahlbach einer der Torjäger. Am 19. Dezember 1954 kam Josef Miltz in Lissabon beim deutschen 3:0-Sieg gegen Portugal zum Einsatz, nachdem er kurz zuvor schon die Länderspielreise nach England mitgemacht hatte, dort aber noch zuschauen mußte. Knapp zwei Jahre später – nach drei Spielen in der deutschen B-Nationalelf – war der Neuendorfer dann bei der 0:3-Abfuhr in Dublin gegen Irland erste Wahl – es war sein zweites und letztes Länderspiel. 1957 schaute er sich nach neuen Ufern um, fand in der Oberliga Nord bei Hannover 96 einen anderen Wirkungskreis, doch in der niedersächsischen Metropole fühlte er sich offenbar nicht wohl und kehrte zurück in den Südwesten – diesmal zum 1. FC Kaiserslautern. Aber seine große Zeit war vorbei, ihm fehlte die Wucht der Schüsse und es mangelte ihm an der Kraft zum Dribbling. 1959 machte Josef Miltz mit 31 Jahren Schluß mit dem Fußball.

MOCK, HANS

Geboren am 9. Dezember 1906,
gestorben 1983
Fünf Länderspiele (1938 bis 1942)
Austria Wien

Er liebte das Risiko

Wer im Wien der 30er Jahre von den »Veilchen« oder den »Violetten« sprach, der meinte natürlich den Fußballklub Austria. Jenen Traditionsverein, der 1911 Nachfolger des »Vienna Cricket and Football Clubs« wurde, um dann an einem tristen Novembertag des Jahres 1926 in einer Hinterstube des »Donau-Cafès« an der Singerstraße in »Austria« umbenannt zu werden. Zehn Jahre später war dieser Klub dann eine gute Adresse des in voller Blüte stehenden österreichischen Fußballs. Zweimal gewann Austria Wien den Mitropacup und rühmte sich, die Nummer eins unter Europas Vereinsmannschaften zu sein. In dieser Mannschaft spielte Hans Mock, ein Mittel- und Außenläufer der Extraklasse. Er kam vom FC Nicholson Favoriten Wien, war aber bereits 1927 Bestandteil der Austria – zunächst als Stürmer, dann als Läufer. In der österreichischen Nationalmannschaft feierte er sein Debüt am 15. September 1929 mit dem 2:1-Sieg in Wien gegen die Slowakei. Er imponierte durch Umsicht und Technik, und er wäre vermutlich zu einer weitaus höheren Zahl an Länderspielberufungen gekommen, wenn er es vermieden hätte, seinem Trainer Jimmy Hogan hin und wieder im besten »wiener« Dialekt die Meinung zu sagen. Hans Mock bestritt dennoch zwölf Spiele für Österreich. Nach der Annexion seines Heimatlandes durch Hitler trug er das Trikot Österreichs im inoffiziellen Länderspiel im Jahre 1938 in Wien gegen Deutschland. Inzwischen war er zum offensiven Mittelläufer gereift. Nach Testspielen in Düsseldorf und Berlin gegen die Profis von Aston Villa erhielt der Wiener zur Weltmeisterschaft 1938 in Paris gegen die Schweiz den Vorzug gegenüber Ludwig Goldbrunner, doch im Vorrundenspiel gegen die Eidgenossen (1:1 nach Verlän-

gerung) raubte Hans Mock dem Reichstrainer Sepp Herberger die Nerven, weil er zu riskant spielte. Im Wiederholungsspiel gegen die Schweiz (2:4) stand wieder Goldbrunner im Team. Seinen letzten internationalen Auftritt hatte Mock am 18. Januar 1942 beim 2:0-Sieg der Nationalelf in Agram gegen Kroatien.

MÖLLER, ANDREAS

Geboren am 2. September 1967
71 Länderspiele (seit 1988), 26 Tore
Borussia Dortmund, Eintracht Frankfurt,
Juventus Turin

»Andys« Tanz in Leningrad

Viele Experten waren der Ansicht, Andreas Möller habe man das Fußballtalent in die Wiege gelegt. Gut möglich, doch längst nicht alle waren davon überzeugt, daß der schmächtige Frankfurter Junge seinen internationalen Weg machen würde. Entdeckt wurde er von dem früheren Jugendtrainer der Frankfurter Eintracht, von Klaus Gerster. Der sollte später sein Berater und zeitweilig auch sein ständiger Begleiter werden. Sieben Jahre war Andreas Möller alt, als er Klaus Gerster zum erstenmal beim BSC Schwarz-Weiß 19 Frankfurt, wo schon sein Vater gespielt hatte, begegnete. Bei der Eintracht, die seit jeher einen guten Ruf als Talentschmiede hatte, spielte der junge Mann in allen

Teams seiner Altersklassen, aber erst mit »17« überzeugte er eine breite Öffentlichkeit. Inzwischen war »Andy« gereift – offenbarte sein fußballerisches Geschick, seine Fähigkeiten, das Spiel seiner Mannschaft in der deutschen Jugendendrunde des Jahres 1985 zu gestalten. DFB-Nachwuchstrainer Berti Vogts schaute sich an einem Novembersonntag des Jahres 1984 erstmals das Frankfurter Talent an – in einem Spiel auf einem Aschenplatz in Sonnenberg, vor den Toren von Wiesbaden. Später sagte Vogts: »Viele Wege macht man umsonst, doch dieser Weg hat sich gelohnt.« Von da an war es für Andreas Möller kein Riesensatz, um in die deutsche Jugendnationalmannschaft zu gelangen. 13 Länderspiele bestritt er binnen eines guten halben Jahres. Eine Zeit, die für ihn besonders wichtig war. Beim internationalen Hallenturnier in Leningrad rieben sich im Januar 1986 die Jugendtrainer mehrerer Nationen verwundert die Augen, als Andreas Möller durch die Reihen der Gegner »tanzte«. Bei der U-20-Weltmeisterschaft 1987 hatte der Hesse starken Anteil am Gewinn des zweiten Platzes. Aber die rauhe Luft der Bundesliga bekam Andreas Möller zunächst nicht. Es dauerte eine Weile, bis er sich an das körperbetonte Spiel im Profibereich gewöhnt hatte, und als dann der Ungar Lajos Detari kam, sich immer wieder Zwistigkeiten mit Trainer Kalli Feldkamp und Manager Kraus einstellten, empfahl Gerster seinem Freund und Schützling neue Wege. Die führten Andreas Möller zu Borussia Dortmund. Die Westfalen blätterten für den Jungstar 2,4 Millionen Mark hin und bereuten diese Investition nicht, denn die Fans in Westfalen hatten ein feines Gespür für die Kunst im Spiel des Talents vom Main. Er wurde Liebling der Massen und schließlich auch Nationalspieler. 1988 gab er im September das Debüt im Spiel gegen die UdSSR. Zwei Jahre später gehörte er in Italien zum Team des Weltmeisters. Allerdings konnte er bei diesem Turnier nicht überzeugen, brachte es nur auf zwei Kurzeinsätze und bekam erstmals ein negatives Image – das des »Versagers« bei großen Turnieren. 1990 wechselte er – nicht ganz geräuschlos – zurück zur Frankfurter Eintracht, um im Jahr darauf den Sprung in die italienische Liga zu wagen – zu Juventus Turin. Er nutzte einen – später umstrittenen – Passus, der ihm erlaubte, sich persönlich aus einem bis 1995 datierten Vertrag freizukaufen. In Turin war Giuseppe Trapattoni, der spätere Bayern-Coach, sein Trainer – und der hoffte, aus Andreas Möller so eine Art »zweiten Platini« zu machen. Allerdings blieb Roberto Baggio »Juves« Star – gemeinsam gewannen sie 1993 den UEFA-

Cup in den Finalspielen gegen Borussia Dortmund. Auf internationalem Parkett folgten für Möller Enttäuschungen bei der Europameisterschaft in Schweden und bei der Weltmeisterschaft in den USA. Als er 1994 für eine Ablösesumme von rund elf Millionen Mark zu Borussia Dortmund zurückkehrte (gemeinsam im »Paket« mit dem Brasilianer Julio Cesar), empfingen ihn die Fans im Westfalenstadion mit offenen Armen. Ihr Gefühl sollte sie nicht trügen, denn im Jahr darauf hatten die Westfalen endlich ihr Ziel erreicht – sie waren Deutscher Meister und wiederholten ihren Triumph im Jahr 1996. Wenig später wurde Andreas Möller mit der Nationalelf Europameister – im Finale gegen Tschechien fehlte er allerdings wegen einer Gelbsperre. 1997 folgte der Champions-League-Gewinn.

MÖLLER, ERNST

Geboren am 19. August 1891,
gestorben am 8. November 1916
Neun Länderspiele (1911 bis 1913), vier Tore
Holstein Kiel

Applaus aus den Mietskasernen

An der Förde in Kiel verstand sich der Fußball um die Jahrhundertwende als eine Art Protestbewegung. Die jungen Leute muckten auf gegen Konventionen, schnitten vor allem den in Ehren ergrauten Funktionären der Turner jene »Zöpfe« ab, von denen sie glaubten, sie seien nicht mehr der neuen Zeit gemäß. In Kiel wurde in einem Bahnhof der 1. Kieler Fußballverein gegründet, dem wenig später der FC Holstein folgte. Am Anfang stand ein nicht gelinder Ärger, denn in einer Druckerei hatte ein Lehrling fein säuberlich die Statuten des neuen Vereins zu Papier gebracht – und der Chef kam dahinter. Neben ein paar Ohrfeigen soll es einen längeren Hausarrest gegeben haben. Niemand konnte damals ahnen, daß Holstein Kiel schon acht Jahre später im deutschen Fußballendspiel stehen sollte und 1912 gar den Titel gewinnen würde. Holstein – das war der Verein von »Papa« Blaschke, dem schnauzbärtigen DFB-Funktionär, und von Torwartstar »Adsch« Werner. Holstein brachte aber auch Ernst Möller hervor, den besten deutschen Linksaußen vor dem 1. Weltkrieg. Am 14. November 1911 thronte dieser, der als Sekretär in einer Intendantur arbeitete, auf den Schultern seiner Anhänger. Sie trugen ihn über den von Menschen überfluteten Union-Platz im Berliner Stadtteil Mariendorf, und von den Dächern und aus den Fenstern der benachbarten Mietskasernen applaudierten die Berliner. Ernst Möller hatte vor 10 000 Zuschauern – der größten Kulisse, die der deutsche Fußball bis dahin vorfand – mit zwei Schüssen das Kunststück fertiggebracht, die deutsche Nationalelf gegen Englands Amateure mit 2:1 in Führung zu schießen. Am Ende langte es zwar nur zu einem 2:2, doch dieses Unentschieden wurde wie ein Sensationssieg gefeiert. Sein Weggefährte, der Kieler Torwart »Adsch« Werner, erinnerte sich später an dieses Spiel und an die ganz besondere Leistung von Ernst Möller: »Ich sehe noch, wie er nacheinander vier Engländer elegant umläuft. Er hatte immer einen mächtigen Drang zum Tor, mit seinem glasharten genauen Schrägschuß war er der damalige Schrecken der Torwächter. Er war der geborene Linksaußen ...« Der Fußball steckte in Deutschland noch in seinen Jugendstiefeln – doch er hatte einen Star geboren. Neunmal trug Ernst Möller das Nationaltrikot. Am 26. Mai 1912 zeigte der Kieler seine guten Nerven vor 10 000 Zuschauern im deutschen Endspiel gegen den favorisierten Karlsruher FV. Der Mönchengladbacher Schiedsrichter P. Schröder erkannte Holstein einen Foulelfmeter zu, und den verwandelte Ernst Möller nach einem riesigen Anlauf. Als er den Ball traf, soll er schon »Toooor« gerufen haben. Ein Tor, das den Titel brachte. Bei Holstein Kiel war Ernst Möller aber auch als linker Verteidiger wertvoll. Er bildete mit Krogmann und Fick das Herz einer außergewöhnlich starken Kieler Mannschaft, ihn zeichneten Schnelligkeit und eine ausgezeichnete Ballbehandlung aus. Er war ein schlanker und dennoch athletischer Typ, der mit einer enormen Schußsicherheit ausgestattet war. Ernst Möller kehrte im Jahre 1916 von der Front des 1. Weltkriegs nicht zurück.

MOHNS, ARTHUR

Geboren am 4. Dezember 1896
Fünf Länderspiele (1920 bis 1922)
Norden-Nordwest Berlin

»Atze« – 40 Spiele für Berlin

Die Amerikaner feierten ein Wunderkind: Johnny Weissmüller. Am 9. Juli 1922 war der 18jährige der erste Mensch, der die 100 Meter unter einer Minute schwamm. Auch Deutschland hatte einen Rekordschwimmer: »Ete« Rademacher, der bei den »Kampfspielen« alle hinter sich ließ. Doch das »Sommerloch« füllte ein Fußballmarathon: Hamburger SV kontra 1. FC Nürnberg! Zwei Mannschaf-

ten kämpften zweimal zwei Stunden lang bis zur totalen Erschöpfung und ermittelten dennoch nicht den Deutschen Meister. Das Jahr 1922 brachte das vielleicht aufregendste Endspiel der DFB-Geschichte. Dabei hatte der favorisierte Titelverteidiger aus Nürnberg erhebliche Mühe, um überhaupt das Finale zu erreichen. In der Zwischenrunde langte es gegen Norden-Nordwest Berlin nur zu einem eher kläglichen 1:0-Sieg. Norden-Nordwest hatte sich mit dem Titel eines Berliner Meisters geschmückt. In diesem Verein, der dem Märkischen Fußball-Bund entsprang und der es vor dem 1. Weltkrieg vor allem mit Tasmania Rixdorf, der Viktoria aus Spandau und der Eintracht aus Weißensee zu tun hatte, spielte 1922 mit Arthur Mohns ein schlagkräftiger rechter Verteidiger. Er trug die Haare mit einem linken Scheitel, hatte ein glattes Gesicht und eine Figur, die so manchem Gegner Respekt einflößte. Arthur Mohns, der das Fußballspielen an der Spree zunächst als zwölfjähriger Schüler bei Meteor und später bei Favorit 96 unter der Leitung von Fritz Boxhammer gelernt hatte, absolvierte sein erstes repräsentatives Spiel in seiner Jugendzeit. Zweimal war er bei Nord – Süd dabei und dann im Städtespiel Dresden – Berlin, jeweils als Mittelstürmer. Nach dem 1. Weltkrieg, der den Fußball an der Spree weitgehend stoppte, kam Arthur Mohns über Minerva zu Norden-Nordwest. Im Oktober 1919 machte er im Spiel gegen Südostdeutschland auf sich aufmerksam. 40mal vertrat er die Verbandsfarben, in fünf Länderspielen war der Berliner dabei. Seine erste Nominierung am 26. September 1920 in Wien gegen Österreich war die Belohnung für gute Leistungen im Trikot von Norden-Nordwest. Die deutsche Nationalelf verlor zwar diesen ersten Nachkriegsauftritt an der Donau mit 2:3, doch der Berliner, den seine Freunde »Atze« nannten, überzeugte. Er war auch dabei, als Sepp Herberger ein Jahr später in Helsinki gegen Finnland sein Länderspieldebüt gab. Vermutlich hätte er es noch zu weiteren internationalen Einsätzen gebracht, wenn sein Beruf als Angestellter bei der Stadtverwaltung in Küstrin ihm nicht immer wieder Urlaubsprobleme beschert hätte. Daß er von Berlin nach Küstrin kam, verdankte »Atze« Mohns der Tatsache, daß er als Pionier an die Oder versetzt wurde und sich dort in die Tochter eines Bäckermeisters verliebte, um im Jahre 1921 nach seiner Hochzeit überzusiedeln. Doch dem Berliner Fußball blieb er treu, obwohl er inzwischen selbst Bäckermeister geworden war und eine Menge Arbeit hatte. Ab 1924 spielte er als Läufer und hing erst mit 34 Jahren seine ausgetretenen Fußballstiefel an den berühmten Nagel. Nach dem 2. Weltkrieg und der Flucht aus Küstrin versuchte sich Arthur Mohns eine kurze Zeit in Berlin als Trainer, um dann wieder bei der Stadtverwaltung zu arbeiten.

MONTAG, OTTO

Geboren am 12. Oktober 1897,
gestorben am 23. Dezember 1973
Vier Länderspiele (1923 bis 1925)
Norden-Nordwest Berlin

Mit Sobeck debütiert

Otto Montag war ein Weggefährte von Arthur Mohns. Beide waren fast gleichaltrig, beide in Berlin geboren, und beide fanden ihren fußballerischen Leistungshöhepunkt im Trikot von Norden-Nordwest. Doch damit enden die Gemeinsamkeiten, denn als Arthur Mohns nach fünf Länderspielen im Jahre 1922 seine internationale Karriere beendete, da hatte Otto Montag noch kein einziges Mal das Nationaltrikot getragen. Der Halbrechtsstürmer kam von Hertha BSC Berlin. Der DFB-Spielausschuß berief ihn erstmals am 3. Juni 1923 für das Länderspiel gegen die Schweiz in Basel. Im Jahr davor war er durch gute Leistungen in der deutschen Endrunde aufgefallen, als Norden-Nordwest Berlin in der Vorrunde den FC Viktoria Forst mit 1 : 0 bezwang und dann in der Zwischenrunde nach starker Gegenwehr dem 1. FC Nürnberg mit dem gleichen Resultat unterlag. In Basel siegten die Gäste mit 2 : 1. Otto Montag hatte die deutsche Führung nach drei Minuten vorbereitet. Und nach 90 Minuten jubelte neben ihm an diesem Junitag noch ein zweiter Länderspiel-Debütant aus Berlin: »Hanne« Sobeck von Alemannia 90. 1925 endete Otto Montags internationale Laufbahn mit der Skandinavienreise und dem 5 : 3-Sieg der deutschen Elf in Helsinki gegen Finnland. Der Berliner, Kaufmann von Beruf, war später Trainer.

MOOG, ALFONS

Geboren am 14. Februar 1915
Sieben Länderspiele (1939 bis 1940)
VfL 99 Köln

Mit dem Sonderschiff nach Düsseldorf

Die Zeiten waren alles andere als rosig in diesem Frühjahr 1939. Am Horizont war das politische Gewitter unübersehbar – und wer die Zeichen verstand, der machte sich Sorgen um die Zukunft. Der »großdeutsche Sport« übertünchte mit seinen Erfolgen manches, die Menschen jubelten dem »Königspaar auf dem Eis«, den Weltmeistern Maxie Herber und Ernst Baier, zu, aber auch dem waghalsigen »Schorsch« Meier auf seiner schnellen Rennmaschine und Gustl Berauer aus dem Riesengebirge, der als erster Mitteleuropäer Weltmeister in der Nordischen Kombination geworden war. Der deutsche Fußball erholte sich mühsam von der Enttäuschung der WM des Jahres 1938, und Sepp Herberger bastelte mit Ehrgeiz und Umsicht an einer neuen Nationalelf. Auf diesem Wege traf er auf den linken Verteidiger Alfons Moog, der im Mittelrhein-Gau beim VfL Köln von 1899, wo auch sein Bruder Ernst mitwirkte, eine dominierende Rolle spielte. Moog war in der Eifel aus Fortuna Kottenheim hervorgegangen. Der VfL Köln war das Kind aus der »Ehe« der traditionsreichen Vereine KSC und KCfR und verfügte in Jupp Winter über einen tüchtigen Trainer, ehe dann im Jahre 1939 der Wiener Tony Cay die Leitung der Mannschaft übernahm. Im Reigen einer Fülle von deutschen Fußballländerspielen erhielt Alfons Moog seine Chance am 29. Juni 1939 in Tallin gegen Estland. Zwar entdeckten seine Kritiker bei dem Rheinländer ein paar Probleme mit dessen vermeintlich »schwächeren rechten Fuß«, doch der Debütant aus Köln verblieb im Kader und kam 1940 zu weiteren sechs Länderspieleinsätzen. Zumeist war Paul Janes sein Partner in der Verteidigung. Am 17. November 1940 erwischte Alfons Moog einen rabenschwarzen Tag beim 1 : 0-Sieg gegen Dänemark in Hamburg, womit seine Länderspielkarriere endete. Berührung mit der DFB-Auswahl hatte er nur noch im Frühjahr 1942, als er mit einer Kölner Auswahl vor 10 000 Zuschauern in Wuppertal mit 1 : 9 gegen eine »Deutschlandauswahl« verlor. Der Test ging über die ungewöhnliche Fußballdistanz von 100 Minuten. Mit seinem VfL Köln wurde Ernst Moog 1941 Meister im Mittelrhein-Gau. In 18 Spielen hatten die Kölner 97 Tore geschossen, und Franz Schlawitzki, den sie liebevoll »Schlawiner« nannten, wurde als zweitbester deutscher Torschütze gefeiert. In den Endrundenspielen war im Halbfinale erst Schalke 04 die Endstation des VfL Köln. Ein Sonderschiff der Köln-Düsseldorfer Linie brachte viele Schlachtenbummler aus der Domstadt ins benachbarte Düsseldorf, wo die »Knappen« dann allerdings mit 4 : 1 triumphierten. Während des 2. Weltkriegs spielte Moog für Eintracht Frankfurt, Schweinfurt 05 und für die »Roten Jäger« – an der Seite von Fritz Walter. Nach der Wiederaufnahme des Spielbetriebs im Jahre

1946 schlüpfte Ernst Moog, der einen Glasereibe-
trieb in Köln aufbaute, wieder ins Trikot seines VfL
Köln. Er wirkte am 30. Juni 1946 in seiner Heimatstadt im Spiel gegen den Süden mit. Wieder war der
Düsseldorfer Paul Janes sein Pendant in der Verteidigung. Später spielte er dann als Mittelläufer und
war das Rückgrat der Abwehr beim SC West Köln,
während sein Bruder Ernst als Trainer beim Lokalrivalen Fortuna arbeitete.

MORLOCK, MAX

Geboren am 11. Mai 1925,
gestorben am 10. September 1994
26 Länderspiele (1950 bis 1958), 21 Tore
1. FC Nürnberg

König zwischen den Strafräumen

Er wurde oft gefragt, wieviel Geld er denn für das
wichtigste Tor seiner Karriere bekommen habe.
Schließlich war es seinem »langen« Bein zu verdanken, daß die deutsche Fußball-Nationalmannschaft
am 4. Juli 1954 im WM-Finale gegen Ungarn nach
einem 0:2-Rückstand noch einmal ins Spiel zurückfand und am Ende sogar das »Wunder von
Bern« schaffte. Max Morlock war einer der »Helden von Bern«, doch reich wurde er mit seinem kuriosen Treffer in der 10. Minute nicht. Denn die
Prämienverhandlungen der deutschen Nationalspieler mit dem DFB fanden erstaunlicherweise erst
nach dem unerwarteten Triumph statt. DFB-»Vize«
Hans Huber hatte im Überschwang der Ereignisse
vorgeschlagen, jedem Weltmeister solle man 5000
Mark überweisen, doch kein Geringerer als Sepp
Herberger war dagegen. Und so gab es schließlich
pro Mann 1000 Mark und 200 Mark pro Einsatz –
für Max Morlock kamen 2000 Mark zusammen.
Nicht viel für eine solche Plackerei, denn der Fußballer aus der Noris hatte – rechnet man die Qualifikationsspiele hinzu – bei dieser WM zwölfmal ins
Schwarze getroffen. Der schon damals zur Legende
gereifte Ungar Kocsis hatte es in der Endrunde
allein auf elf Treffer gebracht. Max Morlock wurde
in Gleißenhammer geboren und wuchs im Schatten
des Nürnberger »Zabo« auf – als Schüler träumte er
davon, es den damaligen Stars gleichzutun. Doch er
war ein Leichtgewicht – und solche Typen konnte
der »Club« nicht einmal bei den Schülern gebrauchen. So versuchte sich der schmächtige Max zunächst einmal bei Eintracht Nürnberg, doch seine
große Stunde schlug, als er in einem Spiel auf den
Nachwuchs des 1. FC traf. Die Verantwortlichen

des großen Nachbarn rieben sich die Augen und
überredeten Morlock junior prompt zum Übertritt.
Das war im Jahre 1940 – der 2. Weltkrieg hatte die
ersten großen Opfer gefordert, und Maxl war 15
Jahre jung. Eineinhalb Jahre später wurde die Personaldecke beim deutschen Altmeister immer dünner, und mit 16 Jahren stand Morlock zum erstan-
mal in der Mannschaft der Stars. Am 30. November
1941 sagte Trainer »Bumbas« Schmidt zu ihm: »Am
Sonntag spielst Du in der Ersten ...« Es waren be-
hutsame Schritte am Anfang einer glanzvollen Karriere. Nach dem 2. Weltkrieg lebte er bis 1949 in
einer »niedrigen und altersschwachen Dorfkate,
die nach dem Sprengkommando förmlich schreit«
(so die »Sport-Illustrierte«). Doch 1949 zog er mit
Mutter und Bruder in eine Dreizimmer-Wohnung.
»Tippi« Oehm, der Weggefährte seiner Fußballjugend, besorgte ihm einen Kohleherd für die
Küche. Als die Oberliga Süd nach dem Zusammenbruch des Deutschen Reichs auf den Trümmern des
Weltenbrandes aufblühte, war Max Morlock gleich
wieder dabei. 1948 wurde er mit den Nürnbergern
im ersten Finale nach dem Kriege Deutscher Meister – und für Sepp Herberger ein interessanter Kandidat für die Nationalmannschaft. Im übervollen
Stuttgarter Stadion am Neckar war Morlock am
22. November 1950 beim historischen Länderspielsieg gegen die Schweiz dabei, weil Fritz Walter mit
einer Verletzung ausfiel. Bis 1958 hatte er es auf 26
Länderspiele und 21 Tore gebracht – im Dezember
dieses Jahres beendete er seine internationale Kar-

riere mit den Länderspielen gegen Bulgarien und in Ägypten. 1961 wurde er mit den Nürnbergern ein zweitesmal Deutscher Meister und mit überwältigender Mehrheit »Fußballer des Jahres«. Mit ihm verließ 1964 ein Spieler die große Bühne, der in den Augen fast aller Experten der ideale »Verbinder« war. Er war in seinen besten Zeiten auf dem Spielfeld immer dort zu finden, wo es gerade »brannte«. »Zwischen den beiden Strafräumen war ich zu Hause«, sagte er später. Er war ein kämpferisches Vorbild, verfügte über starke technische Gaben und über den Spürsinn eines Torjägers. In den 50er Jahren buhlte der AC Bergamo um den bodenständigen Franken, auch spanische Klubs klopften bei ihm an. Im Jahre 1952 war Morlock nach einem sensationellen 2 : 0-Sieg seines 1. FC Nürnberg beim spanischen Meister FC Barcelona auf den Schultern begeisterter Katalanen vom Platz getragen worden. Außerdem überreichte man ihm einen riesigen Pokal. Doch der eher schüchterne Max Morlock blieb im Lande und begnügte sich auch als Weltmeister mit einer Toto- und Lottoannahmestelle in der Südstadt. Später war er dann Bezirksstellenleiter. Als man ihn 1964 in einer freundschaftlichen Begegnung mit Nacional Montevideo verabschiedete, war seine Bilanz überaus eindrucksvoll: In 900 Spielen für den 1. FC Nürnberg hatte er um die 700 Tore erzielt – der »Club« ernannte ihn zum Ehrenmitglied und Ehrenspielführer. 1990 stellten sich bei Max Morlock gesundheitliche Probleme ein. Von einer Bypassoperation erholte er sich schnell, doch es folgte eine Krebserkrankung, der er im September 1994 erlag.

MÜLLER, DIETER

Geboren am 1. April 1954
Zwölf Länderspiele (1976 bis 1978), neun Tore
1. FC Köln

Sechs Tore in einem Spiel

An einem Frühlingsabend des Jahres 1989 nahm er Abschied von der schillernden Bühne des großen Fußballs. »Dieter Müller – Fußballzauber« – so hieß die perfekte Show auf dem Bieberer Berg in Offenbach, und es kamen viele Große der internationalen Szene: die Franzosen Tigana und Giresse, der schnelle Russe Oleg Blochin, die deutschen Superstars Franz Beckenbauer, Uwe Seeler, Paul Breitner und Karl-Heinz Rummenigge. Es war der letzte große Auftritt von Dieter Müller – nach einer 17jährigen Karriere. Am Anfang dieses Weges trug

Dieter noch nicht den Allerweltsnamen »Müller«, sondern er machte als Dieter Kaster Furore. Kaster – da war doch was? Da war die Erinnerung an Dieters Vater Heinz Kaster, der in den frühen fünfziger Jahren als kraftvoller Verteidiger beim FC St. Pauli und bei den Offenbacher Kickers spielte und den alle »Knorze« riefen. Doch die Ehe der Kasters ging in die Brüche, als Dieter noch ein Baby war. Seinen Vater lernte er erst sehr viel später kennen. Dieters Mutter heiratete einen Architekten namens Müller aus Götzenheim. Als dieser seinen Stiefsohn adoptierte und ihm seinen Namen gab, war Dieter unter dem Namen Kaster schon Jugendnationalspieler. Wenige Jahre später starb Dieter Müllers Adoptivvater, worauf DFB-Trainer Herbert Widmayer, der auf tragische Weise selbst einen Sohn verloren hatte, der trauernden Familie versprach, sich intensiv um Dieter zu kümmern. »Mein ganzes Leben ist nie so richtig normal verlaufen«, bekannte Müller viele Jahre später gegenüber dem Journalisten Wolfgang Tobien. Und so kam es, daß das torhungrige Talent aus Hessen beim 1. FC Köln landete. Herbert Widmayer nahm Dieter mit nach Frechen, nachdem dieser sich bei den Offenbacher Kickers nicht gegen Erwin Kostedde und Sigi Held behaupten konnte. Und weil Herbert Widmayer ihm eine Bleibe in der Nachbarschaft vermittelte. Bei seiner Wirtin Gertrud Klein fand er Unterschlupf – und beim 1. FC Köln eine neue sportliche Heimat. Unter Trainer Tschik Cajkovski reifte Dieter Müller allmählich zu einem der Topstürmer der Bundesliga, doch als er auf der Schwelle zu seinem ersten Einsatz in der Nationalmannschaft stand, kamen Rückschläge: Einer Rippenfellentzündung folgte eine Zerrung. Sein Debüt gab Dieter Müller im Halbfinale der Europameisterschaft 1976 in Belgrad gegen Gastgeber Jugoslawien. Es war ein denkwürdiger Einstand, denn als der Kölner in der 79. Minute für den erschöpften »Hacki« Wimmer eingewechselt wurde, lag der Titelverteidiger mit 1 : 2 zurück. Am Ende der Verlängerung hatten die Deutschen mit 4 : 2 die Nase vorn – und Dieter Müller hatte alle Tore geköpft und geschossen. Auch im Endspiel gegen die Tschechoslowakei gelang ihm ein Treffer, doch im Elfmeterschießen fehlte dann das Glück, weil Uli Hoeneß den entscheidenden Ball über die Latte bugsierte. Ein weiteres ungewöhnliches Datum in der Karriere des zweimaligen Bundesligatorschützenkönigs war der 17. August 1977, als ihm gegen Werder Bremen das Kunststück gelang, das Leder nicht weniger als sechsmal im gegnerischen Tor unterzubringen. Bis 1978 gehörte Dieter Müller zum

Stamm der Nationalelf, doch nach dem Abschied Helmut Schöns bekam er unter dessen Nachfolger Jupp Derwall keine weitere Berufung. Nach Querelen verließ er 1981 den 1. FC Köln und wechselte zum VfB Stuttgart, wo er allerdings nie an sein einstiges Leistungsvermögen anknüpfen konnte. Enttäuscht verließ er die Bundesliga und unterschrieb bei Girondins Bordeaux, wo er zweimal französischer Meister wurde. Grasshoppers Zürich, 1. FC Saarbrücken und noch einmal Kickers Offenbach – das waren die letzten Stationen seiner Karriere. Dem Erfolg auf dem grünen Rasen folgte nicht unbedingt der Erfolg im privaten Bereich: Mit einem Bauherrenmodell machte er rund eine Million Mark Verlust, seine Ehe wurde geschieden, und als Manager von Dynamo Dresden erlebte er wenig erfreuliche, dafür stürmische Zeiten.

MÜLLER, ERNST

Geboren am 13. Juli 1901
Ein Länderspiel (1931)
Hertha BSC Berlin

Jubelgesänge in der »Lichtburg«

»Was haben wir denen denn bloß getan ...?« Ernst Müller verstand im Hexenkessel des Düsseldorfer Stadions die Welt nicht mehr. Zum fünftenmal hintereinander stand seine Berliner Hertha in einem deutschen Finale, viermal hatten die »Spree-Athener« verloren. 1926 und 1929 gegen die Spvg. Fürth, 1927 gegen den 1. FC Nürnberg und 1928 gegen den Hamburger SV. Und nun war dieser Verein, der in den 20er Jahren in Endspielen gebeutelt wurde wie kein anderer in deutschen Fußball-Landen, drauf und dran, endlich die Viktoria zu entführen. Doch die Düsseldorfer sympathisierten mit dem Außenseiter Holstein Kiel, der völlig überraschend nach der Pause mit 4:3 in Führung ging. Doch dann stellte der Essener Schiedsrichter Willi Guyenz an diesem 22. Juni 1930 aus unerfindlichen Gründen den Kieler Kapitän Ludwig vom Platz, was die Düsseldorfer Volksseele zum Kochen brachte. Die Fans vom Rhein verdarben den Herthanern das Glücksgefühl des Meisters, und als die Berliner nach ihrem 5:4-Sieg ins Hotel fuhren, da flogen Kieselsteine gegen ihren Bus. Ernst Müller, der Mittelläufer, fühlte sich erst wieder wohl in seiner Haut, als die Mannschaft durch Westfalen rollte und auf dem Bielefelder Bahnhof den Spielern Steinhäger und der berühmte Schinken kredenzt wurden. Und dann war »ganz Berlin eene Wolke« – am Bahnhof

Friedrichstraße standen die Fans Spalier, Hunderttausende jubelten dem Deutschen Meister auf der Fahrt zum Gesundbrunnen zu. Im Restaurant Lichtburg wurde ein »Faß aufgemacht«. Für Ernst Müller war dies der größte Tag seiner Fußballkarriere. Er war als Mittelläufer der Nachfolger des legendären Karl Tewes, fand über Vorwärts 90 zu Hertha BSC und wurde von den Fans geschätzt als unnachgiebiger Kämpfer. Sein Defensivspiel ähnelte dem der englischen Lehrmeister. Am 14. Juni 1931 wurde Ernst Müller erneut Deutscher Meister mit der Hertha. Beim 3:2 gegen TSV 1860 München in Köln zeigten die Berliner gute Nerven und bogen einen 0:2-Rückstand nach der Pause noch um. Auf den Tag genau einen Monat vorher kam er zu seinem einzigen Länderspiel, das allerdings mit einem Fiasko endete. Österreichs »Wunderteam« entzauberte die Deutschen in Berlin mit 6:0. Ernst Müller, der auf der für ihn völlig ungewohnten Position des linken Läufers spielen mußte, erhielt denkbar schlechte Kritiken.

MÜLLER, FRIEDRICH

Geboren am 7. Dezember 1907
Zwei Länderspiele (1931)
Dresdner SC

Vom »Wunderteam« überrollt

An der Isar stand die Wiege des Fritz Müller, in München bekam er in den Jahren nach dem 1. Weltkrieg Kontakt zum Fußball. Er spielte beim Neuling DSV, wo Alfred Schaffers Handschrift nicht zu übersehen war. »Spezi« Schaffer brachte an der Isar eine Mannschaft hervor, von der es hieß, sie spiele einen »klassisch schönen Schulfußball«. In den Jahren 1926 und 1927 war auch das Verteidigergespann Moser-Vetterle von besonderer Güte. Außerdem der zähe Läufer Schuster, der später beim BSV 92 Berlin spielte. Als Schaffer ging, ging auch Friedrich Müller. Es sollte sich für ihn lohnen, denn den großen Sprung schaffte er erst, als der Dresdner SC auf den wieselflinken Linksaußen aufmerksam geworden war. Die Sachsen traten im Jahre 1930 aus ihrem bis dahin eher provinziellen Schatten und erreichten die Vorschlußrunde der Deutschen Meisterschaft. Das war die Zeit, da in Deutschland an den Fußballstammtischen die Denkschrift des Westdeutschen Spielverbandes zur Lösung der Amateurfrage heiß diskutiert wurde. Auf dem Dresdner Bundestag sollte die Streitaxt eigentlich begraben werden, doch die Delegierten bekannten sich statt dessen weiter zum Amateurgedanken. Worauf die Vereine das taten, was eigentlich verboten war: Sie zahlten ihren Stars illegale Handgelder. Fritz Müller zog auch 1931 mit seinem Dresdner SC in die deutsche Endrunde ein, wo erneut Holstein Kiel die Endstation war. Zu diesem Zeitpunkt stand er längst im Notizbuch von Reichstrainer Professor Otto Nerz. Im März war Müller beim 0 : 1 der Nationalelf im Pariser Stadion Colombes noch Reservist, sechs Wochen später dann beim 1 : 1 in Amsterdam gegen Holland erste Wahl. Doch trotz seiner Flügelläufe konnte er nicht gänzlich überzeugen. Eine zweite Chance erhielt er einen Monat später in Berlin, wo eine Verlegenheitself auflief, während im benachbarten Plenarsaal des ehemaligen Herrenhauses der 20. Kongreß der FIFA tagte und die Delegierten langweilige Debatten über sich ergehen ließen. Auf dem Spielfeld sah das aus österreichischer Sicht völlig anders aus, denn das soeben geborene »Wunderteam« überrollte die deutsche Nationalelf mit 6 : 0. Dresdens Fritz Müller hatte nicht den Hauch einer Chance. Er kehrte später in seine Heimatstadt München zurück und trug dort das Trikot von Wacker.

MÜLLER, GERHARD

Geboren am 3. November 1945
62 Länderspiele (1966 bis 1974), 68 Tore
FC Bayern München

»Wir haben schon zwei Müller«

Gerd Müller – das ist die Fußballvariante der Geschichte vom Tellerwäscher, der zum Millionär wurde. Als Sohn eines Kraftfahrers wurde er im November 1945 in Nördlingen als jüngstes von vier Kindern der Familie Müller geboren. Hier besuchte er die Volksschule, um danach eine Lehre als angehender Weber zu beginnen. Aber bereits als neunjähriger Schulbub' interessierte sich Gerd Müller mehr für das kleine Einmaleins des Fußballs. Dem TSV Nördlingen gehörte seine ganze Zuneigung, doch in seiner kleinen schwäbischen Gemeinde ahnte zu diesem Zeitpunkt niemand, daß dieser Junge mit den schwarzen Wuschelhaaren später einmal die Fußballwelt aus den Angeln heben sollte. Dabei fiel ihm nichts in den Schoß, denn der Vater starb, als Gerd gerade 15 Jahre alt war. Jeder in der Familie mußte von nun an mit anpacken – Gerd verdiente ein paar Mark am Webstuhl. Er war ein kräftiger Junge und wurde für den Fußball quasi auf dem Schulhof entdeckt. Der Jugendleiter des

TSV Nördlingen beobachtete ihn und schenkte ihm Fußballschuhe, eine schwarze Hose und ein grünes Hemd. Zwei Tage später bestritt Gerhard sein erstes Spiel für diesen Verein im 15 Kilometer entfernten Ettingen. Von nun an schoß Gerd Müller Tore am Fließband, und als er dann nach seiner Lehre zum 1. FC Nürnberg wechseln wollte, da schauten die Franken zunächst einmal in ihre Kartei und lehnten die Verpflichtung des Stürmertalents mit der merkwürdigen Begründung ab, man habe schon zwei in der Mannschaft, die auf den Namen Müller hörten … Worauf Gerd Müller weiterzog und beim FC Bayern München sein Glück versuchte. Zwar hatte auch 1860 München Interesse gezeigt, doch Bayern-Geschäftsführer Fembeck war etwas schneller und blätterte den Nördlingern eine Ablösesumme von 5000 Mark hin. Gerd Müller kassierte bei seinem Antritt in München 6000 Mark und startete mit einem Fixum von 500 Mark im Monat. Bei den Bayern war ein rundlicher jugoslawischer Trainer beschäftigt, der etwas genauer hinschaute, als die Nürnberger dies getan hatten. Tschik Cajkovski sollte die Bajuwaren aus den Niederungen der 2. Liga in die höchste Spielklasse führen. Zwar meinte Tschik zunächst, der neue Mann aus Nördlingen sei »dick und rund«, doch als Präsident Wilhelm Neudecker ein Machtwort sprach und Gerd Müllers Aufstellung forderte, begann der steile Aufstieg des Stürmers aus der Provinz zum Weltstar. Dabei waren selbst wohlwollende Kritiker lange Zeit der Meinung, Gerd Müllers Spiel sehe etwas holprig aus, er sei alles andere als ein glänzender

Techniker. Doch der so Gescholtene überzeugte durch seine Tore und wurde zu einem der wichtigsten Baumeister des Bayernaufschwungs. Mit Gerd Müller begann die große Ära dieses ungewöhnlichen Vereins. Tschik Cajkovskis Augen glänzten nun, wenn er von »kleines dickes Müller« sprach. Deutschlands Fußballöffentlichkeit registrierte mit einer gewissen Verblüffung den steilen Aufstieg der »Torfabrik« von der Isar. Schon seine zweite Saison in der Bundesliga beschloß Gerd Müller als Torschützenkönig. Sechsmal wurde er in seiner Karriere mit der »Kanone«, der Trophäe des besten Saisontorschützen, dekoriert. In 427 Spielen traf er für Bayern München sage und schreibe 365mal ins Schwarze. Unnachahmlich waren seine kurzen Bewegungen, seine Reaktionsschnelligkeit im gegnerischen Strafraum, das rechtzeitige Erkennen von erfolgversprechenden Situationen. Er galt als Phänomen unter den Mittelstürmern seiner Epoche und war ein Segen für die deutsche Nationalmannschaft, mit der er 1972 Europameister und zwei Jahre später Weltmeister wurde. Daß Gerd Müller im Münchner WM-Finale gegen Holland das entscheidende Tor zum 2:1 schoß, war keine Laune des Zufalls, sondern eher eine Konsequenz der Logik. In 62 Länderspielen erzielte der Münchner nicht weniger als 68 Tore. Schon 1970, bei der dramatischen Weltmeisterschaft in Mexiko, wurde er vor Jairzinho (Brasilien) und Cubillas (Peru) mit zehn Treffern Torschützenkönig – im gleichen Jahr dann auch »Europas Fußballer des Jahres«. Mit seinem FC Bayern gewann er vier deutsche Titel, ebenso oft den DFB-Pokal, und dreimal half er mit, den Europacup der Meister an die Isar zu entführen. Er gewann alles, was es für einen deutschen Fußballer zu gewinnen gab. Selbst den Weltpokal hielt Gerd Müller in Händen. Auf dem Höhepunkt seines Ruhms, nach dem Gewinn der Weltmeisterschaft 1974, gab er seinen Rücktritt aus der Nationalmannschaft bekannt, aber dem Münchner Verein, der längst in den Kreis der ganz Großen in Europa vorgestoßen war, blieb er noch fast fünf Jahre treu. Am 3. Februar 1978 wurde er zum erstenmal in seiner Karriere als Fußballprofi von Trainer Pal Csernai vorzeitig vom Platz geholt, was ihn in seiner Ehre tief kränkte. Zehn Tage später bat er das Bayernpräsidium um Auflösung des Vertrages – der »Bomber der Nation« hatte ausgedient. Anfang März unterschrieb Gerd Müller dann einen Vertrag beim amerikanischen Verein Fort-Lauderdale-Strikers. Mit seiner Frau Uschi und seiner Tochter Nicole zog er ins sonnige Florida, wo er ein Steakhaus eröffnete und seine Karriere ausklingen ließ. 1983

feierten ihn 50 000 Zuschauer im Münchner Olympiastadion beim offiziellen Abschiedsspiel gegen die deutsche Nationalmannschaft, in der er sich ein Denkmal gesetzt hatte. Zwei Jahre später kehrte er aus den USA zurück. Nach einer persönlichen Krise gab er seinem Leben als Assistenztrainer beim FC Bayern einen neuen Inhalt. Die Bilanz seiner Zeit als Fußballprofi war ungemein beeindruckend: 628 Tore in Pflichtspielen für den FC Bayern, darunter 365 Tore in 427 Bundesligaspielen! Ein Rekord – geschaffen für die Fußballewigkeit.

MÜLLER, HANS

Geboren am 27. Juli 1957
42 Länderspiele (1978 bis 1983), fünf Tore
VfB Stuttgart, Inter Mailand

Eine Ohrfeige von Altobelli

Er war für die Fans noch immer »der Hansi«, als er sich längst zu einem »Hans« gemausert hatte. Hansi Müller, so sagte man, hätte sich nie gegen die Verniedlichung seines Vornamens gewehrt, weil er sich so ein recht preiswertes Markenzeichen erwarb und sich darüber hinaus abhob von den vielen »Müllers« im Lande. Der SV Rot, im gleichnamigen Stuttgarter Stadtteil, war Hansi Müllers Verein seiner frühen Kindertage. Hier spielte der Sohn eines Maschinenbaukonstrukteurs schon als sechsjähriger Knirps. Sechs Jahre später trug er das Trikot des VfB Stuttgart. Und hier ging es für den kleinen

Hansi steil bergauf. 1975 feierte er mit den Schwaben den ersten großen Triumph – er wurde deutscher A-Jugendmeister nach einem grandiosen 4:0-Endspielsieg gegen Schalke 04. Drei Jahre später – inzwischen hatte der VfB mit einer blutjungen Mannschaft den Wiederaufstieg in die Bundesliga geschafft – schwärmte kein Geringerer als der große Pelé von Hansi Müller. »Er erinnert mich an den jungen Beckenbauer«, soll das brasilianische Fußballidol gesagt haben, nachdem er den schwarzen Hansi bei der Weltmeisterschaft 1978 in Argentinien beobachtet hatte. Ausgerechnet in Argentinien, wo die »Schmach von Cordoba« einen Tiefpunkt der deutschen Länderspielgeschichte markierte. Hansi Müller nahm das Trikot mit der Nummer 20 mit nach Südamerika und hatte als Zwanzigjähriger gerade zwei Länderspiele auf dem Buckel. Beim 2:3 gegen Österreich spielte er nur eine Halbzeit lang und kehrte wie alle anderen frustriert nach Deutschland zurück. In Zukunft sollten sich die Geister an Hansi Müller reiben. Die einen bezeichneten seine Art, Fußball zu zelebrieren, als »faulen Zauber«, andere vertraten die Ansicht, daß es dringend an der Zeit sei, Spieler dieses Schlages zu hegen und zu pflegen, weil sie sich erfreulich abhoben vom Typus der »Klopper« und der »Renner«. Jupp Derwall galt zwar nicht unbedingt als Freund und Förderer Hansi Müllers, dennoch gab er ihm bei seinem Debüt als Bundestrainer beim 4:3 gegen die ČSSR 1978 in Prag eine Chance. Und Hansi Müller bedankte sich mit einem Superfreistoßtor, als er den Ball um die Mauer des Gegners zirkelte. Bis zur Europameisterschaft 1980, die dem deutschen Fußball in Italien den Titel bescherte, leuchtete Hansi Müllers Stern ganz hell, doch in den frühen 80er Jahren stellten sich mehr und mehr Blessuren ein – er zahlte für die Belastungen, die er seinem Körper zugemutet hatte. Die Weltmeisterschaft 1982 in Spanien führte die Nationalelf zwar bis ins Finale, doch Hansi Müller, der verletzt anreiste, kam nicht so richtig in Schwung. Im gleichen Jahr zog es den sprachgewandten Fußballer nach Italien. Zunächst zu Inter Mailand, wo er nicht nur Freunde fand. Zumindest der temperamentvolle Alessandro Altobelli gehörte nicht zu seinen Spezis, nachdem dieser sich mit einer Ohrfeige bei Hansi Müller dafür »revanchierte«, daß der Deutsche ihn in aussichtsreicher Position übersehen hatte. Worauf Hansi Müller zum AC Como ausgeliehen wurde. In die großen Schlagzeilen kam er erst wieder 1985, als er beim FC Tirol spielte und wo ihn die Presse zum »Alpenkönig« ernannte. Meister und Pokalsieger wurde er mit den Innsbruckern, und er war der Superstar der Mannschaft, auch wenn er wegen diverser Unbeherrschtheiten in vier Spielzeiten fünfmal vom Platz flog. Hansi Müller sprühte im Inntal vor Spiellaune und war derart dominierend, daß Franz Beckenbauer als Teamchef der Nationalmannschaft ernsthaft mit dem Gedanken spielte, den fast Dreißigjährigen mit zur Weltmeisterschaft nach Mexiko zu nehmen. Im Frühsommer 1990 verabschiedete sich Hansi Müller im Rahmen einer Fußballgala in Innsbruck von seiner ungewöhnlichen Karriere. Im gleichen Jahr hatte er eine Marketingfirma gegründet, war einige Zeit Repräsentant der Firma Swarovski, dem Hauptsponsor seines Innsbrucker Vereins. Großen deutschen Firmen diente er als Aktivist im Promotion- und PR-Bereich. Außerdem erhielt er einen Vertrag in der Sportredaktion des Fernsehsenders SAT.1.

MÜLLER, HENRY

Geboren am 12. August 1896,
gestorben am 8. September 1982
Neun Länderspiele (1921 bis 1928)
Victoria Hamburg

Der »Angriffsverteidiger«

Henry Müller – dieser Name steht für ein Kapitel norddeutscher Fußballgeschichte. Der gebürtige Hamburger kam in seinen jungen Jahren zur Victoria, wo man schon sehr bald das Verteidigertalent des kräftigen Fußballers erkannte. Als Henry zum erstenmal das Trikot seines Vereins überstreifte, da war die Victoria gerade zum viertenmal Hamburger Meister geworden, doch in den Spielen um den norddeutschen Titel hatte Eintracht Braunschweig die Nase vorn. »Es wurde nicht richtig gedeckt«, hieß es später in der Vereinschronik der Victoria. Doch dieses Manko war zu beheben – und der junge Henry Müller sollte daran einen nicht unwesentlichen Anteil haben. Mannschaften von Weltruf gastierten in der Hoheluft-Kampfbahn: Der französische Meister Racing Club Paris, der Deutsche Fußball-Club Prag, Manchester City und Barnsley. Aber an der Elbe hieß der Zweikampf stets Altona kontra Victoria, ehe durch die Eimsbütteler »Turner« aus dem Duo ein Trio wurde. Henry Müller schaffte zur Saison 1914/15 den Durchbruch bei der Victoria – er verkörperte den damals gefragten Typ des »Angriffsverteidigers«. Als im März 1921 mit William Townley einer der bekanntesten Trainer Deutschlands bei der Victoria seine Zelte aufschlug, begann die internationale Karriere des Henry Müller. Seine Befreiungsschläge, sein wuchtiges Kopfballspiel und nicht zuletzt seine Gradlinigkeit ließen ihn zum Nationalspieler reifen. Sein Debüt feierte er am 5. Juni 1921 in Budapest gegen Ungarn. Trotz der 0:3-Niederlage zählte er zu den stärksten Spielern der deutschen Elf. Sein neuntes und letztes Länderspiel absolvierte er am 23. September 1928 im Osloer Ullevalstadion beim 2:0-Sieg gegen Norwegen. Henry Müller bestritt in seiner langen Karriere über fünfzig Spiele für die Auswahl des Nordens. Zu Beginn der 30er Jahre verabschiedete er sich vom Fußball. Henry Müller arbeitete später in seiner Heimatstadt Hamburg als Versicherungsmakler.

MÜLLER, JOSEF

Geboren am 6. Mai 1893,
gestorben am 22. März 1984
Zwölf Länderspiele (1921 bis 1928)
Phönix Ludwigshafen, Spvg. Fürth, FV 04 Würzburg

Kein Alkohol – kein Nikotin

Als Josef Müller in Würzburg seine Kindertage verbrachte, da rollten noch die Pferdewagen über die alte Mainbrücke mit ihren barocken Heiligenfiguren. Es war die Zeit um die Jahrhundertwende, und in der Stadt des Tilman Riemenscheider ging es noch recht geruhsam zu. Die Festung Marienberg, der Dom aus der Zeit der salischen Kaiser, die romanische Basilika des Neumünster – diese Bauwerke beherrschten damals noch mehr als heute das Bild der unterfränkischen Metropole. Josef Müller ging in dieser Stadt zur Schule, hier bekam er seinen ersten Schliff als Fußballer, doch den Durchbruch schaffte er erst, nachdem er sich im Jahre 1909 Phönix Ludwigshafen angeschlossen hatte. Die Pfälzer waren vor allem in den frühen 20er Jahren eine Macht, und Seppel Müller, der mit Bechtel ein Jahrzehnt lang ein erstklassiges Verteidigergespann bildete, gehörte zu den Leistungsträgern der Mannschaft. Der Mann aus Würzburg verfügte über eine ausgezeichnete Kondition, er war ein Modellathlet und Allroundsportler. Bei ihm trafen Talent, eine sportliche Lebensweise – ohne Alkohol und Nikotin – sowie die Bereitschaft zu einem eisenharten Training zusammen. Er galt als einer der elegantesten Abwehrspieler des deutschen Fußballs. Und dies alles führte ihn am Ende seiner Ludwigshafener Zeit in die Nationalmannschaft. Seppel Müller absolvierte sein erstes Länderspiel am 18. September

1921 beim 3:3 in Helsinki gegen Finnland. An diesem Tag debütierte auch Sepp Herberger im Nationaltrikot. Als Müller nach diesem Länderspiel in die Heimat zurückkehrte, wurde er mit einer Schreckensmeldung konfrontiert. Eine Explosion hatte in der Werkshalle eines Ludwigshafener Chemiegiganten seinen Arbeitsplatz zerstört, und seine engsten Kollegen hatten bei diesem Unglück ihr Leben verloren. Am 26. März 1922 reiste Seppel Müller zu seinem zweiten Länderspiel, das im Frankfurter Riederwald-Stadion stattfand und mit einem 2:2 gegen die Schweiz endete, schon aus Fürth an. Am Ronhof wurde er Spielertrainer, mit diesem Verein dann auch Deutscher Meister des Jahres 1926. Georg Wellhöfer und später der Routinier Hans Hagen waren für ihn die idealen Ergänzungen in der Abwehr. Im Jahre 1927 kehrte er mit 34 Jahren in seine Heimatstadt Würzburg zurück, spielte beim Fußballverein von 1904. Am 15. April 1928 stand er noch einmal in der deutschen Nationalmannschaft beim 3:2-Sieg in Bern gegen die Schweiz, wurde dann ins Olympiaaufgebot für Amsterdam berufen, dort aber nicht eingesetzt. Seine Karriere beschloß er zwischen 1932 und 1934 beim SV Werder Bremen. Er arbeitete in der Filiale des Kaufhauses Karstadt als Abteilungsleiter. Seppel Müller spielte viele Male für Süddeutschland und war nach seiner aktiven Zeit als Trainer tätig – unter anderem bei den Badischen Anilin- und Sodafabriken sowie als Sportlehrer des Regionalverbandes Südwest, an der Universität in Heidelberg, bei den Stuttgarter Kickers, ASV Blumenthal und bei Tura Ludwigshafen. Später betrieb er eine Totoannahmestelle in seiner Heimatstadt, dann ein kleines Weinrestaurant in Heidelberg. Seppel Müller starb sechs Wochen vor seinem 91. Geburtstag in Ludwigshafen.

MÜLLER, LUDWIG

Geboren am 25. August 1941
Sechs Länderspiele (1968 bis 1969)
1. FC Nürnberg, Borussia Mönchengladbach

Viele glückliche und zwei schwarze Tage

»Luggi« – das war ein Markenzeichen. »Luggi« stand für Ludwig Müller, und der gehörte zu denen, die die ersten zehn Jahre der damals noch taufrischen Bundesliga nachhaltig prägten. Und doch waren es zwei schwarze Tage, die der Karriere des energiegeladenen Abwehrspielers ihren Stempel aufdrückten und die Wege bestimmten, die er im deutschen Fußball nehmen mußte. Der 7. Juni 1969 war für den gebürtigen Haßfurter ein Datum, das er am liebsten für immer aus seinem Gedächtnis gestrichen hätte. Es war der Tag, an dem er zwangsläufig den Verein verlassen mußte, dem eigentlich seine ganze Liebe gehörte. Der 1. FC Nürnberg war aus der Bundesliga abgestiegen – ein ungeheuerlicher Vorgang, denn der »Club« war als Deutscher Meister in seine Schicksalssaison gegangen. Aber Max Merkels Esprit war verflogen. Als die Nürnberger ihren Meistermacher schließlich beurlaubten und Kuno Klötzer die schwere Aufgabe übertrugen, steckten die Franken schon mitten im Abstiegsstrudel. Am letzten Spieltag verlor der »Club« 0 : 3 beim 1. FC Köln, und zu denen, die sich ihrer Tränen nicht schämten, gehörte »Luggi« Müller. Wenige Minuten später hatte er in Borussia Mönchengladbach einen neuen Verein gefunden. Er unterschrieb den Vertrag auf der Kühlerhaube eines Autos … Doch seine junge Familie war darüber wenig glücklich, denn die Müllers besaßen in Haßfurt zwei florierende Konfektionshäuser. »Luggi« Müller begann eine elfjährige Wanderschaft – er pendelte stets zwischen seiner Familie und seinem jeweiligen Fußballclub. Als hoffnungsvoller Nationalspieler sah er in Hennes Weisweilers Talentschmiede am Bökelberg zunächst eine ideale Stätte der persönlichen Weiterbildung. Drei Jahre blieb Ludwig Müller am Niederrhein, wurde zweimal Deutscher Meister. Doch in dieser Zeit gab es einen zweiten schwarzen Tag für den Franken. Es war der 1. Dezember 1971, als er im Wiederholungsspiel gegen Inter Mailand im Hexenkessel des Berliner Olympiastadions durch einen Tritt von Roberto Boninsegna einen Schien- und Wadenbeinbruch erlitt. Ausgerechnet Bosinsegna, der am 20. Oktober des gleichen Jahres im Achtelfinale des Europacups der Meister durch eine Coladose am Kopf getroffen worden war und sich vom Feld tragen ließ. Die Europäische Fußball-Union verfügte eine Wiederholung des Spiels. Ärgerlich für die Gladbacher, denn gegen Inter Mailand hatten sie sich vor eigener Kulisse in einen Angriffsrausch gespielt und am Ende 7 : 1 gewonnen. »Luggi« Müller mußte nach seinem Pech fast neun Monate pausieren. Ähnliches passierte ihm noch einmal im Seniorenalter, als er als 52jähriger im Trikot des FC Haßfurt im Spiel gegen den FC Sand erneut einen Schien- und Wadenbeinbruch erlitt. Doch für den zähen Außenläufer, Stopper und Libero war der Weg im Fußball nach seinem Pech in Berlin noch nicht zu Ende. 1972 unterschrieb er einen Vertrag bei Hertha BSC. Mit ihm bekam die Berliner Mannschaft endlich ihre Standfestigkeit – er wurde deren Kapitän. Als

Deutscher Vizemeister 1975 verabschiedete er sich von der Bundesliga. Der Freund des Weins – er bevorzugte den »Haßfurter« aus seiner Heimatstadt und das Würzburger »Vögelein« – ließ seine Karriere noch einige Jahre beim FC Haßfurt ausklingen. Drei Deutsche Meisterschaften, sechs Länderspieleinsätze! Die Bilanz des Franken konnte sich sehen lassen.

MÜNZENBERG, REINHOLD

Geboren am 7. März 1908,
gestorben am 26. Juni 1986
41 Länderspiele (1930 bis 1939)
Alemannia Aachen

Reinhold – der »Eiserne«

Sein Kosename war gleichzeitig ein Prädikat. Reinhold Münzenberg erhielt in der Blüte seiner fußballerischen Entwicklung den Beinamen »der Eiserne«. Dahinter verbarg sich die Hochachtung vor der Kompromißlosigkeit eines Spielers, der als Mittelläufer in den 30er Jahren Extraklasse im deutschen Fußball darstellte. Reinhold Münzenberg erblickte an der Aachener Peripherie das Licht der Welt, als sich der Deutsche Fußball-Bund zu seinem ersten Länderspiel gegen die Schweiz rüstete. Schon als Schüler entdeckte Reinhold Münzenberg bei der Alemannia sein Herz für den Fußball. Als Zehnjähriger trug er erstmals das Trikot dieses Vereins, dem er ein Leben lang die Treue hielt – sieht man

einmal von einem sehr kurzen Abstecher zum FK Pirmasens im Jahre 1933 und von seiner Gastspielrolle im 2. Weltkrieg beim LSV Hamburg, VfL Neckarau und bei Werder Bremen ab. Am 7. September 1930 machte ihn sein Länderspieldebüt nicht sonderlich glücklich. Reinhold Münzenberg unterlag mit der Nationalelf in Kopenhagen gegen Dänemark mit 3 : 6. Doch ein halbes Jahrzehnt später war der Aachener Mittelläufer ein international geachteter Fußballer. Zwar zollten die deutschen Spieler ihrem großen Vorbild England im Dezember 1935 in London beim 0 : 3 noch einmal Respekt, doch Reinhold Münzenberg wurde anderntags von der angelsächsischen Presse mit Lob nur so überschüttet. Er war einer der ersten deutschen Mittelläufer, die Härte und Technik zu einer wirkungsvollen Komposition vereinten, und galt als ein Athlet mit einer ungeheuren Kondition und einem unerschöpflichen Einsatzwillen. Seine Kopfballqualitäten waren fast schon Legende. Dabei hing seine internationale Karriere am seidenen Faden, als ihm in seinem dritten Länderspiel ein Eigentor unterlief. Am 15. März 1931 spielte ihm der Wind im Pariser Stadion Colombes einen Streich – sein Rückpaß landete unerreichbar für Willy Kreß im eigenen Tor, doch Trainer Professor Nerz verlor den Aachener trotz dieses Malheurs nie aus den Augen. Zur Weltmeisterschaftsendrunde 1934 in Italien wurde Reinhold Münzenberg zwar zunächst nur auf Abruf nominiert, doch dieser »Ruf« erreichte ihn nach dem verlorenen Halbfinale gegen die Tschechoslowakei. Er flog nach Neapel und ersetzte dort Sigmund Haringer, obwohl er ursprünglich in der gleichen Woche heiraten wollte. Die deutsche Elf gewann das Spiel um Platz drei gegen Österreich mit 3 : 2, und Münzenberg stoppte Mittelstürmer Bican. Später wurde er zum Verteidiger umgeschult, und als er 1939 nach einem Länderspiel in Luxemburg abtrat, war er mit 41 Berufungen einer der vielbeschäftigten Nationalspieler. Achtmal hatte er seine Mannschaft als Kapitän in ein Länderspiel geführt. Er war Mitglied der »Breslauer Elf« und vertrat repräsentativ den Mittelrhein und Westdeutschland. Erst 1951 verabschiedete er sich im Spiel gegen den SV Werder Bremen in Aachen mit 42 Jahren als aktiver Fußballer von seiner Alemannia, deren 1. Vorsitzender er zwischen 1974 und 1976 war. Sein Verein dankte ihm das Engagement in schweren Zeiten mit der Goldenen Ehrennadel mit Brillanten. Bis November 1984 führte Reinhold Münzenberg ein Bauunternehmen, obwohl er 1977 einen Herzinfarkt erlitten hatte. Er starb im Juni 1986, wenige Stunden, nachdem er sich im Fernsehen das WM-Halbfinalspiel zwischen Deutschland und Frankreich angeschaut hatte.

MUNKERT, ANDREAS

Geboren am 7. März 1908,
gestorben im April 1982
Acht Länderspiele (1935 bis 1936)
1. FC Nürnberg

»Sterz« – Held einer Hitzeschlacht

»Sterz« Munkert war der Verteidiger-»Riese« des »Clubs«. Der gebürtige Nürnberger war 21 Jahre jung, als er 1929 erstmals ein Spiel in der 1. Mannschaft des fränkischen Traditionsclubs bestritt. Bis 1937 sollte er Stammspieler des 1. FC Nürnberg bleiben und dreimal in einem deutschen Finale stehen. Aber nur 1936 gewann er die »Viktoria« – in jener denkwürdigen Hitzeschlacht im Berliner Poststadion, als Außenseiter Fortuna Düsseldorf lange wie der Sieger ansah. Doch am Ende jubelte Andreas Munkert, der mit Willi Billmann ein Nürnberger Abwehrbollwerk bildete. Seine Ruhe war bestechend, sein Abwehrschlag berühmt. Munkert war einer der sichersten Kopfballspieler der Mannschaft. Im April 1935 kam der Franke erstmals zu Länderspielehren, und er hatte das Glück, daß die Nationalmannschaft bei seinem Debüt in Brüssel auf die schwachen Belgier traf. Die Deutschen gewannen 6 : 1 – und Munkert gehörte zu denen, die Reichstrainer Professor Nerz im Vorfeld der Olympischen Spiele in Berlin nicht aus den Augen ließ. Als »Sterz« zu seinem zweiten Länderspiel auflief, schossen die deutschen Fußballer wieder sechs Tore – diesmal gegen die Finnen in München. Munkert hatte seine Leistungen stabilisiert – so war seine Nominierung für das olympische Fußballturnier in Berlin keine Überraschung. Doch beim 0 : 2 gegen Norwegen war er nicht dabei – was viele verwunderte und etliche Kritiker auf den Plan rief. Statt dessen gehörte Munkert zu denen, die nach der Olympiaenttäuschung in den darauffolgenden Länderspielen viel Mühe hatten, dem deutschen Fußball verlorene Sympathien zurückzugewinnen. 1936 verließ »Sterz« Munkert nach 297 Spielen für den 1. FC Nürnberg aus beruflichen Gründen seine fränkische Heimat und trug fortan das Trikot des FC Thüringen-Weida. Im 2. Weltkrieg geriet er in russische Kriegsgefangenschaft. Im Winter 1951 übernahm er das Training des FC Freiburg und kehrte dann in seine Heimatstadt Nürnberg zurück.

N

NAFZIGER, RUDOLF

Geboren am 11. August 1945
Ein Länderspiel (1965)
FC Bayern München

»Übernervös und zappelig ...«

Rechtsaußen – das Spiel auf dem Flügel hatte im Hause Nafziger Tradition. Rudolfs früh verstorbener Vater spielte beim TSV Gauting auf dieser Position, und hier fühlte sich auch der Junior pudelwohl. Gauting ist ein hübscher Flecken auf halbem Wege zwischen der Münchner Peripherie und dem Starnberger See. Kein Wunder, daß angesichts der unmittelbaren Nähe zur Fußballmetropole München die Talente vor der Haustür nicht übersehen wurden. 1961 wurde Rudi Nafziger von Rudi Weiss, dem Nachwuchsförderer des FC Bayern, aufgespürt und zum Wechsel überredet. Es folgte ein kometenhafter Aufstieg des jungen Mannes, der Einladungen zur Juniorennationalelf erhielt, dann in der B-Nationalmannschaft spielte, schließlich mit dem FC Bayern Mitte der 60er Jahre in die Bundesliga aufstieg und dann auch in der A-Nationalmannschaft im Spiel gegen Österreich zum Einsatz kam. Der schwarze Jüngling aus Gauting war einer der elegantesten Spieler dieser Münchner Fußballära. Er wurde der 25. Nationalspieler in der Geschichte des FC Bayern, und er hätte vermutlich noch weitere Einladungen des DFB erhalten, wenn er nicht gegen Österreich in Stuttgart nach eigenem Bekunden »übernervös und zappelig« gewesen wäre. Entsprechend dürftig war seine Vorstellung in diesem einzigen Länderspiel seiner Karriere. Er beklagte sich darüber, daß ihn Lothar Ulsaß an diesem Tag offenbar »vergessen« habe, und es war für ihn auch nur ein geringer Trost, daß ihm Bundestrainer Helmut Schön nach dem Spiel sagte: »Gratuliere, Rudi ...« Denn weitere Einladungen blieben aus. Dafür »tanzte« Nafziger im Trikot des FC Bayern in der Bundesliga. Er war dort ein gewandter Sprinter, und so mancher älterer Bayernfan erinnerte sich der Vorkriegskünste des unvergessenen Jupp Berg-

maier. Rudi Nafziger war ein musisch begabter junger Mann, der sich in seiner freien Zeit zuweilen mit Pastellfarben und Pinsel »bewaffnete« und darüber hinaus heiße Musik über alles liebte. In den 60er Jahren wurde die Schweiz mehr und mehr zum gelobten Land deutscher Fußballer. Und auch Rudi Nafziger folgte 1968 dem Ruf des »Fränkli« – er wechselte zum FC St. Gallen. Ein idyllischer Ort, doch der Bayer wurde hier nicht alt, weil sein Club in die 2. Liga abstieg – und da fühlte sich Nafziger denn doch unterfordert. Trainer Helmut Johannsen holte ihn zurück nach Deutschland – Nafziger unterschrieb 1970 bei Hannover 96.

NAGELSCHMITZ, ERNST

Geboren am 1. Mai 1902,
gestorben am 23. Mai 1987
Ein Länderspiel (1926)
FC Bayern München

Ein Bayer aus Budapest

Ernst Nagelschmitz' Wiege stand in Budapest. Aber schon als Neunjähriger kam er mit seinen Eltern nach München. Die Metropole an der Isar wurde ihm zur Heimat – hier entdeckte er seine Sympathien für den Fußball. Mit 13 Jahren meldete er sich beim FC Bayern an – diesem Verein hielt er sein Leben lang die Treue. Der ballgewandte Außenläufer bestritt bis zum Jahre 1937 fast fünfhundert Spiele für die Münchner. Der Fußballer, den sie an der Isar »Kanna« nannten, erhielt im Jahre 1926 seine einzige Länderspielberufung. Die deutsche Mannschaft gewann gegen den Nachbarn Niederlande mit 4:2. Zwei Jahre später gehörte Nagelschmitz zum deutschen Olympiaaufgebot für die Spiele in Amsterdam, doch auf seinen Einsatz wartete der elegante Münchner vergeblich. Mit den Bayern holte er 1932 die deutsche Fußballmeisterschaft in die bajuwarische Hauptstadt. Im Endspiel wurde Eintracht Frankfurt mit 2:0 geschlagen. In diesem Finale stand er am Rande des Ausscheidens, nachdem er

einen schmerzhaften Tritt in die Magengegend ab-
bekommen hatte. Ernst Nagelschmitz, von Beruf
Finanzangestellter, war bis kurz vor seinem Tode
im Jahre 1987 ein begeisterter Eisstockschütze und
ständiger Gast der Spiele seines FC Bayern im Münchner Olympiastadion.

NEISSE, HERMANN

Geboren am 5. Dezember 1889,
gestorben am 20. Oktober 1932
Drei Länderspiele (1910 bis 1911)
Eimsbütteler TV

Die Mariendorfer Sensation

Hermann Neiße und »sein« Eimsbütteler Turnverein haben eines gemeinsam: das Jahr ihrer Geburt.
Im Frühjahr 1989 machten ein paar junge Leute mit
Plakaten auf ihr Anliegen aufmerksam. Darin
wurden die »Männer von Eimsbüttel und Hoheluft« aufgefordert, »die Güte haben zu wollen, ihre
werte Adresse mit genauer Angabe der Wohnung in
Mitglieder-Sammelbogen einzutragen, falls sie geneigt sein sollten, einem zu errichtenden Männer-
Turnverein Eimsbüttel-Hoheluft beizutreten«. Am
12. Juni 1989 fand dann in der Wirtschaft von Jappe
eine von sechs Eimsbüttlern männlichen Geschlechts besuchte Versammlung statt, in deren
Rahmen der neue Verein gegründet wurde. Doch
unter den turnenden Männern gab es manche, die
schon mal über den Zaun der Nachbarvereine ge-
schaut hatten und Geschmack am Fußball fanden.
Acht Jahre später wurde dann eine Fußballabteilung im TV Eimsbüttel aus der Taufe gehoben. Die
Mannschaft spielte gleich in der ersten Klasse und
begeisterte die Hamburger mit ihrer »Husarentak-
tik«. Als Zehnjähriger trat der in Schleswig geborene Hermann Neiße diesem Verein bei – und er
sollte der erste von fünf Nationalspielern werden,
die der TV Eimsbüttel hervorbrachte. Hermann
Neiße war ein athletischer rechter Verteidiger, hatte
sich an der Elbe sehr bald durch sein körperbetontes Spiel einen Namen gemacht und profitierte bei
seinen Kopfbällen von seiner kräftigen Statur. Sein
erstes von drei Länderspielen führte ihn nach Kleve,
wo sich 10 000 Zuschauer auf die Partie gegen
Holland freuten. Die Nachbarn aus dem Land der
Tulpen gewannen nicht ganz unerwartet mit 2 : 1.
Sein größtes Spiel absolvierte Hermann Neiße ein
halbes Jahr später auf dem Platz in Berlin-Mariendorf gegen den Lehrmeister England. Der war zwar
nur mit seinen Amateuren aufgekreuzt, doch das

2 : 2 der deutschen »Schüler« galt dennoch als Sensation. Hermann Neiße beeindruckte mit seinem
Partner Walter Hempel durch sein aufopferndes
Spiel. Eineinhalb Wochen später konnte der Hamburger beim 1 : 2 gegen Belgien in Lüttich nicht an
seine Berliner Glanzform anknüpfen. Hermann
Neiße starb im Oktober 1932 in Wien.

NETZER, GÜNTER

Geboren am 14. September 1944
37 Länderspiele (1965 bis 1975), sechs Tore
Borussia Mönchengladbach, Real Madrid

... und Weisweiler nickte stumm

Deutschlands Pokalendspiele erfreuten sich fast immer einer ganz besonderen Dramaturgie. Unvergeßlich war für die knapp 70 000 Zuschauer im Düsseldorfer Rheinstadion und für viele Millionen an den
Bildschirmen der 23. Juni 1973. An diesem prächtigen Frühsommertag schrieben Borussia Mönchengladbach und der 1. FC Köln deutsche Fußballgeschichte. Das Spiel war vielleicht das »heißeste«
deutsche Pokalfinale aller Zeiten, denn beide Mannschaften lieferten sich einen so hochklassigen
Schlagabtausch, daß den beiden Torwarten Kleff
und Welz nach 120 Minuten die Fäuste brannten.
Und mehr noch: Das Finale des Jahres 1973 wurde
zur deutschen Pokallegende, weil zwischen Gladbachs Meistertrainer Hennes Weisweiler und seinem

eigenwilligen Star Günter Netzer eine Disharmonie entbrannt war, die dazu führte, daß der Mittelfeldregisseur im Rheinstadion auf der Auswechselbank saß und ihm der Frust aus den Augen blitzte. Weisweiler war enttäuscht, daß Netzer einen Vertrag bei Real Madrid unterschrieben hatte. Ein Vertrag, der Borussia Mönchengladbach die Rekordablösesumme von 1,3 Millionen Mark einbringen sollte. Der Nationalspieler hatte aufgrund der Verhandlungen eine Woche lang kaum trainiert, außerdem war seine Mutter soeben verstorben. Und nun folgte dieses Pokalfinale, in dem beide Mannschaften 90 Minuten lang ein begeisterndes Offensivfeuerwerk abbrannten, in dem aber trotz unzähliger Chancen nur zwei Tore fielen. Eines für die Gladbacher durch Wimmer und eines für die Kölner durch Neumann. In der Pause der regulären Spielzeit sagte Weisweiler zu Netzer: »Günter, mach dich fertig …« Doch der Star schaute nur kurz auf und antwortete mit einem entschlossenen »Nein«. Womit die Spannung zwischen den beiden am Ende ihres gemeinsamen Weges eskalierte. Auch in der Pause der Verlängerung stand es noch 1 : 1, und einige Spieler der Borussia konnten nicht verbergen, daß sie den Zenit ihres körperlichen Leistungsvermögens bereits überschritten hatten. Kulik war einer von denen, die fix und fertig waren. »Ich spiele für Dich weiter …«, sagte Netzer zu Christian Kulik. In seinem letzten Auftritt für die Gladbacher wechselte sich der Star also selbst ein, und der Meistertrainer nickte stumm. Zwei Minuten später jagte Günter Netzer den Ball vehement in die Maschen – die Fußballnation hatte ihren Helden. Als Sieger und Verlierer kurz darauf ihre Trikots wechselten, behielt Günter Netzer das gestreifte Hemd der Borussia. »Es war mein letztes Spiel«, sagte er. Und womöglich ahnte er, daß dies auch eine Art Höhepunkt seiner Karriere war. Begonnen hatte für »Jünter« alles als Straßenfußballer. Er war als Schuljunge schon früh im Besitz eines Balles, der aus dem Geschäft seiner Mutter stammte. Günter war, so ist überliefert, der »Chef« auf der Straße. Er war ein wenig zu schmächtig geraten und hatte damit im Jugendalter so seine Probleme. Doch dann wurde aus dem Leichtgewicht ein Athlet, und in den Nachwuchsmannschaften des Niederrheins wurde Netzers Talent bald sichtbar. Heinz Murach und Dettmar Cramer waren seine ersten Förderer, und als Günter neunzehn Jahre alt war, handelte sein Vater Christian den ersten Vertrag beim VfL Borussia Mönchengladbach für seinen Sohn aus. 160 Mark gab's pro Monat – dazu zehn Mark »Spielzulage«. Zehn Jahre sollte Günter Netzer am Bökelberg blei-

ben – er war der Antreiber der »Fohlen«. Zweimal wurde er mit der Borussia Deutscher Meister, zweimal wählten ihn Deutschlands Sportjournalisten zum »Fußballer des Jahres«, und das Jahr 1972 markierte seine größten Triumphe. Er schoß den vielleicht entscheidenden Elfmeter beim legendären ersten deutschen Sieg gegen England im Wembley-Stadion und holte sich mit der Nationalmannschaft wenige Wochen später den Titel des Europameisters. Doch als er zwei Jahre danach mit reichlich Übergewicht aus Madrid anreiste, verlor er während der Weltmeisterschaft in Deutschland das Mittelfeldduell gegen seinen Kölner Konkurrenten Wolfgang Overath. Statt dessen wurde er 1975 und 1976 mit Real spanischer Meister. 1977 ließ er seine Karriere bei den Grasshoppers Zürich ausklingen, wurde dann 1979 Manager des Hamburger SV. Dabei kam ihm seine kaufmännische Ausbildung zugute. In seinen acht Wirkungsjahren an der Elbe wurden die Hanseaten dreimal Deutscher Meister und holten 1983 den Europacup der Landesmeister. 1986 verabschiedete sich Netzer in die Schweiz und wurde einer der wichtigsten Mitarbeiter der Werbeagentur CWL des Walter Lüthi.

NEUBARTH, FRANK

Geboren am 29. Juli 1962,
ein Länderspiel (1988)
Werder Bremen

»Zu lang und zu langsam«

Ernst Happel schüttelte nach einem Probetraining den Kopf: »Der ist zu langsam, weil er zu lang ist …« Der Wiener Erfolgstrainer des Hamburger SV ging nach diesem vernichtenden Urteil zum Alltag über. Und Frank Neubarth verließ enttäuscht das Trainingszentrum, packte seine Sporttasche und schaute am Abend wieder bei seinen Kameraden von Concordia Hamburg vorbei. An Frank Neubarth zeigte es sich, daß auch im Fußballgeschäft zuweilen der Prophet im eigenen Lande wenig gilt. Dabei war der lang aufgeschossene Stürmer nicht irgendwer, sondern zumindest in der Oberliga Nord ein Star. 1982 war er bei einer Umfrage des »Kicker-Sportmagazin« zum besten Spieler der Liga gewählt worden. Frank Neubarth stand zu diesem Zeitpunkt mit seinen Concorden im Abstiegskampf und so ganz nebenbei auch noch mitten im Abitur. Der Hamburger SV war nur einer von fünf Bundesligisten, bei denen er sich vorstellte – unter anderem hatten auch der VfB Stuttgart und der 1. FC Kaiserslautern ein gewisses Interesse angemeldet. Nachdem Ernst Happel ihm die kalte Schulter gezeigt hatte, unterschrieb der Abiturient einen Vertrag bei Werder Bremen. 27 000 Mark Ablöse überwiesen die Bremer nach Hamburg, und Otto Rehhagel war von diesem Zeitpunkt an sein großer Förderer. Er betrachtete Neubarths Verpflichtung als »Investition für die Zukunft«. Frank machte sich zunächst als »Joker« bei den Bremer Fans beliebt, doch die Konkurrenz war groß. Immerhin hatte der SV Werder soeben Rudi Völler verpflichtet. In der Saison 1985/86 platzte aber endgültig der Knoten – Neubarth erzielte zwanzig Tore in der Bundesliga. Schon zu diesem Zeitpunkt stand er an der Schwelle zur Nationalmannschaft, doch im Oktober 1986 erlitt er im Europacupspiel gegen Atletico Madrid einen Schien- und Wadenbeinbruch. Und als er mit großer Beharrlichkeit sein Comeback verwirklicht hatte, kam der nächste Rückschlag im April 1987: Das Schienbein brach erneut. Aber im April 1988 hatte der Bremer Stürmer sein großes Ziel, einen Einsatz in der Nationalmannschaft, dann doch erreicht. Er war im Länderspiel gegen Argentinien dabei. Unmittelbar darauf war Frank Neubarth auch mit Werder »Spitze« – er wurde deutscher Fußballmeister. Von da an sammelte er Titel: deutscher Pokalsieger, Europacupgewinner der Pokalsieger und noch einmal Deutscher Meister.

NEUBERGER, WILLI

Geboren am 15. April 1946
Zwei Länderspiele (1968)
Borussia Dortmund

22 Trainer und 150 Mitspieler

Horst Buhtz schaute nur einmal kurz hin und befand: »Der muß noch ein paar hundert Butterbrote essen. Für den Fußball ist der viel zu schmächtig …« Das Leichtgewicht, das vor den Augen des Trainers von Borussia Neunkirchen keine »Gnade« fand, war Willi Neuberger. Viele Jahre später konnte Horst Buhtz, dem man ansonsten bei der Talentsichtung eine gute Spürnase nachsagte, seinen Fehler von einst als Coach des Wuppertaler SV korrigieren, denn er begegnete dort Willi Neuberger noch einmal. Das »schmale Handtuch« kam aus Röllfeld, wo sich der Main zwischen Odenwald und Spessart windet. Dort spielte Willi Neuberger für den TuS in der 2. Kreisklasse und träumte von einer Fußballkarriere als Profi. Nachdem sich ihm die Tür in Neunkirchen nicht öffnete und auch Vik-

toria Aschaffenburg nach einem längeren Probetraining kein Interesse zeigte, stand der junge Stürmer am 30. April 1966 mit zwei Koffern bei Borussia Dortmund auf der Matte. Ein Major höchstpersönlich hatte ihn in der Röllfelder Gaststätte »Zum Anker« zum Wechsel nach Dortmund überredet. Der Major hieß Rhein, diente bei der Bundeswehr in Unna, war Mitglied des Spielausschusses der Borussia und hatte sich auch schon erfolgreich um Sigi Held bemüht. Ein paar Tage nach Neubergers Eintreffen in der Bierstadt nahmen die Westfalen ihren Neuling als Gast mit zum Europacupfinale nach Glasgow – es war Willi Neubergers erster Flug. Ein Jahr später wußten die Fans der Region, daß die Borussia einen Goldfisch an Land gezogen hatte, denn in der ersten Profisaison absolvierte das »Greenhorn« gleich 26 Spiele in der Bundesliga – eine außerordentlich gute Bilanz. Mehr und mehr entwickelte sich der Offensivspieler zu einem virtuosen Fußballer, der die Massen mit seinem filigranen Spiel begeisterte. Und wenn er zu seinen Spurts ansetzte, hallte von den Rängen meist ein langgezogenes »Williiiii« hernieder. Neuberger war ein technisch perfekter Allroundfußballer und mit großen spielerischen Mitteln ausgestattet. Ein Virtuose am Ball, der die Massen mit seinem Spiel begeistern konnte. Leistungsbereitschaft war für diesen Profi eine Art Verpflichtung gegenüber dem zahlenden Publikum. 1971 lehnte Willi Neuberger ein Angebot von den Offenbacher Kickers ab und unterschrieb statt dessen bei Werder Bremen – als Teil des sogenannten »Millionensturms«. Später beurteilte er dies als den Fehler seiner Karriere, denn an der Weser wurde er nicht froh. Über den Wuppertaler SV gelangte er schließlich im Jahre 1974 zu Eintracht Frankfurt – inzwischen war er der Dauerbrenner der Bundesliga und ein Inbegriff an Beständigkeit. Sein Trainer Dietrich Weise sagte einmal über ihn: »Seine Größe spiegelt sich in seiner Volkstümlichkeit – er war immer ein Spieler, mit dem sich die Zuschauer identifizieren konnten.« Und er kam auf jeder Position zurecht – mal war er rechter Verteidiger, mal Linksaußen. In seinen 17 Bundesligajahren, in denen 22 Trainer und 150 Mitspieler seinen Weg säumten, fehlte ihm eigentlich nur eine große Länderspielkarriere. Doch es langte für ihn lediglich zu zwei Einsätzen im Jahre 1968. Horst Buhtz, sein ehemaliger Trainer, wußte auch, warum dies so war: »Er war einfach nicht frech genug …« Schließlich stellten sich bei Neuberger die ersten Verletzungsprobleme ein. Der Rücken schmerzte, die Leiste zwickte, und auch Herzrhythmusstörungen waren ein ernster Grund, um kürzer zu treten. Nach 520 Bundesligaspielen verabschiedete er sich, lebte in Hainburg und arbeitete als Repräsentant für adidas in Langen bei Frankfurt. Und er wurde ein starker Golfspieler ...

NEUMAIER, ROBERT

Geboren am 14. April 1885,
gestorben am 22. März 1959
Drei Länderspiele (1909 bis 1912)
Phönix Karlsruhe

Ein »Phönix« aus der Asche

An einem heißen Sommertag des Jahres 1894 setzten sich ein paar zornige junge Karlsruher zusammen und gründeten einen neuen Verein: Phönix Karlsruhe! Die Schüler und Studenten protestierten damit gegen den Turnrat der Karlsruher Turngemeinde, der die Gründung einer Fußballabteilung strikt ablehnte. Doch die jungen Leute hatten es schwer, ihren neuen Verein am Leben zu erhalten, denn allein die Fahrtkosten zu den Auswärtsspielen überschritten bei einigen die finanziellen Möglichkeiten. Aber mit großer Zähigkeit hielten die Pioniere ihrem Verein die Treue und faßten gar im Jahre 1897 den Entschluß, blauschwarze Trikots in England zu bestellen. Dafür mußten die Empfänger jeweils 6,50 Mark berappen. Um die Jahrhundertwende wurde Phönix bereits um die gute Jugendabteilung beneidet – und eines dieser Talente aus eigenen Reihen war Robert Neumaier. Er war Abwehrspieler und 24 Jahre alt, als Phönix Karlsruhe am 2. Juni 1909 auf dem Schlesiersportplatz in Breslau zur Verblüffung aller den Titel eines Deutschen Meisters errang. Dabei wurde nicht irgendwer, sondern die Berliner Viktoria, der amtierende Titelverteidiger, mit 4:2 geschlagen. Arthur Beier war die Seele des Karlsruher Spiels, Wegele und Oberle die zu diesem Zeitpunkt wohl besten Flügelstürmer des deutschen Fußballs. Und Robert Neumaier, der seine Haare streng zurückkämmte und einen schmalen Schnauzbart trug, war einer der besten Abwehrspieler. Der spätere Verbandsrevisor war linker Verteidiger und schon am 4. April 1909 Nationalspieler geworden. Auf dem Platz des Karlsruher FV, des großen Lokalrivalen des FC Phönix, war Neumaier einer der Helden des ersten deutschen Länderspielsieges. Die Schweiz wurde mit 1:0 geschlagen, und der Verteidiger bestach durch Ruhe und Übersicht. Er kam noch zu zwei weiteren Länderspieleinsätzen – noch einmal gegen die Schweiz und gegen Belgien.

NEUMANN, ARNO

Geboren am 7. Februar 1885
Ein Länderspiel (1908)
Dresdner SC

Pionier des Dresdner Fußballs

Arno Neumann galt als der erste große Spieler in der Geschichte des Dresdner Fußballs. Als der Dresdner SC kurz vor der Jahrhundertwende aus der Taufe gehoben wurde, war der junge Arno Neumann, der später Sportjournalist werden sollte, einer der ersten aktiven Jugendfußballer. Von einer kurzen Zeit beim Lokalrivalen »1893« abgesehen, hielt er dem Dresdner SC sein Leben lang die Treue. Für den 20. April 1908 bekam Arno Neumann vom Verband Mitteldeutscher Ballspielvereine eine Einladung zum Länderspiel gegen Englands Amateure nach Berlin. Die Landesverbände hatten – entsprechend ihrer Größe und damit ihrer Bedeutung – Fußballer für die Länderspiele abzustellen. Neumann gehörte zu denen, die aus der Zeitung von dieser Nominierung Kenntnis erhielten, ehe mit dem endgültigen »Gestellungsbefehl« durch den DFB auch die Bahnfahrkarte bei ihm eintraf. In dem Schreiben wurde der Dresdner aufgefordert, einen »Gesellschaftsanzug« für das Bankett mitzubringen. Außerdem die eigenen Fußballstiefel. Eigentlich sollte er an der Spree vom Bahnsteig abgeholt werden, doch das Empfangskomitee des DFB hatte über den Begrüßungsstreß für die weitgereisten Gäste aus England die eigenen Spieler vergessen. Nachdem Arno Neumann seinen Koffer im Hotel an der Behrenstraße abgestellt hatte, bummelte er in den Stunden vor dem Spiel über die Straße unter den Linden und traf dort eher zufällig ein paar alte Bekannte aus Breslau. Einige Stunden später war es dann mit der Gemütlichkeit vorbei. Arno Neumann lernte seine Länderspielkameraden in der Kabine kennen. Und anschließend hatten die Deutschen gegen England wenig zu bestellen. Vor allem der Angriff war so gut wie wirkungslos. Am Ende hieß es 1:5, und Arno Neumann wurde zwei Tage später durch die Presse bescheinigt, er habe sich als rechter »Verbindungsstürmer« wenigstens um den »Anschluß« an die überforderten Außenstürmer bemüht. Die DFB-Spielleitung lobte die Mannschaft des Verlierers und rühmte deren Kampfgeist – die Spieler durften ihre schwarzen Strümpfe behalten ... Feuchtfröhlich verlief am Abend das Bankett – die englischen Fußballer tanzten auf den Tischen. Für Arno Neumann, der in Dresden als Rechtsaußen recht erfolgreich war und zuweilen auch als Mittelstürmer eingesetzt wurde, blieb dies das einzige Länderspielerlebnis. Die sportliche Heimat des Arno Neumann war in dieser Frühzeit des Dresdner Fußballs noch nicht das Ostragehege, wo erst 1919 ein Stadion entstand, sondern zunächst der Platz am Schützenhof in Trachau und schließlich das Gelände am Brandenburg-Platz. Vorher hatte der DSC an der Nossener Brücke gespielt und dort seine erste Blütezeit mit dem Gewinn der Mitteldeutschen Meisterschaft des Jahres 1905 erlebt. Arno Neumann war noch als vierzigjähriger Fußballer aktiv und galt zu diesem Zeitpunkt als ältester deutscher Ligaspieler. Von 1924 bis 1929 bekleidete er dann das Amt des Vorsitzenden des Dresdner SC. Der Fußball ließ ihn nie so richtig los – selbst nach dem 2. Weltkrieg sah man ihn noch im Trikot der Alten Herren von Motor-Ost Dresden.

NEUMANN, HERBERT

Geboren am 14. November 1953
Ein Länderspiel (1978)
1. FC Köln

Der Ältestenrat tagte

Immer dann, wenn Jupp Röhrig, der Jugendtrainer und Talentsichter des 1. FC Köln, in der rheinischen Nachbarschaft aufkreuzte, herrschte dort Alarmstimmung. So auch an einem Frühlingstag des Jahres 1969, als die Jugendkreisauswahl in Efferen spielte und ein Jüngling nicht nur wegen seiner wehenden blonden Haaren auf sich aufmerksam machte. Allein dieses Herbert Neumann wegen war Jupp Röhring gekommen, und der bedrängte daraufhin den jungen Mittelfeldspieler der Spvg. Porz, der Jugendmannschaft des 1. FC Köln beizutreten. Anderntags wurde der Porzer Ältestenrat zu einer Krisensitzung zusammengetrommelt. Doch Herbert Neumanns Entschluß stand da wohl schon fest – er schaute sich nach neuen Ufern um und gab den Porzern einen Korb. Die Fußballbegabung war bei ihm zwar unübersehbar, doch die »alten Herren« seines Heimatvereins fühlten sich zunächst bestätigt, denn nach anfänglichen Erfolgen wollte der Knoten bei ihm in der neuen Umgebung einfach nicht platzen. Manche sagten Herbert Neumann auch ein gestörtes Verhältnis zu Trainer Hennes Weisweiler nach. Zwar schoß Neumann 1973 im tollen Pokalfinale von Düsseldorf gegen Borussia Mönchengladbach bei der 1 : 2-Niederlage das Kölner Tor, doch zwei Jahre später stellte der »Kicker«

die bange Frage: »Verkümmert dieses Supertalent …?« Schließlich hatten ein paar Experten Herbert Neumann zugetraut, sogar die Rolle des zurückgetretenen Wolfgang Overath übernehmen zu können. Viele übersahen allerdings dabei, daß das Talent mit Problemen zu kämpfen hatte – mit Wachstumsstörungen, Magengeschwüren und langwierigen Zerrungen. Die Kölner hatten Geduld mit ihrem ehemaligen Jugendnationalspieler, und als dieser dann eines Tages mit Heinz Flohe ein starkes Gespann bildete, war Herbert Neumann sogar in den Planungen Helmut Schöns vor der Weltmeisterschaft 1978 eine feste Größe. Im gleichen Jahr war Neumann beim 2 : 1-Sieg gegen England in München dabei. Doch der gelernte Industriekaufmann galt auch als »Bruder Leichtfuß« und als junger Mensch, für den das Leben nicht nur aus Fußball bestand. 1978 wurde er dennoch mit den Kölnern Deutscher Meister. Zwei Jahre später verabschiedete sich der »Sonnyboy« von seinem Verein und wechselte – lange vor der großen Auswanderungswelle deutscher Nationalspieler – nach Italien. Die Kölner kassierten eine Ablösesumme von einer Million Mark vom FC Udinese. In Friaul absolvierte er eine gute Saison und wurde zum fünftbesten Ausländer der italienischen Liga gewählt. Aber gleichzeitig gab Udinese Neumann an den AC Bologna weiter. Es war das Pech des Rheinländers, daß die Bolognesen dann abstiegen, worauf sich der Mittelfeldspieler wieder beim 1. FC Köln meldete, nachdem Verhandlungen mit dem FC Basel und dem 1. FC Nürnberg scheiterten und auch ein mehrtägiges Probetraining bei Arsenal London keinen Vertrag einbrachte. Seine weiteren Stationen waren Olympiakos Piräus und ab 1984 der FC Chiasso. Im südlichsten Zipfel der Schweiz fühlte sich Neumann wohl und wurde dort am 1. September 1986 für knapp drei Jahre in die Rolle des Spielertrainers gehievt. Beim FC Zürich und vor allem bei Vitesse Arnheim begründete er anschließend seinen Ruf als Erfolgstrainer. Herbert Neumann lebte mit seiner Familie in Heelsum, vor den Toren von Arnheim, fand bei Vitesse in Jan Jongbloed, ehemals Nationaltorwart der Holländer, einen guten Assistenten. Die »kleine Welt« in den Niederlanden reichte ihm. »Ich liebe den Fußball, und dafür brauche ich keine Weltstadt«, sagte er. Mitte der neunziger Jahre war er dann Trainer in der Türkei – er betreute Istanbulspor. Doch immer noch war Holland für ihn so etwas wie eine zweite Heimat. 1997 trainierte er die Mannschaft von NAC Breda.

NEUMER, LEOPOLD

Geboren am 8. Februar 1919
Ein Länderspiel (1938)
Austria Wien

Mit »19« zum WM-Turnier

Die deutsche Fußball-Nationalmannschaft bereitete sich auf das WM-Turnier 1938 vor. Nach der Olympiablamage von Berlin bot sich dem Fußball die Chance, international den verlorenen Kredit zurückzugewinnen. Und nach Hitlers Einmarsch in Österreich standen auch die Wiener dem neuen Reichstrainer Sepp Herberger zur Verfügung. Doch Österreichs »Wunderteam« der frühen 30er Jahre war längst Legende, und Herberger tat sich schwer mit der Integration des Wiener Fußballs. Nachdem aber die deutsche Elf ihr letztes Testspiel vor der WM gegen England in Berlin kläglich mit 3:6 verloren hatte und ausgerechnet ein Gaskassierer aus Wien, der Außenstürmer Hans Pesser, bester Spieler im Team des Verlierers war, wurden die Rufe nach weiteren Österreichern im Umfeld der Nationalmannschaft immer lauter. Zu einer Testspielserie hatte der DFB Aston Villa eingeladen, und am 15. Juni 1938 konnten sich 30 000 Zuschauer in Berlin vom »frechen Spiel« des Leopold Neumer überzeugen. Der 19jährige Linksaußen von der Austria, der schon zwei Länderspiele für Österreich bestritten hatte und als ganz junger »Hüpfer« 1936 den Mitropa-Cup gewann, weil im entscheidenden Spiel der etatmäßige Linksaußen Viertl verletzt war, zeigte keinerlei Respekt, legte sich schon in den ersten Minuten mit dem englischen Haudegen Callaghan an und imponierte durch seine Schnelligkeit und seine präzisen Flanken. Dennoch erhielt sein Wiener Rivale Hans Pesser im WM-Vorrundenspiel in Paris gegen die Schweiz den Vorzug. Dem aber brannten in der hektischen Endphase der Verlängerung die Sicherungen durch, und er wurde nach einem Revanchefoul vom Platz gestellt. Das war die Chance des Leopold Neumer, der nach dem 1:1 gegen die Schweiz für das Wiederholungsspiel fünf Tage später nominiert wurde. Doch nach einer 2:0-Führung verlor die deutsche Elf noch mit 2:4. Kurz vor dem Schweizer Ausgleich wurde Neumer im Strafraum elfmeterreif gefoult, doch der Pfiff des schwedischen Schiedsrichters Eklind blieb aus.

NEUSCHÄFER, HANS

Geboren am 23. November 1931
Ein Länderspiel (1956), ein Tor
Fortuna Düsseldorf

Vom Main zurück zum Rhein

Am Rhein stand seine Wiege, doch zum großen Fußball kam Hans Neuschäfer nicht in seiner Heimatstadt Düsseldorf, sondern in Aschaffenburg. In den schweren Zeiten des 2. Weltkriegs hatte er für Turu im Düsseldorfer Stadtteil Oberbilk gespielt. Er war Halbstürmer, verfügte über ausgeprägte technische Fähigkeiten und war dazu auch noch torgefährlich. Er bestritt einige Spiele für die Niederrheinauswahl und stand zunächst im Aufgebot des DFB für die Olympischen Spiele in Helsinki. Doch dann wurde er doch noch gestrichen. Eigentlich war dieses Talent ein »Fall« für die Düsseldorfer Fortuna, doch es erging Hans Neuschäfer wie dem Propheten, der im eigenen Lande nichts gilt. Und so führte ihn der Weg zur Viktoria nach Aschaffenburg. Spätestens zu diesem Zeitpunkt tat es den Fortunen wohl leid, daß sie das Talent vor der Haustür übersehen hatten, denn schon bald machte Hans Neuschäfer im Süden Deutschlands Furore. In der Saison 1953/54 schoß der junge Rheinländer zwar etliche Tore in der Oberliga Süd, doch sie genügten nicht, um der Viktoria die Klasse zu erhalten. 1956 entschloß sich Hans Neuschäfer dann zur Rückkehr in die alte Heimat – und jetzt zeigte die Fortuna Interesse. Gemeinsam mit dem Sodinger Gerd Harpers kam er in die Düsseldorfer Mannschaft, wo Jupp Derwall und Erich Juskowiak die Stars waren. Zwar hatte Hans Neuschäfer zu seinem neuen Trainer Hermann Lindemann nicht den besten Draht, doch die Fortuna erreichte immerhin das Pokalendspiel, das allerdings im Augsburger Rosenaustadion gegen Bayern München mit einer 0:1-Niederlage endete. Zu diesem Zeitpunkt war Hans Neuschäfer schon Nationalspieler. Er hatte noch während seiner Aschaffenburger Zeit zwei B-Länderspiele bestritten und dabei seine Kritiker überzeugt. Der Lohn war die Nominierung für das Länderspiel am 21. November 1956 in Frankfurt gegen die Schweiz. Vier Weltmeister standen noch im deutschen Team: Eckel, Liebrich, Fritz Walter und Schäfer. Doch der Gastgeber harmonierte nicht, verlor 1:3 und wurde von den 80 000 im Waldstadion mit einem Pfeifkonzert verabschiedet. Das deutsche Ehrentor erzielte der Neuling aus Düsseldorf: Neuschäfer nach Vorarbeit von Pfaff. Für den Torschützen blieb das die einzige Länderspielberufung. Dafür ging an diesem Tag der Stern eines anderen auf: der des Horst Szymaniak vom Wuppertaler SV, der wie Neuschäfer gegen die Schweiz debütierte. Im gleichen Jahr feierten die Düsseldorfer und Essener Fans eine Kombination aus den besten Fußballern der beiden westdeutschen Metropolen, die gegen Honved Budapest (mit Grosics und Hidegkuti) gewann. Dabei markierte Hans Neuschäfer zwei Tore. Bis 1958 trug dieser das Trikot von Fortuna Düsseldorf. An der Bismarckstraße eröffnete er ein Textilgeschäft. Später wechselte er als Spieler und Spielertrainer in die Schweiz, arbeitete unter anderem als Konditionstrimmer beim FC Biel. In den 70er Jahren war er nach einer Zwischenstation bei Viktoria Köln wieder in Düsseldorf, betreute dort den Nachwuchs, lebte in Zons und arbeitete als Bankangestellter.

NICODEMUS, OTTO

Geboren am 21. Juni 1886,
gestorben am 2. Dezember 1966
Ein Länderspiel (1909)
SV Wiesbaden

Ein Bollwerk mit Doktortitel

Wiesbaden war stets das Ziel gekrönter Häupter. Die Herzöge von Nassau bauten hier, am Südhang des Taunus, ihr Stadtschloß, und wenn es ihnen da zu laut wurde, zogen sie hinaus nach Biebrich, wo es schon seit dem 17. Jahrhundert eine barocke Residenz gab. Hier, in Biebrich, wurde Otto Nicodemus geboren, ein deutscher Fußballnationalspieler der ersten Stunde. Als er seine Jugendzeit verbrachte, war Wiesbaden längst ein beliebter Kurort, der um die Jahrhundertwende von mehr als 130 000 Gästen im Jahr besucht wurde. Beliebter Mittelpunkt dieser Zeit war der Kochbrunnen, wo sich 15 warme Quellen vereinten. Otto Nicodemus fand auf dem Weg zum Abitur Geschmack am Fußball. Er schloß sich dem SV Wiesbaden an und war als »Bollwerk« gefürchtet. Seine stämmige Figur machte ihn zu einem unbequemen Verteidiger. Knapp 23 Jahre war Otto Nicodemus alt, als er eine Einladung des Deutschen Fußball-Bundes zum Länderspiel gegen die Schweiz nach Karlsruhe erhielt. Zur gleichen Stunde spielte eine andere deutsche Mannschaft in Budapest gegen Ungarn. Doch der »Karlsruher Elf«, die sich vornehmlich aus süddeutschen Spielern zusammensetzte, blieb es vorbehalten, den ersten Sieg der deutschen Länderspielgeschichte perfekt zu machen. Otto Nicodemus, der

später eine Doktorarbeit schrieb und Leiter eines Laboratoriums wurde, bekam nach dem 1:0-Sieg gegen die Schweiz viele gute Kritiken. Er hatte auf dem sandigen Karlsruher Exerzierplatz vor immerhin 7000 Zuschauern vor allem wegen seiner Ballbeherrschung und seiner wuchtigen »Stöße« imponiert. Er trug später das Trikot des Freiburger FC. Seine zweite Passion: Dr. Nicodemus war einer der sachverständigsten Philatelisten Deutschlands, ein begeisterter Sammler, und er betätigte sich als Gutachter für Behörden. Der Bund Deutscher Philatelisten verlieh ihm die höchsten Auszeichnungen. Er starb Ende 1966 an den Folgen eines Schlaganfalls.

NICKEL, BERND

Geboren am 15. März 1949
Ein Länderspiel (1974)
Eintracht Frankfurt

Es begann mit einem Telefonat ...

»Hören Sie«, sagte die unbekannte Stimme am Telefon. »Ich habe da einen Neffen, und der wird im Fußball mal ein Großer.« Es muß wohl eine glückliche Fügung gewesen sein, daß sich am anderen Ende der Leitung ein verständnisvoller Mensch in der Geschäftsstelle der Frankfurter Eintracht meldete. Der schrieb die Telefonnummer auf, und ein paar Tage später rief im kleinen Flecken Eisenroth im Westerwald tatsächlich ein Vertreter des Bundesligisten an und sagte: »Dann schicken Sie Ihren Neffen mal vorbei ...« Bernd Nickel verdankte es also seinem Onkel, daß sich die Tür in Frankfurt für ihn öffnete. Elek Schwartz leitete das Probetraining für den 17jährigen und war angetan von dem jungen Mann, der zweierlei mitbrachte: die kehlige Sprache seiner Heimat und einen strammen Schuß. Kurz darauf lud die Eintracht eben jenen Bernd Nickel und einen gewissen Bernd Hölzenbein ein, als Gäste mit der Fohlenmannschaft nach Holland zu reisen. Fast zeitgleich mit Nickel und Hölzenbein kreuzte mit Udo Klug ein ehrgeiziger Trainer bei den Amateuren der Eintracht auf, und der nahm die beiden Neulinge unter seine Fittiche. Bernd Nickel verdankte es aber auch dem Frankfurter Geschäftsführer Jürgen Gerhardt, daß sich der Junge aus dem Westerwald schnell in der Metropole am Main zurechtfand. Sein erstes Spiel in der Bundesliga führte Bernd mit seinen 18 Jahren 1967 gegen den FC Bayern München – und er ärgerte sich maßlos über die 0:3-Niederlage seiner Mannschaft. Nickel hatte einige Anlaufprobleme auf dem Spielfeld – auch deshalb, weil er sich eigentlich im Mittelfeld viel wohler fühlte als auf der Außenstürmerposition. Doch Trainer Erich Ribbeck sah auf dem Flügel keine Alternative zu seinem Talent, und nach und nach bekam auch Bernd Nickel Geschmack an dieser für ihn zunächst ungewohnten Rolle. Es war für ihn eine strapaziöse Zeit, denn als Mitglied der Amateurnationalelf, für die er insgesamt nicht weniger als 41 Spiele bestritt, und als Stammspieler der deutschen Bundeswehrauswahl stand er längere Zeit im Dauereinsatz. 1972 gehörte er zum deutschen Olympiateam bei den Spielen in München, die für den DFB mit der Niederlage gegen die DDR endeten. Beim 7:0 gegen die USA schoß er vier Tore. Inzwischen hatte ihm Nationaltorwart Hans Tilkowski einen zweiten Namen verpaßt: »Dr. Hammer«! Er war der gefürchtetste »linke« Scharfschütze der Bundesliga. Zwischen 1967 und 1983 erzielte er in 426 Bundesligaspielen 141 Tore, ehe er seine Karriere in der Schweiz, bei Young Boys Bern, ausklingen ließ. Zu seinem einzigen Länderspiel kam Bernd Nickel 1974 – er war nach der Weltmeisterschaft beim 1:0-Sieg auf Malta dabei. Schon 1975 war er Inhaber eines Souvenirgeschäfts in Frankfurt und eines Sportgeschäfts in Herborn. In den 80er Jahren betätigte er sich als Spielervermittler – die Europäische Fußball-Union erteilte ihm eine Lizenz. Als ausgezeichneter Golfer passierte ihm in Vancouver etwas Außergewöhnliches – er schlug ein »hole in one« aus 150 Metern. Zeugen waren seine einstigen Weggefährten Jürgen Grabowski und Willi Neuberger.

NICKEL, HARALD

Geboren am 21. Juli 1953
Drei Länderspiele (1979 bis 1980)
Borussia Mönchengladbach

Elfmeter aus dem Stand

Harald Nickel kam im ostwestfälischen Espelkamp zur Welt und trug als kleiner Steppke das Trikot des FC Lübbecke. Und, wie alle kleinen fußballverrückten Jungen dieser Region, schwärmte auch er für Arminia Bielefeld. Die Fußballer aus der Stadt des Leinewebers spielten in der Bundesliga, und das war auch das Ziel des Talents aus Espelkamp. In der Saison 1971/72 ging sein Traum in Erfüllung – in fünf Bundesligaspielen wurde der 18jährige Stürmer eingesetzt. Doch dann brannte es auf der Alm lichterloh, denn die Arminen waren tief verstrickt im Bundesligaskandal, der in den frühen 70er Jah-

ren den deutschen Fußball in seinen Grundfesten erschütterte. Die Bielefelder Mannschaft fiel auseinander, doch Harald Nickel verließ seine westfälische Heimat mit einer weißen Weste. Der belgische Zweitligist FC Turnhout war seine nächste Station im Profifußball – die Ablösesumme betrug 40 000 Mark. Und Harald Nickel arbeitete an sich und seiner Technik, was sich sehr schnell auszahlte, denn schon 1975 wurde der Mittelstürmer in der 2. belgischen Division Torschützenkönig. Vormittags besuchte er eine europäische Schule, büffelte fürs Abitur, verbesserte seine Sprachkenntnisse in Holländisch und Französisch und ließ sich so ganz nebenbei auch noch zum Elektrochemiker ausbilden. Inzwischen stand Harald Nickels Name in den Notizbüchern einiger Vereine, worauf er seine Wanderungen zunächst einmal in Belgien fortsetzte. Über Union St. Gilloise landete er beim Erstligaklub FK Kortrijk, ehe er bei Standard Lüttich seinen vorläufigen Leistungshöhepunkt erreichte, was sich mit 23 Toren in der Saison 1977/78 niederschlug. Längst hatte Harald Nickel auch wieder das Interesse der deutschen Vereine geweckt – Eintracht Braunschweig war er 1978 eine Ablösesumme von einer halben Million Mark wert. Fortan schwärmten die Fans in der Bundesliga von seinen Toren und vor allem von seinem Elfmetertrick, denn die Strafstöße schoß er aus dem Stand – ein Novum im deutschen Fußball. Nebenbei studierte er auch noch zwei Semester Betriebswirtschaft. Sein Kurswert stieg ständig, und im Jahre 1979 mußte Borussia Mönchengladbach schon eine runde Million berappen, um Harald Nickel in Braunschweig loszueisen. Für den amtierenden UEFA-Cupsieger erzielte er in der Saison 1979/80 genau 20 Tore. Bei einem UEFA-Cupspiel in Mailand gelang ihm mit einem tollen Hammer aus über 30 Metern das »Tor des Jahres 1979«. Bundestrainer Jupp Derwall berief ihn für die Länderspiele gegen die UdSSR, Türkei und Malta, doch als das Aufgebot zur Europameisterschaft 1980 in Italien nominiert wurde, fehlte der Name des Harald Nickel, denn der war in ein Leistungstal gefallen. 1981 wechselte Harald Nickel zum FC Basel, aber im St.-Jakob-Stadion tat sich der 800 000-Mark-Einkauf zunächst schwer. Trainer Helmut Benthaus hatte längere Zeit wenig Freude an seinem verhinderten Torjäger. Trotzdem gefiel es Nickel in der Schweiz – er lobte die Lebensqualität der Eidgenossen.

NIEDERBACHER, MAX

Geboren am 22. Juni 1899,
gestorben im Juni 1979
Ein Länderspiel (1925)
Stuttgarter Kickers

Schwache Mannschaft – schwacher Tag

Max Niederbacher erblickte in Pfalzgrafenweiler, einem freundlichen Ort bei Freudenstadt am Rande des Schwarzwaldes, das Licht der Welt. Hier, in dieser Idylle, eingerahmt von einem Kranz prächtiger Wälder, wuchs er auf, doch zum Fußball fand er erst bei den Stuttgarter Kickers. Einem Verein, der in jenem Jahr gegründet wurde, als Max Niederbacher zur Welt kam und der schon im Jahre 1908 das Endspiel um die deutsche Fußballmeisterschaft erreichte. In den Jahren vor und nach dem 1. Weltkrieg waren die Kickers in Süddeutschland eine erste Adresse. Kein Wunder, daß sich der junge Max Niederbacher hier den Traum als erfolgreicher Fußballer erfüllen wollte. Nach dem Ende der Saison 1924/25 organisierte der DFB eine Tournee durch Skandinavien mit Spielen in Stockholm gegen Schweden und in Finnland gegen Helsinki. Mit von der Partie war Max Niederbacher, der in Stuttgart zumeist Mittelläufer, hin und wieder aber auch Verteidiger oder gar Mittelstürmer spielte. In Stockholm erlebte der Schwarzwälder am 21. Juni 1925 sein Auswahl-Debüt, erwischte aber einen schwachen Tag in einer schwachen deutschen Mannschaft, in der vor allem die Stars aus Fürth schmerzlich vermißt wurden. Max Niederbacher, Mechaniker von Beruf, wechselte später noch mehrfach das Trikot und spielte nach seiner Zeit bei den Kickers beim Stuttgarter Sportclub, dann beim 1. FC Biel in der Schweiz.

NIEDERMAYER, KURT

Geboren am 25. November 1955
Ein Länderspiel (1980)
Bayern München

Der Stille aus dem lauten Hockenheim

Dort, wo die Motoren der Formel 1 dröhnen, in Hockenheim, kam Kurt Niedermayer zur Welt. Doch das Flair der heißen Rennen auf dem Motodrom waren nicht nach seinem Geschmack. »Da ist es mir zu laut«, sagte der junge Fußballer, als er 1977 beim FC Bayern München aufkreuzte. Der ruhige Außenverteidiger war 1977 längst nicht mehr

ein unbeschriebenes Blatt. Beim SC Reilingen, wo auch Kurt Eigl herkam, also nur ein paar Kilometer von der Rennstrecke entfernt, hatte er als Schulbub' gekickt. Vier Jahre danach brachte er es im Trikot des Karlsruher SC schon zum DFB-Auswahlspieler im Schülerbereich. Geradeaus, wie es seinem Charakter entsprach, führte ihn der Weg in die B-Jugendauswahl des DFB und schließlich in die Jugendnationalmannschaft unter der Regie von Trainer Herbert Widmayer, der Niedermayer schon aus der Zeit kannte, da er noch als Verbandstrainer in Nordbaden wirkte. Beim UEFA-Jugendturnier waren Rüdiger Abramczik, Uli Stielike und Karl-Heinz Körbel seine Altersgenossen. Als er einen Mittelfußknochenbruch erlitt und einige Zeit pausieren mußte, stürzte er sich mit Ehrgeiz in die Ausbildung zum Industriekaufmann. 21 Jahre war Kurt Niedermayer jung, als Bayern-Coach Dettmar Cramer auf den Karlsruher Bundesligaprofi aufmerksam wurde. Und als der Transfer perfekt war, harmonierte Niedermayer auf Anhieb mit den Stars von der Isar. Für einen, der noch in den Startlöchern seiner Karriere steckte, war dies ziemlich erstaunlich, doch Cramer war beeindruckt von der Vielseitigkeit seines Neulings, denn der war als Verteidiger, Vorstopper und auch im Mittelfeld verwendbar. Mit seiner Dynamik und der Wucht seiner Schüsse verschaffte sich Kurt Niedermayer Respekt in der höchsten deutschen Spielklasse. 1982 – inzwischen war er durch seinen Einsatz im Länderspiel gegen Holland (1:1 in Eindhoven) Nationalspieler geworden – wechselte Niedermayer als zweifacher Deutscher Meister zum VfB Stuttgart, wo er den Part des Liberos übernahm. Bis 1985 spielte er für die Schwaben – holte mit dem VfB im Jahre 1984 den Titel des Meisters – um dann das Trikot des FC Locarno am Lago Maggiore überzustreifen.

NIGBUR, NORBERT

Geboren am 8. Mai 1948
Sechs Länderspiele (1974 bis 1980)
Schalke 04

Ärger mit Helmut Schön

Geduld – das war ein großes Wort in der Karriere des Norbert Nigbur. Immer wieder wurde er auf die Probe gestellt, immer wieder mußte er auf seine große Chance warten, und fast immer stand er im Schatten eines anderen. Das typische Los eines Torwarts! Viele Schalke-Fans sind noch heute überzeugt, daß dieser reaktionsschnelle Mann zwischen den Pfosten der beste Torwart war, den die Gelsenkirchener in der Bundesliga jemals hatten. Doch Norbert Nigbur brachte es nur auf sechs Länderspieleinsätze, weil er in Sepp Maier eine Torwartlegende »vor der Nase« hatte. Immerhin: Der Schlußmann aus dem Gelsenkirchener Ortsteil Heßler, der über Gelsenkirchen 06 zu den »Knappen« kam, stand 355mal im Schalker Tor. 1966 öffnete sich für ihn die Tür zum Profikader, und fortan hatte Jupp Elting einen starken Konkurrenten. Nach und nach sicherte sich Nigbur, der sechsmal in der deutschen Juniorennationalmannschaft spielte und mit 16 Jahren einer der Jüngsten beim UEFA-Turnier war, die größeren Anteile am Schalker Torwart-»Kuchen«, und ab 1970 war er die unumstrittene Nummer eins zwischen den Pfosten. Als er 1975 ein B-Länderspiel gegen Österreich bestritt, hatte er schließlich einen ungewöhnlichen Rekord aufgestellt – er war der erste Fußballer, der in allen Auswahlmannschaften des DFB spielte: Sechs A-Länderspiele, fünf B-Länderspiele, zwei Amateurländerspiele, vier Juniorenländerspiele, 13 Jugendländerspiele und eine Berufung in die Schülernationalelf – das war Nigburs eindrucksvolle Bilanz. Doch dieser Weg war nicht ohne Dornen, und der temperamentvolle Torwart legte sich hier und da mit seinen »Chefs« an. Auch Bundestrainer Helmut Schön bekam die Courage des Torwarts zu spüren. Als Nigbur 1970 nicht in die Nationalmannschaft berufen wurde, sondern eine Einladung für ein Juniorenländerspiel bekam, ließ er seinen Ärger in einem Zeitungsinterview ab. Die Folge: Das Verhältnis zu Schön war empfindlich gestört. Erst 1974 kamen sich beide wieder näher, und der Schalker Torwart kam nun endlich zu seinem ersten Einsatz in der Nationalmannschaft und gehörte auch zum deutschen Aufgebot der Weltmeisterschaft des gleichen Jahres. Er war aber nur die Nummer drei hinter Maier und Kleff. Klimatische Störungen gab es für ihn aber auch beim FC Schalke, wo er heftig mit Trainer Max Merkel kollidierte, weil dieser wenig Verständnis für Nigburs Hobby als passionierter Trabrennfahrer aufbrachte. Worauf der Schlußmann die Koffer packte und für drei Jahre das Tor von Hertha BSC hütete. Auch an der Spree bestätigte er seinen Ruf als »Elfmeterkiller« – gerühmt waren darüber hinaus seine weiten Abschläge. 1979 kehrte er für weitere vier Jahre ins Parkstadion zurück. Am Ende seines Weges beim FC Schalke stand dann noch ein großer Krach. Ausgerechnet mit Rudi Assauer, seinem alten Spezi aus vielen gemeinsamen Jahren, bekam er Ärger. Der Schalker Manager belegte seinen langjährigen Torwart sogar

mit einem Stadionverbot. Doch allmählich legte sich die Aufregung – nach seiner aktiven Zeit hatte der gelernte Versicherungskaufmann viel Zeit für seine eigenen Pferde auf der Rennbahn in Gelsenkirchen. Außerdem betrieb er einen Sportartikelversand. Aktiv war Norbert Nigbur noch für den VfB Hüls, für Rot-Weiß Essen und den FC Luthenberg.

NOACK, RUDOLF

Geboren am 30. März 1913,
gestorben 1947
Drei Länderspiele (1934 bis 1937), ein Tor
Hamburger SV

Der Supertechniker aus Harburg

Der schwarze Rudi wurde am Fuße der Schwarzen Berge geboren. In Harburg, wo die Süderelbe eine natürliche Grenze zu Hamburg bildet. Hier entwickelte sich schon früh ein reger Fußballbetrieb, doch so mancher Fan fuhr schon mal über den Strom, um die Victoria zu sehen oder später den HSV. Rudolf Noack spielte bei Rasensport Harburg bis zu seinem 17. Lebensjahr. In diesem Jahr 1930 geisterte immer wieder das Wort vom »Fußballprofi« durch die Lande. Deutschland war gespalten in Befürworter und extreme Gegner, und kurioserweise wies das Harburger Adreßbuch den Beruf eines gewissen Rudolf Noack als »Fußballer« aus. Der Hamburger SV war so etwas wie der Nabel des norddeutschen Fußballs. Blunk, Beier, Lang, Harder, Risse und Horn hatten es zu Nationalspielern gebracht, und seit dem Jahre 1919 nahmen die Hanseaten stets an den Spielen der deutschen Endrunde teil. In dieser Zeitspanne wurde der HSV im Norden nur dreimal entthront – durch Arminia Hannover und zweimal durch Holstein Kiel. Am Ende der Saison 1930/31 trugen die HSVer ein Ausscheidungsspiel zur Norddeutschen Meisterschaft gegen den Harburger SV aus und gewannen 9:1. In den Reihen des Gegners stand der blutjunge Rudolf Noack, der wenig später zum Rothenbaum wechselte – gemeinsam mit Richard Dörfel. Noack wurde unter der Regie des ungarischen Trainers Kertesz zum Senkrechtstarter, schoß als Halblinker Tore am Fließband. Im Juni 1932 gingen Rudolf Noack und Richard Dörfel, der Freund aus gemeinsamen Harburger Jugendtagen, auf eine kurze Wanderschaft. Vier Monate blieben sie in Köln, stürmten in der Domstadt gar in der Stadtmannschaft beim 12:0 gegen Krefeld, kehrten dann aber wieder an die Elbe zurück. Während Dörfel sofort spielberechtigt war, wurde Noack gesperrt und mußte bis zum April 1933 auf sein Comeback warten. Statt dessen wurde der HSV immer mehr zum Magneten der Talente aus Harburg und Wilhelmsburg. In dieser Zeit kam auch Frido Dörfel zum HSV, der Vater von Gert, der neben Rudi Noack auf Linksaußen stürmte. Im Januar 1934 war dann auch Noack Nationalspieler. Beim 3 : 1-Sieg gegen Ungarn vor 38 000 begeisterten Zuschauern in Frankfurt war er einer der stärksten Spieler. Es folgte die Nominierung zum Kader für die Weltmeisterschaft in Italien, wo er im Halbfinale beim 1 : 3 in Rom gegen die Tschechoslowakei das zwischenzeitliche 1 : 1 schoß. Sein drittes und letztes Länderspiel absolvierte der hochveranlagte Techniker 1937 in Zürich gegen die Schweiz. In Hamburg hatte sich Rudi Noack längst das Prädikat »Superklasse« verdient. Er war zu einem Spieler gereift, der es mit der Fußballartistik der Italiener und Spanier aufnehmen konnte. »Seine Kunst beginnt bei seinem Spielwitz«, urteilte ein Kritiker seiner Zeit. In den späten 30er Jahren trug auch Rudis jüngerer Bruder Hansi das Trikot des HSV. Während des 2. Weltkrieges spielte Rudi Noack gemeinsam mit Richard Dörfel bei Vienna Wien an der Seite von Karl Decker. Die Wiener gewannen mit ihren Gastspielern aus Hamburg das letzte deutsche Pokalendspiel des 2. Weltkriegs am 31. Oktober 1943 in Stuttgart gegen den LSV Hamburg mit 3 : 2. Ausgerechnet Rudolf Noack erzielte das Siegtor gegen die Hanseaten. Viennas Mittelstürmer Richard Fischer brachte 1945 beim Einmarsch der russischen Truppen in Wien den deutschen Fußballpokal unter einer Kohlenhalde in Sicherheit. Zehn Jahre später kehrte die Trophäe anläßlich des Länderspiels Deutschland – Österreich in Köln in die Bundesrepublik zurück. Rudolf Noack erlebte dies nicht – er starb bereits im Jahre 1947 in russischer Kriegsgefangenschaft.

NOGLY, PETER

Geboren am 14. Januar 1947
Vier Länderspiele (1977)
Hamburger SV

Die »Eiche« vom Ufer der Trave

Travemünde, wo die großen Ostseefähren vor Anker gehen, ist der Geburtsort von Peter Nogly, und beim heimischen TSV fing alles an. Hier befreundete sich der junge Mann mit dem Fußball, um über den Eichholzer SV zu Phönix Lübeck zu gelangen. Dieser Verein war viele Jahre lang eine gute Adresse des norddeutschen Fußballs und Mitglied der Regionalliga. Und die war seit der Einführung der Bundesliga für viele Vereine des »Oberhauses« das Sammelbecken der Talente. Hin und wieder schauten auch mal die Späher des Hamburger SV bei Phönix vorbei – und fanden im Jahre 1969 Gefallen an dem hoch aufgeschossenen Abwehrspieler von der Trave. Inzwischen hatte sich auch der FC Bayern München für diesen »Rohdiamanten« interessiert. Peter Nogly – er hatte mittlerweile eine Ausbildung zum Maschinenschlosser abgeschlossen – erhielt einen Vertrag beim HSV, wo »Schorsch« Knöpfle der Trainer war und wo noch die großen Stars Uwe Seeler, Willi Schulz und Charly Dörfel spielten. Elf Jahre lang trug Peter Nogly daraufhin das Trikot des HSV als Vorstopper oder Libero. Ligapokal, DFB-Pokal, Europapokal der Pokalsieger, die »Salatschüssel« des Deutschen Meisters – der Fighter, den sie im Volksparkstadion »Eiche« nannten, sammelte Trophäen. Die DFB-Juniorenauswahl war für Nogly das Sprungbrett zur Nationalmannschaft. 1976 reiste er mit ihr zur Europameisterschaftsendrunde nach Belgrad, wurde dort aber nicht eingesetzt. Vielmehr bekam er von Bundestrainer Helmut Schön eine erste Chance am 23. Februar 1977, als Franz Beckenbauer mit der 0 : 1-Niederlage in Paris gegen Frankreich seine glanzvolle internationale Karriere beschloß. Es folgten Einsätze gegen Nordirland sowie im Rahmen der Südamerikareise in Uruguay und Mexiko. Peter Noglys Stärken waren Zuverlässigkeit und kompromißlose Härte. Für viele Stürmer seiner Generation war der knorrige Hamburger so etwas wie ein Schreckgespenst. Seine Spezialität waren aber die wuchtigen Vorstöße in die gegnerische Hälfte. Etliche Spiele gewann der Hamburger Sportverein nur deshalb, weil Peter Nogly aus großer Distanz einfach mal den Ball aufs Tor drosch. Nach der Saison 1979/80 sagte er der Bundesliga nach 320 Spielen und 38 Toren »ade« und unterschrieb im kanadischen Edmonton einen Vertrag in der nordamerikanischen Profiliga, obwohl ihm zu diesem Zeitpunkt auch Angebote aus Belgien und Frankreich vorlagen. Nach seiner Zeit in Edmonton wechselte Peter Nogly zu den Tampa Bay Rowdies, wo schon Torwart Jürgen Stars und Franz Gerber ihre Visitenkarte abgegeben hatten. 1983 landete er schließlich wieder in Deutschland – beim Zweitligisten Hertha BSC. Später sah man ihn zuweilen in der Altliga des HSV und eine Zeitlang als Trainer des Hamburger Landesligisten SC Wentorf und später beim VfB Lübeck.

NOWAK, HANS

Geboren am 9. August 1937
15 Länderspiele (1961 bis 1964)
Schalke 04

Der erste Offensivverteidiger

»Aber der Nowak läßt mich nicht verkommen ...«
Hans Nowak wird für den schwülstigen Hit der
Schwabing-Wirtin Gisela kaum Pate gestanden haben. Er war kein Star der leichten Muse, sondern
ein Liebling des Schalker Publikums. Den schwarzen Hans hatten die Fans der »Knappen« schnell in
ihr Herz geschlossen, als er 1958 über Eintracht
und Alemannia Gelsenkirchen zu den Schalkern
kam. Der Traditionsverein war gerade zum siebten-
mal Deutscher Meister geworden, als der Fußballer
aus der Nachbarschaft einen Blitzstart hinlegte. In
der Glückauf-Kampfbahn war der Schalker Anhang
begeistert von diesem jungen Hans, der voller Energie steckte und den geraden Weg zum Tor suchte.
Und weil er ihn meist auch fand, wurde er schnell
zu einer festen Größe beim amtierenden Meister.
Spätestens, als er in einem Spiel fünf Tore für den
FC Schalke schoß. Eigentlich stand der Zufall dafür
Pate, daß aus Hans Nowak ein Stürmer wurde. Indirekt hatte er das in seiner Zeit bei Eintracht Gelsenkirchen Karl Hohmann zu verdanken. Der Benrather Nationalspieler der 30er Jahre war ärgerlich,
als der junge Hans Nowak irgendwann einmal
einen Elfmeter verschuldete. »Geh' nach vorn – da
kann Dir so was nicht passieren«, rief er seinem Abwehrspieler zu. Der erste Schritt zu einer erfolgreichen »Umschulung«. Doch in Schalke blieb er nicht
auf Dauer Stürmer. Der große Ernst Kuzorra nahm
eines Tages Trainer Georg Gawliczek zur Seite und
empfahl ihm, aus Nowak einen offensiven Verteidiger zu machen. Gawliczek nahm den Rat an – und
so wurde Nowak der erste deutsche Fußballer mit
einer bis dahin ungewöhnlichen Aufgabenstellung.
Im Jahre 1965 wechselte Hans Nowak dann zum
Bundesliganeuling FC Bayern München. Die Schalker steckten in großen Nöten und retteten sich nur
dank der Aufstockung der Spielklasse vor dem Abstieg. Der Abschied vom Schalker Markt fiel Nowak, der seine internationale Karriere zu diesem
Zeitpunkt längst hinter sich gelassen hatte, nicht
leicht. Schließlich mußte er sich auch von einem
Fliesengeschäft trennen, das er sich in Essen-Ka-
ternberg aufgebaut hatte, weil die Fliesenleger zu
lange streikten. Doch Hans Nowak sollte seinen
Wechsel nicht bereuen – wurde er doch mit den

Bayern 1967 Europacupsieger. Als die Achillessehne zwickte, nahm der Nationalspieler, dessen
internationaler Höhepunkt die Teilnahme an der
Weltmeisterschaft in Chile war, 1968 seinen Hut,
betätigte sich drei Jahre lang als Profi bei Kickers Offenbach und schließlich als Spielertrainer beim FC
Hochstadt. Dort war Karl Eyerkauffer der 1. Vorsitzende, ein erfolgreicher Leichtathlet und Repräsentant des Sportschuhgiganten PUMA. Und Karl Eyerkauffer, der später Landrat wurde, vermittelte Hans
Nowak nach Herzogenaurach, wo der Westfale die
Landesligamannschaft des FC übernahm und sie in
die Bayernliga führte. Auch bei PUMA ging es für
ihn steil bergauf – Hans Nowak brachte es zum
Chef der Öffentlichkeitsarbeit. Eine Aufgabe, die er
bis 1991 ausfüllte, ehe PUMA von der schwedischen Aritmos-Gruppe übernommen wurde. Er
fand danach eine Anstellung beim FC Bayern München, wo er für die Sport-Werbe GmbH des Vereins
den Verkauf von Fanartikeln koordinierte.

NOWOTNY, JENS

Geboren am 11. Januar 1974
Ein Länderspiel (1997)
Bayer Leverkusen

Milch und Mineralwasser ...

Der Ehrgeiz, so sagt man, zerfresse zuweilen die
Seele des Menschen. Auf Jens Nowotny trifft dies
wohl nicht zu, denn der Fußballer aus Baden
brachte zweierlei unter einen Hut: Strebsamkeit
und Bescheidenheit. Als der vielseitige Abwehrspieler am letzten Apriltag des Jahres 1997 nach
etwas mehr als einer Viertelstunde des wichtigen
WM-Qualifikationsspiels gegen die Ukraine im Bremer Weserstadion von Bundestrainer Berti Vogts
einen Wink mit der Aufforderung bekam, er solle
sich »fertigmachen«, da erfüllte sich für den
23jährigen der Fußballtraum seiner Jugend. Im
»tiefen Mittelfeld« bekam er seine Aufgabe – am
Ende hatte die Nationalmannschaft auf ihrem Weg
zum WM-Turnier nach Frankreich den Spitzen-
reiter ihrer Qualifikationsgruppe mit 2 : 0 geschlagen – und Jens Nowotny war einer der Sieger des
Spiels, weil so unbekümmert auftrumpfte, wie sich
Vogts das wohl vorgestellt haben mag. Dem Fußball
ordnete Nowotny zu diesem Zeitpunkt alles unter.
Zigaretten und Alkohol waren für ihn Fremdwör-
ter – und sein Profibewußtsein ging so weit, daß er
sogar um eine Tasse Kaffee einen Bogen machte.
Milch und sprudelndes Mineralwasser – das waren

seine bevorzugten Getränke. Ursprünglich hatten seine Eltern mit ihm andere Ziele, doch dann willigten sie ein, als Jens nach der zehnten Klasse das Gymnasium verließ und eine Ausbildung zum Großhandelskaufmann begann. Statt Schule konzentrierte er sich fortan vor allem auf seinen Sport, den er beim SV Spielberg vor den Toren von Karlsruhe lieben lernte. In Duisburg-Wedau, bei der jährlichen Talentsichtung des DFB-Schülerlagers, rückte sein Talent erstmals in den Mittelpunkt einer interessierten Öffentlichkeit, und bei den Germanen in Friedrichstal, seiner nächsten Fußballstation, schaute eines Tages Karlsruhes Trainer Winfried Schäfer vorbei. Fortan trainierte Jens Nowotny als Gast beim KSC, wo er als 16jähriger schließlich anheuerte. Inzwischen hatten sich die Abwehrqualitäten des zum Jugendnationalspieler aufgestiegenen Badeners in der Bundesliga herumgesprochen. Mehrere »Einkäufer« ließen sich bei seinen Eltern blicken, doch Jens blieb auch wegen Familie und Freundin zunächst einmal im »Ländle«. Als 17jähriger bestritt er sein erstes Spiel für den KSC in der Bundesliga, als sich Strecko Bogdan verletzt hatte – er war der jüngste Libero der höchsten deutschen Spielklasse, und manche prophezeiten dem Talent sogar einen Senkrechtstart bis hin zur Nationalmannschaft. Aber das Debüt ließ auf sich warten, weil sich Verletzungssorgen bei Nowotny einstellten. Die WM 1994 fand ohne ihn statt – zwei Jahre später wechselte der kopfballstarke »Decker« zu Bayer Leverkusen. Einer Zittersaison folgte der Höhenflug – mit den Rheinländern wurde er 1997 deutscher Vizemeister. Und wenig später hatte Jens Nowotny mit seinem Sprung in die Nationalmannschaft die nächste Stufe auf der Erfolgsleiter erklommen.

OBERLE, EMIL

Geboren am 16. November 1889,
gestorben am 25. Dezember 1955
Fünf Länderspiele (1909 bis 1912), ein Tor
Phönix Karlsruhe

Dreijährige Länderspielpause

Karl Wegele und Emil Oberle – um dieses Duo zweier exzellenter Flügelstürmer wurde Phönix Karlsruhe in der Pionierzeit des deutschen Fußballs beneidet. Die Karlsruher traten für viele ziemlich überraschend ins Rampenlicht, als sie im Jahre 1909 im Breslauer Finale dank eines 4:2-Sieges gegen den amtierenden Meister Viktoria 89 Berlin die Trophäe des Deutschen Meisters entführten. Zu diesem Zeitpunkt hatte Phönix Karlsruhe immerhin 400 eingeschriebene Mitglieder – für diese Zeit eine ungewöhnlich hohe Zahl. Dabei stand Phönix in Karlsruhe eigentlich im Schatten des KFV, der schon 1905 das Endspiel erreichte, aber erst 1910 Deutscher Meister wurde. Der Karlsruher Fußball war geprägt durch die Rivalität dieser beiden Vereine. Schwarzblau stand für Phönix – schwarzrot für den KFV. Emil Oberle war ein waschechter Karlsruher. »Mile« nannten seine Freunde den schlanken Flügelflitzer. Seine Spezialität waren »Schrägschüsse«. Er kam 1907 in die erste Mannschaft von Phönix und wurde am 4. April 1909 in Karlsruhe beim 1:0-Sieg gegen die Schweiz Nationalspieler. Obwohl er nicht enttäuschte, sollte es fast auf den Tag genau drei Jahre dauern, bis er eine erneute Einladung des DFB erhielt. Er war beim stimmungsreichen 5:5 in Zwolle gegen Holland dabei, und Oberle und Wegele wurden zu gefeierten Stars im Team der Gäste. Im Sommer 1912 war der Karlsruher beim olympischen Fußballturnier in Stockholm Mitglied im Team des deutschen Aufgebots, kam aber nur in der Trostrunde zum Einsatz. Beim Rekordsieg von 16:0 gegen die völlig überforderte russische Mannschaft trug auch er sich in die Torschützenliste ein. Emil Oberle gab anschließend seine Fußballkarriere auf und lebte in der Türkei, wo er sich zunächst am Bau der Bagdad-Bahn beteiligte und später in Istanbul als Direktor einer deutschen Bank tätig war. Er starb während eines Besuchs in Karlsruhe Ende Dezember 1955 an den Folgen einer Embolie. Ein halbes Jahr später, so hatte er geplant, wollte er seinen Wohnsitz wieder nach Deutschland verlegen – er hatte ein Haus in Baden-Baden erworben.

OEHM, RICHARD

Geboren am 22. Juni 1909
Drei Länderspiele (1932 bis 1934)
1. FC Nürnberg

»Tipfi« – schlank wie eine Tanne

Seine Freunde nannten ihn »Tipfi«, weil er in seinen ganz jungen Jahren derart spindeldürr war, daß sein Schatten einem »Tipferl« ähnelte. Doch »Tipfi« wurde dennoch so etwas wie ein Dauerbrenner des 1. FC Nürnberg, dessen Trikot er nicht weniger als 417mal trug. Richard Oehm wurde in Nürnberg geboren, wuchs auf in der Stadt unter der wuchtigen Burg, in deren Gassen es vor allem in der Vorweihnachtszeit nach dem weltberühmten Lebkuchen duftete. Als Richard Oehm über den VfR Nürnberg zum 1. FC kam, da war dies die hohe Zeit des fränkischen Fußballs. Der »Club« und der Nachbar aus Fürth dominierten in den 20er Jahren in den Endrundenspielen die Deutsche Meisterschaft. Doch dann wurde es eine Weile still in dieser Region – die Viktoria wanderte an die Spree zur Berliner Hertha, an die Isar zum starken FC Bayern, an den Rhein zur Düsseldorfer Fortuna und ins Herz des Kohlenpotts zum FC Schalke 04. Aber zwei Tage nach seinem 25. Geburtstag stand dann auch Richard Oehm in einem deutschen Finale. Der 1. FC Nürnberg hatte 1934 in einem dramatischen Saisonverlauf in letzter Minute noch 1860 München vom süddeutschen Fußballthron verdrängt. Im Berliner Poststadion wurde dann im Endspiel gegen Schalke der spanische Wundertorwart Zamora unter den

45 000 Zuschauern entdeckt. »Tipfi« Oehm, der Nürnberger Außenläufer, der Mitte der 30er Jahre in Weihenstephan Gartenarchitektur studierte und zu den Punktspielen des »Clubs« an jedem Wochenende 300 Kilometer mit der Bahn zurücklegen mußte, litt an diesem Endspieltag in Berlin unter den Folgen einer Zahnoperation. Er hatte Fieber bekommen und war augenscheinlich nicht im Vollbesitz seiner Kräfte. Und er fehlte den Nürnbergern als wuchtiger Antreiber und cleverer Spielgestalter im Mittelfeld. Durch Kuzorras Tor in allerletzter Sekunde gewann schließlich Schalke 04 mit 2 : 1. Zwei Jahre später wollten die Nürnberger im deutschen Endspiel gegen Fortuna Düsseldorf, erneut in Berlin, nachholen, was sie gegen die »Knappen« versäumt hatten. Und diesmal triumphierte die Fußballkunst von »Tipfi« Oehm, der inzwischen zum Spielmacher des »Clubs« aufgestiegen war. Ironie des Zufalls: Wieder entschied der letzte Angriff die Meisterschaft – diesmal zugunsten der Franken. Gussner war der umjubelte Held des Siegers. Zu diesem Zeitpunkt war Richard Oehm, der sich auch als Freistoßspezialist hervortat, längst zum Nationalspieler aufgerückt. Vor heimischer Kulisse war er 1932 beim 4 : 3-Erfolg gegen Schweden in Nürnberg dabei. Es folgten Einsätze beim 3 : 1-Sieg in Frankfurt gegen Ungarn und im gleichen Jahr 1934 im Rahmen der WM-Qualifikation beim 9 : 1-Sieg in Luxemburg. Der Weg zum Endturnier nach Italien wurde ihm allerdings verbaut. Richard Oehm widmete sich nach seiner aktiven Zeit als Fußballer vor allem seinem Beruf als Gartenbauarchitekt. Während seiner Studienzeit an der Hochschule Weihenstephan in München trainierte er in Freising. Nach dem 2. Weltkrieg war Oehm Obmann der Vertragsspielerabteilung des 1. FC Nürnberg.

OHLHAUSER, RAINER

Geboren am 6. Januar 1941
Ein Länderspiel (1968)
Bayern München

Gerd Müllers Vorgänger

Als spindeldürrer Torjäger fiel Rainer Ohlhauser den Experten des süddeutschen Fußballs im Jahre 1961 zum erstenmal auf. Da trug er noch das Trikot des SV Sandhofen, wo er ein exzellenter Torjäger war. Es war sein Glück, daß der Zufall und der Spielplan der süddeutschen Amateurmeisterschaft die Sandhofener gegen die Reserve der Münchner »Löwen« führten und daß er auch in diesem Spiel

die Schußstiefel nicht vergessen hatte. Rainer Ohlhauser traf zweimal ins Schwarze, und auf der Tribüne machten sich ein paar Spione eifrig Notizen. Entdeckt wurde der junge Bauschlosser, der später nebenberuflich auch als Versicherungsvertreter unterwegs war, von »Gimpel« Günterroth, dem ehemaligen Linksaußen des SV Waldhof Mannheim. Und der hätte Ohlhauser am liebsten auf den Waldhof vermittelt, doch plötzlich standen die Vereine im halben Dutzend bei dem Sandhofener Stürmer auf der Matte: Eintracht Frankfurt, VfB Stuttgart, Tura Ludwigshafen, Karlsruher SC! Rainer Ohlhauser ließ sich schließlich von Trainer Helmut Schneider überreden und entschied sich für Bayern München. Allerdings erbat er sich in seinem Vertrag einen Passus, der ihm den Ausstieg ermöglichte, sofern es den Bayern nach zweimaligem Anlauf nicht gelingen sollte, in die Bundesliga aufzusteigen. Was 1964 nicht klappte, weil Borussia Neunkirchen in der Aufstiegsrunde sensationell die Nase vorn hatte, wurde ein Jahr später nachgeholt. Auf dem Weg in die Bundesliga schoß Ohlhauser sieben der 18 Bayern-Tore. »Oki« nannten ihn seine Weggefährten, und die Fans auf den Rängen schwärmten von den Spurts des jungen Mannes, der sich auch an der Isar sehr schnell behauptet hatte. In der Regionalliga Süd war er eine feste Größe – Torschützenkönig! Und in der Saison 1964/65 traf kein Regionalligastürmer Deutschlands häufiger ins Schwarze als Rainer Ohlhauser, der sein sportliches Rüstzeug in frühester Jugend im heimischen FC Dilsberg in Baden erhalten hatte. Dort wurde er nordbadischer Jugendmeister über 100 m und im Weitsprung. Von dieser in der Leichtathletik erworbenen Schnellkraft profitierte Ohlhauser schließlich als Fußballprofi. Sein größter Bewunderer war ein Torwart: Kosar, der letzte Mann des FC Bayern. »Der hat sich von Pele eine Menge abgesehen – er schießt unhaltbar mit der Stiefelspitze«, sagte Kosar. Erst als Gerd Müllers große Zeit begann und die Münchner längst in der Bundesliga spielten, ging die Sturm- und Drangperiode Ohlhausers allmählich zu Ende. Aber er ließ sich keinesfalls von Trainer Tschik Cajkovski, der ihn permanent mit »Ohlhausen« ansprach, zum alten Eisen stempeln, sondern statt dessen zum ausgezeichneten Abwehrorganisatoren umschulen. Zu diesem Zeitpunkt hatte es Michael Steinbrecher, ein journalistischer Wegbegleiter Ohlhausers und Intimkenner der Münchner Fußballszene, längst bedauert, daß der sympathische Bayernprofi offenbar zu einem »übersehenen Nationalspieler« geworden war. Für Ohlhauser langte es in seiner größten Zeit nur zu Einsätzen in Junioren- und B-Länderspielen. Erst 1968 wurde »Oki« zum Nationalspieler. Im Dezember machte er die Südamerikareise des DFB mit und war beim 1 : 2 in Santiago gegen Chile dabei. Zwei Jahre später verließ Ohlhauser nach 160 Bundesligaspielen und 64 Toren den FC Bayern – heuerte bei den Grashoppers in Zürich an, wo er fünf Jahre blieb. Danach versuchte er sich als Trainer – zunächst beim württembergischen Amateurligisten VfB Friedrichshafen, später als Nachfolger von Helmut Benthaus beim FC Basel. Doch dort bekam er Krach mit dem amtierenden Präsidenten und nahm den Job des Assistenten von Branko Zebec beim Hamburger SV an. Anschließend arbeitete er dann bei Borussia Dortmund und beim VfB Leimen.

OLK, WERNER

Geboren am 18. Januar 1938
Ein Länderspiel (1961)
Bayern München

Ein Bluff mit bösen Folgen

Es war schon ein merkwürdiges Spiel an diesem 29. Mai des Jahres 1964. Bayern München kontra TSG Ulm 46! 5000 Zuschauer rieben sich im Stadion an der Grünwalder Straße verwundert die Augen, denn die Münchner, die im Hurrastil durch die Regionalligasaison des Südens gezogen waren und ihrem Ziel, dem Aufstieg in die noch taufrische Bundesliga, ziemlich nahe waren, verloren gegen die Underdogs aus der Stadt des stolzen Münsters mit 4 : 6. »Blufft Trainer Cajkovski so wie Herberger bei der WM 1954?«, lautete anderntags die Frage im »Sport-Magazin«. Es war kein Bluff, wie sich Jahre später herausstellte, sondern ein abgekartetes Spiel. Die Bayern wollten nicht als Südmeister in die Aufstiegsrunde gehen, weil man Respekt vor dem Westchampion Alemannia Aachen hatte. Also ließ man Hessen Kassel vorbeiziehen. An diesem denkwürdigen 29. Mai 1964 saß Werner Olk auf der Tribüne – er war nach einer Meniskusoperation noch nicht wieder genesen. Aber da saßen auch »Beppo« Röckenwagner, Werner Ipta, Norbert Wodarzik, Dieter Brenninger, Herbert Erhardt und »Jakl« Drescher. Die meisten waren »pumperlgesund«, wie fast alle wußten. Was niemand ahnte – dem Schachzug folgte ein paar Wochen später eine herbe Enttäuschung, denn weder die Aachener, noch die Bayern rückten in die Bundesliga, sondern Hannover 96 und sensationell Borussia Neunkirchen. Doch ein Jahr später waren dann auch die

Bayern erstklassig – und einer von denen, die sich im »Straubinger Hof« an der Blumenstraße bei der Aufstiegsfeier das Spanferkel munden ließen, war Werner Olk. Der gebürtige Ostpreuße aus Osterode, der bei Letter 05 und beim TuS Seelze Geschmack am Toreschießen bekommen hatte und 1960 von Arminia Hannover zum FC Bayern gekommen war, hatte viele Freunde. Man achtete den Studenten der Betriebswirtschaft wegen seiner kämpferischen Ambitionen. Der athletische Abwehrspieler, der einst Deutscher Jugendmeister im Mannschaftsfünfkampf war und dann auch in der DFB-Jugendauswahl stand, war ein Vorbild schlechthin – und vielseitig verwendbar. So sprang er im März 1961 im Oberligaspiel beim 1. FC Nürnberg für den verletzten Torwart Fritz Kosar ein, der schon in der 2. Minute bei einem Zusammenprall mit Wild eine Gehirnerschütterung erlitten hatte. Werner Olk ließ nichts anbrennen, hatte allerdings Glück bei einem Pfostenschuß von Max Morlock – die Bayern gewannen beim »Club« mit 1 : 0. Ab 1966 war Werner Olk stets der strahlende Bayern-Kapitän, der am Ende einer Saison Trophäen entgegennehmen durfte: DFB-Pokal, Europacup der Pokalsieger, 1969 dann in einem Jahr Pokal und die Schüssel des Deutschen Meisters. Robert Schwan, der gewiefte Manager der Bayern, hatte ihm wegen seiner Sturzflüge einen Namen verpaßt: »Adler von Giesing«. 144mal trug Werner Olk bis 1970 das Trikot der Münchner in der Bundesliga. Aber er brachte es nur zu einem einzigen Länderspieleinsatz – und der fiel in eine Zeit, in der die Bayern noch weit entfernt von einem Sonnenplatz im europäischen Fußball waren. Im August 1961 hatte Werner Olk Testspiele in Berlin gegen eine Stadtauswahl und in Wuppertal gegen eine luxemburgische Auswahl mitgemacht. Im Oktober des gleichen Jahres spielte er dann in Warschau gegen Polen. Brülls und Haller schossen die Tore zum deutschen 2 : 0-Sieg. Die Journalisten erinnerten sich nicht gern an dieses Spiel, denn die polnischen Behörden bereiteten erhebliche Visaprobleme. 1962 gehörte Olk zwar zu denen, die Sepp Herberger zum WM-Vorbereitungslehrgang nach Karlsruhe-Schöneck einlud, doch dann wurden noch zwei Spieler gestrichen – Werner Olk war einer der Unglücksraben, die die Reise nach Chile nicht mitmachen durften. Nach seiner aktiven Zeit arbeitete der erfolgreiche Profi eine Weile als Anlageberater einer Bank und dann als Manager beim Lokalrivalen 1860 München, schließlich als Trainer unter anderem bei Darmstadt 98, Karlsruher SC und beim Schweizer Erstligisten St. Gallen. Ende 1989 wirkte er in Oman, wo er Chef der »Royal Oman Police« war. 1991 trainierte er die marokkanische Olympiaauswahl, zwei Jahre später den japanischen Zweitligisten Hitachi FC. Danach stand Werner Olk wieder einige Zeit auf der Gehaltsliste des FC Bayern – als Jugendtrainer und später als Assistent der Bundesligamannschaft. »Lieber Assistent bei Bayern als Cheftrainer sonstwo« – das war vorübergehend seine Berufsmaxime. Was ihn aber nicht davon abhielt, im Winter 1997 einen Vertrag als Technischer Direktor des Fußballverbandes von Ghana zu unterschreiben. Aus dem »Adler von Giesing« war ein Weltenbummler des Fußballs geworden.

ORDENEWITZ, FRANK

Geboren am 25. März 1965
Zwei Länderspiele (1987)
Werder Bremen

Fair-Play-Preis für »Otze«

In der Abgeschiedenheit von Dorfmark, einem kleinen Ort in der Nähe von Soltau, begann Frank Ordenewitz mit dem Fußballspielen. Der dortige TSV ist sein Heimatverein – hier wurde sein Talent schon sehr früh sichtbar. Dribbeln – das konnte »Otze« schon als kleiner Knirps, doch manche meinten, am liebsten würde der schmächtige Stürmer auch noch den gegnerischen Pfosten umspielen. Der gute Ruf machte die »Spione« des SV Werder Bremen auf Frank Ordenewitz aufmerksam, und er war gerade 15 Jahre alt, als er schon aus seiner dörflichen Umgebung in die Hansestadt wechselte. Auch die Braunschweiger Eintracht hatte bei seinen Eltern angefragt, doch als der SV Werder dann eine Ausbildungsstelle zum Bürokaufmann »anbieten« konnten, lief die Sache für die Bremer positiv. Frank stand in diversen Nachwuchsmannschaften des Bundesligisten und Ende 1983 dann auch in der Jugendnationalelf, für die er elf Spiele bestritt. Weiteres Lehrgeld zahlte er in der Amateurmannschaft des SV Werder in der starken Oberliga Nord, wurde 1985 Deutscher Amateurmeister, um dann schließlich vor Otto Rehhagels kritischen Augen bestehen zu können. 1985 unterschrieb er seinen ersten Profivertrag. Als Rudi Völler eine schwere Verletzung erlitt, schlug auch in der Bundesliga die erste große Stunde für Frank Ordenewitz. »Er ist der neue Völler«, jubelte die Zeitung mit den großen Lettern. 1988 erlebte er dann seine ersten sportlichen Sternstunden. Mit Werder wurde er Deutscher Meister. Im Dezember 1987 hatte er schon im Rahmen der

Südamerikareise sein Debüt in der Nationalmannschaft gegeben, doch dabei blieb es. Dafür erhielt er im Dezember 1988 den »Fair-Play-Preis« des Weltfußball-Verbandes (FIFA). Passiert war dies: In einem Spiel gegen den 1. FC Köln hatte er auf Nachfrage des Schiedsrichters ein Handspiel im eigenen Strafraum zugegeben, das der Unparteiische übersehen hatte. Der darauf folgende Elfmeter führte schließlich zu einer Bremer Niederlage. Die Auszeichnung der FIFA war mit 50 000 Schweizer Franken verbunden. Ordenewitz legte das Geld so an, daß er davon jedes Jahr eine Weihnachtsfeier für behinderte Kinder ausrichten konnte. Pikanterweise war der 1. FC Köln sein nächster Verein. Während seiner Zeit am Rhein gab es noch einmal erhebliche Aufregung um Ordenewitz, der auf Empfehlung seines Trainers Erich Rutemöller (»Mach' et, Otze«) einen Platzverweis provozierte, um im DFB-Pokalfinale dabei sein zu können. Im Frühjahr 1993 verließ er nach 251 Spielen die Bundesliga und folgte Pierre Littbarski zu JEF United Ichihara in die neue japanische Profiliga, wo er mit 30 Treffern in 43 Spielen Torschützenkönig wurde. 1995 kehrte er aus Japan zurück und unterschrieb einen Vertrag beim Hamburger SV, wo es ihn allerdings nicht sehr lange hielt. Noch einmal spielte er in Japan, diesmal beim Zweitligisten Brummel Sendai. Im Winter 1997 schlüpfte er ins Trikot des Rotenburger SV, wo sein früherer Bremer Mannschaftskamerad Günter Herrmann der Trainer war.

OTTEN, JONNY

Geboren am 31. Januar 1961
Sechs Länderspiele (1983 bis 1984)
Werder Bremen

Zunächst klopfte der HSV an

Hagen ist ein Ort in der Nähe von Bremerhaven. Hier stand die Wiege von Jonny Otten. Schon als Jugendlicher wurde er zuweilen in der Bezirksligaelf seines SV Hagen eingesetzt, doch Jonnys Eltern legten großen Wert auf die Ausbildung zu einem »ordentlichen Beruf«. Er begann eine Lehre zum Heizungs- und Lüftungstechniker, und als Jonny dann als 16jähriger ein Angebot vom Hamburger SV erhielt, da sagte Vater Helmut Otten zunächst einmal entschlossen »nein«. Die Ausbildung hatte Vorrang. Mit 18 Jahren erlag der junge Mann dann aber endgültig dem Reiz des »großen Fußballs«. Diesmal stand der SV Werder Bremen vor der Haustür, und Jonny Otten ließ sich nicht lange bitten. Er wurde

prompt Stammspieler bei den Bremern – in seinem
ersten Bundesligajahr trug der junge Außenverteidiger 33mal das Trikot der Hanseaten. Über die von
Berti Vogts betreute »U 21« führte ihn sein offensives Verteidigerspiel 1983 in die Nationalmannschaft. »Der rennt an der Außenlinie rauf und runter, und er setzt seine Kraft optimal um«, hatte Berti
Vogts erkannt. Aber Ottens Debüt in der Nationalmannschaft ging dennoch daneben – die deutsche
Elf blamierte sich beim 0:1 in Lissabon gegen
Portugal. Jupp Derwall hielt Otten aber die Treue
und baute ihn in die Abwehr für das EM-Qualifikationsspiel gegen Albanien in Tirana ein. Völler
und Rummenigge schossen dort die Tore zum mühsamen 2:1-Sieg. Obwohl der Bremer bis zur
Europameisterschaft 1984 insgesamt sechs Länderspiele bestritt, schaffte er nicht den Sprung ins EM-
Aufgebot für das dann aus deutscher Sicht so enttäuschende Turnier in Frankreich. Statt dessen
stand Jonny Otten 1988 in Otto Rehhagels Team
des Deutschen Meisters – der sportliche Höhepunkt des Bremers. Ein zweiter Kreuzbandriß
innerhalb von zwei Jahren beendete im Winter
1993 die Karriere des Fußballprofis nach 308 Spielen in der Bundesliga. In Oldenburg, wo er nach
seiner Bundesligazeit lebte, wurde er im Juli 1993
verabschiedet. Seine Heimatgemeinde Hagen verlieh ihm an diesem Tag die Würde eines Ehrenbürgers. Im März 1994 schnürte Otten noch einmal
die Fußballstiefel – für den niedersächsischen Verbandsligisten BV Cloppenburg.

OVERATH, WOLFGANG

Geboren am 29. September 1943
81 Länderspiele (1963 bis 1974), 17 Tore
1. FC Köln

Der »Vulkan vom Rhein«

Daß brasilianische Fußballkenner eine besondere
Zuneigung zur Spielkunst des Wolfgang Overath
hatten, ist eigentlich ziemlich logisch. Der Mann,
der das Spiel mit dem runden Leder als eine Art
»gestaltende Kunstform« betrachtete, kam den Vorstellungen der südamerikanischen Zauberer besonders entgegen. Zumal in einer Zeit, da Renner und
»Roboter« den erfolgreichen deutschen Fußball
prägten. Wolfgang Overath war in seiner Epoche in
der jungen Bundesliga ein Star der besonderen
Güte – einer, dem man die Spielfreude anmerkte.
Aber der temperamentvolle Rheinländer hatte auch
Ecken und Kanten, und so mancher, der dem

»Zigeuner«, wie er sich selbst bezeichnete, auf dem
Spielfeld begegnete, konnte ein Lied vom Biß des
großen Technikers singen. Der Streit gehörte für
Overath zum Spiel, und der aufbrausende Jüngling
legte sich mit manchem Gegner auch verbal an.
Trainer Karlheinz Heddergott begegnete diesem
Talent, als er noch die Schülerkreisauswahl des Mittelrhein betreute. Der quirlige Gymnasiast aus Siegburg ließ schon ahnen, daß er mal ein Großer im
Fußball werden könnte. Beim traditionsreichen
Schülerländerspiel zwischen England und Deutschland bevölkerten fast hunderttausend junge Leute
das Wembley-Stadion – und auf dem Rasen schlug
der junge Wolfgang Overath jene Pässe, die ihn später berühmt machten. Als er 16 Jahre alt war, setzte
DFB-Trainer Dettmar Cramer durch, daß der
schwarzhaarige Wolfgang mit den 18jährigen beim
UEFA-Turnier spielte. Er wollte beweisen, daß unter den Talenten im deutschen Fußball nicht nur
Athleten, sondern auch Techniker reiften. Als Overath 18 Jahre alt war, ähnelte der Kreis derer, die
um ihn warben, dem »Who is who« des deutschen
Fußballs. Bayer Leverkusen, Borussia Dortmund
und Kickers Offenbach gehörten zu denen, die bei
ihm zu Hause in Siegburg vorstellig wurden, doch
Overath entschied sich 1962 für den 1. FC Köln,
weil dort mit Franz Kremer ein Mann mit Weitblick
präsidierte und die Kölner Mannschaft den Ruf besaß, junge Spieler nahtlos integrieren zu können.
Worauf Wolfgang Overath sogar von seinem schuli-
schen Weg abrückte und dem Abitur entsagte. Und

schon mit »18« war er Nationalspieler – Sepp
Herberger gab ihm im Spiel gegen die Türkei in
Frankfurt eine Halbzeit lang eine Chance. Bereits
1964 stand Overath, von dem der Kölner Sportjournalist Karlheinz Mrazek einst sagte, er sei ein
»geborener Spieldirigent«, mit dem 1. FC Köln auf
dem Gipfel – die Mannschaft verließ die erste Bundesligasaison als Deutscher Meister. Overath oder
Netzer – das war für Bundestrainer Helmut Schön
die große Frage während der Weltmeisterschaft
1974. Für den Kölner war dies schon das dritte
WM-Turnier. Netzer aber war einer der Superstars
der glanzvollen Europameisterschaft des Jahres
1972, an der Wolfgang Overath wegen einer Leistenverletzung nicht beteiligt war. Doch vor der
WM entschied sich Schön gegen Netzer, weil er bei
dem Spanien-»Legionär« konditionelle Mängel fest-

gestellt haben wollte. Und Overath dankte es dem
Bundestrainer mit couragierten Spielen. Der Sportjournalist Ulfert Schröder charakterisierte den »Weltmeister«, der nach der Krönung seiner Karriere
Abschied vom internationalen Fußball nahm, so:
»Er spuckt Feuer, geht mit Haut und Haaren auf,
verzehrt sich, schimpft und tobt ...« 1977 trat der
»Vulkan vom Rhein« nach 409 Bundesligaspielen
auch bei seinem 1. FC Köln zurück, weil er mit
Hennes Weisweiler nicht auf einer Linie lag. Er
arbeitete fortan als Repräsentant der Firma adidas
und war immer wieder bei Prominentenspielen zu
sehen – feinnervig wie eh und je. 1978 erhielt er
das Bundesverdienstkreuz des Verdienstordens
am Bande – 1991 stieg Wolfgang Overath als
Verwaltungsratsmitglied in die Führungsetage des
1. FC Köln.

P

PANSE, HERBERT

Geboren am 6. März 1914
Ein Länderspiel (1935), ein Tor
Eimsbütteler TV

Ein Dresdner bei den »Turnern«

Dresden und Hamburg waren seit jeher nicht nur durch die Elbe miteinander verbunden. Zwischen den beiden Großstädten am Strom entwickelte sich eine Verbundenheit, die sich auch auf den Fußball übertrug. Helmut Schön zählte zum Beispiel zu jenen Spielern des altehrwürdigen Dresdner Sportclubs, die nach dem 2. Weltkrieg für einige Zeit am Hamburger Millerntor, beim FC St. Pauli, Fuß faßten. Lange Jahre vorher gelangte ein anderer Dresdner an das »Tor der Welt«: Herbert Panse. Der Halbstürmer, von Beruf Dreher, wurde beim Eimsbütteler Turnverband heimisch. Bei jenem Verein also, dessen Vorgänger im Jahre 1889 die »Männer von Eimsbüttel und Hoheluft« aufgefordert hatte, die »Güte zu haben«, einem Männerturnverein beitreten zu wollen. Der TV Eimsbüttel hatte schon vor dem 1. Weltkrieg in Hermann Neiße einen Nationalspieler hervorgebracht. Als Herbert Panse in Dresden geboren wurde, spielten die Eimsbütteler in der soeben gegründeten norddeutschen Oberliga. Mit dem Nachbarn Altona lieferten sie sich manch bewegte Fußballschlacht. Gemeinsam waren die beiden Vereine besonders stark und bezwangen – was damals als Sensation empfunden wurde – den holländischen Meister Sparta Rotterdam mit 3:0. Nach dem 1. Weltkrieg verblaßte mit dem Aufstieg des Hamburger SV der Glanz der Eimsbütteler. Doch im Frühjahr 1934 strahlte der Stern des ETV wieder besonders hell – und daran war der junge Herbert Panse nicht ganz unbeteiligt. Eimsbüttel holte die erste von drei Meisterschaften des starken Gaues Nordmark. Doch in der deutschen Endrunde hatten die Hamburger dann wenig zu bestellen. Immerhin machte Herbert Panse, der auf halbrechts stürmte, in zahlreichen Repräsentativspielen des Gaues Nordmark auf sich aufmerksam

und wurde Nationalspieler. 1935 war er in Königsberg Angriffsführer der deutschen Mannschaft beim 3:0 gegen Lettland. Nach dem 2. Weltkrieg trainierte er unter anderem Altona 93, VfB Lübeck, Harburger Turnerbund und den Lüneburger SK. Im Frühjahr 1956 eröffnete er in Hamburg eine Wein- und Probierstube.

PASSLACK, STEPHAN

Geboren am 24. August 1970
Ein Länderspiel (1996)
Borussia Mönchengladbach

»Rookie« und das verkannte Talent

Zwei routinierte Trainer stellten Stephan Paßlack schlechte Zeugnisnoten aus: Morten Olsen und Jupp Heynckes hielten nicht viel von diesem Fußballer – und sie werden überrascht gewesen sein, welchen Weg dieser Profi dann doch noch nehmen sollte. Eintracht Frankfurt und der 1. FC Köln zeigten dem Abwehrspieler in seiner frühen Karriere die kalte Schulter, doch Stephan Paßlack ließ sich nicht beirren – er suchte weiter sein Glück und arbeitete besessen an der Verbesserung seiner technischen Fähigkeiten. Beim VfB Homberg hatte sein Weg als Fußballer begonnen, und über den TV Asberg wechselte der in Moers am Niederrhein geborene Spieler im Jahre 1986 zu Bayer Uerdingen. Die Krefelder verfügten in dieser Zeit über eine exzellente Nachwuchsarbeit und wurden – nicht zuletzt dank der tatkräftigen Hilfe von Stephan Paßlack – deutscher B-Jugendmeister. Doch als der kopfballstarke Fußballer dem Jugendbereich entwuchs, fand er nicht gleich einen Platz bei den Profis. Vielmehr wurde er in der Uerdinger Reserve eingesetzt, die in der Verbandsliga kickte. Und dort wurde er von Trainer Horst Wohlers entdeckt und entscheidend gefördert. Doch es war die Zeit der Uerdinger Wechselbäder – die Mannschaft steckte meist im Abstiegskampf der Bundesliga. Als sie schließlich strauchelte und der Gang ins »Unterhaus« nicht mehr zu vermeiden war, hatte Stephan Paßlack ein paar schlaflose Nächte, weil der Karlsruher SC mit einem Vertrag lockte. Aber die Uerdinger wollten unbedingt wieder nach oben, und sie schafften es auch prompt in der darauffolgenden Saison. Nach dem erneuten Abstieg im Jahre 1993, wollte sich der mittlerweile gereifte Fußballer, der es auf elf U-21-Länderspiele gebracht hatte und auch zweimal von Hannes Löhr in die Olympiaauswahl berufen worden war, ein weitere Saison in der 2. Bundesliga nicht antun. Vielmehr unterschrieb er beim 1. FC Köln. Und hier begann sein Dilemma mit Trainer Olsen, der ihn eine Saison lang kaum beachtete. Worauf Paßlack, den sie »Rookie« nannten, im Jahr darauf regelrecht vom Rhein an den Main »flüchtete«. Bei der Frankfurter Eintracht geriet er allerdings vom Regen in die Traufe, denn auch Trainer Heynckes übersah den Neuling. Als Paßlack seinen Coach fragte, warum er keine Chance bekomme, sagte Heynckes, er solle sich zunächst mal in der Nachwuchsrunde versuchen. Frustriert kehrte er nach Uerdingen zurück, um 1996 einen Vertrag bei Borussia Mönchengladbach zu unterschreiben. Hier wurde er im Mittelfeld eingesetzt und am Bökelberg immer wieder von Bundestrainer Berti Vogts beobachtet. Der fand mehr und mehr Gefallen an der couragierten Spielweise dieses Profis – allerdings war Paßlacks Nominierung für das WM-Qualifikationsspiel im Oktober 1996 in Eriwan gegen Armenien von kritischen Stimmen begleitet, denn Stephan war zu diesem Zeitpunkt nicht unbedingt Stammspieler der Borussia. Berti Vogts scherte sich nicht darum und sah sich in Eriwan bestätigt, denn Paßlacks Vorstellung war ohne Fehl und Tadel.

PATZKE, BERND

Geboren am 24. März 1943
24 Länderspiele (1965 bis 1971)
TSV 1860 München, Hertha BSC Berlin

Schornsteinfeger und Skandalsünder

Es muß für einen, der an der Spree geboren wurde und mit Leib und Seele Fußballer ist, ein ziemlicher Psychostreß gewesen sein, im Spiel der Spiele auf der Bank am Spielfeldrand des Berliner Olympiastadions zu sitzen. Bernd Patzke, dem gelernten Schornsteinfeger, erging das so an diesem trüben Novembertag des Jahres 1964, als sich die deutsche und die schwedische Nationalelf in der Qualifikation zum Weltmeisterschaftsturnier in England ge-

genüberstanden. Sepp Herberger hatte das Amt des Bundestrainers an Helmut Schön übergeben, und der »Lange« testete die Stars der noch jungen Bundesliga auf Herz und Nieren. Zunächst ließ er seine Nationalmannschaft gegen eine Südauswahl in Augsburg antreten. 55 000 Zuschauer sahen im Rosenaustadion ein ziemlich enttäuschendes 1:1. Ein paar Wochen später waren die englischen Profis von Sheffield Wednesday in Düsseldorf die Gegner. Beide Male berief Schön mit Bernd Patzke vom TSV 1860 München einen Debütanten auf die Position des Verteidigers, doch am 4. November 1964 vertraute der Bundestrainer in seinem Antrittsspiel im Olympiastadion den Routiniers – Hans Nowak und Karl-Heinz Schnellinger sollten die schnellen Schweden stoppen. Bernd Patzkes Zeit für die Nationalelf war noch nicht gekommen. Der Berliner, der bei Minerva 93 schon als achtjähriger Steppke gespielt hatte und viele Jahre später mit der Sztani-Elf von Standard Lüttich Belgischer Meister geworden war, stand 1966 auf dem Gipfel – als Deutscher Meister im Trikot von 1860 München, wo er 1964 vor Anker gegangen war und wo er gleich in seinem allerersten Spiel gegen Austria Wien (3:2) den Skeptikern den Wind aus den Segeln genommen hatte. Bernd Patzke wirkte trotz seiner Jugend eiskalt, clever und kompromißlos in der Zerstörung und setzte auch noch starke Akzente im Spielaufbau der »Löwen«. Später wurden dann Versuche mit ihm im Angriff und in der Läuferreihe abgebrochen. Als siebenfacher deutscher Jugendnationalspieler tauchte er ständig in der Liste von Helmut Schön auf, doch das erste »richtige« Länderspiel bestritt Patzke erst im März 1965 beim 1:1 gegen Italien in Hamburg. Kurz darauf war er der große Pechvogel des WM-Qualifikationsspiels gegen Zypern in Karlsruhe (5:0) – er erlitt Brüche des Wadenbeins und des Nasenbeins. Im Jahr darauf gehörte er zum deutschen Aufgebot bei der Weltmeisterschaft in England, blieb dort allerdings ohne Einsatz, weil zwei »Nordlichter« ihm die Positionen in der Verteidigung erfolgreich streitig machten – an Willi Schulz und Horst-Dieter Höttges kam er nicht vorbei. 1969 zog es Bernd Patzke zurück nach Berlin – zu Hertha BSC. Nach seiner Verstrickung in den Bundesligaskandal wurde er mit einer zehnjährigen Sperre belegt, die später abgemildert wurde. In der Zeit der fußballerischen Enthaltsamkeit widmete er sich seiner Tankstelle und verwaltete einige Garagen, die er in besseren Zeiten erworben hatte. Eine Weile hielt er sich in Südafrika auf, wo auch die Ex-Herthaner Groß, Gergely und Enders bei Helenic Kapstadt spielten. Nach seiner

Begnadigung hätte Patzke am liebsten wieder bei 1860 München einen Vertrag unterschrieben, doch Kapstadts Präsident Babaletakis forderte eine Ablösesumme von über hunderttausend Mark. Zum 1. Juli 1992 übernahm der Nationalspieler das Amt des Managers beim aufstrebenden und durch den Schlagerkomponisten Jack White gesponsorten Berliner Amateurverein Tennis Borussia. Vorher hatte er auf Vermittlung des DFB als Fußballentwicklungshelfer – unter anderem im Golfstaat Oman – gearbeitet.

PAULSEN (PÖMPNER), PAUL

Geboren am 28. Dezember 1892,
gestorben am 17. Mai 1934
Sechs Länderspiele (1924 bis 1925), drei Tore
VfB Leipzig

Drei Tore gegen Finnland

Paul Paulsen wurde in Weißenfels in Sachsen-Anhalt geboren. Schon früh gehörte er dem SC Preußen in seinem Heimatort an. Obwohl in seiner Schule alle Lehrer gegen die »englische Krankheit« wetterten und Strafen für ertappte Fußball-»Sünder« an der Tagesordnung waren, ließ sich Paul nicht entmutigen. Als Sextaner spielte er mit 16 Jahren für Wacker Halle, wo er sich erst in der 2. Mannschaft bewähren mußte. Doch sein Weg in die »Erste« war nicht weit, denn dort grassierte das Verletzungspech. So war Paul Paulsen sehr bald Stammspieler und verhalf Wacker zur Meisterschaft des Saale-Gaues. Im Kampf um den Titel eines mitteldeutschen Meisters unterlagen die Hallenser dann knapp der Spielvereinigung Leipzig. 1912 trat Paul Paulsen, der sich von nun an »Pömpner« nannte, dem VfB Leipzig bei. Sein erstes Spiel im neuen Trikot brachte ihm gleich eine große Bewährungsprobe, denn der Gegner war die Mannschaft von Tottenham Hotspurs. 380mal schlüpfte der Fußballer ins VfB-Trikot, die Farben Leipzigs vertrat er 24mal. In diesen Städtespielen waren Hamburg, Berlin, Dresden, Zürich, Luzern, Düsseldorf, Köln und Duisburg die Gegner. Für die Mitteldeutschen Ballspielvereine spielte er 34mal. Während des 1. Weltkriegs stürmte »Pömpner« als Gastspieler eine Zeit lang für den SC Weimar. Die Länderspielkarriere von Paul Paulsen-Pömpner begann am 31. August 1924 mit einer großen Enttäuschung, denn seine Mannschaft verlor das Spiel gegen Schweden in Berlin mit 1:4. Der Linksaußen aus Leipzig erlitt in der zweiten Halbzeit nach

einem Zusammenprall eine Kopfverletzung, spielte mit einem Verband bis zur 72. Minute weiter und wurde dann gegen den Berliner Schumann ausgewechselt. In den letzten zehn Minuten dieses Spiels wandelte sich das 1:1 in eine 1:4-Niederlage. Das sechste und letzte Länderspiel war das beste des Leipzigers. Er schoß am 26. Juni 1925 in Helsinki drei Tore zum 5:3-Sieg gegen Finnland. Doch zu diesem Zeitpunkt war der Weg des temperamentvollen Stürmers mit fast 33 Jahren eigentlich schon beendet. Was ihn nicht davon abhielt, auch noch im Jahre 1930 Spiele für seinen VfB zu bestreiten. Paul Paulsen-Pömpner starb am 17. Mai 1934 an den Folgen eines Autounfalls.

PEKAREK, JOSEF

Geboren am 2. Januar 1913
Ein Länderspiel (1939)
Wacker Wien

Schon früh in Seppls Notizbuch

Spätsommer 1939: Deutschlands Sportöffentlichkeit schwärmt von den Glanzlichtern, die die Leichtathleten setzen. »Recordo del mondo«, schreit der Mann am Lautsprecher des Mailänder Stadions in sein Mikrofon. Der Jubel gilt Rudolf Harbig, der im Rahmen des Länderkampfs gegen Italien die 800-m-Marke in der Weltrekordzeit von 1:46,6 Minuten passierte. Einige Tage später springt eine junge Westfälin in eine neue Dimension. Mit 18 Jahren landet Christel Schulz bei einem Sportfest in Berlin jenseits der 6-m-Grenze – ihre 6,12 m im Weitsprung bedeuten ebenfalls Weltrekord. Dagegen ist es um den deutschen Fußball ziemlich still geworden – Sepp Herberger bastelt noch immer an einer schier unlösbaren Aufgabe. Er soll den Wiener »Scheiberl-Fußball« mit der deutschen Fußball-Gründlichkeit in Einklang bringen. Ein Unterfangen, das schon 1938 bei der Weltmeisterschaft in Paris nicht klappte und die deutsche Nationalelf an der Schweiz verzweifeln ließ. Im Vorfeld dieses WM-Turniers stand auch der Name des Wieners Josef Pekarek im Notizbuch des Reichstrainers. Der Mittelläufer tauchte als einziger Spieler von Wacker Wien im 38köpfigen Aufgebot für die Weltmeisterschaft 1938 auf, doch nach einem Lehrgang in Duisburg war er schon nicht mehr dabei, als Herberger in Düsseldorf vor immerhin 25 000 Zuschauern seine WM-Kandidaten gegeneinander antreten ließ. Die Schwarz-Weißen und die Grün-Weißen trennten sich 2:2. Erst im August 1939, wenige Wochen nach den Weltrekorden von Rudolf Harbig und Christel Schulz, trug Josef Pekarek das Trikot der »großdeutschen« Nationalelf, die sich bei ihrer 0:2-Niederlage von Preßburg gegen die Slowakei allerdings eher als »Wiener Auswahl« präsentierte. Mit von der Partie, die mit einer großen Enttäuschung endete, war auch Pekareks Wiener Weggefährte Ernst Reitermaier. Pekarek kämpfte in Preßburg wie ein Löwe, fand aber keinerlei Unterstützung durch seine Nachbarschaft. Im 2. Weltkrieg wurde er schwer verwundet – er kehrte beinamputiert zurück.

PESSER, HANS

Geboren am 7. November 1911,
gestorben 1986
Zwölf Länderspiele (1938 bis 1940), zwei Tore
Rapid Wien

Die Sicherungen brannten durch

Rapid kontra Austria! Mit diesem legendären Wiener Duell prallten vor allem in den 30er Jahren Fußballwelten aufeinander. Rapid, der Verein von der »Pfarrwiese« in Hütteldorf, verstand sich als Sammelbecken der Arbeiterschaft. Und die Austria sonnte sich im Ruhm ihrer Geschichte und war stolz darauf, daß ihr die Sympathien der Wiener High-Society gehörten. Hans Pesser war ein eingefleischter Rapidler, einer der großen Fußballer des populären Wiener Vereins. Als Zehnjähriger trug er das Trikot von SK Slavoj, mit 15 Jahren wechselte er zu Graphia, und von seinem 17. Lebensjahr an war der Sportclub Rapid seine sportliche Heimat. Hans Pesser, Gaskassierer von Beruf, war ein vielseitig verwendbarer Fußballer – Mittelläufer oder Linksaußen. Als er 24 Jahre alt war, absolvierte er das erste von neun Länderspielen für Österreich, das dem Dahinsiechen des unvergeßlichen »Wunderteams« nachtrauerte. Bei seinem internationalen Debüt verloren die Österreicher gegen Italien in Wien mit 0:2. Nach Hitlers Einmarsch in Wien schlüpfte Hans Pesser im letzten Augenblick ins deutsche WM-Aufgebot des Jahres 1938, weil sich der Schalker Adolf Urban verletzt hatte. Beim 3:6 der WM-Generalprobe gegen England in Berlin wurde der Wiener in höchsten Tönen gelobt. Seine Ballführung, die an Lehner erinnernde Technik, seine Beweglichkeit und sein Torinstinkt machten ihn zum besten deutschen Spieler. Beim WM-Turnier in Paris hatte Pesser dann weniger Glück, denn er wurde im Spiel gegen die Schweiz, zwei Minuten

vor dem Ende der Verlängerung, durch den belgischen Schiedsrichter John Langenus vom Platz gestellt. Mehrfach hatte ihn das Schweizer Rauhbein Minelli von den Beinen geholt, bis bei Pesser die Sicherungen durchbrannten und er sich mit einem Fußtritt revanchierte. Für ihn war das WM-Turnier damit vorbei. Anschließend wurde er durch die Reichssportführung auch noch für zwei Monate gesperrt. Sein letztes von zwölf Länderspielen für Deutschland bestritt der Linksaußen am 17. November 1940 in Hamburg gegen Dänemark (1:0). Mit Rapid Wien wurde er im Jahr darauf nach einem 4:3-Endspielsieg gegen Schalke 04 Deutscher Meister. Nach dem 2. Weltkrieg übernahm er die Trainingsleitung seines Vereins (bis 1953) und reiste mit Rapid schon 1949 nach Südamerika, wo es allerdings einige deftige Niederlagen gab. Später trainierte er den Wiener Sportclub und Admira Wien. Mitverantwortlich im Trainerstab war Hans Pesser wiederholt für die österreichische Nationalmannschaft. So gemeinsam mit Frühwirth und Nausch bei der WM-Endrunde 1954 in der Schweiz. Während seiner Trainerzeit feierte er etliche nationale Meisterschaften und Pokalsiege. Er wurde, schon lange vor Ernst Happel und Max Merkel, von der Öffentlichkeit als »Meistermacher« geadelt. Bei den Wiener Stadtwerken wurde er beamtet, und sein Sohn Paul erbte das Talent des Vaters. Hans Pesser verbrachte seinen Lebensabend im Süden von Wien, unweit der Kurstadt Baden.

PETERS, WOLFGANG

Geboren am 8. Januar 1929
Ein Länderspiel (1957)
Borussia Dortmund

Teil einer Legende

Elf Namen – für einen Dortmunder Fußballfan gehört es sich, die Mitglieder einer legendären Mannschaft »herunterzubeten«, als handele es sich dabei um das Alphabet: Kwiatkowski, Burgsmüller, Sandmann, Schlebrowski, Michallek, Bracht, Peters, Preißler, Kelbassa, Niepieklo, Kapitulski! Diese Herren schafften etwas Außergewöhnliches – sie wurden im Trikot von Borussia Dortmund zweimal hintereinander in genau dieser Besetzung Deutscher Meister. Das passierte in den Jahren 1956 und 1957, und die Fans der Bierstadt schwelgten in Glückseligkeit. Nie paßte der Begriff »Elf« so absolut zu einem Team wie in diesen fünfziger Jahren. Und noch etwas war erstaunlich: Die Meister aus

Dortmund waren eigentlich schon in die Jahre gekommen. Einige waren sogar das, was man unter einem »älteren Semester« versteht, doch die Autoren Bert Merz und Ludwig Dotzert präsentierten in ihrem Buch »Meister auf dem grünen Rasen« auch die Antwort auf die Frage, warum ausgerechnet diese etwas überalterte Dortmunder Mannschaft zweimal in Folge mit den gleichen Spielern das große Ziel erreichte: »Diese Männer waren jung geblieben ...« Addi Preißler hatte es den über hunderttausend Menschen auf dem Borsigplatz am Tag nach dem Endspielsieg des Jahres 1956 (4 : 2 gegen den Karlsruher SC) versprochen: »Wir werden im nächsten Jahr den Titel wieder nach Dortmund holen.« Und Helmut Schneider, der Erfolgstrainer und Nachfolger von »Bumbas« Schmidt, nickte bedächtig. Wolfgang Peters war Mitglied dieser Borussia-Generation. Der Rechtsaußen kam 1954 von der ÖSG Viktoria Dortmund, seine Freunde nannten ihn »Sully«, und seine Spurts auf dem rechten Flügel waren unwiderstehlich. Am meisten profitierte die Borussia allerdings von seinen maßgerechten Flanken. Der schnelle Mann aus Dortmund kam am 20. November 1957 in Hamburg zu seinem einzigen Länderspiel. Die Nationalmannschaft gewann dank eines Treffer von Peters' Dortmunder Weggefährten Aki Schmidt 1 : 0 gegen Schweden. »Sully« Peters erreichte 1961 – inzwischen war er Außenläufer – ein drittes deutsches Finale, doch diesmal behielten die Nürnberger in Hannover mit 3 : 0 die Oberhand. Es sollte einer seiner letzten großen Auftritte im Trikot von Borussia Dortmund sein. Nach 209 Punktspielen in der Oberliga West verabschiedete er sich.

PFAFF, ALFRED

Geboren am 16. Juli 1926
Sieben Länderspiele (1953 bis 1956), zwei Tore
Eintracht Frankfurt

»Don Alfredo« – der Magier am Ball

Er erfreute sich vieler schmückender Beinamen: »Don Alfredo« nannten sie ihn nicht nur am Main. Oder: »Fritz Walter der Eintracht«! Alfred Pfaff – mit diesem Fußballer verbinden die Frankfurter Eintracht ihre schönsten Erinnerungen. Dieser Mann war in den Augen seiner Fans eine Art Magier, der unumstrittene Dirigent des Spiels, ein Techniker von hohen Graden, der in der Lage war, den Ball bei Freistößen wie an der Schnur gezogen in den Winkel des gegnerischen Tores rauschen zu lassen. Ein

Spiel des Deutschen Meisters beherrschte im Europacup die Schlagzeilen der europäischen Sportpresse – der 6 : 1-Sieg gegen Glasgow Rangers am 13. April 1960. Mit dieser Galavorstellung der Frankfurter erhielt der deutsche Vereinsfußball weit vor der großen Zeit des FC Bayern und der Gladbacher Borussia einen kräftigen Schub. Und viele Jahre später bekam Alfred Pfaff noch immer eine Gänsehaut, wenn er diese neunzig Minuten im Waldstadion in sein Gedächtnis zurückrief. Dem Triumph am Main folgten weitere sechs Frankfurter Tore im Glasgower Rückspiel (6 : 3). Die gedemütigten Schotten überschütteten den Sieger mit Lob, und ein Foto wurde zum »Bestseller«: Alfred Pfaff bekam auf einem silbernen Tablett den Bowler von Rangers-Chef Wilson junior überreicht. Der »Kicker« schwärmte: »Alfred Pfaff dirigierte seine Mannschaft mit der Eleganz eines Ballettmeisters.« Der so hoch gelobte Fußballer war im Jahre 1948 vom FC Rödelheim zur Eintracht gekommen. Elf Jahre später sollte Paul Osswald, der zusammen mit Seppl Herberger zu den ersten Studenten der Deutschen Hochschule für Körperkultur in Berlin gehörte und bei Carl Diem sein Sportdiplom erworben hatte, die Frankfurter zur Meisterschaft führen. Osswald hatte schon 1930 und 1932 auf Empfehlung von Professor Otto Nerz die Eintracht trainiert und war jeweils Süddeutscher Meister geworden. Nach dem 2. Weltkrieg waren die Frankfurter die ersten, die den deutschen Fußball in der Welt repräsentierten. Alfred Pfaff war dabei, als seine Mannschaft in die USA reiste und in die Sowjetunion. Als der großartige Techniker 1959 mit seiner Eintracht die höchsten Höhen erklomm und im deutschen Endspiel den Nachbarn Kickers Offenbach mit 5 : 3 schlug, war Pfaff längst geadelt worden. »Don Alfredo« nannten sie ihn – die Assoziation mit dem Argentinier Alfredo di Stefano, dessen Genialität es Real Madrid verdankte, daß die »Königlichen« zur Weltmacht im Fußball aufstiegen. 1954 war Alfred Pfaff Mitglied des deutschen Teams bei der Weltmeisterschaft in der Schweiz, doch er kehrte enttäuscht zurück, weil Herberger ihn nur beim 3 : 8 gegen Ungarn nominierte. Anschließend stritt er mit dem DFB um ein paar tausend Mark Verdienstausfall, weil er in seiner Gaststätte nicht arbeiten konnte. Nach längerem Hin und Her bekam er die geforderte Entschädigung. Daß er es nicht zu mehr als sieben Länderspieleinsätzen brachte, lag in erster Linie an Fritz Walter, an dem der Frankfurter nicht vorbeikam. Nach der Weltmeisterschaft 1954 erhielt er glatt ein Traumangebot von Atletico Madrid. 180 000 Mark sollte er verdienen, doch auf

Drängen seiner Frau Edith schlug er die Offerte aus. 1962, also ein Jahr vor dem Start der Bundesliga, beendete er seine aktive Karriere. Schon 1956 hatte Alfred Pfaff eine Gaststätte im Parkhochhaus an der Frankfurter Hauptwache eröffnet. Später führte er einen Gasthof mit Pension in Zittenfelden im Odenwald. Seine Tochter Uschi leitete die Eintracht-Gaststätte am Frankfurter Riederwald.

PFEIFFER, MICHAEL

Geboren am 19. Juli 1925
Ein Länderspiel (1954)
Alemannia Aachen

Der Tag, als Michel heimkehrte

Mit achtzehn hat man noch Träume – doch Träume waren in diesem Sommer des Jahres 1943 nicht zeitgemäß; der 2. Weltkrieg diktierte die Gedanken der Menschen. Und mit »18« bekam Michael Pfeiffer den Gestellungsbefehl – als blutjunger Soldat wurde der fröhliche Rheinländer an die Westfront, nach Calais, beordert. Als er 1948 in seinen Heimatort Eschweiler zurückkehrte, hatte sich Europas Landkarte verändert. Doch verändert hatten sich auch die Menschen, viele waren gezeichnet von den Schlägen des Schicksals. Vier Jahre lang weilte Michael Pfeiffer in französischer Gefangenschaft in einem Lager bei Limoges. Irgendwann wurde sein Status geändert – er wurde »freier Arbeiter« und nutzte die erstbeste Gelegenheit, um sich abzusetzen und sich bei den britischen Militärbehörden in Bielefeld einen Ausweis abzuholen. An einem Mittwoch kehrte er zur Freude seiner Eltern nach Eschweiler zurück, sonntags darauf spielte er für die SG Eschweiler, die früher einmal »Grün-Weiß« hieß, gegen Baesweiler. Ein halbes Jahrhundert später kannte Michel Pfeiffer das Ergebnis noch: »Wir haben 4 : 1 gewonnen, und die vier Tore habe ich mir mit meinem Onkel geteilt.« Onkel Josef Pfeiffer war ein früher Förderer von Michel, blieb aber sein Leben lang in Eschweiler, weil ihn immer dann das Heimweh befiel, wenn er den Kirchturm seiner Heimatgemeinde nicht mehr sah. Das sollte bei Michel Pfeiffer etwas anders sein, denn im März 1949 packte der seine Tasche und wechselte zu Alemannia Aachen – was viele seiner Freunde nicht verstehen wollten. Neun Jahre lang sollte er am Tivoli bleiben und hier seine schönsten Fußballerjahre erleben. Er war Halbstürmer und Außenläufer und im übrigen ein sportliches Allroundtalent, das sich in der Schülerzeit auch erfolgreich als Turner, Schwim-

mer und Leichtathlet versuchte. In Aachen absolvierte Michel Pfeiffer zunächst ein Volontariat in einer Tuchfabrik, später übernahm er von Alemannia-Stopper Heini Gärtner ein Zigarrengeschäft am Kapuzinergraben. Pfeiffer war der Star der Aachener Mannschaft und wäre wohl auch 1954 mit zur Weltmeisterschaft in die Schweiz gefahren, wenn er nicht kurz zuvor wegen einer Leistenverletzung abgesagt hätte. So bekam er nur eine Länderspielchance im gleichen Jahr gegen England im Londoner Wembley-Stadion. Die Spieler aus dem Mutterland des Fußballs waren damals eine Weltmacht – und der frischgebackene Weltmeister, der durch eine rätselhafte Gelbsuchtepidemie, die unter den Nationalspielern grassierte, stark gehandicapt war, unterlag mit 1 : 3. Vor der WM in Schweden hatte Michel Pfeiffer vier Jahre später erneut gute Chancen. Vor einem Testspiel in Kassel sagte Herberger-Assistent Helmut Schön zu den Kandidaten: »Wer gut ist, fährt mit …« In Wirklichkeit waren schon am Abend vorher alle Würfel gefallen. 1958 unterschrieb Pfeiffer statt dessen einen Vertrag bei Rot-Weiß Essen und blieb dort drei Jahre, um seine Karriere schließlich bei Fortuna 54 Geleen in Holland zu beenden. Im Land der Tulpen hatte er viele Freunde, und so fand er hier auch seine erste Traineranstellung – bei Roda Kerkrade in der zweiten Liga. Dettmar Cramer vermittelte ihn anschließend zum SC Schwenningen, ehe Pfeiffer 1967 Alemannia Aachen in die Bundesliga führte. Zwei Jahre später waren die Fußballer aus der Kaiserstadt die Sensation der Saison, denn sie belegten hinter Bayern München in der Endabrechnung Platz zwei. Als die Alemannia im Jahr darauf aus den rosaroten Wolken stürzte und die Bundesliga als Tabellenletzter verlassen mußte, trauerte mancher Trainer Pfeiffer nach. Der war – nicht ganz im Frieden – von seiner alten Liebe geschieden und inzwischen beim FK Pirmasens vor Anker gegangen. Austria Salzburg, SVA Gütersloh, noch einmal Alemannia Aachen und BSG Schwenningen waren weitere Stationen, ehe Michel Pfeiffer eine Weile Abstand vom Fußball gewinnen wollte und als Repräsentant einer Fensterbaufirma unterwegs war. Doch der Fußball ließ ihn nicht los – der DFB vermittelte ihm einen Job beim tunesischen Erstligisten CSS Faix, den er 1981 prompt zur Landesmeisterschaft führte und wo ihm seine in der Kriegsgefangenschaft gewonnenen Kenntnisse der französischen Sprache entgegenkamen. Die Tunesier wollten zwar einen Langzeitvertrag mit dem Rheinländer, doch den zog es zurück zu seiner Familie, die im holländischen Vaals beheimatet war.

PFLIPSEN, KARLHEINZ

Geboren am 31. Oktober 1970
Ein Länderspiel (1993)
Borussia Mönchengladbach

»Kalle« und die Vorschußlorbeeren

Nicht immer tragen Fußballprofis ihre Gefühle auf der Zunge. Karlheinz Pflipsen hätte aber an diesem Tag im April des Jahres 1993 vor lauter Glück die ganze Welt umarmen mögen. »Ich bin völlig aus dem Häuschen und freue mich tierisch«, sagte er, als ihm ein Brief von Berti Vogts mit der Einladung zum Länderspiel gegen Ghana auf den Tisch flatterte. Und einer der ersten, die er nach der freudigen Nachricht anrief, war sein Trainer Bernd Krauss, dem es wohl zuzuschreiben war, daß bei dem ewigen Talent der Knoten endlich platzte. »Kalles« erster großer Förderer war aber sein Vater, denn der trainierte seinen Sprößling in den diversen Jugendmannschaften des FC Rheindahlen. Mit 13 Jahren wechselte Karlheinz Pflipsen dann zur Gladbacher Borussia – ein Schritt, der sich lohnen sollte, denn der junge Pflipsen durchlief darauf alle Jugendmannschaften des DFB. Am Ende hatte er es auf zwanzig Länderspiele gebracht, und er galt nicht nur in Expertenkreisen als eines der größten Talente des deutschen Fußballs. Günter Netzer prophezeite ihm eine große Karriere: »Der Junge strahlt eine erstaunliche Ruhe aus ...« Die nächste Stufe auf der Karriereleiter erklomm er durch die Berufung in die Olympiaauswahl, doch Hannes Löhrs Spieler scheiterten auf ihrem Weg nach Barcelona. Im gleichen Jahr mußte er auch mit seiner Borussia einen Tiefschlag verdauen, denn der hochfavorisierte Bundesligist unterlag im DFB-Pokalfinale 1992 dem krassen Außenseiter Hannover 96 im Elfmeterschießen. Es folgte für Karlheinz Pflipsen eine schwere Zeit, denn ihm fehlte es offenbar an Selbstvertrauen im harten Bundesligageschäft. »Ich kann nur Leistungen bringen, wenn ich spüre, daß man mir vertraut«, sagte der sensible Fußballprofi. Und dieses Vertrauen brachte ihm am Bökelberg sein Trainer Jürgen Gelsdorf offenbar nicht entgegen, denn Pflipsen bekam einen Stammplatz auf der Reservebank. Das änderte sich, als Bernd Krauss als Nachfolger etabliert wurde, und plötzlich war das Talent des jungen Mannes wieder sichtbar. Berti Vogts machte ihn zum Nationalspieler, nachdem Pflipsen drei Tore gegen Dynamo Dresden geschossen hatte. Nachdem er gegen Ghana noch zuschauen mußte, war er beim deutschen 4:3-Sieg in Chicago gegen die USA dabei. Das folgende WM-

Jahr brachte ihm dann allerdings kein Glück. Bänderrisse im Fußgelenk und eine Meniskusoperation warfen ihn zurück – im Oktober 1994 erlitt er dann einen Kreuzbandriß, an dem Pflipsen, den seine Kameraden wegen seiner muskulösen Beine »Pitbull« riefen, lange laborierte. Im Februar 1997 bekam er Ärger mit der Borussia-Führung und mit den Fans am Bökelberg, als er ein Urlaubsgeld in Höhe von 85 000 Mark von seinem Verein einklagte.

PFLÜGLER, HANS

Geboren am 27. März 1960
Elf Länderspiele (1987 bis 1990)
Bayern München

Der »Rambo« aus Freising

»Rambo« nannten ihn seine Freunde in München – und dahinter verbarg sich eine ordentliche Prise Respekt. »Rambo« – das war Hans Pflügler, der in Freising als Sohn eines Metzgermeisters zur Welt kam und beim SV Vötting-Weihenstephan mit dem Fußball begann. Doch seine Eltern konnten sich längere Zeit nicht vorstellen, daß aus ihrem Sprößling mal ein Fußballprofi werden könnte, und so begann der junge Mann mit der Figur eines Modellathleten nach dem Schulabschluß zunächst einmal ein Stahlbaustudium, das er fünf Jahre später abschloß. Hansi Pflügler durfte sich rühmen, der erste Diplom-Ingenieur unter den Profis der höchsten deutschen Fußballklasse zu sein. 1981 unterschrieb er seinen ersten Profivertrag – und dies gleich beim FC Bayern München. Doch Trainer Pal Csernai, der Mann mit dem seidenen Halstuch, konnte sich mit dem Spiel des etwas ungelenk wirkenden Abwehrspielers zunächst nicht so richtig anfreunden und ließ Pflügler meist auf der Reservebank schmoren. Erst Udo Lattek machte ihn zum Stammspieler und zu einem gefürchteten »Rammbock« der Bajuwaren. Er galt als Vorzeigeprofi, als ehrlicher »Malocher«, ohne die Allüren eines Stars. Dreimal hintereinander wurde der linke Verteidiger mit den Bayern Deutscher Meister, und sein Weg in die Nationalmannschaft war eine logische Konsequenz seiner Beständigkeit in der Bundesliga. Franz Beckenbauer holte ihn ins Aufgebot für die Europameisterschaft 1988, und zwei Jahre später gehörte der Münchner auch zum Kader des Weltmeisters in Italien. Am 16. Mai 1992 beendete Hansi Pflügler nach 276 Bundesligaspielen seine aktive Laufbahn. Er hielt sich daraufhin zunächst im Training der Amateure des FC Bayern fit, war bei deren Pokalüberraschungen ein wichtiger Aktivposten. Auch beruflich blieb er seinem Verein verbunden – im Fanartikel-Shop. 1997 kickte er schließlich in der Bezirksklasse, in der Nachbarschaft seines Wohnsitzes, bei SE Freising.

PHILIPP, LUDWIG

Geboren am 20. Dezember 1889
gestorben am 15. Januar 1964
Zwei Länderspiele (1910)
1. FC Nürnberg

Erster Nationalspieler des »Clubs«

Als Ludwig Philipp, den sie später kurz »den Fips« nannten, zum erstenmal ein Spiel des 1. FC Nürnberg erlebte, da spielten die Urväter dieses großen deutschen Fußballvereins noch auf der Deutschherrnwiese, einem Exerzierplatz, der den fußballverrückten Nürnberger Jungen nur dann zur Verfügung stand, wenn er von den Soldaten nicht benötigt wurde. Hier fand auch das erste überlieferte Heimspiel des »Clubs« statt, das im Herbst des Jahres 1901 mit einem 5 : 1-Sieg gegen Bamberg geendet haben soll. Einige Zeit danach kam mit Fritz Servas ein Pionier dieses Sports nach Nürnberg. Berufliche Gründe hatten ihn von Berlin in die fränkische Metropole gebracht. Und dieser Fritz Servas hatte an der Spree einen guten Ruf. Immerhin kam er von Britannia, die in der Zeit nach der Jahrhundertwende eine ausgezeichnete Adresse des jungen deutschen Fußballs war. Fritz Servas brachte den gelehrigen Nürnberger Schülern eine Menge bei – und einer von denen, die besonders ehrgeizig waren, hieß Ludwig Philipp. Die beiden Hagemiller, Hertel, Steinmetz, Salfner, Bauriedl, Pelzner und Hohner – das waren die Weggefährten des »Fips«, der erster Nationalspieler des 1. FC Nürnberg werden sollte. Mit 20 Jahren stand er in der Elf, die am 3. April 1910 in Basel die Schweiz mit 3 : 2 besiegte und damit den ersten Auswärtserfolg in der Geschichte des DFB errang. Ludwig Philipp war Linksaußen, und in dieser Rolle spielte er auch drei Wochen später in Arnheim gegen Holland. Die deutsche Mannschaft unterlag dort mit 2 : 4. Ludwig Philipp trug nach 285 Spielen für den 1. FC Nürnberg am Ende seiner Karriere, im hohen Fußballeralter von fast vierzig Jahren, dann das Trikot von Wormatia Worms, die unter seiner Führung viermal Meister von Hessen-Saar wurde. In Worms war Ludwig Philipp Teil eines eindrucksvollen Läufertrios: Willi Winkler, Ludwig Philipp und Ludwig

Müller. Er galt in der Nibelungenstadt als Sonderling und trank literweise Kaffee. Eines Tages hatte er genug von seinem Ausflug nach Worms, reiste zurück nach Nürnberg, band die Schürze des Verkäufers in seinem eigenen Geschäft wieder um und verkaufte Lebensmittel. Er blieb viele Jahre dem ASV Pfeil Nürnberg verbunden.

PICARD, ALFRED

Geboren am 21. März 1913
Ein Länderspiel (1939)
SSV Ulm

Die Schlappe von Differdingen

Es dauerte einige Zeit, bis sich der deutsche Fußball von der Enttäuschung des Weltmeisterschaftsturniers 1938 erholt hatte. Die Integration der Wiener Spieler war viel schwerer, als sich das manche Schreibtischkritiker vorgestellt hatten, und so begann Sepp Herberger wieder am Punkt Null. Er testete in zahlreichen internationalen Spielen Debütanten, und der DFB fand zurück zu einem Mittel früherer Tage: Er setzte zum gleichen Zeitpunkt zwei Länderspiele an und führte sie als offizielle Begegnungen in seinen Listen. So gab es am 26. März 1939 das Kuriosum, daß Herbergers erste Garnitur in Florenz gegen eine bessere B-Vertretung Italiens spielte und zur gleichen Stunde die »Kursisten« in Differdingen gegen Luxemburg antraten. Beide Mannschaften verloren ihre Spiele, doch während das 2 : 3 in Italien nicht unerwartet kam, war das 1 : 2 des Nachwuchsteams in Luxemburg eine Überraschung negativer Art. Und dabei verhinderte der Osnabrücker Torwart Heinz Flotho noch eine höhere Schlappe. Einer der Kandidaten für Differdingen war der Ulmer Mittelläufer Alfred Picard, der allerdings mit den beweglichen Luxemburger Angreifern erhebliche Mühe hatte. Sein SSV Ulm spielte zu diesem Zeitpunkt in der Gauliga Württemberg nur die »dritte Geige« hinter den Kickers und dem VfB aus Stuttgart und hatte im Schatten des altehrwürdigen Ulmer Münsters in den »94ern« noch einen Ortsrivalen. In den Gebrüdern Mohn fand Alfred Picard in jener Ära aber ausgezeichnete Partner in der Mittelfeldachse. Nach dem 2. Weltkrieg arbeitete er als Trainer – unter anderem beim VfL Kirn in der Zonenliga Nord.

PIONTEK, JOSEF

Geboren am 5. März 1940
Sechs Länderspiele (1965 bis 1966)
Werder Bremen

Architekt des »Danish Dynamits«

Sepp Piontek wurde erst lange Jahre nach seiner aktiven Zeit ein Weltstar des Fußballs. Den Sprung ins
internationale Rampenlicht schaffte er noch nicht,
als er als schnörkelloser Verteidiger des SV Werder
Bremen auftrumpfte, sondern erst viel später als
Nationaltrainer Dänemarks. Er führte die sympathischen Fußballer des kleinen skandinavischen Nachbarn in die internationale Elite. Sein Weg im Fußball begann für den in Breslau geborenen Sepp
Piontek allerdings erst als Vierzehnjähriger im ost-
friesischen Leer. Bei der Germania schoß er Tore
am Fließband, worauf sein Wechsel zum SV Werder
eigentlich nur eine Frage der Zeit war. »Schorsch«
Knöpfle führte an der Weser das Trainerregiment,
und ursprünglich wollte er aus Piontek einen
»zweiten Uwe Seeler« machen. Doch dann funktionierte er den Stürmer zum Abwehrspieler um, der
sich zunächst in der Regionalliga Nord und später in
der Bundesliga sehr schnell Respekt verschaffte. In
seinen 203 Spielen für Werder Bremen war Sepp
Piontek die Zuverlässigkeit in Person – ein Profi mit
Vorbildcharakter, der sich zuweilen auch noch als
Torschütze hervortat. Mit Werder Bremen gewann
er 1961 den DFB-Pokal und 1965 die Deutsche
Meisterschaft. Mitte der 60er Jahre machte er von
sich reden, als er in Bremen einen zehnjährigen
Jungen vor dem Ertrinken rettete. Auf dem Weg
zum Training hörte er an einem Wintertag Hilfe-
rufe, entdeckte am Ufer eines Sees eine Frau, die
vergeblich versuchte, ihren Sohn an Land zu ziehen, der auf dem Eis eingebrochen war. Piontek
sprang in die kalten Fluten und holte den Jungen an
Land. In den Jahren 1965 bis 1966 stand er im Notizbuch von Bundestrainer Helmut Schön, der ihn
zu sechs Länderspielen berief. Als er dann eine
schwere Knieverletzung erlitt, hatte Sepp Piontek
viel Zeit zum Nachdenken und kam zu dem Entschluß, sich als Fußballtrainer zu versuchen. Ein
Versuch, der zu einem Glücksfall wurde. An der
Kölner Sporthochschule tat er sich als cleverer Ana-
lytiker hervor, als »Primus« seines Lehrgangs nahm
er die Note eins mit nach Hause. Nach der Saison
1972 sagte er dem Fußball der Bundesliga als Profi
»ade«, wurde Trainer bei »seinem« SV Werder,
dann bei Fortuna Düsseldorf. Doch ihn lockte die
weite Welt des Fußballs – und sein Fernweh führte

ihn als Nationalcoach nach Haiti. Als er 1978 zurückkehrte, wurde er Trainer des Zweitligisten FC
St. Pauli, um zum 1. Juli 1979 einen Vertrag beim
dänischen Fußballverband zu unterschreiben. Pion-
teks Stars waren in ganz Europa verstreut, spielten
in Frankreich, England, Italien und Deutschland.
1984 erntete Sepp Piontek die Früchte seiner be-
harrlichen Aufbauarbeit und seiner Reiselust, die
ihn kreuz und quer durch den Kontinent führte.
Seine dänischen Fußballer qualifizierten sich 1984
für die Europameisterschaft. In Frankreich feierten
die Experten den Schwung des Teams, dem die
Sympathien nur so zuflogen. Nicht nur in Skandinavien schwärmten die Fans vom dänischen »Dy-
namit«. 1986 bei der Weltmeisterschaft in Mexiko
war allerdings Spanien im Viertelfinale überraschend die Endstation. 1991 verabschiedete er sich
als dänischer Fußballvolksheld von seiner zweiten
Heimat und wurde Nationaltrainer der Türkei.
Seine Erfolge am Bosporus hielten sich jedoch in bescheidenen Dimensionen. Er verpaßte mit seiner
Mannschaft die Qualifikation zur Weltmeisterschaft
1994 und kündigte daraufhin vorzeitig seinen Vertrag, um den türkischen Erstligisten Bursaspor zu
übernehmen. Danach unterschrieb Sepp Piontek einen Beratervertrag beim saudi-arabischen Spitzenklub Ittihad und trainierte schließlich ab 1995 den
dänischen Meister Aalborg BK und dann Silkeborg.

PIRRUNG, JOSEF

Geboren am 24. Juli 1949
Zwei Länderspiele (1974)
1. FC Kaiserslautern

Das Stehaufmännchen aus Münchweiler

Die Bayern wollten ihn haben, doch er zeigte den
Münchnern stets die kalte Schulter und schoß statt
dessen Tore gegen das Starensemble. Sepp Pirrung
war so etwas wie ein rotes Tuch für die Fußballer
von der Isar, denn er lieferte gegen sie die Spiele seines Lebens. Er war und blieb »Lauterer« durch und
durch, der Publikumsliebling am Betzenberg. Und
er war ein Stehaufmännchen, denn das Glück war
nicht immer der Wegbegleiter des kleinen Energie-
bündels. Viermal erlitt er im Laufe seiner Karriere
einen Beinbruch – dreimal allein im Jahre 1967 –
und immer wieder schaffte er das Comeback. Apro-
pos »klein« – Sepp Pirrung wurde eines Tages ziemlich böse, als eine Boulevardzeitung seine Körpergröße mit 164 Zentimetern beschrieb. »Ich bin
1,67 m, und damit genau so groß wie Berti Vogts«,

fauchte der Pfälzer, der bei seinem Wechsel von Münchweiler ins nahe Kaiserslautern im Jahre 1969 bereits die Empfehlung mitbrachte, Jugendnationalspieler zu sein. Aus diesem DFB-Jahrgang gingen auch Geye, Zobel und Roth hervor. Willi Müller, der spätere Präsident des 1. FC Kaiserslautern, hatte ihn mit einem Grundgehalt von 1200 Mark brutto im Monat und einem Handgeld in Höhe von 30 000 Mark geködert. Wenige Jahre später meinte Kaiserslauterns Trainer Erich Ribbeck, Sepp Pirrung, der eigentlich »Josef« hieß, sei »einer der besten Rechtsaußen« Deutschlands. »Uff de Beem – die Pfälzer komme …« Das war damals ein beliebter Spruch am Betzenberg, der zu den gefürchtetsten »Fußballhügeln« der Nation wurde. Unvergeßlich blieb für Pirrung der 20. Oktober 1973, als die »Roten Teufel« gegen den FC Bayern München nach einer guten halben Stunde im heimischen Stadion schon mit 0 : 3 ins Hintertreffen geraten waren und am Ende den Favoriten mit 7 : 4 schlugen. Sepp Pirrung eröffnete mit seinem Treffer zwei Minuten vor der Pause eine der größten Aufholjagden in der Geschichte der Bundesliga. Am Ende hatte er dreimal getroffen, die Bayern in deren Strafraum schwindlig gespielt und dazu beigetragen, daß Trainer Erich Ribbeck nach 90 Minuten seine Fassung verlor und ein paar Freudentränen verdrückte. Der »Betze stand in Flammen« – die Euphorie auf den Rängen kannte keine Grenzen. Und als im Jahr darauf die Lauterer im Olympiastadion gar mit 5 : 2 die Oberhand behielten und Pirrung der überragende Spieler des Siegers war, ein Tor selbst schoß und die übrigen vorbereitete, stand der Pfälzer auf der Münchner Einkaufsliste ziemlich weit oben. Im Jahr 1974 fand der sensible Fußballer zwar einen Platz im 40er-Aufgebot für die Weltmeisterschaft in Deutschland, doch zum Nationalspieler wurde er erst ein paar Monate später. Helmut Schön gab ihm in den mühsamen Begegnungen im Rahmen der EM-Qualifikation gegen Griechenland in Piräus (2 : 2) und gegen Malta in La Valetta (2 : 1) zwei kurzzeitige Chancen. Nach fast dreizehn Bundesligajahren verabschiedete sich Pirrung vom Betzenberg – »Atze« Friedrich, der ihm einst etliche Traumpässe serviert hatte und mittlerweile zum Präsidenten in Kaiserslautern aufgestiegen war, gab ihm den Laufpaß. Der Nationalspieler wechselte zum Zweitligisten Wormatia Worms. Später arbeitete er in einem Kaufhaus in Kaiserslautern und war im übrigen ein begeisterter Tennisspieler und Wanderer. In zwanzig Tagen legte er gemeinsam mit einem Freund zu Fuß die 520 Kilometer von München nach Venedig zurück.

PLATZER, PETER

Geboren am 29. Mai 1910,
gestorben am 3. Dezember 1959
Zwei Länderspiele (1939)
Admira Wien

Ersatzmann im »Wunderteam«

Hugo Meisl war der Vater des unvergessenen österreichischen »Wunderteams« der 30er Jahre. Ein kleiner Mann mit lichtem Haar, der seinen Spazierstock und seine »Melone« stets dabei hatte. So hielt ihn auch Professor Paul Meißner in seinem Gemälde »Wunderteam« fest, das später im Historischen Museum in Wien einen Platz fand. Hugo Meisl, der von seinen Spielern gleichermaßen gefürchtet und geschätzt wurde und der aus dem 1. Weltkrieg als Frontoffizier mit höchsten Orden zurückkehrte, verstarb im Jahre 1937. Was blieb, war die Erinnerung an den Baumeister einer großen Mannschaft und an die Erfolge eines einzigartigen österreichischen Nationalteams. Peter Platzer erlebte den Höhenflug des »Wunderteams« hautnah mit. Er hatte als Torwart bei der Betriebssportgemeinschaft der Roth AG auf sich aufmerksam gemacht, wechselte dann zum Brigittenauer AC, der in der obersten österreichischen Klasse spielte. 1929 kam Peter Platzer zum Floridsdorfer AC, um schließlich beim Nachbarn Admira zu landen. Die großen Erfolge des Nationalteams kamen für ihn ein wenig zu früh, und so stand er stets im Schatten des großen Grazers Rudolf Hiden, der beim Wiener Sportclub im Tor stand. Doch als Hiden abtrat, um seine Karriere bei Racing Paris fortzusetzen, schlug Peter Platzers große Stunde. Zwischen 1933 und 1937 absolvierte er 31 Länderspiele für Österreich, für das er auch bei der Weltmeisterschaft 1934 im mit 2 : 3 gegen Deutschland verlorenen Spiel um Platz drei das Tor hütete. Nach Hitlers Einmarsch in Wien trug er im inoffiziellen Länderspiel am 3. April 1938 gegen Deutschland das Trikot des Alpenlandes, um dann ein knappes Jahr später auch sein erstes von zwei Länderspielen für »Großdeutschland« in Brüssel gegen Belgien zu bestreiten. Mit seiner Admira erreichte Platzer, den sie zuhause den »schönen Peter« nannten, 1939 das deutsche Finale, doch die Wiener waren stark ersatzgeschwächt. Torwart Platzer hatte ein paar Tage vorher ein Auswahlspiel der Ostmark gegen Schlesien bestritten und sich dabei ebenso verletzt wie Verteidiger Schall. So kam der Außenseiter von der Donau gegen Schalke 04 mit 0 : 9 unter die Räder. Im gleichen Jahr beendete Platzer seine Torwartkarriere. Zu diesem Zeitpunkt hatte er bereits sein Debüt als Schauspieler hinter sich. Er trat im November 1937 in der Wiener Scala als »Martin Schalanter« in Anzengrubers »Das vierte Gebot« auf; später dann auch in den Wiener Kammerspielen in dem Volksstück »Drei Paar Schuhe«.

PLENER, ERNST

Geboren am 21. Februar 1919
Zwei Länderspiele (1940), zwei Tore
Vorwärts Rasensport Gleiwitz

Der Frankfurter »Kindergarten«

Vorwärts Rasensport Gleiwitz war die Fußballheimat von Ernst Plener. Der Rechtsaußen war trotz seiner Jugend einer der dominierenden Spieler im Gau Schlesien in den ersten Jahren des Zweiten Weltkriegs. Germania Königshütte, Schwientochlowitz und Preußen Hindenburg waren in dieser Zeit die großen Rivalen der Gleiwitzer, die auch in den Gruppenspielen der Deutschen Meisterschaft eine gute Rolle spielten. Vor allem im Jahre 1939 bereiteten sie den Schalkern erhebliche Probleme. Ernst Plener war gerade 21 Jahre alt, als er erstmals eine Einladung von Sepp Herberger erhielt. Der nominierte für das Länderspiel am 14. Juli 1940 in Frankfurt gegen Rumänien eine von vielen als »Kindergarten« belächelte Nationalmannschaft. Doch die 35 000 Zuschauer waren im Stadtwald hellauf begeistert vom Schwung und von der Unbekümmertheit dieser jungen Spieler. Auch von dem pausbäckigen Jungen aus Schlesien, der im Gegensatz zu Fritz Walter, einem zweiten Debütanten, einen aufgeweckten Eindruck machte. Fritz Walter hatte im Hotel »Excelsior« verschlafen – deshalb begann das Länderspiel gegen Rumänien erst mit 20minütiger Verspätung. Schon nach einer Viertelstunde erzielte Ernst Plener das 1 : 0 – auf dem Weg zum späteren 9 : 3-Kantersieg dann auch noch das 6 : 1. Ein gelungener Einstand für das Talent aus Gleiwitz, der durch sein Kombinationsspiel und durch seine gefühlvollen Flanken bestach. Das nächste Länderspiel, am 1. September 1940 in Leipzig gegen Finnland, brachte dann sogar einen 13 : 0-Sieg, doch Plener konnte sich nicht so stark in Szene setzen wie bei seinem Debüt. Im Jahr darauf wurde Plener, der inzwischen Soldat geworden war, zwar noch einmal zu einem Lehrgang eingeladen, doch weitere Länderspielberufungen erhielt er nicht. Am 3. September 1944 wurde der Oberschlesier schwer verwundet – ihm wurde ein Bein amputiert. Nach dem 2. Weltkrieg hatte Ernst Plener seinen Wohnsitz in Bad Kissingen und arbeitete in Schweinfurt. Er war dort im Arbeitsamt beschäftigt. Ernst Plener engagierte sich in seiner Wahlheimat für den Versehrtensport, war ein begeisterter Sitzfußballer.

PÖHLER, LUDWIG

Geboren am 11. Januar 1916,
gestorben im März 1975
Ein Länderspiel (1939)
Hannover 96

Die Marathon-Endspiele

Hannover war eigentlich schon immer nicht nur ein politisches und wirtschaftliches Zentrum der Region zwischen Harz und Holland. Die Stadt an der Leine war auch schon früh ein Magnet talentierter Fußballer. Neun Pennäler hatten an einem sonnigen Frühlingstag des Jahres 1896 diesen Verein gegründet, und nach und nach verdrängte der Fußball die Sportart Rugby. In der Frühzeit von Hannover 96 war ein Mittelstürmer namens Willi Bühring der herausragende Spieler. Später kam dann Wilhelm Schmidt, Rechtsanwalt von Beruf und rechter Läufer, hinzu, der die »96er« führte und im Deutschen Fußball-Bund Vorstandsämter bekleidete. Vom Ausbruch des 1. Weltkriegs wurden die damals schon reisefreudigen Fußballer aus Hannover in Schweden überrascht – und nur allmählich erholte sich in den 20er Jahren der Spielbetrieb des Vereins, der sich rühmen durfte, daß kein Geringerer als Generalfeldmarschall von Hindenburg den Ehrenvorsitz der »96er« übernommen hatte. Am 1. Mai 1932 erhielt der Hannoveraner Fußball dann seinen entscheidenden Impuls, denn mit Robert Fuchs trat ein anerkannter Fachmann in die Dienste des Vereins. Der neue Trainer stellte die Spielanlage um und hatte eine geschickte Hand bei der Auswahl und Ausbildung der Talente aus der Umgebung. Ludwig Pöhler kam aus der Rattenfängerstadt Hameln und war einer von diesen erfolgversprechenden jungen Leuten, die unter der Regie von Robert Fuchs aufblühten. Die Gebrüder Erich und Richard Meng waren aber zunächst die Garanten für den Erfolg, der sich in Form der Gaumeisterschaft des Jahres 1935 einstellte. Aber schon 1938 stand Ludwig Pöhler im Rampenlicht, denn er zählte zur legendären Mannschaft, die den großen Favoriten FC Schalke 04 in zwei historischen deutschen Endspielen in Berlin am Ende niederrang. 3 : 3 hieß es im ersten Finale nach Verlängerung – 4 : 3 dann in der

Neuauflage – ebenfalls in der Nachspielzeit. Ludwig Pöhler imponierte in der vierstündigen Marathonschlacht gegen die »Knappen« auf der halbrechten Position durch sein solides Spiel, aber auch durch seine Mischung aus jugendlichem Drang und technischer Fertigkeit. Sepp Herberger schaute sich den jungen Verbindungsstürmer ein paar Monate später im Rahmen eines Testspiels in Berlin genauer an und nominierte ihn schließlich am 26. März 1939 für das Länderspiel gegen Luxemburg in Differdingen. Es war Pöhlers Pech, daß diese deutsche Mannschaft überraschend mit 1 : 2 unterlag. So blieb es bei diesem einen Länderspiel. Nach dem 2. Weltkrieg landete der Hannoveraner bei der Spvg. 07 Hameln, wo sich auch der frühere polnische Nationalspieler Willi Gora angemeldet hatte. Ludwig Pöhler verbrachte seinen Lebensabend in Hamburg.

PÖRTGEN, ERNST

Geboren am 25. Januar 1912,
gestorben am 30. Oktober 1986
Drei Länderspiele (1935 bis 1937), fünf Tore
Schalke 04

Schalker Star im Camp Carson

Ernst Pörtgen war eine »Pflanze« des Kohlenpotts. Und daß die schlecht »umzutopfen« sind, spürte er am eigenen Leibe. Beim BV Altenessen begann sein Weg als Fußballer – mit 18 Jahren wechselte er dann zu Schwarz-Weiß Essen. Zu jenem Verein also, der in der Bezirksmeisterschaft der Ruhr fast immer im Schatten des FC Schalke 04 stand. Mit 20 Jahren entdeckte Ernst Pörtgen das »Fernweh« in seinen Adern – er schloß sich dem 1. FC Nürnberg an, dessen Fans von den Tagen träumten, als der »Club« Mitte der 20er Jahre der Nabel des deutschen Fußballs war. Ernst Pörtgen, Maler von Beruf und Mittelstürmer aus Leidenschaft, wurde allerdings in der fränkischen Metropole nicht heimisch. Zwei Jahre später zog es ihn zurück in den »goldenen Westen« – und er brachte seinen künftigen Trainer gleich mit: »Bumbes« Schmidt. Beide bereuten ihren Schritt, sich dem FC Schalke 04 anzuschließen, nie. Ernst Pörtgen bildete mit Fritz Szepan und Ernst Kuzorra ein Innentrio der Sonderklasse. Er galt als »Zauberer am Ball« – als ein Fußballer, der es verstand, das Leder regelrecht zu »umschmeicheln«. Zwischen 1935 und 1938 stand der schnelle Mann mit den »Knappen« dreimal in einem deutschen Endspiel – zweimal wurde er Meister. Unvergeßlich war für ihn das Kölner Finale des

Jahres 1935, als er beim 6 : 4-Sieg gegen den VfB Stuttgart drei Tore beisteuerte. Und auch 1937, als es im Endspiel gegen seine alten Kameraden vom 1. FC Nürnberg ging, trug er sich beim Schalker 2 : 0-Erfolg in die Torschützenliste ein. Er war so eine Art »Magnet« im Schalker »Kreisel«. Dreimal steckte Ernst Pörtgen im Trikot der Nationalmannschaft. Gegen Bulgarien und zweimal gegen Luxemburg schoß er insgesamt fünf Tore. Wahrscheinlich hätte der Schalker noch weitere Berufungen erhalten, doch die Konkurrenz auf das Trikot mit der Rückennummer neun war in den 30er Jahren sehr groß. Bis 1939 blieb er in Gelsenkirchen, um sich dann beim Bonner FV neu zu orientieren. Schon zwei Jahre vorher hatte er sich mit seiner Familie am Rhein niedergelassen. In den Jahren des 2. Weltkriegs war er, wie so viele gute Fußballer, Gastspieler bei Wacker München und beim 1. FC Nürnberg. Schließlich geriet er in amerikanische Kriegsgefangenschaft und weilte bis 1946 in einem Lager in Colorado, wo er im Camp Carson eine Fußballmannschaft aufbaute, die sich das »Pörtgen-Team« nannte und einen ausgezeichneten Ruf hatte. 1946 kehrte er zu seiner Familie nach Bonn zurück, spielte noch ein paar Jahre beim Bonner FV Fußball, um dann die Stiefel im Jahre 1952 endgültig an den Nagel zu hängen. Er versuchte sich auch als Trainer und baute sich später mit seiner Frau eine Gastwirtschaft in Beuel auf. Kurz vor seinem 70. Geburtstag wurde Ernst Pörtgen vom Wagen eines Diplomaten angefahren und verlor dabei ein Bein. Der Rollstuhl war sein Begleiter in den letzten Lebensjahren.

POETSCH, ERNST

Geboren am 29. Juni 1983
Drei Länderspiele (1908 bis 1910)
Union 92 Berlin

Union – Berliner Fußball-Legende

Eigentlich war die Viktoria von 1889 die große Zugnummer des Berliner Fußballs in der Gründerzeit. Viermal stand der Verein, der von den Gebrüdern Baudach ins Leben gerufen wurde, vor dem 1. Weltkrieg in einem deutschen Finale, doch den ersten Titel eines Deutschen Meisters holte nicht Viktoria, sondern die Union an die Spree. Der Verein war im Südwesten der Stadt beheimatet. Als sich der schon im Jahre 1885 gegründete Berliner Verein »Frankfurt« – den Namen erhielt er in Anlehnung an seinen aus Frankfurt stammenden Gründer Georg

Leux – auflöste, schlossen sich zahlreiche Fußballer der Union an. Doch der Sieg im deutschen Finale des Jahres 1905 war trotz dieser Auffrischung eine ziemliche Sensation, denn der Karlsruher FV war im Weidenpescher Park in Köln eigentlich der haushohe Favorit. Krüger, Kähne, Alex und Reinhold Bock, Reineke, Kurt Heinrich, Felix Jurga, Wagenseil, Fröhde, Herzog und Pisara – das waren die Namen des ersten Deutschen Fußballmeisters von der Spree. Die Union war übrigens im Jahre 1892 als »Berliner Tor- und Fußballklub« in der Kreuzberger Fidicinstraße gegründet worden. Einer dieser jungen Pioniere war Richard Girulatis, der durch seinen Wahlspruch, »elf Freunde müßt Ihr sein, um Siege zu erringen«, populär wurde. Er war der erste Fußballehrer Deutschlands, der ein offizielles Diplom sein eigen nannte. Als die Union, ein Vorfahre von Blau-Weiß Berlin, ihre Deutsche Meisterschaft errang, war Ernst Poetsch noch nicht allererste Wahl. Der gebürtige Brandenburger, der später als Buchdruckermeister sein Geld verdiente, wurde dann drei Jahre lang auf der halblinken Seite als Stürmer eingesetzt, ehe er als rechter Läufer seine beste Zeit hatte. Am 7. Juni 1908 wurde er in Wien Nationalspieler. Deutschlands unerfahrene Mannschaft unterlag gegen Österreich mit 2:3. In den beiden darauffolgenden Jahren absolvierte der inzwischen zum Routinier gereifte Berliner zwei weitere Länderspiele gegen Ungarn und gegen Holland. 15mal trug Ernst Poetsch das Trikot der Berliner Stadtauswahl – zuletzt im März 1912 in Wien.

PÖTTINGER, JOSEF

Geboren am 16. April 1903,
gestorben am 9. Juli 1970
14 Länderspiele (1926 bis 1930), acht Tore
Bayern München

»Pötsche« – Jongleur am Ball

In den späten 20er Jahren gab es über die Beantwortung der Frage nach dem besten Mittelstürmer in Deutschland selten Diskussionen: Josef Pöttinger vom FC Bayern München! Die Ära des »Tull« Harder war vorbei – auch die des unvergessenen Lony Seiderer. Josef Pöttinger war ein würdiger Nachfolger, ein Angriffsführer, der vor Temperament nur so sprühte und sich auch deshalb in die Herzen der Zuschauer schoß. Aber diesem Ballkünstler von der Isar, der kurz nach der Jahrhundertwende in München zur Welt kam, wurde auf seinem Weg nichts geschenkt. Immer wieder mußte er den Preis für seine Fußballeidenschaft bezahlen, für den Mut, den direkten Weg zum Tor zu suchen. Josef Pöttinger war oft verletzt und hätte vermutlich mehr als nur diese 14 Länderspiele bestritten, wenn ihm das Glück etwas häufiger hold gewesen wäre. Als blutjunges Talent erlitt er einen Schlüsselbeinbruch, mit 23 Jahren stellten sich die ersten Knieprobleme ein, und als er »29« war, mußte er sich schon vom großen Fußball verabschieden. Der Münchner unterschied sich in wesentlichen Elementen des Fußballs von seinen prominenten Vorgängern. Für viele war er der erste Virtuose unter den deutschen Stürmern der Extraklasse, ein feinfühliger Techniker, der Fußball als eine Art »Kunst« verstand. War »Tull« Harder ein vor Kraft strotzender Athlet, so war Josef Pöttinger eher ein Ballettänzer. Schon in jungen Jahren begeisterte er seine Anhänger mit eleganten Dribblings und seiner zu diesem Zeitpunkt fast unnachahmlichen Ballfertigkeit. An ihm zeigte es sich aber auch, daß Technik und Wucht kein Widerspruch sein mußte, denn seine Schüsse waren gefürchtet und seine Kopfbälle ungewöhnlich scharf. Man sagte ihm nach, er personifiziere die Schule des großen englischen Trainers Townley und sei so etwas wie das Münchner Gegenstück zu Österreichs Sindelar. Josef Pöttinger, der erste große Mittelstürmer in der Geschichte des FC Bayern München, wuchs vor der Münchner Haustür auf – in Neuhausen. Als ganz junger Bub' drängte es ihn nach dem Kirchgang jeden Sonntag zum Sportplatz, wo er die Sympathien des Platzwartes genoß, weil er samstags half, das Spielfeld abzukreiden. Dafür erhielt er dann anderntags freien Eintritt. Den wollte er sich auch verschaffen, als er in späteren Jahren danach trachtete, einem Spiel des FC Bayern zuzuschauen. Er kletterte über den Zaun – und wurde prompt erwischt. Diese Anekdote erzählte Josef Pöttinger, als er längst ein Bayernspieler war, immer wieder mit einem Schmunzeln auf den Lippen bei den Meisterschaftsfeiern im Theatersaal des Hotels Union. Allerdings hatte er in der Jugend des FC Bayern zunächst einige Probleme, doch dann empfahl er sich mit seinen Toren immer wieder für den nächsten Einsatz. Und im Jahre 1919 stand er bereits in der 1. Mannschaft – als 16jähriger. »Seppl« oder »Pötsche« nannten ihn seine Freunde – und sein erstes ganz großes Spiel machte er ausgerechnet gegen den berühmten 1. FC Nürnberg, wo Heiner Stuhlfauth im Tor stand, wo sich Hans Kalb Respekt verschaffte und wo Nationalspieler die Regel und nicht die Ausnahme waren. 1922 standen aber auch die Münchner im Blickfeld, waren südbayerischer Meister geworden, und

Josef Pöttinger war einer ihrer jungen Stars – ein Jongleur mit dem Ball. Später wechselte er von der Mittelstürmerposition nach halblinks und bildete mit »Wiggerl« Hofmann einen Flügel, von dem noch ein Jahrzehnt später die Fußballfreunde an der Isar schwärmten. Im April 1926 wurde er Nationalspieler. 70 000 Zuschauer wollten im neuen Düsseldorfer Stadion das Länderspiel gegen Holland sehen. Die deutsche Mannschaft siegte 4 : 2 – und der Debütant aus München schoß drei Tore. Nach 14 Länderspielen beendete Josef Pöttinger 1931 seine aktive Laufbahn, nachdem er im Spiel gegen die Spvg. Fürth einen Schienbeinbruch erlitten hatte, und wurde Trainer. Zunächst bei Teutonia München, dann beim VfB Pankow, der drauf und dran war, Hertha BSC an der Spree Paroli zu bieten. Vom Berliner Gesundbrunnen wechselte der Münchner zum 1. SV Jena, wo unter seiner Leitung erneut eine außergewöhnliche Mannschaft aufblühte. 1938 verließ er die Thüringer Universitätsstadt. Anschließend löste er Lony Seiderer beim VfB Stuttgart ab. Nach dem 2. Weltkrieg war Josef Pöttinger unter anderem für eine kurze Zeit bei Bayern München als Trainer tätig. Als er in der Oberliga Süd aber nur Elfter wurde, gab er entnervt auf – sein Nachfolger wurde Franz Dietl. Später wirkte Pöttinger unter anderem bei Teutonia München, FC Lichtenfels und beim BC Augsburg. Wie so viele Nationalspieler, so führte Josef Pöttinger später eine Totoannahmestelle – unweit des Münchner Hofbräuhauses. Sein Sohn Beppo war ein Tennisspieler der deutschen Spitzenklasse.

POHL, ERICH

Geboren am 15. Januar 1894,
gestorben am 8. November 1948
Zwei Länderspiele (1923)
SC 99 Köln

Justizinspektor vom Rhein

Schon in der Pionierzeit des deutschen Fußballs spielten die Kölner Vereine eine gute Rolle. Zum Beispiel der Ballspiel-Club, der später gemeinsam mit Sülz 07 den 1. FC Köln aus der Taufe hob. Aber auch der Kölner Sportclub von 1899, der sich noch »KFC« nannte, als er im Jahre 1906 die Endrunde zur Deutschen Fußballmeisterschaft erreichte. Der Verein war am 6. Mai 1899 im »Fränkischen Hof« als »Internationaler Fußball-Club Köln 1899« gegründet worden. Das »international« trug der Tatsache Rechnung, daß zu den Gründungsvätern ein

Engländer, ein Franzose und ein Holländer zählten. Vor allem in den Jahren nach dem 1. Weltkrieg betrachteten es viele Mitglieder des KSC als Auszeichnung, hier Sport zu treiben. Es gab Zeiten, in denen nur der aufgenommen wurde, der zumindest das »Einjährige« nachweisen konnte – die spätere »Mittlere Reife«. Diesem Verein trat Erich Pohl bei, nachdem er aus seiner badischen Geburtsstadt Rastatt an den Rhein gekommen war. Er spielte auf der Position des linken Außenläufers, wurde aber auch als Stürmer eingesetzt und reifte in den Jahren des 1. Weltkriegs zu einer spielbestimmenden Persönlichkeit in der Mannschaft des Kölner SC. Der spätere Justizinspektor spielte sich zu Beginn der 20er Jahre ins Rampenlicht der Fußballöffentlichkeit und erhielt im Mai 1923 eine Einladung für das erste Nachkriegsländerspiel gegen Holland im Hamburger Stadion »Hohe Luft«. Acht Debütanten standen in der deutschen Mannschaft, die in einem schwachen Spiel über ein 0 : 0 nicht hinauskam. Zur Belohnung für eine akzeptable Leistung gab es für Erich Pohl eine zweite Berufung im August des gleichen Jahres, als die Nationalmannschaft im Dresdner Illgen-Stadion vor 20 000 Zuschauern auf Finnland traf. Obwohl die Deutschen drückend überlegen waren, verloren sie mit 1 : 2. Erich Pohl starb im Herbst 1948 in seiner Heimatstadt Köln.

POHL, HERBERT

Geboren am 18. September 1916
Zwei Länderspiele (1941)
Dresdner SC

Sieben sächsische Nationalspieler

Sieben Nationalspieler an einem Tag! Die Sachsen waren stolz auf ihre Fußballgarde des Jahres 1941. Am 5. Oktober 1941 absolvierte der deutsche Fußball gleich zwei Länderspiele. Die A-Vertretung spielte in Stockholm und unterlag den Schweden mit 2 : 4, die B-Vertretung kam gleichzeitig in einem weiteren offiziellen Länderspiel zu einem 6 : 0-Sieg in Helsinki gegen Finnland. Miller, Willimowski, Dzur, Schön und die drei »Küken« Richter, Schubert und Pohl kamen zum Einsatz. Herbert Pohl war 23 Jahre alt. Er wurde in Hainsberg geboren, kam mit dem großen Fußball aber erst bei der Dresdner Spielvereinigung in Berührung. Hier war er Innenstürmer, spielte aber auch auf verschiedenen Positionen im Lauf. 1937 wechselte Herbert Pohl zum Dresdner SC. Im Herbst 1940 formte sich beim DSC eine neue Mannschaft, die schließlich den »Tschammerpokal«, den späteren DFB-Pokal, an die Elbe holte. Die Dresdner schätzten es, daß der junge Pohl so vielseitig verwendbar war: Als rechter Verteidiger, als ein zäher Abwehrspieler, als ein gefürchteter Kämpfer und als ein geachteter Freistoßschütze. Nachdem er mit dem Dresdner SC erst im deutschen Endspiel des Jahres 1940 an Schalke 04 gescheitert war, holte er sich mit seiner Mannschaft die Krone in den letzten beiden Finalspielen des 2. Weltkriegs. 1943 besiegten die Dresdner die Elf aus Saarbrücken, ein Jahr später den LSV Hamburg. Herbert Pohl wurde als Unteroffizier im 2. Weltkrieg verwundet und verlor einen Arm. Trotz dieses Handicaps war er weiter eine Stütze seiner Mannschaft – er imponierte mit seiner Wendigkeit und mit seinem weiten Einwurf. Als nach 1945 die SG Friedrichstadt die Nachfolge seines Dresdner SC antrat, war er trotz seiner körperlichen Probleme wieder zur Stelle und spielte im Mittelfeld. Er stand mehrfach in der Auswahl der Ostzone und galt bei den Friedrichstädtern als sicherer Elfmeterschütze. 1948 sah man Herbert Pohl noch in der Dresdner Bezirksliga – er trug das Trikot von Hainsberg. Anfang der 50er Jahre wechselte er in den Westen, wurde in der Weber- und Färberstadt Wuppertal Spielertrainer des SSV, wo auch sein alter Dresdner Spezi Schaffer aktiv war.

POLITZ, KARL

Geboren am 14. August 1903
Ein Länderspiel (1934)
Hamburger SV

Vom Reservisten zum Nationalspieler

Der Hamburger SV trat am 1. Juni 1919 das Erbe von drei hanseatischen Fußballvereinen an, die an der Elbe Sportgeschichte geschrieben hatten. SC Germania, Hamburger FC und FC Falke – das waren die Väter des HSV. Die Hamburger Farben wurden dann auch die des neuen HSV. Als der Verein elf Jahre später eine erste Bilanz seiner sportlichen Taten zog, da konnten sich die Verantwortlichen stolz in die Brust werfen. Seit dem Gründungsjahr hatten die Hamburger Fußballer stets an der Endrunde zur Deutschen Meisterschaft teilgenommen. Im Norden war der HSV die souveräne Nummer 1. »Kalli« Politz, ein gebürtiger Hamburger, der bei St. Pauli Sport als ganz junger Steppke gespielt hatte, stand national stets im Schatten der ganz Großen dieser Tage. Rave war der schnelle Mann auf dem linken Flügel – er wurde dreimal Deut-

scher Meister. So schlug die wichtige Stunde für Karl Politz erst im Jahre 1933, als sich das Verteidigerduo Beier-Risse vom aktiven Fußball verabschiedete, als »Assi« Halvorsen in seine norwegische Heimat zurückkehrte und sich neue Spieler beim HSV anmeldeten. Zum Beispiel »Frido« Dörfel und Erwin Reinhardt. Die Mannschaft des HSV steckte im Umbruch – und Karl Politz, inzwischen ein Routinier und fast immer Mittelstürmer der HSV-Reserve, bekam einige Zeit seine Chance als Linksaußen, nachdem Franz Gröber einen Meniskusschaden erlitten hatte. Schließlich war er aus der ersten HSV-Garnitur nicht mehr wegzudenken, wurde gar Kapitän der Mannschaft und ein brillanter Linksaußen. Etwas überraschend kam für Karl Politz dennoch die Berufung für das Länderspiel am 14. Januar 1934 in Frankfurt gegen Ungarn. Die Deutschen gewannen für viele Experten sensationell mit 3 : 1, und Karl Politz hatte als Ersatz für »Tau« Kobierski etliche gute Szenen und war an zwei Toren beteiligt. Vom Gespann mit Rudi Noack versprach sich Reichstrainer Professor Otto Nerz offenbar viel, denn Politz, von Beruf Abteilungsleiter, tauchte auch im 38er-Aufgebot für die Weltmeisterschaft in Italien auf, wurde dann aber gestrichen. Der Hamburger Kaufmann verlor in späteren Jahren den Kontakt zum Fußball und hielt sich mit seiner Frau Herta in der Hamburger Turnerschaft von 1816 durch Gymnastik fit.

POPP, LUITPOLD

Geboren am 7. März 1893,
gestorben am 30. August 1968
Fünf Länderspiele (1920 bis 1926), ein Tor
1. FC Nürnberg

»Evergreen« aus Hallertau

Luitpold Popp stammte aus der Hallertau. Genauer gesagt aus Wolnzach bei Pfaffenhofen, einem idyllischen Flecken unweit der Ilm, im Herzen des größten deutschen Hopfenbaugebiets. Doch seine Liebe zum Fußball entdeckte er erst in Nürnberg, wo er zunächst beim FC Pfeil spielte, ehe er das Trikot des »Clubs« überstreifte. Der 1. FC Nürnberg hatte nach dem 1. Weltkrieg, als mit großer Mühe der regionale Fußballspielbetrieb wieder aufgenommen wurde, relativ schnell wieder Fuß gefaßt. Einige Spitzenspieler waren aus dem Krieg zurückgekehrt – zu denen zählte auch der urwüchsige Luitpold Popp. 1920 wurden die Nürnberger dann Süddeutscher Meister – erstmals standen sich die deutschen

Spitzenvereine wieder in einer Endrunde gegenüber. Die Nürnberger bezwangen den dreifachen
Meister VfB Leipzig relativ sicher mit 3:0, dann
wurde der Baltenmeister Titania Stettin ausgeschaltet – und schließlich ging es ins Frankfurter Endspiel
gegen den Nachbarn Spvg. Fürth. »Poidl« Popp, 27
Jahre alt, eher schmächtig von Gestalt, dafür ein
harter Fighter, war einer der Triumphatoren des
1. FC Nürnberg. Auch ohne »Spezi« Schaffer, der
sich ein paar Wochen vorher wieder auf »Wanderschaft« durch den europäischen Fußballadel begeben hatte, gewannen die Nürnberger gegen den Rivalen aus der Nachbarschaft mit 2:0. Der Ungar
Peter Szabo, der nach einem Gastspiel des MTK
Budapest in der fränkischen Metropole geblieben
war, und Luitpold Popp, der zu diesem Zeitpunkt
noch im Angriff spielte, schossen die Tore. Ein Jahr
später standen die Nürnberger wieder im deutschen Endspiel – diesmal gegen Vorwärts Berlin in
Düsseldorf. Und Popp erwischte einen ganz großen
Tag – traf beim 5 : 0-Erfolg dreimal ins Schwarze.
Es folgte das Doppelfinale gegen den Hamburger SV
im Jahre 1922, das als »Fußball-Völkerschlacht« in
die Geschichtsbücher dieses Sports einging. 240
Endspielminuten – sechs Tore – und dennoch gab
es keinen Sieger! Nicht weniger als sechsmal stand
»Poidl« Popp in einem deutschen Endspiel – viermal
hielt er die Viktoria des Meisters in den Händen. Als
er die Schwelle zum 33. Lebensjahr überschritten
hatte, wurde er zum Verteidiger umfunktioniert.
Und nun begann sein zweiter Fußballfrühling. Mit
Heiner Stuhlfauth und Carl Riegel bildete er eine
Achse der Sonderklasse. Zu einem Zeitpunkt, als er
längst so eine Art »Patriarch« der deutschen Spitzenspieler war, stand er zum letztenmal in einem
deutschen Finale. Mit 41 Jahren krönte er am
24. Juni 1934 sein Fußballebenswerk, obwohl der
1. FC Nürnberg gegen Schalke 04 in Berlin mit 1:2
verlor. Doch alle bestaunten die fast unglaubliche
Leistungsbereitschaft dieses Seniors, der in glühender Hitze im Strafraum aufräumte und als »Evergreen« so etwas wie das deutsche Gegenstück der
berühmten englischen Stars David Jack und Stan
Matthews war. »Poidl« bestritt 870 Spiele für den
1. FC Nürnberg. In der Nationalmannschaft wurde
er in seinen fünf Länderspielen auf drei Positionen
eingesetzt: als Halbstürmer, Mittelläufer und Verteidiger. Ein Beweis für das Allroundtalent dieses
außergewöhnlichen Fußballstars der 20er und 30er
Jahre. Luitpold Popp debütierte am 24. Oktober
1920 im Berliner Grunewaldstadion beim 1:0-Sieg
gegen Ungarn und verabschiedete sich von der
Nationalelf am 20. Juni 1926 im heimischen Nürn-

berger Zabo beim 3:3 gegen Schweden. Seinen
Lebensunterhalt bestritt Popp später als Ausliefe-
rungsfahrer. Vom Fußball kam er nie so richtig los –
noch im Jahre 1960 beantragte er einen Spielerpaß
für die Alten Herren des SC Worzeldorf. Seinen Lebensabend verbrachte er im oberbayrischen Lehen.
Den Tod fand er im August 1968 in der Nähe von
Pfaffenhofen, wo er mit seinem PKW ins Schleu-
dern geriet und sich den Halswirbel brach.

POPPE, WALTHER

Geboren am 5. März 1886,
gestorben am 24. Juni 1951
Ein Länderspiel (1908)
Eintracht Braunschweig

Am Tag, als der Herzog kam

Der 8. März 1908 war für den Fußball in Deutschland ein denkwürdiger Tag. In einer Zeit, da dieser
aus England importierte Sport noch immer um eine
öffentliche Anerkennung rang, besuchte ein Regent
erstmals ein Fußballspiel. Dies passierte an einem
Sonntag nachmittag auf dem Eintracht-Platz in
Braunschweig, und der hohe Gast war kein Geringerer als Herzog Johann Albrecht. 3000 Zuschauer
bereiteten ihm beim Spiel zwischen der Eintracht
und Viktoria Hamburg einen freundlichen Empfang. Der Herzog von Mecklenburg und Regent des
Landes Braunschweig kam in Begleitung seines Ad-
jutanten, des Majors von Knigge. Kurz zuvor waren
einige Adlige aus der Umgebung des Fürsten und
späteren Zaren Ferdinand I. von Bulgarien vorge-
fahren. Zwar verloren die Braunschweiger mit 2:4,
doch dem Herzog soll das Spektakel gefallen haben,
und er äußerte sich anerkennend über die Gewandtheit der Spieler und deren ausdauerndem
Einsatzwillen. Im übrigen sei der Fußball von einem
»gesundheitlichen Wert für die Spieler« und deshalb werde er bei Gelegenheit mal wieder vorbeischauen. Zu denen, die das seltene Vergnügen
hatten, als Fußballer ein gekröntes Haupt unter den
Zuschauern zu wissen, gehörte an diesem Tag
Walther Poppe. Der lange blonde Braunschweiger
hatte kurz zuvor seinen 22. Geburtstag gefeiert,
war Außenläufer und einer der besten Akteure der
Eintracht. Dieser März des Jahres 1908 blieb für
den späteren Bankdirektor unvergeßlich, denn
Ende dieses Monats wurde Walther Poppe zum Nationalspieler. In ihrem zweiten offiziellen Länderspiel hatten sich die Deutschen gleich die Amateure
aus England eingeladen. 7000 Zuschauer säumten

den Platz der Viktoria im Berliner Stadtteil Mariendorf. Am Ende stand dann eine 1:5-Niederlage, die von vielen als »standesgemäß« bezeichnet wurde. Walther Poppe wurde mit seiner Eintracht im gleichen Jahr Nordmeister. Später wechselte er ins benachbarte Hannover und trug dort das Trikot der »96er«.

PORGES, INGO

Geboren am 22. August 1938
Ein Länderspiel (1960)
FC St. Pauli

Ein Teufelskerl im irischen Tor

Sepp Herberger sagte man zu den Oberligazeiten des deutschen Fußballs nach, er habe ein gestörtes Verhältnis zum Norden, und in Zweifelsfällen würde sich der Bundestrainer eher für einen Spieler aus dem Südwesten entscheiden. Eine These, die nicht zu beweisen war – und sie war auch nicht dadurch zu belegen, daß sich der alte Trainerfuchs selten auf den Weg machte, um sich Spiele der Oberliga Nord anzuschauen. Sein Sichtungsfeld der Talente waren die großen Repräsentationsspiele der Verbände, bei denen Sepp Herberger fast immer auf der Tribüne zu finden war. Ingo Porges entstammte der Jugend von Paloma und wuchs im Stadtteil Barmbek auf. Als »Jungmann« kam er 1955 zum FC St. Pauli und bekam als Mittelstürmer durch Trainer Heinz Hempel die erste Chance. Mit dem Oberligateam reiste er zum alten Rivalen Werder Bremen und schoß beim überraschenden 2:1-Sieg beide Tore. Im gleichen Jahr wurde er Torschützenkönig des FC St. Pauli, doch als Mittelläufer und später auch als linker Läufer hatte Ingo Porges seine beste Zeit. Am 26. April 1960 bekam der Hamburger in einem wichtigen Test auch durch den DFB seine große Chance. Herberger bastelte zwei Jahre vor der Weltmeisterschaft in Chile am Neuaufbau seiner Nationalmannschaft, aus der sich so mancher leicht ergraute Star von einst verabschiedet hatte. In Karlsruhe traf eine Südauswahl auf Herbergers DFB-Team – der Süden gewann etwas überraschend mit 3:2, und der Bundestrainer trug danach noch mehr Sorgenfalten als sonst mit sich herum. Der neue Anzug paßte noch nicht, doch mit seiner Läuferreihe, die sich aus dem hageren Weltmeister Eckel, dem Bremer Schütz und dem jungen dreifachen Juniorennationalspieler Porges zusammensetzte, war er einigermaßen einverstanden. Gut zwei Wochen später nominierte Herberger Ingo

Porges für das Länderspiel in Düsseldorf gegen Irland. 51 000 Zuschauer rauften sich auf den Rängen des Stadions am Rhein die Haare, denn der irische Torwart O'Dwyer erwischte einen Glanztag und hielt gegen die kopflos anrennenden Deutschen alles – auch Helmut Hallers Schuß in der letzten Minute. Am Ende hatten die Iren sensationell mit 1:0 gewonnen – und Ingo Porges verließ sein einziges Länderspiel als Verlierer. Im gleichen Jahr durfte er mit der DFB-Expedition zum Länderspiel nach Island reisen, wo es einen 5:0-Sieg gab. Doch Porges kam nicht zum Einsatz, weil auf seiner Position Horst Szymaniak spielte. Dafür setzte Herberger den Hamburger in den Freundschaftsspielen gegen die isländischen Vereinsmannschaften Akranes (2:1) und K.R. Reykjavik (10:0) ein. Fortan tauchte der technisch veranlagte Außenläufer von der Elbe immer mal wieder im DFB-Aufgebot auf, stand zwei Jahre später auch im 40er-Kader zum WM-Turnier in Chile, doch die Tatsache, daß sein Bild in allen Margarinealben dieser Tage zu finden war, reichte noch nicht, um Herberger zu einer Fortsetzung der Länderspielkarriere zu bewegen. Die Bundesliga kam, und der FC St. Pauli war nicht dabei. Immer wieder scheiterten die Fußballer vom Millerntor auf dem Sprungbrett in die höchste Liga. 1966 waren sie ihrem Traumziel so nah wie nie, als sie am letzten Spieltag bei Rot-Weiß Essen durch Papes Treffer mit 1:0 führten und ihnen nur ein Tor fehlte, um den Rivalen von der Hafenstraße noch zu überflügeln. Als Schiedsrichter Kreitlein abpfiff, tanzten die 36 000 Fans des westdeutschen Traditionsvereins auf den Rängen – und Ingo Porges gehörte zu den deprimierten »Siegern«. Nach seiner aktiven Zeit widmete sich der Fußballer zunächst dem Aufbau eines Brennstoffhandels, später arbeitete er als selbständiger Kaufmann in Hamburg im Versand eines Sportartikelzubehör-Herstellers mit dem Schwerpunkt Tennis. Ingo Porges sollte für Jahrzehnte der letzte Nationalspieler des FC St. Pauli sein.

POSIPAL, (JUPP) JOSEF

Geboren am 20. Juni 1927,
gestorben am 21. Februar 1997
32 Länderspiele (1951 bis 1956), ein Tor
Hamburger SV

Jupp, ein »Banater Schwabe«

Das Banat ist eine Landschaft im Südosten der ungarischen Tiefebene. Zwischen Mures, Theiß, Donau und den Ausläufern der Südkarpaten. Hier siedelten sich nach dem Frieden von Passarowitz im frühen 18. Jahrhundert viele Deutsche an – die Banater Schwaben. Auch die Familie Posipal wurde auf dem Balkan heimisch. Im Juni 1927, zwei Jahrhunderte nach der Ansiedlung der Posipals auf dem Banat, wurde Josef geboren, der Sohn einer Ungarin und eines Rumänen. Der Vater betrieb in der rumänischen Kleinstadt eine Bäckerei, und Josef, den alle schon sehr bald Jupp nannten, sollte eigentlich den Familienbetrieb irgendwann einmal übernehmen. Doch der Sprößling der Familie Posipal interessierte sich eigentlich mehr für technische Dinge, und ihm stand der Sinn im Grunde nur nach sportlicher Betätigung – gleich welcher Art. Im Winter lief er mit seinen hölzernen Brettern in den benachbarten Karpaten Ski, wenn die Seen zugefroren waren, flitzte er mit seinen Schlittschuhen über das Eis. Und im Sommer war er Schwimmer und auch ein talentierter Leichtathlet. Er lief in seiner besten Zeit die 100 m in blanken 11 Sekunden. Als Jupp Posipal 16 Jahre alt war und der Krieg auch in dieser Region Europas immer schlimmere Formen

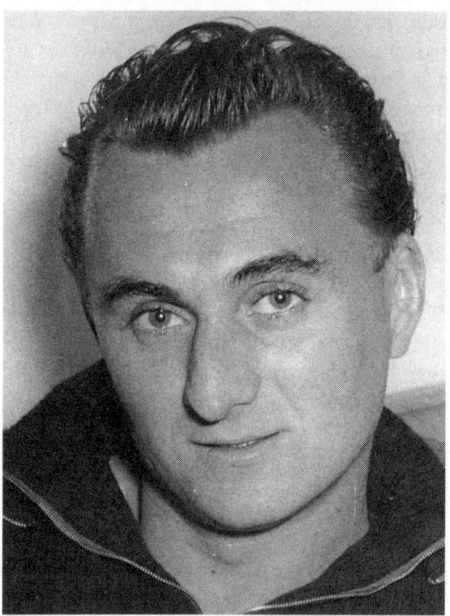

annahm, siedelte er nach Deutschland um. Vorübergehend spielte Jupp in einem Aufnahmelager Handball, später entdeckte er sein Herz für den Fußball. In Hannover ließ er sich zum Maschinenschlosser ausbilden, und bei Linden 07 spielte er erstmals in einer Fußballmannschaft. Der Vorsitzende des Vereins, dessen Sohn im 2. Weltkrieg gefallen war, hatte ihn ins Herz geschlossen und adop-

tierte Jupp Posipal. Arminia Hannover war dann seine zweite Station als Fußballer, ehe im Jahre 1949 der Hamburger SV »sein« Verein wurde. Dort arbeitete der kahlköpfige Trainer Georg Knöpfle, der für seine Oberligamannschaft dringlichst Verstärkung für den Angriff benötigte. Doch dann entdeckte Knöpfle das Abwehrtalent des jungen Mannes aus Hannover, und schon ein Jahr später stand Posipal im Notizbuch von Bundestrainer Sepp Herberger, der ihn beim ersten regionalen Nachkriegsvergleich zwischen dem Süden und dem Norden (2:2) in München beobachtet hatte. Eigentlich sollte der HSV-Läufer schon beim ersten Länderspiel gegen die Schweiz im Jahre 1950 dabei sein, doch dann stellten die Verantwortlichen fest, daß Jupp Posipal noch nicht einmal über deutsche Personalpapiere verfügte und seine Staatsangehörigkeit ungeklärt war. Dies alles wurde eilig nachgeholt, und im Juni 1951 war er dann gegen die Türkei in Berlin als Außenläufer dabei. Später war Jupp Posipal dann die souveräne Nummer 1 unter den deutschen Stoppern, was ihm im Oktober 1953 die Berufung in die Europaauswahl eintrug. Und er wurde beim 4:4 gegen England in London auch eingesetzt. Das Jahr 1954 brachte ihm den größten Erfolg seiner Fußballkarriere – er wurde mit der deutschen Nationalelf Weltmeister in der Schweiz. Im Viertelfinale gegen Jugoslawien mußte er allerdings verletzt zuschauen und verlor vorübergehend seine Stammposition an Werner Liebrich. Aber in den Augen von Sepp Herberger war der Hamburger eine so wichtige Stütze der Mannschaft, daß der Bundestrainer ihn während des Weltmeisterschafts-Turniers zum Verteidiger umfunktionierte. Das letzte Länderspiel bestritt Jupp Posipal 1956 gegen die UdSSR. Zweimal stand er mit dem Hamburger SV im deutschen Finale – Meister wurde er allerdings nie. 1958 verabschiedeten ihn seine Fans in Hamburg mit dem Freundschaftsspiel des HSV gegen Spartak Prag. Sein Verein ehrte ihn mit der höchsten Auszeichnung, dem »Goldenen Ring mit Brillanten«. Jupp Posipal arbeitete zu diesem Zeitpunkt schon seit vielen Jahren als norddeutscher Generalvertreter eines Möbelunternehmens, lebte im Hamburger Stadtteil Lokstedt, dokumentierte seine Fußballkarriere in 150 gebundenen Alben und wurde später häufig bei Prominentenspielen gesichtet. Sein Sohn Peer erbte das Talent des Vaters und spielte unter anderem bei Eintracht Braunschweig und Preußen Münster. Jupp Posipal starb im Februar 1997 in der Uniklinik Hamburg-Eppendorf, in die er sich zu einer Routineuntersuchung begeben hatte, an Herzversagen.

POTT, FRITZ

Geboren am 23. April 1939
Drei Länderspiele (1962 bis 1964)
1. FC Köln

Torschütze im Finale

Mit Hans Schäfer hatte Fritz Pott etwas gemeinsam – beide entstammten der Jugend von Rot-Weiß Zollstock. Bis zum 1. August 1962 spielte der hoffnungsvolle Verteidiger im Süden seiner Heimatstadt Köln, und zwar in der Bezirksklasse, dann folgte er den Lockungen des Bundesligisten aus der unmittelbaren Nachbarschaft. In der Jugendauswahl des Mittelrheins hatte er sich längst seine Sporen verdient, und internationale Erfahrungen hatte der kraftvolle Abwehrspieler beim Jugendländerkampf gegen England in Oberhausen sammeln können. Beim UEFA-Jugendturnier in Spanien bildete Fritz Pott mit Karl-Heinz Schnellinger ein zupackendes Verteidigergespann. Die Spiele auf der Iberischen Halbinsel, die größtenteils vor riesigen Kulissen stattfanden, sollten lange Zeit der fußballerische Höhepunkt des Kölners bleiben. Als er nach Spanien fuhr, war er eigentlich Mittelläufer, doch der spätere Schalker Stopper Horst hatte die »älteren Rechte« auf dieser Position, und so schulte man Fritz Pott kurzerhand zum Verteidiger um. Ein Experiment, das sich bewährte. Nach seinem Wechsel zum 1. FC Köln, der kurz vor Einführung der Bundesliga über die Bühne ging, arbeitete der ehrgeizige Fußballer als Lohnbuchhalter in einer Kölner Baufirma. In seinem ersten Jahr in der höchsten deutschen Spielklasse – der Oberliga West – holte er sich den Titel des Deutschen Meisters. Viele Fußballexperten waren der Meinung, daß diese Mannschaft, die im Finale den 1. FC Nürnberg im Berliner Olympiastadion mit 4 : 0 bezwang, die Kölner Traumelf schlechthin war. Fritz Pott trug sich als Verteidiger an diesem Nachmittag sogar in die Torschützenliste ein. Im Mittelfeld erspähte er eine Lücke in der Deckung des »Clubs«, suchte und fand den direkten Weg bis vor Torwart Wabras Gehäuse. 1000 Mark bekam jeder Kölner Spieler für diesen Endspielsieg, doch für Fritz Pott war eines wichtiger als die eher bescheidene Prämie: der Jubel der Hunderttausende, die anderntags die Wegstrecke des Champions vom Flughafen zum Neumarkt säumten. »Für mich war dies die Krönung meiner Karriere«, sagte Pott später. Noch einmal wurden die Kölner – mit Fritz Pott – Deutscher Meister des Jahres 1964. In der jungen Bundesliga war der 1. FC Köln der Vorzeigeklub. Nach dem enttäu-

schenden Viertelfinal-Aus bei der Weltmeisterschaft in Chile erhielt Fritz Pott im Oktober 1962 seine erste Länderspielberufung – und wieder war Karl-Heinz Schnellinger, der alte Spezi aus gemeinsamen Jugendtagen, sein Partner in der Verteidigung. Pott debütierte beim 2 : 2 gegen Frankreich in Stuttgart. Nach seiner großen Zeit wirkte er als Spielertrainer bei der Spvg. Frechen 20, führte dann Viktoria Köln zur Mittelrheinmeisterschaft. Mit 41 Jahren zog er die Stiefel noch einmal an und spielte für Spvg. Frechen in der Kreisliga.

PREISSLER, ALFRED

Geboren am 9. April 1921
Zwei Länderspiele (1951)
Preußen Münster

»In allen Farben des Regenbogens ...«

Der 24. Juli 1949 war für die Fußballer im Norden und Westen Deutschlands ein wichtiges Datum – es wurde der sogenannte »Vertragsspieler« geboren. Von nun an honorierten die Vereine Leistungen nicht nur »unter der Hand«, wie das hier und da schon in den dreißiger Jahren üblich war, sondern ganz offiziell. Daß auch fortan so manche »schwarze Mark« im deutschen Fußball floß, ahnten viele, doch genau wußten es nur wenige. Wie dem auch sei – mit der Einführung des Vertragsspielerstatuts verdienten Fußballer zwischen 180 und 360 Mark pro Monat in den Oberligen. Dazu gab es dann noch eine Leistungszulage von zehn Mark pro Spiel. Nicht gerade üppig, doch die neue Zeit regte auch die Phantasie der Funktionäre an. Ganz besonders bei den Preußen in Münster, wo 1950 schnell vom »Hunderttausend-Mark-Sturm« die Rede war, als der Verein mit Gerritzen, Preißler, Schulz, Rachuba und Lammers nach und nach erstklassige Angriffsspieler holte. Die Preußen lockten nicht nur mit barer Münze, sondern sie fanden Gehör mit ihren Angeboten für Existenzgründungen. Daß die Westfalen auch ein Auge auf Adi Preißler von Borussia Dortmund geworfen hatten, war nicht weiter verwunderlich, denn der hatte seit Gründung der Oberliga West fast fünfzig Tore geschossen. Er war aus der A-Jugend des DSC 1900 Duisburg hervorgegangen, und einer seiner Brüder war erfolgreicher Stürmer beim Duisburger SV. Nach dem Ende des 2. Weltkriegs kam Adi Preißler, von Beruf Mechaniker, nach Dortmund und wurde mit den Borussen dreimal Westdeutscher Meister. Schnell war er einer der besten Stürmer der Klasse, und eines Tages gab er es auf, seine Einsätze in der Westauswahl zu zählen. Adi Preißler sprühte meist vor Temperament; er war ein exzellenter Stürmer, ein glänzender Techniker mit dem Instinkt des Torjägers. 1949 wurde er mit 25 Treffern Deutschlands Torschützenkönig. Als er bei Preußen Münster aufkreuzte, hatte sich seine Haarpracht gelichtet – er war knapp 30 Jahre alt. In der Stadt des Westfälischen Friedens führte er vorübergehend eine Tankstelle und arbeitete dann im Fernmeldeamt. Mit den Preußen wurde er 1951 deutscher Vizemeister – im Finale unterlag die Mannschaft dem 1. FC Kaiserslautern mit 1:2, doch Preißler unterstrich in diesen neunzig Minuten einmal mehr seine Klasse. »Er schillerte in allen Farben des Regenbogens«, schrieb Gerd Krämer in seinem Buch »An Tagen, da das Endspiel war«. Dennoch kehrte Adi nach einem Jahr zu Borussia Dortmund zurück. Als Kapitän der alten Schule wurde er zum Kopf einer neuen Dortmunder Fußballgeneration, die die höchsten Weihen erhalten sollte. Zweimal wurde die Mannschaft in der gleichen Besetzung 1956 und 1957 Deutscher Meister. Lag die Borussia zur Pause zurück, ermunterte der Kapitän stets seine Kameraden, sich an den Händen zu fassen und sich gegenseitig zu versprechen, als Sieger in die Kabine zurückzukehren ... Seine Länderspielkarriere trägt dennoch eher bescheidene Züge – sie dauerte mit den beiden Einsätzen gegen Österreich und Irland nicht einmal einen Monat. Eine letzte Glanzpartie im Dortmunder Trikot lieferte Adi Preißler am 20. September 1959 im Westfalenderby gegen Schalke. Die Borussen gewannen 5:0 – und anschließend bemühte sich Trainer Max Merkel ebenso intensiv wie vergeblich, den mittlerweile 38jährigen zum Weitermachen zu überreden. Danach wurde Preißler Trainer – unter anderem bei Borussia Neunkirchen, FK Pirmasens und Rot-Weiß Oberhausen. Der Dortmunder Borussia blieb er verbunden – er hatte Sitz und Stimme im Ältestenrat. Im November 1994 erlitt Adi Preißler einen Schlaganfall, der ihn linksseitig lähmte.

PYKA, ALFRED

Geboren am 28. Juni 1934
Ein Länderspiel (1958)
Westfalia Herne

Mit dem »Feldwebel« an die Sonne

Westfalia Herne – da werden Erinnerungen wach! Erinnerungen an die Zeit, da Trainer Langner, den sie auch den »eisernen Fritz« nannten, hier das Zepter schwang und das Stadion am Schloß Strünkede fast aus seinen Nähten platzte. Es war die Zeit, da man Trainern im Spitzenfußball noch die Zeit ließ, Mannschaften behutsam zu formen. Fritz Langner war der »Feldwebel« unter den deutschen Fußballehrern. Bei ihm gab es keine »Wenn« und »Aber« – in seinem sprachlichen Repertoire, das den Slang des Kohlenpotts trug, hatte das Wort »Disziplin« einen wichtigen Platz. Und Langner gelang es, allmählich den Oberligisten Westfalia Herne aus der Region der grauen Mäuse herauszuführen – auch wenn seine Spieler sich zuweilen ein Grinsen nicht verkneifen konnten, wenn ihr »Feldwebel« im Training sagte: »Ihr fünf spielt drei gegen drei ...« Alfred Pyka, der aus dem Nachwuchs der Westfalia hervorging und seit 1949 kickte, war in den fünfziger Jahren der Star dieser Herner Mannschaft, die 1959 für zwei Jahre die Ära Borussia Dortmunds als Westdeutscher Meister unterbrach. Die Heimspiele der deutschen Endrunde bestritten die Herner zunächst nicht im eigenen Stadion an der Bundesstraße 51, sondern auf einer der traditionsreichsten Anlagen des westdeutschen Fußballs, auf der »Roten Erde« in Dortmund. Erst im Jahr darauf wurde die Arena am Herner Schloß vergrößert. In einem denkwürdigen Spiel behielt der Hamburger SV mit 4:3 die Oberhand. Tilkowski, Pyka und Clement – das war die Erfolgsachse von Westfalia Herne. Pyka, der 1955 zum Stammspieler der Mannschaft aufstieg, war der Ideengeber seiner Mannschaft in einer starken Läuferreihe. Als er an einem der letzten Tage des Jahres 1958 bei der 1:2-Niederlage in Kairo gegen Ägypten dabei war, hatte er sich bereits in einem B-Länderspiel gegen Österreich und einem Juniorenländerspiel empfohlen. Doch er nahm ein schmerzhaftes Andenken aus Kairo mit nach Hause – auf dem knüppelharten Platz hatte er einen Bluterguß erlitten, der ihm lange zu schaffen machte. Als die Herner nicht mehr an ihre große Zeit anknüpfen konnten und etliche Leistungsträger der Mannschaft den Rücken kehrten, versuchte sich Alfred Pyka ein Jahr lang bei München 1860, wurde dort aber nicht froh, weil er mit Trainer Max Merkel nicht zurechtkam. Besser lief es für ihn zwei Jahre lang in der Bundesliga beim FC Schalke 04, wo er ein Wiedersehen mit Trainer Fritz Langner feierte. Zur Saison 1967/68 kehrte er zu seiner Westfalia zurück, für die er noch einige Jahre, zuletzt in der Reserve, spielte und zugleich den sportlichen Niedergang des einst so stolzen Vereins miterleben mußte. Der gelernte Dreher verdiente sich seinen Lebensunterhalt als Kraftfahrer.

QUECK, RICHARD

Geboren am 4. November 1888,
gestorben am 20. Dezember 1968
Drei Länderspiele (1909 bis 1914), drei Tore
Eintracht Braunschweig

Ein Tor im Budapester Sandsturm

Eintracht Braunschweig war in der Pionierzeit des deutschen Fußballs eine Macht im Norden. Ein großer Gegenspieler der Hamburger Clubs Altona, Germania und Viktoria. Schon im Jahre 1874 rollte das runde Leder in der Stadt Heinrichs des Löwen mit ihrem eindrucksvollen Altstadtmarkt, wo im Mittelalter die Gewandschneider und Tuchhändler ihr Kauf- und Festhaus errichteten. Als Richard Queck gemeinsam mit seinem Bruder sein Herz für den Fußball entdeckte, da profitierten sie von dem Engagement des Professors Konrad Koch und seines Kollegen August Hermann, die ihre Schüler des Gymnasiums Martino Katharineum mit der Eigenart des aus England importierten Ballspiels bekanntmachten. Konrad Koch nutzte seine Kenntnisse der englischen Sprache und übersetzte die Regeln des Fußballs. Als schließlich am 12. Dezember des Jahres 1895 die Eintracht gegründet wurde, da waren es vor allem Gymnasiasten und Lehrlinge, die sich für den Fußball begeisterten. Um die Jahrhundertwende kamen die Gebrüder Queck zu Eintracht Braunschweig, und Richard war schon Stamm-spieler, als sein Verein im Jahre 1908 erstmals Nordmeister wurde. Viktoria Hamburg wurde mit 3 : 1 bezwungen. 400 Mitglieder zählte Eintracht Braunschweig zu diesem Zeitpunkt. Richard Queck war linker Halbstürmer – ein etwas untersetzter und quirliger Angreifer, der mit einem außergewöhnlichen Schußvermögen ausgestattet war. Sein Weg führte ihn schon mit zwanzig Jahren in die Nationalmannschaft. Am 4. April 1909 fegte ein heftiger Sturm über die Milleniums-Turnierbahn in Budapest, wo sich die besten Fußballer aus Ungarn und Deutschland eingefunden hatten. Richard Queck war am Tag zuvor in aller Frühe aus Braunschweig nach Berlin gefahren, wo sich die Spieler der deutschen Mannschaft am Bahnhof Friedrichstraße trafen. Einen Tag und eine Nacht waren die jungen Leute danach unterwegs. 15 000 Zuschauer füllten das Stadion, und Richard Queck erinnerte sich noch Jahre später an den für ihn so ungewöhnlichen »ohrenbetäubenden Krach«. Was ihn nicht daran hinderte, mit einem tollen Schrägschuß ein Tor zum späteren 3 : 3 zu erzielen. Auch in seinen nächsten beiden Länderspielen gegen Holland (1910 und 1914) beförderte er jeweils einmal den Ball ins gegnerische Tornetz. In Braunschweig war mittlerweile Tull Harder einer seiner Kameraden in einem allseits gefürchteten Angriff. Der 1. Weltkrieg beendete die Fußballkarriere von Richard Queck, der als Stadtsekretär seinen Lebensunterhalt bestritt.

R

RAFTL, RUDOLF

Geboren am 7. Februar 1911,
gestorben am 5. September 1994
Sechs Länderspiele (1938 bis 1940)
Rapid Wien

In Hidens Fußstapfen

Die Zeiten waren unruhig – es brodelte im Herzen Europas, der Kontinent lebte am Vorabend des 2. Weltkriegs. Die 30er Jahre hatten dem Wiener Fußball das »Wunderteam« beschert, und in den Kaffeehäusern der österreichischen Metropole schwärmten die Anhänger von einer Mannschaft, die europäische Fußballgeschichte schrieb. Doch das »Wunderteam« gab es nicht mehr. Statt dessen hielt Hitler Einzug in Wien – Österreichs Fußball verlor seine Eigenständigkeit, wurde zur »Ostmark«. Noch einmal standen sich beide Ländermannschaften nach dem sogenannten »Anschluß« gegenüber. Am 3. April 1938 füllten 60 000 Menschen das Wiener Stadion zu einem Spiel, das die Österreicher als »offiziell«, der Deutsche Fußball-Bund hingegen als »inoffiziell« einordnete. 2 : 0 gewann die »Ostmark« gegen den »Rest des Reichs«, und die Wiener feierten ihr Team so enthusiastisch, daß Reichssportführer von Tschammer und Osten in der Halbzeit ziemlich ärgerlich war und von einem »befremdlichen Nationalismus« sprach. Sepp Herberger hatte nach den Eindrücken dieses historischen Spiels die außergewöhnliche Aufgabe, aus vielen erstklassigen, aber in ihren Stilrichtungen differierenden Fußballern eine schlagkräftige Mannschaft zu formen. Es galt, den Wiener Walzer mit der deutschen Marschmusik zu vereinen – ein schier aussichtsloses Unterfangen. Im Vorfeld der Weltmeisterschaft in Frankreich mehrten sich aber die Stimmen im Lande, Herberger solle sich in höherem Maße des fußballerischen Potentials an der Donau bedienen. Und so lud er 38 Spieler zu einem Lehrgang nach Duisburg ein. Zu denen gehörte auch Rudolf Raftl, der als Torwart im Juli 1930 vom Favoriten-Klub Hertha, aus dem auch Sindelar und Schramseis hervorgingen, zu Rapid Wien gekommen war – auf die legendäre Pfarrwiese in Hütteldorf. Raftl, der nur 1,60 m groß war und über eine enorme Sprungkraft verfügte, hatte schon sechs Länderspiele für Österreich bestritten und trat in die Fußstapfen des legendären Grazers Rudolf Hiden. An der Donau war er einer der Publikumslieblinge – in den Augen vieler war er ein »Feschak«, für andere ein »Akrobat zwischen den Pfosten«. Für Herberger lautete vor der Abreise zum WM-Turnier die Frage: Raftl oder Jakob? Er entschied sich für den kleinen Wiener Schriftsetzer, der in der Vorrunde beim 1 : 1 nach Verlängerung gegen die Schweiz einen glänzenden Eindruck hinterließ und auch beim unglücklich verlaufenen Wiederholungsspiel (2 : 4) gegen die Eidgenossen einer der stärksten Spieler im Team des Verlierers war. Sechsmal hütete Rudolf Raftl das Tor der deutschen Mannschaft, zu weiteren Einsätzen kam es auch deshalb nicht, weil der deutsche Fußball in Jakob, Klodt, Flotho, Deyhle, Jürissen und in dem Wiener Platzer über weitere ausgezeichnete Torhüter verfügte. Eine besondere Ehre war es für Rudolf Raftl, daß er im Oktober 1938 nach London zum Spiel der Weltauswahl gegen England reisen durfte, auch wenn er in der Stadt an der Themse nur Ersatzmann war. Im Jahre 1941 war Rapid wieder einmal der Stolz des Wiener Fußballs. Die Mannschaft von der Pfarrwiese in Hütteldorf wurde mit einem sensationellen 4 : 3-Sieg gegen Schalke 04 Deutscher Meister. Es war der große Tag von Bimbo Binder, der die Wiener zum Triumph schoß.

RAHN, HELMUT

Geboren am 16. August 1929
40 Länderspiele (1951 bis 1960), 21 Tore
Rot-Weiß Essen, 1. FC Köln

Der »Boß« und »sein Tor«

Es waren die Bilder des Jahres: elf Fußballspieler im Regen von Bern, gezeichnet von den Strapazen eines aufregenden Endspiels. Elf Männer, die sich an den Händen hielten und fast ein wenig verlegen wirkten im Moment ihres höchsten Glücksgefühls. Dieser 4. Juli 1954 bescherte der Welt des Fußballs die Sensation schlechthin, denn mit allem hatten die Experten gerechnet, nur nicht mit einem deutschen Sieg gegen die hochfavorisierten Ungarn. Jules Rimet, der greise Präsident des Internationalen Fußball-Verbandes, überreichte im Wankdorfstadion die von ihm gestiftete Trophäe mit der Göttin des Sieges nicht an den ungarischen Major Ferenc Puskas, sondern an Fritz Walter. 3:2 – in Deutschland tanzten die Fußballanhänger vor den Radios. Und im Regen von Bern schnappte sich Helmut Rahn, der Schütze des Siegtreffers, den Mann im Kleppermantel und trug ihn gemeinsam mit seinen Kameraden auf den Schultern vom Platz. Herberger, den sie alle den »Chef« nannten und Rahn, der »Boß«. Dies war eine der seltenen Haßlieben in der Historie der deutschen Nationalmannschaften. Sepp Herberger machte nie einen Hehl daraus, daß ihm die Lausbubenstreiche seines Rechtsaußens nicht behagten und daß er andere Vorstellungen von der Disziplin eines Fußballers habe. Doch der »Chef« wußte auch, was er an Rahn hatte: Der war die Unberechenbarkeit in Person. Helmut Rahn wurde im Essener Stadtteil Katernberg geboren, trug als Neunjähriger das Trikot des BC Altenessen. Es waren nicht die besten Zeiten – der 2. Weltkrieg stand vor der Tür. Mit der Kinderlandverschickung kam Rahn für zwei Jahre in die Tschechoslowakei. Dort und später in Kaufbeuren wurde der eher schwächliche Jüngling aufgepäppelt. In den Heimen bekam er Geschmack am Fußball, und davon profitierten später der Oelder SV und die Sportfreunde Katernberg, ehe er im Jahre 1951 bei Rot-Weiß Essen aufkreuzte. Helmut Rahn erhielt eine Ausbildung zum Autoelektriker und arbeitete 1948 in einer Fabrik für Handzentrifugen in Oelde. Seine Schußstärke trug nicht unwesentlich dazu bei, daß die Rot-Weißen aus Essen 1953 deutscher Pokalsieger wurden. Sein Debüt im Nationaltrikot gab Helmut Rahn am 21. November 1951 in Istanbul gegen die Türkei, wo Max Morlock beide Tore zum 2:0-Erfolg schoß. Der Rechtsaußen aus Essen wurde bald Stammspieler der Nationalmannschaft und dazu so eine Art Stimmungskanone seiner Kameraden. Die konnten zwar nicht immer über die Späße des stämmigen Stürmers lachen, aber Sepp Herberger verstand es gut, Rahn stets auf den Boden der Tatsachen zurückzuholen. Besondere Lacherfolge erntete der Stürmer, wenn er vor seinen Mitspielern als »Marktschreier« auftrat und »Oma-Lutschbirnen« anpries. Bei der Weltmeisterschaft in

der Schweiz legte der Bundestrainer Helmut Rahn auf das Zimmer des zuweilen zu einer melancholischen Stimmung neigenden Fritz Walter. Als der Himmel vor dem Endspiel gegen Ungarn alle Schleusen geöffnet hatte und einige Spieler der deutschen Mannschaft sehr griesgrämig in das triste Wetter schauten, sagte Helmut Rahn beim Einlaufen ins Wankdorfstadion zu seinem Zimmergenossen: »Friedrich, wenn wir die Seitenwahl gewinnen sollten, spielen wir mit Sonne im Rükken – ist das klar …?« Von einer zur anderen Sekunde löste sich die Spannung, Helmut Rahn war ein idealer Masseur für die Seele. Später dann, als die Euphorie über die Weltmeisterschaft in der Heimat nicht mehr ganz so hohe Wellen schlug, wurde Helmut Rahn an den Theken der Essener Kneipen immer wieder aufgefordert: »Nun erzähl' doch mal, Helmut. Wie war das mit dem Tor?« Und Helmut Rahn erzählte: »Also – es war so. Ich war am Ball, lief in der Mitte ein paar Schritte, sehe die vielen Ungarn im Strafraum, nehme die Pille auf die Schippe von links nach rechts, und wieder auf links. Und da sehe ich, wie der Grosics am Rutschen ist. Ich halte also drauf und durch. Na ja – den Rest kennt ihr ja …« Der Rest machte aus dem »Boß« einen Fußballvolkshelden. Von Helmut Rahn wurde behauptet, er habe seinen Triumph von Bern vier Jahre lang gefeiert. Tatsache ist wohl, daß er kein Kind von Traurigkeit war und sein schönes Leben in vollen Zügen genoß. Am 17. Dezember

1957, Rahn hatte 22 Länderspiele »auf dem Buckel« und war 1955 mit Rot-Weiß Essen Deutscher Meister geworden, schien seine Karriere als Fußballer vorbei zu sein. Er hatte wieder einmal die Geschichte »seines Tores« erzählt und dabei wohl ein paar Bier zuviel gekippt. Die Folge: Er mußte sich wegen einer Trunkenheitsfahrt vor Gericht verantworten, wurde zu 100 Mark Geldstrafe verdonnert und mußte für zwei Wochen ins Gefängnis. Die Freunde von einst zogen sich danach immer mehr zurück, doch Bundestrainer Sepp Herberger ließ seinen »Weltmeister« nicht fallen und führte ihn nach vielen Gesprächen zurück ins internationale Rampenlicht. Als Helmut Rahn 1958 mit der Nationalelf zum WM-Turnier nach Schweden reiste, da hatte er sich verändert, war nicht mehr der Bruder Leichtfuß. Und ihm gelang ein Comeback, das viele nicht für möglich gehalten hatten. Er schoß in Schweden sechs Tore – genau so viele wie Pele, dessen Stern in diesem skandinavischen Sommer aufging. Die Eigenwilligkeit und Schußstärke des Esseners hatte sich wieder einmal behauptet. Von der Nationalmannschaft verabschiedete sich Helmut Rahn am 27. April 1960 in Ludwigshafen mit dem Spiel gegen Portugal (2 : 1). 1959 war er von Essen zum 1. FC Köln gewechselt, wo Franz Kremer das Kommando führte. Aber am Rhein fand er kaum Freunde. Die Kölner erreichten sogar das deutsche Endspiel gegen den HSV, doch in den Tagen vor diesem Finale gab Helmut Rahn seinem Trainer Oswald Pfau eine Menge Rätsel auf – er war spurlos verschwunden. 24 Stunden vor dem Anpfiff im Frankfurter Waldstadion tauchte er dann wieder auf, und nach längerem Nachdenken entschieden die Kölner Verantwortlichen: Rahn spielt! Der legte zwar gegen den HSV los wie die Feuerwehr, doch dann ging ihm gegen seinen Bewacher Krug mehr und mehr die Luft aus. Am Ende triumphierte der Hamburger SV mit 3 : 2. 1962 wechselte Helmut Rahn ins holländische Enschede, doch nach einem Jahr folgte er den Lockungen des Meidericher SV, wo Rudi Gutendorf Trainer war. Die Mannschaft an der Wedau wurde überraschend in diesem ersten Jahr der Bundesliga deutscher Vizemeister. Helmut Rahn hatte daran mit acht Toren in 19 Spielen einen nicht unwesentlichen Anteil. Eine Achillessehnenoperation beendete im Dezember 1964 seine Fußballkarriere. Nach 260 Oberligaspielen, in denen er 106 Tore schoß, und nach 20 Auftritten in der jungen Bundesliga. Der »Boß« führte später mit seinem Bruder einen Handel mit Neu- und Gebrauchtwagen in Altenessen und arbeitete dann als Repräsentant und Verkaufsleiter einer Entsorgungsfirma

für Bauschutt – unweit vom Georg-Melches-Stadion in Essen-Bergeborbeck. Dort, wo sein großer Weg als Fußballer einst begonnen hatte.

RAHN, UWE

Geboren am 21. Mai 1962
14 Länderspiele (1984 bis 1987), fünf Tore
Borussia Mönchengladbach

Debüt wie aus dem Bilderbuch

Mannheim war schon immer eine munter sprudelnde Quelle der Fußballtalente. Auch Uwe Rahns Wiege stand in dieser Stadt. Genauer gesagt im Ortsteil Schönau, wo er beim TSV Bekanntschaft mit dem runden Leder machte. Doch der SV Waldhof Mannheim war für die jungen Fußballer der Region so etwas wie ein Magnet, und so war es kein Wunder, daß Uwe Rahn in seiner Jugendzeit zum Waldhof wechselte. 1980 wurde der gelernte Dreher hier nach einem 2 : 1-Endspielsieg gegen den Favoriten Schalke 04 Deutscher A-Jugendmeister, und in der Endrunde wurde der junge Mannheimer Stürmer von vielen Spionen der Bundesliga kritisch unter die Lupe genommen. So mancher notierte sich den Namen des Blondschopfs. Jupp Heynckes hatte gleich einen Narren an Uwe Rahn gefressen. »Den Achter will ich haben«, sagte er auf der Rückfahrt zu seinem Assistenten Wolf Werner. Doch das war für die Gladbacher ein ziemlich teures Vergnügen, denn der 18jährige Stürmer hatte eigentlich schon einen Vertrag beim SV Waldhof unterschrieben. Entsprechend hoch war die Ablösesumme: 300 000 Mark! Aber Jupp Heynckes war das egal: »Als ich den Uwe zum erstenmal sah, da kribbelte es bei mir. Ich wußte, daß das mal ein außergewöhnlich guter Fußballer wird.« Aber in Mönchengladbach hatte Uwe Rahn zunächst einmal große Anlaufprobleme. Hier spielte noch Lothar Matthäus, und erst, als der dem Bökelberg den Rücken kehrte, blühte Uwe Rahn auf, obwohl er sich mit seiner defensiven Rolle im Mittelfeld eigentlich nicht anfreunden konnte. 1984 folgten Berufungen in die U-21-Nationalmannschaft und damit in die Olympiaauswahl. Mit diesem Team reiste er zu den Olympischen Spielen nach Los Angeles. Franz Beckenbauer hatte Uwe Rahn längst auf seiner Kandidatenliste für die Nationalelf, und er hatte eine glückliche Hand, als er den athletischen Profi am 17. Oktober 1984 für das Weltmeisterschafts-Qualifikationsspiel gegen Schweden nominierte und ihn als Joker ins Match brachte. Der Mann vom Bökelberg erwischte einen Blitzstart, kam in der 75. Minute ins Spiel und schoß genau 30 Sekunden später das 1 : 0 zum späteren 2 : 0-Sieg. Damit öffnete sich Uwe Rahn die Tür zum Platz in der Nationalmannschaft, doch seine Hoffnungen auf einen Einsatz bei der Weltmeisterschaft 1986 in Mexiko erfüllten sich nicht. Seinen ganzen WM-Frust schoß er sich in der darauffolgenden Saison von der Seele. Er gewann die »Kanone« des Bundesliga-Torschützenkönigs und wurde »Fußballer des Jahres«. Danach lockte ihn ein Angebot des PSV Eindhoven, doch die Mönchengladbacher Transferforderungen machten ihm und den Holländern einen Strich durch die Rechnung. Statt nach Holland wechselte Uwe Rahn später zum 1. FC Köln, dann zu Hertha BSC, Fortuna Düsseldorf und schließlich 1992 zu Eintracht Frankfurt. Nach über 300 Bundesligaspielen in 13 Jahren folgte er 1993 Pierre Littbarski und Frank Ordenewitz in die aufstrebende japanische Fußballprofiliga zu Urawa Red Diamonds. Eintracht Frankfurt erhielt eine Ablösesumme von rund 300 000 Mark.

RASSELNBERG, JOSEF

Geboren am 18. Dezember 1912
Neun Länderspiele (1933 bis 1935), acht Tore
VfL Benrath

Pech vor der Weltmeisterschaft

Der VfL Benrath war im Bezirk Berg-Mark des Westdeutschen Spielverbandes ein starker Rivale der übermächtigen Düsseldorfer Fortuna. Im Jahre 1930 hatten die Benrather sogar die Nase vorn und lieferten in der Westdeutschen Endrunde den Schalkern einen harten Kampf, um sich als Zweiter für die Deutsche Meisterschaft zu qualifizieren. Hier unterlagen sie der Frankfurter Eintracht mit 0 : 1. In diese starke Benrather Mannschaft wuchs ein 20jähriger Stürmer hinein, der aus dem Düsseldorfer Stadtteil Urdenbach stammte und der eine kaufmännische Ausbildung absolvierte: Josef Rasselnberg. Er stürmte auf halblinks und war ein Weggefährte von Mittelstürmer Karl Hohmann, der schon zu drei Länderspielen berufen worden war, als auch sein Benrather Mannschaftskamerad Josef Rasselnberg eine Einladung des DFB erhielt. Der deutsche Fußball war 1933 in Europa nicht unbedingt erste Wahl, doch Trainer Professor Otto Nerz war ehrgeizig und glaubte an seine Chance bei der Weltmeisterschaft des Jahres 1934 in Italien. Als ersten Testspielgegner hatten sich die Deutschen im

Oktober 1933 Belgien nach Duisburg eingeladen. Und die Nachbarn wirkten im Angriffswirbel ihrer Gastgeber ziemlich hilflos. Die deutsche Mannschaft gewann vor 30 000 begeisterten Zuschauern 8 : 1. Den Auftakt des Torreigens besorgte ein Debütant: Josef Rasselnberg. Auch in den nächsten Spielen gegen Norwegen (2 : 2), Schweiz (2 : 0) und Polen (1 : 0) vertraute Nerz der Harmonie der beiden Benrather Hohmann und Rasselnberg, und als die deutsche Elf ihr WM-Qualifikationsspiel in Luxemburg bestritt, war dies ein »Benrather Torfestival«. Zum 9 : 1-Sieg steuerten Rasselnberg vier und Hohmann drei Treffer bei. Josef Rasselnberg war für Nerz auch eine feste Größe, als die Weltmeisterschaft näherrückte, doch dann erlitt der Stürmer vom rechten Rheinufer eine schwere Knieverletzung und mußte absagen. Erst im Mai 1935 feierte er sein Comeback. Mittlerweile hatte er aber unter anderem in Otto Siffling eine starke Konkurrenz auf seiner Lieblingsposition. Am 4. Dezember 1935 verabschiedete er sich beim 0 : 3 gegen England in London von der Nationalmannschaft. Josef Rasselnberg siedelte später nach Bad Kreuznach um, spielte dort ab 1937 für die Eintracht und führte im Städtchen an der Nahe einen Zigarren- und Zigarettengroßhandel. Nach dem 2. Weltkrieg leitete er in Hamburg-Altona das Hotel »Am Bahnhof«.

REBELE, HANS

Geboren am 26. Januar 1943
Zwei Länderspiele (1965 bis 1969)
TSV 1860 München

Ein »Buam« aus dem Schlachthofviertel

Sepp Wendl, Münchner Fußballurgestein, der es selbst zum Nationalspieler brachte, war der erste große Förderer von Hans Rebele. »Das ist ein lieber, aufgeschlossener und bescheidener Bursch'«, sagte der Sepp. Nun genügte das allein noch nicht, um als Fußballer seinen Weg zu machen. Und deshalb nahm sich der alte Sepp, der den Nachwuchs seines Vereins betreute, den jungen Hans vor die Brust und trimmte den »Buam aus dem Münchner Schlachthofviertel« in den Schüler- und Jugendmannschaften der »Löwen«. 19 Jahre war Rebele jung, als er für 1860 München sein erstes Spiel in der Oberliga bestritt – das war in Schweinfurt, und Trainer Max Merkel hatte längst erkannt, über welch großes Fußballtalent dieser Hans Rebele verfügte. Doch Merkel wollte den jungen Mann nicht verheizen, ihn vielmehr behutsam an höhere Aufgaben heranführen. In den darauffolgenden Jahren ließ er ihn dann und wann in der Bundesliga spielen, doch die ersten ganz großen Auftritte hatte der Linksaußen erst im Europapokal. Dabei war er vorher als »Verbinder« oder Läufer für die Mannschaft schon wertvoll gewesen. Im Spiel gegen den AC Turin schoß er in Zürich ein derart prächtiges Tor, daß die Fans der »Löwen« in den Kneipen zwischen Stachus und Marienplatz lange Zeit fast kein anderes Thema hatten. Über einen Einsatz im Juniorenländerspiel gegen Schottland folgte dann 1965 für Hans Rebele die Berufung ins Nationalteam gegen die Schweiz in Basel. Zwar hatte ihm Max Merkel in den Tagen vor dem Länderspieldebüt schon ein paar vage Andeutungen gemacht, nachdem der mit Helmut Schön telefoniert hatte, doch als die Berufung zu einem Juniorenlehrgang in Freiburg dann tatsächlich eintraf, war der junge »Löwe« doch ziemlich perplex. Und als die Nationalhymnen abgespielt wurden, stand er da und hatte eine Gänsehaut auf dem Rücken ...

RECK, OLIVER

Geboren am 27. Februar 1965
Ein Länderspiel (1996)
Werder Bremen

»Nur nicht zurückschauen ...«

Mit den Torwarten ist das zuweilen so wie mit dem Wein – je älter sie werden, um so besser sind sie. Das galt auch für Oliver Reck, der zum Nationalspieler wurde, als er schon selbst nicht mehr so richtig darauf zu hoffen wagte. 31 Jahre war er alt, als ihn Berti Vogts mit zur Europameisterschaft nach England nahm. Kurz zuvor hatte er in einem ziemlich unbedeutenden Länderspiel seine Feuertaufe erlebt – beim Testspiel gegen Liechtenstein in Mannheim, das die deutsche Nationalelf standesgemäß mit 9 : 1 für sich entschied. Und den Sprung ins deutsche EM-Aufgebot des Jahres 1996 verdankte der Bremer dem Pech seines Dortmunder Kollegen Stefan Klos, der ursprünglich als Torwart-Nummer drei hinter Köpke und Kahn eingeplant war. Für Reck erfüllte sich dennoch ein Traum – er fügte sich ein in ein Team, das beim EM-Turnier im Mutterland des Fußballs durch seine Harmonie bestach und auch deshalb verdientermaßen den Titel gewann. Doch der Reihe nach: Auf dem Weg zum Nationalspieler stand Oliver Reck schon einige Male auf dem höchsten Gipfel, aber er durchschritt auch so manches Tal. »Pannen-Olli« nannten sie

den gebürtigen Frankfurter, der über SG Harheim, FSV Frankfurt und Kickers Offenbach 1985 zum SV Werder Bremen kam. »Pannen-Olli« – eine schreckliche Klassifizierung, die nichts aussagt über die tollen Reflexe dieses Fußballers. Oliver Reck hatte das Pech, ungewöhnliche Tore zu kassieren, Tore, über deren Kuriosität die Fußballnation lachte. »Hat's mit Reck noch Zweck?«, reimte der »Kicker«, nachdem der Keeper den Ball ins eigene Netz geköpft hatte. Doch Oliver Reck hatte einen gewichtigen Fürsprecher – seinen Trainer Otto Rehhagel, der den Erfolg an die Weser gebracht hatte und sich dort eine so starke Position aufbaute, daß sein Wort galt und seine Entscheidungen eigentlich unanfechtbar waren. Und Rehhagel ließ keine Gelegenheit aus, Reck in höchsten Tönen zu loben, wenn dieser wieder einmal ein Bremer Spiel aus dem Feuer einer sich abzeichnenden Niederlage gerissen hatte. Vom »Fliegenfänger« zum »Weltklassetorwart« – dazwischen pendelte sich die Bewertungsskala des Oliver Reck ein, der von den Hanseaten einst als Reservist für Dieter Burdenski verpflichtet worden war. Der gelernte Industriekaufmann ließ sich durch seine Rückschläge nicht beirren, war mit einem unerschütterlichen Selbstvertrauen ausgestattet und im übrigen ein optimistischer Mensch, der sich immer wieder aufs Neue vornahm, den Tag »mit Mut und Tatendrang« zu beginnen. Seine Devise: »Nur nicht zurückschauen ...« Zweimal (1988 und 1993) wurde er mit dem SV Werder Deutscher Meister. Nach dem Gewinn des DFB-Pokals 1991 (dem ein weiterer Cupgewinn im Jahre 1994 folgen sollte), war Oliver Reck untröstlich, daß er im Finale des Europacups der Pokalsieger, beim 2 : 0-Sieg gegen AS Monaco, wegen zweier Gelber Karten nicht dabei sein durfte. Ehe der begeisterte Golfer 1996 doch noch Nationalspieler wurde, hatte er in der U-21- und in der Olympiaauswahl schon internationale Luft atmen können.

REDDER, THEO

Geboren am 19. November 1941
Ein Länderspiel (1964)
Borussia Dortmund

Als die Borussen die Hotelküche stürmten

Ein Hauch von Frühling wehte durch das Niedersachsenstadion in Hannover, als nebenan, auf einer Fläche am Maschsee, ein Hubschrauber der Bundeswehr viel Staub aufwirbelte. Als die Rotoren zur Ruhe gekommen waren, kletterte ein prominenter

Bürger die kleine Treppe herunter: Bundespräsident Heinrich Lübke, der Ehrengast des deutschen Pokalfinales 1965. Von Lübke wußte man, daß er eher ein gestörtes Verhältnis zum Fußball hatte. Und so kreuzte Hermann Joch, der langjährige Generalsekretär des DFB, vor dem Anpfiff des Spiels in den Kabinen der Pokalgegner Borussia Dortmund und Alemannia Aachen auf und gab den Hauptstellern dieses Nachmittags zu verstehen, man möge dem Herrn Präsidenten bei der obligatorischen Begrüßung auf dem Rasen nicht zu kräftig die Hand drücken:»Herr Lübke haßt das ...« Die Männer um Borussia-Kapitän »Aki« Schmidt beherzigten die Vorgabe, und niemand auf den Rängen ahnte, daß dem Zeremoniell ein langweiliges Pokalendspiel folgen würde. Nach 90 Minuten hatten die Dortmunder die Aachener mit 2 : 1 geschlagen, und zu den Siegern gehörte Theo Redder, der einmal mehr ein Verteidiger mit Haken und Ösen war. Trainer Hermann Eppenhoff nahm an diesem Nachmittag Abschied von den Dortmundern, und auf der Tribüne grantelte sein Nachfolger: »Ich habe ein schweres Amt übernommen ...« Willi Multhaup war der neue Chef der Borussia, der ein knappes Jahr später den Fans am Borsigplatz einen noch gewichtigeren Pokal präsentieren sollte – den Europacup der Pokalsieger! Zum erstenmal in der Geschichte des deutschen Fußballs krönte eine Vereinsmannschaft eine Saison mit einem europäischen Cup. Und wieder war Theo Redder eine der Arbeitsbienen der Borussen, ein wichtiger Helfer des Abwehrrecken Wolfgang Paul. Der FC Liverpool scheiterte in Glasgow durch »Stan« Libudas »Bogenlampe« in der Verlängerung mit 1 : 2, worauf jeder Spieler der Borussia einen Scheck über 5000 Mark erhielt. Als Theo Redder mit seinen siegestrunkenen Freunden nach dem Europacupfinale ins Hotel zurückkehrte, hatte sich das Küchenpersonal längst verabschiedet. Und da der Borussia-Vorstand nicht im Traum damit gerechnet hatte, mit dem Europacup im Gepäck die Heimreise antreten zu können, war nicht einmal ein bescheidenes Nachtmahl vorbereitet worden. Worauf die Fußballer aus Dortmund gemeinsam mit ihren mitgereisten Frauen die Hotelküche stürmten und alles beschlagnahmten, was einigermaßen eßbar erschien. Sein einziges Länderspiel führte Redder 1964 nach Finnland. In Helsinki gewannen die Deutschen mit 4 : 1. Im Jahr darauf trug er das Trikot der B-Nationalmannschaft in Hannover gegen Holland (1 : 1). Höher noch stufte er allerdings sein Mitwirken beim 1 : 0-Sieg gegen England mit der U-23-Nationalelf in Freiburg ein – es war der erste deutsche Länder-

spielerfolg über ein Nationalteam von der Insel. Bis 1969 blieb Theo Redder, der sein fußballerisches Handwerk bei Preußen Werl erlernte und 1961 in die Bierstadt gekommen war, der Borussia treu. Doch nach einer langwierigen Verletzung, die von lädierten Adduktoren herrührte und ihn mit einem Muskelriß ein Vierteljahr an ein Gipsbett fesselte, ließ bei dem »giftigen« Verteidiger die Motivation nach. Und da sein Vater, der eine Bäckerei führte, schwer erkrankte, übernahm Theo Redder den elterlichen Betrieb. Später arbeitete er als Bäckermeister in der Kaufhauskette Karstadt. Seiner Borussia blieb er als Manager der rührigen Traditionsmannschaft verbunden.

REESE, HANS

Geboren am 17. September 1891
Ein Länderspiel (1912)
Holstein Kiel

Der Professor von der Förde

Es war die große Zeit des Kieler Fußballs. An der Förde wuchs vor dem 1. Weltkrieg eine junge Mannschaft heran, die das Spiel mit dem Lederball im hohen Norden schnell populär machte: Holstein! Georg P. Blaschke, im schlesischen Glatz geboren, war einer der wichtigen Wegbegleiter des jungen Vereins. Als 21jähriger verließ er seine hügelige Heimat und trat in Kiel eine Stelle bei der Stadtverwaltung an. Der aus Karlsruhe stammende Artur Beier teilte mit ihm die Sympathie für den Sport – im Kieler Männerturnverein von 1844 fanden sie die Plattform ihrer Neigungen, doch die Freude am Turnen verflüchtigte sich rasch. Auf einer Bahnfahrt nach Lübeck gründeten sie den 1. Kieler Fußballverein von 1900. Blaschke, der zehn Jahre später zum Schriftführer des Deutschen Fußball-Bundes gewählt und dann mit der Leitung der neuen DFB-Geschäftsstelle betraut wurde, machte sich in den ersten Jahren seines Wirkens um den Zusammenhalt der aufblühenden Fußballvereine in Kiel verdient, denn nach dem 1. KFV folgte im Jahre 1902 die Gründung des FC Holstein. Beide Vereine schlossen sich im 1. Weltkrieg zum KSV Holstein zusammen. Es waren vor allem die Schüler der Höheren Lehranstalten, die das Trikot des FC Holstein trugen. Walter Duden, Karl Kellner und später Karl Möller – das waren die treibenden Kräfte des Vereins, der zum Sammelbecken der Fußballtalente wurde. Das verdankten die Holsteiner der glücklichen Fügung, daß der Kapitän der ersten Holstein-

Mannschaft, Friedrich Claudius – ein Nachfahre des Dichters Matthias Claudius – ein starker Förderer der Jugend war. Eines von diesen hoffnungsvollen Talenten war Hans Reese, der als 20jähriger in die erste Mannschaft wuchs und vor allem von dem internationalen Spielbetrieb der Kieler profitierte. Die bereisten vornehmlich die skandinavischen Länder. Mit 21 Jahren hatte Hans Reese schon den Gipfel erreicht – er wurde mit Holstein Kiel Deutscher Meister. Schon zwei Jahre vorher war Reese dabei, als die Kieler dem großen Favoriten Karlsruher FV im Weidenpescher Park in Köln mit 0 : 1 nach Verlängerung im Finale unterlagen. Diesmal hatten die Kieler auf dem Viktoria-Sportplatz an der Hamburger Hoheluft-Chaussee die Nase mit 1 : 0 vorn. Ernst Möller verwandelte den entscheidenden Elfmeter, und Hans Reese war ein drahtiger linker Verteidiger, obwohl er eine anstrengende Woche beim »Kommiß« hinter sich hatte. In seiner eleganten und intelligenten Spielweise hatte der Kieler vieles gemein mit dem Karlsruher Verteidiger Ernst Hollstein. Er erhielt allerdings nur eine Berufung in die Nationalmannschaft. Als Mitglied des Olympiakaders zum Turnier von Stockholm im Jahre 1912 war er beim 16 : 0-Rekordsieg gegen Rußland dabei. Hans Reese promovierte und brachte es zum Professor. Er wirkte später in Madison im amerikanischen Bundesstaat Wisconsin.

REICHEL, PETER

Geboren am 30. November 1951
Zwei Länderspiele (1975 bis 1976)
Eintracht Frankfurt

Peter, der »Professor«

Seine Kameraden nannten ihn »Professor« – und dahinter verbarg sich wohl eine Menge Respekt vor der Doppelbelastung. Peter Reichel war etwas anders als die meisten Fußballprofis seiner Generation – er verlor sein eigentliches Ziel, den Beruf des Pädagogen, nie aus den Augen. Als der rechte Verteidiger im Jahre 1970 bei Eintracht Frankfurt aufkreuzte, da brachte er aus seiner Zeit beim VfB Gießen die Empfehlung mit, erfolgreich in diversen Jugendauswahlmannschaften mitgewirkt zu haben. Erich Ribbeck war Trainer bei der Eintracht, als Peter Reichel dort anklopfte. Die Erwartungshaltung des jungen Abiturienten war aber ziemlich niedrig. »Ich hatte keine sonderliche Perspektive, denn in der Mannschaft von Eintracht Frankfurt gab es damals viele Stars«, erinnerte sich Reichel später.

Aber dann ließ er sich doch zum Wechsel überreden – auch deshalb, weil er in dem Salär aus einem Vierjahresvertrag die Chance erblickte, sein Studium zu finanzieren. Vor dem Saisonstart bezog die Mannschaft des Bundesligisten ein Trainingslager in Freudenstadt. Es war das Glück des Peter Reichel, daß sich dort Nationalspieler Friedel Lutz verletzte und es plötzlich eine Vakanz auf seiner Standardposition gab. Die Saison kam, und der Spielplan führte Eintracht Frankfurt und die starke Gladbacher Borussia gegeneinander. Reichels Kontrahent war kein Geringerer als der mit allen Wassern gewaschene Horst Köppel. Doch Reichel meldete den Gladbacher weitgehend ab und war fortan Stammspieler in der Bundesliga. Und er brachte tatsächlich Studium (Mathematik und Sport) und Profitum unter einen Hut. Mitte der siebziger Jahre wurde er sogar zum Nationalspieler – er wirkte beim 5 : 0-Erfolg der Nationalelf im Dezember 1975 in Istanbul gegen die Türkei mit und beim 1 : 1 im Frühjahr darauf in Madrid gegen Spanien. Zeitlich enger wurde es für den angehenden Lehrer erst von dem Zeitpunkt an, als das 2. Staatsexamen bevorstand. Es war sein Glück, daß er in Achaz von Thümen einen verständnisvollen Präsidenten bei der Eintracht fand. Nicht ganz so einsichtig war Trainer Gyula Lorant, der häufiger mit Reichel kollidierte, wenn dieser mal wieder darum bat, eine Trainingseinheit streichen zu dürfen. Mit jeglichem intellektuellem Touch tat sich Lorant beim Umgang mit seinen Spielern schwer. Nach 225 Bundesligaspielen verabschiedete sich Reichel zu Beginn der achtziger Jahre von der Bundesliga, ließ sich für die Eintracht als Oberligaspieler reamateurisieren, betreute eine Weile die F-Jugend von Teutonia Köppern, weil dort sein Sohn spielte, und arbeitete im übrigen als Lehrer. Zunächst in Frankfurt-Sossenheim, dann in der Anne-Frank-Realschule am Dornbusch.

REINDERS, UWE

Geboren am 19. Januar 1955
Vier Länderspiele (1982), ein Tor
Werder Bremen

Der Preis des Risikos

Von Höhen und Tiefen gekennzeichnet waren die Karriere und das Leben von Uwe Reinders. »Ich liebe das Abenteuer und ich liebe das Risiko«, sagte er einmal. Und sein Hang zum Risiko wäre ihm fast zum Verhängnis geworden. Uwe Reinders hatte ein Faible für das Flair der Spielbanken, das Prickeln, wenn die weiße Kugel rollt. Aber irgendwann ging für den Fußballprofi von der Weser »nichts mehr«. Er war verstrickt in seiner Leidenschaft und steckte tief in Spielschulden. Doch Uwe Reinders fand den Weg aus der Misere, wenn auch seine Fußballkarriere einen Knick erhielt. Der TBV Freilendorf war seine erste Station als ganz junger Fußballer, ehe er über Polizei SV Essen zu ETB Schwarz-Weiß wechselte. Das war im Jahre 1974. Der Traditionsverein aus der Grugastadt spielte in der 2. Liga Nord, und Hubert Schieth hatte längst ein Auge auf den Jungen aus der Nachbarschaft geworfen. Uwe Reinders erfüllte die Hoffnungen der Verantwortlichen – er war ein wuchtiger Stürmer mit einem ausgeprägten Torinstinkt. Nach drei Jahren rückte er in die Bundesliga auf – zum SV Werder Bremen, wo Kuno Klötzer der Trainer und Rudi Assauer der Manager war. Mit beiden hatte er so seine Probleme, zumal das Klima an der Weser nicht das allerbeste war. Werder stieg 1980 aus der Bundesliga ab, doch dann kam Otto Rehhagel, und mit ihm begann nicht nur der Aufstieg des SV Werder zu einer deutschen Spitzenmannschaft, sondern auch der des forschen Stürmers. Uwe Reinders trug das Trikot der U-21-Nationalmannschaft, dann das des B-Teams. Schließlich debütierte er an einem Tag im Mai des Jahres 1982 in der deutschen Nationalelf. Er war beim 4:2-Sieg gegen Norwegen in Oslo dabei und empfahl sich erfolgreich für das Aufgebot zur Weltmeisterschaft in Spanien. Hier kam er auf dem Wege ins Finale dreimal zum Einsatz. 1985 verließ Uwe Reinders nach 206 Bundesligaspielen, in denen er 67 Tore schoß, Werder Bremen. Seine privaten Probleme waren an der Weser immer größer geworden. Er unterschrieb einen Vertrag beim französischen Meister Girondins Bordeaux. Der Verein feierte ihn als Volltreffer – er erzielte in seiner ersten Saison 15 Tore. Im Dezember 1986 war allerdings für Uwe Reinders der Abstecher nach Bordeaux vorbei, als Girondins die jugoslawischen Zwillinge Vujovic holte und die Ausländerplätze damit besetzt waren. Uwe Reinders wurde in die Provinz abgeschoben – zu Stade Rennes. Im Sommer 1987 tauchte er dann wieder in Deutschland auf – bei der Braunschweiger Eintracht. Auch die war zur Fußballprovinz verkümmert und aus der 2. Bundesliga abgestiegen. Uwe Reinders wurde Spielertrainer, wechselte sich selbst in den Begegnungen der Oberliga Nord ein und schaffte prompt den Wiederaufstieg. Dieser Erfolg begründete Uwe Reinders' Ruf als Trainer. 1990 unterschrieb er dann einen Vertrag beim DDR-Oberligisten FC Hansa Rostock, führte seine Mannschaft erstmals zur DDR-Meister-

schaft und damit in die Bundesliga. Doch ein Dauerbrenner wurde er in Rostock nicht. Als Hansa in Abstiegsnot geriet, wurde er durch Erich Rutemöller ersetzt. Er wechselte zum MSV Duisburg, konnte aber auch diese Mannschaft nicht ans rettende Bundesligaufer führen. Als Hertha BSC im Herbst 1993 in ein sportliches Leistungstal rutschte, zog es Uwe Reinders an die Spree – mit wiederum wenig Glück. 1996 unterschrieb er einen Dreijahresvertrag beim drittklassigen Regionalligisten FC Sachsen Leipzig. Auch sein Assistent war Nationalspieler: Ronnie Worm. Nach einer Saison nur erhielt Reinders erneut den Laufpaß.

REINHARDT, ALOIS

Geboren am 18. November 1961
Vier Länderspiele (1989 bis 1990)
Bayer Leverkusen

Ein ungewöhnlicher Fußballabend

Der Bordlautsprecher schnarrte, und Alois Reinhardt rutschte noch ein wenig tiefer in seinen Sitz, als er die Stimme seines Trainers Erich Ribbeck vernahm. Vorn, im Cockpit der Boeing der Austrian Airlines, bereitete sich der Kapitän auf die Landung auf dem Flughafen Köln-Wahn vor, und drinnen, in der Kabine, rang ein Trainer nach Worten. »Wir haben dieses Spiel klar verloren«, sagte Erich Ribbeck mit brüchiger Stimme. »Aber wir versprechen, daß wir uns noch nicht aufgegeben haben ...« Der Mann hat gut reden, dachten die Spieler von Bayer 04 Leverkusen, und Alois Reinhardt warf einen Blick auf die Schlagzeile der Zeitung, die man den Profis beim Abflug in Barcelona in die Hand gedrückt hatte: »Null zu drei – aus und vorbei!«. Unter den Passagieren der Flugnummer 3666, Spielern, Funktionären, wenigen Edelfans und zahlreichen Journalisten, dachten eigentlich alle das gleiche: Der Erich Ribbeck spinnt! Nie und nimmer konnten die Leverkusener im Rückspiel des UEFA-Cups die Sache noch umbiegen. 0:3 bei Espanol Barcelona – die angestrebte Trophäe war aus den Händen geglitten. Doch dann kam der 18. Mai 1988 – es war ein lauwarmer Frühlingsabend, und die 4000 spanischen Schlachtenbummler unter den 24 000 Zuschauern auf den Rängen des Haberland-Stadions feierten schon vor dem Anpfiff eine temperamentvolle Fiesta. Zweieinhalb Stunden später rollten sie stumm ihre Fahnen ein – Bayer Leverkusen hatte das Unmögliche tatsächlich möglich gemacht und das Doppelfinale noch »umgedreht«. 3:0 lagen die Leverkusener nach regulärer Spielzeit vorn, 3 : 0 hieß es auch nach der Verlängerung, und als Losada den Ball beim fälligen Elfmeterschießen in den rheinischen Nachthimmel schoß, hatte Bayer den UEFA-Cup gewonnen. Jetzt fehlten Erich Ribbeck die Worte – er schämte sich am Spielfeldrand nicht seiner feuchten Augen. Alois Reinhardt war in diesem dramatischen Endspiel dabei, und er war als Vorstopper einer der Stützen seiner Mannschaft. »Max« nannten ihn seine Freunde, und kaum jemand wußte, warum. Die Erklärung: Trainer Horst Heese verpaßte ihm einst beim 1. FC Nürnberg diesen Namen, und er dachte dabei an den legendären Regisseur und Theaterspielleiter der Vorkriegszeit, an Max Reinhardt ... Begonnen hatte Alois Reinhardt seinen Weg im heimischen TSV Höchstadt/ Aisch, wo sein Vater den Wechsel zum »Club« einfädelte. Unter Dietrich Weise wurde das Talent Jugendnationalspieler. Seine erste große Enttäuschung war die Nichtnominierung für die Junioren-Weltmeisterschaft in Australien im Jahre 1981. Der 1. FC Nürnberg gab ihn nicht frei, statt dessen debütierte Reinhardt im Jahr darauf in der deutschen U 21-Nationalmannschaft. Nach dem Abstieg der Nürnberger aus der Bundesliga gab der gelernte Sanitärinstallateur, der als ausgeglichener Mensch galt und der seine Stärken im Zweikampfverhalten hatte, den Bayern einen Korb und wechselte zu Bayer nach Leverkusen, um 1991 dann doch an der Isar sein Glück zu versuchen. Drei Jahre später gab er den Job des Profis auf und wurde Trainer bei Jahn Forchheim. Seine Länderspielkarriere klang im WM-Jahr 1990 mit dem Testspiel gegen Frankreich in Montpellier aus.

REINHARDT, KNUT

Geboren am 27. April 1968
Sieben Länderspiele (1988 bis 1992)
Bayer Leverkusen, Borussia Dortmund

Vom »Schwächling« zum Athleten

Das Spiel mit dem runden Leder faszinierte ihn schon immer. Knut Reinhardt war bereits als Kind ein Fußballnarr. Als er in Hilden geboren wurde, da hatte der deutsche Fußball Mühe, eine herbe sportliche Pleite zu verarbeiten. Bei ihrem ersten Auftritt bei einer Europameisterschaft war die Nationalmannschaft sensationell im Dezember 1967 an Albanien gescheitert. Knut Reinhardt fand den Weg vom Straßen- zum Vereinsfußball beim TuS Quettingen. Aber schon in der D-Jugend kreuzte er in

der Jugendabteilung von Bayer Leverkusen auf, wo sein Talent intensiv gefördert wurde und wo er sich sehr schnell fußballerisch entwickelte. 1985 wurde er mit der A-Jugend der Leverkusener Deutscher Vizemeister. Dabei stand er in seiner B-Jugendzeit vor der Frage, ob es für ihn überhaupt sinnvoll sei, in diesem kampfbetonten Sport weiterzumachen. Er war die Miniaturausgabe unter den Fußballern seines Jahrgangs – körperlich für sein Alter viel zu schwach. Und es bedurfte einiger Überredungskünste seiner Freunde und seines Trainers, damit er weiterspielte. Spätestens im Jahre 1986 wußte er, daß er für seinen Trainingsfleiß belohnt würde, denn er stand mit Bayer Leverkusens A-Jugend auf dem Gipfel. 2 : 0 gewann der Talentschuppen des Chemiegiganten vom rechten Rhein das deutsche Finale gegen den 1. FC Nürnberg. Schon mit 17 Jahren absolvierte Knut sein erstes Bundesligaspiel, fünfmal trug er das Trikot der deutschen U-18-Auswahl, einmal stand er in der U-19. Es war ein Weg wie aus dem Fußballbilderbuch: Nominierung für die U-20-Auswahl – Vizeweltmeister in dieser Altersklasse unter der Regie des damaligen DFB-Nachwuchstrainers Berti Vogts – Stammspieler bei Bayer Leverkusen. Und so ganz nebenbei büffelte Knut Reinhardt auch noch mit Erfolg für das Abitur und startete eine Ausbildung zum Kaufmann in den Bayerwerken. Trainer Erich Ribbeck hatte ihn behutsam an den Leistungsstandard der Bundesliga herangeführt – mit den Leverkusenern wurde er 1988 UEFA-Cupsieger, wobei sich abzeichnete, daß er für den mannschaftlichen Erfolg auf Dauer wertvoller im defensiven als im offensiven Mittelfeld war. Knut Reinhardt entwickelte sich zum Musterprofi, seine kämpferische Einstellung war vorbildlich. Es folgten Nominierungen für die U-21-Auswahl, und für den 21. September 1988 flatterte ihm gar die Einladung von Teamchef Franz Beckenbauer für das Länderspiel gegen die UdSSR in Düsseldorf (1 : 0) auf den Tisch. Doch dann gab es die erste Enttäuschung, denn im Jahre 1990 verfehlte er sein Nahziel – die Berufung in den Weltmeisterschaftskader für Italien. Statt dessen erinnerte sich Beckenbauers Nachfolger Berti Vogts gleich nach seinem Amtsantritt an seinen ehemaligen Lieblingsschüler. In den Spielen nach dem WM-Turnier in Italien war Knut dabei. Dafür verlor er in Leverkusen einige Sympathien, weil er in ein sportliches Leistungstal geriet. Nach vierzehn Jahren verabschiedete er sich im Jahre 1991 von seiner »zweiten Heimat« und wechselte zu Borussia Dortmund, wo der Mann mit den kurzen Haaren bald wieder im Blickpunkt stand und wo man die Schnelligkeit des

Linksfüßers und dessen Athletik schätzte. Unter der Regie von Trainer Ottmar Hitzfeld wurde er wieder eine Größe der Bundesliga, war in der Saison 1991/92 in 36 Meisterschaftsspielen der Borussia dabei und wurde am Ende deutscher Vizemeister. 1993 stand er mit den Westfalen in den UEFA-Cup-Endspielen gegen Juventus Turin, hatte jedoch immer wieder mit Verletzungsproblemen zu kämpfen. Die kosteten ihn schließlich einen Platz im Nationalkader für die Weltmeisterschaft 1994 in den USA. In den beiden darauffolgenden Jahren holte er sich mit seinen Borussen jeweils den Titel des Deutschen Meisters.

REINMANN, BAPTIST

Geboren am 31. Oktober 1903,
gestorben am 2. März 1980
Vier Länderspiele (1927 bis 1929)
1. FC Nürnberg

Ein schneidiger Rechtsaußen

Herzogenaurach wurde in den 70er Jahren so eine Art Welthauptstadt der Sportschuhfabrikation. Die Giganten adidas und Puma waren in der mittelalterlichen Stadt am Ufer der Aurach ansässig. In dieser Stadt mit ihren Fachwerkhäusern residierte einst der Kurfürst von Mainz und Fürstbischof von Bamberg, der Herzogenaurach jenes Gepräge gab, das Baptist Reinmann in seinen jungen Jahren vorfand. Er wurde in Herzogenaurach geboren, spielte beim 1. FC Fußball, wechselte aber dann zum großen Nachbarn 1. FC Nürnberg, für den er 281 Spiele bestritt. Reinmann war ein schneller Rechtsaußen, der auf dem Flügel immer für Gefahr sorgte. Der 12. Juni 1927 markierte einen fußballerischen Höhepunkt des Herzogenaurachers. Zu einem Zeitpunkt, als Deutschland den soeben eröffneten Hindenburgdamm vom nordfriesischen Festland auf die Insel Sylt als Wunder der Technik feierte und sich die New Yorker auf die Konfettiparade zu Ehren des Piloten Charles Lindbergh nach dessen Atlantikflug vorbereiteten, schnürten die Nürnberger im Berliner Olympiastadion zum Finale um die deutsche Fußballmeisterschaft die klobigen Stiefel. Hertha BSC hatte quasi ein Heimspiel, doch die Nürnberger triumphierten vor 50 000 Zuschauern mit 2:0. Mit dem 19jährigen Mittelstürmer Seppl Schmitt und dem 22jährigen Flügelflitzer Baptist Reinmann präsentierten die Franken frisches Blut in einer routinierten Mannschaft. Die Mischung stimmte – und die Berliner waren faire Verlierer. Im Oktober 1927

erhielt Reinmann schließlich seine erste Länderspielberufung – in Hamburg-Altona gab es einen hohen 6:2-Sieg gegen Norwegen. Nach einem weiteren Länderspiel gegen Holland in Köln (2:2) wurde Baptist Reinmann für das olympische Fußballturnier in Amsterdam nominiert, kam dort aber nicht zum Einsatz, weil der Düsseldorfer Ernst Albrecht auf der Rechtsaußenposition den Vorzug erhielt. So erlebte der Nürnberger die skandalösen Vorgänge der Zwischenrunde, das 1:4 gegen Uruguay mit den Platzverweisen für Hans Kalb und Richard Hofmann, nur als Zuschauer. Sein letztes Länderspiel absolvierte Reinmann, der inzwischen als Finanzbeamter arbeitete, im Februar 1929 beim schwungvollen 7:1 gegen die Schweiz in Mannheim. Ein Jahr später beendete er sein Engagement für den 1. FC Nürnberg, der dem schnellen Mann auf der rechten Seite noch einige Zeit nachtrauerte.

REISCH, STEFAN

Geboren am 29. November 1941
Neun Länderspiele (1962 bis 1964)
1. FC Nürnberg

Sie kamen aus dem »deutschen Dorf«

Sie kamen mit kleinem Gepäck. Vater und Mutter Reisch, Sohn Stefan und drei Schwestern. Als der 2. Weltkrieg zu Ende war, packten sie in Ungarn ihre wenigen Habseligkeiten und verließen, wie die meisten »Donauschwaben«, ihre Heimat. Nemetker hieß der kleine Flecken auf der Landkarte, was so viel heißt wie »deutsches Dorf«. Von heute auf morgen waren die Reischs Flüchtlinge geworden, die auf abenteuerlichen Wegen nach Deutschland gelangten. In Herrieden, unweit von Ansbach, wurden sie aufgenommen, und viele Jahre später sagte Stefan Reisch: »Wir waren damals bettelarm.« Immerhin fand der Vater eine Anstellung – er schuftete als Arbeiter in einer Druckerei in Langwasser. Für ein paar ordentliche Fußballstiefel für »Steff« reichte es eigentlich nicht, dennoch versuchte sich der Junge beim TSV Herrieden, später dann in Moorenbrunn, damals noch ein Vorort von Nürnberg, und beim TSV Altenfurth. Als diesem Verein die Betreuer für die Fußballknirpse ausgingen, wechselte Stefan Reisch 1955 zum 1. FC Nürnberg und fand dort schließlich in Fritz Kreisel seinen ersten Förderer. Stefan war überaus ehrgeizig, das dreimalige Training pro Woche genügte dem Talent nicht. Jeden Abend rannte er durch die nahen Wälder und Auen, und irgendwann hatten es seine Eltern aufgegeben, sich über die zerschundenen Schuhe ihres Sohnes zu ärgern. Zumal sichtbar war, daß es mit »Steff« rasch bergauf ging. Über die Süddeutsche Auswahl gelangte er in die Jugendnationalmannschaft und traf hier auf den späteren Bundestrainer Helmut Schön. Der kleine Dortmunder »Hoppy« Kurrat war einer seiner Weggefährten in der nationalen Nachwuchsauswahl, und Kurt Haseneder war sein Begleiter beim 1. FC Nürnberg. Gemeinsam unterschrieben beide im Jahre 1960 einen Vertrag und hatten das Glück, in eine tolle Mannschaft hineinzuwachsen. Mit 19 Jahren war Stefan Reisch schon Deutscher Meister. Im Endspiel 1961 schlug der »Club« in Hannover Borussia Dortmund mit 3 : 0. Im Jahr darauf wurde er Vizemeister. Der Außenläufer erfreute sich einer Blitzkarriere – er harmonierte prächtig mit Wenauer, Strehl, Wabra und dem inzwischen gealterten Weltmeister Max Morlock. Als die Bundesliga die deutsche Fußball-Landkarte veränderte, war Stefan Reisch schon Nationalspieler. Ganz kurz durfte er 1962 sogar von einer Teilnahme an der Weltmeisterschaft in Chile träumen, aber die kam für das Talent dann doch etwas zu früh – er wurde aus dem 40er-Kader gestrichen. Doch im gleichen Jahr debütierte er gegen Jugoslawien. Mit Sepp Herberger hatte er am 13. Mai 1964 etwas gemein: Als sich im Niedersachsenstadion in Hannover Sepp Herberger vom Amt des Bundestrainers im Spiel gegen Schottland verabschiedete, war auch für Reisch die internationale Karriere mit dem neunten Länderspiel vorbei. Nach 277 Spielen für den 1. FC Nürnberg wechselte er 1967 zu Xamax Neuchatel in die Schweiz – vor allem deshalb, weil er mit Trainer Max Merkel nicht mehr zurechtkam. Es schlossen sich zwei Jahre beim belgischen Spitzenklub FC Brügge an, wo Stefan Reisch so etwas wie einen zweiten Fußballfrühling erlebte. 1970 holte ihn dann Trainer Helmut Benthaus als »Mittelfeldmotor« zum FC Basel. Zwei Jahre später war endgültig Schluß mit der Karriere, weil sich der gelernte Möbelkaufmann ein modernes Schreibwarengeschäft in Nürnberg aufgebaut hatte. Vom Fußball kam er dennoch nie so richtig los – er war Spielertrainer unter anderem bei den Würzburger Kickers, ASV Neumarkt und Spvg. Büchenbach, betreute etliche Amateurvereine in der fränkischen Provinz und kickte mit den »Alten Herren« vom »PUMA-Schleudersitz«.

REISER, OTTO

Geboren am 24. Dezember 1884
Ein Länderspiel (1911)
Phönix Karlsruhe

Die Legende von den zwei Blasen

Phönix – das war das Produkt eines Protestes. Im Sommer 1894 rebellierten die fußballverrückten jungen Leute in Karlsruhe gegen den bis dahin allmächtigen Turnrat. Als die Turner sich vehement gegen die Gründung einer Fußballabteilung aussprachen, machten sich die Schüler und Studenten kurzerhand selbständig und schufen den Fußballklub Phönix Karlsruhe. Das größte Problem: Es mangelte jahrelang an Geld. Und dennoch langte es irgendwie immer zum Kauf von Trikots und zur Finanzierung der Reisen. Als der Deutsche Fußball-Bund gegründet wurde, waren auch die Repräsentanten von Phönix Karlsruhe anwesend. In dieser Zeit um die Jahrhundertwende spielte Otto Reiser schon in der Jugendmannschaft von Phönix, die über einen guten Ruf verfügte. Die gelungene Nachwuchsarbeit wurde schließlich zur Quelle des größten Vereinstriumphs. Noch bevor der Karlsruher FV die höchsten Weihen erfuhr, stand Phönix auf dem Gipfel. Und zu den Leistungsträgern der legendären Meistermannschaft von 1909 zählte Otto Reiser, dessen Brüder Fritz und Bertl ebenfalls bei Phönix spielten, aber am Finaltag gegen den amtierenden Meister Viktoria Berlin auf dem Schlesiersportplatz in Breslau nicht dabei waren. Die Badener gewannen überraschend 4 : 2. Im Jahr darauf kam es dann zum großen Karlsruher Derby gegen den KFV, der zweifellos im deutschen Fußball Pionierarbeit geleistet hatte, jedoch im Kampf um die Deutsche Meisterschaft zunächst dem Nachbarn Phönix den Vortritt lassen mußte. 7000 Zuschauer erlebten dieses Spiel am 1. Mai 1910, als die Mannschaft des Otto Reiser vor allem an der Tatsache scheiterte, daß sie mit dem vom KFV gestellten Ball nicht umgehen konnte. Es dominierte der Flachpaß – die Schule des KFV-Trainers William Townley. Und in dem besagten Ball soll sich eine zweite Blase befunden haben – das Geheimnis, warum das Ding aus Luft und Leder nicht sonderlich sprang, der KFV am Ende mit 2 : 1 gewann und ins deutsche Endspiel einzog. Otto Reiser, der spätere Stadtinspektor, bevorzugte die Position auf der rechten Innenseite des Phönix-Angriffs. Auf den Flügeln stürmten die legendären Karl Wegele und Emil Oberle. Am 23. April 1911 kam Otto Reiser zu seinem einzigen Länderspieleinsatz. Er war bei der 1 : 2-Niederlage in Lüttich gegen Belgien dabei. Danach trug der Karlsruher eine Zeit lang das Trikot des Wiener AC, um dann zu Phönix zurückzukehren.

REISLANT, OTTO

Geboren am 31. Mai 1883,
gestorben am 28. Januar 1968
Ein Länderspiel (1910)
Wacker Leipzig

Ein sportliches Allroundtalent

Mit 14 Jahren spielte Otto Reislant zum erstenmal Fußball. 1898, als Fünfzehnjähriger, trug er schon das Trikot des SC Wacker Leipzig. Diesem Verein sollte er ein Leben lang die Treue halten. Nur um die Jahrhundertwende, als er aus beruflichen Gründen für drei Jahre in Dresden, Bonn und England weilte, stand er seinem Verein als Fußballer nicht zur Verfügung. Als er das Knabenalter verlassen hatte, war Otto Reislant Stammspieler der 1. Mannschaft. Er trug nicht unwesentlich dazu bei, daß Wacker Leipzig die Gaumeisterschaft und die Mitteldeutsche Meisterschaft errang. Städtespiele absolvierte er gegen Dresden, Halle, Berlin und Magdeburg. Im Jahre 1910 erreichte ihn eine Einladung zum Länderspiel in Duisburg gegen Belgien. Die Stadt an der Wedau war in dieser Zeit eine Hochburg des Fußballs, und die Anhänger dieser noch immer nicht gänzlich unumstrittenen Sportart waren tief enttäuscht, als diese sogenannte Nationalmannschaft sang- und klanglos gegen die Nachbarn mit 0 : 3 verlor. Wegen Überlastung waren einige der ursprünglich vorgesehenen Spieler gar nicht erst an die Wedau gereist. Auf Halblinks hatte Otto Reislant wenig zu bestellen. Dafür bewies er in Leipzig sein Allroundtalent als Sportler. Im Tennis gewann der Verlagsbuchhändler über 200 Preise, er spielte Eis- und Feldhockey für den Leipziger SC, und in der Leichtathletik war er auf der 3000-m-Strecke schon im Jahre 1903 Gaumeister.

REISSMANN, MARTIN

Geboren am 29. September 1900
Ein Länderspiel (1923)
Gut Muts Dresden

Dresden stellte den rechten Flügel

Dresden um die Jahrhundertwende. Auf dem Altmarkt thront an zentraler Stelle die Göttin des Sie-

ges mit ihrem Banner aus edlem Carrara-Marmor. Die Erinnerung an den Krieg von 70/71 ist bei vielen Menschen in der Metropole an der Elbe noch wach. Unter den Laternen warten die Kutscher auf Kundschaft. Die Herren der Schöpfung tragen den Gehrock, die Rocksäume ihrer Frauen streifen die klobigen Pflastersteine auf dem Altmarkt. Die mehrstöckigen Häuser ringsherum repräsentieren den Stolz der Dresdner Kaufmannschaft. Hier offerieren die Gebrüder Eberstein Kücheneinrichtungen. Eisschränke sind um die Jahrhundertwende so eine Art Verkaufsschlager. Neben der Marien-Apotheke erfreut sich das Seidenhaus Carl Schneiden eines regen Zuspruchs, und ein paar Schritte weiter ist die Sächsische Schuhfabrik des Rudolph Voigt zuhause. Über allem strahlt die Kuppel der Kreuzkirche. So wird Martin Reißmann seine Heimatstadt Dresden gesehen haben. Und wohl auch die alten sächsischen Ausflugsziele, das Felsentor im Elbsandstein, das die Dresdner »Kuhstall« nannten, oder das böhmische Prebischtor. Martin Reißmann spielte zunächst in der Porzellanstadt Meißen bei den »Null-Achtern« Fußball und kam dann zu Guts Muts Dresden. Dieser Verein hatte seine erste große Zeit in den frühen 20er Jahren, als er im Jahre 1923 die deutsche Endrunde erreichte und dem späteren Deutschen Meister Hamburger SV ein packendes Spiel in der Vorrunde lieferte. Die Hanseaten gewannen zwar mit 2 : 0, doch Martin Reißmann und der zehn Jahre ältere Rudolf Leip machten auf sich aufmerksam. Beide erhielten schließlich für den 4. November 1923 eine Einladung für das Länderspiel gegen Norwegen. In Hamburg gewann die deutsche Mannschaft mit 1 : 0 – dank eines frühen Tores von Tull Harder. Martin Reißmann bildete mit Leip den rechten Flügel. Für Reißmann, Mechaniker von Beruf, blieb dies die einzige Berufung in die Nationalelf.

REITERMAIER, ERNST

Geboren am 26. Dezember 1918
Ein Länderspiel (1939)
Wacker Wien

Am Vorabend des Weltkriegs

Die Zeiten waren alles andere als rosig. Hitler war in Österreich einmarschiert, der 2. Weltkrieg stand unmittelbar bevor. Vier Tage vor dem deutschen Angriff auf Polen wollte die Nationalmannschaft an einem Tag gleich zwei Länderspiele bestreiten. Gegen Schweden in Stockholm und gegen die Slowakei in Preßburg. Doch nach den Holländern und Franzosen sagten auch die Schweden wegen der drohenden Kriegsgefahr und aus Protest gegen das Naziregime die vereinbarten Begegnungen ab. So blieb am 27. August 1939 nur noch der Vergleich mit der Slowakei, und für dieses Spiel war nur eine verstärkte Wiener Auswahl vorgesehen. Zu dieser Mannschaft gehörte auch der 21jährige Ernst Reitermaier, der bei Wacker Wien trotz seiner Jugend auf der rechten Angriffsseite eine feste Größe war. Er verfügte über ein gewisses technisches Rüstzeug und profitierte auf seinem Weg als Fußballer von einem Nebenspieler, der fast schon so etwas wie eine Wiener Legende war, von dem 38fachen Nationalspieler Karl Zischek. Der hatte sich als Wiener Lausbub bald in die Herzen seiner Landsleute gespielt und wurde mit dem »Wunderteam« zum Star. Zischek war für den jungen Ernst Reitermaier ein Vorbild. Im Mai 1939 tauchte der Halbstürmer erstmals in einer »großdeutschen Auswahl« auf. In Wien kam er beim 7:1-Sieg einer Deutschlandauswahl gegen Böhmen-Mähren in der zweiten Halbzeit zum Einsatz. Er löste Hans Pesser ab und erzielte die letzten beiden Tore des Siegers. Das Spiel dauerte im übrigen nur 85 Minuten, weil ein Wolkenbruch niederging. Hans Reitermaiers Stern ging dennoch auf, und viele wunderten sich, daß das Talent von der Donau erst ein halbes Jahr später beim besagten Länderspiel in Preßburg nominiert wurde. Die deutsche Mannschaft verlor mit 0:2, doch Reitermaier gehörte zu den wenigen, die nicht enttäuschten. Es blieb sein einziges Länderspiel, obwohl er im April 1940 noch für den Vergleich mit Jugoslawien (1:2) in Wien vorgesehen war. Doch seine Konkurrenz war auch an der Donau sehr stark. Nach dem 2. Weltkrieg wurde Ernst Reitermaier Trainer – unter anderem beim BC Augsburg.

REITGASSL, WILLY

Geboren am 29. Februar 1936,
gestorben am 23. August 1988
Ein Länderspiel (1960), ein Tor
Karlsruher SC

Auf den Spuren von Helmut Rahn

Beim TSV Landshut 09 in Bayern stand die Fußballwiege des Willy Reitgaßl, der eigentlich nur alle vier Jahre Geburtstag feiern konnte, weil er an einem 29. Februar zur Welt kam. 1953 wechselte er dann zum VfB Coburg. Das war die Zeit, als der Fußballspielbetrieb im zerbombten Deutschland längst wieder auf die Beine gekommen war. Das Spiel mit dem runden Leder hatte im 2. Weltkrieg seine Faszination nicht eingebüßt. Schon zu den ersten Freundschaftsspielen der großen alten Klubs stellte sich Massenbesuch ein. Willy Reitgaßl, der mit seinem trickreichen Spiel und seinen Scharfschüssen überzeugte, verbrachte seine Jugendzeit im Tal der Itz, wo sich die »Fränkische Krone«, die Feste Coburg, über einer lieblichen Hügellandschaft erhebt und wo Martin Luther einst für 166 Tage Schutz fand. Beim VfB Coburg wurde Willy Reitgaße dann entscheidend gefördert und für die Amateurnationalmannschaft entdeckt. Am 19. Mai 1957 war er in Offenburg beim 1:1 gegen England dabei. Im gleichen Jahr schloß sich der junge Fußballer dem Karlsruher SC an, der bald das Talent des schnellen Rechtsaußens erkannte. Mit dem KSC wurde Willy Reitgaßl 1960 Meister der Oberliga Süd und trug mit 13 Toren nicht unwesentlichen Anteil an diesem Erfolg. Szymaniak, Termath, Hermann und Wischnowski waren unter anderem seine Weggefährten. Im Meisterjahr erhielt Reitgaßl eine Berufung in die Nationalmannschaft, nachdem er schon in der Südauswahl und in einem B-Länderspiel gegen Ungarn in Saarbrücken (2:1) auf sich aufmerksam gemacht hatte. Am 3. August 1960 erzielte er ein Kopfballtor beim ungefährdeten 5:0-Sieg der Nationalelf in Reykjavik gegen Island. Doch im Kampf um das Erbe von Helmut Rahn setzte sich schließlich der Frankfurter Richard Kreß mehr und mehr durch. Als die Bundesliga im Jahre 1963 aus der Taufe gehoben wurde, folgte Willy Reitgaßl einem Angebot des 1. FC Kaiserslautern, wo er bis 1968 in 129 Spielen in der höchsten Klasse 32 Treffer erzielte. Anschließend unterschrieb er einen Vertrag im holländischen Sittard, wo er aber mit Sittardia abstieg. Er schaute sich in der Schweiz nach einem Verein um, doch der 1. FC Kaiserslautern verlangte eine Ablösesumme von 60 000 Mark – und diese Summe schreckte die Eidgenossen ab. Danach kutschierte er einige Zeit als Fahrer einer Getränkefirma durch die Pfalz, um schließlich in Kirchbollenbach zu landen. Hier wirkte er auch als Trainer und führte den kleinen Verein aus dem Kreis Birkenfeld wiederholt zum Aufstieg. Willy Reitgaßl starb im August 1988 in Umstadt.

RETTER, ERICH

Geboren am 17. Februar 1925
14 Länderspiele (1952 bis 1956)
VfB Stuttgart

Der verhinderte »Weltmeister«

Plüderhausen ist ein kleiner Ort im Tal der Rems. Reizvoll gelegen zwischen dem Welzheimer Wald und dem Schurwald. Ein paar Kilometer weiter erhebt sich das Kloster Lorch, und vor dessen Portal stand einst die berühmte Linde, die vom Blitz gespalten wurde und dennoch wieder grünte. Erich Retter wurde in Plüderhausen geboren. Neun Jahre war er alt, als er zum erstenmal im Trikot des örtlichen Sportvereins spielte. Bis zu seinem 19. Lebensjahr blieb er hier und wechselte dann zum VfB Stuttgart. Das war im Jahre 1944 – und der 2. Weltkrieg hatte den Spielbetrieb im deutschen Fußball noch immer nicht gänzlich lahmgelegt. In Stuttgart gab es noch einmal das Lokalderby zwischen den Kickers und dem VfB. Schnaitmann, Geiger, Singer, Kraft, Richt, Wintermantel, Luik, Koch, Bökle, Rutz und Hockenmeier – das waren die Darsteller des VfB in diesem letzten schwäbischen Derby des 2. Weltkriegs, das die Kickers mit 2 : 3 verloren. In der Saison 1947/48 wuchs Erich Retter zu einer festen Größe des VfB Stuttgart. Er absolvierte in der Oberliga Süd in seinem ersten Jahr 20 Punktspiele. Seinen ersten Auftritt in der Oberligamannschaft hatte der junge Mann am 19. Oktober 1947 auf dem Bieberer Berg in Offenbach, wo der VfB mit 1 : 3 verlor. Bis 1962 war der rechte Verteidiger beim Traditionsklub von den Cannstatter Wasen aktiv – und er hätte sich vermutlich als Weltmeister vom großen Fußball verabschiedet, wenn ihm nicht das Pech widerfahren wäre, kurz vor der Weltmeisterschaft 1954 eine Meniskusverletzung zu erleiden. Erich Retter hatte am 20. April 1952 beim 3 : 0-Sieg in Luxemburg sein Länderspieldebüt gefeiert. Im November 1950 machten sich die Beobachter des DFB beim 2 : 2 zwischen dem Südwesten und dem Süden vor 60 000 Zuschauern in Ludwigshafen eifrig Notizen. Und hinter dem Namen »Retter« stand offenbar ein Ausrufungszeichen. Denn der junge Mann aus Stuttgart war schon im April des darauffolgenden Jahres beim ersten B-Länderspiel gegen die Schweiz (0 : 2) in Karlsruhe dabei. Die WM in der Schweiz war sein Fernziel, doch im Land der Eidgenossen erlebte Erich Retter auch seine traurigsten Minuten als Fußballer. In der 13. Minute seines 12. Länderspiels (5 : 3 gegen die Schweiz am 25. 4. 54 in Basel) erlitt er eben jene Meniskusverletzung, die für ihn das WM-Aus bedeutete. Zwar wurde er noch für das 40er-Aufgebot nominiert, weil Sepp Herberger auf ein Wunder hoffte, doch das trat nicht ein. Der Stuttgarter wurde im Karl-Olga-Krankenhaus operiert, und anstelle von Retter bekam Werner Liebrich die große Chance bei der WM. So war aus Erich Retter ein verhinderter Weltmeister geworden, einer, der im Schatten der »Helden von Bern« stand. Kurze Zeit hatte der Schwabe überlegt, die Stiefel an den Nagel zu hängen, doch dann wurde er von Robert Schlienz und »Schorsch« Wurzer zum Weitermachen überredet. Der Lohn folgte noch im gleichen Jahr: Mit dem VfB Stuttgart wurde Erich Retter deutscher Pokalsieger (1 : 0 nach Verlängerung gegen den 1. FC Köln). Weiß-rot jubilierte – Retter war einer der Stars der goldenen 50er Jahre des VfB Stuttgart, ehe 1958 eine zweite Meniskusoperation folgte und sich seine Karriere dem Ende zuneigte.

RETTER, FRITZ

Geboren am 2. Juli 1896,
gestorben im Januar 1965
Ein Länderspiel (1922)
Sportfreunde Stuttgart

Einmal Dresden und zurück

Frühjahr 1921! Die Welt des Sports schwärmt von einem 17jährigen Amerikaner, der wie ein Delphin durch das Wasser gleitet – von Johnny Weissmuller. Dessen Eltern stammten aus dem Banat, und mit zwei Jahren kam er in die USA. Johnny, der spätere Tarzan-Filmheld, der am Michigan-See aufwuchs, war der erste Superstar der Schwimmgeschichte. Zu diesem Zeitpunkt hatte der deutsche Fußball Mühe, nach dem 1. Weltkrieg wieder Anschluß an den internationalen Standard zu finden, zumal die Verbandsstrukturen noch immer Anlaß zur Kritik gaben und die Auswahlkriterien der Nationalspieler zuweilen merkwürdig waren. Für den 26. März 1922 vereinbarte der DFB mit der Schweiz ein Länderspiel im Frankfurter Riederwaldstadion. Aber schon zweieinhalb Wochen vorher stand die deutsche Aufstellung unverrückbar fest. Die Verantwortlichen der Mannschaft kalkulierten Verletzungen oder Leistungsschwankungen der Spieler nicht ein. Fritz Retter wird das gleichgültig gewesen sein. Der gebürtige Stuttgarter, ein wieselflinker Rechtsaußen, war froh über diese Einladung und freute sich auf die große Länderspielkulisse. Er trug in Stuttgart das Trikot der Sportfreunde, die im Schatten der Kickers und des VfB standen. Beim 2:2 gegen die Schweiz vor 40 000 Zuschauern im Riederwaldstadion war der Fürther Torwart »Teddy« Lohrmann der Pechvogel. Er wurde von den Schweizer Stürmern immer wieder gerempelt – was den damaligen Gepflogenheiten des internationalen Fußballs entsprach – und verletzte sich schließlich derart, daß er nach einer Stunde aus dem Spiel genommen werden mußte. An seiner Stelle streifte sich sein Fürther Kamerad »Loni« Seiderer den Pullover des Torwarts über, denn die Deutschen hatten sich den Luxus erlaubt, keine Ersatzspieler zu nominieren. Fritz Retter erwischte nicht seinen allerbesten Tag – es blieb sein einziges Länderspiel. Wenig später wechselte der Kaufmann nach Dresden, spielte dort für den DSC und vertrat auch die Farben der Elbemetropole in Städtespielen. Nach seiner Dresdner Zeit kehrte er in seine Heimatstadt Stuttgart zurück und schloß sich dort dem VfR an.

REUTER, STEFAN

Geboren am 16. Oktober 1966
62 Länderspiele (seit 1987), zwei Tore
1. FC Nürnberg, Bayern München, Juventus Turin,
Borussia Dortmund

Der »Turbo« aus Dinkelsbühl

In Dinkelsbühl an der Romantischen Straße rieben sich ein paar in Ehren ergraute Herren die Augen. Sie waren begeistert von diesem jungen Burschen, der seinen Altersgenossen mit beherzten Sprints an der Außenlinie fast immer die Hacken zeigte. Im zarten Alter von fünf Jahren war er beim TSV 1860 Dinkelsbühl aufgekreuzt. Und als er Zwölf war, da gab es in seinem Verein nicht wenige, die dem schnellen Jungen eine Karriere als Leichtathlet prophezeiten. Er startete sodann auch bei den Bezirksmeisterschaften, räumte die Titel im Weitsprung ab, war ein vielversprechender Sprinter und Mittelstreckler und nahm schließlich sogar eine Urkunde als Bayerischer Meister im Crosslauf in Empfang. Doch auch die Fußballer buhlten um Stefan Reuter, und für den war es überhaupt keine Frage, wo seine wahren Sympathien lagen. Er ließ seine Mannschaft nicht im Stich und gab die Leichtathletik auf, weil er spürte, daß er sich körperlich überlastete und auch die Schule vernachlässigte. Mit knapp 16 Jahren nahm er Abschied von der Umgebung seiner Kindheit, von seinen Freunden und Kameraden im TSV, denn sein Talent hatte sich bis nach Nürnberg zum »Club« herumgesprochen. Dort brachte er es

auf acht Spiele im Trikot der Jugendnationalmannschaft. Im Mai 1984 wurde er mit der U-16-Auswahl Europameister. Der 1. FC Nürnberg spielte in der 2. Bundesliga, und die Mannschaft war auf ihren Trainer Heinz Höher nicht gut zu sprechen. Es kam zu einer kleinen Revolution – und davon profitierte Stefan Reuter, denn von diesem Zeitpunkt an spielte er mit einer Ausnahmegenehmigung des DFB in der Zweitligaelf des 1. FC Nürnberg. Der »Turbo« aus Dinkelsbühl kam in Fahrt – seine große internationale Karriere auf Touren. Mit dem »Club« stieg er in die Bundesliga auf – erstmals übernahm er trotz seiner Jugend den Part des Libero. Längst hatte er – 18 Monate vor dem Abitur – das Gymnasium verlassen, was seine Eltern natürlich nicht glücklich machte. Doch da hatte er schon einen Vertrag beim »Club« in der Tasche. Es folgten elf Spiele in der »U 21« – und dann der erste Test durch Teamchef Franz Beckenbauer. Es dauerte

nach einem DFB-Lehrgang dann aber doch noch bis April 1987, ehe Stefan Reuter sein Länderspieldebüt in Köln gegen Italien feiern konnte. Ein paar Wochen vorher hatte er einen Vertrag beim FC Bayern unterschrieben – und damit ging für ihn ein weiterer Traum in Erfüllung. Er spielte im defensiven Mittelfeld, wurde mit seinem Verein 1990 Deutscher Meister und kehrte auch in den Kreis der Nationalmannschaft zurück, mit der er 1990 in Italien Fußballweltmeister wurde. Kurz darauf wechselte er zu Juventus Turin, wo Giovanni Trapattoni sein Trainer war. Und von dem hieß es, daß er eine Vorliebe für deutsche Fußballer entwickelt habe. Doch in der Automobilstadt wurde Stefan Reuter nicht glücklich – 1992 kehrte er zurück in die Bundesliga und unterschrieb einen Vertrag bei Borussia Dortmund. Kurz darauf wurde er in Schweden mit der Nationalelf Vizeeuropameister – ein Titel, der die Deutschen nicht froh machte, weil die Finalniederlage von Göteborg gegen Dänemark als Schmach empfunden wurde. Aus dem Senkrechtstarter von einst war längst ein abgeklärter Abwehrspieler geworden. Sein Traum, die Position des »freien Mannes« bei Borussia Dortmund zu übernehmen, erfüllte sich nur für einen kurzen Zeitraum – die rechte Seite war und blieb sein Revier. Mit dem Aufschwung der Westfalen in der Saison 1994/95 kam für ihn das überraschende Comeback in der Nationalmannschaft. Nach zweijähriger Länderspielpause war er beim 0:0 gegen Ungarn in Budapest dabei – und holte sich mit der Borussia 1995 und 1996 den Titel des Deutschen Meisters. 1996 gewann Stefan Reuter mit der Nationalelf die Europameisterschaft – beim 2:1-Sieg nach Verlängerung im Finale gegen Tschechien fehlte er im Londoner Wembley-Stadion allerdings wegen einer Gelbsperre. 1997 folgte mit Borussia der Triumph in der Champions League.

RICHTER, LEOPOLD

Geboren am 22. Mai 1885,
gestorben am 3. August 1941
Ein Länderspiel (1909)
VfB Leipzig

Studiosus aus dem »Elb-Florenz«

Im Wettiner Gymnasium in Dresden bekam Leopold Richter Geschmack am Fußball. Und dies in einer Zeit, da der aus England herübergeschwappte Sport keineswegs von allen akademischen Sportkräften geduldet, geschweige denn gelehrt wurde. Aber im »Florenz an der Elbe« waren manche Pädagogen vor der Jahrhundertwende liberaler als andernorts, und so trat der junge Leopold Richter schon bald dem Dresdner Sportclub bei, als dessen Halblinker er im Jahre 1905 die Mitteldeutsche Meisterschaft gegen Halle 96 errang. Als Student kam Richter nach Leipzig und schloß sich dort dem VfB an. Sein erstes Spiel führte ihn gegen eine englische Mannschaft. Er spielte mal links und mal rechts, jeweils auf der Halbstürmerposition. Über hundertmal trug der Dresdner das Trikot des VfB,

dazu einige Male das der Leipziger Stadtauswahl. Auch in der mitteldeutschen Verbandsmannschaft wurde er eingesetzt. Am 18. April 1909 war er beteiligt am Gewinn des »Kronprinzenpokals«. Im gleichen Monat erhielt er eine Einladung zu seinem einzigen Länderspiel nach Budapest gegen Ungarn. Sein Leipziger Weggefährte Ugi war Kapitän der Nationalmannschaft und schoß ein Tor zum überraschenden 3:3. Im Oktober 1909 erlitt Leopold Richter eine schwere Knieverletzung, die ihn bald zur Aufgabe seines Sports zwang. Er arbeitete später als Studienrat.

RICHTER, LOTHAR

Geboren am 9. Juni 1912
Ein Länderspiel (1941)
Chemnitzer BC

»Adressat am 11. September verstorben«

Sepp Herberger, der Reichstrainer, reiste in den ersten Jahren des 2. Weltkriegs an jedem Wochenende zu den wichtigsten Spielen der deutschen Gauligen. Er hatte auch im Jahre 1941 noch immer die Vision von einem schnellen Ende des Krieges und von einer damit einhergehenden Normalisierung des Fußballspielbetriebs in Deutschland. Und so war er darauf bedacht, seine Nationalmannschaft auf eine breite Basis zu stellen, um sie bei Olympischen Spielen und Weltmeisterschaften ins internationale Rampenlicht schicken zu können. Anfang April 1941 lud er alles, was im deutschen Fußball Rang und Namen hatte, zu Lehrgängen nach Berlin ein. Unter anderem jene Fußballer, die seit Beginn des 2. Weltkrieges nicht mehr regelmäßig trainieren konnten, weil sie die Uniform der Soldaten trugen. Die meisten von ihnen waren irgendwo in Deutschland als Gastspieler aktiv. Zu denen, die Herberger im Frühjahr 1941 unter die kritische Lupe nahm, gehörte auch Verteidiger Lothar Richter aus Chemnitz. Bis 1934 hatte der gebürtige Chemnitzer beim VfL Zwönitz im Erzgebirge gespielt. Und Richter, der während des Krieges in einem Rüstungsbetrieb arbeitete, muß bei Sepp Herberger in Berlin einen guten Eindruck hinterlassen haben, denn der nominierte den 29jährigen für eines von zwei Länderspielen, die der DFB am 5. Oktober 1941 vereinbart hatte. Fast hätte er die Einladung nicht erhalten, denn das erste Schreiben des Reichsfachamts in Berlin kam mit dem Vermerk zurück: »Adressat am 11. September verstorben...« In Stockholm spielte am 5. Oktober 1941 die erste

Garnitur der Nationalmannschaft gegen Schweden (und verlor mit 2:4), in Helsinki gewann eine zweite Mannschaft mit 6:0 gegen Finnland. Einer von vier Debütanten war Lothar Richter, der vor dem Gehäuse des Berliner Torwarts Jahn wenig zu tun bekam. Seine Mannschaft des BC Chemnitz hatte 1939 gemeinsam mit dem VfB Glauchau den Aufstieg in die sächsische Gauliga geschafft und spielte hinter dem übermächtigen Dresdner SC sowie Planitz, Hartha und Zwickau eine gute Rolle. Nach dem 2. Weltkrieg lebte Lothar Richter im Westen und trainierte u. a. den TuS Essingen im Kreis Aalen.

RIEDLE, KARLHEINZ

Geboren am 16. September 1965
42 Länderspiele (1988 bis 1994), 16 Tore
Werder Bremen, Lazio Rom, Borussia Dortmund

Der »Herr der Lüfte«

Eigentlich sollte »Kalle« Metzger werden. So wie sein Vater. Denn im Allgäu war es üblich, daß der Sohn den väterlichen Betrieb übernahm, wenn der Herrgott einer Familie ansonsten »nur« Töchter beschert hatte. Und Karlheinz Riedle war das umhegte Nesthäkchen von vier älteren Schwestern. So nahmen die Dinge ihren normalen Lauf. »Kalle« wuchs in der Beschaulichkeit des Fleckens Weiler heran, spielte Fußball beim TSV Elhofen und später beim SV Weiler. Doch als er 17 Jahre alt war, da hatte der FC Augsburg schon ein Auge auf den beweglichen Jungen aus dem Allgäu geworfen, der in seiner Altersklasse Tore am laufenden Band erzielte. Berti Vogts, zu diesem Zeitpunkt DFB-Jugendtrainer, hatte sich den Namen Riedle auch schon gemerkt, doch dann stellte sich bei dem Talent eine Verletzung ein, und es wurde nichts aus der schon fest eingeplanten Nominierung für die Jugendnationalmannschaft. Statt dessen erlernte Karlheinz Riedle erst einmal im Betrieb seines Herrn Papa den Beruf des Metzgers. Aber in Augsburg wurde der Stürmer immer populärer, schoß in der Bayernliga 22 Tore. Genug, um von den Spähern des Bundesligaaufsteigers Blau-Weiß 90 Berlin unter die kritische Lupe genommen zu werden. Von da an ging es mit »Kalles« Karriere steil bergauf, obwohl sich der Metzgergeselle auch als Skifahrer, Tennisspieler und Turner erfolgreich erprobte. In der Saison 1986/87 kam er gleich 34mal in der Bundesliga zum Einsatz. Der Lohn des Fleißes: Zehn Tore (die allerdings den Abstieg seiner Blau-

Weißen nicht verhinderten), mehrere Berufungen in die U-21-Auswahl und zur neuen Saison einige Angebote. Er entschied sich für Otto Rehhagel als Trainer und damit für den SV Werder Bremen. Für die Berliner war dies ein tolles Geschäft. Für 40 000 Mark hatten sie Riedle an die Spree geholt, für 1,6 Millionen Mark gaben sie ihn nun an den SV Werder ab. An der Weser stand Riedle vor der großen Aufgabe, den Ansprüchen als Nachfolger von Rudi Völler gerecht zu werden. Nach einer gewissen Anlaufzeit hatte er am Ende der Saison 18 Tore auf seinem Konto – nur Jürgen Klinsmann war für den VfB Stuttgart noch erfolgreicher. Mit den Hanseaten wurde Karlheinz Riedle 1988 Deutscher Meister. In der Nationalmannschaft debütierte der Allgäuer im gleichen Jahre beim 4:0-Sieg in der WM-Qualifikation gegen Finnland in Helsinki. Mit der deutschen Olympiaauswahl reiste er zu den Spielen nach Seoul, wo Hannes Löhr mit seiner Mannschaft die Bronzemedaille gewann. In den beiden darauffolgenden Jahren scheiterte Riedle mit Werder Bremen jeweils im DFB-Pokalfinale an Borussia Dortmund sowie am 1. FC Kaiserslautern. Ins internationale Rampenlicht trat der antrittsschnelle Mittelstürmer im Frühjahr 1989 nach dem 1:1 der deutschen Nationalelf im WM-Qualifikationsspiel gegen Holland in Rotterdam, wo ihm ein tolles Kopfballtor gelang. Zwar unterzeichnete er wenig später einen Dreijahresvertrag in Bremen, doch schon 1990 folgte er dem Angebot von Lazio Rom. Auch Juventus Turin, Sampdoria Genua, AC Mailand und

Atletico Madrid hatten um ihn geworben. Die Synthese aus Torinstinkt und technischer Brillanz machten aus Riedle einen internationalen Topstar. Thomas Doll war in der »Ewigen Stadt« bei Lazio ein wichtiger Partner des Nationalspielers, der 1990 zum Kader des Weltmeisters Deutschland gehörte. Die italienische Zeitung »Gazzetta dello Sport« nannte ihn den »Herrn der Lüfte«. Als man ihn nach dem Geheimnis seiner Kopfballstärke fragte, da erinnerte sich Karlheinz Riedle an seine Jugendzeit in seinem Geburtsort Simmerberg, wo er vor der Wand einer Sennerei Tag für Tag das Kopfballspiel aus allen Lagen probte. Zur Saison 1993/94 zog es Karlheinz Riedle zurück in die Bundesliga – er unterschrieb einen Vertrag bei Borussia Dortmund. Doch sein Comeback in Deutschland hatte er sich anders vorgestellt. Die Tore blieben zunächst aus – dafür stellten sich Verletzungen ein. 1994 gehörte er allerdings zum deutschen WM-Aufgebot für das Turnier in den USA. In der folgenden Saison erlitt er einen Kreuzbandriß – seine Borussia wurde dennoch 1995 und 1996 Deutscher Meister. 1997, nach dem Champions-League-Triumph mit zwei Finaltoren von »Kalle«, stellte sich Riedle einer neuen Herausforderung. Und die hieß FC Liverpool ...

RIEGEL, CARL

Geboren am 6. September 1896,
gestorben am 26. November 1970
Sieben Länderspiele (1920 bis 1923)
1. FC Nürnberg

Carl Riegel oder: Das Netz der Spinne

Die Burenhütte an der Deutschherrnwiese in Nürnberg ist eine Stätte deutscher Fußballgeschichte. In den späten Apriltagen des Jahres 1900 versammelten sich hier 18 junge Männer und gründeten den 1. Fußball-Club Nürnberg. Christoph Heinz hatte die Einladungen verschickt, und er wurde auch zum 1. Vorsitzenden gewählt. Und damit er nicht über »Beschäftigungslosigkeit« zu klagen hatte, übernahm er gleich auch die Ämter des Kassierers und des Schriftführers. Eine der wichtigen Entscheidungen der Pionierzeit des Nürnberger Fußballs war auch die Klärung der Frage, welche Wirtschaft der Gegend als Vereinslokal in Betracht käme. Die 18 Gründungsväter des »Clubs« einigten sich auf die »Loreley« an der Deutschherrnstraße. Was einigermaßen ungewöhnlich war, denn der Wirt der »Loreley« galt in der Zeit der Jahrhundertwende

noch als Gegner jeglichen Fußballtreibens. In diesen bewegten Tagen wird der vierjährige Carl Riegel hin und wieder mit seinem Herrn Papa an der Deutschherrnwiese, einem Exerzierplatz für die in Nürnberg stationierten Soldaten, vorbeigeschaut haben. Der junge Verein mauserte sich, und der junge Carl Riegel bekam immer mehr Freude am Fußball. Als der »Club« mit Ludwig Philipp im Jahre 1910 seinen ersten Nationalspieler stellte, da ging »Karla«, wie in seine Freunde nannten, für den Fußball längst durchs Feuer. Seit dem Jahre 1906 trug er das Trikot von Pfeil Nürnberg. 1917 schließlich kreuzte er beim 1. FC Nürnberg auf. Doch ein langer Weltkrieg hatte vieles verändert, auch den Aufstieg des Nürnberger Fußballs. Als aber die Kanonen auf den Schlachtfeldern in Europa schwiegen, da wurde die fränkische Region mehr und mehr zur Fußballhochburg Deutschlands. Die Spvg. Fürth war der letzte Vorkriegsmeister – der 1. FC Nürnberg der erste nach dem Krieg. Und in dieser legendären Mannschaft mit Stuhlfauth, Kalb, Popp, Träg und Sutor stand auch Carl Riegel. Er war einer der frühen Supertechniker des deutschen Fußballs. Sein Markenzeichen war die bis an die Knie reichende engröhrige und ausgewaschene Hose. Schon bald bekam Carl Riegel von seinen Zeitgenossen einen Spitznamen verpaßt: »die Spinne«. Denn es war seine Spezialität, die Gegner mit einem verwirrenden Kombinationsspiel quasi im Netz zu ersticken. Mit seiner Geschmeidigkeit wuchs er auf seiner Position zu einem Ausnahmefußballer in Deutschland. Carl Riegel verstand Fußball in seinem Ursprungssinn – als Spiel. Als ein Spiel, das auch etwas mit Intelligenz zu tun hat. Er war das »Florett« im Mittelfeld des »Clubs«. Viermal wurde der Nürnberger Deutscher Meister. Als er 1920 auf dem Frankfurter Germania-Platz das Endspiel gegen die Spvg. Fürth bestritt, ereignete sich folgende Episode: Die Mannschaften zogen sich in einer Baracke um, und in der Nürnberger Kabine erspähte Carl Riegel ein Loch in der oberen Ecke, durch das im Winter wohl ein Ofenrohr führte. Carl Riegel stieg auf einen Stuhl, spähte durch das Loch und sah unmittelbar in die Kabine der Fürther. Von da oben berichtete er dann: »Der Fürther Vorstand Hans Höfer hält eine Rede – die Spieler sind nervös und zittern ...« Eine Kunde, die die Nürnberger dann ziemlich optimistisch stimmte. Im Endspiel des Jahres 1925 gegen den FSV Frankfurt verschoß Riegel einen Elfmeter – dennoch gewann der »Club« in Frankfurt gegen den heimischen FSV mit 1:0. In 370 Spielen trug er das Trikot des 1. FC Nürnberg, und mit der ersten Deutschen Meisterschaft im Jahre 1920 begann auch Carl Riegels Weg in der Nationalmannschaft. Zwischen 1920 und 1923 erhielt er sieben Länderspielberufungen, trug zweimal die Armbinde des Kapitäns. Nach seiner aktiven Zeit wurde er Direktor in der Eisenbranche und fand mehr und mehr Sympathien für das Tennisspiel. Er lebte in München, war aber häufig in seinem Landhaus am Wörthersee anzutreffen. Carl Riegel stiftete in den 50er Jahren die bronzene Trophäe für den deutschen Amateurmeister, die er viele Jahre lang eigenhändig nach den Endspielen überreichte.

RIEGLER, FRANZ

Geboren am 30. August 1915,
gestorben am 19. Dezember 1944
Zwei Länderspiele (1941 bis 1942)
Austria Wien

»Wiener Blut« auf Rechtsaußen

Als Franz Riegler an einem frühen Dezembertag des Jahres 1941 auf dem Wiener Hauptbahnhof in den Zug stieg, da steckte eine Menge Frust in seinem Gepäck. Soeben hatte er mit seiner Austria, dem frischgebackenen Herbstmeister der sogenannten Ostmark, ein Prestigeduell gleich mit 0 : 7 verloren. Admira hatte den Wiener Rivalen Austria gedemütigt. Sein Mannschaftskamerad Rirsch mußte vom Platz, wenig später auch Mock. 0 : 7 – das ging dem Rechtsaußen, der als einziger Austria-Spieler bei diesem Debakel gefallen konnte, ziemlich unter die Haut. Da war es ganz gut, sich mal für ein paar Tage aus der Metropole des Walzers zu verabschieden. Franz Riegler hatte eine Einladung nach Breslau zum Länderspiel gegen die Slowakei erhalten. Sepp Herberger beobachtete den ballgewandten Fußballer, der noch mit Matthias Sindelar in einer Mannschaft gespielt hatte, schon längere Zeit, und nun sollte die große Stunde des 26jährigen schlagen. Und er nutzte diese Chance in Breslau. Beim 4 : 0 gegen die Slowakei war er einer der auffälligsten Angreifer. Er überzeugte durch seine Sprints mit dem Ball und durch seine Flanken – und er war der Wegbereiter von drei Toren. Ein paar Wochen später kam er zu einem zweiten Länderspieleinsatz – diesmal in Agram gegen Kroatien. Doch beim deutschen 2 : 0-Sieg harmonierte der Wiener nicht mit Karl Decker, dem Techniker von Vienna. Trotzdem war Franz Riegler auf dem Schneeparkett erneut an beiden Toren beteiligt. Der Wiener starb wenige Tage vor Weihnachten des Jahres 1944 als Soldat.

RINGEL, KARL

Geboren am 30. September 1932
Ein Länderspiel (1958), zwei Länderspiele Saar
Borussia Neunkirchen

Eine Reise mit vielen Hindernissen

Es war ein ungewöhnliches Länderspiel – jenes der deutschen Nationalmannschaft am 28. Dezember 1958 in Kairo gegen Ägypten. Eigentlich wußten die wenigen mitgereisten Journalisten und wohl auch die Funktionäre des DFB ein paar Stunden vor dem Anpfiff nicht, ob dies nun ein offizielles oder ein inoffizielles Länderspiel sei. Bereits der Flug in die ägyptische Hauptstadt war voller Hindernisse, und kurz nach dem Start in Frankfurt/Main holte sich Willi Giesemann eine Tablette gegen die aufkeimende Flugkrankheit bei Sepp Herberger ab. Und Weltmeister Helmut Rahn grantelte: »Daß wir dreimal zwischenlanden, paßt mir überhaupt nicht.« Von Rahn war bekannt, daß er lieber festen Boden unter den Füßen hatte. Karl Ringel war viel zu müde, um sich darüber Gedanken zu machen. Er war, wie Max Morlock, wegen der ungünstigen Bahnverbindungen schon um drei Uhr in der Nacht aufgestanden. Er bekam auch nicht mit, daß über Florenz einer von vier Propellern der Maschine ausfiel. Dennoch klappte die Landung in Athen problemlos, nur beim Weiterflug gab es wieder Komplikationen, denn kurz nach dem Start fiel die Lichtmaschine aus, was eine neuerliche dreistündige Pause nach sich zog. Als die DFB-Delegation völlig übermüdet in Kairo eintraf, gab es die nächste Hiobsbotschaft – die Zimmer des Hotels waren nicht bezugsbereit. Als dann die Spieler schließlich doch in einen Tiefschlaf fielen, kamen Sepp Herberger und die DFB-Offiziellen einer unvermeidbaren Pflicht nach – sie trugen sich in König Faruks einstigem Palast in das Goldene Buch des ägyptischen Regierungschefs Nasser ein. Immer mehr rückte das anschließende Länderspiel in den Hintergrund. Zumal die deutsche Mannschaft stark ersatzgeschwächt nach Ägypten gereist war, sich der Boden des Spielfeldes als knüppelhart herausstellte und die Temperaturen für die Gäste aus dem winterlichen Europa ungewöhnlich hoch waren. Karl Ringel, einer der Debütanten, kam nach gut einer Stunde für den Augsburger Ulrich Biesinger ins Spiel – und zwar auf dem für ihn etwas ungewohnten Linksaußenposten. Nach der 1 : 2-Niederlage bekam er gute Kritiken, und es gab für ihn auch noch eine frohe Kunde, denn die Partie wurde als offizielles Länderspiel gewertet, und Karl Ringel war »richtiger« Nationalspieler. Er soll es im übrigen gewesen sein, der Sepp Herberger beim Bankett überredete, dem Spiel trotz der Niederlage einen »offiziellen« Charakter zu geben. »Er war sehr schnell und einsatzfreudig«, urteilte »Kicker«-Korrespondent Dr. Fritz Weilenmann. Karl Ringel hatte seine Heimatstadt Fürth und die Spielvereinigung, in deren Reihen er in der Jugend spielte, 1950 verlassen und war zum VfB Friedrichshafen gewechselt. Am Bodensee arbeitete er bei der Zahnradfabrik als Maschinenschlosser und kam als Fußballer zu ersten Auswahlprüfungen. Mit der württembergischen Mannschaft spielte er in Friedrichshafen gegen Tirol, schoß beim 4:0-Sieg drei Tore und wurde danach von Borussia Neunkirchen umworben. Zwar gefiel es ihm im schönen Friedrichshafen ausgesprochen gut, doch die Saarländer versprachen dem jungen Mann einen Job bei den Stadtwerken, wo er als Sachbearbeiter bis zu seiner Pensionierung tätig war. Bei der Borussia spielte er als Stürmer auf allen Positionen, schoß Tore am Fließband und war auch in zwei Länderspielen des damals noch selbständigen Saarlands dabei, wo Helmut Schön sein Trainer war. Am Ende seiner Karriere absolvierte er nach dem Neunkirchener Aufstieg in die Bundesliga 1964 noch ein Spiel in der neuen Spielklasse – beim Borussen-Gastspiel bei Hertha BSC Berlin. Otto Rehhagel war an diesem Tag sein Gegenspieler. Nach sechs Knieoperationen machte er Schluß mit dem Fußball.

RISO, HANS

Geboren am 16. März 1889
Ein Länderspiel (1910)
Wacker Leipzig

Leipziger Fußballer der ersten Stunde

Hans Riso war ein Pionier im besten Sinne. Einer von denen, die sich vor der Jahrhundertwende nicht darum scherten, daß so manche die Nasen rümpften, wenn die jungen Leute den zumeist unförmigen Lederball mit den Füßen traktierten. Er war in Leipzig, seiner Heimatstadt, einer der Gründer des BC Arminia und trat im Jahre 1904 dem FC Wacker bei. Der Weg des Torwarts zur Spitze war weit, denn er mußte sich zunächst in der vierten Mannschaft bewähren. Aber ein Jahr später stand er schon zwischen den Pfosten der Wacker-Reserve, und zwischen 1906 und 1914 war er ohne Unterbrechung ein fester Bestandteil der 1. Mannschaft. »Die Katze« nannten seine Freunde den

reaktionsschnellen Schlußmann. Und da Wacker Leipzig in dieser Zeit einen ausgezeichneten Namen im nationalen Fußball hatte, kam Hans Risos Berufung für das Länderspiel am 3. April 1910 in Basel gegen die Schweiz nicht von ungefähr. Die Deutschen gewannen mit 3:2, obwohl die Abwehr gewaltig wackelte. Mit der mitteldeutschen Auswahl holte er 1909 den zum erstenmal ausgespielten »Kronprinzenpokal«. Der 1. Weltkrieg beendete die sportliche Laufbahn Hans Risos, der später aus beruflichen Gründen – er arbeitete als Kaufmann – Leipzig verließ.

RISO, HEINRICH

Geboren am 30. Juni 1882
Zwei Länderspiele (1908 bis 1909)
VfB Leipzig

Die historische Meisterelf

Heinrich Riso, der sieben Jahre ältere Bruder von Hans, gehörte als Schüler des Leipziger Fußballpioniers Theodor Schöffler zu den markanten Spielerpersönlichkeiten seiner Region. Er prägte in Leipzig und Umgebung den Fußball in der Zeit nach der Jahrhundertwende. Der junge Kaufmann war auf vielen Positionen zu gebrauchen – er war ein wendiger Angriffsführer, aber auch ein athletischer Abwehrspieler. In der Spielvereinigung des ATV Leipzig von 1845 erhielt er in ganz jungen Jahren seinen ersten sportlichen Schliff, doch der VfB Leipzig wurde ab 1900 sein Heimatverein. Dank der umsichtigen Führung von Theodor Schöffler hatte der VfB schon sehr früh Kontakt zu anderen leistungsstarken Fußballclubs in Deutschland. So brachte er es fertig, im Juni 1897 eine Berliner Fußballelf nach Leipzig zu holen. Und im Jahr darauf gastierte der starke DFC Prag bei den »Bewegungsspielern«, die allerdings mit einer 0:8-Niederlage eine Lehrstunde hinnehmen mußten. Theodor Schöffler war es nicht vergönnt, den ersten herausragenden Erfolg seines VfB Leipzig mitzuerleben – er starb am 22. März 1903. Wenige Wochen später war sein Verein der erste Deutsche Meister der Fußballgeschichte – nach einem 7:2-Sieg in Hamburg gegen eben jenen DFC Prag. Aus dem Lehrmeister von der Moldau war ein gedemütigter Finalverlierer geworden. Und in dieser legendären Leipziger Meisterelf stand neben Dr. Ernst Raydt, Erhard Schmidt, Dr. Arthur Werner, Walter Friedrich, Wilhelm Rößler, Otto Braune, Dr. Georg Steinbeck, Bruno Stanischewsky, Ottmar Asmus und »Bert« auch

Heinrich Riso. Er erzielte drei der sieben Tore gegen Prag. Drei Jahre später war er wieder der Siegbringer in einem deutschen Finale. Diesmal ging es gegen den 1. FC Pforzheim, der lange ebenbürtig war, ehe Heinrich Riso in der 85. Minute das Leipziger Siegtor zum 2:1 gelang. In der mitteldeutschen Verbandself hatte sich der schnauzbärtige Leipziger die Sporen verdient, ehe er als Verteidiger am 7. Juni 1908 in Wien gegen Österreich auch das deutsche Nationaltrikot tragen durfte. Seine Mannschaft spielte überraschend gut und verlor nur mit 2:3. Zu einem zweiten Einsatz kam er ein knappes Jahr später in Budapest, wo die Nationalelf im fünften Länderspiel der DFB-Geschichte ein 3:3 gegen Ungarn erreichte. Am Ende seiner Karriere erlebte Heinrich Riso im Jahre 1911 noch einmal, nach einem sensationellen 2:0-Sieg gegen den Karlsruher FV, das deutsche Endspiel. Das aber gewann die Viktoria aus Berlin in Dresden mit 3:1.

RISSE, WALTER

Geboren am 2. Dezember 1893,
gestorben im Juni 1969
Acht Länderspiele (1923 bis 1928)
SC 99 Düsseldorf, Hamburger SV

Kopfbälle waren seine Spezialität

»Walter – laß' ihn grasen ...« Die markante Stimme von »Ali« Beier war bis auf den höchsten Stehrang des altehrwürdigen Sportplatzes an der Rothenbaumchaussee zu hören. Und Walter Risse ließ seinen Gegenspieler »grasen« – nicht immer mit fairen Mitteln. Der linke Verteidiger des Hamburger SV gehörte in den zwanziger Jahren zu den gefürchteten Abwehrspielern des deutschen Fußballs. Er vereinte in seiner Art, den Gegner zu bekämpfen, Athletik und unbeugsamen Siegeswillen – gepaart mit einer robusten Natur. Walter Risse war die ideale Ergänzung zu Albert Beier – ein Verteidigerduo, das in dieser Generation deutscher Fußballer seinesgleichen suchte. Risse wurde in Düsseldorf geboren, und als er 1913 an die Elbe kam, war er schon Nationalspieler. Er stammte aus der Mannschaft des SC 99 Düsseldorf, die über eine prächtige Sportplatzanlage an der Brehmstraße verfügte und im Gau Berg-Mark des Westdeutschen Spielverbandes starke Lokalkonkurrenz hatte. Turu und Fortuna machten den Neunundneunzigern das Leben am Rhein schwer. Walter Risse wurde als Stürmer in einem Spiel der Düsseldorfer Stadtmannschaft gegen eine Westdeutsche Auswahl (2:2)

entdeckt und machte sich zunächst einen Namen als exzellenter Kopfballspieler. Aber zu Höchstleistungen brachte er es schließlich als Verteidiger. Auf dieser Position kämpfte er sich durch und wurde mit knapp 30 Jahren Nationalspieler. In ihm sahen die Kritiker einen idealen »Prellbock«. Am 10. Mai 1923 kreuzte er mit der deutschen Mannschaft am Hamburger Sportplatz Hohe Luft auf und erreichte ein 0:0 gegen Holland. Walter Risse beeindruckte dabei durch seine Kompromißlosigkeit und erwarb sich bei den Spionen des HSV einige Sympathien. Ein Jahr später spielte er schon in der Mannschaft der Hanseaten. Mit »35« wurde er Deutscher Meister. Am 29. Juli 1928 platzte der »Volkspark« im Hamburger Stadtteil Barenfeld mit 50 000 Zuschauern aus allen Nähten. Berittene Polizei mußte beim Endspiel zwischen dem HSV und Hertha BSC an den Seitenlinien für »Ordnung« sorgen. Und die Sieger kamen fast ausnahmslos aus der Stadt, die diese begeisterungsfähig Kulisse stellte. Walter Risse und »Ali« Beier bildeten einmal mehr ein eindrucksvolles Abwehrbollwerk vor Torwart Friedrich Blunck. Ein paar Wochen später verabschiedete sich Risse nach acht Länderspielen und vielen repräsentativen Begegnungen für den Norden und für Hamburg mit dem 2:0-Sieg im Osloer Ullevaal-Stadion von der Nationalelf. Er war zu diesem Zeitpunkt längst als Sportlehrer tätig. Er arbeitete zunächst als Trainer des Eimsbütteler Turnverbands und führte seine Mannschaft zwischen 1934 und 1936 dreimal zur Meisterschaft des Gaues Nordmark. Als die Eimsbütteler Personaldecke an einem Sonntag im November des Jahres 1943 mal ganz besonders dünn war, da stellte er sich selbst als Linksaußen auf und zeigte allen, über welch hervorragende Fitneß er auch noch als 50jähriger verfügte. Nach dem 2. Weltkrieg wirkte Walter Risse als Trainer unter anderem in Eimsbüttel, beim Harburger TB, Polizei Hamburg, Concordia Hamburg, FC St. Pauli, Arminia Hannover und VfL Wolfsburg. Sein Sohn Walter war in den 50er Jahren Vertragsspieler bei Concordia Hamburg und bei Werder.

RITSCHEL, MANFRED

Geboren am 7. Juni 1946
Drei Länderspiele (1975), ein Tor
Kickers Offenbach

Die späte Reue des Manfred R.

»Wieso Opa ...?« Manfred Ritschel war ziemlich ärgerlich, als er die Zeitung aufschlug und dort nach seinem Länderspieleinsatz in London gegen England in einem Leserbrief als »Opa Ritschel« tituliert wurde. »Mit 28 Jahren ist man doch auch im Fußball noch kein Opa«, grollte der Abwehrspieler den Zeitungsleuten, die sich erdreistet hatten, solche Zeilen ins Blatt zu rücken. Zwar war sein Länderspieldebüt im Wembley-Stadion mit der deutschen 0:2-Niederlage gegen die Engländer nicht gerade eine Ruhmestat, doch so schlecht wie manche Fans an den Bildschirmen hatte sich Manfred Ritschel selbst nicht gesehen. Und diese Einschätzung teilte auch Bundestrainer Helmut Schön, denn der benannte den Offenbacher wenig später auch für das EM-Qualifikationsspiel in Sofia gegen Bulgarien und gab ihm das Trikot des Rechtsaußens. Ritschel hatte in der bulgarischen Hauptstadt gute Nerven, denn er verwandelte in der 75. Minute einen Foulelfmeter zum 1:1-Endstand. Das führte ihn in sein drittes und letztes Länderspiel, das am 17. Mai 1975 im Frankfurter Waldstadion Holland zum Gegner hatte und das ebenfalls 1:1 endete. Ritschel stammte aus dem fränkischen Unterreichenbach. Daß der FC Stein seine nächste Fußballstation war, hatte einen plausiblen Grund – in Stein absolvierte der junge Sportler seine Grundausbildung bei der Bundeswehr. Von hier aus ging es im Soldatenrock nach Ingolstadt, wo er beim ESV erstmals ein breiteres Fußballpublikum auf sich aufmerksam machte. Als Bayern München ihn haben wollte, unterschrieb er dort zwar einen Vertrag, bekam aber wenig später »kalte Füße«. Statt dessen verpflichtete sich Manfred Ritschel bei Jahn Regensburg, was er später bereute, weil er an der Isar wohl große Chancen gehabt hätte. Sein vermeintlicher Rivale Gustl Jung erlitt einen Wadenbeinbruch und kam danach nie mehr so richtig zum Zug, und Rudolf Nafziger verabschiedete sich in die Schweiz. So landete Manfred Ritschel bei Borussia Dortmund und fühlte sich in Westfalen pudelwohl. Vier Jahre bei den Offenbacher Kickers schlossen sich an – hier reifte er zum Nationalspieler. Auf dem Bieberer Berg wurde er zum rechten Außenverteidiger umfunktioniert, was seiner Wendigkeit und seinem Offensivdrang entsprach. Der 1. FC Kaiserslautern und Schalke 04 waren seine letzten Stationen in der Bundesliga – am Ende seiner Zeit in Gelsenkirchen führte er einen Prozeß gegen den deutschen Exmeister, der sich nach der Wahl Günter Sieberts zum neuen Präsidenten auch von jenen Spielern mit laufenden Verträgen trennte, die Sieberts Vorgänger Dr. Hütsch verpflichtet hatte. Ritschels Karriere klang aus bei der Spvg. Fürth – er lebte fortan in Wendelstein bei Nürnberg, ein paar Autominuten von seinem Geburtsort Unterreichenbach entfernt. Einige Zeit betrieb der Nationalspieler ein Hotel mit 56 Betten, widmete sich dann nur noch der Landwirtschaft. Stiller wurde es um Manfred Ritschel Mitte der 90er Jahre, als er einen Herzinfarkt erlitt, dem eine Bypassoperation folgte.

RITTER, OSKAR

Geboren am 30. September 1901,
gestorben am 5. März 1985
Ein Länderspiel (1925)
Holstein Kiel

Zwei Tore im Düsseldorfer Hexenkessel

»Ach, wie war's für Eintracht bitter, daß das vierte Tor schoß Ritter ...« Am Himmel über Berlin hingen dunkle Gewitterwolken, doch in den Herzen der Kieler schien an diesem 1. Juni 1930 die Sonne. Vor dem »Russischen Hof«, in der Metropole an der Spree, hatten sich etliche Sympathisanten des Kieler Fußballs eingefunden, und ein Berliner »Schnelldichter« feierte mit markigen Worten einen Helden des 4:2-Sieges gegen Eintracht Frankfurt. Die Hessen waren in dieser Zwischenrunde zur Deutschen Meisterschaft des Jahres 1930 für viele die erklärten Favoriten auf den Titel. Trotz Hertha BSC, trotz Schalke 04 und trotz eines 1. FC Nürnberg, dessen ganz große Zeit offenbar vorüber war. Auf neutralem Platz in Berlin trafen der Norddeutsche und der Süddeutsche Meister aufeinander, nachdem die Kieler in der Vorrunde in Hamburg-Eimsbüttel den VfB Leipzig mit 4:3 ausgeschaltet hatten, was den großen alten »Edy« im Trikot der Leipziger untröstlich stimmte. Schon in diesem Spiel imponierte der 29jährige Oskar Ritter, ein eleganter Dribbler mit dem Instinkt eines Torjägers. Und im Gewitterregen in Berlin war dieser Kieler Halbstürmer dann erneut der Triumphator. In der 82. Minute beförderte er nach einem beherzten Solo über das halbe Spielfeld den Ball im Liegen zum entscheidenden 4:1 ins Frankfurter Tor. Oskar Ritter thronte auf den Schultern seiner Anhänger. Erst im Düsseldorfer Endspiel gegen Hertha BSC wurde der Siegeslauf der Kieler gestoppt. Aber auch im Rheinstadion erzielte Ritter vor 40 000 Fans, die ihre Sympathien in diesem Finale recht einseitig den Gästen aus dem deutschen Norden übertrugen, »seine« Tore. Typisch für ihn war der Treffer zum vielumjubelten 4:4, als die Fans auf den Rängen noch Schiedsrichter Guyenz zürnten, der nach ihrer Ansicht aus völlig unverständlichen Gründen den Kieler Mittelstürmer Johannes Ludwig des Feldes verwiesen hatte. In dieser aufgeheizten Atmosphäre startete Oskar Ritter eines seiner gefürchteten Dribblings, schüttelte im Mittelfeld zwei, drei Herthaner ab und schaffte den Ausgleich. Und am Spielfeldrand weinte der unglückliche Johannes Ludwig. Doch am Ende reichte Ritters zweites Tor den Kielern nicht, weil dem Berliner Ruch drei Minuten vor Schluß in diesem denkwürdigen Endspiel das fünfte Tor der Hertha gelang. Oskar Ritter, Hausmeister von Beruf, hatte sein einziges Länderspiel fast auf den Tag genau fünf Jahre vor diesem unvergeßlichen Finale bestritten. Er war am 21. Juni 1925 in Stockholm bei der deutschen 0 : 1-Niederlage gegen Schweden dabei. Da die Fürther und Nürnberger nicht zur Verfügung standen, lief in der schwedischen Hauptstadt allerdings nur eine bessere B-Elf auf.

RITTER, THOMAS

Geboren am 10. Oktober 1967
Ein Länderspiel (1993)
1. FC Kaiserslautern

»Unsozialistische Lebensweise«

Schon im Jahre 1985 war Thomas Ritter Europameister – Champion der Fußballjunioren mit dem Team der DDR. Matthias Sammer war dabei, auch Axel Kruse. Sein sportlicher Weg im sozialistischen Alltag war vorgezeichnet, doch dann kam für den jungen Mann doch alles anders. Zunächst einmal warf ihn der Dresdner Trainer Eduard Geyer wegen »unsozialistischer Lebensweise« aus der Mannschaft. Thomas Ritter hatte Probleme mit dem Alkohol – und das war auch seiner Umgebung nicht verborgen geblieben. Der aus Hagenwerder bei Görlitz stammende Fußballer wurde von Dynamo Dresden zur BSG Fortschritt Bischofswerda »verbannt«, und alles, was er bis dahin geleistet hatte, zählte plötzlich nicht mehr. Es schaute vielmehr manches danach aus, als ginge dem Fußball für immer ein Talent verloren. Thomas Ritters erster Trainer in seinem Heimatort Hagenwerder war sein Vater – und nicht nur der erkannte das Ballgefühl seines Sprößlings. Der war von Anfang an Abwehrspieler und wurde in die Auswahlteams der Region berufen. Als er 13 Jahre alt war, verließ Thomas Ritter sein Elternhaus und nahm die Chance wahr, im über hundert Kilometer entfernten Dresden die Kinder- und Jugendsportschule zu besuchen. Dort lebte er im Internat, war aber nicht bereit, neben

seinem fußballerischen Tun alles zu vergessen, was das Leben eines Jungen lebenswert erscheinen läßt. »Er knipst bei jeder Party das Licht aus«, sagte damals einer seiner Trainer. Aber die Erfolge stellten sich trotzdem ein – 1986 holte Thomas Ritter mit der Juniorenmannschaft der DDR den EM-Titel in Jugoslawien. Ein Jahr später wurde diese Fußballgeneration des »Arbeiter- und Bauernstaates« im fernen Chile Dritter bei der WM der »U 20«. Ritter war einer der Stars des Teams – einer auf den Verlaß war und der bei diesem Turnier nicht eine Minute fehlte. Was folgte, war die Hoffnung auf einen Stammplatz im Oberligakader von Dynamo Dresden – doch dann ging es mit ihm bergab. Bischofswerda war für ihn eine böse Degradierung, was bei dem Fußballer mit einem Motivationsverlust einherging. Thomas Ritter kehrte seinem Verein im April 1990 den Rücken und schlug den Weg ein, den sein drei Jahre älterer Bruder Andreas längst gegangen war. »Go West« – das war im Zeichen der politischen Wende für viele im Osten die Devise. Eigentlich wollte er in Stuttgart nur leben – dort, wo ein paar Bekannte und Verwandte zu Hause waren. Er jobte für zwölf Mark pro Stunde eine Zeitlang im Stuttgarter Grünamt als eine Art Aushilfsgärtner. In Ludwigsburg und Waiblingen traf man ihn mit dem Rasenmäher an. Doch eines Tages bekam er ein Angebot zum Probetraining bei den Stuttgarter Kickers, wo Trainer Rainer Zobel arbeitete. Und der schaute nur ein paarmal hin und bot dem jungen Mann »von drüben« gleich einen Vertrag an. Mit den Schwaben stieg er 1991 in die Bundesliga auf. 1992 nahm Zobel ihn mit zum Kaiserslauterner Betzenberg, wo die Experten begeistert waren wegen der geringen Fehlerquote des Neuen, der über eine solide Zweikampfstärke verfügte und auch noch schnell und technisch versiert war. Allerdings trennten sich die Wege von Zobel und Ritter. Der Trainer stolperte über sportlichen Mißerfolg, doch Ritter blieb ein »Roter Teufel« und erhielt mit 25 Jahren die erste Einladung vom Deutschen Fußball-Bund. Im Länderspiel gegen Uruguay feierte Ritter dann als eingewechselter Spieler sein Länderspieldebüt. Allerdings hätte er gern länger auf dem Platz gestanden als nur vier Minuten. 1995 wechselte Thomas Ritter zum Karlsruher SC.

RODEKAMP, WALTER

Geboren am 13. Januar 1941
Drei Länderspiele (1965), ein Tor
Hannover 96

An »uns Uwe« kam er nicht vorbei

Walter Rodekamp stand in seiner Karriere vor einem Berg, der für ihn fast unüberwindbar war. Der Name des Bergs: Uwe Seeler! So sehr sich der Mann mit dem kräftigen Schußvermögen auch mühte – an »uns Uwe« kam er nicht vorbei. Und so spricht es für den Mittelstürmer, daß er es dennoch zum Nationalspieler brachte und in drei Begegnungen eingesetzt wurde. 1962 kam er aus dem westfälischen Hagen, wo er beim SSV in der 2. Liga West gespielt hatte, zum FC Schalke 04. Und irgendwie war es symptomatisch für das Leben des Walter Rodekamp, daß seine erste große sportliche Bewährungsprobe gleich mit einem Tiefschlag endete. Er erlitt eine schwere Gehirnerschütterung, die einen Arzt dazu bewog, ihm zu empfehlen, mit der Fußballspielerei Schluß zu machen. Ein Ansinnen, mit dem sich der ehrgeizige junge Mann gar nicht erst auseinandersetzte. Vielmehr unterschrieb er nach einer eher enttäuschenden Schalker Saison bei Hannover 96 und schaffte mit den Niedersachsen 1964 den Aufstieg in die Bundesliga. Nicht zuletzt dank der 32 Tore, die Walter Rodekamp in der Regionalliga Nord erzielt hatte. Diesen ließ er noch sieben Treffer in der Aufstiegsrunde zur Bundesliga folgen. Keine Frage: Der Mann war eine der ganz großen Trumpfkarten der Hannoveraner. Das spürte auch die Konkurrenz in der höchsten deutschen Spielklasse, denn bei seinem Bundesligadebüt markierte Rodekamp gleich zwei Tore. Nicht gegen irgendwen, sondern gegen Borussia Dortmund und dessen Schlußmann Hans Tilkowski. Walter Rodekamp war vor allem deshalb völlig unberechenbar, weil er sowohl links wie rechts stark war. »Cassius« nannten ihn seine Kameraden. Diesen Namen bekam er bei einer Nordamerikareise von Hannover 96 verpaßt, als er während der langen Überfahrt mit einem Ozean-Liner dem guten Essen allzu sehr zusprach und rasch ein paar Pfund zulegte. Dennoch wurde der bullige Mittelstürmer schon bald ein Fall für die Nationalmannschaft. Als er sich in einem Testspiel gegen Chelsea London in Duisburg neben Uwe Seeler als »zweiter Mittelstürmer« gut eingefügt hatte, erhielt er eine erste Chance beim 0 : 1 in Nürnberg gegen England. Uwe Seeler hatte sich schwer verletzt – der Hannoveraner galt als einer der aussichtsreichen Kandidaten auf dessen Nachfolge. Doch noch vor der Weltmeisterschaft in England war Rodekamps internationale Karriere beendet, obwohl sein Trainer »Fifi« Kronsbein seinen Ehrgeiz ständig mit den Worten angestachelt hatte: »In der Nationalmannschaft geht es um die Ehre, in der Vereinsmannschaft nur um das tägliche Brot ...« So dauerte seine Länderspielkarriere im Jahre 1965 nur ganze 25 Tage. Als Uwe Seeler seinen Achillessehnenriß auskuriert hatte, verschwand Rodekamp aus dem Notizblock von Helmut Schön. Bis 1968 spielte der Mittelstürmer für Hannover 96 und schoß in 123 Begegnungen der Bundesliga 38 Tore. Nach seiner aktiven Zeit ging es mit Walter Rodekamp bergab. Zehn Jahre lang war er Vereinswirt des hannoverschen Klubs TuS Kleefeld, und er soll zuweilen mehr dem Alkohol zugesprochen haben als einige seiner Gäste. Er wurde arbeitslos – die Erinnerung an große Fußballzeiten steckte in fünf Fotoalben. Walter Rodekamp ging zurück in seine Heimatstadt Hagen und verdingte sich dort als Kranführer.

RODZINSKI, JOSEF

Geboren am 29. August 1907
Drei Länderspiele (1936)
Hamborn 07

Erste Wahl für den jungen Sepp

Josef Rodzinski wuchs im Norden Duisburgs auf – in Hamborn. Die Hochöfen bestimmten hier, im Herzen des »Kohlenpotts«, die Landschaft, und sie diktierten auch über Generationen die Gedanken der Menschen, die vom rohen Eisen lebten. Aber Hamborn war mit seinen Parks auch so etwas wie eine »grüne Lunge« dieser Region. Josef Rodzinski wird in seiner frühen Jugend vermutlich im Stadtpark die erste Bekanntschaft mit dem runden Leder gemacht haben. Später dann beim SV Hamborn von 1907. Er trat eine Ausbildungsstelle zum Fördermaschinisten an und wuchs in die erste Mannschaft seines Vereins, der in den frühen 30er Jahren erstmals aus dem Schatten des lange Zeit übermächtigen Nachbarn Meidericher SV treten konnte. Josef Rodzinski war gleichermaßen erfolgreich als Mittel- und Außenläufer und wurde zu einem Zeitpunkt Nationalspieler, als der deutsche Fußball eine schwere Zeit durchlitt. Reichstrainer Professor Dr. Nerz war im olympischen Turnier sensationell mit seiner Mannschaft in der Zwischenrunde an Norwegen gescheitert. Die Machthaber in Deutschland hatten ihr Interesse an diesem Sport verloren – andererseits setzten sie Nerz unter Druck. Sepp Herberger war nach den Olympischen Spielen 1936 der Partner des Reichstrainers – später dann sein Nachfolger. Und Herberger saß beim ersten Länderspiel der Saison 1936/37 alleinverantwortlich auf der Bank am Spielfeldrand, als die deutschen Fußballer am 13. September 1936 in Warschau auf Polen trafen. Josef Rodzinski, der Mann aus Hamborn, war als Mittelläufer aufgeboten und machte seine Sache beim 1 : 1 ganz ordentlich. In den nächsten Wochen trug der Abwehrspieler noch zweimal das deutsche Nationaltrikot: beim 2 : 1-Sieg in Prag gegen die Tschechoslowakei und bei der 2 : 5-Niederlage in Dublin gegen Irland. Doch die Konkurrenz unter den Läufern war für Josef Rodzinski zu stark – auf Dauer konnte er sich nicht im Kreis der deutschen Fußballerelite halten. Aus dem 2. Weltkrieg kehrte er mit einer schweren Verwundung heim – ihm wurde ein Bein amputiert.

RÖHRIG, JOSEF

Geboren am 28. Februar 1925
Zwölf Länderspiele (1950 bis 1956), zwei Tore
1. FC Köln

Erst als Trainer Deutscher Meister

VfL Köln von 1899 – ein neuer Verein gab dem Kölner Fußball Ende der 30er Jahre die Würze. Im Festsaal der Wolkenburg fand am 13. Juli 1937 die Gründungsversammlung statt, und unter den 185 Mitgliedern wird so mancher gewesen sein, der der Vergangenheit ein paar stille Tränen nachweinte. Denn der VfL war das Kind einer Fusion aus dem traditionsreichen »Internationalen Fußball-Klub Köln 1899«, der sich später »KSC« nannte, und dem »Kölner Club für Rasenspiele«. Der KSC vereinte die sportliche Hautevolee der Domstadt – der KCfR galt hingegen als »Klüttenverein«, bei dem sich die »Unterprivilegierten« heimisch fühlten. Hier ein gewisser Snobismus, dort eine familiäre Gemeinschaft. Doch die so ungleichen Kinder altehrwürdiger Eltern blühten nach der Fusion auf – und davon profitierte vor allem der Fußball. Im Jahre 1939 kam ein Wiener Trainer zum VfL Köln: Toni Cay. Der hatte vorher den Floridsdorfer AC auf Trab gebracht und streifte zuweilen auch noch selbst das rot-weiße Trikot über. Unter ihm und unter der Abteilungsleitung von August Ernst reifte der VfL Köln zur deutschen Spitzenklasse. Franz Schlawitzki, den sie alle liebevoll »Schlawiner« nannten, war für die Tore zuständig – in der Saison 1940/41 war er

zweitbester deutscher Torschütze. Die Kölner wurden Gaumeister und erst in der Vorschlußrunde der deutschen Endrunde von Schalke 04 gestoppt. Wenig später kreuzte beim VfL Köln ein neuer Mittelfeldspieler auf: Jupp Röhrig. Am rechten Rheinufer, in Zündorf, hatte er seine Jugendzeit verbracht, bei der Germania spielte er zunächst Fußball. Mit ihm wuchs die Dominanz des VfL Köln am Mittelrhein. Alfons Moog war einer der Leistungsträger dieser Mannschaft. Der 2. Weltkrieg veränderte nach und nach das Gesicht der deutschen Gauligen – der Spielbetrieb brach zusammen. Jupp Röhrig versuchte sich nach der Kapitulation in seiner Heimatstadt zunächst wieder beim VfL 99 Köln, dann bei Germania Zündorf. Doch die erste Geige am Rhein spielte nun der 1. FC Köln – und dort unterschrieb er 1950 seinen ersten Vertrag, obwohl er beruflich in Bonn tätig war. Zehn Jahre lang repräsentierte Jupp Röhrig die Klasse des Geißbock-Klubs – 450mal spielte er bis 1960 für diesen Verein und erzielte 73 Tore. Doch der ganz große Triumph blieb ihm in der Deutschen Meisterschaft und im Pokal versagt, obwohl er mit Hans Schäfer ein glänzendes Gespann in der Oberliga West bildete. Deutscher Meister wurde er erst zwölf Jahre nach seiner aktiven Zeit – als Trainer der A-Jugend des 1. FC Köln. Nationalspieler wurde der technisch hochveranlagte Fußballer dagegen schon 1950, nachdem er Sepp Herberger in einem Lehrgang in Duisburg überzeugt hatte. Er war der erste Spieler des 1. FC Köln, der ein Länderspiel bestritt. Aber nur sechzig Sekunden dauerte Röhrings erster Einsatz – er kam am 22. November 1950 in der 90. Minute für den angeschlagenen Barufka gegen die Schweiz ins Spiel. Nicht ein einziges Mal berührte er bei seiner internationalen Premiere den Ball ... Das sollte sich künftig ändern. Bis 1956 wurde er zu zwölf Länderspielen berufen. Vermutlich hätte der Kölner 1954 zum deutschen Aufgebot bei der Weltmeisterschaft in der Schweiz gehört, doch dann fiel er wegen einer Verletzung aus und wurde aus dem 40er-Kader gestrichen. Karl Mai und Karl-Heinz Metzner waren nun erste Wahl für die Besetzung der linken Läuferposition – für Röhrig reiste sein Kölner Weggefährte Paul Mebus mit in die Schweiz. Jupp Röhrig hatte neben seinen permanenten Muskelproblemen das Pech, im Schatten von Fritz Walter zu stehen, dem er allerdings in der Ballfertigkeit kaum nachstand. 1960 verabschiedete er sich vom großen Fußball – der 1. FC Köln arrangierte ein Galaspiel gegen Real Madrid (4 : 5). 16 Jahre lang betreute Jupp Röhrig die A-Jugend seines 1. FC Köln – 13mal wurde er mit dem Nachwuchs des Vereins Mittelrheinmeister, viermal holte er sich den Titel eines West-Champions. Wegen seiner Verdienste ernannte ihn der 1. FC Köln zum Ehrenmitglied. Seinen Lebensunterhalt bestritt er als Inhaber eines Tabakgeschäfts mit einer Lottoannahmestelle.

RÖPNACK, HELLMUT

Geboren am 23. September 1884,
gestorben am 19. August 1935
Zehn Länderspiele (1909 bis 1913)
Viktoria 89 Berlin

Die »kleine Schießbude«

Auf dem Tempelhofer Felde, wo so mancher Berliner Junge um die Jahrhundertwende zum erstenmal gegen die »Pille« trat, wurde auch Hellmut Röpnack vom Bazillus erfaßt, der über den Ärmelkanal auf das europäische Festland geweht war. Zur Welt kam er in Häsikow, einem kleinen »Nest« im Kreise Ruppin, und als Schüler hatte er später kaum etwas anderes im Kopf als dieses Spiel mit dem Fußball. Ehrgeiz und Talent führten Hellmut Röpnack immer wieder in die Schulauswahl. Sein erster Verein war der BF Phönix, doch nach einigen Jahren genügten ihm die Ansprüche nicht mehr und er meldete sich bei den Fortunen von 1892 an. Hier begann für ihn eine intensive Ausbildung, hier floß bei dem jungen Mann eine Menge Schweiß, doch die Früchte seines Fleißes erntete er erst nach seinem Wechsel zu Viktoria. Dort wurde er im Jahre 1903 mit offenen Armen aufgenommen, weil er nicht nur ein ausgezeichneter Fußballer war, sondern auch noch eine Stimmungskanone. Hellmut Röpnacks Scherze hatten es damals in sich, und der fröhliche junge Mann, der als Halbstürmer eingesetzt wurde, fand bei der Viktoria eine verschworene Gemeinschaft vor. Blau-Weiß – das waren Hellmut Röpnacks Farben, und schon vier Jahre später, im Jahre 1907, stand er mit der Viktoria von 1889 im deutschen Finale. Am 2. Juni verloren die Berliner in Mannheim gegen den Freiburger FC mit 1:3, doch schon ein Jahr später sollten sie sich in ihrem zweiten Endspiel, auf dem Germanenplatz in Berlin gegen die Stuttgarter Kickers, mit 3:1 schadlos halten. Hellmut Röpnack, den sie schon damals in Mariendorf »die kleine Schießbude« nannten, war einer der Besten im Trikot des Siegers – gewandt und schnell. Drei Jahre später wurde er mit Viktoria zum zweitenmal Deutscher Meister nach einem 3:1-Sieg gegen VfB Leipzig. Er agierte zu

diesem Zeitpunkt schon als linker Verteidiger, weil eine anhaltende Torschußschwäche bei ihm offenbar nicht zu beheben war. Der Schriftgießer war längst Nationalspieler, brachte es auf zehn Einsätze und war 1912 Mitglied der Olympiamannschaft bei den Spielen in Stockholm. Für die Berliner und Brandenburger Auswahl spielte er 39mal. Mitte der 20er Jahre zog sich Hellmut Röpnack vom Fußball zurück, dekoriert mit der Ehrenmitgliedschaft seiner Viktoria, den Mariendorfer »Löwen«. Er starb, erst 51jährig, im August 1935.

ROHDE, HANS

Geboren am 7. Dezember 1914,
gestorben am 3. Dezember 1979
25 Länderspiele (1936 bis 1942)
Eimsbütteler TV

Der »Eiserne« aus Eimsbüttel

Die Fußballfreunde seiner Generation gaben ihm früh einen Beinamen – man nannte ihn den »Eisernen«. Und dahinter verbarg sich zweifellos viel Respekt. Hans Rohde war der Inbegriff für eine konsequente Deckungsarbeit – er war ein Außenläufer bester Güte. Hans Rohdes Wiege stand in Hamburg – und zwar in einer Zeit, in der der 1. Weltkrieg wütete und die jungen Väter hinauszogen zu den Schlachtfelder Europas. Und in den 20er Jahren, als Hans Rohde beim TV Eimsbüttel zum Fuß-

ball fand, werden seine Eltern viel Mühe gehabt haben, um ihrem Sprößling zu Fußballstiefeln, die damals noch die Unförmigkeit von »Knobelbechern« hatten, zu verhelfen. Hamburg-Hoheluft – das war so etwas wie die grüne Außentür zur Weltstadt. In einer kleinbürgerlichen Atmosphäre wuchs Hans Rohde auf. Und »sein« Eimsbütteler Turnverein hatte jahrzehntelang in Hamburg mit dem Vorurteil zu kämpfen, daß »turnende Fußballer« ein Widerspruch in sich seien. Lange vor seiner aktiven Zeit hatte ein anderer Eimsbütteler Fußballer auf sich aufmerksam gemacht: Hermann Neiße, eine Hamburger Legende. Der Verteidiger war schon im Jahre 1911 im Spiel gegen England dabei, als der Kieler Ernst Möller beide Tore zum 2:2 erzielte. Eine Generation später prägte dann Hans Rohde das Spiel seiner Mannschaft. Der »Eiserne Hans« war einer der Fußballvolkshelden Eimsbüttels, weil mit ihm der größte Erfolg der Mannschaft verbunden war – die Gaumeisterschaft des Jahres 1934 vor dem Hamburger SV und vor Holstein Kiel. Dieses Kunststück wiederholten die ETVer in den beiden darauffolgenden Jahren, doch in der deutschen Endrunde war meist der FC Schalke 04 ein übermächtiger Gruppengegner. »Ebbe« Stührk, Otto Rohwedder, Herbert Panse und Otto Lüdecke – das waren die Weggefährten von Hans Rohde. Später dann, während des 2. Weltkriegs, als sich die Karriere des Außenläufers allmählich ihrem Ende zuneigte, folgten die Gebrüder Kurt und Karl Manja sowie Risse junior und Risse senior. Der eine war Spieler, der andere Trainer des ETV. Hans Rohde war Eimsbütteler aus ganzem Herzen, und als der HSV bei ihm anklopfte, winkte er ebenso ab wie im Jahre 1937, als Tennis Borussia ihn nach Berlin locken wollte. Er liebte die verschworene Gemeinschaft in seinem Verein und absolvierte das erste seiner stattlichen 25 Länderspiele am 27. September 1936 in Krefeld gegen Luxemburg (7:2). Doch dann folgte für Hans Rohde, der in diesen Jahren als Chauffeur seinen Unterhalt verdiente, eine lange Länderspielpause bis 1939. In der Zwischenzeit schlug die Geburtsstunde der »Breslauer Elf«. Erst nach der für den deutschen Fußball enttäuschenden Weltmeisterschaft in Paris kehrte der Eimsbütteler in die Nationalelf zurück – schon bald übernahm er den wichtigen Part des Mittelläufers. Seine Flanken bildeten die beiden Schweinfurter Kupfer und Kitzinger. Hans Rohde war auch im letzten Länderspiel des 2. Weltkriegs, am 22. November 1942 in Preßburg, beim 5:2-Sieg gegen die Slowakei dabei. Er galt zu dem Zeitpunkt, als der Spielbetrieb im deutschen Fußball zusammenbrach, als die Nummer eins unter den Mittelläufern zwischen Flensburg und Bodensee. Hans Rohde stellte sich dem Eimsbütteler TV in den frühen 50er Jahren noch sporadisch zur Verfügung, nachdem er nach fünfjähriger russischer Kriegsgefangenschaft Ende 1949 zurückgekehrt war, und wurde dann Trainer. Er arbeitete als Verbandslehrer in Hamburg und Schleswig-Holstein und trainierte unter anderem Concordia Hamburg. 1955 wurde Hans Rohde die Aufgabe übertragen, die deutsche B-Nationalmannschaft zu betreuen. Später leitete er eine Großtankstelle in einem Hamburger Einkaufszentrum.

ROHR, OSKAR

Geboren am 24. April 1912,
gestorben am 9. November 1988
Vier Länderspiele (1932 bis 1933), fünf Tore
Bayern München

Der erste deutsche Fußballprofi

Sport – das war schon immer ein Hauptwort in der Familie Rohr. »Ossi«, Philipp, Karl, Heinrich und Otto – fünf Brüder spielten in den 20er und 30er Jahren Fußball beim FC Phönix Mannheim. Und Paula, die Schwester der Rohr-Brüder, hatte sich dem Handball verschrieben. Oskar war der Jüngste in diesem sportbegeisterten Bunde – schon als Achtjähriger rannte er in einem etwas zu großen Trikot von Phönix dem Ball nach. Doch als 16jähriger folgte er dem Ruf des großen Nachbarn VfR Mannheim, wurde sofort in die 1. Mannschaft integriert, obwohl er noch zwei Jahre in der Jugend spielen konnte. Und die Fußballfreunde in der Stadt mit ihrer geometrisch-regelmäßigen Struktur am Zusammenfluß von Rhein und Neckar lagen dem »Wunderkind« bald zu Füßen. »Ossi« war trotz seiner Jugend mit einer erstaunlichen technischen Fertigkeit gesegnet. Er begeisterte gleichermaßen als Torjäger und Spielgestalter. Es war Trainer »Little« Richard Dombi, der Oskar Rohr im Jahre 1931 zum Wechsel von Mannheim nach München überredete. Dombi war beim FC Bayern ein vielbeschäftigter Mann: Übungsleiter, Masseur, er führte die Geschäfte und war ein glänzender Organisator der großen Spiele an der Isar. Beim FC Bayern wurde Rohr der Nachfolger des großen Josef Pöttinger. Mit riesigem Lampenfieber trat er seinen Job in München an, doch schon im allerersten Spiel legte er alle Hemmungen ab und knallte Jahn Regensburgs Nationaltorwart Hans Jakob beim 7:1-Sieg gleich fünfmal den Ball ins Netz. »Bubi«, »Schnacki«

oder »Ossi« nannten die Bayern den neuen Mann aus Mannheim, dessen Name inzwischen im Notizbuch von Reichstrainer Prof. Otto Nerz stand. Rohr war längst ein jugendlicher Fußballvolksheld und derart populär, daß er sogar eine Filmrolle annahm. An der Seite des Komikers Ferdl Weiß trat er in dem Streifen »Mutter der Kompanie« auf. Nach 29 Spielen für den FC Bayern – in denen er nicht weniger als 32 Tore geschossen hatte – war Rohr bereits am Ziel seiner Träume. Er stand mit den Münchnern am 12. Juni 1932 im deutschen Endspiel. Eintracht Frankfurt war in Nürnberg der Gegner, und 55 000 Zuschauer ließen sich faszinieren von der Spielfreude des jungen »Ossi« Rohr, der dann einen Elfmeter zum 1:0 der Bayern verwandelte. Am Ende hatten die Fußballer aus der Isarmetropole mit 2:0 gewonnen, und als sie nach München zurückkehrten, regnete es Blumen aus den Fenstern auf die frischgebackenen Meister in ihren von Schimmeln gezogenen Landauern. Zu diesem Zeitpunkt war Rohr bereits Nationalspieler. Er hatte am 6. März 1932 beim 2:0-Sieg in Leipzig gegen die Schweiz als 19jähriger debütiert. Als er ein Jahr später beim 3:3 gegen Frankreich in Berlin als zweifacher Torschütze gefeiert wurde, hatte sich in Deutschland die politische Landschaft verändert. Die Nazis bestimmten das Bild und nahmen Einfluß auf den Fußball. Und sie verboten die Einführung des Profifußballs. Für Oskar Rohr, in dessen jungem Leben der Ball eine überragende Rolle spielte, gab es nur einen Ausweg: der Wechsel ins Ausland. Wieder folgte er im Sommer 1933 seinem Förderer und Trainer Richard Dombi, der München verließ und bei Grasshoppers Zürich eine neue Anstellung fand. Für »Ossi« Rohr hatten die Machthaber in Deutschland wenig Sympathien. In Fachzeitungen war zu lesen: »Über Vaterlandsverräter gehen wir mit Verachtung hinweg ...« Doch Rohr, dem der FC Bayern viele Jahre später die Ehrenmitgliedschaft antrug, fühlte sich am Zürcher See wohl und wurde mit den Grasshoppers Schweizer Pokalsieger. Severino Minelli, einer der größten Fußballer, den die Eidgenossen hervorbrachten, war einer seiner Mannschaftsgefährten. Doch dann verliebten sich die Elsässer bei einem Zürcher Freundschaftsspiel in Straßburg in den jungen Mittelstürmer. 1934 wechselte dieser dann zu Racing – er war der erste deutsche Fußballer, der sich offiziell als »Berufsspieler« bezeichnen konnte. 1937 feierten ihn die Straßburger als Torschützenkönig der französischen Liga – er hatte 37mal ins Schwarze getroffen und wurde anschließend von Staatspräsident Lebrun geehrt. Zweimal stand er mit den Straßburgern im Pokalendspiel. Als der deutsche Frankreichfeldzug begann, orientierte sich Rohr gen Süden, fand zunächst am Mittelmeer Unterschlupf in der »Zone non occupée« und spielte Fußball beim FC Sète. Doch eines Tages mußte auch »Ossi« Rohr das Trikot der Fußballer mit der Uniform eines deutschen Soldaten tauschen. Er geriet in ein Gefangenenlager im russischen Kirowograd und hatte – wie Fritz Walter – das Glück, dort auf einen fußballvernarrten Kommandeur zu treffen, der ihn bald auf die Liste der Entlassungen setzte. Als der 2. Weltkrieg vorbei war, versuchte sich Rohr wieder im zerbombten Deutschland als Fußballer. Für Schwaben Augsburg, VfR Mannheim, dann für den FK Pirmasens und schließlich in seiner Heimatstadt Mannheim für den SV Waldhof. 1950 beendete »Ossi« Rohr seine Laufbahn. Nach seiner aktiven Zeit stand er als Angestellter in Diensten der Stadt Mannheim. Die Fußballfamilie Rohr brachte weitere Talente hervor. Unter anderem Gernot, einen Großneffen »Ossis«, der in den frühen 70er Jahren Jugendnationalspieler war, bei Bayern München spielte und später elf Jahre lang bei Girondins Bordeaux. Dessen Vater Philipp (»Fips«) war ein erfolgreicher Fußballer des VfR Mannheim – ein Weggefährte von Vetter, Danner und Striebinger.

ROHWEDDER, OTTO

Geboren am 3. Dezember 1909,
gestorben im Juni 1969
Fünf Länderspiele (1934 bis 1937), zwei Tore
Eimsbütteler TV

Das Eimsbütteler Kraftpaket

Frühjahr 1934! Amerikas Boxenthusiasten feiern ihren neuen Helden: Max Baer. Ein harter Schläger aus Nebraska wird Weltmeister aller Klassen. Max Baer hatte keinen Geringeren entthront als Primo Canera, einen italienischen Riesen, der im Jahr zuvor im New Yorker Madison Square Garden Jack Sharkey in den Staub des Ringes schickte. Doch nun war dieser als unschlagbar gehaltene Primo Canera, dem man eine sensible Seele unter einer rauhen Schale nachsagte, der Geschlagene. Fast zum gleichen Zeitpunkt jubelte in der Hansestadt Hamburg ein Modellathlet des Fußballs. Er hatte mit seinen Eimsbütteler »Turnern« etwas geschafft, was an der Elbe niemand für möglich gehalten hatte. Der ETV Eimsbüttel war herausgetreten aus dem Schatten des übermächtigen Hamburger SV. Und Otto Rohwedder war einer der Stars dieser legen-

dären Mannschaft. Zwar hatten die Eimsbüttel in
der Saison 1933/34 zweimal gegen den HSV verloren, doch die Rothosen stolperten in ihren Spielen
gegen Holstein Kiel – und das hievte den ETV auf
den Thron des Gaues Nordmark. Otto Rohwedder
war, wie fast alle in dieser Mannschaft, ein Eimsbütteler »Eigengewächs«. Er war an der Elbe aufgewachsen und spielte, von einer kurzzeitigen Ausnahme abgesehen, nie in einem anderen Verein. Als
die Eimsbütteler ihren ersten von drei Titeln errangen, stand Mittelstürmer Rohwedder in der Blüte
seiner fußballerischen Leistungsmöglichkeiten. Er
war trotz seines athletischen Körpers und seiner
Kraft schnell und wendig. Das machte ihn zu einem
der besten Stürmer Deutschlands. Seine Kritiker
lobten die ausgefeilte Technik dieses Mittelstürmers,
dessen Ballführung und die Wucht seiner Schüsse.
In ihm sahen viele Hamburger die Wiedergeburt
der legendären hanseatischen Fußballheroen Tull
Harder und Adolf Jäger. So war es fast selbstverständlich, daß Otto Rohwedder den Weg in die
deutsche Nationalmannschaft fand. Die Weltmeisterschaft im Sommer 1934 kam für ihn etwas zu
früh – sein Name stand lediglich im vorläufigen
Aufgebot. Am 7. Oktober 1934, also nach dem WM-
Turnier in Italien, feierte der Hamburger Mittelstürmer dann sein Länderspieldebüt in Kopenhagen
beim 5:2-Sieg gegen Dänemark. Zwar schoß er ein
Tor, doch seine Anpassungsprobleme in der ungewohnten Umgebung waren unübersehbar. Es fehlten ihm einige seiner starken Eimsbütteler Partner.
Größeren Erfolg hatte er in späteren Länderspielen.
Unter anderem beim 4:0-Sieg im gleichen Jahr in
Stuttgart gegen die Schweiz, wo er in der linken
»Verbindung« zwischen Kobierski und Conen
spielte. Seine internationale Karriere endete 1937 auf
der halbrechten Position zwischen dem Augsburger
Ernst Lehner und dem Dortmunder August Lenz.
Der wuchtige Fußballer wurde allseits geschätzt,
doch seine größten Spiele absolvierte er nicht im
Trikot der Nationalelf, sondern in dem seines Eims-
bütteler TV. Und die Hamburger verziehen ihm
sehr schnell, als er nach einem zwischenzeitlichen,
kurzen Techtelmechtel mit Arminia Hannover im
Sommer 1933 wieder an die Elbe zurückkehrte.
Für einen Moment lief er dabei Gefahr, mit dem
Amateurschutzparagraphen des Deutschen Fußball-
Bundes in Berührung zu kommen, doch zu einer
»Affäre« weitete sich die Diskussion um Rohwedder dann doch nicht aus. Otto Rohwedder hatte an
der Elbe viele Freunde, galt als »Gentleman des
Sports« und wurde ein angesehener Kaufmann mit
den sprichwörtlichen hanseatischen Tugenden.

ROKOSCH, ERNST

Geboren am 26. Februar 1889
Ein Länderspiel (1914)
SpVgg. Leipzig

»Allzeit getreu dem Fußball«

»Allzeit getreu dem Fußball ...« Sehr pathetisch
und dem Zeitgeist gemäß war der Wahlspruch des
Ernst Rokosch. Doch Fußballer zu sein – das war
um die Jahrhundertwende ein Wagnis und für
einen jungen Schüler zuweilen auch ein Abenteuer.
Denn das »verbotene Spiel« aus England paßte so
gar nicht ins Bild vieler Pädagogen, die vom Geist
vaterländischer Gesinnung beseelt waren. Ernst Rokosch rannte in seiner Kinderzeit barfuß dem unförmigen Lederball hinterher, und es war für ihn und
für seine Freunde ein außergewöhnliches Ereignis,
als er zum erstenmal mit nagelneuen Fußballstiefeln den Sportplatz betrat. Der linke Verteidiger war
bei der am 15. Februar 1899 gegründeten Spielvereinigung Leipzig ein Frühstarter im Erwachsenen-
bereich. Vor allem deshalb, weil es an Spielern
mangelte, die »mit links« dem Ball die passende
Richtung geben konnten. 1906 war er seinem Verein beigetreten, und schon bald wurde sein Talent
erkannt. 1912 und 1914 wurde er mit den Leipzigern
Mitteldeutscher Meister. Ernst Rokosch war ein vielseitig begabter Sportler – er ging nicht nur zum
Fußballtraining, sondern er schaute auch regelmäßig
bei den Turnern vorbei. In den damals so beliebten
und prestigereichen Städtespielen machte er auf
sich aufmerksam, bis er das Ziel seiner Fußballer-
sehnsucht – das Nationaltrikot – erreicht hatte. Er
war am 5. April 1914 in Amsterdam beim 4:4 gegen
Holland dabei. Der 1. Weltkrieg war die Endstation
in der Karriere des Leipzigers, der den Beruf des
Glasers erlernt hatte. Er geriet in Gefangenschaft
und spielte nach dem Kriege nur noch sporadisch in
unteren Mannschaften seiner SpVgg. Leipzig.

ROLEDER, HELMUT

Geboren am 9. Oktober 1953
Ein Länderspiel (1984)
VfB Stuttgart

Mit der Hornhaut eines Toten

Helmut Roleder wuchs in Ebersbach auf – im Tal
der Fils und am Südhang des Schurwaldes. In dieser freundlichen schwäbischen Idylle schnürte er in
jungen Jahren seine Fußballstiefel für den SV Ebers-

bach, wo er im Tor stand und durch ausgezeichnete Reflexe gefiel. Der athletische junge Mann bekam im Jahre 1972 Besuch von Talentspähern des VfB Stuttgart. Was nicht weiter verwunderlich war, denn die französische Sportzeitung »L'Equipe« hatte Roleder nach dem UEFA-Turnier des gleichen Jahres zum »Besten Jugendtorwart Europas« gekürt. Das Angebot des Bundesligisten war dennoch alles andere als üppig – trotzdem unterschrieb Helmut Roleder einen Vertrag beim VfB, wo er sehr schnell Freunde fand. Den Stuttgartern gefiel das schnörkellose Torwartspiel dieses grundsoliden Fußballers, der häufig etwas zu ernst wirkte und von dem die Fans auf den Rängen des Neckarstadions überzeugt waren, daß er seinen Beruf des Profis keineswegs nur als Job verstand. Zwei Eckpfeiler markierten die Karriere von Helmut Roleder: sein Einsatz in der deutschen Fußballnationalmannschaft und die Deutsche Meisterschaft mit dem VfB Stuttgart des Jahres 1984. Helmut Benthaus führte die Schwaben überraschend zum Titel, und ausgerechnet in dieser Saison war Roleder das Glück nicht immer hold. Er erlitt einen Nierenriß, wurde durch Armin Jäger beim VfB vertreten, stand seiner Mannschaft nach wochenlanger Pause dann aber erstmals wieder im Bremer Weserstadion im wichtigen Spiel gegen Werder zur Verfügung. Obwohl er noch nicht völlig wiederhergestellt war, stellte sich Helmut Roleder mit einem ledernen Bauchgürtel zwischen die Pfosten. Schon drei Jahre vorher drohte ein frühes Ende seiner Karriere. Eine Hornhauterkrankung machte ihm schwer zu schaffen und führte schließlich zu einer Operation durch den Augenspezialisten Prof. Dardenne. Roleder wurde die Hornhaut eines Verstorbenen eingepflanzt – der Eingriff war erfolgreich. Mitte der 80er Jahre galt der Stuttgarter als einer der besten Torwarte der Bundesliga. Schon im Jahre 1980 hatte er das erste seiner vier B-Länderspiele absolviert, am 28. März 1984 erhielt er dann eine Halbzeit lang eine Chance im A-Länderspiel in Hannover gegen die UdSSR. Zur Pause löste er Toni Schumacher ab – den deutschen Siegtreffer zum 2 : 1 erzielte Andreas Brehme in der vorletzten Minute. Dieses Spiel diente als Vorbereitung auf die Europameisterschaft in Frankreich. Helmut Roleder gehörte neben Schumacher und Burdenski zum Kader des DFB, kam allerdings bei diesem EM-Turnier nicht zum Einsatz. Nach 280 Bundesligaspielen verabschiedete sich Helmut Roleder 1987 von der schillernden Welt des großen Fußballs. Eike Immel hatte ihn inzwischen im Tor des VfB abgelöst. Seinem Verein blieb er allerdings als Koordinator für Jugend und Amateure treu.

ROLFF, WOLFGANG

Geboren am 26. Dezember 1959
37 Länderspiele (1983 bis 1989)
Hamburger SV, Bayer Leverkusen

25 Tore in einem Spiel

Europacupsieger, Deutscher Meister, Nationalspieler und Sympathieträger! Wolfgang Rolffs Weg als Profifußballer konnte sich sehen lassen. Im niedersächsischen Lamstedt, unweit der Niederelbe, wuchs er auf, fand beim dortigen TSV zum Fußball

und auch schnell Respekt bei seinen Freunden. Der junge Wolfgang hatte einen strammen Schuß, und noch heute erzählt man sich an den Theken von Lamstedt von dem ersten Paukenschlag des prominentesten Bürgers der kleinen Gemeinde. In einem Spiel der TSV-Knaben gegen Neuhaus steuerte er zum 38 : 0-Erfolg nicht weniger als 25 Treffer bei. Überliefert sind auch die 95 Tore, die Wolfgang Rolff in einer Saison als C-Jugendlicher schoß. Es war sein Schwager Roman Piotrowski, der die ersten Weichen für einen Transfer zum OSC Bremerhaven stellte. Mit 17 Jahren wechselte Wolfgang an die Wesermündung und blieb diesem Verein bis ins Herrenalter treu. Doch als der OSC die zweite Liga verlassen mußte, folgte er dem Ruf von Fortuna Köln. Jean Lörings Verein hatte stets ein gutes Verhältnis zum früheren Nationaltorwart Wolfgang Fahrian, der Rolffs Transfer in die Domstadt einleitete. Und schon bald wußten die Kölner, daß sie einen Goldfisch geangelt hatten. Einen Fußballer, der neben seinem Talent auch eine beispielhafte Einstellung als Profi mitbrachte. In der 2. Bundesliga ragte er bald aus der grauen Masse heraus und wurde von Berti Vogts, der in der ersten Hälfte der 80er Jahre für die U 21-Nationalmannschaft zuständig war, 18mal berufen. Kein Wunder, daß die Bundesligavereine sehr bald bei Rolff auf der Matte standen. 1982 wechselte Wolfgang Rolff zum Hamburger SV und war der glücklichste Profi der Bundesliga. Die Hanseaten waren der Traum seiner Jugend – und der HSV war Deutscher Meister. Längst war aus dem Stürmer ein starker Mittelfeldspieler geworden, einer, der sich nicht vor der »Drecksarbeit« drückte und stets bereit war, Sonderaufgaben zu übernehmen. Im Februar 1983 folgte der nächste große Schritt einer steilen Karriere: Der HSVer stand in der Nationalelf – Bundestrainer Jupp Derwall honorierte damit die starken Leistungen des Musterprofis von der Elbe. Das Jahr 1983 war das erfolgreichste des Wolfgang Rolff, denn zehn Tage nach dem Gewinn des Europacups der Landesmeister wurde er mit dem HSV deutscher Titelträger. Zwar verschwand der Hamburger SV in den folgenden Jahren aus den ganz fetten Schlagzeilen, doch Rolff blieb die Solidität in Person, nahm 1984 an der auch für ihn enttäuschenden Europameisterschaft teil und war 1986 Mitglied des WM-Teams in Mexiko. Ein großes Spiel lieferte er dort im Halbfinale des Turniers, als er den französischen Mittelfeld-Star Michel Platini weitgehend neutralisierte. Um so mehr schmerzte es den ehrgeizigen Profi, daß er im Finale gegen Argentinien zuschauen mußte. Nach der WM 1986 wechselte Wolfgang Rolff zu Bayer Leverkusen, dem HSV war sein Star von der Niederelbe zu teuer geworden. Ein Jahr später saß der Mittelfeldspieler schon wieder auf gepackten Koffern. US Avellino, der Erstligist aus dem heißen Süden Italiens, wollte ihn verpflichten, doch der Transfer kam nicht zustande, weil Bayer Leverkusens Ablöseforderungen zu hoch waren. Also blieb er am Rhein und gewann 1988 mit den Leverkusenern den UEFA-Cup. Der letzte große internationale Erfolg war für Wolfgang Rolff die Teilnahme an der Europameisterschaft 1988. Ein Jahr später folgte er dann tatsächlich dem Ruf eines ausländischen Vereins – er unterschrieb bei Racing Straßburg. Doch der Verein von der linken Rheinseite steckte in argen Nöten, war aus der ersten französischen Liga abgestiegen. Und so kehrte der deutsche Nationalspieler nach einem Jahr, im Sommer 1990, zurück zu Bayer Uerdingen und da-

mit in die Bundesliga. Doch das Glück hatte ihn plötzlich verlassen – es folgten nervenaufreibende Auseinandersetzungen mit Trainer Timo Konietzka und schließlich der Abstieg aus der höchsten deutschen Spielklasse. Als sich der Vorzeigeprofi schon mit dem nach seinem Geschmack viel zu frühen Ende seiner Karriere abgefunden hatte, klopfte Karlsruhes Trainer Winfried Schäfer bei ihm an – und das war nun endlich wieder ein Glückstreffer. Rolff wurde der Chef im Wildparkstadion, eine anerkannte Persönlichkeit. 1993 feierte der KSC nicht zuletzt dank der Energieleistungen von Wolfgang Rolff seinen größten Triumph mit dem Einzug in den UEFA-Cup-Wettbewerb. Zu diesem Zeitpunkt hatte der sympathische Star längst die Zukunft geplant und sich mit zwei Sportgeschäften eine berufliche Existenz gesichert. Dessen ungeachtet setzte er sich 1997 noch einmal auf die Schulbank, um die Trainerlizenz zu erwerben. Gleichzeitig wurde er für wenige Monate Assistent von Felix Magath beim HSV.

ROLLER, GUSTAV

Geboren am 19. Februar 1895
Ein Länderspiel (1924)
1. FC Pforzheim

Das Erbe der »Goldlehrlinge«

An der Pforte zum Schwarzwald, wo Nagold, Enz und Würm zusammenfließen, spielte das Gold schon immer eine überragende Rolle. Pforzheim wurde zum Haupthandelsplatz für Schmuck und Edelmetall. Diesem Umstand verdankte es der Pforzheimer Fußball, daß er schon früh in Blüte stand. Vor der Jahrhundertwende weilten viele junge Ausländer, vor allem Schweizer, in der Stadt – Volontäre der Schmuckindustrie. Und die hatten in ihrer Heimat bereits Geschmack am Fußball bekommen. Überliefert sind die Namen des jungen Baselers Strub, seines Freundes Dégallier aus Lausanne, eines gewissen Grandjean aus Lelocle und eines Petite aus Genf. Da waren aber auch ein junger Engländer namens Davidson, der in Indien aufgewachsen war, und ein St. Petersburger mit dem typisch deutschen Namen Hahn. Im Jahre 1896 hockte diese internationale Interessengemeinschaft mit ihren deutschen Freunden Moritz Eisele, Heinrich Frisch, Heinrich Stieß und Hans Meier in einem Nebenzimmer des Restaurants »Prinz Karl« in der Bahnhofstraße und steckte die Köpfe zusammen. Die »Goldlehrlinge« trugen eine weiße Jockeymütze und ein weißes Hemd. Man einigte sich auf eine Satzung und auf eine Fahne, erkor die »Rennbahn« im Würmtal bei der Bürkleschen Sägemühle zum Spielplatz und sah ansonsten den Fußballdingen, die da kommen sollten, mit einiger Gelassenheit entgegen. Die »Dinge« entwickelten sich prächtig – in Pforzheim entstand schon bald eine Hochburg des süddeutschen Fußballs. Ein Jahr vor der Gründung des 1. FC Pforzheim kam Gustav Roller in dieser Stadt zur Welt. Als junger Bursche erlebte er den ersten ganz großen Erfolg des Vereins im Jahre 1906, als der Siegeszug der Mannschaft erst im deutschen Finale durch den VfB Leipzig gestoppt wurde. Doch Gustav Roller trug in den Jahren des 1. Weltkriegs noch das Trikot von Herta Pforzheim, ehe er über den VfR zum 1. FC kam. Das war im Jahre 1920. Ein Jahr später war der junge Verteidiger bereits Südgruppenmeister. Die Pforzheimer scheiterten auf ihrem Weg in die deutsche Endrunde erst am 1. FC Nürnberg, der nach Verlängerung mit 2 : 1 gewann. Am 21. September 1924 wurde der kampfstarke Verteidiger Nationalspieler. Er war bei der 1 : 3-Niederlage in Budapest gegen Ungarn dabei. Die Magyaren waren eine Klasse für sich, und die Deutschen hoffnungslos überfordert. Gustav Roller war so etwas wie der Turm in einer ungleichen Schlacht. Für den Pforzheimer blieb dies das einzige Länderspiel, obwohl er noch zu zwei Begegnungen mit der Schweiz und Österreich aufgeboten wurde.

ROSE, WALTER

Geboren am 5. November 1912,
gestorben am 26. Dezember 1989
Ein Länderspiel (1937)
SpVgg. Leipzig

Die kurze Karriere eines Zimmermanns

Deutschlands Fußballfreunde schwärmten von der »Breslauer Elf«. Im Mai 1937 war eine legendäre deutsche Mannschaft wie ein Wirbelsturm über die bedauernswerten Dänen hinweggeweht. 8 : 0 hieß es am Ende dieses Länderspiels in Breslau – und die Kritiker überschlugen sich in Superlativen. Von heute auf morgen hatte der deutsche Fußball sein olympisches Trauma überwunden und fand bei den Sportführern des Naziregimes wieder Sympathien. In dieser Zeit stellte der neue Reichstrainer Sepp Herberger seine Mannschaft auf das Nahziel ein – die Weltmeisterschaft in Paris. Vorher aber mußten noch ein paar Hindernisse in der Qualifikation über-

wunden werden. Finnland, Estland und Schweden waren die Gegner. Und nach einem 2 : 0 in Helsinki wartete in Königsberg mit Estland der nächste Qualifikant auf die Deutschen. Herberger nominierte im August 1937 nur sechs Spieler der »Breslauer Elf« und leistete sich den Luxus, als haushoher Favorit in Königsberg zu experimentieren. In einem Testspiel gegen eine SA-Auswahl empfahl sich ein 24jähriger aus Leipzig: Walter Rose. Der spielte in seiner Heimatstadt nicht etwa bei einem der etablierten Vereine. Weder beim VfB, noch bei den Fortunen oder bei Wacker Leipzig, sondern bei der Spielvereinigung. Er stammte aus den Reihen des FC Viktoria Leipzig-Leutzsch, der zur Arbeiterbewegung gehörte. Seit 1932 trug Walter Rose, der entweder rechter Läufer oder rechter Verteidiger spielte, das Trikot der Spielvereinigung. Und die schaffte 1937 gemeinsam mit dem SV Grüna den Aufstieg in die Gauliga Sachsen. So stellte Walter Roses Nominierung zum Nationalspieler für viele eine gewisse Überraschung dar. Beim 4 : 1-Sieg gegen Estland hatte er mit dem Münchner Ludwig Goldbrunner einen prominenten Nebenspieler. Dies blieb allerdings sein einziges Länderspiel, zumal die Spvgg. Leipzig nach einem Jahr wieder die Gauliga verlassen mußte. Walter Rose, Zimmermann von Beruf, spielte nach dem 2. Weltkrieg zunächst bei der SG Lindenau-Hafen, dann zwischen 1948 bis 1954 in der Oberliga bei der BSG Chemie Leipzig. Er machte sich mehr und mehr als Strafstoßspezialist einen Namen und war in 151 Oberligaspielen für Chemie Leipzig dabei, in denen er 26 Tore erzielte. Er wurde 1951 Meister der DDR (nach einem mit 2 : 0 gewonnenen Entscheidungsspiel gegen das punktgleiche Turbine Erfurt). Walter Rose galt als einer der Lieblingsspieler des legendären Trainers Alfred Kunze.

ROTH, FRANZ

Geboren am 27. April 1946
Vier Länderspiele (1967 bis 1970)
Bayern München

»Bulle« – Power vom Bauernhof

Bertoldshofen ist ein kleiner Flecken unweit von Marktoberdorf. Nicht nur an klaren Tagen zeichnen sich hier die Konturen der nahen Alpen ab – die touristischen Hochburgen des Allgäus liegen vor der Tür. In Bertoldshofen also begann der fußballerische Weg des Franz Roth. Und er brachte ihm einige Meilen- und auch einige Stolpersteine, bis aus dem kleinen Franzl aus der Provinz der populäre Fußballprofi wurde. Franz Roths Wiege stand in Memmingen, doch bei den C-Ligisten in Bertoldshofen schnürte er zum erstenmal seine Fußballstiefel. Als Jugendlicher wechselte er dann zur Spielvereinigung Kaufbeuren, und in der kleinen Stadt mit ihren verwinkelten Gassen und den wuchtigen Wehrtürmen trat er in den 60er Jahren zum erstenmal in den Blickpunkt einer interessierten Öffentlichkeit, denn die Kaufbeurener spielten immerhin in der Oberliga Bayern. Der Ruf von dem kräftigen Jungen erreichte schon bald die Späher des FC Bayern München, und so begann im Jahre 1966 die Profikarriere des Stürmers. Franz Roth setzte sich selbstbewußt und zuweilen auch mit den Ellenbogen in seiner neuen Umgebung durch, und so mancher war überrascht, wie unkompliziert der »unverbrauchte« Angreifer aus Kaufbeuren zum Stammspieler des renommierten Vereins aufstieg. Trainer »Tschik« Cajkovski verpaßte ihm gleich einen Spitznamen: »Bulle«. Mit seinen 178 Zentimetern Körpergröße brachte Roth in dieser Zeit immerhin 83 Kilogramm auf die Wage, was ihn zu einem der Schwergewichtler des FC Bayern machte. Einen Teil seiner Kraft dürfte er sich auf dem Bauernhof seiner Eltern geholt haben, wo er häufig die Ärmel aufkrempelte und mit anpackte. Und jedes Kilo des Franz Roth hätten die Münchner 1967 am liebsten in Gold aufgewogen, denn im Europacupfinale der Pokalsieger schoß das »Greenhorn« aus Kaufbeuren das entscheidende Tor zum Sieg gegen die Glasgow Rangers. Von heute auf morgen war »Bulle« so eine Art Superstar. Seine Distanzschüsse hatten ihn berühmt gemacht, denn Franz Roth hatte keinerlei Hemmungen, sich aus 35 Metern den Ball zurechtzulegen und ihn wuchtig in Richtung gegnerisches Tor zu dreschen. Er galt in seinen besten Zeiten als Schwerstarbeiter, der von seiner Kraft und seiner unbändigen Leistungsbereitschaft lebte und damit zu einem fußballerischen Gegenpol zu den Technikern in seiner Umgebung wurde. Franz Beckenbauer, Gerd Müller und Sepp Maier waren die prominenten Weggefährten von Franz Roth. Die Liste seiner großen Erfolge mit dem FC Bayern München liest sich so: Viermal Deutscher Meister (1969, 1972, 1973, 1974), dreimal deutscher Pokalsieger (1967, 1969, 1971), dreimal Europacupsieger der Meister (1974, 1975, 1976), einmal Europacupsieger der Pokalsieger (1967), Weltcupsieger (1976). Zwischen 1966 und 1977, also in elf Profijahren beim FC Bayern München, schoß er 70 Tore in der Bundesliga. Und dazu auch noch ein paar »goldene« in den Europacupendspielen der Bajuwaren. Kein Wunder, daß »Bulle« Roth auch ein Fall für Bundestrainer Helmut Schön wurde. Der nominierte ihn erstmals 1967 im Spiel gegen Jugoslawien. Es folgten drei weitere Einsätze im Jahr 1970 (gegen Rumänien, noch einmal gegen Jugoslawien und gegen Griechenland). Dazwischen lag im Jahr 1969 eine Berufung in die Juniorennationalelf. Mit 31 Jahren verabschiedete sich Franz Roth nach 322 Spielen und 72 Toren von seinen Münchner Freunden und unterschrieb einen Vertrag beim österreichischen Erstligisten Casino Salzburg. Im Jahre 1980 übernahm er ein Sportgeschäft in Bad Wörrishofen im Allgäu.

RUCH, HANS

Geboren am 8. September 1898,
gestorben am 8. August 1947
Drei Länderspiele (1925 bis 1929), zwei Tore
Union 92 Berlin, Hertha BSC Berlin

Herthas »Hans im Glück«

Eine Hitzeglocke lag über dem Rheintal, und 45 000 Zuschauer bevölkerten an diesem 22. Juni 1930 das Düsseldorfer Stadion. Hertha BSC gegen Holstein Kiel – das war die Endspielpaarung, die die Massen elektrisierte. Der »ewige Zweite« gegen den unbekümmerten Außenseiter – in diesem Duell lagen Reiz und Zündstoff. Viermal hintereinander waren die Berliner im deutschen Finale gescheitert. Zweimal triumphierte die Spvg. Fürth, je einmal der 1. FC Nürnberg und der Hamburger SV. Und nun standen die »Spree-Athener« wieder im Endspiel – und die deutsche Fußballöffentlichkeit hatte ihre Sympathien längst den Kielern geschenkt. Hans Ruch war in diesen Jahren so etwas wie die personifizierte Hertha-Enttäuschung. Der Rechtsaußen kam in allen vier Endspielen zum Einsatz, und nie hatte er am Becher des Siegers nippen dürfen. Doch nun war die Hertha hochmotiviert an den Rhein gefahren – und wieder war Hans Ruch dabei. Bis in den hintersten Winkel des Rheinstadions spürten die Zuschauer den unbändigen Willen des vierfachen deutschen Vizemeisters, endlich das Glück zwingen zu wollen. Die Dramatik war kaum zu überbieten. Es stand 3:3, dann 4:3 für die Hertha, als Schiedsrichter Guyenz den Kieler Ludwig vom Platz stellte. Der Unparteiische wollte gesehen haben, daß sich Ludwig nach einer seiner Entscheidungen mit dem Finger an die Stirn getippt habe. Die Volksseele kochte, und die Herthaner kamen gegen zehn aufopfernd kämpfende Kieler in diesem Hexenkessel der Leidenschaften und unter der Hitzeglocke eines Sommertages noch mächtig ins Schwimmen. Holstein gelang gar der Ausgleich zum 4 : 4, ehe Hans Ruch drei Minuten vor Schluß das fünfte Berliner Tor erzielte. Ein paar Stunden später bekam Herthas Vorsitzender Wernicke im Mannschaftshotel bei einer geplanten Ansprache kein Wort heraus und heulte sich statt dessen die Erleichterung von der Seele. Am Abend feierte dann »Tute« Lehmann, der Berliner Mittelstürmer, den Triumph auf seine Art. Er betätigte sich am Düsseldorfer Hotel als »Fassadenkletterer« und hangelte sich wagemutig von Fenster zu Fenster. Hertha war Meister – und Hans Ruch war der große Sieger des neuen Champions. Ein Jahr später wiederholten die Herthaner ihre Meisterschaft mit dem erneut dramatischen 3 : 2-Endspielsieg von Düsseldorf gegen 1860 München. Wieder war Hans Ruch dabei. Der wendige Rechtsaußen, der dem Beruf des Elektrikers nachging, stand also sechsmal hintereinander in einem deutschen Endspiel. Er war im Berliner Süden aufgewachsen, stammte aus den Reihen des Berliner Thorball- und Fußball-Clubs Union von 1892. Schon im Jahre 1920 hatte er seine ersten Städtespiele für Berlin absolviert, aber erst 1925 wechselte er zu Hertha BSC. Ruch galt als sicherer Elfmeterschütze und war bei seinen Mannschaftskameraden und bei den Hertha-Anhängern am Gesundbrunnen sehr beliebt. Er war auf dem rechten Flügel die ideale Ergänzung zu Hanne Sobeck. Schon im Jahre 1925 hatte Hans Ruch das erste seiner drei Länderspiele bestritten. Er war bei der Skandinavienreise und den Länderspielen gegen Schweden und Finnland mit von der Partie. Beim 5 : 3-Sieg in Helsinki verwandelte er einen Handelfmeter. Viele Freunde wußte er am 1. Juni 1929 auf den Rängen des Berliner Grunewaldstadions, als er beim 1 : 1 gegen Schottland die deutsche Elf nach einem Paß von Sobeck mit 1 : 0 in Führung brachte. Ein doppelter Schienbeinbruch beendete im Jahre 1936 die lange Karriere des Berliners. Hans Ruch erlag 1947 einer tückischen Krankheit.

boren, einem kleinen Flecken im ostpreußischen Johannisburg. Hier, am Ufer der Galinde, wuchs er in den Jahren des 1. Weltkriegs heran, doch zum Fußball kam er erst, als Königsberg zu seinem Lebensmittelpunkt wurde. Auf der Halbinsel zwischen dem Frischen und dem Kurischen Haff mit einer steilen Küste, den schmucken Seebädern Rauschen und Cranz, einer florierenden Bernsteingewinnung und einem beschaulichen Hinterland, bekam Fritz Ruchay bei Asco Königsberg Geschmack am Fußball. Königsberg, der altehrwürdige Sitz des Hochmeisters und der späteren preußischen Herzöge, vermittelte zu dem Zeitpunkt, da Fritz Ruchay hier lebte, das Bild einer befestigten alten Stadt, und das Denkmal Kaiser Wilhelms I. stand vor dem Schloßturm. Die zunächst noch von Pferden gezogene Straßenbahn rumpelte gemächlich über den groben Basalt. Ruchay wechselte nach einiger Zeit von Asco zum prominenteren Nachbarn Prussia Samland Königsberg. Im Gau 1 spielte dieser Verein in den 30er Jahren eine gute Rolle. Vor allem in der Saison 1934/35 waren die »Samländer« besonders erfolgreich und hätten fast die deutsche Endrunde erreicht, doch in den Entscheidungsspielen gegen York Insterburg konnten sie sich nicht durchsetzen. Im gleichen Jahr hatte der Deutsche Fußball-Bund in Königsberg ein Länderspiel angesetzt. Es fand am 13. Oktober 1935 statt und hatte Lettland zum Gegner. Einer von drei Neulingen war der Königsberger Fritz Ruchay. Die Deutschen, die als hoher Favorit in dieses Spiel gingen, das als Test für die nahenden Olympischen Spiele in Berlin diente, gewannen zwar 3 : 0, doch die Mannschaft von Professor Otto Nerz brachte wenig Erbauliches zustande. Für Fritz Ruchay, der zunächst als Außenläufer seine fußballerische Karriere begann und später ein erfolgreicher Halbstürmer wurde, blieb dies die einzige Länderspielberufung. Zu sagen hatte er aber auch später eine Menge: Er wurde Rundfunksprecher. Nach dem 2. Weltkrieg arbeitete Fritz Ruchay als Trainer des Fußballverbandes Baden sowie bei den Stuttgarter Kickers, 1. FC Pforzheim und Union Böckingen.

RUCHAY, FRITZ

Geboren am 12. Dezember 1909
Ein Länderspiel (1935)
Prussia Samland Königsberg

Rundfunksprecher vom Frischen Haff

Eine Landschaft aus Seen, Flüssen und Heide war die Heimat von Fritz Ruchay. Er wurde in Bialla ge-

RÜSSMANN, ROLF

Geboren am 13. Oktober 1950
20 Länderspiele (1977 bis 1978), ein Tor
Schalke 04

Ein Sündenfall in jungen Jahren

Von Höhen und Tiefen geprägt war die Profikarriere des Rolf Rüßmann. Der fußballverrückte

Junge aus dem westfälischen Schwelm stand als Nationalspieler auf dem Gipfel, aber er schaute im Bestechungsskandal der Bundesliga auch in die tiefsten Abgründe dieses Sports. Mit 18 Jahren war er dem Schalker Präsidenten Günter Siebert immerhin eine Ablösesumme von 38 000 Mark wert – für den kleinen Verein Schwelm 06 war dies im Jahre 1969 eine willkommene Aufbesserung des Etats. Als er in Schwelm in der D-Jugend spielte, riskierte er Hausarrest, denn sein Vater Rolf hatte ihm das Fußballspielen verboten. Unter dem Weihnachtsbaum des Jahres 1962 gestand er dann seinen Eltern das heimliche Steckenpferd. Nach einigem Hin und Her setzte sich dann Mutter Elsbeth durch. Der lange Jungprofi mit den blonden Haaren wurde schließlich beim Traditionsverein in Gelsenkirchen eine feste Größe, ja als Vorstopper einer der Leistungsträger dieser Mannschaft, obwohl er unter der Regie von Trainer Rudi Gutendorf zunächst einige Anlaufprobleme hatte. Rolf Rüßmann trug aber auch das Trikot der DFB-Jugend. Drei Jahre später war er verstrickt in den Skandal, der die höchste deutsche Spielklasse in ihren Grundfesten erschütterte. Der Deutsche Fußball-Bund bestrafte ihn mit einer zweijährigen Sperre – und Rolf Rüßmann, dem fußballverrückten Jungen aus dem Kohlenpott, blieb kaum mehr als das heulende Elend. »Es war die größte Eselei meines Lebens«, sagte er später. Um nicht einzurosten, ging er, wie einige andere Skandalsünder, ins Ausland. Er spielte beim FC Brügge in Belgien und kehrte nach dem Ende seiner Sperre zu den Schalkern zurück. Seine beschmutzte Weste hatte ihn von seinem ursprünglich erhofften Weg abgebracht. Und der war für ihn, der vor seinem Fehltritt fünfmal in der Juniorennationalmannschaft gespielt hatte, eigentlich vorgezeichnet. Schon 1971 hatte er im Aufgebot des Bundestrainers für eine Skandinavienreise gestanden. Er galt als der große Gegenspieler von Georg Schwarzenbeck, der später Weltmeister wurde. Zwar machte Rüßmann nach seinem Bundesligacomeback erneut auf sich aufmerksam und konnte an die Leistungen seiner ganz jungen Jahre anknüpfen, doch der DFB zeigte ihm, der sich nichts sehnlicher wünschte, als in die Nationalmannschaft berufen zu werden, lange die kalte Schulter. Das änderte sich erst im Jahre 1977, und von da an war er ein wichtiger Baustein in den Planspielen von Bundestrainer Helmut Schön. 19 Länderspiele in Folge waren für den eisenharten Abwehrspieler, der in seiner Zeit wohl der beste Vorstopper Deutschlands war, der Lohn des Fleißes in der Bundesliga. Er stand im deutschen WM-Team 1978 in Argentinien. Dann folgte

beim DFB der Stabwechsel – nach Helmut Schön kam Jupp Derwall, und Rolf Rüßmann verschwand mehr und mehr aus den Schlagzeilen. Nur noch einmal trug der Schalker das Nationaltrikot – Jupp Derwall fand offenbar wenig Gefallen an den kritischen Äußerungen des Schalkers. 1980 verabschiedete sich Rüßmann dann von seinen Freunden im Gelsenkirchener Parkstadion. Mit knapp 30 Jahren suchte er noch einmal »frische Tapeten« und eine neue Herausforderung. Er fand sie bei Borussia Dortmund, wo er fünf Jahre lang einer der Eckpfeiler war. Doch die Borussen durchlitten schwere Zeiten, standen im Abstiegskampf. Das zehrte auch an den Nerven des inzwischen gereiften Profis. Nach 453 Bundesligaspielen für Schalke und Dortmund, in denen er als Abwehrspieler immerhin 49 Tore schoß (viele mit wuchtigen Kopfstößen), verließ er die schillernde Szene des Profifußballs. Unter 23 Trainern hatte er das Glück als Spieler gesucht – dieses Kapital wollte er in seinen späteren Beruf mit einbringen. Doch Rolf Rüßmann, der seine Leidenschaft für die Trabrennbahn und für den Platz im Sulky hinter schnellen Pferden entdeckt hatte, wurde nicht etwa Trainer, sondern – nach mehrjähriger Tätigkeit in der Werbebranche – schließlich Manager. Nach Schalke 04 wurde Borussia Mönchengladbach sein Arbeitgeber.

RUMMENIGGE, KARL-HEINZ

Geboren am 25. September 1955
95 Länderspiele (1976 bis 1986), 45 Tore
Bayern München, Inter Mailand

Vom Biedermann zum Weltstar

»Ich bin kein Skandaltyp …« Ein Bekenntnis, das irgendwie beispielhaft für Karl-Heinz Rummenigge ist und für seine Fußballkarriere. Er galt als Weltstar, der den Rummel scheute, als Supermann des internationalen Fußballs, dem die negativen Schlagzeilen aus seinem Privatleben erspart blieben – auch das ist ein Teil des ungewöhnlichen Weges des »Kalle« Rummenigge. »Ich bin bieder und ich bin stolz darauf«, sagte er auf dem Höhepunkt seiner Karriere, als er soeben zum zweitenmal zu »Europas Fußballer des Jahres« gewählt worden war. Auch die Entwicklung des früh erkannten Talents zum Ausnahmespieler entsprach keinesfalls der Norm. »Kalle« wurde im westfälischen Lippstadt geboren, ging hier zur Schule und spielte bei der Borussia. Er wurde zwar in die Westfalenauswahl berufen, doch in seinen ganz jungen Jahren übersahen ihn einfach

die Talentspäher des DFB. Rummenigge spielte nie in einer deutschen Jugendnationalelf. Dafür hatte er mit 17 Lenzen schon einen Stammplatz in der ersten Mannschaft seiner Borussia. Nach der Mittleren Reife begann er eine Ausbildung bei einer Bank, doch die sollte er nie beenden. Und zwar deshalb nicht, weil eines schönen Tages der FC Bayern München bei ihm anklopfte. Manager Robert Schwan hatte sich für ihn starkgemacht, und auch Max Merkel hatte ein Auge auf ihn geworfen. Das reichte, um die Bayern zu überzeugen. 1974, als die deutsche Nationalmannschaft in München Weltmeister geworden war, wechselte Karl-Heinz Rummenigge an die Isar. »Rotbäckchen« nannten ihn ein paar bajuwarische Spötter, doch der blutjunge westfälische Stürmer behauptete sich im Kreise der Weltstars. Franz Beckenbauer, Sepp Maier und Gerd Müller waren hier zuhause – der FC Bayern stand in voller Blüte und erlangte in den 70er Jahren Weltruhm. Daran hatte aber fortan auch Karl-Heinz Rummenigge seinen Anteil. Die Statistiker registrierten in der ersten Saison des unerfahrenen Bundesligadebütanten nicht weniger als 21 Einsätze und fünf Treffer. Binnen eines Jahres war er eine feste Größe bei den Bayern, mit denen er 1976 den Europacup der Meister und den Weltpokal holte. Dieses Jahr brachte ihm endgültig den Durchbruch – er überschritt die Schwelle zur Nationalelf und feierte dort seine Premiere beim 2 : 0 gegen Wales in Cardiff. Berti Vogts war noch dabei, Franz Beckenbauer und Jupp Heynckes schossen die Tore zum Sieg. Zwei Jahre später erzielte Rum-

menigge selbst drei Tore bei der Weltmeisterschaft in Argentinien, und der Umstand, daß der Titelverteidiger in Cordoba gegen Österreich verlor und aus dem Wettbewerb ausschied, änderte nichts an der Tatsache, daß in Karl-Heinz Rummenigge ein Weltstar gereift war. Zwei Jahre später stand er mit der Nationalelf auf Europas Gipfel – 1980 und 1981 wurde er Europas »Fußballer des Jahres«. Torgefährlichkeit, Spielintelligenz und Energie zeichneten ihn in den frühen 80er Jahren aus. Tugenden, die in Italien gefragt waren. Nach der Vizeweltmeisterschaft 1982 und der enttäuschend verlaufenen Europameisterschaft 1984 war er Inter Mailand eine Ablösesumme von 11,4 Millionen Mark wert. Nach 310 Spielen für Bayern München, in denen er 162 Tore erzielte, verließ er die Bundesliga. Er hatte sich die »Kanone« des deutschen Torschützenkönigs in den Jahren 1980, 1981 und 1984 geholt. 1980 wählten ihn Deutschlands Sportjournalisten zum »Fußballer des Jahres«. In seinen drei Mailänder Jahren verschaffte er sich in der italienischen Profiliga nicht zuletzt dank seiner 34 Tore in 64 Spielen Respekt – er war einer der Topstars dieser schillernden Bühne, auch wenn er mehr und mehr von Verletzungen heimgesucht wurde. Seine Karriere beendete er bei Servette Genf, wo er 1987 einen Zweijahresvertrag unterzeichnete. Als Schweizer Torschützenkönig verabschiedete er sich vom großen Fußball. In späteren Jahren widmete er sich der Repräsentanz für eine große Sportartikelfirma, er wirkte als Co-Kommentator im Fernsehen und schrieb Kolumnen für Zeitungen. Als der FC Bayern München zu Beginn der 90er Jahre in eine Krise rutschte, ließ er sich dazu überreden, gemeinsam mit Franz Beckenbauer die Position eines Vizepräsidenten bei seinem alten Verein zu bekleiden.

RUMMENIGGE, MICHAEL

Geboren am 3. Februar 1964
Zwei Länderspiele (1983 bis 1986)
Bayern München

»Kalles« kleiner Bruder

Rummenigge – ein Name verpflichtet! Das galt für den »kleinen Bruder« des großen Karl-Heinz Rummenigge natürlich noch nicht, als Michael im zarten Alter von sechs Jahren bei Borussia Lippstadt die ersten Schritte im Fußball wagte. Dieser Sport spielte in der Familie Rummenigge schon immer eine wichtige Rolle. Nicht nur der neun Jahre ältere Karl-Heinz verriet schon früh sein Talent, sondern auch Wolfgang, der älteste der Rummenigge-Brüder. Wolfgang brachte es sogar zum Zweitligaspieler bei der DJK Gütersloh. Davon konnte Michael nur träumen, als er sich 1970 als Fußballer auf den Weg machte. Bei Borussia Lippstadt, einem Verein mit einer guten Jugendabteilung, wurde er altersgemäß aufgebaut, durchlief alle Stationen. Zehn Jahre später stand er in der Jugendnationalmannschaft, und wenigstens hier hatte er Karl-Heinz, der zu diesem Zeitpunkt schon ein Weltstar war, etwas voraus. Denn »Kalle« hatte nie in einer nationalen Jugendauswahl gespielt. Karl-Heinz ebnete ihm dann allerdings 1981 den Weg zum FC Bayern München, wo er ein Jahr später einen Vertrag als Lizenzspieler unterschrieb. Pal Csernai war dort sein Trainer, aber der Mann mit dem seidenen Halstuch gab dem »kleinen Rummenigge« in der ersten Bundesligasaison nur ein einziges Mal eine Chance. Doch dann kam Udo Lattek, und Michael blühte auf. Dennoch war sein Aufstieg zum Nationalspieler nach nur zwölf Bundesligaeinsätzen eine Sensation. Jupp Derwall holte ihn im Oktober 1983 für das Europameisterschafts-Qualifikationsspiel gegen die Türkei in Berlin. Er war allerdings nur neun Minuten lang dabei. Zum Dauerbrenner wurde Michael Rummenigge statt dessen in der Bundesliga – er wurde ein gefürchteter Torjäger. In der Saison 1983/84 war nur Karl-Heinz beim FC Bayern erfolgreicher als Michael. 1984 war er nach dem Elfmeterschießen im Pokalfinale gegen Borussia Mönchengladbach der gefeierte Held der Münchner, nachdem er den entscheidenden Elfmeter verwandelt hatte. Nationalspieler, dreifacher Deutscher Meister, zweifacher DFB-Pokalsieger! Als Michael Rummenigge 1988 Bayern München verließ (ein zweites Länderspiel hatte er 1986 gegen Österreich in Wien bestritten) und einen Vertrag bei Borussia Dortmund unterschrieb, war er, der im Gegensatz zu Karl-Heinz seine begonnene Banklehre beendete, längst ein Star der Bundesliga. Doch ein unbedachtes Wort in einer Telefonaktion im Rahmen der Hannover-Messe belastete sein Image. Er hatte einen Anrufer verbal attackiert, der sich kritisch über die hohen Gehälter der Bundesligaprofis äußerte. Fortan sagte man dem Neu-Dortmunder nach, er sei arrogant. Doch durch konstante Leistungen fand der Mittelfeldspieler in der Fangemeinde der Borussia neue Freunde. Mit den Dortmundern wurde er in seinem ersten Jahr nach seinem Abschied aus München gleich DFB-Pokalsieger (4 : 1 gegen Werder Bremen). 1993 stand er mit seiner Mannschaft in den Endspielen um den UEFA-Cup, wo die Borussia gegen Juventus Turin

allerdings den Kürzeren zog. Mit 29 Jahren und nach 309 Bundesligaspielen zog es ihn nach Japan. Bei den Urawa Red Diamonds wurde er Teamkollege von Uwe Rahn. Mit seiner Familie bewohnte er ein schmuckes Haus mit Blick auf den Fujijama. Anfang 1995 fiel er nach einer Operation des Großzeh-Grundgelenks viele Monate aus. Zu diesem Zeitpunkt hatte er längst im Dortmunder Stadtteil Lücklembeck ein Haus erworben.

RUPP, BERND

Geboren am 24. Februar 1942
Ein Länderspiel (1966), ein Tor
Borussia Mönchengladbach

Ein wuseliger Wirbelwind

Oskar Maaß, der Präsident des 1. FC Köln, war ein jovialer Mensch. »Der Bernd braucht sich nicht von seinem Stuhl zu erheben. Dadurch wird er auch nicht größer ...«, griente der Chef, als Bernd Rupp im Jahre 1969 im Geißbockheim als Kölner Neuling vorgestellt wurde. Im Grunde war die Vorstellung ziemlich überflüssig, denn jeder im Saale kannte das kleine Energiebündel, das vom Gladbacher Bökelberg gekommen war und mit seinen 169 Zentimetern und 66 Kilogramm zu den Leichtgewichten der Bundesliga gehörte. Bernd Rupp schloß beim FC Burgsolms, unweit von Wetzlar, Freundschaft mit dem Fußball. Hier wurde er hessischer Auswahlspieler und empfahl sich für höhere Aufgaben. Die fand er zunächst beim SV Wiesbaden, ehe er 1964 bei Borussia Mönchengladbach unterschrieb. Es war ein wichtiges Jahr für den Verein, denn er verpflichtete Hennes Weisweiler als Trainer. Und Weisweiler vermittelte seinen jungen Spielern nicht nur Taktik, sondern der Psychologe schweißte diese Mannschaft zusammen, predigte ihr Spielfreude und Harmonie. Bernd Rupp gehörte zu denen, die sich sehr schnell in diese Formation einfügten. Er wurde Stammspieler und schoß in seiner ersten Saison in der Regionalliga West auf dem Weg zum Bundesligaaufstieg in 34 Spielen 23 Tore – genau so viele wie Jupp Heynckes. Seine Tricks auf engstem Raum und seine Wendigkeit im Strafraumgetümmel machten Bernd Rupp zu einem Liebling der Gladbacher Fangemeinde, die immer größer wurde, weil die Borussia zu einem belebenden Element der Bundesliga avancierte. Rupp schrieb ein wichtiges Kapitel der »Fohlen«-Geschichte. Zwei Jahre später erlag Bernd allerdings den Lockungen des SV Werder Bremen, ehe er nach weiteren zwei Spielzeiten ins Rheinland zurückkehrte und beim 1. FC Köln vor Anker ging. Zu diesem Zeitpunkt hatte er eine große Enttäuschung längst verwunden. Als er noch ein ganz »junger Hüpfer« war, nominierte ihn Helmut Schön für sein 40er-Aufgebot zur Weltmeisterschaft in England. Dann kamen ein paar Testspiele, doch der kleine Gladbacher Mittelstürmer war nie dabei. Erst nach dem WM-Turnier bekam er seine Chance. Bernd Rupp wirkte beim 2:0-Sieg in Ankara gegen die Türkei mit und schoß dabei nach einer Flanke von Grabowski das Tor zum Endstand. Doch das war's dann – weitere Einladungen zur Nationalmannschaft erhielt er nicht. 1972 kehrte Bernd Rupp zum Gladbacher Bökelberg zurück und gewann seinen einzigen Titel – den DFB-Pokal des Jahres 1973. Er war in dem begeisternden Finale gegen den 1. FC Köln im Düsseldorfer Rheinstadion dabei und machte nach 117 Minuten völlig erschöpft Platz für Uli Stielike. 1974 klang die Karriere des wuseligen Wirbelwinds aus – beim SV Wiesbaden. Zu einer ganz großen Laufbahn fehlte ihm vor allem in den letzten Jahren das Glück des Torschützen. In Wiesbaden arbeitete er künftig als Versicherungsagent.

RUTZ, WILLI

Geboren am 7. Januar 1907,
gestorben am 20. November 1993
Ein Länderspiel (1932), ein Tor
VfB Stuttgart

Stadtrundfahrt vor dem Finale

Willi Rutz wurde in Bad Cannstatt geboren. Im Neckartal, wo heilkräftige Mineralwässer aus dem Boden sprudeln, wuchs er auf, und er trug, wie die meisten seiner Schulgefährten, das Trikot der Spielvereinigung Cannstatt. Doch dann folgte er mit 18 Jahren dem Ruf des populären Nachbarn VfB Stuttgart, der in Cannstatt mit dem Kronenclub eine seiner Wurzeln hatte. Als die Stuttgarter die Saison 1926/27 erstmals als württembergisch-badischer Meister beschlossen, da ging auch der Stern des Willi Rutz auf. Er war mittlerweile ein fester Bestandteil der Elf geworden, die an den Pappeln auf den Cannstatter Wasen immer größere Erfolge feierte. Ein ungarischer und ein italienischer Trainer waren maßgeblich an dem Aufschwung der Schwaben beteiligt: Dr. Kovacs, der bei MTK Budapest gearbeitet hatte und später mit Turin italienischer

Meister wurde, und Edward Hanney, Mittelläufer der englischen Olympiasiegermannschaft von 1912. Im Jahre 1929 schaute sich Willi Rutz allerdings nach anderen Ufern um und trug zwei Jahre lang das Trikot von Rot-Weiß Frankfurt. Später kam er mit dem sogenannten Amateurschutzvertrag des DFB in Konflikt, wurde prompt auf Eis gelegt und erst im Spätsommer 1933 begnadigt, als er die Hoffnung auf ein Comeback eigentlich schon aufgegeben hatte. Inzwischen war er nach Stuttgart zurückgekehrt, um dort zu heiraten. Er überbrückte die Zeit seiner Sperre als Trainer in Calw, Tübingen und schließlich auch beim VfB. Willi Rutz war 28 Jahre alt, als er 1935 mit seinem VfB Stuttgart im deutschen Endspiel stand. Der gefährliche Otto Bökle, der schußgewaltige »Fifi« Koch und der junge Fighter Erwin Haaga waren seine Kameraden im Sturm. Außerdem der vor Temperament sprühende Linksaußen Lehmann, der selbst aus unmöglichen Lagen Tore zu schießen verstand. Doch einer der Sympathieträger dieser Mannschaft war Willi Rutz, den alle »Knölle« nannten und den sie wegen seiner technischen und taktischen Fähigkeiten schätzten. Fritz Teufel war der Trainer dieser legendären Stuttgarter Mannschaft, die als krasser Außenseiter gegen die übermächtigen Schalker nach Köln gereist war. Doch die schwäbischen Fans, die unter anderem in vier Sonderzügen vom Neckar an den Rhein kamen, staunten nicht schlecht über die kämpferischen Tugenden ihrer Mannschaft. Der VfB lag zur Pause zwar schon 0:3 zurück, doch am Ende sprang mit einer 4:6-Niederlage ein achtbares Resultat heraus. Die Stuttgarter ärgerten sich darüber, daß der VfB ausgerechnet im wichtigsten Spiel des Jahres aus unerfindlichen Gründen seinen gesamten Sturm umgebaut hatte. Erst als alle wieder auf ihren angestammten Positionen spielten, klappte es besser. Außerdem gab es viele Kritiken an der Vorbereitung, denn vor dem Spiel rollten die Endspielteilnehmer von den Wasen noch zum Zwecke einer Stadtbesichtigung durch die Stadt unter den Domtürmen. Willi Rutz war zum Zeitpunkt des Endspiels bereits Nationalspieler. Allerdings hatte es für ihn nur zu einer einzigen Berufung am 1. Juli 1932 in Helsinki gegen Finnland gereicht. Zum 4:1-Sieg der Nationalmannschaft steuerte er ein Kopfballtor bei und eröffnete den furiosen deutschen Endspurt. Seinem VfB blieb Willi Rutz treu – er half sogar gelegentlich als Torwart aus. So im Jahre 1939, als die Stuttgarter von einer bemerkenswerten Verletzungsserie ihrer Torleute heimgesucht wurden.

S

SABEDITSCH, ERNST

Geboren am 6. Mai 1920
Ein Länderspiel (1939)
Vienna Wien

Verwundete Soldaten als Ehrengäste

Vienna – das war schon immer so etwas wie der Wiener Fußballadel. Am 22. August 1894 stand der Baron Rothschild an der Wiege dieses ältesten Fußballvereins der Donaumetropole. Aber es waren vor allem Engländer, die die Gründung betrieben, und so lautete der Ursprungsname »First Vienna Football-Club«. Das Stadion »Hohe Warte« wurde in den 30er Jahren dann zu einem Begriff in der Fußballfachwelt, und Viennas Heimstatt wurde zur Geburtsstätte des legendären österreichischen »Wunderteams«. In dieser Mannschaft standen mit Karl Rainer, Josef Blum, Friedrich Geschweidl und Leopold Hofmann vier Spieler von Vienna. Diesen Stars der goldenen Ära der Wiener Schule eiferte der junge Ernst Sabeditsch nach. Er begeisterte sich für das berühmte »Scheiberlspiel« dieses Ausnahmeteams, für einen Fußball mit Herz und Witz. Ernst Sabeditsch war ein blutjunger Außenläufer, als er nach der Annexion Österreichs durch Deutschland eine Einladung von Sepp Herberger erhielt. Das war im Spätsommer 1939, als sich der politische Himmel über Europa verdunkelte und der deutsche Reichstrainer Mühe hatte, starke Länderspielgegner zu finden. Die Schweden hatten kurzfristig ein Länderspiel abgesagt, der FC Everton, der als Testspielgegner vorgesehen war, schickte dem DFB einen kühlen Brief. Holland und Frankreich zeigten dem deutschen Fußball ebenfalls die kalte Schulter. Und so kam es am 27. August 1939 in Preßburg zu einem Länderspiel gegen die Slowakei. Die deutsche Nationalmannschaft bestand aus einer verstärkten »Wiener Auswahl« – und einer von denen, die berufen wurden, war Ernst Sabeditsch von Vienna. Die deutsche Mannschaft enttäuschte auf der ganzen Linie und verlor mit 0 : 2. An diesem Tag kam auch Max Merkel zu seinem einzigen Länderspiel –

er sprang für den ursprünglich vorgesehenen Stefan Skoumal ein. Erfolgreicher verlief für den jungen Ernst Sabeditsch dann das Jahr 1942. Zu einem Zeitpunkt, als Feldmarschall Rommel mit seinen Truppen vor Alexandria stand, in Deutschland aber immer öfter die Alarmsirenen heulten, war Vienna vor 90 000 Zuschauern im Berliner Olympiastadion im deutschen Endspiel Gegner des FC Schalke 04. Die »Königsblauen« aus Gelsenkirchen gewannen 2 : 0. 365 000 Kartenbestellungen lagen bis zu diesem 5. Juli 1942 dem DFB vor, das Spielerhotel in der Friedrichstadt war von Kartensuchenden regelrecht belagert. Dort gaben sich die Stars mehrerer Fußballergenerationen ein Stelldichein, und in der Ehrenloge des Olympiastadions saßen verwundete Soldaten. Ernst Sabeditsch erhielt nach dem Finale gute Noten – die Sportzeitungen würdigten ihn als einen der »besten aufbauenden Mittelläufer Deutschlands« und als »ausdauernden Kämpfer«. Das untermauerte er auch ein Jahr später, als Vienna Wien den deutschen Fußballpokal durch einen 3 : 2-Sieg nach Verlängerung gegen LSV Hamburg gewann. Die Zeit zur Reife fand Sabeditsch allerdings nicht – der 2. Weltkrieg unterbrach seine verheißungsvoll begonnene Karriere. Er setzte sie nach Wiederaufnahme des Spielbetriebs in Österreich bei Vienna fort, doch sie endete ziemlich abrupt im Jahre 1950. In der »Geschichte des Fußballsports in Österreich«, herausgegeben vom Österreichischen Fußball-Bund, gibt es dafür die Erklärung: »Eine Ägyptenreise, die Vienna 1950 unternommen hatte, zeitigte schwere Folgen für das Prestige der Fußballer. Die Viennaspieler Sabeditsch und Strittich hatten 850 Gramm Rohopium in Ägypten gekauft und nach Österreich geschmuggelt. Es wurde ihnen der Prozeß wegen Schmuggels und Rauschgifthandels gemacht. Mit dem Bekanntwerden des Tatbestands war die fußballerische Karriere der Betroffenen zu Ende ...« Anfang 1952 wurde Sabeditsch vom Österreichischen Fußballverband begnadigt, nachdem er aus der Haft entlassen war. Sabeditsch unterschrieb im Jahr darauf einen Vertrag beim kolumbianischen Verein Samario, wo er allerdings nie ankam.

SACKENHEIM, AUGUST

Geboren am 5. August 1905,
gestorben am 19. April 1979
Vier Länderspiele (1929 bis 1931), zwei Tore
Guts Muts Dresden

Ein Debüt ohne Hemmungen

Hochöfen und Kräne bestimmten das Bild der Heimat des jungen August Sackenheim. Er wurde in Duisburg geboren, der Stadt, die sich rühmt, den größten Flußhafen der Welt zu besitzen. Hier ging August Sackenheim zur Schule, hier bekam er beim Duisburger SV Kontakt zum Fußball. Hier spielten auch seine Brüder Peter und Paul. Aber schon in sehr jungen Jahren wechselte er gemeinsam mit Mittelläufer Hermann Flick vom Rhein an die Elbe, von Duisburg nach Dresden. Guts Muts war fortan die sportliche Heimat des dunkelhaarigen Fußballers, der mit seinem strengen Scheitel bald zu einem Markenzeichen seiner Mannschaft wurde, die in der Gauliga Sachsen spielte. Der angehende Werbeleiter war im Oktober 1929 einer von sechs Länderspieldebütanten, als Finnland in Hamburg der Gegner war. Die Nationalmannschaft sollte ein neues Gesicht erhalten, obwohl dieses Jahr 1929 mit dem deutschen 2:1-Sieg in Turin gegen Italien eine faustdicke Sensation gebracht hatte. Und so war August Sackenheim überaus stolz, daß er gegen Finnland neben Richard Hofmann stürmen durfte. Jenem Hofmann, der beim überragenden Nachbarn Dresdner SC drauf und dran war, zur Legende zu werden. Aber da gab es an diesem Herbsttag in Hamburg-Altona noch einen Debütanten: Fritz Szepan vom FC Schalke 04. Zurückgekehrt in die Nationalelf war auch der Fürther Abwehrroutinier Hans Hagen. Doch Sackenheim war von keinerlei Minderwertigkeitsgefühlen geplagt. Eher das Gegenteil war der Fall, denn er schoß nach der Pause zwei Tore zum 4:0-Sieg gegen die Gäste aus dem hohen Norden. Der Dresdner wurde als einer der besten Spieler des Siegers gefeiert. Doch als er im Jahr darauf beim 5:0-Sieg gegen die völlig überforderten Schweizer in Zürich nicht ins Schwarze traf, sank sein Stellenwert in der Nationalmannschaft. Auch die letzten sich ihm bietenden Chancen im Rahmen einer Skandinavienreise im Jahr 1931 gegen Schweden (0:0) und Norwegen (2:2) konnte er nicht nutzen. Dafür machte er weiterhin im sächsischen Fußball von sich reden und wurde in späteren Jahren Stammspieler des Dresdner SC. Nach dem 2. Weltkrieg arbeitete er als Trainer – unter anderem 1949 bei der SG Strießen in Dresden.

SAMMER, MATTHIAS

Geboren am 5. September 1967
51 Länderspiele (seit 1990), acht Tore
23 Länderspiele DDR (Dynamo Dresden,
VfB Stuttgart)
VfB Stuttgart, Inter Mailand, Borussia Dortmund

»Es war die Kohle ...«

Die »Frankfurter Rundschau« schwärmte von diesem »Hitzkopf mit dem roten Schopf« in höchsten Tönen: »Aggressiv, dynamisch, unbändig fegt er über den Rasen, grätscht, rackert, rutscht und attackiert ...« Matthias Sammer war der Star, der »von drüben« kam. Kein Fußballer aus den neuen Bundesländern schaffte nach der Vereinigung der beiden deutschen Staaten einen derart eindrucksvollen Einstand in der Bundesliga. Und fünf Jahre, nachdem Matthias Sammer wie ein Komet in der deutschen Profiliga aufgetaucht war, hatte auch Bundestrainer Berti Vogts sein Bild von diesem Fußballer zurechtgerückt: »Er ist der ideale Fußballer, weil er über Technik, Athletik, über einen exzellenten Kopfball und über einen unbändigen Kampfgeist verfügt.« Matthias Sammer stammt aus einer Fußballerfamilie. Bei ihm zu Hause, in Dresden, spielte dieser Sport zwangsläufig eine überragende Rolle im Alltag der Sammers, weil Vater Klaus als Abwehrrecke von Dynamo Dresden so um die 200 Spiele in der DDR-Oberliga bestritten und auch

17mal das Trikot der DDR-Auswahl getragen hatte. Klaus Sammer war denn auch der erste, der das Talent seines Sprößlings erkannte, denn nach seiner aktiven Laufbahn war er Jugendtrainer bei Dynamo, trainierte dann die Oberligamannschaft des erfolgreichen Dresdner Klubs. Mit fünf Jahren bekam Matthias Sammer die ersten Ballkontakte auf dem kleinen Feld. Aber Sammer junior war sportlich vielseitig – er zeigte auch eine gewisse Begabung in der Leichtathletik, und an der Wand in seinem Kinderzimmer hingen Urkunden von erfolgreichen Teilnahmen an den Spartakiaden. Doch Vater Klaus förderte vor allem das fußballerische Geschick seines Sohnes und war sehr stolz, als der mit 14 Jahren sage und schreibe 260 Tore in einer Saison erzielte. Schon mit 17 Lenzen spielte Matthias in der Oberligaelf von Dynamo, wurde mit der DDR Junioren-Europameister. Ein gutes Jahr später war er bereits DDR-Auswahlspieler. Er wurde für Ulf Kirsten in Leipzig gegen Frankreich eingewechselt. Es folgten die Bronzemedaille bei der WM der »U20«, und im Jahre 1989 leistete er als fleißige Mittelfeldbiene einen wesentlichen Beitrag, daß Dynamo Dresden Fußballmeister der DDR wurde und Dynamo Berlin ablöste. In der Zwischenzeit hatte sich der »Staatsamateur« zum Maschinenanlagenmonteur ausbilden lassen – und dann kam die politische Wende in Deutschland, womit sich für Sammer der Fußballtraum seines Lebens erfüllte. Mitte 1990 wechselte er zum VfB Stuttgart – die Schwaben überwiesen den »Dynamos« rund drei Millionen Mark Ablöse. Der Jungprofi von der Elbe startete im doppelten Sinne mit Volldampf in Richtung Bundesliga. Auf dem Weg nach Stuttgart wurde er von den »Vopos« mit 162 km/h auf der Autobahn gestoppt und mußte vorübergehend den Führerschein abgeben. Er war der Ehrgeiz in Person, und nach einer Zeit der Eingewöhnung genoß es Matthias Sammer, daß endlich für ihn nicht allein das »Kollektiv« im Vordergrund stand, sondern daß auch individuelle Stärken in der Bundesliga gehegt und gepflegt wurden. Sammer war der erste Spieler aus der ehemaligen DDR, der das Trikot des Weltmeisters tragen durfte. Berti Vogts nominierte ihn für das Länderspiel gegen die Schweiz. Als Sammer nach einem zweijährigen Gastspiel Stuttgart verließ und bei Inter Mailand unterschrieb, da machte er keinen Hehl aus seinen Beweggründen: »Es war die Kohle ...« Netto kassierte er rund eine Million Mark pro Jahr, doch er kam in der lombardischen Metropole nicht zurecht, sprach kaum ein Wort Italienisch, fand keinen Kontakt zu seinen Mitspielern. Als er immer öfter auf der Tribüne saß, wenn Inter Mailand

spielte, schaute sich Matthias Sammer nach neuen Ufern um und fand sie in Westfalen. Borussia Dortmund investierte für ihn 8,5 Millionen Mark. Der Transfer zahlte sich für beide Seiten aus, denn Sammer wurde Stammspieler der Nationalmannschaft, und Borussia Dortmund repräsentierte mi ihm wieder deutsche Spitzenklasse. Bei der WM in den USA fehlte er im entscheidenden Spiel gegen Bulgarien an allen Ecken und Enden. Im Jahr darauf tröstete er sich mit der ersten Deutschen Meisterschaft, während gleichzeitig seine alte Liebe, die Dresdner Dynamo, von der Landkarte des Profifußballs verschwand. Nach dem zweiten Titelgewinn mit der Borussia wurde Matthias Sammer 1996 auch Europameister – er war beim Turnier in England einer der spielbestimmenden Köpfe einer harmonisch auftretenden deutschen Nationalelf. Im gleichen Jahr wurde er zu »Europas Fußballer des Jahres« gewählt, obwohl er 1996 immer wieder von Verletzungen heimgesucht worden war. Daran änderte sich in der Saison 96/97 kaum etwas, aber im Finale der Champions League gegen Juventus Turin konnte auch Sammer jubeln.

SAWITZKI, GÜNTER

Geboren am 22. November 1932
Zehn Länderspiele (1956 bis 1963)
SV Sodingen, VfB Stuttgart

Auf Toni Tureks Spuren

Mitte der 50er Jahre hatte Bundestrainer Sepp Herberger die Qual der Wahl. Es gab in Deutschland viele gute Torleute. Zwar verabschiedete sich der Düsseldorfer Weltmeister Toni Turek aus der ersten Reihe, doch im Westen und Süden tummelten sich etliche Talente zwischen den Pfosten. Zum Beispiel Fritz Herkenrath, der als »fliegender Schulmeister« nicht nur in Essen großes Ansehen genoß und der als legitimer Nachfolger Tureks galt. Aber da gab es auch noch den Dortmunder Heinz Kwiatkowski, dann Heinz Kubsch, der über Katernberg nach Pirmasens gekommen war, und schließlich Günter Sawitzki aus Sodingen, einer Stadt, gelegen zwischen Herne und Castrop-Rauxel. Der SV Sodingen hatte in der Oberliga West in der Saison 1954/55 für Furore gesorgt und war als einzige Mannschaft dem späteren Deutschen Meister Rot-Weiß Essen auf den Fersen geblieben. Auch in der deutschen Endrunde waren die Sodinger so etwas wie die Hechte im Karpfenteich, lieferten dem Gruppensieger 1. FC Kaiserslautern zwei dramatische Spiele und zogen nur deshalb nicht ins Finale ein, weil ihnen in der Schlußabrechnung ein paar Tore fehlten und sie beim Hamburger SV mit 0:1 ihr einziges Endrundenspiel verloren hatten. Der Superstar dieser Mannschaft war der junge Torwart Günter Sawitzki. Der war drei Jahre vorher vom Kreisklassenverein Rasensport Herne-Holthausen nach Sodingen gekommen und arbeitete in der Zeche Erin als Schlosser unter Tage. Ein Jahr später holte Trainer Wurzer den mittlerweile gereiften zweifachen Nationaltorwart als Nachfolger von Karl Bögelein zum VfB Stuttgart. Zwölf Jahre hütete er das Tor der Schwaben, wurde so etwas wie eine Torwartinstitution beim Exmeister. Sein Debüt in der Nationalmannschaft feierte Sawitzki noch zu Sodinger Zeiten am 13. Juni 1956 beim 3:1-Sieg in Oslo gegen Norwegen. Es war das Spiel der Neulinge. Nicht weniger als neun standen im Aufgebot, und neben Sawitzki feierten auch Dörner, Bäumler und Schönhöft am Oslo-Fjord ihren Einstand in der Nationalelf. Sawitzki überzeugte und bekam eine nächste Chance beim 2:2 gegen Schweden in Stockholm. Vor der Weltmeisterschaft 1958 gehörte er zwar zum 40er-Kader des DFB, doch dann hatte er das Pech, beim 1:4 einer deutschen B-Elf in einem WM-Vorbereitungsspiel gegen Luxemburg das Tor hüten zu müssen. Vermutlich gab das den Ausschlag für seine Nichtnominierung. Der Dortmunder Heinz Kwiatkowski reiste zur WM – Sawitzki blieb »auf Abruf« am Neckar. Mehr Glück hatte er vier Jahre später, als Sepp Herberger gleich drei Torwarte mit zur Weltmeisterschaft nach Chile nahm. Neben Hans Tilkowski und Wolfgang Fahrian war auch Günter Sawitzki dabei. Aber die Nummer eins war überraschend der junge Ulmer Fahrian. Günter Sawitzki stand nur noch bei einem inoffiziellen Spiel gegen den Deutsch-Amerikanischen Fußball-Bund in New York vor der Rückreise im Tor. Die nach ihrem enttäuschenden Ausscheiden im WM-Viertelfinale frustrierten Nationalspieler fanden mit diesem 7:2-Sieg nur einen geringen Trost. Seinen größten Erfolg mit dem VfB Stuttgart feierte der sympathische Torwart 1958 mit dem 4:3 nach Verlängerung gegen Fortuna Düsseldorf im deutschen Pokalfinale in Kassel. Nach seiner Zeit als Vertragsspieler stellte sich Sawitzki in der Saison 1970/71 noch eine Spielzeit lang ins Tor der VfB-Amateure und wäre mit dieser Mannschaft fast Deutscher Amateurmeister geworden. Im Finale gewann Jülich in Würzburg mit 1:0. Im Herbst 1970 hütete Sawitzki mit fast 38 Jahren noch einmal das Tor der Bundesligamannschaft des VfB gegen Eintracht Frankfurt.

SCHADE, HORST

Geboren am 10. Juli 1922,
gestorben am 28. April 1968
Drei Länderspiele (1951 bis 1953), ein Tor
Spvg. Fürth, 1. FC Nürnberg

Helmut Schön war Kamerad und Vorbild

Von Horst Schade sagte man, er sei stets ein »gemiedlicher Saggse« gewesen – einer, der bemüht war, um sich ein positives Fluidum aufzubauen. Doch wer ihm auf dem Spielfeld begegnete, der kam zu einem anderen Urteil, denn dieser Sachse schoß aus allen Lagen. Er war in den Jahren nach dem 2. Weltkrieg der Schrecken der Torwarte – ein Torjäger bester Güte. Sein Weg als Sportler war vorgezeichnet, denn in seiner Heimatstadt Döbeln, die von der Freiberger Mulde wie eine Insel umschlossen ist, war er schon als Achtjähriger bei seinen Alterskameraden ein gefürchteter Mittelstürmer. Der Döbelner SC übertrug ihm dann in späteren Jahren in der Gauliga die Sturmführung. Schließlich wurde er von dem Dresdner SC entdeckt, den die Erfolge dieser Jahre beflügelten und der über eine außergewöhnlich starke Mannschaft verfügte. In Helmut Schön machte der blutjunge Stürmer aus Döbeln sein Vorbild aus. Horst Schade wurde Soldat der Luftwaffe, bestritt seine ersten Repräsentativspiele für Sachsen, trug das Trikot der Soldatenelf »Luna Nancy«. Helmut Schneider, der spätere Fürther Trainer, Noack, Siegel und Trenkel waren seine Kameraden in Dresden. Später geriet er in russische Kriegsgefangenschaft, aus der er Ende 1945 zurückkehrte. Zunächst spielte er noch einmal in Döbeln Fußball, dann für eine kurze Zeit beim FC Haidhof, um Neujahr 1947 bei der Spvg. Fürth vor der Tür zu stehen. Und bei den »Kleeblättern« blühte Horst Schade so richtig auf. Seine Tricks, mit denen er immer wieder die Gegenspieler verblüffte, und seine knallharten Schüsse machten ihn zu einem Ausnahmespieler in der Oberliga Süd. In der Bayernauswahl zeigte er ausgezeichnete Leistungen, während sich seine Frau um ihr Schreibwaren- und Geschenkartikelgeschäft gegenüber einer Schule kümmerte. Zwischen 1951 und 1953 wurde Horst Schade dreimal in die deutsche Nationalmannschaft berufen. Als er im Juli 1953 zum 1. FC Nürnberg wechselte, löste das bei den Verantwortlichen der Spvg. Fürth das blanke Entsetzen aus. In dem Vertrag zwischen den beiden Nachbarn wurde anschließend eine Klausel eingebaut, wonach in den darauffolgenden fünf Jahren Spielerwechsel zwischen beiden Vereinen nicht mehr zugelassen würden. Die Fürther ließen ihren Torjäger auch deshalb ungern ziehen, weil sie keinen geeigneten Ersatz fanden. Fünf Jahre später wechselte Schade zum 1. FC Bayreuth, dem er stets verbunden blieb – auch als Trainer der Amateurmannschaft. Er baute sich ein gutgehendes Geschäft auf. Horst Schade starb 1968, mit nur 45 Jahren, an den Folgen eines Herzinfarkts.

SCHÄDLER, ERWIN

Geboren am 8. April 1917
Vier Länderspiele (1937 bis 1938)
Ulmer FV 94

Die unerfüllten WM-Träume

Der 21. März 1937 war alles andere als ein Festtag des internationalen Fußballs. An diesem Tag endete in Wien das Länderspiel zwischen Österreich und Italien im Rahmen des sogenannten »Europacups« mit einem handfesten Skandal. Auch der strömende Regen konnte die überkochende Leidenschaft beider Mannschaften nicht löschen, und 18 Minuten vor dem Spielende brach der schwedische Schiedsrichter Gustav Olsson die Begegnung wegen einer massiven Häufung von Fouls kurzerhand ab. »Ich konnte keine Garantie mehr für die Gesundheit der Spieler übernehmen«, schrieb Olsson in seinen Spielbericht an die Europäische Fußball-Union. Die Partie wurde schließlich mit 2:0 für Österreich gewertet – so stand es nach 72 Minuten, als Olsson zum letztenmal pfiff. Zur gleichen Stunde ging es in Luxemburg sehr viel ruhiger zu. Dort spielten Deutschlands Fußball-»Kadetten« und mühten sich zu einem 3:2-Sieg gegen die Spieler des Großherzogtums. Einer von fünf Neulingen war der Ulmer Erwin Schädler, der nicht etwa vom stärkeren SSV kam, sondern von den 94ern, in deren Reihen er in seiner Jugendzeit zum Fußball gekommen war. Neben Kupfer, Gold, Striebinger und Gauchel empfahl sich Erwin Schädler für weitere Berufungen durch den Deutschen Fußball-Bund. Etwas mehr als ein Jahr später beendete ein weiteres Testspiel gegen Luxemburg in Wuppertal (2:1) allerdings schon die internationale Karriere des Abiturienten. Im Aufgebot für die Weltmeisterschaft 1938 in Frankreich fand sich der linke Läufer aus Ulm nicht wieder, obwohl er im WM-Qualifikationsspiel gegen Estland in Königsberg (4:1) noch zum Einsatz gekommen war. Erwin Schädler brachte es in den späten 30er Jahren auch als Tennisspieler zu ausgezeichneten Leistungen.

SCHÄFER, HANS

Geboren am 19. Oktober 1927
39 Länderspiele (1952 bis 1962), 15 Tore
1. FC Köln

Mit 26 Jahren auf dem Gipfel

Hans Schäfer ist so etwas wie eine Kölner Fußballinstitution. Einer, der zu dieser Stadt paßt wie der Dom, der Karneval im Gürzenich und das Millowitsch-Theater. Nicht weniger als 17 Jahre lang trug Hans Schäfer das Trikot mit dem Geisbock im Emblem. Wen wundert es, daß sein Wort schon zu seinen aktiven Zeiten beim 1. FC Köln viel Gewicht hatte. Neun Jahre war Hans Schäfer jung, als er zum erstenmal mit großer Begeisterung bei Rot-Weiß Zollstock dem runden Leder hinterherrannte. Elf Jahre blieb er bei diesem Verein, um dann auf Umwegen zum 1. FC Köln zu gelangen. Dieser Umweg führte über den VfL Volkmarsen bei Kassel, doch der Wechsel war lediglich ein Trick. Wäre Schäfer innerhalb der britischen Besatzungszone gewechselt, hätte es für ihn eine einjährige Spielsperre gegeben. So »wanderte« er mal eben in die amerikanische Zone, »futterte« sich auf einem hessischen Bauernhof durch und kam dann zurück an den Rhein. 1948 begründete er seine Leidenschaft für den 1. FC Köln. Die Zeiten waren schlecht, Fußballstiefel eine Rarität, und die Lederbälle »flatterten«, weil sie an manchen Stellen schlecht genäht waren. Doch dies alles schmälerte nicht die Begei-

sterung des jungen Hans Schäfer für den Fußball. Schon zu diesem Zeitpunkt waren das Talent und die technische Befähigung des 20jährigen unverkennbar. Am 13. Februar 1948 war »sein« 1. FC Köln entstanden. Franz Kremer war so etwas wie der »Baumeister« dieses neuen Vereins, der aus der Fusion zwischen dem Kölner Ballspiel-Club von 1901 und der Spvg. Sülz von 1907 entstand. Der neue Verein erfreute sich zunächst zwar einer eher mäßigen Popularität am Rhein, doch das sollte sich rasch ändern, denn die sportlichen Erfolge blieben nicht aus. Sie waren schon bald verknüpft mit dem Namen des Hans Schäfer. Im Frühjahr 1950 warf Bundestrainer Sepp Herberger erstmals ein kritisches Auge auf den Rheinländer. 38 000 Zuschauer füllten die Ränge des Kölner Stadions, als sich in einem der frühen Nachkriegs-Repräsentationsspiele der Westen und der Norden gegenüberstanden. Der zu diesem Zeitpunkt noch für Preußen Dellbrück spielende Fritz Herkenrath hütete das Tor der Gastgeber, und Hennes Weisweiler war Außenverteidiger. Berni Klodt und »Adi« Preißler waren dabei – und Hans Schäfer, der auf Linksaußen stürmte. Doch der Norden triumphierte mit seiner exzellenten Osnabrücker Läuferreihe (Gleixner, Meyer und Haferkamp) sowie mit »Fiffi« Gerritzen (damals noch VfB Oldenburg) und dem erstklassigen Bremer Techniker Willi Schröder und gewann schließlich 4 : 3. Der Test hatte für Herberger dennoch seinen Zweck erfüllt – und er war bedeutsam für den weiteren Weg des Hans Schäfer. Am 9. November 1952 feierte der Kölner einen Länderspieleinstand wie aus dem Bilderbuch. 5 : 1 fegte die deutsche Nationalelf in Augsburg die Schweiz hinweg, und 64 000 Zuschauer waren im überfüllten Rosenaustadion hellauf begeistert. Hans Schäfer schoß an diesem Tag die ersten seiner insgesamt 15 Länderspieltore. Knapp zwei Jahre später gehörte er zum Team des Überraschungsweltmeisters in der Schweiz. Mit 26 Jahren stand er nach dem Triumph von Bern auf dem Gipfel seiner Karriere. Als er zurückkam, hatte ihm ein Anhänger einen nagelneuen VW vor die Tür gefahren – fortan fuhr der frischgebackene Weltmeister nicht mehr mit der Straßenbahn zum Training. Es folgten WM-Teilnahmen 1958 in Schweden und 1962 in Chile. Damit war er einer der erfolgreichsten Nationalspieler der Welt. 16mal führte er seine Elf als Kapitän aufs Feld. Mit einer Enttäuschung endete jedoch die große internationale Karriere dieses Spielers. Nach dem 0 : 1 im Viertelfinale der Weltmeisterschafts-Endrunde in Chile gegen Jugoslawien hagelte es viel Kritik in der Heimat. Doch in Deutschland war und blieb Hans Schäfer eine der unumstrittenen Fußballergrößen. 1963 wählten ihn die Sportjournalisten zum »Fußballer des Jahres«. 1962 und 1964 wurde er mit dem 1. FC Köln Deutscher Meister. »Von allen Linksaußen unter unseren Nationalspielern war Hans Schäfer der zielstrebigste«, sagte einmal Bundestrainer Sepp Herberger. Nach 515 Spielen und 750 Toren für seinen Verein trat der so Gelobte 1966 ab. Drei Jahre lang war er Trainerassistent beim 1. FC Köln, um sich dann ganz seinem Beruf als alleiniger Repräsentant einer Promotions- und Werbeservice-Firma widmen zu können. Seine Chefs zwischen 1966 und 1969 waren Willi Multhaup und Hans Merkle. Das Unternehmen hatte der 1967 verstorbene Wegbereiter des 1. FC Köln und der Fußballbundesliga, Franz Kremer, gegründet. Schäfers beruflicher Weg hatte auf seinen ersten Metern gänzlich anders ausgesehen: Er war in seiner Jugend Gehilfe im elterlichen Frisiersalon. Danach hatte er dann eine Zeitlang in der Parfümerieabteilung eines Kaufhauses gearbeitet, ehe er Besitzer einer Tankstelle an der Ecke Lindenthalgürtel/Dürener Straße wurde.

SCHÄFER, HERBERT

Geboren am 16. August 1927
gestorben am 7. Mai 1991
Ein Länderspiel (1957)
Sportfreunde Siegen

»Er spielt wie Fritz Walter«

Die Kritiker überschlugen sich in ihren Lobeshymnen, und ein Experte wie der spätere Chefredakteur des »Kicker«, Karl-Heinz Heimann, schrieb nach dem 5 : 0-Triumph der Sportfreunde Siegen im deutschen Amateurfinale des Jahres 1955 gegen die bedauernswerte Spvg. Bad Homburg: »Was Fritz Walter für den 1. FC Kaiserslautern ist, ist Herbert Schäfer für die Sportfreunde Siegen.« Um dann hinzufügen: »Das mag vermessen klingen, aber der Beifall der Wetzlarer Zuschauer, die erst vor wenigen Wochen der Spielkunst Fritz Walters stürmische Ovationen bereiteten, sind unparteiischer Beweis.« Dieser 26. Juni 1955 war der größte Tag in der Geschichte des Siegener Fußballs. Die Sportfreunde hatten nach ihrem schwererkämpften Halbfinalsieg gegen Willi Gerdaus Heider SV noch die Kraft und die Spielintelligenz, im Endspiel die Konkurrenz aus dem Saarland klar zu beherrschen. 15 000 Zuschauer waren ebenso begeistert wie der Nürnberger Altinternationale Carl Riegel, der die

von ihm gestiftete Trophäe an den deutschen Ama-
teurmeister überreichte. Als Riegel dem Siegener
Kapitän Herbert Schäfer den Wanderpokal in die
Hand drückte und von einem »mitreißenden Spiel«
sprach, kullerten Schäfer ein paar Tränen über das
Gesicht. Die Siegener Fußballer und ihr Trainer
»Schäng« Pfaffrath, einst Verteidiger bei Preußen
Dellbrück, wurden auf den Schultern ihrer Fans in
die Kabine getragen. Die kluge Regie Schäfers, der
es in der Amateurnationalmannschaft zwischen
1952 und 1960 auf 24 Berufungen brachte, war das
Sahnehäubchen dieses Endspiels. Und die Hombur-
ger waren tapfere Verlierer. Dessen stämmiger Mittelstürmer Erich Rühl munterte seine Kameraden
nach dem Schlußpfiff mit den Worten auf: »Kerle,
laßt nur net den Kopp hänge. Es muß auch Vizemeister gewwe.« Herbert Schäfer gehörte den Sportfreunden Siegen seit 1938 an. Bis zum Zusammenbruch des Spielbetriebs im 2. Weltkrieg war er dort
Jugendspieler, dann rückte er nach Wiederaufnahme des Fußballs in die 1. Mannschaft. Spätestens 1957 geriet Herbert Schäfer ins Blickfeld von
Bundestrainer Sepp Herberger, doch der Amateur
aus Siegen war schon dreißig Jahre alt und inzwischen ein anerkannter Mittelläufer. Schäfer war
einer von 34 Fußballern, die Herberger im Juli 1957
zu einem Lehrgang nach München lud. Ein paar
Wochen später imponierte der Siegener Amateur in
Testspielen zweier deutscher Auswahlmannschaften in Hannover und Düsseldorf. Das brachte ihm
die Berufung zu seinem einzigen A-Länderspiel am
20. November 1957 in Hamburg gegen Schweden
ein. Die Nationalelf gewann 1:0 – Alfred Schmidt
schoß das Tor des Tages. 1960 wurde Schäfer Trainer seines Vereins – sechs Jahre später löste ihn
Emil Iszo ab. Als sich der Nationalspieler verabschiedete, um den Verbandsligisten VfL Klafeld-
Geisweid zu übernehmen, sagte Siegens Vorsitzender Norbert Wagener: »Schäfer hat unseren Verein
in Deutschland bekannt gemacht. Er scheidet als
Trainer, aber er bleibt uns allen als Mensch und
Kamerad erhalten.« Der Fußballer, der bei der Spar-
kasse in Siegen beschäftigt war, wurde mit dem
Silbernen Lorbeerblatt, der höchsten Sportauszeichnung Deutschlands, dekoriert.

SCHÄFER, MAX

Geboren am 17. Januar 1907
Ein Länderspiel (1934)
TSV 1860 München

Frischer Wind von den Giesinger Höhen

Das Jahr 1931 schenkte der Modewelt den
»Knickerbocker«, den Bergsteigern die Erkenntnis,
daß das Matterhorn auch über die Nordwand zu er-
klimmen ist, dem Tennissport ein deutsch-deutsches
Wimbledonfinale zwischen Cilly Aussem und Hilde
Krahwinkel und dem Münchner Fußball Triumphe
durch die »Löwen«. 1860 war in aller Munde. Mit
einem herzerfrischenden Spielwitz begründete dieser Verein die Sympathien, die ihm trotz der späteren Erfolge des Nachbarn FC Bayern weit über eine
Generation hinaus erhalten blieben. Mit jugendlichem Elan marschierte die Elf von 1860 München, geführt von dem Trainerfuchs Max Breunig,
von Sieg zu Sieg. In der deutschen Endrunde hatten
der Meidericher SV, Tennis Borussia und Holstein
Kiel keine Chance. Und nach dem Kölner Finale
1931 war zwar Hertha BSC der reale Sieger, doch
den moralischen Triumph trug wohl 1860 München davon, weil Schiedsrichter Fissenrath einen
rabenschwarzen Tag erwischte und die »Löwen« in
den entscheidenden Situationen dieses Endspiels
nach Ansicht vieler Beobachter benachteiligte. In
dieser erfolgreichen Mannschaft von den Giesinger
Höhen stand Max Schäfer, ein Krauskopf aus Landshut, der 1927 zu den Sechzigern gekommen war
und der über eine knallharte »linke Hax'n« verfügte. Max Schäfer hatte sich gleich glänzend in
München eingeführt und im Lokalderby gegen den
FC Bayern als Mittelstürmer drei Tore zum 5:4-
Sieg seiner Mannschaft beigesteuert. Er spielte mal
Linksaußen, kam aber 1934 als linker Verteidiger
zu seinem einzigen Länderspiel. Der gebürtige
Münchner wurde im letzten Test vor dem WM-
Qualifikationsspiel gegen Luxemburg eingesetzt –
beim vielumjubelten 3:1-Erfolg gegen Ungarn in
Frankfurt. Das Pech des Bayern Sigmund Haringer
war das Glück des Max Schäfer. In der 30. Minute
unterlief Haringer zunächst ein überflüssiges Handspiel im Strafraum, das zum Ausgleichstor der Ungarn führte, drei Minuten später schied er mit einer
Schulterverletzung aus. Für Haringer kam Schäfer
ins Spiel. 1937 wirkte Max Schäfer als Trainer bei
Ringsee Ingolstadt, kehrte dann aber zu den 60ern
zurück. Als seine »Löwen« im Jahre 1942 den deutschen Fußballpokal gewannen, war er der Trainer.
Eine Aufgabe, die ihn insgesamt 13 Jahre lang bei

1860 München ausfüllte. Später wirkte Max Schäfer, der inzwischen promoviert hatte, als Gymnasialprofessor. Fußball, so sagte man, lehrte er mit wis-
senschaftlicher Akribie.

SCHALETZKI, REINHARD

Geboren am 21. Mai 1916,
gestorben am 20. März 1995
Zwei Länderspiele (1939), ein Tor
Vorwärts Rasensport Gleiwitz

Ein schlesisches Talent

»Endlich wurden mal ein paar junge Leute eingeladen.« Die deutschen Fußballkritiker der späten
30er Jahre waren begeistert, als der DFB zum Test
einer Nachwuchself im Mai 1939 tatsächlich Talente und nicht, wie vorher so oft praktiziert, ge-
standene Fußballer nominierte. Eine sogenannte
»Deutschlandauswahl« traf in Dortmund auf Böhmen-Mähren. Zwar rissen die »Kadetten« im Westfälischen keine Bäume aus, doch das 2:2 brachte
einige Erkenntnisse. So wurde der junge Flügelläu-
fer Wollenschläger aus Gera als großes Talent gefeiert, aber er wurde nie in die Nationalmannschaft
berufen. Im Gegensatz zu Reinhard Schaletzki aus
Gleiwitz, der aus dem VfB Gleiwitz hervorging und
Tischler von Beruf war. Dessen Angriffsspiel auf der
halblinken Position gefiel, und so schaffte »Schalli«
prompt den Sprung in die Nationalmannschaft. Er
war im Frühjahr 1939 bei der Nordlandreise des
DFB dabei und überzeugte beim 4:0-Sieg gegen
Norwegen in Oslo. Der Sturm mit Lehner, Gellesch, Schön, Schaletzki und Urban wurde zum Paradestück dieser Mannschaft. Schaletzkis Steilpässe
waren im überfüllten Ulleval-Stadion eine Augen-
weide. Der Schlesier kam zu einem zweiten Länderspieleinsatz am 27. August des gleichen Jahres
in Preßburg gegen die Slowakei. Beim 2:0-Sieg erzielte er sein einziges Länderspieltor. Im gleichen
Jahr gewann er mit Schlesien den Reichsbundpokal
nach einem 2:1-Sieg gegen Bayern. Im Frühjahr
1941 wurde Schaletzki, der inzwischen Soldat war,
zu einem DFB-Lehrgang nach Berlin eingeladen.
1942 trug er das Trikot einer Deutschlandauswahl
in einem Testspiel gegen seine Kameraden von Vorwärts Rasensport in Gleiwitz (9:0). Bis 1944 gehörte der Kaufmann zum Kreis der Nationalelf,
nachdem er zu Breslau 02 und später dann zum
Heeressportverein Breslau gewechselt war. Dann
erlitt der Feldwebel an der Front des 2. Weltkriegs
einen Bauchschuß, von dem er sich in einem Reser-

velazarett an der Ostsee nur allmählich erholte. Als
nach Kriegsende die Oberliga Süd aus der Taufe
gehoben wurde, war Schaletzki genesen. Er war in
Stuttgart seßhaft geworden und schloß sich den
Kickers an. Der Zufall spielte dabei eine Rolle, denn
als er aus amerikanischer Kriegsgefangenschaft
heimkehrte, wollte er Sepp Herberger in Weinheim
besuchen. Doch der Zug fuhr an diesem Tag nur bis
Stuttgart. Schaletzki erinnerte sich an seine früheren Freunde aus der Nationalmannschaft, an Conen
und Sing, setzte sich in die Straßenbahn und fuhr
nach Degerloch. Eine Woche später trug er schon
das Trikot der Kickers. In der Saison 1947/48
verfügten die Schwaben über einen erstaunlichen
Sturm, der 113mal ins Schwarze traf. Reinhold
Schaletzki, inzwischen 32 Jahre alt, steuerte acht
Saisontore bei. Sigi Kronenbitter, Sing, Osswald,
Conen, Sosna, Jahn, Sälzler, Lauxmann, Vetter und
Schmeißer – das waren Schaletzkis Weggefährten
dieser Stuttgarter Jahre. Danach spielte er noch
einige Zeit beim FC Freiburg.

SCHANKO, ERICH

Geboren am 4. Oktober 1919
14 Länderspiele (1951 bis 1954)
Borussia Dortmund

Erich – ein »Spätberufener«

Erich Schanko war so etwas wie ein »Spätberufe-
ner«. Er war schon 32 Jahre alt, als er zum erstenmal ins Nationaltrikot schlüpfte. Seine sogenannten
»besten Jahre« hatte der Junge aus dem Kohlenpott
dem 2. Weltkrieg opfern müssen. Beim TuS Bövinghausen von 1904 begann sein Weg als Fußballer.
Vor den Toren von Castrop Rauxel, unweit der Fuß-
ballhochburgen Dortmund und Gelsenkirchen,
machte Erich Schanko erstmals auf sich aufmerksam. Vor dem 2. Weltkrieg war sein Beruf vorgezeichnet: Wie die meisten seiner Klassenkameraden wurde er Bergmann und arbeitete unter Tage.
Wem die Natur dann noch die Kraft gab, in seiner
Freizeit Leistungssport zu betreiben, der mußte
schon aus einem ganz besonderen Holz geschnitzt
sein. Doch als Erich Schanko nach den Wirren des
Weltkriegs und der Gefangenschaft aus England
zurückkehrte in seine westfälische Heimat, da war
es für ihn eine Selbstverständlichkeit, sich wieder
mit dem Fußball zu versuchen. Schon 1947 schaute
ein Späher von Borussia Dortmund in Bövinghausen vorbei: Heinz Dolle. Von nun an ging für Erich
Schanko alles rasend schnell. 1949 stand er bereits

im Finale der Deutschen Meisterschaft, das die Borussia in Stuttgart gegen den VfR Mannheim mit 2:3 verlor. In der Hitzeschlacht am Neckar büßte Erich Schanko ein paar Zähne ein. Im gleichen Jahr tauchte sein Name erstmals im Notizbuch von Bundestrainer Sepp Herberger auf, der intensive Sichtungen in ganz Deutschland betrieb und für den die Repräsentationsspiele der Regionalauswahlen ein erstklassiges Beobachtungsfeld waren. Vor großen Kulissen standen sich zum Beispiel schon am 4. April 1948 in Köln die besten Oberligaspieler des Westens und des Nordens gegenüber. 60 000 Zuschauer sahen dieses Spiel. Für Herberger, zu diesem Zeitpunkt noch in inoffizieller Mission, hatten diese Begegnungen so etwas wie Länderspielcharakter. Und Herberger war es auch, der Erich Schanko im Frühjahr 1949 eine erste Chance gab. Er betreute die Mannschaft des Westens im Spiel gegen den Norden und nominierte den Dortmunder auf der linken Seite im Lauf – die Partie endete in Bremen 1:1. Wichtiger aber war für Herberger, daß sich am Horizont das Ende der internationalen Blockade des deutschen Fußballs abzeichnete. In einem der ersten Nachkriegsländerspiele, dem 1:2 gegen die Türkei in Berlin, war Erich Schanko dabei. Er kam in der 65. Minute für den Kölner »Jupp« Röhrig ins Spiel. Zwei Jahre lang war er für Bundestrainer Sepp Herberger eine feste Größe, machte 14 Länderspiele mit, ehe im Jahre 1954 für ihn, den Senior mit den lichten Haaren, eine herbe Enttäuschung kam. Während er mit seinen Dortmunder Borussen durch die USA reiste, las er im »Sportmagazin«, daß er aus dem Aufgebot für die Fußball-Weltmeisterschaft in der Schweiz gestrichen worden war. Eine Entscheidung, die in der deutschen Fußballöffentlichkeit nicht ohne Kritik blieb. Als die Borussia 1956 und 1957 zweimal hintereinander mit der gleichen Mannschaft Deutscher Meister wurde, war Erich Schankos Karriere eigentlich schon vorbei. Er gehörte zwar noch zum Aufgebot der Dortmunder, sprang aber mit seinen nunmehr 37 Jahren nur noch ein, wenn Not am Mann war. Unnachahmlich war in Schankos großer Zeit seine Art, den Ball mit dem Körper abzuschirmen. Konsequenz in der Deckung und eine Einsatzbereitschaft bis an die Grenzen seiner körperlichen Kraft – das waren für Erich Schanko die Leitfäden als Fußballer. Seinen Lebensunterhalt bestritt er schließlich als Ermittler im Außendienst der Stadtwerke Dortmund. Nach seiner Pensionierung lebte er in Westhofen, im Tal der Ruhr. Fit hielt er sich als Fußballspieler bei Union Dortmund.

SCHERM, KARL

Geboren am 8. April 1904,
gestorben am 30. Juni 1977
Zwei Länderspiele (1926), ein Tor
ASV Nürnberg

Im Schatten der großen Rivalen

In den 20er Jahren war die Region Nürnberg/Fürth ohne jeden Zweifel der Nabel des deutschen Fußballs. Der »Club« war längst zu einem Sammelbecken der besten deutschen Spieler geworden. Hier stand Heiner Stuhlfauth zwischen den Pfosten, hier zog Hans Kalb alle Register seines Könnens, hier faszinierten Riegel, Popp, Träg und Sutor die Massen. Nebenan, bei der Spvg. Fürth, jubelten die Fans ihrem Loni Seiderer zu. Doch im Frankenland gab es einen dritten Verein, der in Bayerns Paradeliga für Furore sorgte: ASV Nürnberg. In der Saison 1925/26 machte der ASV vor allem dem FC Bayern München das Leben sehr schwer. In dieser Mannschaft führte Geiger den Angriff, der einst beim 1. FC Nürnberg über die Rolle eines Mittelläufer-Reservisten nicht hinausgekommen war. Und auf dem rechten Flügel stürmte Karl Scherm – ein junger Mann mit einem strammen Schuß und einer erstaunlichen Grundschnelligkeit. Scherm, von Beruf Kontrolleur, war in Nürnberg zur Welt gekommen und hatte vorher das Trikot des Nürnberger FV und das von Mainz 05 getragen. Er war vielseitig verwendbar und wohl auch deshalb ein interessanter Spieler für Otto Nerz. Endlich hatte der Deutsche Fußball-Bund nach jahrelangen geharnischten Kritiken die Auswahlkriterien geändert. Im Oktober 1925 befand nicht mehr wie in den vorangegangenen Jahren ein Spielausschuß über die Besetzung der Nationalelf, sondern Otto Nerz aus Mannheim. Der war zwar vorerst nur »Betreuer«, doch seine Berufung war ein Meilenstein in der Entwicklung der deutschen Nationalmannschaft. Schon im Juni 1926 war Karl Scherm von Nerz zu einem Länderspiel eingeladen worden. Die Anreise konnte er sich allerdings sparen, denn das Duell mit den Schweden fand im Nürnberger Zabo statt. Scherm kam an diesem Tag nicht zum Einsatz – den Vorzug erhielt der Fürther Rechtsaußen Karl Auer. Dafür war der ASVer am 31. Oktober des gleichen Jahres in Amsterdam gegen Holland dabei. Die Deutschen gewannen 3:2. Mit dem gleichen Resultat verlor der Nürnberger dann jedoch sein zweites Länderspiel am 12. Dezember 1926 in München gegen die Schweiz. Immerhin gelang Scherm das Ausgleichstor zum zwischenzeitlichen 2:2.

SCHILLING, CHRISTIAN

Geboren am 11. Oktober 1879,
gestorben im Juli 1955
Zwei Länderspiele (1910)
Duisburger SV

Eine Niederlage mit Folgen

Der 16. Mai 1910 bescherte der deutschen Fußballgeschichte ein Novum. Am Tag, nachdem sich der
Karlsruher FV und Holstein Kiel im Kölner Finale
gegenüberstanden, hatte der Deutsche Fußball-
Bund das Länderspiel gegen Belgien nach Duisburg
vergeben. Einige Karlsruher sollten 24 Stunden
nach dem dramatischen Spiel gegen die Norddeutschen noch einmal »zur Ehre der Fußballnation«
antreten. Doch als die 1 : 0-Sieger aus Karlsruhe am
Morgen nach dem schweren Finale erwachten, da
verspürte niemand der Eingeladenen den Drang
nach Duisburg. Und so kam es, daß auf dem
Preußen-Platz nur sieben Spieler zur Stelle waren.
Worauf man sich unter den 6000 Zuschauern auf
der Tribüne umschaute und ein paar Duisburger
Fußballer fand. Einer von denen, die beim 0 : 3 gegen Belgien in ihrer Heimatstadt völlig unerwartet
zu Länderspielehren kamen, war Christian Schilling vom Duisburger SV. Das aus der Sicht der Gastgeber so enttäuschende Spiel hatte zur Folge, daß
sich der DFB-Bundestag in Eisenach grundlegende
Gedanken machte. Bisher war es üblich, daß sich
der für die Nationalelf zuständige DFB-Spielausschuß nur bei den Bundespokalspielen und bei den
Begegnungen der Verbandsauswahlen sehen ließ,
um sich dort Anregungen zu holen. Die Spiele um
die Meisterschaft und selbst das Finale waren für
die Funktionäre von zweitrangiger Natur. Nach den
trüben Duisburger Erfahrungen sollte sich das
Prozedere dann aber mit deutscher Gründlichkeit
ändern. Entsprach es bisher der Praxis, sehr kurzfristig Spieler einzuladen und sie darüber im Unklaren zu lassen, auf welcher Position sie in der
Nationalelf spielen sollten, so gab es nun eine gra-
vierende Neuerung. Für das nächste Länderspiel
gegen Holland in Kleve am 16. Oktober 1910 wurde
die Mannschaft schon zwei Monate vorher benannt. Und einer von denen, die überraschend in
Duisburg zum Einsatz gekommen waren, erhielt
eine zweite Chance: Christian Schilling. Beim 1 : 2
gegen Holland auf dem Platz des VfB von 1903
säumten 10 000 Zuschauer die Außenlinien. Christian Schilling spielte auf der halbrechten Stürmer-
position. Als sein Duisburger SV 1913 im deutschen
Endspiel stand, war der Kaufmann nicht mehr aktiv.

SCHLEBROWSKI, ELWIN

Geboren am 31. August 1925
Zwei Länderspiele (1956)
Borussia Dortmund

Ein »Besessener des Fußballs«

Einige nannten ihn einen »Fußballbesessenen«.
Was immer sich hinter dieser Einschätzung auch
verbarg: Elwin Schlebrowski war ein »Besessener«
im positiven Sinne. Einer, der von Anfang an
wußte, daß der Fußball ihm Türen öffnen und eine
neue Welt erschließen könnte. Als er 1951 bei Borussia Dortmund vor Anker ging und erstmals Geld
für sein Können bekam, erinnerte er sich seiner
Wurzeln. Im ostpreußischen Klein-Kamionken
wurde er geboren, doch als er sechs Monate alt
war, kam er mit Vater Johann und Mutter Maria in
den Kohlenpott. Vater Johann arbeitete in Wanne-
Eickel im Bergbau – unter Tage. Elwin, schon seine
Schulfreunde taten sich mit diesem Vornamen
schwer, spielte Fußball bei den Preußen in Wanne-
Eickel und später bei den Sportfreunden, dem Vorgänger des DSC. Er war Mittelstürmer und Halbstürmer, und nach der Schulzeit folgte er seinem
Vater – auch Elwin schuftete im Bergbau. Doch es
sprach sich von Wanne-Eickel bis Dortmund
herum, daß bei den Sportfreunden ein junger Dauerrenner Furore machte. Im gleichen Jahr, als
Alfred Niepieklo aus Castrop-Rauxel zur Borussia
kam, stellte sich auch Elwin Schlebrowski am Borsigplatz vor. Und da sich Fans und Funktionäre
schwertaten mit dem merkwürdigen Vornamen,
nannten sie den Neuling schlicht »Schlebro«. Trainer Helmut Schneider hatte seinen Familiennamen
verstümmelt, doch Elwin Schlebrowski war das
ziemlich egal. Vielmehr freute er sich über die Tatsache, daß er der Maloche unter Tage den Rücken
kehren konnte. Die Borussia hatte ihm eine Umschulung zum Kaufmännischen Angestellten vermittelt. Fortan arbeitete er bei den Hoesch-Hütten-
werken in Wellinghofen. In der Bauabteilung fand
er über viele Jahre seinen Schreibtisch. Seit 1953
hatte Elwin aber auch seinen Stammplatz in der
Mannschaft von Borussia Dortmund gefunden –
und zwar auf der Position des rechten Außenläufers. Im gleichen Jahr sollte er schon Nationalspieler
werden, doch dann stellte sich bei ihm eine Meniskusverletzung ein, und Sepp Herberger verlor den
Dortmunder eine Weile aus den Augen. In der Zwischenzeit wurde die deutsche Nationalmannschaft
in der Schweiz Weltmeister. Erst 1956 erinnerte
sich Herberger des Dortmunder Außenläufers, und

zwar in einer Zeit, in der er verzweifelt nach einer neuen Stammformation Ausschau hielt. Hans Körfer, der Spielausschußvorsitzende des DFB, hatte Schlebrowski im Achtelfinalspiel des Europacups der Meister auf der Tribüne von Manchester United beobachtet. Anschließend sagte er zu Herberger: »Schauen Sie sich mal den Schlebro etwas genauer an.« Der Bundestrainer folgte seinem Rat und nominierte den Dortmunder für die Länderspiele gegen Irland und Belgien. Erfolgreicher war allerdings Schlebrowskis Bilanz mit der Borussia, mit der er zweimal Deutscher Meister wurde. Bis 1960 trug er das Trikot der Westfalen, als er ging, bedauerten die Fans den Abschied von einem unermüdlichen Kämpfer und Renner. Fortan trainierte Elwin fünf Jahre lang die A-Jugend von Borussia Dortmund. Der Traditionsmannschaft seines Vereins hielt er lange die Treue, er hatte Sitz im Ältestenrat und war Ehrenmitglied des Traditionsvereins. Elwin Schlebrowskis Frau war im übrigen eine begeisterte Segelfliegerin.

SCHLIENZ, ROBERT

Geboren am 3. Februar 1924,
gestorben am 19. Juni 1995
Drei Länderspiele (1955 bis 1956)
VfB Stuttgart

Der »Einarmige« vom Neckar

Hans Blickensdörfer, der populäre Stuttgarter Sportjournalist und Romanschriftsteller, verpackte es einmal als Provokation: »Jürgen Klinsmann war nicht der größte Fußballer, den Stuttgart hervorgebracht hat. Robert Schlienz ist die allerhöchste Stufe von dem gewesen, was die Engländer ›Goalgetter‹ oder ›Matchwinner‹ und die Franzosen ›Gagneur‹ nennen.« Diesem Robert Schlienz, der in den für viele gar nicht so »Goldenen 20er Jahren« das Licht der Welt erblickte, sagte man nach, er sei das Paradebeispiel dafür gewesen, daß man das Gespür für torreife Situationen nicht erlernen könne. Man müsse es in der Wiege gefunden haben. Der 2. Weltkrieg war soeben zu Ende, da kamen im zerbombten Stuttgart ein paar beherzte und wohl auch fußballverrückte Männer zusammen und schmiedeten die neue Oberliga Süd. Am 4. November 1945 begann die Saison unter teils dramatischen Umständen. Funktionäre des VfB Stuttgart hatten die Idee dieser Klasse verwirklicht: Studienrat Dr. Fritz Walter, Gustav Sackmann und Ernst Schnaitmann. Und dieser Ernst Schnaitmann, Zahnarzt von Beruf und

einst Torwart des VfB Stuttgart, spielte im Leben des Robert Schlienz eine besondere Rolle, denn an einem Junitag des Jahres 1944 hatte dieser bei Vater Schlienz in der Landhausstraße in Zuffenhausen angeklopft und ihn überredet, seinen Sprößling zum VfB zu schicken. So wechselte das 20jährige Talent vom FV Zuffenhausen, wo auch Vater Paul gespielt hatte, zum VfB, wo die Spieler in diesem vorletzten Kriegsjahr rar geworden waren. Wenig später fanden sich auch Karl Barufka, Erwin Läpple, »Gummi« Schmid und »Alle« Lehmann bei den Cannstättern ein. Der VfB hatte gleich eine funktionierende Mannschaft beisammen – mit einem 21jährigen Mittelstürmer, der vor Ehrgeiz nur so brannte: Robert Schlienz. Eigentlich hatten die Schwaben aus Augsburg die interessanteste Mannschaft um Nationalspieler Ernst Lehner aufgebaut, doch sie ging beim VfB Stuttgart gleich mit 0:7 unter. Zu diesem Zeitpunkt war Robert Schlienz bereits einer der eifrigsten Torschützen und auf dem Weg zu einem Rekord, der bis zum Ende der Oberligaära im Jahre 1963 Bestand haben sollte. Der Stuttgarter Himmelsstürmer traf genau 45mal ins Schwarze. Dies war der Beginn einer eindrucksvollen Karriere, die eineinhalb Jahrzehnte dauerte und mit zwei Deutschen Meisterschaften und zwei Pokalsiegen ihre Höhepunkte hatte. Aber Robert Schlienz beklagte auch einen rabenschwarzen Tag, den 14. August 1948. Der Mittelstürmer hatte die Abfahrt seines VfB Stuttgart zu einem Pokalspiel beim VfR Aalen verpaßt. Ein Freund bot ihm an, ihn mit seinem Lieferwagen in die alte Reichsstadt zu chauffieren. Unterwegs kam es dem jungen Fußballer in den Sinn, sich kurz vor dem Ziel selbst ans Steuer zu setzen. Wenig später geriet der klapprige Opel in ein Schlagloch und kippte um. Dabei wurde Robert Schlienz der linke Arm so schwer verletzt, daß im Krankenhaus eine Amputation unumgänglich wurde. Erstaunlich schnell wurde der Schwabe mit seinem Schicksal fertig. »Der Fußball bedeutet mir alles«, sagte er seinen Freunden und arbeitete eisern an seinem Comeback. Am Anfang stand die Angst, am Ende brachte es Schlienz trotz seines Handicaps zur Perfektion. Er ging als »Einarmiger« in die Geschichte des deutschen Fußballs ein, und für seine Fans grenzte es an ein Wunder, daß er schon zweieinhalb Monate nach der Operation, am 5. Dezember 1948, beim 2:1-Sieg der Stuttgarter gegen Bayern München, zunächst als Außenläufer wieder dabei war. Und einen Monat später war er schon wieder dreifacher Torschütze beim 4:2-Erfolg des VfB gegen den FSV Frankfurt. Robert Schlienz hatte in Trainer Georg Wurzer einen starken Partner auf dem Weg zur Genesung. Er brachte seinem Torjäger einen neuen Bewegungsablauf bei, übte das Abrollen bei Stürzen – häufig bis zum späten Abend. Im Laufe der Jahre reifte Robert Schlienz zu einer ausgeprägten Persönlichkeit – er war der ideale Kapitän seiner Mannschaft. Als der VfB Stuttgart in den 50er Jahren auf die spanische Nationalmannschaft traf, stand dem großen Alfredo di Stefano nach dem Spiel die Verwunderung im Gesicht geschrieben: »Was der Einarmige geleistet hat, war für mich bis dahin unvorstellbar.« Für den so hoch Gelobten war schließlich Sepp Herbergers Einladung zum Länderspiel gegen Irland am 28. Mai 1955 die letzte große Bestätigung, daß er sein Schicksal gemeistert hatte. Dreimal wurde er in die Nationalmannschaft berufen. Nach seiner Fußballerkarriere mit 391 Oberligaspielen für den VfB Stuttgart (143 Tore) übernahm Robert Schlienz zunächst ein Sportgeschäft am Wilhelmsplatz in Bad Cannstatt. Später verkaufte er Wein und Geschenkartikel und schuf sich in Dettenhausen sein privates Refugium. Der VfB Stuttgart ernannte ihn zu seinem Ehrenspielführer. Wenige Tage, bevor er im Juni 1995 für eine fünfzigjährige Mitgliedschaft geehrt werden sollte, erlag Schlienz einem Herzinfarkt.

SCHLÖSSER, KARL

Geboren am 29. Januar 1912
Ein Länderspiel (1931), ein Tor
Dresdner SC

Ein Abstaubertor in Amsterdam

Der 26. April 1931 war ein großer Tag in der Geschichte des Dresdner SC. Vier Spieler dieses Vereins standen in der deutschen Nationalmannschaft, die in Amsterdam auf den alten Rivalen und Nachbarn Holland traf. Kurt Stössel, Richard Hofmann, Friedrich Müller und Karl Schlösser. Der 19jährige Mittelstürmer Schlösser war das »Nesthäkchen« dieser Mannschaft. Er verdankte seine Nominierung nicht nur dem eigenen Talent, sondern wohl auch der Tatsache, daß Trainer Otto Nerz personelle Probleme hatte, weil zeitgleich mit dem Länderspiel in Amsterdam Punktspiele in deutschen Landen angesetzt waren. Die Gäste erkämpften immerhin ein 1:1, dank eines Treffers durch Karl Schlösser. Der »staubte« in der 49. Minute ab, nachdem sein Dresdner Mannschaftskamerad Fritz Müller den holländischen Torwart van der Meulen mit einem scharfen Schuß geprüft hatte. Für Karl Schlösser kam dieses Länderspiel vielleicht ein we-

nig zu früh, denn über die gesamte Distanz gesehen überzeugte er in diesem einzigen Länderspiel seine Kritiker nicht. Das änderte sich in der Endrunde zur Deutschen Meisterschaft, in der die Dresdner nicht zuletzt nur durch die Tore von Schlösser eine ausgezeichnete Rolle spielten und recht unglücklich in der Zwischenrunde gegen Holstein Kiel mit 3:4 verloren. Der Dresdner SC verfügte seit einigen Monaten in seinem Stadion am Ostragehege über eine hölzerne Tribüne. Die verdankte der DSC letztlich dem DFB, der die Vergabe eines Länderspiels gegen Ungarn nach Dresden an die Bedingung eines Tribünenbaues geknüpft hatte. Da der DSC finanziell dazu nicht in der Lage war, mußte die Stadt helfen. Die veränderte Anlage wurde mit einem Spiel gegen den 1. FC Nürnberg eingeweiht. 46 000 Zuschauer waren im Stadion und brachten eine sechsstellige Reichsmark-Summe in die Vereinskassen. Damit war der DSC trotz der Investitionen von einem zum anderen Tag schuldenfrei. Karl Schlösser, der schneidige Mittelstürmer und Rechtsaußen aus Dresden, von Beruf Vertreter, wechselte später zum SC Planitz. Nach dem 2. Weltkrieg arbeitete er unter anderem als Trainer in Solingen.

SCHMAUS, WILLIBALD

Geboren am 16. Juni 1911,
gestorben am 26. April 1979
Zehn Länderspiele (1938 bis 1942)
Vienna Wien

Ein Weggefährte des »Papiernen«

Der Wiener Fußball war in den späten 30er Jahren problembeladen. Hitler war mit seinen Truppen in die Donaumetropole einmarschiert, der Ausbruch des 2. Weltkriegs stand bevor, und vom Wiener »Scheiberl«-Fußball, der in der ersten Hälfte des Jahrzehnts die Welt verblüffte, war kaum mehr als die Erinnerung geblieben. Im Kaffeehaus an der Laxenburger Straße saßen die Fans des Fußballs vor dem »Kleinen Schwarzen« oder der »Melange«, philosophierten über Werden und Vergehen und sprachen in gedämpftem Ton von einem Mann, der kurz zuvor mit einer Gasvergiftung tot aufgefunden worden war. Die Geschichte des Matthias Sindelar, den sie den »Papiernen« nannten, war für die Wiener so etwas wie die Variante des Fußballs zur »Mayerling-Tragödie«. Sindelar hatte sich am 23. Januar 1939 das Leben genommen, weil er eine Jüdin liebte – die Besitzerin des Kaffeehauses an der Laxenburger Straße. In dieser unseligen Zeit trug

Willibald Schmaus, Gaskassierer von Beruf, das deutsche Fußball-Nationaltrikot. Schon als Zwölfjähriger spielte er für seine Vienna an der Hohen Warte und war ein glühender Anhänger von Karl Rainer, Josef Blum, Friedrich Gschweidl und Leopold Hofmann, die in der großen Zeit des österreichischen Fußballs ihresgleichen suchten. Willibald Schmaus, der baumlange Fußballer, war vielseitig verwendbar. Seine Stärken lagen insbesondere im Kopfballspiel und im »Nahkampf« – und diese Qualitäten machten ihn zum Nationalspieler. Zwischen 1935 und 1937 trug er 16mal das Trikot Österreichs. 1937 stand er in der Auswahl Zentraleuropas, die in Amsterdam auf Westeuropa traf und 3:1 gewann. Schmaus war nach der Annexion seiner Heimat am 3. April 1938 in Wien auch in dem inoffiziellen Länderspiel gegen Deutschland dabei, als Matthias Sindelar zum letztenmal sein großes Talent vor einem internationalen Publikum ausbreitete. Bis 1942 absolvierte Schmaus zehn Länderspiele für Deutschland. 1942 stand er als Verteidiger in der Mannschaft von Vienna Wien, die das deutsche Finale von Berlin gegen Schalke 04 mit 0:2 verlor. Nach dem 2. Weltkrieg ließ er sich noch einmal überreden, das blaugelbe Trikot seiner Vienna überzustreifen – 1939 machte er dann Schluß. Später verlor Willi Schmaus mehr und mehr den Kontakt zum Fußball – seine ganze sportliche Liebe galt dem Tennisspiel.

SCHMIDT, ALFRED

Geboren am 5. September 1935
25 Länderspiele (1957 bis 1964), acht Tore
Borussia Dortmund

»Akis« trauriger Spaziergang

»Komm, Aki, wir machen mal einen kleinen Spaziergang…« Es sollte der traurigste Spaziergang im Leben des Alfred Schmidt werden, den alle Welt »Aki« nannte. Es war der 22. Juni 1957, und die Mannschaft von Borussia Dortmund verbrachte die Stunden vor dem Finale um die Deutsche Meisterschaft, das anderntags im Niedersachsenstadion von Hannover stattfand, in der Deister-Idylle der Sportschule in Barsinghausen. »Aki« Schmidt ahnte nichts Gutes, als ihm sein Trainer Helmut Schneider den Arm um die Schulter legte und nach einigen Belanglosigkeiten zur Sache kam: »Hör mal, Aki«, sagte Schneider. »Wir haben da ein Problem.« Schmidt, der Nationalspieler, wußte, was nun kam: »Im letzten Jahr, als wir Meister wurden, haben wir

uns etwas in die Hand versprochen. Wir wollen es in der gleichen Aufstellung noch einmal schaffen…!« Zu diesem Zeitpunkt wußte »Aki« Schmidt noch nicht, daß diesem Gespräch hitzige Debatten zwischen dem bei Borussia Dortmund trotz seiner Erfolge längst nicht mehr unumstrittenen Trainer und dem Vorstand seines Vereins vorausgegangen waren. »Aki Schmidt muß in die Mannschaft«, forderten die Herren Funktionäre, doch Helmut Schneider blieb hart und antwortete mit einer Gegenfrage: »Wen soll ich denn rausschmeißen…?« Schmidt hatte seine Chance in der Endrunde genutzt, daran gab es nichts zu rütteln. Vor dem Auftaktspiel gegen Kickers Offenbach in Ludwigshafen mußten die Dortmunder umdisponieren, weil sich Alfred Kelbassa mit einer Angina abgemeldet hatte und im Trainingscamp in Edenkoben nicht dabei sein konnte. »Aki« Schmidt war plötzlich als Mittelstürmer erste Wahl, was eigentlich nicht ungewöhnlich war, denn zu diesem Zeitpunkt war er schon Nationalspieler. Und gegen Kickers Offenbach schoß der »Reservist« die beiden siegbringenden Tore der Borussia. Während der Endrunde flammten in Dortmund immer wieder Probleme auf. Kapitän Adi Preißler, Linksaußen Helmut Kapitulski und Mittelstürmer Fredy Kelbassa machten aus ihren Unstimmigkeiten mit Trainer Schneider keinen Hehl und drohten offen mit der Kündigung. Doch Schneider hatte vor den ersten Begegnungen der deutschen Endrunde mit den Spielern eine Art

Pakt geschlossen. »Ich werde, wenn alle gesund sind und wir das Endspiel erneut erreichen, die gleiche Mannschaft nominieren, die im letzten Jahr den Titel geholt hat. Das gab's noch nie«, versprach Helmut Schneider – und er hielt Wort. Zum Leidwesen von »Aki« Schmidt, der später sagte, er fühle sich dennoch als Deutscher Meister. Die Dortmunder schlugen den HSV in Hannover mit 4 : 1 – und »Aki« Schmidt saß auf der Bank am Spielfeldrand. Der Nationalspieler war ein typischer Allrounder, der ebenso im Sturm wie in der Abwehr eingesetzt werden konnte. Er galt als bienenfleißiger Fußballer, der allerdings zu oft glasklare Chancen ausließ. 1956 war er von der Spvg. Berghofen zum Dortmunder Borsigplatz gekommen. Binnen zwei Jahren wurde er zum meistberufenen Nationalspieler unter den fünf Schmidts, die zu deutschen Länderspielehren kamen. Ein Juniorenländerspiel gegen Belgien war sein Sprungbrett zur Nationalmannschaft – er erzielte beim 3 : 2-Sieg in Lüttich einen Hattrick. Lange Zeit sah es so aus, als wenn die Dortmunder Borussia vom kometenhaften Aufstieg »Aki« Schmidts kaum Notiz nahm – man stellte ihn zunächst nur gelegentlich auf. Doch das sollte sich ändern – mit den Westfalen gewann »Aki« das letzte deutsche Endspiel (gegen den 1. FC Köln), bevor die Bundesliga kam. Zwei Jahre später folgte der DFB-Pokal und schließlich als Höhepunkt seiner Karriere 1966 der Europacup der Pokalsieger. Erst 1967 verabschiedete er sich von der höchsten deutschen Liga, um dann eine kurze Trainerkarriere zu starten. Im Frühjahr 1968 empfahl Sepp Herberger anläßlich des DFB-Länderpokalfinales in Straubing seinem früheren Schüler Hans Jakob und dem Regensburger Vertragsspielerobmann Sepp Forster den Trainerneuling aus Dortmund. Die Regensburger suchten einen Nachfolger für Bimbo Binder, und noch am gleichen Abend rief Forster in Burglengenfeld an. In diesem Flecken in der Oberpfalz führten die Schwiegereltern von »Aki« Schmidt eine Gastwirtschaft. Forster kam gerade rechtzeitig, denn der Nationalspieler war drauf und dran, beim Westfalenligisten Iserlohn 46 zu unterschreiben. Höhepunkt der Trainerkarriere war für »Aki« Schmidt der DFB-Pokalsieg mit Kickers Offenbach im Jahr 1970. »Ich bin der glücklichste Mensch der Welt«, sagte er nach dem 2 : 1-Sieg seiner Mannschaft gegen den 1. FC Köln. »Aki« Schmidt arbeitete später als Sportlehrer in Regenstauf in der Oberpfalz. 1996 erhielt er bei Borussia Dortmund eine interessante Aufgabe – er sollte als »Kontaktmann vor Ort« die mehr als 300 Borussia-Fanklubs betreuen.

SCHMIDT, CHRISTIAN

Geboren am 9. Juni 1888,
gestorben am 19. März 1917
Drei Länderspiele (1910 bis 1913)
Concordia 95 Berlin, Stuttgarter Kickers

Ein Riese im deutschen Tor

Man schrieb das Jahr 1895. Englands Fußball war schockiert. Unbekannte hatten in einer Septembernacht das Schaufenster des Fußballausstatters Shilkock in der Newtown Road von Birmingham eingeschlagen und den englischen Fußballpokal gestohlen. Für die Wiederbeschaffung des wertvollen Stücks wurden zehn britische Pfund Belohnung in Aussicht gestellt, doch die silberne Trophäe tauchte nie wieder auf. In Deutschland las zu diesem Zeitpunkt die immer größer werdende Fußballgemeinde einen erstaunlichen Bericht. Ausgerechnet in der »Deutschen Turn-Zeitung« stand geschrieben: »Es gibt kein besseres Mittel gegen sittliche und leibliche Schlaffheit und Verweichlichung als das Fußballspiel. Es ist das sicherste Mittel, die Jünglinge und jungen Männer der ganzen Bevölkerung, auch der Arbeiter, regelmäßig in ihren freien Stunden aus den dunstigen Kneiplokalen in Gottes freie Natur zu locken ...« Ob dies die Urväter des Fußballs in Berlin dazu bewog, einen neuen Verein zu gründen, ist nicht überliefert. Tatsache ist, daß im Jahre 1895 an der Spree der FC Concordia Berlin aus der Taufe gehoben wurde. 15 Jahre später sollte dieser Verein seinen einzigen Nationalspieler hervorbringen – den Torwart Christian Schmidt. Er war ein Riese zwischen den Pfosten, und er kam vom BSV 92 aus Schmargendorf. Berlin war in der Zeit vor dem 1. Weltkrieg ein Sammelbecken guter Torwarte. Hier waren Eichelmann, Reich, Mills, Baumgarten und Weber beheimatet. Christian Schmidt stand zum erstenmal am 24. April 1910 in der deutsch-holländischen Grenzstadt Arnheim im Tor der Nationalelf. Die Niederländer gewannen dieses Spiel mit 4 : 2 – an einem der Gegentore hatte auch der lange Berliner seinen Anteil. So sollte es drei Jahre dauern, ehe er erneut berufen wurde. Inzwischen war der Kaufmann nach Stuttgart gewechselt und spielte dort für die Kickers. Die »Blauen« aus Degerloch waren in diesem Jahr 1913 als Süddeutscher Meister deutsche Spitzenklasse und scheiterten in der Endrunde nur knapp mit 1 : 2 an dem Duisburger SV. Christian Schmidt führte sein zweites Länderspiel in seine alte Heimat nach Berlin, wo sich fast 20 000 Zuschauer – das war »Deutscher Rekord« – zum Länderspiel gegen England auf dem Viktoria-Sportplatz drängten. Schmidt hielt, was zu halten war, doch am Ende hatten die Spieler aus dem Mutterland des Fußballs mit 3 : 0 gewonnen. Auch im dritten Länderspiel gab es für Christian Schmidt eine Niederlage: 1 : 2 in Freiburg gegen die Schweiz. Der Berliner Torwart starb auf einem der Schlachtfelder des 1. Weltkriegs.

SCHMIDT, HANS

Geboren am 2. November 1887,
gestorben am 9. Juli 1916
Ein Länderspiel (1908)
Germania Berlin

Urvater des deutschen Fußballs

Germania Berlin – das ist deutscher Fußballadel. Von hier kamen Pioniere dieser Sportart. Am 15. April 1888 wurde der Berliner FC Germania gegründet. Das Trikot der Fußballer bestand aus schwarzen, weißen und roten Streifen. Fußball war in diesem Verein die Hauptsache, dann folgten Cricket und Leichtathletik. Im Winter unterhielten die Germanen auch eine Eislaufabteilung. Es waren die Gebrüder Jestram, die die Gründung des Vereins betrieben. Ein Ingenieur namens Hartwig aus Petersburg brachte den Germanen die damals gültigen Regeln des Fußballs bei. Der Berliner Verein gehörte zwei Jahre nach seiner Gründung zu den »Vätern« des Bundes Deutscher Fußballspieler, dem in Berlin auch noch Hellas, Askania, Vorwärts und Teutonia angehörten. Allerdings war die Satzung dieses »Bundes« so gefaßt, daß sie sich ausschließlich auf Berlin bezog. Was die Spree-Athener nicht daran hinderte, 1991 die erste »Deutsche Fußballmeisterschaft« unter den besagten Berliner Vereinen auszuschreiben. Und dieses Spiel gewannen die Germanen. Georg Leux, ein Schöngeist, war nun der Ideengeber des Vereins. Der Bildhauer, Maler und Opernsänger, der aber auch einen Hang zur Schwerathletik hatte, gilt als Begründer des Berliner Fußballs. Hans Schmidt war genau ein Jahr alt, als die traditionsreiche Germania aus der Taufe gehoben wurde. Als Schüler kam er zu diesem Verein, stürmte auf Rechtsaußen. Mittlerweile stand der Fußball in Deutschland unter der Hoheit des im Jahre 1900 gegründeten Deutschen Fußball-Bundes, zu dessen Mitgliedern auch Germania Berlin zählte. »Ette« Boxhammer, der 1891 die Entstehung des Berliner Sportvereins betrieben hatte und dann beim FC Germania wirkte, war 2. Vorsitzen-

der des DFB, als der junge Hans Schmidt seine einzige Berufung in die Nationalmannschaft erhielt. Am 7. Juni 1908 trafen die deutschen Fußballer auf dem Cricketer-Platz in Wien auf Österreich. Obwohl die Gäste eine gute Leistung boten, endete auch dieses dritte offizielle deutsche Länderspiel mit einer Niederlage. Der Hamburger Adolf Jäger schoß beim 2 : 3 sein erstes Tor für die Nationalelf. Für Hans Schmidt, Kaufmann von Beruf, blieb dies das einzige Länderspiel, auch deshalb, weil seine Germanen die höchste Berliner Klasse verlassen mußten. Er fiel als einer von 44 Mitgliedern der Berliner Germania als Soldat im 1. Weltkrieg.

SCHMIDT, HANS

Geboren am 23. Dezember 1893,
gestorben am 31. Januar 1971
16 Länderspiele (1913 bis 1926)
Spvgg. Fürth, 1860 Fürth, 1. FC Nürnberg

»Bumbes« – ein fränkisches Urgestein

Er nannte sich selbst »Bumbes« – und dieser Name wurde zu einem Markenzeichen des deutschen Fußballs der 20er Jahre. Hans Schmidt kam in Fürth zur Welt. In jener Stadt also, die ihren Namen einem Königshof (»die Furt«) verdankt. Als der junge Hans hier, am Zusammenschluß von Rednitz und Pegnitz, aufwuchs, verkehrte noch die »Ludwigsbahn«, die erste Eisenbahn Deutschlands, auf ihrem kurzen Weg zwischen Fürth und Nürnberg. In ganz jungen Jahren bekam Schmidt Kontakt mit dem Fußball. Zunächst am Schießanger mit den Buben aus der Nachbarschaft und dann bei der Spielvereinigung, die soeben im Gasthof Balzer in der Gustavstraße gegründet worden war und dann an der Vacherstraße, später am Ronhof ihre sportliche Heimat fand. Als William Townley, der legendäre englische Trainer, im Jahre 1911 Karlsruhe verließ und in Fürth einen neuen Wirkungskreis fand, begann die Karriere von Hans Schmidt. Townley war ein großer, blonder und gertenschlanker Mensch. Ein bedächtiger Pfeifenraucher, der einst als Lehrer an einer britischen Schule wirkte, aber schon bald diesen Job aufgab, um sich ganz dem Fußball zu widmen. 1890 hatte er als Spieler der Blackburn Rovers den englischen Pokal gewonnen. Beim 6 : 1 gegen Sheffield Wednesday schoß Townley drei Tore – anschließend trugen ihn seine Fans auf den Schultern vom Platz. Hattrick in einem Cupfinale – das hatte es bis dahin noch nie gegeben. Ein Unfall beendete seine aktive Karriere. Anschließend trug er eine häßliche Narbe im Gesicht. Als er in Fürth aufkreuzte, wurde er als faszinierende Persönlichkeit geschätzt. Innerhalb von drei Jahren führte Townley die Franken an die Spitze – zur Deutschen Meisterschaft. Am 31. Mai 1914 hingen in den Morgenstunden graue Regenschwaden über Magdeburg, doch nachmittags hatte sich die Sonne ihren Weg gebahnt, und als der fußballbegeisterte Sohn von Kaiser Wilhelm, Prinz Friedrich Karl von Preußen, seinen Platz in der Ehrenloge des Stadions einnahm, herrschte – fast symbolisch – »Kaiserwetter«. Die Spvg. Fürth, die erstmals als »Ostkreismeister« an den Spielen der deutschen Endrunde teilnahm, traf in diesem Magdeburger Finale auf Titelverteidiger VfB Leipzig. Und der VfB hatte Pech, denn nach einem Zusammenprall mit Hirsch mußte Michel schon früh den Platz verlassen. Doch die zehn Leipziger kämpften wie die Löwen, scheiterten aber letztlich an der Klasse des reaktionsschnellen Fürther Torwarts Polensky und an der Übersicht des Außenläufers Hans Schmidt, der trotz seiner Jugend schon seine Abwehr- und Aufbauqualitäten erkennen ließ. Es entwickelte sich eine dramatische Auseinandersetzung, die schließlich in eine »Materialschlacht« ausartete, denn die damals gültigen Regeln des DFB wollten es, daß die Entscheidung im Finale auf jeden Fall und unabhängig von der Spieldauer gesucht wurde. Als es in der zweiten Verlängerung 2:2 stand, brannten dann irgendwann dem linken Läufer Hans Schmidt die Sicherungen durch. Nach mehrfachem Foulspiel mußte er den Platz verlassen, doch gleichzeitig war auch der angeschlagene Leipziger Hesse mit seinen Kräften am Ende. Zehn Fürther schlugen schließlich neun Leipziger durch ein Tor von Franz mit 3:2 – die Uhr des Berliner Schiedsrichters von Pacquet zeigte zu diesem Zeitpunkt exakt eine Spieldauer von zwei Stunden und 34 Minuten. Dieser für viele überraschende Endspielsieg begründete die Fürther Fußballtradition und entflammte eine ganze Region für diesen Sport. Am Abend nach dem Magdeburger Endspiel empfingen ein paar tausend Fürther die erfolgreiche Mannschaft auf dem Vorplatz des Bahnhofs – im Triumphzug begleiteten die Anhänger der Spielvereinigung ihre »Helden« zur Siegesfeier in den Geismannsaal. Es war das letzte große Fest der Fürther, bevor der 1. Weltkrieg das Leben der Menschen veränderte. Zum Zeitpunkt seiner ersten Deutschen Meisterschaft war »Bumbes« Schmidt schon Nationalspieler. Er feierte sein Debüt am 18. Mai 1913 gegen die Schweiz in Basel (1:2), nachdem Trainer Townley den ehemaligen Linksaußen zum linken Läufer umfunktio-

niert hatte. Nachdem der große Weltbrand gelöscht war und sich das Leben in Deutschland allmählich wieder normalisierte, wechselte Hans Schmidt im Jahre 1918 für drei Jahre zum Turnverein Fürth von 1860. Mehr als sieben Jahre waren seit seiner Länderspielpremiere von Basel vergangen, als er eine Einladung zur ersten internationalen Probe nach dem Weltkrieg erhielt. Wieder war die Schweiz der Gegner – diesmal in Zürich. Die deutschen Spieler hatten die Anweisung erhalten, jegliche Fouls zu unterlassen – das Resultat spiele keine Rolle. Denn der deutsche Fußball war international noch weitgehend isoliert. Selbst in der Schweiz gab es unter den französisch-sprachigen Bevölkerungsgruppen erhebliche Vorbehalte gegen dieses erste Länderspiel gegen Deutschland. So stand am Ende eine 1:4-Niederlage. Als »Bumbes« Schmidt 1922 zum drittenmal mit der Nationalelf ein Stadion betrat, hatte sich sein Wechsel zum 1. FC Nürnberg vollzogen. Als der »Club« 1922 zu den beiden legendären Endspielen von Leipzig gegen den Hamburger SV antrat, mußte Hans Schmidt wegen einer Verletzung zuschauen, doch er sollte sich die »Viktoria«, die Trophäe des Meisters, in den Jahren 1924, 1925 und 1927 noch dreimal holen. Mit seinem Namen sind die »goldenen 20er Jahre« des 1. FC Nürnberg eng verbunden. Er war ein rastloser Kämpfer, und sein Wahlspruch »niemals verzagen« war so etwas wie sein ganz persönliches Programm als Fußballer. »Bumbes« Schmidt absolvierte 16 Länderspiele (bis 1926), vertrat viele Male Nürnberg und Fürth in Städteauswahlspielen, trug das Trikot Süddeutschlands und wurde wegen seiner sportlichen Einstellung allseits geachtet. 1928 beendete er mit knapp 35 Jahren seine aktive Laufbahn und wurde Trainer. Und er sollte ein Glücksfall für den FC Schalke 04 werden. Vater Unkel, die gute Seele der »Knappen«, war 70 Jahre alt geworden, und die Schalker trauerten im Frühjahr 1933 dem mit 0:3 verlorenen Finale gegen Fortuna Düsseldorf nach. Da verabschiedete sich der aus Bielefeld stammende Trainer Kurt Otto, um die polnische Fußball-Nationalmannschaft zu übernehmen. Ottos Nachfolger wurde »Bumbes« Schmidt und damit ein Mann, der weniger Theoretiker des Fußballs war, sondern von seinem aus der Praxis geschöpften Wissen profitierte und der die Gabe hatte, diese Kenntnisse seinen Spielern zu vermitteln. Der eher grobschlächtige als feinfühlige Franke und die Lebensart der Menschen im Kohlenpott paßten irgendwie zusammen, und wenn Schmidt mit kräftigen Worten seinen Ärger entlud, dann verstanden ihn seine Schalker Spieler – auch wenn sie zuweilen das unbarmherzige Konditionstraining verfluchten. Mit »Bumbes« Schmidt begann die große Ära der Schalker, die ab 1934 im deutschen Fußball bis zur Beendigung des Spielbetriebs im 2. Weltkrieg so etwas wie der Mittelpunkt des deutschen Fußballs waren. Die nie ausgehende Zigarre des »Bumbes« Schmidt wurde zur Schalker Legende. In späteren Jahren wirkte der Franke bei Schwarz-Weiß Essen, TSV Jahn Regensburg, 1. FC Nürnberg, Schwaben Augsburg, VfR Mannheim (mit dem er 1949 Deutscher Meister wurde), Spvg. Fürth und Borussia Dortmund. Er verbrachte seinen Lebensabend in seiner Heimatstadt Fürth. 1971 gaben ihm viele Freunde auf dem Nürnberger Johannisfriedhof, wo auch Albrecht Dürer seine Ruhestätte fand, die letzte Ehre.

SCHMIDT, KARL

Geboren am 5. März 1932
Neun Länderspiele (1955 bis 1957)
1. FC Kaiserslautern

Jongleur am Ball – Jongleur mit Millionen

Sommer 1955: Ein junger Studiosus, der bei Tuspo Wabern seine Fußballschülerzeit verbracht hatte, auf Betreiben des Altnationalspielers Heini Weber zum KSV Hessen Kassel gewechselt war und sich eine Zeitlang als Volontär zum Textilingenieur versuchte, schaut sich nach neuen Ufern um. Er verläßt Hessen, bekommt vom 1. FC Kaiserslautern ein Handgeld von 2000 Mark und unterschreibt ein Stück Papier, auf dem ihm vertraglich zugesichert wird, daß er ein monatliches Grundgehalt von 160 Mark zu erwarten hat und ihm im übrigen jeder Sieg in der Oberliga Südwest mit 30 bis 70 Mark versüßt wird. Und was noch wichtiger für ihn ist: Beim Metzgermeister Speyerer, wo sich jahrelang auch Fritz Walter einfand, kann er sich umsonst durchfuttern. Von dem Handgeld kauft er sich einen Schreibtisch, zwei wacklige Stühle, einen Schrank und eine Schlafcouch. Knapp 35 Jahre später: Aus dem Jurastudenten ist etwas geworden; er hat ein Büro im Innenministerium von Rheinland-Pfalz, bekleidet den Rang eines Ministerialdirigenten und verteilt pro Jahr über 60 Millionen Mark für die diversen Sportaufgaben des Landes. Aus dem einstigen Jongleur am Ball ist ein Jongleur der Staatsfinanzen geworden. Die Rede ist von Karl Schmidt. Der Fußball hat ihn nie losgelassen. Und der Wechsel von Kassel nach Kaiserslautern war eine der bedeutsamsten Entscheidungen seiner jungen Jahre. Karl Schmidt war Verteidiger in einer

großen Pfälzer Fußballzeit. Er war von Weltmeistern umgeben – von den Gebrüdern Fritz und Ottmar Walter, von Liebrich, Kohlmeyer und Eckel. Sehr schnell verschaffte sich der drahtige Abwehrspieler am Betzenberg Respekt, und die Rasanz seines Aufstiegs in die Nationalmannschaft war fast schon schwindelerregend. Karl Schmidt debütierte bei Sepp Herberger am 25. September 1955 – und er verlor in Belgrad gegen Jugoslawien mit 1 : 3. An der Person des Bundestrainers beeindruckte ihn vor allem die Intensität, mit der dieser die beruflichen und privaten Wege seiner Nationalspieler begleitete. Im Laufe der nächsten beiden Jahre sollten Karl Schmidt Weltstars des Fußballs über den Weg laufen. Er bekam es mit dem Italiener Giampiero Boniperto zu tun, dem späteren Präsidenten von Juventus Turin. Aber auch mit dem Russen Igor Netto und dem starken Jugoslawen Vidosevic. Sie alle hatten ihre Probleme mit Karl Schmidt. Viele trauten dem nicht zu, daß er neben seiner fußballerischen Belastung das Jura-Examen schaffen würde. Auch Professor Reinhard von der Universität Marburg hatte seine Bedenken und empfahl ihm: »Nun lassen Sie mal den Ball etwas langsamer rollen …« Schmidt ließ den Ball nicht »langsamer rollen«, er sah im Fußball vor allem den Ausgleich zu seiner beruflichen Tätigkeit, und in späteren Jahren leugnete er nie, daß sein Bekanntheitsgrad dazu beitrug, daß sich ihm hier und da auf seinem Wege Türen rascher öffneten. Nachdem er beim 1. FC Kaiserslautern ein paar Probleme bekam und seine Karriere beim FK Pirmasens beendete, wurde er eines Tages Dezernatsleiter im Landratsamt Kaiserslautern und dann stellvertretender Polizeipräsident. Heiner Geißler holte ihn schließlich ins Ministerium nach Mainz. Aber auch im Fußball mischte er weiter kräftig mit – als Vorsitzender des Fußballregionalverbandes Südwest, im DFB-Vorstand zunächst als Beisitzer und dann ab 1992 als Schatzmeister.

SCHMITT, JOSEF

Geboren am 21. März 1908,
gestorben am 16. April 1980
Zwei Länderspiele (1928), ein Tor
1. FC Nürnberg

Der Benjamin im Hexenkessel

19 Jahre jung – und schon Deutscher Meister! Seppl Schmitt erntete früh die Früchte seines Fußballtalents. Der gebürtige Nürnberger war bereits

mit 18 Jahren Stammspieler beim »Club«, aus dem er hervorgegangen war. Und dies in einer Zeit, in der die Nürnberger und Fürther im deutschen Fußball den Ton angaben und sich in den 20er Jahren immer wieder gegenseitig den Titel des Meisters streitig machten. Der Zabo, den der 1. FC Nürnberg seit 1913 sein eigen nannte, wurde zu einer Wallfahrtsstätte der deutschen Fußballfreunde. In diesem Jahr 1927 gewann der 1. FC Nürnberg zunächst die Bayrische und dann die Süddeutsche Meisterschaft. In der deutschen Endrunde warteten aber hohe Hürden: Der Chemnitzer BC wehrte sich nach Kräften, war aber letztlich beim 1:5 chancenlos. Anders der alte Rivale Hamburger SV, der sich erst nach einem verbissen geführten Kampf mit 1:2 geschlagen gab. Das letzte Hindernis auf dem Weg ins Endspiel räumte der Club dann mühelos mit einem 4:1-Sieg gegen die Münchner »Löwen« fort. Und dann ging es nach Berlin – und das war für den 1. FC Nürnberg gleichbedeutend mit der Reise in einen Hexenkessel. Denn im Olympiastadion wartete die Berliner Hertha, die im Jahr zuvor der Spvg. Fürth in Frankfurter Finale mit 1:4 unterlegen war. Doch die Nürnberger behielten kühles Blut in diesem überkochenden Topf der Fußballeidenschaften. Und Josef Schmitt, der Benjamin der Mannschaft, vertraute zurecht der Unbekümmertheit seiner Jugend. Als Halbstürmer auf der linken Seite gehörte er zu den Unruheherden der Nürnberger Mannschaft. Die Tore zum 2:0-Sieg gegen die Hertha schossen allerdings die Routiniers Hans Kalb mit einem wuchtigen Freistoß und Heiner Träg mit einem seiner gefährlichen Flachschüsse. Am Tag darauf stieg im Nürnberger Apollo-Theater eine rauschende Siegesfeier. Es sollte die letzte für viele Jahre bleiben. Als der 1. FC Nürnberg 1936 zum sechstenmal den deutschen Titel eroberte, da hatte sich ein Generationswechsel vollzogen. Aus der Mannschaft der »goldenen« 20er Jahre war nur noch Josef Schmitt übrig geblieben. Inzwischen hatte sich auch die politische Landschaft verändert – Kreise waren zu Gauen geworden, deren Fußballmeister sich zur Endrunde in Gruppenspielen begegneten. Am Ende dieses langen Weges stand das Finale von Berlin, das die Nürnberger im Poststadion bei großer Hitze gegen Fortuna Düsseldorf triumphieren ließ. 605 Spiele für den 1. FC Nürnberg hatte Seppl Schmitt absolviert, als er Ende der 30er Jahre von der großen Bühne des Fußballs abtrat. Im Mai 1928 war Schmitt, der inzwischen eine kaufmännische Lehre begonnen hatte, Mitglied des deutschen Olympiaaufgebots für Amsterdam. Er war einer von fünf Neulingen, die bis dahin noch nie in der Nationalelf gespielt hatten. Statt dessen mußten die Nürnberger Routiniers »Bumbes« Schmidt, Hochgesang, Wieder und Träg zuhause bleiben, was schon im Vorfeld des Turniers heftige Diskussionen auslöste. Die Kritiker sollten recht behalten, denn die deutsche Elf schied im Skandalspiel der Zwischenrunde mit 1:4 gegen Uruguay aus – Seppl Schmitt schaute an diesem Tag vom Spielfeldrand aus zu. Sein Länderspieldebüt feierte er in heimischer Umgebung am 16. September 1928 im Nürnberger »Zabo« beim 2:1 gegen Dänemark. Obwohl er etliche Torchancen vergab, erhielt Seppl eine Woche später eine zweite Berufung. Beim 2:0-Sieg in Oslo gegen Norwegen schoß er die deutsche Elf mit 1:0 in Führung. In den nächsten Länderspielen saß er wieder auf der Bank der Reservisten. Nach dem 2. Weltkrieg war Josef Schmitt dann als Trainer tätig – unter anderem bei seinem 1. FC Nürnberg.

SCHNEIDER, GEORG

Geboren am 22. April 1892,
gestorben am 5. Januar 1961
Drei Länderspiele (1920 bis 1921)
Bayern München

Oberstes Gebot: Keine Fouls!

Die Straßenbahn gehörte schon zum Münchner Stadtbild, doch von Automobilen war noch nichts zu sehen, als sich der junge Georg Schneider um die Jahrhundertwende nur sehr widerwillig am Turnunterricht beteiligte. Seine Begeisterung galt dem Fußball. Acht Jahre war der »Schorsch« jung, als sich an einem Februarabend des Jahres 1900 folgendes zutrug. Einige der »fußballverrückten« Turner des MTV München von 1879 trafen sich in der Gaststätte Bäckerhöfl und formulierten temperamentvoll ihre Forderungen nach einem Beitritt des Vereins in den Verband Süddeutscher Fußballvereine. Am Ende stand ein handfester Krach und der lautstarke Auszug von elf fußballspielenden Turnern aus dem Bäckerhöfl. Ein Berliner namens Franz John überredete die aufgebrachten jungen Leute, sich im Restaurant »Zur Gisela« neu zu beraten. Eine halbe Stunde später schlug dann die Geburtsstunde eines neuen Vereins, des FC Bayern. Der Monatsbeitrag betrug eine Mark. Und einer von denen, die ein paar Jahre später das »Eintrittsgeld« von zwei Mark berappten, war Georg Schneider. An der äußeren Leopoldstraße spielte er als Fünfzehnjähriger, und dort entdeckten die Betreuer der Jugendmannschaften schon bald sein Talent. Wenig später leisteten sich die Bayern ihren ersten ausländischen Trainer, den Engländer Dr. Hoer. Inzwischen war der junge Verein die Nummer eins des Münchner Fußballs – er holte sich die Ostkreismeisterschaft. Und Bayernfußballer standen in der Nationalelf: Torwart Ludwig Hofmeister, Mittelstürmer Fritz Fürst und der schnelle Flügelflitzer Max Gablonsky. Im Jahre 1911 kam mit dem Wiener Pekarna nicht nur einer der besten Torwarte des Kontinents zu den Münchnern, sondern auch der 19jährige Georg Schneider. Als der 1. Weltkrieg ausbrach, wurden die Entwicklung der Bayern und des jungen Abwehrspielers jäh unterbrochen. Der Trainerpionier Townley, der inzwischen die Mannschaft aus München weiter geformt hatte, reiste zurück in seine englische Heimat. Erst im Februar 1919 rollte wieder der Fußball an der Isar und »Schorsch« kehrte – nach längerer Kriegsgefangenschaft – zunächst als Halbstürmer zurück. Im Juni des folgenden Jahres wurde der Münchner Nationalspieler. Er war in der ersten internationalen Nachkriegs-Begegnung, in Zürich gegen die Schweiz, dabei. Als Mittelläufer hatte er eine heikle Aufgabe zu erfüllen, denn die Verantwortlichen des DFB hatten die Devise ausgegeben, jegliche Fouls zu vermeiden. Der deutsche Fußball war so kurz nach dem Ende des 1. Weltkriegs bemüht, jegliche Härte aus dem Spiel zu nehmen. So verloren die Deutschen mit 1:4. Zwei weitere Länderspiele, jeweils gegen Ungarn, bestritt der Münchner als rechter Verteidiger. Bis Mitte der 20er Jahre war Georg Schneider, Ingenieur von Beruf, Stammspieler des FC Bayern und einer der populärsten Fußballer an der Isar. Er überzeugte mit seiner Ballartistik und mit seinem Fußballsachverstand.

SCHNEIDER, HELMUT

Geboren am 17. Juli 1913,
gestorben am 13. Februar 1984
Ein Länderspiel (1940)
SV Waldhof Mannheim

Verteidiger mit Vergangenheit

In Altrip, wo der Rhein sich in einer Schleife gen Ludwigshafen und Mannheim wendet, begann der fußballerische Weg des Helmut Schneider. Und dieser Weg war ungewöhnlich, denn er führte zunächst von Altrip nicht in die benachbarte Hochburg nach Mannheim, sondern schnurstracks zum FC Bayern München. Die Rothosen waren 1932 in einem be-

geisternden Finale gegen Eintracht Frankfurt Deutscher Meister geworden, und Hunderttausende säumten den Weg der bajuwarischen Fußballhelden vom Hauptbahnhof über den Stachus, durch die Neuhauser- und Kaufingerstraße zum Marienplatz. Aus den Fenstern regneten Blumen, und im Löwenbräukeller prosteten die bekannten Münchner Humoristen Weiß Ferdl und Michl Ehbauer den Bayern zu. Der größte Triumph der Vereinsgeschichte fiel allerdings in eine Zeit des politischen Umbruchs – mit den Nationalsozialisten kam für den deutschen Fußball bald darauf die Gauliga, und in dieser Klasse trat das Talent des jungen Altriper Stürmers erstmals zutage. Verbindungsstürmer auf der rechten Seite – das war die Aufgabe Helmut Schneiders beim FC Bayern. Bergmaier war der Flügelflitzer auf der rechten Seite – links machten Krumm und Simetsreiter mächtig Wirbel. Aber die großen Erfolge blieben aus, und so fiel es Helmut Schneider nicht schwer, zur Saison 1935/36 »ja« zu sagen, als der SV Waldhof Mannheim bei ihm anklopfte. Mit ihm, dem leidenschaftlichen und temperamentvollen Fußballer aus München, hofften die Waldhöfer nicht nur ein Problem im Angriff zu lösen, sondern auch die ständigen Sorgen auf der Mittelläuferposition loszuwerden. Ernst Heermann sollte diese Schaltzentrale übernehmen, und Helmut Schneider war als wirkungsvolles Pendant zu Otto Siffling eingeplant. Aber der jugendlich-spritzige Neuling von der Isar war dann doch nicht die große Zugnummer im Sturm. Dafür blühte der quicklebendige Fußballer schließlich auf der Position des Außenläufers auf, wo er sich regelrecht »austobte« und zu einem der wichtigsten Spieler jener Mannschaft wurde, die im Pokal und in der Meisterschaft von Erfolg zu Erfolg eilte. Als dann auf der Verteidigerposition beim SV Waldhof eine Vakanz eintrat, wurde Helmut Schneider noch einmal umgeschult. Und hier, auf der rechten Seite der Abwehr, war er am wertvollsten. Dieser Wechsel machte ihn letztlich zum Nationalspieler. Am 1. September 1940 stellten die Mannheimer, die ein Jahr vorher Abschied von dem plötzlich verstorbenen Otto Siffling nehmen mußten, also wieder einen Spieler der Nationalelf. Finnland war in Leipzig der Gegner. Und da wurden auf dem Waldhof Erinnerungen wach an die Zeit vor 19 Jahren, als Hans Kalb den Angriff gegen Finnland führte und neben sich auf dem rechten Flügel zwei Mannheimer wußte: Sepp Herberger und Karl Höger. Doch eine neue Fußballergeneration hatte ebenfalls keine Mühe mit den Finnen und kam vor den 35 000 Zuschauern zu einem 13:0-Sieg, einem der höchsten in der Geschichte der deutschen Nationalelf. Der Wiener Willi Hahnemann schoß allein sechs Tore. Helmut Schneider hatte keinerlei Lampenfieber, wirkte energisch und machte seinem Ruf als Draufgänger alle Ehre. Doch dies blieb das einzige Länderspiel des Mannheimers, der Paul Janes auf dessen Stammplatz nicht verdrängen konnte. Während des 2. Weltkrieges trug Helmut Schneider, wie sein Waldhöfer Weggefährte Siegel, als Soldat das Trikot der Spvg. Fürth, zwischenzeitlich auch das von Mainz 05. Als sich am 9. September 1945 auf dem VfR-Platz an den Brauereien in einem ersten Fußballspiel nach dem Kriege die alten Rivalen VfR und Waldhof gegenüberstanden, war auch Helmut Schneider wieder dabei, doch mit 32 Jahren war er am Ende seiner Fußballerkarriere angelangt. 1950 führte er nach dem Studium an der Sporthochschule in Köln die Spvg. Fürth, die im Jahr vorher die Oberliga Süd verlassen mußte, sensationell, teils als Spielertrainer, zur Südmeisterschaft und damit in die deutsche Endrunde. Dort war im Halbfinale der VfB Stuttgart die Endstation. Dieser Sensationserfolg begründete Helmut Schneiders Ruf als Erfolgstrainer. Am 30. Juni 1951 gab er seinen Trainerjob in Fürth wegen einer Verletzung auf. Nach einem Zwischenspiel beim FK Pirmasens wurde er 1955 Nachfolger von »Bumbes« Schmidt bei Borussia Dortmund. Zweimal hintereinander gewann der temperamentvolle Trainer das deutsche Finale in der gleichen Aufstellung. Ein Kunststück, das unerreicht blieb in der Geschichte des deutschen Fußballs. FK Pirmasens, VfR Mannheim, 1. FC Köln, Bayern München, 1. FC Saarbrücken, Karlsruher SC und noch einmal Borussia Dortmund waren weitere Stationen im Trainerleben des Helmut Schneider. Als Coach war Helmut Schneider trotz seiner großen Erfolge eher ein unruhiger Geist, viele bezeichneten ihn als unnahbar. Er zog sich 1969 aufs Altenteil zurück und verbrachte seinen Lebensabend in Mannheim.

SCHNEIDER, JOHANNES

Geboren am 5. August 1887,
gestorben am 8. September 1914
Zwei Länderspiele (1913)
VfB Leipzig

Und die Mutter stand hinter dem Tor

Hans Schneider wurde an einem Sommertag des Jahres 1887 als Sohn des Konservenfabrikanten August Heinrich Schneider in Leipzig geboren. Er besuchte das Nikolai-Gymnasium bis zur Reife für die Unterprima und begann dann eine kaufmännische Lehre in der alteingesessenen Leipziger Firma Plantier & Co. Schon als Gymnasiast spielte er beim VfB Fußball. Obwohl es den Schülern bei Strafe untersagt war, sich an sportlichen Wettkämpfen zu beteiligen, machte Hans Schneider das, was seine Freunde auch taten: Er spielte zwischen 1896 und 1914 unter einem »Künstlernamen«. Hans Schneider nannte sich »John«, war zunächst Mittelstürmer und dann Torwart – für einen Brillenträger ziemlich ungewöhnlich. Schneider wurde ein wichtiger Bestandteil des VfB Leipzig in der großen Ära dieses Vereins vor dem 1. Weltkrieg. Zweimal wurde er Deutscher Meister in den Jahren 1906 und 1913. Bei den vielen großen Spielen, die der reaktionsschnelle Schlußmann des VfB lieferte, stand zumeist seine Mutter hinter dem Tor ... Hans Schneiders Länderspiele hingegen bereiteten ihm wohl nur wenig Freude. Am 26. Oktober 1913 verlor die Nationalmannschaft im Dauerregen von Hamburg mit 1:4 gegen Dänemark. Einen Monat später kam es in Antwerpen gegen Dänemark mit der 2:6-Niederlage noch schlimmer. Auch in Antwerpen regnete es in Strömen, und da ständig die Brillengläser des Leipziger Torwarts beschlugen, war er an den ersten drei belgischen Toren nicht ganz unbeteiligt. Längst war Hans Schneider nicht mehr Kaufmann, sondern Beamter bei der Dresdner Bank in Leipzig. Am Tag seines 27. Geburtstags, dem 5. August 1914, zog er mit den 107ern an die Front des 1. Weltkriegs. Vier Wochen später verlor er bei Vitry-le-Francois sein Leben.

SCHNEIDER, RENÉ

Geboren am 1. Februar 1973
Ein Länderspiel (1995)
Hansa Rostock

Debüt in Südafrika

Als er zwölf Jahre alt war, da wußte er nicht mehr so recht, ob er noch weiter Spaß am Fußball haben würde. René Schneider mußte seine heimische Umgebung in Schwerin verlassen und wurde an die Kinder- und Jugendsportschule nach Magdeburg delegiert. Und der Junge tat sich schwer mit diesem Einschnitt in seinem Leben, obwohl er in Magdeburg seinen Fußballfeinschliff bekam. Im Alter von sechs Jahren begann René Schneider bei Motor Schwerin mit dem Fußball. ISG Schwerin war dann seine nächste Station, ehe – nach seinem Umzug nach Magdeburg – der dortige 1. FC seine sportliche Heimat wurde. Der junge Mecklenburger galt als Senkrechtstarter, absolvierte 23 Spiele für die DDR-Jugendauswahl und atmete mit dem 1. FC Magdeburg 1990 die rauhe Luft des UEFA-Cups. Es kam die Wende, und es stellten sich für René Schneider fußballerische Perspektiven ein, von denen er vor der deutschen Vereinigung nie zu träumen gewagt hätte. Nach dem BSV Brandenburg, der für ihn so eine Art Zwischenstation war, wurde der resolute Abwehrspieler von Hansa Rostocks Trainer Frank Pagelsdorf entdeckt. Und von diesem Zeitpunkt an ging es für René Schneider eine ganze Weile fast nur noch bergauf. Mit Hansa schaffte er binnen eines Jahres den Sprung in die Bundesliga, die er bis dahin eigentlich nur aus Fernsehübertragungen kannte. Über die U-21-Nationalmannschaft wurde er am 15. Dezember 1995 in die A-Nationalmannschaft gegen Südafrika in Johannesburg berufen. In der Bundesliga trumpfte er mit Hansa Rostock, das in der Saison 1995/96 sensationell einen Spitzenplatz belegte, groß auf, imponierte durch seinen Offensivdrang und sprang ganz zuletzt noch auf den Zug zu Berti Vogts' Kader für die Europameisterschaft in England, wo er allerdings nicht zum Einsatz kam. Was ihn nicht sonderlich schmerzte, da die Koffer für seinen Wechsel zu Borussia Dortmund bereits gepackt waren. Binnen zwei Jahren stieg René Schneider also vom Amateurligisten zum Nationalspieler und ins Team des amtierenden Deutschen Meisters auf. Eine Karriere wie aus dem Märchenbuch. Doch in Westfalen wurde für ihn die Luft zum Atmen dünner, nach einer Verletzung kam er schwer in Schwung und rutschte angesichts der starken Konkurrenz bei der Borussia zeitweilig ins zweite Glied.

SCHNELLINGER, KARL-HEINZ

Geboren am 31. März 1939
47 Länderspiele (1958 bis 1971), ein Tor
Düren 99, 1. FC Köln, AS Rom, AC Mailand

Schrecken und Liebling der Tifosi

»Carlo« – so rufen sie ihn nicht nur in Mailand. »Carlo« – dahinter verbirgt sich Sympathie und eine Menge Respekt. »Carlo« – das ist Karl-Heinz Schnellinger, und es war in einem so fußballverrückten Land wie Italien schon ziemlich ungewöhnlich, daß einem blonden Ausländer eine solch eindrucksvolle Karriere gelang. Denn »Carlo« bereitete den Tifosi in einem Spiel, das in die Fußballgeschichte ein-

ging, zwischen Mitternacht und Morgen daheim an ihren Fernsehgeräten aufregende Minuten und einen herben Schock. Es geschah am 17. Juni 1970

vor 110 000 Zuschauern im Estadio Azteca von Mexiko City und vor unzähligen Millionen faszinierter Fans an den Bildschirmen rund um den Globus. Im Halbfinale der Weltmeisterschaft feierten die italienischen Fans schon den Einzug ins Finale, als Karl-Heinz Schnellinger in der letzten Minute der regulären Spielzeit den Ball an dem erstarrten Torwart Albertosi zum 1:1 ins Netz beförderte und damit die Verlängerung erzwang. Ausgerechnet Schnellinger, einer aus der Startruppe des AC Mailand, machte dieses Halbfinale, das schließlich dann doch mit einem 4:3-Sieg der Italiener endete, wieder hochdramatisch. Immerhin war dieses Tor auf der Tribüne der Anlaß zu einem Gespräch zwischen dem Mailänder Trainer Nereo Rocco und seinem Präsidenten Franco Carraro. Thema: »Müssen wir Carlo jetzt verkaufen …?« Der spätere Sieg der Italiener gab die Antwort auf die Frage – Schnellinger blieb bis 1974 in Mailand. Der Musterprofi wurde in Düren geboren, besuchte hier das Naturwissenschaftliche Gymnasium bis zur Obersekunda. Vater Wilhelm stammte aus Mannheim und arbeitete als Prokurist in einer Dürener Firma. Mit zwölf Jahren trug Karl-Heinz erstmals das Trikot der SG Düren 99, nachdem er sich bis dahin als Straßenfußballer Respekt bei seinen Freunden verschafft hatte. Später brachte er es zum Mittelrhein-Jugendauswahlspieler, und mit 16 Jahren nahm er zum erstenmal an einem DFB-Lehrgang unter der Leitung von Dettmar Cramer teil. Bei einem Spiel um den deutschen Jugendländerpokal in Gelsenkirchen saß Helmut Schön auf der Tribüne. Schnellinger war linker Verteidiger, und nach dem Abpfiff glaubte er seinen Augen und Ohren nicht trauen zu dürfen, als ihm eben dieser Helmut Schön in der Kabine auf die Schulter klopfte und sagte: »Ich glaube, wir sehen uns bald mal wieder ...« Von nun an ging alles unglaublich schnell: Der Rheinländer flog 1957 mit der deutschen Jugendnationalelf nach Spanien zum UEFA-Turnier. Dort gab es in drei Spielen drei Unentschieden – das letzte vor 110 000 Zuschauern im Madrider Bernabeustadion gegen den Gastgeber. Noch im gleichen Jahr absolvierte Schnellinger sein einziges Amateurländerspiel in Ilford gegen England, das mit einem deutschen 3 : 2-Sieg endete. Zwar hatten Karl-Heinz' Eltern noch immer erhebliche Bedenken, als ihr Sohn die Schule verließ und sich ganz auf den Fußball konzentrierte, doch die Familie beruhigte sich dann, als sich mehr und mehr die ersten großen Erfolge einstellten und der Sprößling auch noch so ganz nebenbei in einem Kaufhaus volontierte. Als 19jähriger, noch vor seinem Wechsel zum 1. FC Köln, debütierte Schnellinger für viele ziemlich überraschend in der Nationalelf – am 2. April 1958 bei der 2 : 3-Niederlage in Prag gegen die Tschechoslowakei. Damit öffnete sich für den Jungstar die Tür zum Weltmeisterschaftsturnier in Schweden, wo Deutschland den Titel zu verteidigen hatte. Um bei dieser WM dabei zu sein, mußte der Oberschüler von seinem Rektor einen Sonderurlaub erbitten. Den Cup Jules Rimet brachten die deutschen Fußballer zwar nicht mit nach Hause, doch in Schweden reifte Karl-Heinz Schnellinger auch international und wurde fortan eine Stütze des 1. FC Köln, mit dem er 1962 die Deutsche Meisterschaft an den Rhein holte. Der Fußballprofi sprang von einem Gipfel zum nächsten, die Leiter seiner Erfolge stand weiter erstaunlich steil. Drei Jahre lang buhlte Graf Marini-Dettina, der Präsident des AS Rom, um die Gunst des jungen Spielers, und als der 1. FC Köln schließlich für eine Ablösesumme von 550 000 Mark »ja« sagte, da waren die Ausländerplätze des Traditionsclubs in der »Ewigen Stadt« besetzt. Also wurde »Carl il biondo« 1963 erst einmal an den AC Mantua ausgeliehen. Nach einer Saison beim AS Rom (1964/65) fand er dann zwischen 1965 und 1974 beim AC Mailand seine Fußballheimat. Mit »Milan« gewann der deutsche Profi den Europacup der Meister (1969) und den Weltpokal. Sormani, Tra-pattoni, Rivera und der Schwede Hamrin waren einige seiner Kameraden. Für die deutsche Nationalmannschaft absolvierte er nach dem Turnier von Schweden auch noch die Weltmeisterschaften in Chile (1962), England (1966) und Mexiko (1970). Deutschlands Sportjournalisten wählten Schnellinger 1962 zum »Fußballer des Jahres«. Sein letztes Länderspiel bestritt er 1971 gegen Albanien in Tirana, und die Karriere ließ er in der Saison 1974/75 beim Bundesligaaufsteiger Tennis Borussia Berlin ausklingen. Anschließend kehrte er nach Mailand zurück, wo er im Villenviertel Segrate mit seiner Familie lebte und als PR-Chef und Manager eines Unternehmens der Elektroindustrie sein Geld verdiente. Später dann wurde er Repräsentant einer Kantinengastronomie in Mailand.

SCHNÜRLE, FRITZ

Geboren am 23. Februar 1898,
gestorben am 9. November 1937
Ein Länderspiel (1921)
Germania Frankfurt

Schüler des großen Max

Der 1. Weltkrieg fügte dem deutschen Fußball tiefe Wunden zu. Erst als die Kanonen an der Front schwiegen, regte sich allmählich wieder das Leben in den Vereinen. So auch in Pforzheim, wo mit dem 1. FC in der Frühzeit des DFB bereits ein deutscher Endspielteilnehmer aufgeblüht war, der 1906 in Nürnberg dem VfB Leipzig einen großen Kampf lieferte. Doch während des Weltkriegs versiegten mehr und mehr die Möglichkeiten, wenigstens noch einen Privatspielverkehr aufrechterhalten zu können. Die jungen Männer wurden eingezogen, viele kehrten von den Schlachtfeldern nicht zurück. Als der Pforzheimer Trainer Max Breunig, der Altinternationale aus Karlsruhe, im November 1918 seine Fußballer erstmals wieder um sich scharte, da hatte der 1. FCP siebzig Tote des Weltkriegs zu beklagen. Darunter die Spieler August und Wilhelm Steudle, Erwin Weisenbacher, Hans Schönthaler und Hermann Kast. Einer von denen, die sich dem 1. FC Pforzheim als Fußballer zur Verfügung stellten, war der 20jährige Fritz Schnürle, der als Schüler beim VfR Pforzheim gespielt hatte. Er beeindruckte durch seine Ballbehandlung und durch sein uneigennütziges Spiel. Karfreitag 1919 war der junge Mittelläufer mit dabei, als in Pforzheim eine sporthistorische Begegnung stattfand. Nordstern Basel kam zu einem Freundschaftsspiel – die erste internationale Begegnung in Deutschland nach dem 1. Weltkrieg. Die Schweizer ignorierten damit die Boykottdrohungen der Siegermächte. Wenig später wechselte Fritz Schnürle, Goldschmied von Beruf, über die Spvg. Fürth zu Germania Frankfurt. Dort erreichte ihn die Einladung zum Länderspiel zwischen Ungarn und Deutschland auf dem Platz des MTK Budapest. 30 000 Zuschauer erlebten den 3 : 0-Sieg der Ungarn – die stark ersatzgeschwächte deutsche Elf war chancenlos. Fritz Schnürle profitierte bei dieser Nominierung von der höchst unglücklichen Terminansetzung dieses Länderspiels, denn gleichzeitig fand die Endrunde um die Deutsche Meisterschaft statt, und etliche Stars waren unabkömmlich. Der Pforzheimer bekam keine weitere Gelegenheit, sich im Nationaltrikot vorzustellen. Anfang der 30er Jahre übernahm Fritz Schnürle das Zigarrenhaus seiner Schwiegereltern am Frankfurter Petersplatz, an der Ecke Alte Gasse.

SCHÖN, HELMUT

Geboren am 15. September 1915,
gestorben am 23. Februar 1996
16 Länderspiele (1937 bis 1941), 17 Tore
Dresdner SC

Der lange Weg des »langen Lulatsch«

Der Dresdner SC war zwischen den späten 30er Jahren und dem Ende des 2. Weltkriegs eine der ersten Adressen des deutschen Fußballs. Ehe der Verein sein Ostragehege im Jahre 1919 bauen konnte, spielten die Fußballer an der Nossener Brücke, dann an der Lennèstraße in der Nähe des Hygiene-Museums, am Schützenhof in Trachau und bis 1918 dann am Brandenburger Platz. Der Sportplatz am Ostragehege, der für 160 000 Mark errichtet und durch Fabrikbesitzer Baier, einem DSC-Ehrenmitglied, der Bestimmung übergeben wurde, verfügte über eine 42 Meter lange Tribüne mit 500 Sitzplätzen. Der DSC hatte schon im Jahre 1914 einen englischen Trainer namens John Cameron verpflichtet und wurde vor allem wegen seiner ausgezeichneten Jugendarbeit gerühmt – in seiner Glanzzeit spielten hier 500 Schüler Fußball. Doch Helmut Schön, der in Dresden als Sohn eines Kunsthändlers geboren wurde, in seiner Heimatstadt das Benno-Gymnasium besuchte, schloß sich als Schüler nicht dem DSC an, sondern der Knabenmannschaft des SV Dresdensia. Auch Helmuts Bruder Walter spielte Fußball – in seinen besten Jahren beim VfB Leipzig, später beim FSV Frankfurt. Erst im Mai 1932, als

Sechzehnjähriger, wechselte Helmut Schön zum großen Nachbarn. Beim Dresdner SC hatte nun erneut ein Trainer aus England das Sagen: Jimmy Hogan. Jimmy, der eigentlich James hieß, war einer der ersten Trainer aus dem Mutterland des Fußballs, der in Deutschland arbeitete. Zunächst beim Verband Mitteldeutscher Ballspielvereine, dann bei Meerane 07, wo er mit Richard Hofmann einen der größten deutschen Fußballer entdeckte. Und dieser Jimmy Hogan, der für 1500 Reichsmark im Monat beim Dresdner SC amtierte und bis 1932 blieb, warf sehr bald ein Auge auf den »langen Lulatsch«, der von Dresdensia herübergekommen war zum Ostragehege. Helmut Schön spielte zunächst Mittelläufer und kam eher zufällig zu seinem späteren Stammplatz, als der etatmäßige Mittelstürmer ausgefallen war. Sein erstes Spiel in der Ligamannschaft des SC Dresden bestritt Helmut Schön im Sommer 1933, also mit 17 Jahren. Offenbar etwas zu früh, denn danach wurde er ein halbes Jahr lang nicht mehr eingesetzt. Statt dessen erhielt er Einladungen zu den ersten Olympialehrgängen nach Berlin und Duisburg. Das wiederum ermunterte den DSC, es mit dem hochaufgeschossenen Mittelstürmer im Spiel gegen Polizei Chemnitz nochmals zu versuchen. Danach hatte Schön seinen Stammplatz. Es folgten Repräsentativspiele für die Stadt Dresden sowie für Sachsen und im Mai 1935 schließlich der erste Einsatz in der B-Nationalelf in Sofia und Belgrad gegen Bulgarien und Jugoslawien. Längst waren sie berühmt, seine »Kopfballschüsse« fast von der Strafraumgrenze aus. Und trotz seiner Jugend imponierte Helmut Schön mit seinen strategischen Fähigkeiten auf dem Feld – manche sahen in ihm eine etwas »frühreife« Spielerpersönlichkeit. Im November 1937, inzwischen hatte sich der Wechsel im Amt des Reichstrainers von Otto Nerz zu Sepp Herberger vollzogen, feierte der Dresdner sein Debüt in der Nationalelf. Nach dem 5 : 0-Sieg im WM-Qualifikationsspiel gegen Schweden in Hamburg, zu dem der Neuling zwei Treffer beisteuerte, schwärmten die Kritiker von Schöns Glanzleistung und dessen »Situationsbeherrschung«. Zu diesem Zeitpunkt war Jimmy Hogan, dem er den Sprung zum Leistungsfußballer zu verdanken hatte, schon nicht mehr in Dresden. 1936 hatte Helmut Schön in Berlin von der Tribüne aus verfolgt, wie Jimmy Hogan als Trainer der österreichischen Nationalelf die Goldmedaille in der Verlängerung mit der 1:2-Niederlage gegen Italien entglitt. Helmut Schön hatte inzwischen seinen eigentlichen Berufswunsch, Mediziner wollte er werden, aus den Augen verloren. Statt dessen absolvierte er eine zweieinhalbjährige Ausbildung bei der Sächsischen Staatsbank in Dresden. Später arbeitete er dann einige Zeit in der Pharmafabrik des Dr. Madaus, eines Gönners des Dresdner SC. Dieser Verein wuchs in den 40er Jahren zum deutschen Fußballgipfel. Helmut Schön, mittlerweile Halbstürmer, erkämpfte mit dem DSC 1940 und 1941 den deutschen Pokal sowie 1943 und 1944 die Deutsche Meisterschaft. Bis zum Ende des 2. Weltkriegs hatte Schön in 16 Länderspielen 17 Tore erzielt. In der sowjetisch besetzten Zone Deutschlands wurde der Dresdner SC als »Symbol feudaler Cliquenwirtschaft« verboten, und deshalb bildeten sich zunächst Bezirks-Sportgemeinschaften. Jene, die aus alten gemeinsamen Tagen an der Elbe verblieben waren, spielten zunächst in der SG Friedrichstadt. Bis auf Kreß, Kugler und Schaffer, die irgendwo im Westen Deutschlands lebten, waren alle »alten Kameraden« in diesem neuen Verein im Ostragehege versammelt. 50 000 Zuschauer fanden sich noch einmal im Jahre 1950 ein, als die Friedrichstädter, die zeitweise von Helmut Schön trainiert wurden, gegen Motor Zwickau um die Sachsenmeisterschaft kämpften. Wenig später verließen fast alle Spieler des Vereins bei Nacht und Nebel Dresden und schlossen sich westdeutschen Vereinen an. Darunter auch Helmut Schön, der zwischen Mai 1949 und April 1950 quasi der erste Auswahltrainer der DDR war. Um einen »Probusk«, eine Reisegenehmigung, von den sowjetischen Besatzungsmächten zu erhalten, erklärte Helmut Schön: »Wir wollen nach Berlin, um dort Insulin zu beschaffen.« Der »Probusk« wurde ihm erteilt, und er war die Fahrkarte zu einem neuen Lebensabschnitt. Hilfestellung leistete dabei in Berlin kein Geringerer als der berühmte Professor Sauerbruch. Mit einem klapprigen DKW kreuzte Helmut Schön in Hamburg auf und fand beim FC St. Pauli frühere Weggefährten: Heiner Schaffer, Fritz Machete, Walter Dzur, Karl Miller und Heinz Hempel. Er bestritt einige Spiele für den FC St. Pauli und wechselte dann mit Frau und Sohn endgültig in den Westen, wo er eine Zeitlang Hertha BSC trainierte, dann aber Anfang Januar 1951 diese Tätigkeit beendete. Sein Nachfolger wurde an der Spree Jupp Schneider. Schön erwarb anschließend an der Deutschen Sporthochschule Köln die Trainerlizenz – der SV Wiesbaden war die nächste Station. Auf Vermittlung Sepp Herbergers bekam er 1952 den Job des Trainers des zu diesem Zeitpunkt noch autonomen Saarlands. Als vier Jahre später die Saar zu einem Teil der Bundesrepublik Deutschland wurde, wurde Helmut Schön ins Amt des Assistenten von Bundestrainer Sepp Herberger berufen, der so etwas wie der »rote Faden« im Leben des Fußballers war. Auf Herberger folgte 1964 Helmut Schön – eine logische Entwicklung. Der lange Sachse trat ein schweres Erbe an, doch er meisterte diese Aufgabe vortrefflich. Mit dem Gewinn der Vizeweltmeisterschaft 1966 fand er einen Einstieg, der auch die letzten Kritiker verstummen ließ – mit dem Triumph bei der Weltmeisterschaft 1974 vollzog sich die Krönung einer Karriere. Als Bundestrainer erreichte er in 139 Länderspielen 87 Siege und 30 Unentschieden. Nur 22mal verließ er als Verlierer eines Länderspiels ein Stadion. Neben dem Welttitel ragte die Europameisterschaft des Jahres 1972 heraus – er war der Baumeister der erfolgreichsten Ära in der Geschichte des deutschen Fußballs, die Weltstars wie Franz Beckenbauer, Wolfgang Overath, Günter Netzer, Sepp Maier und Gerd Müller hervorbrachte. Helmut Schön wurde mit den höchsten Auszeichnungen der Bundesrepublik dekoriert und 1980 zum Ehrenmitglied des Deutschen Fußball-Bundes ernannt. In den 90er Jahren wurde es still um Helmut Schön, der unter der Alzheimer Krankheit litt und seine letzten Lebensjahre im Hans-Giebner-Haus, einem Pflegeheim in Wiesbadener Stadtteil Dotzheim, verbrachte. Er starb im Februar 1996 – der deutsche Fußball ehrte ihn im Rahmen einer Trauerfeier im Wiesbadener Staatstheater.

SCHÖNHÖFT, THEO

Geboren am 9. Mai 1932,
gestorben am 25. Juli 1975
Ein Länderspiel (1956), ein Tor
VfL Osnabrück

Theo – »volle Pulle« mit links

»Theoooo« – von der hölzernen Tribüne des altehrwürdigen HSV-Stadions am Rothenbaum wehte ein einsamer Ruf hinüber zu den weißgetünchten Fassaden der Häuser aus der Zeit um die Jahrhundertwende. »Theo« – das war so etwas wie der rosarote Schimmer am Horizont des VfL Osnabrück, und überall dort, wo die Niedersachsen in diesen Oberligatagen der 50er Jahre im Norden aufkreuzten, da war Theo Schönhöft ein Hoffnungsträger seiner Mannschaft. Denn seitdem Addi Vetter seine Fußballstiefel ausgezogen hatte, war Theo Schönhöft der gefährlichste Torschütze des VfL Osnabrück. Aus dem südoldenburgischen Steinfeld war er zur Bremer Brücke gekommen, und schon bald erin-

nerte die Wucht seiner Linksschüsse an die besten
Torjäger dieses Vereins, der vor und nach dem
2. Weltkrieg die besten Jahre hatte. Vielleicht war
es das Pech des Theo Schönhöft, daß die erfolgreichste Ära des VfL Osnabrück vorbei war und daß
es ihm nicht vergönnt war, in der deutschen Endrunde vor einem großen Publikum seine Klasse präsentieren zu können. Bundestrainer Sepp Herberger schaute nie an der Bremer Brücke vorbei – er
kannte in den ersten Jahren Theo Schönhöft allein
vom Hörensagen und von den guten Kritiken in der
Fachpresse. Und die forderte immer lauter, Herberger solle sich bei seiner Fahndung nach starken
Stürmern nicht nur im Westen oder Süden umschauen, sondern auch mal im Norden. Theo Schönhöft war ein Linksaußen, der den kürzesten Weg
zum Tor suchte, über einen erstaunlichen Antritt
verfügte und seine Soli mit einem kraftvollen Schuß
abzuschließen pflegte. Auf seinem Weg in die Nationalelf stand dem Osnabrücker vor allem Heinz Vollmar aus dem saarländischen St. Ingbert im Wege.
Aber da Schönhöft nun mal im berühmten Notizbuch des Bundestrainers stand, wurde er irgendwann dann doch berufen. Das war am 13. Juni 1956.
Die Reise des DFB führte nach Oslo, wo Gastgeber
Norwegen mit 3 : 1 geschlagen wurde. Die Skandinavier gingen mit 1 : 0 in Führung, doch der Debütant aus Osnabrück besorgte in seinem ersten
und letzten Länderspiel mit einem prächtigen
Distanzschuß den Ausgleich. Zweieinhalb Jahre später erlitt Theo Schönhöft auf der Fahrt mit seinem
Volkswagen auf vereister Straße zwischen Bad Iburg
und Glandorf einen Unfall und einen Schädelbasis-
bruch. Er war auf dem Weg zu den Abschluß-
prüfungen zum Lehramt an der Universität Münster. Das war der Wendepunkt in seiner Karriere.
Zwar feierte der Osnabrücker am 16. August 1959
beim 2 : 2 gegen Bremerhaven 93 ein Comeback,
doch seine große Zeit war vorüber. Später lebte
Schönhöft wieder in Steinfeld, wo er bei den Falken
als Spielertrainer arbeitete. Im Juli 1975 starb er an
den Spätfolgen seines schweren Autounfalls.

SCHOLL, MEHMET

Geboren am 16. Oktober 1970
15 Länderspiele (seit 1995)
FC Bayern München

Der ballverliebte Schelm

Mehmet Scholl hatte einen Traum – er wollte der
erste Spieler des Karlsruher SC sein, der zum FC

Bayern wechselte, um in München zum Nationalspieler zu werden. Karlsruhe – München! Das war
in der ersten Hälfte der 90er Jahre im Transferge-
schäft der Bundesliga eine vielbefahrene Einbahn-
straße. Doch nicht alle badischen Träume reiften an
der Isar – und so begegnete man auch Mehmet
Scholls Wechsel im Jahre 1992 zu den Bayern in
Karlsruhe mit Skepsis. Er kam als Sohn eines türkischen Vaters zur Welt. Der aber verließ nach seinem Studium Deutschland und kehrte in seine Heimat zurück. Mehmet trug den Namen seines
Stiefvaters Hermann Scholl, der viele Jahre später
auch sein erster Berater werden sollte. Die Straße
war in seinen jungen Jahren Mehmets Fußballspiel-
feld, und ein paar Häuser weiter wohnte ein anderer talentierter Spieler, der vor ihm von Karlsruhe
nach München wechseln sollte: Michael Sternkopf!
Bis 1984 kickten beide beim SV Nordwest Karlsruhe, ehe sie sich gemeinsam für eine Zukunft beim
KSC entschieden. Doch dann trennten sich die
Wege der beiden, denn Michael Sternkopf gehörte
zum älteren A-Jugend-Jahrgang. Auf der Schwelle
von der Jugend zu den »Senioren« feierte Mehmet
Scholl, der auch ein besonderes Talent als Sportkeg-
ler entwickelte, seinen ersten großen Triumph –
mit den KSC-Amateuren wurde er 1990 Meister
der Oberliga Baden-Württemberg. Worauf der technisch versierte Jungfußballer prompt die ersten
Angebote aus dem Profibereich bekam. Unter anderem klopfte Bayer Leverkusen bei ihm an. Der KSC
reagierte schnell – unterbreitete seinem ballverlieb-
ten Jungstar einen Dreijahresvertrag – und fortan
ging es ziemlich schnell. Schon in der Saison
1990/91 war Mehmet Scholl Mitglied des Bundes-
ligaaufgebots, und Trainer Winfried Schäfer hatte
seine Freude an der Schlitzohrigkeit dieses jungen
Mannes. Aber in der Bundesliga hatte sich, wenn es
um die Einhaltung von Verträgen ging, längst ein
Verfall der guten alten Sitten eingeschlichen, und
nachdem sogar Real Madrid und Juventus Turin
Gesprächsinteresse bekundet hatten, wechselte
Mehmet Scholl im Sommer 1992, wie vor ihm
Sternkopf und Kreuzer, zu Bayern München. Sechs
Millionen Mark war der Abiturient, der eigentlich
mal Arzt werden wollte, den Münchnern als Ablöse wert. Aber an der Isar brauchte Mehmet Scholl
seine Zeit zur Reife, er rieb sich mit den Trainern
Ribbeck, Trapattoni und Rehhagel und blühte
eigentlich nur in der Saison so richtig auf, in der
Franz Beckenbauer die Münchner zur Deutschen
Meisterschaft führte. Mitte der 90er Jahre hatten
die Bayern eine internationale Startruppe zusam-
mengekauft, und Scholl erkämpfte sich nur müh-

sam einen Stammplatz. Immerhin war er inzwischen Nationalspieler – er gab sein Debüt im April 1995 in Düsseldorf im Spiel gegen Wales. Die Medien hatten sich ein Bild von diesem etwas anderen Jungprofi zurechtgerückt. Es war das eines etwas schlampigen Talents und eines unverbesserlichen Schelms. Das änderte sich spätestens 1996, denn nach dem UEFA-Cup-Sieg mit den Bayern gewann er mit der Nationalelf auch den Titel eines Europameisters. Im Endspiel gegen Tschechien zeigte Mehmet Scholl eine beherzte Leistung.

SCHOLZ, HEIKO

Geboren am 7. Januar 1966
Ein Länderspiel (1992),
sieben Länderspiele DDR (1. FC Lok Leipzig)
Bayer Leverkusen

»Go West« im zweiten Anlauf

Hagenwerder ist kaum mehr als ein Punkt auf der Landkarte – gelegen im Dreiländereck, das polnisches, tschechisches und deutsches Territorium trennt. Die Neiße ist der Fluß, der die Grenze markiert, und der liegt vor der Haustür Hagenwerders. Hier, bei der ISG Hagenwerder, fand Heiko Scholz seine erste sportliche Heimat, ehe er 1966 ins benachbarte Görlitz in die dortige Dynamo-Mannschaft wechselte, weil alle der Meinung waren, daß das Fußballtalent in der Provinz zu versauern drohe. Doch wenig später kehrte er heim und spielte erneut in Hagenwerder. Bei der Betriebssportgemeinschaft Chemie Leipzig und danach bei Lok Leipzig fand Heiko Scholz die ersten großen sportlichen Herausforderungen. 1987 stand er mit den Leipzigern im Europacupfinale der Pokalsieger, das Ajax Amsterdam recht mühevoll in Athen mit 1:0 gewann. 1990 ging Scholz zum zweitenmal bei Dynamo Dresden vor Anker. Inzwischen war er gereift, hatte die Ausbildung zum Instandhaltungsmechaniker absolviert und galt als überaus ehrgeiziger Fußballer. Aber es hatte sich auch die deutsche Landkarte verändert. Die Welt der talentierten DDR-Fußballer war größer geworden, und die neuen Statuten ließen Ablösesummen zu. Scholz – das war der erste Millionentransfer innerhalb des DDR-Fußballs. Er war der einzige Spitzenspieler aus der DDR, der dem Ruf »Go West« nicht folgte – er »schwamm« quasi gegen den Strom. Ein Jahr lang spielte der siebenmalige DDR-Auswahlspieler für Dynamo in der Bundesliga, und er gehörte in der Saison 1990/91 zu den stärksten offensiven Mittelfeldspielern der

höchsten deutschen Fußballklasse. Der Mann, der einmal von sich sagte, er sei ein Kumpeltyp und stehe auch in schweren Zeiten zu seinen Freunden, setzte seine Wanderschaft durch Deutschland im Jahr darauf fort. Bayer Leverkusen gewann das Rennen um den technisch beschlagenen Fußballer, und der stand daraufhin ziemlich schnell auf der Liste von Bundestrainer Berti Vogts. Ausgerechnet in seiner alten Heimat Dresden feierte er beim 1:1 gegen Mexiko sein Länderspieldebüt – und wurde darauf mit Lob nur so überschüttet. Mit Bayer Leverkusen gewann er wenig später den DFB-Pokal, doch dann bekam seine Karriere einen Knick. Trainer Dragoslav Stepanovic setzte ihn mehr und mehr auf die Auswechselbank, und Heiko Scholz schaute sich schon wieder nach neuen Arbeitgebern um. Vertreter von Atletico Madrid standen bei ihm in Leverkusen auf der Matte, doch Heiko Scholz erhielt keine Freigabe. Die bekam er erst 1995 für den SV Werder Bremen. Inzwischen war der Mittelfeldrenner, den sie in Bremen »Scholle« nannten, in der Nationalmannschaft auf einem Abstellgleis gelandet, was seinem Selbstbewußtsein indes keinen Schaden zufügte.

SCHREIER, CHRISTIAN

Geboren am 4. Februar 1959
Ein Länderspiel (1984)
Bayer Leverkusen

Der Olympia-Rekordspieler

Der Herr Papa kam in Polen zur Welt, die Frau Mama war Französin. International ging es zu im Hause Schreier in Castrop-Rauxel. Christian Schreier wurde im Bochumer Stadtteil Gerthe geboren, und sein Vater war ein begeisterter Fußballer. Wen wundert es da, daß Sprößling Christian schon im zarten Alter von vier Jahren zum Fußball kam. Und zwar bei SuS Merklinde, wo ihm das Trikot der E-Jugend noch ein paar Nummern zu groß war, als er mit der Begeisterung seiner jungen Jahre dem runden Leder hinterherlief. Nach seiner Jugendzeit kickte er zunächst in der Bezirksklasse, wechselte dann zum TuS Schloß Neuhaus in die westfälische Oberliga. Trainer war Klaus Hilpert, und der hatte als Bochumer nach wie vor eine starke Bindung an den dortigen VfL. So war Klaus Hilpert der Wegbereiter des jungen Christian Schreier in die Bundesliga, wo der Mittelfeldspieler zwischen 1981 und 1984 genau 98 Bundesligaspiele bestritt und dabei 35 Treffer erzielte. Schreier war einer der Garanten des VfL im

Abstiegskampf. 1984 wechselte der junge Westfale dann für eine Ablösesumme von 1,2 Millionen Mark zu Bayer Leverkusen. Nach einigen Anlaufschwierigkeiten wurde er eine feste Größe bei den Leverkusenern, mit denen er 1988 den UEFA-Cup gewann. Inzwischen hatte Olympiatrainer Hannes Löhr längst ein Auge auf den Bochumer geworfen. Er war dabei, als am 13. Oktober 1987 in Osnabrück eine große Mannschaft »geboren« wurde. Die Olympiaelf kam auf ihrem Wege zur olympischen Bronzemedaille von Seoul an der Bremer Brücke zu einem 5:1-Sieg gegen Polen. Mit insgesamt 22 Einsätzen in der Olympiaauswahl war Christian Schreier Deutschlands »Rekordler«. Sein einziges A-Länderspiel bestritt er 1984 in Düsseldorf gegen Argentinien. Dies war insofern eine außergewöhnliche Begegnung, weil sie die erste unter der Regie von Derwall-Nachfolger Franz Beckenbauer war. Des »Kaisers« Premiere ging gründlich daneben – die Südamerikaner gewannen 3:1. Christian Schreier kam in der 73. Minute für Frank Mill ins Spiel. Seine Karriere beendete der technisch begabte Fußballer in den frühen 90er Jahren nach einem Zwischenspiel bei Fortuna Düsseldorf schließlich in seiner westfälischen Heimat beim TuS Schloß Neuhaus.

SCHRÖDER, ERICH

Geboren am 20. November 1898
gestorben im Dezember 1975
Ein Länderspiel (1931)
VfR Köln

Debütant mit 33 Jahren

Erich Schröder kam in Dresden zur Welt – zu einem Zeitpunkt, da der Dresdner Sport-Club gerade ein halbes Jahr alt war. Als Schüler bekam Erich Schröder Kontakt zum Fußball. An der Nossener Brücke trug er erstmals das rot-schwarze Trikot des DSC, wo der junge Verein seinen frühen Meisterkranz hängen hatte. Der Dresdner SC holte im Jahre 1905 den Titel des Verbandes Mitteldeutscher Ballspielvereine. Als der DSC mit Arno Neumann im Jahre 1908 den ersten Nationalspieler stellte, da wird der zehnjährige Erich Schröder vielleicht davon geträumt haben, diesem Pionier des Dresdner Fußballs irgendwann einmal nacheifern zu können. Sein Traum erfüllte sich jedoch erst nach der Übersiedlung von der Elbe an den Rhein. In Köln, seiner späteren Heimat, schloß sich Erich Schröder dem VfR an. Hier war er Verteidiger und hier wurde er sehr schnell eine der Spielerpersönlichkeiten der

Mannschaft, die in der Domstadt einen guten Namen hatte. Aber zur Ehre eines Nationalspielers brachte es der Abwehrspieler erst am Abend seiner Karriere – mit knapp 33 Jahren. 40 000 Zuschauer waren am 26. April 1931 im Amsterdamer Olympiastadion Augenzeuge des 1:1 zwischen Holland und Deutschland. Der spätberufene Debütant aus Köln lieferte eine ansprechende Partie. Am Ende glaubten die Kritiker bei Erich Schröder nur ein Manko an Ausdauer entdeckt zu haben. Nach seiner aktiven Zeit lebte der Sachse im Kölner Stadtteil Mülheim und war Kraftfahrer von Beruf.

SCHRÖDER, HANS

Geboren am 4. September 1906,
gestorben am 6. Januar 1970
Ein Länderspiel (1926)
Tennis Borussia Berlin

»Hanne« – schneidiger Rechtsaußen

Am 9. April 1902 wurde an der Spree Tennis Borussia aus der Taufe gehoben. Ein Ereignis, das die Berliner Presse weitgehend ignorierte. Wichtiger war für die Zeitungen der 1:0-Sieg der Viktoria über den BFC Preußen und die Fahrten von Berliner Fußballteams nach Prag und Leipzig. So ging es völlig unter, daß an diesem Apriltag des Jahres 1902 in der Konditorei »An der Spandauer Brücke« ein paar junge Leute saßen und sich die Köpfe heiß redeten. Es waren die Pioniere der Tennis Borussia. In den nächsten Jahren erfreute sich der junge Verein eines starken Zulaufs. Es waren vor allem die Schüler des Gymnasiums »Zum grauen Kloster«, die sich im Trikot von »TeBe« für den Fußball begeisterten. Hans Schröder war einer dieser Jugendlichen, die enthusiastisch die Entwicklung des Sports in ihrem Verein verfolgten und die wohl ziemlich traurig waren, als Tennis Borussia 1922 den Gang in die Berliner Kreisliga antreten mußte. Das sollte sich ändern, als Talente in die 1. Mannschaft drängten und als im Jahre 1926 Sepp Herberger, der spätere Reichs- und Bundestrainer, in diesem Verein auftauchte. Fast gleichzeitig ging auch der Stern von Hans Schröder auf. Der ging dem Beruf eines Angestellten nach und war ein schneidiger Rechtsaußen. »Hanne« riefen ihn seine Freunde, und mit ihm wurde der Verein in der Saison 1931/32 erstmals Berliner Meister. Als 20jähriger hatte Hans Schröder schon die Luft der Nationalmannschaft geschnuppert. Etwas überraschend erhielt er 1926 für das Länderspiel gegen Holland nach Düsseldorf eine Einladung. Der

Berliner war einer von fünf Neulingen, und fast 70 000 Zuschauer strömten ins Stadion am Rhein, weil der vorangegangene 4 : 0-Sieg der deutschen Mannschaft in der Schweiz eine tolle Werbung für dieses Spiel darstellte. Erst mit einstündiger Verspätung pfiff der dänische Schiedsrichter Andersen die Partie an, denn etliche Besucher waren nur mit sanfter Gewalt zu bewegen, das Spielfeld zu verlassen, weil sich auf den Rängen zu viele Zuschauer drängten. Es sollte der große Tag des Hans Schröder werden, aber dieses Länderspiel gegen die Fußballer aus dem Nachbarland wurde zum Triumph eines zweiten Neulings. Der Münchner Josef Pöttinger schoß drei Tore zum 4 : 2-Sieg. Hans Schröder spielte bis Mitte der 30er Jahre bei Tennis Borussia Berlin und wechselte dann zur »Bewag«, der Mannschaft der Berliner Elektrischen Werke.

SCHRÖDER, WILLI

Geboren am 28. Dezember 1928
12 Länderspiele (1951 bis 1957), drei Tore
Bremen 1860, Werder Bremen

»Dieses Auto kaufte Willi Schröder ...«

Vor dem Schaufenster eines Autohauses am Bremer Wall rieben sich die Passanten die Augen. Nicht wegen der blitzblanken Karosse, sondern wegen eines Schildes, das kaum zu übersehen war: »Dieses Auto kaufte Willi Schröder ...« Und schon schwirrten die Gerüchte, denn man schrieb das Jahr 1953, und nur wenige waren in der Lage, sich ein Auto zu leisten. In besonderem Maße galt das für einen so jungen Mann wie Willi Schröder, und die Tatsache, daß dieser ein talentierter Fußballer war, sagte den Bremern bei ihrem Stadtbummel auch nur wenig. Die Sache kam ins Rollen, denn auch die Funktionäre des Norddeutschen Fußball-Verbandes machten sich so ihre Gedanken, ob hinter den Kulissen alles mit rechten Dingen zugegangen sei. Dies alles passierte in der Zeit des Wechselfiebers in den Oberligen, und da Fristen einzuhalten waren, erlag so mancher Verein der Versuchung, Verträge vorzudatieren. Oder aber sie bewachten ihre Wunschkandidaten mit Argusaugen, um zu verhindern, daß die neidische Konkurrenz doch noch zuschnappen könnte. So oder so ähnlich wird es wohl auch im Fall des Willi Schröder gewesen sein, der im Mittelpunkt eines handfesten Skandals stand und schließlich zu dessen Opfer wurde. Schröder hatte im zerbombten Berlin in den letzten Kriegsjahren seine ersten Lorbeeren geerntet – und zwar im

Trikot von Blau-Weiß 90. Dort war Dr. Heinz Böver sein Trainer, und dem folgte er im Frühjahr 1946 zu Bremen 1860. Im Bremer Stadtteil Findorf brachte Böver seinen Schützling bei Pflegeeltern unter, und er besorgte ihm auch eine Ausbildungsstelle zum Drogisten. Mit den »Sechzigern« von der Weser wurde Willi Schröder 1951 Deutscher Amateurmeister, und da er mittlerweile zu einem exzellenten Spielmacher gereift war, wurde er zwei Jahre später, nach seiner Teilnahme am Olympischen Fußballturnier in Helsinki sowie den ersten Länderspieleinsätzen gegen Luxemburg, zum Objekt allgemeiner Begierde. Nach dem Turnier in der finnischen Hauptstadt war Schröder zum besten Halbstürmer gewählt worden – vor dem ungarischen Major und späteren Weltstar Ferenc Puskas. Selbst aus Italien bekam Schröder daraufhin ein Angebot, Horst Buhtz wollte ihn zum Wechsel überreden. Am 13. Juni 1953, zwei Tage vor dem Wechselstichtag im deutschen Ligafußball, unterschrieb Willi Schröder einen Vertrag beim Hamburger SV und kassierte ein Handgeld von 15 000 Mark, das der Fußballer in ein Kaffeeversandgeschäft stecken wollte. Jupp Posipal, der spätere Weltmeister, hatte die Fäden zwischen dem HSV und Schröder geknüpft und kam bei der späteren Sportgerichtsverhandlung in eine ungemütliche Situation. Werder Bremen, so kam dabei heraus, hatte dem Talent von nebenan ebenfalls ein Handgeld von 10 000 Mark geboten, Eintracht Braunschweig verdoppelte gleich die Offerte, und auch Hannover 96 wedelte mit einem Banknotenbündel. Willi Schröder war geständig – an diesem Beispiel wollte der DFB ein Exempel statuieren, und es nutzte den Beschuldigten wenig, daß Willi Schröders Verteidiger, Rechtsanwalt Wentzien, von dem man wußte, daß dieser ein begeisterter Turner war, in der Verhandlung im Haus des Sports in Hannover zu einer merkwürdigen Strategie griff. Er sagte in seinem Plädoyer: »Sie müssen doch wissen, daß Fußballspieler Gold in den Beinen und Stroh im Kopf haben ...« Willi Schröder wurde dennoch hart bestraft: ein Jahr Sperre und Verlust der Amateureigenschaft. Dem HSV wurden vier Punkte aberkannt, worauf die Mannschaft in dieser Saison nur auf Platz elf landete. Für Schröder kam in der Urteilsbemessung erschwerend hinzu, daß er noch vor der Verhandlung und trotz seiner Sperre ein Spiel im Trikot von Racing Straßburg bestritten hatte – die Elsässer ließen ihn unter falschem Namen spielen. Willi Schröder hatte das Pech, daß der Schiedsrichter dieser Begegnung aus Österreich kam und ihn seit dem olympischen Turnier in Helsinki kannte. Für

Willi Schröder war der Zug zur Weltmeisterschaft 1954 damit abgefahren, auch zum Leidwesen von Sepp Herberger, der später einmal sagte, dieses Talent hätte noch größere Veranlagungen gehabt als sein Lieblingsschüler Fritz Walter. Die Sperre endete am 30. Juni 1954, und ein paar Tage vorher wurden sich Schröder und Werder Bremen in einem hinteren Stübchen des Lokals »Bei den drei Pfählen« handelseinig. Diesmal war (fast) alles rechtens, sieht man einmal von den 15 000 Mark ab, die der Bremer Kaffeekaufmann Eduard Schilling dem neuen Mann zusteckte ... Bei Werder war Willi Schröder postwendend eine Größe, der Gestalter des Mittelfeldspiels, der elegante Freistoßschütze, der, wie kaum ein anderer, den Ball über die gegnerische Mauer zu zirkeln verstand. Mit den Bremern wurde er 1961 deutscher Pokalsieger. Drei Jahre vorher hatte der großartige Techniker, den seine Kameraden »Krümel« nannten, in der Bremer City ein Zigarrengeschäft eröffnet. Sein Stern beim SV Werder sank, als er mit Trainer Georg Knöpfle nicht mehr auf einer Wellenlänge lag, und als die Bremer 1965 Deutscher Meister wurden, war Willi Schröder nicht mehr dabei – er spielte zu diesem Zeitpunkt bei Bremerhaven 93.

SCHUBERT, HELMUT

Geboren am 17. Februar 1916,
gestorben 1989
Drei Länderspiele (1941)
Dresdner SC

Meister vor und nach dem Weltkrieg

Planitz lag noch vor den Toren von Zwickau. Viele Menschen dieser Stadt lebten von der Tabak- oder der Textilindustrie. Helmut Schubert, Buchdruckergehilfe von Beruf, spielte in seinen jungen Jahren beim SC Planitz, der sich im Gau Sachsen noch vergeblich bemühte, der starken Konkurrenz aus Dresden, Leipzig, Hartha und Chemnitz die Spitzenränge streitig zu machen. Aber die Region konnte eigentlich stolz sein auf den Leistungsaufschwung, den dieser Verein seit 1933 genommen hatte. Vor allem unter der sportlichen Leitung des einstigen Frankfurter Linksaußens Kellerhoff blühte die Mannschaft, in der auch der spätere Dresdner Nationalspieler Karl Schlösser stand, auf. Als im Jahre 1938 aber wieder nur ein Mittelplatz für die Planitzer heraussprang, wechselte Helmut Schubert zum Dresdner SC und damit in die Stadt, in der er als Soldat tätig war. Dieser Umstand war ein Glücksfall

für beide Seiten, denn dem jungen Fußballer blieb die Front erspart, und er wurde an der Elbe zum Nationalspieler. Der DSC wiederum hatte von da an eine starke Läuferreihe, um die er überall in Deutschland beneidet wurde. Nebenspieler waren Herbert Pohl und Walter Dzur. Schubert machte sich auch als Innenstürmer und Torschütze einen guten Namen. In der Sachsenelf stand er auf allen drei Läuferpositionen. Er war ein zäher Kämpfer, der nie aufgab, verfügte über ausgezeichnete spielerische und taktische Fähigkeiten. Seine drei Länderspiele führten ihn 1941 gegen Finnland, Dänemark und die Slowakei. Am 2. November 1941 stand Helmut Schubert mit dem Dresdner SC als linker Läufer im Berliner Olympiastadion im deutschen Pokalendspiel, das etwas überraschend mit 2:1 gegen Schalke 04 gewonnen wurde. Dreimal erreichte der Läufer aus Planitz das deutsche Meisterschaftsfinale. 1940 jubelten noch einmal die Fans des FC Schalke, triumphierten Tibulski, Eppenhoff, Szepan und Kuzorra über Kress, Schaffer, Schön und Richard Hofmann, doch die letzten beiden Kriegsendspiele der Jahre 1943 und 1944 brachten Erfolge des Dresdner SC über den FV Saarbrücken und LSV Hamburg. Helmut Schubert war immer dabei. Auch beim letzten Dresdner Punktspiel am 17. Dezember 1944. Beim 1:0 gegen den Stadtrivalen Guts Muts schoß Richard Hofmann sein Abschiedstor. Nach Kriegsende ließ sich Helmut Schubert zunächst in seiner Heimatstadt nieder, spielte einige Zeit in Lichtenstein, einem kleinen Ort zwischen Chemnitz und Glauchau, und später bei der ZSG Horch Zwickau, dem Nachfolger des SC Planitz. Am 16. April 1950 wurde er, inzwischen 34 Jahre alt, erster Fußballmeister der DDR. Nicht zuletzt dank der 23 Tore von Heinz Satrapa. Entscheidend war ein 5:1-Sieg gegen die SG Friedrichstadt – ein Triumph, von dem es später hieß, er sei nicht mit rechten Dingen zustandegekommen. Helmut Schuberts Weg als aktiver Fußballer ging allmählich zu Ende. Bis 1959 blieb er in der DDR, um dann über Berlin zunächst nach Duisburg zu wechseln. Seinen Lebensabend verbrachte Helmut Schubert in Hemer, wo er 1989 nach einer schweren Krankheit starb.

SCHÜMMELFELDER, JOSEF

Geboren am 31. Oktober 1891,
gestorben am 12. Februar 1966
Fünf Länderspiele (1913 bis 1921)
Bonner FV

Das Vor- und Nachkriegs-Sextett

Sie stand schon – die berühmte Brücke mit ihren spitzen Türmchen, die den Rhein bei Bonn überspannte und wo das vielbestaunte »Brückenmännchen« grüßte, als Josef Schümmelfelder erstmals als Fußballknirps versuchte, die Tücken des Balles zu ergründen. Bonn, seine Heimatstadt, präsentierte sich in der Zeit um die Jahrhundertwende als beschaulicher Ort mit großer Tradition. Auf dem Marktplatz hatte die Bürgerschaft dem Kurfürsten Max Friedrich eine Brunnensäule errichtet, und das Rathaus des französischen Baumeisters Leveilly beherrschte dieses repräsentative Zentrum der Stadt am Rhein. Josef Schümmelfelder schnürte seine Stiefel beim Bonner Fußballverein, der einige Zeit zu den Rebellen im Rheinisch-Westfälischen Spielverband gehörte. Die Bonner plädierten energisch für die Schaffung einer Verbandsliga. Josef Schümmelfelder, Kaufmann von Beruf, sollte in späteren Jahren dann einer jener sechs Fußballer in Deutschland sein, die vor und nach dem 1. Weltkrieg in der Nationalmannschaft zum Einsatz kamen. Sein Debüt feierte der Bonner am 26. Oktober 1913 in Hamburg. Dänemark war der Gegner, und die Deutschen hatten keine Chance. 1 : 4 verlor die Nationalelf des Gastgebers, doch der linke Läufer vom Rhein wußte dennoch zu gefallen und bestritt auch die letzten beiden Länderspiele vor dem 1. Weltkrieg. Diese führten die deutschen Fußballer nach Antwerpen (2 : 6 gegen Belgien) und nach Amsterdam, wo ein vielbestauntes 4 : 4 heraussprang. Nach den langen Jahren der Fußballabstinenz setzte Schümmelfelder seine Karriere nach dem 1. Weltkrieg auch in der Nationalelf fort – mit Länderspielen gegen Österreich und Ungarn. »Phöbus« nannten ihn seine Freunde, und vermutlich hätte er noch ein paar mehr Länderspiele bestritten, wenn er in der Nationalelf irgendwann einmal auf seiner Lieblingsposition als Mittelläufer hätte spielen dürfen. Geschätzt waren seine weichen und genauen Vorlagen. Schon zu seinen aktiven Zeiten war sein Können am Billardtisch eine Attraktion. Später war Josef Schümmelfelder als Trainer von Bonn-Beuel 06 einer der Baumeister der großen Elbern-Ära. Franz, Marcell und Joe waren die berühmten Bonner Fußballhelden der 30er Jahre.

SCHÜTZ, FRANZ

Geboren am 6. Dezember 1900,
gestorben am 22. März 1955
Elf Länderspiele (1929 bis 1932)
Eintracht Frankfurt

Intelligentes Abwehrduo

Franz Schütz und Hans Stubb – jahrelang war dies die Standardformation der Frankfurter Eintracht in der Verteidigung. Ein Abwehrbollwerk bester Güte. Franz Schütz wurde in Offenbach geboren, spielte bis 1920 in seiner Heimatstadt beim BSC von 1899, bekam dann in Köln-Mülheim seinen letzten Schliff, wurde westdeutscher Repräsentativspieler und fand am 1. Mai 1925 den Weg zur Eintracht. Er war gegenüber Hans Stubb zwar eher langsam, doch dieses Manko machte Franz Schütz, der Ältere der beiden, mit Kampf, Schlagsicherheit und Cleverneß wett. Zehnmal stand Franz Schütz zwischen 1930 und 1933 in Spielen der deutschen Endrunde. Von dem hessischen Fußballclub sagte man, er vereinige in diesen frühen 30er Jahren Eleganz und Sachlichkeit. Man verglich diese Mannschaft mit Fortuna Düsseldorf und gar mit dem FC Everton. Walter Dietrich, der 14fache Schweizer Internationale, war die Seele des Frankfurter Spiels. Die Eintracht hatte 1932, als sie im deutschen Endspiel von Nürnberg dem FC Bayern München mit 0 : 2 unterlag, neben Franz Schütz und Hans Stubb noch weitere deutsche Nationalspieler in ihren Reihen: Kapitän Rudi Gramlich und Hugo Mantel. Doch stolz war der Verein vor allem auf sein schlagsicheres Verteidigerduo, auf Schütz und Stubb. Der ruhige und besonnene Franz Schütz, Lagerverwalter von Beruf, hatte sich alles hart erarbeitet, und so empfanden es manche im Jahre 1929 als einen verdienten Lohn, als der »elegante Hüne« in die Nationalelf berufen wurde. In Mannheim war er neben Willy Kreß, dem Torwart von Rot-Weiß Frankfurt, einziger Debütant im Spiel gegen die Schweiz. Die bedauernswerten Eidgenossen hatten gegen die hungrige deutsche Elf nicht den Hauch einer Chance und verloren mit 1 : 7. Bis 1932, dem unglücklich 0 : 2 gegen Holland in Düsseldorf, brachte es Franz Schütz zu elf Länderspieleinsätzen. Bei der Eintracht war er längst eine Leistungssäule geworden, weil er es verstand, Geschmeidigkeit mit Kraft und Technik mit Energie zu paaren. Er arbeitete später in Baden-Württemberg als Generalvertreter für eine Sportschuhfabrik. Im Alter von 54 Jahren erlag er in Stuttgart einem Herzschlag, als er auf einer Reise in Süddeutschland seinen Wagen anschieben wollte.

SCHÜTZ, JÜRGEN

Geboren am 1. Juli 1939
Sechs Länderspiele (1960 bis 1963), zwei Tore
Borussia Dortmund

Das Autorennen am Colosseum

Auf einem Dortmunder Vorortplatz wurde Jürgen
Schütz entdeckt. Und zwar von keinem Geringeren
als von Max Merkel. Zwischen 1959 und 1963
schoß der Junge aus Lütgendortmund, der im Vorortklub Urania mit dem Fußball begann, 104 Tore
in 114 Oberligaspielen der Dortmunder Borussia.
»Max« und »Moritz« – Jürgen Schütz und Timo Konietzka – das war ein Duo der deutschen Extraklasse. Doch als die Bundesliga 1963 ihre Tore öffnete und Millionen in Deutschland fasziniert waren
von dieser neuen Spielklasse, da zog es Jürgen
Schütz nach Italien. Meister war er mit der Borussia 1963 geworden – im letzten deutschen Endspiel, das die Dortmunder mit 3 : 1 gegen den 1. FC
Köln gewannen. »Charly« Schütz wurde dann einer der ersten deutschen Legionäre im Land der
Lire. 450 000 Mark überwiesen die Funktionäre
von AS Rom den Dortmundern, eine für damalige
Verhältnisse ungewöhnlich hohe Summe. Außerdem zahlten die Römer noch 280 000 Mark an den
Deutschen Fußball-Bund. »Charly« Schütz, der Torjäger vom Dienst, bereute diesen Schritt nie. Mit 24
Jahren zog es ihn in die »Ewige Stadt«, und er ließ
sich dieses Abenteuer mit einem Dreijahresvertrag
und einem Handgeld von 570 000 Mark versüßen.
Wäre er noch immer ausschließlich das, was er einmal gelernt hatte, nämlich Kaufmännischer Angestellter, hätte er sich in diesen 60er Jahren mit
einem Monatseinkommen von rund 600 Mark begnügen müssen. Und auch die Spieler der Bundesliga
kassierten – zumindest offiziell – lediglich die
durch die Statuten festgelegte Gehaltsobergrenze
von 1200 Mark pro Monat. In Rom fand der Stürmer aus Deutschland viele Sympathien. Und Jahre
später erinnerte er sich an eine Episode: Am Abend
eines Spiels saß er mit alten Dortmunder Freunden
irgendwo in einer Taverne in der römischen Altstadt Trastevere, und in weinseliger Stimmung veranstaltete der Fußballprofi mit seinen Gästen ein
Autorennen rund um das Colosseum, ehe die
»Rennfahrer« schließlich von der Polizei gestoppt
wurden. Als der Carabinieri Jürgen Schütz erkannte,
umarmte und küßte er den jungen Fußballer, worauf das Rennen seine Fortsetzung nahm. FC Mes-
sina, FC Turin und AC Brescia waren die weiteren
Stationen des deutschen Profis in Italien. 1968

kehrte Jürgen Schütz zurück, trug zunächst das Trikot von München 1860 und dann noch einmal das
von Borussia Dortmund, erfreute sich im übrigen
eines Millionengewinns im Lotto – und geriet dennoch in wirtschaftliche Nöte. Mit wenig Erfolg
betätigte er sich als Minicar-Unternehmer, dann als
Gastwirt. Er übernahm in Dortmund die Gaststätte
»Zum Zöllner« und später dann die »Gildenstube«.
Doch alle Unternehmungen gingen letztlich schief.
Viel erfolgreicher war seine Länderspielkarriere,
die im März 1960 in Stuttgart beim 2 : 1-Sieg gegen
Chile mit einem Kurzeinsatz begonnen hatte. 1962
hoffte er vergeblich auf einen Platz im WM-Aufgebot für Chile. 1973 trug Jürgen Schütz das Trikot
von Rot-Weiß Lüdenscheid in der Regionalliga West
und feierte dort ein Wiedersehen mit seinem alten
Dortmunder Spezi Reinhold Wosab.

SCHULZ, FRITZ

Geboren am 9. November 1886,
gestorben am 5. März 1918
Ein Länderspiel (1909)
Hertha BSC Berlin

Viel Sand und sechs Tore

Warum heißt die Berliner Hertha eigentlich Hertha?
Seit Generationen reiben sich die Fußballhistoriker
an dieser Frage. Die einen sind der Auffassung, ein
Dampfer habe bei der Namensgebung des Traditionsvereins von der Spree Pate gestanden, andere
meinen, die Farben des Vereins seien identisch mit
der Reederei des besagten Dampfschiffs. Und dann
war auch zu lesen, die jüngste Tochter des ersten
Vorsitzenden habe den Namen »Hertha« getragen.
Schließlich gibt es da auch noch eine Göttin gleichen Namens. Nur eines ist wohl unstrittig: Die
Berliner Hertha wurde am 25. Juli 1892 aus der
Taufe gehoben, und die ersten Fußballer waren auf
dem Arkonaplatz am Gesundbrunnen aktiv. 1906
wurden die Herthaner erstmals Meister des Verbandes Brandenburg und spielten im gleichen Jahr um
die erste Deutsche Meisterschaft. In der Zwischenrunde war gegen den VfB Leipzig Endstation. In
dieser Zeit stellten die Herthaner ihre ersten Nationalspieler: Es waren Herbert Hirth und der etwas
jüngere Fritz Schulz. Letzterer war waschechter
Berliner, spielte Linksaußen und erlernte den Beruf
des Schriftsetzers. Fritz Schulz kam gemeinsam mit
seinem Mannschaftskameraden Herbert Hirth am
4. April 1909 in Budapest im Länderspiel gegen Ungarn zum Einsatz. Da die meisten Spieler aus Berlin

kamen, traf man sich auf dem Bahnhof Friedrichstraße und erreichte tags darauf die ungarische Hauptstadt. Nach dem Empfang, einem kurzen Schlaf und dem Mittagessen ging es hinaus auf den Platz der Millenium-Turnierbahn, wo die Spieler feststellten, daß hier kein Gras wuchs, sondern das Feld zumeist aus Sand bestand. Da ein kräftiger Wind den Fußballern ins Gesicht wehte, ging es bald wieder zurück ins Hotel. Am Sonntag fanden sich dann trotz regnerischen Wetters 15 000 Zuschauer ein, und die kamen auf ihre Kosten, weil sie sechs Tore sahen. Das 3:3 der Gäste aus Deutschland wurde von allen Seiten gelobt, doch da Linksaußen Fritz Schulz nicht ins gegnerische Tor getroffen hatte, bekam er fortan keine Einladungen mehr zu den nachfolgenden Länderspielen.

SCHULZ, KARL

Geboren am 10. Mai 1901
Ein Länderspiel (1929)
Viktoria 89 Berlin

Als Viktorias Glanz erlosch

Jahre, bevor der »Verband deutscher Ballspielvereine« 1897 ins Leben gerufen wurde, gab es bereits in Berlin den Tor- und Fußball-Club Viktoria. Der Verein stand schon in den frühen 90er Jahren des 19. Jahrhunderts in voller Blüte und war die Nummer eins an der Spree. In dieser Zeit fertigten die Berliner Pioniere sogar eine derart starke Mannschaft wie die »Dresdner Engländer« in einem Freundschaftsspiel ab. Die Gebrüder Baudach, Franz Wünsch, Laube und Kralle – das waren die Wegbereiter der Viktoria. Zunächst war der Verein das sportliche Domizil des Berliner Handwerks, doch das Bild dieser sich nach Ständen orientierenden Sportgemeinschaft verlor sich mehr und mehr. Überliefert ist der strenge Ordnungssinn der Berliner Viktoria in den ersten Jahren ihres Bestehens. Wer hier spielte, wurde zwangsläufig mit einem Strafenkatalog konfrontiert. So mußten die Spieler zähneknirschend akzeptieren, daß sie nach einem verlorenen Match 25 Pfennig in die Kasse zu zahlen hatten. Und gleich mit 50 Pfennig wurde bestraft, wer vor dem Spiel oder in der Pause den Ball berührte. Auch ein Schimpfwort auf dem Platz ging mit teuren Konsequenzen einher. Der Kapitän der Mannschaft, man nannte ihn den »Spielkaiser«, hatte die Höhe des Strafgeldes festzusetzen. Die angesammelten Gelder wurden dann auf den Reisen der Mannschaft ausgegeben. Als Karl Schulz als

Zehnjähriger erstmals mit dem Fußball in Berührung kam, hatten sich die strengen Sitten bei seiner Viktoria allerdings längst gelockert. Der gebürtige Berliner kam von der Union Oberschöneweide und schwärmte von den Fußballhelden dieser Tage. Röpnack, Knesebeck, Dumke, Worpitzky und Kugler – das werden seine Vorbilder gewesen sein. Die Karriere des Karl Schulz fällt in eine Zeit, da sich in Berlin alles um Hertha BSC drehte. Viktoria, der zweifache Vorkriegsmeister, stand im Schatten der aufstrebenden Berliner Fußballklubs. Und doch stieg Viktorias Mittelläufer zum Nationalspieler auf. Am 20. Oktober 1929 war er beim 4:0-Sieg gegen Finnland in Hamburg-Altona dabei. Der Erfolg fiel deutlich aus, doch dem Spiel des klaren Siegers fehlte dennoch der Glanz. Für Karl Schulz, Sportlehrer von Beruf, blieb dies der einzige Einsatz im Nationaltrikot.

SCHULZ, KARL

Geboren am 11. August 1901
Zwei Länderspiele (1925)
Holstein Kiel

»Sehr traurig muß ich stehen ...«

Holstein Kiel war schon vor dem 1. Weltkrieg eine gute Adresse des deutschen Fußballs. Und er fand auch schnell wieder zu einem geregelten Sportbetrieb, als die Kanonen der Fronten schwiegen. Im Juli 1921 begrüßten die Kieler ihr 1000. Vereinsmitglied – aus dem einstigen Fußball- war ein Sportverein geworden. Mit einer Tennisabteilung, mit Hockeyspielern, Boxern, Schlag- und Faustballern, ehrgeizigen Schwimmern und wurfstarken Handballern. Und natürlich mit Fußballern. Die hatten allerdings erhebliche Sorgen mit ihren Spielfeldern, denn ein Novembersturm des Jahres 1921 fegte das Dach der Stadiontribüne hinweg. Doch allmählich wurden Pläne realisiert – und fast gleichzeitig wuchs aus bescheidenen Anfängen wieder eine Fußballmacht im hohen Norden Deutschlands. Holstein war bekannt für die Pflege eines internationalen Fußballspielbetriebs. So kam es schon im Jahre 1920, als der deutsche Sport in Europa noch weitgehend isoliert war, zu einem Vergleich mit Forward Groningen. Fast gleichzeitig stieß der junge Karl Schulz zur ersten Mannschaft von Holstein Kiel. Er war an der Förde aufgewachsen und hatte bei diesem Verein die ersten Kontakte mit dem Fußball. Er war ein ungestüm angreifender Mittelstürmer, den seine Freunde »Calli« nannten und der es 1926 zum Nationalspieler brachte. Unter den 15 Spielern, die der Deutsche Fußball-Bund im Juni zu einer Skandinavienreise eingeladen hatte, befanden sich vier Kieler: August Werner, Kurt Voß, Oskar Ritter und Karl Schulz. In Stockholm war gegen die starken Schweden eine 0:1-Niederlage nicht zu vermeiden. Fünf Tage später gab es dann aber einen 5:3-Sieg der deutschen Nationalelf in Helsinki gegen Finnland. Aber auch in diesem Spiel ging der Mittelstürmer aus Kiel leer aus. »Calli« Schulz, Rechtsanwalt von Beruf, hatte im übrigen auch eine poetische Ader. So widmete er seinem Verein ein Gedicht, das mit den Worten beginnt: »Wie auch die Farben wehen, im hellen Sommerwind. Sehr traurig muß ich stehen, wenn jetzt das Spiel beginnt. In vielen bunten Jahren, schoß ich so manches Tor. Und mußte doch erfahren, daß ich das Spiel verlor ...« Viele Jahre später wurde Karl Schulz Schatzmeister des Landessportverbandes Schleswig-Holstein.

SCHULZ, MICHAEL

Geboren am 3. September 1961
Sieben Länderspiele (1992 bis 1993)
Borussia Dortmund

Eine Therapie gegen den Streß

Im kleinen Ort Harlingen kam er zur Welt, in Nettlingen, unweit von Hildesheim, wuchs Michael Schulz auf. Er spielte dort bereits als Sechsjähriger beim TuS und fand in seinem Vater Alwin einen engagierten Förderer und Trainer. Seine robuste Natur und sein Fußballtalent ebneten ihm als Jugendspieler den Weg zum TuS Syke, und im Jahre 1980 wurde er zu einem Probetraining bei Borussia Mönchengladbach eingeladen. Dort war Jupp Heynckes der Chef, und der schickte Michael Schulz erst mal wieder nach Hause. Also büffelte der junge Fußballer für das Abitur und entschied sich dann für eine Ausbildung bei der Polizei. Zwar klopften bei ihm immer wieder mal Profivereine an, doch nach seinem Besuch am Gladbacher Bökelberg war Michael Schulz zunächst einmal die Lust zu einem Wechsel vergangen. Statt dessen unterschrieb er 1984 beim VfB Oldenburg und kickte in der Oberliga Nord. Ein Jahr später wurde er dann mit den deutschen Polizisten Europameister. Immerhin war der Abwehrspieler schon 25 Jahre alt, als er schließlich doch den Lockungen der Bundesliga erlag. Der 1. FC Kaiserslautern bot ihm einen Vertrag an, und Michael Schulz war so etwas wie der Ko-

met der Saison 1987/88. Er wurde Stammspieler und war fasziniert von der tollen Fußballatmosphäre am Betzenberg, wo sich die Fans als Teil ihrer Mannschaft sehen und wo viele Spiele, die auf der Kippe stehen, in den letzten Minuten gewonnen werden. Die erste internationale Berufung verdankte er 1988 Hannes Löhr – mit den deutschen Olympiafußballern gewann er in Seoul die Bronzemedaille. Franz Beckenbauer, der Teamchef der Nationalelf, hatte ebenfalls ein Auge auf den Kämpfertypen vom Betzenberg geworfen, nominierte ihn 1988 für das Aufgebot zum wichtigen WM-Qualifikationsspiel gegen den alten Rivalen Niederlande in München, doch auf seinen Einsatz in der Nationalelf mußte er noch vier Jahre warten. 1989 zog es Michael Schulz dann in den Westen, wo er bei Borussia Dortmund ebenfalls eine stimmungsreiche Arena vorfand. Zwei Millionen Mark blätterten die Westfalen für den Niedersachsen auf den Tisch. Doch in Dortmund bekam er Probleme. Weniger mit seinem Verein und den Fans, sondern mehr mit den Schiedsrichtern und seinem Temperament. Es hagelte Rote Karten und es folgten lange Sperren, was den verzweifelten Profi dazu ermunterte, sich einer Anti-Streß-Therapie zu unterziehen. Und danach ging es bei ihm wieder steil bergauf. Ein Weg, der letztlich dann doch in der Nationalelf mündete. Berti Vogts schenkte ihm 1992 sein Vertrauen beim Länderspiel gegen Italien in Turin. Im gleichen Jahr gehörte er zum DFB-Kader der Europameisterschaft in Schweden. Im Jahr darauf stand er mit Borussia Dortmund im UEFA-Cup-Finale gegen Juventus Turin. Doch in Westfalen wollte man Michael Schulz nicht mehr, als im Sommer 1994 sein Vertrag auslief. Worauf der »Lange« zu Werder Bremen wechselte. Es war sein Pech, daß die Borussen in der nächsten Saison Meister wurden. Schulz beendete 1997 seine Profikarriere und war danach Mitglied der Fußballredaktion des Fernsehsenders SAT.1.

SCHULZ, WERNER

Geboren am 22. Juni 1913
Vier Länderspiele (1935 bis 1938)
Arminia Hannover

Drei Spiele – drei Kantersiege

Die Arminen aus Hannover gelten als Fußballpioniere Niedersachsens. Schon im Jahre 1912 nahm der Verein an den Punktspielen teil und kämpfte sich bis 1915 von der vierten in die erste Klasse vor.

Die hannoversche Kreismeisterschaft in der Kriegs-
saison 1915/16 war der erste herausragende Erfolg
in der Geschichte der Arminen. Zwischenzeitlich
fusionierte der Verein mit dem Rugby-Klub Merkur
und wurde Besitzer eines Stadions am Bischofsholer Damm. Den SV Arminia bejubelten die Fußballfreunde aus Hannover 1920 nach dem Gewinn der
norddeutschen Fußballmeisterschaft. Als zweiter
norddeutscher Teilnehmer erreichte Arminia 1933
die Endrunde zur Deutschen Meisterschaft, und es
war eine faustdicke Überraschung, als die Hannoveraner den aufblühenden Dresdner SC straucheln
ließen. Erst in der Zwischenrunde war für Arminia
Endstation. William Townley, der gealterte Trainerfuchs aus England, hatte am Bischofsholer Damm
ganze Arbeit geleistet, und niemand scherte sich
bei den Arminen darum, daß sie in Dresden erst in
der 120. Spielminute und dank eines Eigentores
durch Berthold mit 2:1 gewannen. Fortuna Düsseldorf war dann aber in der Zwischenrunde doch
eine Nummer zu groß. Werner Schulz, der linke
Läufer, war eine der Säulen dieser erfolgreichen
hannoverschen Mannschaft. Im südwestafrikani-
schen Swakopmund war der junge Fußballer zur
Welt gekommen, und am 28. April 1935 schlug für
ihn die erste große Stunde in der Nationalelf.
30 000 Zuschauer waren im Brüsseler Stadion dabei
und erlebten eine hochüberlegene deutsche Elf, die
sich gegen Belgien mit 6:1 behauptete. Werner
Schulz war der erste Nationalspieler aus den Reihen
der Arminen – ihm sollte wenige Monate später
Willy Fricke folgen. Dreimal kam Werner Schulz
1935 in Länderspielen zum Einsatz – dreimal gab
es hohe deutsche Siege. Dem 6:1 von Brüssel folgten ein 6:0 in München gegen Finnland und ein
5:0 in Stettin gegen Estland; 1938 noch ein 2:1
gegen Luxemburg. Selten war eine kurze Länderspielkarriere erfolgreicher als die des Werner Schulz.

SCHULZ, WILLI

Geboren am 4. Oktober 1938
66 Länderspiele (1959 bis 1970)
Union Günnigfeld, Schalke 04, Hamburger SV

»Williiii« – Fußball made in Germany

Willi Schulz wurde im Bochumer Stadtteil Günnig-
feld als Sohn eines Gastwirts geboren. Mit zwölf
Jahren trat er der dortigen Union bei. Es war die
Zeit, da sich erstmals in Deutschland das zarte
Pflänzchen eines Wirtschaftswunders regte. Zwar
lagen die Städte noch in Trümmern, doch überall

wurde geplant, gebaut – die Menschen im zerbombten Westen krempelten die Ärmel auf. Nach
der Währungsreform war die Blütezeit des
Schwarzmarktes vorbei, dafür flogen immer wieder
Schmugglerringe auf, und Schiebereien waren an
der Tagesordnung. In Gelsenkirchen entstand ein
riesiges Lebensmittelsilo aus den Rumpfteilen
früherer U-Boote. Der junge Willi Schulz kickte mit
ausgetretenen Fußballstiefeln bei der Union, büffelte auf der Schulbank und sah schließlich einer
Lehre als Feinmechaniker bei Krupp entgegen.
Doch zu diesem Zeitpunkt hatte er längst als talentierter und kompromißloser Abwehrspieler auf sich
aufmerksam gemacht. Als 1965 der FC Schalke 04
bei ihm vorstellig wurde, da war er schon Nationalspieler. Was einen ziemlich ungewöhnlichen Anstrich hatte, denn Union Günnigfeld spielte in der
drittklassigen westfälischen Staffel 2. Aber Willi
Schulz hatte sein Talent in vier Amateurländerspielen unter Beweis gestellt, und nach seinem Länderspieldebüt am 20. Dezember 1959 in Hannover gegen Jugoslawien (1:1) waren sich die Kritiker einig:
Dieser Junge macht seinen Weg. Zurück zu den
Schalkern: Die spürten 1960 gleich den Geschäfts-
sinn des jungen Günnigfelders. Der wollte nämlich
kein Geld bei seinem Wechsel nach Gelsenkirchen,
sondern ein Grundstück. Das bekam er, und er errichtete dort eine Gaststätte, einen Laden und ein
paar Meter weiter eine der im Westen so beliebten
»Trinkhallen«. Als Schulz fünf Jahre später zum
Hamburger SV wechselte, boykottierten die Schalker Fans eine Weile Willis Kneipe und tranken bei

Wind und Wetter lieber ihr Bier unter freiem Himmel – am Kiosk gegenüber. Ohne zu wissen, daß
auch hier der abtrünnige »Ausputzer« der Eigentümer war. Spätestens nach seiner zweiten Welt-
meisterschaftsteilnahme 1966 in England wurde
das langgezogene »Williiiii« der Fans zum Markenzeichen des deutschen Fußballs. »World-Cup-Willi«
nannten sie den zum Routinier gereiften Abwehrspieler von der Elbe. 66mal trug er das Trikot mit
dem Bundesadler auf der Brust. Zwischen 1959
und 1970 verpaßte er nur 18 Länderspiele. Seinen
Abschied von der großen Weltbühne des Fußballs
nahm er im »Jahrhundertspiel« bei der Weltmeisterschaft in Mexiko gegen Italien (3 : 4 nach Verlängerung). Der Hamburger SV verabschiedete ihn
1973 mit einem Spiel gegen eine Weltelf. Das Trikot
der Weltauswahl hatte er selbst 1968 im Spiel gegen Brasilien getragen. Willi Schulz absolvierte insgesamt 263 Spiele in der Bundesliga. Nach seiner
aktiven Zeit baute er in Hamburg eine Versicherungsagentur auf und stieg in die Spielautomaten-
branche ein. Eine Zeitlang war er ein gefürchteter
Zeitungskolumnist, doch seit den späten 80er Jahren
traf man ihn immer seltener im Volksparkstadion an.

SCHUMACHER, HARALD

Geboren am 6. März 1954
76 Länderspiele (1979 bis 1986)
1. FC Köln

Toni – der »Kölsche Tünn«

Harald Schumacher war den Kritikern nie böse,
wenn sie ihn einen »Verrückten« nannten. Denn
der Torwart vom Rhein wußte, daß sich dahinter
schlichtweg Respekt vor seiner ungewöhnlichen
Leistung verbarg. Schumachers Karriere war allerdings auch ein stetes Wechselspiel zwischen höchsten Höhen und tiefsten Tälern. Er war ein Ausnahmefußballer, der meist sagte, was er dachte. Und
zuweilen sagte er auch schon mal ein Wörtchen zuviel. Als Achtjähriger kam er in seiner Geburtsstadt
Düren zum Fußball. Ein paar Jungen aus der Nachbarschaft nahmen ihn mit zu Schwarz-Weiß. Und
da er kein ausgesprochener Freund von schweiß-
treibenden Läufen war, landete er schließlich im
Tor. Wo er sich rasch bewährte und eines Tages
zwischen den Pfosten bei einem Spiel der Westdeutschen Auswahl stand. Nach seiner Schulzeit
wurde Harald Schumacher zum Kupferschmied
ausgebildet, doch zu diesem Zeitpunkt bastelte der
Jugendnationaltorwart schon fleißig an seiner Profi-

karriere. Nach seiner Lehre wechselte er zum 1. FC
Köln, der mit Fußballern aus Düren bis dahin ausgezeichnete Erfahrungen gemacht hatte. Georg Stollenwerk und Karl-Heinz Schnellinger kamen auch
von dort. Aber Schumacher hatte es sehr schwer,
und Trainer Hennes Weisweiler wollte dem Ner-
venbündel schon die kalte Schulter zeigen. Doch
dann suchte der Vielgescholtene den Rat einer Psy-
chologin – und das war eine wichtige Entscheidung
in seinem jungen Leben. Aus dem Wackelkandida-
ten war eine zuverlässige Größe geworden – ein
Torwart mit großem Reaktionsvermögen, aber auch
mit einer großen Klappe. Bundestrainer Helmut
Schön ignorierte deshalb den Keeper vom Rhein,
doch sein Nachfolger Jupp Derwall sollte »Tonis«
Nominierung in die Nationalmannschaft nicht bereuen. Dabei war das Pech des Weltmeisters Sepp
Maier das Glück des Harald Schumacher. Maier beendete nach einem Autounfall seine Karriere – und
der Kronprinz kam aus Köln. Für die Fans in der
Domstadt war Schumacher schlicht der »jecke
Tünn« – der »Toni«. Ein Jahr nach seinem Debüt in
der Nationalelf war er schon Europameister – sein
siebtes Länderspiel brachte ihm in Rom den Titel.
1982 wurde er dann Vizeweltmeister, doch unter
den Tiefstrahlern der WM-Arena von Sevilla erhielt
seine Karriere einen Tiefschlag. Im Halbfinale gegen Frankreich war sein Foul an Patrick Battiston
der Anlaß zu fußballpolitischen Verwicklungen
zwischen den beiden Nachbarländern. Vor allem
deshalb, weil Schumacher nach dem dramatischen

Spiel einigen Journalisten sagte, er sei bereit, Battiston die Jacketkronen zu bezahlen. Worauf Schumacher nicht nur in Frankreich zum Inbegriff des Klischees vom »häßlichen Deutschen« wurde. Die französische Sportzeitung »L'Equipe« schrieb: »Schumacher. Beruf: Unmensch!« Er brauchte eine lange Zeit, um dieses Image zu korrigieren. Es gelang ihm schließlich durch tadelloses Auftreten bei der Europameisterschaft 1984 in Frankreich. 1986 scheiterte Toni Schumacher mit der Nationalelf erneut erst im Finale einer Weltmeisterschaft – sein ganz großes Ziel erreichte er also weder unter Jupp Derwall, noch unter Franz Beckenbauer. Aber in der Bundesliga war er einer der Superstars – die deutschen Sportjournalisten wählten ihn 1984 und 1986 zum »Fußballer des Jahres«. Zweimal hütete er das Tor der Europaauswahl, einmal das der Weltauswahl. Mit dem 1. FC Köln wurde er 1978 Deutscher Meister sowie 1977, 1978 und 1983 jeweils Deutscher Pokalsieger. Zwischen dem 23. April 1977 und dem 3. September 1983 war er der Kölner »Dauerbrenner«. Nach 213 Bundesligaspielen ohne Pause beendete eine vereinsinterne Sperre durch den holländischen Trainer Rinus Michels die ungewöhnliche Serie. Den Schlußpunkt unter seine internationale Karriere setzte dann aber der Deutsche Fußball-Bund. Der reagierte auf die herben Anschuldigungen in Schumachers erfolgreichem Buch »Anpfiff« mit dem Ausschluß aus der Nationalmannschaft, und beim 1. FC Köln betrieb dessen Präsident Peter Weiand ebenfalls den Rausschmiß, weil Schumacher in seiner »Autobiographie« sich selbst des Dopings bezichtigt hatte. So landete »Toni« 1987 beim FC Schalke 04, konnte aber nicht verhindern, daß die »Knappen« die Bundesliga verlassen mußten. Den Weg in die 2. Bundesliga wollte sich der 76fache Internationale ersparen – er wechselte zu Fenerbahce Istanbul und war einer der gefeierten Stars auf dem Weg zur türkischen Fußballmeisterschaft. 1991 wurde Toni Schumacher mit einem Spiel gegen Atletico Madrid am Bosporus verabschiedet. Heimweh trieb ihn zurück in seine rheinische Heimat, doch der Kreis in der Bundesliga schloß sich für ihn nicht in Köln, sondern beim FC Bayern München, wo er von September 1991 bis Februar 1992 in die Bresche sprang, als Torwart Raimond Aumann wegen einer schweren Verletzung ausfiel. Nach 463 Bundesligaspielen kam dann sein ganz persönlicher »Abpfiff«. Inzwischen hatte er sich mit dem DFB ausgesöhnt – nach einer 19jährigen beispiellosen Profikarriere verabschiedete er sich im April 1992 im Köln-Müngersdorfer Stadion in einem Spiel gegen die Nationalmann-

schaft von seinen Freunden. Die Einnahmen kamen der Kinder-Krebsstation der Kölner Universitätsklinik zugute. »Ich bin oft gegen die Wand gerannt. Oft ist sie gebrochen, manchmal bin ich zurückgeprallt!« Das war sein Fazit am Ende seines Weges als Torwart der Sonderklasse. Und dies war die Bilanz seines geschundenen Körpers: In seinen Profijahren verzeichnete er gerissene Kreuz- und Außenbänder im Knie, drei Rippenbrüche, fünf Gehirnerschütterungen, zwei Nasenbeinbrüche und Frakturen fast aller Finger ... Als der Fernsehsender SAT.1 die Übertragungs-Erstrechte der Fußballbundesliga erwarb, verstärkte Toni Schumacher das Kommentatorenteam. Mitte der 90er Jahre wurde er Torwarttrainer bei Borussia Dortmund.

SCHUMANN, GEORG

Geboren am 17. August 1898
Ein Länderspiel (1924)
Vorwärts Berlin

Ehrenpforte am Hauptbahnhof

An einem neblig-trüben Tag im November des Jahres 1890 diskutierten ein paar junge Leute in einer Kneipe an der Kreuzbergstraße im Berliner Süden die Gründung eines neuen Vereins. Das war in dieser Zeit nicht ungewöhnlich, denn überall im Lande regte sich so eine Art Aufbruchstimmung. Doch diese jungen Männer wollten nicht mehr und nicht weniger als eine Gemeinschaft zum Zwecke »systematischer und regelmäßiger Ausübung des Fußballs«. Und weil alle von einer großen Euphorie und einem noch größeren Optimismus beseelt waren, nannten sie diesen Verein »Vorwärts«. Wobei wohl auch ein gewisser Gebhard Leberecht von Blücher eine Rolle bei der Namensgebung spielte. Der ging als »Marschall Vorwärts« in die Geschichtsbücher ein ... Schon im Jahre 1891 schloß sich Vorwärts Berlin dem »Bund Deutscher Fußballspieler« an. Doch diese Verbindung war nicht sonderlich harmonisch, und so folgte schon bald der Wechsel zum »Deutschen Fußball- und Cricketbund«. Da die jungen Männer aus Berlin aber auch hier mit ihren Vorstellungen keine offenen Ohren fanden, wechselten sie noch einmal das Lager und spielten fortan im »Märkischen Fußballbund«. Kurz nach der Jahrhundertwende stellten sich die ersten Erfolge ein – Vorwärts Berlin wurde zweimal Märkischer Meister. Dann wurde es einige Zeit still um die Fußballer von Berlin, die erst nach dem 1. Weltkrieg ihren ersten und einzigen ganz großen Erfolg landeten. Mit Siegen gegen die lokale Konkurrenz des BGC Preußen wurde Vorwärts Berliner Meister und stand in der deutschen Endrunde. Auch hier trumpften die Spree-Athener erstaunlich stark auf, kamen zu 2 : 1-Siegen gegen den Stettiner SC und gegen den Duisburger Spielverein 08 – worauf sie das deutsche Finale erreichten. Im Juni 1921 marschierten die Berliner Fußballer durch eine laubgeschmückte Ehrenpforte am Berliner Bahnhof. Einer von ihnen war Georg Schumann, der schußkräftige und schnelle Linksaußen. Die Wiege des nunmehr 22jährigen Schlossers stand in Berlin-Neukölln. Düsseldorf hatte sich an diesem 12. Juni 1921 ganz auf Fußball eingestellt. Eine Zeitung gab eine Sonderausgabe heraus, und schon in den Vormittagsstunden pilgerten um die 20 000 Zuschauer ins Stadion – nachmittags wurden die Tore des Platzes des Düsseldorfer SC von 1899 dann durch die Polizei gesperrt. Einige Mühe, sich unter den drängelnden Fußballanhängern zu behaupten, hatte ein Kameramann. Erstmals wurde in Deutschland ein Fußballspiel gefilmt – das kinematographische Produkt war später als Programmteil in den Lichtspielhäusern zu sehen. Wenig zu sehen war an diesem Endspieltag von den Berlinern, die dem 1. FC Nürnberg nur ihren kämpferischen Einsatz entgegensetzen konnten. Auch Georg Schumann stand meist allein auf dem linken Flügel. Am Ende hatte der alte und neue Deutsche Meister aus der Noris mit 5 : 0 gewonnen. Dennoch: Für die Berliner, die schon im Halbfinale gegen Duisburg 22 000 Zuschauer auf den Hertha-Platz gelockt hatten, war die Endspielteilnahme allein schon ein Riesenerfolg. Dreieinhalb Jahre später wurde Georg Schumann dann Nationalspieler, wenngleich sein Auftritt beim 1 : 4 in Berlin gegen Schweden im August 1924 nur sehr kurz war. Er kam in der 72. Minute für den verletzten Leipziger Paulsen-Pömpner. Zu diesem Zeitpunkt hatte Schumann seinen Stammplatz bei Vorwärts als linker Läufer gefunden. Als reifer Fußballer wechselte er dann zum 1. FK Kattowitz, wo er noch Ende des 2. Weltkriegs aktiv war.

SCHUSTER, BERND

Geboren am 22. Dezember 1959
21 Länderspiele (1979 bis 1984), vier Tore
1. FC Köln, FC Barcelona

Der widerspenstige »Engel«

Womöglich wäre er Deutschlands Rekordnationalspieler geworden, doch Bernd Schuster war für den deutschen Fußball schon früh ein »verlorener Sohn«. Er war umstritten, weil streitbar, er war einer von denen, die in ihrer frühesten Jugend unfehlbar waren, wenn es galt, die Fettnäpfchen auf ihrem Wege zu finden. Bernd Schusters Karriere war dennoch einzigartig. Als Elfjähriger meldete er sich beim SV Hammerschmiede an, einem Verein vor den Toren seiner Geburtsstadt Augsburg. 1976 folgte dann ein fast logischer Wechsel zum FC Augsburg, dem Stammverein von Helmut Haller. Schon ein Jahr später stand Bernd Schuster in der deutschen Jugend-Nationalmannschaft, wo er in zehn Spielen nachhaltig auf sich aufmerksam machte. Gleichzeitig erlernte er den Beruf eines Isolateurspenglers, doch als Hannes Löhr, der Assistenztrainer des 1. FC Köln, 1978 bei einem Jugendturnier in Israel zuschaute, war Bernd Schusters Wechsel zum Fußballprofi so gut wie beschlossene Sache. Zwar hatte er auch bei Borussia Mönchengladbach einen Vertrag unterschrieben, doch die Kölner gewannen schließlich einen Streit vor dem Arbeitsgericht. Schon in seiner ersten Saison wurde der »blonde Engel« Stammspieler in der Bundesliga – Trainer Hennes Weisweiler schwärmte von diesem ungewöhnlichen Talent, dessen Dienste sich der rheinische Traditionsclub für 1400 Mark im Monat gesichert hatte. Zwangsläufig führte Bernd Schusters Karriere bereits in ganz jungen Jahren in die Nationalelf, wo er sich mit 19 Lenzen einen Stammplatz im Mittelfeld erkämpfte. Im gleichen Jahr heiratete Bernd Schuster die sechs Jahre ältere Gaby Lehmann, die als Fotomodell arbeitete. Der Jungstar geriet in die Schlagzeilen, die ersten Konflikte mit den Medien und mit seinen Kameraden beim 1. FC Köln waren die Folge. Bei der Europameisterschaft 1980, die der Nationalmannschaft in Rom den Titel einbrachte, war Bernd Schuster ein genialer Lenker des deutschen Spiels. Europas Fußballexperten überschlugen sich vor allem nach dem 3 : 2-Sieg gegen Holland in Neapel in Superlativen. Doch hinter den Kulissen des deutschen Teams brodelte es, denn Bundestrainer Jupp Derwall hatte nur sehr zögernd seine Einwilligung gegeben, als Schusters Frau im gleichen römischen Hotel Quartier bezog. Ein paar Wochen später endete dann Schusters Verbindung mit dem 1. FC Köln, dessen Trainer Karl-Heinz Heddergott in seinen Augen ein »Amateur« war. Nach der Sperre wegen »vereinsschädigenden Verhaltens« erhielt der Jungstar die Freigabe für den FC Barcelona, der bereitwillig 3,6 Millionen Mark Ablöse zahlte. Daraufhin war Schuster zwar aus der unmittelbaren Schußlinie der Kölner Medien, doch er blieb ein Zankapfel des deutschen

Fußballs. Vor der Weltmeisterschaft 1982 übermittelte er dem DFB seinen Entschluß, nicht mehr mit Paul Breitner zusammenspielen zu wollen. Als Wasserträger von Breitners Gnaden sei er sich zu schade. Doch dann wurde die Frage der Teilnahme am WM-Turnier in seiner spanischen Wahlheimat auch deshalb überflüssig, weil Bernd nach einem schweren Foul des eisenharten Andoni Goicocchea eine schwere Knieverletzung erlitt, die ihn monatelang auf Eis legte. Im Herbst 1982 war er zum Comeback in der Nationalelf bereit, nachdem sich Paul Breitner vom internationalen Fußball verabschiedet hatte. Doch diese Reaktivierung war für ihn nur eine Episode. Als seine Frau ihr drittes Kind erwartete, blieb Schuster einem Qualifikationsspiel zur Europameisterschaft fern – womit das Tischtuch zwischen DFB und seinem widerspenstigen Star endgültig zerschnitten war. Franz Beckenbauer, der inzwischen Teamchef der Nationalelf geworden war, sprach Schuster die Qualifikation für dieses Amt ab. Auf der iberischen Halbinsel sammelte er derweil Titel. Mit dem Stolz des kalatalanischen Fußballs, dem FC Barcelona, wurde Bernd Schuster Meister (1985), dreimal Pokalsieger (1981, 1983 und 1988) sowie zweimal Ligacupsieger (1983 und 1986). Doch am Ende war die Ehe mit dem FC Barcelona brüchig – ein Jahr lang saß der Star aus Deutschland auf der Tribüne, weil er mit dem allgewaltigen Präsidenten Nunez erhebliche Probleme hatte. Im Sommer 1988 wurde dann sein Wechsel zu Real Madrid perfekt, wo er nach Anlaufschwierigkeiten zum überragenden Spielgestalter der »Königlichen« avancierte. 1989 und 1990 wurde er mit Real spanischer Meister. Aber auch in der Hauptstadt war Schuster nicht unumstritten – 1990 folgte der Transfer von Real zu Atletico. Damit war der blonde Deutsche der erste Ausländer, der in 13 Jahren bei allen drei großen spanischen Vereinen unter Vertrag stand. 1991 und 1992 gewann er mit Atletico den Landespokal. Doch Schuster fand – ablösefrei – den Weg zurück in die Bundesliga. Er wurde ihm 1993 durch Bayer Leverkusen geebnet. Im Bergischen Land hatte der inzwischen millionenschwere Superstar ein großes Grundstück erworben, um sich dort der Pferdezucht zu widmen. Im reifen Profialter entzückte er seine Fans in der Bundesliga noch einmal mit seiner Art, die Fäden zu ziehen. Seine plötzlichen Vorstöße, seine Pässe, wie an der Schnur gezogen, und seine trockenen Schüsse trugen noch immer den Stempel der Extraklasse. Als die ARD zur Wahl des »Torschützen des Jahres 1994« rief, belegte Bernd Schuster mit seinen Bilderbuchtoren die ersten drei Plätze – ein Novum in der Geschichte dieser Wahl. Ein knappes Jahr später war die »Ehe« mit Bayer Leverkusen aber schon wieder geschieden. Vor Gericht erzwang er, daß er wenigstens in Leverkusen noch trainieren konnte. Doch vom Fußball konnte er nicht lassen – er kickte seit Dezember 1996 beim mexikanischen Erstligisten Universidad Nacional Autonoma de Mexico. Nebenher machte er den Trainerschein und versuchte mit Saisonstart 97/98 einen Neuanfang als Fußballehrer bei Fortuna Köln.

SCHUSTER, DIRK

Geboren am 29. Dezember 1967
Drei Länderspiele (seit 1994),
vier Länderspiele DDR (1. FC Magdeburg)
Karlsruher SC

Vater »Gus« war das Vorbild

Joachim Streich, einer der populärsten Fußballer der einstigen DDR, spielte im Leben des Dirk Schuster eine herausragende Rolle. »Er hat aus mir gemacht, was ich jetzt bin«, bekannte der Profi, von dem die Fachleute schon früh meinten, er sei das, was man unter »beinhart« versteht. Länderspiele bestritt Dirk Schuster hüben und drüben – zunächst in der ausklingenden Ära der DDR, in deren Auswahl er viermal berufen wurde, und 1994 dann auch für das größere Deutschland. An einem Märztag besagten Jahres schwebte der junge Fußballer zwischen Hoffen und Bangen. »Wenn der Bundestrainer bei der Aufstellung meinen Namen nennt, wird mein Herz auf 180 Schläge hochschnellen«, diktierte er dpa-Korrespondent Oliver Hartmann in den Notizblock. Und Berti Vogts hatte Dirk Schuster tatsächlich auf seiner Liste – er durfte in Budapest gegen Ungarn als linker Verteidiger ran und war gemeinsam mit Jürgen Kohler häufig Endstation der ungarischen Angriffe. Die Zeit der Wende war für den Fußballer auch beruflich ziemlich aufregend. Begonnen hatte alles im Jahr 1974 beim FC Karl-Marx-Stadt. Daß aus Dirk ein Fußballer wurde, stand nie in Frage, denn Vater Eberhard, den in der DDR alle nur unter »Gus« kannten, war ein starker Libero in Karl-Marx-Stadt, das nach der Vereinigung der beiden deutschen Staaten wieder Chemnitz hieß. Eberhard Schuster war 1968 mit seiner Mannschaft DDR-Meister geworden. Doch sein Sohn Dirk hatte nicht nur Fußball im Kopf. Der Abiturient begann nach seiner Schulzeit ein Studium der Sportwissenschaft, aber so richtig kam er damit nicht voran, weil ihm der Fußball schließlich mehr und mehr die Zeit nahm. 1986 war er schon mit dem DDR-Nachwuchs Europameister geworden, im Jahr darauf wechselte er zum Zweitligisten Sachsenring Zwickau, ehe er zum FC Magdeburg gelangte und hier erstmals Trainer Joachim Streich begegnete. Dem folgte er 1990 zu Eintracht Braunschweig – und damit in die 2. Bundesliga, wo er sich mit ausgezeichneten Leistungen für höhere Aufgaben empfahl. Irgendwo an der Autobahn traf er sich mit Karlsruhes Manager Carl-Heinz Rühl und einigte sich auf einen Vertrag mit dem KSC, wo er die Lücke füllen sollte, die der Wechsel von Kreuzer zum FC Bayern gerissen hatte. Das Jahr 1992 hätte Dirk Schuster am liebsten aus der Erinnerung gestrichen, denn mit einem Kreuzbandriß fiel er fast eine ganze Saison lang aus. Um so größer war für den Defensivspieler die Freude, als Berti Vogts im Dezember 1993 erstmals sein Interesse an dem Manndecker signalisierte. Dem Bundestrainer sagte man starke Sympathien für Spielertypen nach, die den Gegner »bekämpften«, so wie er es selbst in seiner aktiven Zeit praktiziert hatte. Eben so, wie sich Dirk Schuster in der Bundesliga darstellte – mit der Saison 1997/98 beim 1. FC Köln.

SCHWABL, MANFRED

Geboren am 18. April 1966
Vier Länderspiele (1987 bis 1988)
1. FC Nürnberg

Zweimal Nürnberg und zurück

»Des is des schönste Fleckerl auf der Welt …« Manfred Schwabls Augen leuchteten immer dann, wenn er von seinem Heimatort sprach. Von Holzkirchen, im romantischen Voralpenland, wo von der Hektik der nahen Weltstadt München nichts zu spüren war. Hier wuchs »Manni« auf, hier fühlte er sich wohl im Schoß seiner Familie, hier begann er mit dem Fußball – beim FC Holzkirchen. Aber schon mit elf Jahren, als er noch in der D-Jugend kickte, fand sein sportlicher Weg eine Fortsetzung beim FC Bayern München. Und es fiel ihm schwer, das Paradies vor der Münchner Haustür, wenn auch nur für ein paar Stunden pro Tag, zu verlassen. Den Talenten des FC Bayern standen natürlich die Türen zu den großen Auswahlmannschaften offen. Sieben Spiele bestritt Manfred Schwabl in der U-18-Nationalelf. Dann kam er für ein Jahr in die Elf der Bayern-Amateure, bestand sein Wirtschaftsfachabitur und absolvierte eine Ausbildung zum Großhandelskaufmann. Es folgten Einsätze in der U-21-Auswahl,

doch bei den Bayern wollte für ihn der Knoten einfach nicht platzen. Meist saß er auf der Bank am Spielfeldrand. Und irgendwann war er dieser Reservistenrolle überdrüssig und zeigte Interesse für das Angebot des 1. FC Nürnberg. Eine halbe Million Mark mußten die Franken berappen, um Schwabl bei den Münchnern loszueisen – das war im Jahre 1986. Es folgte seine international erfolgreichste Zeit – ausgerechnet in Nürnberg. Nach dem Debüt gegen Dänemark in Hamburg (1:0) war Manfred Schwabl bei der Südamerikareise des Jahres 1987 dabei und genoß die Atmosphäre in Brasilia gegen Brasilien und Buenos Aires gegen Argentinien. Aber in all diesen Duellen war er nur Ein- oder Auswechselspieler. 1989 kehrte er zum FC Bayern zurück und wurde im Jahr darauf Deutscher Meister. In Erich Ribbeck fand er dann allerdings einen Trainer, der nicht unbedingt ein Verehrer seiner Spielkultur war, und so entschied sich Schwabl 1992 zu einem zweiten Engagement beim 1. FC Nürnberg. Bald darauf unterschrieb er einen Kontrakt in Österreich – beim FC Tirol in Innsbruck, dessen Finanzchef Klaus Mair in »Mannis« Heimat Holzkirchen eine Tennishalle sein eigenen nannte. Doch die Tiroler konnten ihre hochgesteckten Ziele nicht erfüllen, und sie waren wohl auch ganz froh, als Schwabl im August 1994 von ihrer Gehaltsliste verschwand, um beim aufstrebenden Bundesliganeuling TSV 1860 München eine neue sportliche Herausforderung zu suchen, die allerdings 1997 ziemlich geräuschvoll endete.

SCHWARTZ, HANS

Geboren am 1. März 1913
Zwei Länderspiele (1934)
Victoria Hamburg

Der »blonde Hans« der Victoria

Die Zeiten waren alles andere als rosig. Die Welt hatte sich noch längst nicht erholt von jenem schwarzen Freitag, als im Jahre 1929 die New Yorker Börse bis dahin unvorstellbare Kursstürze erlitt. Es folgte ein nie dagewesener Crash großer Banken, zahlreiche Agrarländer vernichteten ihre Ernten – die Weltwirtschaftskrise legte sich wie ein grauer Schleier über die Industrienationen. Überall stagnierte der Handel, auch Deutschland klagte über Mangel an Arbeit und Absatz. In dieser düsteren Grundstimmung wuchs zu beiden Seiten der Alpen der Nationalsozialismus. Die Unruhe im Lande, das Elend der Menschen, die Unzufriedenheit breiter

Bevölkerungsschichten – dies alles war ein idealer Nährboden für das politische Unkraut. Unter den viereinhalb Millionen Arbeitslosen in Deutschland gab es an der Schwelle zu den 30er Jahren viele Fußballer, von denen die besten von der Einführung des Profitums träumten. Derlei Illusionen hatte Hans Schwartz noch nicht, als er an einem Frühlingstag des Jahres 1931 sein Debüt bei Victoria Hamburg gab. Der traditionsreiche hanseatische Verein hatte in der norddeutschen Meisterschaftsrunde früh die Segel streichen müssen. Auf der anderen Seite der Elbbrücken, in Harburg, hatten die Victorianer mit 4:6 verloren. Damit befanden sie sich allerdings in einer illustren Gesellschaft, denn auch Phönix Lübeck, Werder Bremen, Altona 93, St. Pauli und Union Altona waren in der K.o.-Runde gescheitert. Die Verlierer schlossen sich zusammen und spielten einen Pokal aus, den der Inhaber eines bekannten Sportartikelhandels gestiftet hatte. In diesem ersten Spiel traf Victoria auf Phönix Lübeck und präsentierte gleich zwei neue Spieler: Willi Reuter und Hans Schwartz. Letzterer war Nachfolger des populären »Angriffsverteidigers« Henry Müller, der es zu neun Länderspieleinsätzen gebracht hatte. Sein 18jähriger Nachfolger trumpfte aber schon bald auf und fühlte sich in seiner routinierten Nachbarschaft offenbar sehr wohl. Tull Harder hatte sich nach 18jähriger Mitgliedschaft beim HSV auf seine »alten Tage« noch einmal für Victoria begeistern können, wo er vier Jahre lang blieb. In dieser Mannschaft stand aber auch »Old Erwin«, der Vater von Uwe und Dieter Seeler. Vorübergehend übernahm Georg Knöpfle die Trainingsleitung der Victoria, später folgte dann Erni Michelsen. Der Weg von Hans Schwartz war vor allem deshalb bemerkenswert, weil er mit seiner Victoria nach der Neuordnung des deutschen Fußballs zunächst nicht den Weg in die neue Gauliga schaffte und dennoch Nationalspieler wurde. Zweimal wurde er 1934 berufen. Beim 100. deutschen Länderspiel, am 11. März 1934, gehörte Schwartz zwar zum Aufgebot, doch dann erhielt beim 9:1-Sieg in Luxemburg Bayern Münchens Sigmund Haringer erwartungsgemäß den Vorzug. Aber in einem Lehrgang in Duisburg-Wedau und in Testspielen gegen Fortuna Düsseldorf und Derby County überzeugte der Hamburger und erkämpfte sich doch noch die Fahrkarte zur Weltmeisterschaft in Italien. Er debütierte beim 5:2-Sieg gegen Belgien in Florenz, bekam aber seine Nerven dabei nicht so richtig in den Griff. Zu einem zweiten Einsatz kam er im gleichen Jahr beim 5:2-Sieg in Kopenhagen gegen Dänemark. Mitte der 30er Jahre rückte der blonde

Hans Schwartz, der als Schlosser arbeitete, bei der Victoria auf die Mittelläuferposition. Er hatte an der Elbe wegen seiner Ballsicherheit und der Wucht seiner Schüsse viele Freunde. Auch noch nach dem 2. Weltkrieg stand er seinem Verein in der neuen Oberliga Nord in elf Spielen zur Verfügung.

SCHWARZENBECK, GEORG

Geboren am 3. April 1948
44 Länderspiele (1971 bis 1978)
Bayern München

Der »Putzer des Kaisers«

Wer ihm den Beinamen »Katsche« verpaßt hat, ist nicht überliefert. »Katsche« wurde zum Markenzeichen eines soliden Fußballhandwerks. »Katsche« Schwarzenbeck – dieser Name stand aber auch für Erfolg. Mit 182 Zentimetern hatte er exakt die Körpergröße des Franz Beckenbauer, und beide gingen beim FC Bayern einen langen Weg gemeinsam. Und doch waren selten zwei Karrieren in einer Mannschaft so unterschiedlich, weil sich die Typen überhaupt nicht ähnelten. Da war Franz Beckenbauer, den sie schon in jungen Jahren »Kaiser« tauften. Und da war Georg Schwarzenbeck, den sie den »Putzer des Kaisers« nannten. Bescheidenheit war für diesen Mann stets eine Zier – nur nicht unangenehm auffallen – das war für ihn eine Lebensmaxime. Und darum mochten die Fans nicht nur in Bayern diesen ruhigen Fußballprofi, der ein Paradebeispiel für Zuverlässigkeit und Ehrgeiz war. Erst mit zwölf Jahren kam Georg Schwarzenbeck zum Fußball – das war bei den Sportfreunden München, die ihren Platz unweit vom Trainingsgelände des FC Bayern, ebenfalls an der Säbenerstraße, hatten. 1962 wechselte »Katsche« dann hinüber in den »Hasenstall« des FC Bayern, und nach seiner Schulzeit begann er eine Lehre zum Buchdrucker. Die Endphase dieser Ausbildung fiel ihm schwer, doch als er nach alter Sitte der »schwarzen Zunft« gegautscht wurde, hatte er vergessen, daß er zwischenzeitlich mit dem Fußball aufhören wollte, weil er beides nicht mehr unter einen Hut bekommen konnte. Sein Einstand in der deutschen Juniorenauswahl gegen Österreich war ziemlich mißraten – er produzierte ein Eigentor und verschuldete einen Elfmeter. Als 18jähriger bekam Georg Schwarzenbeck Berührung mit dem Bundesligastamm der Bayern, und nach ein paar Spielen meinten ein paar Experten des Münchner Fußballs, dieses kantige Talent erinnere an Hermann Kandl, den großen

Wacker-Mittelläufer der dreißiger Jahre. Schnörkellos war Schwarzenbecks Spiel – er war der Kontrapunkt in einem Ensemble der Fußballkünstler. Und als er nach vierzehn Profijahren wegen einer hartnäckigen Achillessehnenverletzung aussteigen mußte, konnte Georg Schwarzenbeck eine ungewöhnliche Erfolgsbilanz mit dem FC Bayern ziehen: Fünfmal Deutscher Meister, dreimal deutscher Pokalsieger, Weltcupsieger, dreimal Europacupsieger der Landesmeister und mit der Nationalmannschaft Europameister 1972 und Weltmeister 1974. Außenverteidiger und dann Vorstopper – das waren »Katsches« Positionen. Er war nie ein Freund der großen Sprüche, und mit den Worten »Woaßt eh, wie's is«, beendete er meist ein Gespräch. Sein Verhältnis zu Franz Beckenbauer beschrieb Georg Schwarzenbeck im Gespräch mit dem Journalisten Werner-Johannes Müller einmal so: »Der Franz erinnert mich ständig an meinen früheren Lehrmeister in der Buchdruckerei. Der ging den ganzen Tag mit Druckerschwärze um und hatte trotzdem immer saubere Hände. Ich dagegen brauchte nur die Maschine anzuschauen, schon war ich dreckig von oben bis unten ...« Franz Beckenbauer war das Genie, und Georg Schwarzenbeck war der Mann, der die Ausflüge des »Kaisers« absicherte. »Ich wußte immer, wo ich in dieser Mannschaft stehe«, sagte Schwarzenbeck, der sich nie darüber grämte, daß er seinen Platz im Schatten der Superstars dieser Mannschaft hatte. Einmal trat er allerdings ins Rampenlicht – am 15. Mai 1974, als Atletico Madrid im Europacupfinale der Meister im Brüsseler Heyselstadion ein paar Sekunden vor Ende der Verlängerung mit 1 : 0 führte. Schwarzenbeck erwischte den Ball irgendwo im »Niemandsland« zwischen den beiden Strafräumen, legte sich das Leder ein paar Meter vor, wunderte sich, daß ihn niemand angriff und zog aus großer Distanz mit der »Picke« ab. Der Ball paßte haargenau, und mit dem 1 : 1 eröffnete sich dem FC Bayern die Chance, im Wiederholungsspiel alles besser machen zu können. Die Münchner nutzten sie und gewannen 4 : 0. Es war typisch für »Katsche«, daß er nach dem anschließenden Presserummel um seine Person sagte: »Mir wäre es lieber gewesen, Gerd Müller hätte dieses Tor geschossen ...« Nach seiner aktiven Zeit führte Georg Schwarzenbeck ein Schreibwarengeschäft im Münchner Stadtviertel Au, unweit des Deutschen Museums und des Geburtshauses des Komikers und Originals Karl Valentin. Er übernahm es von den beiden Schwestern seines Vaters, seinen Tanten Frieda und Maria.

SCHWEDLER, WILLY

Geboren am 4. August 1894,
gestorben am 26. März 1945
Ein Länderspiel (1921)
VfB Pankow

Pankow – die Berliner Sommerfrische

9000 Seelen zählte das Dorf Pankow, als Willy Schwedler hier, vor den Toren Berlins, zur Welt kam. Pankow, das viele Jahre später zum Synonym für die Staatsmacht der DDR werden sollte, weil hier einige wichtige Behörden untergebracht waren, hatte sich um die Jahrhundertwende noch die Beschaulichkeit und den ländlichen Charakter bewahrt. Viele Berliner verbrachten hier ihre Sommerferien, genossen die stillen Alleen und die parkähnlichen Gärten hinter den prächtigen Villen. Das, was man damals unter einem »seriösen Bürgertum« verstand, traf sich in Pankow. Ein Jahr vor der Geburt Willy Schwedlers wurde der VfB Pankow aus der Taufe gehoben. Eine ehemaliger Theologe, Dr. Hermani, der in Pankow die »Höhere Knabenschule« leitete, gilt als Vater dieses Vereins. Beim abendlichen Schoppen überzeugte Dr. Hermani die Väter seiner Schüler, daß es zur »Erhaltung der Kräfte« nützlich sei, regelmäßig Rumpf und Knie zu beugen. In »Bärwalds Gesellschaftshaus« und in Anton Ringels »Bellevue«, dem späteren Palast-Theater, fanden die ersten Übungen zum Zwecke der Fitneß statt, um dann im Restaurant Hertlich schließlich den VfB Pankow zu gründen. Auf dem Rasen des Schlosses Schönholz wurde zunächst geturnt, später dann auch Kricket gespielt, doch als dann die Gebrüder Manning aufkreuzten, deren Wiege in England stand, rollte bald der Fußball über das Grün des Schloßparks. Als sich dann am Gesundbrunnen ein Fußballverein auflöste, wurden dort kurzerhand die Tore abmontiert und im Schloßpark neu installiert. Willy Schwedler fand vor dem 1. Weltkrieg zu den Fußballern des VfB Pankow, der sich mit seiner ausgezeichneten Jugend längst einen guten Namen gemacht hatte. Die Gebrüder Hammer, Sportberg, Piel und Keller waren einige der frühen Wegbegleiter des Torwarts – und sie alle schauten zu Willy Worpitzky auf, der schon vor dem Weltkrieg neun Länderspiele für Deutschland bestritten hatte und von Viktoria 89 nach Pankow herübergekommen war. Der fußballerische Aufschwung der jungen Leute aus der Provinz hielt an und bescherte schließlich die Ostkreis-Meisterschaft, womit sich Willy Schwedler als damals bester Torwart Berlins für höhere Aufgaben empfahl. Er erhielt sie in Form einer Einladung zum Länderspiel gegen Finnland in Helsinki. Doch das Glück war ihm an diesem 18. September 1921 nicht hold – er verletzte sich an der Hand. Beim 3:3 mußte er ein haltbares Tor hinnehmen, worüber sich der ehrgeizige Kaufmännische Angestellte ziemlich ärgerte.

SCHWEIKERT, HERMANN

Geboren am 14. November 1885,
gestorben am 24. August 1962
Ein Länderspiel (1909)
1. FC Pforzheim

Als der Fußball hoffähig wurde

Warum stagniert der deutsche Fußball? Mit dieser Frage beschäftigten sich die Delegierten des Deutschen Fußball-Bundes im Jahre 1909. Inzwischen war dieser Sport »hoffähig« geworden – der Kronprinz hatte einen »Wanderpreis für ständige Wettkämpfe mit einem anderen Land« gestiftet – doch der sportliche Durchbruch sollte den deutschen Fußballern nicht gelingen. In Länderspielen blieb der Jubel stets aus. Auf der Suche nach einer Begründung für die anhaltenden Mißerfolge war in einem »amtlichen« Protokoll folgendes zu lesen: »Man hat in Deutschland oftmals die Erfahrung gemacht, daß Mannschaften, die sich hauptsächlich aus niederen Kreisen zusammensetzen, einen gewissen Vorteil gegenüber Mannschaften haben,

welche sich aus sogenannten besseren Kreisen rekrutieren. Eine gewisse urwüchsige Kraft, nicht geschwächt durch die verfeinerten Genüsse, ist meistenteils das Geheimnis des Erfolges. Unsere Spieler müssen eben lernen, ihren Körper systematisch durch eine vernünftige Lebensweise Sonntag für Sonntag zu höchsten Leistungen zu befähigen, damit endlich der tote Punkt überwunden wird.« Der »tote Punkt«, den es zu überwinden galt, damit war der erste Länderspielsieg gemeint. Und einer von denen, die mithalfen, dem deutschen Fußball den Makel der Erfolglosigkeit in internationalen Begegnungen zu nehmen, war der Pforzheimer Hermann Schweikert. Am 4. April 1909 war er als Rechtsaußen beim 1:0-Sieg der Nationalmannschaft gegen die Schweiz in Karlsruhe dabei. 7000 Zuschauer sahen eine temperamentvolle Begegnung, in der ein starker Sturm, der durch die Rheinebene wehte, eine wichtige Rolle spielte. An diesem Tag war noch ein zweiter Pforzheimer dabei: Arthur Hiller, und zur gleichen Stunde gelang einer weiteren deutschen Nationalmannschaft in Budapest ein 3:3 gegen Ungarn. Schon knapp drei Jahre vorher war Hermann Schweikert mit seinen Pforzheimern ins deutsche Endspiel vorgedrungen, nachdem die Fußballer aus der Stadt des Goldes in den Endrundenspielen gegen den SC Köln 99 und gegen Union Berlin die Nase vorn hatten. Doch im Endspiel standen die Sterne für die Pforzheimer nicht günstig – außerdem war die Vorbereitung selbst aus damaliger Sicht alles andere als optimal. Die Mannschaft des 1. FC Pforzheim war um Mitternacht zum Endspiel gegen den VfB Leipzig nach Nürnberg aufgebrochen, weil einige Spieler bis zum späten Samstagabend ihrer Arbeit nachgingen. Keiner fand im Zug eine Mütze voll Schlaf, vielmehr schlugen die Spieler bei einem Aufenthalt in Stuttgart die Zeit mit Billardspielen tot. Und als sie dann schließlich Nürnberg erreicht hatten, machte der Reisemarschall den Vorschlag, gleich die stattliche Burg zu besichtigen. Geld für ein Hotel hatten die Pforzheimer nicht. Auch der Spesensatz war sehr bescheiden – er betrug für jeden Pforzheimer Spieler fünf Mark. Auf dem alten Sportplatz an der Nürnberger Ziegelstraße trafen Schweikert und Co. dann auf ausgeruhte Leipziger, die schon am Tag vorher eingetroffen waren. Dem Endspiel wohnten bei strömendem Regen nicht einmal tausend Zuschauer bei. Und die brachten genau 126 Mark in die Kasse – was auf ein enormes Defizit dieser Finalrunde schließen läßt. Das Endspiel gewannen die Leipziger mit 2:1. Für Hermann Schweikert war diese Endspielteilnahme dennoch ein Höhepunkt seiner sportlichen Karriere. Er erhielt außerdem auch zahlreiche Berufungen in die Verbandsauswahl. Auch als Leichtathlet und Sprinter auf den kurzen Strecken tat er sich hervor. Nach zehnjähriger Tätigkeit für den 1. FC Pforzheim, dessen Spielführer er seit 1908 war, schied Schweikert 1912 aus. Wegen einer schweren Sehnenverletzung, die er sich in einem Spiel gegen Phönix Karlsruhe einhandelte, hing er die Stiefel an den Nagel. Sein Bruder Ernst kehrte aus dem 1. Weltkrieg nicht zurück.

SEEL, WOLFGANG

Geboren am 21. Juni 1948
Sechs Länderspiele (1974 bis 1977)
Fortuna Düsseldorf

Die WM kam etwas zu früh

»Bloß nicht ausflippen ...« Für Wolfgang Seel war dies schon fast eine Lebensstrategie. Bereits in jungen Jahren war der schwarzhaarige Allrounder ein berechnender Mensch, und auch nach den größten Erfolgen zwang er sich, immer hübsch auf dem Teppich zu bleiben. Im östlichen Saarland war Wolfgang Seel aufgewachsen, beim SV Kirkel, unweit von Homburg, hatte er Fußball gespielt. Als er 17 Jahre alt war, »kickte« er in der B-Klasse und weckte das Interesse des 1. FC Saarbrücken, der ihm einen Vertrag anbot und bei dem er fünf Jahre lang blieb. In der Regionalliga war der dynamische Mittelfeldspieler, von dem man sagte, er sei mit einer »Pferdelunge« ausgestattet, bald eine feste Größe. Kein Wunder, daß der 1. FC Kaiserslautern, die nächstgrößere Fußballzugnummer der Region, auf Wolfgang Seel aufmerksam wurde. Am Betzenberg fand er in Trainer Dietrich Weise seinen ersten großen Förderer, der schnell spürte, daß dieser junge Mann vielseitig verwendbar war. Und so spielte Seel mal im offensiven Mittelfeld, dann trug er wieder das Trikot des Mittelstürmers, und wenn im defensiven Mittelfeld Not am Mann war, half er auch hier aus. Doch als Weise am Betzenberg gehen mußte, schaute sich auch Wolfgang Seel nach einem neuen Arbeitgeber um und fand diesen in Fortuna Düsseldorf. Zwar hatte er auch Angebote vom FC Bayern, dem Wuppertaler SV und dem MSV Duisburg vorliegen, doch Fortunas damaliges Vorstandsmitglied Werner Faßbender war der erste, der sich bei ihm gemeldet hatte. Am Rhein fand sich Seel sehr schnell zurecht, weil ihm Trainer Heinz Lucas sofort einen Stammplatz im Mittelfeld gab, zumal der rechte Flügel mit Rainer Geye ausge-

zeichnet besetzt war. Heinz Lucas war begeistert von seinem neuen Mann: »Er ist die Idealbesetzung in unserem Mittelfeld.« Wolfgang Seel wiederum freute sich über die mannschaftliche Geschlossenheit der Fortuna. Schon während seiner Zeit beim 1. FC Kaiserslautern hatte Helmut Schöns Assistent Jupp Derwall wiederholt den jungen Saarländer unter die Lupe genommen, denn viele sahen in diesem Fußballer so eine Art Reinkarnation des legendären pfälzischen Weltmeisters Ottmar Walter. An ihn erinnerte Seels Art, sich zu bewegen und den Raum für sich zu nutzen. Die Weltmeisterschaft 1974 kam für Wolfgang Seel etwas zu früh – er stand nur im 40er-Aufgebot. Doch im ersten Länderspiel nach dem WM-Triumph von München, beim 2:1-Sieg in Basel gegen die Schweiz, war er dabei. Er löste Weltmeister Bernd Hölzenbein nach der Pause ab. Bis 1977 brachte es der Kämpfer und Techniker auf sechs Länderspieleinsätze. Mit Fortuna Düsseldorf wurde der gelernte Schlosser, der privat eher scheu und zurückhaltend wirkte, DFB-Pokalsieger und erreichte anschließend das Europacupfinale. Als er 1982 zum 1. FC Saarbrücken wechselte, waren berufliche Perspektiven Bestandteil seiner vertraglichen Vereinbarungen, doch die erfüllten sich nicht. Dafür erfüllten sich unerwartet sportliche Träume – mit knapp 37 Jahren stieg er noch einmal in die Bundesliga auf – dies war aber nur eine einjährige Episode am Ende seiner langen Karriere. Dem Aufstieg folgte der Abstieg, und Wolfgang Seel arbeitete daraufhin beim 1. FC Saarbrücken zunächst als Jugend-, dann als Amateurtrainer. Außerdem war er als Außendienstmitarbeiter bei der Saarland-Sporttoto GmbH beschäftigt.

SEELER, UWE

Geboren am 5. November 1936
72 Länderspiele (1954 bis 1970), 43 Tore
Hamburger SV

»Uns Uwe« – eine Bilderbuchkarriere

Norderstedt gab es nicht schon immer. Die kleine Stadt entstand aus dem Zusammenschluß der Orte Garstedt, Glashütte, Friedrichsgabe und Harksheide. Und wer durch Norderstedt pilgert, der spürt wenig vom Hauch der nahen Weltstadt Hamburg. An der Ulzburger Straße findet sich das Trainingsgelände des hanseatischen Fußballstolzes, des Hamburger SV. Hin und wieder schlendert einer der Nachbarn, die Hände tief in den Hosentaschen seines Jogginganzugs vergraben, über die zwölf Rasenplätze und schaut den Jungen zu – Uwe Seeler. Und so mancher fußballverrückte Mitbürger der Gemeinde meint, Norderstedt könne man getrost auch in »Seelerstedt« umtaufen. Uwe Seeler und Norderstedt – auch hinter dieser Verbindung verbirgt sich eine Geschichte. Als Inter Mailand 1961 das deutsche Fußballidol verpflichten wollte, die Nation bangte und Theologieprofessor Helmut Thielicke von der Kanzel der Hamburger Michaeliskirche an Uwe appellierte, er möge der Versuchung widerstehen und ein leuchtendes Fanal setzen, da erinnerte sich der HSV seines Grundstücks in Ochsenzoll, das er seinem Torjäger übereignete. Hier wurde Uwe Seeler seßhaft mit seiner Frau Ilka und seinen Töchtern Kerstin, Frauke und Helle. »Uns Uwe« war schon eine Institution, als der deutsche Spitzenfußball noch durch die Oberligen rollte. Mit Seelers Namen verbinden die Deutschen so etwas wie den Inbegriff eines brandgefährlichen Mittelstürmers alter Prägung, eines großartigen Kämpfers, prächtigen Kameraden und eines Mannes, der das personifizierte Synonym für Vereinstreue ist. Als er längst ein Star war, sagte er einem Journalisten: »Es ist so schön, normal zu sein …« Was wohl auch darin begründet liegt, daß Uwe Seeler ganz unten anfing. Sein Vater Erwin war einer der Großen in der Geschichte des Hamburger Fußballs: »Old Erwin«, Schutenführer im Hamburger Hafen und in den zwanziger und frühen dreißiger Jahren eine Art Vorzeigeathlet des hanseatischen Arbeitersportvereins. Als dieser von den Nazis aufgelöst wurde, wechselte Seeler senior zu Victoria Hamburg und dann zum HSV. Seine Söhne Dieter, der bereits mit 47 Jahren starb, und Uwe erbten die kämpferische Begabung von »Old Erwin«. Bundestrainer Sepp Herberger wurde zunächst auf den bulligen jungen Dieter Seeler aufmerksam, und niemand weiß genau, ob die Legende stimmt, die da behauptet, daß Mutter Anni dem Bundestrainer zuraunte: »Der Dieter ist ein guter Fußballer – aber unser Lütter wird mal ein ganz Großer!« Und »Old Erwin« wurde nicht müde, im besten Hamburger Platt zu sagen: »Ik hev noch eenen – toif man«. Der »Lütte« mußte traditionell die abgelegten Sachen von Dieter tragen. Zu diesem Zeitpunkt steckte Uwe Seeler noch in der Knabenmannschaft des Hamburger SV, die zuweilen in Vorspielen die Zuschauer am Hamburger Rothenbaum begeisterte. Einer der ersten, die sein Talent erkannten, war Dr. Schmidt, Uwes Klassenlehrer. Als Seeler 16 Jahre alt war, bekam er für seine jungen Fußballkünste die erste größere Plattform. Das war beim FIFA-Jugendturnier des Jahres 1953 in Belgien. Uwe stürmte an der Seite

seines Freundes Klaus Stürmer, doch der deutsche Nachwuchs bezog bei diesem Wettbewerb in vier Spielen fast ausnahmslos Prügel. Er war noch immer »16«, als er sein erstes Spiel in der Oberligamannschaft des Hamburger SV machte – am 5. August 1953 gegen Göttingen 05. Zu diesem Zeitpunkt hatte er bereits seine Ausbildung zum Speditionskaufmann angetreten. Als der rasante Hamburger »Jong« beim FIFA-Jugendturnier 1954 Tore am Fließband schoß und mit seinen 12 Treffern maß-

geblichen Anteil daran hatte, daß die deutsche Jugendmannschaft das Endspiel gegen Spanien in Köln erreichte, gab es sogar Stimmen, die Sepp Herberger aufforderten, den jungen Himmelsstürmer von der Elbe mit zur Weltmeisterschaft in die Schweiz zu nehmen. Doch Herberger winkte ab: »Der wird nicht verheizt …« Aber schon mit »18« war Uwe ein »richtiger« Nationalspieler – über sein Debüt konnte er sich zunächst nicht freuen, denn es setzte eine 1:3-Niederlage in Hannover gegen Frankreich. Eine Halbzeit lang durfte er für den verletzten Berni Termath ran. Den Durchbruch zum international gefeierten Star schaffte Seeler bei der Weltmeisterschaft 1958 in Schweden. Die Sportpresse wählte den jungen Deutschen nach dem Turnier zum Mittelstürmer einer »Weltelf«. Daß er vor dem ersten WM-Spiel seine übergroße Nervosität ablegte, verdankte er dem früheren Nationalspieler Jakl Streitle, der ihm beim Lehrgang in München immer wieder einhämmerte: »Uwe, du schaffst das.« Nach langen Zweifeln glaubte Seeler selbst an seine Möglichkeiten, und die Tore bei der Weltmeisterschaft gaben ihm für seinen weiteren internationalen Weg Selbstsicherheit. Aber es gab auch Tränen auf diesem Weg. 1957 und 1958 kehrte der Hamburger SV als Verlierer von den deutschen Endspielen zurück. Erst siegte Borussia Dortmund mit 4 : 1, dann hatten Seeler und Co. gegen Schalke 04 beim 0 : 3 keine Chance. Es gibt ein Foto, das zeigt den jungen Uwe Seeler, der den weinenden Weltmeister Jupp Posipal während des Autocorsos durch die Hamburger Straßen tröstet. Im dritten Anlauf gelang dem HSV dann 1960 endlich der große Wurf – Uwe Seeler steuerte zwei Tore zum 3 : 2-Endspieltriumph gegen den 1. FC Köln bei. Es folgten unvergeßliche Spiele im Europapokal und die Tragik eines Tores in letzter Minute durch den FC Barcelona. Günther Mahlmann, der die Journalisten meist als »Schreiberlinge« titulierte, war der vielleicht wichtigste Begleiter der Karrierestationen Uwe Seelers. »Günni war ein Glücksfall für jeden, der mit ihm zusammenarbeiten durfte«, sagte Uwe viele Jahre später. Und Mahlmann, der Förderer, Berater und Erzieher, schmunzelte: »Nur gut, daß der Uwe nicht gemerkt hat, daß er immer schön am Zügel marschiert ist.« Sepp Herberger war so etwas wie ein zweiter Fußballvater des Hamburger Stürmers. Uwe Seeler schätzte an dem Bundestrainer die Intensität der Gespräche vor und nach den Länderspielen. »Zwei Wochen vor einem Match träumte man schon von den Gegenspielern – so plastisch hat ihn Herberger geschildert«, sagte Uwe Seeler in der von Werner Pietsch erstellten Biographie. Drei wichtige Daten komplettieren die Karriere des Hamburgers: Im April 1961 sagte er »nein« zu einem Angebot von Inter Mailand. Viele verstanden den Star von der Elbe nicht, daß er 900 000 Mark für einen Zweijahresvertrag ablehnte. Am 20. Februar 1965 litt die Fußballnation mit, als Seeler beim 1 : 2 in Frankfurt einen Achillessehnenabriß erlitt. Er schaffte aber noch rechtzeitig das Comeback vor der Weltmeisterschaft im folgenden Jahr. Am 30. Juli 1966 stand Uwe Seeler im Endspiel um die Weltmeisterschaft und verlor dort 2 : 4 nach Verlängerung im Wembley-Stadion gegen England. Es war die sportliche Tragik dieses großen Sportlers, daß er nie den höchsten Gipfel mit der Nationalmannschaft erreichte. Vier Jahre später kehrte er von der Weltmeisterschaft aus Mexiko, wo er mit Gerd Müller stürmte, als Dritter zurück. Nach seinem 72. und letzten Länderspiel (3 : 1 gegen Ungarn in Nürnberg) wurde Uwe Seeler am 9. September 1970 mit dem Großen Bundesver-

dienstkreuz am Band geehrt – er war der erste Sportler der Bundesrepublik, der eine so hohe Auszeichnung erhielt. Der DFB ernannte »uns Uwe« zum Ehrenspielführer seiner Nationalmannschaft. Beim abendlichen Bankett erhob HSV-Präsident Dr. Barrelet das Glas und sagte: »Mein lieber Uwe, wir Hamburger haben die Hoffnung, daß Sie dem HSV noch ein paar Jahre als Spieler erhalten bleiben.« Worauf sich Uwe Seeler zu seinem Trainer Klaus Ochs wandte und sagte: »Trainer, werde ich am Samstag gegen Bielefeld aufgestellt …?« Am 1. Mai 1972 beendete er dann seine schillernde Laufbahn im Dreß des HSV gegen eine Weltauswahl im Volksparkstadion. Die Zahlen dieser Bilderbuchkarriere sind erstaunlich: Über tausend Tore schoß Uwe Seeler für den Hamburger SV, davon 137 in 239 Bundesligaspielen. Er war Vizeweltmeister 1966, Dritter der WM 1970, Vierter der WM 1958. Seine 21 WM-Endrundenspiele bedeuteten auch noch nach der WM '94 Weltrekord, mit dem HSV wurde Uwe Seeler Deutscher Meister 1960, DFB-Pokalsieger 1963. Er spielte in der Weltauswahl und zweimal in der Europaauswahl. Seinem Verein blieb er auch in den Folgejahren, in denen er sich intensiv seiner Tätigkeit als adidas-Generalvertreter und später als Generalbevollmächtigter widmete, verbunden. Am 27. November 1995 wählten ihn die Mitglieder des in Not geratenen Traditionsvereins zum Präsidenten.

SEIDERER, LEONHARD

Geboren am 1. November 1895,
gestorben am 3. Juli 1940
Acht Länderspiele (1920 bis 1924), vier Tore
Spvg. Fürth

Mit einem Tennisball fing alles an

Am Anfang einer großen Fußballkarriere stand ein lehmbeschmutzter Tennisball. Dies ist die Geschichte von Leonhard Seiderer, den in den 20er Jahren die gesamte deutsche Fußballgemeinde nur »Lony« nannte. In Nürnberg wuchs er auf, und in der sogenannten »Stadtgrabenliga«, die in den Jahren nach der Jahrhundertwende viele Größen des deutschen Fußballs hervorbrachte, begann sein Weg. Nach der Schule sammelten sich hier die Buben der fränkischen Metropole. In Ermangelung von Toren dienten die Schulmützen als Markierungen – und fast immer war ein kleiner Tennisball, der sich gut im Tornister verstauen ließ, das Objekt der Begierde. Zuhause setzte es dann meist Hiebe, weil die Stiefel wieder mal zerschlissen waren oder weil die Zeugnisse schlechter wurden. Lony Seiderer war schon in jungen Jahren vom Bazillus Fußball besessen, doch als »schmales Handtuch« hatte er es schwer, sich unter seinen Altersgenossen zu behaupten. Irgendwann fehlte dann mal ein Torwart – und das Leichtgewicht bekam eine Chance im Stadtgraben. Viele Jahre später kamen ihm seine frühen Erfahrungen im Tor zugute, als er in einem Länderspiel gegen die Schweiz den verletzten »Teddy« Lohrmann vertreten mußte. Doch als Knirps im Stadtgraben stand er höchst unwillig zwischen den Pfosten – zu Hause verbesserte er heimlich seine Technik und sein Kopfballspiel. Später erzählte »Lony«, daß es in dieser Zeit sein besonderer Ehrgeiz war, den Ball mit beiden Füßen zu beherrschen. Und so war es eine Frage der Zeit, daß er in der Jungenliga vom Torwart zum Spielgestalter »befördert« wurde. In der Oberrealschule in Nürnberg spielte Lony Seiderer außerdem mit Begeisterung Schlagball, womit er etwas mit dem legendären Hamburger Adolf Jäger gemein hatte. Der 1. FC Nürnberg war mit neun Lenzen Lonys erste sportliche Heimat. Sein bester Kumpel in diesen jungen Jahren war Willi Böß, der später einer der großen Mittelstürmer des 1. FC Nürnberg werden sollte. Unmittelbar vor Ausbruch des 1. Weltkriegs erhielten beide ihre Chance in der ersten Mannschaft des »Clubs«, der inmitten einer sportlichen Krise steckte und sich nunmehr in der Jugend nach Talenten umschaute. 1917 bekam Lony Seiderer aber Ärger mit dem »Club« und wechselte zu den »Kleeblättern«, zur benachbarten Spvg. Fürth. Gleichzeitig stellten sich dort Hans Hagen und Andreas Franz vor – die Geburtsstunde einer großen Fürther Ära. Schon im ersten Jahr gewann Seiderer mit seinem neuen Verein den soeben gestifteten süddeutschen Pokal. Im Jahr darauf traf er im deutschen Finale auf den 1. FC Nürnberg, und diesmal jubelte auf der anderen Seite sein Freund aus unbeschwerten Kindertagen: Willi Böß als Mittelstürmer des »Clubs«, der mit 2:0 gewann. Wenig später dann erhielt Seiderer die erste Berufung in die Nationalelf. Die Deutschen unterlagen in Zürich gegen die Schweiz mit 1:4, und anschließend hieß es, die Gäste hätten ihr erstes Nachkriegsländerspiel nur deshalb verloren, weil die Gerüche der Speisen, die am Spielfeldrand angeboten wurden, den Spielern die Konzentration geraubt hätten. Im Nachkriegsdeutschland herrschte große Not, und auf Mutters Speiseplan standen all zu oft Steckrüben. In den nächsten Jahren reifte Seiderer zu einem der ganz großen Stars des deutschen Fußballs, obwohl er in seinen acht Länderspielen nur zweimal als Sieger ein Stadion verließ. 1926 wurde er mit den Fürthern Deutscher Meister nach einem 4:1-Sieg gegen Hertha BSC Berlin. Eine Oberschenkelverletzung hatte seine Teilnahme am Frankfurter Finale bis zuletzt in Frage gestellt. Doch Seiderer biß sich mit ungewöhnlicher Energie durch, obwohl er gegen Ende des Spiels nur noch als Statist auf dem linken Flügel herumhumpelte. Nach dem Triumph trugen ihn die Fürther Fans auf ihren Schultern vom Spielfeld. Doch die Karriere der kleinen Gazelle neigte sich ihrem Ende entgegen, einer der sympathischsten Vertreter des deutschen Fußballs der Zeit nach dem 1. Weltkrieg trat 1928 nach einem Städtespiel zwischen Nürnberg und Fürth anläßlich der Stadioneinweihung ab. Das Fürther Tor zum 1:0-Sieg schoß der Altstar höchstpersönlich. Inzwischen hatte sich Lony Seiderer zum Sportlehrer ausbilden lassen. In Schweinfurt baute er eine ausgezeichnete Mannschaft auf. Außerdem wirkte er unter anderem beim FC Wacker München, ASV Nürnberg sowie bei seiner Spvg. Fürth als Leiter des Spielausschusses. 1937 führte er dann den VfB Stuttgart zur Gaumeisterschaft. In der schwäbischen Metropole ereilte ihn in den späten 30er Jahren eine schwere Tuberkulose, von der er sich nicht erholte. Lony Seiderer, einer der vielseitigsten Spieler der deutschen Fußballgeschichte, starb am 3. Juli 1940. Mittels einer Stiftung der Grundig-Werke baute die Spvg. Fürth nach dem 2. Weltkrieg einen zweiten Sportplatz – der Verein nannte ihn »Lony-Seiderer-Platz«.

SELIGER, RUDOLF

Geboren am 20. September 1951
Zwei Länderspiele (1974 bis 1976)
MSV Duisburg

»Ruuudiiii« – Pechvogel von der Wedau

Rudi Seliger galt beim MSV Duisburg lange Zeit als eine Art »Primadonna«. Seine Kritiker meinten, er sei labil, überempfindlich und durch harte Gegenspieler leicht aus der Fassung zu bringen. Doch spätestens im Herbst 1980 mußten sie ihre Pauschalkritiken revidieren, denn nun wußten alle, daß dieser Fußballer ein Pechvogel der ganz besonderen Art war. Und plötzlich empfand man nur noch Mitleid mit Rudi Seliger. Im Spiel gegen den 1. FC Nürnberg hatte er sogar mit einer gebrochenen Kniescheibe weitergespielt. Jahrelang gehörte der Duisburger zu den besten Außenstürmern Deutschlands. Fünfmal insgesamt stand er in der B-Nationalmannschaft, zweimal im A-Team, einmal im Juniorenaufgebot und 25mal in der deutschen Amateurnationalelf, mit der er am Olympiaturnier 1972 in München teilnahm. Doch für eine große Länderspielkarriere reichte es nach Auffassung der Bundestrainer Helmut Schön und Jupp Derwall nicht – weil er in ihren Augen ein unsicherer Kandidat war. Mit anderen Worten: Die vielen Verletzungen warfen Rudi Seliger immer wieder zurück. Ein Adduktorenabriß, Zerrungen, Operationen an Wirbelsäule und Bandscheibe und eben jener Kniescheibenbruch aus dem Bundesligaspiel gegen den »Club« – die Leidensgeschichte des Nationalspielers fand einfach kein Happy-End. Über Eintracht Duisburg und Union Mülheim gelangte Rudi Seliger 1971 zum MSV Duisburg. Daß er Talent hatte, wußte zu diesem Zeitpunkt jeder im Fußballwesten, doch es dauerte einige Zeit, bis bei ihm in der Bundesliga der Knoten endlich platzte. Das war im Jahre 1974, und sein Trainer Willibert Kremer hatte fortan seine helle Freude an diesem schnellen Flügelstürmer – solange dieser gesund und bei Kräften war. »Manchmal habe ich den Eindruck, der Rudi weiß gar nicht, was er alles kann«, sagte Kremer einmal. Immerhin war Seliger Publikumsliebling der Fans an der Wedau, und wenn er am Ball war, dröhnte ein langgezogenes »Ruuuudiiiii« durch das Stadion. Er hatte den schärfsten und wohl auch präzisesten Schuß von allen Profis der Duisburger Mannschaft. Im Frühjahr 1974 nominierte ihn Helmut Schön für sein 40er-Aufgebot zur nahen WM in Deutschland, doch da er keinerlei Länderspielerfahrung im A-Team hatte, wurde Rudi Seliger erwartungsgemäß gestrichen. Zweimal erhielt er in der Folgezeit eine Chance – als Auswechselspieler gegen Malta in La Valetta und zwei Jahre später in Cardiff gegen Wales. Doch dann stellten sich bei ihm mehr und mehr Verletzungen ein, und eines unschönen Tages beklagte Rudi Seliger seine ständigen Rückschläge mit den Worten: »Eimerweise wird das Pech über mich ausgekippt.« Irgendwann hatte er genug von seinen ständigen Rekonvaleszenzen – nach 288 Bundesligaspielen und 65 Toren machte er 1982 Schluß. Er fiel beruflich nicht ins Bodenlose, sondern stürzte sich in die Arbeit seiner beiden Sportgeschäfte in Duisburg. Außerdem eröffnete er in der City das Restaurant »Zum goldenen Faß« sowie eine Tennishalle im Stadtteil Meiderich.

SESTA, KARL

Geboren am 18. März 1906,
gestorben am 12. Juli 1974
Drei Länderspiele (1941 bis 1942)
Austria Wien

»Sie ham a ka schlechte Hack'n«

Dezember 1932: Die Fußballfreunde des Kontinents fiebern einem ungewöhnlichen Länderspiel entgegen. Österreich tritt mit seinem legendären »Wunderteam« im Wembley-Stadion an. Seit einundhalb Jahren ist diese Mannschaft von der Donau unbesiegt – Hugo Meisl hat eine Elf zusammengeschweißt, die in der Geschichte des österreichischen Fußballs ohne Beispiel ist. Schottland hatten die Wiener schon im Jahr zuvor mit 5 : 0 überrollt, gegen Deutschland gab es gleich zwei Kantersiege: 6 : 0 und 5 : 0, und selbst beim »Erzfeind« Ungarn erreichten die Österreicher in Budapest ein 2 : 2. Die Krone dieser eindrucksvollen Erfolgsserie wollten sich die Österreicher nun an diesem 7. Dezember 1932 in London aufsetzen, im Länderspiel gegen England, das der Welt den Fußball geschenkt hatte. Die Reporter aller großen europäischen Sportzeitungen reisten an die Themse, die führenden Fußballnationen aller Erdteile hatten ihre wichtigsten Repräsentanten geschickt. Mit Spielbeginn wirkten nicht nur in Wien die Straßen wie ausgestorben, denn überall in Europa saßen die Menschen an ihren Radios. In vielen Fabriken Österreichs ruhte der Betrieb – überall waren Lautsprecher aufgestellt. Doch so sehr sich die Fußballer aus der Walzermetropole auch wehrten – am Ende behielten die Engländer an diesem kalten Dezembertag mit 4 : 3 die Oberhand, nachdem die Gäste schon früh mit 0 : 2 zurückgelegen hatten. Karl Sesta war einer von denen, die im Wembley-Stadion ein großes Spiel machten. Überliefert ist eine Episode beim Empfang des englischen Königs Georg V. Als dieser sich zu Karl Sesta herunterbeugte, ihm freundlich zuzwinkerte und sagte: »Sie haben ja einen wunderschönen Beruf«, antwortete der schlagfertige Fußballer im prächtigsten Wiener Dialekt: »Aber Sie ham a ka schlechte Hack'n ...« Zuhause bereiteten tags darauf Tausende dem Verlierer einen triumphalen Empfang, und wohl niemand ahnte, daß damit schon das vorletzte Kapitel der einzigartigen Geschichte des österreichischen Wunderteams geschrieben worden war. Karl Sestas internationale Karriere begann, als das Team seiner Träume auseinanderfiel. »Schasti« nannten seine Freunde den stämmigen Verteidiger, der links und rechts die gleichen Stärken hatte, ein unverwüstlicher Kämpfer und kraftvoller Techniker war. Und ein Schlitzohr, der sich zuweilen – mitten im Dribbling – den Luxus leistete, sich mal eben auf den Ball zu setzen ... Eigentlich hieß er nicht Sesta, sondern Szestak, doch das war ihm offenbar selbst zu kompliziert. Karl Sesta kam in Wien zur Welt, trug als Vierzehnjähriger erstmals das Trikot des SC Vorwärts Wien von 1911, wechselte dann zum 1. Simmeringer Sportklub, wo er sich im Sturm versuchte, dann für ein Jahr zum Teplitzer FC, ehe er 1928 beim Wiener AC vor Anker ging. Als er 1935 bei Austria aufkreuzte, war er schon ein gestandener Nationalspieler, der es auf insgesamt 44 Einsätze für seine Heimat brachte. Nach dem Einmarsch Hitlers in Wien absolvierte »der Dicke«, wie ihn seine Fans riefen, drei Länderspiele für Deutschland. Nach dem 2. Weltkrieg streifte er für zwei Jahre noch einmal das Trikot der Vienna über und absolvierte ein letztes Länderspiel für Österreich. Am 20. August 1945 war er beim 2:5 in Budapest gegen Ungarn dabei. Bei Halport Hochstädt beendete er seinen Weg als Fußballer, um schließlich als Trainer unter anderem bei Vienna Wien, Austria Salzburg und beim BC Augsburg (als Nachfolger von Karl Striebinger) tätig zu sein. Zu seinen herausragenden sportlichen Erfolgen gehörte 1937 die Nominierung für das Team Zentraleuropas gegen Westeuropa in Amsterdam (3:1). Weihnachten 1938 stand Karl Sesta im Mittelpunkt eines Skandals. Gegen Hertha BSC waren ihm die Sicherungen durchgebrannt – er hatte den Berliner Stürmer Dreher K.o. geschlagen und war daraufhin zunächst für sechs Wochen gesperrt worden. Nach Intervention des Reichssportführers wurden daraus schließlich drei Monate. Wenig später schuf sich Sesta in seiner Heimatstadt eine berufliche Perspektive – er übernahm eine Hammerbrot-Filiale. Für die Wiener war er ein Original, und so gab es viel Anteilnahme, als ihm in den frühen 70er Jahren eine Beinamputation drohte.

SIEDL, GERHARD

Geboren am 22. März 1929
Sechs Länderspiele (1957 bis 1959), drei Tore,
16 Länderspiele Saar (Borussia Neunkirchen,
1. FC Saarbrücken)
Karlsruher SC, Bayern München

»Er muß nur ermuntert werden ...«

11. Oktober 1953: 55 000 Zuschauer drängten sich auf den Rängen des Stuttgarter Neckarstadions,

und sie alle waren sich bewußt: Dies war ein ungewöhnliches, wenn nicht gar historisches Qualifikationsspiel zur bevorstehenden Fußballweltmeisterschaft in der Schweiz. Die Nationalmannschaft der jungen Bundesrepublik traf auf die Auswahl des Saarlandes, das nach dem 2. Weltkrieg politisch autonom war. Irgendwie, so meinten die Fußballfreunde, war dieses Spiel eine Farce, denn alle, die sich da unten auf dem Rasen gegenüberstanden, fühlten sich als Deutsche. Selbst der saarländische Trainer kam aus Dresden: Helmut Schön. Doch die Saarländer waren ein ernstzunehmender Gegner der Nationalmannschaft auf dem Weg in die Schweiz. Sie hatten sensationell in Oslo die Norweger mit 3:2 geschlagen. Auch am Neckar wehrten sie sich so gut es ging, doch am Ende gab es am deutschen 3:0-Sieg nichts zu rütteln. Einer von denen, die insgesamt 16mal das Trikot des Saarlands trugen, war Gerhard Siedl. Er war Linksaußen, spielte für Borussia Neunkirchen, war im Grunde auf allen Positionen des Angriffs zu gebrauchen, und ihm sagte man nach, er könne viel mehr erreichen, wenn er seine Trainingsfaulheit ablegen würde. Dr. Friedebert Becker meinte im »Kicker«: »Er muß nur ermuntert werden, ein sportgerechtes Leben zu führen ...« Gerd Siedl war ein Wandervogel, doch es führte ihn immer wieder zurück zu seinen Wurzeln – nach München. Hier kam er zur Welt, und als eineinhalb Generationen später der Name des Franz Beckenbauer in aller Munde war, da erinnerte sich Siedl einer Gemeinsamkeit mit dem »Kaiser«. Beide besuchten die Icho-Schule in Obergiesing. Gerd Siedl kam 1939 zum FC Bayern, und er war erst 15 Jahre alt, als er zum erstenmal für die 1. Mannschaft seines Vereins aktiv war, weil fast alle Stammspieler den Soldatenrock trugen. Sein Vater Karl hatte einst bei Wacker München gespielt. Der 2. Weltkrieg ging, die Zeiten blieben schlecht. Siedl war dabei, als die Bayern zu Freundschaftsspielen ausrückten und sich auf dem Lande mit Schinken, Käse und ein paar Paletten Eiern bezahlen ließen. Als eines Tages der Lokalrivale 1860 München von einem Freundschaftsspiel aus dem Saarland zurückkehrte und die »Löwen« begeistert davon berichteten, wie gut es den Menschen in der französischen Wirtschaftszone erging, machte sich der Bayer auf nach Neunkirchen. Er fand dort nicht nur bei der Borussia einen neuen Verein, er fand auch eine Braut, deren Vater die Gaststätte »An der Grube« betrieb. Doch Siedl kehrte irgendwann zurück zu den Bayern, um es dann noch einmal beim 1. FC Saarbrücken zu versuchen. Zwischenzeitlich hatte sogar der AS Cannes Interesse an einer Verpflichtung gezeigt, doch dieser Wechsel war dem Bayern dann doch etwas zu abenteuerlich. Aber seine Fußballwanderungen setzte er fort: Mit dem Karlsruher SC wurde Gerd Siedl 1956 deutscher Pokalsieger, der FC Basel, Alkmaar, Austria Salzburg und der FC Dornbirn in Österreich waren weitere Stationen seiner Karriere. Zu den Höhepunkten zählten seine sechs Länderspielberufungen in den späten 50er Jahren. Viel früher war der ausgezeichnete Techniker mal Torschützenkönig aller Oberligen. 1962 hatte er dann genug vom Fußball. Er arbeitete in München als Bandagist in einem orthopädischen Fachgeschäft. Schon sein Großvater hatte in diesem Berufszweig gewirkt.

SIELOFF, KLAUS-DIETER

Geboren am 27. Februar 1942
14 Länderspiele (1964 bis 1971), fünf Tore
VfB Stuttgart, Borussia Mönchengladbach

Eigentlich wollte er Boxer werden

In seinen ganz jungen Jahren begeisterte sich Klaus-Dieter Sieloff noch nicht für den Fußball. Er wollte Faustkämpfer werden und trainierte mit wechselnden Erfolgen in einer Boxabteilung in Kiel. Als er 14 Jahre alt war, hatte er im Jugendbereich 25mal im Ring gestanden. Daß er sich später in der Bundesliga »durchboxen« sollte, war in dieser Zeit nicht vorhersehbar. Doch eines schönen Tages geriet der kräftige blonde Junge, der mit seinen Eltern aus Ostpreußen gekommen war, in die Fußballmannschaft von Borussia Kiel und bekam dann ab 1954 in Rottweil am Neckar beim dortigen FV 08 seinen ersten Schliff. Als 17jähriger landete Klaus-Dieter Sieloff bereits beim VfB Stuttgart. Und spätestens im Neckarstadion vergaß der junge Mann seine einstigen Box-Ambitionen. An einem Oktobertag des Jahres 1960 trug er zum erstenmal das Trikot des VfB in der Oberliga Süd – und kein Geringerer als der traditionsreiche 1. FC Nürnberg war der Gegner. Die Stuttgarter gewannen 2:0, und Klaus-Dieter Sieloff genoß die Atmosphäre im mit 31 000 Zuschauern gefüllten Oval des Neckarstadions. Als 1963 die Bundesliga Einzug hielt, war der robuste Fußballer schon Stammspieler bei den Schwaben. Doch seine große Zeit sollte erst kommen, nachdem Borussia Mönchengladbach 1969 die Fühler nach ihm ausgestreckt hatte. Der aufstrebende Klub vom Niederrhein wollte seine Abwehr stabilisieren und fand in dem bereits achtfachen Nationalspieler Sieloff die passende Ergänzung. Sieloff war

im übrigen in Stuttgart in der Endphase der Saison 1968/69 nicht mehr erste Wahl, und so war dies eine Zuneigung auf Gegenseitigkeit, denn Klaus-Dieter Sieloff kommentierte seinen Abschied aus Stuttgart mit den Worten: »Ich wollte unbedingt unter Hennes Weisweiler trainieren ...« Und da die Gladbacher auch »Luggi« Müller vom 1. FC Nürnberg geholt hatten, schaute der gewiefte Trainerstratege der Borussia der neuen Saison mit Vorfreude entgegen. Die Prominenz des deutschen Sports jubelte die Gladbacher schon früh hoch, und immer wurde Sieloff als einer der Gründe dafür genannt, daß die »Fohlen« vor einer ganz großen Saison stehen könnten. Allein Anna Rudolph, Graphologin und Weissagerin aus Bad Wörishofen, die im Auftrage einer deutschen Boulevardzeitung die Bundesligavereine unter die Lupe nahm, lag völlig falsch: »Die Gladbacher werden viel Pech haben – die Aufwärtsentwicklung ist schleppend ...« Mit vier Punkten Vorsprung gegenüber Bayern München wurden die Borussen Deutscher Meister – und Klaus-Dieter Sieloff war einer der großen Stars der Bundesliga. Dem Titel des Jahres 1970 folgte die zweite Meisterschaft im Jahr darauf sowie der Gewinn des DFB-Pokals 1973. Sieloff galt als solider Libero, der auch der Offensive Impulse geben konnte und dessen Distanzschüsse in der höchsten deutschen Klasse gefürchtet waren. Immerhin erzielte Klaus-Dieter Sieloff in 264 Bundesligaspielen für den VfB Stuttgart und für Borussia Mönchengladbach 36 Tore. In seiner internationalen Karriere schmerzte es Sieloff besonders, daß er als Mitglied der deutschen Aufgebote bei den Weltmeisterschaften 1966 in England und 1970 in Mexiko nicht zum Einsatz kam. 1974 verabschiedete er sich aus der Bundesliga und wechselte zu Alemannia Aachen. Zwei Jahre später ließ er sich reamateurisieren und trug danach das Trikot der TSG Backnang. Klaus-Dieter Sieloff arbeitete später als Leiter der Betriebssportabteilung bei Mercedes-Benz in Untertürkheim.

SIEMENSMEYER, HANS

Geboren am 23. September 1940
Drei Länderspiele (1967), zwei Tore
Hannover 96

»Mit Einsatz, Kraft und Härte«

»Er war der beste Fußballer, mit dem ich jemals zusammengearbeitet habe ...« Das Lob stammt aus dem Munde von Trainer Horst Buhtz. »Er« – das war Hans Siemensmeyer – und mit diesem Namen verbindet sich eine erfolgreiche Nachkriegsära von Hannover 96. Geboren wurde Hans Siemensmeyer in Hannover. Bei der SG 06 Osterfeld begann im Jahre 1953 sein Weg als Fußballer. Als 16jähriger trug er dann das Trikot von Rot-Weiß Oberhausen, und am Niederrhein erlernte er den Beruf des Elektrikers. Er war Halbstürmer, später dann ein exzellenter Mittelfeldspieler, der sich bei den »Kleeblättern« in Oberhausen viele Sympathien erwarb. 1965 folgte sein Wechsel zu Hannover 96, wo Hans Siemensmeyer zu seinem Leistungshöhepunkt fand. Eigentlich wollte er nicht nach Hannover, sondern er hatte sich innerlich bereits auf einen Wechsel zum TSV 1860 München eingestellt, doch dann verweigerte Oberhausens mächtiger Präsident Peter Maaßen die Freigabe. Als dieser schließlich dann doch »ja« sagte, hatten die »Löwen« kein Interesse mehr an Siemensmeyer – und so wechselte der nicht an die Isar, sondern er wurde an der Leine heimisch. Wenn man ihn nach den Gründen für seinen fußballerischen Erfolg fragte, gab er stets diese Antwort: »Ich mache das mit Einsatz, Kraft und Härte.« Er galt als Schwerstarbeiter von Hannover 96, als Profi bester Güte und als Spezialist für wichtige Tore. In 278 Bundesligaspielen traf er für Hannover 96 genau 71mal ins Schwarze. Ein Jahr nach seinem Wechsel von Oberhausen in seine Heimatstadt erhielt er drei Nominierungen zu Länderspielen. Wenige Tage nach seinem 27. Geburtstag war er in Berlin beim 5:1-Sieg des Vizeweltmeisters gegen Frankreich dabei. Vor 80 000 Zuschauern schoß er kurz nach der Pause die Tore zwei und drei. Der Lohn des Debütanten war die Einladung zum EM-Qualifikationsspiel gegen Jugoslawien in Hamburg (3:1), doch dann folgte eine enttäuschende 0:1-Niederlage in Bukarest gegen Rumänien. Als die Nationalelf ein paar Tage vor Weihnachten in Tirana gegen Albanien über ein 0:0 nicht hinauskam und damit alle Chancen auf die Qualifikation zur Europameisterschaft eingebüßt hatte, gehörte Hans Siemensmeyer nicht mehr zum Aufgebot. Helmut Schön holte ihn nur noch einmal zurück, als eine B-Auswahl in Essen probte. Doch in der Erinnerung blieb bei Hans Siemensmeyer ein anderes Spiel haften. Nach einem 2:1-Sieg von Hannover 96 in der Intertotorunde in Leipzig wurde der zweifache Torschütze von einer begeisterten Menge auf den Schultern vom Platz getragen. Seine Karriere als Fußballer endete 1974 nach 278 Bundesligaspielen, als Hannover 96 aus der höchsten Klasse abstieg. Von seinem als Profi verdienten Geld kaufte er sich ein Achtfamilienhaus

und arbeitete dann zunächst als Spielertrainer und später mit großem Erfolg als Trainer beim TSV Havelse. In dieser Zeit ging er außerdem einem Halbtagsjob als Elektriker im Außendienst bei den Stadtwerken in Hannover nach. In den 90er Jahren amtierte Hans Siemensmeyer als Trainer der A-Jugend bei Hannover 96.

SIEVERT, HELMUT

Geboren am 12. Mai 1914,
gestorben im April 1945
Ein Länderspiel (1936)
Hannover 96

Sensation nach zwei Marathon-Spielen

»Wir sind die Niedersachsen …« Elf Meisterspieler schmetterten in der Kabine das Lied vom König Wittekind. Den deutschen Titel hatten sie, die Hannoveraner, als krasser Außenseiter errungen – und draußen, auf den weitläufigen Rängen des Berliner Olympiastadions, konnten es die Schalker Fans nicht fassen. In zweimal 120 Minuten hatte es der hohe Favorit nicht geschafft, die Niedersachsen aufs Kreuz zu legen. Dies alles passierte im Jahre 1938, und einer von denen, die sich mit letzter Kraft zu einer Ehrenrunde aufrafften, war Helmut Sievert, der rechte Verteidiger. Die Saat der reichen Ernte der »96er« wurde schon in den 20er Jahren gelegt, als der Verein eine starke Jugendmannschaft aufbaute – auch zur Freude von Generalfeldmarschall von Hindenburg, der den Ehrenvorsitz der 96er übernahm. Am 1. Mai 1932 trat dann Sportlehrer Robert Fuchs in die Dienste von Hannover 96. Der war aus Pforzheim gekommen, sollte 15 Jahre lang in Hannover bleiben und den Mut haben, seine Mannschaft stark zu verjüngen. Die Erfolge blieben nicht aus – schon 1935 wurden die »96er« Niedersachsenmeister, doch in der deutschen Endrunde waren sie gegen Schalke chancenlos. Aber 1938 war alles anders. War schon das Erreichen des Endspiels eine Sensation, so setzte der Titelgewinn doch allem die Krone auf. 1:3 lagen die Hannoveraner vor 90 000 Zuschauern in Berlin gegen Schalke zurück, dann dominierte plötzlich die Kampfkraft des Außenseiters, der sich in die Verlängerung rettete und schließlich ein Wiederholungsspiel an gleicher Stätte erzwang. Helmut Sievert, der aus dem hannoverschen Vorort Ahlten kam, war in beiden Spielen dabei. Im ersten kaufte er Mecke den Schneid ab, im zweiten produzierte er zwar ein halbes Eigentor, wirkte jedoch insgesamt noch stärker. Wieder stand es nach 90 Minuten 3:3, doch diesmal erzielte Erich Meng in der 117. Spielminute das Siegtor für »96« – die Sensation war perfekt. Helmut Sievert, Ofensetzer von Beruf, war schon zwei Jahre vorher Nationalspieler geworden. Beim 7:2 gegen Luxemburg in Krefeld war er dabei. Er fand wenige Tage vor Kriegsende bei Prag in einer Panzerjägereinheit den Tod.

SIFFLING, OTTO

Geboren am 3. August 1912,
gestorben am 20. Oktober 1939
31 Länderspiele (1934 bis 1938), 17 Tore
Waldhof Mannheim

Der frühe Tod eines Fußballgenies

Ein Herbsttag im Jahre 1939. Der Balkan-Express quält sich durch die Schluchten und über die Anhöhen des Witoscha-Gebirges, und im Gang eines Sonderwagens kreisen alle Diskussionen um ein Thema – um den Fußball. Deutschlands Nationalspieler, ein paar Funktionäre und drei Journalisten schauen häufiger mal auf ihre Armbanduhren – die Rückreise vom Länderspiel in Sofia gegen Bulgarien will kein Ende nehmen. Der Schalker Torwart Hans Klodt sucht vergeblich eine Mütze Schlaf, blättert in einer Zeitschrift, und der Augsburger Erwin Lehner fiebert seinem 50. Länderspiel entgegen. Er wird es drei Wochen später mit dem 4:4 gegen Böhmen-Mähren in Breslau erhalten. Sepp Herberger, der Reichstrainer, wischt über die beschlagene Fensterscheibe und ist im übrigen auf seine Mannschaft nicht gut zu sprechen. 2:1 hat die Nationalelf zwar in Sofia gewonnen, doch was zählt das gegen die zweitklassigen Bulgaren? »Den Otto Siffling in seiner Bestform hätte ich mir in Sofia gewünscht«, sagt Herberger. Aber von dem Mannheimer Mittelstürmer weiß man, daß er an einer Rippenfellentzündung erkrankt ist. Eine Stunde später rumpelt der Zug in den Bahnhof von Belgrad, wo sich Sepp Herberger um eine deutsche Zeitung bemüht. Kurz darauf verdüstert sich das Gesicht des Reichstrainers, denn aus dieser Zeitung erfährt er vom Tode eines großen deutschen Stürmers. Die Mannschaft ist schockiert, denn Otto Siffling war einer aus ihren Reihen, wenn er auch schon seit über einem Jahr kein Länderspiel mehr bestritten hatte. Im blühenden Alter von 27 Jahren hatte sich ein ebenso eigenwilliger wie begnadeter Fußballer für immer verabschiedet. Im Mannheimer Stadtteil Waldhof wurde er geboren, hier wuchs er auf. Das Schicksal wollte

es, daß Otto Siffling beim SV Waldhof Mannheim das Erbe des gleichfalls in jungen Jahren verstorbenen Albert Brückl antrat. Mit knapp 18 Jahren gab Siffling sein Debüt in der ersten Mannschaft, ein Jahr später bestritt er das erste seiner insgesamt 71 Repräsentativspiele. Aber erst vier Jahre später tauchte sein Name in fetten Lettern in den deutschen Sportzeitungen auf. Das war 1934, als die Waldhöfer die Gruppenspiele der deutschen Endrunde erreichten und »Holz«, wie sie den jungen Mittelstürmer nannten, glänzende Kritiken erhielt. Otto Siffling war auf dem Spielfeld ein Virtuose mit Fußballinstinkt und einem verblüffenden Einfallsreichtum. Bei der Weltmeisterschaft in Italien debütierte er in der Nationalelf – mit der Bronzemedaille kehrte er aus Neapel heim. Innerhalb von vier Jahren schoß der Mannheimer Kaufmann in 31 Länderspielen 17 Tore, zunächst als Halb-, dann als Mittelstürmer. Spätestens beim grandiosen Auftritt der »Breslauer Elf«, als er beim 8:0 gegen Dänemark zwischen der 33. und 65. Minute fünf Tore hintereinander erzielte, rühmte Fußballdeutschland das körperlose Spiel dieses Ausnahmetalents. Dabei war Otto Siffling nicht der Torjäger schlechthin – seinem Charakter nach war er eher ein Spieler, der Treffer vorbereitete. Otto Siffling wollte nie im Mittelpunkt stehen – Ovationen bereiteten ihm zuweilen Unbehagen. Er war ein oft in sich gekehrter Mensch, der nur im engsten Freundeskreis seine Wortkargheit überwand. Doch sein Stern verblaßte viel zu schnell. Als Otto Siffling 1938 von einem zum anderen Tag

in ein tiefes Leistungstal fiel, war dies für seinen Anhang völlig unerklärlich. Bei der Weltmeisterschaft
in Paris kam er nicht mehr zum Einsatz. Als er eineinhalb Jahre später die Augen für immer schloß,
verlor des SV Waldhof Mannheim sein wohl größtes Fußballgenie. Auf seinem letzten Weg zum Kä-
fertaler Friedhof am 23. Oktober 1939 begleiteten
ihn Tausende. Im Mannheimer Stadtteil Waldhof ist
heute eine Straße nach Otto Siffling benannt.

SIMETSREITER, WILHELM

Geboren am 16. März 1915
Acht Länderspiele (1935 bis 1937), acht Tore
Bayern München

Beim Triumphzug noch im Abseits

»Schimmi« – das war in den 30er Jahren das Markenzeichen für den schnellen linken Flügel des FC
Bayern München. Wilhelm Simetsreiter, ein gebürtiger Münchner, hatte das Pech, daß die ganz große
Zeit seines Vereins vorbei war, als er aus der talentierten Jugend kam, für die er seit 1924 spielte.
Hunderttausende waren auf den Beinen, als der FC
Bayern 1932 vom siegreichen deutschen Endspiel
aus Nürnberg zurückkehrte. Hans Welker hatte gegen Eintracht Frankfurt auf der linken Seite gestürmt. Auch er entstammte der Bayernjugend,
doch eigentlich fühlte er sich auf dem rechten Flügel wohler. Der acht Jahre jüngere »Schimmi« Simetsreiter wurde der große Nachfolger von Hans
Welker, der es ebenfalls zu einem Länderspieleinsatz brachte. Doch als die Bayern im Triumphzug in
Landauern vom Hauptbahnhof zum Marienplatz
chauffiert wurden und rote und weiße Nelken aus
den Fenstern flogen, da stand Wilhelm Simetsreiter
noch im Abseits. Erst zu Beginn der Saison 1934/35
bekam er seine Chance in der Ligaelf. In einem
Freundschaftsspiel gegen Slavia Prag staunten die
Fans über den jungen Flügelflitzer. Aber die große
Zeit der Rothosen war vorbei – mit der Machtüber-
nahme der Nationalsozialisten spielten sie in der
Gauliga und unter den zwölf bayrischen Vereinen
nicht mehr die erste Geige. 1934 holte sich der
1. FC Nürnberg den Gauligatitel – die Bayern
ließen sich auch noch vom Lokalrivalen »1860«
überholen. Auch 1935 sollte sich das nicht ändern.
Willi Simetsreiters Partner auf dem linken Flügel
war zumeist der blonde Franz Krumm. Doch obwohl für die Bayern auch 1936 nur der dritte Gau-
ligaplatz hinter der Spvg. Fürth und dem 1. FC
Nürnberg heraussprang, hatte sich Simetsreiter ins

Notizbuch von Reichstrainer Otto Nerz gedribbelt.
Am 25. August 1935 trug der Münchner erstmals
das Nationaltrikot – in Erfurt war Rumänien ein
starker Gegner. Zwölf Minuten vor Schluß stand es
noch 2 : 2, doch dann brachte der Debütant von der
Isar mit einem prächtigen Schuß die Deutschen auf
die Straße des Sieges. Am Ende legte »Karlchen«
Hohmann noch ein Tor drauf. Ein halbes Jahr später
empfahl sich Wilhelm Simetsreiter in der Testspiel-
reihe gegen den FC Everton für das deutsche Olympiaaufgebot. Beim 9 : 0 gegen Luxemburg trug er
sich in Berlin gleich dreimal in die Torschützenliste
ein, aber drei Tage später gehörte er zu den »Verlierern« beim frustrierenden 0 : 2 gegen Norwegen.
Der Linksaußen war trotzdem einer von denen, die
auch im Jahr darauf noch in der Nationalelf berücksichtigt wurden. In den schweren Kriegsjahren, als
der Regensburger Hans Jakob zwischen den Pfosten
des FC Bayern stand, rückte der Fußball auch für
»Schimmi« Simetsreiter in den Hintergrund. Der
gelernte Bäcker trug die Uniform der Soldaten, war
aber noch 1943 am Gewinn der »Oberbayrischen
Meisterschaft« beteiligt. Nach dem 2. Weltkrieg
stellte er sich in der Oberliga seinem Verein noch
einige Male sporadisch zur Verfügung. Er fand
später eine Anstellung bei der Münchner Stadtverwaltung und gehörte als Ehrenmitglied lange
dem Beirat des FC Bayern an.

SING, ALBERT

Geboren am 7. April 1917
Neun Länderspiele (1940 bis 1942), ein Tor
Stuttgarter Kickers

Ein Schwabe im sonnigen Tessin

Albert Sings Wiege stand in Eislingen, unweit von
Göppingen. Viele sahen in ihm in späteren Jahren
so etwas wie das Paradebeispiel für den »biederen
Schwaben«. Fußball – das wurde sein Leben. Als
drahtiger Halblinker oder als linker Läufer auf dem
grünen Rasen und dann als Trainer am Spielfeldrand. Mit 19 Jahren kam Albert Sing zu den Stuttgarter Kickers. Hier traf er auf eine Mannschaft, die
im Gau Württemberg eine ausgezeichnete Rolle
spielte, in Merz einen schußgewaltigen Stürmer
hatte und in Förschler einen hervorragenden Spielgestalter. Albert Sing fügte sich hier schnell ein, und
spätestens 1937, als Edmund Conen das Trikot der
Kickers überstreifte und Erwin Deyhle zwischen
den Pfosten stand, wurden die Stuttgarter eine
Macht. Sie ließen den Lokalrivalen VfB deutlich

hinter sich und zogen in die deutsche Endrunde ein. Hier spielten die Kickers eine glänzende Rolle, faszinierten 70 000 Zuschauer im Stuttgarter Stadion beim 1 : 1 gegen Admira Wien. Albert Sing war der Kämpfer schlechthin, ein Fußballer mit einem Löwenherzen. Damit imponierte er auch Reichstrainer Sepp Herberger, der ihm am 20. Oktober 1940 in München im Länderspiel gegen Bulgarien eine erste Chance in der Nationalelf gab. Die Gastgeber gewannen 7 : 3 – Sings Stuttgarter Weggefährte Edmund Conen schoß allein vier Tore. Neun Länderspiele absolvierte Albert Sing bis 1942 – sein letztes gegen die Slowakei in Breslau. Damit endete die Vorkriegsländerspielgeschichte des deutschen Fußballs. In dieser Zeit galt der Stuttgarter neben dem Schweinfurter Albin Kitzinger als bester linker Läufer in Deutschland. Am 21. März 1945 wurde Albert Sing auf dem Rückzug bei Saarbrücken schwer verwundet – er erlitt einen Bauchschuß. Nach seiner Genesung spielte Albert Sing zunächst für die Kickers in der Oberliga Süd, um dann seine Karriere bei Ulm 46 und bei Normannia Gmünd allmählich ausklingen zu lassen. Über Ceresio Schaffhausen gelangte er zu Young Boys Bern, wo er viele Jahre wirkte und seinen guten Ruf als Trainer begründete. Während dieser Zeit machte er sich für die deutsche Nationalmannschaft verdient. Er vermittelte ein geeignetes Quartier zur Weltmeisterschaft 1954: das Hotel Belvedere in Spiez am Thuner See. Bei diesem WM-Turnier war Albert Sing so etwas wie ein »Mädchen für alles«. Er beobachtete die Spiele der Konkurrenz, und er überredete auch den Platzwart des Berner Wankdorf-Stadions, daß die Deutschen unbedingt die Kabine mit der Nummer 1 haben müßten. Was die abergläubischen deutschen Fußballer vor dem Finale gegen Ungarn mit besonderer Freude zur Kenntnis nahmen. Weitere Trainerstationen Albert Sings waren Grasshoppers Zürich, VfB Stuttgart, 1860 München, St. Gallen, Lugano, Luzern, Fribourg, FC Chiasso und der FC Zürich. Heimisch wurde der Schwabe in Origlio im Tessin.

SKOUMAL, STEFAN

Geboren am 29. November 1909,
gestorben am 28. November 1983
Drei Länderspiele (1938 bis 1940)
Rapid Wien

Als Rapid die Wiener tanzen ließ

22. Juni 1941! Ein Schicksalstag nicht nur für Europa, denn mit dem Angriff deutscher Soldaten auf Rußland bekommt der 2. Weltkrieg eine schaurige Dimension. Die Menschen, die sich an diesem heißen Sommernachmittag im Ottakringer Bad in Wien aufhalten, scharen sich um die Lautsprecher. Denn dies ist auch der Tag des »großdeutschen« Fußballendspiels zwischen dem übermächtigen FC Schalke 04 und dem Außenseiter Rapid Wien. Die Fußballfans von der Donau sind deprimiert, denn die Schalker mit ihren Stars Kuzorra, Szepan, Tibulski und Eppenhoff führen 3 : 0. Mancher taucht klammheimlich unter in den kühlen Fluten des Bades. Doch plötzlich kommt Bewegung in die Menge – die jungen Leute, die eben noch mit finsterer Miene der Stimme aus dem Lautsprecher lauschten, tanzen am Beckenrand. Dies ist der Supertag des »Bimbo« Binder, der die Schalker von ihren rosaroten Wolken holt und den Fußballstolz des Kohlenpotts im Alleingang besiegt. Am Ende gewinnt Rapid Wien den Titel mit 4 : 3 – mit diesem Sieg machten sich die »Hütteldorfer« das größte Geschenk. Einer von denen, die an diesem 22. Juni 1941 im Ottakringer Bad am liebsten die ganze Welt umarmt hätten, war der junge Ernst Happel, der nicht ahnen konnte, daß er schon wenige Jahre später als 16jähriger Lausbub' sein Debüt beim SC Rapid geben würde. Und zwar auf jener Position, die im Meisterschaftsfinale gegen Schalke Stefan Skoumal einnahm – auf der des linken Läufers! Skoumal hatte seinen Leistungshöhepunkt noch nicht erreicht, als das österreichische »Wunderteam« Europa erstürmte. Vier Länderspiele hatte der Fußballer vom SC Rapid ab Mitte der 30er Jahre bestritten, als Hitler in Wien einmarschierte und Sepp Herberger von einem zum anderen Tag vor der Aufgabe stand, den Wiener Fußball und seine gewachsene Nationalelf zu einer Einheit zusammenzuschweißen. In ihrem vorerst letzten Länderspiel im April 1938 besiegten die Österreicher die deutsche Nationalelf in Wien mit 2 : 0 – Stefan Skoumal war dabei. Und er fand wenig später auch den Weg in Herbergers Aufgebot für die Weltmeisterschaft in Paris. Im Vorrundenspiel gegen die Schweiz (1 : 1 nach Verlängerung) kam er nicht zum Einsatz, statt dessen dann im Wiederholungsmatch fünf Tage später. Doch diesmal gewannen die Eidgenossen mit 4 : 2. Für Stefan Skoumal, der im Juli 1930 zu Rapid gekommen war, fiel das Fazit ernüchternd aus, denn die Kritiker bescheinigten ihm zwar ein hohes technisches Rüstzeug, kreideten ihm aber gleichzeitig an, daß er dem Schweizer Trello Abegglen zu viele Freiheiten gelassen hatte. Der Wiener erhielt dennoch bis 1940 zwei weitere Chancen in der deutschen Elf.

SOBECK, HANS

Geboren am 18. März 1900,
gestorben am 17. Februar 1989
Zehn Länderspiele (1923 bis 1931), zwei Tore
Alemannia Berlin, Hertha BSC Berlin

Hanne – am Anfang stand die Not

Berlin war »dufte« – in diesen frühen 30er Jahren. Über der Metropole an der Spree wehte der Geist einer Weltstadt. Die Rumba eroberte die Berliner Tanzparketts, auf dem Tempelhofer Feld landete der vielbestaunte Zeppelin, im Luna-Wellenbad musizierte Jack Hylten mit seinem Orchester in Badehosen, die »Dreigroschenoper« fand einen riesigen Zulauf, und im »Ballhaus Femina« telefonierten einsame Herzen miteinander. Im Wintergarten gastierten die weltberühmten »Rastelli« – und sie hatten sich einen der populärsten Berliner als Assistenten auserkoren: Hanne Sobeck! Der war in dieser Zeit der gefeierte Mittelpunkt jeder Gesellschaft – einer der wenigen großen Fußballstars, die Berlin hervorbrachte. Nicht nur auf dem grünen Rasen machte Hanne Sobeck eine exzellente Figur, auch in dem Stummfilm »Elf Teufel«, an der Seite von Willi Forst. Sobecks Freunde entstammten der Berliner High-Society: der Sportflieger Ernst Udet, der lyrische Humorist Joachim Ringelnatz und nicht zuletzt der Schauspieler Hans Albers. Wenn dieses Quartett am Stammtisch des Restaurants »Peltzer« in der Neuen Wilhelmstraße beisammen saß, dann drückten sich die Berliner draußen an den Fensterscheiben die Nasen platt. Hanne Sobeck wurde im mecklenburgischen Mirow kurz nach der Jahrhundertwende geboren. In einem niedrigen Bauernhaus wuchs er auf, und hier war viele Jahre lang die Not zuhause, weil der Großvater, ein Zimmermann, eines Tages schwer verunglückte und seinem Beruf nicht mehr nachgehen konnte. Die Dorfgemeinschaft übertrug ihm daraufhin das Amt des Kuhhirten. Der kleine Hans mußte in der Familie früh mit anpacken. Sport – das war für ihn zunächst ein Wort, das er nicht kannte. Auf höchst unfreiwillige Art kam er mit ihm in Berührung, denn als ihn seine Schulgefährten eines Tages von der Holzbrücke in den kleinen Fluß stürzten, paddelte er um sein Leben. Wenig später zog er zu seinen Eltern nach Berlin. Mit zwei Pappkartons und vielen Tränen nahm er Abschied von seinen Großeltern und reiste in seinen Stulpenstiefeln und in seinem Matrosenanzug in die große Stadt. Seiner Geburtsurkunde zufolge hieß er eigentlich Paul Friedrich Max Johannes Wiechmann, doch als seine Mutter ein

zweites Mal heiratete, nannte man ihn »Hans Sobeck«, wobei er jahrzehntelang das »c« in seinem Namen unterschlug. Erst als er 1965 in den standesamtlichen Papieren nach dem Tod seiner Mutter feststellte, daß sein Name mit »ck« geschrieben wurde, änderte auch er die Schreibweise. In Berlin, wo die Jungen auf der Straße »bolzten«, bekam er dann Kontakt mit dem Fußball. Weil man ihm nichts zutraute, steckte man den kleinen Hanne zunächst ins Tor, doch bald war er der beste Schlußmann des Straßenbezirks rund um den Zionskirchplatz. Zuweilen setzte es dann zu Hause eine Tracht Prügel, weil die Hose mal wieder verschlissen war. Kurz nach seiner Konfirmation mußte der körperlich eher schwächliche als robuste Junge seinen Beitrag zum Lebensunterhalt erbringen, nachdem sein Vater in den Krieg gezogen war. Hanne arbeitete als Packer und Arbeiter in einer Drahtfabrik, am Abend dann noch bei einer Gesellschaft, die Pakete beförderte. Mit 16 Jahren trat er in den Dienst der Victoria-Versicherung, fast gleichzeitig meldete er sich bei der Bavaria an – zwei Jahre später zog auch er als Soldat in den 1. Weltkrieg. Zu Weihnachten kehrte er gesund zurück, und sein zweiter Weg führte ihn in Berlin wieder zur Bavaria, wo er bis 1920 spielte, ehe Alemannia seine neue fußballerische Heimat wurde. Gemeinsam mit seinem alten Spezi Grünberg bekam er gleich eine Chance in der ersten Mannschaft – und gewann 7:2 gegen Vorwärts. Drei Jahre nach diesem denkwürdigen Debüt war Hanne Sobeck bereits Nationalspieler. Aber nicht seine internationalen Auftritte machten den »Halbrechten« populär, sondern seine glänzenden Leistungen im Trikot von Hertha BSC Berlin, für die er zwischen dem 25. Juni 1925 und 1939 spielte. Sechsmal hintereinander erreichte er mit Hertha das deutsche Finale – 1930 und 1931 holte er mit seiner Mannschaft den Titel. Er war gleichzeitig Dirigent und Vollstrecker, Ideengeber und eleganter Torschütze. Er war ein geachteter Stratege des Fußballs seiner Zeit; das Spiel der Hertha bekam durch ihn Witz und Wucht. 104mal trug er das Trikot der Berliner Stadtmannschaft, und noch mit vierzig Jahren krempelte er für seinen alten Verein die Ärmel auf, wenn die Personalnot dies mal erforderte. Als er dann im 2. Weltkrieg endgültig als Spieler dem Fußball »adieu« sagte, begann er eine Trainerkarriere. Er wirkte unter anderem bei Hertha BSC, Union Oberschöneweide und beim FC Viktoria – Ende der 50er Jahre dann als Verbandssportlehrer Berlins. 1961 und 1963 war er wieder Trainer seiner Hertha, die sich dann in den Bundesligaskandal verstrickte. Erfolgreich bemühte sich Hanne

Sobeck darum, den Verein, für den er über 700 Spiele bestritten hatte, vor dem »Aus« zu retten. Hanne, eigentlich Bankkaufmann, war als Rundfunkreporter aktiv, leitete die Radiofrühgymnastik und arbeitete als Redakteur. Sein Sohn Bernd erbte das Talent des Herrn Papa und spielte für Tennis Borussia und Wacker 04. Im Februar 1989 gaben Freunde und Anhänger Hanne Sobeck auf dem Zehlendorfer Waldfriedhof die letzte Ehre. Mit ihm trugen sie ein Stück Berliner Zeit- und zugleich Sportgeschichte zu Grabe.

SOLD, WILHELM

Geboren am 19. April 1911
Zwölf Länderspiele (1935 bis 1942)
FV Saarbrücken, 1. FC Nürnberg,
Tennis Borussia Berlin

Endspiel-»Romanze in Moll«

Juni 1943 – der 2. Weltkrieg geht in seine vorentscheidende Phase. Im Südpazifik starten die Alliierten eine neue Großoffensive – im Westen Deutschlands leiden die Menschen von Tag zu Tag mehr unter den Bombenangriffen der Briten. In einer Nacht werden 120 000 Düsseldorfer obdachlos, der Kölner Dom wird schwer getroffen. In den Trümmerwüsten der Städte suchen die Menschen nach den Überresten ihrer Habseligkeiten, in vielen Schulen wird nicht mehr unterrichtet – die Evakuierung von Frauen und Kindern »aufs Land« hat begonnen. Doch der Fußball rollt weiter – zum vorletzten Mal in diesem 2. Weltkrieg stehen sich zwei Mannschaften in einem deutschen Endspiel gegenüber. Und obwohl eine Woche vorher zu Pfingsten Reisen mit der Deutschen Reichsbahn verboten waren, um die Züge für »kriegswichtige Transporte« freizuhalten, ist das Berliner Olympiastadion an diesem 27. Juni 1943 mit 80 000 Zuschauern gefüllt. Und darunter befinden sich viele Saarländer, die – auf welchen verschlungenen Pfaden auch immer – den weiten Weg aus dem Südwesten des zerbombten Reichs an die Spree gefunden haben. Einige waren schon zwei Tage vorher in der Hauptstadt eingetroffen und bei der Uraufführung des Films »Romanze in Moll« dabei. Wie Helmut Käutners Streifen, so endete auch das Finale für die Saarbrücker nicht mit einem Happy-End. Am Ende bejubelten die Dresdner ein 3 : 0 und feierten ihren Spielmacher Helmut Schön. Aber für den FV Saarbrücken war dieser Einzug ins Finale schon ein Riesenerfolg, und so kehrte auch Willi Sold stolz in das Arbeiterviertel

an der Saar, nach Malstatt, zurück. Sold war eine wichtige Säule des Erfolgs seiner Mannschaft, ein Mittelläufer moderner Prägung, der mit seinem Elfmetertor beim 2 : 1 gegen Vienna Wien in Stuttgart die Tür zum Finale öffnete. Zwar hatte es nicht geklappt, die Trophäe des Deutschen Meisters, die Viktoria, zu entführen und sie in der alten Gastwirtschaft Klein am Malstatter Markt zu präsentieren, doch der Meister der Westmark hatte sich in dieser Endrunde mit Erfolgen über Mülhausen, Victoria Köln, VfR Mannheim und Vienna Wien selbst geadelt. Drei Jahre vorher stand »Bubi« Sold schon einmal in einem deutschen Endspiel. Da ging es um den Pokal, und der Saarbrücker trug das Trikot des 1. FC Nürnberg, wohin es ihn während seiner frühen Soldatenzeit verschlagen hatte. Mit dem »Club« besiegte Sold die blutjunge Elf des SV Waldhof Mannheim in Berlin mit 2 : 0. Solds nächste Station in diesen wirren Kriegsjahren war Tennis Borussia Berlin, wo er Ostermontag 1941 sein Debüt gegen den Dresdner SC gab und sich im übrigen glücklich schätzte, daß sein Hauptmann ein Anhänger von »TeBe« war. Zwischen 1935 und 1942 wurde er zwölfmal in die Nationalmannschaft berufen. 1936 gehörte er zum deutschen Aufgebot für die Olympischen Spiele in Berlin, kam aber nicht zum Einsatz. Nach dem Kriege spielte »Bubi« Sold wieder für Saarbrücken – diesmal einige Zeit in der 2. französischen Division. Mit 37 Jahren beendete der Mittelläufer, dessen Spiel stets Ruhe und Gelassenheit ausgestrahlt hatte, wegen einer Verletzung seine Karriere, baute sich in seiner Heimatstadt ein Sportgeschäft auf und widmete sich mit Leidenschaft dem Sportkegeln, wo er es zu großen Erfolgen brachte.

SOLZ, WOLFGANG

Geboren am 12. Februar 1940
Zwei Länderspiele (1962 bis 1964)
Eintracht Frankfurt

»Brasilianer« in falschen Schuhen

Sie nannten ihn den »Brasilianer«! Und nicht nur deshalb, weil er dunkelhaarig und meist braungebrannt über das Feld sprintete. »Brasilianer« – das war in den frühen 60er Jahren ein Qualitätsmerkmal, denn die Zauberer vom Zuckerhut hatten die Fußballwelt erobert. Pelé, Didi, Vavá – in den Köpfen der Fans spukten die Namen der Weltmeister. Es war die hohe Zeit der Techniker – und Wolfgang Solz war einer, der sich auf die Tricks des Fußballs verstand und der, wenn er einen guten Tag erwischte, vor Spiellaune nur so sprühte. Wolfgang Solz war ein waschechter Frankfurter, genauer gesagt, ein Bub' aus Niederrad, wo er bei der Union in die Fußballlehre ging. Als Vorbilder dienten zwei Onkel, die bei den Fans im Frankfurter Westen einen guten Namen hatten und die schon lange bei diesem traditionsreichen Verein spielten. Es waren Talent und Temperament des jungen Wolfgang Solz, die ihn heraushoben aus der breiten Masse seines Fußballjahrgangs. Mit »17« stand er in der deutschen Jugendnationalmannschaft. Beim UEFA-Turnier in Luxemburg kam er zum Einsatz, spielte anschließend in der hessischen Auswahl, die von Rudi Gellesch betreut und erst im Finale des Länderpokalwettbewerbs durch Hamburg gestoppt wurde. Bis zu dem Tag, an dem er zur Frankfurter Eintracht wechselte, interessierte sich Wolfgang Solz auch lebhaft für die Leichtathletik und für das Boxen, doch um sich einen Stammplatz im Riederwald zu erkämpfen, bedurfte es der Konzentration aller Mittel. Zumal er als Büroangestellter eines schönen Tages auch noch den Marschbefehl der Bundeswehr in die Kaserne von Darmstadt-Eberstadt bekam. Zum Glück war der Kompaniechef Vorsitzender eines kleinen Vereins und dem Sport sehr zugetan. Das kam der fußballerischen Entwicklung von Wolfgang Solz zugute. Drei Jahre nach seinem Wechsel nach Frankfurt war der vielseitige Offensivspieler mit dem strammen linken Schuß Nationalspieler. Er debütierte in Stuttgart beim 2:2 gegen Frankreich. Sepp Herberger hatte eine ganz junge Mannschaft nominiert – Solz war einer der Hoffnungsträger. Doch er bekam erst zwei Jahre später eine Halbzeit lang noch eine Chance im Nationaltrikot. Diesmal in Ludwigshafen beim 3:4 gegen die Tschechoslowakei. Es sollte sein letzter Länderspieleinsatz sein, was womöglich auch darauf zurückzuführen war, daß er in PUMA-Schuhen einlief. »Wahrscheinlich hat mich das eine Länderspielkarriere gekostet«, sagte Wolfgang Solz später. Es war und blieb ein Novum, daß ein deutscher Nationalspieler nicht die Schuhe des offiziellen Ausrüsters adidas in einem Länderspiel trug. Bis 1968 spielte er in Frankfurt, wechselte nach 113 Bundesligaspielen und 46 Toren zum SV Darmstadt 98, den er als Spielertrainer in die Regionalliga zurückführte. Die weiteren Stationen waren die Spvg. Bad Homburg und Spvg. Neu-Isenburg. Als Trainer betätigte er sich später unter anderem in Bad Homburg, wo er 1973 deutscher Amateurmeister wurde. Viktoria Aschaffenburg, VfR Bürstadt, FC Erbach, Rot-Weiß Frankfurt, Borussia Fulda und Hanau 93 waren seine

nächsten Arbeitgeber. Er galt als Meistermacher, sammelte Titel im Zehnerpack – aus dem »Brasilianer« wurde der »Udo Lattek des Amateurfußballs«. Und so ganz nebenbei baute sich Wolfgang Solz in Frankfurt eine Versicherungsagentur auf. Im Bund Deutscher Fußballehrer bekleidete er im Süden das Amt des stellvertretenden Vorsitzenden.

SONNREIN, HEINRICH

Geboren am 28. März 1911,
gestorben im Februar 1944
Zwei Länderspiele (1935 bis 1936)
Hanau 93

Konkurrenz für das Torwarttrio

Der 1. Hanauer FC von 1893 hatte mutige Pioniere des Fußballs in seinen Reihen. Zu einem Zeitpunkt, da sich dieser Sport noch erheblichen Widerständen durch Schulen und Ordnungsbehörden ausgesetzt sah, vereinbarten die Hanauer bereits ein internationales Spiel. Sie hatten sich das englische Team der »Civil Services« eingeladen – und zwar für den Karfreitag des Jahres 1907. Was den Polizeidirektor von Hanau auf den Plan rief, der nach langem Hin und Her dieses Spiel unter Einhaltung mehrerer Bedingungen genehmigte. Danach mußte jeglicher Wirtschaftsbetrieb auf dem Sportplatz unterbleiben. Auch der Auftritt einer Musikkapelle wurde untersagt. Der Bürgermeister von Kesselstadt, auf dessen Gebiet der Sportplatz vor den Toren von Hanau lag, ordnete außerdem an, man möge die »bunten Plakate« entfernen. Das Spiel fand dennoch statt und bescherte dem Verein mit 1200 Zuschauern einen Rekordbesuch. Da die Verantwortlichen vergaßen, die Plakate rechtzeitig zu entfernen, wurde dem Mannschaftskapitän von Hanau 93 und den Vorstandsmitgliedern sechs Wochen später ein Strafbefehl über jeweils drei Mark vom Amtsgericht zugestellt. Allen Widerständen zum Trotz wuchs das Pflänzchen Fußball und entwickelte sich in Hanau prächtig. Die Dreiundneunziger beteiligten sich an der ersten Deutschen Meisterschaft, doch den Sprung in eine schließlich interessierte Öffentlichkeit schaffte der Verein erst eine Generation später, im Jahr 1935, als Hanau 93 als Repräsentant des hessischen Fußballs in die Endrunde einzog. Eindeutiger Höhepunkt war der 3:0-Sieg gegen den VfB Stuttgart, der einige Wochen später im deutschen Finale dem FC Schalke 04 bei seiner 4:6-Niederlage in Köln einen grandiosen Kampf lieferte. Die Hanauer hatten sich Respekt verschafft im Kreis der Großen, und sie verdankten dies unter anderem ihrem glänzenden Schlußmann Heinrich Sonnrein. Es war für den 24jährigen Verwaltungsangestellten eine enorme Auszeichnung, als er im Herbst des gleichen Jahres in die Nationalmannschaft berufen wurde. Schließlich war die Konkurrenz sehr stark, denn der deutsche Fußball verfügte Mitte der 30er Jahre über drei Torwarte der Extraklasse: Jakob, Buchloh und Jürissen. Dieses Trio sprengte der reaktionsschnelle und kräftige Mann aus Hanau, der beim 5:0-Sieg gegen Estland in Stettin nur wenig zu tun bekam. Einen 20-m-Hammer von Mittelläufer Sillak holte er aus dem Torwinkel. Als Heinrich Sonnrein, der ein begeisterter Maler war, 1936 auch gegen Ungarn (2:3-Niederlage in Budapest) nominiert wurde, machte er sich insgeheim sogar Hoffnungen auf eine Teilnahme am olympischen Fußballturnier des gleichen Jahres in Berlin, doch Reichstrainer Otto Nerz bevorzugte sein bewährtes Torwarttrio. Sonnrein, in den 30er Jahren Hessens populärster Fußballer, starb im Februar 1944 als Kompanieführer bei den Kämpfen um Monte Cassino in Italien.

SORKALE, WALTER

Geboren am 17. Januar 1890,
gestorben am 19. April 1945
Ein Länderspiel (1911)
Preußen Berlin

Ein »Festival der Fehlpässe«

Am 1. Mai 1894 wurde in Berlin ein neuer Fußballverein aus der Taufe gehoben: der FC Preußen. Die Gründungsväter waren sicherlich von guten Vorsätzen beseelt, doch sie werden nicht geahnt haben, daß die Preußen in der Zeit nach der Jahrhundertwende für etliche Jahre zu einem der führenden Fußballvereine der Reichshauptstadt wachsen würden. Fünfmal holte sich Preußen Berlin den Berliner Meistertitel. Seine Mitglieder beschlossen daraufhin, einen Sportplatz zu bauen. Nicht irgendeine Fußballanlage sollte entstehen, sondern der erste geschlossene Platz Berlins und seines weiten Umlandes. Allmählich wurde der FC Preußen einer der bekanntesten Vereine Deutschlands – er dehnte den Spielverkehr seiner Mannschaft auch auf das benachbarte Ausland aus. Um die Jahrhundertwende hielt der Berliner FC Preußen einer amtlichen Statistik zufolge auch den Rekord an »Wettspielen«. 27mal traten die Spieler des Vereins offiziell im Jahr 1900 an. Walter Sorkale, der in Berlin geboren

wurde, fand bei den Preußen ein gutes Betätigungsfeld vor, um seine Fußballbegeisterung auszutoben. Er war ein hoch aufgeschossener Außenläufer, der schon früh in die erste Mannschaft der Preußen hineinwuchs und mit 21 Jahren Nationalspieler wurde. Dies war eigentlich erstaunlich, denn die Preußen standen im Jahre 1911 eindeutig im Schatten des Berliner Rivalen Viktoria. Röpnack, Knesebeck, Hunder, Dumke, Worpitzky und Kugler – das waren die Berliner Fußballhelden dieser Tage. Und sie kamen allesamt von Viktoria 89. Doch Walter Sorkale wurde für den 29. Oktober 1911 nach Hamburg eingeladen, wo die schwedische Nationalmannschaft auf dem prächtigen Sportplatz der Hamburger Viktoria an der Hoheluft-Chaussee gastierte. Mit Ugi und Hunder bildete Sorkale die Läuferreihe. Die ersatzgeschwächte deutsche Mannschaft erwischte keinen sonderlich guten Tag und unterlag den Skandinaviern mit 1:3. Es war aus deutscher Sicht ein »Festival der Fehlpässe«. Für Walter Sorkale blieb dies das einzige Länderspiel. Der Kaufmann starb in den letzten Tagen des 2. Weltkriegs.

STEFFEN, BERNHARD

Geboren am 1. Juni 1937
Zwei Länderspiele (1958 bis 1960)
Fortuna Düsseldorf

Dreimal Pech im Pokalfinale

Linn ist ein Stadtteil an der Krefelder Peripherie. Mit einem kleinen Verein, der sich seit 1918 »Spielvereinigung« nennt und in der schweren Zeit nach dem 2. Weltkrieg zum Sammelbecken der fußballhungrigen Jugend der Umgebung wurde. Vom Fußball sagte man in den Jahren vor und nach der Währungsreform, er sei nicht nur zwischen Rhein und Ruhr so etwas wie das »Brot der Armen« gewesen. Und begütert war so gut wie niemand am Rande des zerbombten Kohlenpotts. Bernhard Steffens Weg führte gemeinsam mit seinen Schulfreunden fast zwangsläufig zum Fußball und zur Spvg. Linn. Die fünfziger Jahre kamen und das keimende Wirtschaftswunder zeigte die ersten grünen Blätter. Bernhard Steffen kam in der Schule zügig voran, doch das Spiel mit dem Fußball verlor für ihn nie den Reiz. Zwei Jahre lang spielte er in der ersten Mannschaft der Spvg. Linn, und als er als Rechtsaußen in einer Saison 46 Tore erzielte, war er plötzlich für die »großen Vereine« ein interessanter junger Mann. Der Duisburger Spielverein, einer der traditionsreichen Fußballklubs am Niederrhein, klopfte bei ihm an und legte Bernhard Steffen den ersten unterschriftsreifen Vertrag vor, doch dann kam Fortuna Düsseldorf und legte noch ein paar Mark drauf. Womit die Entscheidung gefallen war und die Fortunen sich die Dienste eines angehenden Nationalspielers gesichert hatten. Zwanzig Jahre war Bernhard Steffen jung, und mit seiner Schnelligkeit, seinem technisch versierten Spiel und der Schußkraft in beiden Beinen verschaffte er sich in der Oberliga West mehr und mehr Respekt. Es folgte ein Juniorenländerspiel in Wuppertal gegen Belgien an der Seite von Uwe Seeler. 20 Jahre war Bernhard Steffen alt, als Sepp Herberger gleich eine ganze Serie von Vorbereitungsspielen zur bevorstehenden Weltmeisterschaft in Schweden arrangierte. Den regionalen Auswahlbegegnungen folgte unter anderem ein Test in Basel gegen eine Schweizer Auswahl. Herberger-Assistent Helmut Schön betreute die deutsche Mannschaft, und der Düsseldorfer Neuling fügte sich glänzend ein. Gemeinsam mit dem blutjungen Karl-Heinz Schnellinger war Steffen die Entdeckung dieses Spiels, das mit einem deutschen 2 : 1-Erfolg dank der Treffer durch Rahn und Biesinger endete. In der darauffolgenden Woche reiste Bernhard Steffen mit der Nationalmannschaft nach Prag, wo das Länderspiel gegen die Tschechoslowakei allerdings unter einem weniger glücklichen Stern stand. Ein Eigentor durch Herbert Erhardt leitete die 2 : 3-Niederlage des noch amtierenden Weltmeisters ein. Steffen stand zwar im 40er-Aufgebot für das WM-Turnier in Schweden, wurde dann aber gestrichen. Eine zweite Länderspielchance bot sich ihm zwei Jahre später im Heimspiel in Düsseldorf gegen Irland, doch diese Partie endete mit einer 0 : 1-Niederlagen. Während seiner zehnjährigen Karriere bei der Fortuna gab es noch drei schmerzliche Niederlagen für den schnellen Rechtsaußen. In den Pokalendspielen 1957 (1 : 4 gegen Bayern München), 1958 (3 : 4 nach Verlängerung gegen VfB Stuttgart) und 1962 (1 : 2 nach Verlängerung gegen 1. FC Nürnberg) fehlte den Rheinländern fast immer nur das berühmte Quentchen Glück. Bernhard Steffen spielte bis 1967 für die Düsseldorfer, ehe eine chronische Achillessehnenentzündung für ihn das »Aus« bedeutete. Während seiner Zeit als Vertragsspieler ließ er sein Studium nicht aus dem Auge, was ihm später einen Job bei den Stadtwerken Düsseldorf eintrug, wo er es zum Prokuristen brachte. Sein Sohn Horst wandelte in den Spuren des Vaters und wurde Bundesligaspieler für Bayer Uerdingen und Borussia Mönchengladbach. Bernhard Steffen, der nach seiner aktiven Laufbahn unter anderem den SV Neukir-

chen betreute, genoß den Vorruhestand. Gemeinsam mit seinem alten Spezi Matthias Mauritz sah man ihn häufig auf dem Golfplatz.

STEFFENHAGEN, ARNO

Geboren am 24. September 1949
Ein Länderspiel (1971)
Hertha BSC Berlin

Die Haare waren zu lang ...

Trainer Helmut Kronsbein, den sie nicht nur an der Spree »Fiffi« nannten, verband eine Art Haßliebe zu Arno Steffenhagen. Der kleine und drahtige Fußballer hatte es »Fiffi« angetan, als Arno noch beim RFC Alt-Holland im Berliner Stadtteil Reinickendorf spielte. »Der ist keß und frech, und den will ich haben«, sagte Kronsbein eines schönen Tages zu den Einkäufern von Hertha BSC. 20 000 Mark mußte Hertha berappen, doch das Geld saß endlich wieder locker bei dem Traditionsverein, der nach dem Zwangsabstieg und einigen Anläufen wieder die Bundesliga erreicht hatte. Das war im Jahre 1968, und das Olympiastadion wurde wieder zur Goldgrube. Gegen Werder Bremen gelang Arno Steffenhagen das erste Tor in der Bundesliga, und »Fiffi« Kronsbein orakelte: »Der Junge wird ein ganz Großer.« Um dann nach ein paar Wimpernschlägen hinzuzufügen: »Wenn er meine guten Ratschläge befolgt ...« Offenbar ahnte Kronsbein schon damals, daß der gelernte Buchdrucker, der am liebsten Tennisspieler und nicht Fußballer geworden wäre, zuweilen mit dem Kopf durch die Wand wollte und eine ausgeprägte Persönlichkeitsstruktur besaß. Irgendwann bekam der Trainer dann Probleme mit »Steffi«. Weil diesem die Haare über den Kragen hinauswuchsen – was damals bei jungen Leuten eigentlich normal war – verfrachtete Kronsbein seinen »haarigen« Profi bei einem Auswärtsspiel kurzentschlossen in den Mannschaftsbus und ließ ihm in seiner Gegenwart von einem Friseur die Haare stutzen. »Langmähnen haben in meiner Mannschaft nichts zu suchen«, sagte »Fiffi« und duldete in diesem Punkt keinerlei Diskussion. Als Arno Steffenhagen irgendwann erst nachts seine Wohnung erreichte, weil er sich bei Freunden »verquatscht« hatte, und Kronsbein derweil einen Kontrollanruf bei seinen »Problemfällen« startete, mußte der ertappte Spätheimkehrer 250 Mark in die Mannschaftskasse zahlen. Dabei war der schnelle Linksaußen privat ziemlich normal. Er galt als sparsam und vertraute seinem Cousin, einem Bankkaufmann, die Verwaltung seiner Prämien an. Aber mit Helmut Kronsbein kollidierte Arno Steffenhagen noch einmal – als er 1969 nach einem Juniorenländerspiel bei Helmut Schön gute Karten hatte und drauf und dran war, die erste Einladung für ein A-Spiel zu erhalten, grantelte sein Trainer: »Ich will keine Nationalspieler, weil es mit denen nur Ärger gibt. Sie glauben, dann etwas Besseres zu sein, aber bei mir gibt es keine Stars.« Dessen ungeachtet wurde Arno Steffenhagen im September 1971 Nationalspieler. Er war beim 5 : 0-Sieg in Hannover gegen Mexiko dabei und kam in der letzten halben Stunde für Horst Köppel zum Einsatz. »Er hat Spielwitz und verblüfft mit einfachen Tricks«, urteilte Bundestrainer Helmut Schön. Doch weitere Berufungen erreichten den Berliner nicht. Auch deshalb nicht, weil ihm der Bundesligaskandal in die Quere kam. Hertha hatte mitgemischt, und Steffenhagen wurde zunächst für zwei Jahre gesperrt, später reduzierte der DFB die Zwangspause. Es war für Arno der Abschied von Berlin. Er setzte seine Karriere im Ausland fort – bei Hellenic Kapstadt und Ajax Amsterdam. 1976 feierte er sein Comeback in der Bundesliga – Kuno Klötzer holte ihn zum Hamburger SV, wo er zwei Jahre blieb. Um dann dem Lockruf des Dollars zu folgen und sich in der Endphase seiner Laufbahn in der amerikanischen Profiliga bei den Chicago Stings zu versuchen. Mit Karl-Heinz Granitza und Horst Blankenburg machte er am Michigan-See Schlagzeilen und schoß viele Tore. Sehr zur Freude von Chicagos Manager Clive Toye, jenem Mann, der schon Franz Beckenbauers Transfer zu Cosmos New York eingefädelt hatte.

STEIN, ERWIN

Geboren am 10. Juni 1935
Ein Länderspiel (1959), ein Tor
Griesheim 02

Der Stein rollte nicht nach Olympia

Fußball war für Sepp Herberger mehr als nur ein Freizeitvergnügen – Fußball war für den Bundestrainer auch ein nationales Anliegen. Weltmeister war er geworden, und seit seinen taktischen Tricks beim Turnier in der Schweiz galt er als »Weiser«. Doch Sepp Herberger hatte auch seine Prinzipien und über Jahrzehnte nicht nur seine Nationalelf im Auge. So entbrannte ein Streit um die Zukunft von Erwin Stein. Der spielte beim Frankfurter Vorortklub Spvg. Griesheim 02 und war 1959 zum Amateurnationalspieler und Torjäger aufgestiegen. Im

April 1959 schoß er beide Treffer zum 2 : 0-Sieg in Enschede gegen Hollands Amateure. Sechs Wochen später war Erwin Stein erneut der große Triumphator beim 2 : 0-Sieg gegen Englands Amateurnationalelf in Siegen. Wieder traf er zweimal, und beim DFB träumte schon so mancher vom olympischen Fußballturnier 1960 in Rom. Sepp Herberger war von Steins Auftritten bei den Amateuren derart angetan, daß er ihm in der A-Nationalmannschaft eine Chance gab. Am 20. Mai 1959 – also zwischen den einzigen Einsätzen im deutschen Amateurteam, feierte Stein ein spektakuläres Debüt als Einwechselspieler beim Länderspiel in Hamburg gegen Polen. Er kam für Schalkes Berni Klodt und erzielte das deutsche Tor zum 1 : 1. Fast hätte er nach einem beherzten Solo sogar noch den Sieg im Volksparkstadion herausgeholt. Doch danach trennten sich die Wege von Stein und Sepp Herberger, den viele nicht verstanden, weil er Erwin Stein von jenem Tag an den Rücken kehrte, als dieser dem Amateurstatus entsagte und einen Vertrag bei Eintracht Frankfurt unterschrieb. »Als Vertragsspieler haben Sie in der Nationalmannschaft keine Chance«, sagte Herberger, der nie einen Hehl daraus machte, daß ihn der Verlust dieses Fußballers für die Amateurmannschaft auf dem Weg zum Olympiaturnier schmerzte, zumal es dann mit der Qualifikation in den Spielen gegen Finnland und Polen nicht klappte. Aber Erwin Stein sah in dem Angebot der Frankfurter Eintracht die Chance seines Fußballerlebens. Die Hessen schmückten sich soeben mit dem Titel eines Deutschen Meisters, den sie in einem dramatischen Finale mit 5 : 3 nach Verlängerung gegen den Nachbarn Kickers Offenbach errungen hatten. Die Eintracht suchte einen Goalgetter für die bevorstehenden Europacupspiele, und sie angelten sich einen Goldfisch. Erwin Stein schoß in diesem Europacupwettbewerb acht Tore, und besonders stolz war er auf die beiden Treffer, die ihm im Finale von Glasgow gegen die Madrilenen José Emilio Santamaria gelangen, von dem damals viele Experten meinten, er sei der beste Stopper der Welt und den sie deshalb »die Wand« nannten. Weniger erfreulich war für Stein der Abschied von der Eintracht nach sieben Jahren. Die Mannschaft befand sich in der Schweiz, als ihm die Kündigung durch Präsident Rudi Gramlich auf den Tisch flatterte. In den späten 60er Jahren trug er noch das Trikot des SV Darmstadt 98, danach arbeitete er unter anderem als Trainer seines Heimatvereins Griesheim 02 und bei Viktoria Darmstadt. An der Linkstraße in Frankfurt-Griesheim betrieb Erwin Stein einen Tabakwarenhandel mit einer Lotto-Annahmestelle.

STEIN, ULRICH

Geboren am 23. Oktober 1954
Sechs Länderspiele (1983 bis 1986)
Hamburger SV

Störenfried und Idol

Uli Steins Weg als Fußballer begann dort, wo die meisten Jungen seiner Generation den ersten Kontakt mit der Kugel aus Gummi oder Leder fanden: auf der Straße. Als drittes von sieben Kindern der Eheleute Manfred und Christa Stein kam er 1954 in Hamburg zur Welt. Ein paar Monate vorher war die deutsche Fußballnationalelf erstmals Weltmeister geworden, und die Menschen zwischen der Kieler Förde und dem Bodensee schwärmten noch immer von dem Husarenstück des Sepp Herberger, der beim Turnier in der Schweiz die Fachwelt mit seiner Schlitzohrigkeit überrascht hatte. Uli Steins Eltern wechselten in dessen ganz jungen Jahren mehrfach den Wohnsitz; schließlich wurden sie in Wunstorf heimisch. Hier nahm Uli dann erstmals über einen längeren Zeitraum am geregelten Übungsbetrieb eines Vereins teil – an dem des SV Wunstorf. Beim FC Nienberg hatte er sich eine Zeitlang auch als Handballtorwart versucht. Ab 1972 absolvierte Uli Stein in Wunstorf die Ausbildung zum Großhandelskaufmann. Doch der Fußball hatte bei ihm längst einen höheren Stellenwert als Schule und Ausbildung, zumal auch sein Bruder Gunter ein talentierter Fußballer war, in der Niedersachsenauswahl spielte und von Rot-Weiß Essen umworben wurde. Doch während Gunter eine Karriere als Fußballprofi ablehnte und später als Arzt praktizierte, sagte Uli 1976 »ja« zum Angebot von Arminia Bielefeld, wo Kalli Feldkamp der Trainer war. Im gleichen Jahr trug Stein auch zum erstenmal das Trikot der deutschen Amateurnationalmannschaft. Matthias Herget, Hansi Müller und Hans-Peter Briegel waren einige seiner Teamgefährten. Mit den Arminen ging es in der Bundesliga auf und ab – der junge Torwart aus Niedersachsen kehrte deshalb 1980 in seine Geburtsstadt Hamburg zurück, wo Günter Netzer mittlerweile als Manager des HSV arbeitete. Nun begann für Uli Stein ein harter Konkurrenzkampf mit Jupp Koitka, aber als Ernst Happel im Jahre 1981 im Volksparkstadion der Chef war, da schlug endlich die große Stunde des mutigen Torwarts. Zweimal wurde Uli Stein mit dem HSV Deutscher Meister, 1983 gewann er den Europacup. Logisch, die Zeit war reif für die Nationalmannschaft. Im Juni 1983 feierte er sein Debüt gegen Jugoslawien, doch auch hier stand ihm jemand im Wege: Toni Schumacher. In der Zwischenzeit waren es nicht nur die tollen Paraden, mit denen Uli Stein auf sich aufmerksam machte, sondern auch seine Ecken und Kanten. Beim HSV teilte er kräftig aus, sagte jedem unverblümt seine Meinung. Doch da er mit seinen sportlichen Leistungen in der Bundesliga alle überzeugte, stand Stein 1986 trotzdem im deutschen Aufgebot bei der Fußballweltmeisterschaft in Mexiko. Weil es aber an Toni Schumachers Position nichts zu rütteln gab, brannten Uli Stein in den frühen WM-Tagen die Sicherungen durch. Er bezeichnete Teamchef Franz Beckenbauer als einen »Suppenkasper«. Später glaubte er dann, den Grund dafür gefunden zu haben, warum nicht er, sondern der Kölner Torwart die Nummer 1 war. In seinem 1993 veröffentlichten Buch »Halbzeit« behauptete Uli Stein unter anderem, er sei deshalb nicht aufgestellt worden, weil er keinen Privatvertrag mit einem der Hauptsponsoren des DFB hatte. Wegen »Disziplinlosigkeit« wurde Stein vorzeitig von der WM nach Hause geschickt. Dann aber schrieb Schumacher sein ebenso erfolgreiches wie umstrittenes Buch »Anpfiff«, was für Toni den »Abpfiff« seiner Karriere in der Nationalelf bedeutete. Stein sah seine Chance, gelobte Besserung und entschuldigte sich bei Franz Beckenbauer. Der war auch nicht abgeneigt, Uli zu seiner Nummer 1 zu machen, doch ehe er sich dazu entschließen konnte, leistete sich dieser einen erneuten folgenschweren Fehlgriff. Im Juli 1987 verabreichte er im Supercupfinale des HSV gegen Bayern München Stürmer Jürgen Wegmann einen Faustschlag, wurde daraufhin in Hamburg entlassen und schloß sich Eintracht Frankfurt an, nachdem er zwischenzeitlich mit einem Wechsel in die Türkei geliebäugelt hatte. Für Eintracht Frankfurt war dieser Transfer einer der bemerkenswertesten der Bundesligageschichte, obwohl Uli Stein mit seinen 33 Jahren bereits als Torwart-Oldie galt. Doch in der Folgezeit bewies er seine Klasse – er war ein Star der Liga, der Kopf der Eintracht. Doch dieser »Kopf« bescherte dem Verein auch etliche ungemütliche Situationen, und so stand am Ende seiner Karriere in Frankfurt wieder einmal ein Rausschmiß. Seine Mannschaftskameraden sprachen sich im April 1994 geschlossen gegen ihren Kapitän aus – mit ihm mußte Trainer Klaus Toppmöller gehen, der sein Schicksal mit dem des Uli Stein verknüpft hatte. Worauf der Torwart für viele überraschend noch einmal beim Hamburger SV anheuerte und dort auch noch als Vierzigjähriger glänzende Leistungen zeigte. »Es gibt in der Bundesliga zu viele Duckmäuser«, sagte er und beklagte, daß nach seiner Ansicht junge Spieler, die ihre eigene Meinung vertreten, »schnell zurechtgestutzt« würden. 1995 kehrte Uli Stein zu den Wurzeln seiner Karriere zurück – er unterschrieb beim Zweitligaaufsteiger Arminia Bielefeld und erreichte mit den Ostwestfalen im Jahr darauf noch einmal die Bundesliga, wo er mit 42 Jahren der mit Abstand dienstälteste Profi war, ehe er 1997 – erneut im Streit – bei der Arminia gehen mußte.

STEINER, PAUL

Geboren am 23. Januar 1957
Ein Länderspiel (1990)
1. FC Köln

»Paules« spätes Fußballglück

Strümpfelbrunn ist ein Luftkurort im Hohen Odenwald. Unweit der Neckarschleife von Eberbach und dem Katzenbuckel mit seiner Skisprungschanze wuchs Paul Steiner heran. Hier waren seine Eltern beheimatet, hier spielte er beim örtlichen BV. Doch schon als Jugendspieler hatte er mit seiner kompromißlosen Art in der Abwehr auf sich aufmerksam gemacht. Alle jungen Fußballer der Region kannten nur ein Ziel – den SV Waldhof in Mannheim! Dieser Verein aus dem Arbeiterviertel war seit jeher ein sprudelnder Quell der Talente. Und so wurde der junge Paul Steiner von seinem fußballvernarrten Vater dreimal die Woche zum Jugendtraining nach Mannheim gefahren. Achtzig Kilometer hin – achtzig Kilometer zurück! Doch der Aufwand sollte sich lohnen, denn schon bald zeichnete sich die Profikarriere des drahtigen Jugendlichen aus Strümpfelbrunn ab. Mit achtzehn Jahren unterzeichnete Paul Steiner seinen ersten Vertrag beim SV Waldhof, aber sein Traumziel, die Bundesliga, erreichte er nicht in Mannheim, sondern mit dem MSV in Duisburg, wohin er 1979 wechselte. 1981 absolvierte er das erste seiner fünf B-Länderspiele. Am 31. März 1981 gewann das deutsche Team gegen die Sowjetunion im Aue-Stadion in Kassel mit 1:0. Nigbur hütete das Tor, Augenthaler, Steiner und Bernd Förster bildeten das Gerippe der Abwehr. Im gleichen Jahr setzte Paul Steiner seine Wanderungen durch Fußballdeutschland fort – für eine Ablösesumme von zu diesem Zeitpunkt stolzen 800 000 Mark wechselte er zum 1. FC Köln, wo er seine sportliche Heimat finden sollte. Allerdings dachte der Familienrat der Steiners lange darüber nach, ob der Weg von der Wedau nach Köln-Müngersdorf ratsam sei. Denn Paul Steiner war es, der am 1. Dezember 1979

die Karriere des Heinz Flohe beim 1. FC Köln mit einer sehr harten Aktion beendet hatte – und der kleine Heinz war bis zu seinem Beinbruch einer der Publikumslieblinge am Rhein. Es gab ein juristisches Gerangel, doch Flohe setzte sich vor den Gerichten mit seiner Auffassung von einer »vorsätzlichen Körperverletzung« nur insoweit durch, daß Steiner eine Geldbuße an eine soziale Einrichtung zu zahlen hatte. Dank seiner Einsatzbereitschaft und seines Vorbildcharakters als Kämpfer erwarb sich Paul Steiner trotz seiner »Vorbelastung« binnen kürzester Zeit die Sympathien des Kölner Fußballvolks. »Paule« wuchs in seine Rolle und wurde schließlich der Cheforganisator der Deckung. 1983 gewann er mit seinem neuen Verein den DFB-Pokal. Doch auf die Verwirklichung seines heimlichen Wunsches, es zum Nationalspieler zu bringen, mußte der gelernte Kaufmann lange warten. Erst am Abend seiner Karriere wurde ihm dieses Glück beschert – und zwar durch keinen Geringeren als durch Franz Beckenbauer. Der »Kaiser« leistete sich am 30. Mai 1990 in der WM-Generalprobe im Gelsenkirchener Parkstadion gegen Dänemark den Luxus, alle Spieler einzusetzen, die er verfügbar hatte. Insgesamt waren es einundzwanzig – und einer von denen, die eingewechselt wurden, war Paul Steiner. Er kam für Klaus Augenthaler, seinen alten Spezi aus gemeinsamen Tagen in der B-Nationalelf. Und das Glück des Kölner Routiniers, der inzwischen 33 Jahre alt war, komplettierte sich, als er als letzter für den verletzten Holger Fach auf den WM-Zug nach Italien sprang, wo die deutsche Elf Weltmeister wurde – allerdings ohne Paul Steiner, der sich geduldig in seine Reservistenrolle fügte.

STEINER, RUDOLF

Geboren am 7. April 1937
Ein Länderspiel (1964)
TSV 1860 München

»Bei mir spielt er nur in der Reserve ...«

»Mit Zuckerbrot und Peitsche« soll Max Merkel das Jahr 1966 zum »Jahr der Löwen« gemacht haben. Der Trainer aus Wien ließ 1860 München zunächst in die Bundesliga stürmen, etablierte die Mannschaft dann in der neuen Spielklasse und führte sie 1966 zur Deutschen Meisterschaft. An Merkels Meisterstück hatte aber auch Rudi Steiner einen enormen Anteil, doch der »Peitschenknaller« von der Donau ließ an seinem etwas schmächtig geratenen Verteidiger häufig kein gutes Haar. »Wenn der köpfelt, fallen ihm die Haftschalen aus den Augen«, soll Max Merkel mal gelästert haben. Und: »Den hab' ich tatsächlich in die Nationalmannschaft gebracht ...« Doch vor Steiners erstem und einzigen Länderspieleinsatz – bei Sepp Herbergers Abschied gegen Schottland in Hannover – hatte Merkel noch gegrantelt: »Der mag für Herberger gut sein – bei mir spielt der nur in der Reserve ...« Was maßlos übertrieben war, aber wohl Merkels Hang zu verbalen Extremen entsprach. Schließlich stehen da die 118 Bundesligaspiele zwischen 1963 und 1969 zu Buche, die der Abwehrspieler bestritten hatte. Außerdem hatten die »Löwen« ihrem Rudi ein wichtiges Tor zu verdanken. Er schoß es in der Saison 1962/63 gegen den VfR Mannheim und es bedeutete den Ausgleich zum 2:2. Danach wähnten sich die Sechziger schon als Südmeister, doch als sie dann an der Grünwalder Straße gegen den alten Rivalen 1. FC Nürnberg mit 2:4 die Segel streichen mußten und der Süddeutsche Fußball-Verband auch noch die Wiederholung des Spiels Eintracht Frankfurt – Hessen Kassel ansetzte, wurde es für die Münchner noch einmal eng. Am Ende gewannen sie in Hof 2:0 – womit auch die allerletzten Zweifel daran beseitigt waren, daß den »Löwen« der Sprung in die Bundesliga gelingen würde. Rudi Steiner war ehemals beim SC München 1906 ein erfolgreicher Stürmer, wurde dann aber bei 1860 zum Abwehrspieler umfunktioniert. Seine Spezialität war fortan das schnelle Attackieren des Gegners. Steiner war mit einem enormen Biß ausgestattet, und man sagte ihm auch mehr als nur eine Spur Kaltblütigkeit nach. Nur so konnte sich der Fußballer wohl auch der Giftpfeile erwehren, die Max Merkel häufig in seine Richtung abschoß. Mit dem Schalker Hans Nowak bildete Rudolf Steiner bei seinem Länderspieleinsatz gegen Schottland ein Verteidigerduo. Erst in den Schlußminuten verlor die deutsche Deckung im Niedersachsenstadion den Überblick und kassierte noch das Ausgleichstor zum 2:2. Dennoch sollte er auch beim nächsten deutschen Länderspiel dabei sein, das die Nationalelf nach Helsinki gegen Finnland führte und wo Sepp Herberger zum letztenmal neben Helmut Schön auf der Bank saß. Doch dann erlitt der Münchner eine Knöchelverletzung und mußte absagen. Aussortiert aus dem Kreis der Kandidaten für die Nationalmannschaft wurde Steiner erst vor dem wichtigen Weltmeisterschafts-Qualifikationsspiel gegen Schweden am 4. November 1964 in Berlin, nachdem es eine Enttäuschung im Düsseldorfer Test gegen den englischen Erstligaklub Sheffield Wednesday gegeben hatte.

STEINMANN, HEINZ

Geboren am 1. Februar 1938
Drei Länderspiele (1962 bis 1965), ein Tor
Schwarz-Weiß Essen, Werder Bremen

»War das ein Gefühl ...«

»Ich stand nun mal günstig und konnte nichts anderes tun, als auf das Tor zu schießen. War das ein Gefühl für mich, als der Ball im Netz hing ...« Mit diesen Worten schilderte Heinz Steinmann sein einziges Länderspieltor im ersten seiner drei internationalen Einsätze. Es war im November 1962, und Deutschlands Nationalelf mühte sich zu einem 2:2 in Stuttgart gegen Frankreich. In der 44. Minute humpelte Willi Schulz verletzt in die Kabine, und der junge Heinz Steinmann aus Essen kam für ihn ins Spiel. Zu diesem Zeitpunkt führten die Franzosen vor 75 000 Zuschauern im Neckarstadion mit 2:0, ehe die Aufholjagd der Deutschen unmittelbar nach der Pause durch Konietzkas Anschlußtreffer begann. Acht Minuten vor Schluß wurde das Bemühen der Gastgeber noch belohnt. Schütz schob das Leder zu Steinmann, und der fand die Lücke in der französischen Betondeckung. Anschließend tat ihm besonders Sepp Herbergers Händedruck wohl. Unmittelbar nach dem Bankett chauffierte Schwarz-Weiß Essens Spielausschußobmann Hans Hönig den Jungnationalspieler nach Hause. In der Nacht erreichten sie Essen, ein paar Stunden später saß Heinz Steinmann schon wieder an seinem Schreibtisch der Ruhrkohle-AG. »Nach dem nächsten Länderspiel ruhen Sie sich erst mal aus«, empfahl ihm an diesem Morgen Generaldirektor Haver. Mit dem Fußball hatte Heinz Steinmann im Stadtteil Steele in der Deutschen Jugendkraft-Bewegung begonnen. Wacker Steele hieß sein erster Verein. 1951 schloß er sich dann Schwarz-Weiß Essen an, wo er fünf Jahre später in die Ligamannschaft aufrückte. Erst war er Außenläufer, doch die Aufgaben des Stoppers lagen ihm besonders. Durch einen Juniorenlehrgang des DFB fand er Eingang ins Notizbuch der Herren Herberger und Schön, um dann im Spiel der Westauswahl gegen Holland in Aachen auf sich aufmerksam zu machen. In den Vorbereitungsspielen zur WM in Chile fand er erstmals auch außerhalb des Westens Beachtung, doch für die WM-Nominierung war er noch zu »grün«. 1963 wechselte Heinz Steinmann für eine Saison zum 1. FC Saarbrücken, wo ihm Lizenzspielerchef Erich Schirra einen Job bei der Grubenverwaltung besorgte, dann trug er das Trikot von Werder Bremen. An der Weser kickte er bis 1971 in 184 Bundesligaspielen für seine Hanseaten. Und er war ein wichtiges Eisen im Bremer Abwehrbeton. Gleich in seinem ersten Jahr wurde er mit Werder Deutscher Meister.

STEPHAN, GÜNTHER

Geboren am 8. Oktober 1912
Ein Länderspiel (1935)
Schwarz-Weiß Essen

Die Konkurrenz war übermächtig

Mittelläufer – diese Position war über den Zeitraum mehrerer Generationen so etwas wie das Herzstück einer Fußballelf. Sehr oft trug der Mann mit der Nummer fünf auch die Binde des Kapitäns. Wer sich in der Kommandozentrale der Deckung behauptete, der galt etwas in seiner Mannschaft. Doch Mittelläufer hatten es vor allem in der Zeit zwischen den beiden Weltkriegen in Deutschland sehr schwer, den Weg in die Nationalmannschaft zu finden, denn es gab viele ausgezeichnete Spezialisten auf diesem Posten. Und so wird es Günther Stephan, der gebürtige Frankfurter, der über Schwarz-Weiß Frankfurt zu Schwarz-Weiß Essen gekommen war, an einem Augusttag des Jahres 1935 als eine große Auszeichnung verstanden haben, als er zum Länderspiel nach Luxemburg eingeladen wurde. Es störte ihn wohl auch nicht, daß dieses Nachwuchsteam eigentlich nur eine B-Auswahl darstellte, denn zur gleichen Stunde bestritten die Stars der 30er Jahre in München ein Länderspiel gegen Finnland (und gewannen 6:0). In München trug Ludwig Goldbrunner das Trikot des Mittelläufers – und diesen Star zu verdrängen, das war für den jungen Kaufmann aus Essen eine fast unlösbare Aufgabe. »Lutte« Goldbrunner hatte es mit den besten Mittelstürmern seiner Zeit aufgenommen. Mit dem Engländer Campsell, dem Spanier Langara, dem Norweger Martinsen, dem Schotten Armstrong und dem großen Piola aus Italien. Und Goldbrunner, der Rivale von der Isar, stand in einer deutschen Spitzenmannschaft – Günther Stephan war hingegen Dreh- und Angelpunkt von Schwarz-Weiß Essen und damit eines Teams, das im Westen im Schatten einer übermächtigen Konkurrenz stand. Aber es gab da ja noch das Fernziel Olympische Spiele – und dem diente die Doppelsichtung der besten deutschen Fußballer in München und Luxemburg. Sepp Herberger betreute die Elf im benachbarten Herzogtum. Die deutsche Mannschaft gewann 1:0 durch ein Tor des Duisburgers Walter Günther. Es sollte Stephans einziges Länderspiel bleiben. Statt

dessen streifte er zwischen 1932 und 1936 sechsmal das Trikot des Westdeutschen Fußballverbandes über und war noch jahrelang die große Stütze seiner Essener Mannschaft. SWE machte vor allem 1940 im Pokal Furore, als die Elf erst im Viertelfinale in Nürnberg scheiterte. Stermseck und Trimhold schossen in dieser Zeit Tore aus allen Lagen für die Schwarz-Weißen.

STIELIKE, ULRICH

Geboren am 15. November 1954
42 Länderspiele (1975 bis 1984), drei Tore
Borussia Mönchengladbach, Real Madrid

Auch mit dem Herzen bei Real

Juli 1982: Die Welt des Fußballs schaut nach Sevilla – die Fans an den Fernsehschirmen rund um den Globus starren auf Uli Stielike. Deutschland und Frankreich haben sich im Halbfinale der Weltmeisterschaft in der lebensfrohen Stadt am Guadalquivir ein temperamentvolles und torreiches Duell geliefert, doch nun, da sich die Spannung nach 120 Minuten und einem 3:3 im Elfmeterdrama ins Unerträgliche steigert, hockt Uli Stielike unter den Tiefstrahlern der stimmungsreichen Arena und ist das personifizierte Häufchen Elend. Dabei hatte der vorbildliche Kämpfer in der Abwehr großen Anteil daran, daß die Deutschen gegen den Nachbarn dieses Elfmeterschießen erzwangen. Doch der Profi,

der seit 1977 in Spanien bei Real Madrid sein Geld verdiente, bekam in der Sekunde der Entscheidung weiche Knie und versagte. Nun saß er da und war untröstlich, bis Torwart Toni Schumacher ihm die zerzauste Frisur tätschelte und sagte: »Hör auf zu flennen – den nächsten Elfmeter halte ich.« Schumacher hielt nicht nur den Schuß von Six, sondern auch noch den von Bossis – und die deutsche Elf stand im Finale der Weltmeisterschaft. Es sollte einer der sportlichen Höhepunkte im bewegten Profileben des Uli Stielike werden. Geboren wurde er in Ketsch, vor den Toren von Schwetzingen. Hier trug er zwischen 1960 und 1973 das Trikot der Spielvereinigung, wo sich seine Begabung schon früh offenbarte. Die Talentsichter standen bei ihm sehr bald vor der Tür, denn er war zwischen 1972 und 1973 der Dreh- und Angelpunkt der Jugendnationalmannschaft. Er absolvierte eine Ausbildung zum Groß- und Außenhandelskaufmann, was ihm später als Betreiber der Generalvertretung einer Sportartikelfirma und eines Fabrikanten von Fußbällen zugute kam. Hennes Weisweiler war Uli Stielikes erster großer Lehrmeister als Trainer von Borussia Mönchengladbach, wohin der Badener 1973 wechselte. Danach ging für den jungen Mann alles rasend schnell. Zunächst eroberte er sich als rechter Verteidiger einen Stammplatz, später dann im defensiven Mittelfeld. Dreimal wurde er mit der Borussia Deutscher Meister, einmal deutscher Pokalsieger und dann als internationales »Bonbon« auch noch UEFA-Cupsieger. Ins Trikot der Nationalelf schlüpfte Uli Stielike, in dem die meisten Experten im Lande den Nachfolger von Franz Beckenbauer sahen, im Frühherbst 1975 beim 2:0-Sieg gegen Österreich im Wiener Praterstadion. Mittlerweile war er zum Libero gereift, und er verstand sich mit dem inzwischen zum Weltstar avancierten »Kaiser« ausgezeichnet. Doch 1977 folgte er den Lockungen des spanischen Fußballs – und dies mit erst 22 Jahren. Günter Netzer hatte bei ihm angerufen und ihm gesagt, der legendäre Real-Präsident Bernabeu werde ihn höchstpersönlich im Düsseldorfer Rheinstadion im Europacupspiel gegen Dynamo Kiew beobachten. Real Madrid war noch immer eine Topadresse unter den europäischen Clubs, und die Fans der »Königlichen« schwärmten schon bald vom »teutonischen Panzer«. Reals Präsident Ramon Mendoza sagte 1985, als sich Uli Stielike nach acht Jahren, drei spanischen Meisterschaften und zwei Pokaltiteln in der Hauptstadt verabschiedete: »Er war einer der wenigen Ausländer bei Real, die auch mit ihrem Herzen bei uns waren ...« Zu diesem Zeitpunkt hatte Uli Stielike seine Länderspielkarriere

bereits beendet. Sie hatte ihm in seinen insgesamt 42 Länderspielen neben der Vizeweltmeisterschaft des Jahres 1982 den Titel eines Europameisters im Jahre 1980 eingebracht. 1978 hatte es für ihn einen Tiefpunkt gegeben, als sich der Deutsche Fußball-Bund zur »Lex Stielike« entschloß. Damit sollte der »Landflucht« der besten deutschen Profis begegnet werden – ein untaugliches Mittel, wie sich bald herausstellte. Sein letzter Verein in seiner Profikarriere war 1985 Xamax Neuchatel, wo er die Deckung glänzend dirigierte und noch zweimal Schweizer Meister wurde. 1989 wurde er vom Schweizer Fußballverband zum Nationaltrainer berufen, später wurde er dann (bis 1993) auch Coach von Xamax Neuchatel. Wenig erfolgreich war seine Tätigkeit beim SV Waldhof Mannheim, wo er scheiterte. 1996 unterschrieb Uli Stielike einen Vertrag beim spanischen Zweitligisten CF Almeria. In seiner aktiven Zeit wurde er von Horst Köppel einmal so charakterisiert: »Er ist ein Spieler, der seine Mannschaft nie im Stich lassen würde ...«

STOLLENWERK, GEORG

Geboren am 19. Dezember 1929
23 Länderspiele (1951 bis 1960), zwei Tore
Düren 99, 1. FC Köln

Stürmer, Verteidiger und Torwart

»Unser Hätz schlät för dä FC Kölle – för dä eetste Club am Rhing – unser Hätz schlät för dä FC Kölle – kennt hä och nit nur Sonnesching ...« Die erfolgreiche Gruppe »De Höhner« feierte in den achtziger Jahren in rheinischer Mundart den 1. FC Köln. Auch in der Zeit, da dieser Verein noch ziemlich taufrisch war, gab es in Müngersdorf nicht nur eitel »Sonnesching«, denn zuweilen zogen hier auch damals schon düstere Wolken auf. Einer der großen Lichtblicke im ersten Jahrzehnt des erst am 13. Februar 1948 gegründeten 1. FC Köln war Georg Stollenwerk. Als er 1953 nach Müngersdorf kam, war er schon Nationalspieler. Er entstammte der SG Düren von 1899, jenem Verein am Rande der Nordeifel, der mit Karl-Heinz Schnellinger einen zweiten Großen des deutschen Fußballs hervorbrachte. Die Dürener spielten in der 2. Liga West, und Georg Stollenwerk fand bei Sepp Herberger Sympathien, obwohl er in einer schwächeren Klasse spielte und ein blütenreiner Amateur war. Er begann seine Karriere als Offensivspieler. Bei seinem Länderspieldebüt am Tag vor Heiligabend 1951, als die deutsche Mannschaft in Essen auf Luxemburg traf, war er rechter Halbstürmer auf der Position zwischen Helmut Rahn und Willi Schröder. Er führte sich gleich mit seinem ersten Tor ein, und niemand ahnte zu diesem Zeitpunkt, daß Georg Stollenwerk schon bald einer der »Vielseitigkeitskämpfer« des deutschen Fußballs sein würde. Er war auf allen Posten zu gebrauchen – vom Torwart bis zum Linksaußen. Bei der Weltmeisterschaft 1958 war er als Ersatz für Fritz Herkenrath vorgesehen, falls diesem zwischen den Pfosten mal etwas passieren sollte. Damals gab es den Austausch von Torhütern noch nicht. Der Dürener begann seine internationale Karriere mit einem B-Länderspiel gegen Österreich in Augsburg. Fußball lag dem jungen Mann im Blut, schon sein Vater war Repräsentativspieler. Bereits 1940, als Zehnjähriger, wurde »Schorsch« von einem Nationalspieler getrimmt – von dem Bayern Jakob Streitle, der während seiner Soldatenzeit die Jugend- und Schülermannschaften der SG Düren 99 betreute. Die Fügung wollte es, daß Stollenwerk seinem frühen Lehrer noch einmal begegnen sollte. Jakob Streitle führte in seinem 15. Länderspiel die deutsche Nationalmannschaft am 4. Mai 1952 in Köln gegen Irland als Kapitän aufs Feld – und der junge Georg Stollenwerk war einer seiner Kameraden. 1953 wechselte das Talent aus Düren zum 1. FC Köln – inzwischen war er fester Bestandteil der deutschen Amateurnationalmannschaft, die sich beim Olympiaturnier in Helsinki gut behauptet hatte. In Köln wurde er im Laufe der Jahre umfunktioniert – vom Halbstürmer zum rechten Verteidiger. Er war schlagsicher, schnell und geistesgegenwärtig, und er hatte Torwarterfahrungen sammeln können. Am 28. Dezember 1958 stand er im Pokalspiel seines 1. FC Köln gegen den VfL Köln 99 zwischen den Pfosten, nachdem sich Torwart Klemm verletzt hatte. 1958 war Georg Stollenwerk Stammspieler der Nationalmannschaft und einer der Türme der Abwehrschlachten bei der Weltmeisterschaft in Schweden. Zu diesem Zeitpunkt bereitete er sich auf das Sportlehrerexamen vor. Zwei Jahre später stand er mit dem 1. FC Köln im deutschen Endspiel – Georg Stollenwerk hatte sich soeben von einer Blinddarmoperation erholt. Bei den Rheinländern bahnte sich ein Generationswechsel an, und es gab im Vorfeld des Finales gegen den Hamburger SV in Frankfurt temperamentvolle Diskussionen, ob man den Routiniers Vertrauen schenken sollte oder ob die Jungen ihre Chance verdienten. Schließlich setzte sich Franz Kremer, der energische Vorsitzende des 1. FC Köln, durch und plädierte für Stollenwerks Einsatz. Breuer sollte statt dessen in die Halbstürmerposition wechseln. Am Ende hatte der

HSV mit 3 : 2 gewonnen, vor allem dank der Energie seines Angriffs mit Seeler, Stürmer und Dörfel. »Es war ein Sieg der Jugend«, sagte Sepp Herberger. Als die Kölner zwei Jahre später zum erstenmal die Meisterschüssel an den Rhein holten, war Georg Stollenwerk nicht mehr erste Wahl. Er hatte seine Trainerprüfung mit Auszeichnung bestanden, sollte zum Vollstudium an der Kölner Sporthochschule zugelassen werden, um Diplomsportlehrer zu werden, entschied sich dann aber für die Leitung einer Papier- und Kartonagengroßhandlung in Gmünd in der Eifel, wo er seine kaufmännische Lehre absolviert hatte. Später wurde er Inhaber dieses Unternehmens. Der Fußball ließ ihn dennoch nicht los. Er trainierte Alemannia Aachen als Nachfolger von Michel Pfeiffer, nachdem er sich die ersten Sporen bei den Amateuren des 1. FC Köln verdient hatte. Georg Knöpfle, der Technische Direktor des Hamburger SV, bemühte sich vergeblich darum, Stollenwerk den Job des HSV-Trainers schmackhaft zu machen. Später feierte er Erfolge mit dem rheinischen Landesligisten TuS Langerwehe. In der Saison 1975/76 übernahm er für einige Monate die Position des Cheftrainers beim 1. FC Köln als Nachfolger von Tschik Cajkovski.

STÖSSEL, KURT

Geboren am 26. Dezember 1907
Ein Länderspiel (1931)
Dresdner SC

Von Altona die Elbe aufwärts

Kurt Stössel war einer der ersten, die beim ruhmreichen Dresdner SC zum Nationalspieler reiften. Der gebürtige Hamburger war in ganz jungen Jahren elbaufwärts gezogen, nachdem er beim FC Union Altona von 1903 Kontakt mit dem Fußball bekommen hatte. In Altona waren in den 20er Jahren die »preußischen« Rivalen des großen Hamburger SV zuhause. Thiele, Necke, Thimm, Brandt, Resch, Mahnke, Wahn, Lackenmacher, Hacke, Jans und Reusch – das waren die Vorbilder des jungen Kurt Stössel. Doch seine »höheren Fußballweihen« erhielt er erst in Dresden beim Sportclub. Als er mit 19 Jahren in die erste Mannschaft hineinwuchs, bildete er zunächst mit Georg Köhler und Rudolf Berthold eine starke Läuferreihe. Kurt Stössel war auf der rechten Seite zu finden, versuchte sich später aber auch als rechter Halbstürmer. 1930 unterlag Stössel mit seinem Dresdner SC erst im Halbfinale der deutschen Endrunde bei Holstein Kiel mit 0:2. Inzwischen war mit Richard Hofmann ein Torjäger zum Sportclub gekommen, der schon seinen Platz im Kreis der ganz Großen des deutschen Fußballs eingenommen hatte. Es war wohl ein Traum des nur wenig jüngeren Kurt Stössel, es dem berühmten Richard gleichzutun. Sein Wunsch erfüllte sich im April 1931 in Amsterdam. Er gehörte zu jener deutschen Nationalelf, die ein 1:1 gegen Holland erzwang. Kurt Stössel war einer von vier Debütanten, die Trainer Otto Nerz berufen hatte. In der Folgezeit hoffte der junge Außenläufer aus Dresden dann vergeblich auf weitere Einladungen zu Länderspielen. Bis 1935 blieb er in Dresden, war in acht Endrundenspielen des Sportclubs dabei und widmete sich mehr und mehr seinem Studium. Schließlich hatte er es zum Ingenieur gebracht und wechselte 1935 – vor allem aus beruflichen Gründen – zu Holstein Kiel, wo er seine fußballerische Karriere ausklingen ließ.

STRACK, GERHARD

Geboren am 1. September 1955
Zehn Länderspiele (1982 bis 1983), ein Tor
1. FC Köln

Ein historisches Tor gegen Albanien

In seinen zehn Länderspielen gelang Gerhard Strack nur ein Tor, doch dieser Treffer ließ die Fußballnation aufatmen. Dies war am 20. November 1983, und im Saarbrücker Ludwigspark rauften sich die Fans die Haare. Jupp Derwalls Spieler mußten die Albaner schlagen, um als Titelverteidiger bei den Europameisterschaften in Frankreich dabei zu sein. Sorgen auf diesem Weg hatte der Nordire Whiteside dem amtierenden Champion bereitet. Die Fußballer von der Insel gewannen in Hamburg sensationell mit 1:0, und so mußte die deutsche Elf in Saarbrücken gegen Albanien unbedingt beide Punkte holen. Doch die Nationalmannschaft steckte in einer spielerischen und geistigen Krise, und so wurden die 41 000 Zuschauer in Saarbrücken auf eine lange Geduldsprobe gestellt, denn Tomori hatte die Albaner zu allem Überfluß auch noch in Führung geschossen. Zwar gelang Karl-Heinz Rummenigge postwendend der Ausgleich, doch der sehnsüchtig erwartete Siegtreffer ließ auf sich warten. Als viele schon nicht mehr an die Wende glaubten, reckte sich der Kölner Gerd Strack im Strafraum und markierte per Kopf den vielumjubelten Siegtreffer. Ein gutes halbes Jahr später wurde der Rheinländer mit der Nominierung für die Europameisterschaft be-

lohnt, doch dort kam er dann wegen einer Verletzung nicht zum Einsatz. Gerd Strack wurde als Sohn eines Friseurmeisters in Kerpen geboren, kam über den SV Glückauf Habbelrath und Frechen 20 zum 1. FC Köln, wo er als 18jähriger erstmals seine Unterschrift unter einen Profivertrag setzte. Unter Trainer Hennes Weisweiler schaffte er den Sprung in die Bundesligamannschaft. Er galt in seinen besten Jahren als einer der offensivsten Vorstopper und Liberos der höchsten deutschen Klasse. 1978 wurde er mit dem 1. FC Köln Deutscher Meister, dreimal holte er mit der »Geißbock-Elf« den DFB-Pokal. Den Sprung in die Nationalelf schaffte er als Libero am 12. Oktober 1982 beim 2:1-Sieg in London gegen England. Dabei war dies alles andere als ein gutes Jahr für Gerd Strack. Im März erlitt er eine Nervenquetschung im Halswirbelbereich, die ihn längere Zeit pausieren ließ. Dann beklagte er einen Autounfall und schließlich eine schwere Kapselverletzung. Am Ende der Saison 1984/85 zog es ihn in die Schweiz – eine Entscheidung, die dem Modellathleten unter den Kölner Profis relativ leicht fiel, weil es einige Unstimmigkeiten mit Funktionären des 1. FC gab. Er spielte daraufhin beim FC Basel.

STRASSBURGER, WILLI

Geboren am 12. Juli 1907,
gestorben am 21. Dezember 1991
Zwei Länderspiele (1930)
Duisburger SV

Enttäuschung in Kopenhagen

Die »Goldenen 20er« waren vorbei – vorbei war aber auch eine große Zeit der deutschen Nationalmannschaft. An der Schwelle zum dritten Jahrzehnt wagte sich der DFB immer häufiger an Länderspielgegner heran, die vor allem Profis in ihren Reihen hatten. Zwar lehnten die Delegierten in Deutschland noch immer vehement die Einführung des bezahlten Sports ab, doch Kontrahenten aus dem Profibereich waren inzwischen willkommen. Selbstvertrauen tankte die Nationalmannschaft vor allem bei ihrem 3:3 im Mai 1930 in Berlin gegen England, aber auch beim vorangegangenen 5:0-Triumph von Zürich gegen die Schweiz. Mittlerweile zählten die Experten die deutsche Elf zur Weltspitze, doch dann erhielt diese im September 1930 in Kopenhagen einen herben Dämpfer. 6:3 gewannen die Dänen – und es entbrannte ein neuerlicher Streit über Sinn und Unsinn von dieser und jener Aufstellung. Unumstritten war eigentlich die Nominierung von

Willi Straßburger. Der Rechtsaußen hatte beim Duisburger SV so viele gute Kritiken bekommen, daß er einfach »reif« für die Nationalmannschaft war. Für den Westdeutschen Fußballverband hatte er sich außerdem in elf Spielen bewährt. Er galt als durchschlagskräftiger Mann auf dem rechten Flügel. Aber bei seinem Länderspieldebüt in Dänemark verließ er, wie seine Kameraden, mit hängendem Kopf den Platz. Er fand nicht die richtige Verbindung zu Hanne Sobeck und Karl Hohmann – am Ende triumphierten die Dänen deutlich. Dennoch bekam Willi Straßburger eine zweite Länderspieleinladung, und die führte ihn im gleichen Jahr nach Breslau zum Spiel gegen Norwegen. Diesmal langte es immerhin zu einem 1:1. Doch damit war die Auswahlkarriere des robusten Duisburgers, der von Beruf Schlosser war, vorbei. Später stand er seinem Duisburger SV als Verteidiger zur Verfügung.

STREHL, HEINZ

Geboren am 20. Juli 1938,
gestorben am 11. August 1986
Vier Länderspiele (1962 bis 1965), vier Tore
1. FC Nürnberg

Ein Bilderbuch-Debüt in Zagreb

Nürnberg – das ist die Stadt der bewehrten Mauern, der verzierten Fachwerkhäuser mit den gezackten Giebeln; die Stadt der lauschigen Plätze und romantischen Gassen unter der Burg. Das ist die zeitlose Erinnerung an die »Betenden Hände« des Albrecht Dürer und an die »Himmelssehnsucht« des Veit Stoß. Nürnberg, das ist ein steinernes Zeugnis deutscher Geschichte – und die Heimat eines der traditionsreichsten Vereine dieses Landes. Der »Club« war das sportliche Zuhause des Heinz Strehl, dessen früher Tod nach einem Herzversagen im Jahre 1986 tiefe Bestürzung auslöste. Heinz Strehl wurde unweit von Nürnberg, in Kalchreuth, geboren, wo im »Goldenen Schwan« die wichtigsten Familienfeiern des beschaulichen Dorfes stattfanden. Und wie Max Morlock, der Weltmeister von 1954, der zum großen Vorbild von Heinz Strehl werden sollte, spielte auch der Junge aus Kalchreuth zunächst für den TSV Glaishammer. Aber schon sehr früh schloß sich der blonde Franke dem 1. FC Nürnberg an, wo er in den späten 50er Jahren einer der Ausnahmespieler seiner Generation werden sollte. Ein Torjäger bester Güte, robust und kopfballstark. 1961 stand Heinz Strehl ganz oben – auf dem Gipfel des deutschen Fußballs. Trainer Herbert Widmayer

führte den »Club« mit einem 3:0-Endspielsieg gegen Borussia Dortmund zum Titel. Eine spielfreudige Schar von Talenten um den Routinier Max Morlock triumphierte unter der Hitzeglocke des Finales von Hannover. Und Heinz Strehl war einer der Leistungsträger des Siegers, dank seiner technischen Fähigkeiten und seines Drangs zum Erfolg. Er setzte mit seinem Treffer zum 3:0 den Schlußpunkt. Strehl war aber auch einer der fußballspielenden Pioniere der jungen Bundesliga – einer der frühen Stars der neuen Klasse. 1968 wurde er noch einmal Deutscher Meister, nachdem er schon 1962 deutscher Pokalsieger geworden war. Als er 1970 seine große Karriere beendete, hatte er für den 1. FC Nürnberg 534 Spiele absolviert – fast in jedem zweiten seiner 174 Bundesligabegegnungen gelang ihm ein Tor – am Ende waren es 76. Sepp Herberger holte ihn zu vier Länderspielen, nachdem er 1962 bereits als Reservist mit der Rückennummer 19 auf dem Trikot mit zum WM-Turnier nach Chile gereist war. Ein glänzendes Debüt feierte er aber erst im Herbst des gleichen Jahres, als er an einem sonnenreichen Nachmittag alle deutschen Tore zum 3:2-Sieg gegen Jugoslawien in Zagreb beisteuerte. Ein viertes Tor gelang ihm in seinem vierten und letzten Länderspiel 1965 in Karlsruhe gegen Zypern. Als er beim 1. FC Nürnberg abtrat, ließ er viele Freunde zurück. Anfang der 70er Jahre war er Spielertrainer des SV Schwaig. Hin und wieder beteiligte er sich an Altliga- und Prominentenspielen, doch es wurde in den 80er Jahren immer stiller um den sensiblen Fußballer, der sich mit seiner Art des Spiels nicht nur in die Herzen der Nürnberger Fans gespielt hatte.

STREITLE, JAKOB

Geboren am 11. Dezember 1916,
gestorben 1982
15 Länderspiele (1938 bis 1952)
Bayern München

»Evergreen« des FC Bayern

In der Saison 1936/37 passierte den Fans des FC Bayern München etwas Ungeheuerliches. Sie mußten fassungslos mit anschauen, wie der 1. FC Nürnberg, der nordbayerische Erzrivale der Münchner, ihren Verein arg zerzauste. 1:7 verlor der FC Bayern gegen den »Club« – und das schlug selbst den Stoikern unter den Anhängern der Rothosen mächtig auf den Magen. Schließlich war diese von manchen als »Majestätsbeleidigung« empfundene Schmach auch noch vor heimischer Kulisse geschehen. Und der Schuldige wurde rasch ausgemacht: Trainer Dr. Michalke. Der war ausgerechnet vom 1. FC Nürnberg an die Isar gewechselt. Keine Frage – der Haussegen hing bei den Bayern in der Gauliga erst einmal schief. Und so werden sich bei Jakob Streitle, der in dieser Zeit beim FC Bayern debütierte, wohl Zweifel geregt haben, ob es eine glückliche Entscheidung war, für diesen Verein zu spielen. Schließlich hatte es sich bis zu den Spatzen auf dem Dach des Rathauses am Marienplatz herumgesprochen, daß die große Zeit der Bayern vorbei war. Insofern zeugte es von den fußballerischen Qualitäten des vielseitigen Abwehrspielers, daß Jakob Streitle es dennoch schaffte. Schon 1938 war er Nationalspieler, aber seine Länderspielpremiere wird er sich gänzlich anders vorgestellt haben. Denn die fand nicht irgendwo statt, sondern im Hexenkessel der Weltmeisterschaft in Paris. In der Vorrunde war die Schweiz der starke Gegner, und nach einem 1:1 nach Verlängerung ging es fünf Tage später noch einmal gegen die Eidgenossen. Diesmal war Jakob Streitle dabei – er bekam für den enttäuschenden Wiener Willibald Schmaus eine Chance. Am Ende triumphierten die Schweizer über die nachlassenden Kräfte der Deutschen mit 4:2. Doch mit der ihm eigenen Zähigkeit kämpfte Streitle um sein Nationaltrikot – und er bekam es in vierzehn weiteren Länderspielen. Meist war er in der Verteidigung der Partner von Paul Janes, dem Routinier der deutschen Mannschaft. Während des 2. Weltkriegs war er eine Zeit lang Gastspieler in Düren, wo auch sein Kamerad Körner gelandet war. Nach Kriegsende erinnerte sich Sepp Herberger an seinen Weggefährten aus München. Jakob Streitle hatte die Kriegswirren unbeschadet überstanden und stand Trainer Alf Riemke wieder zur Verfügung. Er bewährte sich in den Repräsentativspielen des Südens und war noch bis zu seiner Demission im Jahre 1954 ein Dreh- und Angelpunkt der Bayerndeckung. Seine Anhänger schwärmten von seinen geradezu artistischen Fähigkeiten im Umgang mit dem Ball und von seinem wuchtigen Kopfballspiel. Als die Schweiz im April 1951 in Zürich der erste Nachkriegsgegner Deutschlands war, bildete Jakob Streitle in der Nationalelf ein Abwehrduo mit Herbert Burdenski. Im Mai 1952 verabschiedete sich der Münchner von der internationalen Bühne. Nach dem 3:0-Sieg gegen Irland in Köln wurde »Jakl« Streitle trotz seiner fast 36 Jahre als einer der besten Spieler gefeiert. Eine schwere Verletzung stoppte seine Karriere – sonst wäre eine Teilnahme an der Weltmeisterschaft 1954 für ihn keine Utopie gewesen. Worauf Streitle als Nachfolger des erfolglosen Georg Knöpfle Trainer des FC Bayern wurde. Der achte innerhalb von zehn Jahren bei den Münchnern. Vorher hatten die Bayern ihm noch ein Abschiedsspiel gegen Manchester United (mit Bernd Trautmann zwischen den Pfosten) organisiert. Im Februar 1955 ließ er sich sogar dazu überreden, im Spiel gegen den VfR Mannheim noch einmal das Trikot überzustreifen, weil die Bayern von einer ungewöhnlich großen Personalnot heimgesucht wurden. Streitle arbeitete später in München – zunächst als Verlademeister; und er fand schließlich eine Anstellung beim Bayerischen Fußballverband als Jugendtrainer.

STRIEBINGER, KARL

Geboren am 2. August 1913
Drei Länderspiele (1937 bis 1938), zwei Tore
VfR Mannheim

Sein Förderer war Max Breunig

Neuhofen ist ein kleines Örtchen, unweit der großen Rheinschleife bei Mannheim. Hier stand die Wiege des Karl Striebinger, hier spielte er Fußball beim Turn- und Sportverein, der ehemals aus der Viktoria hervorging. Doch, wie alle Talente dieser Region, wechselte Karl nach Mannheim – er entschied sich für den VfR. Also für jenen Verein, bei dem ab 1920 Otto Nerz als Sportlehrer tätig war. Der spätere »Fußballprofessor« und Reichstrainer vermittelte den Spielern des VfR Mannheim Technik und Taktik – er galt als Experte schlechthin. Sein Nachfolger in Mannheim war Joe Bache – und nach Jahren der sportlichen Stagnation ging es beim VfR sprunghaft bergauf. In der Saison 1924/25 wanderte der Titel eines Süddeutschen Meisters nach Mannheim. Nach Bache kam »Little« Richard Dombi, später wirkte dann Max Breunig beim VfR. Und der wurde zum großen Förderer des Karl Striebinger. Wobei der Zufall auch eine gewisse Rolle spielte, denn auf Linksaußen wurde Striebinger eines Tages nur deshalb eingesetzt, weil sich der etatmäßige Flügelstürmer Adam wegen einer Meniskusverletzung längere Zeit in Hohenlynchen aufhielt. So wurde Karl Striebinger aufgrund seiner guten Ballführung, seines Drangs zum Tor und vor allem wegen seines Fleißes ein Leistungsträger der Mannschaft und durfte sich 1937 über den Sprung in die Nationalmannschaft freuen. Zwei Treffer gelangen ihm beim 3:2-Sieg in Luxemburg. Der Torerfolg öffnete ihm die Tür zu zwei weiteren Länderspielen gegen Belgien und Schweiz. Mehrfach erreichte Striebinger mit seinem VfR Mannheim bis Kriegsende die deutsche Endrunde. Beim VfR spielte auch sein Vetter Helmut, und nach der Kapitulation und der Wiederaufnahme des Spielbetriebs war Karl einer der Mannheimer Fußballer der »ersten Stunde«. Vier Monate nach Kriegsende war der inzwischen zum Routinier gereifte Nationalspieler beim 4 : 3-Sieg im Lokalderby gegen Waldhof dabei. Doch als der VfR 1949 die vielumjubelte Silberschale des Deutschen Meisters nach Mannheim entführte, war die Fußballzeit des Karl Striebinger vorbei. Einige Jahre war er als Trainer tätig – unter anderem in den frühen 50er Jahren beim BC Augsburg, wo er Josef Pöttinger ablöste, später beim Karlsruher FV, Wormatia Worms, ASV Freudenheim und Waldhof Mannheim.

STROBEL, WOLFGANG

Geboren am 17. Oktober 1896,
gestorben am 19. April 1945
Vier Länderspiele (1922 bis 1924)
1. FC Nürnberg

»Wolfala« – wieselflinker Rechtsaußen

Menschen, die einem sympathisch sind, gibt man zuweilen einen Kosenamen. Eines solchen erfreute sich auch Wolfgang Strobel, der zu den ersten Nationalspielern in der eindrucksvollen Geschichte des 1. FC Nürnberg zählt. »Wolfala« nannten ihn seine Freunde. Mit ihm personifiziert sich die erste große Ära des »Clubs« nach dem 1. Weltkrieg. »Wolfala« Strobel wurde in Nürnberg geboren und begann seinen Weg als Fußballer beim TV Schweinau, an der Peripherie der alten Stadt. Er war Rechtsaußen, besaß später eine Tankstelle und war einer der frühen Helden des 1. FC Nürnberg. Es war die Zeit, da dieser Verein seinen Ruhm begründete – und dies mit einer Mannschaft, die in den Augen vieler Zeitzeugen ihresgleichen suchte. Mit Heiner Stuhlfauth stand der erste ganz große deutsche Fußballtorwart zwischen den Pfosten. Aber da gab es auch noch den schmächtigen Außenläufer Carl Riegel, den ebenso dürren »Poidl« Popp, den temperamentvollen Heiner Träg, den graziösen Flügelstürmer Hans Sutor, den Schweizer Bark, der so gern in der deutschen Nationalelf gespielt hätte, und eben jenen Wolfgang Strobel, der auf Rechtsaußen stürmte. Als der 1. FC Nürnberg 1920 in Frankfurt sein erstes deutsches Finale erreichte und den Nachbarn Spvg. Fürth mit 2 : 0 bezwang, war Wolfgang Strobel 24 Jahre alt. »Spezi« Schaffer, der

virtuose Ungar, hatte sich zwar vor dem Finale nach neuen Ufern umgesehen, doch die Mannschaft von der Noris war stark genug, um die Fürther zu schlagen. Erstmals rollten zu einem Endspiel Sonderzüge durch Deutschland, und im Jahr darauf wiederholten die Nürnberger ihren Erfolg durch einen 5 : 0-Finalsieg gegen Vorwärts Berlin. Seinen zwei frühen Titelgewinnen ließ Wolfgang Strobel noch zwei weitere folgen (1924 und 1925). Er war auch 1922 in den Marathonspielen gegen den Hamburger SV in Berlin und Leipzig dabei, in denen auf dem grünen Rasen kein Sieger ermittelt wurde. Viermal trug Strobel in den 20er Jahren das Trikot der deutschen Nationalelf. Für seinen 1. FC Nürnberg bestritt der ebenso kleine wie wieselflinke Rechtsaußen 421 Spiele. Nach seiner aktiven Zeit betätigte er sich als Besitzer einer Tankstelle. Wolfgang Strobel kam in den letzten Kriegstagen in Nürnberg ums Leben. Sein Leichnam wurde 1946 aus einem Massengrab in Penzheim nach Nürnberg überführt.

STROH, JOSEF

Geboren am 5. März 1913,
gestorben am 14. Januar 1991
Vier Länderspiele (1938 bis 1939)
Austria Wien

Er führte den Ball wie Sindelar ...

»Seine Ballführung, die Geschmeidigkeit und Sicherheit des Zuspiels erinnern an Sindelar ...« Ein größeres Kompliment als das des »Kicker« konnte sich Josef Stroh nach seiner Heimkehr von der Fußballweltmeisterschaft 1938 nicht wünschen. Dabei war es für die deutsche Elf in Paris alles andere als glücklich gelaufen – schon in der Vorrunde nach zwei Spielen gegen die Schweiz war Endstation. »Elf Spieler sind noch keine Mannschaft«, klagte das renommierte Sportblatt. Sepp Herberger bekam das Problem, die Wiener Fußballschule und die der Deutschen zu vereinen, nicht in den Griff. Da prallten in einigen Bereichen grundsätzliche Auffassungen aufeinander – am Ende stand dann im Wiederholungsspiel eine 2 : 4-Niederlage gegen die Eidgenossen. Es gab im übrigen erhebliche Spannungen zwischen den Wienern und den Westdeutschen. »Pepi« Stroh war nur im zweiten Spiel dabei – er verdrängte den Koblenzer Josef Gauchel. Eine Entscheidung, die sich Herberger wohl nicht leichtmachte. Dennoch waren sich nach der unglücklichen 2 : 4-Schlappe (nach einer 2 : 0-Führung) die internationalen Experten einig: Der Halbrechte von der Wiener Austria zählte neben Paul Janes, Willi Hahnemann und Andreas Kupfer zu den Besten im Team des Verlierers. Vor seinem Debüt im Trikot der sogenannten »großdeutschen« Mannschaft hatte Josef Stroh bereits 22 Länderspiele für Österreich bestritten. Schon als Schuljunge hatte er nur einen Wunsch – er wollte Fußballer werden. Er galt als Jongleur am Ball, war als Fünfzehnjähriger zum Floridsdorfer AC gekommen, wechselte 1933 gemeinsam mit seinen Brüdern Josef und Heinrich hinüber in den Prater und spielte für die Farben der Austria. Er stürmte neben dem großen Mathias Sindelar und hatte das Glück, schon in seinem ersten Jahr bei der Austria den Mitropacup zu gewinnen. »SS Ambrosiana« war im Endspiel der Gegner – das spätere Inter Mailand. Sein internationales Debüt feierte Stroh am 6. Oktober 1935 beim Torfestival gegen Ungarn (4:4) in Wien. Nach der Annexion Österreichs erhielt er vier Berufungen durch Sepp Herberger. Während des 2. Weltkriegs spielte er auch eine Zeit lang für Arminia Hannover. Nach der Kapitulation trug er als 35jähriger noch einmal das Trikot Österreichs – am 31. Oktober 1948 beim 1:3 gegen die Tschechoslowakei in Preßburg. Nach seiner aktiven Zeit arbeitete Josef Stroh 18 Jahre lang als Trainer in Schweden – unter anderem bei Kamraterna Malmö, IFK Göteborg und in Jonköping. Später wechselte er nach Norwegen und trainierte dort Brann Bergen, um dann in seine österreichische Heimat zurückzukehren. Der Wiener SK war sein letzter großer Verein als Trainer. Sepp Herberger ließ seine Kontakte zu »Pepi« Stroh nie abreißen – 1958 machte er den Wiener zum offiziellen Attaché der deutschen Nationalmannschaft bei der Weltmeisterschaft in Schweden.

STRUNZ, THOMAS

Geboren am 25. April 1968
34 Länderspiele (seit 1990)
Bayern München, VfB Stuttgart

Der Opa weckte die Begeisterung

Fast immer ist es ein fußballverrückter Vater, der seinem Sprößling irgendwann einmal einen Ball und ein paar Lederstiefel unter den Weihnachtsbaum legt. Doch bei Thomas Strunz war der Fall etwas anders. Bei ihm war es der Großvater, der die Fußballbegeisterung bei seinem Enkel weckte. Und das war wenig verwunderlich, denn der Opa trug einst das Trikot von TuRu 88 Düsseldorf – und dies

mit einigem Erfolg. Und der Opa war dann wohl auch mächtig stolz, als der kleine Thomas im zarten Alter von fünf Jahren erstmals das etwas zu große Trikot von Tura Duisburg trug. Hier blieb Thomas immerhin acht Jahre, ehe sich im westdeutschen Raum sein Talent herumgesprochen hatte. Als nächster Verein profitierte davon der MSV Duisburg, wo er sich mit Erfolg durch die diversen Jugendmannschaften trickste. In Duisburg fand auch regelmäßig das DFB-Schülerlager an der Wedau statt, doch für Thomas Strunz waren die Sichtungslehrgänge für die Nationalmannschaft der Jugend nicht vom Glück begünstigt. Immer dann, wenn Berti Vogts vorbeischaute, erwischte Thomas Strunz meist einen rabenschwarzen Tag. So blieb ihm der Weg in eine deutsche Auswahlmannschaft vorerst versperrt. Und als sich bei ihm dann auch noch im Jahre 1986 ein Beinbruch einstellte, war sogar die Fortsetzung seiner Fußballkarriere eine Weile gefährdet. Doch Strunz schaffte den Sprung in die Oberligamannschaft des MSV Duisburg, hatte nun ein größeres Publikum, und es war ziemlich normal, daß bald schon ein paar Bundesligavereine bei ihm anklopften. So richtig behagte ihm ein Transfer in die höchste Klasse nicht, denn er wollte partout seine Banklehre beenden. Doch dann wurde Bayern Münchens Manager Uli Hoeneß höchstpersönlich bei ihm vorstellig – und Thomas Strunz wurde »schwach«. 1989 unterschrieb er seinen ersten Vertrag in der Bundesliga. Vorher aber war der Mittelfeldspieler ein wichtiger Antreiber des MSV Duisburg auf dessen Weg zurück in die 2. Bundesliga. An der Isar stellte sich der von vielen befürchtete Leistungsknick bei Thomas Strunz nicht ein – statt dessen wurde er ein Leistungsträger der Bayern. Fast hätte er es sogar schon vor der Weltmeisterschaft in Italien zum Nationalspieler gebracht, doch die kam für ihn dann doch ein wenig zu früh. Seine große Stunde schlug unter Franz Beckenbauers Nachfolger Berti Vogts – und so bekam er bei seinem internationalen Debüt im Oktober 1990 gegen Schweden in Stockholm glänzende Kritiken. Aber dann stellten sich Verletzungssorgen ein – ein Innenbandriß warf ihn lange zurück. Außerdem gab es Differenzen mit den Trainern des FC Bayern – zuletzt mit Erich Ribbeck. Deshalb vollzog sich 1992 sein Wechsel zum VfB Stuttgart, der soeben Deutscher Meister geworden war. Am Neckar wurde er zur dominierenden Figur im Mittelfeld – ein Spielgestalter bester Güte. Während der Länderspielreise der Nationalmannschaft in die USA überzeugte er auch Berti Vogts, ehe er noch einmal durch eine Verletzung einen Rückschlag erlitt. Der »Shooting-Star« der Liga war in dieser Zeit kein Kind des Glücks, doch vor der WM 1994 war er wieder fit und flog mit der Nationalelf nach Übersee. Das auch für ihn enttäuschende WM-Turnier endete mit einer neuerlichen Verletzung. Dennoch wagte er sein Comeback an der Isar – er unterschrieb einen Dreijahresvertrag beim FC Bayern. Dem UEFA-Cup-Sieg mit den Münchnern folgte der Gewinn der Europameisterschaft beim Turnier in England und 1997 die Deutsche Meisterschaft mit den Bayern.

STUBB, HANS

Geboren am 8. Oktober 1906,
gestorben am 19. März 1973
Zehn Länderspiele (1930 bis 1934), ein Tor
Eintracht Frankfurt

Ein Mann für alle Fälle

Hans Stubb – das ist Frankfurter Fußballurgestein. Als er im Juli 1944 sein 500. Spiel für die Eintracht bestritt, da vergaßen ihn seine Freunde trotz der Wirren des 2. Weltkriegs nicht. Sie arrangierten ein Freundschaftsspiel gegen Viktoria Eckenheim und ehrten ihren verdienstvollen Nationalspieler auf eine recht ungewöhnliche Art: Sie stellten ihn ins Tor! Wer den Weg von Hannes Stubb verfolgte, der sah in dieser Maßnahme eine Würdigung seiner Lebensleistung als Fußballer, denn der Mann, der an diesem Sommertag immerhin schon 38 Jahre alt war, hatte sich eigentlich als Verteidiger einen Namen gemacht. Doch in Deutschland sprach es sich schon früh herum, daß der gebürtige Frankfurter ein Allroundtalent war. Und so war es ganz logisch, daß die Eintracht das Freundschaftsspiel gegen die Eckenheimer – mit Hans Stubb im Tor – zu Null (1:0) gewann. Auf allen Positionen, die der Fußball hergibt, zeigte Hannes sein Können. Er stand mit Franz Schütz und Rudi Gramlich auf einer Stufe, und seine Popularität reichte am Main auch an die Leichtathletin Tilly Fleischer heran, die von den Olympischen Spielen 1936 in Berlin eine Goldmedaille im Speerwerfen mit nach Hause gebracht hatte. Als Hans Stubb nach seiner »Lehrzeit« bei Germania 94 und bei Ostend 07 im Jahre 1928 in die Mannschaft der Frankfurter Eintracht hineinwuchs, da hatte der Verein noch einen starken Gegner in der Nachbarschaft – den FSV. Ursprünglich wollte Stubb das Trikot dieses FSV tragen, doch der war nicht bereit, die 12,50 Mark für Stubbs Spielerpaß zu bezahlen. Daraufhin wechselte Hans Stubb zur Eintracht. Aus dem Schatten des FSV trat die Eintracht dann in der Saison 1929/30, als sie Süddeutscher Meister wurde. Hans Stubb bildete mit Franz Schütz ein starkes Verteidigerduo. Ein weiteres Paradestück der Mannschaft war die Läuferreihe mit Rudolf Gramlich, Bruno Goldammer und Hugo Mantel. 1932 wurde Stubb mit seiner Elf deutscher Vizemeister. Im Endspiel gegen Bayern München war er ein unfreiwilliger Wegbereiter des Münchner Führungstors, als er einen Schuß auf der Torlinie mit der Hand abwehrte. Den anschließenden Elfmeter verwandelte dann Ossi Rohr zum 1:0. Der Verteidiger war in neun Endrundenspielen dabei. Sein internationales Debüt feierte er 1930 mit einem grandiosen Sieg der deutschen Mannschaft, die in Zürich gegen die Schweiz mit 5:0 gewann. Sein einziges Tor im Nationaltrikot passierte in seinem letzten Länderspiel 1934 vor heimischer Kulisse beim 3:1 gegen Ungarn. In der 55. Minute nahm er aus großer Distanz – manche Beobachter sprachen gar von 60 Metern – genau Maß und wuchtete das Leder zur Überraschung der 38 000 Zuschauer zum 2:1 ins Netz. Ein Tor, das in die Geschichte der Nationalelf einging, ihm aber nicht die Tür zur Weltmeisterschaft in Italien öffnete. 1939 kehrte Hannes Stubb für einen kurzen Zeitraum zu Germania 94 zurück. In den 50er Jahren arbeitete er als Fahrer im Betrieb seines Schwagers. Seinen Lebensabend verbrachte er in Frankfurt – er wohnte in einem der noblen Altstadthäuser am Römerberg.

STUHLFAUTH, HEINRICH

Geboren am 11. Januar 1896,
gestorben am 12. September 1966
21 Länderspiele (1920 bis 1930)
1. FC Nürnberg

»Gott selbst stand im deutschen Tor«

»Gott selbst stand im deutschen Tor ...« Italiens Zeitungen überschlugen sich nach dem ersten deutschen Länderspielsieg in Turin. Für Heiner Stuhlfauth war es das Spiel seines Lebens, auch wenn es an diesem 28. April 1929 in der Hauptstadt der Provinz Piemont nur um die Ehre und um die Statistik ging. Doch der Teufelskerl im Tor hielt, was zu halten war. Er war der Regent dieser historischen Begegnung, an deren Ende ein deutscher 2 : 1-Sieg stand. Am Tag darauf wurde Heiner Stuhlfauth mit den größten Torwarten aller Zeiten verglichen: mit dem Spanier Zamora, dem Ungarn Plattko und dem Wiener Pekarna. Doch der Wundermann zwischen den deutschen Pfosten wehrte nicht nur die härtesten Schüsse der favorisierten Italiener ab, sondern auch alle Komplimente, von denen ihn die meisten eher verlegen als stolz machten. »A gouter Torwart wirft si net ...«, sagte er und wußte, daß dies nur die halbe Wahrheit war. Vielmehr verbarg sich dahinter vor allem die eigene Erkenntnis seiner wirklichen Stärke – der Mann aus Nürnberg beherrschte den Strafraum. Eigentlich wäre Heiner lieber Radrennfahrer geworden, doch davon wollten seine strengen Eltern nichts wissen. Auch die Leidenschaft ihres Sprößlings für den Fußball teilten sie nicht. Und so ließ Heiner Stuhlfauth den Herrn Papa vorerst einmal im Unklaren, als er sich im Jahre 1910 als vierzehnjähriger Lausbub' beim FC Franken Gibitzenhof anmeldete. Zunächst versuchte er sich auf der halblinken Position im Angriff, doch als in seiner Mannschaft ein Torwart fehlte, setzte er seine später berühmte Schirmmütze auf und stellte sich zwischen die Pfosten. Es waren die ersten Schritte zu einer Weltkarriere. Über Pfeil Nürnberg kam er 1916 zum 1. FC Nürnberg, wo eine neue Mannschaft allmählich zur großen Konkurrenz der benachbarten Spvg. Fürth werden sollte. Mit kräftigen Faustschlägen und Fußtritten räumte Heiner Stuhlfauth im Strafraum auf. Man nannte ihn »Drittverteidiger«, denn die Grenze seines selbstgeschaffenen Refugiums reichte über die 16-m-Linie hinaus. Und die Anhänger des 1. FC Nürnberg fanden immer mehr Gefallen an den risikoreichen Ausflügen ihres Heiner Stuhlfauth. Beim »Club« war eine große Mannschaft gereift, die durch den ungarischen Ballartisten »Spezi« Schaffer internationale Klasse bekam. Zwischen 1920 und 1927 sollte der 1. FC Nürnberg nicht weniger als sechs deutsche Endspiele bestreiten. Fünfmal wurden die Franken Meister, und in keinem dieser siegreichen Endspiele wurde Heiner Stuhlfauth bezwungen. Ein Rekord für die Ewigkeit! Berühmt war Stuhlfauths Ruhe, nicht wenigen ging allerdings sein stoischer Gleichmut auf die Nerven. Überliefert ist eine Geschichte vor einem Spiel des 1. FC Nürnberg gegen dem Chemnitzer BC am 8. Mai 1927. 6000 Zuschauer säumten den Rasen des Fürther Ronhofs, der Berliner Schiedsrichter Otto Zander schaute nervös auf die Uhr, die Nürnberger Abwehrspieler Luitpold Popp und Georg Winter rauften sich die Haare, denn von ihrem Torwart war Minuten vor dem Anpfiff weit und breit nichts zu sehen. Heiner Stuhlfauth hatte die Zeit in der »Sebaldsklause«, die er später mit seiner Frau betreiben sollte, völlig vergessen. Doch mit seinem Motorrad erreichte er in letzter Minute das Fürther Stadion ... Anschließend gewannen die Nürnberger dann 5 : 1! Bis 1933 hatte der 187 Zentimeter große Torwart 606 Spiele für den »Club« bestritten, darunter 25 Endrundenspiele – ernsthaft verletzt wurde er in seiner Karriere nicht. Er war Teilnehmer an den Olympischen Spielen 1928, in seinen 21 Länderspielen sechsmal Kapitän der deutschen Nationalelf, und er vertrat unzählige Male in Repräsentationsspielen den Süden und seine Heimatstadt Nürnberg. Als er seine Mütze schließlich an den berühmten Nagel hing, versuchte er sich zunächst als Trainer – gleichzeitig bei den Würzburger Kickers und beim FC Straubing. Später arbeitete er als städtischer Sportlehrer und als Jugendberater eines großen Mineralölkonzerns. Im Alter von siebzig Jahren verstarb er an den Folgen einer Herzattacke. Viele Weggefährten begleiteten seinen Sarg auf dem Waldfriedhof des Nürnberger Vorortes Schwaig. Die Stadt Nürnberg gab einer Straße den Namen ihres großen Fußballsohns.

STÜHRK, ERWIN

Geboren am 4. Juli 1910,
gestorben am 13. März 1942
Drei Länderspiele (1935)
Eimsbütteler TV

Hanseatisches Verteidigertemperament

Eimsbüttel – das war in Hamburg stets ein heißes Fußballpflaster. Der »Turnverband«, der aus dem

Männer-Turnverein Eimsbüttel-Hoheluft hervorging, war schon vor dem 1. Weltkrieg eine Talentschmiede des Fußballs. Und als Erwin Stührk im Sommer 1910 an der Elbe das Licht der Welt erblickte, da stellten die Eimsbüttler »Husaren« in ihrem Verteidiger Hermann Neiße schon den ersten Nationalspieler. Das Stadion »Hoheluft« gewann nach dem 1. Weltkrieg an Qualität durch die Errichtung einer geräumigen Sitzplatztribüne, die am 1. August 1920 mit einem Spiel gegen den Deutschen Meister 1. FC Nürnberg eingeweiht wurde. Zwar ragt aus dieser Zeit auch noch ein 2:1-Sieg der Eimsbüttler gegen den amtierenden österreichischen Meister Rapid Wien heraus, doch der aufstrebende Hamburger SV drängte die hanseatische Konkurrenz immer mehr zurück. Erst im Frühjahr 1934 traten die Eimsbüttler wieder aus dem Schatten des großen HSV. Sie wurden Meister des Nordgaues – nicht zuletzt dank ihrer ehrgeizigen jungen Männer. Hans Rohde war einer von ihnen. Otto Rohwedder schoß Tore aus allen Lagen, und der schmächtig wirkende Erwin Stührk war einer der temperamentvollsten Verteidiger Deutschlands. Alle drei brachten es in dieser Zeit zu Länderspieleinsätzen. Stührk, Maler von Beruf, debütierte am 27. Januar 1935 in Stuttgart im Spiel gegen die Schweiz. 60 000 Zuschauer waren angetan vom Witz der deutschen Mannschaft, in der Edmund Conen bis zur 50. Minute drei Tore vorgelegt hatte und die schließlich 4:0 gewann. Erwin Stührk zählte zu den Leistungsträgern beim Sieger und überzeugte auch im nächsten Länderspiel, das im Februar einen 3:2-Erfolg in Amsterdam gegen Holland brachte. Zu einem dritten Einsatz kam der Hamburger im gleichen Jahr gegen Lettland in Königsberg (3:0). Doch Stührks Hoffnung, bis zu den Olympischen Spielen 1936 im Kader der Nationalelf zu verbleiben, erfüllte sich nicht. Die Hamburger schätzten ihren schnellen Abwehrspieler wegen dessen Zähigkeit im Zweikampf und Cleverneß im Aufbau. Er war in 26 Repräsentativspielen dabei. Ende der 30er Jahre beendete eine langwierige Meniskusverletzung seine Karriere. Erwin Stührk kehrte aus dem 2. Weltkrieg nicht zurück. Er starb an der Ostfront am gleichen Tag, an dem auf einem Friedhof in Hamburg sein Vater zu Grabe getragen wurde.

STURM, HANS

Geboren am 3. September 1935
Drei Länderspiele (1958 bis 1962)
1. FC Köln

Zwei Weltmeisterschaften – zwei Spiele

Seine Freunde waren geneigt, seinem Vornamen selbst dann noch ein »i« anzuhängen, als aus dem Hänschen längst ein Hans geworden war. Hansi Sturm war einer der beliebtesten Spieler des 1. FC Köln. Manche gaben ihm aber auch recht abenteuerliche Kosenamen: »Scheich« und »Wühlmaus« ... Hans Sturms Wiege stand allerdings nicht am Rhein, sondern viel weiter im Osten. 1950 war er nach Köln gekommen, nachdem er fünf Jahre in Osterode im Harz zugebracht hatte. Geboren wurde er im schlesischen Schönau im Kreis Goldberg, unweit von Liegnitz, wo sich der Katzbach zu Füßen des gleichnamigen Gebirges seinen Weg sucht. 15 Jahre war Hansi Sturm jung, als er erstmals mit dem Fußball in Berührung kam. Die Zeiten waren schlecht – Stiefel und Bälle Raritäten und meist ziemlich verschlissen. Doch in der Amateurmannschaft des 1. FC Köln faßte der junge Oberschlesier schnell Fuß – 1955 unterschrieb er bei dem noch jungen Verein seinen ersten Vertrag. Ein Jahr später wurde Sepp Herberger auf ihn aufmerksam. Der Zufall spielte gnädig Schicksal, denn im August 1956 testete der 1. FC Köln die Länderspielaspiranten – Hansi Sturm stürmte auf halbrechts und gewann mit seinem Verein 3:2. 50 000 Zuschauer waren in Köln begeistert vom Spiel »ihres« 1. FC – und Herberger notierte sich den Namen des drangvollen Kölner Talents. Aber es sollten noch fast zwei Jahre ins Land gehen, ehe Hans Sturm erstmals das Nationaltrikot tragen durfte, nachdem er einmal im Juniorenteam zum Einsatz gekommen war. Am 2. April 1958 verlor die deutsche Mannschaft in Prag gegen die Tschechoslowakei mit 2:3, doch der Debütant aus Köln nutzte seine Chance und sprang noch auf den Zug zur Weltmeisterschaft in Schweden. Dabei hatte sich Sturm nach einer großartigen ersten Halbzeit nach der Pause in Prag überhaupt nicht wohlgefühlt, denn Sepp Herberger war auf die unergründliche Idee gekommen, ihn, den Kölner Halbrechten, für den Dortmunder Aki Schmidt auf die Position des Stoppers zu stellen. Im WM-Turnier kam Hansi Sturm nur einmal zum Einsatz – bei der 3:6-Niederlage gegen Frankreich im Spiel um Platz drei. Beim 1. FC Köln imponierte Hansi Sturm durch seine Bereitschaft als »Dauerläufer«, aber auch dank seiner Spielübersicht und Routine. Das

Jahr 1962 sollte ihm mit der Geisbockelf die größten sportlichen Erfolge bescheren. Er wurde zunächst nach dem 4:0-Sieg gegen den 1. FC Nürnberg Deutscher Meister und wenig später für die Weltmeisterschaft in Chile nominiert. Im Eröffnungsspiel gegen Italien (0:0) war er in Santiago de Chile dabei. Er ahnte nicht, daß dies sein Abschied aus der Nationalmannschaft sein sollte. Der gelernte Klempner war ein begeisterter Motorradfahrer, ein gefürchteter Tischfußballspieler und ein abgebrühter Skatspieler. Im Jahre 1967 wurde Hansi Sturm aus einem noch laufenden Vertrag beim 1. FC Köln entlassen. Er hatte unter Verletzungen zu leiden, spielte fast eine Saison lang mit einem angebrochenen Wadenbein und mußte sich dann auch noch einer Nierenoperation unterziehen. Beim Landesligisten FSV Köln war er noch einige Jahre lang Dreh- und Angelpunkt, später trug er das Trikot des Post SV Köln. Im Stadtteil Sülz betrieb er eine Tankstelle, im Vorort Widdersdorf wurde er seßhaft – und im übrigen war er Gardemitglied der Karnevalsgesellschaft »Rote Funken«.

STURM, WILHELM

Geboren am 8. Februar 1940,
gestorben am 10. November 1996
Ein Länderspiel (1964)
Borussia Dortmund

Auf der Wunschliste von »Matt« Busby

Kraft tanken, die würzige Seeluft genießen – und bloß nicht ständig an das bevorstehende Spiel denken! Willy Multhaup, der Dortmunder Trainer im Seniorenalter, hatte sich sein Konzept für die letzten Tage zurechtgelegt. Borussia leistete sich den Luxus, schon vier Tage vorher anzureisen – immerhin war dies kein Spiel wie jedes andere. Es war das Endspiel im Europacup der Pokalsieger des Jahres 1966, und »Fischken« Multhaup logierte mit seinen Himmelsstürmern im beschaulichen Badeort Troon, wohin sich Anfang Mai nur wenige Touristen verirrten. Den Ball sahen die Dortmunder Fußballer in Troon ganz selten, statt dessen setzte ihr Trainer lange Spaziergänge an, bevor es am 5. Mai nach Glasgow ging. In den 60er Jahren galt die Metropole der Schotten noch als gesichtslose und rußverschwärzte Industriestadt, von der ein Reiseberichterstatter mal meinte, sie sei die »Schmuddelschwester Edinburghs«. Und auch die gewaltige Betonschüssel des Hampdon Parks war eher eine triste Kulisse dieses Europacup-Endspiels, denn es

verloren sich hier nur 41600 Zuschauer. Fast 90 000 Plätze blieben leer. Doch das interessierte die Borussen herzlich wenig – für sie galt es, nach West Ham United im Halbfinale nun mit dem FC Liverpool den zweiten britischen Fußballstolz in diesem Wettbewerb in die Knie zu zwingen. In London, bei den »Hammers«, hatten die Dortmunder Spieler mit 2:1 gewonnen, und Willi Sturm machte eines seiner größten Spiele. Gerühmt wurde anschließend die Übersicht des Halbstürmers, der selbst die Engländer mit seiner enormen läuferischen Leistung überzeugte. Einer von denen, die sich begeisterten am Auftritt Sturms, war der legendäre »Matt« Busby, der das Münchner Flugzeugunglück überlebt hatte, der erfolgreiche und später als »Commander of the British Empire« geadelte Manager von Manchester United. Busby wollte Willi Sturm auf die Insel holen, doch der lehnte nach dem 2:1-Finalsieg im Europacupfinale von Glasgow gegen den FC Liverpool höflich ab. Zehn Jahre lang stand Willi Sturm in Diensten der Borussia. Er war 1961 von Union Günnigfeld gekommen, jenem Wattenscheider Vorortverein, der außerdem Willi Schulz hervorbrachte. In Günnigfeld hatten auch Sturms Vater und seine Brüder gespielt. 186mal schnürte Sturm in der Bundesliga die Stiefel für die Borussia. Sein Spiel war selten spektakulär, doch er war ein wichtiger Mannschaftsspieler, der sich auf vielen Positionen wohlfühlte. Sogar als Stopper, wie das Pokalfinale des Jahres 1963 bewies, als er gegen den Hamburger SV Wolfgang Paul vertrat. Bundestrainer Helmut Schön berief den Dortmunder im Juni 1964 für das Länderspiel gegen Finnland in Helsinki. Willi Sturm war in den Schlußminuten dabei. Nach seinem Abschied von der Borussia im Jahr 1971 war er als Spielertrainer bei Fichte Hagen tätig, später stand er dann unter anderem in Diensten des VfL Kamen. Er war Angestellter einer Dortmunder Brauerei, mußte aber aus gesundheitlichen Gründen schon früh seine Arbeit einstellen. Wilhelm Sturm wurde nur 56 Jahre alt.

STÜRMER, KLAUS

Geboren am 9. August 1935,
gestorben am 1. Juni 1971
Zwei Länderspiele (1954 bis 1961), ein Tor
Hamburger SV

Zwei Hamburger Jungen auf einer Welle

Sie waren wie Zwillinge – Uwe Seeler und Klaus Stürmer. Gemeinsam wuchsen sie an der Elbe auf,

gemeinsam spielten sie in der deutschen Jugendauswahl, gemeinsam schafften sie den Sprung in
die Oberligamannschaft des Hamburger SV und
schließlich in die deutsche Nationalelf. Uwe und
Klaus – das war eines der ganz großen Tandems des
deutschen Fußballs. »Als er ging, hat mich das
einen Teil meiner Substanz gekostet«, wird Uwe
Seeler in der von Werner Pietsch geschriebenen
Biographie zitiert. Und: »Einer holte die Bälle, der
andere schoß aufs Tor!« Und als Klaus Stürmer
1961 seine sportliche Heimat verließ und viele rat-
lose Freunde im Volksparkstadion zurückließ,
meinte Uwe Seeler: »Der HSV hat sportlich nie den
Verlust von Klaus verkraften können.« Die beiden
frischen Jungen vom HSV waren nicht nur auf dem
Spielfeld unzertrennlich. Waren sie verletzt, kurier-
ten sie zuweilen im gleichen Krankenhaus ihre
Blessuren aus, sie teilten ihre Sympathien für Wild-
westfilme und futterten an manchen Tagen pfund-
weise Bonbons. Selbst ihre Ferien verbrachten Uwe
Seeler und Klaus Stürmer gemeinsam, und erst als
beide eine Familie gründeten, wurde ihre Verbindung brüchiger. Klaus Stürmer wuchs vor den östlichen Toren Hamburgs auf, in Glinde, einem
kleinen Ort, wo sich einst ein Rüstungsbetrieb an-
siedelte. Beim TSV Glinde kickte der junge Klaus,
der anläßlich des 20jährigen Bestehens des Vereins
beim Umzug die Fahne durch die Gemeinde tragen
durfte. Julius Waldinger, damals Jugendleiter des
TSV Glinde, bemerkte das große Talent des kleinen
Fußballers schon in dessen Knabenalter. In seiner
Schülerzeit war Klaus Stürmer dabei, als der TSV
nach der Herbstserie auf ein Torverhältnis von
100 : 11 gekommen war – am Ende der Saison hatte
er die Mehrzahl der sage und schreibe 239 Glinder
Treffer erzielt. Im Frühjahr 1950 begegneten sich
Klaus Stürmer und Uwe Seeler zum erstenmal –
beim Alsterstaffellauf. Ein Jahr später freundeten
sich beide während eines Lehrgangs in Langenhorn
an. Am 28. April 1952 verabschiedete sich Klaus
Stürmer von seinen Freunden beim TSV Glinde, um
sich dem HSV anzuschließen, wo Günther Mahlmann seit der Saison 1946/47 ein großes Herz für
die Fußballjugend hatte. Daß es Klaus Stürmer, der
sich so prächtig mit Uwe Seeler verstand und mit
dem Hamburger SV 1960 Deutscher Meister wurde,
nur auf zwei Länderspieleinsätze brachte, war für
viele nicht verständlich. Nachdem Sepp Herberger
mit Seeler und Stürmer am 17. Oktober 1954 beim
Länderspiel gegen Frankreich in Hannover gleich
zwei blutjunge Stürmer des HSV nominiert hatte,
notierte sich der Bundestrainer: »Mir wurde um
die Hamburger zuviel Lärm gemacht. Es kann nur

gut sein, wenn sie aus erzieherischen Gründen etwas gestoppt werden. Ihre fußballerische Entwicklung wird dadurch am besten gefördert.« So ist es
in Jürgen Leinemanns Sepp-Herberger-Biographie
nachzulesen. Erst 1961 erhielt Klaus Stürmer eine
zweite und letzte Länderspielchance. Kurz darauf
wechselte er in die Schweiz zum FC Zürich. Er
wohnte in Stallikon, abseits des Zürichsees, und versuchte sich beruflich auf verschiedenen Ebenen. Er
arbeitete als Inhaber einer Reinigungsannahme, betrieb ein Geschäft für Kaffee und Spirituosen, dann
eine Gaststätte. Später war er in der Sportartikelabteilung eines Herrenkonfektionsgeschäfts tätig.
Seine Karriere als Fußballer ließ Klaus Stürmer ausklingen bei Young Fellows Zürich, dann wieder
beim FC Zürich, wo Ladislaw Kubala sein Trainer
war, und schließlich als Spielertrainer beim Erstligisten FC Grenchen. Klaus Stürmer starb in jungen
Jahren in Zürich-Oberengstringen an einer Krebserkrankung, von der er sechs Monate vorher Kenntnis erhielt. Drei Wochen vor seinem frühen Tod verabschiedete er sich von Uwe Seeler, Jupp Posipal
und Günther Mahlmann bei einem letzten Besuch
in Hamburg.

SUKOP, ALBERT

Geboren am 24. November 1912
Ein Länderspiel (1935)
Eintracht Braunschweig

Mit den »Kadetten« nach Stettin

Am 1. September 1935 begann eine neue Ära im
deutschen Vereinsfußball. Nach englischem Vorbild
wurde der Pokal aus der Taufe gehoben. Man
nannte ihn »Tschammer-Pokal« nach dem damaligen »Reichssportführer«. In diesem Herbst des Jahres 1935 machte Eintracht Braunschweig im neuen
Wettbewerb nachhaltig auf sich aufmerksam – die
Mannschaft landete einige erstaunlich hohe Pokalsiege. So wurde der 1. SV Jena mit einem geradezu
sensationellen 7 : 0-Erfolg nach Hause geschickt.
»Pippin« Lachner, der Altnationalspieler aus München, führte bei der Eintracht glänzend Regie.
Breindl vor allem schoß Tore und fand in Wein-
gärtner einen großartigen Partner im Sturm. Auf
Granit bissen die Gegner der Braunschweiger aber
auch in der Läuferreihe, wo Albert Sukop so etwas
wie ein Prellbock war. Der aus dem Kreis Peine
stammende Fußballer, kaufmännischer Angestellter
von Beruf, war vielseitig verwendbar: Auf allen
Positionen der Läuferreihe, aber auch als linker Ver-

teidiger. Zwar spielten die Braunschweiger in der niedersächsischen Gauliga keine überragende Rolle, weil sie Mitte der 30er Jahre in Hannover 96, Werder Bremen, Arminia Hannover und Algermissen eine starke Konkurrenz vorfanden, dennoch schaffte der 35jährige Albert Sukop den Sprung ins Blickfeld des Reichstrainers Otto Nerz. Der plante nach den Erfolgen bei der Weltmeisterschaft 1934 nun den Aufbau seiner Olympiamannschaft für Berlin. Am 15. September 1935 hatte er beim Deutschen Fußball-Bund gleich zwei Testspiele durchgesetzt. Seine Leistungsträger sollten in Breslau auf Polen treffen (und gewannen 1:0), die »Kadetten« erhielten eine Chance in Stettin gegen Estland. Albert Sukop, der Braunschweiger, machte die Reise nach Stettin mit, wo er mit dem Danziger Mathies und dem Hannoveraner Schulz die Läuferreihe bildete. Sie hatte kaum Gelegenheit, sich auszuzeichnen, denn die Esten kamen selten über die Mittellinie hinaus und verloren am Ende 0:5. Für Sukop blieb dies der einzige Ausflug in die große Welt des Fußballs. In der Nachkriegszeit tauchte der Name des inzwischen zum Routinier gereiften Abwehrspielers nur noch sporadisch in den Mannschaftsaufstellungen der Eintracht auf.

SUNDERMANN, HANS-JÜRGEN

Geboren am 25. Januar 1940
Ein Länderspiel (1960)
Rot-Weiß Oberhausen

Der »Wundermann« aus Styrum

Für Hans-Jürgen Sundermann begann ein langer Weg über die europäischen Fußballfelder als Spieler und Trainer in seiner Heimatstadt Mülheim. Am Ufer der Ruhr, beim 1. FC Styrum, lernte er das kleine Einmaleins des Fußballs, ehe er in die Jugendmannschaft von Rot-Weiß Oberhausen wechselte. Dies war für ihn vielleicht der wichtigste Schritt, denn im Stadion Niederrhein erlebte er die ersten großen Erfolge. Doch er tat sich zunächst schwer mit der Unterschrift unter den ersten Vertrag, denn er liebäugelte als Juniorennationalspieler mit einer Berufung als Amateur zu den Olympischen Spielen 1960 in Rom. Sundermann wurde dann nach Willy Jürissen und Erich Juskowiak der dritte Nationalspieler der »Kleeblätter«, die in der Zeit der ausklingenden Oberliga West eine gute Rolle spielten. Doch das Oberhausener Präsidium unter der Leitung des Unternehmers Peter Maaßen war ein erklärter Gegner der Tendenzen im Deutschen Fuß-

ball-Bund, die schließlich 1963 zur Bildung einer eingleisigen Bundesliga führten. Rot-Weiß war nicht dabei, und Sundermann sollte die neue Klasse erst 1964 erreichen, im Trikot von Hertha BSC Berlin. Vorher hatte der Außenläufer schon einiges hinter sich: Er war 1960 Nationalspieler geworden, nachdem sich Sepp Herberger in einem Lehrgang in Duisburg-Wedau von der Wendigkeit und Cleverneß des Oberhauseners überzeugt hatte. Sundermann bekam dann eine Chance im Länderspiel gegen Chile in Stuttgart (2:1) und verblieb noch im Kreis der Nationalmannschaft, als er zu Viktoria Köln gewechselt war. Im Dezember 1962 wurde er noch einmal in einem Spiel gegen eine Juniorenauswahl in Dortmund getestet. Nach zwei Jahren bei Hertha BSC beendete Hans-Jürgen Sundermann, dessen Frau Monika als Fernseh-Assistentin des »Dalli-Dalli«-Moderators Hans Rosenthal und später bei Dieter-Thomas Heck beschäftigt war, seine Tätigkeit in der Bundesliga und setzte seine Karriere in der Schweiz bei Servette Genf und beim FC Basel fort, wo er 1969 und 1970 Schweizer Meister wurde. In der Schweiz vor allem begründete er seinen exzellenten Ruf als Trainer. Seine nächste Station war der VfB Stuttgart, den er 1977 in die Bundesliga und prompt auf Platz vier führte. Worauf das Wortspiel vom »Sundermann als Wundermann« geboren war. 1978 wählte ihn der »Kicker« zum »Trainer des Jahres« – Hennes Weisweiler, Branko Zebec und Dettmar Cramer lagen weit zurück. Grasshoppers Zürich, noch einmal der VfB, die Stuttgarter Kickers, Schalke 04, Racing Straßburg, der türkische Erstligist Trabzonspor und Hertha BSC waren weitere Stationen auf seiner Karriereleiter als Trainer. Den VfB Leipzig führte er 1994 in die Bundesliga, um dann zum SV Waldhof Mannheim zu wechseln. Noch im gleichen Jahr unterschrieb er beim tschechischen Meister Sparta Prag, dann bei Sportif Sfaxien in Tunesien. Seinen Lebensmittelpunkt hatte Sundermann allerdings in Leonberg bei Stuttgart.

SUTOR, HANS

Geboren am 28. Juni 1895,
gestorben am 9. März 1976
Zwölf Länderspiele (1920 bis 1925), zwei Tore
1. FC Nürnberg

»Grenzgänger« des fränkischen Fußballs

Hans Sutor ist so etwas wie ein »Grenzgänger« des fränkischen Fußballs. Einer, der in den frühen 20er

Jahren den Mut hatte, von der Spvg. Fürth zum benachbarten 1. FC Nürnberg zu wechseln. Das war in dieser Zeit beileibe kein alltäglicher Vorgang, denn die »feindlichen Brüder« belauerten sich mit großem Argwohn. Die Rivalität zwischen den Fürthern und den Nürnbergern wurde zur deutschen Sportlegende. Es war die Ära, da der Fußball in diesem Lande die ersten Stars hervorbrachte. Seiderer, Leinberger, Franz und Hagen trugen das Trikot der Fürther, die vor dem 1. Weltkrieg den letzten deutschen Titel gewonnen hatten. Doch in Nürnberg reifte eine noch größere Mannschaft, die in Kalb, Stuhlfauth, Träg, Popp und Kugler ihre Helden hatte. Am 13. Juni 1920 standen sich die Nürnberger und die Fürther im Frankfurter Finale gegenüber. 35 000 Menschen drängten sich auf den engen Tribünen des Germania-Platzes in den Sandhöfer Wiesen. Und mit dabei war Hans Sutor, der elegante Linksaußen der Spvg. Fürth. Er war in Nürnberg geboren, spielte zwischen 1908 und 1914 bei Franken Fürth und dann für die Spielvereinigung. Und damals hätte er sich kaum vorstellen können, daß ihn mal irgend etwas zum Wechsel nach Nürnberg bewegen könnte. Doch dann gewann der »Club« das deutsche Endspiel gegen Fürth, und als Hans Sutor aus Frankfurt zurückkehrte, wartete zu Hause eine Freundin – und die kam ausgerechnet aus Nürnberg! Ein paar Wochen später erlag der schnelle Mann auf dem linken Fürther Flügel dann den Lockrufen des großen Nachbarn. Für Hans Sutor begann ein neuer Abschnitt in seinem Leben – er sollte zu den erfolgreichsten Fußballern in der Geschichte des 1. FC Nürnberg werden. Schon ein Jahr später stand der »Club«, der inzwischen aus dem Schatten der Fürther herausgetreten war, erneut im deutschen Endspiel. Und diesmal war Hans Sutor auf der Seite der Sieger. Vorwärts Berlin wurde seinem Namen im Düsseldorfer Finale nie gerecht und stand beim 0 : 5 gegen die Nürnberger zwei Halbzeiten lang mit dem Rücken zur Wand. Popp und Träg waren die Torschützen, Sutor überzeugte mit seinen Beiträgen zu einem verwirrenden Nürnberger Kombinationsspiel. 50 000 Anhänger des Meisters bereiteten den Spielern anderntags am Hauptbahnhof einen großen Empfang, und auf dem Weg zum Herkules-Saalbau regnete es Blumen. Nie zuvor erlebte Nürnberg einen derartigen Triumphzug. Hans Sutor hatte auch die Skeptiker überzeugt, denn er kam in die Mannschaft, als der virtuose Ungar Szabo sich nach neuer Betätigung umsah. Der neue Mann aus Fürth galt als ausgesprochen fairer Sportsmann, als Techniker hohen Grades, der sich mit seinen angeschnittenen Flan-

ken und scharfen Schüssen Respekt verschaffte. Bis 1925 stand er noch viermal in deutschen Endspielen (einschließlich des unentschiedenen Doppelfinales von Berlin und Leipzig gegen den Hamburger SV im Jahre 1922). Auf der Höhe seines Ruhms, nach 204 Spielen für den 1. FC Nürnberg sagte er dem Fußball »adieu«, weil der Kaufmann seinem Beruf den Vorzug gab. Zwischen 1920 und 1925 trug er zwölfmal das Trikot der Nationalelf. Mit dem 4 : 0-Sieg gegen die Schweiz in Basel, als die Deutschen wie aus einem Guß spielten, verabschiedete er sich von der großen Bühne des Fußballs. Der »Club« ernannte ihn in späteren Jahren zu seinem Ehrenmitglied.

SZEPAN, FRITZ

Geboren am 2. September 1907,
gestorben am 14. Dezember 1974
34 Länderspiele (1929 bis 1939), acht Tore
Schalke 04

»Blau und weiß ist heut' der Himmel«

Für manche war er der »Beckenbauer der Vorkriegszeit«, für andere ganz einfach eine Legende des deutschen Fußballs. Für Schalke war Fritz Szepan mehr: ein Stück dieses Vereins. Szepan und Kuzorra – das sind die Namen, die für die große Ära der »Knappen« stehen, als »Königsblau« nicht nur für die Fans im Kohlenpott die einzige bedeutsame Farbe ihres Lebens war. 15 Jahre war Fritz Szepan jung, als er zum erstenmal in der ersten Mannschaft des FC Schalke 04 spielte. Er vertrat ausgerechnet Ernst Kuzorra, der später sein Schwager werden sollte, weil er dessen Schwester »Lieschen« geheiratet hatte. Mit seinen 15 Lenzen schuftete der junge Fritz dort, wo fast alle seine Klassenkameraden ihre ersten Groschen verdienten: im »Pütt«. Doch diese 20er Jahre hatten alles andere als einen »goldenen« Anstrich in Deutschland – die Zeiten waren schlecht. Immer mehr Zechen schlossen ihre Tore – die Franzosen hatten nach dem 1. Weltkrieg das Ruhrgebiet besetzt. Doch die Menschen zwischen den Fördertürmen des deutschen Westens gaben nicht so schnell auf – sie verzichteten ungern auf die großen und kleinen Freuden ihres bescheidenen Daseins. Die einen züchteten Tauben, die anderen diskutierten in den Stehbierkneipen über Gott und die Welt. Für den jungen Fritz Szepan gab es nichts anderes als Fußball. Nach der Arbeit ging es »auf Schalke« – wohin denn sonst? Hier, im Herzen Gelsenkirchens, war er aufgewachsen. Und niemand ahnte in diesen Jahren, daß der Schalker Markt einmal zum Nabel des deutschen Fußballs werden sollte. Hier waren die Fassaden der nüchternen Häuser vom Ruß der Schlote geschwärzt. Hinter dem Schalker Markt waren die Fabrikhallen unübersehbar. Nebenan türmten sich die hohen Halden mit Schlacke. Häßliche Gasometer, graue Eisenhütten und ein Gewirr aus Kränen und Förderbändern – hier war das Zuhause eines Mannes, den die Schalker ebenso liebten wie die spielenden Stars des Fußballs: Hier wohnte der Kohlenhändler Fritz Unkel, den sie später »Papa« nannten. »Blau und weiß ist heut' der Himmel nur – blau und weiß ist un'sre Fußballgarnitur!« Als Fritz Szepan die Bühne der Schalker betrat, gab es schon das Vereinslied. Auf Halbrechts begann die Karriere dieses Fußballers, als Mittelläufer erlangte er schließlich Weltruhm. Um Fritz Szepan ranken sich unzählige Anekdoten, die von Generation zu Generation weitergereicht wurden. Nicht zuletzt im Zigarrenladen, den Szepan jahrzehntelang führte und wo der Fußball stets Thema Nummer eins war. Im Frühherbst des Jahres 1931, als der Schalker noch am Beginn seiner internationalen Karriere stand, wollte er sich schon aus der Nationalelf verabschieden. Nach dem 4:2-Sieg in Hannover gegen Dänemark reiste er vor dem Bankett ab, weil er ärgerlich über den Spielverlauf war. Dreimal hatte Fritz Szepan dem schußgewaltigen Richard Hofmann den Ball in den Lauf gespielt – und der hatte daraus drei Tore gemacht, doch »König Richard« revanchierte sich nicht und ließ den Schalker immer wieder ins Leere rennen. »Sie werden mich nie mehr wiedersehen in der Nationalelf«, sagte Szepan daraufhin zu Reichstrainer Nerz im Groll. Und: »Wissen Sie, wir haben in Schalke auch einen schönen Rasen. Außerdem habe ich in Schalke zehn Kameraden, und das ist mir im Fußball sehr wichtig. Und stellen Sie sich vor, wir bekommen jeden Sonntag einen neuen Ball – was soll ich da noch in der Nationalelf ...?« Zweieinhalb Jahre lang schrieb sich Otto Nerz die Finger wund, bis er endlich Szepan zum Comeback überreden konnte. Vor allem deshalb, weil Richard Hofmann nicht mehr dabei war. Doch seine erfolgreichste Zeit hatte Fritz Szepan im Trikot seines FC Schalke. Mit Ernst Kuzorra war er der Erfinder des »Kreisels« – gemeinsam holten sie sechs Deutsche Meisterschaften ins Revier. Beide wären fast in Wien gelandet, denn Schalke war im August 1930 durch den DFB gesperrt worden. Der Verstoß war nach heutigen Maßstäben eine Bagatelle, denn die Spieler des Vereins hatten statt der obligatorischen fünf Mark Spesen pro Spiel zehn Mark bekommen. Mit

dem Bann des DFB wollte Kassierer Willi Nier nicht leben – er sprang in den Rhein-Herne-Kanal und wählte den Freitod. Nach zehn Monaten durften die Schalker wieder im Kreis der Großen des deutschen Fußballs mitspielen – und Fritz Szepan und sein Schwager Ernst Kuzorra zerrissen den schon unterschriebenen Vertrag aus Wien. Szepan erlebte seine eindrucksvollsten Tage mit der Nationalelf auf der britischen Insel. In London und Glasgow feierten ihn die Fans – er hinterließ mit seiner Spielkunst einen nachhaltigen Eindruck im Mutterland des Fußballs. »Snowball«, so nannten sie den Strategen am Ball. Am 1. Dezember 1950 verabschiedete

sich Fritz Szepan schließlich von seinen Schalker Freunden – mit 43 Jahren. Arm in Arm trat er mit Ernst Kuzorra in einem Spiel der Schalker gegen Belo Horizonte von der Fußballbühne, und eine Knappschaftskapelle spielte: »Das gibt's nur einmal, das kommt nicht wieder ...« Von 1949 bis 1954 war der Altstar Trainer seines Vereins. Im Jahre 1955 führte er Rot-Weiß Essen als Nachfolger von Karl Hohmann zur Deutschen Meisterschaft. »Fritz, ich danke dir, ganz Fußball-Deutschland dankt dir, du warst ein ganz Großer, ein Vorbild«, sagte Sepp Herberger mit zitternder Stimme, als Fritz Szepan am 17. Dezember 1974 nach langer und schwerer Krankheit starb und auf dem Friedhof in Gelsenkirchen-Rosenhügel zur letzten Ruhe gebettet wurde. Sepp Herberger trauerte um einen Freund, um den Dirigenten seiner legendären »Breslauer Elf«.

SZYMANIAK, HORST

Geboren am 29. August 1934
43 Länderspiele (1956 bis 1966), zwei Tore
Wuppertaler SV, Karlsruher SC, CC Catania, Inter
Mailand, FC Varese, Tasmania Berlin

Der Kumpel von Zeche Ewald

Horst Szymaniak war ein Sprößling des einstmals goldenen Fußballwestens. Einer der ersten, die auszogen, um südlich des Brenners ihr Glück zu suchen. »Schimmis« Ausgangsstation als Fußballer war die Spielvereinigung Erkenschwick. Es waren schwere Zeiten, als er hier im Jahre 1948 zum erstenmal in die ausgetretenen Stiefel schlüpfte. Erkenschwick – die Heimat der Bergleute! Und in der Mannschaft, die die Spielvereinigung in die junge Oberliga West schickte, standen fast nur Fußballer, die ihr Brot unter Tage verdienten. Szymaniaks Großvater war Kumpel, sein Vater ebenfalls, und als sich Horst nach neun Jahren Grundschule nach einem Beruf umschaute, da ging er – wie 37 seiner 40 Mitschüler – zur »Zeche Ewald«. Mit 21 Jahren schaute sich der Abwehrspieler dann nach einem neuen Verein um und fand ihn beim Wuppertaler SV. An der Wupper schaffte er unter Trainer Raimund Schwab den Sprung in die Oberliga West. Das offensive Mittelfeld war das Refugium des Instinktfußballers Horst Szymaniak, der sich als linker Läufer schnell Respekt im Westen verschaffte. Pässe über 40 Meter – davon profitierte vor allem Axel Kiefer, mit dem sich »Schimmi« auf dem Fußballfeld prächtig verstand. Nach einem Jahr hatte der Wuppertaler Fußballer schon sein großes Ziel, die Nationalelf, erreicht. Dettmar Cramer hatte ihn Sepp Herberger nach einem ersten Lehrgang in Herne wärmstens empfohlen, und in Frankfurt war er 1956 beim 1:3 gegen die Schweiz dabei. Werner Liebrich, der Weltmeister aus der Pfalz, verabschiedete sich an diesem Novembertag vom internationalen Fußball. Obwohl Szymaniak mit dem Wuppertaler SV die Oberliga West verlassen mußte, hielt ihm Sepp Herberger die Treue. Er nominierte seinen Schüler, der mittlerweile die »Schimmigrätsche« kultiviert hatte, für die Weltmeisterschaft 1958 in Schweden. Anschließend wechselte Szymaniak nach über hundert Spielen für den Wuppertaler SV zum Karlsruher SC. Den Vertrag unterschrieb er im Beisein von Trainer Edi Frühwirth und Präsident Dr. Vida auf Mallorca. Aber auch der KSC war für ihn nur eine Zwischenstation, denn 1961 erlag er den Lockungen des italienischen Fußballs und ging beim SC Catania vor Anker. Er war einer der ersten deutschen Spieler, die richtig in Italien Fuß fassen konnten. Im Jahr darauf war Horst Szymaniak wieder eine feste Größe in den WM-Planspielen von Sepp Herberger, doch in Chile hatten die Deutschen wenig Glück und schieden gegen Jugoslawien im Achtelfinale aus. Und dann kam »Schimmis« große Zeit bei Inter Mailand, wo der Argentinier Helenio Herrera die Peitsche schwang. Jener Herrera, den sie den »Sklaventreiber« nannten und der in Italien den berühmt-berüchtigten »Catenaccio« perfektionierte. Mit Inter wurde Szymaniak 1965 italienischer Fußballmeister und Europacupsieger, obwohl er mit Herrera nicht sonderlich zurechtkam. Im gleichen Jahr wurde der deutsche Nationalspieler in die Weltauswahl berufen, die in Belgrad gegen Jugoslawien spielte. Seine nächste Station in Italien war Aufsteiger U. S. Varese, 1965 zog es ihn schließlich zurück nach Deutschland, wo sich die Bundesliga längst eines enormen Zulaufs erfreute. Am Ende seiner großen Karriere stand Horst Szymaniak noch bei Tasmania 1900 Berlin, FC Biel und bei den St. Louis Stars Chicago in der neugegründeten amerikanischen Profiliga unter Vertrag. 1968 verabschiedete er sich als Aktiver endgültig vom Fußball, wurde zunächst Trainer beim westfälischen SV Steinheim, dann beim SV Ennigloh. Eine neue Heimat fand »Schimmi« in Melle bei Osnabrück, wo er bei Tura als Trainer tätig war. Er arbeitete dann einige Zeit als Fahrer eines Schulbusses bei der Britischen Rheinarmee. In späteren Jahren betrieb Szymaniak eine Gaststätte – das »Haus der sieben Biere«.

T

TÄNZER, WILLY

Geboren am 12. Dezember 1889
Ein Länderspiel (1908)
Berliner SC

Ein Handelfmeter an der Donau

Der Ballspiel-Club repräsentiert an der Spree so etwas wie Berliner Fußballurgestein. Nach der Jahrhundertwende, als die Berliner Meisterschaft nicht mehr in zwei Staffeln ausgetragen wurde, rückte dieser Verein mehr und mehr ins Bewußtsein der Fußballinteressierten in der Stadt. Mit ganz jungen Jahren trug Willy Tänzer bereits das Trikot der »Ballspieler«, und er brachte es schon mit 18 Lenzen zum Nationalspieler. Während sein Berliner BC nur eine mittelmäßige Rolle in der Meisterschaft spielte, erhielt der rechte Verteidiger etwas überraschend eine Einladung des DFB zum Länderspiel gegen Österreich nach Wien. Es war das zweite Auswärtsspiel nach der Premiere in Basel. Die Gäste trafen auf eine Mannschaft, in der ausschließlich Wiener und Prager Fußballer spielten. Der »Cricketer«-Platz an der Donau war nach tagelangen Regenfällen mit Pfützen übersät, und die Österreicher traten mit einem ganz jungen Torwart an: Kaltenbrunner von Rapid. Schon mit 15 Jahren hatte der zwischen den Pfosten von Vienna gestanden. Die deutschen Spieler hatten noch nie gemeinsam in einer Mannschaft gespielt – die wenigsten kannten sich. Willy Tänzer mußte die weite Reise von Berlin nach Wien wenigstens nicht allein antreten – mit von der Partie war auch Torwart Eichelmann und Poetsch von Union 92 sowie Hans Schmidt von der Germania. Doch Willy Tänzer war einer der ersten, die bei diesem Länderspiel im Blickpunkt standen. Ihm unterlief im eigenen Strafraum ein dummes Handspiel, die Elfmeterchance verwertete Dlabac zum 1:1. Am Ende hatten die Österreicher knapp mit 3:2 gewonnen. Für Willy Tänzer blieb dies der einzige Länderspielausflug. Er spielte später in Breslau, wo er als Kaufmann arbeitete, und schließlich wieder an der Spree für Germania 88.

TARNAT, MICHAEL

Geboren am 27. Oktober 1969
Drei Länderspiele (seit 1996)
Karlsruher SC

Um 22 Uhr klingelte das Telefon

Ein Anruf nach 22 Uhr verheißt selten Gutes. Die meisten schrecken auf, wenn zu später Stunde in den heimischen Gefilden das Telefon klingelt. So wird es wohl auch bei Michael Tarnat gewesen sein, der am 6. Oktober des Jahres 1996 etwas unwillig zum Telefon eilte, während sein Hund Franz-Josef die Ohren spitzte. Doch als sich dann am anderen Ende der Strippe Bundestrainer Berti Vogts meldete und ihm eröffnete, er möge eiligst seine Sporttasche packen und sich auf den Weg ins DFB-Quartier nach Gravenbruch machen, weiteten sich die Augen des Fußballprofis. Passiert war dies: Berti Vogts hatte vor dem Weltmeisterschafts-Qualifikationsspiel gegen Armenien in Eriwan große Sorgen. Sieben Spieler hatten nach und nach wegen diverser Verletzungen abgesagt – das Polster wurde für den Bundestrainer von Tag zu Tag dünner. Also nominierte er Michael Tarnat nach, der sofort seine Wohnung am Karlsruher Adenauerring verließ und mit dem Auto nach Frankfurt fuhr, wo er erst nach Mitternacht als letzter von vier Neulingen eintraf. Und als er dann drei Tage später in Eriwan in der 77. Minute auch noch für seinen KSC-Gefährten Thomas Häßler ins Spiel kam, war sein Glück komplett. Dabei hatte ihm Trainer Ewald Lienen schon ziemlich früh prophezeit, irgendwann werde er den Sprung in die Nationalmannschaft packen. Michael Tarnat war stets ein Senkrechtstarter, denn 1990 schaffte der Linksfüßer den sensationellen Aufstieg aus dem Bezirksligateam des SV Hilden-Nord in die Bundesligamannschaft des MSV Duisburg. Ein Jahr zuvor soll ein Spion von Bayer Leverkusen schon mal in Hilden vorbeigeschaut haben, doch die Funktionäre aus der Bezirksliga rochen den Braten und nannten dem Leverkusener eine falsche Rückennummer, als dieser sich nach Tarnat erkundigte. So platzte ein möglicher Transfer, und Michael Tarnat kam mit der Bundesliga erst über den Umweg der 2. Bundesliga in Berührung. Doch da er im defensiven Mittelfeld mit seiner schlanken Erscheinung unübersehbar war, fand sein Mannschaftskamerad Franz-Josef Steininger in Duisburg rasch einen Spitznamen für den Neuling – er nannte ihn »Tanne«. Auch deshalb, weil es vier Spieler mit dem Vornamen Michael im Team gab. Mit seiner »linken Klebe« verschaffte sich Michael Tarnat sehr schnell Respekt, obwohl er privat eher einen schüchternen Eindruck machte. Vier Jahre später fand er im Tausch mit Schütterle, der an die Wedau wechselte, beim Karlsruher SC eine neue Wirkungsstätte, und Trainer Winfried Schäfer schwärmte fortan von Tarnats Fähigkeit, seine rasanten Flügelläufe mit präzisen Flanken zu krönen. Mit dem KSC erreichte er 1996 das DFB-Pokalfinale, das die Badener allerdings gegen den 1. FC Kaiserslautern verloren. Ein halbes Jahr später fädelte sein Berater Wolfgang Fahrian den nächsten Wechsel in Tarnats Karriere ein – nach der Saison 1996/97 arrangierte er den Transfer zum FC Bayern München. Beide Vereine wurden sich Ende März über die Modalitäten einig. Der Mittelfeldspieler war nach Oliver Kahn, Michael Sternkopf, Oliver Kreuzer und Mehmet Scholl der fünfte Profi, der den KSC in Richtung Bayern München verließ.

TENHAGEN, FRANZ-JOSEF

Geboren am 31. Oktober 1952
Drei Länderspiele (1977)
VfL Bochum

Ein Mann für alle Fälle

Man nannte ihn »die Seele des VfL Bochum« – und jeder wußte, von wem die Rede war. Von Jupp Tenhagen, dem ersten Nationalspieler, den der Verein aus der Ruhrmetropole hervorbrachte. Es sollte zwanzig Jahre dauern, ehe ihm der kleine Dariusz Wosz beim Länderspiel gegen Israel folgte. Tenhagen kam aus Millingen am Niederrhein, spielte hier beim Turn- und Sportverein bis 1971 Fußball. Doch eines Tages stand ein Nationalspieler bei ihm vor der Tür – Adi Preißler von Rot-Weiß Oberhausen. Der lockte mit einem Vertrag, der dem jungen Mittelfeld- und Abwehrspieler ein Salär von 20 000 Mark im Jahr einbrachte. Rechnete er das Einkommen aus seinem Job als Elektroinstallateur hinzu, ließ es sich ganz gut leben. Schon in der Jugendkreisauswahl hatte Jupp Tenhagen auf der Libero-

position gespielt, aber auch als Vorstopper fühlte er sich wohl. Zwei Jahre blieb er in Oberhausen, um dann, nach dem Abstieg der »Kleeblätter«, beim VfL Bochum eine neue Herausforderung zu suchen. Es sollte eine lange Liaison werden, eine Verbindung, auf der jedoch fast immer der Schatten eines drohenden Abstiegs lag. Schon bald wurden beim VfL-Präsidenten Ottokar Wüst die Interessenten für Tenhagen vorstellig. Schalke 04 wollte den drahtigen Abwehrstrategen Mitte der siebziger Jahre für stolze 700 000 Mark Ablöse erwerben. Auch Hertha BSC und der 1. FC Kaiserslautern zeigten starkes Interesse. Doch Wüst blieb hart, weil er glaubte, in Tenhagen so eine Art »Lebensversicherung« des VfL Bochum zu haben. Und das Objekt der allgemeinen Begierde ließ auch keinen Zweifel daran, daß er sich an der Ruhr pudelwohl fühlte – er fuhr jeden Tag siebzig Kilometer zum VfL-Training, nachdem er sich ein Haus in Ringenberg in der Nähe von Wesel gebaut hatte. Ballgewandt, schnell und torgefährlich – das waren Tenhagens Eigenschaften auf dem Spielfeld. Und so wunderte sich niemand über den Aufstieg des Bochumers zum Nationalspieler. Immerhin hatte er die Karriereleiter systematisch erklommen: Niederrheinauswahl, Westauswahl, ein Juniorenländerspiel, drei B-Länderspiele. Keine Frage: Jupp Tenhagen war ein Fall für Helmut Schön, der ihn 1977 beim deutschen 2:1-Sieg in Belgrad gegen Jugoslawien debütieren ließ. Mit einem guten Einstand verdiente sich der Bochumer das Ticket zur Südamerikareise im gleichen Jahr. In Rio de Janeiro spielte er allerdings nur in den letzten elf Minuten vor 150 000 Zuschauern gegen Brasilien. Ausgerechnet in dieser Zeit egalisierte Rivelino mit seinem Tor in der 87. Minute die Führung von Klaus Fischer zum 1:1-Endstand. Mit dem 1:1 in Wales gegen Dortmund endete Tenhagens kurze internationale Karriere. 1978 gehörte er zwar zum 40er-Kader des DFB vor der Weltmeisterschaft in Argentinien, doch dann wurde er gestrichen. Ein harmloser Schnupfen war im übrigen der Grund, daß ihm auch noch die Gesangsgage in Höhe von 26 000 Mark entging. Ursprünglich war er einer von 25 Nationalspielern, die in einem Kölner Plattenstudio gemeinsam mit Udo Jürgens den Erfolgshit »Buenos dias Argentina« singen sollten. Dafür war Jupp Tenhagen in der Bundesliga ein Dauerbrenner. 1981 verließ er allerdings das Bochumer Schiff, weil der VfL ihm nicht den gewünschten langfristigen Vertrag anbieten wollte. Der zähe Profi plagte sich seit längerem mit Achillessehnenproblemen herum, und ein Kontrakt über vier Jahre war in den Augen von Präsident Wüst ein

Sicherheitsrisiko. Also wechselte Tenhagen zu Borussia Dortmund – für eine Ablösesumme von mehr als einer Million Mark – und rettete damit seinem VfL die Bundesligalizenz. Als er drei Jahre später zurückkehrte, war der einstige Dauerrenner den Bochumern nur noch hunderttausend Mark wert. Inzwischen hatte sich der Bochumer Stil gewandelt, doch Jupp blieb, was er immer war: ein Mann für alle Fälle und eine Institution des VfL, ein Vorbild an Einsatz. Schließlich wurde er auch Assistenztrainer und eine Zeit lang gar Cheftrainer an der Ruhr. In einem Alter, in dem andere Profis längst nur noch in Prominentenspielen die Stiefel schnüren, spielte Tenhagen noch für die Amateure des VfL. Nach seiner aktiven Zeit widmete er sich seinen Sportgeschäften in Emmerich und Wesel und war unter anderem Trainer bei Fortuna Köln, dem Regionalligisten 1. FC Bocholt und der SG Wattenscheid, die er 1997 zurück in die 2. Bundesliga führte.

TERMATH, BERNHARD

Geboren am 26. August 1928
Sieben Länderspiele (1951 bis 1954), vier Tore
Rot-Weiß Essen

Nach Hameln mit der Schulverschickung

In der Stadt des Rattenfängers begegneten ihm in seinen ganz jungen Jahren ein paar Fußballer, die später von sich reden machen sollten. Ernst Willimowski zum Beispiel, der schon im 2. Weltkrieg zum Nationalspieler geworden war. Oder Ludwig Pöhler, einer der Großen aus der Meistermannschaft von Hannover 96. Sie alle trugen, wie Berni Termath, in der Zeit nach der Kapitulation das Trikot von Preußen Hameln. Termath war in der Jugend des BV Altenessen aufgewachsen, also in der Nachbarschaft der Essener Stadtteile Katernberg und Bergeborbeck, den traditionellen Fußballervierteln der Grugastadt. Als die ersten Bomber des 2. Weltkriegs ihre todbringende Last über dem Revier abluden, gehörte Berni Termath zu den Schülern des Leibnitz-Realgymnasiums, die im Rahmen der »Schulverschickung« – ein anderes Wort für Evakuierung – in eine sichere Gegend gebracht wurden. Die Essener Jungen landeten in Hameln, und dort begann der junge Termath in einem Haushaltswarengeschäft in der Innenstadt seine kaufmännische Lehre. Als er 1949 nach Essen zurückkehrte, war seine Heimatstadt gezeichnet von den Verwüstungen des Krieges. Berni Termath meldete

sich mit der Empfehlung bei Rot-Weiß Essen, nicht nur schnell und torgefährlich zu sein, sondern es bereits zu niedersächsischen Auwahlehren gebracht zu haben. Für den pfiffigen Blondschopf, der auf dem linken Flügel stürmte, ging von da an alles rasend schnell. Er wuchs in eine Mannschaft hinein, die wohl die beste in der Geschichte des Vereins war. Clemens Wientjes spielte hier, Franz Islacker – später kam auch Fritz Herkenrath dazu. Sie alle waren oder wurden Nationalspieler – auch Berni Termath, der in einer Kokerei als Einkäufer seiner Beschäftigung nachging. Den Job verdankte er keinem Geringeren als dem legendären Georg Melches, der Spielausschußvorsitzender bei Rot-Weiß Essen war und im übrigen ein großes Herz für die Spieler seiner Mannschaft hatte. Viele Jahre später besorgte sich Berni Termath von seinen großen Spielen ein Videoband mit den Aufzeichnungen aus der alten »Deutschen Wochenschau«, die einst in den Kinos den Spielfilmen voranflimmerte. Das erste seiner sieben Länderspiele führte den Essener Linksaußen im Spätherbst 1951 nach Istanbul, wo er Teil eines starken deutschen Angriffs war. Max Morlock schoß beide Tore zum 2:0-Sieg, und Berni Termath harmonierte glänzend mit dem Osnabrücker Hannes Haferkamp und mit Fritz Walter. Bundestrainer Sepp Herberger war Termath bereits beim ersten Nachkriegslehrgang 1950 in Duisburg-Wedau begegnet. Von Sepp Herberger hielt Termath eine Menge: »Er war ein glänzender Psychologe und gab selbst den Reservisten das Gefühl, daß sie das wichtigste Glied der Mannschaft seien ...« Vor allem schätzte Termath an Herberger dessen Gabe, in Einzelgesprächen Wissen zu vermitteln. Persönliche Gründe führten den Nationalspieler 1955 nach dem Gewinn der Deutschen Meisterschaft (4:3-Endspielsieg gegen den 1. FC Kaiserslautern) zum Karlsruher SC. Er ging nicht gern, und er verlor auch nie den Kontakt zu seinen Essener Rot-Weißen. Bis 1961 spielte er für den KSC, betreute danach sieben Jahre lang die Karlsruher Amateurmannschaft und sprang auch schon mal ein, wenn in der Bundesliga ein Trainer entlassen wurde. Einige Zeit betrieb er in seiner Wahlheimat eine Tankstelle, dann bekam er einen Job als Rechnungsprüfer für Großunternehmer bei den Baden-Werken. Hier arbeitete Berni Termath bis zu seiner Pensionierung.

TEWES, KARL

Geboren am 18. August 1886,
gestorben am 7. September 1968
Sechs Länderspiele (1920 bis 1922)
Viktoria Berlin

Der älteste Neuling

Als Elfjähriger rannte »Karlchen« zum erstenmal hinter einem etwas unförmigen Ding her, das seine Freunde »Ball« nannten. Dieser »Ball« war keineswegs kugelrund, entsprang nicht etwa einer Fabrikation, sondern war »handgemacht« – aus Lederstücken, die durch ein paar derbe Fäden eher schlecht als recht zusammengehalten wurden. Das war im Frühjahr 1897 und irgendwo im äußersten Norden von Berlin. Später sagte Karl Tewes, in dieser Zeit habe sein junges Leben durch den Fußball eine neue Richtung bekommen. Eigentlich gab es fortan für ihn nur noch zweierlei: Schule und Fußball. Und irgendwann hielten die Berliner Jungen dann auch einen richtigen Ball in den Händen, den sie mit einer solchen Hingebung pflegten, daß einige gar von einem schlechten Gewissen geplagt wurden, wenn sie dem guten Stück mal zu kräftig einen Tritt versetzten. Um die Jahrhundertwende trat Karl Tewes dann für kurze Zeit Union 98 bei – als Fünfzehnjähriger trug er aber schon das Trikot der ersten Mannschaft von Askania. Er stürmte auf dem halbrechten Flügel, und zu seinen Vorbildern gehörte Albert Robert, der es schon zu repräsentativen Ehren gebracht hatte. Im Jahre 1902 ging Karl Tewes zum erstenmal mit seiner Mannschaft auf Reisen – die Eisenbahnfahrkarte der vierten Klasse nach Stettin mußte er selbst bezahlen. Immerhin sprangen an einem Tag gleich zwei Siege heraus: 13:0 und 5:0! Im gleichen Jahr wurde Karl Tewes aber auch mit den Risiken seines Sports konfrontiert. Im Finale des »Mützenturniers« auf dem neuen Scheberaplatz erlitt er einen doppelten Schlüsselbeinbruch. Und dann passierte etwas Unvorstellbares – der 18jährige kehrte im Januar 1904 dem Fußball den Rücken. Neue Freunde traten in sein Leben, das plötzlich andere Schwerpunkte bekam. Das Spiel mit dem Lederball stand nicht mehr im Mittelpunkt. Mehr als neun Jahre lang interessierte er sich nur aus der Distanz für diesen Sport. Als Viktoria 89 am 4. Juni 1911 in Dresden durch einen 3:1-Sieg gegen den VfB Leipzig Deutscher Meister wurde und 12 000 Zuschauer hellauf begeistert waren, saß Karl Tewes in einer Gaststätte, hörte aus der Ferne die Geräuschkulisse des Endspiels und genehmigte sich ein paar Helle. Einige Zeit danach sah er die

Viktoria dann aber doch in einem Spiel gegen die Preußen, und von einer zur anderen Sekunde sprang der längst verglühte Funke Fußballbegeisterung zu dem Berliner zurück. Als er beim Deutschen Meister um Aufnahme ersuchte, lehnte man ihn ab. Auch bei Minerva zeigte man ihm die kalte Schulter – erst bei Norden-Nordwest erinnerten sich ein paar Gefährten seiner frühesten Jugend des inzwischen 27jährigen. Norden-Nordwest war soeben in die 1. Liga aufgestiegen, und Karl Tewes, Schmied von Beruf, schaffte nach neuneinhalbjähriger Spielpause prompt den Sprung in die erste Mannschaft. Zunächst als linker Läufer, dann als Mittelläufer. Und seine »Rache« an der Viktoria war für ihn süß – er gewann das erstbeste Punktspiel gegen den Stolz des Berliner Fußballs dieser Tage mit 2:1. Im Jahre 1914 nahm Viktoria 89 den Abwehrspieler dann mit offenen Armen in Mariendorf auf, und am 4. Oktober des gleichen Jahres trug er zum erstenmal das Berliner Auswahltrikot in einem Spiel in Wien. Es sollten um die fünfzig weitere folgen. Nach eineinhalbjährigem Militärdienst stieg er nach dem 1. Weltkrieg zum unumstritten besten Mittelläufer des deutschen Fußballs auf – und absolvierte mit 34 Jahren am 26. September 1920 das erste von sechs Länderspielen beim 2:3 in Wien gegen Österreich. Er war der älteste Debütant in der Geschichte des deutschen Fußballs. »Kaiser Karl« war längst ein Fußballheros an der Spree – seine Karriere als genialer Stopper und Aufbauspieler ist ohne Beispiel. Der kahlköpfige Berliner schien alle Gesetze menschlicher Leistungsfähigkeit ad absurdum zu führen und wechselte nach seiner Zeit bei Viktoria noch zu Hertha BSC, war am Gesundbrunnen dann auch als Trainer und Vorstandsmitglied tätig. Der Fußballverband Brandenburg, für den er im Jahre 1921 sein 35. von schließlich über 50 Repräsentativspielen bestritt, verlieh ihm die goldene Ehrennadel. Der Schmiedemeister eröffnete später eine Autoreparaturwerkstatt. Karl Tewes starb im Alter von 82 Jahren an Herzversagen.

THIEL, OTTO

Geboren am 23. November 1891,
gestorben am 10. Juli 1915
Zwei Länderspiele (1911 bis 1912)
Preußen Berlin

Hohe Niederlage und ein Rekordsieg

Weiße Blusen trugen sie – mit einem schwarzen Adler auf der Brust. Die Rede ist von den Berliner

Preußen, die an der Spree älteste deutsche Fußball-geschichte repräsentierten. Es waren Pennäler des Friedrich-Wilhelm-Gymnasiums, die im Mai 1894 den einstigen Schülerverein aus der Taufe hoben. Wenig später nannten sie ihn »Preußen«. Der Ver-ein hatte schon bald darauf großen Erfolg, wurde zwischen 1899 und 1901 dreimal in Folge Berliner Meister. Es war eine Fußballgemeinschaft der bes-seren Berliner Fußballkreise. Die sogenannte »Ge-sellschaft« gab sich hier, beim BFC Preußen, ein Stelldichein. Später sollte Holstein Kiel der große Rivale der Berliner Fußballer werden. 1910 und 1912 waren die Kieler die Endstation der Preußen in der deutschen Meisterschaftsendrunde. Nach dem 1. Weltkrieg ging es dann bergab mit dem Ver-ein von der Spree, der sich auch der Leichtathletik, dem Hockey, Eishockey, Cricket und Tennis wid-mete. Dieser BFC Preußen brachte Otto Thiel her-vor, von dem viele meinten, er sei einer der besten Außenstürmer des frühen Berliner Fußballs gewe-sen. Der gebürtige Berliner war auf dem linken Flü-gel kaum zu halten – ein schneidiger und torgefähr-licher Stürmer. Er war Telegraphenassistent von Beruf und erhielt als Zwanzigjähriger die erste von zwei Berufungen in die deutsche Fußballnational-elf. Mit dem Länderspiel in München gegen Ungarn in der Vorweihnachtszeit des Jahres 1911 verban-den sich für ihn jedoch keine guten Erinnerungen. Die Gastgeber waren völlig überfordert, schwank-ten in der Deckung von einer Verlegenheit in die nächste und hatten am Ende mit 1:4 verloren. Otto Thiel stand auf dem linken Flügel meist ziemlich allein herum – die Magyaren zauberten – die Deut-schen staunten. Anschließend stand der Bundes-spielausschuß des DFB in der Kritik. Ihm wurde vorgeworfen, er habe Spieler nominiert, die diese Ehrung nicht verdient hatten. Otto Thiel, der sich in Berlin auch in Städtespielen einen guten Namen gemacht hatte, konnte damit nicht gemeint sein. 1912 gehörte Thiel dann zum deutschen Aufgebot für das olympische Fußballturnier in Stockholm. Beim 1:5 gegen Österreich war er nicht dabei – dafür dann zwei Tage später im Rasundastadion ge-gen Rußland. Das Spiel endete mit einem 16:0-Rekordsieg der Deutschen – in die Torliste konnte sich der Berliner allerdings nicht eintragen. Otto Thiel kehrte aus dem 1. Weltkrieg nicht zurück.

THIELEN, KARL-HEINZ

Geboren am 2. April 1940
Zwei Länderspiele (1964 bis 1966)
1. FC Köln

»Wenn Kalli einen Pfennig hat ...«

Nationaltorwart Toni Schumacher hat einmal Karl-Heinz Thielen mit folgenden Worten charakteri-siert: »Wenn der Kalli einen Pfennig in der Hand hat, dann dreht er ihn vor dem Ausgeben so lange, bis er lang und platt ist ...« Thielen war der erste, der in der Bundesliga den Sprung vom Spieler zum Manager schaffte – ihm sollten dann Rudi Assauer, Günter Netzer und Uli Hoeneß folgen. Im Juni 1973 wurde Karl-Heinz Thielen Kaufmännischer Leiter seines 1. FC Köln. Drei Monate vorher hatte sich der Stürmer mit dem strammen Rechtsschuß von seiner aktiven Karriere verabschiedet. Es war die Zeit, da die Kölner befürchten mußten, daß in der Fortuna eine zweite Kraft am Rhein erwuchs, denn Jean Lörings Verein war soeben in die Bundes-liga aufgestiegen. Karl-Heinz Thielen brachte für seinen neuen Schreibtischjob einiges mit – Be-triebswirtschaft hatte er studiert, einem Steuerbera-ter hatte er eine Weile über die Schulter schauen dürfen. Außerdem hatte er sich bei einem Versiche-rungsagenten trimmen lassen. Daß die kaufmänni-sche Führung eines Bundesligisten alles andere als ein Traumberuf ist, sollte Karl-Heinz Thielen schon bald merken, denn an sieben Tagen in der Woche war er zwölf bis fünfzehn Stunden beschäftigt. Vor dieser Zeit hatte er 570mal das Trikot des 1. FC Köln getragen; in 221 Bundesligaspielen traf er 56mal ins Schwarze. Fünf von diesen 56 Treffern markierte er in einem einzigen Spiel. Das war am 7. Dezember 1963 im Müngersdorfer Stadion. Der 1. FC Kaiserslautern war der Gegner, und die Pfälzer gingen beim 1:5 unter in der Spiellaune des kommenden Deutschen Meisters. »Schorsch« Knöpfle hatte die Mannschaft von Tschik Cajkovski übernommen und sie mit großer Disziplin auf das gemeinsame Ziel Titelgewinn eingeschworen. Der erste Bundesligameister kam aus der Domstadt. Rechtsaußen Thielen bestach in dieser Saison durch seine elegante Spielweise, durch die Wucht seiner Schüsse und durch seine Schnelligkeit. Er war vom TSV Rodenkirchen gekommen und feierte sein De-büt am 27. März 1960 beim 2:2 in Oberhausen ge-gen die Rot-Weißen. Und da ihm gleich ein Tor für seine »Geißböcke« gelang, wurde »Kalli« schnell Stammspieler. Zwei Junioren-Länderspielen folgte allerdings ein wenig erfolgreicher Einstand in der

Nationalmannschaft – sie verlor am 29. April 1964 in Ludwigshafen gegen die Tschechoslowakei mit 3 : 4. Ein Jahr später gab es für Thielen auch im zweiten internationalen Einsatz eine Niederlage – er war beim 0 : 1 gegen England in Nürnberg dabei. Mit zunehmender Reife bekam der Kölner neue Positionen – schließlich war er Abwehrspieler. Nach seiner 27 Jahre währenden Zeit als Spieler, Manager, Vizepräsident und Schatzmeister des 1. FC Köln wechselte er 1989 als Technischer Direktor zu Fortuna Düsseldorf, dann wurde er Bezirksstellenleiter bei »West-Lotto« in Neuß und Mitarbeiter einer Sportagentur. Als Spielerberater war er im Besitz der FIFA-Lizenz.

THOM, ANDREAS

Geboren am 7. September 1965
Zehn Länderspiele (1990 bis 1994), zwei Tore
51 Länderspiele DDR (BFC Dynamo,
Bayer Leverkusen)
Bayer Leverkusen

51 Spiele für die DDR

In einem Berliner Vorortverein begann der wechselvolle Weg des Andreas Thom. Sein Vater war ein begeisterter Fußballer, der es aber nur bis zur Kreisklasse gebracht hatte. Und so verfolgte der Herr Papa mit viel Stolz die Entwicklung seines Sprößlings, der in Rüdersdorf zur Welt gekommen war und als schmächtiger Sechsjähriger zum erstenmal im etwas zu großen Trikot der TSG Herzfelde hinter einem Ball herrannte. Und er tat dies wohl mit einigem Erfolg, denn schon zwei Jahre später wurde Andreas bei einem Hallenturnier entdeckt, um kurz darauf zum BFC Dynamo nach Berlin zu wechseln. Der in der DDR nicht von allen geliebte Verein unterhielt eine Kinder- und Jugendsportschule, in der das Talent systematisch gefördert wurde. Hier erkannte man die Geschmeidigkeit des jungen Fußballers, aber auch dessen ungestümen Drang zum Tor. Nach und nach verbesserte er seine Antrittsschnelligkeit, sein Zweikampfverhalten, und mit der Körpergröße wuchs auch die Wucht seiner Schüsse und Kopfbälle. In Andreas Thom sahen schon viele in dessen Jugendzeit, als er sein erstes von insgesamt 13 Juniorenländerspielen bestritt, einen Diamanten unter den Talenten des DDR-Fußballs. Mit 18 Jahren debütierte er in der Oberliga, 1984 war er schon DDR-Meister. Vier weitere Titel folgten in den nächsten Jahren. Dazu kam der FDGB-Pokal der DDR, und so ganz nebenbei wurde er auch noch Torschützen-

könig der Liga. Mit 19 Jahren schaffte er den Sprung in die DDR-Auswahl, und bis zur Wende hatte er es auf stattliche 51 Spiele im Trikot der DDR gebracht. Doch der junge Mann hatte nicht nur Sinn für den Fußball, sondern er begann nach dem Abitur auch ein Sportstudium. Als sich dann schließlich die Mauer öffnete, war er der erste prominente Spieler der DDR, der die Chance seines Lebens nutzte und einen Vertrag in der Bundesliga unterzeichnete. In Bayer Leverkusen fand er eine der besten Adressen des westdeutschen Fußballs. Mit der Wende trat er aus der SED aus, der er seit 1985 angehört hatte. Er fühle sich »übergangen und betrogen«, so war aus dem Munde des einstigen Vorzeigefußballers der DDR zu hören. Zu seinem ersten Länderspiel für das nun größere Deutschland kam Andreas Thom im Dezember 1990, wobei er als erster ehemaliger Spieler der DDR ein Tor für seine »neue« Nationalelf erzielte. Zwei Jahre später gehörte er zum Kader des Deutschen Fußball-Bundes bei der Europameisterschaft in Schweden und wurde im Finale gegen Dänemark eingewechselt. Bei Bayer Uerdingen bildete er mit Ulf Kirsten ein Gespann der Bundesliga-Extraklasse und trug wesentlich zum Gewinn des DFB-Pokals im Jahre 1993 bei. Zwei Jahre später verließ er Leverkusen und ging bei Celtic Glasgow vor Anker. Die »Celts« aus der schottischen Metropole überwiesen eine Ablösesumme von fünf Millionen – nie zuvor in ihrer Vereinsgeschichte hatten die Schotten so viel Geld für einen Spieler ausgegeben.

THON, OLAF

Geboren am 1. Mai 1966
40 Länderspiele (1984 bis 1993), drei Tore.
Schalke 04, Bayern München

Ein Schalker und die Bayern-Bettwäsche

Von dem jungen Olaf Thon sagte man zweierlei: Er sei »auf Kohle geboren« und deshalb Schalker durch und durch. Und: Er schlafe in Bettwäsche in den Farben und mit dem Emblem des FC Bayern München! Ein Widerspruch, der sich im Laufe seiner Karriere aufklären sollte, denn Olaf Thon wurde quasi Diener zweier Herren – er stand auf der Gehaltsliste des FC Schalke und des FC Bayern München. Fußball – das war in der Familie Thon immer schon ein wichtiges Wort, denn Vater Günther war selbst einmal Deutscher Meister der Amateure. Und zwar im Trikot des STV Horst Emscher, wo der Altinternationale Horst Flotho sein Trainer war.

Und von seinem Herrn Papa bekam Olaf schon früh beigebracht, daß die Bäume im Fußball nicht in den Himmel wachsen und daß vor dem Lohn der Fleiß zu stehen habe. Im Gelsenkirchener Stadtteil Beckhausen wuchs Olaf Thon auf, über »06« und STV Horst Emscher kam er 1980 zu den Schalkern. Als 17jähriger gehörte er schon zum Aufgebot der »Knappen«, die gerade eine Krise durchlitten und in der 2. Bundesliga kickten. Der unbekümmerte junge Fußballer verschaffte sich rasch Respekt und zog wie ein Routinier das Spiel seiner Mannschaft auf. Um mehr Zeit für den Fußball zu haben, verzichtete er auch auf die Fortsetzung seiner Ausbildung als Schweißer bei den Stadtwerken in Gelsenkirchen. Den ersten Supertag seiner Karriere feierte Olaf Thon im Mai 1984. 24 Stunden nach seinem 18. Geburtstag war der kleine Superdribbler mit der großen Energie der Star eines unvergeßlichen Fußballabends. Schalke und Bayern München trennten sich im Halbfinale des DFB-Pokals sage und schreibe 6:6 nach Verlängerung, und Thon schoß und köpfte fünf Tore. Dieser Krimi öffnete ihm auch die Tür zur Nationalmannschaft, denn Franz Beckenbauer nominierte ihn noch im gleichen Jahr für das WM-Qualifikationsspiel auf Malta. Mit 18 Jahren und sieben Monaten war »Kuzorras Urenkel« der jüngste Länderspielneuling seit Uwe Seeler. Und auch bei der Weltmeisterschaft 1986 in Mexiko war der Schalker der Jüngste im deutschen Aufgebot. Mit 21 Jahren erlebte er eine schöne und eine traurige Stunde: Die Schalker wählten ihn zu ihrem

Kapitän, aber sie stiegen aus der Bundesliga ab. Worauf der FC Bayern München Olaf Thon für eine Ablöse von rund vier Millionen Mark an die Isar holte. Und da es hier ein Überangebot an guten Mittelfeldspielern gab, wurde aus Thon sehr bald ein Libero, worauf ihn der Münchner Merkur eines Tages als »Bayerns Baresi« feierte. Dreimal wurde er mit den Münchnern Meister, doch es stellten sich bei ihm Verletzungen ein, die Formkurve schwankte. Zwar nahm ihn der »Kaiser« mit zur Weltmeisterschaft nach Italien, doch auf dem Weg zum großen Triumph wurde Thon in der Vorrunde nur gegen Kolumbien eingewechselt. Im Halbfinale gegen England verwandelte er dann den entscheidenden Elfmeter – im Finale gegen Argentinien mußte er trotzdem zuschauen. Als Jörg Berger Trainer beim FC Schalke war, kehrte der »verlorene Sohn« zurück. Das war im Sommer 1994, und beim FC Bayern hatte er nicht nur Freunde hinterlassen. Manager Uli Hoeneß bezeichnete Thons öffentliche Statements als »Sprechblasen«, und die Süddeutsche Zeitung fand, Olaf Thon seien »auf dem Weg zur Persönlichkeitsfindung die Stacheln abhanden gekommen«. In Gelsenkirchen stellten sich für ihn allerdings wieder die Erfolge ein – in der Saison 1995/96 erreichte er mit den Schalkern die Qualifikation für den UEFA-Cup – und nach dem Finalsieg gegen Inter Mailand am 21. Mai 1997 kam der Pott »in den Pott«.

TIBULSKI, HANS

Geboren am 22. Februar 1909,
gestorben 1977
Ein Länderspiel (1931)
Schalke 04

Depression am Schalker Markt

Tibulski – dieser Name bürgte nicht nur am Schalker Markt für Qualität. Zweimal tauchte er in der Vereinsgeschichte der »Königsblauen« auf. Zwei fußballspielende Brüder, Hans und Otto, die die Fans nur »Hennes« und »Ötte« riefen, trugen dazu bei, daß der FC Schalke 04 zu einem Markenzeichen wurde. Hans war der Ältere der Tibulski-Brüder, die in Gelsenkirchen aufwuchsen. Beide wurden Nationalspieler. Hans Tibulski machte erstmals 1930 auf sich aufmerksam. Er war 21 Jahre alt und sprang als Rechtsaußen ein, als die Schalker in der westdeutschen Endrunde standen. In diesem Jahr bekamen es die »Knappen« mit Hüsten 09, VfB Bielefeld, dem Hombrucher Spielverein, Köln-Sülz 07 und VfL Benrath zu tun. In Bochum landeten die Schalker gegen Hombruch einen 6:1-Sieg – und an diesem Tag ging der Stern von Hans Tibulski auf. Verletzungspech warf die Schalker schließlich im Kampf um die Deutsche Meisterschaft zurück. In der Endrunde mußte »Hennes« Tibulski auch schon mal als Mittelstürmer ran. Endstation war dann der 1. FC Nürnberg. Die große Schalker Zeit sollte noch kommen, aber zunächst legte sich ein langer Schatten über die Glückaufkampfbahn. Am 16. November 1930 brach für die Schalker Fans eine Welt zusammen, denn die Spruchkammer des Westdeutschen Verbandes erklärte in Duisburg 16 Spieler, die gesamte Schalker Mannschaft, wegen »fortgesetzten Verstoßes gegen die Amateurbestimmungen« zu Profis. Ein großes Team drohte zu zerfallen – angeblich verhandelten die Leistungsträger mit ausländischen Vereinen. Am Morgen nach dem Urteilsspruch barg man einen Toten aus dem Rhein-Herne-Kanal: Schalkes Finanzobmann Wilhelm Nier, ein allseits geschätzter Funktionär, hatte sich das Leben genommen. Die verbannten Schalker Spieler trugen ihn zur letzten Ruhestätte, nachdem sein Leichnam auf dem Spielfeld der Glückaufkampfbahn aufgebahrt worden war. Der junge Tibulski erlebte diese tragischen Tage seines Vereins hautnah mit, und die Fußballknappen am Schalker Markt schauten in eine triste Zukunft. Am 1. Juni 1931 war der Bann gebrochen – Schalke lebte, und der Westdeutsche Meister Fortuna Düsseldorf reichte dem gebeutelten Verein aus Gelsenkirchen als erster nach Ablauf der Sperre die Hand. Die Glückaufkampfbahn war völlig überfüllt, und draußen, vor den Toren der Arena, verkauften Jungen Ziegelsteine und Apfelsinenkisten, um denen, die zu spät kamen, noch eine wacklige Position in der letzten Reihe zu ermöglichen. Hans Tibulski schoß das erste Schalker Tor nach der schmachvollen Zeit der Sperre. 1:0 gegen Fortuna – und am nächsten Tag schrieb eine Zeitung: »Sturmgepeitscht und abgetrieben hat der FC Schalke zurückgefunden in seinen Heimathafen …« Blau-Weiß war wieder eine begehrte Farbe im deutschen Fußball. In der darauffolgenden Saison gehörte »Hennes« Tibulski, der »Mann neben Szepan«, zur Schalker Elf, die sich die Westdeutsche Meisterschaft sicherte und ins Halbfinale der deutschen Endrunde vorstieß. Im Jahr darauf wechselte Hans Tibulski, Lagerist von Beruf, zu Werder Bremen, während sein jüngerer Bruder Otto als Abwehrspieler den Weg ins Schalker Team fand. Die Brüder sahen sich in den Gruppenspielen des Jahres 1934 wieder, in denen Schalke jeweils deutlich die Oberhand gegen den Verein

von der Weser behielt. Tibulskis Wechsel nach Bremen hatte vor allem berufliche Gründe – er war arbeitslos und fand in der Hansestadt eine Anstellung. Beim SV Werder war Ligaobmann »Abbi« Drewes der Drahtzieher dieses Transfers. Er holte neben »Hennes« Tibulski auch Hugo Scharmann vom FC Schalke nach Bremen. Sein einziges Länderspiel bestritt Tibulski am 27. September 1931 in Hannover gegen Dänemark, wo es nach sieben sieglosen Begegnungen endlich wieder einen deutschen Erfolg zu feiern gab (4:2). Tibulski erwischte allerdings einen schwachen Tag, und vor lauter Begeisterung über sein Länderspieldebüt packte er auch noch verbotenerweise das Nationaltrikot mit in seine Reisetasche. »Seitdem schaute mich Trainer Otto Nerz nicht mehr an«, sagte Tibulski später. Immerhin war Tibulski ein wichtiges Glied im Schalker Kreisel, einer, der auch in turbulenten Situationen kühlen Kopf bewahrte und dessen Spiel von Eleganz und Klugheit geprägt war. Seine Freunde beschrieben ihn als »einsilbig«, doch ihm blitzte schon Schalk und List aus den Augen. Nach dem 2. Weltkrieg bestritt er noch acht Oberligaspiele für den SV Werder Bremen. Später versuchte er sich als Trainer – unter anderem beim SV Hemelingen. Er wurde in Bremen seßhaft, Ehrenmitglied des SV Werder und Inhaber eines Friseursalons.

TIBULSKI, OTTO

Geboren am 15. Dezember 1912,
gestorben am 25. Februar 1991
Zwei Länderspiele (1936 bis 1939)
Schalke 04

Sechsmal Deutscher Meister

Es waren graue Tage, die der Schalker Markt in diesem Winter des Jahres 1930/31 erlebte. Der Bann, mit dem Schalke belegt wurde, lähmte eine ganze fußballvernarrte Region. Der Westdeutsche Verband hatte die Leistungsträger des Vereins zu Berufsspielern erklärt und sie mit einer Sperre bestraft. Theodor Krein schildert in seinem Buch »Die blau-weißen Fußballknappen« die Stimmung im Revier mit den Worten: »Mit geballten Fäusten sah eine Stadt das Verderben, das über die Elf hereingebrochen war, die ihren Namen in die Lande getragen hatte und auf die sie so stolz war …« Otto Tibulski hat diese schlimme Schalker Zeit miterlebt. Er war gerade den Jugendstiefeln entwachsen und brannte vor Ehrgeiz. Sein älterer Bruder Hans gehörte zu den ersten, die Anfang Februar wieder spielen durften. Die anderen verbrachten lange Stunden im Stübchen von »Mutter Thiemeyer« und fieberten der Stunde ihres Comebacks entgegen. Aber es sollte bis Mai 1931 dauern, ehe der DFB im »Russischen Hof« in Berlin, einem Hotel, das später Schalkes Hauptquartier bei den deutschen Endspielen an der Spree werden sollte, den Beschluß faßte, Schalke wieder in die Fußballfamilie aufzunehmen. »Ötte« Tibulski war einer von denen, die die Extrablätter, die vor den Zechentoren verteilt wurden, geradezu verschlangen. Als ein Jahr später »Hennes« Tibulski zum SV Werder nach Bremen wechselte, ging der Stern des jüngeren Bruders beim FC Schalke auf. Mit ihm erntete Schalke die Früchte seiner schon damals ausgezeichneten Jugendarbeit. Gemeinsam mit dem blonden Hans Bornemann und dem feingliedrigen Hans Rosen drängte Tibulski in die erste Mannschaft. Es waren die frühen Schritte eines außergewöhnlichen Fußballerweges. Im Laufe der Jahre sollte »Ötte«, der Mittelläufer, für die Königsblauen unentbehrlich werden. In neun Schalker Endspielen der Vorkriegszeit war er dabei; sechsmal verließ er mit den »Knappen« als Sieger ein Finale. Dabei verfügte der jüngere Tibulski nicht unbedingt über die ideale Figur eines Mittelläufers, den man sich seit der großen Zeit von Hans Kalb und Karl Tewes als Athleten vorstellte. Otto Tibulski war eher kleinwüchsig. Aber er war ein Energiebündel, ein kämpferisches Vorbild seiner Mannschaft, einer, dessen Motor auch in den hitzigsten Fußballschlachten selten streikte. Er verkörperte quasi den »modernen Fußball« dieser Tage. Dank seiner Technik und seiner Bereitschaft, weite Wege zu gehen, war er auf vielen Positionen einsetzbar. Über tausendmal streifte er das königsblaue Trikot der Gelsenkirchener über – mit seinem Namen verbinden die Schalker ihre stolzeste Ära. Tibulski war als Kaufmännischer Angestellter in der Herdfabrik Küppersbusch tätig, und nach dem 2. Weltkrieg gehörte »Ötte« zu denen, die in der zerbombten Glückaufkampfbahn mit anpackten. Von der großen Schalker Elf waren nur noch ein paar übriggeblieben. Hans Klodt war einer von ihnen, dann Burdenski, Winkler, Schweißfurth, Hinz, Berg und Gawliczek. Eppenhoff und Zwickhöfer waren in Gefangenschaft geraten. Doch der Fußball lebte noch im Revier – Tibulski stellte sich, obwohl inzwischen ein Mittdreißiger, den Schalkern in der neuen Oberliga West zur Verfügung. In 34 Spielen schoß er noch fünf Tore. Er blieb ein Leben lang aus ganzem Herzen Schalker – 66 Jahre war er Mitglied dieses Vereins. So erfolgreich seine Karriere beim FC Schalke auch war, »Ötte« Tibulski brachte

es nur zu zwei Länderspieleinsätzen: 1936 in Krefeld gegen Luxemburg (7:2) und drei Jahre später in Berlin gegen Jugoslawien (3:2). Dabei galt er bis Kriegsende als einer der besten deutschen Mittelläufer. Den Grund, warum es Tibulski, einer der legendären Schalker Fußballer, nur zu wenigen internationalen Einsätzen brachte, erklärte Ernst Kuzorra später so: »Ötte war zu klein von Statur, obwohl er ein großer Könner war. Doch damals bevorzugte man eben die Spieler, die 180 Zentimeter und größer waren ...« Als Otto Tibulski im Februar 1991 für immer die Augen schloß, ein Jahr nach Ernst Kuzorra und im gleichen Monat wie sein einstiger Weggefährte Ernst Kalwitzki, da begleiteten über 300 Trauergäste seinen letzten Weg auf dem Altstadt-Friedhof.

TIEFEL, WILLI

Geboren am 14. Juli 1911,
gestorben am 23. September 1941
Sieben Länderspiele (1935 bis 1936)
Eintracht Frankfurt

Tore in letzter Minute

Willi Tiefel ging aus der ausgezeichneten Jugendabteilung von Union Niederrad hervor. Er verbrachte seine Kinderzeit vor den Toren von Frankfurt, wo sich heute das Waldstadion erhebt. Mit dem fast gleichaltrigen Willy Lindner rückte er in die Mannschaft der Frankfurter Eintracht, wo er als Läufer und Verteidiger sehr schnell eine feste Größe war. Willi Tiefel gehörte im Jahre 1934 zur Mannschaft des Südwestens, die den Kampfspielpokal gegen Westfalen, Niedersachsen, Niederrhein und Bayern gewann. Berühmt wurde er mit seinen Toren in allerletzter Spielminute. Nach der Weltmeisterschaft des Jahres 1934, die dem deutschen Fußball mit dem dritten Platz (3:2 gegen Österreich) den ersten großen internationalen Erfolg bescherte, bastelte Reichstrainer Prof. Dr. Otto Nerz an einer neuen Mannschaft. Aus einer Fülle von Testspielen ragte für Willi Tiefel die Partie am 8. Mai 1935 in Dortmund gegen Irland (3:1) heraus. Es war sein internationales Debüt, dem noch im gleichen Monat der vielbeachtete 2:1-Sieg gegen die Tschechoslowakei in Dresden folgte. Janes und Münzenberg waren seine Partner in der Verteidigung. Nach seiner Frankfurter Zeit wechselte der Kaufmann nach Berlin, wo er für den BSV von 1892 und später für den SC 05 Brandenburg aktiv war. Willi Tiefel fiel im September 1941 an der Front in Rußland.

TILKOWSKI, HANS

Geboren am 12. Juli 1935
39 Länderspiele (1957 bis 1967)
Westfalia Herne, Borussia Dortmund

Der König des Stellungsspiels

Die Nachbarschaft der Fußballschule des Westfäli-schen Fußballverbandes in Kaiserau spielte für die Entwicklung Hans Tilkowskis eine nicht unwesent-liche Rolle. In Husen, einem Vorort von Dortmund, wurde der Sohn eines Bergmanns geboren. Hier spielte er Fußball beim VfL Husen 19. Doch dann wechselte er zu SuS Kaiserau, einem Landesligi-sten. Und hier knöpfte sich Herbert Widmayer, der spätere Vorsitzende des Bundes Deutscher Fußbal-lehrer, den jungen Mann vor. Schon bald wußte Widmayer zweierlei: Er hatte es nicht nur mit einem talentierten, sondern vor allem mit einem überaus ehrgeizigen jungen Torwart zu tun. Kai-serau bekam erst eine Eisenbahnstation, nachdem

der WFV hier seine Fußballschule eröffnet hatte, und als Herbert Widmayer den kleinen Ort verließ, um beim Hessischen Fußballverband einen Job an-zunehmen, fand auch sein Nachfolger Walter Ochs Gefallen an Hans Tilkowski, der inzwischen Mit-glied der Westfalenauswahl geworden war. Zwan-zig Jahre war der reaktionsschnelle Torwart jung, als Fritz Langner ihn zu Westfalia Herne holte. Der Verein, der später wegen des wirtschaftlichen Zu-

sammenbruchs seines Sponsors in der Versenkung verschwand, spielte Mitte der fünfziger Jahre im Fußballwesten eine erstklassige Rolle. Als Westfalia 1959 Oberligameister wurde, da hatte Hans Tilko-wski einen sehr großen Anteil an diesem Erfolg – er nahm nur 23 Gegentreffer während der gesamten Saison hin – ein Torwartrekord für die Ewigkeit. Im April 1957 wurde Hans Tilkowski Nationalspieler – er stand beim deutschen 2:1-Sieg in Amsterdam gegen Holland zwischen den Pfosten. Nachdem er den Sprung ins 58er-Aufgebot für die Weltmeister-schaft in Schweden nicht schaffte, hatte »Til« große Hoffnungen, daß sich sein Traum vier Jahre später endlich erfüllen würde. Er flog zwar mit der Natio-nalmannschaft nach Chile, doch dort gab Sepp Herberger unerwartet dem jungen Wolfgang Fah-rian den Vorzug. Tilkowski wollte ursprünglich gleich abreisen, ließ sich dann aber zum Bleiben überreden. Zwei Jahre lang gingen sich Bundestrai-ner und Torwart aus dem Weg – erst 1964 kam es zu Tilkowskis Comeback im Nationalteam. Mit dem Start der Bundesliga wechselte Tilkowski zum amtierenden Deutschen Meister Borussia Dort-mund. 1965/66 überschlugen sich dann die Ereig-nisse in der Stadt der Biere – Borussia holte sich den DFB-Pokal, im Jahr darauf auch den Europacup der Pokalsieger. Ebenfalls 1966 stand Tilkowski schließ-lich auf dem Höhepunkt seiner Karriere – im Finale von Wembley fehlte nur ein Quentchen Glück zum WM-Titel. Der deutsche Weltklassetorwart gehörte auf eine Stufe mit dem legendären Russen Lew Jaschin und dem tollkühnen Engländer Gordon Banks. Er galt als Prototyp des besonnenen Schluß-manns und als ein Meister des Stellungsspiels. Bei Eintracht Frankfurt beendete Tilkowski seine Kar-riere – 1969 machte er Schluß. Auch deshalb, weil sich der Westfale am Main nicht so richtig wohl-fühlte. Auf der Deutschen Sporthochschule in Köln bestand er daraufhin das Examen eines Fußballleh-rers mit der Idealnote, begann dann seinen Weg als Trainer beim SV Werder Bremen, den er vor dem Abstieg aus der Bundesliga bewahrte. 1860 Mün-chen, 1. FC Nürnberg, noch einmal Werder Bremen, 1. FC Saarbrücken und AEK Athen waren seine weiteren Trainerstationen – doch das Glück hatte er in seinem neuen Job nicht unbedingt gepachtet. Der Torwart, der als Stahlschlosser begonnen hatte und sich dann als Versicherungsagent versuchte, baute schließlich einen Vertrieb für Werbemittel in Herne auf.

TODT, JENS

Geboren am 5. Januar 1970
Drei Länderspiele (seit 1994)
SC Freiburg

Auf den Spuren seines Lehrers

Jens Todt und Volker Finke – das ist die Story einer ungewöhnlichen Beziehung, denn über einen langen Zeitraum waren die beiden wie etwas ungleich geratene siamesische Zwillinge. Volker Finke unterrichtete als Pädagoge an einem Gymnasium in Nienburg an der Weser. Und Jens Todt war einer seiner Schüler, der als Achtjähriger für den ASC Nienburg spielte und von dem die Betreuer der Jugendmannschaften meinten, er habe zwar einen gewissen Ehrgeiz, aber kein sonderlich großes Talent für den Fußball. Als Jens 17 Jahre alt war, hatte er von diesem Sport eigentlich genug, denn er fühlte sich eher zum Basketball hingezogen. Unter den Körben war er mit seinen 188 Zentimetern ein Großer, und er spielte in der Bezirksauswahl. Als der Gymnasiast sein Fußballtrikot beim ASC Nienburg abgeben wollte, wurde er von seinem Sportlehrer Volker Finke in die Mangel genommen. »Du schaffst das – es wäre ein Jammer, wenn der Fußball dich verlieren würde«, sagte Finke, der am Gymnasium neben Sport auch Gemeinschaftskunde unterrichtete. Also machte Jens weiter und ließ sich von Finke zwei Jahre später auch noch zum Wechsel zum TSV Havelse, einem hannoverschen Vorortklub, überreden. Und die Erfolgserlebnisse, die ihm bisher im Fußball versagt blieben, stellten sich für den kantigen Mittelfeldspieler plötzlich ein – er packte mit Havelse den Aufstieg in die 2. Bundesliga. Doch dies war nur eine Episode, Havelse konnte die Klasse nicht halten, was auch Volker Finke bald einsehen mußte. Der Trainer wechselte zum SC Freiburg, und Jens Todt folgte wenig später dessen Spuren. Inzwischen hatte sich der Abiturient, der eigentlich Sport und Germanistik studieren wollte, verbessert. Er war konditionsstärker geworden, die Experten rühmten sein Laufvermögen, und der »Kicker« attestierte ihm eine »Pferdelunge«. Als mit den Freiburgern sogar der Sprung in die Bundesliga gelang, nicht zuletzt dank seiner elf Tore, vollzog sich bei Jens Todt ganz allmählich der Wandel vom Zufalls- zum Musterprofi. Binnen weniger Monate war der Mann mit der Hakennase eine Zugnummer der höchsten Klasse. Der 1. FC Kaiserslautern, VfB Stuttgart und der HSV buhlten um ihn, doch Todt blieb an der Seite seines Trainers in Freiburg. Nach den Enttäuschungen der Weltmeisterschaft in den USA gehörte er zu denen, die Bundestrainer Berti Vogts für den Neuaufbau der Nationalmannschaft ins Visier genommen hatte. Am 12. Oktober 1994 debütierte Todt beim 0 : 0 in Budapest gegen Ungarn und Vogts schwärmte: »Er ist ein Mann, der sich total für die Mannschaft aufopfert. Vielleicht wäre er aber noch wertvoller, wenn er etwas egoistischer spielen würde ...« Nach fünfjährigem Engagement beim SC Freiburg wechselte der Mittelfeldspieler im Sommer 1996 zum SV Werder Bremen. Nach vielen gemeinsamen Jahren trennte er sich damit auch von Volker Finke. Die Ablösesumme war mit zwei Millionen Mark festgeschrieben. Vor dem Endspiel der Europameisterschaft 1996 im Londoner Wembley-Stadion gegen Tschechien wurde Jens Todt nachnominiert, weil die Verletzungsmisere der deutschen Elf immer größer wurde. Zum Einsatz kam er allerdings nicht.

TOPPMÖLLER, KLAUS

Geboren am 12. August 1951
Drei Länderspiele (1976 bis 1979), ein Tor
1. FC Kaiserslautern

Durch Wälder und über Wiesen

Als Neunjähriger startete Klaus Toppmöller, gebürtig in Platten, seine erfolgreiche Karriere als Fußballer in der Jugendabteilung des SV Rivenich an der Mosel. Hier spielte auch sein ein Jahr älterer Bruder Heinz, und gemeinsam mit ihm wechselte er 1972 – nach einem einjährigen Zwischenspiel bei Eintracht Trier – zum 1. FC Kaiserslautern. Der Betzenberg hatte für die fußballverrückten jungen Männer der Region stets die Anziehungskraft eines Magneten. Und Klaus Toppmöller bereute diesen Wechsel nicht, denn schon bald war er bei den »Roten Teufeln« Stammspieler in der Bundesliga, während sein Bruder Spiellenker und Torjäger der Lauterer Amateure war. Die temperamentvollen Fans auf den Rängen fanden rasch Gefallen an dem unkomplizierten Stürmerspiel des Klaus Toppmöller, der Fußball als harte Arbeit verstand und sich nie schonte. Toppmöller war ein Reißer, ein Torjäger im besten Sinne, der nicht nur mit einem guten Instinkt für vielversprechende Situationen ausgestattet war, sondern auch mit einer ordentlichen Schußkraft und einem starken Kopfballspiel. Vier Jahre nach seinem ersten Bundesligaauftritt wurde er dann zum Nationalspieler. Bundestrainer Helmut Schön hatte längst ein Auge auf ihn geworfen, und im Länderspiel gegen Spanien (2 : 0) glückte dem hochaufgeschossenen Lauterer gleich ein Tor. Aber neun Tage nach seinem Länderspieldebüt drohte seine Karriere zu Ende zu gehen. Mit seinem Ferrari verunglückte er bei Birkenfeld schwer, stand unter Schockwirkung und verirrte sich in Wäldern und Wiesen. Erst nach 16 Stunden wurde er gefunden. Dieses Ereignis veränderte aber wohl das Leben des Klaus Toppmöller. Aus dem »Bruder Leichtfuß« wurde ein eher in sich gekehrter Profi. Er faßte wieder Fuß in der Bundesliga und rückte erneut durch starke Leistungen als Mittelstürmer oder als offensiver Mittelfeldspieler in den Blickpunkt. Tore Marke Toppmöller wurden wieder zum Alltag in der deutschen Eliteliga, und 1979 erhielt er die nächsten Einladungen zu Länderspielen gegen Malta und in der Türkei im Rahmen der Qualifikation zur Europameisterschaft. Aber bevor das EM-Turnier in Rom begann, erlitt der Lauterer eine schwere Knieverletzung. Nach 204 Bundesligaspielen, in denen er 108 Tore erzielte, war Toppmöller 1980 dem amerikanischen Verein Dallas Tornados die Ablösesumme von einer Million Dollar wert. Doch nach einer Saison war er schon wieder zuhause und fand beim FSV Salmrohr seinen ersten Job als Trainer. Er wirkte in dem kleinen Ort links der Mosel auch als Spieler und Manager, hatte in diesen neuen Positionen Erfolg und stieg mit seinem FSV im Jahre 1986 in die 2. Bundesliga auf. Inzwischen besaß er die Lizenz eines Fußballtrainers, war aber als diplomierter Ingenieur der Versorgungstechnik auch Chef eines Ingenieurbüros. Sein Haus in seinem Geburtsort Rivenich entwarf er selbst. Später war er dann auch einige Zeit in der Versicherungs- und Werbebranche beschäftigt. Seine nächsten Stationen als Trainer waren der SSV Ulm, Wismut Aue und schließlich im September 1991 der SV Waldhof Mannheim als Nachfolger von Günter Sebert. Auf dem Waldhof nahmen ihn nicht alle gleich mit offenen Armen auf, denn Klaus Toppmöller hatte schließlich einst das Trikot des alten Rivalen 1. FC Kaiserslautern getragen. Im Jahre 1993 erreichte ihn dann der Ruf der Frankfurter Eintracht als Nachfolger des zu Bayer Leverkusen wechselnden Dragoslav Stepanovic. Nach glänzen-·dem Start ging der Eintracht wieder die Luft aus. Auch deshalb, weil es erhebliche mannschaftsinterne Probleme mit Kapitän Uli Stein gab. Toppmöller hatte seinem Torwart stets den Rücken gestärkt – im April 1994 mußten schließlich beide gehen. Toppmöllers Trainerdebüt in der Bundesliga war mißglückt. Beim VfL Bochum fand er schließlich mit Bundesligaaufstieg und UEFA-Cup-Teilnahme zum Erfolg zurück.

TRÄG, HEINRICH

Geboren am 3. Januar 1893,
gestorben am 13. Oktober 1976
Sechs Länderspiele (1921 bis 1926), ein Tor
1. FC Nürnberg

Das Endspiel, das nie endete

»Heiner« Träg war ein Fußballer mit Ecken und Kanten. Ein knorriger Typ, der nicht nur Freunde besaß. Der Mann mit den hohen »Geheimratsecken« und dem kurzen Schnauzbart war ein Energiebündel, ein untersetzter Fußballer mit einem großen Kämpferherzen und mit einem fast schon ungestümen Selbstbewußtsein. Der Journalist F. Richard brachte es in einer Kolumne einmal auf den Punkt: »Träg hat Sehorgane an den Füßen ...« In seiner Heimatstadt Nürnberg fand er kurz nach der Jahrhundertwende bei den »Sportfreunden« Kontakt zum Fußball. Zum »Club« kam er vor Ausbruch des 1. Weltkriegs. Als die Nürnberger 1913 gegen Tottenham Hotspurs ein bemerkenswertes 1:1 erreichten, war Träg erstmals dabei, und als dann der Stern des 1. FC Nürnberg nicht nur in der Noris, sondern in ganz Deutschland aufging, da hatte Heinrich Träg seinen Leistungszenit erreicht. 28 Jahre war er alt, als er mit seiner Mannschaft zum erstenmal ein Endrundenspiel um die Deutsche Meisterschaft bestritt. Es war der 29. Mai 1921, und der »Club« hatte im Semifinale leichtes Spiel gegen den Halleschen FC Wacker. 5:1 hieß es am Ende für die Fußballer aus dem Frankenland. Und noch deutlicher gestaltete sich das Endspiel in Düsseldorf gegen Vorwärts Berlin. Heiner Träg, der wuchtige Halblinke, traf zweimal beim 5:0-Sieg der Nürnberger ins Schwarze. In diesen Begegnungen begründete Träg seinen Ruf als vehementer Angreifer. Er schoß Tore aus allen Lagen, und wenn es ihm in den Sinn kam, dann suchte er sein Glück auch schon mal mit einem linken »Hammer« von der Seitenlinie. Seiner Athletik verdankte er den Gewinn vieler Zweikämpfe, mit urwüchsiger Kraft suchte er den direkten Weg zum gegnerischen Tor. Schon zu seinen aktiven Zeiten erzählten sich die Sympathisanten des 1. FC Nürnberg über Heiner Träg wundersame Dinge. So soll er eine Vorliebe für klobige Fußballstiefel gehabt haben, die eigentlich eine Nummer zu klein für ihn waren. Fassungslos beobachteten seine Mitspieler, wenn er sich in neue Schuhe zwängte und dabei die Blutblasen an seinen Fersen ignorierte. Fast eine Legende sind auch die weiten Vorlagen, mit denen er die Außenstürmer bediente. Fünfmal holte der 1. FC Nürnberg mit

Heiner Träg in den zwanziger Jahren die deutsche Fußballmeisterschaft in die Noris. In 18 Endrundenspielen war Träg dabei – er schoß 16 Tore. Erfolgreichere Torschützen waren in den Endrundenspielen bis 1933 nur Willi Kirsei (Hertha BSC), »Tull« Harder (HSV), Andreas Franz (Spvg. Fürth), »Hanne« Sobeck (Alemannia/Hertha BSC), Karl Ehmer (Eintracht Frankfurt) und Willi Worpitzky (Viktoria Berlin). Wenn es mal eine Halbzeit lang beim »Club« nicht so lief, wie sich das die Verantwortlichen vorstellten, dann nahm der damalige Spielausschußvorsitzende Hans Hofmann seinen Hoffnungsträger an die Seite und sagte zu ihm: »Geh Heiner, mach ein Tor – tu mir den Gefallen …« Nur selten enttäuschte Heiner Träg seinen alten Spezi. Träg war auch bei dem als »Völkerschlacht von Leipzig« in die Geschichte des deutschen Fußballs eingegangenen Wiederholungsendspiel des Jahres 1922 einer der Hauptdarsteller. 60 000 Zuschauer drängten sich im hoffnungslos überfüllten Stadion des VfB Leipzig. Am 18. Juni 1922 hatten sich Nürnberg und der HSV in Berlin 2:2 getrennt. Nach 189 Minuten brach der Schiedsrichter das Spiel ab, weil sich die Dunkelheit über die Stadt an der Spree gelegt hatte. Die Wiederholung fand erst am 6. August statt. Aus Hamburg und Nürnberg waren nicht weniger als dreißig Sonderzüge nach Leipzig gerollt. Eigentlich sollte das Spiel um 16 Uhr beginnen, doch Spieler und Schiedsrichter benötigten eine halbe Stunde, um sich den Weg von einem Zelt, das als Umkleidekabine diente, ins Stadion zu bahnen. Als es schließlich alle geschafft hatten, entspann sich ein Kampf auf Biegen und Brechen. Träg gelang das Führungstor in der 48. Minute, doch zu diesem Zeitpunkt war die Mannschaft des 1. FC Nürnberg schon nicht mehr komplett. Mittelstürmer Böß war nach einem Foul vom Platz gestellt worden; dann glich »Tull« Harder zum 1:1 aus. Eine Viertelstunde vor dem Ende wurde Nürnbergs Verteidiger Kugler vom Platz getragen – und wieder ging es in die Verlängerung. Schiedsrichter Peco Bauwens hatte viel Mühe, um die aufgeregten Gemüter auf dem Spielfeld zu beruhigen, doch nach genau hundert Minuten brannten Heiner Träg nach einem Zusammenprall mit »Ali« Beier die Sicherungen durch. Die Folge: Auch er, der wichtigste Nürnberger Stürmer, mußte das Spielfeld verlassen. Als schließlich auch noch Popp verletzt ausschied, brach Schiedsrichter Bauwens das Spiel ab. 304 Minuten lang hatten sich beide Mannschaften bekämpft, und Böß erhielt eine einjährige Sperre durch den Spielausschuß des DFB. Träg kam mit einem Verweis glimpflicher davon. Nach langem Hin und Her wurde zunächst der

HSV zum Meister erklärt, doch aufgrund des Drucks der Öffentlichkeit verzichteten die Hanseaten auf den Titel. Sechsmal trug Heiner Träg das deutsche Nationaltrikot. Unter anderem war er beim legendären 1:0-Sieg am 21. April 1924 in Amsterdam dabei, als es dem DFB gelungen war, fünf Nürnberger und sechs Fürther Spieler für dieses Länderspiel gegen Holland zu gewinnen. Doch der Zwist der »feindlichen Brüder«, die sich wenige Tage vorher einen erbitterten und überharten Schlagabtausch geliefert hatten, steckte zu tief. Die Fürther und Nürnberger sprachen kein Wort miteinander, reisten in getrennten Abteilen per Zug nach Amsterdam. Nach 455 Spielen für den 1. FC Nürnberg verabschiedete sich Heiner Träg am 12. Juni 1927 von seiner aktiven Laufbahn. Er wurde Vertreter einer Ölfirma in Nürnberg. Der »Club« ernannte ihn später zu seinem Ehrenmitglied. Nach dem 2. Weltkrieg arbeitete Heiner Träg als Trainer – unter anderem zu Beginn der 50er Jahre beim TV 48 Schwabach.

TRAUTMANN, WILHELM

Geboren am 6. Dezember 1888,
gestorben am 24. Juli 1969
Ein Länderspiel (1910)
Viktoria Mannheim

Fußballstar und Schweinehändler

Ein Professor gilt als Nestor des Mannheimer Fußballs. Sein Name: Dr. C. Specht. Er lehrte an der Realschule und war ein gewichtiger Fürsprecher der fußballverrückten Mannheimer Jugend in den 90er Jahren des 19. Jahrhunderts. Der Stadtrat hatte der Realschule zum Zwecke des Fußballspiels ein Gelände in der Nähe der Schießhauswiese zur Verfügung gestellt. Ursprünglich wurde hier auch Rugby gespielt, doch der Schuldirektor verbot diese sportliche Variante, was dem Fußball zugute kam. Zwangsläufig folgte wenig später die Gründung des ersten Vereins, der sich im Jahre 1896 »Mannheimer Fußball-Gesellschaft« nannte. Diese Gründung war der Popularität des Fußballs in Mannheim ausgesprochen förderlich. Auch die Gymnasiasten in der Stadt erwärmten sich für das Spiel – sie vergnügten sich zumeist auf dem Exerzierplatz. 1897 und 1898 kam es dann in Mannheim zu drei Vereinsgründungen. Zunächst entstand die Viktoria, dann die Union und schließlich Germania. Und schon im Jahre 1904 baute man den Sportplatz der MFG 96 »Bei den Brauereien«, wo 1907 das Endspiel um die Deutsche Meisterschaft zwischen dem

Freiburger FC und Viktoria 89 Berlin (3 : 1) stattfinden sollte. Mannheim rückte immer mehr in den Blickpunkt des südwestdeutschen Fußballs, woran vor allem die Mannheimer FG und Viktoria großen Anteil hatten. Beide gehörten im Jahre 1908 zu den mitgliederstärksten Vereinen des Deutschen Fußball-Bundes. 1911 folgte dann die Fusion. Im »Wilden Mann« kam es zum Zusammenschluß der stärksten Mannheimer Vereine zum »Verein für Rasenspiele«. Ein Mann namens Wilhelm Trautmann hatte im Verwaltungsrat unter dem Vorsitz von C. Egetmeyer Sitz und Stimme. Und den kannte in Mannheim jeder, der sich für Fußball interessierte. Wilhelm Trautmann war der erste Nationalspieler, den Mannheim hervorbrachte. Noch Jahrzehnte später sprachen die Fans mit Respekt von den unglaublich scharfen Schüssen des Mittelläufers, der in dieser Stadt geboren wurde und später als Großhändler sein Geld mit dem Verkauf von Schweinen verdiente. Wilhelm Trautmann ging aus der Leichtathletik hervor. Als 17jähriger gewann er im Jahre 1905 in Heidelberg einen großen leichtathletischen Dreikampf. Aber er war auch in einem historischen Fußballänderspiel dabei: Am 3. April 1910 im Basler Landhof beim 3 : 2-Sieg gegen die Schweiz. Erstmals kehrte eine deutsche Nationalelf von einem Match im Ausland als Sieger zurück. Mittelläufer Trautmann war ein glänzender Abwehrchef, der sich alten Aufzeichnungen zufolge in diesem Spiel »schnell wie eine Dampfmaschine« bewegte und dessen Ausdauer es ihm erlaubte, »hinten wie vorne auszuhelfen«. Der Mann von der Mannheimer Viktoria verdiente sich ausgezeichnete Kritiken, wurde jedoch später nicht mehr für die Nationalelf berücksichtigt. Wohl auch deshalb nicht, weil das Ausleseverfahren in diesen Jahren sehr zweifelhaft war. 1914 wurde er Soldat und kehrte von der Front schwerverletzt zurück – das Ende seiner sportlichen Laufbahn.

TRIMHOLD, HORST

Geboren am 4. Februar 1941
Ein Länderspiel (1962)
Schwarz-Weiß Essen

»Schotte« – der jüngste Pokalsieger

Weihnachten 1959 – das Fest der Liebe fand für die Fußballer von Schwarz-Weiß Essen erst ein paar Tage später statt. Ganz genau am 27. Dezember im Auestadion in Kassel. Schwarz-Weiß – das war die Sensation dieses DFB-Pokalwettbewerbs, denn nie-

mand hatte die Westdeutschen auf der Rechnung. Zumindest vor dem Halbfinalspiel gegen den Hamburger SV nicht, denn die Essener mußten in der Höhle des Löwen, in der traditionsreichen hanseatischen Kampfstätte am Rothenbaum, antreten. Doch dann entspann sich ein bemerkenswerter Fight, der mit einem 2 : 1-Triumph des krassen Außenseiters in der Verlängerung endete, obwohl HSV-Flitzer Charly Dörfel über weite Strecken ganz allein die Essener schwindlig spielte und die Gäste zuletzt auch noch mit dem stämmigen Verteidiger Karl-Heinz Mozin für den verletzten Torwart der HSV-Schlußoffensive begegnen mußten. Mozin leistete sich dann auch noch den Luxus, dem heranstürmenden Dörfel außerhalb des Strafraums mit einem Hechtsprung die Hose bis zu den Knien zu ziehen. Doch als die HSV-Fans am Rothenbaum den Platzverweis für den Ersatztorwart forderten, entschied Schiedsrichter Sparing auf Freistoß. Vielleicht auch deshalb, weil er kurz zuvor Mozin seine Jacke geliehen hatte, als sich der Essener mit nacktem Oberkörper ins Tor stellen wollte. Im Endspiel trafen die Fußballer aus der Grugastadt dann in Kassel auf Borussia Neunkirchen und waren nun ihrerseits die Favoriten. Diesmal verzichtete Trainer Hans Wendlandt auf Manfred Schmidt und nominierte statt dessen den erst 17jährigen Horst Trimhold. Der trug sich beim 5 : 2-Endspielsieg als Schütze des 4 : 0 in die Torschützenliste ein und gilt bis heute als einer der jüngsten DFB-Pokalsieger der deutschen Fußballgeschichte. Horst Trimhold wuchs im Essener Stadtteil Altenessen auf, spielte nach dem 2. Weltkrieg eine kurze Zeit beim hessischen VfR Volkmarsen und wurde dann mit der Jugend von Schwarz-Weiß Essen Niederrheinmeister. Die Teilnahme am Pokalsieg des Jahres 1959 war der Ausgangspunkt einer erfolgreichen Fußballkarriere. Bis 1963 spielte der junge Rechtsaußen bei Schwarz-Weiß, bestritt in dieser Zeit sein einziges Länderspiel – eineinhalb Halbzeiten lang wirkte er 1962 beim 3 : 2-Sieg in Zagreb gegen Jugoslawien mit. Es war der Tag, an dem dem Nürnberger Heinz Strehl alle drei deutschen Tore gelangen. Mit Einführung der Bundesliga wechselte Trimhold, den sie in seiner Heimat »Schotte« nannten, weil er als ausgesprochen sparsamer Mensch galt, zu Eintracht Frankfurt. Am Main entdeckte Trainer Elek Schwartz schließlich Trimholds Bewegungstalent als Mittelfeldspieler – eine Position, die er bis zum Ende seiner Karriere beibehielt. Zwischen 1966 und 1971 schlossen sich für den Nationalspieler fünf Jahre bei Borussia Dortmund an. Als er ging, ging es mit den Westfalen bergab – sie mußten 1972 die Bundesliga verlassen.

Beim FSV Frankfurt schloß sich der Kreis in der Laufbahn des Horst Trimhold – und sie fand noch einen weiteren Höhepunkt. Am 8. Juli 1972 wurde der FSV in Neuwied nach einem 2 : 1-Sieg über den TSV Marl-Hüls Deutscher Amateurmeister. Holger Trimhold, der als Spielgestalter des FSV zu diesem Endspiel aus seinem Urlaubsort Rimini eingeflogen wurde, war es vorbehalten, 45 Sekunden vor dem Abpfiff das Siegtor zu erzielen. Als braungebrannter Ankurbler im Mittelfeld wurde der Routinier zum Matchwinner. Sein eiserner Sparwille führte ihn in Hanau zum Besitzer einer florierenden Druckerei. Der Fußballer, der bereitwillig zugab, daß er als gelernter Schriftsetzer jeden Pfennig »erst dreimal umdrehte«, bevor er sich von ihm trennte, wurde »Hausdrucker« des Deutschen Fußball-Bundes. Alle Broschüren, Satzungen und Regelhefte des DFB entstanden in seinem Betrieb. Mit einer Fußballgala verabschiedete sich Horst Trimhold im Jahr 1978 am Bornheimer Hang von seiner Karriere und seinen Freunden. Wolfgang Overath, Helmut Haller, Willi Neuberger, Jürgen Grabowski und Bernd Hölzenbein waren dabei.

TUREK, TONI

Geboren am 18. Januar 1919,
gestorben am 11. Mai 1984
20 Länderspiele (1950 bis 1954)
Fortuna Düsseldorf

»Toni, du bist ein Fußballgott ...«

»Toni, Toni – du bist ein Fußballgott ...« Herbert Zimmermanns Stimme im Radio überschlägt sich, und in Deutschland sitzen Millionen vor ihren Rundfunkgeräten und lauschen gebannt dem Reporter aus Hamburg, der irgendwo in einem trockenen Winkel des regendurchtränkten Wankdorf-Stadions in Bern sitzt und eine ganze Fußballnation in Atem hält. »Rahn schießt – Tooor, Tooor, Tooor, Tooor! 3 : 2 für Deutschland fünf Minuten vor dem Spielende. Halten Sie mich für verrückt, halten Sie mich für übergeschnappt, ich glaube, auch Fußball-Laien sollten jetzt die Daumen halten ...« Es begannen die längsten Minuten in der Geschichte des deutschen Fußballs, und die Fans zu Hause starrten auf den kleinen Kasten in ihren Wohnzimmern. »Der Sekundenzeiger wandert so langsam. Wie gebannt starre ich hinüber – geh doch schneller, geh doch schneller. Es sind noch zwei Minuten.« Die Straßen in Deutschland sind menschenleer, nicht nur im Westen, sondern auch jenseits

der Elbe. Wolfgang Hempel übertrug das Endspiel um die Weltmeisterschaft 1954 zwischen Deutschland und Ungarn für »Radio DDR«, und er sagte fast in der gleichen Sekunde: »Die Sensation scheint perfekt zu sein – Westdeutschland ist immer noch im Ballbesitz ...« Noch eine Minute, und längst ist Herbert Zimmermanns Stimme brüchig: »Ottmar Walter fällt hin, Boszik an zwei Deutschen vorbei, jetzt haben die Ungarn eine Chance, spielen ab zum rechten Flügel, Czibor – jetzt ein Schuß – gehalten von Toni! Gehalten ...« Wenig später ist Schluß, und Deutschland ist vereint in seliger Fassungslosigkeit und grenzenlosem Jubel. Toni Turek war einer der Hauptdarsteller des »Wunders von Bern« – die Leistungen in diesem historischen Spiel machten ihn zu einem Star und begleiteten ihn für den Rest seines Lebens. 17 Jahre war Toni Turek alt, als er zum erstenmal Sepp Herberger überzeugte. Das war am 27. September 1936 in Krefeld, wo die Nationalmannschaft auf den kleinen Nachbarn Luxemburg traf und 7 : 2 gewann. Zwischen den Pfosten stand der Oberhausener Willy Jürissen, und Anton Turek hockte auf der Tribüne. Er hatte im Jugendvorspiel zwischen Krefeld und Duisburg tolle Paraden gezeigt. Turek war aus Duisburg 1900 hervorgegangen, hatte dort als achtjähriger Steppke gespielt. Später war »Addi« Preißler ein Weggefährte seiner jungen Jahre. Als Fünfzehnjähriger spielte er bereits in der Duisburger Stadtmannschaft. Tonis nächste Stadion war Duisburg 48/99, wo er für Torwart Willi Abromeit aufrückte, der im 2. Weltkrieg als Fronturlauber auf tragische Weise bei einem Zugunglück ums Leben kam. Während des Krieges hatte Turek Glück im Unglück – ein Granatsplitter durchschlug seinen Stahlhelm, doch der Torwart kam mit dem Leben davon. Bei Eintracht Frankfurt fühlte er sich nach Kriegsende nicht sonderlich wohl, weil er dort einen herben Disput mit Nationalspieler Edmund Adamkiewicz hatte. So kam es ihm ganz gelegen, daß mit Helmut Henig der Torwart von Ulm 1846 zu Eintracht Frankfurt wechselte. Im Tausch bekamen die »Sechsundvierziger« Toni Turek, der über die Luftveränderung auch deshalb glücklich war, weil er nach und nach immer mehr Gefallen an den Skatabenden beim Metzger Holz in Langenau fand. Sicherheit und Ruhe zeichneten ihn aus – seinen Lebensunterhalt bestritt der Rheinländer in dieser Zeit als Sportlehrer im Ulmer Landes-Jugendgefängnis. 35 Jahre war Toni Turek alt, als er den »Cup Jules Rimet« des Weltmeisters im Berner Regen in den Händen hielt. Längst war er bei Fortuna Düsseldorf vor Anker gegangen und hatte einen Job bei der Düsseldorfer

Rheinbahn gefunden. Als er nach der Weltmeisterschaft von einem Empfang zum nächsten reiste und
die Nationalspieler Bundespräsident Theodor Heuss
ihre Aufwartung machten, sagte der oberste Bürger
der jungen Republik zu Toni Turek: »Ich habe
gehört, Sie seien ein Fußballgott. Ich denke, daß es
genügt, wenn Sie ein guter Torwart sind ...« Darauf
Turek mit einem breiten Grinsen: »Das ist doch
auch was, oder ...?« In der Saison 1956/57 beendete der Weltmeister seine Karriere bei Borussia
Mönchengladbach. Eine Zeit lang versuchte er sich
noch als Trainer – unter anderem beim SC Urdenbach und bei Ratingen 04. Sein Leben veränderte
sich im August 1973. Als er eines Tages in seinem
Haus in Kaarst bei Neuß aufwachte, war er von der
Hüfte an abwärts gelähmt. Es begannen lange Jahre
zwischen Hoffnung und Rückschlag und mit etli-
chen Krankenhausaufenthalten. Zunächst in Düsseldorf, dann in der Weserberglandklinik in Höxter.
Vier Lungenembolien und eine Operation, bei der
Teile von Milz und Magen entfernt wurden, mußte
Toni Turek über sich ergehen lassen. Nach einem
Herzinfarkt bekam er Bypässe – er erlag 1984 einem
Schlaganfall.

U

UGI, CAMILLO

Geboren am 21. Dezember 1884,
gestorben am 18. Mai 1970
15 Länderspiele (1909 bis 1912), ein Tor
VfB Leipzig, Sportfreunde Breslau

Camillo – Pässe aus dem Fußgelenk

Wo Pleiße und Elster in der sächsischen Tiefebene zusammenfließen, stand die Wiege von Camillo Ugi. Er war 14 Jahre alt, als er nach seiner Schulentlassung zum erstenmal in einem Verein Sport betrieb. Es handelte sich dabei um den Allgemeinen Turnverein Leipzig. Dieser galt als Talentschmiede, und so mancher Bursche, der sich im Turnverein stählte, machte später in anderen Sportarten Furore. Das galt in ganz besonderem Maße für Camillo Ugi, dessen Vater italienisches Blut in den Adern hatte, längere Zeit in Baden lebte und der seinem Sohn eigentlich den Namen »Kamill« gegeben hatte. Doch auf dem Standesamt wurde daraus kurzerhand »Camillo«. Turnen und Sport – das waren in der Zeit um die Jahrhundertwende noch immer zwei Paar Schuhe, aber zuweilen verband der junge Kraftprotz seine Neigungen. Bei einem Fußballspiel, so wurde überliefert, vollführte er schon mal einen Handstand auf der Querlatte des Tores ... Im Jahre 1902 entdeckte Camillo Ugi schließlich sein Talent für den Fußball, und Arno Kunze, der damalige Mittelläufer des Ballspielklubs, war sein erster Förderer. Erst als 18jähriger bestritt Camillo Ugi sein erstes »richtiges« Fußballspiel – und das sollte seinen Lebensweg wesentlich beeinflussen. Im Trikot der Reserve des LBC schoß er in den ersten 20 Minuten als halbrechter Stürmer zwei Tore, als am Spielfeldrand ein älterer Herr mit steifem Hut wild gestikulierte. Dieser Mann war Mitglied des Spielausschusses, und der holte nun den jungen Camillo Ugi während der Begegnung vom Platz. »Atme mal kräftig durch – heute Nachmittag mußt Du noch mal in der ersten Mannschaft ran«, sagte er zu dem verblüfften hochaufgeschossenen Jungfußballer mit den schwarzen Haaren. Nachmittags spielten die

Leipziger dann nicht gegen irgendwen, sondern gegen die Berliner Union. Die gewann mit 8 : 1, doch die Kritiker waren sich einig: Camillo Ugi war die große Entdeckung dieses Spiels! Damit war der Grundstein einer außergewöhnlichen Fußballerkarriere gelegt. Mit knapp 19 Jahren wirkte der Mittelläufer bei seinem ersten Repräsentativspiel gegen Berlin (1 : 3) mit. Riso, Bert, Schmidt, Dr. Werner, Matthes, Kunze, Bock und Affing – das waren die Weggefährten seiner frühen Fußballerjahre. 1905 trat Camillo Ugi dann gemeinsam mit Hüttig zum VfB Leipzig über, nachdem er einige Monate im fernen Sao Paulo zugebracht hatte. Es war für Camillo ein Abschied im Streit, denn mit seinen Mannschaftskameraden von LBC verband ihn nur noch wenig. Unter der Leitung von Blüher und Oppermann blühte Camillo Ugi auf und fand zu seiner besten Form, die ihn 1906 mit dem VfB zum Gewinn der deutschen Fußballmeisterschaft führte. Anschließend wurde er zum Militärdienst berufen und spielte eine Saison lang beim Dresdner SC. Im Jahre 1908 verließ er vorübergehend Deutschland, trat eine Stellung im südfranzösischen Marseille an, spielte dort bei Olympique, um dann, ein paar Monate später und geschwächt durch eine Choleraerkrankung, zurückzukehren. Er legte in Frankfurt eine Zwischenstation ein, spielte beim FSV zusammen mit Riebe, Stier, Theim, Jäck, Städtler, Schenk, Böttcher, Heinrich van Basthyusen (genannt »Bassgei«) und Heini Kuck. Der FSV war damals süddeutsche Spitzenklasse. Der athletische und offensive Mittelläufer hielt es aber nicht lange am Main aus. Nach einem Dreivierteljahr war er wieder in Leipzig und spielte im Trikot des VfB. Im Jahre 1911 war eine weitere berufliche Veränderung mit dem Umzug nach Breslau verbunden, wo er sich den Sportfreunden anschloß. Der 1. Weltkrieg führte ihn als Grenadier nach Frankreich – als Erster seiner Kompanie kehrte er mit dem Eisernen Kreuz heim. Später brach er sich bei einem nächtlichen Einsatz an der Front den rechten Knöchel, wurde nach Posen versetzt und 1917 aus dem Militärdienst entlassen. Im Feuerwerkslaboratorium Dresden fand er eine neue Anstellung. Nach einem Zwischenspiel beim Dresdner Fußballring kam er mit fast 35 Jahren noch einmal zum VfB Leipzig, wo er als »älteres Semester« die ganze Palette seines fußballerischen Vermögens aufblitzen ließ und wo seine Freunde entzückt waren, wenn er aus dem Fußgelenk unnachahmliche Pässe schlug. 1921 wechselte er noch einmal das Trikot und spielte für den FC Sportfreunde 1900 Leipzig. Seine Kriegsverletzung behinderte ihn aber noch immer, und nach einem Motorradunfall im Jahre 1927 war endgültig mit dem Fußball Schluß. Immerhin konnte er auf 15 Länderspielberufungen zurückblicken. Er war erstmals im Jahre 1909 in Oxford beim 0:9 gegen Englands Amateure dabei und zwei Jahre später Kapitän beim überraschenden 2:2 in Berlin, als es erneut gegen England ging. Zwischen 1902 und 1914 spielte er 75mal repräsentativ für Mitteldeutschland und Leipzig. Er wohnte zuletzt in Markkleeberg bei Leipzig, wo er im 86. Lebensjahr starb.

UHLE, KARL

Geboren am 16. Juli 1887
Ein Länderspiel (1912)
VfB Leipzig

Nach der Konfirmation zur Britannia

Karl Uhle wurde schon als kleiner Knirps vom Bazillus Fußball befallen. Mitte der 90er Jahre des 19. Jahrhunderts rannte der junge Leipziger bereits hinter Stoffbällen und alten Dosen her, und seine Eltern machten ihm zur Konfirmation das größte Geschenk: die Anmeldung bei der alten Leipziger Britannia. Im Jahre 1905 verließ er seinen Stammverein und schloß sich dem VfB an, der zwei Jahre vorher die erste deutsche Fußballmeisterschaft nach Leipzig geholt hatte. Und diesen Wechsel bereute »Karlchen« Uhle nie. Der Rechtsaußen, Justierer von Beruf, gewann mit dem VfB schon im darauffolgenden Jahr die Deutsche Meisterschaft: am 27. Mai 1906 gegen den 1. FC Pforzheim in Nürnberg. Schneider – E. Schmidt, Werner, G. Steinbeck, Oppermann, Ugi, Uhle, Riso, Blüher, Lässig, Adalbert – so lautete die historische Leipziger Meistermannschaft des Jahres 1906. Fünf Jahre später war Karl Uhle erneut dabei, als der VfB ein deutsches Endspiel erreichte. Das fand diesmal in Dresden statt, doch für die Leipziger endete es mit einer 1:3-Niederlage gegen Viktoria 89 Berlin. Viermal wurde Karl Uhle mit dem VfB Mitteldeutscher- und ebenso oft auch Gaumeister. Sein einziges Länderspiel endete mit einem Rekordsieg. Im Rahmen der olympischen Trostrunde des Turniers von Stockholm im Jahre 1912 war er beim 16:0 gegen Rußland mit von der Partie. Die russischen Fußballer waren an diesem Tag in der schwedischen Hauptstadt auch deshalb völlig überfordert, weil sie offenbar unter den Nachwirkungen eines Trinkgelages am Vorabend litten. Ein altes Knieleiden zwang Karl Uhle 1913 zur Aufgabe des Sports.

ULSASS, LOTHAR

Geboren am 9. September 1940
Zehn Länderspiele (1965 bis 1969), acht Tore
Eintracht Braunschweig

Drei Tore und drei Lattenkracher

Eigentlich war es nur das Vorspiel, doch die 15 000 Zuschauer im Wuppertaler Stadion am Zoo, die schon zwei Stunden vor dem eigentlichen Hit des Abends, dem Test einer deutschen Auswahl gegen Luxemburg, gekommen waren, um die Amateure gegen Japan zu erleben, waren hellauf begeistert von einem Fußballer, der diesem Spiel fast ganz allein seinen Stempel aufdrückte. Lothar Ulsaß war plötzlich in aller Munde. Kurz vor seinem 21. Geburtstag kam der Stürmer von Arminia Hannover, der einst das Trikot der Spfr. Ricklingen getragen hatte, erst nach der Pause für den Karlsruher Niemann ins Spiel. Es stand 1:1, und in der Halbzeit wird DFB-Trainer Dettmar Cramer seiner jungen Mannschaft wohl einiges erzählt haben. 45 Minuten später hatten die deutschen Amateure die unerfahrenen Fußballer aus Japan mit 7:1 geschlagen, und Lothar Ulsaß hatte dreimal zugelangt. Erst traf er zweimal die Latte, dann bezwang er den kleinen japanischen Torwart Hosaka mit drei tollen Schüssen. Außerdem war der Niedersachse mit einem weiteren Lattenknaller der Vater des 7:1 Schlußresultats. »Hier wächst ein Stürmertalent, wie es in den letzten Jahren selten war. Ulsaß verbindet eine gute Technik (wie deckt er schon den Ball, wenn er ihn führt!) mit einem gradlinigen Zug zum Tor«, urteilte der spätere Chefredakteur Karl-Heinz Heimann im »Kicker«. Dabei war Lothar Ulsaß eigentlich Halbstürmer. An diesem Tag verblaßte hinter seiner Leistung die seiner Mannschaftskameraden. Aber bei allem Talent – es sollten noch ein paar Jahre ins Land gehen, ehe sich für Ulsaß eine erste richtige Länderspielchance bot. Am 24. April 1965 schlug in Karlsruhe gegen Zypern seine große Stunde. Zwar gewannen die Deutschen standesgemäß mit 5:0, aber alles, was gegen die Japaner so glänzend geklappt hatte, mißriet Lothar Ulsaß im Spiel gegen den krassen Außenseiter von der Mittelmeerinsel. Allerdings war es eine wenig glückliche Entscheidung von Helmut Schön, den seit 1964 für Eintracht Braunschweig spielenden Stürmer auf Rechtsaußen »versauern« zu lassen. Die eigentliche Enttäuschung für Ulsaß folgte wenig später, als er seinen Namen im Aufgebot für das Länderspiel gegen die Schweiz vergeblich suchte. Darüber regte sich aber auch sein Trainer Helmut Johannsen auf, denn Lothar Ulsaß brannte vor Ehrgeiz. Nach der Qualifikation zur Weltmeisterschaft in England durfte sich Lothar Ulsaß große Hoffnungen machen, ins DFB-Aufgebot zu rücken, zumal ihm im Test gegen Österreich (4:1) in Stuttgart drei Tore gelungen waren. Aber als der Bundestrainer am 1. Juli 1966 seine 22 WM-Kandidaten in der Sportschule Malente um sich scharte, war Lothar Ulsaß wieder nicht dabei. Er war neben der Nichtnominierung von Grosser und Szymaniak einer von drei sogenannten »Härtefällen«. An Eintracht Braunschweigs sensationellem Gewinn der deutschen Fußballmeisterschaft des Jahres 1967 hatte Ulsaß als Spielgestalter und Torjäger erheblichen Anteil. Erst der Bundesligaskandal stoppte die große Karriere des Elektrokaufmanns. Er wurde für rund eineinhalb Jahre gesperrt, nachdem herausgekommen war, daß er für seine Mannschaft von dritter Seite eine Siegprämie beschafft hatte. Eigentlich war er in der ganzen Affäre ein ziemlich kleiner Fisch, doch der DFB legte ihn dennoch auf Eis. Worauf Lothar Ulsaß auch seinen Job als Prokurist einer Elektrofirma verlor. Er wandte dem deutschen Fußball verbittert den Rücken und wechselte zum Wiener SK, wo er noch einige Zeit spielte. Die Donaumetropole wurde zu seiner neuen Heimat. Er arbeitete hier lange Jahre als Generalvertreter von adidas.

die Mönchengladbacher ausschließlich auf den Fußball. Im Frühjahr 1894 schritten die Pioniere dieses Vereins zur Gründung. Initiator war ein Sport- und Zeichenlehrer namens Heinrich Heesch. Es sollte vierzehn Jahre dauern, bis der FC erneut auf sich aufmerksam machte. Auf ihrem Sportplatz am Alten Wasserturm bauten sich die Mönchengladbacher im Jahre 1906 die erste überdachte Holztribüne Westdeutschlands. Fünfhundert Zuschauer fanden darunter Platz. Wenig später bekam der FC Mönchengladbach, der in der »Westdeutschen Liga« eine führende Rolle spielte, Konkurrenz durch die Borussia, und allmählich wechselte die Gunst der Fußballfans in der Stadt am Niederrhein. Borussia – das war der Arbeiterverein, der FC erfreute sich der Sympathie der Kaufleute und des gehobenen Bürgertums. Doch der ältere »FC« in Mönchengladbach kann von sich behaupten, den ersten Fußballnationalspieler hervorgebracht zu haben: Josef Umbach. Der gebürtige Mönchengladbacher war 20 Jahre jung, als er im Herbst 1910 eine Einladung zum Länderspiel gegen Holland erhielt. Dieses Duell der Nachbarn fand im Grenzstädtchen Kleve statt, das sich schon damals seines jahrhundertealten »Tiergartens« rühmte. Kleve brachte an diesem Oktobertag die gesamte Fußballregion auf die Beine. Schon zwei Jahre vorher hatte Phönix Karlsruhe während einer Gastspielreise durch das Rheinland die Begeisterungsfähigkeit der Klever Fußballgemeinde erfahren. Und jetzt drängten sich 10 000 Menschen im kleinen Stadion des VfB Kleve, der besonders stolz auf seine überdachte Sitzplatztribüne war. Die deutsche Mannschaft, in der vor allem west- und norddeutsche Spieler standen, fand nicht zur erhofften Harmonie. Auch Josef Umbach, der später als Kaufmann arbeitete, suchte vergeblich die Bindung zu dem Braunschweiger Linksaußen Queck und zu dem Berliner Worpitzky.

UMBACH, JOSEF

Geboren am 8. Dezember 1889
Ein Länderspiel (1910)
FC Mönchengladbach

Ganz Kleve war auf den Beinen

Der FC Mönchengladbach kann für sich in Anspruch nehmen, einer der ältesten, wenn nicht der älteste Fußballverein in Westdeutschland zu sein. Während in den meisten anderen Sportgemeinschaften zwischen Rhein und Ruhr auch andere Sportarten angeboten wurden, konzentrierten sich

UNFRIED, GUSTAV

Geboren am 24. März 1889,
gestorben am 13. September 1917
Ein Länderspiel (1910)
Preußen Berlin

Der Landmesser der Preußen

Der 1. Mai 1894 war ein wichtiges Datum für den Berliner Fußball. An diesem Tag wurde der »FC Preußen« gegründet – ein Verein, der um die Jahrhundertwende an der Spree den Ton angab. Die Preußen sammelten in dieser Zeit fünf Berliner Meisterschaften. Was seine Mitglieder ermunterte, den ersten »geschlossenen Sportplatz« an der Spree zu errichten. Der FC Preußen gab sich weltoffen und entschied sich schon sehr früh zu einem ausgedehnten Spielverkehr mit ausländischen Mannschaften. Der Verein gehörte auch zu den Gründungsmitgliedern des »Verbandes Deutscher Ballspielvereine«, der sich am 11. September 1897 im »Dusteren Keller«, einer Gaststätte unweit des Tempelhofer Feldes, konstituierte. Von den Preußen ist auch überliefert, daß sie in der Saison 1899/1900 als erste deutsche Mannschaft das englische »Flachpaßspiel« kopierten. Der Vorsprung in der Tabelle war schließlich überwältigend, und das Torverhältnis von 81 : 14 stellte einen neuen Berliner Rekord dar. Erich Müller, den seine Freunde »Master« nannten, und der eine Stütze dieser legendären Mannschaft war, machte sich über die Spielweise der Konkurrenz lustig und nannte sie hämisch »althochdeutsch«. Gustav Unfried, Landmesser von Beruf, war in den Jahren vor dem Ausbruch des 1. Weltkriegs eine der Stützen des Fußball-Clubs Preußen. M. Schmidt, E. von Seydlitz, Träger, A. Mills, Alfred Gelbhaar, Droz, Beer, Sorkale, E. Dutton, O. Thiel und Gustav Unfried – das war die Berliner Meistermannschaft der Saison 1909/10. Gustav Unfried, der Mittelläufer, war von den Stuttgarter Kickers zu den Preußen gekommen und bekam eine internationale Bewährungschance am 24. April 1910. In Arnheim traf die Nationalmannschaft auf die starken Holländer, die in dieser Zeit in Europa eine führende Rolle im Fußball spielten. Das bekamen die Gäste aus Deutschland dann auch zu spüren – sie verloren mit 2 : 4. Gustav Unfried stand auf der Position des linken Außenläufers – in der Mitte lieferte Max Breunig, der Riese aus Karlsruhe, ein glänzendes Debüt in der Nationalelf, obwohl er einen Elfmeter verschoß. Es blieb Unfrieds einziges Länderspiel. Er kehrte aus dem 1. Weltkrieg nicht zurück.

URBAN, ADOLF

Geboren am 9. Januar 1914,
gestorben am 23. Mai 1943
21 Länderspiele (1935 bis 1942), elf Tore
Schalke 04

»Die Schüsse rissen fast das Tordach ab«

Professor Otto Nerz zog die Augenbrauen hoch. Vor ihm tobte sich ein Zwanzigjähriger aus, der vor Kampfeslust und Schießwut kaum zu bremsen war:

Adolf Urban. Das war an einem frühen Augusttag des Jahres 1935. Für den Reichstrainer begann die Aufbauphase einer neuen Nationalmannschaft, einer Elf, die nach den Planspielen zum olympischen Fußballturnier in Berlin ein Jahr später ihren Leistungshöhepunkt erreichen sollte. Professor Nerz ahnte nicht, daß er selbst am Scheideweg seiner Karriere stand, denn der Mißerfolg von Berlin führte schließlich zu seinem Rücktritt. Doch an diesem sommerlichen Morgen in der Sportschule Duisburg-Wedau schwärmte der Fußballprofessor von einem jungen Mann aus Gelsenkirchen. »Der könnte ein ganz Großer werden«, sagte er zu seiner Umgebung, um dann hinzuzufügen: »Wenn der bloß das Schweigen lernen würde …« Adolf Urban war ein temperamentvoller und selbstbewußter Fußballer, der sein Herz auf der Zunge trug und damit häufiger auch mal aneckte. Dessen ungeachtet wurde der Schalker Linksaußen gleich in eine internationale Bewährungsprobe geschickt. Von den insgesamt 60 Spielern, die Professor Nerz zwei Wochen lang in Duisburg unter die kritische Lupe genommen hatte, fielen etliche durch. »Ala« Urban, der Mann aus dem Kohlenpott, erhielt seine Chance am 18. August 1935 gegen Luxemburg. Die deutschen Nachwuchsspieler taten sich schwer und gewannen nur 1 : 0, doch Urban hatte seinen Platz im Notizbuch von Nerz gefunden. Ein Jahr später blieb ihm dann die »Schmach von Berlin« nicht erspart. Er war beim 0 : 2 in der olympischen Zwischenrunde gegen Norwegen dabei. Zu diesem Zeitpunkt war er in der deutschen Gauliga bereits einer der herausragenden Spieler – dekoriert mit den ersten beiden Schalker Meistertiteln. 1926, als Zwölfjähriger, war er zu den Königsblauen gestoßen. Bis zu seinem frühen Tod im 2. Weltkrieg sollte er einer der wichtigsten Spieler des FC Schalke 04 sein, zunächst als Halblinker, dann als Linksaußen. Der »Kicker« beurteilte damals die charakteristische Spielweise von Urban so: »Er bringt von Natur aus das unbändige Temperament und den Drang zum Tor mit. Er findet sich außen und innen ebenso gut zurecht. Seine erstaunliche Vielseitigkeit gefällt uns am besten an ihm. Für ihn gibt es ihm Spiel keine Rätsel.« Dank seiner ausgeprägten Willenskraft schaffte es »Ala« Urban im Jahre 1936, daß er sich von einer schweren Verletzung verblüffend schnell erholte. Kaum war er wieder fit, da schoß er in seinem siebten Länderspiel beim 4 : 0-Sieg in Stuttgart gegen Frankreich zwei Tore. Seine Gegner fürchteten vor allem die Schrägschüsse des Schalkers. »Die rissen fast das Tordach ab«, urteilte der bekannte Sportjournalist Richard Kirn. Der blonde Stürmer wurde viermal mit Schalke 04 Deutscher Meister, einmal Pokalsieger. Der kleine Mann mit dem großen Kämpferherzen, der 1940 eine Weile Gastspieler bei Arminia Bielefeld war und auch in Schlesien für Sturm Bielitz spielte, wurde ein Schalker Publikumsliebling. Doch die Schatten über Deutschland wurden länger – immer wieder flüchteten die Menschen in der Region der Schlote und Fördertürme in die Bunker, wenn der Lärm der Bombergeschwader die Luft vibrieren ließ. Aber der Fußball hatte trotzdem seine Faszination behalten. 40 000 Menschen strömten an einem Frühlingstag des Jahres 1943 zu einem Freundschaftsspiel ins Kölner Stadion. Schalke 04 traf in einer Pokalrevanche auf 1860 München und trennte sich 0 : 0. Wenig später fanden sich gar 70 000 Zuschauer im Berliner Olympiastadion ein, und niemand ahnte, daß dies der Abschied von »Ala« Urban war. Die Schalker gewannen gegen Hertha BSC mit 3 : 1 – wenig später starb der Fußballvolksheld an der Ostfront.

URBANEK, JOHANN

Geboren am 10. Oktober 1910
Ein Länderspiel (1941)
Admira Wien

»Schalke löscht Admira aus ...«

»Ihr habt uns ruiniert ...« Willi Hahnemann, der geniale Spielgestalter der Wiener Admira, war am Boden zerstört. Das erste »großdeutsche Endspiel«, das Duell zwischen dem FC Schalke, von dem manche meinten, dies sei die »wienerischste aller deutschen Fußballmannschaften«, und der Wiener Admira endete für die Fußballer aus der Walzermetropole mit einem Fiasko. 100 000 Zuschauer waren im Betonoval des Berliner Olympiastadions fasziniert von den Schalkern, die wie ein heißer Sturm über die bedauernswerten Wiener hinwegfegten. Am Ende hieß es 9 : 0 für die Schalker – ein

Resultat, dem die Spieler des Verlierers vorher nicht einmal in ihren Alpträumen begegnet waren. Admira war allerdings ersatzgeschwächt in dies deutsche Endspiel des Jahres 1938 gegangen. Torwart Platzer und Verteidiger Schall, zwei aus dem österreichischen »Wunderteam«, waren nicht dabei, weil eine unverständliche Terminkollision zum Zeitpunkt des Finales auch noch Gauvergleichskämpfe zwischen der Ostmark und Schlesien vorsah. Immerhin hatte das Fachamt Fußball ein Einsehen und hob eine Sperre von Außenläufer Johann Urbanek auf. Doch die Schalker tanzten an diesem Tag in Berlin ihren »Kreisel« und die Wiener Fußballer damit schwindlig. »Schalke löscht Admira aus«, war in den Wiener Zeitungen am anderen Tag zu lesen. Doch Admira lebte weiter – so wie seit dem Gründungsjahr 1905, als in der kleinen Dorfgemeinde Jedlesee ein fußballbesessener Amerikaheimkehrer aufkreuzte und im Verlaufe der langen Diskussionen über den Namen des neuen Vereins berichtete, er sei mit einem Ozean-Liner namens »Admira« über den »großen Teich« gekommen. Johann Urbanek war über viele Jahre »Admiraner«. In der Wiener Südstadt begann seine eindrucksvolle Fußballkarriere. Als Zehnjähriger spielte er zum erstenmal im Trikot des Vereins, und in ganz jungen Jahren erlebte er den Aufschwung von Admira zu einer der ersten Adressen des Wiener Fußballs mit. Doch zu diesem Zeitpunkt spielte er noch für Wacker Wien. Der Außenläufer stand in der Blüte seines Leistungsvermögens, als er mit dem österreichischen Nationalteam 1934 zur Weltmeisterschaft nach Italien reiste. Wagner, Smistik, Urbanek – das war bei diesem Turnier die Standardläuferreihe des Alpenlandes. Johann Urbanek hatte fünfzehn Länderspiele für Österreich bestritten, als er am 15. Juni 1941 in seiner Heimatstadt Wien auch in der »großdeutschen« Nationalelf stand und 5 : 1 gegen Kroatien gewann. Nach dem 2. Weltkrieg landete Hans Urbanek auf Vermittlung von Ernst Lehner bei Schwaben Augsburg. Er war Uhrmacher von Beruf.

V

VOGTS, (BERTI) HANS-HUBERT

Geboren am 30. Dezember 1946
96 Länderspiele (1967 bis 1978), ein Tor
Borussia Mönchengladbach

Schlechte Zeiten – gute Zeiten

Der viel zu früh verstorbene Sportjournalist Ulfert Schröder schrieb Anfang der siebziger Jahre ein Buch über Berti Vogts. Es sollte weit mehr werden als eine Auflistung der Erfolge eines ungewöhnlichen Fußballspielers. Ulfert Schröder fahndete nach den frühen Spuren des kantigen Mannes vom Niederrhein, und er fand die Menschen, die das Leben des jungen Berti Vogts prägten. Da waren zunächst seine Eltern. Der Vater, Schuhmacher in dem kleinen Dorf Büttgen, starb, als sein Sohn Hans-Hubert zwölf Jahre alt war. Ein halbes Jahr vorher war Bertis Mutter Hedwig einer Leberkrankheit erlegen, ein Schock, an dem der herzkranke Vater zerbrach. Berti Vogts war somit schon als Schüler Vollwaise, und seine Tante Maria, die Schwester seiner Mutter, nahm ihn gemeinsam mit dem vier Jahre älteren Bruder Heinz-Dieter auf. Die Vogts-Brüder lebten fortan in einer neuen Umgebung – Tante Maria betrieb mit ihrem Lebensgefährten Peter Laumen eine Gastwirtschaft in der kleinen Gemeinde. Peter Laumen war ein gemütlicher Mensch, der Vereinswirt des VfR Büttgen, der später mit großer Freude Bertis Weg verfolgte. Und dann war da ein Fußballtrainer namens Heinz Murach, der dem Talent aus Büttgen in der westdeutschen Jugendauswahl die ersten Tricks beibrachte und der wohl als Entdecker des späteren Weltstars zu gelten hat. Noch wichtiger aber war für die Entwicklung Berti Vogts', daß er Hennes Weisweiler begegnete. Dieser war nicht nur ein erstklassiger Fußballlehrer und Förderer. Der damals noch kinderlose Weisweiler sah in Berti Vogts so etwas wie seinen Sohn. Es entwickelte sich ein ungewöhnliches Verhältnis, das von menschlicher Wärme und Erfolg geprägt war. Berti Vogts kehrte 1965 seinem VfR Büttgen den Rücken, nachdem er eine Ausbildung zum Werkzeugmacher absolviert hatte, und unterschrieb bei Borussia Mönchengladbach. Auch der 1. FC Köln und Fortuna Düsseldorf wollten den drahtigen jungen Abwehrspieler verpflichten. 20 000 Mark bekam Berti für seinen ersten Kontrakt, und er folgte dem Rat von Büttgens Geschäftsführer Krüppel und kaufte sich für das Geld ein Grundstück in seinem Heimatort. Viele Jahre später baute sich Berti dort sein Haus. Schon 1967 wurde der Fußballer vom Niederrhein zum Nationalspieler, und obwohl sein Debüt gegen Jugoslawien mit einer 0:1-Niederlage endete, weil sein Gegenspieler Josip Skoblar das einzige Tor erzielte, folgten dem ersten noch 95 weitere Länderspiele. 1972 ärgerte er sich maßlos darüber, daß eine Venenentzündung seinen Einsatz im Rahmen der Europameisterschaft verhinderte. Die Spiele der »Traumelf« fanden ohne den ehrgeizigen Gladbacher statt. Doch zwei Jahre später stand er mit der Nationalelf nach dem 2:1-Sieg gegen Holland, dem WM-Finale von München, auf dem höchsten Gipfel. Gladbachs »Fohlen« galoppierten derweil mit hohem Tempo durch die Bundesliga – der Verein vom Bökelberg wurde mit Berti Vogts Deutscher Meister in den Jahren 1970, 1971, 1975, 1976 und 1977. Hinzu gesellten sich der DFB-Pokalsieg im Jahr 1973 und der Gewinn des UEFA-Cups 1975 und 1979. Den Grund für seine Erfolge formulierte Berti Vogts einmal so: »Es hat sicherlich viele Spieler gegeben, die mehr Talent hatten als ich. Aber ich war ehrgeiziger ...« Sein einziges Länderspieltor schoß Berti Vogts vor 54 000 Zuschauern im Dortmunder Westfalenstadion gegen Malta. Die Fans hatten lautstark den »Terrier« als Elfmeterschützen gefordert. Einer der Tiefpunkte seiner internationalen Karriere fiel in das Jahr 1978. Bei der Weltmeisterschaft in Argentinien leitete er mit einem Eigentor die »Schmach von Cordoba« ein – die Niederlage gegen Österreich. Nach dem Ausscheiden weinte er sich an der breiten Schulter von Mannschaftskoch Hans Damker aus. Dieses Spiel sollte sein schmerzvoller Abschied als Profi von der großen Bühne des Fußballs sein, und zu diesem Zeitpunkt ahnten nur wenige, daß er als erfolgreicher Trainer ins internationale Rampenlicht zurückkehren würde: als Nachfolger von Franz Beckenbauer in der Funktion des Bundestrainers. Als der »Kaiser« als Teamchef des Weltmeisters 1990 abtrat, schlüpfte Berti Vogts in Stiefel, von denen manche meinten, sie seien ihm zu groß. Der Weltstar von einst, der sich vor allem im Jugendbereich des DFB große Verdienste erworben hatte, wurde nach dem Scheitern im EM-Finale von Göteborg gegen den krassen Außenseiter Dänemark im Sommer 1992 und nach dem Debakel im Viertelfinale der WM 1994 in den USA verhöhnt und der öffentlichen Schelte ausgesetzt. Doch die Antistimmung wandelte sich in uneingeschränkte Sympathie, als Berti Vogts 1996 den dritten Europameister-Titel »einfuhr«. Die deutschen Fans feierten ihn nach dem Sieg gegen die Tschechei im Londoner Wembley-Stadion.

VÖLKER, OTTO

Geboren am 2. März 1893,
gestorben am 16. August 1945
Ein Länderspiel (1913)
Preußen Berlin

Die Berliner stürmten den Viktoria-Platz

Otto Völker war ein Allroundtalent. Einer, der auf allen Positionen der Mannschaft eingesetzt werden konnte und der deshalb bei den Berliner Preußen in der Zeit vor dem 1. Weltkrieg besonders geschätzt

wurde. Die Preußen, deren Wiege im Friedrich-Wilhelm-Gymnasium stand, wo Pennäler im Jahre 1884 einen Schülerverein gründeten, waren um die Jahrhundertwende eine Größe des Berliner Fußballs. Dreimal wurde der Verein in dieser Zeit Berliner Meister. Das weitläufige Tempelhofer Feld war damals die »Spielwiese« der Berliner Fußballer, die aber ihre Tore fast immer mitbringen mußten. Preußen kontra Britannia – das waren die ersten heißen Fußballduelle an der Spree. Die Hosen der Spieler waren – natürlich – knielang. Die Schiedsrichter trugen einen »Gehrock« und einen steifen Hut ... Otto Völker war 20 Jahre alt, als er zu seinem ersten und einzigen Länderspiel kam. Der gebürtige Berliner hatte es nicht weit – das Duell mit dem Lehrmeister aus England fand am 21. März 1913 quasi vor seiner Haustür statt, auf dem Sportplatz der Viktoria. Der Verein rühmte sich, die »schönste Spezialfußballanlage in Berlin« zu besitzen, und an diesem Tag des Frühlingsanfangs platzte der Viktoria-Sportplatz fast aus allen Nähten. 12 000 Zuschauer waren auf den Rängen unterzubringen – schließlich reckten gar 20 000 Berliner bei diesem Länderspiel gegen England die Hälse. Eine solche Kulisse hatte es in Deutschland bei einem Fußballspiel noch nie gegeben. Am Ende sahen die Enthusiasten drei Tore – allesamt für die Engländer. Otto Völker, der rechte Läufer von den Preußen, war nach dem Schlußpfiff fix und fertig. Die Gäste von der Insel hatten den Deutschen eine Lektion in schnellen Kombinationen erteilt. Ein Jahr später erhielt Otto Völker den Einberufungsbefehl. Von den 250 Mitgliedern des BFC Preußen zogen in den ersten zehn Tagen der Mobilmachung 200 in den Krieg. Bis auf Alfred Gelbhaar waren darunter alle Mitglieder der ersten Fußballmannschaft.

VÖLKER, WILLI

Geboren am 13. Oktober 1906,
gestorben am 6. April 1945
Ein Länderspiel (1929)
Hertha BSC Berlin

In 27 Endrundenspielen dabei

Ein Herbsttag des Jahres 1906: Die Berliner kennen nur ein Gesprächsthema – sie lachen über den Hauptmann mit der krummen Nase. »Auf Befehl des Kaisers« hatte sich am 16. Oktober 1906 ein arbeitsloser Schuster die Stadtkasse von Köpenick geschnappt und in einer auf dem Trödelmarkt erworbenen und reichlich verschlissenen Hauptmannsuniform den Bürgermeister verhaftet. Mit 4000 Mark verschwand das Schlitzohr namens Wilhelm Voigt, worauf eine intensive Fahndung einsetzte. In den Berliner Zeitungen wurde die Unterschrift auf einer »Quittung« des ungewöhnlichen Diebes veröffentlicht – »Schriftgelehrte« kamen darauf zu der Erkenntnis, es müsse sich dabei um einen Menschen handeln, der eine gewisse Bildung besitze. Daß aus dieser ungewöhnlichen Geschichte in den 30er Jahren einer der größten Bühnen- und Filmerfolge des Jahrhunderts werden sollte, ahnte damals noch niemand. In der Familie Völker im Berliner Stadtteil Neukölln wird der Hauptmann von Köpenick in diesen Tagen wohl nur eine nebengeordnete Rolle gespielt haben. Die Hauptrolle spielte ein quicklebendiges Baby, dem die Völkers den Namen Wilhelm gaben. Aber auch Völker junior sollte Geschichte schreiben – Berliner Fußballgeschichte. Über Viktoria kam Willi Völker 1924 zu Hertha BSC. In Völkers Geburtsjahr 1906 waren die Herthaner erstmals aus dem Schatten der anderen Berliner Fußballvereine getreten. Sie hatten die Konkorden, Alemannen und Teutonen hinter sich gelassen und schmückten sich zum erstenmal mit dem Titel eines Meisters des brandenburgischen Verbandes. Doch die große Zeit der Hertha begann erst zu jenem Zeitpunkt, als Willi Völker dort als blutjunger Außenläufer aufkreuzte. Mit Otto Leuschner und Karl Tewes fand er starke Partner. Trotz seiner Jugend verfügte Völker über eine ausgezeichnete technische Grundschulung und überzeugte durch seine Antrittsschnelligkeit. In der Saison 1924/25 scheiterte Hertha in der deutschen Endrunde, die nach dem Pokalcharakter ausgetragen wurde, erst im Halbfinale nach einem dramatischen 0:1 in der Verlängerung gegen den FSV Frankfurt am Fürther Ronhof. Doch von da an ging es mit der Hertha steil bergauf – die Mannschaft, in der Hanne Sobeck und Willi Kirsei starke Offensivkräfte waren, wurde eine Macht des deutschen Fußballs. Aber die Berliner hatten den Makel des »ewigen Verlierers«. Zwischen 1926 und 1929 verließen sie jeweils als Vizemeister die Endspiele in Frankfurt, Berlin, Hamburg und Nürnberg. Erst das Düsseldorfer Finale von 1930 bescherte Willi Völker, der mittlerweile rechter Verteidiger war und in Rudolf Wilhelm seinen Partner gefunden hatte, das große Fußballglück. Holstein Kiel wurde mit 5:4 geschlagen. Im Jahr darauf wiederholten die Berliner ihren Erfolg mit einem allerdings sehr glücklichen 3:2-Sieg gegen den TSV 1860 München. Zwischen 1925 und 1933 bestritt Willi Völker 27 Endrundenspiele, in denen er als Abwehrspieler

immerhin acht Tore erzielte. Kärglich fällt dagegen seine Länderspielbilanz aus. Er wurde nur einmal berufen – und zwar am 20. Oktober 1929 zum Duell mit den Finnen in Hamburg-Altona (4:0). An diesem Tag debütierte auch Fritz Szepan. Der Berliner Kaufmann, den seine Freunde »Bubi« nannten, beendete nach seiner Zeit bei Hertha BSC seine Fußballkarriere im Trikot von Tasmania 1900. Er starb 1945 in einem russischen Lazarett.

VÖLKER, WILLY

Geboren am 20. Dezember 1889
Ein Länderspiel (1914)
VfB Leipzig

Sinneswandel eines Musterschülers

Willy Völker hatte in seiner Schülerzeit mit dem Fußball wenig im Sinn. Seine Leidenschaft galt dem Turnen, und hier brachte es der begabte Musterschüler zu außergewöhnlichen Leistungen. Unter den Schülern seiner Heimatstadt Gera gab es niemanden, der an seine Fähigkeiten an Barren und Reck heranreichte. 16 Jahre war er alt, als der Gymnasiast das erste Fußballspiel seines Lebens sah – und das muß einen tiefen Eindruck bei ihm hinterlassen haben. Mit großem Entsetzen reagierten seine Lehrer, als sich der Wandel des Turners zum Fußballer herumsprach, zumal dieser Sport in akademischen Kreisen in den Jahren nach der Jahrhundertwende noch immer verpönt war. Doch Willy Völker kam seine turnerische Vorbildung bei den Fußballspielen zugute – er verblüffte mit einer enormen Gewandtheit und war ein exzellenter Dribbler. Die waren gefragt, denn ein Kombinationsspiel, das später den Fußball prägen sollte, gab es in dieser Frühzeit des deutschen Fußballs noch nicht. Am Geraer Gymnasium erhitzten sich die Gemüter jahrelang – und nach einer zweijährigen Zugehörigkeit zum Ballspiel-Club Gera wurde dem jungen Abiturienten der Boden in seiner Heimatstadt zu heiß. Fortan fuhr er nun jeden Sonntag zum FC Apelles nach Plauen. Als Zwanzigjähriger schloß sich Willy schließlich Ostern 1910 dem VfB Leipzig an. 14 Jahre lang trug er das Trikot des Deutschen Meisters, gewann mit ihm 1913 den Titel im Endspiel gegen den Duisburger SV. Jahrelang stürmte er auf dem halblinken Flügel, doch dann brach er sich den linken Fuß und wurde – warum auch immer – plötzlich ein rechter Verteidiger. Auf dieser Position spielte er am 5. April 1914 in Amsterdam gegen Holland (4:4). Zu diesem Zeitpunkt war er schon »Doktor phil.« – ein erfolgreicher junger Studienrat. Für Leipzig und Mitteldeutschland absolvierte er Repräsentativspiele, und als er im Frühjahr 1924 seine Karriere beendete, da fühlte er sich eigentlich für diesen Schritt noch viel zu jung. Aber die sonntäglichen Bahnfahrten nach Leipzig behagten ihm nicht mehr, denn seit 1919 war er wieder in Jena ansässig. Nach seiner aktiven Zeit trug er zuweilen das Trikot der Alten Herren und der Hockeyspieler des VfB Jena.

VÖLLER, RUDI

Geboren am 13. April 1960
90 Länderspiele (1982 bis 1994), 47 Tore
Werder Bremen, AS Rom, Olympique Marseille

Ein Star, der auf dem Teppich blieb

Als der Lagerverwalter Kurt Völler seinen achtjährigen Sohn Rudi beim TSV 1860 Hanau anmeldete, da tat er dies auch deshalb, um der Familientradition gerecht zu werden. Kurt Völler hatte in den Jahren des 2. Weltkriegs für seinen TSV in der Gauliga gespielt. Und später war er dann Leiter der Jugendabteilung – und somit der erste Trainer in der Fußballkarriere seines Sprößlings. Völlig unstrittig war für Vater und Sohn, daß Jüngling Rudi die Nummer 9 auf dem Trikot tragen sollte. Mittelstürmer sollte er sein – Tore wollte er schießen! Und der Junge, der in der Hanauer Lamboystraße zwischen tristen Mietshäusern und amerikanischen Kasernen aufwuchs, tat dies mit so großem Erfolg, daß er mit 16 Jahren zu den Kickers nach Offenbach wechselte, wo Fußballvolksheros Hermann Nuber sein großer Förderer wurde. In dieser Zeit absolvierte Rudi Völler eine Ausbildung zum Bürokaufmann, und zwei Jahre später unterschrieb der junge Stürmer seinen ersten Vertrag – in der 2. Bundesliga. Für den Verein vom Bieberer Berg war dies eine glückliche Fügung, denn schon zwei Jahre später war Völler dem TSV 1860 München eine Ablösesumme von 700 000 Mark wert. In der 2. Bundesliga schoß Rudi Völler Tore am Fließband – 37 ganz genau in der Saison 1981/82. Der Torschützenkönig des »Unterhauses« wurde fortan von allen Bundesligavereinen umworben. Den Zuschlag beim großen Buhlen erhielt schließlich Werder Bremen. Die Karriere des Fußballkometen nahm ihren Lauf: deutscher Vizemeister mit seiner Elf von der Weser, Torschützenkönig auch in der Bundesliga, Fußballer des Jahres, Nationalspieler! Rudi Völler war längst ein Star, einer der populärsten Spieler

Deutschlands. Die »Ruuudiiii«-Chöre begleiteten seinen Weg durch die Fußballarenen der Republik. Am 17. November 1982 schaffte er den Sprung in die Nationalelf, doch deren Auftritte waren in dieser Zeit eher bescheiden, obwohl Bundestrainer Jupp Derwall mit seinen Spielern aus Spanien als Vizeweltmeister heimgekehrt war. Bei der Europameisterschaft 1984 in Frankreich plagte sich Völler dann mit Verletzungen herum, zwei Jahre später war es bei der WM in Mexiko kaum anders. Immerhin erzielte er im Finale gegen Argentinien das 2:2, nachdem er für Klaus Allofs ins Spiel gekommen war. Der Herzogenauracher Sportartikelgigant PUMA bot Rudi Völler 1986 einen Vertrag auf Lebenszeit an, doch zwölf Monate später erlag der trickreiche und schlitzohrige Stürmer endgültig den Lockungen des italienischen Fußballs. AS Rom kaufte ihn aus einem noch bis 1990 laufenden Vertrag in Bremen heraus – Werder kassierte sieben Millionen Mark, was zu diesem Zeitpunkt auch auf dem internationalen Markt ein stolzer Transfererlös war. Doch erst nach einjährigem Eingewöhnungsprozeß in der »Ewigen Stadt« und auskurierten Verletzungen hatten die Römer ihre helle Freude an ihrem deutschen Star. 1989 wählten ihn die römi-

schen Tifosi zum besten AS-Spieler der Saison. Die Wertschätzung in der italienischen Hauptstadt erfuhr ihren Höhepunkt, als Völler 1990 als Ausländer zum Mannschaftskapitän gewählt wurde – eine ungewöhnliche Ehre. Zu diesem Zeitpunkt war er allerdings bereits Weltmeister. Beim Turnier in seiner italienischen Wahlheimat blühte er auf, erzielte drei Tore in der Vorrunde und wurde erst durch einen umstrittenen Platzverweis im Achtelfinale gegen Holland in Mailand gestoppt. Daß er sportliche Größe zeigte, als ihn der Holländer Frank Rijkaard, der ebenfalls vom Platz gestellt wurde, anspuckte, machte ihn zu einem der Superstars dieser Weltmeisterschaft in Italien. 1991 erreichte Rudi Völler mit AS Rom das UEFA-Cup-Endspiel (das Inter Mailand – mit Lothar Matthäus – gewann), wurde italienischer Pokalsieger und stand im Aufgebot des DFB für die Europameisterschaft 1992 in Schweden. Dort holte ihn aber wieder das Verletzungspech ein, als er im Spiel gegen die GUS, also die ehemalige UdSSR, einen Handbruch erlitt. Olympique Marseille war seine nächste Station – und hier erlebte er Höhen und Tiefen. Mit dem Superteam des Wirtschaftsmultis Bernard Tapie wurde er 1993 französischer Meister, gewann dann den Europacup der Landesmeister und wurde wenig später aus allen Träumen gerissen, als Olympique der Spielmanipulation überführt und schließlich in die 2. Liga strafversetzt wurde. Von der deutschen Nationalelf hatte er sich beim 1:1 gegen Mexiko in Dresden verabschiedet, doch dann ließ er sich bei einem Glas Wein in einem Marseiller Restaurant im Vorfeld der Weltmeisterschaft 1994 von Bundestrainer Berti Vogts noch einmal zum Comeback überreden. Beim Turnier in den USA gelang ihm ein großes Spiel gegen Belgien, dem dann allerdings die Enttäuschung mit dem 1:2 gegen Bulgarien im Viertelfinale folgte. Rudi Völler trat endgültig von der großen Bühne des Weltfußballs ab – seine Freunde behielten von ihm das Bild eines Stars ohne Staralüren, eines Vollblutprofis, der auf dem Teppich geblieben war. Seine Fans hatten ihm längst einen Spitznamen gegeben: »Tante Käthe« – wegen seiner grauen Haare. Er kehrte 1994 zurück in die Bundesliga, als Sturmführer bei Bayer Leverkusen. Ein nationaler Titel blieb ihm in Deutschland allerdings versagt – in seinem letzten Profijahr scheiterte er 1996 mit Leverkusen im DFB-Pokal-Halbfinale in Kaiserslautern und mußte bis zum letzten Spieltag der Bundesliga zittern, um den Abstieg seiner Mannschaft zu verhindern. Als Sportdirektor bei Bayer Leverkusen fand Rudi Völler ein neues Betätigungsfeld.

VOLKERT, GEORG

Geboren am 28. November 1945
Zwölf Länderspiele (1968 bis 1977), zwei Tore
1. FC Nürnberg, Hamburger SV

Keine »verschenkte« Karriere

Die Boulevardpresse sprach vom »Zirkus Krohn«, doch die Fans lagen diesem Unternehmen zu Füßen. Selten gab es hinter den Kulissen des Geschäfts mit dem Fußball so viel Gesprächsstoff wie im Frühjahr 1977 beim Hamburger SV. Der Dauerstreit zwischen dem ebenso eigenwilligen wie redegewandten Manager Dr. Peter Krohn und seinem Trainer Kuno Klötzer füllte wochenlang die Spalten der Zeitungen. »K. u. K« – das »Infanterie-Regiment« des Hamburger SV – schrieb deutsche Fußballgeschichte, und am Abend des 11. Mai 1977 kniete eben jener Dr. Krohn im Amsterdamer Hotel »Mariott« vor seinem Trainer, mit dem er sich so viele heftige Dispute geliefert hatte. Der HSV war Europacupsieger geworden – Europas Champion der Pokalgewinner. 65 000 Zuschauer waren im altehrwürdigen Amsterdamer Olympiastadion fasziniert vom Duell gegen den RSC Anderlecht – und »Schorsch« Volkert war der Superstar und einer der Väter des Sieges. Achtzig Minuten lang hatten sich beide Angriffsreihen vergeblich um Tore bemüht, ehe Steffenhagen im Strafraum gefoult wurde. Der Rest war eine Frage der Nerven – und Volkert hatte gute Nerven. Ein paar Schritte, eine kurze Täuschung und Anderlechts Schlußmann Ruiter flog in die linke Ecke, Volkert traf in die andere. Und als die Belgier mit Mann und Maus stürmten, war der Routinier noch einmal die Ruhe selbst, legte den Ball Felix Magath vor die Füße – zum 2:0-Endstand. Trainer Klötzer wischte sich die Augen, und Manager Dr. Krohn tanzte mit dem Pott. Es war wohl einer der Höhepunkte in der abwechslungsreichen Karriere des Georg Volkert, der aus Ansbach, einem Kleinod des fränkischen Barock, kam, als Schüler für den dortigen TSV gespielt hatte und 1961 in die Jugend des 1. FC Nürnberg wechselte. »Schorsch« war bald der Liebling der fränkischen Fußballgemeinde, denn er war trickreich, und sein Spiel lebte von überraschenden Aktionen. Und da er beidfüßig aus allen Lagen schoß und dazu auch noch über eine glänzende Kondition verfügte, war dieser Stürmer schnell einer der Stars der Bundesliga. Doch nach vier Jahren bekam seine Karriere einen Knick, weil der 1. FC Nürnberg sich ziemlich überraschend aus der höchsten Klasse verabschieden mußte. Mit seinen 24 Lenzen wechselte er zum FC Zürich in die

Schweizer Liga, die von vielen in Deutschland spöttisch als »Altersheim der Bundesliga« abqualifiziert wurde. Und auch Georg Volkert mußte bald erkennen, daß dieser Wechsel ein Fehler war: »Damals brauchte ich einen guten Freund, der mir vielleicht geraten hätte, weiter meine Chancen in der Nationalmannschaft zu wahren und im Lande zu bleiben.« Denn so war sein Kurzeinsatz im WM-Qualifikationsspiel in Nürnberg gegen Österreich, als Gerd Müller erst zwei Minuten vor Schluß das »goldene Tor« erzielte, der vorerst letzte Einsatz in der Nationalmannschaft. Vorbei war es mit dem Traum von der Teilnahme an der Weltmeisterschaft 1970 in Mexiko. In Zürich, wo Georg Gawliczek der Trainer war, schwärmten die Fans des Fußballclubs noch von Klaus Stürmers Zeiten. Volkert hatte eine gute und eine schlechte Saison, und »Kicker«-Reporter Karl-Heinz Jens schrieb bereits von einer »verschenkten Karriere«. Der Außenstürmer aus Ansbach wollte unbedingt zurück nach Deutschland, hatte bereits Hertha-Einkäufer Wolfgang Holst sein Wort gegeben, unterschrieb dann aber beim Hamburger SV, wo der so früh verstorbene Talentspäher Gerhard Heid eine neue Mannschaft aufbaute. Neben Volkert fanden 1971 auch Kaltz, Björnmose, Kargus und Memering den Weg an die Elbe. Und der Franke rückte erneut in die Schlagzeilen, und nach ein paar Spielen schwärmte sein Trainer Klaus Ochs: »Georg ist noch immer ein Klassemann!« Nach und nach verdrängte Volkert den gealterten Publikumsliebling und »Clown« Gert Dörfel vom linken Flügel. Bundestrainer Helmut Schön hegte aber lange Zweifel an der internationalen Tauglichkeit des trickreichen Fußballers. »Er ist einer von den Spielern, die einen immer überraschen und von denen man nie weiß, was sie an diesem Tag gerade bringen«, gab Schön zu bedenken. Doch 1977 kam der Bundestrainer an Volkert nicht mehr vorbei – er nahm ihn mit auf die für die Nationalelf so erfolgreiche Südamerikareise und setzte ihn gegen Argentinien (3:1), Uruguay (2:0) und Brasilien (1:1) ein. Doch im darauffolgenden Jahr blieb für Volkert die Tür ins Aufgebot zur Weltmeisterschaft in Argentinien erneut geschlossen – es war das Ende seiner internationalen Karriere. Im gleichen Jahr verabschiedete er sich von seinen Freunden in Hamburg, um noch zwei Jahre beim VfB Stuttgart dranzuhängen. Der Kreis schloß sich für ihn in der Saison 1980/81 bei »seinem« 1. FC Nürnberg. Doch Wurzeln hatte er längst in Hamburg geschlagen, wo er 1976 die Generalagentur der Versicherungsgesellschaft »Deutscher Lloyd« übernahm. Beim Hummelsbütteler SV war er mehr

ein Freizeitkicker – in dieser Zeit eröffnete Volkert ein Immobilienbüro. Später arbeitete er als Manager beim FC St. Pauli und beim Hamburger SV, wo es allerdings am Ende einen großen Krach mit Präsident Hunke gab. Einige Zeit wohnte Georg Volkert dann mit seiner Familie im Ansbacher Vorort Sachsen, um als Berater beim 1. FC Nürnberg zu wirken.

VOLLMAR, HEINZ

Geboren am 26. April 1936,
gestorben am 12. Oktober 1987
Zwölf Länderspiele (1956 bis 1961), drei Tore
Vier Länderspiele Saar (SV St. Ingbert)
SV St. Ingbert, 1. FC Saarbrücken

Das Kuriosum an der Saar

Hermann Neuberger, der spätere Präsident des Deutschen Fußball-Bundes und Baumeister neuer Strukturen in diesem Verband, hatte in den frühen fünfziger Jahren eine sportpolitisch schwierige Aufgabe zu lösen. Der Sportjournalist, der gegen Ende des 2. Weltkriegs als 25jähriger Hauptmann in der Nähe von Rimini in eine kurze Gefangenschaft geraten war, gilt auch als einer der wichtigsten Pioniere des saarländischen Sports. Neuberger war die treibende Kraft beim Wiederaufbau des Saarländischen Fußball-Bundes und steckte als dessen Präsident sozusagen zwischen den Mühlrädern des besonderen politischen Status' der Region im Südwesten der jungen Bundesrepublik. Am 5. Mai 1948 verbot der französische Fußballverband den saarländischen Vereinen Spiele gegen deutsche Klubs. Die Saar war autonom, was neben einigen Nachteilen für Hermann Neuberger den Vorteil brachte, seinen Verband drei Monate vor dem Deutschen Fußball-Bund in die Fußball-Weltfamilie zurückführen zu können. Die Saar war also nun Mitglied der FIFA und blieb selbständig bis 1956. Der 1. FC Saarbrücken spielte einige Zeit als Gast in der 2. französischen Liga, wurde dort Meister, hatte aber keine Chance, in die 1. Klasse aufzurücken. Kurios wurde die Situation an der Saar aber erst, als der 1. FC Saarbrücken und Borussia Neunkirchen mit Zustimmung der FIFA an den Spielen der deutschen Oberliga Südwest teilnehmen durften. H. G. Martin berichtet in seinem Buch »Deutschlands Fußball macht Karriere« darüber, daß Hermann Neuberger ein Jahr später auch noch Saar 05 Saarbrücken in den deutschen Fußballspielbetrieb »hineinschmuggelte«. Der Fußball griff also der Entwicklung und der Volksabstimmung von 1956, der der Wiederanschluß der Saar an die Bundesrepublik Deutschland folgte, vor. Heinz Vollmar spielte zunächst nicht für einen der drei großen saarländischen Vereine – er trug das Trikot des SV St. Ingbert, doch die politischen Umstände wollten es, daß Vollmar vier Länderspiele für das Saarland und zwölf für Deutschland bestreiten sollte. Im Mühlwaldstadion fand Heinz Vollmar in der 2. Liga Südwest als blutjunger Fußballer zum erstenmal Beachtung. Er war ein trickreicher Außenstürmer und bevorzugte vor allem die linke Seite. Mit der Auswahl des Saarlandes bestritt er am 6. Juni 1956 auch das letzte Spiel. Helmut Schön, der spätere Bundestrainer, betreute die Mannschaft bei der 2:3-Niederlage in Amsterdam gegen Holland. Borchering, Keck, Puff, Clemens, Lauck, Philippi, Siedl, Martin (Ringel), Krieger, Binkert und Vollmar – diese Fußballer verabschiedeten sich an diesem Tag in der holländischen Metropole vor 60 000 Zuschauern von einer politischen Nachkriegsepisode. Und Heinz Vollmar schoß »sein« Tor. Wenige Wochen später debütierte der wendige Außenstürmer bei Sepp Herberger und damit auch in der deutschen Nationalmannschaft. Er brachte es bis 1961 auf zwölf Einsätze und schoß dabei drei Tore. Heinz Vollmar wechselte 1960 zum 1. FC Saarbrücken, nachdem der SV St. Ingbert die Oberliga Südwest verlassen hatte. Mit den Saarbrückern wurde er im ersten Jahr Südwestmeister, und Vollmar schoß auf dem Weg dahin 19 Tore. 1961 wurde er von mehreren ausländischen Vereinen umworben. Der elsässische FC Forbach meldete sogar schon einen Vertragsabschluß, aber auch Racing Club Brüssel und der FC Zürich wollten ihn haben. Doch der Stürmer blieb an der Saar, bestritt mit dem 1. FCS die erste Saison in der neuen Bundesliga und kehrte dann zum SV St. Ingbert zurück. Heinz Vollmar starb bereits mit 51 Jahren an Herzversagen während des Joggens in einem Waldstück zwischen St. Ingbert und Sulzbach – in der Nähe seines Hauses.

VOSS, KURT

Geboren am 8. Juli 1900
Zwei Länderspiele (1925), zwei Tore
Holstein Kiel

Kiel schwärmte von seinen Flanken

7. Juni 1917: Im »Zentral-Hotel« der Stadt Kiel redeten sich die Repräsentanten zweier traditionsreicher Vereine die Köpfe heiß. Die des 1. Kieler Fußball-Vereins von 1900 und des Sportvereins Holstein von 1902. 85 Mitglieder waren gekommen, um über den Zusammenschluß beider Klubs zu beraten und abzustimmen. Am Ende gab es dann Applaus von allen, denn bei einer Stimmenthaltung war die Gründung eines neuen Vereins perfekt – er sollte Kieler Sportvereinigung Holstein von 1900 heißen. Schon vor dem 1. Weltkrieg hatte es an der Förde einige Sympathien für diese geplante Fusion gegeben, doch dann legte man sie zunächst wieder zu den Akten, weil viele junge Leute zu den Waffen gerufen wurden. Allein Holstein beklagte den Soldatentod von 86 Mitgliedern. Als der neue Verein aus der Taufe gehoben wurde, war Kurt Voß einer der talentiertesten Spieler der Jugendmannschaft. Er war ein schneller Rechtsaußen, und er konnte Flanken schlagen, von denen die Anhänger des KSV Holstein noch Generationen später schwärmten. In der langen Geschichte des Vereins war Kurt Voß wohl der erfolgreichste Fußballer auf dem rechten Flügel. Im Nordkreis des Norddeutschen Fußballverbandes hatten die Kieler allerdings in dem Hamburger SV einen zu diesem Zeitpunkt überragenden Gegner. Doch allmählich verschoben sich die Kräfteverhältnisse – Holstein trat aus dem Schatten des hanseatischen Rivalen und machte mehr und mehr von sich reden. Ab 1926 spielten die Kieler regelmäßig um die deutsche Meisterschaft – Kurt Voß war zwischen 1926 und 1931 in fünfzehn Endrundenspielen dabei; Höhepunkt natürlich die Teilnahme am Finale des Jahres 1930. Den Kielern fiel dabei die wenig erfreuliche Rolle zu, unfreiwillig die Serie des »ewigen Verlierers« zu beenden. Hertha BSC hatte hintereinander vier Endspiele verloren, doch diesmal sollten die Spieler um Hanne Sobeck als Triumphatoren zum Gesundbrunnen zurückkehren. Aber die Sympathien unter den 40 000 Zuschauern im Düsseldorfer Rheinstadion gehörten eindeutig den Kielern. Spätestens von dem Zeitpunkt an, als Schiedsrichter Guyenz aus nie ganz geklärten Gründen den Kieler Mittelstürmer Ludwig vom Platz stellte und der KSV Holstein sich dann doch noch einmal aufbäumte und das 4:4 erreichte. Am Ende verloren die unter einer Hitzeglocke völlig ausgelaugten Norddeutschen mit 4:5. Haß und Hohn schwappte über den Sieger von der Spree, doch Kurt Voß und seine Kameraden waren faire Verlierer. »Hut ab vor Euch – wir waren nur die Glücklicheren«, lobte Hanne Sobeck die Spieler aus Kiel. Kurt Voß hatte internationale Luft schon sehr früh geatmet. Nicht nur in den zahlreichen Begegnungen der Kieler mit ausländischen Vereinen, sondern auch in zwei Länderspielen des Jahres 1925. Beim 1:2 in Amsterdam gegen

Holland und beim 5 : 3-Sieg in Helsinki gegen Finnland schoß er jeweils ein Tor. Der fußballspielende Kaufmann verließ in den 30er Jahren seine Heimatstadt Kiel, trug eine kurze Zeit das Trikot von ABTS Bremen und wechselte schließlich zu Borussia Neunkirchen.

VOTAVA, MIROSLAV

Geboren am 24. März 1956
Fünf Länderspiele (1979 bis 1981), ein Tor
Borussia Dortmund

Über Australien an die Ruhr

Der »Prager Frühling«, der für die Tschechen und Slowaken in einen strengen »politischen Winter« mündete, war für den jungen Miroslav Votava das einschneidende Erlebnis seiner frühen Jugend. Zwölf Jahre war Votava junior alt, als 1968 die Panzer der Ostblock-Allianz in seine Heimatstadt Prag einrollten. Das zarte Pflänzchen Demokratie, das sich abgezeichnet hatte, starb unter den Stiefeln der Soldaten. Und Miroslav Votava flüchtete mit Vater Josef, Mutter Milada und seinem Bruder »Joschi« noch rechtzeitig in den Westen, denn zwei Tage später wurde die Grenze geschlossen. In der Schülermannschaft von Dukla Prag hatte Miroslav, der fortan »Mirko« hieß, mit dem Fußball begonnen. Sein Vater war der erste Trainer. Eigentlich hatten sich die Votavas Australien als ihre neue Heimat auserkoren, doch als sie dort das versprochene »Paradies« nicht vorfanden, landeten sie fünf Monate später in Witten an der Ruhr. Dort war der VfL von 1907 die Fußballheimat der Votava-Brüder, und Witten war immer schon ein gutes Pflaster für junge Fußballtalente. In der Umgebung gab es einige Bundesligisten, und so dauerte es nicht lange, bis Späher von Borussia Dortmund hier vorbeischauten. Die Westfalen spielten zu diesem Zeitpunkt nach ihrem Abstieg noch in der 2. Bundesliga und fanden zunächst Gefallen an dem älteren der beiden Brüder. »Joschi«, der eigentlich Josef hieß, bekam einen Vertrag. Für Mirko reichte es nach Auffassung der Verantwortlichen vom Borsigplatz nur zu einem Engagement bei den Amateuren. Doch dann entwickelten sich die beiden gegensätzlich. »Joschi« schaffte nicht den großen Durchbruch, bekam Probleme mit einer Knieverletzung und beendete relativ früh seinen Weg als Fußballer. Mirko,

der inzwischen eine Ausbildung als Starkstromelektriker begonnen hatte, spielte sich immer mehr in den Blickpunkt und war schon mit knapp 20 Jahren erste Wahl bei der Borussia. Und die Fans in der Bierstadt bejubelten den Wiederaufstieg des BVB in die Bundesliga. 1978 nahm Mirko Votava die deutsche Staatsangehörigkeit an und kam schon im Jahr darauf zu Länderspielehren. Im November 1979 wurde er im Spiel gegen die UdSSR in Tiflis eingewechselt. Seine Kritiker lobten die Kondition des Modellathleten, die Einsatzbereitschaft, die defensiven Qualitäten des Mittelfeldspielers. 1980 gehörte Votava zum Aufgebot der deutschen Auswahl, die in Rom das EM-Finale gegen Belgien gewann. Zwei Jahre später unterlag er den Lockungen des Südens. Immerhin klopfte mit Atletico Madrid ein Verein aus der Beletage des spanischen Fußballs bei ihm an. 50 Millionen Peseten machten die Madrilenen locker (rund 900 000 Mark). Während seines dreijährigen Aufenthalts in der spanischen Hauptstadt war der Gewinn des Landespokals im Jahre 1985 der sportliche Höhepunkt. Luis Aragones war der Trainer bei Atletico – und bei ihm hatte Mirko Votava einen Stein im Brett. Doch nach drei Spielzeiten zog es den Nationalspieler wieder zurück nach Deutschland, das zu seiner zweiten Heimat geworden war. Außerdem buhlte Werder Bremen in der Person des Otto Rehhagel um Votavas Bundesligacomeback. Mirko sollte diesen Wechsel nie bereuen, denn er wurde an der Weser einer der Auslöser des Bremer Höhenfluges. Er wurde Kapitän der Mannschaft, 1988 und 1993 Deutscher Meister, zweimal Pokalsieger sowie Europacupsieger der Pokalsieger (1992). Selbst im Alter von 40 Jahren war er noch eine wichtige Stütze der Bremer. Seine Lebensdevise zahlte sich im »hohen« Fußballalter aus: nicht rauchen, nicht trinken und viel schlafen. Er stieg damit in den kleinen Kreis der Spieler auf, die es in der Bundesliga auf über 500 Einsätze brachten. Mirkos Frau Gisela war Inhaberin eines Restaurants in Ottersberg bei Bremen. Ende 1996 bekam er als »dienstältester Profi« der Bundesliga während der Weihnachtsfeier des SV Werder ein besonderes Geschenk – er konnte nach insgesamt 546 Bundesligaspielen ablösefrei zum VfB Oldenburg in die 2. Bundesliga wechseln. Doch die Oldenburger konnten die Klasse nicht halten, worauf Votava als Nachfolger von Hubert Hüring Trainer des VfB Oldenburg in die Regionalliga Nord wurde.

WAAS, HERBERT

Geboren am 8. September 1963
Elf Länderspiele (1983 bis 1988), ein Tor
Bayer Leverkusen

Im Wembley-Stadion fing alles an

Seit Generationen ist es für die besten fußballspielenden Schüler Deutschlands ein ganz besonderes
Erlebnis, wenn sie das Trikot mit dem Adler auf der
Brust ins Wembley-Stadion führen. Schülerländer-
spiele zwischen Deutschland und England waren
und sind stets ein fester Bestandteil des Kalenders.
Und so war es auch für Herbert Waas eine Begegnung der ganz besonderen Art, als er die Kultstätte
des Fußballmutterlandes erstmals betrat. 15 Jahre
war er alt – und Mitglied der deutschen Schüler-
Nationalmannschaft. Als Zehnjähriger begeisterte
er sich schon für den Fußball. Da spielte er für den
VfB Passau-Grubweg. Passau, die Stadt, die seit
Menschengedenken mit dem Hochwasser lebt, das
die Fluten von Donau, Ilz und Inn hier zusammen-
führt, ist die Geburtsstadt des Herbert Waas, der
schon in ganz jungen Jahren zu den größten Hoffnungen des deutschen Fußballs zählte. Die Vereine
der Bundesliga buhlten um dieses Stürmertalent,
doch er machte sich seine Entscheidung nicht
leicht, als er als Sechzehnjähriger schließlich nach
München übersiedelte. Nicht zu den Bayern, sondern zu den »Löwen«. An der Isar wurde Herbert
Waas zum Großhandelskaufmann ausgebildet. Sein
weiterer Weg als Fußballer war vorgezeichnet:
B-Jugendauswahl, A-Jugend-Nationalmannschaft! Mit
17 Jahren war er schon eine feste Größe der 2. Bundesliga, und sein Partner im Sturm von 1860 München war nicht irgendwer, sondern kein Geringerer
als Rudi Völler. Doch den »Löwen« wurden dann
durch den Deutschen Fußball-Bund die Krallen gezogen – sie wurden wegen wirtschaftlicher Probleme in die Oberliga Bayern zwangsversetzt. Und
nun begann die Hatz auf Herbert Waas erst richtig.
Während einige seiner bisherigen Kameraden

fortan in der Oberliga kickten, führte für den dunkelhaarigen Stürmer der Weg in die Bundesliga – zu
Bayer Leverkusen, wo Dettmar Cramer der Trainer
war. Im Juni 1983 debütierte Waas dann auch in
der Nationalmannschaft. Luxemburgs Fußballverband feierte ein Jubiläum und hatte sich Deutschland und Jugoslawien als Gegner eines Länderspiels
gewünscht. Das Spiel begann mit erheblicher Verspätung, weil eine Kapelle für die »Jugos« die falsche
Hymne gespielt hatte und diese sich zunächst weigerten anzutreten. Am Ende gewannen die Deutschen mit ihrem jungen Debütanten dann 4 : 2.
Herbert Waas verfehlte aber sein Ziel – bei der Europameisterschaft 1984 in Frankreich war er wegen
einer Verletzung nicht dabei. Danach strebte er
immer wieder vergeblich nach einem Stammplatz
in der Nationalelf, für die als Derwall-Nachfolger
nun Franz Beckenbauer als Teamchef verantwortlich zeichnete. Doch der verwehrte dem Leverkusener 1986 auch den Flugschein zur Weltmeisterschaft in Mexiko. Zum letztenmal machte sich
Waas Hoffnungen auf eine Turnierteilnahme vor
der EM-Endrunde 1988 in Deutschland, doch dann
stellte sich eine Leistenverletzung ein. Dafür gewann er im gleichen Jahr mit Bayer Leverkusen den
UEFA-Cup. Nach 210 Spielen, in denen er 72 Tore
erzielt hatte, verabschiedete sich Herbert Waas
1989 von der Bundesliga und wechselte dank der
Vermittlung von Helmut Haller zum FC Bologna,
um zwei Jahre später noch einmal in Deutschland
sein Fußballglück zu suchen. Diesmal beim Hamburger SV. Aber die Verbindung zu den Hanseaten
hielt nicht lange – 1992 unterschrieb Waas einen
Vertrag beim FC Zürich. Sein Comeback in der
Bundesliga feierte er Anfang 1995 bei Dynamo
Dresden – ein Gastspiel, das ihm wenig Glück
brachte, denn die Dresdner mußten die höchste
Klasse verlassen und wurden aus wirtschaftlichen
Gründen gar in die Regionalliga verbannt. Daraufhin ließ sich Herbert Waas reamateurisieren, spielte
noch für den BSC Sending in der Bezirksoberliga
und kaufte sich ein Haus in Vaterstetten.

WAGNER, FRANZ

Geboren am 23. September 1911
Drei Länderspiele (1938 bis 1942)
Rapid Wien

Er »tanzte« mit Matthias Sindelar

Das Feuer war erloschen – Österreichs »Wunderteam« gab es nicht mehr. Die erfolgreiche Periode des alpenländischen Fußballs in den Jahren 1931 und 1932 war zu Ende. Der großartige Torwart Rudolf Hiden mußte sich einer Blinddarmoperation unterziehen und wanderte schließlich nach Frankreich aus, Fritz Gschweidl hatte eine Operation lange hinausgezögert und willigte nun doch in diesen unvermeidlichen Eingriff am Oberschenkel ein. Adolf Vogels Kniebeschwerden wurden immer heftiger, Karl Zischek zwickte der Ischiasnerv – auch bei Georg Braun stellten sich gesundheitliche Probleme ein. Das »Wunderteam«, auf das eine ganze Nation – ja der gesamte Kontinent – stolz war, zerbröselte. Aber es folgten Talente nach – St. Polterns »Bimbo« Binder zum Beispiel. Aber auch der junge Franz Wagner von Rapid Wien. Als Franz Wagner am 11. Juni 1933 als 21jähriger sein erstes Länderspiel für Österreich (4:1 gegen Belgien in Wien) bestritt, da »tanzte« noch Matthias Sindelar für »Austria«. Jener Ausnahmefußballer, den sie den »Papiernen« nannten. Wagners sportliche Heimat, Rapid Wien, wurde 1899 gegründet und war bis zum 2. Weltkrieg einer der dominierenden Vereine Österreichs. Auf der legendären Pfarrwiese feierte Rapid große Triumphe, und seit 1911 war der Verein stets in der höchsten Klasse des Landes vertreten. Für Franz Wagner war dies eine ideale Voraussetzung für eine große Karriere, die den rechten Läufer nach 19 Länderspielen für Österreich auch ins Trikot der deutschen Nationalmannschaft brachte. Nach dem Einmarsch Hitlers in Wien war Wagner für Österreich im inoffiziellen Länderspiel gegen Deutschland 1938 in Wien aufgeboten. Im gleichen Jahr stand er im deutschen Kader für die Weltmeisterschaft in Paris, wo er allerdings in den beiden Spielen gegen die Schweiz nicht zum Einsatz kam. Berücksichtigung fand er bei Sepp Herberger erst wieder in zwei Länderspielen des Jahres 1942, als er mit Mock und Hanreiter einen »Wiener Block« in den Spielen gegen Kroatien und gegen die Schweiz bilden sollte. Bis zum Kriegsende zählte der rechte Läufer aus Wien, Tischler von Beruf, auf dieser Position zu den stärksten Spielern in dem Gebiet, das die Nationalsozialisten »Großdeutschland« nannten.

WAGNER, MARTIN

Geboren am 24. Februar 1968
Sechs Länderspiele (1992 bis 1994)
1. FC Kaiserslautern

Ein Kindheitstraum wurde Wirklichkeit

Als Martin Wagner im Mai 1992 von »Kicker«-Reportern gefragt wurde, welche Schlagzeile er gern über sich lesen würde, kam die Antwort wie aus der Pistole geschossen: »Martin Wagner feiert ein gelungenes Debüt in der Nationalmannschaft ...« Zu diesem Zeitpunkt spielte er noch für den 1. FC Nürnberg, doch es war absehbar, daß sich die Wege des fränkischen Traditionsklubs und des energiegeladenen Mittelfeldspielers in absehbarer Zeit aus wirtschaftlichen Gründen trennen mußten. Ein gutes halbes Jahr später sollten die Kindheitsträume des ehrgeizigen Profis in Erfüllung gehen – er war tatsächlich Nationalspieler und feierte sein Debüt am 16. Dezember 1992 gegen Brasilien. Und es wurmte ihn schon, daß es in Porto Alegre eine 1:3-Niederlage gab. Die Karriere des gebürtigen Offenburgers begann, wie die seines späteren Mannschaftskameraden Dieter Eckstein, beim FV Kehl. Von hier ging es zum FV Offenburg, wo er es zum Auswahlspieler des Verbandes Südbaden brachte. Als er 19 Jahre alt war, gab es die ersten Angebote. Gleichzeitig bemühten sich der 1. FC Nürnberg, 1. FC Kaiserslautern, der Hamburger SV und Waldhof Mannheim um Martin Wagner. Doch der winkte zunächst ab, weil er nicht so recht an seine Chance im Fußballprofigeschäft glauben wollte. Vielmehr trachtete er danach, seine Ausbildung zum Gas- und Wasserinstallateur zu beenden – um danach weiterzusehen. Ein Jahr später unterschrieb er dann beim »Club«, fand sich nach Ansicht der Experten überraschend schnell in der Bundesliga zurecht und in Trainer Hermann Gerland einen Trainer, der es immer schon verstand, mit Talenten umzugehen und sie behutsam aufzubauen. Im März 1989 stand Martin Wagner schon auf dem Sprungbrett in die Nationalmannschaft – er feierte sein Debüt in der U-21-Auswahl in Sofia gegen Bulgarien. Stefan Effenberg war dabei, auch Knut und Alois Reinhardt – Bremens Torwart Oliver Reck hütete das Tor. Dem kometenhaften Aufstieg folgte ein ärgerlicher Rückschlag: 1990 kämpfte er viele Monate mit einem Kreuzbandriß – er bezeichnete diese Verletzung später als die »größte Enttäuschung seiner Sportkarriere«. Als er nach einem Jahr wieder Anschluß an sein einstiges Leistungsvermögen fand, war der 1. FC Nürnberg in eine Krise geraten.

Es ging wirtschaftlich mit dem Traditionsverein bergab, und so wechselte der oft hitzköpfige Kämpfer 1992 zum 1. FC Kaiserslautern. Der Betzenberg wurde für ihn zur Bühne, und die Fans waren begeistert von den Flankenläufen des jungen Mannes. Wagner wurde immer selbstbewußter: »Berti Vogts kommt irgendwann nicht daran vorbei, mich einzuladen.« Und diese Einladung traf tatsächlich ein. Daß er 1994 im letzten Moment sogar ins Aufgebot für die Weltmeisterschaft in den USA rückte, hätte er sich dann aber wohl doch nicht träumen lassen. Für Martin Wagner blieb die Welt in der Pfalz so lange in Ordnung, bis der Abstieg des 1. FC Kaiserslautern im Jahre 1996 eine ganze Fußballregion in Fassungslosigkeit stürzte. Doch Wagner gehörte zu denen, die der Verein dazu auserkoren hatte, den sofortigen Wiederaufstieg unter Otto Rehhagel zu schaffen.

WALDNER, ERWIN

Geboren am 24. Januar 1933
13 Länderspiele (1954 bis 1958), zwei Tore
VfB Stuttgart

Der lange Weg zum »Burrenhof«

In Neckarhausen, eine gute halbe Autostunde von Stuttgart entfernt, stand die Wiege des Erwin Waldner. Hier wuchs er auf, hier spielte er Fußball beim TB Neckarhausen und hier absolvierte er eine Schreinerlehre. Doch größer als sein Talent mit Säge und Hobel war wohl seine Begabung als Fußballer. Mittelstürmer – das wollten in den Hungerjahren nach dem Ende des 2. Weltkriegs alle Schuljungen in ihren Straßenmannschaften sein. Erwin Waldner war Mittelstürmer – und ein torgefährlicher noch dazu. Als er 18 Jahre alt war, hatte er in der Württembergischen- und in der Süddeutschen Jugendauswahl schon ein paarmal so kräftig auf die Pauke gehauen, daß die Kunde seines fußballerischen Könnens rasch bis Stuttgart gelangte. Der VfB war damals so etwas wie die erste Hausnummer des deutschen Fußballs. 1950 waren die Schwaben Deutscher Meister geworden – zwei Jahre später noch einmal. Zwischen beiden Endspielen kam Erwin Waldner zum VfB Stuttgart, bekam sehr schnell seine Chance bei Meistermacher »Schorsch« Wurzer, doch als der VfB 1953 zum drittenmal in dieser Ära zur Schale des Deutschen Meisters griff, hatte der 1. FC Kaiserslautern im Berliner Finale die besseren Karten. Erwin Waldner galt trotz seiner Jugend als glänzender Techniker. Er war ein typischer Allrounder im Sturm und längst nicht mehr allein auf die Angriffsmitte fixiert – auf der Position des Rechtsaußens fühlte er sich ebenso wohl. Und da »Vielseitigkeitskämpfer« im deutschen Fußball eher die Ausnahme als die Regel waren, schaute Bundestrainer Sepp Herberger bei den Spielen des VfB Stuttgart genauer hin. Nach einem Juniorenländerspiel und drei Auftritten in der B-Nationalelf debütierte Waldner ein paar Monate nach dem WM-Triumph von Bern in Lissabon gegen Portugal. Er kam für Kreß ins Spiel. Mit dem VfB Stuttgart wurde er zweimal deutscher Pokalsieger, sattelte beruflich um und begann eine Banklehre. Doch das »große Geld« war im deutschen Fußball der fünfziger Jahre nun mal nicht zu verdienen, und so unterschrieb Erwin Waldner 1960 einen Vertrag in der benachbarten Schweiz beim FC Zürich. Im Jahr darauf absolvierte er sogar ein Probetraining bei Inter Mailand, landete dann aber beim sehr viel unbedeutenderen Erstligisten Spal Ferrara. Als die Bundesliga laufen lernte, kehrte er zurück zum VfB Stuttgart und spielte hier bis 1967. Von dem Geld, das er aus der Schweiz und aus Italien mitgebracht hatte, kaufte er sich nach seiner aktiven Zeit ein altertümliches Bauernhaus bei Hohen-Neuffen, das er zum Hotel-Restaurant »Burrenhof« umbaute und fortan betrieb. Die »Burren«, die Grabhügel der alten Kelten, die sich in der Schwäbischen Alb angesiedelt hatten, gaben seinem einsam gelegenen Ausflugslokal den Namen. Waldners Sohn Erwin junior trat in jungen Jahren in die Fußstapfen seines Vaters und wurde 1984 mit dem VfB Stuttgart Deutscher Jugendmeister.

WALTER, FRITZ

Geboren am 31. Oktober 1920
61 Länderspiele (1940 bis 1958), 33 Tore
1. FC Kaiserslautern

Der Ball war seine Sonne ...

In der Geschichte der Stadt Kaiserslautern, so schrieb einmal dpa-Korrespondent Reinhard Schwarz, habe es eigentlich nur zwei Männer gegeben, die den Namen der pfälzischen Metropole hinaustrugen in die Welt: der rotbärtige Kaiser Barbarossa und Fritz Walter. Als eines Tages eine Lehrerin vor ihren ABC-Schützen stand und sie nach den Besonderheiten des frischgebackenen Ehrenbürgers der Stadt Kaiserslautern befragte, soll eine Siebenjährige geantwortet haben: »Fritz Walter ist der Erfinder von Kaiserslautern.« Andere behaupteten gar, dieser Mann habe den Fußball »erfunden«. Eines aber ist unstrittig: Fritz Walter war ein Glücksfall für den deutschen Fußball. Und er war so etwas wie die Idealfigur in den Visionen Sepp Herbergers, der bei seinen Kandidaten stets die goldene Mitte suchte zwischen technischer Perfektion und Kondition. »Der Fritz wurde nicht entdeckt – sein Talent drängte sich von selbst auf«, sagte Sepp Herberger einmal. Und: »Er war von der ersten Minute an mein Liebling …« Der »Chef« und sein Meisterschüler – das waren zwei, die von sich sagten, sie hätten stets eine fein abgestimmte Antenne füreinander gehabt. Und wenn das Wort Treue etwas bedeutet im Spiel mit dem Fußball, dann galt es in besonderem Maße für das Verhältnis zwischen den beiden. Das Wort Treue galt aber auch für Fritz Walter und seinen 1. FC Kaiserslautern – die sportliche Verbindung als Spieler hielt 29 Jahre und währte von 1930 bis 1959 – die menschliche Verbindung zu diesem Verein hatte für ein Leben Bestand. Fritz Walter war ein sensibler Techniker, manche meinten, er sei gar empfindlich wie eine Mimose. Als nach dem 2. Weltkrieg die Schweizer als erste Nachbarn den Deutschen nach den Jahren der Fußballisolation die Hand reichten, war Fritz Walter in Stuttgart nicht dabei. Er sei »zu alt und zu langsam und zu anfällig gegen Verletzungen«, hatte eine Zeitung geschrieben – und diese Kritik war ihm unter die Haut gegangen. Er schob eine Verletzung vor. Und zwei Jahre später, nach der 1:3-Schlappe der Nationalmannschaft in Paris gegen Frankreich, schrieb Hans Fiederer, der im 2. Weltkrieg gemeinsam mit Fritz Walter in der Nationalmannschaft gestürmt hatte, von der Front mit einer schweren Verwundung heimkehrte und nun Reporter des »Kicker« war: »Je mächtiger der großartige Bonifaci wurde, um so unbeholfener, langsamer und verzweifelter bewegte sich Fritz Walter … Wir möchten gewiß nicht so undankbar und vermessen sein, Fritz Walter für künftige Länderspiele schon abschreiben zu wollen. Ist er jedoch zu keiner energievolleren Leistung mehr fähig, so wird er selber handeln und die letzte Antwort geben müssen …« Sepp Herberger hatte auf der Rückfahrt von Paris im Schlafwagenabteil Fritz Walters Rücktrittsabsichten unwirsch mit der Bemerkung abgetan: »Reden Sie keinen Quatsch – ich brauche Sie noch jahrelang.« Und am nächsten Tag telefonierte der Bundestrainer mit Fritz Walters Ehefrau Italia und empfahl ihr: »Lassen Sie die Jalousien runter, stecken Sie ihn ins Bett, und sorgen Sie dafür, daß er keine Zeitung liest …« Sepp Herberger wird geahnt haben, daß er auf diesen genialen Regisseur, der zu

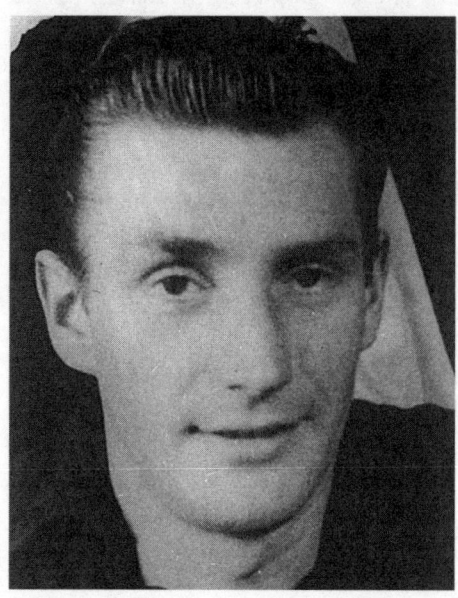

seinem verlängerten Arm auf dem Spielfeld wurde, tatsächlich auch die nächsten Jahre nicht verzichten konnte. Den ersten Brief hatte der damalige Reichstrainer dem 19jährigen Sparkassenangestellten, der als Sohn eines Kaiserslauterner Gastwirts und als ältester von fünf Brüdern aufwuchs, am 14. Juli 1940 geschickt. Es war die Einladung für das Länderspiel gegen Rumänien in Frankfurt am Main. »Ich sollte trainieren und meinen ganzen Lebenswandel darauf einstellen«, erinnerte sich Fritz Walter viele Jahre später. Fritz Walters Mutter brachte ihrem Sohn das Schreiben Herbergers in die Bank, wo er eine Ausbildung begonnen hatte. Fritz las die Einladung auf der Toilette … Als Herberger bemerkte, daß das Lampenfieber den jungen Pfälzer vor dessen erstem Länderspiel fast auffraß, wies er im Hotel »Excelsior« dem Debütanten einen Routinier als Zimmergenossen zu: den Schweinfurter Anderl Kupfer. Und nach dem 9:3-Sieg gegen die bedauernswerten Rumänen wußte Herberger, daß dieser junge Mann seinen Idealvorstellungen schon ziemlich nahekam. Als der internationale Spielbetrieb im 2. Weltkrieg erlahmte, hatte es Fritz Walter im Jahre 1942 schon auf 24 Einsätze in der Nationalmannschaft gebracht. Als Soldat spielte er für die legendären »Roten Jäger« und geriet dann in russische Kriegsgefangenschaft und ins Auffanglager bei Marmaros-Siget in Rumänien. Von hier aus wurden die meisten Deutschen nach Sibirien transportiert, doch es ergab sich eine glückliche Fügung, die Hans Blickensdörfer in seinem Fußball-Roman »Doppelpaß an der Wolga« so trefflich beschreibt. Geschwächt von einem Malariaanfall schaute Fritz Walter eines Tages dem Fußballspiel der Lagerpolizisten zu, kickte den Ball elegant vom Seitenrand aufs Spielfeld zurück. Der Rest war wie das Happy-End aus einer Seifenoper: Der deutsche Nationalspieler wurde erkannt und fand in einem sowjetischen Hauptmann namens Schukow so eine Art Mentor, oder – wie Fritz Walter es ausdrückte – eine »gnädige Hand, die in mein Leben eingriff«. Gemeinsam mit seinem Bruder Ludwig, den der Krieg ebenfalls in diesen Zipfel Europas verschlagen hatte, wurde Fritz Walter heimgeschickt. Schon 1945 waren die Brüder wieder in der Pfalz, ganz im Gegensatz zu ihrem früheren Kameraden Edwin Bretz, der erst zehn Jahre später aus dem Ural zurückkehrte und über den Fritz Walter schrieb: »Er hätte als Stürmer mit seiner unerhörten Vielseitigkeit mit mir 1954 in Bern Weltmeister werden können. Aber als wir im Endspiel standen, hat Edwin Bretz seinen Fußball weit hinten im Ural in der Unfreiheit gespielt. Und der Ball war seine Sonne ...« Der Fußball war aber auch Fritz Walters »Sonne«. Beim WM-Turnier in der Schweiz erreichte er die Form seines Lebens, was sich viele Experten vor dem ersten Spiel kaum vorstellen konnten, weil sein 1. FC Kaiserslautern doch soeben im deutschen Endspiel durch Hannover 96 mit 1:5 demontiert worden war. Aber im Bannkreis des genialen Regisseurs reifte seine Umgebung – es reifte auch Fritz Walters Bruder Ottmar, mit dem er zweimal Deutscher Meister wurde. Während der Weltmeisterschaft in der Schweiz bewahrte Fritz Walter in der Schublade seines Nachttisches im Hotelzimmer am Thuner See einen Brief seiner Frau Italia auf. »Schätzchen, zeige der ganzen Fußballwelt, daß Du kein alter Mann bist und daß Du Fußball spielen kannst«, stand da. Für Fritz Walter war dieses kleine Stück Papier wohl die beste Motivation. Schon vor dem »Wunder von Bern« hatte Fritz Walter ein Angebot von Atletico Madrid ausgeschlagen, das ihm ein Handgeld von 200 000 Mark zugesichert hätte. Nach der Rückkehr aus der Schweiz war der Pfälzer einige Zeit nicht gut auf den DFB zu sprechen. Der verbot ihm kurzerhand seine Filmpläne. Er sollte in einem Streifen mitwirken, in dem ein paar Mädchen eine Rolle spielten, die den Fußballstar nach Südamerika entführen wollten. Das Drehbuch erschien dem DFB reichlich »unseriös«. Der gegenseitige Ärger legte sich eines Tages wieder, und Fritz Walters internationale Karriere ging erst mit der Weltmeisterschaft 1958 in Schweden zu Ende. Vier Jahre später wollte

Sepp Herberger seinen Altstar noch einmal überreden, mit zur WM nach Chile zu fahren, doch diesmal blieb Fritz Walter hart. Schließlich war er zu diesem Zeitpunkt fast 42 Jahre alt. Als er abtrat, wurde er mit Auszeichnungen überhäuft – er wurde der erste Ehrenspielführer der Nationalelf, er erhielt das Bundesverdienstkreuz mit Stern, und der 1. FC Kaiserslautern benannte 1985 seine Arena am Betzenberg in »Fritz-Walter-Stadion« um. In seiner Heimatstadt baute er einst ein Kino mit 900 Plätzen, seine Frau Italia betrieb damals eine Totoannahmestelle. Fritz Walter war in späteren Jahren Repräsentant mehrerer großer Firmen und bewohnte eine weiße Villa in Enkenbach-Alsenborn. Aber er hob nie ab, war stets als guter Geist der »Sepp-Herberger-Stiftung« auf Achse, und sein alter Freund, der Rundfunk- und Fernsehjournalist Rudi Michel, charakterisierte Fritz Walter treffend: »Dieser Antistar ist die personifizierte Bescheidenheit ...«

WALTER, OTTMAR

Geboren am 6. März 1924
21 Länderspiele (1950 bis 1956), zehn Tore
1. FC Kaiserslautern

Der »kleine Bruder« des großen Fritz

Ottmar Walter wurde als vierter Sproß der bekannten pfälzischen Fußballerfamilie geboren. Sein Vater war Gastwirt in Kaiserslautern, und schon früh schaute Ottmar auf zu seinem vier Jahre älteren Bruder Fritz. Mit neun Jahren wurde dann auch Ottmar vom Bazillus Fußball gepackt und meldete sich beim 1. FC Kaiserslautern an. Als 18jähriger hatte er dann die erste Gelegenheit, sich auf einer etwas größeren Bühne auszuzeichnen. Das war mitten im 2. Weltkrieg, und Ottmar Walter beeindruckte als Linksaußen beim 7:1-Sieg im Vorrundenspiel der Deutschen Meisterschaft gegen Waldhof Mannheim. Sein schnelles Spiel, die Eleganz seiner Ballführung, die Wucht seiner Schüsse – dies alles ließ die Experten in der Pfalz aufhorchen. Der »junge Walter« sollte ein Großer werden – Weltmeister sogar. Aber dies erst zwölf Jahre später. Zunächst einmal zog es ihn nicht ganz freiwillig zur Marine. Gemeinsam mit seinem Lauterer Kameraden Werner Basler spielte er in dieser Zeit bei Holstein und beim SV Cuxhaven. Und mit den »Störchen« wurde er 1943 sogar Dritter der Deutschen Meisterschaft nach einem 4:1-Sieg gegen Vienna Wien. Ottmar Walter strotzte vor Selbstvertrauen. »Irgendwann will ich einmal besser werden als mein Bruder Fritz«, diktierte er einem Berliner Journalisten in den Notizblock. Als der Krieg zu Ende war, streifte Ottmar wieder das Trikot der Lauterer über. Er spielte fortan mit drei Splittern im Knie, die er sich als Soldat in Brest zugezogen hatte; Ende der 40er Jahre als Mittelstürmer. Er verstand sich prächtig mit Fritz, den er als Vollstrecker häufig übertraf. Ottmar war ein Allroundtalent, fühlte sich auch auf dem Flügel wohl und wäre, wenn man ihn gelassen hätte, auch bedenkenlos ins Tor gegangen. Er war bis 1953 städtischer Angestellter und innerhalb der Mannschaft als »Siegesmund« beliebt. »Was kann der Siegesmund dafür, daß er so schön ist …«, die volkstümliche Melodie aus dem »Weißen Rößl« kam ihm oft über die Lippen. Vor allem nach großen Siegen seines 1. FC Kaiserslautern. Und davon gab es viele. Viermal stand Ottmar Walter in einem deutschen Endspiel – zweimal beendete er es als Meister (1951 und 1953). Das Jahr 1954 bescherte ihm zunächst eine der größten Enttäuschungen seines Fußballerlebens (die sensationelle 1:5-Niederlage im Finale gegen Hannover 96) und dann den größten Triumph – die Weltmeisterschaft in der Schweiz. Bis 1958 blieb er für den 1. FC Kaiserslautern aktiv – mit 34 Jahren machte er Schluß. Ottmar Walter erlebte beruflich Höhen und Tiefen. Zwar gehörte ihm schon 1950 ein dreistöckiges Haus, doch als er dann 1954 als Automechaniker eine Tankstelle in Kaiserslautern übernahm, übersah er das Kleingedruckte im Vertrag. Nach knapp eineinhalb Jahrzehnten wurde ihm der Vertrag gekündigt – und die Werte auf dem Pachtgrundstück gingen an den neuen Besitzer über. Ottmar Walter mußte sich nach mehreren Prozessen schließlich mit einem Vergleich begnügen. Seine Nerven lagen blank – er verübte einen Selbstmordversuch, über den er später sagte: »Das war eine Kurzschlußhandlung, die mir im nachhinein unverständlich ist.« Er fand eine neue Anstellung als Angestellter der Stadt Kaiserslautern.

WARNKEN, HEINZ

Geboren am 28. Dezember 1912
Ein Länderspiel (1935)
Komet Bremen

»Komet« für ein Spiel

An der Weser herrschte Ende der 20er Jahre helle Aufregung. Der Bremer Fußball steckte in einer nie dagewesenen wirtschaftlichen Krise. 1920 hatten der Bremer SC, der Allgemeine Bremer TV und der

Bremer Schwimmclub eine Fusion beschlossen. Sie nannten sich fortan ABTS Bremen und hatten große Ziele. Der neue Verein bastelte jahrelang an den Plänen einer großen Sportarena und vollendete schließlich das Weserstadion. Doch die Wunschträume der Bremer Sportenthusiasten und die wirtschaftlichen Realitäten waren in dieser schweren Zeit nicht in Einklang zu bringen. Als das Stadion Gesicht erhalten hatte, fehlte plötzlich das Geld. Um dem finanziellen Zusammenbruch zu entgehen, löste der ABTS kurzerhand den Verein auf und nannte sich Bremer Sportfreunde von 1885/91. Werder war der große Nachbar in der Hansestadt, der den Ton im Fußball angab. Doch da gab es auch noch den VfB Komet Bremen, der in der Saison 1923/24 erstmals in der Staffel Weser-Jade in Erscheinung trat und nach zwei Qualifikationsspielen gegen Arminia Hannover sogar die sogenannte »Staffel der Sieger« erreichte. In den folgenden Jahren war der VfB Komet Bremen stets ein ernstzunehmender Rivale des SV Werder und des Bremer SV. So lieferten die »Kometen« dem übermächtigen Hamburger SV im März 1928 einen großen Kampf und verloren nur mit 3:4. Zwei Monate später war der HSV Deutscher Meister. Heinz Warnken, Handlungsgehilfe von Beruf, wuchs in der Jugendmannschaft dieses »Vereins für Ballspiele« auf und fand als Mittelläufer schon früh Berücksichtigung in der ersten Mannschaft. Er war auch schon dabei, als im Norden der Fußball konzentriert wurde und die Gauligen entstanden. Hier aber hatte es der VfB Komet Bremen schwer und stieg 1936 gemeinsam mit Hildesheim 06 und dem VfL Osnabrück ab. Ein Jahr zuvor hatte Heinz Warnken eine Länderspielberufung erhalten. Reichstrainer Otto Nerz suchte emsig nach Kandidaten für seine Olympiamannschaft und hatte Warnken bereits für das Länderspiel gegen Estland in Stettin nominiert. Zum Einsatz kam der Bremer aber erst fünf Wochen später – und zwar beim 4:2-Sieg gegen Bulgarien in Leipzig. Heinz Warnken spielte auf der Position des linken Außenläufers.

WEBER, ALBERT

Geboren am 21. November 1888
Drei Länderspiele (1912)
Vorwärts Berlin

Kollision mit dem Torpfosten

Albert Weber gilt als einer der Pioniere des Berliner Fußballs. Er war einer von denen, die an der Spree schon vor dem 1. Weltkrieg auf sich aufmerksam machten und die in dieser Urzeit des deutschen Fußballs das Trikot der deutschen Nationalmannschaft trugen. Als ganz junger Bursche interessierte er sich bereits für diesen Sport, sein erster Verein war der SC Süd-Ost, wo er als Verteidiger begann. Doch dann stellte sich bei ihm eine schwere Hüftverletzung ein, und er mußte einige Jahre lang seinem geliebten Fußball »ade« sagen. Als er seine Gesundheit zurückerlangt hatte, gab es den Sport-Club im Südosten Berlins nicht mehr, und seine Freunde hatten sich größtenteils neu orientiert. Sie spielten entweder bei Stern 1889 oder bei Vorwärts 1890. Als Neunzehnjähriger entschloß sich Albert Weber, es mit dem Fußball noch einmal zu versuchen – und zwar bei »Vorwärts«. Er bereute diesen Entschluß nie, obwohl er als Verteidiger keine Verwendung mehr fand, sondern als Torwart. Diese neue Rolle spielte er aber derart gut, daß sein Aufstieg in die Berliner Auswahl und in die Auswahl des Märkischen Fußball-Bundes eigentlich zwangsläufig war. Vorwärts Berlin war in diesen Jahren gemeinsam mit Tasmania Rixdorf und Norden-Nordwest die dominierende Mannschaft des M. F.B. Am 5. Mai 1912 stand Albert Weber dann in der deutschen Nationalelf, verdrängte an diesem Tag den Routinier »Adsch« Werner, dem er in Statur und Bewegung ähnelte. Er hatte mit dem Kieler aber auch eine Schwäche gemein – er mochte keine flachen Schüsse. Doch der Berliner machte seine Sache beim 2 : 1-Sieg gegen die Schweiz in St. Gallen ganz ausgezeichnet, so daß er wenig später für die Olympiaauswahl für das Turnier in Stockholm nominiert wurde. In der schwedischen Hauptstadt war er im Vorrundenspiel gegen Österreich der tragische Held des Verlierers aus Deutschland. Webers Mannschaft hatte gegen die favorisierten Österreicher einen guten Start erwischt, führte durch Adolf Jäger zur Pause mit 1 : 0, doch dann nahm das Pech des Albert Weber seinen Lauf. In der 52. Minute kollidierte der Berliner Torwart mit einem Pfosten, blieb benommen am Boden liegen und torkelte durch den Strafraum. Die Österreicher nutzten die Verwirrung und markierten binnen kürzester Zeit zwei Treffer. Mit einer Gehirnerschütterung wurde Weber schließlich vom Platz gebracht – für ihn ging Mittelstürmer Willi Worpitzky ins Tor. Am Ende hieß es 1 : 5 – und die Deutschen waren sauer auf ihren Gegner, weil der dem Wunsch nach einem Torwartwechsel mit Ablehnung begegnete. Daraufhin waren sich die Deutschen und die Österreicher auf der Ebene des Fußballs lange Zeit nicht grün. Der 1. Weltkrieg unterbrach die

Karriere Webers, doch er kehrte ohne größere Blessuren zurück und war noch in den 20er Jahren für Vorwärts 1890 aktiv.

WEBER, HEINRICH

Geboren am 21. Juni 1900,
gestorben am 22. Januar 1977
Zwölf Länderspiele (1928 bis 1931)
Kurhessen Kassel

Prügel im Land der Tulpen

Weimar, das Zentrum der klassischen deutschen Literatur – die Stadt, wo Goethe, Schiller, Herder und Wieland lebten und arbeiteten, war im Oktober 1928 der Schauplatz erregter Debatten. Auf dem Bundestag des Deutschen Fußball-Bundes ging es mal wieder um ein leidiges Thema – um den Umgang mit dem Profitum. Diesmal war der Süden vorgeprescht mit einem Antrag, Spiele gegen Berufsspielermannschaften wieder zu gestatten. Denn in den zurückliegenden Jahren hatte es sich herausgestellt, daß die populären internationalen Begegnungen immer mehr an Reiz verloren, weil die Länder mit Profiteams für die Deutschen quasi tabu waren. Wieder wurde abgestimmt, wieder wurde ein Antrag abgeschmettert. Aber es fand sich nur noch eine minimale Mehrheit von vier Stimmen, die gegen den Kontakt mit Profis votierte. Und um eine Eskalation der Meinungsgegensätze zu verhindern, beschloß die Versammlung, in geringer Zahl Spiele dieser Art zu genehmigen – und zwar zu »Lehrzwecken«. Das Jahr 1928 brachte für den deutschen Fußball aber auch die Teilnahme am olympischen Turnier in Amsterdam. Entsprechend intensiv waren die Vorbereitungen – es sollte der Nationalmannschaft im Land der Tulpen an nichts fehlen. 22 Spieler wurden aufgeboten, der Vorstand des DFB war mit etlichen Mitgliedern vertreten, aber auch mit zwei Ärzten, einem Masseur, einem Koch und den Mitgliedern des Spielausschusses. Die Mannschaft wohnte unweit der Strandpromenade im feinen Nordseebad Zandvoort. Mit dabei war Heinrich Weber von Kurhessen Kassel. Der linke Verteidiger, der als Mittelstürmer seine Fußballkarriere begann, hatte sich im Bezirk Hessen/Hannover des Westdeutschen Spielverbandes bewährt. Er bevorzugte das schnörkellose Spiel und imponierte mit seinen weiten Pässen. Der im Jahre 1893 gegründete Verein »Kurhessen« war so etwas wie ein Abonnementsmeister, wenngleich die Mannschaft in der Staffel der Meister dann fast immer chancenlos war. Zu »Lehrzwecken« gab es für die DFB-Kandidaten im Vorfeld der Olympischen Spiele 1928 in Leipzig, Braunschweig und Dortmund Testspiele gegen schottische und englische Profimannschaften. Heinrich Weber überzeugte im Braunschweiger Probedurchgang und wurde für das Olympiaturnier nominiert. So kam es, daß er sein Länderspieldebüt gleich in der olympischen Vorrunde gegen die Schweiz zu bestreiten hatte. Er spielte fehlerlos und gewann mit der Nationalelf vor 30 000 Zuschauern in Amsterdam mit 4:0. In seinem zweiten Länderspiel bekam »Heini« Weber dann aber die rauhe Gangart im internationalen Fußball zu spüren. Gegen Uruguay wurden die deutschen Spieler Opfer eines schwachen Schiedsrichters und der rücksichtslos einsteigenden Elf der Südamerikaner. Es kam zu einer 1:4-Niederlage. Hans Kalb und Richard Hofmann wurden vom Platz gestellt – Heinrich Weber war nach vielen überharten Attacken nur noch ein besserer »Statist«. Der Abwehrspieler, der aus Altena stammte und dort für den SV 1860 gespielt hatte, war über Marburg und Leipzig nach Kassel gekommen. Er absolvierte bis 1931 insgesamt zwölf Länderspiele. Nach dem 2. Weltkrieg versuchte sich Heinrich Weber auch als Trainer – unter anderem 1948 beim KSV Hessen Kassel, dessen Fußballabteilung er später führte. Bis ins hohe Alter leitete er einen Großbetrieb mit mehreren Filialen. Er handelte mit optischen Artikeln, vertrieb Rundfunk- und Fernsehgeräte. Heinrich Weber verstarb 1977 an den Folgen eines Herzinfarkts.

WEBER, JOSEF

Geboren am 18. April 1898,
gestorben am 5. März 1970
Ein Länderspiel (1927)
Wacker München

Ein kurzer Traum vom Endspiel

Alfred Schaffer war in den zwanziger Jahren ein Weltstar des Fußballs. Einer, den sie schon damals »König« nannten. Schaffer war in Siebenbürgen geboren, ein deutschstämmiger Ungar. Und ein Virtuose am Ball, einer der ganz Großen seiner Zeit. In Nürnberg hatte Alfred Schaffer bereits für Furore gesorgt, dann hatte er seine Wanderungen durch Fußball-Europa wieder aufgenommen und war in Basel gelandet. Dort überredeten ihn zwei Münchner, es doch einmal an der Isar zu versuchen. Das war in der Saison 1920/21 – und die beiden Män-

ner, die sich für den FC Wacker München in dieser Sache verdient machten, waren Torwart Alfred Bernstein sowie Eugen Seybold, der das »Fachblatt des Kontinents« herausgab, den »Fußball«. Allerdings hatten beide nicht mit der Hartnäckigkeit des Deutschen Fußball-Bundes gerechnet, denn der verwehrte »Spezi« Schaffer zunächst die Spielberechtigung. Doch dann erschlich sich der Ungar eine Art »Heimatrecht« in München. Es gab da eine ominöse Verlobungsanzeige in einer Zeitung, aus der hervorging, daß besagter Fußballstar aus Siebenbürgen die Schwester des Torwarts Alfred Bernstein zu ehelichen gedachte. Der Haken an der Sache: Die Braut namens Olga gab es nicht. Doch der Stürmer mit der Figur eines Modellathleten erhielt, wie erhofft, die Spielerlaubnis für Wacker München. Das gab den Bayern den entscheidenden Ruck, um als erste Münchner Mannschaft den Titel eines Süddeutschen Meisters zu erringen. Als Wacker dann aber auf dem Sprungbrett ins deutsche Endspiel 0:4 beim Hamburger SV unterlag, schaute sich »Spezi« Schaffer im Jahre 1922 prompt nach neuen Ufern um. Er spielte fortan für Sparta Prag. Auf dem Oberwiesenfeld hatten die Münchner aber Geschmack am Fußball bekommen – um die 20 000 Zuschauer pilgerten zu den Spitzenspielen. 1926 kreuzte Schaffer dann wieder in München auf und führte den DSV in die Bezirksliga. Als Wacker im Jahre 1928 wieder die deutsche Endrunde erreicht hatte, verpflichtete der Verein seinen gealterten »Spezi« dann sogar als Trainer. Und in dieser Mannschaft stand Außenläufer Josef Weber. Ein Mann, der Sportlehrer werden wollte und aus Landau stammte. Mit Huiras und Ostermaier bildete Josef Weber das Läufergespann bei Wacker München. Bis zum Semifinale durften die Bajuwaren noch vom Endspiel träumen, doch dann bereitete Hertha BSC der Mannschaft in Leipzig eine 1:2-Niederlage. Damit ging eine Ära des Münchner Fußballs zu Ende, denn erst in den Jahren des 2. Weltkriegs machte Wacker wieder von sich reden. Josef Webers Fußballkarriere neigte sich Ende der 20er Jahre sowieso dem Ende entgegen. Sein einziges Länderspiel hatte er 1927 beim 2:2 in Köln gegen Holland bestritten. An diesem Tag begann die internationale Karriere des Ernst Kuzorra. Zu Beginn der 50er Jahre machte sich Josef Weber als Trainer um seinen Verein verdient. Er führte die Münchner in die zweithöchste Spielklasse. Später betreute er den ASV Cham.

WEBER, RALF

Geboren am 31. Mai 1969
Neun Länderspiele (1994 bis 1995)
Eintracht Frankfurt

Zwischen Triumph und Absturz

Dies ist die Story von Glück und Pech, die Geschichte vom Seiltanz zwischen Triumph und Absturz, vom kurzen Traum, vor einer langen Länderspielkarriere zu stehen. Der 23. Juni 1995 war für Ralf Weber so eine Art Schicksalstag – es brachte die Kehrtwende seiner Laufbahn als Fußballprofi. Die Nationalmannschaft spielte in Bern gegen die Schweiz, und Weber war bis dahin eine feste Größe in den Planungen von Bundestrainer Berti Vogts. In der zweiten Halbzeit wurde der Frankfurter eingewechselt, doch die Schmerzen im rechten Sprunggelenk, die er schon in den Tagen zuvor verspürt, aber verdrängt hatte, wurden von Minute zu Minute heftiger. Ralf Weber sehnte den Schlußpfiff regelrecht herbei. Eine Woche vorher hatte er noch das Trikot seiner Eintracht in der Bundesliga getragen – er war beim 3:1-Sieg gegen 1860 München dabei, und er ahnte nicht, daß dies sein letztes Punktspiel für lange Monate sein sollte. Die medizinische Abteilung des DFB diagnostizierte eine komplizierte Verletzung des Sprunggelenks – es folgten drei Operationen. Im Städtischen Krankenhaus in Höchst kannte er bald jeden Winkel, die Fortsetzung seiner Karriere hing am seidenen Faden. Es wurden Ablagerungen und Verknorpelungen sowie ein angeborenes Überbein entfernt. Zunächst mußte der einstige Senkrechtstarter der Frankfurter Eintracht die Hoffnung begraben, bis zur Europameisterschaft 1996 in England wieder zu seinem einstigen Leistungsvermögen zurückzufinden, denn ersten Comebackversuchen folgte stets ein neuerlicher Rückschlag. Der Heilungsprozeß forderte seine Zeit, bei Frankfurter »Fitmachern« war er Stammgast. Als er in seinen ganz jungen Jahren für die Spielvereinigung Hainstadt spielte, war für ihn die Welt natürlich noch in Ordnung. Es war Vater Franz, ein begeisterter Anhänger der Offenbacher Kickers, der seinen Sprößling 1982 am Bieberer Berg anmeldete. Dort schaffte der Abwehr- und Mittelfeldspieler eines Tages den Sprung ins Zweitligaaufgebot, doch zur Saison 1989/90 verweigerte der DFB den Kickers die Lizenz für die 2. Bundesliga und stufte sie zurück in die Oberliga Hessen. Für Ralf Weber war das ein schwerer Schock, denn dem Werben der Eintracht wollte er ursprünglich nicht erliegen. Aber dann sagte er doch »ja«, weil sich für ihn in Offenbach kaum noch sportliche Perspektiven ergaben. Im gleichen Jahr bekam er die erste Einladung in die deutsche U 21-Auswahl, die in Saarbrücken auf Island traf. Doch nach wenigen Minuten war für ihn alles vorbei, nachdem er unglücklich mit Torwart Uwe Brunn von Borussia Mönchengladbach kollidiert war. Irgendwie war dieses Pech symptomatisch für die weitere Karriere von Ralf Weber, denn dem Bruch eines Wadenbeinköpfchens folgte eine sechsmonatige Pause. Aber dieser Mann war zäh und startete sein erstes von vielen Comebacks. Als Dragoslav Stepanovic Trainer bei der Eintracht war, hatte der Profi mit dem Lockenkopf, der die Rolle des »Dampfmachers« im Mittelfeld anstrebte, seine beste Zeit. Sein Länderspieldebüt feierte er 1994 beim deutschen 1:0-Sieg in Moskau über Rußland.

WEBER, WOLFGANG

Geboren am 26. Juni 1944
53 Länderspiele (1964 bis 1974), zwei Tore
1. FC Köln

Sprung vom Stuhl als Härtetest

Die altehrwürdige englische Zeitung »Guardian« trauerte mit dem 1. FC Köln: »Als Weber ausschied, hätte man weinen können.« Europas Fußballfans empfanden Mitleid, doch die Sympathiebekundungen aus allen Teilen des Kontinents konnten die Rheinländer nicht trösten. Fortuna meinte es an diesem 24. März 1965 gut mit dem englischen Meister FC Liverpool, und Wolfgang Weber war der tragische Held einer unvergeßlichen Kölner Energieleistung. Im Viertelfinale des Europacups waren die Tore der beiden Rivalen wie vernagelt. 0:0 in Müngersdorf – 0:0 an der Anfield Road. Das Entscheidungsspiel wurde nach Rotterdam vergeben, und es sollte einen denkwürdigen Verlauf nehmen. 15 000 Kölner hatten sich in die holländische Hafenstadt aufgemacht. Nach einer halben Stunde prallte Wolfgang Weber, den sie am Rhein wegen seiner Kraft und Dynamik »Bulle« nannten, mit Liverpools Außenläufer Milne zusammen und verspürte danach heftige Schmerzen im rechten Bein. Bis zur Pause wurde Weber am Spielfeldrand behandelt. In der Kabine stellte er sich dem Härtetest, mit dem rechten Fuß sprang er von einem Stuhl auf den Boden. Das Bein hielt, Weber spielte unter Schmerzen weiter, auch deshalb, weil das damalige Reglement keinen Austausch von Spielern zuließ. Auf dem linken Flügel quälte sich der Verletzte, und fast wäre ihm sogar ein Tor gelungen, doch der Ball verfehlte knapp das Liverpooler Tor. 0 : 2 lagen die Kölner zurück, der Schock nach Webers Verletzung steckte allen in den Knochen. Und dann begann eine bewundernswerte Aufholjagd, und dank der Treffer von Thielen und Löhr war der Deutsche Meister plötzlich wieder im Rennen. Nachdem auch in der Verlängerung keine Tore mehr fielen, mußte das Los entscheiden. Der belgische Schiedsrichter Schaut warf die Münze – und sie blieb im ersten Versuch hochkant im Rasen stecken. Beim zweitenmal jubelten dann die Spieler des FC Liverpool. »Das Spiel wurde zur Lotterie«, schrieb anderntags die »Daily Mail«. Fast gleichzeitig stand für Wolfgang Weber die Diagnose der Ärzte fest: Wadenbeinbruch! »Ich hätte nie und nimmer weiterspielen dürfen«, sagte der unglückliche Kölner Abwehrspieler, der daraufhin zwei Monate pausieren mußte. Es sollte nicht das einzige Pech in der großen Karriere des eisenharten Fußballprofis sein, dessen Weg bei der Spvg. Porz begonnen hatte, wo sein damaliger Jugendleiter Ludolf Heimerzheim angetan war vom Trainingsfleiß des noch recht schmächtigen Jünglings. Kreisauswahl, Mittelrheinauswahl, Westdeutsche Auswahl, Jugendnationalmannschaft – die Berufungen ließen nicht auf sich warten. Eines Tages spielte der Kreis Köln gegen den Siegkreis – und Wolfgang Weber war der Kölner Star. Das As der Sieg-Auswahl hieß Wolfgang Overath, und zu den Zaungästen gehörten auch Franz Kremer, der Präsident des 1. FC Köln, und dessen Trainer Tschik Cajkovski. Eigentlich wollten sie Overath beobachten, doch dessen Kontrahent Weber stahl dem die Show, weil er den schwarzen Wolfgang nicht nur abmeldete, sondern weil er selbst auch noch zwei Tore erzielte. Worauf der 1. FC Köln gleich beide Talente verpflichtete. Wolfgang Weber trug zwischen 1963 und 1977 in 356 Bundesligaspielen das Trikot seines Vereins. Der Deutschen Meisterschaft des Jahres 1964 schloß sich der DFB-Pokalsieg vier Jahre später an. Schon als Zwanzigjähriger bestritt er das erste seiner 53 Länderspiele – 1966 wurde er mit der Nationalelf Vizeweltmeister. Er ebnete mit seinem Tor gegen England im Londoner Wembley-Stadion kurz vor Schluß der regulären Spielzeit den Weg in die Verlängerung. 1970 kehrte Weber mit der Nationalelf aus Mexiko als WM-Dritter zurück. Drei Jahre später wurde es stiller um Wolfgang Weber, der durch schwere Verletzungen und Krankheiten immer wieder zurückgeworfen wurde. Er mußte eine Rückenoperation über sich ergehen lassen, und als er eines Sonntagabends von einem Besuch bei

Hannes Löhr kam, fühlte er sich unwohl. Die Ärzte diagnostizierten Herzrhythmusstörungen, die ihn wochenlang ans Krankenbett fesselten. Seine Länderspielkarriere endete wenig erfreulich – nachdem er sein großes Ziel, die Teilnahme an der Weltmeisterschaft 1974 in der Bundesrepublik, verpaßt hatte, weil Helmut Schön zur Überraschung fast aller Experten Helmut Kremers an seiner Stelle nominierte, trat der Kölner zurück. Nach dem Erwerb der Lizenz des Fußballlehrers und des Diploms des Sportlehrers wurde Wolfgang Weber in der Saison 1977/78 Assistent von Hennes Weisweiler beim 1. FC Köln. 1978 wurde er mit 34 Jahren der jüngste Trainer der Bundesliga – beim SV Werder Bremen, wo er im Januar 1980 abgelöst wurde. Danach arbeitete er einige Zeit als Repräsentant bei adidas.

WEGELE, KARL

Geboren am 27. September 1887,
gestorben am 14. November 1960
15 Länderspiele (1910 bis 1914), zwei Tore
Phönix Karlsruhe

Der »leichtfüßige« Professor

Karlsruhe ist so etwas wie die heimliche Wiege des deutschen Fußballs. Der KFV war einer der ersten Fußballvereine Deutschlands, die sich »weltoffen« gaben, die schon in der Zeit um die Jahrhundertwende internationale Begegnungen bestritten. Im

Oktober 1905 weihten die Karlsruher an der verlängerten Moltkestraße ihren Sportplatz ein, und zum Eröffnungsspiel gegen den FC Zürich schaute selbst der Protektor des KFV, Prinz Max von Baden, vorbei. Ein paar Monate vorher hatte der Verein das deutsche Endspiel in Köln gegen Union 92 Berlin verloren, doch dann wurde es etwas stiller um den KFV, obwohl mit William Townley am 17. Januar 1909 einer der profiliertesten englischen Fußballtrainer dieser Zeit verpflichtet wurde. Mittlerweile war der KFV aber von dem Lokalkonkurrenten Phönix überholt worden. Denn Phönix hatte 1909 das geschafft, was dem KFV ein paar Jahre vorher verwehrt wurde – Phönix war Deutscher Meister geworden. Das Finale gegen Viktoria 89 Berlin fand in Breslau statt, und nur wenige der über 400 Mitglieder von Phönix Karlsruhe machten sich Ende Mai auf die weite Reise. Statt dessen fanden sie sich im Klubhaus ein, wo unmittelbar nach Spielschluß die Siegeskunde eintraf. Tags darauf war dann halb Karlsruhe auf den Beinen, um den Meister zu feiern. Karl Wegele war eine der Persönlichkeiten dieser Mannschaft. Er war Rechtsaußen, spielte seit 1905 Fußball – und es gab keinen besseren Flügelstürmer im Lande. Sieht man einmal von seinem Vereinskameraden Emil Oberle ab, der ihm aber nicht in die Quere kam, weil der auf der linken Seite spielte. Wegele wurde in Karlsruhe geboren, und Leichtfüßigkeit war seine Stärke. Von seinen langen Spurts an der rechten Außenlinie ging immer wieder Gefahr für das gegnerische Tor aus. Man sagte ihm später nach, er habe den Positionswechsel erfunden, denn keiner beherrschte das Rochieren mit den Innenstürmern so gut wie Wegele. »Karle« war auch Stammspieler der Süddeutschen Auswahl, deren Trikot er zwölfmal trug, ehe ihm eines Tages Georg Wunderlich aus Fürth den Rang ablief. 1910 und 1912 gewann er mit der Elf des Südens den damals sehr populären »Kronprinzenpokal«. 15 Spiele bestritt er für die Nationalelf – sein letztes am 5. April 1914, als er beim dramatischen 4:4 in Amsterdam gegen Holland Sekunden vor Schluß den Ausgleich erzielte. Nationalspieler Karl Wegele konzentrierte sich nach dem Ende des 1. Weltkriegs, den er unversehrt überstand, ausschließlich auf seinen Beruf, zumal Phönix Karlsruhe, das 1912 mit den Alemannen fusionierte, im Jahre 1924 absteigen mußte. Der schneidige Rechtsaußen hatte auch auf anderer Ebene Erfolg – er brachte es in Karlsruhe zum Gymnasialprofessor und war als Vorsitzender von Phönix Karlsruhe jahrzehntelang eine der volkstümlichsten Persönlichkeiten des badischen Fußballsports.

WEILBÄCHER, HANS

Geboren am 23. Oktober 1933
Ein Länderspiel (1955)
Eintracht Frankfurt

Die Kollision mit der Straßenbahn

Das Jahr 1954 hätte Hans Weilbächer gern aus seinen Erinnerungen gestrichen. Nicht etwa deshalb, weil die deutsche Fußballnationalmannschaft ohne ihn Weltmeister wurde – seine Hoffnungen auf eine Teilnahme am Turnier in der Schweiz hielten sich sowieso in sehr bescheidenen Grenzen. Vielmehr passierte im Frühjahr 1954 etwas, das die Fortsetzung der Fußballkarriere des veranlagten Torjägers erheblich gefährdete. Der 20jährige war mit seinem Motorroller der Marke »Bella« nach dem 7:1-Sieg gegen den VfR Mannheim auf den Straßen Frankfurts unterwegs. Vier Tore hatte er an diesem Tag erzielt, und alle Polizisten grüßten ihn freundlich. Doch in einem unbedachten Moment kollidierte Hans Weilbächer mit einer Straßenbahn. Dabei erlitt der junge Fußballer schwere Quetschungen, die eine wochenlange Spielpause nach sich zogen. Und so ganz klappte es mit der Genesung auch nicht, denn von diesem Tag an veränderte sich bei Hans Weilbächer das Sprungverhalten. Bisher war er mit dem linken Bein abgesprungen, wenn er zu seinen gefürchteten Kopfbällen ansetzte, fortan belastete er das rechte Bein. Doch diese Umstellung war seiner Torgefährlichkeit nicht unbedingt förderlich, so daß er nach und nach auf die Position des rechten Halbstürmers wechselte. Hans Weilbächer war 1952 von Amicitia Hattersheim zu Eintracht Frankfurt gekommen. Für die Hattersheimer hatte er in der Bezirksklasse in seinen ersten beiden Jahren 36 und 38 Tore geschossen. Die Offenbacher Kickers wollten ihn daraufhin haben, auch der SV Wiesbaden zeigte starkes Interesse, doch der frühere Eintrachtler Karl Ehme, der nunmehr als Trainer tätig war, hatte keine Probleme, dem jungen Hans den Wechsel nach Frankfurt schmackhaft zu machen. Vielmehr rannte er bei ihm offene Türen ein, denn Weilbächers Herz schlug schon seit frühester Jugend für diesen Verein. Da er vor dem Wechsel noch keine zwanzig Jahre alt war, mußte er nach den damaligen Statuten eine Saison lang in der Juniorenmannschaft der Eintracht spielen. Aber in freundschaftlichen Begegnungen der »Ersten« ließ er immer wieder sein großes Talent aufblitzen, und deshalb war es keine Frage, daß der Stürmer sehr schnell der Oberligaelf der Eintracht zugeordnet wurde. 1953 folgten für Weilbächer die ersten

Berufungen in die Amateur-Nationalmannschaft – zweimal war für ihn dabei Frankreich der Gegner. Der stämmige, blonde Fußballer überzeugte und bekam ein Jahr nach dem Gewinn der Weltmeisterschaft durch die deutsche Nationalmannschaft auch eine Einladung von Bundestrainer Sepp Herberger. Der Frankfurter war beim 2 : 1-Sieg gegen Irland in Hamburg dabei. Zweites Highlight seiner Karriere war der Gewinn der Deutschen Meisterschaft mit der Eintracht. Am 28. Juni 1959 holten die Hessen vor 75 000 Zuschauern in Berlin den Titel durch ein schwererkämpftes 5 : 3 nach Verlängerung gegen den Nachbarn Kickers Offenbach. Es folgten große Spiele im Europacup gegen die Glasgow Rangers und Real Madrid. Unvergeßlich war für Hans Weilbächer auch ein Freundschaftsspiel. 1962 wollten die Rangers unbedingt die Europacuprevanche. 102 000 Zuschauer fanden sich im Glasgower Hampdon Park ein – doch die Gäste vom Main triumphierten erneut mit 3 : 2. Es war die Zeit, da ein zweiter Sproß der Familie Weilbächer ins Rampenlicht trat – Seppel, der elf Jahre jüngere Bruder von Hans. Dieser brachte es als Verteidiger zur Mitgliedschaft in der deutschen Jugendnationalmannschaft. Im Jahr 1965 endete Hans Weilbächers Verbindung zu Eintracht Frankfurt mit einem handfesten Krach – der Nationalspieler nahm sich die Freiheit, Präsident Rudi Gramlich einen Blumenstrauß an den Kopf zu werfen ... Anschließend betreute Hans Weilbächer noch über einen jeweils kurzen Zeitraum Amateurmannschaften in Oberursel und Langen und konzentrierte sich im übrigen auf seinen Beruf. Ursprünglich war er Schreiner, ließ sich dann aber 1955 umschulen zum Kalkulator bei der Hoechst AG, wo er vier Jahrzehnte lang beschäftigt war. Er lebte in Schwalbach bei Bad Soden.

WEISS, LEONHARD

Geboren am 26. Juli 1907,
gestorben am 18. August 1981
Ein Länderspiel (1931)
1. FC Nürnberg

Im Prater blühten nicht die Bäume ...

Felix Linnemann war in zwanzig schweren Jahren Vorsitzender des Deutschen Fußball-Bundes. Der Mann mit dem Spitzbart, Kriminalrat von Beruf, führte den DFB mit starker Hand, einem bemerkenswerten Organisationstalent und der Schlagfertigkeit des Wahlberliners. Zwischen 1925 und 1945 steuerte er die große deutsche Fußballfamilie durch

alle Klippen. An den 13. September 1931 erinnerte er sich zeitlebens ungern. An diesem Tag saß Felix Linnemann auf der Prominententribüne des weitläufigen Wiener Praterstadions – auf dem Kopf trug er einen steifen Hut, und er stützte beide Hände auf einem Krückstock. Das Länderspiel gegen Österreich setzte ihm und den vielen Fußballfreunden, die aus Deutschland herübergekommen waren, schwer zu. Am Ende hieß es 0 : 5, die Österreicher feierten die Geburt ihres »Wunderteams«, doch sie fanden auch noch Worte der Aufmunterung für den geschlagenen Gegner. Dr. Ebertsthaler, Landesgerichtsrat und Präsident des Österreichischen Fußball-Bundes, beugte sich hinunter zu Felix Linnemann und sagte: »Unser Sieg war zu hoch – so viel schlechter waren Ihre Spieler nicht ...« Felix Linnemann antwortete mit einem Lächeln und den Worten: »Wenn ich mir aussuchen könnte, wo ich einmal sterben werde, dann würde ich Wien wählen, weil die Menschen hier so entzückend trösten können.« Felix Linnemann starb an einem Vorfrühlingstag des Jahres 1948 – nicht in Wien, wie er es sich gewünscht hatte, sondern in Steinhorst, in der Lüneburger Heide. Daß dieses 0 : 5 von Wien eine der schmerzlichsten Niederlagen der Deutschen in den frühen dreißiger Jahren war, versteht sich von selbst. Und wohl gerade deshalb wäre Leonhard Weiß sehr froh gewesen, wenn dies nicht das einzige Länderspiel seiner Karriere geblieben wäre. »Loni« war 24 Jahre alt, als er die Berufung nach Wien erhielt. Auf dem düsteren Westbahnhof wartete am Vortag eine kleine Delegation der österreichischen Gastgeber – mit dem Bundeskapitän Hugo Meisl an der Spitze. Die deutschen Spieler wohnten im Hotel »Astoria« an der Kärntner Straße. Als Letzter zur obligatorischen Besichtigung erreichte am nächsten Vormittag Trainer Nerz das Praterstadion. Der hatte sich für die Fahrt vom Hotel zur Arena eine Droschke gemietet. Als ein paar Spieler ihn fragten, ob seine Irrfahrt womöglich ein schlechtes Omen für das anschließende Länderspiel sei, antwortete Otto Nerz: »Ha, mir sinn net abergläubisch. Mir spiele, wie mir könne ...« Das Resultat sprach dann eine deutliche Sprache, und »Loni« Weiß kam sich auf Linksaußen ziemlich einsam vor. Er hatte so gut wie keine Chance. In Fürth kam er zur Welt, bei der Spielvereinigung verbrachte er seine jungen Jahre. Doch als die »Kleeblätter« 1926 nach einem 4 : 1 im Finale gegen Hertha BSC in Frankfurt Deutscher Meister wurden, da war der schnelle Linksaußen nicht dabei. Georg Kießling stürmte auf dem Flügel. Worauf Leonhard Weiß, der angehende Kaufmann, eines Tages seine Tasche packte und beim Rivalen 1. FC

Nürnberg aufkreuzte. Dort wurde der antritts-schnelle Fußballer bald eine Größe. Er bestritt 244 Spiele für den »Club«. Nach dem 2. Weltkrieg be-saß er ein Gasthaus in Neumarkt in der Oberpfalz.

WEISSENBACHER, VIKTOR

Geboren am 15. Juli 1897,
gestorben im Dezember 1956
Ein Länderspiel (1922), ein Tor
1. FC Pforzheim

39 Tore in den Aufstiegsspielen

Internationales Flair herrschte in den frühen Jahren des Pforzheimer Fußballs auf dem Germaniaplatz. Am 7. September 1913 hatten sich die Verantwort-lichen des 1. Fußball-Clubs einen langgehegten Wunsch erfüllt. Wochenlang verhandelten sie mit 13 Grundstückseigentümern, bis endlich die neue Anlage an der Enz gebaut werden konnte. Die Feu-erwehrkapelle spielte zur Einweihung, und mit Phönix Karlsruhe kam zur Premiere eine klangvolle Mannschaft nach Pforzheim. Ein paar Tage vorher war Max Breunig vom Karlsruher FV zum FCP gestoßen, womit die Pforzheimer Elf einen neuen Mittelpunkt bekam. Als im Jahr darauf die beiden englischen Profiteams Tottenham Hotspurs und Bradford City auf dem Germaniaplatz antraten, da ahnten nur wenige, daß der 1. Weltkrieg kurz dar-auf ausbrechen würde. Fast alle Mitglieder des 1. FC Pforzheim wurden Soldaten – der Spielverkehr kam völlig zum Erliegen. Was dem Vorstand große Probleme bereitete, weil die Verantwortlichen nicht wußten, wie sie die Schulden für den Sportplatzbau in Höhe von 40 000 Mark abtragen sollten. Doch schließlich gelang es, eine neue Mannschaft aufzu-bauen. In ihr spielten die Gebrüder Viktor und Erwin Weißenbacher. Als der Krieg im November 1918 vorbei war, da beklagte die Pforzheimer Fuß-ballfamilie den Tod etlicher junger Leute. Einer von denen, die von der Front nicht zurückkehrten, war Erwin Weißenbacher. Sein Bruder Viktor war da-nach das einzige Familienmitglied, das unter der Regie von Max Breunig die Pforzheimer Fußballtra-dition fortsetzte. Und allmählich regte sich auch wieder der internationale Spielverkehr. Karfreitag 1919 gastierte Nordstern Basel auf dem Germania-platz, und obwohl zu diesem Zeitpunkt der Straßen-bahnverkehr an Sonn- und Feiertagen noch ruhte, fand sich eine große Zuschauerkulisse ein. Es war das erste Mal, daß eine ausländische Mannschaft nach dem 1. Weltkrieg in Deutschland ein Spiel be-stritt – und dies trotz des Boykotts der Sieger-mächte. Viktor Weißenbacher gehörte dem Verein seit 1912 an. Er war der wohl schußgewaltigste Halbrechte in der Pforzheimer Fußballgeschichte – ein Torjäger bester Güte. 1921 wurde er mit dem Club Meister der Südgruppe, zwei Jahre später dann Badischer Meister und Bezirksmeister von Baden-Württemberg. 1924 aber stieg der FCP ab – der Wiederaufstieg glückte im Jahre 1929, nicht zuletzt dank der Tore von Viktor Weißenbacher. Der traf allein in den Aufstiegsspielen 39mal ins Schwarze, ehe er im gleichen Jahr nach einer schweren Verletzung seine Fußballkarriere beenden mußte. Zum Nationalspieler brachte er es bereits 1922. Er war beim deutschen 2:0-Erfolg an der Hohen Warte in Wien gegen Österreich dabei. Da-bei gelang ihm das 1:0 nach Vorarbeit von Träg und Jäger.

WELKER, HANS

Geboren am 21. August 1907,
gestorben am 24. Juli 1968
Ein Länderspiel (1931)
Bayern München

Ein Außenstürmer für »alle Fälle«

Ein Lückenfüller wollte er nie sein – das ließ sein Ehrgeiz nicht zu. Doch Hans Welker ging als eine der großen Alternativen in die Geschichte des FC Bayern München ein. Der Außenstürmer war Er-satzmann für »Wiggerl« Hofmann – ein Spieler, der die Zuverlässigkeit in Person war; und immer top-fit, wenn die Bayern in Not gerieten. Hans Welker war gebürtiger Münchner und trug schon in der Ju-gend das Trikot des FC Bayern. Dort machte er sich als Rechtsaußen einen guten Namen. Doch dann gab es einen personellen Engpaß auf dem linken Flügel, und der junge Mann, der später Inhaber eines Milchgeschäfts war und so ganz nebenbei auch Spaß am Trainerjob hatte, wurde erfolgreich umgeschult. Hans Welkers größter sportlicher Tri-umph war vermutlich nicht sein einziges Länder-spiel im Jahre 1931 in Paris gegen Frankreich (0:1-Niederlage), sondern Bayern Münchens Vorstoß ins deutsche Endspiel 1932. Und wieder war das Pech des »Wiggerl« Hofmann das Glück des Hans Welker. Hofmann hatte sich vor der Endrunde verletzt – der kleinste Mann der Bayern sprang für ihn ein. Und er tat dies mit großem Erfolg. Im Halbfinale gegen die stark ersatzgeschwächte Elf des 1. FC Nürnberg er-zielte Hans Welker in Mannheim das erlösende

2 : 0. Und in den Biergärten der bayerischen Hauptstadt gab es fortan nur ein Thema: FC Bayern! Zwar verfügte die Mannschaft nicht mehr über den großen Sturm des Jahres 1926 mit Pöttinger, Hofmann, Dietl, Schmid, Kienzler oder Hutsteiner, doch die neue Angriffsgeneration mit Bergmaier, Krumm, Rohr, Schmidt und Welker hatte sich in der Endrunde erfolgreich geschlagen und zog optimistisch ins Finale nach Nürnberg, wo Eintracht Frankfurt der Gegner war. Vor dem »Württembergischen Hof« in der fränkischen Metropole wehte die Münchner Stadtfahne mit dem »Kindl«. Und in diesem Endspiel ging die Saat auf, die so berühmte Trainer wie Townley, Kürschner, Kalman, Konrad und nun Dombi an der Isar gelegt hatten. Für den verletzten Hofmann, der auf der Tribüne die Daumen drückte, hatte Richard Dombi den kleinen Welker auf Linksaußen gestellt, und der eigentliche Halbrechte, Josef Bergmaier, agierte zur Überraschung aller auf dem rechten Flügel. Ein taktischer Schachzug, der aufging. Dem 2 : 0-Sieg gegen Eintracht Frankfurt folgte eine lange Nacht, und die »Viktoria« des Meisters lag im Bett des Bayern-Präsidenten Landauer. Hans Welkers einziges Länderspiel gestaltete sich weit weniger dramatisch. In März 1931 sprang er in Paris wieder mal ein – für seinen Kameraden Ludwig Hofmann, der sich nach einer halben Stunde verletzt hatte. Gegen die technisch überlegenen Franzosen gelang dem Reservisten wenig.

WELLHÖFER, GEORG

Geboren am 16. März 1893,
gestorben am 12. Dezember 1968
Ein Länderspiel (1922)
Spvg. Fürth

»Wanderlehrer« in der Saarpfalz

München im Dezember des Jahres 1912. Die Hauptstadt der Bayern trauerte um den Prinzregenten. Zehntausende nahmen in der Hofkirche Abschied von Luitpold, der im 92. Lebensjahr an den Folgen einer Bronchitis starb. Zur Beisetzung in der Wittelsbacher Familiengruft in der Theatinerkirche hatte sich auch Kaiser Wilhelm angesagt. Zu diesem Zeitpunkt trug Georg Wellhöfer die Soldatenuniform seines bayrischen Königs. Insgesamt waren es sechs junge Fußballer der Spvg. Fürth, die wenig später in den 1. Weltkrieg ziehen mußten. Neben »Schorsch« Wellhöfer waren dies noch Sebastian Seidel, »Bumbes« Schmidt, Georg Wunderlich, Karl Franz und Hans Jakob. Drei von ihnen kehrten

nicht von der Front zurück: Seidel, Franz und Jakob. Auch der Deutsch-Ungar Fritz Weicz, der flachsblonde Mittelstürmer der Fürther Meisterelf, starb im 1. Weltkrieg. Sie alle hatten dem deutschen Fußball viel gegeben. William Townley war von den Fürthern verpflichtet worden – er führte den »schottischen Flachpaß« am Ronhof ein, und er fand in Franken gelehrige Fußballschüler. Doch die Fürther Krönung erlebte er nicht mehr – er wechselte zum FC Bayern München. Als Außenseiter erreichten die Fürther das Finale von Magdeburg gegen den VfB Leipzig – als stolze Triumphatoren kehrten sie zurück. Einer von denen, die in diesen Jahren fränkische Fußballgeschichte schrieben, war »Schorsch« Wellhöfer. In Fürth war er vor der Jahrhundertwende zur Welt gekommen, hier erfreute er sich seiner schönsten Jahre. Die folgten aber wohl erst nach dem 1. Weltkrieg, als die Spvg. Fürth zu den führenden Vereinsmannschaften Europas gezählt wurde. Während einer Spanienreise des Jahres 1922 badeten die Fürther in der Bewunderung der Fans ihres Gastgeberlandes. Doch in der deutschen Endrunde langte es für Verteidiger Georg Wellhöfer nur zum Einzug ins Finale des Jahres 1920, das auch noch der Erzrivale 1. FC Nürnberg mit 2 : 0 gewann. Das Jahr 1922 bescherte dem Fürther die einzige Länderspielberufung – die Nationalelf trennte sich im Frankfurter Riederwaldstadion von der Schweiz mit 2 : 2. »Schorsch« Wellhöfer setzte seine Karriere schließlich bei Arminia Bielefeld und dann bei Phönix Ludwigshafen fort. Nach seiner aktiven Zeit arbeitete er als Sportlehrer unter anderem beim FC Bayreuth, den Sportfreunden Saarbrücken und nach dem frühen Tod von Unseld beim 1. FC Saarbrücken. Später war er Trainer in Gleiwitz und dann »Wanderlehrer« an Schulen im Auftrage des Gaues Saarpfalz. 14 Städte des Gaugebiets teilten sich 1937 das Gehalt des früheren Nationalspielers. Nach dem 2. Weltkrieg wirkte Georg Wellhöfer unter anderem als Trainer bei Phönix Karlsruhe.

WELSCH, KURT

Geboren am 21. Juni 1917
Ein Länderspiel (1937)
Borussia Neunkirchen

Nagelproben gegen Englands Meister

Neunkirchen liegt in einem geschichtsträchtigen Winkel Deutschlands – im Saarland. In dieser Region residierten die Grafen von Nassau und Saarbrücken, die sich im benachbarten Ottweiler ihr Renaissanceschloß bauten, bis dann Fürst Wilhelm Heinrich hier das Sagen hatte und die bauliche Pracht der früheren Herrscher kurzerhand abreißen ließ. An schönen Sonntagen pilgern die Neunkirchener zum Schaumberg, den sie den »König der Saarberge« nennen. Dies ist die Heimat von Kurt Welsch, der bei der Borussia spielte und aus einer bekannten Fußballerfamilie stammte. Sein im Jahre 1905 gegründeter Verein spielte zwar im Südwesten nicht die allererste Geige und mußte zumeist Wormatia Worms, Eintracht Frankfurt oder Kickers Offenbach den Vortritt in der Gauliga der 30er Jahre lassen, doch Kurt Welsch, dessen Bruder ebenfalls das Trikot der Borussia trug, war ein starker Verteidiger. Einer, der sowohl links wie rechts seinen Mann stand. Daß er aber ausgerechnet zu einem Zeitpunkt den Weg ins deutsche Nationaltrikot fand, als der Fußball in diesem Lande in voller Blüte stand, erstaunte damals doch die Experten. In den Maitagen des Jahres 1937 schwärmte ganz Deutschland von der »Breslauer Elf«. Mit 8 : 0 war sie wie ein Wirbelsturm über die tapferen Dänen hinweggefegt. Es war der große Tag des Otto Siffling, der allein fünf Tore erzielte. In den Testspielen gegen den englischen Meister Manchester City hatten sich die deutschen Nationalspieler offenbar ihr Rüstzeug für die kommenden Aufgaben geholt. In Duisburg, Wuppertal und Schweinfurt spielten sie gegen die »Citizens« – und sie konnten nie gewinnen. Beim 1 : 1 in Wuppertal erhielt Kurt Welsch seine erste Chance in einem dieser Tests. Nach dem Länderspiel gegen Dänemark, bei dem der Neunkirchener nicht dabei war, folgte in Berlin vor 35 000 Zuschauern eine weitere Probe gegen Manchester City. Und diesmal gab es mit 3 : 2 den ersten Sieg gegen den Titelträger aus dem Mutterland des Fußballs. Kurt Welsch erlaubte dem gefährlichen Linksaußen Brook zwar einen Treffer, doch Sepp Herberger war von Welsch offenbar überzeugt. Welsch debütierte neben Männer und Berndt im Juni 1937 in Riga gegen Lettland, wo Otto Siffling sein 25. Länderspiel bestritt und vor dem Anpfiff mit einem Blumenstrauß geehrt wurde. Zwar gewannen die Deutschen mit 3 : 1, doch an diesem Tag wurden Kurt Welsch die Grenzen aufgezeigt. Er konnte seine Nervosität nicht abschütteln. Ein paar Tage später bildeten Paul Janes und Reinhold Münzenberg wieder das bewährte Verteidigungsbollwerk beim 2 : 0-Sieg in der WM-Qualifikation in Helsinki gegen Finnland. Kurt Welsch, der später als Büroangestellter arbeitete, wechselte nach seiner Neunkirchener Zeit während des 2. Weltkriegs als Gastspieler zu Hindenburg Allenstein und Düren 99.

WENAUER, FERDINAND

Geboren am 6. April 1939,
gestorben am 27. Juli 1992
Vier Länderspiele (1960 bis 1962)
1. FC Nürnberg

Freudige Nachricht beim Bankett

Für »Nandl« Wenauer war dieser 24. Juni 1961 ein Tag der dreifachen Freude. Deutscher Meister war er geworden, die Kritiker überschlugen sich nach seiner großen Leistung im Endspiel gegen Borussia Dortmund, und beim abendlichen Bankett erhielt er die Nachricht von der Geburt seines Sohnes, der ebenfalls Ferdinand heißen sollte. Zur besseren Unterscheidung nannten die Wenauers ihren Sprößling Ferdl. Das drittletzte Endspiel der deutschen Fußballgeschichte stand im Zeichen einer großen Läuferreihe des 1. FC Nürnberg. »Die Zeit von Zenger, Wenauer und Reisch wird kommen«, diktierte Sepp Herberger nach dem Finale den Reportern in ihre Notizblocks. Vor allem »Nandl« Wenauer hatte es dem Bundestrainer angetan. Der vor Energie nur so strotzende hochgewachsene Fußballer aus der Noris stand wie eine Mauer gegen Nationalspieler Jürgen Schütz, den sie beim 1. FC Nürnberg wenig respektvoll »Apfelbäckchen« nannten. Wenauer, der jugendliche Stopper des »Clubs«, war nach dieser großen Leistung von Hannover in aller Munde, und manche verglichen die Effektivität und Wucht seines Spiels mit jener des unvergeßlichen Hans Kalb. An der bis auf Weltmeister Max Morlock taufrischen Mannschaft der Leichtgewichte scheiterte die Routine der Dortmunder Borussia, die am Ende mit 0 : 3 verlor. Die Westfalen standen ebenso auf verlorenem Posten wie zwei Jahre später der 1. FC Nürnberg in Berlin gegen den 1. FC Köln (0 : 4). 1962 hielt sich der Abwehrrecke mit seiner Mannschaft mit dem Gewinn des DFB-Pokals schadlos. Ferdinand Wenauer hatte als gebürtiger Nürnberger seine ersten Schritte im Fußball beim ASV Nürnberg-Süd gemacht. Als er fünfzehn Jahre alt war, wechselte er zum »Club«, mit dessen Jugendmannschaft er 1957 Süddeutscher Meister wurde. Er lernte den Beruf des Buchdruckers und arbeitete dort, wo der »Kicker« entstand. Was den Vorteil hatte, daß er seine Kritiken schon lesen konnte, bevor man die Hefte anderntags an den Kiosken verkaufte. Spätestens als »Nandl« Wenauer 1968 zum zweitenmal eine Deutsche Meisterschaft nach Nürnberg holte, war er neben Max Morlock zum größten Idol der fränkischen Fußballfamilie aufgestiegen. Er bestritt bis 1978 nicht weniger als 706 Spiele für den 1. FC Nürnberg, davon 168 in der Bundesliga. Seine schönste Zeit verbrachte Wenauer während der Trainerregentschaft von Herbert Widmayer. In diese Ära fielen auch seine vier Länderspielberufungen. Wenige Monate vor der Weltmeisterschaft 1962 in Chile gewann er mit der Nationalelf in Hamburg 3:0 gegen Uruguay. Für »Nandl« Wenauer stand die Tür zum WM-Turnier weit offen, doch dann kam die 0:4-Endspielniederlage gegen den 1. FC Köln, und Sepp Herberger kamen wohl Bedenken. Er lud aus dem 40er-Kader 25 Spieler zu einem letzten WM-Vorbereitungslehrgang nach Karlsruhe-Schöneck ein. Rolf Geiger vom VfB Stuttgart sagte ab – da waren es noch 24 WM-Kandidaten. Zwei wurden gestrichen, einer von ihnen war Ferdinand Wenauer, für den daraufhin eine Welt zusammenstürzte. Das WM-Trikot mit der Nummer fünf erhielt sein Kölner Rivale Leo Wilden. Nach seiner aktiven Zeit widmete sich Wenauer seinem Schreibwarengeschäft in der Äußeren Laufer Gasse in Nürnberg. Er spielte noch drei Jahre lang beim benachbarten FC Herzogenaurach, dann trainierte er die Nürnberger Vorortvereine Altenfurt und Forchheim, wo sein Sohn Ferdl inzwischen selbst zum tüchtigen Libero gereift war. Später vertrat Wenauer den erkrankten Fred Hoffmann beim mittelfränkischen Landesligisten FSV Bad Windsheim. Der Nürnberger Nationalspieler wurde nur 53 Jahre alt – er starb an Herzversagen.

WENDL, JOSEF

Geboren am 17. Dezember 1906,
gestorben am 2. September 1980
Fünf Länderspiele (1930 bis 1933)
TSV 1860 München

Mit Max Breunig kam der Erfolg

Josef Wendl – dieser Name stand in den 30er Jahren beim TSV 1860 München für eiserne Abwehrdisziplin. Max Breunig, der alte Fußballstratege aus Karlsruhe, führte bei den »Löwen« die Regie als Trainer und den Verein zu den ersten großen Erfolgen. Die Gründungszeit des TSV von 1860 reicht sogar bis in den Hochsommer des Jahres 1848 zurück. Es war so etwas wie die Spätfolge der Französischen Revolution, daß sich auf dem neuen Turnplatz an der Müllerstraße »freiheitlich gesinnte« Münchener einfanden, um sich zu einem Turnverein zusammenzutun. Ein Gulden betrug die Aufnahmegebühr – der erste Vorsitzende war ein Schauspieler namens Adolf Schwarz. Fortan trafen sich die Turner an jedem Abend auf dem Turnplatz zwischen 18 und 21 Uhr, was nicht von allen gutgeheißen wurde. Zwei Jahre später war die Turnerherrlichkeit in München schon wieder vorbei, denn die politischen Repressalien hielten so manchen zurück. Einige aber trafen sich heimlich – unter dem Vorwand, der Sangeslust frönen zu wollen. Doch im Jahre 1860 packten ein paar Beherzte die Sache neu an – 30 Mitglieder unterzeichneten ein Gründungsprotokoll. Das war die Geburtsstunde nicht nur eines außergewöhnlichen Turn-, sondern auch eines bemerkenswerten Fußballvereins. Ab 1911 hatten die Fußballer des TSV dann auch einen eigenen Sportplatz. Der Verein pachtete drei Hektar Land an der Grünwalder Straße – und schon 1920 registrierten die Chronisten einen Zuschauerrekord. 8000 kamen zum Duell gegen den FC Wacker. Doch erst die Verpflichtung eines Trainers vom Format des Max Breunig brachte den Erfolg zur Grünwalder Straße. 1931 erreichten die Sechziger das deutsche Endspiel, und zum Gruppenbild versammelten sich die Münchner Fußballer gemeinsam um den weltberühmten Balljongleur »Rastelli«. Josef Wendl war Stammspieler in dieser erfolgreichen Münchner Mannschaft. Mit Max Schäfer verstand er sich in der Verteidigung fast »blind«. Zwar war Wendl nicht mit größeren technischen Fußballgaben gesegnet, doch die Experten schätzten die Sicherheit seines Abwehrschlags. In diesen Jahren hatten die Verteidiger unter anderem die Aufgabe, mit langen Schlägen das Flügelspiel ihrer Mannschaft anzukurbeln. Und das verstand der waschechte Münchner besonders gut. Im deutschen Endspiel des Jahres 1931 befanden sich die »Löwen« in Köln lange Zeit auf der Siegerstraße, doch in der vorletzten Minute gelang Kirsei mit dem 3:2 der siegbringende Treffer für Hertha BSC Berlin. Zwei Jahre später strauchelte München 1860 erst im Semifinale an Schalke 04. Inzwischen war Fritz Neumaier der Partner von Josef Wendl und München in diesem Jahr 1933 so etwas wie die heimliche Fußballhauptstadt Deutschlands. Viele Experten im Lande wünschten sich insgeheim die starke Münchner Stadtauswahl als Nationalelf. Als linker Außenläufer begann die internationale Karriere Wendls am 2. November 1930 in Breslau gegen Norwegen (1:1). Bis 1933 absolvierte der Münchner fünf Länderspiele. Seine Hoffnung auf die Teilnahme an der Weltmeisterschaft 1934 erfüllte sich allerdings nicht. Sepp Wendl kehrte 1950 nach fünfjähriger Kriegsgefangenschaft aus Rußland zurück.

WENTORF, HANS

Geboren am 6. April 1899
Zwei Länderspiele (1928)
Altona 93

»Hans im Glück« in Hoheluft

Im TV Eimsbüttel reifte in den Jahren nach dem 1. Weltkrieg ein Torwarttalent heran: Hans Wentorf. An der Elbe wehte schon zu diesem Zeitpunkt der frische Wind des internationalen Fußballs. Die Eimsbütteler freuten sich immer wieder über Gäste aus Dänemark, Holland und England. Und zuweilen tat man sich auch zusammen mit dem Nachbarn Altona 93. Eine solche Kombination schlug den holländischen Meister Sparta Rotterdam mit 3:0. Doch gutnachbarliche Beziehungen haben auch einen Haken – der Blick über den Gartenzaun regt zuweilen den Appetit an. Und so wechselte Hans Wentorf, der Eimsbütteler, in den frühen 20er Jahren hinüber zur Brahmsstraße, wo die Altonaer schon im Jahre 1907 ein Spielgelände erwarben und wo später dann die »Adolf-Jäger-Kampfbahn« entstand. In der »Groß-Hamburger-Meisterschaft« spielten die Altonaer nach dem 1. Weltkrieg eine ausgezeichnete Rolle. Und so drang auch Wentorfs guter Ruf über die Elbe. Im Februar 1925 schlug seine erste große Stunde, als er im Tor der Nordauswahl im Finale des »Bundespokals« gegen den Süden stand. 25 000 Zuschauer drängten sich auf den Wällen des Victoriaplatzes in Hoheluft, und im »Fußball«, der damals führenden Illustrierten Sportzeitschrift, war in der Vorschau zu lesen: »Wenn Wentorf einen guten Tag erwischt, dann ist die norddeutsche Abwehr schwer zu schlagen.« Und Hans Wentorf erwischte einen guten Tag. Der reaktionsschnelle Mann zwischen den Pfosten hielt, was zu halten war – und er war ein »Hans im Glück«. Am Ende hatten die Spieler mit den roten Trikots mit 2:1 gewonnen, obwohl einer der Gebrüder Hartmann von der Hamburger Victoria schon kurz nach der Pause ausscheiden mußte. Wenig später führte Altonas Trainer Ruff seine Mannschaft zur Norddeutschen Meisterschaft, doch es war deren Pech, daß bei Punktgleichheit ein Entscheidungsspiel fällig war. Und das gewann dann der Hamburger SV, der nach Toren in der Siegerstaffel des Nordens eigentlich nur Zweiter geworden war. Gilge, Intemann, Lübkemann, Schatz, Lobert, Tietjen, Hartmann, Gebhardt, Nomensen, Meyer und Oswald – das waren die Kameraden von Hans Wentorf in dieser erfolgreichen Altonaer Mannschaft. Im Frühjahr 1928 wurde Hans Wentorf Na-

tionaltorwart. Vor den Olympischen Spielen in Amsterdam testete man die »zweite Reihe« hinter Heiner Stuhlfauth. Wentorf debütierte beim 3:2-Sieg gegen die Schweiz in Bern und parierte einen Elfmeter des eidgenössischen Verteidigers Ramseyer. In Testspielen gegen schottische und englische Profimannschaften kristallisierte sich schließlich das Olympiaaufgebot heraus – und der Hamburger Schlußmann reiste neben Stuhlfauth (1. FC Nürnberg) und Gehlhaar (Hertha BSC) mit nach Holland. Dort kam er aber nicht zum Einsatz. Sein zweites Spiel führte ihn im September 1928 in den Nürnberger Zabo, wo Dänemark mit 2:1 besiegt wurde.

WENZ, LUDWIG

Geboren am 24. August 1906,
gestorben am 19. April 1968
Ein Länderspiel (1930)
ASV Nürnberg

»Luck«, der angehende Arzt

Am 10. Mai 1930 erlebten 50 000 Zuschauer in Berlin ein ungewöhnliches Spiel. Deutschlands Nationalelf erreichte gegen England ein 3:3. Es war der große Tag des Dresdners Richard Hofmann, der alle drei Tore erzielte, und zwischen den Pfosten stand mit dem Frankfurter Willibald Kreß ein Teufelskerl. Fußball-Deutschland schwärmte einen Sommer lang von diesem dramatischen Spiel, in dem der legendäre David Jack erst sieben Minuten vor Schluß den Ausgleich für den Favoriten von der britischen Insel schaffte. Jener David Jack, der im Oktober 1928 für die Rekordablösesumme von 10 000 Pfund von den Bolton Wanderers zum FC Arsenal gewechselt war. Um so erstaunlicher war es, daß sich vier Monate später das Gesicht dieser erfolgreichen deutschen Nationalmannschaft gründlich gewandelt hatte. Nicht weniger als fünf Spieler debütierten im ersten Länderspiel der neuen Saison, am 7. September 1930, in Kopenhagen gegen Dänemark. Eine Radikalkur, die nicht gutgehen konnte, obwohl der deutsche Fußball nach den prächtigen Leistungen in den späten 20er Jahren zur Weltspitze aufgerückt war. In Kopenhagen stand Ludwig Wenz im Tor. Er kam von keinem der großen deutschen Vereine, sondern er kam vom ASV Nürnberg. Die fränkische Metropole war seine Heimatstadt – und der kleine ASV der Verein seiner Jugend. Nun war er 24 Jahre alt, Student der Medizin und wohl selbst von dieser Länderspielberufung am meisten überrascht. Der ASV Nürnberg hatte in der

Saison 1929/30 in Nordbayern wieder einmal die »dritte Geige« gespielt – die lokale Konkurrenz mit der Spvg. Fürth und dem 1. FC Nürnberg war übermächtig. Und in der Südoststaffel der Zweiten und Dritten kam Ludwig Wenz mit seinem ASV über einen Mittelplatz nicht hinaus. Für den Nürnberger Schlußmann sollte die Berufung zum Länderspiel in Kopenhagen ein Novum bleiben. Die Deutschen verloren 3:6, und Ludwig Wenz, den seine Freunde »Luck« nannten, konnte seine übergroße Nervosität nie so richtig abstreifen. Beim 0:2 und 2:5 machte er eine unglückliche Figur. Im Jahr darauf wechselte er zur Spvg. Fürth, wo er allerdings in »Kongo« Neger und Hirsch eine starke Konkurrenz vorfand. Ludwig Wenz arbeitete später als promovierter Arzt in Eibach bei Nürnberg. Er starb 1968 an den Folgen einer unheilbaren Gehirnkrankheit.

WERNER, ADOLF

Geboren am 19. Oktober 1886,
gestorben am 6. September 1975
13 Länderspiele (1909 bis 1912)
Holstein Kiel, Victoria Hamburg

Adsch und die Wäschestützen

»Kumm, wüllt Adsch noch mal ördnli bekieken ...«
Die beiden Jungen haben einen etwas verbeulten Ball unter dem Arm. Vor ihnen liegt der alte Holsteinplatz, der schon in der Zeit vor dem 1. Weltkrieg so eine Art Mekka des norddeutschen Fußballs war und die Residenz von Holstein. Der Platz war mit einer Bande aus weißen Pfosten umgeben, in einer Ecke zierte ein Fahnenmast die Anlage, und eine kleine hölzerne Tribüne gab ein paar Zuschauern Schutz. Die Tribüne hatte immerhin 5700 Mark gekostet, und sie war der Stolz der Fußballfamilien Krogmann, Fick, Möller und Werner, die die wichtigsten Spieler der Mannschaft stellten. »Kumm, wüllt Adsch noch mal bekieken ...« »Adsch« war der Held dieser Kieler Generation, einer, zu dem die fußballvernarrten Jungen an der Förde aufschauten. »Adsch« war Nationaltorwart, so etwas wie der Inbegriff des Kieler Fußballerfolgs, der in zwei Endspielteilnahmen seine Krönung fand. Es war in der Zeit nach der Jahrhundertwende, als sich eine kleine Schar von Fußballbubis an der Schule in der Gerhardstraße einfand. Im Keller der Schule hatten sie in einem großen Pappkarton ihre Utensilien verstaut. Ein paar verschlissene Hemden, wenige Bälle, die von den Vätern zu Weihnachten gestiftet worden waren, und zwei Wäschestützen

nebst einer Leine, die auf einer Koppel hinter der Schule aufgebaut wurden. Die Stützen waren das Geschenk eines brasilianischen Jungen namens Alfonso Polzin, der das Realgymnasium besuchte. Mit einem wahren Feuereifer berannten die jungen Leute die Tore – und in einem dieser Provisorien stand Adolf Werner, den sie damals schon »Adsch« riefen. Da der Spielplatz nur sehr spärlich mit Gras bewachsen war, kehrte »Adsch« mittags stets mit zerschundenen Knien heim, und zuweilen fanden sich an der Hose auch Spuren von den Kuhfladen, die auf der Spielwiese so eine Art natürliches Hindernis darstellten. Immer mehr Schüler fanden dennoch Gefallen an diesem Sonntagsvergnügen, und schließlich gab es sogar zwei Mannschaften, die im Frühjahr 1903 ihren Fußballbetrieb auf den städtischen Spielplatz Gutenbergstraße verlegten. Adolf Werner war neben seinem Bruder Fred einer der ersten, die dem FC Holstein beitraten. Als der Verein sieben Monate nach seiner Gründung ein erstes Wettspiel gegen die zweite Mannschaft des 1. Kieler Fußballvereins von 1900 austrug und 4:0 gewann, da war »Adsch« Werner schon der Superstar seines Teams. Der erfolgreiche Weg von Holstein Kiel war auch der dieses ungewöhnlichen Torwartpioniers. Am 1. November 1908 stand er in Leipzig bereits in der Mannschaft Norddeutschlands, die im Spiel um den Kronprinzenpokal den Süden mit 5:2 besiegte. Sein Bruder Alfred war dabei, aber auch die Hamburger Adolf Jäger und Hermann Garrn. Im März des nächsten Jahres hütete Werner erstmals das Tor der deutschen Nationalelf – es war für ihn eine denkbar unglückliche Aufgabe. 0:9 verloren die Fußballlehrlinge in Oxford gegen die Amateure Englands. »Das einzige Hindernis für England war Adsch Werner«, beschrieb »Daily Telegraph« das deutsche Fußballfiasko. Das Jahr darauf brachte für den Kieler ein kurzes Intermezzo beim FC Victoria Hamburg, doch wenig später stand er wieder bei seinen Holsteinern zwischen den Pfosten. Siebenmal spielte er für Norddeutschland repräsentativ, 13mal stand er im Tor der Nationalelf. Er war so eine Art Stuhlfauth des frühen deutschen Fußballs. Seinen größten Erfolg feierte er mit Holstein Kiel im deutschen Finale des Jahres 1912. Nachdem er die Endspielteilnahme 1910 wegen seines Hamburg-Abstechers verpaßte – Willi Friese hütete das Tor der Kieler –, war er 1912 der große Rückhalt seiner Mannschaft. Am 26. Mai zerschellten die Hoffnungen des Karlsruher FV an den Reaktionen dieses als »Wundertorwart« gepriesenen Mannes, der auch noch nach dem 1. Weltkrieg bis ins hohe Torwartalter für Holstein aktiv war und als Bezirksschornsteinfegermeister sein Geld verdiente. Der Landessportverband Schleswig-Holstein ernannte ihn 1950 zum Ehrenmitglied.

WERNER, AUGUST

Geboren am 6. März 1896,
gestorben am 20. Oktober 1968
Zwei Länderspiele (1925)
Holstein Kiel

Eine neue Kieler Fußballgeneration

Als August Werner, der jüngere Bruder von »Adsch«, bei seinem Heimatverein Holstein Kiel zum Leistungsfußball fand, da war der 1. Weltkrieg soeben vorbei. Der Sport drängte sich wieder ins Bewußtsein jener jungen Männer, die unversehrt von der Front heimgekehrt waren. Schnell wuchsen die Mitgliederzahlen bei Holstein – im Juli 1921 war die Tausender-Grenze bereits wieder überschritten. Neue Abteilungen wurden geschaffen – zu den Fußballern und den erfolgreichen Leichtathleten gesellten sich Tennis- und Hockeyspieler sowie die Boxer. Ursprünglich wollten die Holsteiner auch einen neuen Sportplatz bauen, doch der Ankauf eines Geländes in der Wik hinter dem Gasthaus »Zur Linde« schlug fehl. Erhebliche Aufregung verursachte zudem ein Novembersturm, der im Jahre 1921 das Dach der Tribüne auf dem Holsteinplatz zerstörte. Dessen ungeachtet machten die Fußballer des Vereins wieder von sich reden – auch nach dem 1. Weltkrieg stellte der KSV Nationalspieler. Walter Krause zum Beispiel, dann »Calli« Schulz, Kurt Voß, Seppl Esser, Oskar Ritter und schließlich August Werner. Und es wehte das internationale Fußballflair in Kiel. Holstein spielte ab 1920 regelmäßig gegen Mannschaften aus Holland, Schweden, Dänemark, Ungarn, Schweiz und England. Im Norden war mit dem Hamburger SV ein großer Rivale erwachsen – jahrelang geriet die Meisterschaft zu einer Art Zweikampf zwischen dem HSV und Holstein Kiel. Ab 1926 tauchten die Nordlichter dann auch wieder in der deutschen Endrunde auf – mit einer Mannschaft, die anknüpfen konnte an die großen Erfolge der Kieler vor dem 1. Weltkrieg. Aus dieser erfolgreichen Holstein-Generation ragt der Name des rechten Verteidigers August Werner hervor, der auf dieser Position unerreicht blieb. Der spätere Polizeihauptmann war in seiner Mannschaft Elfmeterschütze Nummer eins, und Theodor Lagerquist sein Partner in der Verteidigung. Und vor ihm wußte er so starke Fußballer wie »Gobby«

Obitz, Max Slebioda und Oskar Ohm. Im Angriff waren Kurt Voß, Oskar Ritter, Karl Schulz, Waldemar Lübke und Franz Esser sowie später Johannes Ludewig und Werner Widmayer, der Bruder des späteren Trainers Herbert Widmayer, erste Wahl. Seine Chance im Trikot der Nationalelf nutzte August Werner im Frühsommer des Jahres 1925 bei der Skandinavienreise des DFB. Zunächst hatten die Fürther Stars abgesagt, dann »bestreikte« der 1. FC Nürnberg die Nationalelf. Und so kam es, daß mit August Werner, Oskar Ritter, Kurt Voß und Karl Schulz gleich vier Kieler im Aufgebot standen. August Werner sprang am 21. Juni 1925 in Stockholm beim 0 : 1 gegen Schweden in der 22. Minute für den verletzten HSVer Albert Beier ein und ersetzte diesen glänzend. Der Lohn stellte sich für den Kieler fünf Tage später ein, als er in Helsinki erste Wahl war und beim 5 : 3-Sieg gegen Finnland über die gesamte Distanz mitwirken durfte. Nach dem 2. Weltkrieg war August Werner einige Zeit Ligaobmann des KSV Holstein.

WERNER, HEINZ

Geboren am 17. August 1910
Ein Länderspiel (1935)
SV Jena

Auf dem Teststand für Olympia

Einen sonnigen Herbst lang durfte Heinz Werner von einer internationalen Karriere träumen. Es war die Zeit, da sich der deutsche Sport vorbereitete auf ein Weltereignis – auf die Olympischen Spiele in Berlin, von denen sich nur wenige vorstellen konnten, daß sie derart schamlos von den Nazis für ihre Zwecke mißbraucht werden könnten. Auch Reichstrainer Otto Nerz bastelte an seiner Mannschaft, und der Deutsche Fußball-Bund vereinbarte eine Fülle von internationalen Testspielen. Dabei achtete man sorgfältig darauf, daß der Aufbau stimmte. Die Mannschaft, die schließlich in die Mühle Olympias geschickt werden sollte, bekam zunächst Gegner vorgesetzt, die in Europa bestenfalls zweitklassig waren. So die Finnen, die in München 6 : 0 geschlagen wurden, oder die Luxemburger, gegen die es für die zweite deutsche Garnitur aber nur zu einem 1 : 0-Sieg reichte. Schwieriger wurde es da schon Ende August 1935 in Erfurt gegen Rumänien. Otto Nerz wollte dort eine neue Läuferreihe testen – mit drei Debütanten. Mit dem Hannoveraner Fritz Deike, dem Schweinfurter Albin Kitzinger und mit Heinz Werner vom SV Jena. Während Kitzinger auf der Schwelle einer großen internationalen Laufbahn stand, fielen die anderen beiden Läuferdebütanten durch, obwohl die deutsche Mannschaft die Rumänen mit 4:2 bezwang. Immerhin wurde Heinz Werner noch einmal ins Aufgebot eines Länderspiels berufen – zwei Monate später zum Test gegen Bulgarien nach Leipzig (4:2), wo er allerdings nicht zum Einsatz kam. Heinz Werner wurde in Jena geboren, war Kontrolleur von Beruf und eigentlich Mittelläufer. Nerz hatte ihm gegen Rumänien keinen Gefallen getan, als er ihn als rechten Läufer nominierte. In den Blickpunkt der Öffentlichkeit hatte sich Heinz Werner in der Saison 1934/35 gespielt, als der 1. SV Jena von 1903 im Gau Mitte die Konkurrenz aus Halle, Steinach und Magdeburg abschüttelte und als Meister in die deutsche Endrunde einzog. Hier war allerdings der VfB Stuttgart ein übermächtiger Gegner. Für den Gau Mitte absolvierte Heinz Werner, der in den 30er Jahren einer der herausragenden Fußballer dieser Region war, zahlreiche Repräsentativspiele. Die Vielseitigkeit war seine Stärke – wenn es sein mußte, ließ er sich auch schon mal als Stürmer aufstellen. Während des 2. Weltkriegs trug er das Trikot des Hamburger SV, kam zu weiteren repräsentativen Einsätzen für Hamburg und Norddeutschland und trainierte später die Mannschaft von Bergedorf 85.

WERNER, JÜRGEN

Geboren am 15. August 1935
Vier Länderspiele (1961 bis 1963), zwei Tore
Hamburger SV

Rechter Scheitel und ein Lob von Pele

Pforzheim war in den frühen fünfziger Jahren immer wieder ein Ziel für die Talente des Hamburger SV. Dort fand ein gutbesetztes Jugendturnier statt, doch bisher waren die jungen Spieler aus der Hansestadt immer mit leeren Händen heimgefahren. Es gab zwar hier und da eine Auszeichnung und stets viel Lob für ein tadelloses Auftreten, aber die Pokale nahmen andere Mannschaften mit nach Hause. Das sollte sich 1954 zur großen Freude von Paul Hauenschild, dem großen Freund der HSV-Jugend, der seit 1948 ein unzertrennliches Gespann mit Carl-Heinz Mahlmann bildete, ändern. Uwe Seeler, Klaus Stürmer, Gerd Krug und Jürgen Werner waren die jungen Stars des HSV – und diesmal klappte es mit dem Turniersieg in Pforzheim, ein Erfolg, der nicht nur das Herz von »Onkel Paul« höherschla-

gen ließ. Spätestens jetzt wußten es alle: Da wächst eine große Spielergeneration am Rothenbaum heran. Jürgen Werner war eine der Säulen dieser neuen Mannschaft des Hamburger SV. Mit zwölf Jahren hatte er sich bei den Rothosen angemeldet, und der intelligente Außenläufer war so etwas wie ein Senkrechtstarter. Es hieß, er sei ein Lieblingsschüler von Trainer Günther Mahlmann gewesen und über ein Jahrzehnt dessen verlängerter Arm auf dem Spielfeld. Der Schlaks mit den blonden Haaren verdiente sich die Sympathien des hanseatischen Fußballvolks, weil in ihm viele trotz seiner Jugend bereits einen »Gentleman am Ball« erblickten. Jürgen Werner verstand es, seine technische Begabung in den Dienst der Mannschaft zu stellen, und als er viele Jahre später gefragt wurde, was für ihn der Fußball bedeutet habe, sagte er: »Der Sport hat mich immer emotional berührt. Wo sonst wird das Miteinander und Füreinander in einem solchen Maße zu einer Verpflichtung wie in einer Mannschaft.« 1958 wurde er in die Juniorennationalmannschaft berufen – er war beim 0:0 gegen Dänemark dabei. Doch der weitere internationale Weg Jürgen Werners war steinig. Zu einem Zeitpunkt, als der Begleiter seiner Jugend, Uwe Seeler, schon 25 Länderspiele auf dem Buckel hatte, nahm Sepp Herberger den stets modisch gekleideten Hamburger erstmals mit zu einem Länderspiel – nach Chile. Der alternde Bundestrainer, so hieß es, konnte sich mit Jürgen Werners Intellekt nicht so richtig anfreunden, was ihm viele im Fußballnorden lange Zeit verübelten. Und so langte es für Jürgen Werner zwar zur Teilnahme an der Weltmeisterschaft 1962 in Chile, aber auch nur zu vier Länderspielberufungen. Sein vielleicht größtes Spiel absolvierte er im Oktober 1962 im Dress des HSV, der sich den Weltpokalsieger FC Santos eingeladen hatte und den Brasilianern ein 3:3 abrang. Dreimal trafen die Hamburger auch noch Pfosten und Latte, und nach dem Spiel schwärmte kein Geringerer als Weltstar Pele von Jürgen Werner: »So schlecht habe ich noch nie ausgesehen wie gegen diesen langen Blonden.« Mit seinem Hamburger SV wurde Jürgen Werner 1960 Deutscher Meister. Mit Jochen Meinke und Dieter Seeler bildete Jürgen Werner eine Läuferreihe der Extraklasse. Es gab zwei Gründe, die ihn bewogen, schon mit 28 Jahren Abschied vom Leistungssport und damit vom HSV zu nehmen. Einmal stellte sich ein Hüftgelenksleiden ein, zum anderen stand er im Prüfungsstreß für das Staatsexamen im Lehramt. Sport und Latein waren die Fächer seiner Wahl. Der Mann mit dem Rechtsscheitel wurde später Oberstudiendirektor für die Referendarausbildung in

Hamburg. Seine Wahl zum Spielausschußvorsitzenden des Deutschen Fußball-Bundes löste 1986 bei vielen eine große Überraschung aus, denn er ging nicht als Favorit ins Rennen. Er war auch ein Senkrechtstarter unter den Fußballfunktionären Deutschlands. Außerdem arbeitete er jahrelang als freier Journalist – seine Kolumnen in der »Zeit« fanden große Beachtung.

WETZEL, FRITZ

Geboren am 12. Dezember 1894
Ein Länderspiel (1922)
1. FC Pforzheim

Ein spätberufener »Ballkünstler«

Man nannte ihn einen »Ballkünstler« – und das wollte in den Jahren nach dem 1. Weltkrieg schon etwas heißen. Fritz Wetzel war weniger ein Draufgänger, sondern ein Ästhet des Fußballs. Einer, dem man die Freude am Spiel regelrecht ansah. Der gebürtige Pforzheimer kam als Vierzehnjähriger zum FCP. Das war die Zeit, da der Kronprinzenpokal dem deutschen Fußball neue Impulse gab und den großen Regionalverbänden die Gelegenheit, sich in einem Wettbewerb zu messen. Der 1. FC Pforzheim stellte gleich etliche Spieler, die für den Süden um den Pokal kämpften. Am 1. November 1908 fanden sich zwar nur 1200 Zuschauer auf dem Leipziger Debrahof zum Spiel Norddeutschland – Süddeutschland ein, doch es waren drei Pforzheimer dabei: Arthur Hiller, Hermann Schweickert und Gustav Stöhr. Später kam auch noch Julius Fink zu repräsentativen Ehren. Und es fand sich in Pforzheim der erste Trainer ein – William Townleys Assistent Dewhurst, der wie Townley bei den Blackburn Rovers in England gespielt hatte. Dewhurst wurde später wieder Amateur und trug das Trikot des 1. FC Pforzheim. Fritz Wetzel war so eine Art Spätberufener – den Sprung in die 1. Mannschaft seines Vereins schaffte er erst in den frühen 20er Jahren, also im reiferen Fußballeralter. Wilhelm Kempf war zur Saison 1920/21 vom Ballspielclub 05 gekommen, Gustav Roller wurde Stammspieler, Wilhelm Eckert kam aus Zuffenhausen. Weitere Leistungsträger waren Max Müller, Erwin Seeger, den es ein Jahr später nach Spanien zog, Emil Melcher, der aus französischer Gefangenschaft erst spät heimgekehrt war und der später ein erfolgreicher Trainer wurde, sowie Paul Forell, Eugen Meier, Emil Friedrich, Heinrich Hoffmann, Viktor Weisenbacher und schließlich Anton Kress. In dieser Mannschaft

blühte Fritz Wetzel auf der Position des Außenläufers auf. In der Saison 1922/23 wurde er mit dem 1. FC Pforzheim Badischer Meister. Repräsentativ spielte er unter anderem beim 5:0 in Stuttgart gegen Südungarn sowie gegen Westdeutschland in Karlsruhe. Sein einziges Länderspiel bescherte der deutschen Nationalmannschaft am 23. April 1922 an der Hohen Warte in Wien einen sensationellen 2:0-Erfolg gegen Österreich. Fritz Wetzel wurde als einer der besten deutschen Spieler gefeiert, um so überraschender war es, daß er nie wieder durch den DFB berufen wurde. Der Kaufmann blieb seinem 1. FC Pforzheim auch nach seiner aktiven Zeit verbunden. In den 30er Jahren wirkte er im Spielausschuß mit, gemeinsam mit Max Kusterer und Emil Bischoff war er ein Mann der ersten Stunde nach dem 2. Weltkrieg. Er war wesentlich am Wiederaufbau des Pforzheimer Fußballs beteiligt, einige Zeit wirkte er als 1. Vorsitzender des 1. FC Pforzheim.

WEWERS, HEINZ

Geboren am 27. Juli 1927
Zwölf Länderspiele (1951 bis 1958), ein Tor
Rot-Weiß Essen

»Heinz, Sie hören von mir ...«

Am Tag der Arbeit des Jahres 1953 krempelten die Spieler von Rot-Weiß Essen die Ärmel auf. Auf den Rängen des Düsseldorfer Rheinstadions schwitzten 40 000 Zuschauer, unten auf dem Rasen fluchten die Spieler. »Das ist eine Affenhitze«, stöhnte der stämmige Heinz Wewers – und seine Umgebung nickte stumm. Neunzig Minuten später lagen sich die Rot-Weißen in den Armen, und auf der Tribüne hüpfte dem schwergewichtigen Präsidenten Georg Melches, dessen Namen später das Stadion an der Hafenstraße tragen sollte, das Herz vor Freude. Rot-Weiß war deutscher Pokalsieger geworden, hatte Alemannia Aachen nach einem aufopferungsvollen Kampf mit 2:1 geschlagen. Und niemand scherte sich darum, daß die gesamte Führungscrew des Deutschen Fußball-Bundes nicht nach Düsseldorf zum deutschen Pokalfinale gereist war, sondern ins Londoner Wembley-Stadion, um sich dort das Cupfinale anzuschauen. Hauptsache, der »Pott« gehörte den Rot-Weißen – Kapitän August Gottschalk nahm ihn aus den Händen von Alfred Ries, dem DFB-Pressereferenten, entgegen. In der Endphase des deutschen Finales mobilisierten die Essener ihre letzten Kräfte. Heinz Wewers schlug den Ball für den bereits geschlagenen Fritz Herkenrath von der Torlinie, »Penny« Islacker und Berni Termath humpelten – aber es reichte. Fritz Herkenrath, der Nationaltorwart, hatte seinem Trainer Karl Hohmann schon vor dem Halbfinale einen gehörigen Schrecken eingejagt. Die Essener mußten nach Koblenz reisen und trafen dort auf den SV Waldhof Mannheim. Spieler, Ehefrauen, Bräute, Funktionäre und Fans fuhren mit einem Triebwagen aus der Grugametropole an den Rhein. In Duisburg stieg Herkenrath zu, der an der Wedau an einem DFB-Lehrgang teilgenommen hatte. Seine ersten Worte: »Trainer, ich bin verletzt und kann unmöglich spielen.« Worauf Ersatzkeeper Peter Budzinski, der ganz selten eingesetzt wurde, sofort auf die Toilette rannte, weil ihm die Kunde seiner überraschenden Aktivierung auf den Magen geschlagen war. Dennoch gewannen die Essener gegen Mannheim mit 3:2. Heinz Wewers war zu diesem Zeitpunkt schon Nationalspieler. Sepp Herberger hatte ihn bei einem Spiel in Dortmund beobachtet und fuhr mit den Rot-Weißen im Mannschaftsbus zurück nach Essen. Unterwegs raunte der Bundestrainer dem Essener Stopper zu: »Heinz, Sie haben gut gespielt, Sie hören von mir.« Das Debüt im Nationaltrikot brachte für den Fußballer, der in Gladbeck geboren wurde und über Vorwärts und FC Borbeck 1949 zu Rot-Weiß Essen gekommen war, fast ein Heimspiel. Das Duell mit Luxemburg fand am 23. Dezember 1951 am Uhlenkrug statt, und zum 4:1-Sieg steuerten die Essener Termath und Rahn drei Treffer bei. Aber erst 1956 setzte Heinz Wewers seine Karriere im Nationaltrikot fort – sie endete bei der Weltmeisterschaft 1958 gegen Frankreich mit dem Spiel um Platz drei (3:6). Dazwischen lag der Triumph von Rot-Weiß Essen im deutschen Meisterschaftsfinale 1955 gegen den 1. FC Kaiserslautern. Beim dramatischen 4:3-Sieg in Hannover gegen die mit vier Weltmeistern angetretene Elf aus der Pfalz war Mittelläufer Heinz Wewers einmal mehr der Turm einer grundsoliden Essener Abwehr. Zwei Jahre später übernahm Heinz Wewers die Stadiongaststätte an der Hafenstraße. Später arbeitete er in einer Getränkefirma und war dort so eine Art »Mädchen für alles«. Er blieb in Essen und damit in der Stadt, in der er ein Stück Fußballgeschichte geschrieben hatte.

WEYMAR, HANS

Geboren am 1. Februar 1886,
gestorben im Juli 1959
Vier Länderspiele (1908 bis 1910)
Victoria Hamburg

Ohne Marschroute ins Länderspiel

Hans Weymar, dem angehenden Kaufmann aus Hamburg, flatterte ein paar Wochen nach seinem 22. Geburtstag ein merkwürdiges Schreiben ins Haus: die Einladung des Deutschen Fußball-Bundes zum ersten offiziellen Länderspiel. Ins ferne Basel sollte er reisen – was für den linken Läufer im Jahre 1908 schon das Abenteuer an sich war. Er war der einzige Hamburger, dem diese Ehre zuteil wurde, und das überraschte ihn schon, denn aus der Mannschaft seiner Victoria hätte auch Alex Frankenthal, der ruhende Pol der Deckung, eine derartige Einladung verdient. Aber Hugo E. Kubaseck, ein hanseatischer Landsmann, hatte sich offenbar für Hans Weymar stark gemacht. Kubaseck war Spielausschußvorsitzender des Deutschen Fußball-Bundes und reiste mit Hans Weymar am Tag vor dem Länderspiel in die Schweiz. In Basel lernte der Hamburger dann seine Mitspieler kennen – eine taktische Marschroute gab es allerdings nicht. Wichtiger war, daß jeder ein halbwegs passendes schwarzweißes Trikot mit einem riesigen Bundesadler auf der Brust vorfand. Die unerfahrenen deutschen Fußballer verloren ihr erstes Länderspiel im strömenden Regen mit 3:5. Sie machten dann aber beim anschließenden Bankett eine gute Figur. Die meisten Spieler dieser legendären ersten deutschen Nationalmannschaft wurden nie wieder berücksichtigt. Eine der Ausnahmen bildete Hans Weymar, der es auf insgesamt vier Länderspieleinsätze brachte. Seiner Victoria stand er bis 1917 zur Verfügung, und seiner Heimatstadt Hamburg blieb er ein Leben lang treu. Er starb im Juli 1959 auf einem Tennisplatz an den Folgen eines Herzschlages.

WIDMAYER, WERNER

Geboren am 17. Mai 1909,
gestorben 14. Juni 1942
Zwei Länderspiele (1931)
Holstein Kiel

Zwei legendäre Kieler Tore

Es war in den Abendstunden des 15. Juni im Jahre 1930. Vor dem Kieler Bahnhof versammelte sich eine mehrtausendköpfige Menschenmenge – und die Reisenden, die sich auf dem Vorplatz mit ihren Koffern nur mühsam ihren Weg bahnten, wunderten sich. »Was ist denn hier los«, fragte ein Mittfünfziger. Er erhielt postwendend eine Antwort: »Kommst Du vom Mond? Wir steh'n im Endspiel …« Auch das »wir« war rasch geklärt: Holstein Kiel hatte das Finale erreicht und stand vor der Krönung eines ungewöhnlichen Fußballjahres. Im Triumphzug wurden die Kieler Fußballer wenig später zum »Schloßhof« geleitet, wo noch einmal viele Holstein-Freunde warteten. Die meisten von ihnen waren am Nachmittag dabei gewesen, als die Kieler in Duisburg dem großen Dresdner SC einen tollen Kampf lieferten und schließlich mit 2:0 das Halbfinalspiel um die Deutsche Meisterschaft gewannen. Und einer der Helden dieses Duells war Werner Widmayer, der schwarzhaarige linke Halbstürmer. Richard Hofmann wurde erfolgreich ausgeschaltet – in der Bewachung wechselten sich Baasch und Ohm ab. Und in der 71. Minute öffnete Werner Widmayer die Tür zum Finale. Holstein hatte durch den Mönchengladbacher Schiedsrichter Fissenwerth einen Freistoß zugesprochen bekommen. Oskar Ritter paßte zu Werner Widmayer, und der ließ dem Dresdner Torwart Georg Richter keine Chance. Zehn Minuten später machte dann Esser mit seinem Schuß zum 2:0 alles klar. Und auch im deutschen Finale in Düsseldorf galten den Kielern die Sympathien des neutralen Publikums. Zahlreiche Anhänger der Holstein-Elf machten sich zumeist in Lastwagen auf den beschwerlichen Weg von der Förde an den Rhein. Und wieder brachte Werner Widmayer die Kieler auch gegen Hertha BSC in Führung. Als die Mannschaft schon nach acht Minuten 2:0 vorn lag und nach Sobecks Doppelschlag zum 2:2 noch einmal mit 3:2 davonzog, da sah eigentlich alles nach einer Kieler Wiederholung des Endspieltriumphs von 1912 aus, doch am Ende jubelten die Berliner – endlich nach ihren vier vergeblichen Finalanläufen. Allerdings waren die Kieler nicht gut zu sprechen auf den Essener Schiedsrichter Willi Guyenz, der den Kieler Ludwig vom Platz stellte. Im Jahr darauf wurde Werner Widmayer Nationalspieler. Der spätere Oberamtmann bei der Stadt Kiel war der ältere Bruder von Herbert Widmayer, der später ein erfolgreicher Trainer wurde. Beide standen jahrelang gemeinsam im Team von Holstein Kiel, das auf seine ausgezeichnete Jugendarbeit zurecht stolz sein konnte. Beide Widmayers entstammten dieser Holstein-Jugend. Werner machte im Frühsommer des Jahres 1931 die Skandinavienreise der deutschen Mannschaft mit, die mit zwei Remis endete. Dem 0:0 in Schweden folgte ein 2:2 in Norwegen. Widmayers Partner im Angriff war sein Mannschaftskamerad Johannes Ludwig. Werner Widmayer trug einige Jahre später noch für einen kurzen Zeitabschnitt das Trikot von Preußen Utzehohe. Er verlor sein Leben als Soldat in Rußland. Sein jüngerer Bruder erhielt die traurige Nachricht erst nach der Rückkehr aus jahrelanger Gefangenschaft.

WIEDER, LUDWIG

Geboren am 22. März 1900,
gestorben am 2. Dezember 1977
Sechs Länderspiele (1923 bis 1926), zwei Tore
1. FC Nürnberg

Ein Tor, das »Club«-Geschichte machte

Schweinau war einst eine eigenständige Gemeinde, ein Dorf vor den Mauern der alten Reichsstadt Nürnberg. Längst ist sie eingemeindet, doch in alten Stammbüchern wird sich in Schweinau wohl noch die Geburtsurkunde von Ludwig Wieder finden. Als Zwölfjähriger begann dieser Ludwig Wieder seinen Weg als Fußballer beim örtlichen »Turnverein«. Dem blieb er bis zu seinem 19. Lebensjahr treu, ehe der Reiz eines Wechsels zum großen Nachbarn, dem 1. FC Nürnberg, übermächtig wurde. Zu diesem Zeitpunkt rüstete sich der »Club« zu seiner ersten großen Ära. Heiner Stuhlfauth stand damals zwischen den Pfosten, der athletische Dr. Hans Kalb war der »Aufräumer« vor dem Strafraum, und die fränkischen Fans schwärmten von den fußballerischen Künsten der Stürmer Strobel, Popp, Träg und Szabo. Es war schwer für den jungen Innenstürmer aus Schweinau, in dieser Mannschaft der frühen Nürnberger Stars Fuß zu fassen. Eigentlich gelang ihm das erst im Jahre 1923 – Wieder trat in die Fußstapfen von Willi Böß. Den größten Tag erwischte Ludwig Wieder allerdings im deutschen Finale 1925, als fast 40 000 Zuschauer im Frankfurter Stadion eine Sensation witterten, ehe die Hoffnungen des FSV Frankfurt zerstoben wie Seifenblasen im Wind. Mit einem wuchtigen Schuß besorgte Ludwig Wieder in der 108. Minute die Entscheidung, nachdem sein Mannschaftskamerad Carl Riegel einen Elfmeter so schwach geschossen hatte, daß Frankfurts Torwart Jean Koch den Schuß ohne Probleme abwehren konnte. Wieders Treffer war ein Stück Nürnberger Vereinsgeschichte: Er nahm eine Vorlage von Kalb auf, umdribbelte drei Abwehrspieler des FSV Frankfurt, schüttelte auch Verteidiger Heinig ab und traf ins äußerste rechte Eck. Der Schuß war so wuchtig, daß der Ball in den Maschen des Netzes hängenblieb. Dem Triumph des 1. FC Nürnberg war bereits der Titelgewinn des Jahres 1924 (2:0 gegen den Hamburger SV) vorangegangen. Ihm folgte eine weitere Meisterschaft im Jahre 1927. Stets gehörte Ludwig Wieder zu den Leistungsträgern des 1. FC Nürnberg, für den er bis 1934 insgesamt 437 Spiele bestritt. Sein internationales Debüt gab er am 3. Juni 1923 gegen die Schweiz in Basel (2:1). Nach seinem Abschied vom aktiven Fußball arbeitete der Sportlehrer als Trainer unter anderem beim Postsportverein Duisburg, Wuppertaler SV, Alemannia Aachen, VfL Neustadt, Turbine Erfurt und Rotation Babelsberg. Während des 2. Weltkriegs war Ludwig Wieder in Rostock als Angestellter in einem Großindustrieunternehmen tätig. In der Hansestadt arbeitete er auch nach Kriegsende – und zwar als Trainer der alten Rostocker TSG, die sich nunmehr »Süd« nannte und die es zur Meisterschaft von Vorpommern-Mecklenburg brachte. Danach fand er einen Job als Sportlehrer an einer Oberschule in Erfurt. Zu Beginn der 50er Jahre übernahm er die Trainingsleitung des Oberligisten BSG Erfurt, wechselte dann zu Rotation Babelsberg. Später übersiedelte er in seine alte Heimat und entdeckte sein Herz für den VfL Neustadt/Coburg, wo er dem Spielausschuß angehörte. Seine letzten Lebensjahre verbrachte Ludwig Wieder in Minden-Barkhausen – unweit der Porta Westfalica.

WIENTJES, CLEMENS

Geboren am 8. Februar 1920
Zwei Länderspiele (1952)
Rot-Weiß Essen

Die Wanderjahre endeten in Essen

Das Handwerk hatte in den Jahren nach der Währungsreform einen besonders »goldenen Boden«. Die Trümmer des 2. Weltkriegs verschwanden nach und nach aus dem Gesichtsfeld der geschundenen Menschen, und auch im zerbombten Industrierevier an Rhein und Ruhr war der Aufbauwille überall spürbar. Clemens Wientjes war Handwerker, er führte mit seinem Bruder ein Klempnergeschäft, und da es den uralten Regeln der Zunft entsprach, mußten Klempner jahrelang wandern und zum Schluß eine Laterne anfertigen. Wientjes Fußballwanderjahre führten ihn über TuS Heidhausen, 1. FC Nürnberg, Spvg. Werden 08 im Jahre 1947 zu

Rot-Weiß Essen. Und hier fand er sein Fußballglück. Er war Außenläufer und Halbstürmer und in den fünfziger Jahren Mitglied der großen Essener Mannschaft, die 1953 das erste Pokalendspiel nach dem 2. Weltkrieg gewann. Gegner war in Düsseldorf Alemannia Aachen, und die Essener behielten mit 2:1 die Oberhand. Es war ein heißer Tag, dieser 1. Mai 1953, an dem sich die Pokalfinalisten gegenüberstanden. Der Stuttgarter Schiedsrichter Alois Reinhardt leitete das letzte Spiel seiner Karriere, und er sah mit den 40 000 Zuschauern ein Spiel, das von einem enormen Tempo geprägt war. »Penny« Islacker brachte die Essener mit einem Heber über den Aachener Torwart Heinrichs mit 1:0 in Führung, und dann besorgte der junge Helmut Rahn, der soeben Nationalspieler geworden war, die vermeintliche Vorentscheidung. Aber die Aachener schlugen zurück und kamen durch den späteren Bundestrainer Jupp Derwall zum Anschlußtor, dem eine große Essener Abwehrschlacht folgte. Clemens Wientjes war mit den Essener 1948 in die Oberliga West aufgestiegen. Beim zweiten großen Essener Triumph in den fünfziger Jahren, dem Gewinn der Deutschen Meisterschaft 1955, war Clemens Wientjes Karriere praktisch schon vorbei. In der laufenden Saison war er nur noch sporadisch eingesetzt worden. Sein erstes Länderspiel sollte der Außenläufer ursprünglich Ende 1951 vor heimischer Kulisse am Essener Uhlenkrug gegen Luxemburg bestreiten, doch dann wurde er wegen einer Verletzung gestrichen. Die nächste Chance ergab sich im Frühjahr 1952 in Luxemburg, wo die Fußballer des Großherzogtums 0:3 verloren. Clemens Wientjes' Länderspieldebüt dauerte 65 Minuten, dann verletzte er sich erneut und wurde von dem Osnabrücker Hannes Haferkamp abgelöst. Bis dahin war Wientjes der beste Aufbauspieler der deutschen Mannschaft. Sein zweites und letztes Länderspiel führte ihn im Oktober 1952 nach Paris, wo die Deutschen mit 1:3 eine empfindliche Niederlage kassierten. Clemens Wientjes verbrachte seinen Lebensabend in Wiesbaden.

WIGGERS, HERMANN

Geboren am 7. April 1880
Ein Länderspiel (1911)
Victoria Hamburg

Mit »Melone« und Gehstock auf Reisen

In der Frühgeschichte der Hamburger Victoria spielte ein couragierter Mann namens Hugo E. Kubaseck eine wichtige Rolle. Er war ein glühender Idealist des Fußballs, ein Pionier im besten Sinne des Wortes. Er stand in der Zeit der Jahrhundertwende im Tor der Fußballer, war aber auch ein guter Leichtathlet. Und er war ein Visionär der Fußballbewegung in Deutschland. Kubaseck war Verfechter des Gründungsgedankens eines Deutschen Fußballbundes und später einige Zeit dessen Schriftführer. Verdienste erwarb sich der Hanseat aber auch als Vorsitzender des Norddeutschen Fußballverbandes, ehe er einige Jahre vor Ausbruch des 1. Weltkriegs nach Argentinien auswanderte, dort als Farmer lebte, ein Handelsgeschäft führte und so ganz nebenbei auch noch deutscher Konsul war. Einer von denen, die mit Hugo E. Kubaseck an der Elbe aufwuchsen, war Hermann Wiggers, der vom AFC kam. Er war fünfzehn Jahre alt, als am 5. Mai 1895 die Victoria in einer kleinen Kneipe namens »Gemperle« in der Nähe des Millerntors gegründet wurde. Später spielte sich dann das gesellige Leben des Vereins im Klublokal bei »Louis Meyer« in der Eimsbütteler Straße ab. Die Weggefährten des jungen Hermann Wiggers waren unter anderem die Gebrüder Otto und Willy Eikhof, Karl und Hans Weymar, Hermann Lodding, Alex Frankenthal und der junge Hermann Garrn, der eigentlich Ehlers hieß. Irgendwann spielten die Victorianer nicht mehr auf dem kleinen Exerzierplatz am Heiligengeistfeld, sondern auf ihrem eigenen Sportplatz Hoheluft, womit die Mannschaft sowohl eine Heimat, als auch zu einem höheren Niveau fand. Und in der Vereinszeitung der Victoria trommelte ein Chronist namens Otto Neumann für Sitte und Anstand im Fußball. Eine seiner Weisheiten lautete: »Bedenke, daß in einem Wettspiel das Reden Nebensache und der Hauptwert im Spiele selbst liegt ...« Hermann Wiggers war allerdings bei der Victoria nur über einen kurzen Zeitabschnitt Stammspieler in der ersten Mannschaft. Um so überraschender war sein Mitwirken am 18. Juni 1911 im Länderspiel gegen Schweden im Rasundastadion von Stockholm. Hermann Wiggers war linker Verteidiger, und mit von der Partie war auch »Adsch« Werner, der prächtige Kieler Torwart, der eine kurze Zeit in Hamburg spielte. Der schnelle Otto Dumke schoß beim 4 : 2-Sieg gegen die Skandinavier drei der vier deutschen Tore. Ein vergilbtes Foto zeigt die deutsche Mannschaft mit ihrem Delegationsleiter Georg Blaschke bei der Ankunft in Stockholm. Der kleine schnauzbärtige Hamburger Verteidiger kam mit Melone und dem damals obligatorischen Gehstock in die schwedische Hauptstadt. Zu diesem Zeitpunkt kurz vor Ausbruch des 1. Weltkrieges war Hermann Wig-

gers bereits 31 Jahre alt. Er blieb seiner Heimatstadt Hamburg ein Leben lang treu.

WIGOLD, WILLI

Geboren am 10. Dezember 1909,
gestorben am 8. Dezember 1943
Vier Länderspiele (1932 bis 1934), drei Tore
Fortuna Düsseldorf

»Was sind das für Burschen!«

Es war eine große Mannschaft, die Fortuna Düsseldorf in die deutsche Endrunde des Jahres 1933 schickte. Der kleine Arbeiterverein aus Flingern hatte sich gemausert – war vorgedrungen in die Gilde der ganz Großen in Deutschland. Im Jahre 1924 hatten sich die Fortunen ihren ersten Trainer geleistet. Es war der Wiener Heinz Körner, der vor und nach dem 1. Weltkrieg das Trikot von Rapid trug und auch sieben Spiele für die österreichische Nationalmannschaft bestritt. »Mein Gott, was sind das für Burschen. Die wissen ja noch gar nicht, was sie wirklich können«, sagte Körner, nachdem er sich »sein« Spielermaterial in Düsseldorf angeschaut hatte. Ende der zwanziger Jahre wurde die Fortuna nicht nur im Westen um eine vorzügliche Nachwuchsarbeit beneidet. Und diese jungen Leute waren die Basis für den größten Erfolg in der Vereinsgeschichte. Willi Wigold war im Düsseldorfer Stadtteil Gerresheim aufgewachsen, hatte dort für »Rasensport von 1908« gespielt, ehe er mit 21 Jahren zur Fortuna wechselte. Und der schußgewaltige halbrechte Stürmer sollte zu den erfolgreichsten Spielern in der Geschichte des Vereins werden. 19 Jahre war Willi Wigold jung, als im Jahre 1928 »Schorsch« Hochgesang vom 1. FC Nürnberg an den Rhein wechselte und der Fortuna damit den wohl entscheidenden Anstoß zur späteren Meisterschaftsreife gab. 1933 war dann die Krönung auch für Willi Wigold fällig – er hatte Anteil an einem tollen Fortuna-Rekord, denn als am 11. Juni in Köln der 3 : 0-Endspielsieg gegen den FC Schalke 04 perfekt war, hatten die Düsseldorfer in den Endrundenspielen 19 : 0 Tore auf ihrem Konto. Der 196 Zentimeter große Willi Pesch im Fortunentor war nicht bezwungen worden, und Wigold war einer der erfolgreichsten Torschützen. Als er im Herbst des gleichen Jahres sein zweites Länderspiel bestritt und die Belgier in Duisburg mit 8 : 1 überrollt wurden, standen nicht weniger als sechs Fortunen in dieser sogenannten »Niederrhein-Elf«. Willi Wigold, der als städtischer Arbeiter sein Geld verdiente und nicht gerade zu den Redseligsten seiner Mannschaft zählte, traf gegen die »Roten Teufel« zweimal. Er absolvierte neben seinen vier Länderspielen auch drei Repräsentativspiele für den westdeutschen Verband. Als Reichstrainer Otto Nerz im April 1934 letzte Lehrgänge vor der Weltmeisterschaft in Italien abhielt und unter anderem auch ein Testspiel gegen Fortuna Düsseldorf bestritt, war zunächst auch Willi Wigold im 38er-Kader dabei, doch den Sprung ins Aufgebot schaffte er nicht. Er fiel im 2. Weltkrieg am Ilmensee in Rußland.

WILDEN, LEO

Geboren am 3. Juli 1936
15 Länderspiele (1960 bis 1964)
1. FC Köln

Wie ein Raubtier auf dem Sprung

Der 1. FC Köln war die große Zugnummer des deutschen Fußballs in den frühen sechziger Jahren. Und somit in einer Ära des Umbruchs. Die Oberligen, die den Spielbetrieb in der Bundesrepublik nach dem Zweiten Weltkrieg über einen Zeitraum von mehr als eineinhalb Jahrzehnten geprägt hatten, verabschiedeten sich. Alles sprach von der neuen Bundesliga und deren Zulassungskriterien. Am Rhein blühten derweil die schönsten Träume – es war für die Verantwortlichen des 1. FC Köln keine Frage, daß dieser Verein auch künftig im deutschen Fußball die allererste Geige spielen würde. Schließlich war ihr Präsident Franz Kremer einer der Väter der neuen Liga. Doch noch war die Bundesliga nicht geboren – die Spieler des 1. FC Köln mußten erst Westmeister werden, um in die Endrunde der Deutschen Meisterschaft einziehen zu können. Es waren die Jahre, in denen sich Mannschaft und Betreuer vor ihren Auswärtsspielen stets am Zigarrenhaus Jupp Röhrig in der Luxemburger Straße trafen. Die Fans des Geißbock-Klubs sprachen von der »Straße des 1. FC Köln«, und so mancher schaute vorbei, wenn die Stars der Domstadt dort in den Bus kletterten. Wer zu spät kam, der mußte auch damals schon in die Mannschaftskasse zahlen. Nicht etwa einen »Blauen«, sondern schlimmstenfalls zwei Mark. Und Hans-Gerhard König wußte in seinem Buch »1. FC Köln – vom Vorstadtverein zum Weltclub« zu berichten, daß Franz Kremer, der allgegenwärtige Chef, als einziger das Privileg genoß, sich im Mannschaftsbus eine Zigarette anstecken zu dürfen. Nach den Spielen trafen sich Aktive und Schlach-

tenbummler meist bei einem »Kölsch« im Clubhaus oder bei Mehring an der Luxemburger Straße. Manchem war auch danach zumute, noch bei Franz Hamacher im »Bitchen« in der Apostelnstraße auf der Kegelbahn eine ruhige Kugel zu schieben. Leo Wilden hat diese Zeit hautnah miterlebt – er war einer der gefeierten Helden dieser Kölner Fußballepoche. Als er noch C-Jugendlicher war, spielte er für den VfL Köln – mit 22 Jahren wurde er Vertragsspieler beim 1. FC Köln. Zwei Jahre später stand er das erste Mal in einem deutschen Endspiel. 71 000 Zuschauer schauten im Frankfurter Stadion zu – und die Zuordnungen waren an diesem Tag ziemlich eindeutig. Leo Wilden, der Kölner Mittelläufer, hatte die schwierige Aufgabe, den jungen Hamburger Himmelsstürmer Uwe Seeler an die Leine zu legen. Obwohl »uns Uwe« zwei Tore markierte – unter anderem den Siegtreffer zum 3:2 zwei Minuten vor dem Abpfiff –, waren sich die Kritiker einig: Eigentlich hatte Leo Wilden das Duell gegen den Nationalstürmer gewonnen. Sepp Herberger sprach anschließend dennoch vom »Sieg der Jugend gegen die Routiniers«, doch an Wilden wird er dabei nicht gedacht haben, denn der stand – im Gegensatz zu einigen anderen Kölnern – in der Blüte seiner Leistungskraft. Zwei Jahre später sollte auch Wilden den Gipfel erreicht haben – der 1. FC Köln triumphierte im Finale gegen den 1. FC Nürnberg mit 4:0. Und auch das erste Bundesligajahr beschlossen die Rheinländer mit dem Titelgewinn. Leo Wilden, der geschmeidige Mittelläufer, der in seiner stets leicht geduckten Haltung einem Raubtier ähnelte, das zum Sprung ansetzt, absolvierte das erste seiner fünfzehn Länderspiele schon 1960. Er glänzte in vielen internationalen Begegnungen als unerbittlicher Zerstörer. Gelobt wurden seine gute Raumaufteilung und sein Stellungsspiel. Manche Kritiker verglichen ihn mit dem Münchner Vorbild »Lutte« Goldbrunner. 1962 gehörte Leo Wilden zum deutschen Aufgebot bei der Weltmeisterschaft in Chile, kam dort aber nicht zum Einsatz. Bis 1966 spielte der athletische Abwehrrecke für seinen 1. FC Köln, um dann als Libero zum Regionalligisten Bayer Leverkusen zu wechseln. 1971 wurde er beim Kölner Nachbarn in das Amt des 2. Vorsitzenden gewählt. Trainererfahrungen sammelte Leo Wilden unter anderem bei den Landesligisten Pulheimer SC und SC West Köln. Er betrieb nach seiner aktiven Zeit mehrere Tabakwarengeschäfte in seiner Heimatstadt Köln.

WILLIMOWSKI, ERNST

Geboren am 23. Juni 1916,
gestorben am 30. August 1997
Acht Länderspiele (1941 bis 1942), 13 Tore
PSV Chemnitz, TSV 1860 München

Vier Tore gegen Brasilien

Dies ist die Geschichte eines ungewöhnlichen Sportlerlebens – die Story eines Fußballers im Strom ge-
schichtlicher Ereignisse, auf die er ebensowenig
Einfluß hatte wie fast alle anderen seiner Zeit- und
Leidensgenossen. Ernst Willimowski kam mitten
im 1. Weltkrieg in Kattowitz zur Welt. Fast zur gleichen Zeit wurde das selbständige Königreich Polen
proklamiert, zwei Jahre später dann die Republik
Polen ausgerufen. Der Versailler Vertrag belastete
das deutsch-polnische Verhältnis, und so wuchs
Ernst Willimowski, dessen Eltern Deutsche waren,
in einer politisch und wirtschaftlich schwierigen
Situation auf. Mit elf Jahren bekam der Oberschlesier
zum erstenmal Kontakt mit dem Fußball – er spielte
für den 1. FC Kattowitz. Es waren nicht nur gute
Freunde, die er in dieser Zeit an seiner Seite hatte,
und so kam es, daß er angesichts seines Fußballtalents nicht bedachte, sich einer geregelten Berufs-
ausbildung zuzuwenden. Ein Versäumnis, das er
später bitter bereuen sollte. Als 18jähriger wechselte Ernst Willimowski zu Ruch Bismarckhütte
und wurde fünfmal polnischer Landesmeister. Dort
wurde er auch zum polnischen Fußballnationalspieler, begründete seinen Ruf als torgefährlicher
Mittelstürmer – spätestens von dem Zeitpunkt an,
als er in einem Spiel mal sieben Treffer erzielte.
Ernst Willimowski war aus der polnischen Nationalmannschaft bald nicht mehr wegzudenken –
und er schrieb bei der Weltmeisterschaft 1938 in
Italien Fußballgeschichte. Er war einer der Hauptdarsteller des bemerkenswertesten Spiels dieses
WM-Turniers. Es fand in Straßburg statt und bescherte dem Außenseiter Polen den vermeintlichen
Favoriten Brasilien. Und der führte dann auch ziemlich rasch mit 1:0 und später mit 3:1. Die Fußballzauberer vom Zuckerhut tanzten Samba und
wähnten sich schon als Sieger. Doch sie hatten ihre
Rechnung ohne Willimowski gemacht, denn der
führte die Polen zum 3:3 heran; nach 90 Minuten
hieß es 4:4. Erst in der Verlängerung setzten sich
die Brasilianer durch. Vor allem dank ihres schwarzen Mittelstürmers Leonidas da Silva, der zu Hause
in Rio die größte Popularität aller brasilianischen
Fußballer der 30er Jahre genoß. Leonidas entledigte
sich seiner Schuhe, nachdem über dem Stadion von

Straßburg ein Wolkenbruch niedergegangen war,
und schoß in der Verlängerung zwei Tore. Am Ende
gewannen die Brasilianer mit 6:5. Ernst Willimowski wäre ohne die Tore von Leonidas vielleicht
der Superstar der Weltmeisterschaft 1938 geworden – im einzigen Spiel der Polen hatte er vier Tore
erzielt. Und an diesem frühen Junitag des Jahres
1938 hätte Ernst Willimowski sich wohl kaum vorstellen können, daß er nach seinen 22 Spielen für
Polen (in denen er 21mal ins Schwarze traf) auch
noch das deutsche Nationaltrikot tragen würde.
Nach Hitlers Überfall auf Polen erinnerte sich der
DFB der deutschstämmigen Vorfahren des Mittelstürmers, der sich dann auch offen zum Deutsch-
tum bekannte und deshalb jahrzehntelang aus allen
polnischen Statistiken gestrichen wurde. Sepp Herberger berief Willimowski während des Zweiten
Weltkriegs zu insgesamt acht Länderspielen. Dabei
schoß er nicht weniger als 13 Tore. Die Experten
dieser Tage rühmten die Schlitzohrigkeit des Stür-
merstars, dessen Schußkraft, die unwiderstehlichen
Dribblings und das Erkennen von torreifen Situationen. Der hagere Mann aus Kattowitz, der zunächst
für Polizei Chemnitz spielte (und Angestellter im
Polizeipräsidium war), um später für den TSV 1860
München in der Gauliga anzutreten (und mit den
»Löwen« 1942 deutscher Pokalsieger wurde), war
zwar nicht der Schnellste, doch die Explosivität im
Strafraum erreichte in späteren Jahren eigentlich
nur noch Gerd Müller. »Willi« war in jedem Spiel
für wenigstens ein Tor gut, und er verstand sich
prächtig mit dem jungen Fritz Walter. Einen seiner
größten Tage im Nationaltrikot der Deutschen
erwischte er am 18. Oktober 1942 in Bern, als er
vier Tore beim 5:3-Sieg gegen die Schweiz erzielte.
Er spielte darüber hinaus repräsentativ für Sachsen
und Bayern. Nach dem 2. Weltkrieg ließ er sich
zunächst wieder in Chemnitz nieder, schoß dort
Tore für den PSV, war Trainer in Merseburg, fand
dann vorübergehend ein Domizil in Ostwestfalen,
wo er in Hameln und Detmold spielte, und gelangte
schließlich zum BC Augsburg, wo er mit
»Schorsch« Platzer und »Lude« Schlump einen starken Innensturm bildete. Doch die Augsburger ent-
ließen ihn im Jahre 1948, weil Ernst Willimowski
mit den Gesetzen in Konflikt geraten war und eine
dreijährige Bewährungsstrafe erhalten hatte. Der
Deutsche Fußball-Bund sperrte seinen einstigen
Stürmerstar lebenslänglich, um ihn dann später zu
begnadigen. Der FV Offenburg und Singen 04
waren seine nächsten Stationen, ehe er im Jahre
1953 zum VfR Kaiserslautern kam, wo er als 37jäh-
riger noch 31 Tore in der Oberliga Südwest erzielte

und in der Saison 1953/54 nur von seinem alten Spezi Fritz Walter übertroffen wurde. Insgesamt brachte es »Ezi«, wie ihn seine Freunde nannten, auf 1175 Tore. Als Vierzigjähriger trug Ernst Willimowski noch das Trikot des Kehler FV. Dann führte er als Trainer den SV Gengenbach in die 2. württembergische Amateurliga. Er lebte in Offenburg, wo er eine Gaststätte betrieb, und dann in Karlsruhe. Später bekam er Alkoholprobleme und verdiente seinen Lebensunterhalt als Nachtwächter. Er war bei den Pfaff-Werken beschäftigt.

WIMMER, HERBERT

Geboren am 9. November 1944
36 Länderspiele (1968 bis 1976), vier Tore
Borussia Mönchengladbach

Das »Rennpferd« unter den Fohlen

Helenio Herrera, den sie auch den »Sklaventreiber« nannten, stand am Spielfeldrand und gestikulierte. Er hob eine Hand und einen Finger, was so viel bedeutete: »Die Nummer sechs – paßt auf die Nummer sechs auf.« Doch der Mann hatte gut reden, denn dieser Spieler von Borussia Mönchengladbach mit der Nummer sechs auf dem Trikot war an guten Tagen nicht zu bremsen. Er war ein Dauerläufer im besten Sinne des Wortes und damit einer der wichtigsten Mannschaftsspieler des Clubs vom Bökelberg. Der Journalist Harald Landefeld schilderte irgendwann einmal die erste Begegnung von Hennes Weisweiler mit Herbert Wimmer. Weisweiler erzählte ihm seine Eindrücke später so: »Als ich in Mönchengladbach anfing, da hab' ich mir gedacht, der Hacki Wimmer, der ist als Mensch und Fußballer viel zu anständig, als daß du mit dem Meister werden könntest. Als wir dann zum drittenmal Deutscher Meister wurden, habe ich ihm gesagt: Hacki, Du darfst ab sofort Du zu mir sagen.« Wimmer verstand das als eine persönliche Adelung. Von diesem bescheidenen Profi wußte man aber noch etwas: Man bekam ihn eher zum Rennen als zum Reden. »Hacki« war ein waschechter »Acher Jong«. Genau genommen kam er aus Brand bei Aachen, spielte dort bei der Borussia. 1966 kreuzte er bei Borussia Mönchengladbach auf und hatte so gut wie keine Probleme, sich zu integrieren, und wurde sehr schnell zu einem festen Bestandteil der »Fohlenelf«, die Hennes Weisweiler behutsam aufbaute und geschickt ergänzte. Es gibt mehrere Thesen, warum seine Kameraden ihn »Hacki« nannten. Die eine leitet das von Wimmers »Hakenschlagen« ab,

eine andere, weil er nach Ansicht der Freunde von Vorabendserien dem berühmten »Hucky« ähnlich sah. Und dann gab es da auch noch die Variante, Wimmer nenne man »Hacki«, weil er seinen Kontrahenten meist nur die Hacken zeigte. Wie dem auch sei: Herbert Wimmer war ein Profi bester Güte, einer der fleißigsten Spieler in einer Mannschaft, die sich aus Künstlern und Arbeitern zusammensetzte. Und dieser Renner erfüllte sehr bereitwillig die Aufgabe des »Wasserträgers« für Günter Netzer. »Wir waren voneinander abhängig, aber wir profitierten auch voneinander«, sagte Wimmer, der sich eigentlich nicht als »Wasserträger« fühlte, weil er sich, im Gegenteil, mit dem Superstar im Mittelfeld ausgezeichnet verstand. Fünfmal wurde Herbert Wimmer mit den Gladbachern Deutscher Meister, 1975 dann UEFA-Cupsieger. Sein schönstes internationales Erlebnis hatte er 1972. Als Mitglied der legendären Europameisterschaftself schoß er ausgerechnet beim 3 : 0 im Brüsseler Heyselstadion gegen die UdSSR sein erstes Länderspieltor. Weniger glücklich verlief vier Jahre später sein zweites EM-Finale, das in Belgrad mit einer Niederlage im Elfmeterschießen gegen die Tschechoslowakei endete. Es sollte für den Renner vom Bökelberg das letzte seiner Länderspiele sein, nachdem er zwei Jahre vorher bei der Weltmeisterschaft in der Bundesrepublik in den wichtigsten Begegnungen auf der Reservebank Platz nehmen mußte. Bis 1978 absolvierte »Hacki« Wimmer 366 Bundesligaspiele für

Borussia Mönchengladbach und schoß dabei 51 Tore. Nach seiner aktiven Zeit betrieb er in Brand bei Aachen einen Tabakwaren-Groß- und Einzelhandel. Außerdem war er Besitzer einer Toto- und Lottoannahmestelle. Im März 1994 stellten sich die Spätfolgen des Leistungssports bei Herbert Wimmer ein – er bekam ein künstliches Hüftgelenk.

WINKLER, PAUL

Geboren am 22. August 1913
Ein Länderspiel (1938)
Schwarz-Weiß Essen

Auf den Spuren der Gebrüder Spitz

Altenessen war einst ein selbständiger Ort inmitten des Kohlenpotts. Die Menschen lebten fast ausschließlich von der Industrie vor ihrer Haustür, und das »Revier« war eine Region für Männer, die bereit waren, die Ärmel aufzukrempeln. Auch in Altenessen waren es einst die Schüler des örtlichen Gymnasiums, die als erste Geschmack am Fußball bekamen. Überliefert ist kurz nach der Jahrhundertwende ein Spiel der Gymnasiasten gegen den SV Preußen Berge-Borbeck, der mit einer 0 : 8-Packung heimzog. Das ermunterte die fußballspielenden Schüler zu weiteren guten Taten, doch die fanden in Ermangelung von Sportplätzen fast ausschließlich auf den Straßen statt. Eine dieser Mannschaften nannte sich »Regilia«, andere sprachen von dem »Spitzclub« – und alle wußten, was damit gemeint war. Die Gebrüder Spitz waren stolze Eigentümer des einzigen Balles. Und eines schönen Frühlingstages standen die Freunde der Gebrüder Spitz einer Mannschaft von Rhenania Essen gegenüber. Das Resultat ist nicht bekannt, doch aus dieser Begegnung entstand der Ballspielverein Altenessen, in dem sich nicht nur die fußballverrückten Pennäler heimisch fühlten, sondern auch die jungen Arbeiter der Region. Der BVA entwickelte sich innerhalb von zwei Jahrzehnten zu einer führenden Kraft im Westen Deutschlands – von Schalke 04 war damals noch nicht die Rede. Aus dem BV Altenessen ging Paul Winkler hervor – ein schneller und schußkräftiger Rechtsaußen. Nach seiner Jugendzeit wechselte er zu Schwarz-Weiß Essen. Doch der Verein tat sich schwer im Fußballrevier an der Ruhr. Schalke 04 war inzwischen übermächtig – allein im Jahre 1933 fanden die Essener als Pokalsieger den Weg ins Rampenlicht und hätten fast die deutsche Endrunde erreicht. Aber der starke VfL Benrath schlug dem Verein die Tür vor der Nase zu. Rechts-

außen Paul Winkler galt jedoch nicht nur im Westen als großes Talent; folglich wurde er zu einem Testspiel der Nationalmannschaft nominiert. Die traf am 20. März 1938 in Wuppertal auf Luxemburg und gewann 2 : 1. Es handelte sich dabei um die sogenannte »zweite Garnitur«, denn die »erste« spielte gleichzeitig in Nürnberg gegen Ungarn (1 : 1). Für Paul Winkler blieb dies die einzige Berufung – er schaffte nicht den Sprung ins Aufgebot für die Weltmeisterschaft des gleichen Jahres in Paris. Vier Jahre später stand Paul Winkler in der Niederrheinauswahl, die in Duisburg überraschend die »Deutschland-Auswahl« mit 3 : 2 schlug. Er wurde in der Halbzeit für den Kronenberger Engelbracht eingewechselt. Schalke 04 und Borussia Mönchengladbach waren bis 1954 die nächsten Stationen von Paul Winkler, den alle »Jonny« riefen. Er betrieb später eine Tankstelle im Mönchengladbacher Stadtteil Eicken. Sein Sohn Klaus trug die Trikots von Borussia Mönchengladbach, Offenbacher Kickers und Hamburger SV.

WINKLER, WILLI

Geboren am 24. August 1903,
gestorben am 12. Mai 1967
Ein Länderspiel (1928)
Wormatia Worms

Frischer Wind in Rheinhessen

Das Jahr 1924 brachte für den rheinhessischen Fußball eine interessante Variante. Alemannia Worms gab die führende Rolle in der alten Bischofsstadt an Wormatia ab. Die Alemannen hatten sich auf Dauer in der Klasse Rheinhessen/Saar der Konkurrenz aus Biebrich, Trier, Idar, Saarbrücken, Höchst, Wiesbaden und Neunkirchen nicht erwehren können. Wormatia Worms schaffte zeitgleich mit dem Abstieg des Ortsrivalen den Sprung in diese Klasse. Trainer Karl Willnecker, der vor dem 1. Weltkrieg bei der Spvg. Fürth ein harter und ausdauernder Mittelläufer war, hatte die Wormatia geformt und sie schließlich zur Meisterschaft und zum Aufstieg in die höchste Spielklasse geführt. Er brachte unter anderem Willi Winkler hervor, der auf dem schmalen Platz am Schweißwerk auf dem rechten Flügel große Spiele lieferte. Fast alle Fußballer dieser Wormser Generation arbeiteten in den Lederwerken Cornelius Heyl. Im Schatten der gelben Fabrikmauern lag der erste Sportplatz der Wormatia, und hier spielten zwei der Buben der Familie Winkler: Karl und Willi. Karl wurde später ein erfolgreicher Trainer, Willis Weg führte in die Nationalmannschaft. Beide gingen aus dem VfR 08 hervor, der einen schönen Platz am Rhein sein eigen nannte. Karl war ein athletischer Typ – ein eisenharter Verteidiger. Er war in der Lederfabrik als Falzer beschäftigt. Während es Willi, der ursprünglich im Tor stand, nach der Fusion des VfR und der Wormatia zum VfR Wormatia zu großer Popularität brachte, zog es seinen Bruder Karl schon früh in den Westen Deutschlands, wo er Sportlehrer wurde. In Kiefer, Ludwig Müller, Ruppert und Kerner fand Willi Winkler bei der Wormatia einen ausgezeichneten Angriff vor. Der 21jährige lockenköpfige Rechtsaußen war ein durchschlagskräftiger Stürmer und ein ausgezeichneter Flankengeber. Am Ende der ersten Saison landete Wormatia auf Platz vier. Willi Winkler, der zwischenzeitlich einen Abstecher zu Eintracht Kreuznach machte und auch das Trikot des Sportclub 03 Kassel trug, um dann zur Wormatia zurückzukehren, wurde im Jahre 1928 in die Nationalmannschaft berufen. Er galt als einer der besten Stürmer des Südens und war im September im Osloer Ulleval-Stadion beim deutschen 2 : 0-Sieg gegen Norwegen dabei. An diesem Tag schoß der junge Schalker Ernst Kuzorra in seinem zweiten Länderspiel sein erstes Tor für Deutschland. Willi Winkler konnte in Oslo an seine guten Wormser Leistungen nicht anknüpfen, und so blieb es für ihn bei diesem Länderspiel. In späteren Jahren wirkte er als rechter Verteidiger. Alltags ging er seinem Beruf als Geschäftsführer nach, und er galt als ein geselliger und fröhlicher Mensch. Noch Jahre später zeigte der Wirt des Café Bergold am Wormser Marktplatz einen Fleck auf der Seidentapete, wo Willi Winkler nach einer Meisterfeier im Überschwang seiner Jugend mal ein Sektglas an die Wand geworfen hatte … Mitte der 50er Jahre ließ sich Winkler überreden, es doch einmal als Trainer zu versuchen. Er betreute den SV Horchheim in der zweiten rheinhessischen Amateurliga. Er starb, wie sein Bruder Karl, 1967 an einer unheilbaren Krankheit.

WÖRNS, CHRISTIAN

Geboren am 10. Mai 1972
8 Länderspiele (seit 1992)
Bayer Leverkusen

Die Vorbilder der Mannheimer Schule

Fußballtalente wachsen zwar auch in Mannheim nicht auf den Bäumen, doch in dieser Region sprießen sie offenbar besonders gut. Das zeigte sich auch am Beispiel des Christian Wörns, der aus der Stadt stammt, die so manchen Großen des deutschen Fußballs hervorbrachte. Als Achtjähriger begann der kleine Christian bei Phönix Mannheim – fünf Jahre später tauchte er dann auf dem Waldhof auf. Und hier wurde an seinem Talent gefeilt. Co-Trainer Valentin Herr war einer von denen, die ihn zielstrebig förderten und ihm prophezeiten, er werde die Reihe der außergewöhnlichen Manndecker fortsetzen, die aus der Mannheimer Schule kamen. Jürgen Kohler hätte dem jungen Wörns sicherlich als Vorbild gedient. Auch die Förster-Brüder oder Paul Steiner. Die nordbadische Jugendauswahl war die erste größere Plattform, auf der sich der Mannheimer Abwehrspieler präsentieren konnte – und wo er sich bei DFB-Trainer Berti Vogts für die deutsche Jugendauswahl empfahl. Christian Wörns galt als Frühstarter und bekam schon mit 17 Jahren die ersten Chancen in der Bundesligamannschaft des Waldhof. Doch sein erstes Spiel war für Wörns mit einem herben Schock verbunden. Am 18. August 1989 war sein Vater auf dem Weg nach Frankfurt gestorben, wo die Waldhöfer mit Christian Wörns beim Oberligisten Rot-Weiß im DFB-Pokal anzutreten hatten. Er erlitt unterwegs einen tödlichen Herzinfarkt. Dennoch nahm die fußballerische Entwicklung des jungen Mannes, der die Schule mit der Mittleren Reife abgeschlossen hatte, ihre planmäßige Fortsetzung: Er schlüpfte ins Trikot der U-21-Nationalelf, doch als die Mannheimer die höchste Spielkasse verlassen mußten, drohte bei ihm die Gefahr eines Karriereknicks, zumal er sich einen dreifachen Bänderriß zugezogen hatte. Nach einem Jahr in der 2. Bundesliga konnte sich Wörns im Jahre 1991 dann aussuchen, zu welchem Verein der Bundesliga er wechseln sollte – an Angeboten mangelte es ihm jedenfalls nicht. Der Mannheimer entschied sich für Bayer Leverkusen – die Ablösesumme betrug 1,9 Millionen Mark –, und er bekam eine zweite Chance durch Berti Vogts. Der war inzwischen als Franz Beckenbauers Nachfolger zum Bundestrainer aufgestiegen und ließ Wörns im April 1992 gegen die CSFR in Prag debütieren, nachdem dessen Traum, mit der »U 21« die Qualifikation zu den Olympischen Spielen in Barcelona zu schaffen, geplatzt war. Wörns nutzte die Chance an der Moldau und wurde wenig später in das 20er-Aufgebot für die Europameisterschaft in Schweden berufen, wo er allerdings vergeblich auf seinen Einsatz wartete. Mit Bayer Leverkusen gewann er 1993 den DFB-Pokal, doch der nächste Einsatz in der Nationalmannschaft folgte erst wieder 1995. Es blieb bei sporadischen Bewährungschancen; oft mußte er auch wegen einer Verletzung passen. Bei Bayer Leverkusen war Christian Wörns aber längst eine feste Größe. Manager Reiner Calmund lobte ihn einmal so: »Er ist fleißig und diszipliniert – er hat eine vorbildliche Einstellung zum Beruf des Fußballprofis.«

WOHLFARTH, ROLAND

Geboren am 11. Januar 1963
Zwei Länderspiele (1986 bis 1989)
Bayern München

Torschützenkönig der Bundesliga

1981 war ein gutes Jahr für den deutschen Fußball. Die Junioren wurden Europameister. 56 000 Zuschauer feierten im Düsseldorfer Rheinstadion nach dem 1 : 0-Endspielerfolg gegen Polen eine vor Ehrgeiz sprühende Mannschaft mit vielen Talenten. Im gleichen Jahr wurden die deutschen Jungstars als »U 19« auch Weltmeister, und beim 4 : 0-Sieg im Finale von Sydney gegen Katar schoß Roland Wohlfarth ein Tor. Die Tür zu einer großen Karriere stand allen Siegern offen – die meisten fanden dann auch den Weg in die Bundesliga, doch nur einer fand auch den in die Nationalmannschaft: Roland Wohlfarth. Er wuchs in Bocholt als Sohn eines Arbeiters auf – unter neun Geschwistern. Borussia Bocholt war sein erster Verein, als er 16 Jahre alt war und sich für den Beruf eines Estrichlegers entschieden hatte. Dann wechselte er zum MSV Duisburg. Zu diesem Zeitpunkt hatten sich die Talentspäher im Westen längst den Namen des Jungen aus Bocholt gemerkt – es folgten dessen Berufungen in die DFB-Jugendauswahl, in der er achtmal zum Einsatz kam. Unaufhaltsam kletterte Roland Sprosse um Sprosse auf der Leiter der DFB-Auswahlmannschaften: Auf die U 19 folgte schließlich die U 21. Doch am Ende der Saison 1981/82 mußte die Duisburger Fußballgemeinde eine bittere Pille schlucken: Der MSV stieg aus der Bundesliga ab. Im Fußballunterhaus wurde Roland Wohlfarth dann einer der gefürchteten Torjäger, aber in dem temperamentvollen Trainer Siegfried Melzig fand er auch einen harten Kritiker. Einen Mann, der es einfach nicht einsehen wollte, warum der junge Profi ständig mit Übergewicht zu kämpfen hatte. 1984 hatte es Wohlfarth dann dennoch geschafft: Er hatte 30mal ins Schwarze getroffen – war Torschützenkönig der 2. Bundesliga. Und er war ein begehrter Mann für viele Bundesligavereine, konnte unter zahlreichen

Angeboten wählen und entschied sich für Bayern München – Karl-Heinz Rummenigge hatte ihn überredet. Die Bajuwaren machten sich den »Kauf« nicht leicht – schließlich war Jürgen Klinsmann von den Stuttgarter Kickers die Alternative zu Roland Wohlfarth. Letzterer aber sollte diesen Wechsel nicht bereuen, denn in seinem ersten Jahr in München wurde er mit dem FC Bayern schon Deutscher Meister, und in Udo Lattek fand er einen routinierten Trainer und Förderer. 1986 hatte der Torjäger dann sein nächstes großes Ziel erreicht – er wurde in Hannover beim Länderspiel gegen Spanien (2 : 2) eingesetzt. Doch auf ein weiteres Spiel mußte er lange warten – es fand erst drei Jahre später in Dublin gegen Irland (1 : 1) statt. In München schien für ihn längst nicht immer die Sonne – ihm wurde eine zu geringe Chancenauswertung vorgehalten. Und dies, obwohl er 1989 und 1991 Torschützenkönig der Bundesliga geworden war. Nach der Saison 1992/93 war für ihn die Uhr an der Isar abgelaufen – er suchte sich einen neuen Arbeitgeber und fand ihn in Frankreich bei AS St. Etienne. Die Ablösesumme betrug 2,5 Millionen Mark. Sein Comeback in der Bundesliga feierte er im Spätherbst 1994 beim VfL Bochum, doch einen Rückschlag erhielt er im darauffolgenden Januar, als man ihm nach einem Hallenturnier eine positive Dopingprobe entnahm. Er hatte seine noch immer nicht auskurierten Gewichtsprobleme mit Appetithemmern bekämpfen wollen und dabei übersehen, daß darin Mittel enthalten waren, die auf der FIFA-Verbotsliste standen. Er wurde ein Vierteljahr vom Punktspielbetrieb ausgeschlossen. Das erfreuliche »Trostpflaster«: Er stieg mit dem VfL nach dem Abstieg wieder in die Bundesliga auf; 1997 folgte gar die Qualifikation für den UEFA-Cup-Wettbewerb.

WOLPERS, EDUARD

Geboren am 24. August 1900,
gestorben am 23. November 1976
Ein Länderspiel (1926)
Hamburger SV

»Diener« zweier Nordclubs

Ein gewisser Freiherr Arthur von Seckendorff spielte in der Geschichte des Hamburger SV eine Rolle. Er war in den zwanziger Jahren, allerdings stets nur über eine kurze Zeitspanne, Präsident des Vereins. Und zwar im Jahre 1927, als die Hanseaten wieder einmal in der deutschen Endrunde standen. Sie hatten sich im Norden in einem Stichkampf gegen den

Lokalrivalen Altona 93 behaupten können. Als der HSV am 8. Mai 1927 im Düsseldorfer Rheinstadion gegen die Fortuna einen 4:1-Sieg erspielte, da stand ein junger Abiturient im Tor: Heinz Dorn. Der war für Wilhelm Blunck eingesprungen und mußte seinen Einsatz teuer bezahlen. Er flog vom Gymnasium, weil er dem Fußball zuliebe einer Griechisch-Lektion ferngeblieben war. Probleme dieser Art hatte der angehende Kaufmann Eduard Wolpers nicht. Er war zu diesem Zeitpunkt 27 Jahre alt und der Hamburger SV schon die dritte Station in seinem Fußballerleben. »Edu« war Hannoveraner, schnürte für den VfB in ganz jungen Jahren die Stiefel und hatte bereits 1920 Endrundenluft bei Arminia geschnuppert. Die Arminen waren zwei Jahre vorher durch eine Fusion in den Besitz eines Sportplatzes am Bischofsholer Damm gekommen. Sie hatten sich mit dem Rugby-Verein »Merkur« zusammengetan und nannten sich eine Weile »Arminia-Merkur«. Und nun feierten sie am 9. Mai 1920 einen ihrer größten Erfolge – sie gewannen in Bremen das norddeutsche Finale gegen den FC Borussia Harburg mit 2:1, nachdem sie vorher dem ATSB Bremen mit einem 3:1-Sieg erfolgreich Paroli geboten hatten. Die Hannoveraner hatten eine großartige Mannschaft beisammen. Mit Dr. Kurt Hemke im Tor, den Verteidigern Denecke und Oehlke. »Ittchen« Borchers, »Henner« Bies und Wallau stellten die Standardläuferreihe. Und der blutjunge Eduard Wolpers stürmte auf Halblinks an der Seite von Fritz Lange, »Kunni« Wulf, Otto Meyer und Ernst Alten. In der deutschen Endrunde brachte der 19jährige Eduard Wolpers dann die Arminen in Kiel gegen den FC Titania Stettin mit 1:0 in Führung, doch nach der Verlängerung hieß es 1:2. Im Jahre 1926 wechselte Wolpers für ein Jahr zum Hamburger SV, um dann zu seinen Arminen zurückzukehren, wo er noch in den 30er Jahren zu den Säulen der Mannschaft gehörte, ehe ihn Willy Fricke ablöste und »Edu« mehr und mehr in der Läuferreihe spielte. An der Elbe gefiel er als Ballschlepper und als Fußballer, dem kein Weg zu weit war. In die Zeit seines Gastspiels beim HSV fiel dann auch die einzige Länderspielberufung. Am 12. Dezember 1926 bemühte er sich in München beim Länderspiel gegen die Schweiz allerdings vergeblich, dem deutschen Angriff Schwung zu geben. Sein Mannschaftskamerad Tull Harder war ein Totalausfall – und so gewannen die Eidgenossen an der Grünwalder Straße mit 3:2. Eduard Wolpers beendete erst mit vierzig Jahren seine aktive Laufbahn.

WOLTER, HORST

Geboren am 8. Juni 1942
13 Länderspiele (1967 bis 1970)
Eintracht Braunschweig

Pendler zwischen Berlin–Braunschweig

Horst Wolter kam aus einem Berliner Stadtteil, der weniger im Fußball und dafür um so mehr als Talentschmiede der Leichtathletik einen ausgezeichneten Klang hatte. Charlottenburg war die Wiege von neun Medaillengewinnern bei Olympischen Spielen, und der SC Charlottenburg, der seine Wurzeln in Halensee hat, machte im Fußball eigentlich nur einmal von sich reden, als er 1983 in die 2. Bundesliga aufstieg. Viele Jahre vorher spielte hier ein Junge Mittelstürmer, der in Beelitz bei Berlin geboren wurde und dessen Torwarttalente sich erst nach und nach herauskristallisierten. Horst Wolter war 17 Jahre jung, als er zu Eintracht Braunschweig kam. Hier wurde er Nachfolger eines Torwartidols, des populären Hannes Jäcker. Das war im Jahre 1965, und der junge Berliner hatte inzwischen eine Bäcker- und Konditorenlehre im elterlichen Betrieb hinter sich. In der Stadt Heinrichs des Löwen ließ er sich – neben seinen fußballerischen Aktivitäten – zum Bankkaufmann ausbilden, was ihm später als Vertreter von Wertpapieren und Leiter einer Versicherungsagentur gut bekommen sollte. »Luffe« nannten ihn die Braunschweiger, und jeder seiner Fans wußte, daß der Berliner überaus ehrgeizig war. In der Saison 1966/67 sollte Eintracht Braunschweig die Krönung der Vereinsgeschichte erfahren – die Mannschaft von Trainer Helmut Johannsen war die Sensation des deutschen Fußballs und wurde völlig überraschend Deutscher Meister. »Beton aus Braunschweig« – so stand es in den Gazetten zu lesen. Und einer der wichtigsten Bestandteile dieses »Betons« war der mutige Mann zwischen den Pfosten: Horst Wolter. Gemeinsam mit Libero Jochen Bäse, Stopper Peter Kaack und dem später an den Folgen eines Autounfalls verstorbenen offensiven Verteidiger Jürgen Moll bildete Wolter eine Abwehr, an der sich die Stars der Bundesliga die Zähne ausbissen. In 17 Spielen der Saison blieb Horst Wolter ohne Gegentreffer – insgesamt kassierte er nur 27 Tore auf dem Weg zum Titel. Daß die Braunschweiger Stürmer nicht einmal fünfzig Tore zustandebrachten, war da zweitrangig. Für jeden Spieler der Braunschweiger Eintracht gab es eine Meisterschaftsprämie von 5000 Mark – der Torwart bekam aber noch ein Zubrot der besonders erstrebenswerten Art: Horst Wolter wurde Nationalspieler! Sepp Maier hatte plötzlich einen Konkurrenten. Drei Jahre später gehörte Wolter zum deutschen Aufgebot bei der Weltmeisterschaft in Mexiko – er stand im mit 1:0 gegen Uruguay gewonnenen Spiel um Platz drei zwischen den Pfosten der deutschen Nationalmannschaft. »Luffe« Wolter blieb bis 1972 in Braunschweig, aber bei der Eintracht wurde ihm allmählich die Reservebank zu hart. Bernd Frankes Können war er auf Dauer nicht mehr gewachsen. Und Hertha hatte durch den Bundesligaskandal gleich zwei Torwarte verloren: Volkmar Groß und Michael Kellner. Das war die große Chance für Horst Wolter, doch da war auch noch Thomas Zander, der ihm später wieder das Trikot mit der Nummer 1 streitig machte. Bis 1977 stand Wolter noch auf der Gehaltsliste von Hertha BSC, um dann beim niedersächsischen VfL Seesen als Trainer vor Anker zu gehen. In beiden Vereinen seiner Profikarriere wirkte er in den 80er Jahren in verantwortungsvoller Mission: bei Hertha BSC als Manager, bei Eintracht Braunschweig als Geschäftsführer.

WOLTER, KARL

Geboren am 2. August 1894,
gestorben am 19. April 1959
Drei Länderspiele (1912 bis 1921)
Vorwärts Berlin

Der Außenseiter mit dem »V«

Karl Wolter wurde in dem kleinen brandenburgischen Flecken Hohenlübbiohow geboren. Als junger Mann kam er nach der Jahrhundertwende nach Berlin und verschrieb sich dort dem Fußball. Und zwar beim Berliner FC Vorwärts von 1890, dem Vorfahren der späteren Blau-Weißen. In den ersten Jahren war das Trikot, dem Vereinsnamen entsprechend, noch schwarz und weiß mit einem Querstreifen, der einer Schärpe ähnelte. In der Pionierzeit des deutschen Fußballs standen Schärpen eigentlich nur dem Kapitän einer Mannschaft zu. Auf dem Herzen trugen die Fußballer von Vorwärts ein großes »V«. Der Verein schloß sich dem Märkischen Fußballbund an, erkämpfte sich gleich nach der Jahrhundertwende die ersten Meisterschaften und stellte im Jahre 1912 auch die ersten Nationalspieler. Zunächst Torwart Albert Weber und wenige Monate später dann Karl Wolter. Letzterer war gerade 18 Jahre alt geworden und hatte sich an der Spree als Linksaußen schon Respekt verschafft, obwohl zu diesem Zeitpunkt Vorwärts eher auf der

Stelle trat. Der FC Preußen, die Viktoria und der Ballspiel-Club gaben im Berliner Fußball den Ton an. Doch Karl Wolter nutzte seine Chance am 6. Oktober 1912 in Kopenhagen gegen Dänemark, allerdings stand der unmittelbaren Fortsetzung seiner internationalen Karriere weniger die 1:3-Niederlage im Wege, sondern ausschließlich der Ausbruch des 1. Weltkriegs. Aber nach der Wiederaufnahme des Länderspielbetriebs war der inzwischen gereifte schnellfüßige Außenstürmer aus Berlin gleich wieder erste Wahl. Nur fünf weitere, darunter ganz Große des deutschen Fußballs wie Tull Harder, »Bumbes« Schmidt und Adolf Jäger, trugen vor und nach dem 1. Weltkrieg das deutsche Länderspieltrikot. Das Jahr 1921 bescherte Wolter auch den größten Triumph – er zog mit »Vorwärts« ins deutsche Endspiel ein. Auf dem Platz des Düsseldorfer SC von 1899 hatten die Berliner zwar beim 0:5 gegen den 1. FC Nürnberg keine Chance, doch allein der Vorstoß ins Finale war für den Außenseiter ein Riesenerfolg. Karl Wolter galt lange Zeit als bester Stürmer Berlins und war ein Energiebündel. Er blieb seinem Verein, der sich dann mit dem Berliner Tor- und Fußballklub Union zu »Blau-Weiß« vereinigte, auch in späteren Zeiten treu – unter anderem als Sportwart. In den 40er Jahren wirkte er hier als Trainer.

WOLTER, THOMAS

Geboren am 4. Oktober 1963
Ein Länderspiel (1992)
Werder Bremen

Vom Sorgenkind zum Dauerbrenner

Thomas Wolter hat zweierlei mit Frank Neubarth und Norbert Meier gemein: Alle drei wuchsen im Dunstkreis des Hamburger SV auf, doch den Weg in die Bundesliga fanden sie nicht an der Elbe, sondern an der Weser. Diese drei sind das klassische Beispiel dafür, daß bei aller Talentsichtung zuweilen die Perlen vor der eigenen Haustür übersehen werden. Thomas Wolter wurde zunächst von seinem Herrn Papa entdeckt. Vater Arthur war sich ziemlich früh einigermaßen sicher, daß sein Sohn im Fußball seinen Weg machen würde. Im Hamburger Stadtteil Altona wuchs Thomas Wolter auf, und dem TuS Ottensen 93 galt erst einmal seine ganze Zuneigung. Der nächste Weg führte ihn in die Landesliga zum HEBC – hinter diesen Buchstaben verbirgt sich der Hamburg Eimsbütteler Ballspiel Club. Daß er von Eimsbüttel aus den Sprung über fünf Klassen in die Bundesliga schaffen würde, war dennoch ein mittleres Wunder. Das war im Jahre 1984, und Thomas Wolter war in Eimsbüttel als Offensivspieler aufgefallen. Die Kunde von dessen Talent drang zwar auch zur Rothenbaumchaussee, doch Werder Bremens Offerte klang in Thomas Wolters Ohren verheißungsvoller. Wolters Einstand in Bremen verlief allerdings zunächst einmal wenig erfolgversprechend, denn zu den Alltagsproblemen der Akklimatisierung gesellten sich Blessuren. Schwerwiegend war vor allem eine hartnäckige Schulterverletzung, die schließlich eine Operation erforderlich machte. Und spätestens zu diesem Zeitpunkt war Thomas Wolter froh, beim SV Werder gelandet zu sein, denn hier fand er in Otto Rehhagel einen Trainer, der ihm Zeit ließ und ihn sehr behutsam an die höheren Belastungen der Bundesliga heranführte. Einen Traum mußte der Hamburger allerdings schnell begraben – den vom Bundesliga-Himmelsstürmer, denn Rehhagel schulte Wolter zu einem Verteidiger um, weil er dessen Offensivqualitäten auf den Flügeln nutzen wollte. Und schon bald sprachen die Kritiker vom »Flankengott«. So lange, bis es Rehhagel zu bunt wurde und er seinen blonden Jüngling rasch wieder auf den Boden der Tatsachen zurückholte. Außerdem bremsten neuerliche Verletzungen die Euphorie des gelernten Versicherungskaufmanns. Gleich zweimal mußte er längere Zeit wegen Frakturen des rechten Mittelfußes pausieren, und als er einigermaßen wieder auf den Beinen war, stellte sich ein Muskelfaserriß ein. Doch allmählich reifte Thomas Wolter zu einem der wichtigsten Mannschaftsspieler beim SV Werder – 1988 wurde er mit den Bremern Deutscher Meister, zu Beginn der neunziger Jahre nach dem Gewinn des DFB-Pokals auch Europapokalsieger. Bundestrainer Berti Vogts hatte schon längere Zeit ein Auge auf Wolter geworfen, weil er dessen Vielseitigkeit schätzte, und er wollte ihn dann im September 1992 im Spiel gegen Dänemark in Kopenhagen debütieren lassen. Doch wieder machte eine Verletzung dem geplagten Profi einen Strich durch die Rechnung. Dafür war Wolter im Dezember des gleichen Jahres bei der Reise der Nationalmannschaft nach Südamerika und beim 1:3 in Porto Alegre gegen Brasilien dabei. Doch sein Traum von der Teilnahme an der Weltmeisterschaft 1994 in den USA erfüllte sich nicht. Statt dessen wurde er noch einmal Deutscher Meister (1993) und Deutscher Pokalsieger (1994) mit seinem SV Werder, für den er zum »Dauerbrenner« und zum »Dauerrenner« wurde.

WORM, RONALD

Geboren am 7. Oktober 1953
Sieben Länderspiele (1975 bis 1978), fünf Tore
MSV Duisburg

»Ronnie« – geliebt und verhöhnt

Die Prophezeiungen waren schon fast beängstigend. Ganz besonders für einen so jungen Fußballer, bei dem es eigentlich ganz natürlich sein sollte, daß er in der Zeit der Pickel von einigen Selbstzweifeln befallen wird. »Dieser Junge wird eine tolle Karriere haben«, meinte DFB-Trainer Herbert Widmayer. Und er sagte es nicht irgendwo am Stammtisch, sondern gleich der ganzen Fußballnation. Vorschußlorbeeren begleiteten den Weg von »Ronnie« Worm, weil dieses Talent schon sehr früh erblühte. Widmayer hatte die DFB-Jugend 1969 von Udo Lattek übernommen, und die UEFA-Turniere waren das jährlich wiederkehrende Highlight im Terminkalender. 1970 verfügte Widmayer über die drei Spitzen Bonhof, Uli Hoeneß und Skala. Dazu auch noch über den ausgezeichneten Libero Paul Breitner. Im Jahr darauf war die Abwehr mit Konopka, Seelmann, Kaltz und Huhse sein Paradestück. Aber da war auch schon ein junger Wirbelwind aus Duisburg dabei, einer aus dem jüngeren Jugendjahrgang. An »Ronnie« Worm hatte Herbert Widmayer mehr und mehr seine helle Freude. Und Werner Schilling schrieb eines Tages im »Kicker«: »Worm, der Kapitän aus Duisburg, ist Torschütze vom Dienst. Er spielt jetzt die Rolle – um einen populären Vergleich zu ziehen – wie Uwe Seeler in Mexiko. Mit dem Uwe weist Roland überhaupt einige Parallelen auf: sein Torriecher, seine Schußkraft, vor allem aber sein hervorragendes Kopfballspiel.« Für den MSV Duisburg, einem Verein, der in diesen Jahren in der Bundesliga stets zwischen dem Mittelfeld und den Niederungen der höchsten Spielklasse pendelte, war dieses Eigengewächs ein Segen. Und »Ronnies« Vater, der früher die Klubgaststätte des Meidericher SV führte, konnte stolz auf seinen Sprößling sein. Aber der MSV mußte sich eines Tages die Frage stellen, ob er sein Talent »verheizte«. Samstags spielte Worm in der Bundesliga, am Sonntagvormittag dann in seiner Jugendmannschaft, mit der er Deutscher Meister wurde; nebenher stand er in der Niederrheinauswahl und in der DFB-Jugend, später wurde er auch noch Amateur- und B-Nationalspieler. Und mit der Bundeswehrauswahl brachte er es gar zum Militärweltmeister. Dies alles war zuviel, obwohl Worm über eine gute konditionelle Grundausstattung verfügte – er stagnierte in seinen

Leistungen. Willibert Kremer, der sein Trainer wurde, als er zwanzig Jahre alt war, erkannte aber auch, daß »Ronnie« ein wenig ängstlich auf Härte reagierte. Doch auch das sollte sich spätestens zu dem Zeitpunkt ändern, als er 1975 von Helmut Schön eine Einladung zum Länderspiel gegen die Türkei in Istanbul erhielt. Der Duisburger setzte sich im Team des Weltmeisters glänzend durch und steuerte zum 5:0-Sieg gleich zwei Tore bei. »Das waren Abstaubertore, aber ich habe mich darüber dennoch riesig gefreut«, sagte »Ronnie« später. Und so mancher Experte im Lande hoffte, daß dieser vielseitige Stürmer eines Tages gar die Lücke schließen könne, die durch den Abtritt von Gerd Müller für die Nationalmannschaft entstanden war. Doch beim MSV Duisburg schwankte der Mittelstürmer und Torjäger stets zwischen zwei Extremen: Entweder wurde er von den Fans geliebt oder er wurde verhöhnt. Auf Dauer bekam beiden Seiten dieses Verhältnis nicht. Manche warfen Worm auch vor, er sei für einen Profi nicht flexibel genug – er müsse dringend die Tapeten wechseln. Er tat dies 1979 – Eintracht Braunschweig überwies den Duisburgern eine Ablösesumme von mehr als eine Million Mark. Doch der Nationalspieler hatte zunächst auf das falsche Pferd gesetzt, die Niedersachsen stiegen in seiner ersten Saison sang- und klanglos aus der Bundesliga ab. Ein Jahr später hatten sie den Schaden allerdings wieder repariert, nicht zuletzt dank der 30 Tore von »Ronnie« Worm. Der wurde auch das Image des »ewigen Talents« los, und Eintracht-Präsident Hannes Jäcker, der frühere Torwart, sagte: »Er ist über seinen eigenen Schatten gesprungen und hat bewiesen, daß er ein ganzer Kerl ist …« Doch 1985 ging es mit den Braunschweigern rapide bergab. Dem Sturz aus der Bundesliga folgte der Abstieg aus der 2. Bundesliga – das Karriere-Ende des Ronald Worm. Der war daraufhin Spielertrainer des BSV Bad Harzburg in der Bezirksklasse und führte einige Zeit ein Zeitschriften- und Zigarettengeschäft in der kleinen Stadt. Seinen Wohnsitz hatte Worm mit seiner Familie in Wendeburg bei Braunschweig. Später waren unter anderem die SSVG Velbert und Rot-Weiß Braunschweig seine Trainerstationen – er betrieb eine Versicherungsagentur beim »Deutschen Herold«. 1996 folgte er Uwe Reinders in der Assistentenrolle zum Regionalligisten FC Sachsen Leipzig.

WORPITZKY, WILLY

Geboren am 25. August 1886,
gestorben am 10. Oktober 1953
Neun Länderspiele (1909 bis 1912), fünf Tore
Viktoria 89 Berlin

Das Schreckgespenst der Magyaren

Willy Worpitzky wurde von seinen frühen Spielgefährten beneidet, denn in den neunziger Jahren des 19. Jahrhunderts war es keineswegs selbstverständlich, daß Eltern ihrem Sohn erlaubten, Fußball zu spielen. Allerdings kam der siebenjährige Willy Worpitzky auch nur über Umwegen zu den Fußballern, denn ursprünglich hatten ihn seine Eltern in einem Turnverein angemeldet. Der junge Mann, der in Pankow zur Welt kam und im Berliner Stadtteil Moabit aufwuchs, war einer von jenen Berliner Steppkes, die auf dem Exerzierplatz zuschauten, wenn die Mannschaften von Minerva und Nordwest auf dieser Freifläche den Lederball »verprügelten«. In der Jugendelf von Minerva bekam Willy schließlich seinen ersten Fußballschliff, als Fünfzehnjähriger stand er bereits als Ersatzmann in der ersten Mannschaft. Als der Berliner Ballspiel-Club dann gegründet wurde, war Worpitzky einer der ersten, die sich dort vorstellten. Hier fand er zunächst als Torwart Verwendung, und im Jahre 1904 stand er dann auch im Spiel des Nordens gegen den Berliner Süden zwischen den Pfosten. Drei Jahre später wechselte er zu der Viktoria, wo man nach vier Spielen aus einer Notlage eine Tugend machte: Willy Worpitzky wurde von einem zum anderen Tag vom Torwart zum Mittelstürmer. In dieser Rolle vertrat er nicht weniger als 41mal die Farben des Berliner Verbandes und neunmal die des DFB in Länderspielen. Am 4. April 1909 war Worpitzky der strahlende Held des deutschen 3:3 gegen Ungarn in Budapest. Zweimal legte ihm Kapitän Camillo Ugi den Ball so maßgerecht auf den Stiefel, daß daraus jeweils Tore resultierten. In zwei weiteren Länderspielen gegen Ungarn wurde er erneut zum Schreckgespenst der Magyaren, die noch einmal zwei Worpitzky-Treffer hinnehmen mußten. Er war Teilnehmer des olympischen Fußballturniers 1912 in Stockholm und wurde im Vorrundenspiel gegen Österreich von seiner Torwartvergangenheit eingeholt. Als Albert Weber von Vorwärts Berlin in der zweiten Halbzeit gegen den Pfosten prallte und mit einer Gehirnerschütterung ausfiel, streifte sich Willy Worpitzky noch einmal den Pullover des Torwart über – die 1:5-Niederlage konnte aber auch er nicht abwenden. Dreimal bestritt Worpitzky mit

Viktoria Berlin das deutsche Endspiel, das er zweimal als Meister verließ. Zum letzten Mal am 4. Juni 1911 auf dem Dresdner Sportplatz an der Hygiene-Ausstellung, wo 12 000 Zuschauer von seinen beiden Toren zum 3:1-Sieg gegen den VfB Leipzig hellauf begeistert waren. Zehn Jahre später war der Berliner, Techniker von Beruf, noch immer als Fußballer aktiv – und zwar beim VfB Pankow. Später betreute er dann den Brandenburger SV – in den 40er Jahren Oranienburg und Charlottenburg. Willy Worpitzky starb im Herbst 1953 an den Folgen eines Schlaganfalls.

WOSZ, DARIUSZ

Geboren am 8. Juni 1969
Vier Länderspiele (1997), ein Tor,
sieben Länderspiele DDR (HFC Chemie)
VfL Bochum

»Sie sollen nie wieder schwer arbeiten«

Sein Leben verlief nicht ganz so, wie das des Mädchens im Märchen von den Sterntalern. Dariusz Wosz fiel nichts in den Schoß, er mußte sich sein Glück hart erarbeiten. Und doch war der steile Aufstieg des kleinen Dribblers ein »Wunder« der ganz besonderen Art, und als er mit dem Fußball seine erste Million verdient hatte, vergaß er nicht, woher er kam. Vielmehr sagte der Mittelfeldstar des VfL Bochum: »Meine Eltern sollen in ihrem Leben nie wieder schwer arbeiten ...« Begonnen hatte alles, als Dariusz neun Jahre jung war. Er kam aus seiner polnischen Heimat Kattowitz in den deutschen Osten, der sich noch Arbeiter- und Bauernstaat nannte. In Halle an der Saale faßte die Familie Wosz Fuß, weil hier ein Onkel arbeitete, der einen Job in der eigenen Gärtnerei versprach. Für den jungen Polen war die DDR schon so etwas wie der »goldene Westen«, obwohl sich Dariusz Wosz zunächst schwertat, die deutsche Sprache zu lernen. Der schmächtige Junge fahndete einige Zeit vergeblich nach Spielkameraden in der Nachbarschaft, und so war sein jüngerer Bruder der einzige Fußballgefährte seiner jungen Jahre. Doch dann schauten eines Tages die Klassenkameraden zu, wie geschickt Dariusz auf der Wiese hinter der Gärtnerei mit dem Ball umging – und von da an hatte er endlich Freunde, die nicht nur mit ihm Fußball spielten, sondern die ihm auch die deutsche Sprache beibrachten. Doch mit der Aufnahme in eine Sportschule klappte es längere Zeit nicht, weil er dort als Pole keinen Zugang fand. Worauf Dariusz'

Mutter Dorota die deutsche Staatsbürgerschaft annahm, um ihrem Sohn die Türen der Bürokratie und zu einem deutschen Paß zu öffnen. Bei der Spartakiade in Berlin wurde »Darek« aber schon als bester Spieler geehrt. Motor Halle, Empor Halle und schließlich der Hallesche FC – das waren seine Vereine in der Wahlheimat. Nach und nach sprach sich das Talent des wieselflinken Jungen herum, doch Geld verdiente Dariusz mit seinem Sport erst viel später. Zunächst einmal mußten seine Eltern Dorota und Rudi in der Gärtnerei zwischen Zoo und Reileck hart arbeiten, um die Familie durchzubringen. Zur Weihnachtszeit sprang dort auch Dariusz ein, der ein gewisses Geschick im Binden von Blumensträußen entwickelte. Irgendwann hörte der Wosz-Sprößling auf zu wachsen – er blieb bei 168 Zentimetern stehen. Die deutsche Vereinigung kam und mit ihr die Chance, in der Bundesliga spielen zu können. Im Januar 1992 unterschrieb Dariusz einen Vertrag beim VfL Bochum und wurde hier zu einem Superstar der höchsten deutschen Spielklasse – und zum Nationalspieler. Das Leichtgewicht aus Kattowitz war Regisseur im Mittelfeld und Liebling der Fans. Im Dezember 1996 fand er schon Aufnahme im Aufgebot des DFB zum Länderspiel in Portugal, kam aber dort nicht zum Einsatz. Wenig später standen bei ihm die internationalen Einkäufer auf der Matte. Der FC Valencia lockte mit Millionen, doch seiner Familie zuliebe blieb er in Bochum. Und mit der Nationalmannschaft reiste er im Februar 1997 nach Tel Aviv, wo er beim Länderspiel gegen Israel sein Debüt erlebte. Er krönte eine großartige Leistung mit dem Siegtreffer zum 1:0 in der 85. Minute.

WUNDER, KLAUS

Geboren am 13. September 1950
Ein Länderspiel (1973)
MSV Duisburg

»Cäsar« und die unerfüllten Träume

Am 24. April des Jahres 1971 fand im Hindenburgstadion in Meppen eine Begegnung der ungewöhnlichen Art statt. Die beschauliche Stadt im Emsland war das Ziel zweier Bundesligatrainer, die getrennt anreisten, nach ihrer unerwarteten Begegnung Artigkeiten austauschten und sich insgeheim über das Zusammentreffen ärgerten. Es handelte sich um Duisburgs Trainer Rudi Faßnacht und Dortmunds Coach Horst Witzler. Denn beide vereinte an diesem Frühlingsnachmittag im Emsland die Absicht –

sie wollten im Spiel des SV Meppen gegen Arminia Hannover den schußstarken Meppener Mittelstürmer Balzen unter die kritische Lupe nehmen. Doch dann entwickelte sich alles anders, denn zur Pause führten die Hannoveraner schon mit 4:1 – und ein gewisser Klaus Wunder, den seine Freunde nur »Cäsar« nannten, hatte sämtliche vier Tore des späteren Siegers geschossen. Die Entwicklung des jungen Mannes war ziemlich verblüffend, denn ein Jahr vorher hatte er nicht einmal einen Stammplatz in der Regionalliga. Rudi Faßnacht hätte ihn nach der ersten Stippvisite in Meppen am liebsten gleich verpflichtet. Auch Hannover 96 wollte ihn haben, der damals kräftig an die Bundesligatür pochende VfL Osnabrück winkte aber in der Person seines Trainers Erwin Türk schon bald ab. Klaus Wunders Vater war der Verhandlungspartner – und der offerierte, wie es damals hieß, einen ganzen Katalog an Sonderwünschen für den Fall des Wechsels seines Sohnes, der früher einmal bei Hannover 74 gespielt hatte. Schließlich machte tatsächlich der MSV Duisburg das Rennen. Jupp Derwall testete den Senkrechtstarter bei einem Lehrgang der Olympiakandidaten in der Sportschule Wedau und nahm den Mann mit dem strammen linken Schuß anschließend mit auf eine Afrikareise. »Er ist intelligent, gut erzogen – leider aber auch etwas verwöhnt«, urteilte Jupp Derwall nach seiner Rückkehr. Dann wurden die Olympiazöglinge auf eine Reise nach Spanien geschickt – und dort brillierte Klaus Wunder ein ums andere Mal. Der »Frechdachs« spielte seine Schnelligkeit aus – er sprintete die hundert Meter in 10,8 Sekunden. Doch das Olympiaturnier in München wurde für Klaus Wunder zu einer großen Enttäuschung – er kam nur sporadisch zum Einsatz. Und seiner Karriere in der Nationalmannschaft stand danach wohl auch seine große Klappe im Wege. Er gehörte zu den Zeitgenossen, die nie ein Blatt vor den Mund nehmen. Aber mit seinen Sprüchen fand er bei einem auf Harmonie bedachten Menschen wie Bundestrainer Helmut Schön im Vorfeld der Weltmeisterschaft im eigenen Lande kaum Sympathien. »Ich will nicht Müllers Nachfolger werden, sondern schon jetzt mit ihm in der Nationalelf zusammenspielen«, sagte Wunder eines Tages. Helmut Schön antwortete, ohne den Namen des Klaus Wunder in den Mund zu nehmen, doch jeder wußte, wen der »Lange« meinte: »Ich mag keine unbescheidenen Spieler ...« Selbst der alte Sepp Herberger äußerte sich zu dem jungen Fußballer. In der Stadionzeitung des MSV Duisburg war eines Tages Sepps Meinung nachzulesen: »Sicherlich ist er ein guter Fußballspieler, er hat aber auch ein

loses Maul, und das haben wir nicht so gern.« Wunder widmete sich erstmal einem Jurastudium. 1973 gab Helmut Schön dem Duisburger dennoch eine Chance – zunächst ließ er ihn im Spiel gegen Brasilien in Berlin auf der Auswechselbank schmoren, dann schickte er ihn ein Vierteljahr später in Moskau gegen die Sowjetunion in der letzten halben Stunde für Grabowski ins Rennen. Die deutsche Elf gewann 1:0 durch Gerd Müllers Tor. Vor der Weltmeisterschaft in Deutschland schaffte Klaus Wunder dann aber nur den Sprung ins vorläufige Aufgebot. Im gleichen Jahr wechselte er von der Wedau an die Isar – er unterschrieb einen Vertrag beim FC Bayern München. Noch immer hatte er die Hoffnung von einer erweiterten Karriere im Nationaltrikot nicht aufgegeben, weil er bei sich eine Wandlung zum vielseitigen Fußballer festgestellt haben wollte. Zwei Jahre blieb Klaus Wunder in München, dann wechselte er für eine Saison zu Hannover 96. Seine Bundesligakarriere beschloß er nach insgesamt 209 Spielen und 52 Toren im Jahr 1980 im Trikot des SV Werder Bremen.

WUNDERLICH, GEORG

Geboren am 31. Oktober 1893,
gestorben am 27. Mai 1963
Fünf Länderspiele (1920 bis 1923)
1860 Fürth, Helvetia Bockenheim,
Stuttgarter Kickers

»Säbalas« Fußball-Wanderungen

Georg Wunderlich war einer der frühen »Wandervögel« des Fußballs. Seine Wiege stand in Fürth, wo er aufwuchs und wo er bei der Spielvereinigung die ersten großen Erfolge feierte. Da war er 18 Jahre alt, und kaum jemand ahnte, daß seine Heimatstadt einmal zum Nabel des deutschen Fußballs würde und daß man die Mannschaft mit dem Kleeblatt auf den Trikots gar als »Weltwunder« feiert. »Säbala«, so lautete der Kosename für den Rechtsaußen, dessen Markenzeichen eine sehr »sparsame« Frisur war. »Kaiserwetter« herrschte am 31. Mai 1914 in Magdeburg, wo sich 6000 Zuschauer auf dem engen Platz der Victoria drängten. Die Magdeburger, die um die Jahrhundertwende den größten deutschen Sportverein stellten, hatten ursprünglich große Pläne. Sie wollten ein sogenanntes »Deutsches Stadion« bauen, doch dann scheiterten die hochtrabenden Ziele einmal mehr am Geld und an den unsicheren politischen Zeiten, denn der 1. Weltkrieg stand unmittelbar bevor. Doch an diesem

31. Mai 1914 sprachen alle nur vom Fußball und vom Finale zwischen der Spvg. Fürth und dem Altmeister VfB Leipzig. »Herrlichen Zeiten führe ich euch entgegen«, hatte Kaiser Wilhelm dem deutschen Volke versprochen, und so mancher wird sich womöglich daran erinnert haben, als kurz nach 16 Uhr der Sprößling des Kaisers, der fußballvernarrte Prinz Friedrich Karl von Preußen, das Magdeburger Stadion betrat. Es sollte auch für ihn ein langer Nachmittag werden, denn das Finale dauerte zwei Stunden und 32 Minuten. Da schoß schließlich Karl Franz das entscheidende Tor zum Fürther 3 : 2-Erfolg. Dabei hatten die Fürther in der Verlängerung den Verlust von Hans Schmidt hinnehmen müssen, der in der 138. Minute des Feldes verwiesen wurde. In dieser legendären ersten Fürther Meistermannschaft stand Georg Wunderlich. Im 1. Weltkrieg wechselte »Säbala«, der Außenstürmer mit der »hohen Stirn«, allerdings schon zum Fürther Lokalrivalen »1860«, dessen Trikot er auch im Jahre 1920 trug, als er zum erstenmal in die deutsche Nationalelf berufen wurde. Im Jahr darauf zog der Kaufmann aus beruflichen Gründen nach Frankfurt um und spielte für Helvetia Bockenheim. Und damit für eine Mannschaft, die der Eintracht große Duelle lieferte und in der Saison 1921/22 eine führende Rolle in der Süd-Main-Meisterschaft spielte. Nach einer Verletzungspause übernahm Georg Wunderlich den Part des Mittelläufers, um dann aber erneut Länderspieleinladungen für die Rechtsaußenposition zu bekommen. Er war als schneller Flügelspieler und als Spezialist für Flanken bekannt, und er war weniger ein Goalgetter, sondern mehr ein Vorbereiter. Schließlich landete »Säbala«, der zahlreiche Repräsentativspiele bestritt, am Ende seiner »Wanderschaft« über Stuttgarter Kickers im hohen Fußballeralter beim VfR Heilbronn. 1937 trainierte er den SC Göppingen, der aus der Gauliga abgestiegen war. Heimisch wurde er dann in Bad Wimpfen.

WUTTKE, WOLFRAM

Geboren am 17. November 1961
Vier Länderspiele (1986 bis 1988), ein Tor
1. FC Kaiserslautern

»Wutti« – der unzähmbare Irrwisch

Der »Kicker« empfahl ihm schlicht und ergreifend, er solle doch einfach mal »die Klappe halten«. Das war 1980 – und Wolfram Wuttke war gerade 18 Jahre alt. Doch schon damals eilte ihm der Ruf

voran, ein zänkisches Naturell zu besitzen. Worauf sich sein Vater Wolfgang, von Beruf Bergbaupolier, zum Zwecke der Schadensabwendung zu Wort meldete. »Im Grunde ist er ein zwar selbstbewußter, aber sehr verträglicher junger Bursche, der mit Sicherheit nicht böswillig ist«, sagte Wuttke senior. Dagegen stand aber, daß einige seiner Trainer mit Wuttke junior mehr als nur ihre liebe Mühe hatten. DFB-Jugendtrainer Dietrich Weise zum Beispiel, der ihn kurzerhand aus dem Kader für das UEFA-Turnier in der DDR strich. Wolfram wuchs in Castrop-Rauxel auf, von der E-Jugend an spielte er bei der SG Castrop, wo sein Herr Papa zuweilen im Trikot der Altherrenmannschaft auflief. Schalke 04 hatte den kleinen Irrwisch schon bald entdeckt und holte ihn 1976 für die B-Jugend. Die deutsche Schülerauswahl war Wolfram Wuttkes erstes Sprungbrett. Im Oktober 1979 feierte er dann sein Debüt in der Schalker Mannschaft, wo er unter den Routiniers Fichtel, Rüßmann und Nigbur der Grünschnabel war. Fortan nahm sich der eigenwillige Dribbelkünstler permanent seine jeweiligen Trainer zur Brust: Gyula Lorant bei Schalke, dann Jupp Heynckes bei Borussia Mönchengladbach (den er »Osram« taufte, weil er einen roten Kopf bekam, wenn er sich aufregte), und nach einem weiteren Zwischenspiel beim FC Schalke kreuzte er die Klinge mit Ernst Happel beim Hamburger SV. Doch der Wiener hatte einen ähnlichen Sturkopf wie der widerspenstige Wuttke. Happel platzte eines Tages der Kragen, nachdem sich sein aufmüpfiger Stürmer mit einigen Kameraden in den Haaren lag, und fand ein Strafmaß der ungewöhnlichen Art – er ließ Wolfram Wuttke viele einsame Runden laufen. Im September 1985 wurde der »Dauerläufer« dann beim HSV suspendiert und wenig später zum 1. FC Kaiserslautern transferiert. Für beide Seiten war dies zunächst eine glückliche Fügung. Wolfram Wuttke blühte regelrecht auf, wurde einer der Superstars der Bundesliga und Nationalspieler. »Wutti« überzeugte alle mit seinem Spielwitz und mit seiner Einsatzbereitschaft. Plötzlich war er aggressiv – torgefährlich wie Lothar Matthäus und umsichtig wie Wolfgang Overath. Die »Frankfurter Allgemeine Zeitung« charakterisierte Wuttke einmal so: »Er ist Rastelli, Clown, Kunstschütze, Dirigent und Schauspieler in einer Person.« Die ersten Kontakte zur Nationalmannschaft hatte Wuttke nach der Weltmeisterschaft 1986. Er gehörte zum Kreis der Kandidaten für das Länderspiel in Kopenhagen gegen Dänemark, wurde dort aber nicht eingesetzt. Doch seine finstere Miene hellte sich auf, als ihn Franz Beckenbauer kurz vor Mitternacht während der Gepäckausgabe auf dem Frankfurter Flughafen beiseite nahm und zu ihm sagte: »Am 15. Oktober bist Du gegen Spanien in Hannover dabei.« Anschließend konnte er gar nicht schnell genug zu seinem Haus in den Weinbergen von Bad Dürkheim kommen, um die frohe Kunde seiner Frau Brigitte zu überbringen. Er brachte es allerdings nur zu vier Länderspielberufungen, dafür kam er fast auf ein Dutzend Spiele für die deutsche Olympiaauswahl, mit der er in Seoul bei den Sommerspielen 1988 die Bronzemedaille gewann. Bemerkenswert am Spiel von Wolfram Wuttke war unter anderem sein merkwürdiger Gang. »Entenfüße« nannten das seine Kritiker – er hatte sie wohl von seinem Vater Wolfgang geerbt, der eine ähnliche Fußhaltung hatte. Und »Wutti« selbst stellte bei einem Spaziergang fest, daß er den rechten Fuß leicht nach innen drehte. Das machte ihn aber stark für Schüsse mit dem Außenspann. Irgendwann stellten sich jedoch auch beim 1. FC Kaiserslautern Probleme mit einem Trainer ein – diesmal gab es einen schier unendlichen Streit mit Sepp Stabel. Als dann Gerd Roggensack auf dem Betzenberg aufkreuzte, ist folgender Dialog überliefert. Nach einer strapaziösen Busfahrt zu einem Intertotospiel nach Jena fauchte »Wutti«: »Trainer, das nächste Mal mache ich so etwas nicht mehr mit.« Darauf Roggensack: »Keine Sorge, Wutti, nächstes Mal fahren nur die guten Spieler mit …« 1990 war Wolfram Wuttkes Uhr auch in der Pfalz abgelaufen – er bekam zur Überraschung vieler beim spanischen Zweitligisten Espanol Barcelona eine Chance. Diesen Kontrakt verdankte er seiner Superleistung in einem Spiel bei Waldhof Mannheim. Espanol-Trainer Juanjo Diaz saß auf der Tribüne und machte sich später für Wuttke stark. Die Katalanen schafften mit ihrem deutschen Dribbler den Wiederaufstieg in die 1. Division. Seinen Abschied von der Bundesliga nahm der Fußballer, der sein Image als Enfant terrible nie ablegen konnte, in der Saison 1992/93 beim 1. FC Saarbrücken, der allerdings die höchste Spielklasse verlassen mußte.

Z

ZACZYK, KLAUS

Geboren am 25. Mai 1945
Ein Länderspiel (1967), ein Tor
Karlsruher SC

»Grünschnabel« der jungen Bundesliga

Er war ein Spieler der ersten Stunde, der »Grünschnabel« der taufrischen Bundesliga! Als die neue deutsche Fußballspielklasse mit viel Tamtam am 24. August 1963 ihre Tore öffnete, war Klaus Zaczyk mit 18 Jahren und 91 Tagen der jüngste aller von den Vereinen gemeldeten Spieler. Er hatte früher beim FSV Sternzhausen gespielt, war vom VfL Marburg zum Karlsruher SC gekommen und hatte die Empfehlung von fünf Einsätzen in der deutschen Jugend-Nationalmannschaft mitgebracht. Günter Netzer war beim UEFA-Turnier des Jahres 1963 einer seiner Mannschaftskameraden, beide trugen sich als die eifrigsten Torschützen bei den Deutschen ein. Netzer spielte damals auf dem linken Flügel und Zaczyk stets halbrechts. Als der gelernte Werkzeugmacher beim Karlsruher SC aufkreuzte, hatte er zunächst ziemliche Akklimatisierungsprobleme. Er galt zwar als glänzender Techniker, doch mit seiner Unbekümmertheit allein fand er sich im Verdrängungswettbewerb der neuen Bundesliga nicht auf Anhieb zurecht. In Marburg, wo er aufgewachsen war, hatte er nur zweimal in der Woche trainiert, und auch in den Jugendspielen wurde er kaum gefordert, weil er mit seiner Begabung den anderen eine Menge voraus hatte. Beim Karlsruher SC standen nun tägliche Trainingseinheiten auf dem Programm, und schon bald bereute es »Zaschi«, wie ihn seine Freunde nannten, daß er auf dem Weg in die Bundesliga die Zwischenstation Regionalliga übersprungen hatte. Er hätte es besser so gemacht wie Günter Netzer, der bei seiner Gladbacher Borussia zunächst in der Regionalliga West gefordert wurde, ehe er zum Superstar der Bundesliga aufstieg. Immerhin kassierte der 18jährige Klaus Zaczyk zum erstenmal in seinem Leben ein paar Mark für seine fußballerische Tätigkeit. Das Grundgehalt betrug 400 Mark pro Monat und steigerte sich allmählich. Während seiner gesamten 15 Jahre währenden Karriere in der Bundesliga war Zaczyk nur auf drei Positionen zu finden: Im alten Spielsystem – ohne Libero – war er rechter »Verbinder«, dann Rechtsaußen und schließlich im offensiven Mittelfeld. Als er mit dem Karlsruher SC im Jahr 1968 aus der höchsten Spielklasse absteigen mußte, war er schon Nationalspieler. Helmut Schön hatte ihn am 22. Februar 1967 vor heimischer Kulisse im Wildparkstadion beim 5 : 1-Sieg gegen Marokko eingesetzt. »Zaschi« schoß das Tor zum 3 : 1. Dem Abstieg folgte der Wechsel zum amtierenden Deutschen Meister 1. FC Nürnberg, wo er auf dem rechten Flügel in Hennes Küppers einen idealen Spielpartner fand. Am Ende der Saison gab es für alle einen Riesenschock und viele Tränen, denn die Franken stiegen sensationell ab. Klaus Zaczyk orientierte sich neu und fand beim Hamburger SV seine Wirkungsstätte. Den größten Erfolg feierte der Nationalspieler 1976, als der HSV DFB-Pokalsieger wurde. Bis 1978 spielte Zaczyk in der Bundesliga und machte nach genau 400 Spielen Schluß. Als 33jähriger kehrte er in die Fußballprovinz zurück und schaffte 1980 mit dem KSV Hessen Kassel den Sprung in die 2. Liga Süd. Er war so eine Art »Evergreen« und noch mit knapp »40« Spielertrainer beim Oberligisten CSC 03 Kassel. Mit Gerd Grau, der in Kassel eine Tanzbar betrieb, kickte er als »Alter Herr« in der Kreisliga beim VfB Kassel.

ZASTRAU, WALTER

Geboren am 30. Mai 1935
Ein Länderspiel (1958)
Rot-Weiß Essen

Das ägyptische Abenteuer

Deutschlands Fußballer flogen im Jahr 1958 zwischen Weihnachten und Neujahr in die Sonne.

Ägypten war das Ziel – und die Reise beschwerlich, weil es von Frankfurt aus mehrere Zwischenstationen gab und über Florenz einer von vier Propellern der Maschine ausfiel. Spätestens nach dem Start in Athen, als auch noch die Lichtmaschine streikte, hatte es Weltmeister Helmut Rahn bereut, überhaupt »ja« zur Teilnahme an diesem ungewöhnlichen Trip nach Afrika gesagt zu haben. Einer von denen, die ganz froh waren über diese Einladung, war Walter Zastrau von Rot-Weiß Essen. Der hätte sich Mitte der fünfziger Jahre, als er zum erstenmal für den amtierenden Deutschen Meister spielte, wohl nie träumen lassen, daß er mal Nationalspieler würde. Auch auf dem Flug mit Hindernissen ahnte er das nicht, denn die beiden Spiele gegen die ägyptische Fußballnationalmannschaft hatten eigentlich inoffiziellen Charakter. Dann war er beim 1 : 2 gegen die ehrgeizigen Nordafrikaner in der ersten Partie dabei und hatte das Glück, daß diese neunzig Minuten auf knüppelhartem Geläuf und bei großer Hitze als ein »richtiges« Länderspiel aufgewertet wurden und in die offiziellen Statistiken des DFB Einlaß fanden. Walter Zastrau spielte den Part des Verteidigers im Duett mit Karl-Heinz Schnellinger. Sepp Herberger hatte den Essener Abwehrspieler schon längere Zeit auf seiner Liste, obwohl der bei seinem einzigen B-Länderspiel eine herbe Schlappe einstecken mußte. Zastrau verlor mit dem deutschen Team am 1. Mai 1958 in Luxemburg hoch mit 1 : 4. Im November 1958 nominierte Herberger den Essener dann für das A-Länderspiel gegen Österreich in Berlin (2 : 2), und dann testete er den 23jährigen im Rahmen eines Lehrgangs vor dem Spiel gegen Bulgarien in Augsburg. Zweimal saß Walter Zastrau auf der Bank – zu Länderspielehren kam er erst in Kairo, wo er allerdings in der zweiten Halbzeit erhebliche Mühe mit dem wendigen Linksaußen Salem hatte. Auch im inoffiziellen Länderspiel am Neujahrstag 1959 wirkte Zastrau mit – diesmal revanchierten sich die Deutschen mit einem 2 : 1-Sieg. Die große Zeit von Rot-Weiß Essen war allerdings schon vorbei, als er das Trikot des Meisters überstreifte. Nach dem Triumph von Hannover schwand die Harmonie der Essener Mannschaft, die damit ihr größtes Kapital verlor. Walter Zastrau war aus der Jugend dieses Vereins gekommen und wechselte 1959 zum FC Schalke 04, wo er bis ein Jahr vor Einführung der Bundesliga blieb. Er übte den Beruf des Angestellten aus.

ZEITLER, HANS

Geboren am 30. April 1927
Ein Länderspiel (1952), ein Tor
VfB Bayreuth

Große Sprünge des kleinen »Jumbo«

»Jumbo« nannten ihn seine Freunde. »Jumbo« – dieser Name begleitete Hans Zeitler ein Leben lang. 166 Zentimeter war er groß, als er bei seinem VfB Bayreuth spielte. »Jumbo« war ein kleines Kraftpaket und dazu ein toller Sprinter, der für die hundert Meter nicht mehr als 11,5 Sekunden benötigte und seinen Gegenspielern dank seiner Schnelligkeit ein ums andere Mal die Hacken zeigte. Beim TSV Bindlach, einem kleinen Ort vor der Bayreuther Haustür, begann der Weg von Hans Zeitler. Sein Vater arbeitete hier als Hilfsarbeiter, und von seinem Bruder Michael sagte »Jumbo«, er sei eigentlich der bessere Fußballer gewesen. Doch Michael bekam selten Gelegenheit, seine Fußballkünste zu demonstrieren. Als Schnellbootfahrer spielte er zuweilen in der Marineauswahl. Als der Zweite Weltkrieg vorbei war, kehrte auch Hans Zeitler – er war gerade 18 Jahre jung geworden – unversehrt in seine Heimat zurück. 1949 stellte sich bei ihm, dem Mittelstürmer, wieder die Freude am Toreschießen ein – er schloß sich dem VfB Bayreuth an, der in der drittklassigen Amateuroberliga spielte. Fast zehn Jahre lang hielt er in der Festspielstadt diesem Verein die Treue – und schon 1952 öffnete sich für den torgefährlichen Stürmer die Tür zu einer etwas größeren Fußballwelt. Luxemburg war damals ein beliebter Testspielgegner der deutschen Nationalmannschaften, und am 20. April 1952 war Hans Zeitler beim 3 : 0-Sieg im Großherzogtum dabei. Er schoß nach Vorarbeit von Stollenwerk und Ehrmann sogar ein Tor zum 2 : 0-Zwischenstand. Der Bayreuther bestand den Test, allerdings nicht für weitere Berufungen zur A-Nationalmannschaft, sondern er war ein fester Bestandteil der neuen Amateurauswahl. Gut drei Wochen nach seinem Länderspieldebüt schoß Zeitler in Düsseldorf die beiden Tore zum deutschen 2 : 1-Sieg der Amateure gegen England. Worauf sich für ihn wieder eine Tür öffnete – diesmal zu den Olympischen Spielen nach Helsinki, wo die Deutschen im Spiel um Platz drei Schweden mit 0 : 2 unterlagen. Vier Jahre später schnupperte er noch einmal »olympische Luft« – in Melbourne. Insgesamt brachte er es auf elf Einsätze in der deutschen Amateurnationalmannschaft. 1958 wechselte er in Bayreuth noch einmal den Verein – er ging vom VfB zur Spielvereinigung. Im

Stadion an der Jakobshöhe spielte er in der 2. Liga Süd. Hans Zeitler galt in seiner besten Zeit als ein antrittsschneller und trotz seiner geringen Körpergröße kopfballstarker Mittelstürmer, der über viele Jahre davon profitierte, daß er sich in seiner Jugend neben dem Fußball auch für die Leichtathletik und für das Turnen erwärmen konnte. Nachdem er seine aktive Karriere beendet hatte, trainierte er drei Jahre lang den 1. FC Bayreuth, dessen A-Jugend er 1967 zum Titel eines Bayrischen Meisters führte. Hans Zeitler arbeitete als Vermessungstechniker bei der Bayrischen Elektrizitäts-Lieferungsgesellschaft.

ZEMBSKI, DIETER

Geboren am 6. November 1946
Ein Länderspiel (1971)
Werder Bremen

Ein Leben zwischen Pop und Power

Irgendwann lag unter dem Weihnachtsbaum eine Gitarre – und Dieter Zembski war begeistert. Die Leidenschaft seiner jungen Jahre galt fast ausschließlich der Musik, und für den lebenslustigen Bremer war es keine Frage, daß er sich mit Ehrgeiz seiner neuen Gitarre widmen würde. Er tat dies im Christlichen Verein Junger Männer, wo man ihm zunächst einmal die Tonleiter näherbrachte, damit eines Tages das Produkt seiner Gitarrengriffe keine Beleidigung für die Ohren der Nachbarn mehr war. Die Übungen hatten Erfolg, obwohl Dieter so seine Probleme mit den Noten hatte und sich eher als musikalischer Gefühlsmensch verstand. Und so kam es, daß Dieter Zembskis erstes sauer verdientes Geld in einer nennenswerten Größenordnung eine Gage war – sein Anteil am Auftritt einer Band, die sich »Mushrooms« nannte. Fortan zogen die »Pilze« durch die Diskotheken der Hansestadt, traten bei allerlei gesellschaftlichen Ereignissen auf und irgendwann sogar im Fernsehen an der Seite der berühmten »Kings« und der »Rattles«. Musikalisch bewegte sich Dieter Zembski mit seiner Band auf den Schienen der Stones und der Beatles – der Sound kam an. Aber da gab es auch noch eine andere Seite im Leben des jungen Hanseaten, der eine Ausbildung zum Schriftsetzer bei den Bremer Nachrichten absolvierte und vor den abendlichen Bandauftritten noch schnell eine Trainingseinheit in der Fußballabteilung des BBV Union Bremen abspulte. Eine ganze Weile bekam er Beruf, Musik und Fußball unter einen Hut, doch dann rückte er mit 18 Jahren zur Bundeswehr ein – und von einem

zum anderen Tag mußte er von allen lieben Gewohnheiten Abschied nehmen. Als er den grauen Rock der Soldaten abgelegt hatte, animierte ihn sein älterer Bruder Udo, der beim französischen Zweitligisten St. Germain du Pres in Paris Fußball spielte, sich beharrlicher dem Sport zuzuwenden. Er tat dies wieder beim BBV, der im Dunstkreis des Weserstadions seine sportliche Heimat hatte. Und irgendwann schaute von nebenan einmal Werder Bremens Trainer Fritz Langner vorbei, dem das Bewegungstalent des Abwehrspielers gefiel und der ihn zum Wechsel überredete. Was nicht schwerfiel, weil Dieter Zembski eigentlich aus allen Wolken fiel. Vielmehr war der junge Fußballer der Ansicht, daß es Talente seiner Qualität in jeder Stadt eigentlich im guten Dutzend geben müsse. Wie dem auch sei – Werder hatte sich einen preiswerten Fußballer geangelt, der dann seinen Weg machte. 1968 bekam Dieter Zembski erstmals Kontakt mit der Bundesliga, gleichzeitig warb er für eine Druckerei und beschaffte einer Werbeagentur Anzeigen. Die beruflichen Standbeine des jungen Bremers wurden somit stabiler. 1971 schaffte er sogar den Sprung in die Nationalmannschaft – beim 5 : 0-Sieg gegen Mexiko in Hannover löste er nach der Pause keinen Geringeren als den späteren Bundestrainer Berti Vogts auf der Position des rechten Verteidigers ab. 1975 wechselte Dieter Zembski zu Eintracht Braunschweig, gründete dort eine Marketingagentur, gab die Stadionzeitung heraus und blieb hier bis 1980, um dann nach einer zwölfjährigen Bundesligakarriere in seine Heimatstadt Bremen zurückzukehren. Fortan rückte wieder die Musik in den Mittelpunkt seiner Freizeit – er nahm sein Leben zwischen Pop und Power wieder auf. Zehn Jahre lang war Dieter Zembski Schlagzeuger der Gruppe »BLAX«, die sich auf Oldies spezialisiert hatte. Dem Fußball blieb er als »adidas«-Repräsentant im Textilbereich und durch Spiele mit der »Uwe-Seeler-Traditionsmannschaft« sowie durch Teilnahmen an der »Oldie-WM« verbunden.

ZEWE, GERD

Geboren am 13. Juni 1950
Vier Länderspiele (1978 bis 1979)
Fortuna Düsseldorf

Karriere eines Autogrammsammlers

Richard Kirn malte einst ein wenig heiteres Bild, als er Neunkirchen und die Borussia skizzierte. Er sprach von einer »düsteren Stadt«. Doch in den sechziger Jahren verzogen sich die dunklen Wolken über Saar und Blies stets dann, wenn im Stadion Ellenfeld »der Baum brannte«. Borussia Neunkirchen – das war das »Schalke des Südwestens«, umgeben von Bergbau und Stahlindustrie. Drei Jahre lang spielten die Borussen in der Bundesliga, und wenn die Großen des deutschen Fußballs hier Station machten, dann standen vor der Gästekabine fast immer junge Leute, die um Autogramme bettelten. Einer von denen war der junge Gerd Zewe, der im benachbarten Stennweiler wohnte und beim dortigen Sportverein Fußball spielte. Zewe war einer der eifrigsten Autogrammsammler und stolz wie Oskar, als er eines Tages die Unterschriften von Uwe Seeler und Franz Beckenbauer bekommen hatte. Etliche Jahre später schrieb er selbst Autogramme, denn er war einer der Stars der Bundesliga. Eigentlich wollte er Lehrer werden und studierte Pädagogik. Am 30. Mai 1971 hatten die Neunkirchener ihr Aufstiegsrundenspiel zur Bundesliga im Düsseldorfer Rheinstadion zwar mit 0:2 verloren, doch Trainer Heinz Lucas notierte sich schon mal Gerd Zewes Namen. Dieser hatte im Neunkirchener Mittelfeld mehr als nur eine ordentliche Partie gespielt. Ein Jahr später verpflichtete die Fortuna diesen Mann, der zu einem Glücksfall des Düsseldorfer Fußballs werden sollte, weil er nicht nur ein naturbegabter Spieler war, sondern auch noch ein Kamerad, von dem alle behaupteten, mit ihm könne man Pferde stehlen. Gerd Zewe gelang auf Anhieb der Riesensatz aus der Regionalliga Südwest in die Bundesliga, weil er es verstand, sehr schnell die Hemmungen vor den großen Namen seiner Kontrahenten abzulegen. Und ganz allmählich reifte er zu einem ausgezeichneten Libero. Der Knoten platzte vor großer Kulisse – im DFB-Pokalfinale gegen den 1. FC Köln. Auf der Tribüne soll sogar DFB-Präsident Hermann Neuberger von Zewes Spielintelligenz geschwärmt haben. Es ist nicht überliefert, ob diese Fürsprache bei Bundestrainer Helmut Schön den entscheidenden »Kick« bewirkte, um Gerd Zewe als allerletzten ins 22er-Aufgebot für die Weltmeisterschaft in Argentinien zu hieven. Vorher hatte sich allerdings auch schon Düsseldorfs Trainer Dietrich Weise für seinen Kapitän stark gemacht. Neben Konopka war Zewe der einzige Debütant im WM-Kader – zum Einsatz kam er in Südamerika allerdings nicht. Von seinen nach der WM folgenden vier Länderspielberufungen mal abgesehen, war der 16. Mai 1979 der sportliche Höhepunkt in der Karriere des Saarländers. Mit seiner Fortuna stand er im Endspiel des Europacups der Pokalsieger, das der hochfavorisierte FC Barce-

lona erst in der Verlängerung mit 4:3 gewann. 1982 war er drauf und dran, Düsseldorf zu verlassen, er führte mit dem FC Chiasso aussichtsreiche Verhandlungen, entschied sich dann aber doch wieder für die Fortuna, weil ein Trainerwechsel bevorstand und auf Jörg Berger nun Willibert Kremer folgte. Erst nach 440 Bundesligaspielen endete die »Ehe« zwischen Zewe und Fortuna Düsseldorf im Jahr 1987. Er wechselte zum Landesligisten Würzburger Kickers, weil ihm dessen Präsident Wolfgang Michler das Angebot machte, in dessen Immobilienunternehmen einzusteigen. Mitte 1993 kehrte er wieder in den Westen zurück, Gerd Zewe wurde Amateurtrainer bei Borussia Mönchengladbach.

ZIEGE, CHRISTIAN

Geboren am 1. Februar 1972
31 Länderspiele (seit 1993), drei Tore
Bayern München

Der Bolzplatz an der Mauer

Wenn Christian Ziege als kleiner Junge aus dem Fenster seiner elterlichen Wohnung schaute, dann erblickte er ein Bauwerk, das Weltgeschichte machte. Ein Ungetüm aus Stahl, Beton und Stacheldraht. Eine Mauer, die die freie Welt haßte und die zum Symbol der politischen Eiszeit wurde. Christian Ziege spielte Fußball im Schatten der Berliner Mauer. Aber irgendwie verstand er in seinen ganz jungen Jahren nicht die Aufregung um diese Mauer, die sich wie ein mächtiger Lindwurm mitten durch seine Heimatstadt zog, denn für ihn, den fußballverrückten Jungen, hatte dieses Gebilde den Vorzug, daß die Straße kaum vom Verkehr berührt wurde. Am Bordstein standen immer ein paar Gegenstände, die als Begrenzung der Tore dienten. Beim FC Südstern gab es dann aber »richtige« Tore – hier begann für Christian Ziege im Jahre 1978 so etwas wie ein geregelter Fußballspielbetrieb. Es folgte der TSV Rudow und schließlich – im Jahre 1985 – Hertha Zehlendorf. Jene berühmte »kleine Hertha«, die so oft in ihrer Geschichte ein munterer Quell von Fußballtalenten war. Drei Jahre später gewann Christian Ziege mit der Zehlendorfer B-Jugend die Deutsche Meisterschaft und sprühte dort derart vor Spiellaune, daß er wenig später schon in die Jugendnationalmannschaft berufen wurde. Von da an lief alles wie am Schnürchen, und im Haus an der Mauer schauten bald die Vertreter der Bundesligavereine vorbei. Christian Ziege, der für den holländischen Weltstar Ruud

Gullit schwärmte, wettete eines schönen Tages mit seinem Vater Dieter um eine Kiste Fanta, daß er irgendwann einmal für einen spanischen oder italienischen Erstligisten spielen werde. Aber zunächst entschied er sich für eine der ersten Adressen des deutschen Fußballs, für die Offerte des FC Bayern München. An der Isar wurde er zum Senkrechtstarter, Trainer Jupp Heynckes sah in ihm einen »fußballerischen Rohdiamanten«. Und Ziege stiegen die Lorbeeren nicht zu Kopf – er machte seinen Weg als Profi. Er war vielseitig und deshalb ganz besonders wertvoll. Auch für Berti Vogts beim Aufbau einer Nationalmannschaft nach der Enttäuschung, die die Endspielniederlage gegen Dänemark bei der Europameisterschaft in Schweden brachte. Von 1993 an gehörte Ziege mehr oder minder fest zum Kader der Nationalelf. Ausgerechnet im WM-Jahr 1994 fiel er – auch aus Verletzungsgründen – in ein Leistungstal, obwohl er mit den Bayern Deutscher Meister geworden war. Er verpaßte den Zug zum WM-Turnier in den USA. Zwei Jahre später konnte er sich trösten – Christian Ziege war Stamm-

spieler der deutschen Nationalelf bei der Europameisterschaft in England, wo am Ende der Titel heraussprang. Sehr selbstbewußt war Ziege auf der Insel angekommen, denn kurz zuvor war ihm mit den Bayern der Gewinn des UEFA-Cups geglückt. 1997 erfüllte sich für den Profi dann der Traum vom Vertrag in Italien – er wechselte als frischgekürter Deutscher Meister zum AC Mailand.

ZIELINSKI, PAUL

Geboren am 20. November 1911,
gestorben im Februar 1966
15 Länderspiele (1934 bis 1936)
Union Hamborn

Ohne Länderspiel ins WM-Feuer

Wer ist dieser Paul Zielinski? Die Chronisten hatten im Jahre 1934 erhebliche Mühe, sich ein Bild zu machen von dem neuen Außenläufer, den Reichstrainer Otto Nerz quasi aus dem Hut zauberte. Noch nie hatte der 22jährige Hamborner ein Länderspiel bestritten, und nun wurde er gleich in die Höhle des Löwen geschickt, in die Nervenmühle eines Weltmeisterschaftsturniers. Paul Zielinski war zwar am Niederrhein kein Unbekannter, doch die großen Fußballwege führten eigentlich an seiner Heimatstadt vorbei. Und im übrigen trug Paul Zielinski nicht das Trikot des Niederrheinmeisters Hamborn 07, wo so starke Fußballer wie Rodzinski und Billen aktiv waren, sondern das von Union. Zwei Glücksfälle gab es in »Paules« Fußballerleben: Einmal die Tatsache, daß sich Nerz ausgerechnet eine Hamborner Kombination als Testspielgegner seiner WM-Kandidaten für das Turnier in Italien ausgesucht hatte. Anfang April hatte der Reichstrainer seine Spieler an der Wedau intensiv getestet, doch nach dem Duell mit einer Hamborner Auswahl wichen die Sorgenfalten nicht mehr von der Stirn der Verantwortlichen für die Nationalelf. Es war der Testspielgegner, der clever auftrumpfte und am Ende sogar mit 4:3 gewann. Nerz platzte der Kragen, er strich einige Kandidaten von seiner Liste und holte statt dessen ein paar »grüne« Hamborner. Und die baute er gleich in seine DFB-Auswahl, die Mitte April auf Fortuna Düsseldorf traf und durch einen Treffer von Edmund Conen mit 1:0 gewann. Paul Zielinski war auch dabei, und diesen zweiten Glücksfall hatte er unter anderem Sepp Herberger zu verdanken. Der war zu diesem Zeitpunkt beim Westdeutschen Spielverband tätig und empfahl nachhaltig den jungen Mann aus Hamborn. Mit 38 Fußballern zog Nerz ins letzte Trainingscamp und vereinbarte vier Testspiele gegen Derby County. Das zweite gewannen die Deutschen mit 5:0, und 25000 Zuschauer waren in Köln angetan von der Läuferreihe mit Janes, Bender und Zielinski. Wenig später nominierte Nerz sein 18köpfiges WM-Aufgebot, in dem drei Fußballer standen, die noch nie ein Länderspiel bestritten hatten: Verteidiger Hans Schwartz von Victoria Hamburg, der talentierte Mannheimer Otto Siffling und

Paul Zielinski, der sein Glück kaum fassen konnte. Noch größer war die Verblüffung des Hamborners, als er im Spiel gegen Belgien in Florenz schon allererste Wahl war. Nerz wollte unbedingt das neue WM-System präsentieren, und der Reichstrainer war sich sicher, daß Zielinski seine Ideen umsetzen konnte. »Päule« behielt die Nerven, zeigte ein großartiges Spiel und war einer der Leistungsträger beim 5:2 gegen die Belgier. Paul Zielinski war so etwas wie der Komet der deutschen Mannschaft, die als WM-Dritter den bis dahin größten Triumph in der deutschen Fußballgeschichte errang. Als der Hamborner nach der WM zurückkam, hatten seine Freunde am Union-Platz ein riesiges Transparent angebracht: »Wer ackerte in Italien wie zwei Gäule? Das war Zielinski, unser Päule ...« Der unbekümmerte Mann vom Niederrhein war einer der Volltreffer in der Karriere von Otto Nerz, der aber seinem nun schon gereiften Musterschüler vor den Olympischen Spielen 1936 nicht mehr vertraute. Für viele war es unbegreiflich, daß Zielinski neben Rasselnberg, Conen, Kobierski und Fath die olympische Prüfung bei Nerz nicht bestand. 1940 betreute Paul Zielinski die Soldatenmannschaft des LSV Richthofen. Nach dem 2. Weltkrieg spielte er eine Zeitlang beim sogenannten »Profiklub« Rapid Kassel, später wirkte er unter anderem als Trainer von Hamborn 07, Kerkrade 06/07, um dann nach Lippstadt zu wechseln und schließlich seine Union zu betreuen. Bis zu seinem Tod war er Betriebssportlehrer in einem Industrieunternehmen in Walsum.

ZILGAS, KARL

Geboren am 2. März 1892,
gestorben am 17. Juni 1917
Ein Länderspiel (1913)
Victoria Hamburg

»Ein Trainer ist für uns ein Unding ...«

Die Geschichte der Hamburger Victoria ist auch die Geschichte des Walter Sommermeier. Der kam im Jahre 1895 in die Hansestadt und trat alsbald dem Hamburger FC von 1888 bei. Und der Zufall wollte es, daß er eines Tages auf dem weiträumigen Heiliggeistfeld Kontakt bekam zu jungen Victorianern, die dort mit Begeisterung dem Fußballspiel frönten. Ein weiterer Zufall bescherte dem HFC einen erheblichen Substanzgewinn, denn an der Spitze der Victoria stand ein Mann namens Hugo E. Kubaseck, der schon in diesen frühen Jahren des deutschen Fußballs bereit war, über den Tellerrand hinweg-

zublicken. Und so kam es, daß sich die Victoria als »Juniorenklub« geschlossen beim Hamburger FC anmeldete. Zwei Jahre später folgte dann ein Wechsel im Hamburg-Altonaer Fußballbund. Der HFC von 1888 verließ die Vereinigung im Zorn, die Victoria von 1895 trat an dessen Stelle. Hugo E. Kubaseck stand selbst zwischen den Pfosten seiner Mannschaft. Und vor ihm wußte er in Walter Sommermeier einen starken Verteidiger. Der Verein bemühte sich nach Kräften um die Schulung talentierter Hamburger Fußballbuben, und die ersten Erfolge stellten sich überraschend schon wenige Jahre nach der Jahrhundertwende ein: Victoria Hamburg wurde mehrfach Norddeutscher Meister und scheiterte in der deutschen Endrunde des Jahres 1907 erst im Halbfinale an der »Namenscousine« aus Berlin. In dieser Zeit hatte der junge Karl Zilgas längst einen Narren am Fußball gefressen. Als 18jähriger stand der gebürtige Hamburger schon in der 1. Mannschaft der Victoria, und er erlebte den ersten Trainer in der Geschichte des Vereins. Ein gewisser Mr. Coles aus England kam – aber er blieb nur ein halbes Jahr. In den Vereinsnachrichten war dann zu lesen: »Wir haben uns leider davon überzeugen müssen, daß für unsere Mannschaft ein Trainer einfach ein Unding ist ...« Worauf die Victoria verstärkt auf die eigene Jugend setzte – und auch ohne Trainer Erfolge feierte. Im Oktober 1913 bestritt Karl Zilgas sein einziges Länderspiel. Es fand bei strömendem Regen in Hamburg auf dem Platz der Victoria statt, und die Deutschen verloren 1:4 gegen Dänemark. Von Karl Zilgas, dem Linksaußen, ist überliefert, daß er in diesem Spiel keine Bindung zu Hirsch und Jäger fand. Außerdem bekam er seine Nervosität nicht so richtig in den Griff, was ihm viel von seinem eigentlichen Leistungsvermögen nahm. In einem Testspiel, das dem Duell gegen Dänemark vorausging, hatte Karl Zilgas seine Konkurrenten klar ausgestochen. 1915 wurde der junge Hamburger Soldat – er rückte gemeinsam mit seinem Mannschaftskameraden Ernst Eikhof ein – und kehrte aus dem 1. Weltkrieg nicht zurück. Als der Spielbetrieb wieder aufgenommen wurde, stand Karls jüngerer Bruder Oscar in der 1. Mannschaft der Victoria – er stürmte auf Rechtsaußen.

ZIMMERMANN, HERBERT

Geboren am 1. Juli 1954
14 Länderspiele (1976 bis 1979), zwei Tore
1. FC Köln

Der viel zu frühe Abschied

Karl-Heinz Thielen, der Manager des 1. FC Köln, geriet ins Schwärmen: »Der Junge hat alles, was ein erstklassiger Verteidiger haben muß. Wir haben nur wenige Talente seiner Klasse ...« Zu dieser Einschätzung kam Thielen an einem Vorfrühlingstag des Jahres 1975, und der »Junge«, den der frühere Nationalspieler in so hohen Tönen lobte, war gerade zwanzig Jahre alt. Für einen Abwehrspieler in der Bundesliga also noch ziemlich »grün«. Thielen sprach von Herbert Zimmermann. Und der war eher zufällig Verteidiger geworden. Trainer »Tschik« Cajkovski mußte umdisponieren, nachdem sich Weber verletzt hatte und Konopka gesperrt war. »Irgendeine kleine Stürmer ich machen zum Verteidiger«, kauderwelschte »Tschik« und entschied sich für »kleines Zimmermann«. Für den war diese Entscheidung ein Glücksfall, denn plötzlich war er Stammspieler. Schnelligkeit, Wendigkeit mit und ohne Ball und Schußstärke – das waren die Vorteile des jungen Senkrechtstarters, der in seiner Jugendzeit immer nur auf der Position des Mittelstürmers zu finden war. Und zwar beim FV Engers, wo er schon als Neunjähriger gespielt hatte und wo er zuletzt in der Rheinlandliga 38 Tore erzielte. Das sprach sich sogar bis zum FC Bayern München herum, doch an der Isar fühlte sich Herbert Zimmermann nicht sonderlich wohl, und er war glücklich, als der 1. FC Köln ihm ein Angebot unterbreitete. Doch nach anfänglichen Superleistungen trat bei ihm der allseits gefürchtete Karriereknick ein. Er klagte über Muskelbeschwerden, deren Gründe lange nicht erkannt wurden; Zähne und Mandeln waren vereitert, und dann mußte sich der Abwehrspieler einer Bandscheibenoperation unterziehen. Erst allmählich fand er zurück zum Leistungsstandard der Bundesliga. Die Wirbelsäule bereitete »Zimbo«, wie ihn seine Freunde nannten, aber die größten Sorgen. Während seine Kameraden Kondition trimmten, kurte Herbert Zimmermann in den »heilenden Quellen« von Ischia. 1978 zwickte die Bandscheibe mal nicht – der Kölner reiste mit der deutschen Nationalmannschaft zur Weltmeisterschaft nach Argentinien. Beim 0 : 0 gegen Italien wurde er verletzt – so blieb Zimmermann die Teilnahme an der Finalrunde und dem »Aus« gegen Österreich in Cordoba erspart. Aber einer zweiten Bandscheibenoperation konnte er 1981 nicht aus dem Wege gehen – nach dem Eingriff in der Kölner Universitätsklinik, wo ihm eine Verknorpelung entfernt wurde, die ihm immer wieder Höllenqualen bereitet hatte, war seine Karriere so gut wie vorbei. Bis 1984 stand er noch auf der Gehaltsliste des 1. FC Köln, dann folgte für den Kölner der traurige und auch viel zu frühe Abschied vom Leistungsfußball. Er war am Ende eines langen Leidensweges angelangt. Aber ganz kam er nicht vom Fußball los, Herbert Zimmermann versuchte noch ein Comeback beim hessischen Landesligisten Spvg. 05 Bad Homburg. Anfang der neunziger Jahre vertrieb er Fitneß- und Rehageräte.

ZÖRNER, CARL E.

Geboren am 18. Juni 1897,
gestorben am 8. November 1941
Vier Länderspiele (1923)
SC 99 Köln

Doppelter Doktor und ein Multitalent

Januar 1943 – der 2. Weltkrieg tritt in seine vorentscheidende Phase. In Casablanca treffen sich zu einer Geheimkonferenz über strategische Fragen dieses Krieges der amerikanische Präsident Franklin Roosevelt und der britische Premierminister Winston Churchill. Hinter verschlossenen Türen beraten die militärischen Experten der beiden kriegführenden Großmächte die nächsten Schritte. Dabei geht es vor allem darum, Stalin in seiner Forderung nach Schaffung einer zweiten Front entgegenzukommen. Beschlossen wird die Invasion auf Sizilien im Sommer 1943 – die Invasion in Frankreich wird auf einen späteren Zeitpunkt verschoben. Hitler gerät immer mehr unter Druck, denn die Schlacht bei Stalingrad ist zu seinen Ungunsten entschieden. In Deutschland erreicht die Propagandamaschinerie der Nazis eine neue Dimension. »Sieg um jeden Preis«, verkünden Plakate an den Litfaßsäulen der Städte. In München werden die Geschwister Scholl verhaftet. Der Sport in Deutschland kommt mehr und mehr zum Erliegen. An der Front – auch in Stalingrad – sterben immer mehr Fußballnationalspieler, und als die Fußball-Woche mit der Nummer 19 ihres 22. Jahrgangs am 12. September 1944 ihr Erscheinen einstellt, um »weitere Kräfte für die Wehrmacht und für die Rüstung freizumachen«, da veröffentlicht der »Kicker« gleichzeitig auf zwei Seiten eine Liste mit jenen Spielern, die in diesem Krieg bis dahin ihr Leben gelassen hatten oder schwer verwundet heimgekehrt waren. Es fehlte der Name von Dr. Carl Zörner, der als Artilleriehauptmann schon kurz nach Beginn des »Rußlandfeldzugs« im November 1941 fiel, nachdem er bereits im Jahr zuvor an der Schelde schwer verwundet worden war. Carl Zörner war 1938 zum 2. Vorsitzenden des Deutschen Fußball-Bundes und damit zum Stellvertreter von Felix Linnemann, ernannt worden, der nach dem offiziellen Sprachgebrauch der Nazis nunmehr »Reichsfachamtsleiter« hieß. Er wurde Nachfolger des Hannoveraners Wilhelm Schmidt. Carl Zörner wurde in Neunkirchen an der Saar geboren. Sein Vater war später Generaldirektor der Humboldtwerke und verlor im 1. Weltkrieg bereits einen Sohn, den Zwillingsbruder von Carl. Mitten im 1. Weltkrieg taufte sich der Kölner FC in »Kölner Sportclub« um und öffnete damit anderen Sportarten den Weg in seine nunmehr erweiterte Sportgemeinschaft. Im Tor der Handballer stand ein Abiturient: der junge Carl Zörner. Er war in den 20er Jahren einer der vielseitigsten Sportler Deutschlands. In der Glanzzeit des Heiner Stuhlfauth reifte er zu dessen Rivalen – er war ein wagemutiger und reaktionsschneller Torwart. Aber er brachte es 1923 auch zu Einsätzen in der Nationalmannschaft der Leichtathleten – er war einer der besten 100-m-Läufer (unter elf Sekunden) und Weitspringer (7 m). Besonders stolz war Carl Zörner darauf, daß er es fertigbrachte, in einem Jahr in zwei völlig verschiedenen Sportarten für Deutschland gegen Holland zu starten – als Fußballer und als Sprinter. Beim Kölner SC von 1899 und später beim Berliner DSC spielte er Fußball, Wasserball, Hockey – und dies jeweils in den ersten Mannschaften. An einem einzigen Tag wurde er in vier Konkurrenzen Deutscher Hochschulmeister, und er war auch ein exzellenter Reiter. So ganz nebenbei promovierte er zum Doktor der Jurisprudenz und der politischen Rechtswissenschaften. Nachdem er aus beruflichen Gründen von Köln nach Berlin gewechselt war, übernahm er die führende Position in einem großen deutschen Industrieunternehmen.

ZOLPER, KARL

Geboren am 30. April 1901
Ein Länderspiel (1925)
Kölner Club für Rasenspiele

Preußens Sinnbild am Rhein

Der Exerzierplatz am Aachener Tor, die Stadtwaldwiesen, die linksrheinische Mülheimer Heide – das

waren in der Frühzeit des Kölner Fußballs die ersten Sportstätten. Borussia nannte sich ein Verein, und er verstand sich als preußisches Sinnbild. Entsprechend waren die Farben: Schwarz-weiß! Die Borussen gingen um die Jahrhundertwende aus der Spielabteilung des Kölner Turnvereins hervor. Die jungen Leute, die sich dem Fußball verschrieben hatten, waren es leid, sich ständig mit den Turnern anzulegen, und gründeten ihren neuen Verein. Die Chronik der Borussia berichtet von einem Spiel im Jahre 1902 gegen eine Bonner Studentenverbindung gleichen Namens. Bei den Gästen wirkte Kronprinz Wilhelm mit, und unter den Zuschauern weilte Prinz Heinrich, der angeblich die Kölner Borussen lautstark angefeuert haben soll, man solle dem Kronprinzen kräftig »Zunder geben«. Im Jahre 1903 war der städtische Sportplatz am Lindentor die Fußballheimat der Borussen, ehe sie an der Amsterdamer Straße ihr Domizil fanden. 1914 taufte sich die Borussia um und nannte sich fortan Kölner Club für Rasenspiele. Nach dem 1. Weltkrieg kam Karl Zolper aus seiner Heimatstadt Siegburg zum VfR nach Köln. Er war Torwart und von kräftiger Gestalt. Mit 24 Jahren brachte er es zum Nationalspieler. Am 29. März 1925 war er bei der deutschen 1:2-Niederlage gegen Holland in Amsterdam dabei. Karl Zolper, Kaufmännischer Angestellter von Beruf, profitierte vom Ärger zwischen dem 1. FC Nürnberg und dem DFB, denn eigentlich war Heiner Stuhlfauth die Nummer eins unter den deutschen Torwarten. Karl Zolper hatte aber einige Mühe, seine Nerven in den Griff zu bekommen, und die unglückliche Niederlage konnte er sowieso nicht vermeiden. Der Kölner Schlußmann absolvierte zwar nur dieses eine Länderspiel, blieb aber im Kreis der Nationalmannschaft und machte im gleichen Jahr eine Skandinavienreise mit Länderspielen gegen Schweden und Finnland mit. Hier stand allerdings jeweils der Münchner Georg Ertl zwischen den Pfosten. Auch als der neue Reichstrainer Prof. Otto Nerz sein Amt übernahm, hatte er zunächst Karl Zolpers Namen in seinem Notizbuch stehen. Er nahm ihn zu einer erneuten Nordlandreise mit, gab dann aber im Herbst 1929 Stuhlfauth bzw. Gelhaar zu den Länderspielen gegen Norwegen und Schweden den Vorzug. Zolper wechselte später zu Alemannia Aachen. Nach dem 2. Weltkrieg betreute er unter anderem Viktoria 04 Rheydt.

ZORC, MICHAEL

Geboren am 25. August 1962
Sieben Länderspiele (1992 bis 1993)
Borussia Dortmund

Er hatte es von Papa gelernt

Bei Michael Zorc war alles etwas anders – er war schon mit »18« Weltmeister! Champion der Fußballjunioren »unter 20«. Ihm stand die Tür zu einer großen Profikarriere ganz weit offen, und er nutzte diese Chance, auch wenn der Traum, zum Stamm der Nationalelf zu gehören, bald platzte wie eine Seifenblase im Wind. Der TuS Eving-Lindenhorst war für Michael Zorc der Verein seiner Kindertage. Hier hatte auch sein Vater Dieter angefangen, der in den siebziger Jahren über den Lüner SV zum VfL Bochum gekommen war und der es auf 32 Einsätze in der Amateur-Nationalmannschaft gebracht hatte. Dieter Zorc, später im Sportamt Lünen tätig, spielte meist den Part des Mittelläufers und vererbte seinem Sohn zweierlei: Kampfbereitschaft und Kreativität. Als Michael sechzehn Jahre alt war, hatte er schon die ersten Auswahlspiele hinter sich und fand sehr bereitwillig Aufnahme in der Jugendabteilung von Borussia Dortmund. Doch den großen Sprung in die A-Jugend-Nationalmannschaft verdankte er eigentlich einem Dortmunder Freund: Ralf Loose. Der berichtete eines Tages DFB-Trainer Dietrich Weise von den fußballerischen Möglichkeiten seines Dortmunder Kameraden, woraufhin Weise sich den jungen Borussen genauer ansah. Und so kam es, daß Loose und Zorc 1981 gemeinsam Weltmeister wurden. Vorher hatten sie beim Turnier in der Bundesrepublik schon den Titel eines Jugend-Europameisters eingefahren. Und bei der Weltmeisterschaft, die im fernen Australien stattfand, schwärmte sogar der legendäre Mailänder Trainer-Altstar Helenio Herrera von Zorc. Er wollte gewisse Parallelen zu dem jungen Franz Beckenbauer bei dem Dortmunder Talent entdeckt haben. Die Experten wählten Michael zum zweitbesten Spieler des gesamten Turniers – ein Jungstar war geboren! Daß er wenig später auch noch das Abitur auf dem Heißenberg-Gymnasium in Dortmund schaffte, freute nicht nur seine Eltern. Doch von diesem Zeitpunkt an mußte sich Michael Zorc entscheiden zwischen Studium und Profitum. Er entschied sich für eine Profikarriere und gab sein Vorhaben auf, sich zum Betriebswirt ausbilden zu lassen. Sein weiterer Weg verlief zunächst steil: U 21-Länderspiele, Olympiaauswahlspiele und Stammplatz bei der Borussia! Der Jungprofi, der eigentlich Libero werden wollte und dann im Mittelfeld eingesetzt wurde, war einer der mannschaftsdienlichsten Spieler in Dortmund. Pech hatte er allerdings auf dem Weg zum olympischen Fußballturnier in Seoul. Kurz vor der Abreise von Hannes Löhrs Spielern erlitt Michael Zorc im Spiel gegen Waldhof Mannheim eine Knöchelabsplitterung im linken Sprunggelenk und sagte ab. »Susi« nannten ihn seine Kameraden bei der Borussia wegen seiner einst langen schwarzen Mähne. Der Traum von der Berufung in die Nationalmannschaft erfüllte sich für ihn Ende 1992, als er in das 22köpfige Aufgebot von Berti Vogts für die Südamerikareise rückte. Er feierte sein Debüt gegen Brasilien in Porto Alegre, wo es allerdings eine 1:3-Niederlage gab. Mit der Borussia sammelte er mehrere deutsche Titel und wurde 1997 mit seinem BVB Gewinner der Champions League. Er war jahrelang einer der erklärten Publikumslieblinge im Westfalenstadion und schoß viele wichtige Tore für die Dortmunder.

ZWOLANOWSKI, FELIX

Geboren am 12. Juli 1912
Zwei Länderspiele (1940)
Fortuna Düsseldorf

Hattrick in zehn Minuten

11. Juni 1933: Im Kölner Stadion drängen sich 60 000 Zuschauer auf den Rängen. Fortuna Düsseldorf kontra Schalke 04 – ein deutsches Endspiel, das nicht nur im Westen die Massen elektrisiert. Die »Knappen« aus Gelsenkirchen wissen viele Sympathisanten hinter sich, doch Fortuna Düsseldorf ist dank der glänzenden Regie des bereits 35jährigen Ex-Nürnbergers »Schorsch« Hochgesang so souverän durch die Endrunde marschiert, daß viele in den Rheinländern den eigentlichen Favoriten sehen. Völlig ahnungslos ist offenbar der Mann in der Ehrenloge des Müngersdorfer Stadions. Hans von Tschammer und Osten ist zum Reichssportkommissar ernannt worden, und hinter vorgehaltener Hand haben sich Eingeweihte zugeraunt, daß diese Berufung wohl ein Versehen der Naziführung war, denn für den Job war offenbar dessen Bruder vorgesehen. Doch nun saß dieser Sportkommissar auf seinem Platz auf der Tribüne und befahl in der Halbzeit Reichstrainer Dr. Otto Nerz zu sich, um sich von dem in die Geheimnisse des Fußballs einweihen zu lassen. Aber alle übrigen im Stadion waren wohl Experten, und sie waren beeindruckt von einem kleinen Düsseldorfer Wirbelwind – von Felix Zwo-

lanowski. Der 21 jährige Maler war förmlich wie ein Orkan über die bedauernswerten Fußballer des SV Vorwärts Rasensport Gleiwitz hinweggerast. Beim 9:0-Sieg der Fortuna gelang Zwolanowski etwas sehr Seltenes. Innerhalb von zehn Minuten schaffte er einen blitzsauberen Hattrick, und setzte diesem Kunststück wenig später noch ein viertes Tor drauf. Und auch im Endspiel ließ er sich nicht vergeblich »bitten« und traf zum vorentscheidenden 2:0 gegen Schalke 04. Am Ende hieß es 3:0 – der junge Halbstürmer auf dem linken Flügel war einer der gefeierten Helden der Fortuna. Die Saat des Wiener Trainers Heinz Körner war aufgegangen – in dessen Korrektheit verkörperte sich der Geist der Fortuna dieser Tage. »Meidet und schlichtet kleinlichen Streit – Fortunas Stärke ist Einigkeit!« Das war die Präambel, die Körner seiner Mannschaft mit auf den Weg gegeben hatte. Für den Gewinn der Deutschen Meisterschaft erhielten die Fortunen im übrigen 400 Reichsmark und eine goldene Sprungdeckeluhr ... Erst sieben Jahre nach dem Endspieltriumph über Schalke sollte Felix Zwolanowski, der in der Düsseldorfer Dorotheenstraße aufwuchs, seine ersten Schritte als Fußball-Dreikäsehoch beim TuS Rheinfranken machte und dann in der Fortuna-Jugend seinen Feinschliff bekam, zum Nationalspieler werden. Aber nicht in seiner Rolle als energiegeladener Stürmer, sondern als abgeklärter Außenläufer. Seit Wochen hatte er in Hochform gespielt, und am 15. September 1940 bekam er den Lohn in Form einer Berufung in die Nationalelf. Die mühte sich dann in Preßburg zu einem 1:0-Sieg gegen die Slowakei. Ein zweites Länderspiel bestritt er in Zagreb gegen Jugoslawien. Sepp Herberger lud ihn wiederholt zu Lehrgängen ein, doch nach dem 2. Weltkrieg beendete schließlich eine hartnäckige Schulterverletzung die Karriere des kleinen Mannes vom rechten Rhein. Die Düsseldorfer Anhänger behielten ihn als vorbildlichen Sportler in Erinnerung. Als einen Fußballer, der in 20 Jahren nie einen Platzverweis oder eine Verwarnung erhalten hatte. Aus gutem Grund verdiente sich also Felix Zwolanowski bei den Fortunenfans den Titel »Sir«. Nachdem er sein Trainerdiplom an der Sporthochschule in Köln erworben hatte, wirkte er unter anderem beim VfB Kleve und beim TuS Lintfort, den er 1958 sogar in die zweithöchste Klasse führte – später arbeitete er in Ratingen, Oberkassel und Wersten. Der passionierte Jäger war im übrigen bei der Düsseldorfer Rheinbahn beschäftigt.

Statistik

Rangliste der Auswahlspieler des DFB

1.	Lothar Matthäus	122	31.	Rainer Bonhof	53	61.	Hans Jakob	38
2.	Franz Beckenbauer	103		Bernard Dietz	53	62.	Günter Netzer	37
3.	Jürgen Klinsmann	97		Wolfgang Weber	53		Wolfgang Rolff	37
4.	Hans-Hubert Vogts	96	34.	Matthias Sammer	51	64.	Herbert Wimmer	36
5.	Josef Maier	95	35.	Herbert Erhardt	50	65.	Ulrich Hoeneß	35
	Karl-Heinz		36.	Paul Breitner	48	66.	Thomas Strunz	34
	Rummenigge	95	37.	Karl-Heinz			Fritz Szepan	34
7.	Jürgen Kohler	92		Schnellinger	47	68.	Stefan Effenberg	33
8.	Rudolf Völler	90	38.	Andreas Köpke	45		Bernd Förster	33
9.	Andreas Brehme	86		Klaus Fischer	45		Helmut Haller	33
10.	Thomas Häßler	83	40.	Jürgen Grabowski	44		Horst Eckel	33
11.	Karl-Heinz Förster	81		Albin Kitzinger	44	72.	Josef Posipal	32
	Wolfgang Overath	81		Andreas Kupfer	44	73.	Erich Juskowiak	31
13.	Harald Schumacher	76		Georg Schwarzenbeck	44		Otto Siffling	31
	Guido Buchwald	76	44.	Felix Magath	43		Christian Ziege	31
15.	Pierre Littbarski	73		Horst Szymaniak	43		Dieter Eilts	31
16.	Hans-Peter Briegel	72	46.	Hans Müller	42	77.	Edmund Conen	28
	Uwe Seeler	72		Karlheinz Riedle	42	78.	Klaus Augenthaler	27
18.	Paul Janes	71		Ulrich Stielike	42		Wolfgang Dremmler	27
	Andreas Möller	71	49.	Siegfried Held	41	80.	Karl Hohmann	26
20.	Manfred Kaltz	69		Reinhold Münzenberg	41		Stanislaus Kobierski	26
	Horst-Dieter Höttges	66	51.	Bernd Cullmann	40		Reinhard Libuda	26
	Willi Schulz	66		Bernd Hölzenbein	40		Max Morlock	26
23.	Ernst Lehner	65		Helmut Rahn	40	84.	Albert Brülls	25
24.	Thomas Berthold	62		Olaf Thon	40		Richard Hofmann	25
	Gerhard Müller	62	55.	Heinz Flohe	39		Hans Rohde	25
	Stefan Reuter	62		Ludwig Goldbrunner	39		Alfred Schmidt	25
27.	Fritz Walter	61		Matthias Herget	39			
28.	Thomas Helmer	58		Josef Heynckes	39			
29.	Klaus Allofs	56		Hans Schäfer	39			
30.	Bodo Illgner	54		Hans Tilkowski	39			

Die erfolgreichsten Torschützen

1.	Gerhard Müller	68	13.	Max Morlock	21		Otto Harder	14
2.	Rudolf Völler	46		Helmut Rahn	21		Josef Heynckes	14
3.	Karl-Heinz		15.	Karl Hohmann	20	28.	Josef Gauchel	13
	Rummenigge	45	16.	Pierre Littbarski	18		Helmut Haller	13
4.	Uwe Seeler	43	17.	Klaus Allofs	17		Ernst Willimowski	13
5.	Jürgen Klinsmann	41		Wolfgang Overath	17	31.	Adolf Jäger	11
6.	Fritz Walter	33		Helmut Schön	17	32.	Adolf Urban	11
7.	Klaus Fischer	32		Otto Siffling	17	33.	Franz Binder	10
8.	Ernst Lehner	30	21.	Wilhelm Hahnemann	16		Paul Breitner	10
9.	Edmund Conen	27		Karlheinz Riedle	16		Fritz Förderer	10
10.	Andreas Möller	26	23.	Hans Schäfer	15		Eugen Kipp	10
11.	Richard Hofmann	24	24.	Franz Beckenbauer	14		Ottmar Walter	10
12.	Lothar Matthäus	22		Gottfried Fuchs	14		Thomas Häßler	10

Die Nationalspieler und ihre Einsätze

Abramczik, Rüdiger – 19 (Schalke 04). 1977: NOI, YUG, ARG, URU, BRA, FIN, SUI, WAL – 1978: ENG, URS, BRA, SWE, POL, NED, AUT, CZE, HUN, NED – 1979: MLT

Adam, Karl – 3 (TuS Neuendorf). 1951: TUR – 1952: LUX, IRL

Adamkiewicz, Edmund – 2 (Hamburger SV). 1942: CRO, SLO

Albertz, Jörg – 2 (Hamburger SV). 1996: POR, DEN

Albrecht, Erich – 1 (Wacker Leipzig). 1909: ENG

Albrecht, Ernst – 17 (Fortuna Düsseldorf). 1928: SUI, SUI, URU, NOR, SWE – 1929: ITA, SWE, FIN – 1930: ITA, HUN, NOR – 1931: NED – 1932: HUN, NED – 1933: BEL, NOR – 1934: LUX

Allgöwer, Karl – 10 (VfB Stuttgart). 1980: FRA – 1981: BRA, AUT, BRA, FIN – 1982: POR – 1985: POR, CZE – 1986: SUI, NED

Allofs, Klaus – 56 (Fortuna Düsseldorf 21, 1. FC Köln 29, Olympique Marseille 6). 1978: CZE, HUN, NED – 1979: MLT, WAL, IRL, ARG, WAL – 1980: MLT, AUT, POL, CZE, NED, FRA, BUL – 1981: ARG, BRA, ALB, BUL – 1982: ENG, NOI – 1983: POR – 1984: BUL, BEL, URS, ITA, POR, ROM, ESP, SWE, MLT – 1985: CZE, URS – 1986: ITA, BRA, YUG, NED, URU, SCO, DEN, MAR, MEX, FRA, ARG, DEN, AUT – 1987: ITA, FRA. ENG, DEN, SWE, HUN – 1988: SWE

Allofs, Thomas – 2 (1. FC Kaiserslautern 1, 1. FC Köln 1). 1985: POR – 1988: URS

Altvater, Heinrich – 1 (Wacker München). 1922: SUI

Appel, Hans – 5 (Berliner SV 92). 1933: POL – 1935: SUI, LAT – 1937: LUX – 1938: ROM

Arlt, Willi – 11 (SV Riesa). 1939: BEL, LUX, IRL, DEN, EST, BM, SLO – 1940: ROM, FIN, YUG – 1942: BUL

Ascherl, Willy – 1 (Spvg. Fürth). 1924: NED

Au, Alfred – 1 (VfR Mannheim). 1921: FIN

Auer, Karl – 3 (Spvg. Fürth). 1924: AUT, NED – 1926: SWE

Augenthaler, Klaus – 27 (Bayern München). 1983: AUT, TUR, NOI – 1984: BEL – 1985: ENG, MEX, SWE, CZE – 1986: ITA, SUI, YUG, URU, SCO, ESP – 1989: IRL, FIN, WAL – 1990: FRA, CZE, DEN, YUG, UAE, KOR, NED, CZE, ENG, ARG

Aumann, Raimond – 4 (Bayern München). 1989: IRL – 1990: URU, DEN, SWE

Babbel, Marcus – 24 (Bayern München). 1995: ESP, GEO, WAL, BUL, ITA, BEL, GEO, MLD, WAL, BUL – 1996: POR, DEN, NED, FRA, CZE, RUS, CRO, ENG, CZE, POL, ARM, NOI, POR – 1997: ISR

Bache, Fritz – 2 (Wacker 04 Berlin). 1923: NOR – 1924: SWE

Balogh, Fritz – 1 (VfL Neckarau). 1950: SUI

Bantle, Ernst – 1 (FC Freiburg). 1924: HUN

Barufka, Karl – 3 (VfB Stuttgart). 1950: SUI – 1951: SUI, AUT

Bäse, Joachim – 1 (Eintracht Braunschweig). 1968: WAL

Basler, Mario – 23 (Werder Bremen 19, Bayern München 4). 1994: ITA, UAE, IRL, AUT, CAN, BOL, AUS – 1995: ESP, GEO, WAL, BUL, BEL, BUL – 1996: POR, DEN, NED, NOI, FRA, LIE, POR – 1997: ISR, UKR, UKR

Bauer, Hans – 5 (Bayern München). 1951: LUX – 1952: LUX – 1954: HUN, TUR – 1958: FRA

Baumann, Gunter – 2 (1. FC Nürnberg). 1950: SUI – 1951: SUI

Baumgarten, Fritz – 1 (Germania Berlin). 1908: SUI

Baumgärtner, Willy – 4 (SV 04 Düsseldorf). 1908: SUI, ENG, AUT – 1909: ENG

Bäumler, Erich – 1 (Eintracht Frankfurt). 1956: NOR

Bauwens, Peco – 1 (SC 99 Köln). 1910: BEL

Beck, Alfred – 1 (FC St. Pauli). 1954: ENG

Beckenbauer, Franz – 103 (Bayern München). 1965: SWE, AUT, CYP – 1966: ENG, NED, IRL, NOI, YUG, SUI, ARG, ESP, URU, URS, ENG, NOR – 1967: MAR, ALB, YUG, FRA, ROM – 1968: B, SUI, ENG, BRA, FRA. AUT, BRA, CHI, MEX – 1969: SCO, AUT, CYP, AUT, BUL, SCO – 1970: ROM, IRL, YUG, MAR, BUL, PER, ENG, ITA, HUN, TUR, YUG, GRE – 1971: ALB, TUR, ALB, NOR, SWE, DEN, MEX, POL, POL – 1972: HUN, ENG, ENG, URS, BEL, URS, SUI – 1973: ARG, CZE, YUG, BUL, BRA. URS, AUT, FRA. SCO, ESP – 1974: ESP, ITA, SCO, HUN, SWE, CHI, AUS, GDR, YUG, SWE, POL, NED, SUI, GRE, MLT – 1975: ENG, BUL, NED, AUT, GRE, BUL, TUR – 1976: MLT, ESP, ESP, YUG, CZE, WAL, CZE – 1977: FRA

Becker, Fritz – 1 (Kickers Frankfurt). 1908: SUI

Beer, Erich – 24 (Hertha BSC). 1975: NED, AUT, GRE, BUL, TUR – 1976: MLT, ESP, ESP, YUG, CZE, WAL, CZE – 1977: FRA, YUG, ARG, BRA, MEX, FIN, ITA – 1978: BRA, POL, ITA, NED, AUT

Beier, Albert – 11 (Hamburger SV). 1924: SUI – 1925: NED, SWE – 1926: SUI – 1928: SUI, URU, DEN, SWE – 1929: ITA, FIN – 1931: AUT

Beiersdorfer, Dietmar – 1 (Hamburger SV) 1991: BEL

Bein, Uwe – 17 (Eintracht Frankfurt). 1989: FIN,

WAL – 1990: FRA, URU, CZE, DEN, YUG, UAE, COL, CZE, POR, LUX – 1991: LUX – 1992: ITA – 1993: GHA, USA, TUN

Bella, Michael – 4 (MSV Duisburg). 1968: CHI, MEX – 1970: GRE – 1971: ALB

Bender, Jakob – 9 (Fortuna Düsseldorf). 1933: BEL, NOR, POL – 1934: CZE, AUT, POL – 1935: IRL, ESP, SWE

Benthaus, Helmut – 8 (Westfalia Herne). 1958: BUL, EGY- 1959: SCO, SUI, NED, HUN – 1960: CHI, BUL

Berg, Walter – 1 (Schalke 04). 1938: LUX

Berghausen, Alfred – 1 (Preußen Duisburg). 1910: BEL

Bergmaier, Josef – 8 (Bayern München). 1930: SUI, ENG – 1931: FRA, AUT, SWE, NOR – 1932: SWE – 1933: ITA

Bernard, Günter – 5 (Schweinfurt 05 2, Werder Bremen 3). 1962: FRA, SUI – 1966: NED, NOI – 1968: WAL

Bernard, Robert – 2 (VfR Schweinfurt). 1936: LUX, NOR

Berndt, Hans – 3 (Tennis Borussia Berlin). 1937: LAT, EST – 1938: HUN

Bert (Friedrich), Adalbert – 1 (VfB Leipzig). 1910: BEL

Berthold, Rudolf – 1 (Dresdner SC). 1928: SUI

Berthold, Thomas – 62 (Eintracht Frankfurt 21, Hellas Verona 10, AS Rom 18, VfB Stuttgart 13). 1985: HUN, POR, MLT, BUL, CZE, ENG, URS, SWE, POR – 1986: SUI, YUG, NED, URU, SCO, DEN, MAR, MEX, ARG, DEN, ESP, AUT – 1987: SWE, HUN – 1988 SWE, ARG, YUG, ITA, NED – 1989: BUL, NED, WAL – 1990: FRA, URU, CZE, DEN, YUG, UAE, COL, NED, CZE, ENG, ARG, POR, SWE, LUX, SUI – 1991: ITA, UAE, IRL, AUT, CAN BOL, ESP, KOR, BEL, BUL, ALB, MLD, ALB

Biallas, Hans – 3 (Duisburg 48/99). 1938: ROM – 1939: YUG, DEN

Bierhoff, Oliver – 14 (Udinese Calcio). 1996: POR, DEN, NED, NOI, LIE, CZE, RUS, CZE, POL, ARM, NOI – 1997: ALB, UKR, UKR

Biesinger, Ulrich – 19 (BC Augsburg). 1954: BEL – 1955: IRL, NOR – 1956: NOR, SWE, URS – 1958: EGY

Billen, Matthias – 1 (VfL Osnabrück). 1936: LUX

Billmann, Willi – 11 (1. FC Nürnberg). 1937: SUI – 1938: HUN – 1939: YUG, BUL, BM, ITA, SVK – 1940: HUN, ITA – 1941: ROM, SWE

Binder, Franz – 9 (Rapid Wien). 1939: BEL, SVK, BM, ITA – 1940: HUN, YUG, ITA, DEN – 1941: ROM

Binz, Manfred – 14 (Eintracht Frankfurt). 1990: POR, SWE, LUX – 1991: ENG, WAL, BEL, LUX – 1992: ITA, CZE, TUR, NOI, URS, SCO, NED

Bleidick, Hartwig – 2 (Borussia Mönchengladbach). 1971: ALB, NOR

Blum, Ernst – 1 (VfB Stuttgart). 1927: DEN

Blunk, Wilhelm – 1 (Hamburger SV). 1929: FIN

Bobic, Fredi – 17 (VfB Stuttgart). 1994: HUN – 1995: ITA, BEL, MLD, BUL, RSA – 1996: NOI, FRA, CZE, ITA, CRO, POL, ARM, NOI, POR – 1997: ISR, UKR

Bockenfeld, Manfred – 1 (Fortuna Düsseldorf). 1984: BUL

Bode, Marco – 8 (Werder Bremen). 1995: RSA – 1996: NOI, LIE, ITA, ENG, CZE, POL, ARM

Bögelein, Karl – 1 (VfB Stuttgart). 1951: LUX

Bökle, Otto – 1 (VfB Stuttgart). 1935: LAT

Bollmann, Albert – 1 (Schwarz-Weiß Essen). 1914: NED

Bommer, Rudolf – 6 (Fortuna Düsseldorf). 1984: BUL, BEL, URS, ITA, POR, ARG

Bongartz, Hans – 4 (Schalke 04). 1976: MLT, CZE – 1977: MEX, FIN

Bonhof, Rainer – 53 (Borussia Mönchengladbach 40, FC Valencia 11, 1. FC Köln 2). 1972: URS – 1973: ESP – 1974: HUN, SWE, YUG, SWE, POL, NED, SUI, MLT – 1975: ENG, BUL, NED, TUR – 1976: ESP, ESP, YUG, CZE, CZE – 1977: FRA, NOI, YUG, ARG, URU, BRA, MEX, FIN, ITA, SUI, WAL – 1978: ENG, URS, BRA, SWE, POL, MEX, TUN, ITA, NED, AUT, CZE, HUN, NED – 1979: MLT, TUR, WAL, ARG, WAL, TUR – 1980: MLT, AUT – 1971: ARG, BRA

Borchers, Ronald – 6 (Eintracht Frankfurt). 1978: NED – 1979: TUR – 1980: BUL – 1981: FIN, POL, FIN

Borck, Walter – 1 (MTV München). 1911: HUN

Borkenhagen, Kurt – 1 (Fortuna Düsseldorf). 1952: FRA

Borowka, Ulrich – 6 (Werder Bremen). 1988: ARG, YUG, ITA, DEN, ESP NED

Bosch, Hermann – 5 (Karlsruher FV). 1912: AUT, HUN, DEN, NED – 1913: SUI

Brehme, Andreas – 86 (1. FC Kaiserslautern 40, Bayern München 12), Inter Mailand 34). 1984: BUL, BEL, URS, FRA, ITA, POR, ROM, ESP, ARG, SWE, MLT – 1985: MLT, BUL, CZE, ENG, MEX, URS, SWE, POR, CZE – 1986: BRA, SUI, NED, URU, DEN, MEX, FRA, ARG – 1987: ISR, FRA, ENG, SWE, BRA – 1988: ARG, SUI, YUG, ITA, DEN, ESP, NED, FIN, NED – 1989: BUL, NED, WAL, FIN, WAL – 1990: FRA, URU, CZE, DEN, YUG, UAE, NED, CZE, ENG, ARG, POR, SWE, LUX – 1991: BEL, WAL, ENG, WAL, BEL, LUX – 1992: ITA, TUR, NOI, URS, SCO, NED, SWE, DEN – 1993: BRA, ARG, USA – 1994: ITA, UAE, AUT, CAN, BOL, ESP, KOR, BEL, BUL

Breitner, Paul – 48 (Bayern München 46, Real Madrid 2). 1971: NOR, POL – 1972: HUN, ENG,

ENG, URS, BEL, URS, SUI – 1973: ARG, CZE, YUG, BUL, BRA, URS – 1974: ESP, ITA, SCO, SWE, CHI, AUS, GDR, YUG, SWE, POL, NED – 1975: BUL, GRE – 1981: AUT, BRA, FIN, POL, FIN, AUT, ALB, BUL – 1982: POR, BRA, ARG, CZE, NOR, ALG, CHI, AUT, ENG, ESP, FRA, ITA

Brenninger, Dieter – 1 (Bayern München). 1969: AUT

Breuer, Theo – 2 (Fortuna Düsseldorf). 1933: BEL, NOR

Breunig, Max – 9 (Karlsruher FV 7, 1. FC Pforzheim 2). 1910: NED – 1911: SUI, BEL, AUT – 1912: NED, AUT, NED – 1913: DEN, BEL

Breynk, Andreas – 1 (Preußen Duisburg). 1910: BEL

Briegel, Hans-Peter – 72 (1. FC Kaiserslautern 53, Hellas Verona 19). 1979: WAL, URS – 1980: AUT, POL, CZE, NED, GRE, BEL, SUI, NED, FRA, BUL – 1981: ARG, BRA, AUT, BRA, FIN, POL, FIN, AUT, ALB, BUL – 1982: POR, BRA, ARG, CZE, NOR, ALG, CHI, AUT, ENG, ESP, FRA. ITA, BEL, ENG, NOI – 1983: POR, ALB, TUR, AUT, YUG, HUN, AUT, TUR, NOI, ALB – 184 URS, FRA, ITA, POR, ROM, ESP, SWE, MLT – 1985: HUN, POR, MLT, SWE, POR, CZE – 1986: ITA, BRA, SUI, YUG, NED, URU, SCO, MAR, MEX, FRA, ARG

Brülls, Albert – 25 (Borussia Mönchengladbach 22, AC Brescia 3). 1959: SUI, NED, HUN, YUG – 1960: CHI, POR, IRL, ISL, NOI, GRE, BUL – 1961: BEL, CHI, NOI, DEN, POL, GRE – 1962: URU, ITA, SUI, CHI, YUG – 1966: – NED, SUI, ARG

Brunke, Hans – 7 (Tennis Borussia Berlin). 1927: DEN, NOR – 1929: SCO – 1930: DEN, 1931: SWE, NOR, AUT

Brunnenmeier, Rudolf – 5 (TSV 1860 München). 1964: SWE – 1965: ITA, SWE, AUT, CYP.

Bruns, Hans-Günter – 4 (Borussia Mönchengladbach). 1984: BEL, URS, FRA, ARG

Buchloh, Fritz – 17 (VfB Speldorf). 1932: NED – 1933: ITA, BEL, NOR – 1934: LUX, POL, DEN – 1935: SUI, NED, IRL, ESP, SWE, ROM, BUL – 1936: POR, LUX, POL

Buchwald, Guido – 76 (VfB Stuttgart). 1984: ITA, POR, ROM – 1986: ITA, BRA, SUI, YUG. DEN, ESP, AUT – 1987: ISR, ITA, FRA, ENG, DEN, SWE, BRA – 1988: SWE, ITA, DEN, FIN, URS, NED – 1989: BUL, NED, WAL, IRL, FIN, WAL – 1990: URU, CZE, DEN, YUG, UAE, COL, NED, CZE, ENG, ARG, POR, SUI – 1991: URS, WAL, ENG, WAL, BEL, LUX – 1992: ITA, CZE, TUR, NOI, URS, SCO, SWE, DEN, DEN, MEX, AUT, BRA, URU – 1993:Scho, GHA, BRA, USA, ENG, TUN, URU, BRA, ARG, USA – 1994: – ITA, UAE, IRL, KOR, BEL, BUL

Budzinsky, Lothar – 1 (Duisburger SV). 1910: BEL

Bülte, Otto – 1 (Eintracht Braunschweig). 1910: NED

Burdenski, Dieter – 12 (Werder Bremen). 1977: URU – 1978: SWE, NED – 1979: TUR, IRL, ARG, WAL – 1980: MLT – 1983: YUG, HUN – 1984: BUL, ITA

Burdenski, Herbert – 5 (Schalke 04 3, Werder Bremen 2). 1941: FIN – 1942: BUL, ROM – 1950: SUI – 1951: SUI

Burger, Karl – 11 (Spvg. Fürth). 1909: SUI – 1910: SUI – 1911: SUI, ENG, BEL, SWE, AUT, SWE – 1912: NED, SUI, RUS

Burgsmüller, Manfred – 3 (Borussia Dortmund). 1977: SUI, WAL – 1978: ENG

Burkhardt, Theodor – 1 (Germania Brötzingen). 1930: HUN

Busch, Willy – 13 (Duisburg 99). 1933: BEL, NOR – 1934: SWE, CZE, AUT, POL – 1935: SUI, NED, FRA, BEL, ESP, LUX – 1936: LUX

Cieslarczyk, Hans – 7 (SV Sodingen 5, Borussia Dortmund 2). 1957: HUN – 1958: ESP, CZE, SWE, FRA, DEN, FRA

Claus-Oehler, Walter – 2 (Arminia Bielefeld). 1923: NED, F

Conen, Edmund – 28 (FV Saarbrücken 14, Stuttgarter Kickers 14). 1934: HUN, BEL, SWE, CZE, AUT – 1935: SUI, NED, FRA, ESP, CZE, NOR, SWE, FIN, POL – 1939: DEN, YUG, BUL, ITA – 1940: HUN, FIN, SVK, HUN, BUL – 1941: DEN, SVK – 1942: CRO, ESP, HUN

Cullmann, Bernd – 48 (1. FC Köln). 1973: ARG, CZE, BUL, BRA, AUT, FRA, SCO, ESP – 1974: ITA, SCO, HUN, SWE, CHI, AUS, GDR, SUI, GRE, MLT – 1975: ENG, NED – 1976: MLT, ESP – 1978: CZE, HUN, NED – 1979: MLT, TUR, WAL, IRL, ISL, ARG, WAL, URS, TUR – 1980: MLT, AUT, POL, CZE, GRE, BEL

Damminger, Ludwig – 3 (Karlsruher FV). 1935: BEL, IRL, EST

Danner, Dietmar – 6 (Borussia Mönchengladbach). 1973: URS – 1975: AUT, BUL, TUR – 1976: ESP, YUG

Decker, Karl – 8 (Vienna Wien). 1942: CRO, SUI, ESP, HUN, BUL, ROM, SWE, SVK

Deike, Fritz – 1 (Hannover 96). 1935: ROM

Del Haye, Karl – 2 (Borussia Mönchengladbach). 1980: AUT, GRE

Derwall, Josef – 2 (Fortuna Düsseldorf). 1954: ENG, POR

Deyhle, Erwin – 1 (Stuttgarter Kickers). 1939: EST

Diemer, Kurt – 4 (Britannia Berlin). 1912: DEN, NED – 1913: ENG, SUI

Dietrich, Peter – 1 (Borussia Mönchengladbach). 1970: IRL

Dietz, Bernard – 53 (MSV Duisburg). 1974: MLT – 1975: BUL, TUR – 1976: MLT, ESP, ESP, YUG, CZE, WAL, CZE – 1977: FRA, NOI, ARG, URU, BRA, MEX, FIN, ITA. SUI, WAL – 1978: ENG, URS, BRA, SWE, MEX, TUN, ITA, NED, AUT, CZE, HUN, NED – 1979: MLT, TUR, WAL, ARG, WAL, URS, TUR – 1980: MLT, AUT, POL, CZE, NED, BEL, SUI, NED, FRA, BUL – 1981: ARG, BRA, ALB, BRA

Ditgens, Heinz – 3 (Borussia Mönchengladbach). 1936: LUX, NOR – 1938: LUX

Doll, Thomas – 18 (Hamburger SV 3, Lazio Rom 15). 1991: URS, BEL, WAL, ENG, WAL, BEL, LUX – 1992: ITA, NOI, URS, NED, SWE, DEN, DEN, AUT, BRA. URU – 1993: SCO

Dörfel, Bernd – 15 (Hamburger SV 4, Eintracht Braunschweig 11). 1966: NOR – 1967: ALB – 1968: ENG, BRA, FRA, AUT, CYP, BRA, CHI, MEX – 1969: WAL, SCO, AUT, AUT, BUL

Dörfel, Friedrich – 2 (Hamburger SV). 1942: ESP, HUN

Dörfel, Gert – 11 (Hamburger SV). 1960: ISL, NOI, GRE, BUL – 1961: BEL, CHI – 1963: BRA, TUR, SWE – 1964: SCO, SWE

Dörner, Herbert – 2 (1. FC Köln). 1956: NOR, SWE

Dorfner, Hans – 7 (Bayern München). 1987: F, ENG, SWE – 1988: SUI, YUG – 1989: IRL, WAL

Dremmler, Wolfgang – 27 (Bayern München). 1981: BRA, FIN, POL, FIN, AUT, ALB, BUL – 1982: POR, BRA, ARG, CZE, ALG, CHI, AUT, ENG, ESP, FRA, ITA, BEL, ENG – 1983: POR, TUR, AUT, AUT, NOI, ALB – 1984: BEL

Droz, Rudolf – 1 (Preußen Berlin). 1911: SWE

Dumke, Otto – 2 (Viktoria Berlin). 11 SWE, SWE

Durek, Ludwig – 6 (FC Wien). 1940: SVK – 1941: SVK – 1942: CRO, SUI, ESP, HUN

Dutton, Edwin – 1 (Preußen Berlin). 1909: HUN

Dzur, Walter – 3 (Dresdner SC). 1940: FIN, SVK – 1941: FIN

Eckel, Horst – 32 (1. FC Kaiserslautern). 1952: SUI, YUG, ESP – 1953: AUT, NOR, SAR, NOR – 1954: SUI, TUR, HUN, TUR, YUG, AUT, HUN – 1955: URS, YUG, NOR, ITA – 1956: NED, SWE, URS, SUI, IRL – 1957: HUN – 1958: BEL, ESP, CZE, ARG, NOI, YUG, SWE, AUT

Eckert, Jakob – 1 (Wormatia Worms). 1937: SUI

Eckstein, Dieter – 7 (1. FC Nürnberg). 1986: ESP – 1987: HUN – 1988: SWE, ARG, YUG, ITA, FIN

Eder, Norbert – 9 (Bayern München). 1986: YUG, NED, URU, SCO, DEN, MAR, MEX, FRA, ARG

Edy (Pendorf), Eduard – 3 (VfB Leipzig). 1913: ENG – 1922: SUI, AUT

Effenberg, Stefan – 33 (Bayern München 12, AC Florenz 21). 1991: WAL, ENG, WAL, BEL – 1992:, CZE TUR, NOI, URS, SCO, NED, SWE, DEN, DEN, MEX, AUT, BRA – 1993: SCO, GHA, BRA, USA, ENG, TUN, URU, BRA, ARG, USA, MEX – 1994: ITA, IRL, AUT, BOL, ESP, KOR

Ehrmann, Kurt – 1 (Karlsruher FV). 1952: LUX

Eiberle, Fritz – 1 (TSV 1860 München). 1933: SUI

Eichelmann, Paul – 2 (Union 92 Berlin). 1908: ENG, AUT

Eikhof, Ernst – 3 (Victoria Hamburg). 1923: NED, SUI, FIN

Eilts, Dieter – 31 (Werder Bremen). 1993: USA, MEX – 1994: RUS, HUN, ALB – 1995: GEO, WAL, BUL, BEL, MLD, WAL, BUL – 1996: DEN, NED, NOI, FRA, LIE, CZE, RUS, ITA, CRO, ENG, CZE, POL, ARM, NOI, POR – 1997: ISR, ALB, UKR, UKR

Elbern, Franz – 8 (SV 06 Beuel). 1935: LUX – 1936: HUN, LUX, POL, CZE, SCO, ITA – 1937: LAT

Emmerich, Heinz – 3 (Tennis Borussia Berlin). 1931: SWE, NOR, AUT

Emmerich, Lothar – 5 (Borussia Dortmund). 1966: NED, ESP, URU, URS, ENG

Engels, Stefan – 8 (1. FC Köln). 1982: BRA, ARG, CZE, ENG, NOI – 1983: ALB, TUR, AUT

Eppenhoff, Hermann – 3 (Schalke 04). 1940: SVK – 1941: FIN – 1942: SUI

Erhardt, Herbert – 50 (Spvg. Fürth 49, Bayern München 1). 1953: SAR – 1954: BEL, FRA, ENG, POR – 1955: IRL – 1956: NOR, SWE, URS, IRL – 1957: AUT, NED, SWE, HUN – 1958: BEL, ESP, CZE, ARG, CZE, NOI, YUG, SWE, FRA, DEN, FRA, AUT, BUL – 1959: SCO, POL, SUI, NED, HUN, YUG – 1960: CHI, POR, IRL, ISL, NOI, GRE, BUL – 1961: BEL, CHI, NOI, POL, GRE – 1962: ITA, SUI, CHI, YUG, YUG

Ertl, Georg – 7 (Wacker München). 1925: SWE, FIN, SUI – 1926: NED, NED, SUI – 1927: DEN

Eschenlohr, Albert – 1 (Tennis Borussia Berlin). 1924: SWE

Esser, Franz – 1 (Holstein Kiel). 1922: HUN

Euler, Georg – 1 (Köln Sülz 07). 1936: POL

Ewert, Fritz – 4 (1. FC Köln). 1959: NED – 1960: BUL – 1963: MAR – 1964: ALG

Faas, Robert – 1 (1. FC Pforzheim). 1910: BEL

Fach, Holger – 5 (Bayer Uerdingen). 1988: FIN, NED – 1989: BUL, WAL, IRL

Faeder, Helmut – 1 (Hertha BSC Berlin). 1958: EGY

Fahrian, Wolfgang – 10 (TSG Ulm 46). 1962: URU, ITA, SUI, CHI, YUG, YUG, FRA – 1963: BRA, TUR – 1964: CZE

Falk, Wilhelm – 1 (Wacker München). 1927: NED

Falkenmayer, Ralf – 4 (Eintracht Frankfurt). 1984: ARG, SWE – 1985: POR – 1986: SUI

Fath, Josef – 13 (Wormatia Worms). 1934: POL, DEN – 1935: BEL, IRL, ESP, CZE, NOR, FIN, POL, ENG – 1936: ESP – 1938: HUN, POR

Ferner, Diethelm – 2 (Werder Bremen). 1963: MAR – 1964: ALG

Fichtel, Klaus – 23 (Schalke 04). 1967: MAR, BUL, YUG – 1968: BEL, SUI, WAL, ENG, BRA, FRA – 1969: AUT, BUL, SCO – 1970: YUG, MAR, BUL, PER, ENG, URU, HUN, TUR – 1971: MEX, POL, POL

Fick, Willy – 1 (Holstein Kiel). 1910: NED

Fiederer, Hans – 6 (Spvg. Fürth). 1939: LUX, SVK – 1940: ROM, YUG – 1941: CRO, DEN

Fiederer, Leo – 1 (Spvg. Fürth). 1920: HUN

Fischer, Erich – 2 (1. FC Pforzheim). 1932: FIN – 1933: FRA

Fischer, Klaus – 45 (Schalke 04 30, 1. FC Köln 15). 1977: NOI, YUG, ARG, BRA, MEX, FIN, ITA, SUI, WAL – 1978: URS, BRA, SWE, POL, MEX, TUN, ITA, AUT, CZE, HUN, NED – 1979: MLT, WAL, ARG, WAL, URS, TUR – 1980: MLT – 1981: AUT, BRA, FIN, POL, FIN, AUT, ALB, BUL – 1982: POR, BRA, CZE, NOR, ALG, AUT, ENG, ESP, FRA, ITA

Fischer, Paul – 1 (Viktoria 89 Berlin). 1908: ENG

Fischer, Walter – 5 (Duisburger SV). 1911: SUI, BEL – 1913: ENG, BEL – 1914: NED

Fitz, Willy – 1 (Rapid Wien). 1942: SUI

Fleischmann, Hans – 1 (VfR Mannheim). 1924: ITA

Flick, Hermann – 1 (Duisburg 99). 1929: FIN

Flink, Karl – 1 (Kölner BC) 1922: HUN

Flohe, Heinz – 39 (1. FC Köln). 1970: GRE – 1971: TUR, DEN – 1972: HUN, ENG – 1973: CZE, YUG, BUL, BRA, URS, AUT, FRA, SCO – 1974: HUN, GDR, YUG, SWE, MLT – 1975: ENG – 1976: YUG, CZE, WAL, CZE – 1977: FRA, NOI, YUG, URU, BRA, MEX, ITA, SUI, WAL – 1978: ENG, URS, BRA, POL, MEX, TUN, ITA

Flotho, Heinz – 1 (VfL Osnabrück). 1939: LUX

Foda, Franco – 2 (1. FC Kaiserslautern). 1987: BRA, ARG

Förderer, Fritz – 11 (Karlsruher FV). 1908: SUI, ENG – 1909: SUI – 1911: SUI, BEL, HUN – 1912: NED, RUS, HUN, NED – 1913: DEN

Förster, Bernd – 33 (VfB Stuttgart). 1979: IRL, ISL, URS, TUR – 1980: MLT, AUT, POL, CZE, GRE – 1981: POL, FIN – 1982: POR, ARG, CZE, NOR, ENG, ESP, FRA, ITA, BEL, ENG, NOI – 1983: POR, ALB, AUT, YUG, HUN, ALB – 1984: FRA, ITA, POR, ROM, ESP

Förster, Karlheinz – 81 (VfB Stuttgart). 1978: BRA, CZE – 1979: MLT, TUR, WAL, IRL, ISL,

ARG, WAL, URS – 1980: MLT, AUT, POL, CZE, NED, GRE, BEL, SUI, NED, FRA, BUL – 1981: ARG, BRA, ALB, AUT, BRA, FIN, AUT, ALB, BUL – 1982: POR, BRA, ARG, CZE, NOR, ALG, CHI, AUT, ENG, ESP, FRA, ITA. BEL, ENG – 1983: POR, ALB, TUR, AUT, YUG, HUN, AUT, NOI, ALB – 1984: BUL, BEL, URS, FRA, ITA, POR, ROM, ESP, SWE, MLT – 1985: HUN, MLT, BUL, CZE, URS, SWE, POR, CZE – 1986: ITA, SUI, YUG, URU, SCO, DEN, MLT, MEX, FRA, ARG

Forell, Paul – 1 (1. FC Pforzheim). 1920: HUN

Frank, Georg – 4 (Spvg. Fürth). 1927: DEN – 1929: SUI, ITA – 1930: ITA

Franke, Bernd – 7 (Eintracht Braunschweig). 1973: CZE, BUL – 1977: NOI, ARG, SUI – 1982: POR, NOR

Franz, Andreas – 10 (Spvg. Fürth). 1922: SUI, HUN – 1923: ITA, SWE – 1924: AUT, NED, ITA, SUI – 1925: SUI – 1926: SWE

Freund, Steffen – 19 (Borussia Dortmund). 1995: ESP, GEO, WAL, ITA, SUI, BEL, GEO, MLD, WAL, BUL – 1996: POR, DEN, NED, FRA, LIE, RUS, ITA, CRO ENG

Fricke, Willi – 1 (Arminia Hannover). 1935: LUX

Friedel, Georg – 1 (1. FC Nürnberg). 1937: NED

Fritzsche, Walter – 1 (Vorwärts Berlin). 1921: AUT

Frontzeck, Michael – 19 (Borussia Mönchengladbach 16, VfB Stuttgart 3). 1984: ARG – 1985: HUN, POR, MLT, BUL, MEX, CZE – 1986: DEN, ESP, AUT – 1987: ITA, ENG, DEN, HUN, BRA – 1988: SWE – 1992: CZE, NED, DEN

Fuchs, Gottfried – 6 (Karlsruher FV). 1911: SUI, BEL – 1912: NED, RUS, HUN – 1913: BEL

Fürst, Fritz – 1 (Bayern München). 1913: SUI

Funkel, Wolfgang – 2 (Bayer Uerdingen). 1986: NED, AUT

Gablonsky, Max – 4 (Bayern München). 1910: BEL – 1911: SUI, AUT, SWE

Gaebelein, Arthur – 1 (Hohenzollern Halle). 1912: NED

Garrn (Ehlers), Hermann – 2 (Victoria Hamburg). 1908: AUT – 1909: ENG

Gärtner, Ludwig – 3 (Olympia Lorsch). 1939: SVK – 1940: BUL – 1941: SWE

Gauchel, Josef – 16 (TuS Neuendorf). 1936: LUX, POL – 1937: LUX, EST – 1938: LUX, ENG, SUI, POL – 1939: YUG, ITA, IRL, DEN, EST – 1940: HUN, YUG – 1942: BUL

Gaudino, Maurizio – 5 (Eintracht Frankfurt). 1993: TUN, BRA, MEX – 1994: UAE, CAN

Gedlich, Richard – 2 (Dresdner SC). 1926: NED – 1927: DEN

Gehlhaar, Paul – 2 (Hertha BSC Berlin). 1928: SWE – 1931: AUT

Gehrts, Adolf – 2 (Victoria Hamburg). 1908:
ENG – 1910: NED
Geiger, Hans – 6 (ASV Nürnberg 2, 1. FC Nürnberg 4). 1926: NED, SUI – 1929: SUI, ITA, SCO, SWE
Geiger, Rolf – 8 (Stuttgarter Kickers 1, VfB Stuttgart 7). 1956: BEL – 1958: FRA, BUL – 1959: SCO, POL – 1964: CZE, SCO, FIN
Gellesch, Rudolf – 20 (Schalke 04). 1935: LUX – 1936: HUN, CZE, SCO, ITA – 1937: NED, FRA, DEN, FIN, NOR, SWE – 1938: SUI, POR, ENG, SUI – 1939: BEL, NOR, HUN, BUL – 1941: FIN
Gerdau, Willi – 1 (Heider SV). 1957: SCO
Gerritzen, Felix – 4 (Preußen Münster). 1951: SUI, TUR, AUT, IRL
Gersdorff, Bernd – 1 (Eintracht Braunschweig). 1975: AUT
Gerwien, Klaus – 6 (Eintracht Braunschweig). 1963: MAR – 1964: ALG – 1968: CYP, NOR, BRA, CHI, MEX
Geye, Rainer – 4 (Fortuna Düsseldorf). 1972: SUI – 1973: ARG – 1974: SUI, GRE
Giesemann, Willi – 14 (Bayern München 11, Hamburger SV 3). 1960: IRL, NOI, GRE, BUL – 1961: BEL, CHI, DEN, POL, GRE – 1962: CHI, YUG – 1964: SCO, SWE – 1965: BRA
Glaser, Josef – 5 (Freiburger FC). 11909 ENG, SUI – 1910: BEL – 1912: SUI, RUS
Goede, Erich – 1 (Berliner SV 92). 1939: SVK
Görtz, Armin – 2 (1. FC Köln). 1988: SUI, FIN
Goldbrunner, Ludwig – 39 (Bayern München). 1933: SUI – 1934: HUN – 1935: SUI, BEL, IRL, CZE, NOR, FIN, POL, BUL, ENG – 1936: ESP, POR, LUX, NOR, CZE, SCO, IRL, ITA – 1937: NED, FRA, BEL, SUI, DEN, FIN, EST, NOR, SWE – 1938: HUN, POR, ENG, SUI, POL – 1939: BEL, ITA, NOR, HUN – 1940: HUN, BUL
Gottinger, Richard – 1 (Spvg. Fürth). 1953: SAR
Grabowski, Jürgen – 44 (Eintracht Frankfurt). 1966: IRL, NOI, ROM, TUR – 1970: ESP, ROM, IRL, MAR, BUL, PER, ENG, ITA, HUN, TUR, YUG, GRE – 1971: ALB, TUR, ALB, NOR, SWE, DEN, MEX, POL, POL – 1972: ENG, BEL – 1973: YUG, BUL, URS, AUT, FRA, SCO, ESP – 1974: ESP, SCO, HUN, SWE, CHI, AUS, GDR, SWE, POL, NED
Gramlich, Hermann – 3 (Villingen 08). 1935: LUX, ROM, POL
Gramlich, Rudolf – 22 (Eintracht Frankfurt). 1931: DEN – 1932: SUI, FIN – 1933: ITA, FRA, SUI – 1934: HUN, SWE, DEN – 1935: SUI, NED, FRA, BEL, ESP, CZE, NOR, FIN, POL, BUL, ENG – 1936: ESP, NOR
Gröner, Emil – 1 (SC Stuttgart). 1921: HUN
Groh, Jürgen – 2 (1. FC Kaiserslautern 1, Hamburger SV 1). 1979: ISL – 1983: HUN

Gros, Wilhelm – 1 (Karlsruher FV). 1912: NED
Groß, Volkmar – 1 (Hertha BSC Berlin). 1970: GRE
Grosser, Peter – 2 (TSV 1860 München). 1965: SWE – 1966: NOI
Gruber, Hans – 1 (Duisburger SV). 1929: SCO
Gründel, Heinz – 4 (Hamburger SV). 1985: POR – 1986: ITA, BRA, NED
Günther, Walter – 4 (Duisburg 48/99). 1935: LUX – 1936: POL, LUX – 1937: NED

Haber, Marco – 2 (VfB Stuttgart).1995: BEL, RSA
Häßler, Thomas – 83 (1. FC Köln 17, Juventus Turin 5, AS Rom 33, Karlsruher SC 28). 1988: FIN, NED – 1989: BUL, NED, WAL, IRL, FIN, WAL – 1990: FRA, URU, CZE, DEN, YUG, UAE, COL, ENG, ARG, SWE, LUX, SUI – 1991: URS, BEL, ENG, WAL, LUX – 1992: ITA, CZE, TUR, NOI, URS, SCO, NED, SWE, DEN, MEX, AUT, BRA, URU – 1993: SCO, GHA, URU, ARG, BRA, USA, MEX – 1994: ITA, UAE, IRL, AUT, CAN, BOL, ESP, KOR, BEL, BUL, RUS, HUN, MLD ALB – 1995: ESP, WAL, BUL, ITA, SUI, GEO, MLD, WAL, BUL, RSA – 1996: POR, DEN, NED, FRA, LIE, CZE, RUS, ITA, CRO, ENG, CZE, POL, ARM, NOI
Haferkamp, Hans – 4 (VfL Osnabrück). 1951: TUR, AUT, TUR – 1952: LUX
Haftmann, Martin – 1 (Dresdner SC). 1927: DEN
Hagen, Hans – 12 (Spvg. Fürth). 1920: AUT – 1922: SUI – 1923: ITA, SWE – 1924: AUT, NED, ITA, SUI – 1925: NED – 1929: FIN – 1930: ITA, SUI
Hahnemann, Wilhelm – 23 (Admira Wien). 1938: SUI, SUI, POL, ROM – 1939: BEL, YUG, ITA, IRL, DEN, ITA – 1940: YUG, ITA, ROM, FIN, SVK, HUN – 1941: SUI, HUN, SUI, CRO, SWE, DEN, SVK
Haller, Helmut – 33 (BC Augsburg 19, FC Bologna 8, Juventus Turin 6). 1958: DEN, FRA, AUT, BUL – 1959: POL – 1960: CHI, POR, IRL, ISL, GRE, BUL – 1961: BEL, DEN, POL, GRE – 1962: URU, ITA, SUI, YUG – 1964: SWE – 1966: IRL, YUG, SUI, ARG, URU, URS, ENG – 1969: SCO, CYP, SCO – 1970: ESP, ROM, MAR
Hammerl, Franz – 1 (Post SV München). 1940: BUL
Hänel, Erich – 3 (BC Hartha). 1939: LUX, EST, SVK
Hanke, Richard – 1 (FV Breslau 06). 1930: NOR
Hannes, Wilfried – 8 (Borussia Mönchengladbach). 1981: ALB, BRA, FIN, POL, BUL – 1982: CZE, NOR, BEL
Hanreiter, Franz – 7 (Admira Wien). 1940: YUG – 1941: SUI, HUN, SUI, CRO – 1942: CRO, SUI
Hanssen, Karl – 3 (Altona 93). 1910: NED – 1911: ENG, BEL
Hantschick, Otto – 2 (Union 92 Berlin). 1908: ENG – 1909: ENG
Harder, Otto – 15 (Hamburger SV). 1914: NED –

1920: SUI, AUT, HUN – 1923: NOR – 1924: NOR, SWE, HUN, SUI – 1925: NED, SUI – 1926: NED, SWE, NED, SUI

Haringer, Sigmund – **15** (Bayern München) 11, Wacker München 4). 1931: F – 1932: SWE – 1933: ITA, FRA, SUI, POL – 1934: HUN, LUX, BEL, SWE, CZE – 1935: POL, BUL, ENG – 1937: BEL

Harpers, Gerhard – **6** (SV Sodingen). 1953: AUT – 1954: ENG, POR – 1955: ITA, URS, NOR

Hartmann, Carl – **4** (Union Potsdam 3, Victoria Hamburg 1). 1923: NED, SUI, FIN – 1924: SWE

Hartwig, William – **2** (Hamburger SV). 1979: IRL, ISL

Heibach, Hans – **1** (Fortuna Düsseldorf). 1938: LUX

Heidemann, Hartmut – **3** (MSV Duisburg). 1966: TUR, NOR – 1968: SUI

Heidemann, Matthias – **3** (Bonner FV 1, Werder Bremen 2). 1933: SUI – 1934: AUT – 1935: LAT

Heidkamp, Conrad – **9** (SC Düsseldorf 99 1, Bayern München 8). 1927: NED – 1928: DEN, NOR, SWE – 1929: SCO – 1930: ITA, SUI, ENG, HUN

Heinrich, Jörg – **6** (SC Freiburg 1, Borussia Dortmund 5). 1995: ITA, BEL – 1997: ISR, ALB, UKR, UKR

Heiß, Alfred – **8** (TSV 1860 München). 1962: SUI – 1963: BRA – 1965: ITA, SUI, BRA, CYP – 1966: ENG, NOI

Held, Siegfried – **41** (Borussia Dortmund 35, Kickers Offenbach 6). 1966: ENG, NED, ROM, YUG, SUI, ARG, ESP, URU, URS, ENG, NOR – 1967: MAR, YUG, ALB – 1968: WAL, BRA, FRA, AUT, CYP, BRA, MEX – 1969: WAL, SCO, AUT, CYP, AUT – 1970: IRL, MAR, ITA, URU, YUG – 1971: ALB, NOR, SWE, DEN – 1972: HUN, ENG, ENG – 1973: ARG, YUG, SCO

Helmer, Thomas – **58** (Borussia Dortmund 10, Bayern München 48). 1990: SWE, SUI – 1991: URS, BEL, WAL – 1992: ITA, CZE, NED, SWE, DEN, DEN, MEX, AUT, URU – 1993: SCO, GHA, BRA, USA, ENG, URU, BRA, ARG – 1994: UAE, AUT, CAN, KOR, BEL, BUL, RUS, MLD, ALB – 1995: ESP, GEO, BUL, ITA, SUI, BEL, GEO, MLD, WAL, BUL, RSA – 1996: BEL, DEN, NED, NOI, FRA, LIE, CZE, RUS, ITA, CRO, ENG, CZE, POL – 1997: ALB, UKR, UKR

Hempel, Walter – **11** (Sportfreunde Leipzig). 1908: SUI – 1910: SUI, NED – 1911: ENG, SWE, AUT, SWE, HUN – 1912: HUN, SUI, RUS

Hense, Robert – **1** (Kölner BC). 1910: NED

Hensel, Gustav – **1** (FV Kassel). 1908: SUI

Herberger, Josef – **3** (Waldhof Mannheim 1, VfR Mannheim 2). 1921: FIN – 1924: ITA – 1925: NED

Hergert, Heinrich – **5** (FK Pirmasens). 1930: SUI, DEN, HUN – 1931: FRA – 1933: FRA

Herget, Matthias – **39** (Bayer Uerdingen). 1983: TUR – 1984: BUL, BEL, URS, FRA, SWE, MLT – 1985: HUN, POR, MLT, BUL, CZE, ENG, MEX, URS, SWE, POR – 1986: ITA, BRA, YUG, NED, DEN – 1987: ITA, FRA, ENG, DEN, SWE, HUN, BRA, ARG – 1988: SWE, ARG, SUI, YUG, ITA, DEN, ESP, NED. URS

Herkenrath, Fritz – **21** (Rot-Weiß Essen). 1954: BEL, ENG, POR – 1955: ITA, URS, YUG, NOR, ITA – 1956: NED, ENG, URS – 1957: AUT, HUN – 1958: BEL, ESP, ARG, CZE, NOI, YUG, SWE, DEN

Hermann, Günter – **2** (Werder Bremen). 1988: URS – 1990: DEN

Herrlich, Heiko – **5** (Borussia Mönchengladbach 3, Borussia Dortmund 2). 1995: GEO, WAL, BUL, MLD, WAL

Herrmann, Günter – **9** (Karlsruher SC 7, Schalke 04 2). 1960: NOI, BUL – 1961: CHI, NOI, DEN, POL, GRE – 1967: MAR, BUL

Herrmann, Richard – **8** (FSV Frankfurt). 1950: SUI – 1951: TUR, AUT, IRL – 1952: IRL – 1953: NOR – 1954: SUI, HUN

Herzog, Dieter – **5** (Fortuna Düsseldorf). 1974: ESP, SCO, YUG, SWE, SUI

Heynckes, Josef – **39** (Borussia Mönchengladbach 38, Hannover 96 ARG). 1967: MAR, BUL – 1969: AUT – 1970: TUR, YUG, GRE – 1971: ALB, TUR, ALB, SWE, DEN, MEX POL – 1972: HUN, ENG, URS, BEL, URS, SUI – 1973: ARG, CZE, BRA, URS, SCO, ESP – 1974: ESP, ITA, SWE, CHI, AUS, GRE – 1975: ENG, BUL, GRE, BUL, TUR – 1976: MLT, WAL, CZE

Hieronymus, Holger – **3** (Hamburger SV). 1981: POL – 1982: NOR, ENG

Hiller, Arthur – **4** (1. FC Pforzheim). 1908: SUI, ENG, AUT – 1909: SUI

Hiller, Marius – **3** (1. FC Pforzheim). 1910: SUI – 1911: ENG, AUT

Hirsch, Julius – **7** (Karlsruher FV 4, Spvg. Fürth 3). 1911: HUN – 1912: NED, AUT, HUN – 1913: SUI, DEN, BEL

Hirth, Herbert – **1** (Hertha BSC Berlin). 1909: HUN

Hobsch, Bernd – **1** (Werder Bremen). 1993: TUN

Hochgesang, Georg – **6** (1. FC Nürnberg). 1924: NOR, HUN – 1925: SUI – 1926: NED, SUI – 1927: NOR

Hochstätter, Christian – **2** (Borussia Mönchengladbach). 1987: BRA, ARG

Hoeneß, Dieter – **6** (VfB Stuttgart 2, Bayern München 4). 1979: IRL, ISL – 1986: SUI, YUG, MEX, ARG

Hoeneß, Ulrich – **35** (Bayern München). 1972: HUN, ENG, ENG, URS, BEL, URS, SUI – 1973: CZE, YUG, BRA, URS, AUT, FRA, SCO, ESP – 1974: ESP, ITA, SCO, HUN, SWE, CHI, AUS,

GDR, YUG, SWE, POL, NED, SUI, GRE – 1975: BUL – 1976: ESP, YUG, CZE, WAL, CZE

Höger, Karl – 4 (Waldhof Mannheim 2, VfR Mannheim 2). 1921: HUN, FIN – 1924: ITA, SUI

Hölzenbein, Bernd – 40 (Eintracht Frankfurt). 1973: AUT, ESP – 1974: HUN, SWE, CHI, AUS, YUG, SWE, POL, NED, SUI, GRE, MLT – 1975: ENG, BUL, NED, AUT, GRE, BUL, TUR – 1976: MLT, ESP, ESP, YUG, CZE – 1977: FRA, NOI, ARG, URU, BRA, MEX, FIN, ITA, WAL – 1978: ENG, URS, SWE, ITA, NED, AUT

Hörster, Thomas – 4 (Bayer Leverkusen). 1986: DEN, ESP, AUT – 1987: ISR

Höschle, Adolf – 1 (Stuttgarter Kickers). 1920: SUI

Höttges, Horst-Dieter – 66 (Werder Bremen). 1965: ITA, CYP, ENG, SUI, BRA, SWE, AUT, CYP – 1966: NED, IRL, NOI, ROM, YUG, SUI, ARG, ESP, URU, ENG, TUR, NOR – 1967: MAR, BUL, ALB, FRA, YUG, ALB – 1968: BEL, WAL, BRA, AUT, CYP – 1969: WAL, AUT, CYP, AUT, BUL, SCO – 1970: ROM, YUG, MAR, BUL, PER, ENG, HUN, TUR, YUG, GRE – 1971: POL – 1972: HUN, ENG, ENG, URS, BEL, URS, SUI – 1973: ARG, YUG, BUL, URS, AUT, FRA, SCO, ESP – 1974: ESP, ITA, GDR

Hofer, Franz – 1 (Rapid Wien). 1939: SVK

Hoffmann, Rudolf – 1 (Viktoria Aschaffenburg). 1955: IRL

Hofmann, Ludwig – 18 (Bayern München). 1926: NED, SWE, SUI – 1927: NOR, NED – 1928: SUI, SUI, URU, DEN, SWE – 1929: SUI, ITA, SCO, SWE – 1930: ITA, HUN, ENG – 1931: FRA

Hofmann, Richard – 25 (Meerane 076, Dresdner SC 19). 1927: DEN, NOR, NED – 1928: SUI, SUI, URU – 1929: SCO, SWE, FIN – 1930: SUI, ENG, DEN, HUN, NOR – 1931: FRA, NED, AUT, AUT, DEN – 1932: SUI, FIN, SWE, HUN, NED – 1933: FRA

Hofmeister, Ludwig – 2 (Bayern München 1, Stuttgarter Kickers 1). 1912: NED – 1914: NED

Hofstätter, Johann – 1 (Rapid Wien). 1940: YUG

Hohmann, Karl – 26 (VfL Benrath). 1930: DEN, NOR – 1931: AUT – 1933: BEL, SUI, NOR, POL – 1934: LUX, BEL, SWE, POL, DEN – 1935: NED, FRA, ESP, ROM, EST, ENG – 1936: POR, LUX, POL, IRL – 1937: NED, LUX, BEL, LAT

Hollstein, Ernst – 6 (Karlsruher FV). 1910: NED – 1911: SUI, BEL – 1912: NED, AUT, HUN

Holz, Friedel – 1 (Duisburg 48/99). 1938: LUX

Horn, Franz – 3 (Hamburger SV). 1928: DEN – 1929: SWE, FIN

Hornauer, Josef – 5 (TSV 1860 München 3, 1. FC Nürnberg 2). 1928: SUI, SUI, URU – 1929: ITA – 1931: AUT

Hornig, Heinz – 7 (1. FC Köln). 1965: ITA, CYP, ENG, CYP – 1966: ENG, IRL, ROM

Hrubesch, Horst – 21 (Hamburger SV). 1980: AUT, POL, NED, GRE, BEL, SUI, NED, FRA, BUL – 1981: ARG, ALB, BUL – 1982: POR, BRA, ARG, NOR, ALG, CHI, AUT, FRA. ITA

Huber, Alfred – 1 (FC 04 Rastatt). 1930: SUI

Huber, Lorenz – 1 (Karlsruher FV). 1932: HUN

Hunder, Paul – 8 (Viktoria 89 Berlin). 1909: ENG, HUN – 1910: SUI – 1911: ENG, SWE, AUT, SWE, HUN

Hundt, Eduard – 3 (Schwarz-Weiß Essen). 1933: BEL, NOR – 1934: LUX

Hutter, Willi – 2 (Waldhof Mannheim 1, Saar 05 Saarbrücken 1). 1921: FIN – 1922: SUI

Illgner, Bodo – 54 (1. FC Köln).1987: DEN, SWE, ARG – 1988: FIN, URS, NED – 1989: BUL, NED, WAL, IRL, FIN, WAL – 1990: FRA, URU, CZE, YUG, UAE, COL, NED, CZE, ENG, ARG, POR, LUX, SUI – 1991: URS, BEL, WAL, ENG, WAL, BEL, LUX – 1992: ITA, NOI, URS, SCO, NED, SWE, DEN, BRA – 1993: ENG, TUN, BRA, USA, MEX – 1994: ITA, IRL, AUT, CAN, BOL, ESP, KOR, BEL, BUL

Illmer, Eberhard – 1 (FV Straßburg). 1909: SUI

Immel, Eike – 19 (Borussia Dortmund 4, VfB Stuttgart 15). 1980: NED – 1981: BRA, ALB – 1982: NOR – 1986: AUT – 1987: ISR, ITA, FRA, ENG, HUN, BRA – 1988: SWE, ARG, SUI, YUG, ITA, DEN, ESP, NED

Immig, Franz – 2 (Karlsruher FV). 1939: LUX, SVK

Islacker, Franz – 1 (Rot-Weiß Essen). 1954: FRA

Jäger, Adolf – 18 (Altona 93). 1908: AUT – 1909: ENG – 1911: SWE – 1912: HUN, AUT, DEN, NED – 1913: ENG, DEN, BEL – 1914: NED – 1920: SUI, AUT, HUN – 1921: HUN – 1922: AUT, HUN – 1924: SUI

Jäger, Günter – 1 (Fortuna Düsseldorf). 1958: DEN

Jahn, Helmut – 17 (Berliner SV 92). 1939: SVK – 1940: SVK, DEN – 1941: CRO, FIN, DEN, SVK – 1942: SUI, CRO, ESP, HUN, BUL, ROM, SWE, SUI, CRO, SVK

Jakob, Hans – 38 (Jahn Regensburg). 1930: NOR – 1932: FIN, SWE, HUN – 1933: ITA, FRA, SUI, POL – 1934: AUT – 1935: FRA, BEL, CZE, NOR, FIN, POL, ENG – 1936: ESP, POR, NOR, CZE, SCO, IRL, ITA – 1937: NED, FRA, BEL, SUI, DEN, FIN, EST, NOR, SWE – 1938: HUN, POR, ENG, POL – 1939: IRL, HUN

Jakobs, Ditmar – 20 (Hamburger SV). 1980: POL – 1984: ARG, SWE, MLT – 1985: HUN, POR, BUL, CZE, ENG, MEX, SWE, POR – 1986: BRA, SUI, SCO, DEN, MAR, MEX, FRA, ARG

Jakobs, Johannes – 1 (Hannover 96). 1939: EST

Janes, Paul – 71 (Fortuna Düsseldorf). 1932: HUN – 1933: BEL, NOR, POL – 1934: LUX, BEL, AUT,

POL, DEN – 1935: NED, FRA, IRL, ESP, CZE, NOR, SWE, FIN, ENG – 1936: ESP, POR, HUN, POL, SCO, ITA – 1937: NED, FRA, DEN, FRA, EST, NOR, SWE – 1938: SUI, POR, ENG, SUI, SUI, POL – 1939: YUG, ITA, IRL, NOR, DEN, EST, HUN, YUG, BUL, BM, ITA – 1940: HUN, YUG, ITA, ROM, SVK, HUN, YUG, DEN – 1941: SUI, HUN, SUI, ROM, SWE, DEN, SVK – 1942: ESP, HUN, BUL, ROM, SWE, SUI, CRO, SVK

Jellinek, Franz – 1 (Wiener KOR) 1940: SL

Joppich, Karl – 1 (SV Hoyerswerda). 1932: HUN

Jordan, Ernst – 1 (Kricket-Viktoria Magdeburg). 1908: SUI

Jungtow, Otto – 1 (Hertha BSC Berlin). 1913: ENG

Jürissen, Willy – 6 (Rot-Weiß Oberhausen). 1935: LUX, LAT – 1936: LUX – 1937: LAT – 1938: SUI, 1939: SVK

Juskowiak, Erich – 31 (Rot-Weiß Oberhausen 1, Fortuna Düsseldorf 30). 1951: LUX – 1954: POR – 1955: ITA, URS, ITA – 1956: NED, ENG, NOR, SWE, URS, SUI, IRL, BEL – 1957: AUT, NED, SCO, HUN – 1958: BEL, ESP, CZE, ARG, CZE, NOI, YUG, SWE, DEN – 1959: SCO, POL, SUI, NED, HUN

Kaburek, Matthias – 1 (Rapid Wien). 1939: SVK

Kahn, Oliver – 6 (Bayern München). 1995: SUI, GEO – 1996: DEN, NOI, POL – 1997: ISR

Kalb, Hans – 15 (1. FC Nürnberg). 1920: SUI – 1921: FIN – 1922: AUT – 1923: NOR – 1924: AUT, NED, NOR, HUN, ITA, SUI – 1926: NED – 1927: NOR, NED – 1928: SUI, URU

Kaltz, Manfred – 69 (Hamburger SV). 1975: AUT, GRE – 1976: CZE – 1977: NOI, YUG, ARG, URU, BRA, MEX, FIN, ITA, SUI – 1978: URS, BRA, SWE, POL, MEX, TUN, ITA, NED, AUT, CZE, HUN, NED – 1979: MLT, TUR, WAL, IRL, ISL, ARG, WAL, URS, TUR – 1980: MLT, AUT, POL, CZE, NED, GRE, BEL, SUI, NED, FRA, BUL – 1981: ARG, BRA, ALB, AUT, BRA, FIN, POL, FIN, AUT, ALB, BUL – 1982: POR, BRA, ARG, CZE, ALG, CHI, AUT, ENG, ESP, FRA, ITA, ENG, NOI – 1983: POR

Kapellmann, Hans-Josef – 5 (1. FC Köln 2, Bayern München 3). 1973: BUL, BRA, AUT – 1974: SUI, GRE

Kapitulski, Helmut – 1 (FK Pirmasens). 1958: AUT

Kargus, Rudolf – 3 (Hamburger SV). 1975: TUR – 1976: WAL – 1977: YUG

Kauer, Erich – 5 (Tennis Borussia Berlin). 1930: NOR – 1931: NED, SWE, NOR, AUT

Kaufhold, Gerhard – 1 (Offenbacher Kickers). 1954: ENG

Kelbassa, Alfred – 6 (Borussia Dortmund). 1956: BEL – 1957: SCO, SWE, HUN – 1958: BEL, FRA

Keller, Ferdinand – 1 (TSV 1860 München). 1975: AUT

Kelsch, Walter – 4 (VfB Stuttgart). 1979: TUR, IRL, ISL – 1980: MLT

Kießling, Georg – 2 (Spvg. Fürth). 1927: DEN – 1928: NOR

Kipp, Eugen – 18 (Sportfreunde Stuttgart 16, Stuttgarter Kickers 2). 1908: SUI, AUT – 1909: SUI – 1910: SUI, NED – 1911: SUI, ENG, SWE, AUT – 1912: HUN, SUI, AUT, DEN, NED – 1913: ENG, SUI, DEN, BEL

Kirsei, Willi – 1 (Hertha BSC Berlin). 1924: SWE

Kirsten, Ulf – 21 (Bayer Leverkusen). 1992: MEX, AUT, URU – 1993: GHA, TUN, URU, BRA, ARG, MEX – 1994: UAE, ALB, MLD, ALB – 1995: ESP, BUL, ITA, GEO – 1996: POR – 1997: ISR, ALB, UKR

Kitzinger, Albin – 44 (Schweinfurt 05). 1935: ROM – 1936: POR, HUN, POL, CZE, SCO, IRL, ITA – 1937: NED, FRA, BEL, SUI, DEN, FIN, NOR – 1938: HUN, POR, ENG, SUI, POL – 1939: YUG, ITA, IRL, NOR, DEN, HUN, YUG, BUL, ITA, SVK – 1940: HUN, ITA, ROM, FIN, HUN, YUG, DEN- 1941: SUI, HUN, SUI, ROM, SWE – 1942: ESP, HUN

Klaas, Werner – 1 (SV Koblenz) 1937: LUX

Kleff, Wolfgang – 6 (Borussia Mönchengladbach). 1971: NOR – 1972: URS – 1973: URS, AUT, FRA, SCO

Kliemann, Uwe – 1 (Hertha BSC Berlin). 1975: NED

Kling, Eugen – 1 (TSV 1860 München). 1927: DEN

Klingler, August – 5 (FV Daxlanden). 1942: ROM, SWE, SUI, SVK, CRO

Klinsmann, Jürgen – 97 (VfB Stuttgart 12, Inter Mailand 29, AS Monaco 24, Tottenham Hotspur 9, Bayern München 23). 1987: BRA, ARG – 1988: ARG, SUI, YUG, ITA, DEN, ESP, NED, NED – 1989: NED, WAL, FIN, WAL – 1990: FRA, URU, CZE, DEN, YUG, UAE, COL, NED, CZE, ENG, ARG, POR, SWE, LUX, SUI – 1991: URS, BEL, WAL, ENG – 1992: ITA, CZE, TUR, URS, SCO, NED, SWE, DEN, DEN, MEX, AUT, BRA, URU – 1993: SCO, GHA, BRA, USA, ENG, URU, ARG, BRA, USA, MEX – 1994: ITA, IRL, AUT, CAN, BOL, ESP, KOR, BEL, BUL, RUS, HUN, ALB, MLD, ALB – 1995: ESP, GEO, WAL, BUL, GEO, MLD, WAL, BUL, RSA – 1996: POR, DEN, NED, NOI, FRA, LIE, RUS, ITA, CRO, CZE, POL, ARM, NOI, POR – 1997: ISR, ALB, UKR, UKR

Klöckner, Theo – 2 (Schwarz-Weiß Essen). 1958: EGY – 1959: POL

Klodt, Bernhard – 19 (Schalke 04). 1950: SUI – 1951: SUI – 1952: LUX, IRL, SUI – 1954: SUI, TUR, TUR, BEL, FRA, POR – 1956: NED, SWE –

1957: SWE EGY 1958: BEL, ESP, CZE, NOI – 1959: POL

Klodt, Hans – 17 (Schalke 04). 1938: LUX – 1939: YUG, NOR, DEN, YUG, BUL – 1940: HUN, ITA, FIN, HUN, BUL, YUG – 1941: SUI, HUN, SUI, ROM, SWE

Knesebeck, Willi – 2 (Viktoria 89 Berlin). 1911: HUN – 1912: DEN

Knöpfle, Georg – 23 (Spvg. Fürth 3, FSV Frankfurt 20). 1928: SUI, SUI, URU, DEN, NOR, SWE – 1929: SUI, ITA, SWE – 1930: ITA – 1931: FRA, NED, AUT, SWE, NOR, AUT, DEN – 1932: SUI, FIN, SWE, HUN, NED – 1933: ITA

Kobierski, Stanislaus – 26 (Fortuna Düsseldorf). 1931: DEN – 1932: SUI, FIN, SWE, HUN, NED – 1933: ITA, FRA, BEL, NOR, POL – 1934: LUX, BEL, SWE, CZE – 1935: SUI, NED, FRA, SWE – 1936: CZE, IRL – 1941: SUI, HUN, SUI, ROM, FRA

Köchling, Willi – 1 (Rot-Weiß Essen). 1956: BEL

Koenen, Theo – 1 (FV Bonn). 1911: HUN

Kögl, Ludwig – 2 (Bayern München). 1985: MEX, CZE

Köhl, Georg – 1 (1. FC Nürnberg). 1937: LUX

Köhler, Georg – 5 (Dresdner SC). 1925: SUI – 1926: NED, SWE, SUI – 1928: SWE

Köpke, Andreas – 45 (1. FC Nürnberg 14, Eintracht Frankfurt 25, Olympique Marseille 6). 1990: DEN – 1992: CZE, TUR, DEN, MEX, AUT, URU – 1993: SCO, GHA, BRA, USA, URU, ARG – 1994: UAE, RUS, HUN, ALB, MLD, ALB – 1995: ESP, GEO, WAL, BUL, ITA, BEL, MLD, WAL, BUL, RSA – 1996: POR, DEN, NED, FRA, CZE, RUS, ITA, CRO, ENG, CZE, ARM, NOI, POR – 1997: ALB, UKR, UKR

Köppel, Horst – 11 (VfB Stuttgart 7, Borussia Mönchengladbach 4). 1968: BEL, SUI, WAL – 1971: TUR, ALB, DEN, MEX, POL, POL – 1973: BUL, URS

Köpplinger, Emil – 1 (1. FC Nürnberg). 1927: NOR

Körbel, Karl-Heinz – 6 (Eintracht Frankfurt). 1974: MLT – 1975: ENG, BUL, NED, AUT, GRE

Kördel, Heinz – 1 (Schalke 04). 1958: EGY

Kohler, Jürgen – 92 (Waldhof Mannheim 4, 1. FC Köln 20, Bayern München 12, Juventus Turin 38, Borussia Dortmund 18). 1986: DEN, ESP – 1987: ISR, ITA, FRA, ENG, DEN, SWE, HUN, BRA, ARG – 1988: SWE, ARG, SUI, YUG, ITA, DEN, ESP, NED, FIN, URS, NED – 1989: BUL, NED – 1990: URU, CZE, DEN, NED, CZE, ENG, ARG, POR, LUX,SUI – 1991: URS, WAL, ENG, WAL, BEL, LUX – 1992: TUR, NOI, URS, SCO, NED, SWE, DEN, AUT, BRA, URU – 1993: SCO, GHA, BRA, USA, TUN, URU, BRA, ARG, USA, MEX – 1994: ITA, UAE, IRL, AUT, CAN, BOL, ESP, KOR, BEL, BUL, RUS, HUN, ALB – 1995:

GEO, BEL, GEO, BUL, RSA – 1996: POR, DEN, NED, NOI. LIE, CZE, POL, ARM, NOI, POR – 1997: ISR, ALB, UKR, UKR

Kohlmeyer, Werner – 22 (1. FC Kaiserslautern). 1951: TUR, AUT, IRL, TUR – 1952: IRL, SUI, YUG, ESP – 1953: AUT, NOR, NOR – 1954: SAR, SUI, TUR, HUN, YUG, AUT, HUN, BEL, FRA, ENG – 1955: ITA

Konietzka, Friedhelm – 9 (Borussia Dortmund). 1962: YUG, FRA – 1963: BRA, TUR, MAR – 1964: ALG, FIN – 1965: ITA, CYP

Konopka, Harald – 2 (1. FC Köln). 1978: ITA – 1979: ISL

Koslowski, Willi – 3 (Schalke 04). 1962: URU, SUI, YUG

Kostedde, Erwin – 3 (Offenbacher Kickers 2, Hertha BSC 1). 1974: MLT – 1975: ENG, GRE

Krämer, Werner – 13 (MSV Duisburg). 1963: TUR, SWE, MAR – 1964: ALG – 1965: ENG, BRA, SWE, AUT, CYP – 1966: ENG, YUG, ESP – 1967: BUL

Kraus, Engelbert – 9 (Offenbacher Kickers 8, TSV 1860 München 1). 1955: YUG, NOR – 1957: AUT, NED – 1958: DEN – 1962: CHI, YUG, SUI – 1964: FIN

Krause, Emil – 1 (Hertha BSC Berlin). 1933: POL

Krause, Walter – 6 (Victoria Hamburg 1, Holstein Kiel 5). 1920: HUN – 1921: FIN – 1923: NED, FIN, NOR – 1924: NOR

Krauß, Willy – 2 (Carl Zeiss Jena). 1911: SUI – 1912: HUN

Kremers, Erwin – 15 (Schalke 04). 1972: URS, BEL, URS, SUI – 1973: ARG, CZE, YUG, BUL, BRA, URS, AUT, FRA, SCO – 1974: HUN, SWE

Kremers, Helmut – 8 (Schalke 04). 1973: AUT, FRA – 1974: ESP, ITA, HUN, SUI, GRE – 1975: ENG

Kreß, Anton – 1 (1. FC Pforzheim). 1921: HUN

Kreß, Richard – 9 (Eintracht Frankfurt). 1954: POR – 1960: NOI, GRE, BUL – 1961: CHI, NOI, DEN, POL, GRE

Kreß, Willibald – 16 (Rot-Weiß Frankfurt 12, Dresdner SC 4). 1929: SUI, SWE – 1930: SUI, ENG, HUN – 1931: FRA, NED, SWE, NOR, AUT, DEN – 1932: SUI – 1934: HUN, BEL, SWE, CZE

Krogmann, Georg – 3 (Holstein Kiel). 1912: HUN, AUT, HUN

Kroth, Thomas – 1 (Eintracht Frankfurt). 1985: HUN

Krüger, Kurt – 1 (Fortuna Düsseldorf). 1940: ROM

Krumm, Franz – 2 (Bayern München). 1932: SWE – 1933: ITA

Kubsch, Heinz – 3 (FK Pirmasens). 1954: SUI – 1955: IRL – 1956: SUI

Kubus, Richard – 1 (Vorwärts Rasensport Gleiwitz). 1939: SVK

Kugler, Anton – 7 (1. FC Nürnberg). 1923: ITA – 1924: AUT, NED, NOR, ITA – 1927: NOR, NED

Kugler, Paul – 2 (Viktoria 89 Berlin). 1911: SWE – 1913: SUI

Kühnle, Paul – 2 (Stuttgarter Kickers). 1910: SUI – 1911: SUI

Kuhnt, Werner – 1 (Norden-Nordwest Berlin). 1924: SWE

Kund, Willi – 2 (1. FC Nürnberg). 1930: DEN – 1931: AUT

Kuntz, Stefan – 24 (1. FC Kaiserslautern 11, Besiktas Istanbul 12, Arminia Bielefeld 1). 1993: USA, MEX – 1994: AUT, CAN, BEL, RUS, MLD, ALB – 1995: WAL, ITA, SUI, WAL, BUL, RSA – 1996: POR, NED, NOI, LIE, CZE, RUS, CRO, ENG, CZE, ARM

Kupfer, Andreas – 44 (Schweinfurt 05). 1937: LUX, BEL, SUI, DEN, FIN, NOR, SWE – 1938: SUI, POR, ENG, SUI, SUI, POL – 1939: YUG, ITA, IRL, NOR, DEN, HUN, YUG, BUL, BM, ITA – 1940: HUN, ITA, ROM, FIN, HUN, BUL, YUG, DEN – 1941: SUI, HUN, SUI, ROM, SWE, DEN – 1942: BUL, ROM, SWE, SUI, CRO, SVK – 1950: SUI

Küppers, Hans – 7 (TSV 1860 München). 1962: SUI – 1965: ITA, SUI, BRA – 1966: TUR – 1967: YUG, ALB

Kurbjuhn, Jürgen – 5 (Hamburger SV). 1962: URU – 1963: SWE, MAR – 1964: ALG – 1966: I

Kutterer, Emil – 8 (Bayern München). 1925: SWE, FIN, SUI – 1926: NED, SWE, NED, SUI – 1928: SUI

Kuzorra, Ernst – 12 (Schalke 04). 1927: NED – 1928: NOR, SWE – 1930: SUI, ENG – 1931: AUT, DEN – 1932: SUI, FIN, NED – 1936: LUX – 1938: HUN

Kwiatkowski, Heinz – 4 (Borussia Dortmund). 1954: HUN – 1956: IRL, BEL – 1958: FRA

Laband, Fritz – 4 (Hamburger SV). 1954: SUI, TUR, TUR, YUG

Labbadia, Bruno – 2 (Bayern München 1, 1. FC Köln 1). 1992: URU – 1995: BEL

Lachner, Ludwig – 8 (TSV 1860 München). 1930: HUN, NOR – 1931: NED – 1932: HUN – 1933: FRA, SUI, POL – 1934: HUN

Lang, Hans – 10 (Spvg. Fürth 2, Hamburger SV 8). 1922: SUI – 1923: ITA – 1924: NOR, SWE, HUN – 1925: NED, SWE, FIN, SUI – 1926: NED

Langenbein, Kurt – 2 (VfR Mannheim). 1932: SUI – 1935: LAT

Laumen, Herbert – 2 (Borussia Mönchengladbach). 1968: BEL, WAL

Lehner, Ernst – 65 (Schwaben Augsburg 55, Blau-Weiß Berlin 10).1933: SUI, POL – 1934: HUN, BEL, SWE, CZE, AUT, POL, DEN – 1935: SUI, NED, FRA, BEL, IRL, ESP, CZE, NOR, SWE, FIN, POL, BUL, ENG – 1936: ESP, POR, NOR, IRL – 1937: NED, FRA, BEL, SUI, DEN, FIN, EST, NOR, SWE – 1938: SUI, HUN, POR, ENG, SUI, SUI – 1939: BEL, ITA, IRL, NOR, EST, HUN, YUG, BUL, BM, ITA, SVK – 1940: HUN, YUG, ITA, HUN, BUL, YUG, DEN – 1941: ROM, CRO, SWE – 1942: SWE, SUI, CRO

Leinberger, Ludwig – 24 (Spvg. Fürth). 1927: DEN – 1928: SUI, SUI, URU, DEN, NOR – 1929: SUI, ITA, SWE – 1930: ITA, SUI, ENG, HUN – 1931: FRA, SWE, NOR, AUT, DEN – 1932: SUI, FIN, SWE, HUN, NED – 1933: ITA

Leip, Rudolf – 3 (Guts Muths Dresden). 1923: FIN, NOR – 1924: SWE

Lenz, August – 14 (Borussia Dortmund). 1935: BEL, IRL, CZE, NOR, ROM, POL, LAT – 1936: ESP, HUN, NOR, CZE – 1937: FRA, BEL – 1938: LUX

Libuda, Reinhard – 26 (Schalke 04 24, Borussia Dortmund 2). 1963: TUR, SWE, MAR – 1964: ALG, CZE, SCO – 1965: BRA – 1967: FRA, ROM – 1969: WAL, CYP, AUT, SCO – 1970: ESP, YUG, BUL, PER, ENG, ITA, URU, HUN, TUR, YUG, GRE – 1971: MEX, POL

Liebrich, Werner – 16 (1. FC Kaiserslautern). 1951: TUR – 1952: FRA – 1954: SAR, HUN, YUG, AUT, HUN, BEL, FRA, ENG, POR – 1955: URS, YUG, NOR, ITA – 1956: SUI

Lindner, Willi – 1 (Eintracht Frankfurt). 1933: FRA

Littbarski, Pierre – 73 (1. FC Köln 71, Racing Club Paris 2). 1981: AUT, ALB – 1982: POR, BRA, ARG, CZE, NOR, ALG, CHI, AUT, ENG, ESP, FRA, ITA, BEL, ENG, NOI – 1983: POR, ALB, TUR, AUT, HUN, TUR, NOI, ALB – 1984: FRA, ROM, ESP – 1985: HUN, POR, MLT, BUL, CZE, ENG, URS, SWE, POR, CZE – 1986: YUG, NED, URU, SCO, DEN, MAR, MEX – 1987: ITA, FRA, ENG, DEN, SWE, HUN – 1988: SWE, SUI, ITA, DEN, ESP, NED, FIN, URS – 1989: BUL, IRL, FIN, WAL – 1990: FRA, URU, CZE, DEN, YUG, UAE, COL, NED, CZE, ARG

Löble, Otto – 4 (Stuttgarter Kickers). 1909: SUI – 1910: SUI – 1912: SUI – 1913: ENG

Löhr, Johannes – 20 (1. FC Köln). 1967: MAR, BUL, ALB, YUG, FRA, YUG, ROM, ALB – 1968: BEL, SUI, ENG – 1970: IRL, YUG, MAR, BUL, PER, ENG, ITA, URU, HUN

Lohneis, Hans – 1 (MTV Fürth). 1920: AUT

Lohrmann, Theodor – 3 (Spvg. Fürth). 1920: HUN – 1922: SUI, HUN

Lorenz, Max – 19 (Werder Bremen 17, Eintracht Braunschweig 2). 1965: CYP, ENG, SUI, BRA, AUT – 1966: ENG, NED – 1968: ENG, BRA, FRA, CYP, BRA, CHI, MEX – 1969: WAL, SCO, CYP – 1970: ROM, URU

Ludewig, Heinz – **1** (Duisburger SV). 1914: NED
Ludwig, Johann – **3** (Holstein Kiel). 1930: HUN –
1931: SWE, NOR
Ludwig, Karl – **1** (SC 99 Köln). 1908: SUI
Lüke, Josef – **2** (TURU Düsseldorf). 1923: NED,
FIN
Lutz, Friedel – **12** (Eintracht Frankfurt). 1960:
ISL, GRE, BUL – 1961: BEL, CHI – 1964: ALG,
FIN – 1966: ENG, IRL, NOI, ROM, URS
Lux, Hermann – **3** (Tennis Borussia Berlin). 1924:
SWE – 1925: NED, FIN

Maas, Erich – **3** (Eintracht Braunschweig). 1968:
BEL – 1969: BUL – 1970: ROM
Magath, Felix – **43** (Hamburger SV). 1977: YUG,
URU – 1980: POL, CZE, NED, SUI, NED, BUL –
1981: ARG, BRA, ALB, AUT, BRA, FIN, POL,
FIN, AUT, ALB, BUL – 1982: NOR, ALG, CHI,
AUT, FRA – 1984: ARG, SWE – 1985: HUN,
POR, MLT, BUL, CZE, ENG, MEX, URS – 1986:
ITA, BRA, SUI, URU, SCO, MAR, MEX, FRA,
ARG
Mahlmann, Carl-Heinz – **1** (Hamburger SV).
1932: NED
Mai, Karl – **21** (Spvg. Fürth 18, Bayern München
3). 1953: SAR, NOR – 1954: SUI, TUR, TUR,
YUG, AUT, HUN, BEL, FRA – 1955: ITA, IRL,
ITA – 1956: ENG, NOR, SUI, IRL – 1957: SWE –
1958: BUL, EGY – 1959: POL
Maier, Josef – **95** (Bayern München). 1966: IRL,
TUR, NOR – 1967: BUL, YUG, FRA, YUG –
1968: BEL, FRA, AUT, BRA, MEX – 1969: WAL,
SCO, AUT, CYP, BUL, SCO – 1979: ROM, MAR,
BUL, PER, ENG, ITA, HUN, TUR, YUG – 1971:
ALB, TUR, ALB, SWE, DEN, MEX, POL, POL –
1972: HUN, ENG, ENG, URS, BEL, URS, SUI –
1973: ARG, YUG, BRA, SCO, ESP – 1974: ITA,
SCO, SWE, CHI, AUS, GDR, YUG, BRA, MEX,
FIN, ITA, WAL – 1978: ENG, URS, BRA, SWE,
POL, MEX, TUN, ITA, NED, AUT, CZE, HUN –
1979: MLT, WAL, IRL, ISL
Malecki, Edmund – **5** (Hannover 96). 1935:
ROM, EST – 1936: LUX – 1937: LUX – 1939: LUX
Malik, Richard – **2** (Beuthen 09). 1932: HUN –
1933: ITA
Maneval, Hellmut – **1** (Stuttgarter Kickers). 1923:
NED
Manglitz, Manfred – **4** (MSV Duisburg 2, 1. FC
Köln 2). 1965: ITA, CYP – 1970: ESP, YUG
Männer, Ludwig – **5** (Hannover 96). 1937: LAT –
1939: LUX, EST, BM – 1940: SVK
Mantel, Hugo – **5** (Dresdner SC 1, Eintracht Frank-
furt 4). 1927: DEN – 1930: ITA, ENG, DEN –
1933: FRA
Marischka, Otto – **1** (Admira Wien). 1939: SVK
Marohn, Arthur – **1** (Viktoria 89 Berlin). 1939: SVK

Marschall, Olaf – **1** (1. FC Kaiserslautern). 1994:
HUN
Martin, Bernd – **1** (VfB Stuttgart). 1979: WAL
Martinek, Alexander – **1** (Wacker Wien). 1940:
ROM
Martwig, Otto – **6** (Tennis Borussia Berlin). 1925:
SWE, FIN, SUI – 1926: SWE, NED – 1927: NOR
Marx, Joseph – **1** (SV Sodingen). 1960: ISL
Massini, Erich – **1** (Preußen Berlin). 1909: ENG
Mathies, Paul – **2** (Preußen Danzig). 1935: EST, LAT
Matthäus, Lothar – **122** (Borussia Mönchenglad-
bach 26, Bayern München 68, Inter Mailand
28).1980: NED – 1981: ALB – 1982: POR, BRA,
ARG, CZE, NOR, CHI, AUT, BEL, ENG, NOI –
1983: POR, YUG, HUN, AUT, TUR, NOI, ALB –
1984: BEL, URS, FRA, ITA, POR, ROM, ESP,
ARG, SWE, MLT – 1985: HUN, POR, BUL, CZE,
ENG, MEX, URS – 1986: ITA, BRA, SUI, YUG,
NED, URU, SCO, DEN, MAR, MEX, FRA, ARG,
DEN, ESP, AUT – 1987: ISR, ITA, FRA, HUN,
BRA, ARG – 1988: SWE, ARG, SUI, YUG, ITA,
DEN, ESP, NED, FIN, NED – 1989: BUL, NED,
FIN – 1990: FRA, URU, CZE, DEN, YUG, UAE,
COL, NED, CZE, ENG, ARG, POR, SWE, LUX,
SUI – 1991: URS, BEL, WAL, ENG, WAL, BEL,
LUX – 1992: ITA, MEX, BRA, URU – 1993:
SCO, GHA, BRA, USA, ENG, TUN, URU, BRA,
ARG, USA, MEX – 1994: ITA, UAE, IRL, AUT,
CAN, BOL, ESP, KOR, BEL, BUL, RUS, HUN,
ALB, MLD, ALB
Matthes, Paul – **1** (Viktoria 96 Magdeburg). 1908:
ENG
Mauch, Paul – **1** (VfB Stuttgart). 1922: AUT
Mauritz, Matthias – **1** (Fortuna Düsseldorf). 1959:
POL
Mebus, Paul – **6** (VfL Benrath 1, 1. FC Köln 5).
1951: SUI, AUT, IRL, TUR, LUX – 1954: HUN
Mechling, Heinrich – **2** (FC Freiburg). 1912: SUI –
1913: SUI
Mehl, Paul – **2** (Fortuna Düsseldorf). 1936: LUX,
POL
Meier, Norbert – **16** (Werder Bremen). 1982:
ENG – 1983: POR, ALB, YUG, HUN, AUT, TUR,
NOI, ALB – 1984: BUL, URS, FRA, ROM, ESP –
1985: URS, POR
Meißner, Kurt – **1** (VfR Mannheim). 1924: ITA
Memering, Caspar – **3** (Hamburger SV). 1979:
IRL, ISL – 1980: GRE
Mengel, Hans – **1** (TURU Düsseldorf). 1938: HUN
Merkel, Max – **1** (Wiener KOR). 1939: SVK
Metzner, Karl-Heinz – **2** (Hessen Kassel). 1952:
ESP – 1953: SAR
Meyer, Peter – **1** (Borussia Mönchengladbach).
1967: ALB
Milewski, Jürgen – **3** (Hamburger SV). 1981: ALB –
1982: BEL – 1984: URS

Mill, Frank – 17 (Borussia Mönchengladbach 9, Borussia Dortmund 8). 1982: BRA, ARG, CZE – 1984: ARG – 1985: HUN, ENG, MEX – 1986: BRA, NED – 1988: YUG, DEN, ESP, NED, NED – 1989: FIN – 1990: CZE, DEN

Miller, Karl – 12 (FC St. Pauli). 1941: HUN, SUI, FIN, DEN, SVK – 1942: ESP, HUN, BUL, ROM, SWE, SUI, SVK

Miltz, Jakob – 2 (TuS Neuendorf). 1954: POR – 1956: IRL

Mock, Hans – 5 (Austria Wien). 1938: SUI, ROM – 1941: CRO – 1942: CRO, SUI

Möller, Andreas – 71 (Borussia Dortmund 39, Eintracht Frankfurt 12, Juventus Turin 20). 1988: URS – 1989: BUL, NED, WAL, IRL, FIN, WAL – 1990: FRA, CZE, DEN, YUG, CZE, POR, SWE – 1991: URS, ENG, WAL, BEL, LUX – 1992: CZE, TUR, URS, SCO, NED, AUT, URU – 1993: GHA, BRA, USA, ENG, TUN, URU, BRA, ARG, USA, MEX – 1994: ITA, UAE, IRL, AUT, BOL, ESP, KOR, BUL, RUS, ALB, MLD, ALB – 1995: ESP, GEO, BUL, SUI, BEL, GEO, MLD, WAL, RSA – 1996: POR, NOI, FRA, LIE, CZE, RUS, ITA, CRO, ENG, POL, NOI, POR – 1997: ISR, ALB

Möller, Ernst – 9 (Holstein Kiel). 1911: ENG, SWE, AUT, SWE – 1912: HUN, DEN – 1913: ENG, DEN, BEL

Mohns, Arthur – 5 (Norden-Nordwest Berlin). 1920: AUT, HUN – 1921: AUT, FIN – 1922: HUN

Montag, Otto – 4 (Norden-Nordwest Berlin). 1923: SUI, SWE – 1925: SWE, FIN

Moog, Alfons – 7 (VfL 99 Köln). 1939: EST – 1940: ROM, FIN, SVK, BUL, DEN, HUN

Morlock, Max – 26 (1. FC Nürnberg). 1950: SUI – 1951: AUT, IRL, TUR – 1952: SUI, YUG, ESP – 1953: AUT, NOR, SAR, NOR – 1954: SAR, SUI, TUR, TUR, YUG, AUT, HUN, BEL – 1955: ITA, URS, YUG – 1956: ENG, IRL – 1958: BUL, EGY

Müller, Dieter – 12 (1. FC Köln). 1976: YUG, CZE, WAL – 1977: FRA, NOI, YUG, URU, MEX – 1978: MEX, TUN, NED, AUT

Müller, Ernst – 1 (Hertha BSC Berlin). 1931: AUT

Müller, Friedrich – 2 (Dresdner SC). 1931: NED, AUT

Müller, Gerhard – 62 (Bayern München). 1966: TUR – 1967: ALB, YUG, FRA, YUG – 1968: FRA, AUT, CYP – 1969: WAL, SCO, AUT, CYP, AUT, BUL, SCO – 1970: ESP, ROM, IRL, YUG, MAR, BUL, PER, ENG, ITA, URU, HUN, TUR – 1971: ALB, TUR, NOR, SWE, DEN, MEX, POL, POL – 1972: HUN, ENG, ENG, URS, BEL, URS, SUI – 1973: CZE, YUG, BUL, BRA, URS, AUT, FRA, ESP – 1974: ESP, ITA, SCO, HUN, SWE, CHI, AUS, GDR, YUG, SWE, POL, NED

Müller, Hans – 42 (VfB Stuttgart 36, Inter Mai-

land 6). 1978: BRA, SWE, POL, MEX, TUN, AUT, CZE – 1979: MLT, TUR, IRL, ARG, WAL, URS, TUR – 1980: MLT, AUT, POL, CZE, NED, GRE, BEL, SUI, NED, FRA, BUL – 1981: ARG, BRA, ALB, AUT, BRA, FIN, POL – 1982: BRA, ARG, ENG, ITA, BEL – 1983: ALB, TUR, AUT, YUG, HUN

Müller, Henry – 9 (Victoria Hamburg). 1921: HUN – 1922: AUT, HUN – 1923: NED, SUI, SWE, FIN – 1924: ITA – 1928: NOR

Müller, Josef – 12 (Phönix Ludwigshafen 1, Spvg. Fürth 10, FV 04 Würzburg 1). 1921: FIN – 1922: SUI – 1923: ITA – 1924: AUT, NED, ITA, SUI – 1925: NED, SUI – 1926: NED, NED – 1928: SUI

Müller, Ludwig – 6 (1. FC Nürnberg 5, Borussia Mönchengladbach 1). 1968: ENG, BRA, FRA – 1969: WAL, CYP, BUL

Münzenberg, Reinhold – 41 (Alemannia Aachen). 1930: DEN, NOR – 1931: FRA, AUT – 1934: AUT, POL, DEN – 1935: NED, FRA, ESP, SWE, ROM, EST, BUL, ENG – 1936: ESP, POR, HUN, LUX, NOR, POL, CZE, SCO, IRL, ITA – 1937: NED, FRA, BEL, SUI, DEN, LAT, FIN, EST, NOR, SWE – 1938: SUI, HUN, POR, ENG, POL – 1939: LUX

Munkert, Andreas – 8 (1. FC Nürnberg). 1935: BEL, FIN – 1936: ESP, HUN, CZE, SCO, IRL, ITA

Nafziger, Rudolf – 9 (Bayern München). 1965: AUT

Nagelschmitz, Ernst – 9 (Bayern München). 1926: NED

Neiße, Hermann – 3 (Eimsbütteler TV). 1910: NED – 1911: ENG, BEL

Netzer, Günter – 37 (Borussia Mönchengladbach 31, Real Madrid 6). 1965: AUT, CYP – 1966: ENG, TUR – 1967: BUL, ALB – 1968: BEL, SUI, WAL, FRA, AUT, BRA, CHI – 1970: ESP, YUG, GRE – 1971: ALB, TUR, ALB, NOR, SWE, DEN, MEX, POL – 1972: HUN, ENG, ENG, URS, BEL, URS, SUI – 1973: SCO – 1974: ITA, SWE, GDR – 1975: BUL, GRE

Neubarth, Frank – 1 (Werder Bremen). 1988: ARG

Neuberger, Willi – 2 (Borussia Dortmund). 1968: WAL, BRA

Neumaier, Robert – 3 (Phönix Karlsruhe). 1909: SUI – 1910: BEL – 1912: SUI

Neumann, Arno – 1 (Dresdner SC). 1908: ENG

Neumann, Herbert – 1 (1. FC Köln). 1978: ENG

Neumer, Leopold – 1 (Austria Wien). 1938: SUI

Neuschäfer, Hans – 1 (Fortuna Düsseldorf). 1956: SUI

Nicodemus, Otto – 1 (SV Wiesbaden). 1909: SUI

Nickel, Bernd – 1 (Eintracht Frankfurt). 1974: Ml

Nickel, Harald – 3 (Borussia Mönchengladbach). 1979: URS, TUR – 1980: MLT

Niederbacher, Max – 1 (Stuttgarter Kickers). 1925: SWE

Niedermayer, Kurt – 1 (Bayern München). 1980: NED

Nigbur, Norbert – 6 (Schalke 04). 1974: ESP, HUN, MLT – 1979: URS, TUR – 1980: AUT

Noack, Rudolf – 3 (Hamburger SV). 1934: HUN, CZE – 1937: SUI

Nogly, Peter – 4 (Hamburger SV). 1977: FRA, NOI, URU, MEX

Nowak, Hans – 15 (Schalke 04). 1961: DEN, POL, GRE – 1962: ITA, SUI, CHI, YUG, SUI – 1963: BRA, TUR, SWE, MAR – 1964: CZE, SCO, SWE

Nowotny, Jens – 1 (Bayer Leverkusen). 1997: UKR

Oberle, Emil – 5 (Phönix Karlsruhe). 1909: SUI – 1912: NED, SUI, RUS, HUN

Oehm, Richard – 3 (1. FC Nürnberg). 1932: SWE – 1934: HUN, LUX

Ohlhauser, Rainer – 1 (Bayern München). 1968: CHI

Olk, Werner – 1 (Bayern München). 1961: POL

Ordenewitz, Frank – 2 (Werder Bremen). 1987: BRA, ARG

Otten, Jonny – 6 (Werder Bremen). 1983: POR, ALB, YUG, TUR, ALB – 1984: URS

Overath, Wolfgang – 81 (1. FC Köln). 1963: TUR, SWE, MAR – 1964: ALG, CZE, FIN, SWE – 1965: CYP, ENG, SUI, BRA – 1966: NED, IRL, NOI, ROM, YUG, SUI, ARG, ESP, URU, URS, ENG, TUR, NOR – 1967: MAR, BUL, ALB, YUG, FRA, YUG, ROM, ALB – 1968: WAL, ENG, BRA, FRA, CYP, BRA, CHI, MEX – 1969: SCO, AUT, CYP, AUT, BUL, SCO – 1970: ROM, IRL, YUG, MAR, BUL, PER, ENG, ITA, URU, TUR, YUG, GRE – 1971: ALB, ALB, NOR, SWE, DEN, POL – 1973: ARG, CZE, YUG, BUL, BRA, AUT, FRA, ESP – 1974: ESP, ITA, CHI, AUS, GDR, YUG, SWE, POL, NED

Panse, Herbert – 1 (Eimsbütteler TV). 1935: LAT

Paßlack, Stephan – 2 (Borussia Mönchengladbach). 1996: ARM, NOI

Patzke, Bernd – 24 (TSV 1860 München 18, Hertha BSC Berlin 6). 1965: ITA, CYP – 1967: MAR, BUL, ALB, YUG, FRA, YUG, ROM, ALB – 1968: CYP, BRA, CHI, MEX – 1969: WAL, SCO, AUT, CYP – 1970: IRL, PER, ITA, URU – 1971: ALB, TUR

Paulsen (Pömpner), Paul – 6 (VfB Leipzig). 1924: SWE, ITA, SUI – 1925: NED, SWE, FIN

Pekarek, Josef – 1 (Wacker Wien). 1939: SVK

Pesser, Hans – 12 (Rapid Wien). 1938: ENG, SUI,

POL, ROM – 1939: ITA, HUN, ITA – 1940: HUN, YUG, ITA, HUN, DEN

Peters, Wolfgang – 1 (Borussia Dortmund). 1957: SWE

Pfaff, Alfred – 7 (Eintracht Frankfurt). 1953: NOR – 1954: HUN, POR – 1956: ENG, NOR, SWE, SUI

Pfeiffer, Michael – 1 (Alemannia Aachen). 1954: ENG

Pflipsen, Karlheinz – 1 (Borussia Mönchengladbach). 1993: USA

Pflügler, Hans – 11 (Bayern München). 1987: ISR, ITA, FRA, SWE, ARG – 1988: ARG, NED, URS – 1989: IRL – 1990: DEN, COL

Philipp, Ludwig – 2 (1. FC Nürnberg). 1910: SUI, NED

Picard, Alfred – 1 (SSV Ulm). 1939: LUX

Piontek, Josef – 6 (Werder Bremen). 1965: ITA, ENG, SUI, BRA, CYP – 1966: NOI

Pirrung, Josef – 2 (1. FC Kaiserslautern). 1974: GRE, MLT

Platzer, Peter – 2 (Admira Wien). 1939: BEL, ITA

Plener, Ernst – 2 (Vorwärts Rasensport Gleiwitz). 1940: ROM, FIN

Poetsch, Ernst – 3 (Union 92 Berlin). 1908: AUT – 1909: HUN – 1910: NED

Pohl, Erich – 2 (SC 99 Köln). 1923: NED, FIN

Pohl, Herbert – 2 (Dresdner SC). 1941: FIN, SVK

Pöhler, Ludwig – 1 (Hannover 96). 1939: LUX

Politz, Karl – 1 (Hamburger SV). 1934: HUN

Popp, Luitpold – 5 (1. FC Nürnberg). 1920: HUN – 1921: AUT – 1923: SWE – 1924: HUN – 1926: SWE

Poppe, Walter – 1 (Eintracht Braunschweig). 1908: ENG

Porges, Ingo – 1 (FC St. Pauli). 1960: IRL

Poertgen, Ernst – 3 (Schalke 04. 1935: BUL – 1936: LUX – 1937: LUX

Posipal, Josef – 32 (Hamburger SV). 1951: TUR, AUT, IRL, TUR – 1952: LUX, IRL, FRA, SUI, YUG, ESP – 1953: AUT, NOR, SAR, NOR – 1954: SAR, SUI, TUR, HUN, TUR, AUT, HUN, BEL, FRA, ENG, POR – 1955: ITA, URS, YUG, NOR, ITA – 1956: NED, URS

Pott, Fritz – 3 (1. FC Köln). 1962: FRA – 1963: TUR – 1964: CZE

Pöttinger, Josef – 14 (Bayern München). 1926: NED, SWE – 1927: NOR, NED – 1928: SUI, SUI, URU, DEN, SWE – 1929: SUI, ITA, SCO – 1930: ITA, ENG

Preißler, Alfred – 2 (Preußen Münster). 1951: AUT, IRL

Pyka, Alfred – 1 (Westfalia Herne). 1958: EGY

Queck, Richard – 3 (Eintracht Braunschweig). 1909: HUN – 1910: NED – 1914: NED

Raftl, Rudolf – 6 (Rapid Wien). 1938: SUI, SUI, ROM – 1939: BM, ITA – 1940: YUG

Rahn, Helmut – 40 (Rot-Weiß Essen 34, 1. FC Köln 6). 1951: TUR, LUX – 1952: FRA, YUG, ESP – 1953: AUT, NOR, SAR, NOR – 1954: SAR, HUN, YUG, AUT, HUN, BEL – 1955: ITA, URS, ITA – 1956: IRL – 1957: AUT, NED, SCO – 1958: ARG, CZE, NOI, YUG, SWE, FRA, DEN, FRA, AUT, BUL, EGY – 1959: SCO, SUI, NED, HUN, YUG – 1960: CHI, POR

Rahn, Uwe – 14 (Borussia Mönchengladbach). 1984: SWE, MLT – 1985: MLT, BUL, CZE, ENG, MEX, URS, CZE – 1986: DEN, ESP – 1987: ISR, FRA, DEN

Rasselnberg, Josef – 9 (VfL Benrath). 1933: BEL, NOR, SUI, POL – 1934: LUX – 1935: ESP, ROM, EST, ENG

Reck, Oliver – 1 (Werder Bremen). 1996: LIE

Rebele, Hans – 2 (TSV 1860 München). 1965: SUI – 1969: WAL

Redder, Theo – 1 (Borussia Dortmund). 1964: FIN

Reese, Hans – 1 (Holstein Kiel). 1912: RUS

Reichel, Peter – 2 (Eintracht Frankfurt). 1975: TUR – 1976: ESP

Reinders, Uwe – 4 (Werder Bremen). 1982: NOR, CHI, ENG, ESP

Reinhardt, Alois – 4 (Bayern Leverkusen). 1989: WAL, IRL, WAL – 1990: FRA

Reinhardt, Knut – 7 (Bayer Leverkusen 4, Borussia Dortmund 3). 1988: URS – 1990: POR, SWE, LUX – 1992: MEX, AUT, BRA

Reinmann, Baptist – 4 (1. FC Nürnberg). 1927: NOR, NED – 1928: DEN – 1929: SUI

Reisch, Stefan – 9 (1. FC Nürnberg). 1962: YUG, FRA, SUI – 1963: TUR, SWE, MAR – 1964: ALG, CZE, SCO

Reiser, Otto – 1 (Phönix Karlsruhe). 1911: BEL

Reislant, Otto – 1 (Wacker Leipzig). 1910: BEL

Reißmann, Martin – 1 (Guts Muths Dresden). 1923: NOR

Reitermaier, Ernst – 1 (Wacker Wien). 1939: SVK

Reitgaßl, Willy – 1 (Karlsruher SC). 1960: ISL

Retter, Erich – 14 (VfB Stuttgart). 1952: LUX, IRL, FRA, SUI, YUG, ESP – 1953: AUT, NOR, SAR, NOR – 1954: SAR, SUI – 1955: IRL – 1956: ENG

Retter, Fritz – 1 (Sportfreunde Stuttgart). 1922: SUI

Reuter, Stefan – 62 (1. FC Nürnberg 9, Bayern München 18, Juventus Turin 9, Borussia Dortmund 26). 1987: ITA, FRA, ENG, DEN, HUN, BRA, ARG – 1988: SWE, SUI, URS – 1989: NED, WAL, IRL, FIN, WAL – 1990: DEN, YUG, UAE, COL, NED, ENG, ARG, POR, SUI – 1991: URS, BEL, WAL, WAL, BEL, LUX – 1992: ITA, NOI, URS, SCO, SWE, DEN, DEN, AUT – 1994: HUN, ALB, MLD, ALB – 1995: GEO, WAL, BUL, ITA, SUI, BUL, RSA – 1996: DEN, NED, FRA,

LIE, CZE, RUS, CRO, ENG, POL, ARM, NOI, POR – 1997: ALB

Richter, Leopold – 1 (VfB Leipzig). 1909: HUN

Richter, Lothar – 1 (Chemnitzer BC). 1941: FIN

Riedle, Karlheinz – 42 (Werder Bremen 10, Lazio Rom 23, Borussia Dortmund 9). 1988: FIN – 1989: BUL, NED, WAL – 1990: FRA, DEN, UAE, NED, CZE, ENG, POR, SWE, SUI – 1991: BEL, ENG, WAL, BEL, LUX – 1992: ITA, NOI, URS, SCO, NED, SWE, DEN, DEN, MEX, AUT – 1993: SCO, GHA, BRA, USA, ENG, TUN, URU, BRA – 1994: IRL, AUT, CAN, BOL, KOR, RUS

Riegel, Carl – 7 (1. FC Nürnberg). 1920: SUI, AUT, HUN – 1921: AUT – 1922: AUT – 1923: SUI, SWE

Riegler, Franz – 2 (Austria Wien). 1941: SVK – 1942: CRO

Ringel, Karl – 1 (Borussia Neunkirchen). 1958: EGY

Riso, Hans – 1 (Wacker Leipzig). 1910: SUI

Riso, Heinrich – 2 (VfB Leipzig). 1908: AUT – 1909: HUN

Risse, Walter – 8 (SC 99 Düsseldorf 5, Hamburger SV 3). 1923: NED, SUI, SWE, FIN, NOR – 1924: NOR, SWE – 1928: NOR

Ritschel, Manfred – 3 (Offenbacher Kickers). 1975: ENG, BUL, NED

Ritter, Oskar – 1 (Holstein Kiel). 1925: SWE

Ritter, Thomas – 1 (1. FC Kaiserslautern). 1993: URU

Rodekamp, Walter – 3 (Hannover 96). 1965: ENG, SUI, BRA

Rodzinski, Josef – 3 (Hamborn 07). 1936: POL, CZE IRL

Röhrig, Josef – 12 (1. FC Köln). 1950: SUI – 1951: SUI, TUR – 1952: IRL – 1953: AUT – 1954: SAR – 1955: IRL, URS, YUG, NOR, ITA – 1956: NED

Rohde, Hans – 25 (Eimsbütteler TV). 1936: LUX – 1939: BEL, LUX, IRL, DEN, EST, ITA, SVK – 1940: HUN, ITA, YUG, DEN – 1941: SUI, HUN, SUI, ROM, SWE, DEN, SVK – 1942: ESP, HUN, SWE, SUI, CRO, SVK

Rohr, Oskar – 4 (Bayern München). 1932: SUI, SWE – 1933: ITA, FRA

Rohwedder, Otto – 5 (Eimsbütteler TV). 1934: DEN – 1935: SUI, NED, SWE – 1937: BEL

Rokosch, Ernst – 1 (Spvg. Leipzig). 1914: NED

Roleder, Helmut – 1 (VfB Stuttgart). 1984: URS

Rolff, Wolfgang – 37 (Hamburger SV 19, Bayer Leverkusen 18). 1983: POR, TUR, AUT, YUG, HUN, AUT, NOI – 1984: URS, FRA, ITA, POR, ESP – 1985: CZE – 1986: ITA, BRA, SUI, NED, DEN, FRA, DEN, ESP, AUT – 1987: ITA, FRA, DEN, HUN, ARG – 1988: SWE, ARG, SUI, YUG, DEN, ESP, NED, FIN, URS – 1989: NED

Roller, Gustav – 1 (1. FC Pforzheim). 1924: HUN

Röpnack, Helmut – 10 (Viktoria 89 Berlin). 1909:

ENG – 1911: AUT – 1912: NED, HUN, AUT, HUN, NED – 1913: SUI, DEN, BEL

Rose, Walter – 1 (Spvg. Leipzig). 1937: EST

Roth, Franz – 4 (Bayern München). 1967: YUG – 1970: ROM, YUG, GRE

Ruch, Hans – 3 (Union Berlin 2, Hertha BSC Berlin 1). 1925: SWE, FIN – 1929: SCO

Ruchay, Fritz – 1 (Prussia Samland Königsberg). 1935: LAT

Rüßmann, Rolf – 20 (Schalke 04). 1977: YUG, ARG, URU, BRA, MEX, FIN, ITA, SUI, WAL – 1978: ENG, URS, BRA, SWE, POL, MEX, TUN, ITA, NED, AUT, HUN

Rummenigge, Karl-Heinz – 95 (Bayern München 78, Inter Mailand 17). 1976: WAL, CZE – 1977: FRA, ARG, URU, BRA, FIN, ITA – 1978: ENG, URS, BRA, SWE, MEX, TUN, ITA, NED, AUT, CZE, HUN, NED – 1979: MLT, TUR, WAL, IRL, ARG, WAL, URS, TUR – 1980: MLT, AUT, POL, CZE, NED, GRE, BEL, SUI, NED, BUL – 1981: ARG, BRA, ALB, AUT, BRA, FIN, POL, FIN, AUT, ALB, BUL – 1982: POR, CZE, NOR, ALG, CHI, AUT, ENG, ESP, FRA, ITA, BEL, ENG, NOI – 1983: POR, ALB, TUR, AUT, YUG, AUT, TUR, NOI, ALB – 1984: BUL, BEL, FRA, ITA, POR, ROM, ESP, SWE, MLT – 1985: HUN, MLT, BUL, SWE, POR, CZE – 1986: ITA, BRA, URU, SCO, DEN, MAR, MEX, FRA, ARG

Rummenigge, Michael – 2 (Bayern München). 1983: TUR – 1986: AUT

Rupp, Bernd – 1 (Borussia Mönchengladbach). 1966: TUR

Rutz, Willi – 1 (VfB Stuttgart). 1932: FIN

Sabeditsch, Ernst – 1 (Vienna Wien). 1939: SVK

Sackenheim, August – 4 (Guts Muths Dresden). 1929: FIN – 1930: SUI – 1931: SWE, NOR

Sammer, Matthias – 51 (VfB Stuttgart 11, Inter Mailand 2, Borussia Dortmund 38). 1990: SUI – 1991: URS, BEL, WAL – 1992: CZE, TUR, NOI, SCO, NED, SWE, DEN, BRA, URU – 1993: SCO, BRA, ENG, ARG, USA, MEX – 1994: ITA, UAE, IRL, AUT, CAN, BOL, ESP, KOR, BEL, ALB, MLD, ALB – 1995: BUL, ITA, SUI, MLD, WAL, BUL – 1996: POR, NED, FRA, LIE, CZE, RUS, ITA, CRO, ENG, CZE, POR – 1997: ISR, ALB, UKR

Sawitzki Günter – 10 (SV Sodingen 2, VfB Stuttgart 8). 1956: NOR, SWE – 1957: SWE – 1958: CZE, BUL – 1959: SCO, POL, YUG – 1960: IRL – 1963: SWE

Schade, Horst – 3 (Spvg. Fürth 2, 1. FC Nürnberg 1). 1951: SUI, TUR – 1953: SAR

Schädler, Erwin – 4 (Ulmer FV 94). 1937: LUX, LAT, EST – 1938: LUX

Schäfer, Hans – 39 (1. FC Köln). 1952: SUI –

1953: AUT, NOR, SAR – 1954: SAR, SUI, TUR, TUR, YUG, AUT, HUN – 1955: ITA, IRL, URS, YUG, ITA – 1956: NED, ENG, URS, SUI, IRL – 1957: AUT, SWE, HUN – 1958: BEL, ESP, CZE, ARG, CZE, NOI, YUG, SWE, FRA – 1959: SCO – 1962: URU, ITA, SUI, CHI, YUG

Schäfer, Herbert – 1 (Sportfreunde Siegen). 1957: SWE

Schäfer, Max – 1 (TSV 1860 München). 1934: HUN

Schaletzki, Reinhard – 2 (Vorwärts Rasensport Gleiwitz). 1939: NOR, EST

Schanko, Erich – 14 (Borussia Dortmund). 1951: TUR, AUT, IRL, TUR, LUX – 1952: LUX, IRL, FRA, SUI, YUG, ESP – 1953: AUT, NOR – 1954: SAR

Scherm, Karl – 2 (ASV Nürnberg). 1926: NED, SUI

Schilling, Christian – 2 (Duisburger SV). 1910: BEL, NED

Schlebrowski, Elwin – 2 (Borussia Dortmund). 1956: IRL, BEL

Schlienz, Robert – 3 (VfB Stuttgart). 1955: IRL – 1956: NED, ENG

Schlösser, Karl – 1 (Dresdner SC). 1931: NED

Schmaus, Willibald – 10 (Vienna Wien). 1938: SUI, ROM – 1939: BEL, ITA, HUN, NOR – 1940: YUG – 1941: CRO – 1942: CRO, SUI

Schmidt, Alfred – 25 (Borussia Dortmund). 1957: NED, SCO, SWE, HUN – 1958: BEL, ESP, CZE, ARG, YUG, DEN, FRA, AUT – 1959: SCO, POL, SUI, NED, HUN, YUG – 1960: CHI, IRL – 1963: TUR, MAR – 1964: ALG, SCO, FIN

Schmidt, Christian – 3 (Concordia 95 Berlin 1, Stuttgarter Kickers 2). 1910: NED – 1913: ENG, SUI

Schmidt, Hans – 1 (Germania Berlin). 1908: AUT

Schmidt, Hans – 16 (Spvg. Fürth 1, 1860 Fürth 1, 1. FC Nürnberg 14). 1913: SUI – 1920: SUI – 1922: HUN – 1923: ITA, SUI, NOR – 1924: AUT, NED, NOR, HUN, ITA, SUI – 1925: SUI – 1926: SWE, NED, SUI

Schmidt, Karl – 9 (1. FC Kaiserslautern). 1955: YUG, NOR, ITA – 1956: NED, URS, SUI – 1957: AUT, NED, SWE

Schmitt, Josef – 2 (1. FC Nürnberg). 1928: DEN, NOR

Schneider, Georg – 3 (Bayern München). 1920: SUI, HUN – 1921: HUN

Schneider, Helmut – 1 (Waldhof Mannheim). 1940: FIN

Schneider, Johannes – 2 (VfB Leipzig). 1913: DEN, BEL

Schneider, René – 1 (Hansa Rostock). 1995: RSA

Schnellinger, Karl-Heinz – 47 (Düren 93 3, 1. FC Köln 24, AS Rom 1, AC Mailand 19). 1958: CZE, CZE, FRA, AUT, BUL, EGY – 1959: SCO, YUG – 1960: CHI, POR, ISL, NOI, GRE, BUL –

1961: BEL, NOI, DEN, GRE – 1962: URU, ITA,
SUI, CHI, YUG, YUG, FRA, SUI – 1963: BRA –
1964: SWE – 1965: SWE – 1966: ROM, YUG,
SUI, ARG, ESP, URU, URS, ENG – 1969: SCO –
1970: ESP, ROM, YUG, BUL, PER, ENG, ITA,
URU – 1971: ALB

Schnürle, Fritz – 1 (Germania Frankfurt). 1921:
HUN

Schön, Helmut – 16 (Dresdner SC). 1937: SWE –
1939: POL, ROM – 1939: BEL, ITA, IRL, NOR,
HUN, YUG, BM, SVK – 1940: DEN – 1941: SUI,
HUN, SUI, SWE

Schönhöft, Theo – 1 (VfL Osnabrück). 1956: NOR

Scholl, Mehmet – 15 (Bayern München). 1995:
WAL, SUI, BEL, MLD – 1996: DEN, NED, NOI,
FRA, LIE, CRO, ENG, CZE, POL, ARM – 1997:
UKR

Scholz, Heiko – 1 (Bayer Leverkusen). 1992: MEX

Schreier, Christian – 1 (Bayer Leverkusen). 1984:
ARG

Schröder, Erich – 1 (VfR Köln). 1931: NED

Schröder, Hans – 1 (Tennis Borussia Berlin).
1926: NED

Schröder, Willi – 12 (Bremen 1860 2, Werder
Bremen 10). 1951: LUX – 1952: LUX – 1955:
URS, NOR – 1956: NOR, SWE, URS, BEL –
1957: AUT, NED, SCO, SWE

Schubert, Helmut – 3 (Dresdner SC). 1941: FIN,
DEN, SVK

Schulz, Fritz – 1 (Hertha BSC Berlin). 1909: HUN

Schulz, Karl – 1 (Viktoria 89 Berlin). 1929: FIN

Schulz, Karl – 2 (Holstein Kiel). 1925: SWE, FIN

Schulz, Michael – 7 (Borussia Dortmund). 1992:
ITA, SCO – 1993: BRA, USA, ENG, TUN, MEX

Schulz, Werner – 4 (Arminia Hannover). 1935:
BEL, FIN, EST – 1938: LUX

Schulz, Willi – 66 (Union Günnigfeld 3, Schalke
04 22, Hamburger SV 41). 1959: YUG – 1960:
POR, IRL, ISL – 1961: DEN, POL, GRE – 1962:
URU, ITA, SUI, CHI, YUG, YUG, FRA – 1963:
BRA, TUR, SWE, MAR – 1964: ALG, CZE, FIN –
1965: CYP, ENG, SUI, BRA, SWE – 1966: ENG,
NED, IRL, NOI, YUG, SUI, ARG, ESP, URU, URS,
ENG, TUR, NOR – 1967: MAR, BUL, ALB, YUG,
FRA, YUG, ROM, ALB – 1968: BEL, SUI, FRA,
AUT, CYP, BRA, CHI – 1969: WAL, SCO, AUT,
CYP, AUT, BUL, SCO – 1970: ESP, IRL, MAR,
ENG, ITA

Schumacher, Harald – 76 (1. FC Köln). 1979:
ISL – 1980: AUT, POL, CZE, NED, GRE, BEL,
SUI, NED, FRA, BUL – 1981: ARG, BRA, ALB,
AUT, BRA, FIN, POL, FIN, AUT, BUL – 1982:
POR, BRA, ARG, CZE, ALG, CHI, AUT, ENG,
ESP, FRA, ITA, BEL, ENG, NOI – 1983: POR,
ALB, TUR, AUT, HUN, AUT, TUR, NOI, ALB –
1984: BEL, URS, FRA, ITA, ROM, ESP, ARG,

SWE, MLT – 1985: HUN, POR, MLT, BUL, CZE,
ENG, URS, SWE, POR, CZE – 1986: ITA, BRA,
YUG, URU, SCO, DEN, MLT MEX, FRA, ARG,
DEN, ESP

Schumann, Georg – 1 (Vorwärts Berlin). 1924: SWE

Schümmelfelder, Josef – 5 (Bonner FV). 1913:
DEN, BEL – 1914: NED – 1921: AUT, HUN

Schuster, Bernd – 21 (1. FC Köln 10, FC Barcelona 11). 1979: IRL, ISL, ARG, WAL, URS –
1980: AUT, POL, NED, BEL, SUI, FRA, – 1981:
ALB, AUT, BRA – 1982: NOI – 1983: TUR, AUT,
YUG, AUT – 1984: BUL, BEL

Schuster, Dirk – 3 (Karlsruher SC). 1994: HUN,
ALB – 1995: ESP

Schütz, Franz – 11 (Eintracht Frankfurt). 1929:
SUI, SCO, SWE – 1930: SUI, ENG, HUN – 1931:
FRA, DEN – 1932: SUI, FIN, NED

Schütz, Jürgen – 6 (Borussia Dortmund). 1960:
CHI, POR – 1962: YUG, FRA, SUI – 1963: BRA

Schwabl, Manfred – 4 (1. FC Nürnberg). 1987:
DEN, BRA, ARG – 1988: SUI

Schwartz, Hans – 2 (Victoria Hamburg). 1934:
BEL, DEN

Schwarzenbeck, Georg – 44 (Bayern München).
1971: ALB, NOR, SWE, DEN, MEX, POL, POL –
1972: HUN, ENG, ENG, URS, BEL, URS, SUI –
1973: ARG, CZE, YUG, URS, ESP – 1974: ITA,
SCO, HUN, SWE, CHI, AUS, GDR, YUG, SWE,
POL, NED, SUI, GRE – 1975: BUL, AUT, BUL,
TUR – 1976: MLT, ESP, ESP, YUG, CZE, WAL,
CZE – 1978: ENG

Schwedler, Willy – 1 (VfB Pankow). 1921: FIN

Schweikert, Hermann – 1 (1. FC Pforzheim).
1909: SUI

Seel, Wolfgang – 6 (Fortuna Düsseldorf). 1974:
SUI – 1975: BUL, NED, AUT – 1977: SUI, WAL

Seeler, Uwe – 72 (Hamburger SV). 1954: FRA,
ENG – 1955: ITA – 1956: NED – 1958: ARG,
CZE, NOI, YUG, SWE, DEN, FRA, AUT, BUL –
1959: SCO, SUI, NED, HUN, YUG – 1960: CHI,
POR, ISL, NOI, GRE – 1961: BEL, CHI, NOI,
DEN, POL, GRE – 1962: URU, ITA, SUI, CHI,
YUG, FRA, SUI – 1963: BRA, TUR, SWE – 1964:
CZE, SCO, SWE – 1965: SWE – 1966: NED,
IRL, NOI, ROM, YUG, SUI, ARG, ESP, URU,
URS, ENG, NOR – 1967: FRA, YUG, ROM –
1968: SUI – 1969: AUT, BUL, SCO – 1970: ESP,
IRL, YUG, MLT, BUL, PER, ENG, ITA, URU,
HUN

Seiderer, Leonhard – 8 (Spvg. Fürth). 1920: SUI,
AUT – 1921: AUT – 1922: SUI – 1923: ITA,
SWE – 1924: AUT, NED

Seliger, Rudolf – 2 (MSV Duisburg). 1974: MLT –
1976: WAL

Sesta, Karl – 3 (Austria Wien). 1941: CRO – 1942:
CRO, SUI

Siedl, Gerhard – 6 (Karlsruher SC 2, Bayern München 4). 1957: NED, SCO – 1959: SUI, NED, HUN, YUG

Sieloff, Klaus-Dieter – 14 (VfB Stuttgart 8, Borussia Mönchengladbach 6). 1964: FIN – 1965: ITA, CYP, ENG, SUI, BRA, SWE, AUT – 1970: ROM, HUN, TUR, GRE – 1971: ALB, NOR

Siemensmeyer, Hans – 3 (Hannover 96). 1967: FRA, YUG, ROM

Sievert, Helmut – 1 (Hannover 96). 1936: LUX

Siffling, Otto – 31 (Waldhof Mannheim). 1934: BEL, SWE, CZE, AUT, POL – 1935: SUI, FRA, BEL, IRL, CZE, NOR, SWE, FIN, POL, BUL – 1936: ESP, POR, NOR, CZE, SCO, IRL, ITA – 1937: FRA, DEN, LAT, FIN, NOR, SWE – 1938: SUI, HUN, POR

Simetsreiter, Wilhelm – 8 (Bayern München). 1935: ROM, EST, BUL – 1936: POR, LUX, NOR – 1937: LAT, EST

Sing, Albert – 9 (Stuttgarter Kickers). 1940: BUL – 1942: ESP, HUN, BUL, ROM, SWE, SUI, CRO, SVK

Skoumal, Stefan – 3 (Rapid Wien). 1938: SUI, ROM – 1940: YUG

Sobeck, Hans – 10 (Alemannia Berlin 2, Hertha BSC 8). 1923: SUI – 1925: NED – 1928: SWE – 1929: SUI, SCO, SWE – 1930: DEN – 1931: AUT, SWE, NOR

Sold, Wilhelm – 12 (FV Saarbrücken 6, 1. FC Nürnberg 3, Tennis Borussia Berlin 3). 1935: LUX – 1936: HUN – 1937: LUX, LAT – 1938: SUI, LUX – 1939: YUG, BUL, BM – 1942: BUL, ROM, SWE

Solz, Wolfgang – 2 (Eintracht Frankfurt). 1962: FRA – 1964: CZE

Sonnrein, Heinrich – 2 (Hanau 93). 1935: EST – 1936: HUN

Sorkale, Walter – 1 (Preußen Berlin). 1911: SWE

Steffen, Bernhard – 2 (Fortuna Düsseldorf). 1958: CZE – 1960: IRL

Steffenhagen, Arno – 1 (Hertha BSC Berlin). 1971: MEX

Stein, Erwin – 1 (Griesheim 02). 1959: POL

Stein, Ulrich – 6 (Hamburger SV). 1983: YUG – 1985: HUN, BUL, MEX – 1986: SUI, NED

Steiner, Paul – 1 (1. FC Köln). 1990: DEN

Steiner, Rudolf – 1 (TSV 1860 München). 1964: SCO

Steinmann, Heinz – 3 (Schwarz-Weiß Essen 1, Werder Bremen 2). 1962: FRA – 1965: ITA, ENG

Stephan, Günter – 1 (Schwarz-Weiß Essen). 1935: LUX

Stielike, Ulrich – 42 (Borussia Mönchengladbach 6, Real Madrid 36). 1975: AUT, BUL, TUR – 1976: MLT, WAL – 1977: FRA – 1978: NED – 1979: TUR, WAL, TUR – 1980: CZE, NED, GRE, BEL, BUL – 1981: ALB, AUT, FIN, AUT, ALB – 1982: BRA, ARG, NOR, ALG, CHI, AUT, ENG,

ESP, FRA, ITA, BEL, NOI – 1983: YUG, TUR, NOI – 1984: BUL, BEL, ITA, POR, ROM, ESP, ARG

Stollenwerk, Georg – 23 (Düren 99 4, 1. FC Köln 19). 1951: LUX – 1952: LUX, IRL, FRA – 1955: ITA – 1957: SCO, HUN – 1958: ESP, ARG, CZE, NOI, YUG, SWE, FRA, DEN, FRA, AUT, BUL – 1959: SUI, NED, HUN, YUG – 1960: CHI

Stössel, Kurt – 1 (Dresdner SC). 1931: NED

Strack, Gerhard – 10 (1. FC Köln). 1982: ENG, NOI – 1983: ALB, TUR, AUT, HUN, AUT, TUR, NOI, ALB

Straßburger, Wilhelm – 2 (Duisburger SV). 1930: DEN, NOR

Strehl, Heinz – 4 (1. FC Nürnberg). 1962: YUG, FRA – 1963: BRA – 1965: CYP

Streitle, Jakob – 15 (Bayern München). 1938: SUI – 1939: BEL, YUG, IRL, DEN – 1940: BUL, YUG – 1941: SUI – 1950: SUI – 1951: SUI, TUR, AUT, IRL, TUR – 1952: IRL

Striebinger, Karl – 3 (VfR Mannheim). 1937: LUX, BEL – 1938: SUI

Strobel, Wolfgang – 4 (1. FC Nürnberg). 1922: AUT, HUN – 1924: NOR, HUN

Stroh, Josef – 4 (Austria Wien). 1938: SUI, POL, ROM – 1939: YUG

Strunz, Thomas – 34 (Bayern München 14, VfB Stuttgart 20). 1990: SWE, LUX – 1992: DEN – 1993: BRA, USA, ENG, USA, MEX – 1994: ITA, UAE, IRL, AUT, CAN, BOL, ESP, BUL, RUS, HUN, ALB, MLD, ALB – 1995: BUL, BEL, GEO, BUL – 1996: NOI, LIE, CZE, RUS, ITA, ENG, CZE, POL, NOI

Stubb, Hans – 10 (Eintracht Frankfurt). 1930: SUI, ENG, DEN, NOR – 1931: DEN – 1932: SUI, FIN, SWE, NED – 1934: HUN

Stuhlfauth, Heinrich – 21 (1. FC Nürnberg). 1920: SUI, AUT – 1921: AUT, HUN – 1923: ITA, NOR – 1924: AUT, NED, NOR, HUN, ITA, SUI – 1925: SWE – 1927: NOR, NED – 1928: SUI, URU, NOR – 1929: ITA, SCO – 1930: ITA

Stührk, Erwin – 3 (Eimsbütteler TV). 1935: SUI, NED, LAT

Sturm, Hans – 3 (1. FC Köln). 1958: CZE, FRA – 1962: ITA

Sturm, Wilhelm – 1 (Borussia Dortmund). 1964: FIN

Stürmer, Klaus – 2 (Hamburger SV). 1954: FRA – 1961: NOI

Sukop, Albert – 1 (Eintracht Braunschweig). 1935: EST

Sundermann, Hans-Jürgen – 1 (Rot-Weiß Oberhausen). 1960: CHI

Sutor, Hans – 12 (1. FC Nürnberg). 1920: AUT – 1921: AUT – 1922: AUT – 1923: ITA, SUI, SWE, FIN, NOR – 1924: AUT, NOR, HUN – 1925: SUI

Szepan, Fritz – 34 (Schalke 04). 1929: FIN – 1930: ITA – 1931: DEN – 1934: LUX, BEL, SWE, CZE,

AUT, POL, DEN – 1935: FIN, BUL, ENG – 1936:
ESP, POR, HUN, SCO, IRL, ITA – 1937: NED,
FRA, SUI, DEN, FIN, EST, NOR, SWE – 1938:
SUI, POR, ENG, SUI – 1939: HUN, YUG, BUL

Szymaniak, Horst – 43 (Wuppertaler SV 20, Karlsruher SC 12, CC Catania 5, Inter Mailand 1, FC Varese 1, Tasmania Berlin 4). 1956: SUI, BEL – 1957: AUT, NED, SCO, SWE, HUN – 1958: BEL, ESP, ARG, CZE, NOI, YUG, SWE, FRA, DEN, FRA, AUT – 1959: SCO, POL, SUI, NED, HUN, YUG – 1960: POR, ISL, NOI, GRE, BUL – 1961: BEL, CHI, NOI – 1962: URU, ITA, SUI, CHI, YUG – 1964: SCO, SWE – 1965: SWE, CYP – 1966: ENG, ROM

Tänzer, Willy – 1 (Berliner SC). 1908: AUT

Tarnat, Michael – 4 (Karlsruher SC). 1996: ARM, NOI, POR – 1997: UKR

Tenhagen, Franz-Josef – 3 (VfL Bochum). 1977: YUG, BRA, WAL

Termath, Bernhard – 7 (Rot-Weiß Essen). 1951: TUR, LUX – 1952: IRL, FRA, YUG, ESP – 1954: FRA

Tewes, Karl – 6 (Viktoria 89 Berlin). 1920: AUT, HUN – 1921: AUT, HUN, FIN – 1922: HUN

Thiel, Otto – 2 (Preußen Berlin). 1911: HUN – 1912: RUS

Thielen, Karl-Heinz – 2 (1. FC Köln). 1964: CZE – 1965: ENG

Thom, Andreas – 10 (Bayer Leverkusen). 1990: SUI – 1992: CZE, TUR, NOI, DEN, DEN, BRA – 1993: ARG, USA – 1994: UAE

Thon, Olaf – 40 (Schalke 04 28, Bayern München 12). 1984: MLT – 1985: HUN, MLT, BUL, CZE, ENG, CZE – 1986: BRA, SUI, YUG, DEN, AUT – 1987: ISR, ITA, ENG, DEN, SWE, HUN, BRA, ARG – 1988: SWE, ARG, SUI, YUG, ITA, DEN, ESP, NED, NED – 1986: BRA, SUI, YUG, DEN, AUT – 1987: ISR, ITA, ENG, DEN, SWE, HUN, BRA, ARG – 1988: SWE, ARG, SUI, YUG, ITA, DEN, ESP, NED, NED – 1989: IRL – 1990: URU, CZE, Dr, COL, ENG – 1992: DEN, MEX, URU – 1993: SCO, GHA

Tibulski, Hans – 1 (Schalke 04). 1931: DEN

Tibulski, Otto – 2 (Schalke 04). 1936: LUX – 1939: YUG

Tiefel, Willi – 7 (Eintracht Frankfurt). 1935: IRL, CZE, NOR, SWE, EST, LAT – 1936: POR

Tilkowski, Hans – 39 (Westfalia Herne 18, Borussia Dortmund 21). 1957: NED, SCO – 1958: FRA, AUT, EGY – 1959: SUI, HUN – 1960: CHI, POR, ISL, NOI, GRE – 1961: BEL, CHI, NOI, DEN, POL, GRE – 1964: ALG, SCO, FIN, SWE – 1965: ITA, ENG, SUI, BRA, SWE, AUT, CYP – 1966: ENG, ROM, YUG, SUI, ARG, ESP, URU, URS, ENG – 1967: ALB

Todt, Jens – 3 (SC Freiburg). 1994: HUN – 1995: ESP, SUI

Toppmöller, Klaus – 3 (1. FC Kaiserslautern). 1976: ESP – 1979: MLT, TUR

Träg, Heinrich – 6 (1. FC Nürnberg). 1921: AUT – 1922: AUT, HUN – 1923: ITA – 1924: NED – 1926: NED

Trautmann, Wilhelm – 1 (Viktoria Mannheim). 1910: SUI

Trimhold, Horst – 1 (Schwarz-Weiß Essen). 1962: YUG

Turek, Anton – 20 (Fortuna Düsseldorf). 1950: SUI – 1951: SUI, TUR, AUT, IRL – 1952: FRA, SUI, YUG, ESP – 1953: AUT, NOR, SAR, NOR – 1954: SAR, TUR, TUR, YUG, AUT, HUN, FRA

Ugi, Camillo – 15 (VfB Leipzig 14, Sportfreunde Breslau 1). 1990: ENG, HUN – 1910: BEL, NED – 1911: ENG, BEL, SWE, SWE, HUN – 1912: HUN, SUI, RUS, HUN, DEN, NED

Uhle, Karl – 1 (VfB Leipzig). 1912: RUS

Ulsaß, Lothar – 10 (Eintracht Braunschweig). 1965: CYP, AUT – 1966: ROM, NOR – 1967: MAR, ALB – 1968: AUT, CHI, MEX – 1969: WAL

Umbach, Josef – 1 (SC Mönchengladbach). 1910: NED

Unfried, Gustav – 1 (Preußen Berlin). 1910: NED

Urban, Adolf – 21 (Schalke 04). 1935: LUX – 1936: HUN, LUX, NOR, SCO, ITA – 1937:, FRA, SUI, DEN, FIN, NOR, SWE – 1938: SUI – 1939: YUG, NOR, YUG, BUL, BM – 1940: ITA – 1942: SUI, CRO

Urbanek, Hans – 1 (Admira Wien). 1941: CRO

Vogts, Hans-Hubert – 96 (Borussia Mönchengladbach). 1967: YUG, ROM – 1968: BEL, SUI, WAL, ENG, BRA, FRA, AUT, CYP, BRA, CHI, MEX – 1969: WAL, SCO, AUT, CYP, AUT, BUL, SCO – 1970: ESP, ROM, IRL, YUG, MAR, BUL, PER, ENG, ITA, URU, HUN, TUR, YUG, GRE – 1971: ALB, TUR, ALB, NOR, SWE, DEN, MEX – 1972: SUI – 1973: ARG, CZE, BRA, SCO, ESP – 1974: ESP, SCO, HUN, SWE, CHI, AUS, GDR, YUG, SWE, POL, NED, SUI, GRE, MLT – 1975: ENG, BUL, NED, AUT, GRE, BUL, TUR – 1976: MLT, ESP, ESP, YUG, CZE, WAL, CZE – 1977: FRA, NOI, YUG, ARG, URU, BRA, MEX, FIN, ITA, SUI, WAL – 1978: ENG, URS, BRA, SWE, POL, MEX, TUN, ITA, NED, AUT

Völker, Otto – 1 (Preußen Berlin). 1913: ENG

Völker, Willi – 1 (Hertha BSC Berlin). 1929: FIN

Völker, Willy – 1 (VfB Leipzig). 1914: NED

Völler, Rudolf – 90 (Werder Bremen 41, AS Rom 43, Olympique Marseille 6). 1962: NOI – 1983: POR, ALB, TUR, AUT, YUG, HUN, AUT, TUR, ALB – 1984: BUL, BEL, URS, FRA, ITA, POR,

ROM, ESP, ARG, SWE, MLT – 1985: HUN, POR, MLT, BUL, CZE, MEX, URS, SWE – 1986: YUG, NED, URU, SCO, DEN, MAR, FRA, ARG, DEN, AUT – 1987: ISR, ITA, FRA, ENG, DEN, SWE – 1988: SWE, ARG, SUI, YUG, ITA, DEN, ESP, NED, FIN, NED – 1989: BUL, NED, WAL, FIN, WAL – 1990: URU, CZE, DEN, YUG, UAE, COL, NED, ENG, ARG, POR, SWE, LUX, SUI – 1991: URS, BEL, WAL, WAL, BEL, LUX – 1992: ITA, CZE, TUR, NOI, URS, MEX – 1994: IRL, CAN, ESP, BEL, BUL

Volkert, Georg – 12 (1. FC Nürnberg 6, Hamburger SV 6). 1968: BEL, SUI, ENG, BRA, MEX – 1969: AUT – 1977: ARG, URU, BRA, MEX, FIN, ITA

Vollmar, Heinz – 12 (SV St. Ingbert 7, 1, FC Saarbrücken 5). 1956: SWE, URS, SUI, IRL, BEL – 1957: AUT, HUN – 1959: SUI, YUG – 1960: IRL, BUL – 1961: BEL

Voß, Kurt – 2 (Holstein Kiel). 1925: NED, FIN

Votava, Miroslav – 5 (Borussia Dortmund). 1979: URS – 1980: GRE, FRA, BUL – 1981: BRA

Waas, Herbert – 11 (Bayer Leverkusen). 1983: YUG, HUN, AUT, NOI, ALB – 1985: ENG – 1985: ENG – 1986: DEN, ESP, AUT – 1987: ISR – 1988: URS

Wagner, Franz – 3 (Rapid Wien). 1938: ROM – 1942: CRO, SUI

Wagner, Martin – 6 (1. FC Kaiserslautern). 1992: BRA – 1994: IRL, CAN, BEL, BUL, HUN

Waldner, Erwin – 13 (VfB Stuttgart). 1954: POR – 1955: ITA, IRL, YUG, NOR – 1956: NED, ENG, URS, BEL – 1957: AUT – 1958: BEL, CZE, BUL

Walter, Fritz – 61 (1. FC Kaiserslautern). 1940: ROM, FIN, HUN, BUL, YUG, DEN – 1941: SUI, HUN, SUI, ROM, CRO, SWE, DEN, SVK – 1942: CRO, SUI, ESP, HUN, BUL, ROM, SWE, SUI, CRO, SVK – 1951: SUI, TUR, AUT, IRL, TUR, LUX – 1952: FRA, SUI, YUG, ESP – 1953: AUT, NOR, NOR – 1954: SAR, SUI, TUR, HUN, TUR, YUG, AUT, HUN – 1955: ITA, URS, YUG, NOR, ITA – 1956: NED, ENG, URS, SUI – 1958: ESP, CZE, ARG, CZE, NOI, YUG, SWE

Walter, Ottmar – 21 (1. FC Kaiserslautern). 1950: SUI – 1951: SUI – 1952: IRL, FRA, SUI, YUG, ESP – 1953: AUT, NOR, NOR – 1954: SAR, SUI, TUR, TUR, YUG, AUT, HUN, BEL, FRA – 1955: YUG – 1956: ENG

Warnken, Heinz – 1 (Komet Bremen). 1935: BUL

Weber, Albert – 3 (Vorwärts Berlin). 1912: SUI, AUT, DEN

Weber, Heinrich – 12 (Kurhessen Kassel). 1928: SUI, URU, DEN, SWE – 1929: SUI, ITA, SWE – 1930: ITA, NOR – 1931: FRA, NED, AUT

Weber, Josef – 1 (Wacker München). 1927: NED

Weber, Ralf – 9 (Eintracht Frankfurt). 1994: RUS, HUN, ALB, MLD, ALB – 1995: ESP, GEO, WAL, SUI

Weber, Wolfgang – 53 (1. FC Köln). 1964: CZE, SCO, FIN, SWE – 1965: ITA, AUT, CYP – 1966: ENG, NED, NOI, ROM, YUG, SUI, ARG, ESP, URU, URS, ENG, TUR, NOR – 1967: BUL, ALB, FRA, YUG, ROM, ALB – 1968: SUI, WAL, ENG, BRA, AUT, CYP, BRA – 1969: AUT – 1970: ESP, ROM, IRL, BUL, URU, HUN, TUR, YUG – 1971: ALB, TUR, SWE, DEN, MEX, POL – 1973: AUT, FRA, SCO, ESP – 1974: ESP

Wegele, Karl – 15 (Phönix Karlsruhe). 1910: SUI, NED – 1911: HUN – 1912: NED, HUN, SUI, AUT, HUN, DEN, NED – 1913: ENG, SUI, DEN, BEL – 1914: NED

Weilbächer, Hans – 1 (Eintracht Frankfurt). 1955: IRL

Weiß, Leonhard – 1 (1. FC Nürnberg). 1931: AUT

Weißenbacher, Viktor – 1 (1. FC Pforzheim). 1922: AUT

Welker, Hans – 1 (Bayern München). 1931: FRA

Wellhöfer, Georg – 1 (Spvg. Fürth). 1922: SUI

Welsch, Kurt – 1 (Borussia Neunkirchen). 1937: LAT

Wenauer, Ferdinand – 4 (1. FC Nürnberg). 1960: IRL – 1961: DEN, POL – 1962: URU

Wendl, Josef – 5 (TSV 1860 München). 1930: NOR – 1932: HUN – 1933: ITA, FRA, SUI

Wentorf, Hans – 2 (Altona 93). 1928: SUI, DEN

Wenz, Ludwig – 1 (ASV Nürnberg). 1930: DEN

Werner, Adolf – 13 (Holstein Kiel 9, Victoria Hamburg 4). 1909: ENG, HUN – 1910: NED – 1911: SUI, ENG, BEL, SWE, AUT, SWE – 1912: NED, HUN, RUS, HUN

Werner, August – 2 (Holstein Kiel). 1925: SWE, FIN

Werner, Heinz – 1 (SV Jena). 1935: ROM

Werner, Jürgen – 4 (Hamburger SV). 1961: CHI, NOI – 1962: SUI – 1963: BRA

Wetzel, Fritz – 1 (1. FC Pforzheim). 1922: AUT

Wewers, Heinz – 12 (Rot-Weiß Essen). 1951: LUX – 1956: ENG, NOR, SWE, IRL, BEL – 1957: AUT, NED, SCO, HUN – 1958: BEL, FRA

Weymar, Hans – 4 (Victoria Hamburg). 1908: SUI, ENG, AUT – 1910: NED

Widmayer, Werner – 2 (Holstein Kiel). 1931: SWE, NOR

Wieder, Ludwig – 6 (1. FC Nürnberg). 1923: SUI, SWE, NOR – 1924: AUT, NOR – 1926: NED

Wientjes, Clemens – 2 (Rot-Weiß Essen). 1952: LUX, FRA

Wiggers, Hermann – 1 (Victoria Hamburg). 1911: SWE

Wigold, Willi – 4 (Fortuna Düsseldorf). 1932: NED – 1933: BEL, NOR – 1934: LUX

Wilden, Leo – 15 (1. FC Köln). 1960: CHI, POR, NOI – 1961: BEL, CHI, NOI – 1962: YUG, FRA,

SUI – 1963: BRA, TUR, SWE, MAR – 1964: ALG, CZE

Willimowski, Ernst – 8 (PSV Chemnitz 4, TSV 1860 München 4). 1941: ROM, CRO, FIN, DEN – 1942: ROM, SUI, CRO, SVK

Wimmer, Herbert – 36 (Borussia Mönchengladbach). 1968: CYP, BRA, CHI, MEX – 1971: TUR, ALB, NOR, SWE, DEN, POL, POL – 1972: HUN, ENG, ENG, URS, BEL, URS, SUI – 1973: ARG, SCO – 1974: ESP, SCO, HUN, AUS, YUG, GRE – 1975: ENG, NED, AUT, BUL, TUR – 1976: MLT, ESP, ESP, YUG, CZE

Winkler, Paul – 1 (Schwarz-Weiß Essen). 1938: LUX

Winkler, Willi – 1 (Wormatia Worms). 1928: NOR

Wohlfarth, Roland – 2 (Bayern München). 1986: ESP – 1989: IRL

Wolpers, Eduard – 1 (Hamburger SV). 1926: SUI

Wolter, Horst – 13 (Eintracht Braunschweig). 1967: MAR, ROM, ALB – 1968: SUI, WAL, ENG, BRA, CYP, CHI – 1969: SCO, AUT – 1970: IRL, URU

Wolter, Karl – 3 (Vorwärts Berlin). 1912: DEN – 1920: SUI – 1921: FIN

Wolter, Thomas – 1 (Werder Bremen). 1992: BRA

Worm, Ronald – 7 (MSV Duisburg). 1975: TUR – 1976: MLT, ESP – 1978: ENG, BRA, SWE, CZE

Wörns, Christian – 8 (Bayer Leverkusen). 1992: CZE, TUR, DEN, BRA – 1995: ESP, MLD, WAL, RSA

Worpitzky, Willi – 9 (Vorwärts 89 Berlin). 1909: HUN – 1910: NED – 1911: ENG, SWE, AUT, HUN – 1912: HUN, AUT, DEN

Wosz, Dariusz – 4 (VfL Bochum). 1997: ISR, ALB, UKR, UKR

Wunder, Klaus – 1 (MSV Duisburg). 1973: URS

Wunderlich, Georg – 5 (1860 Fürth 1, Helvetia Bockenheim 2, Stuttgarter Kickers 2). 1920: SUI, AUT – 1921: AUT – 1923: ITA, NED

Wuttke, Wolfram – 4 (1. FC Kaiserslautern). 1986: ESP – 1987: ISR, ENG – 1988: ESP

Zaczyk, Klaus – 1 (Karlsruher SC). 1967: MAR

Zastrau, Walter – 1 (Rot-Weiß Essen). 1958: EGY

Zeitler, Hans – 1 (VfB Bayreuth). 1952: LUX

Zembski, Dieter – 1 (Werder Bremen). 1971: MEX

Zewe, Gerd – 4 (Fortuna Düsseldorf). 1978: CZE, HUN, NED – 1979: MLT

Ziege, Christian – 31 (Bayern München). 1993: BRA, USA, ENG, TUN, URU, USA, MEX – 1995: WAL, ITA, SUI, GEO, MLD, WAL – 1996: POR, DEN, NED, NOI, FRA, LIE, CZE, RUS, ITA, CRO, ENG, CZE, POL, POR – 1997: ISR, ALB, UKR, UKR

Zielinski, Paul – 15 (Union Hamborn). 1934: BEL, SWE, CZE, AUT, POL, DEN – 1935: NED, FRA, IRL, CZE, NOR, SWE, LUX, POL – 1936: LUX

Zilgas, Karl – 1 (Victoria Hamburg). 1913: DEN

Zimmermann, Herbert – 14 (1. FC Köln). 1976: WAL – 1977: SUI – 1978: ENG, SWE, POL, ITA, NED – 1979: TUR, WAL, IRL, ISL, WAL, URS, TUR

Zolper, Karl – 1 (CfR Köln). 1925: NED

Zorc, Michael – 7 (Borussia Dortmund). 1992: BRA, URU – 1993: SCO, GHA, BRA, ENG, URU

Zörner, Karl – 4 (SC 99 Köln). 1923: NED, SUI, SWE, FIN

Zwolanowski, Felix – 2 (Fortuna Düsseldorf). 1940: SVK, YUG

Abkürzungen

ALB = Albanien	CZE = Tschechoslowakei/	HUN = Ungarn	PER = Peru
ALG = Algerien	ČSSR/Tschechien	INA = Indonesien	POL = Polen
ARG = Argentinien	DEN = Dänemark	IRQ = Irak	POR = Portugal
ARM = Armenien	ECU = Ekuador	IRL = Irland	ROM = Rumänien
AUS = Australien	ENG = England	ISL = Island	RUS = Rußland
AUT = Österreich	EGY = Ägypten	ISR = Israel	SAR = Saarland
BEL = Belgien	ESP = Spanien	ITA = Italien	SCO = Schottland
BM = Böhmen/	EST = Estland	KOR = Südkorea	SLO = Slowenien
Mähren	FIN = Finnland	KUW = Kuweit	SUI = Schweiz
BOL = Bolivien	FRA = Frankreich	LAT = Lettland	SVK = Slowakei
BRA = Brasilien	FRG = Bundesrepublik	LIE = Liechtenstein	SWE = Schweden
BUL = Bulgarien	Deutschland	LUX = Luxemburg	TUN = Tunesien
BUR = Burma	GDR = DDR	MAR = Marokko	TUR = Türkei
CAN = Kanada	GEO = Georgien	MEX = Mexiko	UAE = Arab. Emirate
CEY = Ceylon	GHA = Ghana	MLD = Moldawien	UKR = Ukraine
CHI = Chile	GRE = Griechenland	MLI = Mali	URS = Sowjetunion
COL = Kolumbien	GUI = Guinea	MLT = Malta	URU = Uruguay
CRO = Kroatien	GUS = Gemeinschaft	NED = Holland	USA = USA
CUB = Kuba	Unabhängiger	NOI = Nordirland	WAL = Wales
CYP = Zypern	Staaten	NOR = Norwegen	YUG = Jugoslawien

Länderspielchronik

[1] = Zwei deutsche Länderspiele am gleichen Tag
[2] = Olympisches Turnier
[3] = WM-Qualifikation
[4] = Weltmeisterschaftsturnier
[5] = EM-Qualifikation
[6] = Europameisterschaft

1908: 3 Spiele –
3 Niederlagen
1. Schweiz – Deutschland 5 : 3
   (5. April in Basel)
2. Deutschland – England 1 : 5
   (20. April in Berlin)
3. Österreich – Deutschland 3 : 2
   (7. Juni in Wien)

1909: 3 Spiele –
1 Sieg, 1 Unentschieden, 1 Niederlage
4. England – Deutschland 9 : 0
   (16. März in Oxford)
5. Ungarn – Deutschland 3 : 3
   (4. April in Budapest)[1]
6. Deutschland – Schweiz 1 : 0
   (4. April in Karlsruhe)[1]

1910: 4 Spiele –
1 Sieg, 3 Niederlagen
7. Schweiz – Deutschland 2 : 3
   (3. April in Basel)
8. Holland – Deutschland 4 : 2
   (24. April in Arnheim)
9. Deutschland – Belgien 0 : 3
   (16. Mai in Duisburg)
10. Deutschland – Holland 1 : 2
    (16. Oktober in Kleve)

1911: 7 Spiele –
2 Siege, 1 Unentschieden, 4 Niederlagen
11. Deutschland – Schweiz 6 : 2
    (26. März in Stuttgart)
12. Deutschland – England 2 : 2
    (14. April in Berlin)
13. Belgien – Deutschland 2 : 1
    (23. April in Lüttich)
14. Schweden – Deutschland 2 : 4
    (18. Juni in Stockholm)
15. Deutschland – Österreich 1 : 2
    (9. Oktober in Dresden)
16. Deutschland – Schweden 1 : 3
    (29. Oktober in Hamburg)
17. Deutschland – Ungarn 1 : 4
    (17. Dezember in München)

1912: 8 Spiele –
2 Siege, 2 Unentschieden, 4 Niederlagen
18. Holland – Deutschland 5 : 5
    (24. März in Zwolle)
19. Ungarn – Deutschland 4 : 4
    (14. April in Budapest)
20. Schweiz – Deutschland 1 : 2
    (5. Mai in St. Gallen)
21. Österreich – Deutschland 5 : 1
    (29. Juni in Stockholm)[2]
22. Rußland – Deutschland 0 : 16
    (1. Juli in Stockholm)[2]
23. Ungarn – Deutschland 3 : 1
    (3. Juli in Stockholm)[2]
24. Dänemark – Deutschland 3 : 1
    (6. Oktober in Kopenhagen)
25. Deutschland – Holland 2 : 3
    (17. November in Leipzig)

1913: 4 Spiele –
4 Niederlagen
26. Deutschland – England 0 : 3
    (21. März in Berlin)
27. Deutschland – Schweiz 1 : 2
    (18. Mai in Freiburg)
28. Deutschland – Dänemark 1 : 4
    (26. Oktober in Hamburg)
29. Belgien – Deutschland 6 : 2
    (23. November in Antwerpen)

1914: 1 Spiel –
1 Unentschieden
30. Holland – Deutschland 4 : 4
    (5. April in Amsterdam)

1920: 3 Spiele –
1 Sieg, 2 Niederlagen
31. Schweiz – Deutschland 4 : 1
    (27. Juni in Zürich)
32. Österreich – Deutschland 3 : 2
    (26. September in Wien)
33. Deutschland – Ungarn 1 : 0
    (24. Oktober in Berlin)

1921: 3 Spiele –
2 Unentschieden, 1 Niederlage
34. Deutschland – Österreich 3 : 3
    (5. Mai in Dresden)
35. Ungarn – Deutschland 3 : 0
    (5. Juni in Budapest)
36. Finnland – Deutschland 3 : 3
    (18. September in Helsinki)

1922: 3 Spiele –
1 Sieg, 2 Unentschieden
37. Deutschland – Schweiz 2 : 2
   (26. März in Frankfurt/Main)
38. Österreich – Deutschland 0 : 2
   (23. April in Wien)
39. Deutschland – Ungarn 0 : 0
   (2. Juli in Bochum)

1923: 6 Spiele –
2 Siege, 1 Unentschieden, 3 Niederlagen
40. Italien – Deutschland 3 : 1
   (1. Januar in Mailand)
41. Deutschland – Holland 0 : 0
   (10. Mai in Hamburg)
42. Schweiz – Deutschland 1 : 2
   (3. Juni in Basel)
43. Schweden – Deutschland 2 : 1
   (29. Juni in Stockholm)
44. Deutschland – Finnland 1 : 2
   (12. August in Dresden)
45. Deutschland – Norwegen 1 : 0
   (4. November in Hamburg)

1924: 7 Spiele –
3 Siege, 1 Unentschieden, 3 Niederlagen
46. Deutschland – Österreich 4 : 3
   (13. Januar in Nürnberg)
47. Holland – Deutschland 0 : 1
   (21. April in Amsterdam)
48. Norwegen – Deutschland 0 : 2
   (15. Juni in Oslo)
49. Deutschland – Schweden 1 : 4
   (31. August in Berlin)
50. Ungarn – Deutschland 4 : 1
   (21. September in Budapest)
51. Deutschland – Italien 0 : 1
   (23. November in Duisburg)
52. Deutschland – Schweiz 1 : 1
   (14. Dezember in Stuttgart)

1925: 4 Spiele –
2 Siege, 2 Niederlagen
53. Holland – Deutschland 2 : 1
   (29. März in Amsterdam)
54. Schweden – Deutschland 1 : 0
   (21. Juni in Stockholm)
55. Finnland – Deutschland 3 : 5
   (26. Juni in Helsinki)
56. Schweiz – Deutschland 0 : 4
   (25. Oktober in Basel)

1926: 4 Spiele –
2 Siege, 1 Unentschieden, 1 Niederlage
57. Deutschland – Holland 4 : 2
   (18. April in Düsseldorf)

58. Deutschland – Schweden 3 : 3
   (20. Juni in Nürnberg)
59. Holland – Deutschland 2 : 3
   (31. Oktober in Amsterdam)
60. Deutschland – Schweiz 2 : 3
   (12. Dezember in München)

1927: 3 Spiele –
1 Sieg, 1 Unentschieden, 1 Niederlage
61. Dänemark – Deutschland 3 : 1
   (2. Oktober in Kopenhagen)
62. Deutschland – Norwegen 6 : 2
   (23. Oktober in Hamburg-Altona)
63. Deutschland – Holland 2 : 2
   (20. November in Köln)

1928: 6 Spiele –
4 Siege, 2 Niederlagen
64. Schweiz – Deutschland 2 : 3
   (15. April in Bern)
65. Schweiz – Deutschland 0 : 4
   (28. Mai in Amsterdam)[2]
66. Uruguay – Deutschland 4 : 1
   (3. Juni in Amsterdam)[2]
67. Deutschland – Dänemark 2 : 1
   (16. September in Nürnberg)
68. Norwegen – Deutschland 0 : 2
   (23. September in Oslo)
69. Schweden – Deutschland 2 : 0
   (30. September in Stockholm)

1929: 5 Spiele –
4 Siege, 1 Unentschieden
70. Deutschland – Schweiz 7 : 1
   (10. Februar in Mannheim)
71. Italien – Deutschland 1 : 2
   (28. April in Turin)
72. Deutschland – Schottland 1 : 1
   (1. Juni in Berlin)
73. Deutschland – Schweden 3 : 0
   (23. Juni in Köln)
74. Deutschland – Finnland 4 : 0
   (20. Oktober in Hamburg-Altona)

1930: 6 Spiele –
2 Siege, 2 Unentschieden, 2 Niederlagen
75. Deutschland – Italien 0 : 2
   (2. März in Frankfurt/Main)
76. Schweiz – Deutschland 0 : 5
   (4. Mai in Zürich)
77. Deutschland – England 3 : 3
   (10. Mai in Berlin)
78. Dänemark – Deutschland 6 : 3
   (7. September in Kopenhagen)
79. Deutschland – Ungarn 5 : 3
   (28. September in Dresden)

80. Deutschland – Norwegen 1 : 1
    (2. November in Breslau)

1931: 7 Spiele –
1 Sieg, 3 Unentschieden, 3 Niederlagen
81. Frankreich – Deutschland 1 : 0
    (15. März in Paris)
82. Holland – Deutschland 1 : 1
    (26. April in Amsterdam)
83. Deutschland – Österreich 0 : 6
    (24. Mai in Berlin)
84. Schweden – Deutschland 0 : 0
    (17. Juni in Stockholm)
85. Norwegen – Deutschland 2 : 2
    (21. Juni in Oslo)
86. Österreich – Deutschland 5 : 0
    (13. September in Wien)
87. Deutschland – Dänemark 4 : 2
    (27. September in Hannover)

1932: 5 Spiele –
3 Siege, 2 Niederlagen
88. Deutschland – Schweiz 2 : 0
    (6. März in Leipzig)
89. Finnland – Deutschland 1 : 4
    (1. Juli in Helsinki)
90. Deutschland – Schweden 4 : 3
    (25. September in Nürnberg)
91. Ungarn – Deutschland 2 : 1
    (30. Oktober in Budapest)
92. Deutschland – Holland 0 : 2
    (4. Dezember in Düsseldorf)

1933: 6 Spiele –
3 Siege, 2 Unentschieden, 1 Niederlage
93. Italien – Deutschland 3 : 1
    (1. Januar in Bologna)
94. Deutschland – Frankreich 3 : 3
    (19. März in Berlin)
95. Deutschland – Belgien 8 : 1
    (22. Oktober in Duisburg)
96. Deutschland – Norwegen 2 : 2
    (5. November in Magdeburg)
97. Schweiz – Deutschland 0 : 2
    (19. November in Zürich)
98. Deutschland – Polen 1 : 0
    (3. Dezember in Berlin)

1934: 8 Spiele –
7 Siege, 1 Niederlage
99. Deutschland – Ungarn 3 : 1
     (14. Januar in Frankfurt/Main)
100. Luxemburg – Deutschland 1 : 9
     (11. März in Luxemburg)[3]
101. Belgien – Deutschland 2 : 5
     (27. Mai in Florenz)[4]

102. Schweden – Deutschland 1 : 2
     (31. Mai in Mailand)[4]
103. Tschechoslowakei – Deutschland 3 : 1
     (3. Juni in Rom)[4]
104. Österreich – Deutschland 2 : 3
     (7. Juni in Neapel)[4]
105. Polen – Deutschland 2 : 5
     (9. September in Warschau)
106. Dänemark – Deutschland 2 : 5
     (7. Oktober in Kopenhagen)

1935: 17 Spiele –
13 Siege, 1 Unentschieden, 3 Niederlagen
107. Deutschland – Schweiz 4 : 0
     (27. Januar in Stuttgart)
108. Holland – Deutschland 2 : 3
     (17. Februar in Amsterdam)
109. Frankreich – Deutschland 1 : 3
     (17. März in Paris)
110. Belgien – Deutschland 1 : 6
     (28. April in Brüssel)
111. Deutschland – Irland 3 : 1
     (8. Mai in Dortmund)
112. Deutschland – Spanien 1 : 2
     (12. Mai in Köln)
113. Deutschland – Tschechoslowakei 2 : 1
     (26. Mai in Dresden)
114. Norwegen – Deutschland 1 : 1
     (27. Juni in Oslo)
115. Schweden – Deutschland 3 : 1
     (30. Juni in Stockholm)
116. Deutschland – Finnland 6 : 0
     (18. August in München)[1]
117. Luxemburg – Deutschland 0 : 1
     (18. August in Luxemburg)[1]
118. Deutschland – Rumänien 4 : 2
     (25. August in Erfurt)
119. Polen – Deutschland 0 : 1
     (15. September in Warschau)
120. Deutschland – Estland 5 : 0
     (15. September in Stettin)
121. Deutschland – Lettland 3 : 0
     (13. Oktober in Königsberg)
122. Deutschland – Bulgarien 4 : 2
     (20. Oktober in Leipzig)
123. England – Deutschland 3 : 0
     (4. Dezember in London)

1936: 11 Spiele –
5 Siege, 2 Unentschieden, 4 Niederlagen
124. Spanien – Deutschland 1 : 2
     (23. Februar in Barcelona)
125. Portugal – Deutschland 1 : 3
     (27. Februar in Lissabon)
126. Ungarn – Deutschland 3 : 2
     (15. März in Budapest)

127. Deutschland – Luxemburg 9 : 0
     (4. August in Berlin)[2]
128. Deutschland – Norwegen 0 : 2
     (7. August in Berlin)[2]
129. Polen – Deutschland 1 : 1
     (13. September in Warschau)
130. Tschechoslowakei – Deutschland 1 : 2
     (27. September in Prag)[1]
131. Deutschland – Luxemburg 7 : 2
     (27. September in Krefeld)[1]
132. Schottland – Deutschland 2 : 0
     (14. Oktober in Glasgow)
133. Irland – Deutschland 5 : 2
     (17. Oktober in Dublin)
134. Deutschland – Italien 2 : 2
     (15. November in Berlin)

1937: 11 Spiele –
10 Siege, 1 Unentschieden
135. Deutschland – Holland 2 : 2
     (31. Januar in Düsseldorf)
136. Deutschland – Frankreich 4 : 0
     (21. März in Stuttgart)[1]
137. Luxemburg – Deutschland 2 : 3
     (21. März in Luxemburg)[1]
138. Deutschland – Belgien 1 : 0
     (25. April in Hannover)
139. Schweiz – Deutschland 0 : 1
     (2. Mai in Zürich)
140. Deutschland – Dänemark 8 : 0
     (16. Mai in Breslau)
141. Lettland – Deutschland 1 : 3
     (25. Juni in Riga)
142. Finnland – Deutschland 0 : 2
     (29. Juni in Helsinki)[3]
143. Deutschland – Estland 4 : 1
     (29. August in Königsberg)[3]
144. Deutschland – Norwegen 3 : 0
     (24. Oktober in Berlin)
145. Deutschland – Schweden 5 : 0
     (21. November in Hamburg)[3]

1938: 9 Spiele –
3 Siege, 4 Unentschieden, 2 Niederlagen
146. Deutschland – Schweiz 1 : 1
     (6. Februar in Köln)
147. Deutschland – Ungarn 1 : 1
     (20. März in Nürnberg)[1]
148. Deutschland – Luxemburg 2 : 1
     (20. März in Wuppertal)[1]
149. Deutschland – Portugal 1 : 1
     (24. April in Frankfurt/Main)
150. Deutschland – England 3 : 6
     (14. Mai in Berlin)
151. Schweiz – Deutschland 1 : 1 n. V.
     (4. Juni in Paris)[4]

152. Schweiz – Deutschland 4 : 2
     (9. Juni in Paris)[4]
153. Deutschland – Polen 4 : 1
     (18. September in Chemnitz)
154. Rumänien – Deutschland 1 : 4
     (25. September in Bukarest)

1939: 15 Spiele –
9 Siege, 2 Unentschieden, 4 Niederlagen
155. Belgien – Deutschland 1 : 4
     (25. Januar in Brüssel)
156. Deutschland – Jugoslawien 3 : 2
     (26. Februar in Berlin)
157. Italien – Deutschland 3 : 2
     (26. März in Florenz)[1]
158. Luxemburg – Deutschland 2 : 1
     (26. März in Differdingen)[1]
159. Deutschland – Irland 1 : 1
     (23. Mai in Bremen)
160. Norwegen – Deutschland 0 : 4
     (22. Juni in Oslo)
161. Dänemark – Deutschland 0 : 2
     (25. Juni in Kopenhagen)
162. Estland – Deutschland 0 : 2
     (29. Juni in Tallinn)
163. Slowakei – Deutschland 2 : 0
     (27. August in Preßburg)
164. Ungarn – Deutschland 5 : 1
     (24. September in Budapest)
165. Jugoslawien – Deutschland 1 : 5
     (15. Oktober in Zagreb)
166. Bulgarien – Deutschland 1 : 2
     (22. Oktober in Sofia)
167. Deutschland – Böhmen-Mähren 4 : 4
     (12. November in Breslau)
168. Deutschland – Italien 5 : 2
     (26. November in Berlin)
169. Deutschland – Slowakei 3 : 1
     (3. Dezember in Chemnitz)

1940: 10 Spiele –
5 Siege, 2 Unentschieden, 3 Niederlagen
170. Deutschland – Ungarn 2 : 2
     (7. April in Berlin)
171. Deutschland – Jugoslawien 1 : 2
     (14. April in Wien)
172. Italien – Deutschland 3 : 2
     (5. Mai in Mailand)
173. Deutschland – Rumänien 9 : 3
     (14. Juli in Frankfurt/Main)
174. Deutschland – Finnland 13 : 0
     (1. September in Leipzig)
175. Slowakei – Deutschland 0 : 1
     (15. September in Preßburg)
176. Ungarn – Deutschland 2 : 2
     (6. Oktober in Budapest)

177. Deutschland – Bulgarien 7 : 3
     (20. Oktober in München)
178. Jugoslawien – Deutschland 2 : 0
     (3. November in Zagreb)
179. Deutschland – Dänemark 1 : 0
     (17. November in Hamburg)

1941: 9 Spiele –
6 Siege, 1 Unentschieden, 2 Niederlagen
180. Deutschland – Schweiz 4 : 2
     (9. März in Stuttgart)
181. Deutschland – Ungarn 7 : 0
     (6. April in Köln)
182. Schweiz – Deutschland 2 : 1
     (20. April in Bern)
183. Rumänien – Deutschland 1 : 4
     (1. Juni in Bukarest)
184. Deutschland – Kroatien 5 : 1
     (15. Juni in Wien)
185. Schweden – Deutschland 4 : 2
     (5. Oktober in Stockholm)[1]
186. Finnland – Deutschland 0 : 6
     (5. Oktober in Helsinki)[1]
187. Deutschland – Dänemark 1 : 1
     (16. November in Dresden)
188. Deutschland – Slowakei 4 : 0
     (7. Dezember in Breslau)

1942: 10 Spiele –
7 Siege, 1 Unentschieden, 2 Niederlagen
189. Kroatien – Deutschland 0 : 2
     (18. Januar in Agram)
190. Deutschland – Schweiz 1 : 2
     (1. Februar in Wien)
191. Deutschland – Spanien 1 : 1
     (12. April in Berlin)
192. Ungarn – Deutschland 3 : 5
     (3. Mai in Budapest)
193. Bulgarien – Deutschland 0 : 3
     (19. Juli in Sofia)
194. Deutschland – Rumänien 7 : 0
     (16. August in Beuthen)
195. Deutschland – Schweden 2 : 3
     (20. September in Berlin)
196. Schweiz – Deutschland 3 : 5
     (18. Oktober in Bern)
197. Deutschland – Kroatien 5 : 1
     (1. November in Stuttgart)
198. Slowakei – Deutschland 2 : 5
     (22. November in Preßburg)

1950: 1 Spiel – 1 Sieg
199. Deutschland – Schweiz 1 : 0
     (22. November in Stuttgart)

1951: 6 Spiele –
4 Siege, 2 Niederlagen
200. Schweiz – Deutschland 2 : 3
     (15. April in Zürich)
201. Deutschland – Türkei 1 : 2
     (17. Juni in Berlin)
202. Österreich – Deutschland 0 : 2
     (23. September in Wien)
203. Irland – Deutschland 3 : 2
     (17. Oktober in Dublin)
204. Türkei – Deutschland 0 : 2
     (21. November in Istanbul)
205. Deutschland – Luxemburg 4 : 1
     (23. Dezember in Essen)

1952: 6 Spiele –
4 Siege, 1 Unentschieden, 1 Niederlage
206. Luxemburg – Deutschland 0 : 3
     (20. April in Luxemburg)
207. Deutschland – Irland 3 : 0
     (4. Mai in Köln)
208. Frankreich – Deutschland 3 : 1
     (5. Oktober in Paris)
209. Deutschland – Schweiz 5 : 1
     (9. November in Augsburg)
210. Deutschland – Jugoslawien 3 : 2
     (21. Dezember in Ludwigshafen)
211. Spanien – Deutschland 2 : 2
     (28. Dezember in Madrid)

1953: 4 Spiele –
2 Siege, 2 Unentschieden
212. Deutschland – Österreich 0 : 0
     (22. März in Köln)
213. Norwegen – Deutschland 1 : 1
     (19. August in Oslo)[3]
214. Deutschland – Saarland 3 : 0
     (11. Oktober in Stuttgart)[3]
215. Deutschland – Norwegen 5 : 1
     (22. November in Hamburg)[3]

1954: 12 Spiele – 8 Siege, 4 Niederlagen
216. Saarland – Deutschland 1 : 3
     (28. März in Saarbrücken)[3]
217. Schweiz – Deutschland 3 : 5
     (25. April in Basel)
218. Türkei – Deutschland 1 : 4
     (17. Juni in Bern)[4]
219. Ungarn – Deutschland 8 : 3
     (20. Juni in Basel)[4]
220. Türkei – Deutschland 2 : 7
     (23. Juni in Zürich)[4]
221. Jugoslawien – Deutschland 0 : 2
     (27. Juni in Genf)[4]
222. Österreich – Deutschland 1 : 6
     (30. Juni in Basel)[4]

223. Ungarn – Deutschland 2 : 3
     (4. Juli in Bern)[4]
224. Belgien – Deutschland 2 : 0
     (26. September in Brüssel)
225. Deutschland – Frankreich 1 : 3
     (16. Oktober in Hannover)
226. England – Deutschland 3 : 1
     (1. Dezember in London)
227. Portugal – Deutschland 0 : 3
     (19. Dezember in Lissabon)

1955: 6 Spiele –
2 Siege, 4 Niederlagen
228. Deutschland – Italien 1 : 2
     (30. März in Stuttgart)
229. Deutschland – Irland 2 : 1
     (28. Mai in Hamburg)
230. Sowjetunion – Deutschland 3 : 2
     (21. August in Moskau)
231. Jugoslawien – Deutschland 3 : 1
     (25. September in Belgrad)
232. Deutschland – Norwegen 2 : 0
     (16. November in Karlsruhe)
233. Italien – Deutschland 2 : 1
     (18. Dezember in Rom)

1956: 8 Spiele –
2 Siege, 1 Unentschieden, 5 Niederlagen
234. Deutschland – Holland 1 : 2
     (14. März in Düsseldorf)
235. Deutschland – England 1 : 3
     (26. Mai in Berlin)
236. Norwegen – Deutschland 1 : 3
     (13. Juni in Oslo)
237. Schweden – Deutschland 2 : 2
     (30. Juni in Stockholm)
238. Deutschland – Sowjetunion 1 : 2
     (15. September in Hannover)
239. Deutschland – Schweiz 1 : 3
     (21. November in Frankfurt/Main)
240. Irland – Deutschland 3 : 0
     (25. November in Dublin)
241. Deutschland – Belgien 4 : 1
     (23. Dezember in Köln)

1957: 5 Spiele –
4 Siege, 1 Niederlage
242. Österreich – Deutschland 2 : 3
     (10. März in Wien)
243. Holland – Deutschland 1 : 2
     (3. April in Amsterdam)
244. Deutschland – Schottland 1 : 3
     (22. Mai in Stuttgart)
245. Deutschland – Schweden 1 : 0
     (20. November in Hamburg)
246. Deutschland – Ungarn 1 : 0
     (22. Dezember in Hannover)

1958: 14 Spiele –
5 Siege, 5 Unentschieden, 4 Niederlagen
247. Belgien – Deutschland 0 : 2
     (2. März in Brüssel)
248. Deutschland – Spanien 2 : 0
     (19. März in Frankfurt/Main)
249. Tschechoslowakei – Deutschland 3 : 2
     (2. April in Prag)
250. Argentinien – Deutschland 1 : 3
     (8. Juni in Malmö)[4]
251. Tschechoslowakei – Deutschland 2 : 2
     (11. Juni in Hälsingborg[4]
252. Nordirland – Deutschland 2 : 2
     (15. Juni in Malmö)[4]
253. Jugoslawien – Deutschland 0 : 1
     (19. Juni in Malmö)[4]
254. Schweden – Deutschland 3 : 1
     (24. Juni in Göteborg)[4]
255. Frankreich – Deutschland 6 : 3
     (28. Juni in Göteborg)[4]
256. Dänemark – Deutschland 1 : 1
     (24. September in Kopenhagen)
257. Frankreich – Deutschland 2 : 2
     (26. Oktober in Paris)
258. Deutschland – Österreich 2 : 2
     (19. November in Berlin)
259. Deutschland – Bulgarien 3 : 0
     (21. Dezember in Augsburg)
260. Ägypten – Deutschland 2 : 1
     (28. Dezember in Kairo)

1959: 6 Spiele –
2 Siege, 2 Unentschieden, 2 Niederlagen
261. Schottland – Deutschland 3 : 2
     (6. Mai in Glasgow)
262. Deutschland – Polen 1 : 1
     (20. Mai in Hamburg)
263. Schweiz – Deutschland 0 : 4
     (4. Oktober in Bern)
264. Deutschland – Holland 7 : 0
     (21. Oktober in Köln)
265. Ungarn – Deutschland 4 : 3
     (8. November in Budapest)
266. Deutschland – Jugoslawien 1 : 1
     (20. Dezember in Hannover)

1960: 7 Spiele –
5 Siege, 2 Niederlagen
267. Deutschland – Chile 2 : 1
     (23. März in Stuttgart)
268. Deutschland – Portugal 2 : 1
     (27. April in Ludwigshafen)
269. Deutschland – Irland 0 : 1
     (11. Mai in Düsseldorf)
270. Island – Deutschland 0 : 5
     (3. August in Reykjavik)

271. Nordirland – Deutschland 3 : 4
   (26. Oktober in Belfast)[3]
272. Griechenland – Deutschland 0 : 3
   (20. November in Athen)[3]
273. Bulgarien – Deutschland 2 : 1
   (23. November in Sofia)

1961: 6 Spiele –
5 Siege, 1 Niederlage
274. Deutschland – Belgien 1 : 0
   (8. März in Frankfurt/Main)
275. Chile – Deutschland 3 : 1
   (26. März in Santiago de Chile)
276. Deutschland – Nordirland 2 : 1
   (10. Mai in Berlin)[3]
277. Deutschland – Dänemark 5 : 1
   (20. September in Düsseldorf)
278. Polen – Deutschland 0 : 2
   (8. Oktober in Warschau)
279. Deutschland – Griechenland 2 : 1
   (22. Oktober in Augsburg)[3]

1962: 8 Spiele –
5 Siege, 2 Unentschieden, 1 Niederlage
280. Deutschland – Uruguay 3 : 0
   (11. April in Hamburg)
281. Deutschland – Italien 0 : 0
   (31. Mai in Santiago de Chile)[4]
282. Schweiz – Deutschland 1 : 2
   (3. Juni in Santiago de Chile)[4]
283. Chile – Deutschland 0 : 2
   (6. Juni in Santiago de Chile)[4]
284. Jugoslawien – Deutschland 1 : 0
   (10. Juni in Santiago de Chile[4]
285. Jugoslawien – Deutschland 2 : 3
   (30. September in Zagreb)
286. Deutschland – Frankreich 2 : 2
   (24. Oktober in Stuttgart)
287. Deutschland – Schweiz 5 : 1
   (23. Dezember in Karlsruhe)

1963: 4 Spiele –
2 Siege, 2 Niederlagen
288. Deutschland – Brasilien 1 : 2
   (5. Mai in Hamburg)
289. Deutschland – Türkei 3 : 0
   (28. September in Frankfurt/Main)
290. Schweden – Deutschland 2 : 1
   (3. November in Stockholm)
291. Marokko – Deutschland 1 : 4
   (29. Dezember in Casablanca)

1964: 5 Spiele –
1 Sieg, 2 Unentschieden, 2 Niederlagen
292. Algerien – Deutschland 2 : 0
   (1. Januar in Algier)

293. Deutschland – Tschechoslowakei 3 : 4
   (29. April in Ludwigshafen)
294. Deutschland – Schottland 2 : 2
   (12. Mai in Hannover)
295. Finnland – Deutschland 1 : 4
   (7. Juni 1964 in Helsinki)
296. Deutschland – Schweden 1 : 1
   (4. November 1964 in Berlin)[3]

1965: 8 Spiele –
5 Siege, 1 Unentschieden, 2 Niederlagen
297. Deutschland – Italien 1 : 1
   (13. März in Hamburg)
298. Deutschland – Zypern 5 : 0
   (24. April in Karlsruhe)[3]
299. Deutschland – England 0 : 1
   (12. Mai in Nürnberg)
300. Schweiz – Deutschland 0 : 1
   (26. Mai in Basel)
301. Brasilien – Deutschland 2 : 0
   (6. Juni in Rio de Janeiro)
302. Schweden – Deutschland 1 : 2
   (26. September in Stockholm[3]
303. Deutschland – Österreich 4 : 1
   (9. Oktober in Stuttgart)
304. Zypern – Deutschland 0 : 6
   (14. November in Nikosia)[3]

1966: 14 Spiele –
11 Siege, 1 Unentschieden, 2 Niederlagen
305. England – Deutschland 1 : 0
   (23. Februar in London)
306. Holland – Deutschland 2 : 4
   (23. März in Rotterdam)
307. Irland – Deutschland 0 : 4
   (4. Mai in Dublin)
308. Nordirland – Deutschland 0 : 2
   (7. Mai in Belfast)
309. Deutschland – Rumänien 1 : 0
   (1. Juni in Ludwigshafen)
310. Deutschland – Jugoslawien 2 : 0
   (23. Juni in Hannover)
311. Schweiz – Deutschland 0 : 5
   (12. Juli in Sheffield)[4]
312. Argentinien – Deutschland 0 : 0
   (16. Juli in Birmingham)[4]
313. Spanien – Deutschland 1 : 2
   (20. Juli in Birmingham)[4]
314. Uruguay – Deutschland 0 : 4
   (23. Juli in Sheffield)[4]
315. Sowjetunion – Deutschland 1 : 2
   (25. Juli in Liverpool)[4]
316. England – Deutschland 4 : 2 n. V.
   (30. Juli in London)[4]
317. Türkei – Deutschland 0 : 2
   (12. Oktober in Ankara)

318. Deutschland – Norwegen 3 : 0
    (19. November in Köln)

1967: 8 Spiele –
5 Siege, 1 Unentschieden, 2 Niederlagen

319. Deutschland – Marokko 5 : 1
    (22. Februar in Karlsruhe)
320. Deutschland – Bulgarien 1 : 0
    (22. März in Hannover)
321. Deutschland – Albanien 6 : 0
    (8. April in Dortmund)[5]
322. Jugoslawien – Deutschland 1 : 0
    (3. Mai in Belgrad)[5]
323. Deutschland – Frankreich 5 : 1
    (27. September in Berlin)
324. Deutschland – Jugoslawien 3 : 1
    (7. Oktober in Hamburg)[5]
325. Rumänien – Deutschland 1 : 0
    (22. November in Bukarest)
326. Albanien – Deutschland 0 : 0
    (17. Dezember in Tirana)[5]

1968: 11 Spiele –
5 Siege, 5 Unentschieden, 1 Niederlage

327. Belgien – Deutschland 1 : 3
    (6. März in Brüssel)
328. Schweiz – Deutschland 0 : 0
    (17. April in Basel)
329. Wales – Deutschland 1 : 1
    (8. Mai in Cardiff)
330. Deutschland – England 1 : 0
    (1. Juni in Hannover)
331. Deutschland – Brasilien 2 : 1
    (16. Juni in Stuttgart)
332. Frankreich – Deutschland 1 : 1
    (25. September in Marseille)
333. Österreich – Deutschland 0 : 2
    (13. Oktober in Wien)[3]
334. Zypern – Deutschland 0 : 1
    (23. November in Nikosia)[3]
335. Brasilien – Deutschland 2 : 2
    (14. Dezember in Rio de Janeiro)
336. Chile – Deutschland 2 : 1
    (18. Dezember in Santiago de Chile)
337. Mexiko – Deutschland 0 : 0
    (22. Dezember 1968 in Mexico City)

1969: 7 Spiele –
4 Siege, 3 Unentschieden

338. Deutschland – Wales 1 : 1
    (26. März in Frankfurt/Main)
339. Schottland – Deutschland 1 : 1
    (16. April in Glasgow)[3]
340. Deutschland – Österreich 1 : 0
    (10. Mai in Nürnberg)[3]
341. Deutschland – Zypern 12 : 0
    (21. Mai in Essen)[3]

342. Österreich – Deutschland 1 : 1
    (21. September in Wien)
343. Bulgarien – Deutschland 0 : 1
    (24. September in Sofia)
344. Deutschland – Schottland 3 : 2
    (22. Oktober in Hamburg)[3]

1970: 14 Spiele –
9 Siege, 2 Unentschieden, 3 Niederlagen

345. Spanien – Deutschland 2 : 0
    (11. Februar in Sevilla)
346. Deutschland – Rumänien 1 : 1
    (8. April in Stuttgart)
347. Deutschland – Irland 2 : 1
    (9. Mai in Berlin)
348. Deutschland – Jugoslawien 1 : 0
    (13. Mai in Hannover)
349. Marokko – Deutschland 1 : 2
    (3. Juni in Leon)[4]
350. Bulgarien – Deutschland 2 : 5
    (7. Juni in Leon)[4]
351. Peru – Deutschland 1 : 3
    (10. Juni in Leon)[4]
352. England – Deutschland 2 : 3 n. V.
    (14. Juni in Leon)[4]
353. Italien – Deutschland 4 : 3 n. V.
    (17. Juni in Mexiko City) [4]
354. Uruguay – Deutschland 0 : 1
    (20. Juni in Mexiko City)[4]
355. Deutschland – Ungarn 3 : 1
    (9. September in Nürnberg)
356. Deutschland – Türkei 1 : 1
    (17. Oktober in Köln)[5]
357. Jugoslawien – Deutschland 2 : 0
    (18. November in Zagreb)
358. Griechenland – Deutschland 1 : 3
    (22. November in Athen)

1971: 9 Spiele –
7 Siege, 1 Unentschieden, 1 Niederlage

359. Albanien – Deutschland 0 : 1
    (17. Februar in Tirana)[5]
360. Türkei – Deutschland 0 : 3
    (25. April in Istanbul)[5]
361. Deutschland – Albanien 2 : 0
    (12. Juni in Karlsruhe)
362. Norwegen – Deutschland 1 : 7
    (22. Juni in Oslo)
363. Schweden – Deutschland 1 : 0
    (27. Juni in Göteborg)
364. Dänemark – Deutschland 1 : 3
    (30. Juni in Kopenhagen)
365. Deutschland – Mexiko 5 : 0
    (8. September in Hannover)
366. Polen – Deutschland 1 : 3
    (10. Oktober in Warschau)[5]

367. Deutschland – Polen 0 : 0
(17. November in Hamburg)[5]

1972: 7 Spiele –
6 Siege, 1 Unentschieden
368. Ungarn – Deutschland 0 : 2
(29. März in Budapest)
369. England – Deutschland 1 : 3
(29. April in London)[6]
370. Deutschland – England 0 : 0
(13. Mai in Berlin)[5]
371. Deutschland – Sowjetunion 4 : 1
(26. Mai in München)
372. Belgien – Deutschland 1 : 2
(14. Juni in Antwerpen)[6]
373. Sowjetunion – Deutschland 0 : 3
(18. Juni in Brüssel)[6]
374. Deutschland – Schweiz 5 : 1
(15. November in Düsseldorf)

1973: 10 Spiele –
6 Siege, 1 Unentschieden, 3 Niederlagen
375. Deutschland – Argentinien 2 : 3
(14. Februar in München)
376. Deutschland – Tschechoslowakei 3 : 0
(28. März in Düsseldorf)
377. Deutschland – Jugoslawien 0 : 1
(9. Mai in München)
378. Deutschland – Bulgarien 3 : 0
(12. Mai in Hamburg)
379. Deutschland – Brasilien 0 : 1
(18. Juni in Berlin)
380. Sowjetunion – Deutschland 0 : 1
(5. September in Moskau)
381. Deutschland – Österreich 4 : 0
(10. Oktober in Hannover)
382. Deutschland – Frankreich 2 : 1
(13. Oktober in Gelsenkirchen)
383. Schottland – Deutschland 1 : 1
(14. November in Glasgow)
384. Deutschland – Spanien 2 : 1
(24. November in Stuttgart)

1974: 15 Spiele –
11 Siege, 2 Unentschieden, 2 Niederlagen
385. Spanien – Deutschland 1 : 0
(23. Februar in Barcelona)
386. Italien – Deutschland 0 : 0
(26. Februar in Rom)
387. Deutschland – Schottland 2 : 1
(27. März in Frankfurt/Main)
388. Deutschland – Ungarn 5 : 0
(17. April in Dortmund)
389. Deutschland – Schweden 2 : 0
(1. Mai in Hamburg)
390. Deutschland – Chile 1 : 0
(14. Juni in Berlin)[4]

391. Deutschland – Australien 3 : 0
(18. Juni in Hamburg)[4]
392. Deutschland – DDR 0 : 1
(22. Juni in Hamburg)[4]
393. Deutschland – Jugoslawien 2 : 0
(26. Juni in Düsseldorf)[4]
394. Deutschland – Schweden 4 : 2
(30. Juni in Düsseldorf)[4]
395. Deutschland – Polen 1 : 0
(3. Juli in Frankfurt/Main)[4]
396. Deutschland – Holland 2 : 1
(7. Juli in München)[4]
397. Schweiz – Deutschland 1 : 2
(4. September in Basel)
398. Griechenland – Deutschland 2 : 2
(20. November in Piräus)[5]
399. Malta – Deutschland 0 : 1
(22. Dezember in La Valetta)[5]

1975: 7 Spiele –
3 Siege, 3 Unentschieden, 1 Niederlage
400. England – Deutschland 2 : 0
(12. März in London)
401. Bulgarien – Deutschland 1 : 1
(27. April in Sofia)[5]
402. Deutschland – Holland 1 : 1
(17. Mai in Frankfurt/Main)
403. Österreich – Deutschland 0 : 2
(3. September in Wien)
404. Deutschland – Griechenland 1 : 1
(11. Oktober in Düsseldorf)[5]
405. Deutschland – Bulgarien 1 : 0
(19. November in Stuttgart)[5]
406. Türkei – Deutschland 0 : 5
(20. Dezember in Istanbul)

1976: 7 Spiele –
5 Siege, 1 Unentschieden, 1 Niederlage
407. Deutschland – Malta 8 : 0
(28. Februar in Dortmund)[5]
408. Spanien – Deutschland 1 : 1
(24. April in Madrid)[6]
409. Deutschland – Spanien 2 : 0
(22. Mai in München)[6]
410. Jugoslawien – Deutschland 2 : 4 n. V.
(17. Juni in Belgrad)[6]
411. Tschechoslowakei – Deutschland 2 : 2
nach Verlängerung –
5 : 3 nach Elfmeterschießen
(20. Juni in Belgrad)[6]
412. Wales – Deutschland 0 : 2
(6. Oktober in Cardiff)
413. Deutschland – Tschechoslowakei 2 : 0
(17. November in Hannover)

1977: 11 Spiele –
7 Siege, 3 Unentschieden, 1 Niederlage

414. Frankreich – Deutschland 1 : 0
     (23. Februar in Paris)
415. Deutschland – Nordirland 5 : 0
     (27. April in Köln)
416. Jugoslawien – Deutschland 1 : 2
     (30. April in Belgrad)
417. Argentinien – Deutschland 1 : 3
     (5. Juni in Buenos Aires)
418. Uruguay – Deutschland 0 : 2
     (8. Juni in Montevideo)
419. Brasilien – Deutschland 1 : 1
     (12. Juni in Rio de Janeiro)
420. Mexiko – Deutschland 2 : 2
     (14. Juni in Mexiko City)
421. Finnland – Deutschland 0 : 1
     (7. September in Helsinki)
422. Deutschland – Italien 2 : 1
     (8. Oktober in Berlin)
423. Deutschland – Schweiz 4 : 1
     (16. November in Stuttgart)
424. Deutschland – Wales 1 : 1
     (14. Dezember in Dortmund)

1978: 13 Spiele –
5 Siege, 5 Unentschieden, 3 Niederlagen

425. Deutschland – England 2 : 1
     (22. Februar in München)
426. Deutschland – Sowjetunion 1 : 0
     (8. März in Frankfurt/Main)
427. Deutschland – Brasilien 0 : 1
     (5. April in Hamburg)
428. Schweden – Deutschland 3 : 1
     (19. April in Stockholm)
429. Polen – Deutschland 0 : 0
     (1. Juni in Buenos Aires)[4]
430. Mexiko – Deutschland 0 : 6
     (6. Juni in Cordoba)[4]
431. Tunesien – Deutschland 0 : 0
     (10. Juni in Cordoba)[4]
432. Italien – Deutschland 0 : 0
     (14. Juni in Buenos Aires)[4]
433. Holland – Deutschland 2 : 2
     (18. Juni in Cordoba)[4]
434. Österreich – Deutschland 3 : 2
     (21. Juni in Cordoba)[4]
435. Tschechoslowakei – Deutschland 3 : 4
     (11. Oktober in Prag)
436. Deutschland – Ungarn 0 : 0/
     Abbruch nach 60 Spielminuten wegen
     Nebels
     (15. November in Frankfurt)
437. Deutschland – Holland 3 : 1
     (20. Dezember in Düsseldorf)

1979: 9 Spiele –
7 Siege, 2 Unentschieden

438. Malta – Deutschland 0 : 0
     (25. Februar in La Valetta)[5]
439. Türkei – Deutschland 0 : 0
     (1. April in Izmir)[5]
440. Wales – Deutschland 0 : 2
     (2. Mai in Wrexham)[5]
441. Irland – Deutschland 1 : 3
     (22. Mai in Dublin)
442. Island – Deutschland 1 : 3
     (26. Mai in Reykjavik)
443. Deutschland – Argentinien 2 : 1
     (12. September in Berlin)
444. Deutschland – Wales 5 : 1
     (17. Oktober in Köln)[5]
445. Sowjetunion – Deutschland 1 : 3
     (21. November in Tiflis)
446. Deutschland – Türkei 2 : 0
     (22. Dezember in Gelsenkirchen)[5]

1980: 11 Spiele –
9 Siege, 2 Unentschieden

447. Deutschland – Malta 8 : 0
     (27. Februar in Bremen)[5]
448. Deutschland – Österreich 1 : 0
     (2. April in München)
449. Deutschland – Polen 3 : 1
     (13. Mai in Frankfurt/Main)
450. Tschechoslowakei – Deutschland 0 : 1
     (11. Juni in Rom)[6]
451. Holland – Deutschland 2 : 3
     (14. Juni in Neapel)[6]
452. Griechenland – Deutschland 0 : 0
     (17. Juni in Turin)[6]
453. Belgien – Deutschland 1 : 2
     (22. Juni in Rom)[6]
454. Schweiz – Deutschland 2 : 3
     (10. September in Basel)
455. Holland – Deutschland 1 : 1
     (11. Oktober in Eindhoven)
456. Deutschland – Frankreich 4 : 1
     (19. November in Hannover)
457. Bulgarien – Deutschland 1 : 3
     (3. Dezember in Sofia)

1981: 11 Spiele –
8 Siege, 3 Niederlagen

458. Argentinien – Deutschland 2 : 1
     (1. Januar in Montevideo)
459. Brasilien – Deutschland 4 : 1
     (7. Januar in Montevideo)
460. Albanien – Deutschland 0 : 2
     (1. April in Tirana)[3]
461. Deutschland – Österreich 2 : 0
     (29. April in Hamburg)[3]

462. Deutschland – Brasilien 1 : 2
   (19. Mai in Stuttgart)
463. Finnland – Deutschland 0 : 4
   (24. Mai in Lahti)[3]
464. Polen – Deutschland 0 : 2
   (2. September in Königshütte)
465. Deutschland – Finnland 7 : 1
   (23. September in Bochum)[3]
466. Österreich – Deutschland 1 : 3
   (14. Oktober in Wien)[3]
467. Deutschland – Albanien 8 : 0
   (18. November in Dortmund)[3]
468. Deutschland – Bulgarien 4 : 0
   (22. November in Düsseldorf)[3]

1982: 15 Spiele –
8 Siege, 3 Unentschieden, 4 Niederlagen
469. Deutschland – Portugal 3 : 1
   (17. Februar in Hannover)
470. Brasilien – Deutschland 1 : 0
   (21. März in Rio de Janeiro)
471. Argentinien – Deutschland 1 : 1
   (24. März in Buenos Aires)
472. Deutschland – Tschechoslowakei 2 : 1
   (14. April in Köln)
473. Norwegen – Deutschland 2 : 4
   (12. Mai in Oslo)
474. Algerien – Deutschland 2 : 1
   (16. Juni in Gijon)[4]
475. Chile – Deutschland 1 : 4
   (20. Juni in Gijon)[4]
476. Österreich – Deutschland 0 : 1
   (25. Juni in Gijon)[4]
477. England – Deutschland 0 : 0
   (29. Juni in Madrid)[4]
478. Spanien – Deutschland 1 : 2
   (2. Juli in Madrid)[4]
479. Frankreich – Deutschland 3 : 3
   n. V. – 4 : 5 im Elfmeterschießen
   (8. Juli in Sevilla)[4]
480. Italien – Deutschland 3 : 1
   (11. Juli in Madrid)[5]
481. Deutschland – Belgien 0 : 0
   (22. September in München)
482. England – Deutschland 1 : 2
   (13. Oktober in London)
483. Nordirland – Deutschland 1 : 0
   (17. November in Belfast)[5]

1983: 10 Spiele –
6 Siege, 2 Unentschieden, 2 Niederlagen
484. Portugal – Deutschland 1 : 0
   (23. Februar in Lissabon)
485. Albanien – Deutschland 1 : 2
   (30. März in Tirana)[5]
486. Türkei – Deutschland 0 : 3
   (23. April in Izmir)[5]

487. Österreich – Deutschland 0 : 0
   (27. April in Wien)[5]
488. Jugoslawien – Deutschland
   (7. Juni in Luxemburg)
489. Ungarn – Deutschland 1 : 1
   (7. September in Budapest)
490. Deutschland – Österreich 3 : 0
   (5. Oktober in Gelsenkirchen)[5]
491. Deutschland – Türkei 5 : 1
   (26. Oktober in Berlin)[5]
492. Deutschland – Nordirland 0 : 1
   (16. November in Hamburg)[5]
493. Deutschland – Albanien 2 : 1
   (20. November in Saarbrücken)[5]

1984: 11 Spiele –
7 Siege, 1 Unentschieden, 3 Niederlagen
494. Bulgarien – Deutschland 2 : 3
   (15. Februar in Varna)
495. Belgien – Deutschland 0 : 2
   (29. Februar in Brüssel)
496. Deutschland – UdSSR 2 : 1
   (28. März in Hannover)
497. Frankreich – Deutschland 1 : 0
   (18. April in Straßburg)
498. Italien – Deutschland 0 : 1
   (22. Mai in Zürich)
499. Portugal – Deutschland 0 : 0
   (14. Juni in Straßburg)[6]
500. Rumänien – Deutschland 1 : 2
   (17. Juni in Lens)[6]
501. Spanien – Deutschland 1 : 0
   (20. Juni in Paris)[6]
502. Deutschland – Argentinien 1 : 3
   (12. September in Düsseldorf)
503. Deutschland – Schweden 2 : 0
   (17. Oktober in Köln)[3]
504. Malta – Deutschland 2 : 3
   (16. Dezember in La Valetta)[3]

1985: 11 Spiele –
4 Siege, 2 Unentschieden, 5 Niederlagen
505. Deutschland – Ungarn 0 : 1
   (29. Januar in Hamburg)
506. Portugal – Deutschland 1 : 2
   (24. Februar in Lissabon)[3]
507. Deutschland – Malta 6 : 0
   (27. März in Saarbrücken)[3]
508. Deutschland – Bulgarien 4 : 1
   (17. April in Augsburg)
509. Tschechoslowakei – Deutschland 1 : 5
   (30. April in Prag)[3]
510. England – Deutschland 3 : 0
   (12. Juni in Mexiko City)
511. Mexiko – Deutschland 2 : 0
   (15. Juni in Mexiko City)

512. Sowjetunion – Deutschland 1 : 0
(28. August in Moskau)
513. Schweden – Deutschland 2 : 2
(25. September in Stockholm)[3]
514. Deutschland – Portugal 0 : 1
(16. Oktober in Stuttgart)[3]
515. Deutschland – Tschechoslowakei 2 : 2
(17. November in München)[3]

1986: 15 Spiele –
9 Siege, 3 Unentschieden, 3 Niederlagen
516. Italien – Deutschland 1 : 2
(5. Februar in Avellino)
517. Deutschland – Brasilien 2 : 0
(12. März in Frankfurt/Main)
518. Schweiz – Deutschland 0 : 1
(9. April in Basel)
519. Deutschland – Jugoslawien 1 : 1
(11. Mai in Bochum)
520. Deutschland – Holland 3 : 1
(14. Mai in Dortmund)
521. Uruguay – Deutschland 1 : 1
(4. Juni in Queretaro)[4]
522. Schottland – Deutschland 1 : 2
(8. Juni in Queretaro)[4]
523. Dänemark – Deutschland 2 : 0
(13. Juni in Queretaro)[4]
524. Marokko – Deutschland 0 : 1
(17. Juni in Monterrey)[4]
525. Mexiko – Deutschland 0 : 0
n. V. – 1 : 4 nach Elfmeterschießen
(21. Juni in Monterrey)[4]
526. Frankreich – Deutschland 0 : 2
(25. Juni in Guadalajara)[4]
527. Argentinien – Deutschland 3 : 2
(29. Juni in Mexico City)[4]
528. Dänemark – Deutschland 0 : 2
(24. September in Kopenhagen)
529. Deutschland – Spanien 2 : 2
(15. Oktober in Hannover)
530. Österreich – Deutschland 4 : 1
(29. Oktober in Wien)

1987: 9 Spiele –
4 Siege, 4 Unentschieden, 1 Niederlage
531. Israel – Deutschland 0 : 2
(25. März in Tel Aviv)
532. Deutschland – Italien 0 : 0
(18. April in Köln)
533. Deutschland – Frankreich 2 : 1
(12. August in Berlin)
534. Deutschland – England 3 : 1
(9. September in Düsseldorf)
535. Deutschland – Dänemark 1 : 0
(23. September in Hamburg)
536. Deutschland – Schweden 1 : 1
(13. Oktober in Gelsenkirchen)

537. Ungarn – Deutschland 0 : 0
(18. November in Budapest)
538. Brasilien – Deutschland 1 : 1
(12. Dezember in Brasilia)
539. Argentinien – Deutschland 1 : 0
(16. Dezember in Buenos Aires)

1988: 11 Spiele –
6 Siege, 3 Unentschieden, 2 Niederlagen
540. Deutschland – Schweden 1 : 1 –
2 : 4 im Elfmeterschießen
(31. März in Berlin)
541. Deutschland – Argentinien 1 : 0
(2. April in Berlin)
542. Deutschland – Schweiz 1 : 0
(27. April in Kaiserslautern)
543. Deutschland – Jugoslawien 1 : 1
(4. Juni in Bremen)
544. Deutschland – Italien 1 : 1
(10. Juni in Düsseldorf)[6]
545. Deutschland – Dänemark 2 : 0
(14. Juni in Gelsenkirchen)[6]
546. Deutschland – Spanien 2 : 0
(17. Juni in München)[6]
547. Deutschland – Holland 1 : 2
(21. Juni in Hamburg)[6]
548. Finnland – Deutschland 0 : 4
(31. August in Helsinki)[3]
549. Deutschland – Sowjetunion 1 : 0
(21. September in Düsseldorf)
550. Deutschland – Holland 0 : 0
(19. Oktober in München)[3]

1989: 6 Spiele –
3 Siege, 3 Unentschieden
551. Bulgarien – Deutschland 1 : 2
(22. März in Sofia)
552. Holland – Deutschland 1 : 1
(26. April in Rotterdam)[3]
553. Wales – Deutschland 0 : 0
(31. Mai in Cardiff)[3]
554. Irland – Deutschland 1 : 1
(6. September in Dublin)
555. Deutschland – Finnland 6 : 1
(4. Oktober in Dortmund)[3]
556. Deutschland – Wales 2 : 1
(15. November in Köln)[3]

1990: 15 Spiele –
11 Siege, 3 Unentschieden, 1 Niederlage
557. Frankreich – Deutschland 2 : 1
(28. Februar in Montpellier)
558. Deutschland – Uruguay 3 : 3
(25. April in Stuttgart)
559. Deutschland – Tschechoslowakei 1 : 0
(26. Mai in Düsseldorf)

560. Deutschland – Dänemark 1 : 0
(30. Mai in Gelsenkirchen)
561. Jugoslawien – Deutschland 1 : 4
(10. Juni in Mailand)[4]
562. Vereinigte Arabische Emirate – Deutschland
1 : 5 (15. Juni in Mailand)[4]
563. Kolumbien – Deutschland 1 : 1
(19. Juni in Mailand)[4]
564. Holland – Deutschland 1 : 2
(24. Juni in Mailand)[4]
565. Tschechoslowakei – Deutschland 0 : 1
(1. Juli in Mailand)[4]
566. England – Deutschland 1 : 1
n. V. – 3 : 4 im Elfmeterschießen
(4. Juli in Turin)[4]
567. Argentinien – Deutschland 0 : 1
(8. Juli in Rom)[4]
568. Portugal – Deutschland 1 : 1
(29. August in Lissabon)
569. Schweden – Deutschland 1 : 3
(10. Oktober in Stockholm)
570. Luxemburg – Deutschland 2 : 3
(31. Oktober in Luxemburg)[5]
571. Deutschland – Schweiz 4 : 0
(19. Dezember in Stuttgart)

1991: 7 Spiele –
6 Siege, 1 Niederlage
572. Deutschland – Sowjetunion 2 : 1
(27. März in Frankfurt/Main)
573. Deutschland – Belgien 1 : 0
(1. Mai in Hannover)[5]
574. Wales – Deutschland 1 : 0
(5. Juni in Cardiff)[5]
575. England – Deutschland 0 : 1
(11. September in London)
576. Deutschland – Wales 4 : 1
(16. Oktober in Nürnberg)[5]
577. Belgien – Deutschland 0 : 1
(20. November in Brüssel)[5]
578. Deutschland – Luxemburg 4 : 0
(18. Dezember in Leverkusen)[5]

1992: 14 Spiele –
5 Siege, 5 Unentschieden, 4 Niederlagen
579. Italien – Deutschland 1 : 0
(25. März in Turin)
580. Tschechoslowakei – Deutschland 1 : 1
(22. April in Prag)
581. Deutschland – Türkei 1 : 0
(30. Mai in Gelsenkirchen)
582. Deutschland – Nordirland 1 : 1
(2. Juni in Bremen)
583. GUS – Deutschland 1 : 1
(12. Juni in Norrköping)[6]
584. Schottland – Deutschland 0 : 2
(15. Juni in Norrköping)[6]

585. Holland – Deutschland 3 : 1
(18. Juni in Göteborg)[6]
586. Schweden – Deutschland 2 : 3
(21. Juni in Stockholm)[6]
587. Dänemark – Deutschland 2 : 0
(26. Mai in Göteborg)[6]
588. Dänemark – Deutschland 1 : 2
(9. September in Kopenhagen)
589. Deutschland – Mexiko 1 : 1
(14. Oktober in Dresden)
590. Deutschland – Österreich 0 : 0
(18. November in Nürnberg)
591. Brasilien – Deutschland 3 : 1
(16. Dezember in Porto Alegre)
592. Uruguay – Deutschland 1 : 4
(20. Dezember in Montevideo)

1993: 11 Spiele –
7 Siege, 3 Unentschieden, 1 Niederlage
593. Schottland – Deutschland 0 : 1
(24. März in Glasgow)
594. Deutschland – Ghana 6 : 1
(14. April in Bochum)
595. Brasilien – Deutschland 3 : 3
(10. Juni in Washington)
596. USA – Deutschland 3 : 4
(13. Juni in Chicago)
597. England – Deutschland 1 : 2
(19. Juni in Detroit)
598. Tunesien – Deutschland 1 : 1
(22. September in Tunis)
599. Deutschland – Uruguay 5 : 0
(13. Oktober in Karlsruhe)
600. Deutschland – Brasilien 2 : 1
(17. November in Köln)
601. Argentinien – Deutschland 2 : 1
(15. Dezember in Miami)
602. USA – Deutschland 0 : 3
(18. Dezember in San Francisco)
603. Mexiko – Deutschland 0 : 0
(22. Dezember in Mexiko City)

1994: 15 Spiele –
11 Siege, 2 Unentschieden, 2 Niederlagen
604. Deutschland – Italien 2 : 1
(23. März in Stuttgart)
605. Vereinigte Arabische Emirate – Deutschland 0 : 2
(27. April in Abu Dhabi)
606. Deutschland – Irland 0 : 2
(29. Mai in Hannover)
607. Österreich – Deutschland 1 : 5
(2. Juni in Wien)
608. Kanada – Deutschland 0 : 2
(8. Juni in Toronto)
609. Bolivien – Deutschland 0 : 1
(17. Juni in Chicago)[4]

610. Spanien – Deutschland 1 : 1
     (21. Juni in Chicago)[4]
611. Südkorea – Deutschland 2 : 3
     (27. Juni in Dallas)[4]
612. Belgien – Deutschland 2 : 3
     (2. Juli in Chicago)[4]
613. Bulgarien – Deutschland 2 : 1
     (10. Juli in New York)[4]
614. Rußland – Deutschland 0 : 1
     (7. September in Moskau)
615. Ungarn – Deutschland 0 : 0
     (12. Oktober in Budapest)
616. Albanien – Deutschland 1 : 2
     (16. November in Tirana)[5]
617. Moldawien – Deutschland 0 : 3
     (14. Dezember in Kischinew)[5]
618. Deutschland – Albanien 2 : 1
     (18. Dezember in Kaiserslautern)[5]

1995: 12 Spiele –
8 Siege, 3 Unentschieden,1 Niederlage
619. Spanien – Deutschland 0 : 0
     (22. Februar in Jerez de la Frontera)
620. Georgien – Deutschland 0 : 2
     (29. März in Tiflis)[5]
621. Deutschland – Wales 1 : 1
     (26. April in Düsseldorf)[5]
622. Bulgarien – Deutschland 3 : 2
     (7. Juni in Sofia)[5]
623. Italien – Deutschland 0 : 2
     (21. Juni in Zürich)
624. Schweiz – Deutschland 1 : 2
     (23. Juni in Bern)
625. Belgien – Deutschland 1 : 2
     (23. August in Brüssel)
626. Deutschland – Georgien 4 : 1
     (6. September in Nürnberg)[5]
627. Deutschland – Moldawien 6 : 1
     (8. Oktober in Leverkusen)[5]
628. Wales – Deutschland 1 : 2
     (10. Oktober in Cardiff)[5]
629. Deutschland – Bulgarien 3 : 1
     (15. November in Berlin)[5]
630. Südafrika – Deutschland 0 : 0
     (15. Dezember in Johannesburg)

1996: 16 Spiele –
10 Siege, 5 Unentschieden, 1 Niederlage
631. Portugal – Deutschland 1 : 2
     (21. Februar in Porto)
632. Deutschland – Dänemark 2 : 0
     (27. März in München)
633. Holland – Deutschland 0 : 1
     (24. April in Rotterdam)
634. Nordirland – Deutschland 1 : 1
     (29. Mai in Belfast)
635. Deutschland – Frankreich 0 : 1
     (1. Juni in Stuttgart)
636. Deutschland – Liechtenstein 9 : 1
     (4. Juni in Mannheim)
637. Tschechien – Deutschland 0 : 2
     (9. Juni in Manchester)[6]
638. Rußland – Deutschland 0 : 3
     (16. Juni in Manchester)[6]
639. Italien – Deutschland 0 : 0
     (19. Juni in Manchester)[6]
640. Kroatien – Deutschland 1 : 2
     (23. Juni in Manchester)[6]
641. England – Deutschland 1 : 1
     n. V. – 5 : 6 im Elfmeterschießen
     (26. Juni in London)[6]
642. Tschechien – Deutschland 1 : 2
     n. V./»Golden Goal« (30. Juni in London)[6]
643. Polen – Deutschland 0 : 2
     (4. September in Zabrze)
644. Armenien – Deutschland 1 : 5
     (9. Oktober in Eriwan)[3]
645. Deutschland – Nordirland 1 : 1
     (9. November in Nürnberg)[3]
646. Portugal – Deutschland 0 : 0
     (14. Dezember 1996 in Lissabon)[3]

1997: 4 Spiele (bis 15. 8. 97) –
3 Siege, 1 Unentschieden
647. Israel – Deutschland 0 : 1
     (26. Februar in Tel Aviv)
648. Albanien – Deutschland 2 : 3
     (2. April in Granada)[3]
649. Deutschland – Ukraine 2 : 0
     (30. April in Bremen)[3]
650. Ukraine – Deutschland 0 : 0
     (7. Juni in Kiew)[3]

Länderspielbilanz

(Stand: 15. August 1997)

Gegner	Spiele	Siege	Remis	Niederlagen	Tore
Ägypen	1	–	–	1	1:2
Albanien	11	10	1	0	30:6
Algerien	2	–	–	2	1:4
Argentinien	13	5	2	6	18:18
Armenien	1	1	–	–	5:1
Australien	1	1	–	–	3:0
Belgien	21	16	1	4	49:25
Bolivien	1	1	0	0	1:0
Böhmen-Mähren	1	–	1	–	4:4
Brasilien	15	3	4	8	17:25
Bulgarien	20	16	1	3	54:22
Chile	6	4	–	2	11:7
Dänemark	22	14	2	6	48:30
DDR	1	–	–	1	0:1
England	26	10	4	12	32:58
Estland	3	3	–	–	11:1
Finnland	15	13	1	1	70:12
Frankreich	20	8	4	8	39:34
Georgien	2	2	–	–	6:1
Ghana	1	1	–	–	6:1
Griechenland	6	3	3	–	11:5
Holland	32	13	11	8	66:54
Irland	13	6	2	5	23:20
Island	2	2	–	–	8:1
Israel	2	2	–	–	3:0
Italien	26	7	8	11	32:37
Jugoslawien	24	14	3	7	44:29
Kanada	1	1	–	–	2:0
Kroatien	4	4	–	–	14:3
Kolumbien	1	–	1	–	1:1
Lettland	2	2	–	–	6:1
Liechtenstein	1	1	–	–	9:1
Luxemburg	11	10	–	1	46:11
Malta	6	5	1	–	26:2
Marokko	4	4	–	–	12:3
Mexiko	8	3	4	1	14:5
Moldawien	2	2	–	–	9:1
Nordirland	10	4	4	2	18:11
Norwegen	18	12	5	1	49:16
Österreich	31	17	6	8	63:48
Peru	1	1	–	–	3:1
Polen	14	10	4	–	26:7
Portugal	12	6	4	2	17:9
Rumänien	9	7	1	1	32:10
Saarland	2	2	–	–	6:1
Schottland	12	5	4	3	18:17
Schweden	31	12	6	13	56:52
Schweiz	46	33	5	8	25:58
Slowakei	5	4	–	1	13:5
UdSSR/GUS/Rußl.	16	12	1	3	43:12
Spanien	17	7	6	4	22:17
Südafrika	1	–	1	–	0:0
Südkorea	1	1	–	–	3:2
Tschechoslowakei/Tschechien	19	12	3	4	40:24
Tunesien	2	–	2	–	1:1
Türkei	14	11	2	1	39:7
Ukraine	2	1	1	–	2:0
Ungarn	30	10	10	10	61:60
Uruguay	9	6	2	1	24:9
USA	2	2	–	–	7:3
Arabische Emirate	2	2	–	–	7:1
Wales	12	6	5	1	21:9
Zypern	4	4	–	–	24:0
Gesamt	**650**	**374**	**126**	**150**	**1452:807**

Die Bundestrainer

Prof. Dr. Otto Nerz:
1. Juli 1926 bis 7. August 1936
(70 Länderspiele)

Josef Herberger:
2. November 1936 bis 7. Juni 1964
(162 Länderspiele)

Helmut Schön:
4. November 1964 bis 21. Juni 1978
(139 Länderspiele)

Josef Derwall:
11. Oktober 1978 bis 20. Juni 1984
(67 Länderspiele)

Franz Beckenbauer (Teamchef):
12. September 1984 bis 8. Juli 1990
(66 Länderspiele)

Hans-Hubert Vogts:
Seit 9. Juli 1990 (83 Länderspiele)

Der Präsident und der Cheftrainer:
Dr. Peco Bauwens (rechts) und Sepp Herberger
als Beobachter des deutschen Endspiels zwischen
1. FC Köln und 1. FC Nürnberg (4:0) am
12. Mai 1962 im Berliner Olympiastadion.

Die DFB-Präsidenten

Dr. Ferdinand Hueppe (DFC Prag).
Geboren am 24. August 1853, gestorben am
16. September 1938. 1. Vorsitzender des DFB vom
7. Oktober 1900 bis 22. Mai 1904.

F. W. Nohe (Karlsruher FV).
Geboren am 10. April 1864, gestorben am
13. Oktober 1940. 1. Vorsitzender des DFB vom
22. Mai 1904 bis 21. Mai 1905.

Gottfried Hinze (Duisburger Spielverein 08).
Geboren am 2. November 1873, gestorben am
23. August 1953. 1. Vorsitzender des DFB vom
21. Mai 1905 bis 2. Oktober 1925.

Felix Linnemann (Preußen Berlin).
Geboren am 20. Oktober 1982, gestorben am
21. März 1948. 1. Vorsitzender des DFB vom
2. Oktober 1925 bis 1945.

Dr. Peco Bauwens (VfL Köln 1899).
Geboren am 24. Dezember 1886, gestorben am
17. November 1963. Präsident des DFB vom
21. Januar 1950 bis 28. Juli 1962.

Dr. Hermann Gösmann (VfL Osnabrück).
Geboren am 9. Januar 1904, gestorben am
21. Januar 1979. Präsident des DFB vom
28. Juli 1962 bis 1975.

Hermann Neuberger (1. FC Saarbrücken).
Geboren am 21. Dezember 1919, gestorben am
27. September 1992. Präsident des DFB von
1975 bis 1992.

Egidius Braun (SV Breinig).
Geboren am 27. Februar 1925. Präsident des DFB
seit 24. Oktober 1992.

Die Auswahlspieler der DDR

Adler, Jens (Chemie Halle). 1 Spiel (kein Tor) –
1990 BEL

Assmy, Horst (Motor Oberschöneweide, ASK Vorwärts Berlin). 12 Spiele (4 Tore) – 1954 ROM –
1955 ROM, BUL – 1956 POL, INA – 1958 ALB,
NOR, ROM, BUL, NOR – 1959 INA, POR

Backhaus, Gerd (Lokomotive Stendal). 3 Spiele (2
Tore) – 1963 BUR – 1964 CEY – 1966 POL

Backs, Christian (BFC Dynamo). 9 Spiele (1
Tor) – 1983 URS, ROM, SUI, SCO – 1984 GRE,
MEX, GRE – 1985 ALG, BUL

Bähringer, Jürgen (FC Karl-Marx-Stadt). 1 Spiel
(kein Tor) – 1980 URS

Barthels, Wolfgang (SC Empor Rostock). 2 Spiele
(zwei Tore) – 1963 BUR – 1964 CEY

Bauchspieß, Bernd (Chemie Zeitz). 1 Spiel (kein
Tor) – 1959 FIN

Bauer, Erhardt (SC Wismut Karl-Marx-Stadt). 3
Spiele (kein Tor) – 1954 ROM, POL, BUL

Baum, Frank (1. FC Lokomotive Leipzig). 17
Spiele (kein Tor) – 1979 BUL, HUN, URS – 1980
URS – 1981 POL, MLT – 1982 BRA, GRE, URS,
SWE, BUL, SCO – 1983 BUL, BEL, SUI – 1984
GRE – 1986 FIN

Baumann, Rainer (SC Lokomotive Leipzig). 2
Spiele (kein Tor) – 1956 POL, BUL

Benkert, Wolfgang (FC Rot-Weiß Erfurt). 1 Spiel
(kein Tor) – 1984 GRE

Bialas, Arthur (SC Empor Rostock). 1 Spiel (kein
Tor) – 1961 HUN

Bielau, Andreas (FC Carl Zeiss Jena). 9 Spiele
(kein Tor) – 1981 ITA, POL, CUB, MLT – 1982
IRQ – 1983 SUI, URS, ROM – 1985 SCO

Bley, Hermann (Dynamo Berlin). 1 Spiel (kein
Tor) – 1961 MAR

Blochwitz, Wolfgang (FC Carl Zeiss Jena). 19
Spiele (kein Tor) – 1966 EGY, POL, ROM, URS
1967 NED, DEN, HUN, ROM, ROM – 1969
URS – 1970 IRQ – 1973 COL, HUN, ROM, FIN,
ISL, URS, HUN – 1974 TUN

Böger, Stefan (FC Carl Zeiss Jena). 4 Spiele (kein
Tor) – 1990 EGY, SCO, BRA, BEL

Bonan, Heiko (1. FC Magdeburg, FC Berlin). 2
Spiele (kein Tor) – 1989 EGY – 1990 BEL

Bornschein, Andreas (1. FC Lokomotive Leipzig).
1 Spiel (kein Tor) – 1982 URS

Bransch, Bernd (HFC Chemie, FC Carl Zeiss
Jena). 72 Spiele (3 Tore) – 1967 SWE, DEN,
NED, HUN, DEN, HUN, ROM, ROM – 1968
CZE, POL – 1969 ITA, WAL, CHI, EGY, URS,

WAL, ITA, IRQ, EGY – 1970 POL, IRQ – 1971
LUX, YUG, MEX, MEX, CZE, NED, YUG – 1972
URU, URU, GHA, POL, HUN, URS, FIN, CZE –
1973 COL, ECU, ALB, BEL, HUN, ROM, FIN,
ISL, ISL, ROM, URS, ALB, HUN – 1974 TUN,
ALG, BEL, CZE, NOR, ENG, AUS, CHI, FRG,
BRA, NED, ARG, POL, CZE, CAN, ISL, SCO –
1975 SCO, CAN, CAN, CZE – 1976 ALG, POL

Brauer, Gert (FC Carl Zeiss Jena). 4 Spiele (kein
Tor) – 1979 POL, SUI, NED – 1980 URS

Bräutigam, Perry (FC Carl Zeiss Jena). 3 Spiele
(kein Tor) – 1989 MLT – 1990 SCO, BRA

Busch, Günter (Chemie Leipzig, Lokomotive Leipzig). 2 Spiele (kein Tor) – 1954 ROM – 1957 WAL

Buschner, Georg (SC Motor Jena). 6 Spiele (kein
Tor) – 1954 POL, BUL – 1957 WAL, CZE, WAL,
CZE

Busse, Martin (Rot-Weiß Erfurt). 3 Spiele (ein
Tor) – 1983 BEL, BUL, BEL

Büttner, Steffen (Dynamo Dresden). 3 Spiele
(kein Tor) – 1990 USA, EGY, SCO

Carow, Jochen (Dynamo Berlin). 1 Spiel (kein
Tor) – 1972 URU

Croy, Jürgen (Sachsenring Zwickau). 94 Spiele
(kein Tor) – 1967 SWE, DEN, HUN – 1968
POL – 1969 ITA, WAL, CHI, EGY, WAL, ITA,
IRQ, EGY – 1970 POL, IRQ, POL, NED, LUX,
ENG – 1971 CHI, URU, URU, LUX, YUG, MEX,
MEX, CZE, NED, YUG – 1972 URU, URU, GHA,
POL, HUN, URS, FIN – 1973 ECU, ALB, BEL,
ISL, ROM, ALB – 1974 TUN, ALG, BEL, CZE,
NOR, ENG, AUS, CHI, FRG, BRA, NED, ARG,
POL, CZE, CAN, SCO, FRA, BEL – 1975 BUL,
POL, ISL, CAN, CAN, URS, BEL, FRA, CZE –
1976 CZE, ALG, URS, POL, HUN, BUL, TUR –
1977 ROM, ARG, URS, SWE, SCO, AUT, AUT,
MLT, TUR – 1978 SUI, SWE, BEL, BUL, CZE,
ISL, NED – 1980 GRE, ESP – 1981 CUB

Decker, Klaus (1. FC Magdeburg). 3 Spiele (kein
Tor) – 1974 CZE, CAN, ISL

Dennstedt, Thomas (1. FC Lokomotive Leipzig).
1 Spiel (kein Tor) – 1983 ROM

Dobermann, Bernd (Chemie Leipzig). 2 Spiele
(kein Tor) – 1969 EGY, EGY

Doll, Thomas (Hansa Rostock, BFC Dynamo). 29
Spiele (7 Tore) – 1986 GRE, FIN, DEN – 1987
CZE, ISL, HUN, TUN, URS, NOR – 1988 ESP,
MAR, GRE, POL, TUR – 1989 EGY, GRE, FIN,
TUR, URS, AUT, BUL, ISL, URS, MLT, AUT –
1990 FRA, USA, SCO, BRA

Dörner, Hans-Jürgen (Dynamo Dresden). 100 Spiele (9 Tore) – 1969 CHI – 1971 CHI, URU, CZE – 1972 CZE – 1973 COL, ECU, HUN – 1974 TUN, ALG, CZE, POL, CZE, CAN, ISL, FRA, BEL – 1975 BUL, POL, ISL, CAN, CAN, URS, BEL, FRA, CZE – 1976 CZE, ALG, URS, POL, TUR – 1977 MLT, ROM, ARG, URS, SWE, SCO, AUT, AUT, MLT, TUR – 1978 SUI, SWE, BEL, BUL, CZE, ISL, NED – 1979 IRQ, IRQ, BUL, HUN, POL, SUI, ROM, URS, ISL, POL, SUI, NED – 1980 ESP, ROM, GRE, CZE, ESP – 1981 MLT, ITA, POL, CUB, POL – 1982 BRA, GRE, IRQ, ITA, URS, SWE, ISL, BUL, SCO, ROM – 1983 TUN, GRE, FIN, BEL, ROM – 1984 CZE, MEX, ROM, ENG, ALG, YUG, LUX, FRA – 1985 URU, ECU, ALG, BUL, NOR, DEN, LUX

Dorner, Konrad (TSC Berlin-Oberschöneweide, Dynamo Berlin). 2 Spiele (kein Tor) – 1958 ALB, NOR

Döschner, Matthias (Dynamo Dresden). 40 Spiele (2 Tore) – 1982 BRA, GRE, IRQ – 1984 GRE, CZE, MEX, ROM, ALG, LUX, FRA – 1985 URU, ECU, ALG, BUL, NOR, DEN, LUX – 1986 FIN, DEN, ISL, FRA – 1987 TUR, CZE, ISL, HUN, POL, TUN, URS, NOR, FRA – 1988 GRE, POL, ISL, TUR – 1989 URS, BUL, ISL, URS, MLT, AUT

Drews, Werner (SC Empor Rostock). 2 Spiele (kein Tor) – 1961 POL – 1962 MLI

Ducke, Peter (SC Motor, FC Carl Zeiss Jena). 68 Spiele (15 Tore) – 1960 FIN, TUN, MAR – 1961 HUN, NED, DEN, MAR, HUN, POL, MAR – 1962 CZE – 1963 CZE, ROM, ENG, HUN, HUN – 1964 GHA – 1965 URU, AUT, BUL, HUN, AUT – 1967 HUN, DEN – 1969 ITA – 1970 POL, IRQ, POL, NED, LUX, ENG – 1971 CHI, URU, URU, YUG, MEX, MEX, CZE, NED, YUG – 1972 URU, URU, GHA, POL, HUN, URS, FIN, CZE – 1973 COL, ECU, ALB, BEL, HUN, ROM, FIN, ISL, ISL, ROM, ALB, HUN – 1974 NOR, CHI, NED, ARG, ISL – 1975 BEL, FRA, CZE

Ducke, Roland (SC Motor, FC Carl Zeiss Jena). 37 Spiele (5 Tore) – 1958 ROM, INA – 1959 POR, CZE, FIN – 1960 BUL, FIN, TUN, MAR – 1961 HUN, NED, MAR – 1962 URS, YUG, DEN, YUG, CZE – 1963 CZE, ROM, ENG, HUN – 1964 GHA – 1965 URU, AUT, HUN, AUT – 1966 SWE, CHI, POL, ROM, URS – 1967 NED, SWE, DEN, NED, HUN, DEN

Eigendorf, Lutz (BFC Dynamo). 6 Spiele (3 Tore) – 1978 BUL, CZE, ISL, NED – 1979 IRQ, IRQ

Eilitz, Werner (Chemie Leipzig, ZSK Vorwärts Berlin). 8 Spiele (kein Tor) – 1952 POL, ROM – 1953 BUL – 1954 ROM – 1955 BUL – 1956 POL, INA, BUL

Engelhardt, Dieter (1. FC Lokomotive Leipzig). 3 Spiele (1 Tor) – 1966 SWE, CHI, EGY

Erler, Dieter (SC Wismut, SC und FC Karl-Marx-Stadt). 47 Spiele (12 Tore) – 1959 POR, CZE, FIN – 1960 BUL, URS, FIN, TUN, MAR – 1961 HUN, NED, DEN, MAR, HUN, POL, MAR – 1962 URS, YUG, DEN, YUG, ROM, CZE, MLI, GUI – 1963 CZE, ROM, HUN, HUN – 1964 GHA – 1965 URU, AUT, HUN, BUL, HUN, AUT – 1966 SWE, CHI, EGY, POL, ROM, URS – 1967 NED, NED, HUN, HUN, ROM, ROM – 1968 CZE

Ernst, Rainer (BFC Dynamo). 56 Spiele (20 Tore) – 1981 MLT – 1983 BUL, BEL, URS, ROM, SUI, SCO – 1984 CZE, MEX, ROM, ENG, ALG, YUG, LUX – 1985 URU, ECU, ALG, BUL, NOR, DEN, LUX, NOR, FRA, YUG, SCO, BUL – 1986 MEX, POR, NED, BRA, CZE, NOR, ISL – 1987 TUR, URS, CZE, ISL, HUN, POL, TUN, FRA – 1988 ESP, MAR, ROM, BUL, POL, ISL, TUR – 1989 BUL, ISL, URS, MLT – 1990 USA, EGY, SCO, BRA

Faber, Michael (SC Leipzig). 1 Spiel (kein Tor) – 1963 BUR

Fischer, Dieter (Lokomotive Leipzig). 4 Spiele (kein Tor) – 1958 ROM, BUL – 1960 BUL, URS

Franke, Gerhard (SC Turbine Erfurt). 6 Spiele (kein Tor) – 1958 POL, NOR, ROM, BUL, NOR – 1959 INA

Franke, Horst (Aktivist Brieske Ost). 2 Spiele (kein Tor) – 1953 BUL – 1954 ROM

Franz, Rainer (Motor Zwickau). 5 Spiele (2 Tore) – 1956 BUL – 1958 NOR – 1959 CZE, FIN – 1960 BUL

Fräßdorf, Otto (ASK/FC Vorwärts Berlin). 33 Spiele (4 Tore) – 1963 BUL, BUR – 1964 CEY, GHA – 1965 URU, AUT, HUN, BUL, HUN, AUT – 1966 SWE, CHI, EGY, POL, ROM, URS – 1967 NED, SWE, DEN, NED, HUN – 1968 CZE, POL – 1969 ITA, WAL, CHI, URS, WAL, ITA, IRQ – 1970 POL, POL, NED

Freitag, Horst (SC Wismut Karl-Marx-Stadt). 1 Spiel (kein Tor) – 1957 LUX

Frenzel, Henning (SC Lok/SC/1. FC Lokomotive Leipzig). 56 Spiele (19 Tore) – 1961 MAR – 1962 URS, YUG, DEN, YUG, CZE, MLI, GUI – 1963 CZE, ROM, ENG – 1965 URU, HUN, BUL, HUN – 1966 SWE, CHI, EGY, POL, ROM, URS – 1967 NED, SWE, DEN, NED, HUN, DEN, HUN, ROM, ROM – 1968 CZE, POL – 1969 ITA, WAL, CHI, EGY, URS, WAL, ITA, EGY – 1970 POL, NED, LUX, ENG – 1971 CHI, URU, URU, LUX,

YUG, MEX, MEX, CZE – 1973 URS, ALB – 1974 TUN, ALG

Fritsche, Joachim (1. FC Lokomotive Leipzig). 14 Spiele (kein Tor) – 1973 ROM, URS, ALB, HUN – 1974 TUN, BEL, ENG – 1975 CAN, CAN, URS, BEL, FRA – 1976 ALG – 1977 ARG

Fritzsche, Harald (SC Motor Jena). 8 Spiele (kein Tor) – 1962 YUG, DEN, YUG, ROM – 1963 CZE, ROM, ENG – 1964 GHA

Fritzsche, Rolf (ASK Vorwärts Berlin). 2 Spiele (kein Tor) – 1955 ROM, BUL

Fröhlich, Heinz (Chemie Leipzig). 2 Spiele (kein Tor) – 1952 POL, ROM

Ganzera, Frank (Dynamo Dresden). 13 Spiele (kein Tor) – 1969 IRQ – 1970 NED, LUX, ENG – 1971 CHI, URU, URU, LUX – 1972 HUN, URS, FIN – 1973 HUN, ROM

Geisler, Manfred (1. FC Lokomotive Leipzig). 15 Spiele (1 Tor) – 1965 URU – 1965 AUT, HUN, HUN, AUT – 1966 SWE, CHI, EGY, POL, ROM, URS – 1967 NED, SWE, DEN, NED

Glowatzky, Michael (FC Karl-Marx-Stadt). 9 Spiele (1 Tor) – 1984 GRE, ALG, YUG, LUX, FRA – 1985 URU, ALG, BUL – 1986 FIN

Grapenthin, Hans-Ulrich (FC Carl Zeiss Jena). 21 Spiele (kein Tor) – 1975 CAN, BEL – 1976 ALG – 1977 MLT – 1979 HUN, POL, SUI, ROM, URS, ISL, POL, SUI, NED – 1980 ESP, ROM, CZE, HUN – 1981 MLT, ITA, POL, POL

Gröbner, Wilfried (1. FC Lokomotive Leipzig). 8 Spiele (kein Tor) – 1976 ALG, POL, HUN – 1978 SWE, BEL – 1979 IRQ, IRQ, BUL

Großstück, Wolfgang (SC Einheit Dresden). 1 Spiel (kein Tor) – 1958 BUL

Gütschow, Torsten (Dynamo Dresden). 3 Spiele (2 Tore) – 1984 GRE, GRE – 1989 FIN

Haack, Lothar (SC Empor Rostock). 1 Spiel (kein Tor) – 1961 MAR

Haase, Günter (Turbine Halle). 1 Spiel (kein Tor) – 1953 BUL

Häfner, Reinhard (FC Rot-Weiß Erfurt/Dynamo Dresden). 58 Spiele (5 Tore) – 1971 MEX – 1972 URU, URU – 1973 FIN, ISL – 1974 SCO, FRA, BEL – 1975 POL, BEL, FRA, CZE – 1976 CZE, ALG, URS, POL, HUN, BUL, TUR – 1977 MLT, ROM, ARG, URS, SWE, SCO, AUT, AUT, MLT, TUR – 1978 SUI, BUL, CZE, ISL, NED – 1979 BUL, HUN, POL, SUI, ROM, URS, ISL, POL, SUI, NED – 1980 ESP, ROM, GRE, CZE, ESP, HUN – 1981 MLT, ITA, POL, CUB – 1982 SWE, ISL, SCO – 1984 GRE

Halata, Damian (1. FC Magdeburg). 4 Spiele (1 Tor) – 1984 GRE – 1986 BRA – 1989 GRE, FIN

Hamann, Erich (FC Vorwärts Berlin, FC Vorwärts Frankfurt/Oder). 3 Spiele (kein Tor) – 1969 CHI – 1974 FRG, BRA

Hauptmann, Ralf (Dynamo Dresden). 4 Spiele (kein Tor) – 1989 FIN, TUR, URS – 1990 BRA

Hause, Lothar (FC Vorwärts Frankfurt/Oder). 9 Spiele (1 Tor) – 1978 CZE, ISL – 1982 BRA, GRE, IRQ, ITA, URS, ISL, BUL

Heidler, Gert (Dynamo Dresden). 12 Spiele (2 Tore) – 1975 CZE – 1976 CZE, ALG, URS, HUN, BUL, TUR – 1977 MLT, SWE, SCO, AUT – 1978 BEL

Heidrich, Steffen (FC Karl-Marx-Stadt). 1 Spiel (kein Tor) – 1990 EGY

Heine, Werner (Dynamo Berlin). 29 Spiele (2 Tore) – 1958 BUL – 1959 INA, HUN, POR, POR, CZE – 1960 BUL, URS, FIN, TUN – 1961 HUN, NED, DEN, MAR, HUN, POL – 1962 URS, YUG, DEN, YUG, ROM, CZE, MLI – 1963 CZE, ROM, ENG, HUN, HUN – 1964 GHA

Heinsch, Jürgen (SC Empor Rostock). 7 Spiele (kein Tor) – 1963 BUL, HUN, HUN, BUR – 1964 CEY, GHA – 1965 BUL

Hergert, Heinz (SC Motor Jena). 1 Spiel (kein Tor) – 1962 GUI

Herzog, Hendrik (BFC Dynamo). 7 Spiele (kein Tor) – 1989 MLT – 1990 FRA, KUW, USA, EGY, SCO, BRA

Heun, Jürgen (FC Rot-Weiß Erfurt). 17 Spiele (4 Tore) – 1980 URS – 1981 ITA, CUB, MLT – 1982 BRA, GRE, IRQ, ISL, ROM – 1983 TUN, FIN, BEL, SUI, URS – 1985 NOR, YUG, BUL

Heyne, Dirk (1. FC Magdeburg). 9 Spiele (kein Tor) – 1979 IRQ – 1989 BUL, ISL, URS, MLT, AUT – 1990 FRA, USA, EGY

Hirschmann, Günter (SC Aufbau Magdeburg). 1 Spiel (kein Tor) – 1961 HUN

Hoffmann, Martin (1. FC Magdeburg). 66 Spiele (16 Tore) – 1973 HUN – 1974 NOR, ENG, AUS, CHI, FRG, BRA, NED, ARG, POL, CZE, CAN, ISL, SCO, FRA, BEL – 1975 BUL, POL, ISL, CAN, URS, BEL, FRA, CZE – 1976 CZE, URS, POL, HUN – 1977 MLT, ROM, ARG, URS, SWE, SCO, AUT, AUT, MLT, TUR – 1978 SUI, SWE, BUL, CZE, ISL, NED – 1979 IRQ, IRQ, BUL, HUN, POL, SUI, ROM, URS, ISL, POL, SUI, NED – 1980 ESP, ROM, GRE, CZE, ESP, HUN – 1981 MLT, ITA, POL, CUB

Hoge, Günter (ASK Vorwärts, 1. FC Union Berlin). 6 Spiele (kein Tor) – 1961 MAR, HUN – 1967 HUN, ROM, ROM – 1968 CZE

Holze, Karl-Heinz (Dynamo Berlin). 1 Spiel (kein Tor) – 1954 ROM

Holzmüller, Willy (Motor Karl-Marx-Stadt). 1 Spiel (kein Tor) – 1957 CZE

Ilsch, Karl-Heinz (Motor Dessau). 1 Spiel (kein Tor) – 1953 BUL

Imhof, Günther (Turbine Halle). 2 Spiele (kein Tor) – 1952 POL, ROM

Irmscher, Harald (Motor Zwickau, Carl Zeiss Jena). 41 Spiele (4 Tore) – 1966 EGY, URS – 1967 SWE, DEN, NED, HUN, ROM, ROM – 1968 CZE, POL – 1969 WAL, ITA, IRQ, EGY – 1970 POL, IRQ, NED, LUX, ENG – 1971 CHI, URU, URU, YUG, MEX, CZE, NED, YUG – 1972 URU, URU, GHA, POL, HUN – 1974 CZE, NOR, ENG, AUS, CHI, FRG, BRA, CZE, SCO

Jahn, Rolf (SC Turbine Erfurt). 1 Spiel (kein Tor) – 1957 CZE

Janotta, Eberhard (Stahl Brandenburg). 1 Spiel (kein Tor) – 1986 CZE

Jarohs, Rainer (FC Hansa Rostock). 3 Spiele (1 Tor) – 1982 ITA, URS, SWE

Kaiser, Manfred (Wismut Karl-Marx-Stadt, Wismut Aue). 31 Spiele (1 Tor) – 1955 BUL – 1956 POL, INA, BUL – 1957 LUX, WAL, CZE, WAL, CZE – 1958 ALB, POL, NOR, ROM, NOR – 1959 HUN, POR – 1961 NED, MAR, HUN, POL, MAR – 1962 URS, YUG, DEN, CZE – 1963 CZE, ROM, ENG, HUN, HUN – 1964 GHA

Kaiser, Siegfried (Motor Zwickau). 1 Spiel (kein Tor) – 1954 POL

Kalinke, Peter (ASK Vorwärts Berlin). 7 Spiele (kein Tor) – 1960 BUL, URS, FIN, TUN, MAR – 1961 HUN, POL

Kirsten, Ulf (Dynamo Dresden). 49 Spiele (14 Tore) – 1985 DEN, LUX, NOR, FRA, YUG, SCO, BUL – 1986 MEX, POR, NED, GRE, FIN, DEN, NOR, ISL, FRA – 1987 URS, CZE, ISL, HUN, POL, TUN, URS, NOR, FRA – 1988 ESP, MAR, ROM, BUL, GRE, POL, ISL, TUR – 1989 EGY, GRE, FIN, TUR, URS, AUT, BUL, ISL, URS, MLT, AUT – 1990 FRA, KUW, USA, SCO, BRA

Kische, Gerd (FC Hansa Rostock). 63 Spiele (kein Tor) – 1971 MEX, MEX, CZE, NED, YUG – 1972 URU, URU, CZE – 1973 COL, ECU, ALB, BEL – 1974 NOR, AUS, CHI, FRG, BRA, NED, ARG, POL, CZE, CAN, SCO, FRA, BEL – 1975 BUL, POL, ISL, CAN, CAN, CZE – 1976 CZE, URS, POL, HUN, BUL, TUR – 1977 MLT, ROM, URS, SWE, SCO, AUT, AUT, MLT, TUR – 1978 SWE, BEL, BUL, NED – 1979 HUN, POL, SUI, URS, ISL, POL, SUI, NED – 1980 ESP, ROM, GRE, ESP, HUN

Kiupel, Hans (ASK Vorwärts Berlin). 1 Spiel (kein Tor) – 1961 MAR

Klank, Wolfgang (Motor Dessau). 3 Spiele (kein Tor) – 1952 POL, ROM – 1953 BUL

Kleiminger, Heino (SC Empor Rostock). 4 Spiele (5 Tore) – 1963 BUL, BUR – 1964 CEY, GHA

Klingbiel, Wilfried (Lokomotive Stendal, Dynamo Berlin). 6 Spiele (1 Tor) – 1958 POL, BUL – 1960 BUL, URS – 1961 DEN, HUN

Kohle, Horst (ASK Vorwärts Berlin). 1 Spiel (1 Tor) – 1959 POR

Köhler, Sven (FC Karl-Marx-Stadt). 2 Spiele (kein Tor) – 1989 EGY, URS

Konik, Bernhard (Wismut Aue). 1 Spiel (kein Tor) – 1984 GRE

Körner, Gerhard (ASK, FC Vorwärts Berlin). 33 Spiele (4 Tore) – 1962 URS, YUG, DEN, YUG, ROM, MLI, GUI – 1963 BUL, BUR – 1964 CEY, GHA – 1965 URU, AUT, HUN, AUT – 1966 SWE, CHI, POL, ROM, URS – 1967 NED, SWE, DEN, HUN, DEN – 1968 POL – 1969 ITA, WAL, URS, WAL, ITA, IRQ, EGY

Kotte, Peter (Dynamo Dresden). 21 Spiele (3 Tore) – 1976 ALG, HUN, BUL, TUR – 1977 ARG, SCO, AUT, AUT – 1978 BUL, CZE – 1979 IRQ, IRQ, HUN, SUI, NED – 1980 ESP, ROM, GRE, CZE, ESP, HUN

Kracht, Torsten (1. FC Lokomotive Leipzig). 2 Spiele (kein Tor) – 1988 BUL – 1990 BEL

Krampe, Dieter (ASK Vorwärts Berlin). 28 Spiele (kein Tor) – 1959 INA, CZE, FIN – 1960 BUL, URS, FIN, TUN – 1961 HUN, NED, DEN, MAR, HUN, MAR – 1962 URS, YUG, DEN, YUG, ROM, CZE, MLI, GUI – 1963 CZE, ROM, ENG, HUN, HUN – 1964 GHA – 1965 BUL

Krause, Andreas (FC Carl Zeiss Jena). 4 Spiele (2 Tore) – 1981 MLT – 1985 BUL, NOR, DEN

Krause, Rudolf (Chemie Leipzig). 2 Spiele (kein Tor) – 1953 BUL – 1956 INA

Krauß, Steffen (Wismut Aue). 2 Spiele (kein Tor) – 1985 NOR, DEN

Krebs, Albert (FC Rot-Weiß Erfurt). 1 Spiel (kein Tor) – 1975 POL

Kreische, Hans-Jürgen (Dynamo Dresden). 50 Spiele (25 Tore) – 1968 CZE – 1969 ITA, WAL, CHI, EGY, URS, IRQ, EGY – 1970 POL, IRQ, POL, NED, LUX, ENG – 1971 CHI, URU, URU, LUX, YUG, MEX, MEX, CZE, NED, YUG – 1972 GHA, POL, HUN, URS, FIN, CZE – 1973 COL, ECU, ALB, BEL, HUN, ROM, FIN, ISL, ISL, ROM – 1974 CZE, NOR, CHI, FRG, NED, SCO, FRA, BEL – 1975 CAN, CAN

Kreer, Ronald (1. FC Lokomotive Leipzig). 65 Spiele (2 Tore) – 1982 BUL, SCO, ROM – 1983

TUN, GRE, FIN, BEL, BUL, BEL, SUI, ROM, SUI,
SCO – 1984 GRE, CZE, MEX, ROM, ENG, ALG,
YUG, LUX – 1985 URU, ECU, ALG, BUL, NOR,
DEN, LUX, NOR, FRA, YUG, SCO, BUL – 1986
MEX, POR, NED, BRA, CZE, FIN, DEN, NOR –
1987 TUR, URS, ISL, HUN, POL, TUN, URS,
NOR, FRA – 1988 ESP, MAR, ROM, BUL, GRE,
TUR – 1989 EGY, GRE, FIN, AUT, BUL, ISL,
URS, MLT, AUT

Krüger, Heinz (SC Aktivist Brieske-Senftenberg).
1 Spiel (kein Tor) – 1957 LUX

Ksienzyk, Waldemar (BFC Dynamo). 1 Spiel
(kein Tor) – 1987 TUN

Kubisch, Günter (SC Aufbau Magdeburg). 1 Spiel
(kein Tor) – 1961 POL

Kühn, Dieter (1. FC Lokomotive Leipzig). 13
Spiele (5 Tore) – 1978 CZE – 1979 IRQ, IRQ,
BUL, ROM, URS – 1980 URS, ESP – 1982
ROM – 1983 TUN, GRE, FIN, BEL

Kurbjuweit, Lothar (Stahl Riesa, FC Carl Zeiss
Jena). 66 Spiele (4 Tore) – 1970 POL, IRQ, POL,
NED, LUX, ENG – 1971 CHI, URU, URU, MEX,
MEX, CZE – 1972 GHA, POL, URS – 1973 COL,
ECU, ALB, BEL, HUN, ROM, FIN, ISL, ISL,
ROM, URS, ALB, HUN – 1974 TUN, ALG, BEL,
CZE, NOR, FRG, BRA, NED, ARG, POL, CZE,
CAN, ISL, SCO, FRA, BEL – 1975 BUL, ISL, CAN,
CAN, URS, BEL, CZE – 1976 CZE, ALG, URS,
POL, HUN – 1977 MLT, ROM, ARG, URS – 1978
BEL – 1980 ROM – 1981 ITA, POL, CUB, POL

Lauck, Reinhard (1. FC Union Berlin, BFC Dynamo).
33 Spiele (3 Tore) – 1973 HUN, ROM,
FIN, ISL, ISL, ROM, URS, ALB, HUN – 1974
TUN, ALG, BEL, CZE, NOR, FRG, BRA, NED,
SCO, FRA, BEL – 1975 CAN, CAN, BEL, FRA –
1976 CZE, ALG, URS, POL, HUN, BUL, TUR –
1977 MLT, ARG

Lemanczyk, Heinz (SC Aktivist Brieske-Senftenberg).
2 Spiele (kein Tor) – 1955 ROM – 1958 ROM

Lesser, Henry (FC Carl Zeiss Jena). 4 Spiele (kein
Tor) – 1986 MEX, POR, NED, BRA

Lieberam, Frank (Dynamo Dresden). 1 Spiel
(kein Tor) – 1989 URS

Liebers, Matthias (1. FC Lokomotive Leipzig). 59
Spiele (4 Tore) – 1980 CZE, ESP, HUN – 1981
MLT, POL, CUB, POL, MLT – 1982 BRA, GRE,
ITA, URS, SWE, BUL, SCO, ROM – 1983 TUN,
GRE, FIN, BEL, BUL, BEL, SUI, URS, ROM –
1984 CZE, ROM, ENG, LUX, FRA – 1985 URU,
ECU, ALG, DEN, LUX, NOR, FRA, YUG, SCO,
BUL – 1986 MEX, POR, NED, GRE, BRA, CZE,
FIN, DEN, NOR, ISL, FRA – 1987 URS, POL,
TUN, URS, NOR, FRA – 1988 ESP, MAR

Liebrecht, Kurt (Lokomotive Stendal). 16 Spiele
(1 Tor) – 1960 FIN, TUN, MAR – 1962 ROM,
CZE, MLI, GUI – 1963 CZE, ROM, ENG, BUL,
HUN, HUN, BUR – 1964 GHA – 1965 BUL

Lihsa, Werner (BFC Dynamo). 1 Spiel (kein Tor) –
1972 CZE

Lindemann, Lutz (FC Carl Zeiss Jena). 21 Spiele
(2 Tore) – 1977 SCO, AUT, AUT, TUR – 1978
SWE, BEL, BUL, ISL, NED – 1979 BUL, HUN,
POL, SUI, ROM, URS, ISL, POL, SUI – 1980
ROM, GRE, ESP

Lindner, Ernst (Lokomotive Stendal). 6 Spiele
(kein Tor) – 1956 BUL – 1959 HUN – 1960
URS – 1962 URS, YUG, YUG

Lindner, Matthias (1. FC Lokomotive Leipzig). 22
Spiele (kein Tor) – 1987 URS, ISL, HUN – 1988
ROM, GRE, POL, ISL, TUR, EGY – 1989 GRE,
FIN, TUR, AUT, BUL, ISL, URS, MLT, AUT –
1990 KUW, USA, SCO, BRA

Linß, Werner (Motor Steinach). 2 Spiele (kein
Tor) – 1962 MLI, GUI

Löwe, Wolfram (1. FC Lokomotive Leipzig). 43
Spiele (12 Tore) – 1967 SWE, DEN, HUN, ROM –
1968 CZE, POL – 1969 ITA, WAL, CHI, EGY,
URS, WAL, ITA – 1970 IRQ – 1971 YUG, MEX,
CZE, NED, YUG – 1973 ALB, BEL, HUN, ROM,
FIN, ISL, ISL, ROM, URS, ALB – 1974 TUN,
ALG, CZE, NOR, ENG, FRG, BRA, NED, ARG –
1976 ALG, URS, POL – 1977 URS, AUT

Marotzke, Gerhard (ASK Vorwärts Berlin). 1 Spiel
(kein Tor) – 1955 ROM

Marquardt, Willi (Rotation Babelsberg). 1 Spiel
(kein Tor) – 1956 INA

Marschall, Olaf (1. FC Lokomotive Leipzig). 4
Spiele (kein Tor) – 1985 ECU – 1987 TUR –
1989 EGY, GRE

März, Heiko (FC Hansa Rostock). 1 Spiel (kein
Tor) – 1989 URS

Maschke, Herbert (Dynamo Berlin). 7 Spiele
(kein Tor) – 1959 CZE, FIN – 1961 DEN, HUN,
POL, MAR – 1962 YUG

Matoul, Hans-Bert (1. FC Lokomotive Leipzig). 3
Spiele (1 Tor) – 1974 TUN, ALG, BEL

Matzen, Johannes (Dynamo Berlin). 2 Spiele (kein
Tor) – 1952 POL – 1954 POL

Maucksch, Matthias (Dynamo Dresden). 1 Spiel
(kein Tor) – 1990 FRA

Meier, Siegfried (Motor Zwickau). 3 Spiele (1 Tor) –
1952 POL – 1954 POL, BUL

Meinhold, Erhard (Motor Zwickau). 2 Spiele (kein
Tor) – 1954 POL, BUL

Meyer, Lothar (Motor Berlin-Oberschöneweide,
ASK Vorwärts Berlin). 16 Spiele (2 Tore) – 1954

ROM – 1955 BUL – 1956 POL – 1957 LUX, WAL, CZE, WAL, CZE – 1958 BUL – 1959 HUN, POR – 1960 BUL, URS, TUN, MAR – 1961 HUN

Minge, Ralf (Dynamo Dresden). 36 Spiele (8 Tore) – 1983 BUL, SUI, ROM, SUI – 1984 CZE, MEX, ROM, ENG, ALG, YUG, LUX, FRA – 1985 URU, BUL, NOR, LUX, NOR, FRA, YUG, BUL – 1986 MEX, POR, GRE, BRA, CZE, FIN, DEN, ISL – 1987 TUR, CZE, ISL, HUN, POL, HUN, FRA – 1989 TUR

Minkwitz, Stefan (1. FC Magdeburg). 2 Spiele (kein Tor) – 1990 USA, EGY

Mosert, Erhard (HFC Chemie). 1 Spiel (kein Tor) – 1969 EGY

Mothes, Harald (Wismut Aue). 1 Spiel (kein Tor) – 1984 CZE

Mühlbecher, Waldemar (Dynamo Berlin). 17 Spiele (1 Tor) – 1958 ALB, BUL, NOR – 1959 INA, HUN, POR – 1960 BUL, URS, FIN, TUN, MAR – 1961 NED, DEN, MAR – 1965 HUN, BUL, HUN

Müller, Bringfried (Wismut Aue). 18 Spiele (kein Tor) – 1955 ROM, BUL – 1956 BUL – 1957 LUX, WAL, CZE, WAL – 1958 ALB, POL, NOR, BUL, NOR – 1959 HUN, POR, POR, CZE, FIN – 1960 MAR

Müller, Helmut (SC Motor Jena). 13 Spiele (5 Tore) – 1957 CZE – 1958 POL, NOR, NOR – 1959 INA, HUN – 1960 URS, FIN, TUN, MAR – 1961 POL – 1962 YUG, ROM

Müller, Joachim (FC Karl-Marx-Stadt). 5 Spiele (kein Tor) – 1977 ROM, ARG, URS, SWE – 1978 SUI

Müller, Jochen (SC Turbine Erfurt). 3 Spiele (kein Tor) – 1953 BUL – 1954 POL, BUL

Müller, Klaus (Dynamo Dresden). 2 Spiele (kein Tor) – 1976 BUL, TUR

Müller, Matthias (Dynamo Dresden). 4 Spiele (kein Tor) – 1980 URS, CZE, ESP, HUN

Müller, René (1. FC Lokomotive Leipzig). 46 Spiele (kein Tor) – 1984 GRE, CZE, ROM, ENG, ALG, YUG, LUX, FRA – 1985 URU, ECU, ALG, BUL, DEN, LUX, NOR, FRA, YUG, SCO, BUL – 1986 MEX, POR, NED, GRE, BRA, CZE, FIN, DEN, NOR, ISL, FRA – 1987 TUR, URS, ISL, HUN, POL, TUN, URS, NOR, FRA – 1988 ESP, MAR, ROM – 1989 EGY, GRE, FIN, TUR

Nachtigall, Rainer (ASK Vorwärts Berlin). 11 Spiele (2 Tore) – 1960 MAR – 1961 POL – 1962 ROM, MLI, GUI – 1963 ROM, ENG, BUL, HUN, HUN – 1965 URU

Naumann, Jürgen (1. FC Lokomotive Leipzig). 1 Spiel (kein Tor) – 1968 CZE

Netz, Wolf-Rüdiger (BFC Dynamo). 2 Spiele (kein Tor) – 1978 NED – 1981 MLT

Neuhäuser, Mario (FC Karl-Marx-Stadt). 1 Spiel (kein Tor) – 1984 CZE

Noack, Michael (BFC Dynamo). 2 Spiele (kein Tor) – 1979 ROM – 1981 MLT

Nöldner, Jürgen (ASK, FC Vorwärts Berlin) 30 Spiele (16 Tore) – 1960 BUL, FIN, TUN – 1961 MAR – 1963 CZE, ROM, ENG, BUL, HUN, HUN, BUR – 1964 CEY – 1965 URU, AUT, HUN, BUL, HUN, AUT – 1966 SWE, CHI, POL, ROM, URS – 1967 NED, SWE, DEN, DEN, HUN, ROM – 1969 ITA

Nordhaus, Helmut (SC Turbine Erfurt). 3 Spiele (kein Tor) – 1953 BUL – 1954 POL, BUL

Pankau, Herbert (SC Empor, FC Hansa Rostock). 25 Spiele (4 Tore) – 1962 MLI – 1963 ROM, BUL, BUR – 1964 CEY, GHA – 1965 URU, AUT, HUN, BUL, HUN, AUT – 1966 SWE, CHI, EGY, POL, ROM, URS – 1967 NED, NED, HUN, DEN, HUN, ROM, ROM

Pastor, Frank (FC Chemie Halle, BFC Dynamo) 7 Spiele (kein Tor) – 1983 ROM – 1984 ROM – 1986 DEN, NOR, ISL, FRA – 1987 CZE

Peschke, Heiko (FC Carl Zeiss Jena). 5 Spiele (1 Tor) – 1990 USA, EGY, SCO, BRA, BEL

Peter, Werner (HFC Chemie). 9 Spiele (1 Tor) – 1978 SUI, SWE, BEL, BUL, ISL, NED – 1979 IRQ, BUL, HUN

Pfeifer, Wolfgang (SC Einheit Dresden). 2 Spiele (kein Tor) – 1958 NOR – 1959 INA

Pilz, Hans-Uwe (Dynamo Dresden). 35 Spiele (kein Tor) – 1982 ISL, BUL, SCO, ROM – 1983 BEL, SUI, ROM, SCO – 1984 GRE, CZE, MEX, ALG – 1985 LUX, NOR, BEL, SCO, BUL – 1986 MEX, POR, NED, GRE, BRA, CZE, FIN, DEN – 1987 TUR, URS, NOR, FRA – 1988 ESP, MAR, ROM, BUL, TUR – 1989 TUR

Pommerenke, Jürgen (1. FC Magdeburg). 57 Spiele (3 Tore) – 1972 URU, GHA, POL, HUN, URS, FIN, CZE – 1973 COL, ECU, ROM, FIN, ISL, ISL – 1974 ENG, AUS, NED, ARG, CZE, CAN, ISL – 1975 BUL, POL, ISL, CAN, CAN, URS – 1976 BUL – 1977 SWE, MLT, TUR – 1978 SUI, SWE, BUL, CZE, ISL – 1979 POL, SUI, ROM, URS, NED – 1980 ESP, ROM, GRE, ESP, HUN – 1981 POL – 1982 BRA, GRE, IRQ, ITA, URS, SWE, ISL, BUL, SCO – 1983 TUN, FIN

Preuße, Udo (FC Carl Zeiss Jena). 1 Spiel (kein Tor) – 1970 IRQ

Raab, Jürgen (FC Carl Zeiss Jena). 20 Spiele (2 Tore) – 1982 GRE, IRQ – 1983 SUI, SCO – 1984 GRE, CZE, MEX, ENG – 1987 URS, CZE, ISL,

HUN, POL, URS, NOR – 1988 ESP, ROM, GRE, POL, ISL

Raugust, Detlef (1. FC Magdeburg). 3 Spiele (kein Tor) – 1978 SUI – 1979 IRQ, IRQ

Reich, Burkhard (BFC Dynamo). 6 Spiele (kein Tor) – 1987 CZE – 1989 BUL, ISL, MLT – 1990 FRA, KUW

Reinhardt, Alfred (Fortschritt Weißenfels). 1 Spiel (kein Tor) – 1953 BUL

Richter, Frank (Dynamo Dresden). 7 Spiele (1 Tor) – 1971 CHI, URU, URU, LUX, MEX – 1973 COL, ECU

Richter, Hans (FC Karl-Marx-Stadt, 1. FC Lokomotive Leipzig). 15 Spiele (4 Tore) – 1982 ROM – 1983 GRE, FIN, BEL, BUL, BEL, URS, SUI, SCO – 1984 GRE, ROM, ENG, FRA – 1986 FRA – 1987 POL

Riedel, Dieter (Dynamo Dresden). 4 Spiele (kein Tor) – 1974 CZE – 1976 BUL, TUR – 1978 BEL

Riediger, Hans-Jürgen (BFC Dynamo). 41 Spiele (6 Tore) – 1975 BUL, POL, ISL, CAN, CAN, BEL – 1976 CZE, ALG, POL, HUN – 1977 MLT, ROM, ARG, SWE, AUT, AUT, MLT, TUR – 1978 SUI, SWE, BEL, BUL, ISL, NED – 1979 BUL, POL, SUI, ROM, URS, ISL, POL, SUI – 1980 ROM, GRE – 1981 ITA, POL, POL – 1982 SWE, ISL, BUL, SCO

Rock, Peter (FC Carl Zeiss Jena). 11 Spiele (1 Tor) – 1967 ROM – 1968 POL – 1969 WAL, ITA – 1970 POL, IRQ, POL, NED, LUX, ENG – 1971 CHI

Rohde, Frank (BFC Dynamo). 42 Spiele (1 Tor) – 1984 GRE, ALG, YUG – 1985 URU, ECU, ALG, NOR, DEN, LUX, NOR, FRA, YUG, SCO, BUL – 1986 MEX, POR, NED, GRE, BRA, CZE, FIN, DEN, NOR, ISL, FRA – 1987 TUR, URS, CZE, ISL, HUN, POL, TUN – 1988 ESP, MAR, BUL, GRE, POL – 1989 EGY, GRE, FIN, TUR, AUT

Romstedt, Armin (FC Rot-Weiß Erfurt). 1 Spiel (kein Tor) – 1984 GRE

Rosbigalle, Georg (SC Turbine Erfurt). 2 Spiele (kein Tor) – 1952 POL, ROM

Röser, Mario (FC Carl Zeiss Jena). 1 Spiel (kein Tor) – 1988 BUL

Rösler, Uwe (1. FC Magdeburg). 5 Spiele (kein Tor) – 1990 KUW, USA, EGY, BRA, BEL

Rudolph, Norbert (Vorwärts Frankfurt/Oder) 1 Spiel (kein Tor) – 1984 GRE

Rudwaleit, Bodo (BFC Dynamo). 33 Spiele (kein Tor) – 1979 IRQ, IRQ, BUL, HUN – 1980 URS – 1981 CUB, MLT – 1982 BRA, GRE, IRQ, ITA, URS, SWE, ISL, BUL, SCO, ROM – 1983 TUN,

GRE, FIN, BEL, BUL, BEL, SUI, URS, ROM, SUI, SCO – 1984 CZE – 1987 TUN – 1988 ROM, BUL, POL

Sachse, Rainer (Dynamo Dresden). 2 Spiele (kein Tor) – 1977 ROM, ARG

Sammer, Klaus (Dynamo Dresden). 17 Spiele (kein Tor) – 1970 NED, LUX, ENG – 1971 CHI, URU, URU, LUX, YUG, NED, YUG – 1972 FIN – 1973 BEL, HUN, ROM, FIN, ISL, ROM

Sammer, Matthias (Dynamo Dresden/VfB Stuttgart). 23 Spiele (6 Tore) – 1986 FRA – 1988 ESP, MAR, ROM, GRE, POL, ISL – 1989 EGY, GRE, FIN, TUR, URS, AUT, BUL, ISL, URS, MTA, AUT – 1990 FRA, USA, EGY, SCO, BEL

Sänger, Carsten (FC Rot-Weiß Erfurt). 16 Spiele (kein Tor) – 1984 CZE – 1985 NOR, FRA, YUG, SCO, BUL – 1986 MEX, POR, NED, GRE, BRA, FIN, DEN, NOR, ISL – 1987 TUR

Schade, Hartmut (Dynamo Dresden). 31 Spiele (5 Tore) – 1975 FRA – 1976 CZE, ALG, URS, POL, HUN, BUL, TUR – 1977 MLT, ROM, ARG, URS, SWE, SCO, AUT, AUT, MLT, TUR – 1978 SUI, SWE, BEL, BUL, NED – 1979 IRQ, IRQ, HUN, POL, ROM, URS, NED – 1980 ESP

Schaller, Gerhard (SC Empor Rostock). 5 Spiele (kein Tor) – 1955 ROM, BUL – 1956 POL, INA, BUL

Schellenberg, Gerd (FC Karl-Marx-Stadt). 3 Spiele (kein Tor) – 1974 POL, CZE, CAN

Scherbaum, Horst (Chemie, SV Vorwärts Leipzig, KPV, ZSK Vorwärts Berlin, Rotation Leipzig). 5 Spiele (kein Tor) – 1952 POL, ROM – 1953 BUL – 1954 ROM – 1958 ROM

Schlutter, Rainer (FC Carl Zeiss Jena). 5 Spiele (kein Tor) – 1970 IRQ, POL, LUX – 1971 LUX, YUG

Schmidt, Jens (Chemnitzer FC). 1 Spiel (kein Tor) – 1990 BEL

Schmuck, Udo (Dynamo Dresden). 7 Spiele (1 Tor) – 1976 BUL, TUR – 1980 ESP, ROM – 1981 ITA, POL, CUB

Schneider, Dieter (FC Hansa Rostock). 3 Spiele (kein Tor) – 1969 EGY, URS – 1973 ISL

Schneider, Günter (Motor Zwickau). 1 Spiel (kein Tor) – 1954 POL

Schnieke, Karl (SC Motor Jena). 3 Spiele (1 Tor) – 1952 ROM – 1954 POL, BUL

Schnuphase, Rüdiger (FC Rot-Weiß Erfurt, FC Carl Zeiss Jena). 45 Spiele (6 Tore) – 1973 ISL, ISL – 1974 BEL, CZE, NED, ARG – 1975 POL, ISL – 1976 ALG – 1977 ROM – 1978 NED – 1979 IRQ, IRQ, BUL, URS, ISL, POL, SUI, NED – 1980 URS, CZE – 1981 MLT, ITA, POL, CUB, POL, MLT – 1982 BRA, GRE, ITA, URS, SWE,

ISL, BUL, SCO, ROM – 1983 TUN, GRE, FIN, BEL, BEL, SUI, URS, ROM, SUI

Schoen, Herbert (VP/Dynamo Dresden, Dynamo Berlin). 12 Spiele (kein Tor) – 1952 POL, ROM – 1953 BUL – 1954 ROM, BUL – 1956 POL, INA, 1957 LUX, WAL, CZE, WAL, CZE

Scholz, Heiko (1. FC Lokomotive Leipzig). 7 Spiele (kein Tor) – 1987 URS, ISL, HUN – 1988 POL – 1989 EGY, URS – 1990 BEL

Schöne, Hans (Rotation Babelsberg). 3 Spiele (kein Tor) – 1954 ROM, POL, BUL

Schößler, Detlef (1. FC Magdeburg, Dynamo Dresden). 18 Spiele (kein Tor) – 1986 POR, BRA, CZE, ISL, FRA – 1987 TUR, CZE, HUN, URS, NOR – 1988 ESP, MAR, ISL, TUR – 1989 GRE, MLT, AUT – 1990 BEL

Schröter, Günter (VP/Dynamo Dresden, Dynamo Berlin). 39 Spiele (13 Tore) – 1952 POL, ROM – 1953 BUL – 1954 ROM, POL, BUL – 1955 ROM, BUL – 1956 INA, BUL – 1957 LUX, WAL, CZE, WAL, CZE – 1958 ALB, POL, NOR, ROM, BUL, NOR – 1959 INA, HUN, POR, POR, CZE, FIN – 1961 NED, DEN, MAR, HUN, POL, MAR – 1962 URS, YUG, DEN, YUG, ROM, CZE

Schulenberg, Ralf (BFC Dynamo). 3 Spiele (kein Tor) – 1972 URU, URU, GHA

Schulz, Axel (FC Hansa Rostock). 3 Spiele (kein Tor) – 1984 GRE, MEX – 1985 ECU

Schulz, Bernd (BFC Dynamo). 3 Spiele (1 Tor) – 1984 GRE – 1985 ALG, BUL

Schulze, Ulrich (1. FC Magdeburg). 1 Spiel (kein Tor) – 1974 ISL

Schuster, Dirk (1. FC Magdeburg). 4 Spiele (kein Tor) – 1990 USA, EGY, SCO, BRA

Schütze, Harald (BFC Dynamo). 1 Spiel (kein Tor) – 1969 EGY

Schwanke, Jörg (FC Energie Cottbus). 1 Spiel (kein Tor) – 1990 BEL

Seehaus, Dieter (SC Empor, FC Hansa Rostock) 10 Spiele (kein Tor) – 1963 BUR – 1964 CEY, GHA – 1968 POL – 1969 ITA, WAL, EGY, URS, WAL, ITA

Seguin, Wolfgang (1. FC Magdeburg). 21 Spiele (kein Tor) – 1972 URU, HUN, URS, FIN, CZE – 1973 COL, ECU, ALB, BEL, HUN, ROM, ISL, ROM, URS – 1974 ALG, CHI, CAN, FRA – 1975 CAN, CAN, URS

Sekora, Gunter (1. FC Lokomotive Leipzig). 1 Spiel (kein Tor) – 1980 GRE

Skaba, Martin (Dynamo Berlin). 8 Spiele (kein Tor) – 1958 ROM – 1959 HUN – 1960 MAR – 1961 HUN, NED, DEN, MAR – 1963 HUN

Sparwasser, Jürgen (1. FC Magdeburg). 53 Spiele

(15 Tore) – 1969 CHI, EGY, URS, IRQ, EGY – 1970 IRQ, POL, LUX – 1971 LUX, MEX, NED – 1972 URU, GHA, POL, HUN, URS, FIN, CZE – 1973 COL, ECU, ALB, ISL, ISL, ROM, URS, ALB, HUN – 1974 TUN, ALG, BEL, CZE, NOR, ENG, AUS, CHI, FRG, BRA, NED, ARG, CZE, SCO, FRA – 1975 CAN, URS, CZE – 1977 ARG, URS, SWE, SCO, AUT, AUT, MLT, TUR

Speth, Hans (Motor Zwickau, Empor Rostock). 2 Spiele (kein Tor) – 1952 ROM – 1958 POL

Spickenagel, Karl-Heinz (DHfK Leipzig, ZSK, ASK Vorwärts Berlin). 29 Spiele (kein Tor) – 1954 POL, BUL – 1955 ROM, BUL – 1956 POL, BUL – 1957 LUX, WAL, CZE – 1958 POL, NOR, ROM, NOR – 1959 INA, HUN, POR – 1960 BUL, URS, FIN, TUN, MAR – 1961 HUN, NED, DEN, MAR, HUN, POL, MAR – 1962 URS

Stahmann, Dirk (1. FC Magdeburg). 46 Spiele (2 Tore) – 1982 IRQ, URS, SWE, ISL, BUL, SCO, ROM – 1983 TUN, GRE, FIN, BEL, BUL, BEL, SUI, SCO – 1984 GRE, MEX, ROM, ENG, ALG, YUG, LUX, FRA – 1985 BUL, NOR – 1986 GRE, CZE, ISL, FRA – 1987 TUR, TUN, NOR, FRA – 1988 ESP, MAR, ROM, BUL, GRE, POL, ISL, TUR – 1989 AUT, BUL, ISL, URS, AUT

Stein, Helmut (Chemie Halle, FC Carl Zeiss Jena). 22 Spiele (2 Tore) – 1962 MLI, GHA – 1969 ITA, WAL, URS, WAL, ITA, IRQ, EGY – 1970 POL, IRQ, POL, ENG – 1971 CHI, URU, URU, LUX, YUG, MEX, YUG – 1973 URS, ALB

Steinbach, Wolfgang (1. FC Magdeburg). 28 Spiele (1 Tor) – 1978 SWE, BEL – 1979 ROM – 1980 URS, ESP – 1981 MLT, ITA, POL, CUB, POL, MLT – 1982 BRA – 1983 BUL, BEL, SUI, URS, SUI, SCO – 1984 MEX, ROM, ENG, ALG, YUG, LUX, FRA – 1985 URU, ECU, ALG

Steinmann, Rico (FC Karl-Marx-Stadt). 23 Spiele (3 Tore) – 1986 FRA – 1987 CZE, ISL, FRA – 1988 MAR, ROM, BUL, GRE, POL, ISL, TUR – 1989 EGY, AUT, BUL, ISL, URS, MLT, AUT – 1990 FRA, KUW, USA, EGY, BRA

Stöcker, Hermann (SC Aufbau Magdeburg). 6 Spiele (4 Tore) – 1963 BUL, HUN, BUR – 1964 CEY, GHA – 1965 AUT

Sträßer, Ralf (BFC Dynamo). 4 Spiele (kein Tor) – 1982 IRQ – 1986 MEX, GRE, CZE

Streich, Joachim (FC Hansa Rostock, 1. FC Magdeburg). 102 Spiele (55 Tore) – 1969 IRQ – 1971 MEX, CZE, NED, YUG – 1972 URU, URU, GHA, POL, HUN, URS, FIN, CZE – 1973 COL, ALB, BEL, HUN, ROM, FIN, ISL, ISL, ROM, URS, ALB – 1974 TUN, ALG, BEL, CZE, NOR, ENG, AUS, CHI, BRA, ARG, POL, CZE, CAN, ISL,

SCO, BEL – 1975 BUL, POL, ISL, CAN, CAN,
URS, FRA – 1976 BUL, TUR – 1977 MLT, ROM,
SCO, MLT, TUR – 1978 SWE, BUL – 1979 IRQ,
IRQ, BUL, HUN, POL, SUI, ROM, URS, ISL, SUI,
NED – 1980 ESP, ROM, GRE, CZE, ESP, HUN –
1981 MLT, POL, CUB, POL, MLT – 1982 BRA,
GRE, ITA, URS, SWE, ISL, BUL, SCO – 1983
TUN, GRE, FIN, BEL, BUL, BEL, SUI, URS, SUI,
SCO – 1984 CZE, MEX, ROM, ENG, ALG, YUG

Strempel, Michael (FC Carl Zeiss Jena). 15 Spiele
(1 Tor) – 1970 POL, IRQ, POL, NED, LUX,
ENG – 1971 CHI, URU, URU, LUX, YUG, MEX,
MEX, NED, YUG

Strozniak, Dieter (HFC Chemie). 6 Spiele (kein
Tor) – 1980 URS – 1981 MLT, ITA, POL, CUB –
1982 BRA

Stübner, Jörg (Dynamo Dresden). 47 Spiele
(1 Tor) – 1984 LUX, FRA – 1985 URU, ECU,
ALG, BUL, NOR, DEN, NOR, FRA, SCO, BUL –
1986 MEX, POR, NED, GRE, BRA, DEN,
NOR, ISL, FRA – 1987 TUR, URS, HUN, POL,
TUN, URS – 1988 ESP, MAR, ROM, BUL,
GRE, POL, ISL, TUR – 1989 GRE, FIN, TUR,
AUT, ISL, URS, MLT, AUT – 1990 FRA, KUW,
SCO, BEL

Terletzki, Frank (BFC Dynamo). 4 Spiele (1 Tor) –
1975 URS – 1979 IRQ, IRQ – 1980 URS

Teuber, Ronny (Dynamo Dresden). 1 Spiel (kein
Tor) – 1990 KUW

Thiele, Klaus (Wismut Aue). 4 Spiele (kein Tor) –
1958 ALB – 1959 POR, CZE, FIN

Thom, Andreas (BFC Dynamo, Bayer Leverku-
sen). 51 Spiele (16 Tore) – 1984 ALG, LUX,
FRA – 1985 URU, ECU, ALG, BUL, NOR, DEN,
LUX, NOR, FRA, YUG, SCO – 1986 MEX, POR,
NED, GRE, BRA, CZE, DEN, NOR, ISL, FRA –
1987 TUR, URS, CZE, ISL, HUN, POL, TUN,
URS, NOR, FRA – 1988 ROM, BUL, GRE, POL,
ISL, TUR – 1989 EGY, GRE, FIN, TUR, URS,
AUT, BUL, URS, MLT, AUT – 1990 USA

Torhauer, Günter (VP Dresden). 1 Spiel (kein
Tor) – 1952 POL

Trautmann, Andreas (Dynamo Dresden). 14
Spiele (1 Tor) – 1983 TUN, GRE, FIN, BEL, BUL,
ROM – 1984 FRA – 1985 URU, ECU – 1989
EGY, FIN, TUR, URS, AUT

Trieloff, Norbert (BFC Dynamo). 18 Spiele (kein
Tor) – 1980 HUN – 1982 BRA, GRE, IRQ, ITA,
URS, SWE, ISL, BUL, SCO, ROM – 1983 TUN,
GRE, FIN, BEL, BUL – 1984 GRE, GRE

Trocha, Martin (FC Carl Zeiss Jena). 8 Spiele (1
Tor) – 1980 URS, HUN – 1981 POL, MLT – 1982
BRA, GRE, ITA, BUL

Tröger, Willy (SC Wismut Karl-Marx-Stadt). 15
Spiele (11 Tore) – 1954 BUL – 1955 ROM, BUL –
1956 POL, INA, BUL – 1957 LUX, WAL, CZE,
WAL – 1958 ALB, POL, BUL, NOR – 1959 HUN

Troppa, Rainer (BFC Dynamo). 17 Spiele (kein
Tor) – 1981 MLT – 1982 ISL, ROM – 1983 BUL,
BEL, SUI, URS, SUI, SCO – 1984 CZE, MEX,
ROM, ENG, ALG, YUG, LUX, FRA

Tyll, Axel (1. FC Magdeburg). 4 Spiele (kein Tor) –
1973 HUN – 1974 POL – 1975 BUL, POL

Uhlig, Frank (FC Karl-Marx-Stadt). 1 Spiel (kein
Tor) – 1980 URS

Ullrich, Arthur (BFC Dynamo). 13 Spiele (kein
Tor) – 1980 ROM, CZE – 1981 MLT, MLT –
1982 BRA, GRE, IRQ, ITA, URS, SWE, ROM –
1983 URS, ROM

Unger, Werner (Motor Zwickau, ASK Vorwärts Berlin). 7 Spiele (kein Tor) – 1954 BUL – 1958 POL,
NOR – 1959 INA, POR – 1963 BUL – 1964 CEY

Urbanczyk, Klaus (Chemie Halle, HFC Chemie).
34 Spiele (kein Tor) – 1961 MAR – 1962 URS,
YUG, DEN, YUG, ROM, CZE, MLI, GUI – 1963
CZE, ROM, ENG, BUL, HUN, BUR – 1964 CEY,
GHA – 1966 EGY, POL – 1967 DEN, HUN,
ROM, ROM – 1968 CZE, POL – 1969 ITA, WAL,
CHI, EGY, URS, WAL, ITA, IRQ, EGY

Uteß, Jürgen (FC Hansa Rostock). 1 Spiel (kein
Tor) – 1982 IRQ

Vetterke, Lothar (Chemie Leipzig). 1 Spiel (kein
Tor) – 1953 BUL

Vogel, Eberhard (SC Motor, SC, FC Karl-Marx-
Stadt, FC Carl Zeiss Jena). 74 Spiele (25 Tore) –
1962 GUI – 1963 BUR – 1964 GHA – 1965
URU, HUN, BUL, AUT – 1966 CHI, EGY, POL,
ROM, URS – 1967 NED, NED, HUN, DEN,
ROM, ROM – 1968 CZE, POL – 1969 ITA, WAL,
CHI, EGY, URS, WAL, ITA, IRQ, EGY – 1970
POL, IRQ, POL, NED, LUX, ENG – 1971 CHI,
URU, YUG, MEX, MEX, CZE, NED, YUG – 1972
POL, HUN, URS – 1973 ALB, HUN, ROM, ISL,
ISL, URS, ALB – 1974 TUN, ALG, BEL, CZE,
ENG, AUS, CHI, ARG, POL, CZE, CAN, ISL,
BEL – 1975 BUL, POL, ISL, CAN, CAN, URS,
FRA – 1976 ALG

Vogt, Gerhard (ASK Vorwärts Berlin). 4 Spiele (1
Tor) – 1959 INA, POR, POR, CZE

Wagenhaus, Andreas (Dynamo Dresden). 3
Spiele (kein Tor) – 1990 FRA, KUW, BEL

Wagner, Konrad (Wismut Karl-Marx-Stadt, Wismut Aue) 4 Spiele (kein Tor) – 1959 POR, POR,
FIN – 1963 BUL

Wahl, Jens (FC Hansa Rostock). 1 Spiel (kein
Tor) – 1989 GRE

Walter, Horst (Chemie Halle). 1 Spiel (kein Tor) – 1962 YUG

Walter, Manfred (Chemie Leipzig). 16 Spiele (kein Tor) – 1965 URU, AUT, HUN, BUL, HUN, AUT – 1966 SWE, CHI, EGY, ROM, URS – 1967 NED, SWE, DEN, HUN, DEN

Wätzlich, Siegmar (Dynamo Dresden). 24 Spiele (kein Tor) – 1972 GHA, POL, FIN, CZE – 1973 ECU – 1974 TUN, ALG, BEL, CZE, NOR, ENG, AUS, CHI, FRG, BRA, POL, CAN, ISL, SCO, FRA, BEL – 1975 BUL, POL, ISL

Weber, Gerd (Dynamo Dresden). 35 Spiele (5 Tore) – 1975 URS, BEL, FRA, CZE – 1976 CZE, HUN – 1977 ROM, URS, SWE, SCO, AUT, AUT, MLT, TUR – 1978 SUI, SWE, BEL, BUL, CZE, ISL, NED – 1979 BUL, HUN, POL, SUI, ROM, URS, ISL, POL, SUI, NED – 1980 ESP, ROM, GRE, HUN

Wehner, Harald (SC Turbine Erfurt). 1 Spiel (kein Tor) – 1961 MAR

Weidemann, Uwe (FC Rot-Weiß Erfurt). 10 Spiele (kein Tor) – 1985 BUL, NOR – 1989 AUT, URS, MLT, AUT – 1990 FRA, KUW, EGY, BRA

Weigang, Horst (SC Rotation, SC, Lokomotive Leipzig) 12 Spiele (kein Tor) – 1962 CZE, MLI – 1965 URU, AUT, HUN, BUL, HUN, AUT – 1966 SWE, CHI – 1967 NED – 1968 CZE

Weilandt, Hilmar (FC Hansa Rostock). 2 Spiele (kein Tor) – 1990 FRA, KUW

Weise, Konrad (FC Carl Zeiss Jena). 86 Spiele (2 Tore) – 1970 IRQ – 1971 LUX, YUG, MEX, MEX, CZE, NED, YUG – 1972 URU, URU, GHA, POL, HUN, URS, FIN – 1973 BEL, FIN, ISL, URS, ALB, HUN – 1974 TUN, ALG, BEL, CZE, NOR, ENG, AUS, CHI, FRG, BRA, NED, ARG, POL, CZE, CAN, ISL, SCO, FRA, BEL – 1975 BUL, ISL, CAN, CAN, URS, BEL, FRA, CZE – 1976 CZE, URS, POL, HUN, BUL, TUR – 1977 MLT, ROM, ARG, URS, SWE, SCO, AUT, AUT, MLT, TUR – 1978 SUI, SWE, BUL, CZE, ISL – 1979 IRQ, IRQ, BUL, HUN, POL, SUI, ROM, URS, ISL, POL, NED – 1980 ESP, GRE, CZE, ESP, HUN – 1981 POL

Weißflog, Jörg (Wismut Aue). 15 Spiele (kein Tor) – 1984 MEX, GRE, ALG – 1985 NOR, SCO – 1986 CZE, DEN – 1987 CZE, HUN – 1988 GRE, POL, ISL, TUR – 1989 URS, AUT

Welzel, Werner (Motor Dessau). 1 Spiel (kein Tor) – 1952 ROM

Werner, Jürgen (FC Carl Zeiss Jena). 1 Spiel (kein Tor) – 1970 POL

Wirth, Günther (Motor Berlin-Oberschöneweide, ASK Vorwärts Berlin). 28 Spiele (10 Tore) – 1954 ROM – 1955 ROM, BUL – 1956 POL, INA, BUL – 1957 LUX, WAL, CZE, WAL, CZE – 1958 ALB, POL, NOR, ROM, BUL, NOR – 1959 INA, HUN, POR – 1961 HUN, NED, DEN – 1962 URS, YUG, DEN, YUG, ROM

Wohlfahrt, Karl-Heinz (Rotation Babelsberg). 2 Spiele (kein Tor) – 1952 POL, ROM

Woitzat, Siegfried (SC Motor Jena). 1 Spiel (kein Tor) – 1961 POL

Wolf, Karl (Wismut Aue, SC Wismut Karl-Marx-Stadt). 10 Spiele (kein Tor) – 1954 ROM – 1955 ROM, BUL – 1956 POL, INA, BUL – 1957 LUX, WAL, CZE, WAL

Wolf, Siegfried (SC Wismut Karl-Marx-Stadt). 17 Spiele (kein Tor) – 1955 ROM, BUL – 1956 POL, INA, BUL – 1957 LUX, WAL, CZE, WAL, CZE – 1958 ALB, POL, NOR, ROM – 1959 POR, CZE, FIN

Wosz, Dariusz (HFC Chemie). 7 Spiele (kein Tor) – 1989 FIN, URS, BUL – 1990 FRA, KUW, EGY, BEL

Wruck, Horst (FC Vorwärts Berlin). 1 Spiel (kein Tor) – 1969 CHI

Wruck, Wolfgang (1. FC Union Berlin). 6 Spiele (kein Tor) – 1967 NED, HUN, ROM, ROM – 1968 CZE, POL

Wuckel, Markus (1. FC Magdeburg). 4 Spiele (2 Tore) – 1987 URS – 1989 TUR – 1990 FRA, KUW

Wunderlich, Bernd (FC Vorwärts Frankfurt/Oder). 1 Spiel (kein Tor) – 1984 GRE

Zapf, Kurt (SC Empor Rostock). 4 Spiele (kein Tor) – 1957 CZE – 1958 ALB, POL, ROM

Zapf, Manfred (1. FC Magdeburg). 16 Spiele (kein Tor) – 1969 CHI, EGY – 1972 URU, GHA, POL, HUN, URS – 1973 COL, ECU, ALB, BEL – 1974 ISL, SCO – 1975 BUL, POL, ISL

Zerbe, Arno (Lokomotive Leipzig). 1 Spiel (kein Tor) – 1961 MAR

Zötzsche, Uwe (1. FC Lokomotive Leipzig). 38 Spiele (5 Tore) – 1982 ITA, URS – 1983 URS, ROM, SUI, SCO – 1984 GRE, CZE, MEX, ROM, ENG, ALG, YUG – 1985 URU, ECU, DEN, LUX, NOR, FRA, YUG, SCO, BUL – 1986 MEX, POR, NED, GRE, BRA, CZE, FIN, NOR – 1987 URS, POL, TUN, URS, FRA – 1988 ESP, MAR, ROM

Zulkowski, Alfred (ASK Vorwärts Berlin). 1 Spiel (kein Tor) – 1962 GUI

DDR-Länderspielbilanz

Gegner	Spiele	Siege	Remis	Niederlagen	Tore	Punkte
Albanien	3	2	1	0	7:2	5:1
Ägypten	5	5	0	0	22:1	10:0
Algerien	4	3	1	0	14:4	7:1
Argentinien	2	0	1	1	1:3	1:3
Australien	1	1	0	0	2:0	2:0
Belgien	8	3	2	3	7:8	8:8
Brasilien	4	0	1	3	4:10	1:7
BR Deutschland	1	1	0	0	1:0	2:0
Bulgarien	18	4	8	6	22:22	16:20
Burma	1	1	0	0	5:1	2:0
Ceylon	1	1	0	0	12:1	2:0
Chile	4	2	1	1	7:4	5:3
ČSSR	17	8	5	4	23:22	21:13
Dänemark	6	2	2	2	10:10	6:6
Ekuador	2	1	1	0	4:3	3:1
England	4	0	1	3	3:7	1:7
Finnland	7	4	1	2	21:8	9:5
Frankreich	7	3	2	2	7:8	8:6
Ghana	2	1	0	1	4:3	2:2
Griechenland	8	6	0	2	12:7	12:4
Guinea	1	1	0	0	3:2	2:0
Indonesien	2	1	1	0	5:3	3:1
Irak	5	1	3	1	8:4	5:5
Island	11	9	1	1	26:5	19:3
Italien	4	1	2	1	3:5	4:4
Jugoslawien	6	1	2	3	8:11	4:8
Kanada	3	3	0	0	12:1	6:0
Kolumbien	1	1	0	0	2:0	2:0
Kuba	1	1	0	0	5:0	2:0
Kuwait	1	1	0	0	2:1	2:0
Luxemburg	5	5	0	0	18:2	10:0
Mali	1	1	0	0	2:1	2:0
Malta	5	5	0	0	21:2	10:0
Marokko	4	1	0	3	5:8	2:6
Mexiko	4	2	2	0	5:3	6:2
Niederlande	9	2	1	6	10:17	5:13
Norwegen	7	5	1	1	15:8	11:3
Österreich	6	1	4	1	5:7	6:6
Polen	19	6	4	9	27:26	16:22
Portugal	3	1	0	2	5:6	2:4
Rumänien	18	10	3	5	31:23	23:13
Schottland	6	3	1	2	4:6	7:5
Schweden	5	3	1	1	8:4	7:3
Schweiz	5	4	1	0	13:3	9:1
Spanien	3	1	2	0	1:0	4:2
Tunesien	4	4	0	0	11:0	
Türkei	5	1	1	3	5:10	3:7
UdSSR	17	4	6	7	18:25	14:20
Ungarn	16	4	4	8	17:25	12:20
Uruguay	6	3	2	1	7:4	8:4
USA	1	1	0	0	3:2	2:0
Wales	4	3	0	1	8:7	6:2
Gesamt	**293**	**138**	**69**	**86**	**501:335**	**345 : 241**

DDR-Länderspielchronik

1952: 2 Spiele –
2 Niederlagen
1. Polen – DDR 3 : 0 (21. September, Warschau)
2. Rumänien – DDR 3 : 1 (26. Oktober, Bukarest)

1953: 1 Spiel –
1 Unentschieden
3. DDR – Bulgarien 0 : 0 (14. Juni, Dresden)

1954: 3 Spiele –
3 Niederlagen
4. DDR – Rumänien 0 : 1 (8. Mai, Berlin)
5. DDR – Polen 0 : 1 (26. September, Rostock)
6. Bulgarien – DDR 3 : 1 (24. Oktober, Sofia)

1955: 2 Spiele –
2 Siege
7. Rumänien – DDR 2 : 3 (18. September, Bukarest)
8. DDR – Bulgarien 1 : 0 (20. November, Berlin)

1956: 3 Spiele –
2 Siege, 1 Niederlage
9. Polen – DDR 0 : 2 (22. Juli, Chorzow)
10. DDR – Indonesien 3 : 1 (20. September, Karl-Marx-Stadt)
11. Bulgarien – DDR 3 : 1 (14. Oktober, Sofia)

1957: 5 Spiele –
2 Siege, 3 Niederlagen
12. DDR – Luxemburg 3 : 0 (10. März, Berlin)
13. DDR – Wales 2 : 1 (19. Mai, Leipzig)[3]
14. CZE – DDR 3 : 1 (16. Juni, Brno)[3]
15. Wales – DDR 4 : 1 (25. September, Cardiff)[3]
16. DDR – CZE 1 : 4 (27. Oktober, Leipzig)[3]

1958: 6 Spiele –
2 Siege, 3 Unentschieden, 1 Niederlage
17. Albanien – DDR 1 : 1 (4. Mai, Tirana)
18. DDR – Polen 1 : 1 (29. Juni, Rostock)
19. Norwegen – DDR 6 : 5 (13. August, Oslo)
20. DDR – Rumänien 3 : 2 (14. September, Leipzig)
21. DDR – Bulgarien 1 : 1 (5. Oktober, Berlin)
22. DDR – Norwegen 4 : 1 (2. November, Leipzig)

1959: 6 Spiele –
1 Sieg, 1 Unentschieden, 4 Niederlagen
23. Indonesien – DDR 2 : 2 (11. Februar, Djakarta)
24. DDR – Ungarn 0 : 1 (1. Mai, Dresden)
25. DDR – Portugal 0 : 2 (21. Juni, Berlin)[5]
26. Portugal – DDR 3 : 2 (28. Juni, Porto)[5]
27. DDR – CZE 2 : 1 (12. August, Leipzig)
28. Finnland – DDR 3 : 2 (6. September, Helsinki)

1960: 5 Spiele –
3 Siege, 2 Niederlagen
29. Bulgarien – DDR 2 : 0 (10. Juli, Sofia)
30. DDR – UdSSR 0 : 1 (17. August, Leipzig)
31. DDR – Finnland 5 : 1 (30. Oktober, Rostock)
32. Tunesien – DDR 0 : 3 (4. Dezember, Tunis)
33. Marokko – DDR 2 : 3 (11. Dezember, Casablanca)

1961: 7 Spiele –
2 Unentschieden, 5 Niederlagen
34. Ungarn – DDR 2 : 0 (16. April, Budapest)[3]
35. DDR – Niederlande 1 : 1 (14. Mai, Leipzig)[3]
36. Dänemark – DDR 1 : 1 (28. Mai, Kopenhagen)
37. DDR – Marokko 1 : 2 (21. Juni, Erfurt)
38. DDR – Ungarn 2 : 3 (10. September, Berlin)[3]
39. Polen – DDR 3 : 1 (22. Oktober, Wroclaw)
40. Marokko – DDR 2 : 0 (10. Dezember, Casablanca)

1962: 8 Spiele –
4 Siege, 2 Unentschieden, 2 Niederlagen
41. UdSSR – DDR 2 : 1 (3. Mai, Moskau)
42. Jugoslawien – DDR 3 : 1 (16. Mai, Belgrad)
43. DDR – Dänemark 4 : 1 (23. Mai, Leipzig)
44. DDR – Jugoslawien 2 : 2 (16. September, Leipzig)
45. DDR – Rumänien 3 : 2 (14. Oktober, Dresden)
46. DDR – ČSSR 2 : 1 (21. November, Berlin)[5]
47. Mali – DDR 1 : 1 (9. Dezember, Bamako)
48. Guinea – DDR 2 : 3 (16. Dezember, Conakry)

1963: 7 Spiele –
1 Sieg, 3 Unentschieden, 3 Niederlagen
49. ČSSR – DDR 1 : 1 (31. März, Prag)[5]
50. Rumänien – DDR 3 : 2 (12. Mai, Bukarest)
51. DDR – England 1 : 2 (2. Juni, Leipzig)
52. DDR – Bulgarien 1 : 1 (4. September, Magdeburg)
53. DDR – Ungarn 1 : 2 (19. Oktober, Berlin)[5]
54. Ungarn – DDR 3 : 3 (3. November, Budapest)[5]
55. Burma – DDR 1 : 5 (17. Dezember, Rangun)

1964: 2 Spiele –
1 Sieg, 1 Niederlage
56. Ceylon – DDR 1 : 12 (12. Januar, Colombo)
57. Ghana – DDR 3 : 0 (23. Februar, Accra)

1965: 6 Spiele –
2 Siege, 2 Unentschieden, 2 Niederlagen
58. Uruguay – DDR 0 : 2 (3. Januar, Montevideo)
59. Österreich – DDR 1 : 1 (25. April, Wien)[3]
60. DDR – Ungarn 1 : 1 (23. Mai, Leipzig)[3]
61. Bulgarien – DDR 3 : 2 (4. September, Warna)
62. Ungarn – DDR 3 : 2 (9. Oktober, Budapest)[3]
63. DDR – Österreich 1 : 0 (31. Oktober, Leipzig)[3]

1966: 6 Spiele –
5 Siege, 1 Unentschieden
64. DDR – Schweden 4 : 1 (27. April, Leipzig)
65. DDR – Chile 5 : 2 (2. Juli, Leipzig)
66. DDR – Ägypten 6 : 0 (4. September, Karl-Marx-Stadt)
67. DDR – Polen 2 : 0 (11. September, Erfurt)
68. DDR – Rumänien 2 : 0 (21. September, Gera)
69. UdSSR – DDR 2 : 2 (23. Oktober, Moskau)

1967: 9 Spiele –
6 Siege, 1 Unentschieden, 2 Niederlagen
70. DDR – Niederlande 4 : 3 (5. April, Leipzig)[5]
71. Schweden – DDR 0 : 1 (17. Mai, Hälsingborg)
72. Dänemark – DDR 1 : 1 (4. Juni, Kopenhagen)[5]
73. Niederlande – DDR 1 : 0 (13. September, Amsterdam)[5]
74. Ungarn – DDR 3 : 1 (27. September, Budapest)[5]
75. DDR – Dänemark 3 : 2 (11. Oktober, Leipzig)[5]
76. DDR – Ungarn 1 : 0 (29. Oktober, Leipzig)[5]
77. DDR – Rumänien 1 : 0 (18. November, Berlin)
78. Rumänien – DDR 0 : 1 (6. Dezember, Bukarest)

1968: 2 Spiele –
2 Unentschieden
79. DDR – ČSSR 2 : 2 (2. Februar, Santiago de Chile)
80. Polen – DDR 1 : 1 (20. Oktober, Szczecin)

1969: 9 Spiele –
4 Siege, 3 Unentschieden, 2 Niederlagen
81. DDR – Italien 2 : 2 (29. März, Berlin)[3]
82. DDR – Wales 2 : 1 (16. April, Dresden)[3]
83. DDR – Chile 0 : 1 (22. Juni, Magdeburg)
84. DDR – Ägypten 7 : 0 (9. Juli, Rostock)
85. DDR – UdSSR 2 : 2 (25. Juli, Leipzig)
86. Wales – DDR 1 : 3 (22. Oktober, Cardiff)[3]
87. Italien – DDR 3 : 0 (22. November, Neapel)[3]
88. Irak – DDR 1 : 1 (8. Dezember, Bagdad)
89. Ägypten – DDR 1 : 3 (19. Dezember, Kairo)

1970: 6 Spiele –
4 Siege, 1 Unentschieden, 1 Niederlage
90. Polen – DDR 1 : 1 (16. Mai, Krakow)
91. DDR – Irak 5 : 0 (26. Juli, Jena)
92. DDR – Polen 5 : 0 (6. September, Rostock)
93. DDR – Niederlande 1 : 0 (11. November, Dresden)[5]
94. Luxemburg – DDR 0 : 5 (15. November, Luxemburg)[5]
95. England – DDR 3 : 1 (25. November, London)

1971: 10 Spiele – Siege, 4 Unentschieden, 2 Niederlagen
96. Chile – DDR 0 : 1 (2. Februar, Santiago de Chile)
97. Uruguay – DDR 0 : 3 (8. Februar, Montevideo)
98. Uruguay – DDR 1 : 1 (12. Februar, Montevideo)

99. DDR – Luxemburg 2 : 1 (24. April, Gera)[5]
100. DDR – Jugoslawien 1 : 2 (9. Mai, Leipzig)[5]
101. Mexiko – DDR 0 : 1 (16. August, Guadalajara)
102. DDR – Mexiko 1 : 1 (18. September, Leipzig)
103. DDR – ČSSR 1 : 1 (25. September, Berlin)
104. Niederlande – DDR 3 : 2 (10. Oktober, Rotterdam)[5]
105. Jugoslawien – DDR 0 : 0 (16. Oktober, Belgrad)[5]

1972: 8 Spiele –
4 Siege, 2 Unentschieden, 2 Niederlagen
106. DDR – uruguay 1 : 0 (27. Mai, Leipzig)
107. DDR – Uruguay 0 : 0 (31. Mai, Rostock)
108. DDR – Ghana 4 : 0 (28. August, München)
109. Polen – DDR 2 : 1 (1. September, Nürnberg)
110. Ungarn – DDR 2 : 0 (3. September, Passau)
111. UdSSR – DDR 2 : 2 n. V. (10. September, München)
112. DDR – Finnland 5 : 0 (7. Oktober, Dresden)[3]
113. ČSSR – DDR 1 : 3 (1. November, Bratislava)

1973: 13 Spiele –
10 Siege, 1 Unentschieden, 2 Niederlagen
114. Kolumbien – DDR 0 : 2 (15. Februar, Bogota)
115. Ekuador – DDR 1 : 1 (18. Februar, Quito)
116. DDR – Albanien 2 : 0 (7. April, Magdeburg)[3]
117. Belgien – DDR 3 : 0 (18. April, Antwerpen)
118. DDR – Ungarn 2 : 1 (16. Mai, Karl-Marx-Stadt)
119. Rumänien – DDR 1 : 0 (27. Mai, Bukarest)[3]
120. Finnland – DDR 1 : 5 (6. Juni, Tampere)[3]
121. Island – DDR 1 : 2 (17. Juli, Reykjavik)
122. Island – DDR 0 : 2 (19. Juli, Reykjavik)
123. DDR – Rumänien 2 : 0 (26. September, Leipzig)[3]
124. DDR – UdSSR 1 : 0 (17. Oktober, Leipzig)
125. Albanien – DDR 1 : 4 (3. November, Tirana)[3]
126. Ungarn – DDR 0 : 1 (21. November, Budapest)

1974: 19 Spiele –
9 Siege, 6 Unentschieden, 4 Niederlagen
127. Tunesien – DDR 0 : 4 (26. Februar, Tunis)
128. Algerien – DDR 1 : 3 (28.Februar, Algier)
129. DDR – Belgien 1 : 0 (13. März, Berlin)
130. DDR – ČSSR 1 : 0 (27. März, Dresden)
131. DDR – Norwegen 1 : 0 (23. Mai, Rostock)
132. DDR – England 1 : 1 (29. Mai, Leipzig)
133. DDR – Australien 2 : 0 (14. Juni, Hamburg)[4]
134. DDR – Chile 1 : 1 (18. Juni, Berlin-West)[4]
135. BR Deutschland – DDR 0 : 1 (22. Juni, Hamburg)[4]
136. Brasilien – DDR 1 : 0 (26. Juni, Hannover)[4]
137. Niederlande – DDR 2 : 0 (30. Juni, Gelsenkirchen)[4]
138. DDR – Argentinien 1 : 1 (3. Juli, Gelsenkirchen) [4]

139. Polen – DDR 1:3 (4. September, Warschau)
140. ČSSR – DDR 3:1 (25. September, Prag)
141. DDR – Kanada 2:0 (9. Oktober, Frankfurt/O.)
142. DDR – Island 1:1 (12. Oktober, Magdeburg)[4]
143. Schottland – DDR 3:0 (30. Oktober, Glasgow)
144. Frankreich – DDR 2:2 (16. November, Paris)[5]
145. DDR – Belgien 0:0 (7. Dezember, Leipzig)[5]

1975: 9 Spiele –
4 Siege, 3 Unentschieden, 2 Niederlagen
146. DDR – Bulgarien 0:0 (26. März, Berlin)
147. DDR – Polen 1:2 (28. Mai, Halle)
148. Island – DDR 2:1 (5. Juni, Reykjavik)[5]
149. Kanada – DDR 0:3 (29. Juli, Toronto)
150. Kanada – DDR 1:7 (31. Juli, Ottawa)
151. UdSSR – DDR 0:0 (3. September, Moskau)
152. Belgien – DDR 1:2 (27. September, Brüssel)[5]
153. DDR – Frankreich 2:1 (12. Oktober, Leipzig)[5]
154. ČSSR – DDR 1:1 (19. November, Brno)

1976: 7 Spiele –
4 Siege, 3 Unentschieden
155. DDR – ČSSR 0:0 (7. April, Leipzig)
156. DDR – Algerien 5:0 (21. April, Cottbus)
157. DDR – UdSSR 2:1 (27. Juli, Montreal)[2]
158. DDR – Polen 3:1 (31. Juli, Montreal)[2]
159. DDR – Ungarn 1:1 (22. September, Berlin)
160. Bulgarien – DDR 0:4 (27. Oktober, Sliwen)
161. DDR – Türkei 1:1 (17. November, Dresden)[3]

1977: 10 Spiele –
6 Siege, 3 Unentschieden, 1 Niederlage
162. Malta – DDR 0:1 (2. April, La Valletta)[3]
163. Rumänien – DDR 1:1 (27. April, Bukarest)
164. Argentinien – DDR 2:0 (12. Juli, Buenos Aires)
165. DDR – UdSSR 2:1 (28. Juli, Leipzig)
166. Schweden – DDR 0:1 (17. August, Stockholm)
167. DDR – Schottland 1:0 (7. September, Berlin)
168. Österreich – DDR 1:1 (24. September, Wien)[3]
169. DDR-Österreich 1:1 (12. Oktober, Leipzig)[3]
170. DDR – Malta 9:0 (29. Oktober, Babelsberg)[3]
171. Türkei – DDR 1:2 (16. November, Izmir)[3]

1978: 7 Spiele –
3 Siege, 2 Unentschieden, 2 Niederlagen
172. DDR – Schweiz 3:1 (8. März, Karl-Marx-Stadt)
173. DDR – Schweden 0:1 (4. April, Leipzig)
174. DDR – Belgien 0:0 (19. April, Magdeburg)
175. DDR – Bulgarien 2:2 (30. August, Erfurt)
176. DDR – ČSSR 2:1 (6. September, Leipzig)
177. DDR – Island 3:1 (4. Oktober, Halle)[5]
178. Niederlande – DDR 3:0 (15. November, Rotterdam)[5]

1979: 12 Spiele –
5 Siege, 2 Unentschieden, 5 Niederlagen
179. Irak – DDR 1:1 (9. Februar, Bagdad)
180. Irak – DDR 2:1 (11. Februar, Bagdad)
181. Bulgarien – DDR 1:0 (28. Februar, Burgas)
182. Ungarn – DDR 3:0 (28. März, Budapest)
183. DDR – Polen 2:1 (18. April, Leipzig)[5]
184. Schweiz – DDR 0:2 (5. Mai, St. Gallen)[5]
185. DDR – Rumänien 1:0 (1. Juni, Berlin)
186. UdSSR – DDR 1:0 (5. September, Moskau)
187. Island – DDR 0:3 (12. September, Reykjavik)[5]
188. Polen – DDR (26. September, Chorzow)[5]
189. DDR – Schweiz 5:2 (13. Oktober, Berlin)[5]
190. DDR – Niederlande 2:3 (21. November, Leipzig)[5]

1980: 7 Spiele –
4 Siege, 3 Unentschieden
191. Spanien – DDR 0:1 (13. Februar, Malaga)
192. Rumänien – DDR 2:2 (2. April, Bukarest)
193. DDR – Griechenland 2:0 (16. April, Leipzig)
194. DDR – UdSSR 2:2 (7. Mai, Rostock)
195. ČSSR – DDR 0:1 (8. Oktober, Prag)
196. DDR – Spanien 0:0 (15. Oktober, Leipzig)
197. DDR – Ungarn 2:0 (19. November, Halle)

1981: 6 Spiele –
3 Siege, 1 Unentschieden, 2 Niederlagen
198. Malta – DDR 1:2 (4. April, La Valletta)[3]
199. Italien – DDR 0:0 (19. April, Udine)
200. Polen – DDR 1:0 (2. Mai, Chorzow)[3]
201. DDR – Kuba 5:0 (19. Mai, Senftenberg)
202. DDR – Polen 2:3 (10. Oktober, Leipzig)[3]
203. DDR – Malta 5:1 (11. November, Jena)[3]

1982: 10 Spiele –
4 Siege, 3 Unentschieden, 3 Niederlagen
204. Brasilien – DDR 3:1 (26. Januar, Natal)
205. Griechenland – DDR 0:1 (10. Februar, Athen)
206. Irak – DDR 0:0 (2. März, Bagdad)
207. DDR – Italien 1:0 (14. April, Leipzig)
208. UdSSR – DDR 1:0 (5. Mai, Moskau)
209. Schweden – DDR 2:2 (19. Mai, Halmstad)
210. Island – DDR 0:1 (8. September, Reykjavik)
211. Bulgarien – DDR 2:2 (22. September, Burgas)
212. Schottland – DDR 2:0 (13. Oktober, Glasgow)[5]
213. DDR – Rumänien 4:1 (17. November, Karl-Marx-Stadt)

1983: 11 Spiele –
6 Siege, 1 Unentschieden, 4 Niederlagen
214. Tunesien – DDR 0:2 (10. Februar, Tunis)
215. DDR – Griechenland 2:1 (23. Februar, Dresden)
216. DDR – Finnland 3:1 (16. März, Magdeburg)

217. DDR – Belgien 1 : 2 (30. März, Leipzig)[5]
218. DDR – Bulgarien 3 : 0 (13. April, Gera)
219. Belgien – DDR 2 : 1 (27. April, Brüssel)[5]
220. Schweiz – DDR 0 : 0 (14. Mai, Bern)[5]
221. DDR – UdSSR 1 : 3 (26. Juli, Leipzig)
222. Rumänien – DDR 1 : 0 (24. August, Bukarest)
223. DDR – Schweiz 3 : 0 (12. Oktober, Berlin)[5]
224. DDR – Schottland 2 : 1 (16. November, Halle)[5]

1984: 10 Spiele –
6 Siege, 1 Unentschieden, 3 Niederlagen
225. Griechenland – DDR 1 : 3 (5. Februar, Athen)
226. DDR – ČSSR 2 : 1 (28. März, Erfurt)
227. DDR – Mexiko 1 : 1 (11. August, Berlin)
228. DDR – Rumänien 2 : 1 (29. August, Gera)
229. DDR – Griechenland 1 : 0 (12. September, Zwickau)
230. England – DDR 1 : 0 (12. September, London)
231. DDR – Algerien 5 : 2 (10. Oktober, Aue)
232. DDR – Jugoslawien 2 : 3 (20. Oktober, Leipzig)[3]
233. Luxemburg – DDR 0 : 5 (17. November, Esch)[3]
234. Frankreich – DDR 2 : 0 (8. Dezember, Paris)[3]

1985: 12 Spiele –
7 Siege, 2 Unentschieden, 3 Niederlagen
235. Uruguay – DDR 3 : 0 (29. Januar, Montevideo)
236. Ekuador – DDR 2 : 3 (6. Februar, Guayaquil)
237. Algerien – DDR 1 : 1 (13. März, Batna)
238. Bulgarien – DDR 1 : 0 (6. April, Sofia)[3]
239. DDR – Norwegen 1 : 0 (17. April, Frankfurt/O.)
240. Dänemark – DDR 4 : 1 (8. Mai, Kopenhagen)
241. DDR – Luxemburg 3 : 1 (18. Mai, Babelsberg)[3]
242. Norwegen – DDR 0 : 1 (14. August, Oslo)
243. DDR – Frankreich 2 : 0 (11. September, Leipzig)[3]
244. Jugoslawien – DDR 1 : 2 (28. September, Belgrad)[3]
245. Schottland – DDR 0 : 0 (16. Oktober, Glasgow)
246. DDR – Bulgarien 2 : 1 (17. November, Karl-Marx-Stadt)[3]

1986: 11 Spiele –
3 Siege, 2 Unentschieden, 6 Niederlagen
247. Mexiko – DDR 1 : 2 (15. Februar, San José)
248. Portugal – DDR 1 : 3 (19. Februar, Braga)
249. DDR – Niederlande 0 : 1 (12. März, Leipzig)
250. Griechenland – DDR 2 : 0 (26. März, Athen)
251. Brasilien – DDR 3 : 0 (8. April, Goiania)
252. ČSSR – DDR 2 : 0 (23. April, Nitra)
253. Finnland – DDR 1 : 0 (20. August, Lahti)
254. DDR – Dänemark 0 : 1 (10. September, Leipzig)
255. Norwegen – DDR 0 : 0 (24. September, Oslo)[5]

256. DDR – Island 2 : 0 (29. Oktober, Karl-Marx-Stadt)[5]
257. DDR – Frankreich 0 : 0 (19. November, Leipzig)[5]

1987: 10 Spiele –
5 Siege, 2 Unentschieden, 3 Niederlagen
258. Türkei – DDR 3 : 1 (25. März, Istanbul)
259. UdSSR – DDR 2 : 0 (29. April, Kiew)[5]
260. DDR – ČSSR 2 : 0 (13. Mai, Brandenburg)
261. Island – DDR 0 : 6 (3. Juni, Reykjavik)[5]
262. DDR – Ungarn 0 : 0 (28. Juli, Leipzig)
263. Polen – DDR 2 : 0 (19. August, Lubin)
264. DDR – Tunesien (23. September, Gera)
265. DDR – UdSSR 1 : 1 (10. Oktober, Berlin)[5]
266. DDR – Norwegen 3 : 1 (28. Oktober, Magdeburg)[5]
267. Frankreich – DDR 0 : 1 (18. November, Paris)[5]

1988: 8 Spiele –
2 Siege, 3 Unentschieden, 3 Niederlagen
268. Spanien – DDR 0 : 0 (27. Januar, Valencia)
269. Marokko – DDR 2 : 1 (2. März, Mohammedia)
270. DDR – Rumänien 3 : 3 (30. März, Halle)
271. Bulgarien – DDR 1 : 1 (13. April, Burgas)
272. DDR – Griechenland 1 : 0 (31. August, Berlin)
273. DDR – Polen 1 : 2 (21. September, Cottbus)
274. DDR – Island 2 : 0 (19. Oktober, Berlin)[3]
275. Türkei – DDR 3 : 1 (30. November, Istanbul)[3]

1989: 11 Spiele –
4 Siege, 3 Unentschieden, 4 Niederlagen
276. Ägypten – DDR 0 : 4 (13. Februar, Kairo)
277. Griechenland – DDR 3 : 2 (8. März, Athen)
278. DDR – Finnland 1 : 1 (22. März, Dresden)
279. DDR – Türkei 0 : 2 (12. April, Magdeburg)[3]
280. UdSSR – DDR 3 : 0 (26. April, Kiew)[3]
281. DDR – Österreich 1 : 1 (20. Mai, Leipzig)[3]
282. DDR – Bulgarien 1 : 1 (23. August, Erfurt)
283. Island – DDR 0 : 3 (6. September, Reykjavik)[3]
284. DDR – UdSSR 2 : 1 (8. Oktober, Karl-Marx-Stadt)[3]
285. Malta – DDR 0 : 4 (25. Oktober, La Valletta)
286. Österreich – DDR 3 : 0 (15. November, Wien)[3]

1990: 7 Spiele –
5 Siege, 1 Unentschieden, 1 Niederlage
287. DDR – Frankreich 0 : 3 (24. Januar, Al-Kuweit)
288. Kuweit – DDR 1 : 2 (26. Januar, Al-Kuweit)
289. DDR – USA 3 : 2 (28. März, Berlin)
290. DDR – Ägypten 2 : 0 (11. April, Karl-Marx-Stadt)
291. Schottland – DDR 0 : 1 (25. April, Glasgow)
292. Brasilien – DDR 3 : 3 (13. Mai, Rio de Janeiro)
293. Belgien – DDR 0 : 2 (12. September, Brüssel)

Die Auswahlspieler des Saarlandes

Altmeyer, Fritz (Saar 05 Saarbrücken). 6 Spiele (1954 YUG, FRA – 1955 POR, FRA, NED – 1956 SUI)

Balzert, Jakob (1..FC Saarbrücken). 6 Spiele (1951 AUT, SUI, AUT – 1952 FRA – 1953 GER, NOR)

Berg, Karl (1. FC Saarbrücken). 9 Spiele (1950 SUI – 1951 AUT, SUI – 1952 FRA – 1953 NOR, GER – 1954 URU, FRA – 1955 POR)

Biewer, Nikolaus (1. FC Saarbrücken). 11 Spiele (1950 SUI – 1951 AUT, SUI, AUT – 1952 FRA, FRA – 1953 GER, NOR – 1954 GER, URU, YUG)

Bild, Hans (Bor. Neunkirchen). 2 Spiele (1951 AUT, AUT)

Binkert, Herbert (1. FC Saarbrücken). 12 Spiele (1951 AUT, SUI – 1952 FRA, FRA – 1953 NOR – 1954 GER, URU – 1955 POR, FRA – 1956 SUI, NED)

Borcherding, Horst (Saar 05 Saarbrücken). 3 Spiele (1954 YUG – 1956 SUI, NED)

Clemens, Kurt (1. FC Saarbrücken, FC Nancy, Saar 05 Saarbrücken). 10 Spiele (1950 SUI – 1952 FRA, FRA – 1953 NOR, GER, NOR – 1954 GER – 1955 POR – 1956 SUI, NED)

Ebert, Manfred (1. FC Saarbrücken). 2 Spiele (1956 SUI, POR)

Emser, Werner (Borussia Neunkirchen). 3 Spiele (1954 URU, YUG, FRA)

Follmann, Ewald (Borussia Neuenkirchen). 3 Spiele (1950 SUI – 1955 FRA, NED)

Fottner, Helmut (Saar 05 Saarbrücken). 2 Spiele (1953 NOR – 1954 URU)

Hermann, Günter (Sportfr. Saarbrücken). 1 Spiel (1956 POR)

Honnecker, Dieter (Saar 05 Saarbrücken). 1 Spiel (1956 POR)

Immig, Franz (1. FC Saarbrücken). 3 Spiele (1951 SUI, AUT – 1952 FRA)

Jirasek, Ladislav (Borussia Neunkirchen). 1 Spiel (1954 URU)

Keck, Albert (1. FC Saarbrücken). 10 Spiele (1953 NOR, 1954 GER, URU, YUG. FRA – 1955 POR, FRA. NED – 1956 POR, NED)

Klauck, Horst (1. FC Saarbrücken). 1 Spiel (1954 URU)

Krieger, Peter (1. FC Saarbrücken). 4 Spiele (1955 FRA, NED – 1956 SUI, NED)

Kunkel, Karl-Heinz (ASC Dudweiler). 1 Spiel (1956 POR)

Lauck, Gerd (Borussia Neunkirchen). 5 Spiele (1955 FRA, NED – 1956 SUI, POR, NED)

Leibenguth, Erich (Borussia Neunkirchen). 5 Spiele (1950 SUI – 1951 AUT, SUI, AUT – 1952 FRA)

Martin, Herbert (1. FC Saarbrücken). 17 Spiele (1950 SUI – 1951 AUT, SUI, AUT – 1952 FRA, FRA – 1953 NOR, GER, NOR – 1954 GER, URU, YUG, FRA – 1956 SUI, NED)

Momber, Peter (1. FC Saarbrücken). 10 Spiele (1950 SUI – 1951 AUT – 1953 NOR, GER, NOR – 1954 GER, URU – 1955 POR, FRA – 1956 SUI)

Monter, Hermann (Saar 05 Saarbrücken). 2 Spiele (1954 YUG – 1955 POR)

Neuerburg, Hans (Sportfreunde Saarbrücken). 1 Spiel (1956 POR)

Niederkirchner, Robert (Saar 05 Saarbrücken). 1 Spiel (1954 URU)

Otto, Werner (1. FC Saarbrücken). 6 Spiele (1952 FRA – 1953 NOR, GER, NOR – 1954 GER, YUG)

Philippi, Waldemar (1. FC Saarbrücken). 18 Spiele (1950 SUI – 1951 AUT, SUI, AUT – 1952 FRA, FRA – 1953 NOR, GER, NOR – 1954 GER, YUG, FRA – 1955 POR, FRA, NED – 1956 SUI, POR, NED)

Prauß, Werner (SC Herrensohr). 1 Spiel (1956 POR)

Puff, Theo (1. FC Saarbrücken). 12 Spiele (1951 AUT, SUI, AUT – 1952 FRA, FRA – 1953 NOR, GER, NOR – 1954 FRA – 1956 SUI, POR, NED)

Riedschy, Walter (Saar 05 Saarbrücken). 1 Spiel (1955 POR)

Ringel, Karl (Borussia Neunkirchen). 2 Spiele (1955 POR, NED)

Schirra, Karl (Borussia Neunkirchen, 1. FC Saarbrücken). 6 Spiele (1950 SUI – 1953 NOR – 1954 GER, FRA, URU, POR)

Schmidt, Heinrich (1. FC Saarbrücken). 1 Spiel (1950 SUI)

Schussig, Heinz (Saar 05 Saarbrücken). 3 Spiele (1952 FRA – 1955 FRA, NED)

Siedl, Gerhard (Borussia Neunkirchen, 1. FC Saarbrücken). 16 Spiele (1951 SUI, AUT – 1952 FRA, FRA – 1953 NOR, GER – 1954 GER, URU, YUG, FRA – 1955 POR, NED – 1956 SUI, POR, NED)

Sippel, Willi (Borussia Neunkirchen). 4 Spiele (1954 URU, YUG, FRA – 1955 POR)

Strempel, Erwin (1. FC Saarbrücken, Borussia Neunkirchen). 14 Spiele (1950 SUI – 1951 AUT, SUI, AUT – 1952 FRA, FRA – 1953 NOR, GER, NOR – 1954 GER, FRA – 1955 POR, FRA, NED).

Vollmar, Heinz (SV St. Ingbert). 4 Spiele (1955 FRA, NED – 1956 SUI, NED)

Wilhelm, Erwin (Borussia Neunkirchen). 1 Spiel (1951 AUT)

Zägel, Ernst (1. FC Saarbrücken). 1 Spiel (1956 POR)

Länderspielchronik des Saarlandes

1. Saarland – Schweiz B 5:3 (22. November 1950 in Saarbrücken)
2. Saarland – Österreich B 3:2 (27. Mai 1950 in Saarbrücken)
3. Schweiz B – Saarland 2:5 (15. September 1951 in Bern)
4. Österreich B – Saarland 4:1 (14. Oktober 1951 in Wien)
5. Saarland – Frankreich B 0:1 (20. April 1952 in Saarbrücken)
6. Frankreich B – Saarland 1:3 (5. Oktober 1952 in Straßburg)
7. Norwegen A – Saarland 2:3 (24. Juni 1953 in Oslo)
8. Deutschland A – Saarland 3:0 (11. Oktober 1953 in Stuttgart)
9. Saarland – Norwegen A 0:0 (8. November 1953 in Saarbrücken)
10. Saarland – Deutschland A 1:3 (28. März 1954 in Saarbrücken)
11. Saarland – Uruguay A 1:7 (5. Juni 1954 in Saarbrücken)
12. Saarland – Jugoslawien A 1:5 (26. September 1954 in Saarbrücken)
13. Frankreich B – Saarland 4:1 (17. Oktober 1954 in Lyon)
14. Portugal B – Saarland 6:1 (1. Mai 1955 in Lissabon)
15. Saarland – Frankreich B 7:5 (9. Oktober 1955 in Saarbrücken)
16. Saarland – Holland A 1:2 (16. November 1955 in Saarbrücken)
17. Saarland – Schweiz A 1:1 (1. Mai 1956 in Saarbrücken)
18. Saarland – Portugal B 0:0 (3. Juni 1956 in Saarbrücken)
19. Holland A – Saarland 3:2 (6. Juni 1956 in Amsterdam)

Literatur

1. FC Köln – Festschrift 60 Jahre
1. FC Neukölln – 75 Jahre
1. FC Pforzheim – 60 Jahre
1. FC Schweinfurt – 50 Jahre
Auf Schalke – Fußball total
Baroth, Hans-Dieter: Anpfiff in Ruinen
Baroth, Hans-Dieter: Des deutschen Fußballs wilde Jahre
Beck, Oskar und Reski, Hans: Der VfB Stuttgart – Schwabenstreiche
Beckenbauer, Franz: Einer wie ich
Beckenbauer, Franz: Meine Gegner – meine Freunde
Becker, Robert: Uwe Seeler und seine goldenen Tore
Beckmann, Reinhold: Bundesliga '95 – SAT.1-ran-Buch
Beckmann, Reinhold: Bundesliga '96 – SAT.1-ran-Buch
Bender, T. und Hellmessen, U.: Herrlich verrückte Bundesliga
Bender, T. und Kühne-Hellmessen, U.: Herrlich verrückte Nationalmannschaft
Bender, Tom und Pfad, Michael: Schau'n mer mal
Berliner Tennis-Club Borussia – 75 Jahre
BFC Germania 88 Berlin – 100 Jahre
Bizer, Peter: Günter Netzer – Rebell am Ball
Blau-Weiß Berlin – 90 Jahre
Blickensdörfer, Hans: Der Kaiser
Blickensdörfer, Hans: Doppelpaß an der Wolga
Blickensdörfer, Hans: Ein Ball fliegt um die Welt
Blickensdörfer, Hans: Flanken und Strafstöße
Blickensdörfer, Hans: Jürgen Klinsmann
Blickensdörfer, Hans: Keiner weiß, wie's ausgeht
Böttiger, Helmut: Günter Netzer – Manager und Rebell
Bund Deutscher Fußball-Lehrer, Festschrift 25 Jahre
Deiss, Jutta: Jürgen Klinsmann
Deutscher Fußball-Bund – 50 Jahre
Deutscher Fußball-Bund, Jahresberichte 1983–86
Deutsches Fußball-Jahrbuch 1911
DFB-Fußball-Jahrbuch 1969/1970
DFB-Journal – 1994 bis 1997
Dr. Alfredo W. Pöge: 11 – Sonderausgabe »Deutscher Fußball«
Dr. Alfredo W. Pöge: Libero. Hefte D 3, D 6, D 9, D 11.
Eintracht Braunschweig – 80 Jahre
Eitel, Roland: Jürgen Klinsmann – der Weg nach oben
FC Augsburg – 75 Jahre
FC St. Pauli – 75 Jahre

FC Wacker München – Festschrift 75 Jahre
Frei, Alfred-Georg: Finale Grande – die Rückkehr der Fußballweltmeister
FSV Frankfurt – 90 Jahre
Fußball – Herausgeber Eugen Seybold (Jahrgänge 1921 bis 1943)
Grengel, Ralf: 60 Jahre Vereinspokal
Grüne, Hardy: Enzyklopädie der europäischen Fußballvereine
Grüne, Hardy: Who's who des deutschen Fußballs – deutsche Vereine
Gutendorf, Rudi: Ich bin ein bunter Hund
Hack, Fritz: Tore, die man nie vergißt
Hamburger SV – Festschrift 75 Jahre
Hartwig, Jimmy: Ich möcht' noch so viel tun …
Henkel, Doris: Lothar Matthäus
Hinko, Raimund: Karl-Heinz Rummenigge
Holstein Kiel – Jubiläumsfestschrift
Homann, Ulrich: Bauernköppe, Bergleute und ein Pascha
Homann, Ulrich: Höllenglut an Himmelfahrt
Huba, Karl-Heinz: Die Großen am Ball
Huba, Karl-Heinz: Die Großen im Sturm
Jahn Regensburg, 50 Jahre
Jendral, Hans-Jürgen: Schneider-Lexikon, Fußball
Karlsruher Fußballverein – 100 Jahre
Karlsruher Fußballverein – 90 Jahre
Keppel, Raphael: 25 Jahre Fußball-Bundesliga
Keppel, Raphael: Deutschlands Fußball-Länderspiele (1908–1989)
Keppel, Raphael: Die deutsche Fußball-Oberliga, Band 1 und 2
Keppel, Raphael: Die deutsche Pokalgeschichte (1935–1988)
Kicker, Sportmagazin und Kicker-Sportmagazin (1942–1997)
Kicker-Almanach, 1942 bis 1997
Kicker-Bilderwerk – die deutschen Nationalspieler (bis 1939)
Kicker-Bundesliga-Sonderhefte (1975–1996)
König, Hans-Gerhard: 1. FC Köln – vom Vorstadtverein zum Weltclub
Koppehel, Carl: Geschichte des Deutschen Fußballsports (1954)
Körfer, Hans: Fußball auf großer Fahrt
Körfer, Hans: Weltmeisterschaft – der große Weg der deutschen Fußballelf
Krämer, Gerd: An Tagen, da das Endspiel war
Krein, Theodor: Die blau-weißen Fußballknappen
Kropp, Matthias: Bayern München

Kropp, Matthias: Borussia Dortmund
Kropp, Matthias: Borussia Mönchengladbach
Kropp, Matthias: Schalke 04, Teil 1
Kühne-Hellmessen, Ulrich und Bender, Tom: Ruuuuudi
Langmaack, Werner: FC St. Pauli – Glaube, Liebe, Hoffnung
Leinemann, Jürgen: Sepp Herberger – ein Leben, eine Legende
Linden, Peter: Einmal Löwe – immer Löwe
Littbarski, Pierre: Litti – meine Geschichte
Martin, H. G.: Deutschlands Fußball macht Karriere
Merz, Bert und Dotzert, Ludwig: Meister auf dem grünen Rasen
Michel, Rudi: Fritz Walter – die Legende des deutschen Fußballs
Mrazek, Karlheinz: Die besten Abwehrspieler der Welt
Mrazek, Karlheinz: Die besten Mittelfeldspieler der Welt
Mrazek, Karlheinz: Die besten Stürmer der Welt
Mrazek, Karlheinz: Die besten Torhüter der Welt
Mrazek, Karlheinz: Internationale Fußballstars
Mrazek, Karlheinz: Sternstunden der Bundesliga
Mrazek, Karlheinz: Sternstunden des Fußballs
Müller, Gerd: Tore entscheiden
Offenbacher Kickers – 50 Jahre
Pietsch, Werner: Uwe – Uwe
Prüller, Heinz: Happel – danke Ernst!
Prüß, Jens R.: Spundflasche mit Flachpaßkorken
Querengässer, Klaus: Fußball in der DDR
Radomski, Stefan: VfB Stuttgart
Reiber, Dieter: Jahrhundert des Fußballs
Reski, H. und Richter, H.: Bayer Leverkusen – Fußballmacht am Rhein
Reski, H. und Schröder, U.: Toni Schumacher – sein Weg zur Weltspitze
Reski, Hans: Bayer Leverkusen – die Nummer 1 am Rhein
Reski, Hans: Der neue 1. FC Köln – die Diva wird 40
Rohr, Bernd und Simon, Günter: Fußball-Lexikon
SC Victoria Hamburg – 60 Jahre

SC Wacker 04 Berlin – 50 Jahre
Schauppmeier, Kurt: Borussia Mönchengladbach
Schauppmeier, Kurt: FC Bayern München
Scherzer, Hartmut: Jürgen Grabowski
Schidrowitz, Leo: Geschichte des Fußballsports in Österreich
Schön, Helmut: Immer am Ball
Schröder, Ulfert: Berti Vogts
Schulze, Ludger: 30 Jahre Europapokal
Schumacher, Heinz: Stars, Käuze – starke Typen
Schumacher, Toni: Anpfiff
Schütt, Hans-Dieter: Lothar Matthäus
Schütt, Hans-Dieter: Toni Schumacher
Seehase, Gerhard: Hohe Schule des Fußballs
Skrentny, Werner: Als Morlock noch den Mondschein traf
Sohre, Helmut: Fußball für Millionen
Spielvereinigung Fürth – 50 Jahre
Spielvereinigung Fürth – die Kleeblättler – 75 Jahre
Sport-Bild (Jahrgänge 1988–1997)
Sport-Megaphon (1975 bis 1980)
Stanjek, Eberhard: Die Meisterelf – Bayern München
Stein, Uli: Halbzeit – eine Bilanz ohne Deckung
Steinbrecher, Michael: Rund um den Ball
Stützer, Peter: Franz Beckenbauer
SV Waldhof Mannheim – 75 Jahre
Tasmania 1900 Berlin – 60 Jahre
Thelen, Willy: Hans Schäfer – Tausend Spiele – tausend Tore
Thelen, Willy: Karlheinz Schnellinger – gib mir den Ball
TuS Neuendorf – 60 Jahre
VfB zu Pankow 1893–90 Jahre
VfL 99 Köln – 75 Jahre
VfL Osnabrück – 75 Jahre
VfR Mannheim – 60 Jahre
Walter, Fritz: 3 : 2 – Erinnerungen eines Fußballidols
Walter, Fritz: Die Spiele in Chile
Walter, Fritz: So habe ich's gemacht ...
Weitpert, Hans: Mein schönstes Tor
Westdeutscher Fußball-Verband – 60 Jahre